『교부들의 성경 주해』는 중세기 『성경 주해 선집』catena 양식에 따라 새롭게 만든 것으로, 성경 본문의 장절을 찾아보기 쉽습니다. 기도하거나 연구하거나 복음을 선포하는 데 귀중한 자료가 될 것입니다. 이 총서는 동방과 서방, 개신교와 가톨릭으로 갈라지기 전에 있었던 그리스도교의 풍부한 유산에 관심을 기울임으로써, 교파를 초월한 교회일치에 큰 도움이 될 것입니다.

에이버리 덜레스 추기경, 예수회, 포담 대학교 종교사회학 교수

종교개혁자들의 첫 외침은 "원천으로 돌아가자!"ad fontes였습니다. 『교부들의 성경 주해』는 오늘날 교회가 필요로 하는 성경의 지혜를 재발견할 수 있는 놀라운 도구입니다. 참신한 프로젝트 『교부들의 성경 주해』는 설교와 신학, 그리스도교 신심을 획기적으로 전환시킬 자료로 사용될 수 있습니다.

티모시 조지, 샘포드 대학교 신학대학 학장

오늘날 신자들은 자신이 성인들의 영적 공동체에 참여하는 줄 모르는 경우가 가끔 있습니다. 그 공동체는 먼 과거에로 거슬러 올라가고 하느님 나라가 임하시는 미래에까지 지속됩니다. 이 주해서는 그 공동체에 참여하는 이들이 자신을 돌아보도록 도와줍니다.

엘리자베스 아크테마이어, 유니언 신학대학 성서학과 설교학 명예교수

오늘날 사목자는 혼자가 아닙니다. 우리는 복음 전파에 전력을 다해 도전했던 첫 세대 설교가들이 아닙니다. 『교부들의 성경 주해』는 이러한 부르심을 받아 우리보다 앞서 힘겹게 증거했던 옛 동지들과 이야기 나눌 수 있게 해 줍니다. 이 총서는 말씀이신 분에 대해 설교하고 해석할 때 그들의 깊은 영적 통찰력과 격려와 지침을 받아들이도록 돕습니다. 어느 사목자의 장서에 이만큼 훌륭한 책을 꽂을 수 있겠습니까!

윌리엄 H. 윌리몬, 두크 대학교 그리스도교 사목학 교수

교부들의 성경 주해
구약성경 II

창세기 12-50장

ANCIENT CHRISTIAN COMMENTARY ON SCRIPTURE
Old Testament II

GENESIS 12-50
Edited by Mark Sheridan

GENERAL EDITOR
THOMAS C. ODEN

Translated by LEE Heajung
Korean translation copyright © 2014 by Benedict Press
Waegwan, Korea

Published by arrangement with InterVarsity Press
P.O. Box 1400, Downers Grove, IL 60515-1426
USA

교부들의 성경 주해 · 구약성경 II
창세기 12-50장
2014년 7월 31일 초판 ┃ 2019년 5월 30일 3쇄
엮은이 · 마크 셰리든
옮긴이 · 이혜정
펴낸이 · 박현동
펴낸곳 · 성 베네딕도회 왜관수도원 ⓒ 분도출판사
등록 · 1962년 5월 7일 라15호
04606 서울시 중구 장충단로 188(분도출판사 편집부)
39889 경북 칠곡군 왜관읍 관문로 61(분도인쇄소)
분도출판사 · 전화 02-2266-3605 · 팩스 02-2271-3605
분도인쇄소 · 전화 054-970-2400 · 팩스 054-971-0179
www.bundobook.co.kr
ISBN 978-89-419-1414-3 94230
ISBN 978-89-419-0850-0 (세트)

성경 ⓒ 한국천주교중앙협의회 2005

교부들의 성경 주해

구약성경 II

창세기 12-50장

마크 셰리든 엮음
토머스 C. 오든 책임 편집

한국교부학연구회
이혜정 옮김

분도출판사

【일러두기】

1. 성경 본문은 2005년 한국 천주교 주교회의 성서위원회가 펴낸 『성경』을 사용했다. 교부들의 설교에서 성경 인용은 주로 암송과 기억에 의존한 바 컸고, 그들이 사용한 성경 판본 또한 우리말 『성경』의 번역 대본과 다른 그리스어나 라틴어 번역본이었으므로 일부 성경 인용 구절에 다소 차이가 있다.

2. 성경 본문에 나오는 지명 '유다'는 주해에서 로마제국의 지방명일 경우 '유대아'로, '유다인'은 '유대인'으로, '유다교'는 '유대교'로 표기했다. 교부 시대의 인명과 지명은 『교부학 인명·지명 용례집』(분도출판사 2008)을 따랐다.

c · o · n · t · e · n · t · s

머리말

⋮

『교부들의 성경 주해』[1]는 고대 그리스도교 시대에 활동한 교부들의 성경 주해를 발췌한 총서로 모두 29권으로 이루어져 있다. 교부 시대는 로마의 클레멘스(재위 92년경~101년)부터 다마스쿠스의 요한(650년경~750년)에 이르기까지 그 해당 시기를 말한다. 따라서 이 총서는 신약성경이 마무리되는 시기부터 존자 베다를 포함하는 8세기 중엽까지, 7세기에 걸쳐 이루어진 성경 해석을 다루고 있다.

『교부들의 성경 주해』의 연구 방법은 컴퓨터 기술과 맥을 같이하며 발전되었다. 때문에 성경 주석사를 연구하는 데 발전적이고 장래성 있으며, 실제로 쓸모가 있고 신학적으로 통합적인 방법을 추구할 수 있는 모델로 알맞다. 따라서 총서 '머리말'은 이러한 접근법을 소개하고, 총서가 방법론적으로 제안하고 있는 연구 방법을 설명하고자 한다.

고대 그리스도교 시대에 쓰인 성경 주해서에 나오는 주요 본문을 사용하기 편리하게 다시 소개하는 일은 사실 성경학과 역사학에서 오랫동안 미루어 놓은 연구 과제였다. 이를 위해 역사가와 번역가, 디지털 전문가, 성경학자, 교부학자들이 고대 그리스도교 주석사에서 수백 년 만에 처음으로 모여 본문을 다시 정리하는 연구 과제에 공동으로 참여하였다. 이들은 고대 그리스도인들이 해석하고 깊이 묵상하고 논하며 명상하고 숙고한 성경 내용을, 창세기부터 요한 묵시록까지 한 구절 한 구절씩 정리하였다. 또한 이 총서에는 교부들이 성경으로 여긴 제2경전(외경)에 관한 교부들의 주해도 함께 실려 있다. 따라서 총서는 고대 그리스도교 저자들의 작품에서 정선한 내용을 현대어로 번역한, 방대한 성경 주해서라 하겠다.

『교부들의 성경 주해』는 세 가지 목표를 추구한다. 첫째, 그리스도교의 전형적인 성경 주석에 바탕을 두고, 오늘날 위기에 빠진 '설교'에 생명력을 불어넣어 이를 쇄신하는 데 이바지하고자 한다. 둘째, 고대 교회가 성경을 어떻게 해석하였는지 알고 싶어 하는 '평신도들'이 성경을 집중적으로 공부할 수 있도록 도움을 주고자 한다. 셋째, 고대 그리스도교 저자들의 성경 해석을 더 깊이 연구하도록 그리스도교의 역사학 · 성경학 · 교의신학 · 사목과 관련된 '학문'에 동기를 부여하고자 한다.

---

[1] 본디 제목은 『고대 그리스도교 성경 주해』(*The Ancient Christian Commentary on Scripture*: *ACCS*)다.

쪽마다 성경 본문 밑에는 고대 그리스도교 주석가들의 가장 좋은 주석이 실려 있다. 이러한 형식으로 배열한 까닭은 대개 인쇄술이 발명되고 나서 출판된 탈무드 본문과, 인쇄술이 발명되기 전에 나온 『표준 주해집』*glossa ordinaria*이 전통적으로 이러한 형태로 되어 있기 때문이다.[2]

그동안 소홀했던 그리스도교 성경 주해 본문들을 복구하다

그리스도교 각 교파는 이들 본문을 정확히 복구하여 연구해야 한다는 목소리를 한층 높이고 있다. 성경학계는 최근 계몽주의 이후 나타난 역사 · 문학적 연구 방법론에 지대한 관심을 보였지만, 대개는 이러한 갈망을 채워 주지도 못하고 도움도 주지 못하였다.

처음 막막하기만 했던 교부들의 성경 주해에 관해서 우리는 몇 년 동안 계획을 세우고 현 상황을 면밀히 검토하였다. 드디어 1993년 11월, 워싱턴 D.C.에 있는 드루 대학교의 주선으로 프로젝트에 대한 초석을 놓았다. 총서는 협의와 잇따른 토의 절차를 거쳐 세상에 나오게 되었다. 1994년에도 여러 차례 모임을 가지고 총서에 관해 폭넓은 의견을 나누었으며, 그 뒤 로마와 튀빙겐 · 옥스퍼드 · 케임브리지 · 아테네 · 알렉산드리아 · 이스탄불에서 활동하는, 성경 주석사에 길이 남을 세계적 석학들의 조언을 구하였다. 초기 협의 과정에 초석을 놓은 석학은 초대교회사와 해석학, 설교학, 성경 주석사, 조직신학, 사목신학 분야에서 활발히 저술 활동을 펼치고 있던 이들이었다. 프로젝트를 구상하는 과정에 처음부터 참여한, 세계적으로 뛰어난 대가들 가운데는 옥스퍼드의 헨리 채드윅Henry Chadwick 경과 칼리스토스 웨어Kallistos Ware 주교, 몬머스의 로언 윌리엄스Rowan Williams 주교, 일리의 스티븐 사이크스Stephen Sykes 주교로, 네 분 모두 옥스퍼드와 케임브리지 대학교에서 교부학 교수로 재직한 바 있다. 그리고 로마 아우구스티누스 교부학 연구소Patristic Institute of Rome의 안젤로 디 베라르디노Angelo Di Berardino 교수와 바실 스투더Basil Studer 교수, 프린스턴 대학교의 칼프리드 프룀리히Karlfried Froehlich 교수와 브루스 메츠거Bruce M. Metzger 교수가 있다. 이들은 각 주해서 편집자를 선정하는 데 실질적으로 많은 도움을 주었다. 우리는 특별히 그리스 정교회 콘스탄티노플의 바르톨로메오스Bartholomew 총대주교와 교황청 그리스도인일치촉진평의회Pontificio Consiglio per la Promozione dell' Unita dei Cristiani의 에드워드 이드리스 카시디Edward Idris Cassidy 추기경께 깊은 감사를 전한다. 그들은 드루 대학교가 주관하는 교부들의 성경 주해 프로젝트에 발전과 진척이 있기를 기원하며 축복이 담긴 글을 보내 주었고, 늘 애정 어린 눈으로 지켜보며 사려 깊은 조언을 해 주었기 때문이다.

---

[2] 탈무드를 공부한 학생들이라면 이런 형식을 쉽게 이해할 수 있을 것이다. 탈무드는, 성경 이후 쓰인 유대교 최초의 율법 규범서인 미쉬나(Mishnah)와, 미쉬나를 상세히 설명하는 게마라(Gemara)에 관해 라삐들이 논의하고 토론하며 주석한 내용을 모아 놓은 책이다. 탈무드는 그 자체로 존재 이유가 있으며 연구할 가치가 있다. 탈무드에서 토라와 관련된 모든 주제는 검토하고 분석할 필요가 있다. 탈무드가 계시된 성경에서 비롯한 유대교의 지혜를 담고 있는 거대한 보고(寶庫)이듯이, 교부들의 저서 또한 계시된 성경에서 비롯한 그리스도교의 지혜를 담은 보고다. 탈무드는 주로 교부들의 활동 시기에 생겨났으며, 종종 교부들이 사용한 방법과 유사한 해석 방법이 사용되었다. 후기 유대교 전통을 따르는 주석가들은 탈무드에 미쉬나 본문을 직접 인용한다. 가장 일찍 간행된 탈무드는 중세 때 나온 『표준 주해집』의 초기 필사본을 본보기로 하여 구성되었다. 『표준 주해집』은 성경 본문을 가운데 놓고 둘레에 교부들의 주해를 싣는 방식으로 되어 있었다. 『교부들의 성경 주해』 편집진은 이 총서가 『성경 주해 선집』*catena*과 『표준 주해집』의 초기 전통, 초기 그리스도교 성경 연구 방법을 받아들인 라삐들의 성경 주석 전통과 유사한 것은 물론 그 영향을 받았음을 기꺼이 인정한다.

우리는 이러한 실질적인 협의를 통해 다음과 같은 의견 일치를 보았다. 이 프로젝트는 성경 주석사에 큰 획을 그을 만큼 필요한 일이며 중요하기에 대단한 열의로 이에 참여해야 한다. 또한 프로젝트를 완수하는 날까지 귀한 시간을 아낌없이 내야 한다는 것이었다. 아울러 성경 주해서를 해마다 서너 권씩 출간하여 2010년 안에 완간한다는 계획도 세웠다.

총서는 호교서가 아니라, 고대 그리스도교 저자들이 성경 본문을 해석한 실용적인 설교와 신심을 북돋울 수 있는 내용을 담고 있는 지침서다. 우리는 고대 그리스도교의 해석가들이 사용한 칠십인역과 옛 라틴어 성경, 신약성경 본문에 대한 다양한 해석도 요약하여 실을 예정이다. 따라서 총서는 오늘의 시각에서 해석한 주해가 아니라 오히려 오늘날 주해를 있게 한, 앞선 고대 그리스도교의 해석가들이 해석한 내용을 담고 있는 주해다.

오늘날 학계에서는 고대 그리스도교 문헌을 번역하거나 새로 발견된 단편으로 일부 내용을 편집 비평하여 비판본을 출간하는 데 상당한 노력을 기울이고 있으며, 그 성과도 대단하다. 이러한 성과물 가운데 영어권에서는 『교부들』*Fathers of the Church* (Catholic University of America Press)과 『고대 그리스도교 저술가』*Ancient Christian Writers* (Paulist), 『시토회 연구』*Cistercian Studies* (Cistercian Publications), 『교회의 성경』*The Church's Bible* (Eerdmans), 『교부들의 메시지』*Message of the Fathers of the Church* (Michael Glazier: Liturgical Press), 『문헌과 연구』*Texts and Studies* (Cambridge) 총서가 중요하다. 다른 언어권에서 출간된 주요 교부 문헌 편집본이나 번역서 총서와 데이터베이스로는 『그리스도교의 원천』*Sources Chrétiennes*과 『그리스도교 전집(그리스어 총서)』*Corpus Christianorum (Series Graeca)*, 『그리스도교 전집(라틴어 총서)』*Corpus Christianorum (Series Latina)*, 『동방 그리스도교 저술가 전집』*Corpus Scriptorum Christianorum Orientalium*, 『라틴 교회 저술가 전집』*Corpus Scriptorum Ecclesiasticorum Latinorum*, 『고대 그리스도교 문헌사를 위한 문헌과 연구』*Texte und Untersuchungen zur Geschichte der altchristlichen Literatur*, 『그리스 그리스도교 저술가 총서』*Die griechischen christlichen Schriftsteller*, 『동방 교부 총서』*Patrologia Orientalis*, 『시리아 교부 총서』*Patrologia Syriaca*, 『교부 성경 색인』*Bibliotheca Patristica*, 『신앙의 아버지들』*Les Pères dans la foi*, 『교부 문헌 총서』*Collana di Testi Patristici*, 『초기 그리스도교 문헌』*Lettere cristiane delle origini*, 『천년기 그리스도교 문헌』*Lettere cristiane del primo millennio*, 『고대 그리스도교 문화』*Cultura cristiana antica*, 고대 라틴어 문헌의 데이터 뱅크인 Thesaurus Linguae Latinae (TLL), 고전·그리스도교 그리스어 문헌의 데이터 뱅크인 Thesaurus Linguae Graecae (TLG), 그리고 『그리스도교 전집(라틴어 총서)』*Corpus Christianorum (Series Latina)*을 디지털화한 Cetedoc 총서가 있다. 『교부들의 성경 주해』는 이처럼 여러 분야에서 탁월한 업적을 이룬 연구 결과를 토대로, 주로 오늘날 성직자들의 설교와 평신도의 영적 발전에 도움을 주고자 교부들이 성경에서 일구어 낸 지혜를 되찾는 데 초점을 맞추고 있다.

디지털 기술의 활용과 성과

각 주해서 편집자들은 드루 대학교 디지털 연구진의 도움을 받았다. 연구진은 그리스어와 라틴어로 되어 있는 교부 문헌 전집의 모든 컴퓨터 파일을 일일이 검색하여, 고대 그리스도교에서 이루어진 주해를 확인하였다. 편집자들은, 기원후 600년까지 그리스어로 쓰여 있는 모든 문헌을 전산 처리하여 데이터베이스로 만든 TLG와, 루뱅 가톨릭 대학교 '문헌 전산 처리 센터'가 『그리스도교 전집』 가운데 라틴어 본문을 데이터베이스로 만든 Cetedoc 판, 미네Migne의 『라틴 교부 모음집』Patrologia Latina 221권에 수록된 본문을 모두 CD롬에 담고 있는 채드윅-힐리Chadwyck-Healey가 만든 『라틴 교부 모음집』, 팩커드 인문 연구소Packard Humanities Institute가 펴낸 라틴어 문헌의 데이터베이스에 수록된 본문들을 검색하였다. 또한 『고대 교부들』Early Church Fathers의 주해도 CD롬에서 찾을 수 있으면 적극 활용하였다. 이 작업은 처음부터 드루 대학교와 미국 전산성경학회Electronic Bible Society가 공동으로 후원하여 이루어졌다.

이렇게 애쓴 덕분에 그리스어와 라틴어 본문 원자료를 많이 모을 수 있었다. 각 주해서 편집자들은 여기에서 유용한 자료만 가려내었다.[3] 프로젝트의 총괄 부서는 성경 본문의 각 구절이나 단락pericope에 관해 그리스어와 라틴어로 쓰여 있는 어구 주석gloss과 설명, 비평, 주해 등 실제 사용할 수 있는 정보를 각 주해서 편집자들에게[4] 제공하였다.[5] 사실, 많은 원자료 가운데 몇 퍼센트만 우리가 선정한 기준에 따라 사용할 수 있었다. 그러나 이렇게 엄격한 작업 기준을 따르는 것은 '성경 주해 선집'을 편찬하거나 일반인이 사용하는 개요집을 편집하는 이들에게는 당연히 요구되는 과정이다. 이러한 작업은 설명을 덧붙여야 하는 불필요한 자료를 배제함으로써, 짧고 간결한 표현들을 얻기 위함이다.

연구진은 이 데이터베이스에서 불리안Boolean의 정보 검색법에 따라 주요 낱말과 구를 검색하여, 그 구절에 해당하는 성경 구절의 그리스어와 라틴어 본문을 확인하였다. 옛 라틴어 역본이나 논란이 되고 있는 그리스어 본문들 가운데 이문이 있는 경우, 연구진은 암시나 유추와 같은 접근법으로 예상할 수 있는 모든 변수를 활용하여 주요 낱말을 검색하였다. 이 글을 쓰는 지금쯤이면 드루 대학교의 『교부들의 성경 주해』 연구진은 이처럼 복잡하고 엄청난 양의 컴퓨터 검색 기능 작업을 이미 얼추 마쳤으리라. 이는 컴퓨터 기술이 발전되지 않은 시대에는 상상조차 할 수 없는 작업이었다.

디지털 기술을 한껏 활용함으로써 우리는 예기치 않은 성과도 함께 거두었다. 이를테면, 데이터베이스에는 총서에 사용하지 않고도 남아 있는 자료들이 수두룩하다는 점이다. 또한 예전 같으면 '성경 주해 선집'에 들어 있지 않은 본문에 대해서는 주해를 확인하기 어려웠을 텐데, 지금은 데이터베이스로 쉽게 확인할 수 있다는 것이다. 그리고 인적 자원에 대한 비용을 절감하면서도 효율적으로 인력을 쓸 수 있으며, 앞으로 성경 주석사를 연구하는 데 토대가 될 풍부한 자료를 확보하게 되었다는 점이

---

[3] 우리는 라틴어와 그리스어 데이터베이스를 검색하여, 고대 그리스도교 시대에 다른 언어로 성경을 주석한 모든 문헌을 찾아내어 이를 골고루 이용하고자 하였다. 그래서 콥트어와 시리아어, 아르메니아어 편집 전문가들에게 이들 문헌 가운데 오늘날 우리 시대와 가장 잘 어울리는 자료들을 선정해 주기를 청하였다. 그런 다음 이미 영어로 번역된 자료들이 있으면 각 주해서에서 활용하였다.

[4] 자기 나름대로 자료를 검색하겠다는 편집자들에게는 정보를 제공하지 않았다.

[5] 미네(Migne)나 그리스어와 라틴어로 출간된 다른 자료보다 TLG와 Cetedoc를 더 자주 참조했는데, 이유는 이렇다. ① 한곳에서 디지털로 본문을 더 쉽고 빠르게 찾아낼 수 있다. ② 개선된 비평본이란 점에서 더 확실한 본문이다. ③ 초보자나 전문가들은 앞으로 이들 디지털 본문을 더욱 폭넓게 사용할 수 있다. ④ 짧은 문장은 쉽게 다운로드 받는다. ⑤ 각 본문이 자리한 문맥에 관심 있는 독자들이 손쉽게 검색해 볼 수 있다.

다. 이는 대부분 조엘 스캔드레트Joel Scandrett · 마이클 글러럽Michael Glerup · 조엘 엘로브스키Joel Elowsky 교수가 주축이 되어 이끈 유능한 대학원생들이 작업하였다. 디지털 검색과 저장 기술이 없었더라면 총서를 출간하는 데 수백 배의 노력을 기울여야 했을 것이다. 이러한 작업은 엄청난 인원의 연구원들이 세계 곳곳에 흩어져 있는 도서관에서 일일이 손으로 자료를 찾아내는 수고를 하지 않으면 이루어 낼 수 없기 때문이다.

앞으로 성경을 읽는 독자들도 새로운 형태의 컴퓨터 기술과 쌍방향으로 이루어지는 하이퍼텍스트 hypertext(특정 낱말이 다른 낱말이나 데이터베이스와 연결되어 사용자가 관련 문서를 넘나들며 검색이 가능한 텍스트 형식)를 활용하여, 고대 그리스도교 저자들이 사용한 상세한 개념이나 원문 · 주제 · 용어를 더 빨리 검색할 수 있을 것이다. 『교부들의 성경 주해』는 이러한 작업이 어떻게 이루어졌는지를 보여 주는 전형적인 본보기라 하겠다. 드루 대학교는 『교부들의 성경 주해』가 앞으로 발전 가능성이 매우 큰 연구 모델이 될 뿐 아니라, 뛰어난 연구 결과를 내리라고 기대한다. 우리는 이 총서를 책으로 출간하지만, 머지않아 대용량의 검색 기능과 기억장치를 갖춘 하이퍼텍스트 형식의 디지털 판으로 총서가 보완되기 바란다. 또한 연구 작업에 컴퓨터 기술을 적극 수용하고 발전시켜, 앞으로 역사학과 신학 연구에 필요한 과제를 수행하는 데 온 힘을 쏟고자 한다.

엄청난 자료가 빛을 보다

고대 그리스도교 저자들은 성경을 주해하는 동안 유익하거나 의미심장한 내용이 나오면 그냥 지나친 적이 없었다. 그들 대부분은 성경을 깊이 묵상하고 통찰하며 철저히 연구하였다. 본문과 본문을 비교하기도 하고, 때로는 성경의 많은 부분을 외우기까지 하였다. 총서에는 전통적으로 개신교에서 경전으로 인정하는 66권에 해당하는 모든 장章에 대해, 교부들이 의도적으로 다루었거나 아니면 특별한 이유에서 다루었던 주석과 설교나 강해도 수록되어 있다. 또한 유대 경전에는 없지만, 고대 그리스어 성경(칠십인역)에 있는 본문(외경 혹은 제2경전)을 주해한 내용도 함께 실려 있다. 이들 본문은 각 교파 전통에서 볼 때는 조금씩 다르지만, 로마 가톨릭 교회와 그리스 정교회에서는 정경으로 인정한 부분들이다.

교부들은 성경 가운데 더러, 특히 창세기와 시편, 아가, 이사야서, 마태오 복음서, 요한 복음서, 로마서의 모든 구절은 많이 주해하였지만, 고대 그리스도교 시대에는 그 밖의 다른 작품을 주해하는 데는 그다지 관심을 보이지 않았다. 따라서 우리는 교부들의 주해서에서만 자료를 검색할 게 아니라, 성경 본문과 관련이 있거나 아니면 본문을 암시하거나 유추하고 참조할 수 있는, 그들이 저술한 모든 문헌에서 자료를 찾아야 했다. 강해 · 설교 · 편지 · 시 · 찬가 · 수필 · 논문에도 진리를 깨우쳐 줄 수 있는 많은 내용이 담겨 있기에, 이런 내용을 임의적으로 '성경 주해 선집'에서 빼서는 안 되겠다. 그래서 오리게네스 · 알렉산드리아의 키릴루스 · 키루스의 테오도레투스 · 요한 크리소스토무스 · 히에로니무스 · 아우구스티누스 · 존자 베다와 같은 저자들이 쓴 주해서와, 다른 문학 유형의 작품들을 한 줄 한 줄 검색하여 간결하면서도 지혜가 번득이고 심금을 울리는 구절들을 찾아냈다. 이렇게 원전에서 찾아낸 엄청난 자료를 토대로 각 주해서 편집자들은, 고대 그리스도교 저자들의 사상을 가장 잘 반영하고 분별력 있게 전해 주며 가장 뛰어난 내용을 담고 있는, 해당 구절에 대한 주해를 엄선하였다.

누구를 대상으로 하는가?

우리는 먼저 성경 전문가는 아니어도 성경을 정기적으로 연구하고, 고대 그리스도교 저자들이 성경을 어떻게 이해하였는지 참으로 알고 싶어 하는 평신도 독자들을 대상으로, 그들이 손쉽게 읽을 수 있는 본문을 선정하고 배열하였다. 오늘날의 평신도는 문화적으로 매우 다른 배경 속에 살고 있지만, 고대 교회의 위대한 인물들이 성경 본문의 의미를 어떻게 이해하였는지 알고자 한다.

일차적으로는 평신도의 관심사에 눈높이를 맞추어야 하겠지만, 성경 주석사에서 지금까지 얼마 안 되는 자료와 요약본을 활용할 수 있었던 학자층이 요구하는 엄격한 기준도 결코 무시하지 않겠다. 세계 인구 가운데 반이 넘게 사용하는 여러 언어로 번역되고 있는 총서는, 본디 전 세계 공공 도서관이나 대학교, 비교 문화를 연구하거나 역사적인 데 관심을 쏟는 이들에게 도움이 되도록 기획되었다. 우리는 총서가 서양 문학사에서 주요 자료로 자리매김하리라 확신한다.

총서는 학계를 중심으로 교부학을 전문으로 연구하는 학자들을 대상으로 하기보다는, 평신도와 사목자, 학자 모두를 대상으로 하기에 그 독자층이 훨씬 더 넓다. 그렇기 때문에 본문 전승사를 연구하는 대학 교수, 또는 본문의 형태론이나 역사 비평적 논점과 이론에 관심을 보이는 이들만을 대상으로 하지 않는다. 이러한 문제는 전문가들에게는 아주 중요한 연구거리이겠지만, 『교부들의 성경 주해』 편집자들에게는 그다지 중요한 내용은 아니었다. 총서는 일차적으로는 사목자들을 대상으로 하지만, 보통은 성경 본문의 분명한 의미와 신학적 지혜, 도덕적 · 영적 의미를 초대교회가 어떻게 숙고하였는지 알고자 하는 수많은 평신도를 그 대상으로 삼는다.

총서가 어떻게 발전되어야 하는가 하는 문제를 두고 합리적인 여러 비전이 제시되었는데, 우리는 이들 비전이 실현 가능한 측면에서 얼마나 타당한지 신중히 검토하였다. 드루 대학교가 이끄는 이 프로젝트는 무엇보다도 성경에 어느 정도 기초 지식이 있는 평신도 독자층과, 더 넓게는 개신교와 가톨릭, 그리스 정교회의 사목자들이 실제 사용할 수 있는 주해서를 만들고자 하는 중요한 의도를 담고 있기에, 여러 대안을 신중히 고려해야 했다. 또한 우리가 추구하는 방법론에 대해 교부학계 전문가들이 비판한 내용을 기꺼이 받아들이지만, 그들도 이차적인 특별한 독자층으로 생각하였음을 밝혀 둔다. 총서가 평신도와 사목자에게 실제로 큰 도움이 된다면, 예전만 하더라도 쉽게 이용할 수 없었던 교부 문헌이 대학교나 신학대학에서 가르치는 성경과 해석학, 교회사, 역사신학, 설교학을 비롯한 여러 교과과정에 널리 활용되리라 생각된다.

탈무드와 미드라쉬가 권위 있는 문헌으로 오래도록 유대인들의 삶과 정신에 자양분을 주었듯이, 총서 또한 그리스도인들에게 그러한 역할을 충분히 해 줄 수 있으리라 여겨진다. 이 주해서는 가장 중요한 일차 자료로, 학교와 교회 도서관은 물론 사목자와 교사, 평신도도 성경 곁에 나란히 꽂아 놓아야 할 작품이다. 총서는 앞으로 몇 년 안에 완간되며, 예약 출판을 실시하여 독자들이 경제적이고 실용적으로 총서를 구입할 수 있도록 하려는 것이 우리의 의도이자 출판사의 약속이기도 하다.

오늘날 가톨릭과 개신교, 정교회의 평신도들 가운데는, 성경 연구의 판도를 바꾸어 놓고 때로는 그 의미마저 퇴색게 한 '역사 비평적 연구 방법'을 뛰어넘는, 그래서 더 깊은 토대가 될 수 있는 다른 어떤 것이 필요하다고 절감하고 있다. 곧, 성경을 설교하고 가르침을 전하는 데 생명력을 불어넣어야 할 그 무엇이 절실히 필요하다는 것이다.

오늘날 기도와 섬김(위기와 관련된 사목, 도시 사목과 학교 사목, 상담 사목, 피정 사목, 수도 단체, 빈민 사목, 사회복지 등)을 중심으로 종교 공동체가 쇄신해야 한다는 목소리가 커져 가고 있다. 이들 공동체에 속한 이들은 자신들의 정체성에 관해 묵상하고 영적인 토대를 마련하기 위해 성경 말씀과 교부들의 가르침에 깊은 관심을 보이고 있다. 따라서 이들 공동체는 이용하기 쉬우며, 학문적으로 근거가 확실하고 실제 사용하여 영적 성장에 밑거름이 될 수 있는 일차 자료를 찾고 있다.

'성경 주해 선집' 전통에 대한 때 이른 불신

사실, 우리는 '성경 주해 선집'과 『표준 주해집』이라는 고대 전통에 담겨 있는 정신과 문학 형태를 빌려 왔음을 기꺼이 인정한다. 이들 작품은 고대의 성경 주석가들이 성경 본문을 해석한, 생명력 넘치는 내용들을 모아 놓은 권위 있는 해석집이다. 우리는 이러한 전통 방식을 활용하되, 오늘날 독자 수준에 맞게 새로 고쳐 총서를 편집하였다.

이처럼 독특한 고전적 접근법이 수백 년 동안 사용되지 않고, 오히려 등한시되었다는 것은 안타까운 일이 아닐 수 없다. 그러니 이런 식의 주해서를 출간하는 일은 실로 오랜만에 있는 일이라 하겠다. '성경 주해 선집'과 같은 접근법은 근대 성경학자들의 비판으로 말미암아 19세기에 이르러서는 거의 자취를 감추었으며, 지금까지도 그 이전 상황으로 되돌아가지 못하고 있는 상태다. 얄궂게도 이 '성경 주해 선집'과 같은 접근법이 그리스도교 역사 가운데 예전 그 어느 세기보다도 더 조직적으로 감추어지고 무시된 때는 진보의 시대, 열린 시대라고 하는 20세기에 이르러서다. 시대사적 상황이나 출판 여건에도 불구하고, 오늘날 현대성이라는 교조적 편견(현대의 극단적 배타주의, 자연주의, 독자적 개인주의)에 사로잡힌 이들은 유감스럽게도 교부들의 문헌에 나오는 본문들을 설교에 전혀 사용하지 않는 경향이 있다.

19세기와 20세기에 이르러 성경 주석은, 이른바 '자연주의적 환원주의'라는 철학적 편견에 자주 사로잡혔다. 『교부들의 성경 주해』 프로젝트에 참여한 사람들은 대부분 수십 년 동안 문헌 비평과 역사 비평에 몸담아 온 이들이었기에, 성경 본문을 편협한 경험주의에서 우러나온 내용으로 설명하며 해석하려고 애를 썼다. 또한 지난 수십 년 동안 성경을 가르쳐 온 교사와 사목자들도 다양한 계층의 평신도와 그들의 서로 다른 학문적 배경에 맞추어 성경을 전해야 했기에, 험난한 바다를 헤쳐 오듯 힘겨운 시기를 보냈다. 설교가들은 이런 현대적 방법론을 터득하고 활용하려고 애썼지만, 대부분 뜻을 이루지 못하였다. 계몽주의 이후에 나온 이러한 비평적 해석 방법론이 지나친 사변으로 흐르고 영적 발전을 저해하며, 설교에 아무런 도움이 되지 않는다는 자각이 최근에 일기 시작하였기 때문이다.

다른 한편, 고대 성경 주석가들이 사용한 주제와 방법, 접근법은 성직자뿐 아니라 학문적 비평 방법론을 철저히 배운, 뛰어난 전문 지식을 갖춘 성경학자들에게도 매우 낯설었다. 지난 2세기 동안 성경을 주석하려는 다양한 노력을 기울였으면서도, 고대 그리스도교 성경 주석가에 대해서는 어쩌다 한 번, 아니면 편향적 시각에서 다루어지는 게 고작이었다. 오늘날 고대의 성경 주석을 경시하는 풍조는, 고대 교회의 권위 있는 수많은 성경 주해서가 아직 현대어로 번역되어 있지 않다는 점으로 보더라도 이를 충분히 뒷받침해 준다. 중국에서도 고대 불경이나 유교 경전의 주해서들이 번역되지 않았다.

현대 학자들이 교부 문헌을 의도적으로 무시하는 현상은 개신교뿐 아니라 가톨릭과 정교회에서도 폭넓게 나타난다. 가톨릭과 정교회 신자들이 교회 전통에서 특별한 지위를 인정받은 교부들은 극진히 공경하면서도, 그들의 저서를 거의 읽지 않는다는 점은 모순이 아닐 수 없다.

평신도들이 이전의 편견과 역사주의가 전제하는 내용에서 벗어나 교부들의 성경 주석에 새삼 매력을 느끼는 데는 두 가지 명백한 이유가 있다. 첫째, 이 총서가 고대 그리스도교 성경 주석과 성경 주석사에 관한 갈망을 채워 주기 때문이며, 어느 정도는 이러한 갈망이 너무나 오랫동안 채워지지 않은 것도 한몫하였다. 둘째, 계몽주의 시대 이후, 역사주의자들과 자연주의적 환원주의자들의 비평에 근거한 성경 주석 결과들이 실제로는 그리 유익하지 않았다는 부정적 평가가 점증했기 때문이다. 이 두 가지 고무적인 내용은 로마 가톨릭과 동방 정교회, 개신교의 평신도 독자들도 똑같이 느끼는 바다.

독자들은 『교부들의 성경 주해』 각 권 부록에 실려 있는, 연대순으로 정리한 교부들 목록과 약전略傳을 활용하여, 특정 성경 구절이 언제, 어떻게 해석되었는지 알 수 있다. 특정 성경 구절에 관한 다양한 해석을 사슬catenae처럼 이어 보면, 그동안 해당 본문을 어떻게 해석해 왔는지 그 역사를 한눈에 볼 수 있다. 이 유형은 동방과 서방 교부들의 성경 주석과 중세의 성경 주석에서 이어 내려왔으며, 개신교에서도 중요하게 쓰이고 있다.

교회일치 범위와 의도

그리스도교의 여러 교파는 공통적으로 교부들의 지혜를 배워야 할 필요가 있다고 인식하고 있다. 이 과제를 공정하고도 균형 있게 성취하기 위해서는 교파가 다른 그리스도교 공동체의 학자들이 서로 협력해야 하는데, 이는 교회일치를 이루기 위한 획기적인 시도다.

교부 문헌은 그리스도교의 공동 자산이기에, 총서는 그동안 서로 갈라져 있으면서 때로는 경쟁 교회라는 부정적인 인상을 심어 주고 멀리 떨어져 있던 그리스도인들을 공동의 정신으로 일치시키는 데 이바지할 수 있다. 모든 교파를 기꺼이 받아들이는 교부 문헌이라는 큰 우산 아래에서, 보수파 개신교는 동방 정교회와, 침례교는 로마 가톨릭과, 개혁교회는 아르미니우스 교파나 카리스마파 교회와, 성공회는 오순절 교회와, 고교회파는 저교회파와, 근대 이전의 전통주의자들은 근대 이후의 고전주의자들과 함께 모이고 있다.

교파가 서로 다른 그리스도인들이 어떻게 교부 문헌에서 영감을 얻고 공동의 신앙을 찾을 수 있는가? 이들 문헌과 이에 관한 연구가 어떻게 본질적으로 초교파적이고, 다양한 문화를 뛰어넘어 보편적

일 수 있는가? 이는 그리스도교의 모든 교파가 고대 성경 주석사에서만큼은 동일한 권리를 가지고 있기 때문이다. 이들 모든 교파는 자신들의 이성적 사고를 포기하지 않은 채, 모두에게 공동의 자산이 되는 문헌을 연구하고자 모일 수 있었다. 고대 문헌들은 잇따른 성경 주석사 전체 꼴을 잡는 데 결정적인 영향을 미쳤다. 개신교 신자들도 교부들의 유산을 당연히 물려받을 권리가 있다. 콥트인들만이 아타나시우스를 소유할 수 없고, 북아프리카인들만이 아우구스티누스를 전유할 수 없다. 교부들의 정신은 온 교회의 공동 자산이다. 정교회는 바실리우스에 대해 배타적 권리를 지닐 수 없으며, 로마 가톨릭도 대 그레고리우스를 독차지할 수 없다. 모든 그리스도인은 이 보화에 대하여 동등한 권리를 지니며, 그 보화의 가치를 깨닫고 그리스도의 몸 안에서 하나가 될 수 있는 가능성을 본다.

그리스도교의 여러 교파에서 이 프로젝트에 참여한 각 주해서 편집자들은 고대 그리스도교 문헌과 성경 주석사 분야에서 국제적으로 저명한 학자들이다. 동방 정교회 학자로는 영국 더럼 대학교의 앤드루 라우스Andrew Louth 교수와, 미국 매사추세츠 주 브루클린에 있는 성 십자가 신학교 — 그리스 정교회 — 의 조지 드래거스George Dragas 교수가 참여하였다. 로마 가톨릭 학자로는 로마 성 안셀모 대학교의 베네딕도 수도회 학자 마크 셰리든Mark Sheridan과, 뉴욕 포담 대학교의 예수회원 요셉 라인하트Joseph Leinhard, 미국 가톨릭 대학교의 시토회 신부 프랜시스 마틴Francis Martin, 로마 아우구스티누스 교부학 연구소에서 가르치고 있는 시애틀 태평양 대학교의 알베르토 페레이로Alberto Ferreiro 교수, 루마니아의 합동 동방 가톨릭 교파Eastern European (Romanian) Uniate Catholic tradition의 세베르 보이쿠Sever Voicu가 있다. 총서의 신약 부분은 마태오 복음서부터 시작되는데, 마태오 복음서는 가톨릭 교회에서 성경 주석사의 권위요 저명한 교부학자인 로마 대학교의 만리오 시모네티Manlio Simonetti가 맡았다. 성공회 학자로는 마크 에드워즈Mark Edwards(옥스퍼드)와, 케네스 스티븐슨Kenneth Stevenson(영국 햄프셔 주 패어럼) 주교, 로버트 라이트J. Robert Wright(뉴욕), 앤더스 버그퀴스트Anders Bergquist(세인트 올번스), 피터 고데이Peter Gorday(애틀랜타), 제럴드 브레이Gerald Bray(영국 케임브리지 대학교 및 미국 앨라배마 주 버밍엄)가 있다. 루터교에서는 퀜틴 베셀슈미트Quentin Wesselschmidt(세인트 루이스), 필립 크레이Philip Krey와 에릭 힌Eric Heen(필라델피아), 아서 저스트Arthur Just, 윌리엄 C. 웨인리치William C. Weinrich와 딘 웬데Dean O. Wenthe(모두 인디애나 주 포트웨인) 교수가 참여하였다. 개신교의 개혁교회와 침례교, 다른 복음주의 교회의 저명한 학자들로는 존 세일하머John Sailhamer와, 스티븐 A. 맥키니언Steven A. McKinion(노스캐롤라이나 주, 웨이크포리스트), 크레이그 블레이징Craig Blaising과 카르멘 하딘Carmen Hardin(켄터키 주 루이빌), 크리스토퍼 홀Christopher Hall(펜실베이니아 주 세인트 데이비스), 리곤 던칸 3세J. Ligon Duncan III(미시시피 주 잭슨), 토머스 맥컬러프Thomas McCullough(켄터키 주 댄빌), 존 프랑케John R. Franke(펜실베이니아 주 해트필드), 마크 엘리어트Mark Elliot(리버풀 호프 대학교) 교수가 있다.

편집진을 이처럼 국제적으로 편성한 것은 이 프로젝트가 교회일치 차원을 어느 정도 반영한 것이라 하겠다. 그들은 고대 그리스도교 성경 주석에서 일치된 전통을 가장 잘 반영하는 구절을 공정하게 뽑을 수 있는 적임자였을 뿐 아니라, 일치된 전통이 담겨 있는 중요한 표현들을 빠뜨리지 않겠다는 조건에서 선정되었다. 이들은 동방교회와 서방교회를 막론하고 가능한 한 고대 교회에서 가장 폭넓게 받아들여진 주해들을 찾았다.

그렇다고 해서 교부들의 견해가 늘 일치했다는 뜻은 아니다. 교회일치와 관련된 가르침을 대놓고 부인하지 않는 한, 정통 신앙이라는 테두리 안에서 선정된 이들 본문은 해당 본문이나 개념에 있어 상당한 견해차가 있는데, 이는 저자가 속한 다양한 사회 환경과 배경을 강하게 반영하고 있다는 뜻이다.

드루 대학교는 프로젝트의 각 주해서 편집자들을 위임하는 데 매우 엄격한 기준을 적용하였다. 이 기준에 따라 우리는 성경학계와 교부학계에서 저명하며, 성경 주석사에도 조예가 깊은 세계적인 학자들을 찾고자 하였다. 우리의 노력은 뜻한 바를 이루었다. 총서 편집진이 그리스도교 각 교파의 학자들로 구성되었다는 사실은, 전 세계 독자층의 호응을 얻을 수 있을 뿐 아니라 그리스도교의 주요 교파가 일치하는 데도 중요한 교량 역할을 할 것이다.

편집진은 총서를 편찬하는 내내 일관성 있게 수준을 높이고 문학적으로도 뛰어난 작품이 나오도록 애썼다. 이런 성격의 프로젝트가 대부분 그러하듯이, 편집진이 애쓴 보람으로 편집 방향과 절차는 점차 정교해지고 뚜렷해졌으며, 이는 편집 과정에 다시 반영되었다.

신학적 사고의 존중

『교부들의 성경 주해』는 하느님을 흠숭하는 공동체를 위한 것이므로, 편집진은 교회일치 차원에서 각 교파가 모두 받아들일 수 있는 주제를 편집의 중요한 구성 요소로 삼았다. 곧, 역사 안에서 드러나는 계시, 삼위일체, 역사를 통해 보여 주시는 하느님의 섭리, 그리스도교의 복음 선포, '신앙과 사랑의 규칙'regula fidei et caritatis, 성령으로 말미암아 회개하는 내용 등이다. 이 주해서는, 하느님을 흠숭하는 그리스도교 공동체가 공동으로 지니고 있는, 바로 이러한 내용을 다루고 있다.

세대를 뛰어넘는 이들 신앙 공동체는, 교회일치를 강조한 초대교회 교부들이 성령의 이끄심으로 험난한 역사 속에서도 성경을 해석하고, 그리스도교 진리를 전했다는 사실에 그 의미를 둔다. 따라서 교부 문헌에는 신자 공동체의 정신 안에 깃들어 있는 교회일치에 관한 내용이 계속적으로 담겨 있다. 이러한 교회일치에 관한 내용은 후대보다는 교부 시대에 더욱 두드러지게 나타났다. 그러므로 현대가 가정하는 선입견으로 교부 시대의 문헌을 판단한다면, 우리는 거룩한 책에 담겨 있는 내용을 올바로 파악하지 못할 것이다.

이처럼 많은 내용을 다루어야 하는 프로젝트에서는 목표를 명확히 설정하는 것이 중요하다. 그래야만 원칙을 바로 세워 나가는 데 도움이 되며, 어떤 접근법을 우선적으로 다루어야 하는지 결정할 수 있기 때문이다. 목표를 설정해야만 복잡한 상황에서 생길 수 있는 긴장을 풀 수 있다. 목표는 앞서 언급한 세 가지 내용으로 요약된다. 세 가지 목표 가운데 어느 하나라도 중간에 바꾼다면 총서 전체의 특성은 눈에 띄게 바뀌게 될 것이다. 우리는 이 작업이 학계에서 통용되는 비평을 갖춘 학술 연구라고 생각하며, 인간 앞에서coram hominibus뿐 아니라 근본적으로 하느님 앞에서coram Deo 행해져야 하는 소명으로 여긴다. 놀라운 사실은 우리가 추진하는 작업이 본디 의도한 바를 훨씬 넘어, 중국어를 비롯한 세계 주요 언어로 번역되고 있다는 점이다.

이러한 노력은, 성경이 역사·철학·과학·사회학적 시각이나 방법으로 이해할 수 없으며, 신학적으로 이해해야 한다는 데 바탕을 둔다. 성경을 신학적으로 이해하려면, 계시와 사도직·경전·견해가 일치된 내용 등, 교파를 초월하여 서로 숙고한 오래된 전통을 진지하게 받아들여야 한다. 여기서는 현대가 가정하는 선입견에서가 아니라, 고대 그리스도교 사상을 가장 잘 설명해 주는 전제 요소로, 신학·그리스도론·삼위일체와 같은 논증을 우선적으로 인정해야 한다. 이러한 접근법은 신학과 비평적 연구 방법론을 서로 겨루게 하려는 것이 아니다. 오히려 비평적 연구 방법론을 통합하여 무엇보다 중요한 설교·신학·사목이 서로 어울려 맡은 바 책임을 다하게 하는 데 그 목적이 있다. 그러니 이러한 노력은 오늘날 관념론에 빠져 이론만을 내세우는 것과는 사뭇 다르다 하겠다.

왜 복음주의자들은 점차 교부들의 성경 주석에 이끌리는가?

더러 놀랄 수도 있겠지만, 요즈음 세계 독자들 가운데 교부들의 성경 주석을 가장 많이 읽는 이들로 복음주의자들을 꼽을 수 있다. 이들은 교회의 역사적 전승을 무시한 채 오로지 신앙부흥 운동에만 열을 올렸는데, 이제 새롭게 눈을 뜨고 있다. 이 교파는 성경을 비판적으로 연구한다는 점에서는 시대에 뒤떨어지고, 성경을 해석학적 반성 없이 이해한다고 흔히 알려져 왔다. 그런데 이제 침례교와 오순절 교회파의 평신도들이 성령의 역사를 재발견하게 된 것이다. 이러한 사실 자체가 성령이 하신 일이라고 할 수 있을지도 모른다. 이 교파에 속한 사람들도 신앙이 성숙해지면서, 지금까지 경건주의나 역사 비평적 전통에서 얻을 수 있었던 것보다 그 이상의 성경 해석이 필요하다는 것을 깨닫게 된 것이다.

경건주의와 계몽주의는 교부들의 성경 주석과 고전적 해석 방법을 업신여겼다. 설교와 성경 주석에 생명력을 불어넣으려면, 슈바이처 이래 꽃피운 역사 비평의 편향된 시각과 경건주의에 물든 개인적 간증 수준을 과감히 넘어서야 한다.

필자는 한동안 『크리스천 투데이』*Christianity Today*의 선임 편집자를 거쳐 편집 주간으로 일해 오면서, 급변하는, 그래서 흥분되기까지 한 신학 동향을 몸으로 느낄 수 있었다. 정통 자유주의 신학에 속하는 신학자로서, 필자는 이 시기에 본인과는 매우 다른 견해를 가진 복음주의 독자들이 무엇에 민감하게 반응하고, 무엇을 필요로 하며 갈망하는지 알게 되었다. 마치 대학에서 세미나를 통해 배우는 것과 같았다.

그런데 왜 지금에서야 복음주의 지도자와 평신도들이 교부들의 지혜가 필요하다고 느꼈는가? 왜 세계 복음주의자들이 고대의 성경 주석에 점차 매력을 느끼게 되었는가? 신앙부흥 운동이라는 개신교 전통의 유산을 물려받은 사람들이 이렇게 한순간에 밑바닥부터 바뀐 이유를 무엇으로 설명할 수 있겠는가? 완전한 답변은 아니지만, 복음주의교파 사람들은 루터와 칼뱅, 웨슬리 시대 때부터 교부들의 저서를 접할 기회가 거의 없었기 때문이다. 사실, 루터나 칼뱅, 웨슬리는 교부들의 사상을 잘 알고 있던 터였다.

『교부들의 성경 주해』는 고대 그리스도교 성경 주석가들의 목소리를 생생하게 전하는 데 그 목적이 있다. 따라서 오늘날의 일방적인 비평적 방법론에는 그다지 신경 쓰지 않을 생각이다. 그리고 지난

2세기 동안 평신도와 교사, 사목자들이 대하기 어려웠던 새로운 문헌을 제공할 것이다. 하지만 이 주해서는 오늘날 폭넓게 연구해 온 역사 비평의 성과를 회피하지 않으며, 고대 그리스도교의 교회일치 전통 안에 담겨 있는, 여러 나라 언어로 쓰여 있는 문헌을 다양한 문화와 세대를 뛰어넘어 오늘날 독자들에게 소개하고자 한다. 그러니 총서는, 깨어 있고 열려 있으며 의욕에 불타고 의지가 확고한 독자들을 대상으로 한다 하겠다.

지금이야말로 이러한 노력을 기울일 때다. 요즈음 복음주의 개신교 신자들 가운데 점차 많은 이가, 종교개혁 이후 정교회와 가톨릭 교회가 오랫동안 분열로 치달을 수밖에 없었던 문제점들에 대해 다시금 서로 대화의 여지를 마련하고 일치의 장을 넓히고 있기 때문이다.

교부들의 성경 주석 연구는 수백 년 동안 개신교와 가톨릭 교회를 괴롭혀 온 여러 주제, 곧 의화와 사도적 권위 · 그리스도론 · 성화 · 종말론에 관하여 더 깊은 대화를 할 수 있는 물꼬를 터 주게 될 것이다. 그리스도교의 각 교파가 종교개혁 이전에 쓰인 문헌들에서 모든 그리스도인이 향유할 수 있는 공동의 신앙을 찾을 수 있기 때문이다. 더욱이 이 분야는 개신교 신자들이 마음 놓고 따를 수 있는 성경의 권위와 해석을 다룬다.

성경 주석사를 재발견하여 설교를 쇄신하는 데 쓸 자료로 삼고자 하는 염원은 이제 복음주의자들의 가슴속에 아로새겨졌다. 이 총서는 설교에 생명력을 불어넣어 이를 쇄신하는 데 도움 되는 자료를 제공하기 위한 것이다.

선정 과정

원자료는 다음의 세 단계를 거쳐 선정되었다.

제1단계: 현존하는 그리스어 및 라틴어 주해서 재검토. 각 주해서 편집자들은 자신이 맡은 성경 각 구절에 대한 주해와 강해나 설교를 한 줄 한 줄 검토하였다. 자료는 대부분 영어로 번역되어 있지 않았고, 일부 자료는 현대어로 번역되지도 않았다.

제2단계: 디지털로 검색한 결과를 재검토. 각 주해서 편집자들은 그리스어와 라틴어 데이터베이스에서 디지털로 검색한 결과를 재검토하였다. 본문이 속해 있는 문맥의 내용을 파악하기 위해서, 보통은 원자료의 디지털 인용문 앞뒤로 나오는 구절을 열 줄씩 다운로드하여 인쇄하였다. 그러고 나서 필요한 경우, 특히 디지털로 검색한 결과가 그리 많지 않을 때는 『교부 성경 색인』*Biblia Patristica*을 참조하였다. 그런 다음, 각 주해서 편집자들은 디지털 자료와 출간된 본문에서 선정될 가능성이 높은 자료를 따로 모아 놓았다.

제3단계: 선정. 각 주해서 편집자들은, 디스크에 저장이 되어 있든 종이로 인쇄되어 있든, 그리스어와 라틴어 디지털 데이터베이스, 현존하는 주해서, 그리고 이미 영어로 번역된 자료 등에서 모은 성경 각 구절의 주해 가운데, 정해진 기준에 따라 교부들의 가장 좋은 주해와 해설을 선정하였다. 이렇게 선정한 까닭은 얼마 안 되는 문장이나 문단이라도, 신자 공동체의 정신이 가장 잘 반영되어 있는 교부들의 주해를 따로 모아 놓기 위해서다.

선정 방법

자료를 어떻게 선정하였는지 그 방법을 정확하게 밝히는 것이 독자들에게 도움이 되리라 생각한다. 우리는 다른 이들에게 특정 성경 구절에 대해 우리와 비슷한 절차를 거쳐 그 결과가 어떻게 나오는지 비교해 주기를 청하였다.[6] 이들이 우리가 선정한 본문을 재검토하고 더 나은 대안을 제시해 준다면 기꺼이 받아들이겠다. 우리는 무의식적으로라도 어느 한쪽으로 치우쳐 본문을 선정하지 않기를 원하였다. 혹시 이 의도와 어긋나는 것이 있다면 지적해 주기 바란다.

『교부들의 성경 주해』 편집자들과 간행자, 번역자, 연구진은 전체 프로젝트를 짜임새 있게 만들고자 주해를 선정하는 합의안을 공동으로 미리 정하였다. 다음은 주해를 선정하는 데 지켜야 하는 내용이다.

선정 원칙은 관련자 상호 간에 합의된 사항이다. 이는 편집자들이 방대한 교부 문헌 가운데 선택의 여지가 있고 지혜 가득한 내용이 담겨 있으며, 의미 있는 성경 주해를 선정하는 데 지침이 되고자 하는 것이다.

1. 우리는 사용 가능한 주해가 엄청 들어 있는, 방대한 데이터베이스에서 오늘의 상황과도 관련이 있고 그 의미를 이해할 수 있으며, 서로 다른 문화는 물론 실생활에도 쉽게 적용할 수 있는 구절을 선호한다.

2. 각 주해서 편집자들은 수사학적 효과가 뚜렷하고 자명하며 설득력이 있는, 그래서 어떠한 설명도 덧붙일 필요가 없는 교부들의 글을 찾고자 한다. 편집자의 주된 임무는 가장 적확한 주해를 찾아내어 그것을 정확하게 번역하도록 도와주는 것이다.

대개는 깊은 감명을 주고 기억하거나 인용하기가 쉬우며 (흔히 한두 문장이나 한 문단으로 되어 있는) 금언처럼 짧은 글을 선정한다. 길고 이해하기 어려운 설교나 강해, 상세한 논문 같은 내용은 되도록 택하지 않는다. 많은 경우, 이야기체로 쓰여 감흥을 불러일으키거나 교화적인 내용은 포함한다. 이러한 기준은 탈무드와 미드라쉬를 비롯한 유대교 라삐들의 해석 전통과 맥을 같이한다. 그러나 경우에 따라서는 중요한 내용을 담고 있는 상세한 주해 또는 장문의 강해나 설교도 선정한다.

3. 우리는 어느 시대, 어느 문화를 막론하고 신자 공동체의 정신을 가장 잘 반영하는 주해를 선정한다. 단순히 사변적으로 뛰어나거나 너무나 새로운 내용을 전해 주기보다는 모두 공감할 수 있는 내용에 더 중점을 둔다. 주석가는 독창적으로 사상을 전개하고 해석할 수 있지만, 주해는 사도 전통의 가르침과 교회의 신앙과 일치해야 한다. 개인적인 차원에서 새로운 것을 내세우다 보면, 하느님을 흠숭하는 공동체가 이미 알고 있는 것을 아직 학문적으로 체계화하지 못하여, 일치된 견해를 중시하는 전통과도 어긋나게 된다.

---

[6] 현재 특정 성경 구절의 주석사에 관한 박사 학위논문 몇 편이 준비되고 있다. 이 논문들이 새로운 학문적 방법론으로 발전되어, 앞으로 성경과 교부 문헌 연구가 역사주의나 자연주의적 환원주의 방법이 아니라 본문을 분석하고 또 본문과 본문 사이에 어떤 관련성이 있는지 분석하며, 어떤 내용이 서로 일치하는지 평가하고, 해석사를 더욱 깊이 연구하는 방향에서 이루어졌으면 한다.

그러므로 우리는 해당 성경 본문을 다르게 해석하기보다는 교회일치 관점에서 주석의 주된 흐름을 올바로 반영하는 본문 해석에 더 관심을 둔다. 교회일치 정신이 몸에 배어 있는 정교회와 개신교, 가톨릭 계통의 각 주해서 편집자들은 공정하고 전문가다운 판단력으로 가장 중도적인 주해를 선정한다. 가령 교회 신앙이라는 전통의 길에서 벗어나지 않은, 오리게네스와 테르툴리아누스의 주해는 포함시켜도, 고대 교회의 일치 정신과 크게 다르거나 지나치게 자의적으로 주해한 내용은 배제한다.

4. 일치된 견해를 펼치는 교부들 가운데는 사회적 위치와 언어, 국적 때문에 상대적으로 무시된 경우가 있다. 하지만 이들의 작품 내용이 고대 성경 주석의 주된 흐름과 맞는 경우에는 이들의 글도 선정 대상에 포함시킨다. 시리아어와 콥트어, 아르메니아어 전문가들을 찾은 까닭도 바로 이 때문이다.

5. 불쾌하고 조잡하거나 품위 없고 불합리한 우의寓意(allegory)적 주석이나[7] 인종차별에 관한 내용을 담고 있는 주석은 가려냈다. 그런데 선택한 본문이 어느 정도 이러한 논쟁거리와 관련 있다 싶으면 본문의 문맥과 저자의 의도를 더 잘 이해할 수 있도록 각주를 달았다.

6. 우리는 동방교회와 서방교회, 아프리카 교회의 문헌을 골고루 사용하려고 노력하였다. 그래서 의도적으로 알렉산드리아 · 안티오키아 · 로마 · 시리아 · 콥트 · 아르메니아 교회가 해석한 내용도 함께 다루려고 애썼다. 특히, 고대 그리스도교의 다양한 저자들의 견해를 반영함으로써, 논리적으로 옳고 다양하며 신뢰할 수 있는 성경 주석과 교훈적인 본문 해석을 제시하고자 한다.

7. 특히 여성의 의견도 가능한 한 다루려고 하였다.[8] 예를 들면 마크리나[9] · 에우독시아 · 에게리아 · 팔토니아 베티티아 프로바의 글, 「사막 여수도승의 금언집」Sayings of the Desert Mothers, 그 밖의 다른 여성들이 남긴 고대 그리스도교 성경 주해도 선정 대상에 포함시키고자 하였다.

8. 고대 그리스도교 저자들의 성경 주해를 직접 대하기 위하여, 우리는 교부들에 대한 현대 주석가들의 견해나 의견이 아니라 교부들의 주해 자체를 전하는 데 중점을 두었다. 고대 그리스도교의 매우 다양한 사회 환경에서, 당시 가장 뛰어난 성경 해석가들이 깨달은 가장 깊은 주석을 오늘날 독자들이 만날 수 있도록 도움을 주고자 한 것이다.

본문이 어떻게 변형되고 전승되어 왔는가를 비평적으로 검토하거나, 본문을 문화 · 사회적 배경과 관련시켜 폭넓게 설명하는 데 목적이 있지 않다. 물론 이렇게 살펴보는 일도 본문을 이해하는 데는 쓸모 있을 수 있다. 그렇지만 가능하면 설명을 덧붙이지 않고, 고대 그리스도교 저자들의 주해를 가장

---

[7] 우의적 해석 방법을 담고 있는 본문을 제외시키지 않았지만, 본문을 설명하는 참뜻과 전형적 요소에 관해서는 공정히, 그리고 올바르게 판단해야 한다. 고대 그리스도교 성경 주석은 우의적 해석으로 가득 차 거의 쓸모없다고 말하는 사람들도 있다. 이런 생각은 편견에 지나지 않는다. 우리가 세운 기준에 따라 선정한 문헌을 살펴보니, 우의적 해석을 담고 있는 내용이 사실 얼마 되지 않아 우리도 적잖이 놀랐다. 정확히 계산해 보니, 우의적 해석을 담고 있는 문헌은 전체의 5퍼센트도 안 되었다. 따라서 우의적 해석은 보통, 고대 그리스도교, 특히 알렉산드리아 학파의 저자들과 구약성경 본문을 해석한 저자들이 사용한 주석 방식으로 인정되지만, 우리가 생각하듯 주된 주석 방식은 아니었다.

[8] 테르툴리아누스와 니사의 그레고리우스, 나지안주스의 그레고리우스, 히에로니무스, 요한 크리소스토무스, 팔라디우스, 아우구스티누스, 시리아인 에프렘, 게론티우스, 놀라의 파울리누스가 쓴 편지와 전기, 신학 · 자서전적 저술과 (이집트의 마리아의 생애와 타이스, 펠라기아의 생애를 쓴) 수많은 익명의 저자들이 전하는 여성에 관한 내용들이다.

[9] 남동생 니사의 그레고리우스가 그녀를 대변한다.

잘 이해할 수 있게 제시하는 데 목적이 있다. 이 프로젝트가 교부들의 성경 주해를 오늘날의 관점에서 재조명한 것이라고 생각한다면 이보다 더 큰 오산은 없을 것이다.

9. 실제 설교에 도움이 되고, 하느님을 흠숭하는 공동체가 본문의 분명한 의미와 저자의 의도, 영적 의미를 올바로 이해할 수 있는 주해를 의도적으로 찾아 모았다. 성경의 특정 본문에 대해 고대 그리스도교의 신앙 공동체가 깊이 성찰한 글을, 성경을 읽는 이들이나 가르치는 이들도 쉽게 접함으로써 도움을 받았으면 한다.

모든 고대 그리스도교 저자들이 성경 본문에 대하여 기록한 글을 하나도 빼놓지 않고 모두 모으려 했다면, 그 수량과 비용은 차고 넘쳐났을 것이다. 이 어마어마한 자료 가운데 저자의 의도를 가장 잘 반영하고 설득력 있는 주해만을 신중히 추려 내어 이를 가장 정확한 영어로 번역하려고 하였다.

앞에서 말한 편집 지침을 제대로 수행하기 위하여, 각 주해서 편집자들은 설교가 어떤 것인지 잘 알고 성경 주석사에 박학한 교부학자들과, 고전 그리스어와 라틴어 문헌에 능통한 성경학자들로 구성하였다. 우리는 평신도와 사목자들이 무엇을 필요로 하는지 잘 알고 교부 문헌에 대하여 전반적인 지식을 갖추어, 오늘날 설교가 어떤 문제점을 안고 있는지 직관적으로 이해하는 사람들을 편집자로 선정하고자 하였다. 편집진이 국제적이고 여러 교파 사람들로 구성되어 있는 점은, 이 프로젝트와 독자의 범위가 그만큼 국제적이고 세계적이라는 것을 말해 준다. 따라서 이 총서가 그리스도교 주요 교파 모두를 아우를 수 있다고 확신한다.

『교부들의 성경 주해』의 유형

총서를 주해서라고 부르는 데는 그만한 이유가 있다. '주해'를 한마디로 정의하자면, "성경과 같은 주요 저서를 예증하거나 설명하는 일련의 풀이"다.[10] 주해commentary는 라틴어 콤멘타리우스commentarius에서 유래한 말로, 어떤 주제나 글, 또는 일련의 사건에 대한 '간단한 소견'이나 '메모'memoranda를 뜻한다. 신학적 의미로 말하자면, 성경의 일부 구절을 설명하고 분석하거나 해석하는 작업이다. 고대에서 주해서는, 예컨대 1세기에 율리우스 히기누스가 비르길리우스Virgil의 작품을 주해하였듯이, 이전에 쓰인 어떤 작품을 설명하는 책으로 통하였다. 히에로니무스는 예전에도 많은 이가 세속 문헌을 주해하였다고 언급한다.

주해는 서론 다음에 온다. 서론에서는 누가, 왜, 언제, 누구를 위해 이 글을 썼는지 등에 관한 내용이 제시된다. 주해는 본문에 쓰인 문법이나 어휘와 관련된 문제를 다루기도 한다. 또한 저자의 사상이나 저술 동기를 간략히 기술하며, 사회·문화적으로 작품에 미친 영향이나 문헌학에서 올 수 있는 뉘앙스를 다루기도 한다. 요컨대, 주해는 고전 문헌의 어느 부분을 택하여 그 본문이 의미하는 바를 독자들에게 분명히 밝혀 주거나, 더 정확하게는 저자의 의도를 올바로 이해시키는 풀이라 하겠다.

서방의 주해 문학 유형은 초기 그리스도교의 성경 주해사와 맥을 같이하며 구체적인 꼴을 갖추었

---

[10] *Funk & Wagnalls New "Standard" Dictionary of the English Language* (New York: Funk and Wagnalls, 1947).

다. 이 역사는 오리게네스와 힐라리우스를 비롯하여 요한 크리소스토무스와 알렉산드리아의 키릴루스를 거쳐 토마스 아퀴나스와 리라의 니콜라스에 이르기까지 이어진다. 그리스도교 성경 주해가 기존의 문학 유형을 이어받아 이를 그리스도교 문헌에 맞게끔 새로운 형태로 바꾸었다고 단순히 추론하는 것은 조심해야 한다. 오히려 서방에서 주해라고 하는 문학 유형 ─ 특히 성경 주해 ─ 은 그 원형이라 할 수 있는 교부들의 주해서를 본뜬 것이며, 이들 주해서가 주해의 유형이라는 모든 서구 사상에 상당한 영향을 주었다고 말하는 것이 더 정확한 표현이다. 지난 2세기, 근대 역사 비평 방법론이 도입된 이래, 일부 학자들은 주해의 정의를 더 엄격히 규정하며 역사주의적 관점에만 온 신경을 썼다. 곧, 문헌학·문법적 검토, 저자, 집필 연도와 배경, 사회·정치·경제적 상황, 문학 요소로서 유형 분석, 본문의 구조와 기능, 본문 비평과 확실한 출처 등을 고려하였다. 따라서『교부들의 성경 주해』편집진은 고전적 의미에서 이 작업을 주해로 부르는 것을 호교적이라고 생각하지 않는다.

　주해서를 읽는 오늘날의 명민한 독자들은 자신들이 매우 완고한 사고방식에 젖어 있다는 것을 잘 알고 있다. 그들은, 본문을 해석하는 데 해석자가 절대적으로 영향을 미친다는 사실과, 따라서 고대의 본문은 현대 해석자의 능력(가치, 가정, 경향, 관념론적 편견)에 좌우된다는 사실 또한 잘 알고 있다. 이러한 사고방식은 뒤에 나온 비판적 문헌이 앞서 나온 비판적 문헌보다 더 가치 있다고 여기는 현대의 쇼비니즘, 곧 배타적 맹신주의에 근거하고 있다. 이러한 편견은 성경 본문을 주로, 아니면 때로 현대성에 꿰맞추는 역사 비평이라는 렌즈를 통해서만 보려는 경향으로 나타난다.

　우리도 이러한 견해를 충분히 고려하고 각 주해서 편집자들도 오늘날의 성경 비평을 철저히 알고 있는 터이지만,『교부들의 성경 주해』편집진은 그리스도교 경전이 교회의 거룩한 본문으로 존중되어야 한다는 생각을 기꺼이 받아들인다. 거룩한 본문에 대한 생각 자체가 오늘날 성경에 대해 생각하는 것보다 덜 중요할 리가 없다. 성경을 읽고 설교하는 일은 교회 생활에서 매우 중요하다.『교부들의 성경 주해』가 바라는 바는 고대 교회의 성경 해석을 재발견함으로써, 교회 생활에 새로운 활력을 불어넣는 데 조금이나마 기여하고자 하는 것이다.

고대의 저자가 오늘날 생각하는 방식을 따라야 한다고 여기는 이들에게 주는 정중한 경고

　누군가 오늘날 표현으로 주해는 이러이러하다고 정의하며 역사 비평 방법만이 정확한 주해라고 내세운다면, 고대 그리스도교 성경 주석가들은 당연히 늘 시대에 뒤지고 별스러우며 전근대적이고, 따라서 사회와는 동떨어진 인물로, 어느 경우에는 우스꽝스럽거나 비열하기까지 하고, 편파적이고 부당하며, 남을 억압하는 사람으로까지 보일 것이다. 그러므로 해석학적으로 공정을 기하기 위해서 독자들은 오늘날 성경에 대한 확실한 주해라고 생각하는 것들을 고대의 성경 주석가들에게 강요해서는 안 된다. 고대 그리스도교 저자들은 먼 훗날 생겨난, 오늘날 우리가 생각하는 방법들을 말한 적도 없거니와 알 수도 없으며, 때로는 눈속임으로까지 여겨 끝없이 이론을 제기할 수도 있다.

　총서는 각각의 성경 본문을 놓고 고대의 주석과 현대의 주석 가운데 어느 주석이 좋은가를 따지려는 것이 아니다. 오히려 총서는 고대 해석가들의 주해를 가능한 한 있는 그대로 보여 주고자 한다. 그러니 여기서 고대와 현대의 주석 방법에 대해서는 논하지 않겠다. 그러나 이러한 토론 자체도 고대의 주석을 폭넓게 연구해야만 가능한 일이다. 사실 지금까지 성경학자들은 고대의 주석을 읽어 볼 기회가 별로 없었다. 이러한 공백을 메우려 하는 것이 총서의 목적이기도 하다.

교부 시대 성경 주석의 목적은 성경에 계시된 진리를 겸허하게 찾는 것이었다. 따라서 성경에서 가르치는 진리를 실천하려는 준비가 되어 있지 않은 이들에게는 성경 풀이를 가르치지 않은 경우가 많았다. 이 점이 현대의 성경 주석과 완전히 다르다. 현대 학자들은 성경을 주석할 때 성경의 진리를 계시로 보지 않으며, 계시된 진리를 개인적으로 꼭 지켜야 할 절대적인 윤리 규범으로 여기지도 않는다. 하느님의 말씀으로 진지하게 받아들이지 않는다는 말이다. 그러면 우리가 지금 다루려는 교부들은 이를 어떻게 생각했는가? 계시된 진리를 실천할 준비가 되어 있지 않은 사람은 본문의 의미를 제대로 이해할 수 없다고 여겼다. 고대 교회의 사람들은 보통 본문의 말씀을 귀 기울여 듣고 그대로 실천하는 것이 본문을 이해하는 길이라 생각하였다.

교부들의 전형적인 성경 주석 방법은 오늘날 생각하는 주해 방법과 종종 일치하지 않는다. 오늘날 학자들은 본문과 관련이 있는 성경 구절을 꼬리에 꼬리를 물듯이 성경의 다른 부분에서 참된 뜻을 찾아야 하는 방법을 받아들이지 않는다. 이들은 관련 구절을 찾아내는 것을 당치 않은 본문 검증이라고 여겨 무시해 버렸다. 그러나 '성경은 성경에서 가장 잘 설명된다'scripturam ex scriptura explicandum esse는 점을 근거로 본문과 본문을 비교하는 일은 고대 그리스도교 저자들에게 매우 중요한 성경 해석 방법이었다. 이들은 본문의 의미가 명확히 전달되지 않는 성경 구절은 의미가 명확히 전달되는 다른 성경 구절로 해석하는, 곧 신앙을 유추하는 성경 구절로 성경 전체의 증언과 관련시켜 본문을 해석하였다.

독자들은, 우리가 지금 근본주의라고 부르는 해석 방법을 전혀 몰랐던 고대 그리스도교 저자들에게 20세기 근본주의fundamentalism적 해석을 억지로 강요해서는 안 된다. 또한 교부들을 오늘날의 의미에서 고지식한 근본주의자들이었다고 여기는 것은 경솔한 판단이다. 교부들은 오늘날의 자연주의적 환원주의를 거스르는 이들이 아니기 때문에, 그들의 주석은 근본주의적 해석이 아니다. 그들은 본문을 글자 그대로 이해하는 문자적 또는 단순한 의미로 성경을 해석하는 데 늘 반대하였다. 오히려 영적·윤리적 의미와 예형론적豫型論的 의미를 찾으려 하였다. 이와 달리 오늘날 근본주의는 역사주의에 반발하여 떨어져 나온 방어적 소산물이다. 따라서 그 특성이 고대의 예형론적 사고보다는 오늘날의 역사주의와 더 비슷하다. 역설적이지만 자유주의자들과 근본주의자들 모두의 성경 주석은 고대 그리스도교 성경 주석과 유사하기보다는, 둘 사이에 유사한 점이 더 많다. 왜냐하면 자유주의와 근본주의는 둘 다 계몽주의의 산물인 합리주의·역사주의라는 이론에 근거하고 있기 때문이다.

성경의 각 본문은 다른 본문으로, 그리고 계시 역사 전체로 그 뜻을 밝힐 수 있다는 것이 고대 그리스도교 성경 주석의 일반 원칙이었다. 따라서 교부들은 해당 본문의 뜻을 밝히기 위해 이와 관련된 여러 다른 본문을 비교하였다. 현대의 성경 주석이 한 본문에만 집중하여 그 뜻을 밝히지만, 고대의 성경 주석은 본문을 유추하여 다른 본문들과 끊임없이 관련시켰다. 또한 라삐 전통처럼 예형론적 논증을 집중적으로 사용하였다.

신약성경을 쓴 신앙 공동체에 널리 퍼져 있었던 교회론 · 성사 · 교의론적 해석뿐 아니라 신학 · 도덕적 해석을 무시하고 신약성경을 읽으려 한다면, 오늘날 그 당시 공동체와 눈높이를 맞추려는 많은 이에게는 무척이나 무모한 시도가 아닐 수 없다. 우리가 육화와 부활을 배제한 채 신약성경의 뜻을 이해하려 한다면, 그 노력의 결과는 정도를 벗어나고 왜곡되지 않을 수 없다. 교부들이 주석한 일부 성경 구절을 편향적인 시각에서 읽는 사람은, 교부들의 주석에 놀라 이렇게 해석해도 되는가 싶어 내팽개칠 수밖에 없다. 교부들의 성경 주석은 현대의 주석 규범과 역사주의적 주해와도 맞지 않으며, 비평적 연구 방법의 모델도 분명 아니기 때문이다.

여성 혐오주의와 반유대주의

반유대주의와 여성 혐오주의에 관한 문제는 신중히 접근해야 한다. 교부들을 반유대주의자이거나 여성 혐오주의자 아니면 두 주장을 모두 옹호하는 이들이라고 싸잡아 말하는 사람들이 더러 있기 때문이다. 이에 관한 논의는 다른 사람들이 더 상세히 다루어 주기 바라면서, 필자는 고대 그리스도교 저자들을 짧게나마 조심스럽게 변론하고자 한다. 필자는 얼마 안 되는 지면에서 이 문제를 변론한다는 자체가 얼마나 무모하고 위험한 일인지 잘 알고 있다. 독자들 가운데 더러는 이 문제가 걸림돌이 되어 교회일치를 추구하는 교부들의 가르침마저 외면하기도 하였다. 따라서 이 문제는 신중히 논의될 필요가 있다.

이 문제에 관해서는 격렬한 논쟁이 일어날 수 있지만, 필자는 고대 그리스도교 저자들이 오늘날의 특정 인종을 차별하는 반유대주의를 염두에 두지 않았다고 확신한다. 교부들은 인종을 증오하는 관점에서 논거를 댄 것이 아니라, 예수 그리스도에게서 완성된 하느님과 인간이 맺은 계약의 역사 안에서 하느님께서 선택하신 백성인 유대인이란 신분에 준하여 논거를 댄 것이었다. 또한 여성들에 관한 교부들의 논거는 오늘날 기준에서 볼 때, 여성들을 부당하게 대하여 의도하지 않은 결과를 초래한 경우도 있지만, 교부들은 사도적 가르침에 따라 여성들의 역할을 이해하려고 하였다.

이렇게 변론하였다고 해서 반유대주의와 여성 혐오주의 역사에서 그리스도인들의 역할과 관련하여 뒤얽혀 있는 모든 도덕적 문제가 해결되는 것은 아니다. 반유대주의와 여성 혐오주의는 지속적이고 공정한 연구와 해명을 필요로 한다. 요한 크리소스토무스나 순교자 유스티누스가 반유대주의자인가 아닌가 하는 문제는, 반유대주의라는 용어가 인종을 의미하는 것인가 아니면 종교적 · 예형론적 의미를 지니는가 하는 문제에 달려 있다. 필자 생각으로는 오늘날 독자에게 반유대주의로 보이는 교부들의 글은 대부분 예형론적 의미를 담고 있으며, 또한 '신앙의 유추'라는 성경 해석 방법에 바탕을 둔다. 이러한 접근법은 교부들이 각 본문을 계시사라는 전체 흐름에서 평가하고 유대인과 이방인의 차이를 그리스도론적으로 해석한 것이지 단순히 유전학과 인종이란 문제에서 해석한 것은 아니다.

복음서에 위협 요소로 자주 등장하는 유대화에 대해 교부들이 매우 혹독하게 비판할 때도, 오늘날 반유대주의자들이 생각하듯이, 그들은 유대인을 인종적으로나 유전학적으로 열등한 민족이라고 여기지 않았다. 교부들은, 바오로가 여성들이 가르치는 것에 대해 혹평한 구절을 주해할 때도 여성에 대해 대개는 아무런 반감도 보이지 않았다. 오히려 여성들을 '남성의 영광'이라고까지 예찬하였다.

얽히고설킨 이 문제에 관하여 로즈마리 래드포드 류터Rosemary Radford Ruether와 데이비드 포드Da-
vid C. Ford의 글을 비교해 보기 바란다.[11] 류터는 처음부터 끝까지 동등함justice이라는 오늘의 판단 기
준에서 고대 그리스도교 저자들의 잘못을 지적하였다. 이와 달리 포드는 고대 그리스도교 저자들을
당시의 역사적 배경과 한계 상황, 성경 해석, 더 깊은 의도라는 관점에서 이해하려 하였다. 두 학자의
접근 방법은 독자들에게 많은 것을 시사하지만, 포드의 접근 방법이 교부들의 의도를 좀 더 공정하게
평가한 듯하다.

펠라기우스에 관한 주의 사항

펠라기우스의 주해도 선정 기준에 맞으면 포함시켰다. 우리가 합의한 기준을 철저히 따른다면, 이
에 관해서는 몇 가지 설명이 필요하다.

펠라기우스의 문헌은 격렬한 논쟁거리가 될 만한 여러 요소를 담고 있다. 펠라기우스는 5세기 초에
활동한 이단자다. 그러나 그의 주해들은 후대에 정통 신앙의 학자들에 의해 철저하게 수정되어 다시
편집되었으며, 그 뒤 다른 저자의 이름으로 전해져 널리 읽혀졌다. 그러니 펠라기우스 전집에서 어떤
본문을 받아들여야 하는지 난감할 수밖에 없다.

1934년까지 남아 있던 펠라기우스의 문헌이라고는 바오로 서간을 주해한 변조된 본문과 아우구스
티누스가 인용한 단편뿐이었다. 1934년 이후 펠라기우스의 작품들은 많이 연구되고 검토되었다. 그의
문헌은 후대의 편집자들에 의해 너무 많이 수정되어, 지금 남아 있는 문헌을 인용하는 것조차 의미가
없을 정도다. 그러나 그의 작품에는 5세기에 바오로 서간을 어떻게 주해하였는지를 보여 주는 중요한
자료가 담겨 있다. 따라서 그의 작품을 무조건 무시해서는 안 된다. 필자는, 5세기에 활동한 펠라기우
스를 너무 쉽게 '펠라기우스주의 이단'이라는 후대의 고정관념으로 동일시하는 것은 현명하지 않다고
여긴다.[12]

오늘날 우리가 읽고 있는 바오로 서간을 주해한 펠라기우스의 본문은 히에로니무스의 전집에 보존
되어 있으며, 6세기에 프리마시우스나 카시오도루스 또는 두 사람 모두 재편집한 것으로 생각된다. 이
주해는 여러 차례 교정되고 편집되어, 오늘날 현존하는 것은 후기 교부들의 표준이 되는 사상과 성경
주석과 많이 일치한다고 볼 수 있다. 물론 그리스도교의 모든 교파가 하나같이 '펠라기우스주의'라고
혹평하는 내용은 예외다.

펠라기우스의 원문은 어떤 점에서는 분명히 이단과 관련이 있는 내용을 담고 있다. 그러나 현존하

---

[11] Rosemary Radford Ruether, *Gregory of Nazianzus: Rhetor and Philosopher* (Oxford: Clarendon Press, 1969);
Rosemary Radford Ruether, ed., *Religion and Sexism: Images of Woman in the Jewish and Christian Traditions* (New
York: Simon and Schuster, 1974): David C. Ford, "Men and Women in the Early Church: The Full Views of St. John
Chrysostom" (So. Canaan, Penn.: St. Tikhon's Orthodox Theological Seminary, 1995). John Meyendorff와 Stephen B.
Clark, Paul K. Jewett가 공동으로 연구한 내용을 참조하라.

[12] Adalbert Hamman, Supplementum to PL 1: 1959, cols. 1101-1570 참조.

는 문헌은, 아우구스티누스의 견해와 서로 다른 점이 있기는 하지만 주로 일반적인 내용을 다룬다. 따라서 이 자료를 '펠라기우스'의 것이 아닌 '위-펠라기우스'와 '익명'으로 인용할 수 있다. 그러나 총서에서는 오늘날 참고문헌을 인용하는 방식 그대로 따른다.

주해서의 서문과 둘러보기, 구조

각 주해서 편집자들은 서문에서 주로 누가 성경을 썼는가 하는 교부들의 견해와 성경의 중요성, 교부 주해의 유용성이나 희소성, 교부들마다 견해를 달리하는 논쟁점, 각 주해서를 편집하는 데 특별히 다루어야 할 문제를 상세히 논한다. 그리고 주해서의 전체 구조도 설명한다. 이는 일반 독자들이 찾고자 하는 성경 본문에 관한 교부 주해의 특징과 의미를 이해하며, 주해서를 사용하는 방법을 익히도록 하는 데도 도움을 줄 것이다.

둘러보기에서는 주해를 한 주요 교부들이 누구인지 알려 주며, 해당 성경 구절의 중요하고 핵심적인 논거가 무엇인지 독자들에게 간략히 소개한다. 다시 말하자면, 교부들이 주해한 내용을 논리적으로 간추려 나열해 놓은 것이다. 교부들의 주해 출처가 다양하고 시대가 다르지만, 해당 구절에 관한 교부들의 주해를 합리적으로 일목요연하게 정리하는 것이 이상적인 둘러보기의 역할이라 할 수 있을 것이다. 둘러보기의 구조는 성경 본문의 특성에 따라 주해서마다 조금씩 다를 수 있다.

각 주해에 표제를 단 이유는 독자들을 그 주제로 빨리 이끌기 위해서다. 독자들은 표제와 둘러보기를 대충 훑어보기만 해도 주해의 내용이 무엇인지 한눈에 파악할 수 있을 것이다. 보통 주해 안에 들어 있는 문구를 표제로 정했음을 밝혀 둔다. 아니면 관련 성경 구절을 표제로 실어 본문의 의미를 이해하는 데 도움을 주고자 하였다.

고대 그리스도교 저자의 생애를 다룬 전기에 관한 정보는 다양한 참고서와 사전, 백과사전 등에서 쉽게 찾아볼 수 있으므로, 『교부들의 성경 주해』에서는 이러한 수고를 되풀이하지 않겠다. 그러나 각 주해서 부록에는 인용된 저자들이 연대순으로 간략히 정리되어 있다. 아울러 가나다순으로 저자 약전略傳도 함께 실었다. 약전에서는 저자의 교직과 활동 지역, 저술 활동, 신학적 경향 등에 관해서 대략적인 정보만 제시하였다.

성경 각 구절을 선정하고 번역하는 데는 나름대로 특수성이 있다. 검색하고 평가하여 재검토한 본문 자료의 분량은 주해서마다 매우 다르다. 교부들이 본문에 대해 통찰한 깊이도, 문화적으로 배경이 서로 달라 이해하기 힘든 내용도, 그리고 검토 자료가 오늘날 상황과 얼마나 관련이 있는지 하는 의미 또한 제각각이다. 각 주해서 편집자가 이렇게 다양한 본문에 대한 해석을 합리적이고 일목요연하게 정리하는 일은 결코 쉽지만은 않았다.

성경 본문의 의미가 모호하여 독자들이 혼란을 일으킬 수 있을 때는 각주를 달아 내용을 보충하였다. 교부 문헌 번역서와 비평본도 각주에서 제시한다.

우리는 독자들이 둘러보기와 표제, 각주로 이어지는 연결 고리를 통해 본문에서 본문으로 쉽게 넘나들기 바란다. 이것이 편집의 주된 목표다. 각주는 교부들의 주해 본문에 비하여 10퍼센트 이하로 제한하였다. 각주에서 사용된 약어는 주해서마다 그 목록을 실어 놓았다. 편집상의 연결 고리는 전체 성경마다 일률적으로 되어 있는 게 아니라 각 주해서의 특색에 따라 형태를 달리하였다.

학제 간 연구 방법의 상호 보완성

『교부들의 성경 주해』는 학제 간 연구 방법을 활용하였다. 다양하지만 서로 관련이 있는 연구 방법들을 함께 사용한 것이다. 각 방법은 의당 고유한 전문 분야에서 연구한다. 주요 연구 방법은 이렇다.

본문 비평. 수사본으로 전해진 어느 문헌도 오자가 없다거나 원문과 다른 문장이 없는 경우는 거의 없다. 우리는 자주 재필사된 고대 문헌을 다루기 때문에, 고대 본문 연구에 필요한 모든 방법을 이용해야 한다. 가장 믿을 만한 연구 방법으로 본문 비평을 많이 사용하였다. 이 방법은 성경 연구와 교부 문헌 연구에서도 활용된다. 이들 분야에서 본문 비평 작업은 현존하는 여러 자료 가운데 가장 권위 있고 확실한 사본을 가려내는 것이기 때문에, 그 중요성은 이루 다 말할 수 없다. 그리스어로 쓰여 있는 모든 문헌을 데이터베이스로 처리한 TLG와, 『그리스도교 전집(라틴어 총서)』의 본문을 담은 Cetedoc 총서의 데이터베이스를 만드는 데 사용한 비평 분석 방법이 기꺼이 활용되었다.

성경 본문과 관련하여 데이터베이스 연구진과 총서의 각 주해서 편집자들은 종종 특정 주해에 어떤 이문異文이 사용되었는지 파악해야 하는 문제에 부닥쳤다. 고대 주석가들이 어느 번역본을, 아니면 어떻게 전승된 성경 본문을 사용했는지는 언제나 분명하지 않다. 독자들이 본문의 출처에 관심을 둘 수도 있기에 이를 각주에서 설명하였다.

사회·역사적 상황 설명. 각 주해서 편집자들은 고대의 본문에서 발췌한 주해에 담겨 있는 역사·사회·경제·정치적 상황을 이해하려고 하였다. 이러한 이해가 전제되어야만 주해의 의미와 저자의 의도를 분명히 파악할 수 있고, 어느 주해가 성경 본문에 가장 적절한지 알 수 있다. 그러나 이러한 상황을 장황하게 논하거나 관련된 참고 사항을 나열하는 것이 우리의 주된 과제는 아니다. 또한 본문의 사회적 상황이나 특정 낱말의 문헌학적 역사와 본문의 사회적 기능도, 그것들이 아무리 흥미나 관심을 불러일으켜도, 우리의 주된 관심사는 아니다. 따라서 이러한 문제들은 각 주해서 편집자들이 필요하다고 판단할 경우 각주에서 간략히 다룰 것이다.

교부 문헌에 관한 적절한 상황을 설명하는 것이 때로는 유익하고 필요한 경우도 있겠지만, 우리의 주된 목적은 각 교부 문헌의 상세한 사회·역사적 상황을 설명하는 것이 아니다. 이러한 상황을 설명해야 한다면 총서의 권수는 지금보다 열 배는 더 늘어날지도 모르겠다. 상황을 조금만 설명해도 되는 본문이 있는가 하면, 상세히 설명해야 하는 본문도 있다. 다른 한편으로, 어느 본문은 내용이 이해하기 쉽고 간단명료하거나 금언적이기까지 하여 군이 장황하게 상황 설명을 하지 않아도 된다. 이런 내용이야말로 우리가 찾고자 하고, 총서에서 다루고자 하는 본문이다. 우리는 오늘날 독자들의 이해를 돕기 위해 복잡하게 설명을 많이 해야 하는 본문에는 눈길조차 주지 않았다. 특히, 명백하게 공격적인 본문(반유대주의적이거나 도덕적으로 모순되며 눈에 거슬릴 만큼 극단적으로 배타주의적인 본문 등)과 본디 모호하거나 오늘날 독자에게 너무나 낯선 본문은 제외시켰다.

성경 주석. 사회·역사적 상황을 설명하는 것이 『교부들의 성경 주해』의 둘째 목적이라면, 성경 본문에 대한 교부들의 의미 깊은 주석이야말로 첫째 목적이다. 각 주해서 편집자들은 교부들이 성경 본문에서 깨달은 의미를 명확히 설명하며, 상세히 논하고 해설한 글들을 찾고자 하였다. 고대 주석가들이 주해한 성경 본문 내용을 오늘의 관점에서 거슬리지 않는 표현으로 또는 너무 탈신화하여 객관적으로 해설하려는 것이 결코 아니다. 우리의 목적은 고대 주석가들의 고유한 생각을 그대로 전해 주는 주해를 총서에 싣는 것이다.

성경 주석exegesis이라는 용어는 총서에서 현대적 의미보다는 고전적 의미로 사용되는 경우가 더 많다. 고전적 의미로, 주석은 본문의 의미, 출전, 다른 본문과의 관계를 설명하고 해석하며 주해하는 모든 것을 아우른다. 성경 주석은 본문을 설명하기 위해 이용할 수 있는 모든 언어학·역사·문화적 또는 신학적 자료를 사용하여 본문을 상세히 읽는 것을 일컫는다. 이는 해석가들이 본문에 대해 자신의 개인 생각이나 견해를 강요한다는 뜻으로 쓰이는 '주관적 해석'eisegesis과는 다르다.

교부들은 본문의 정확한 어법과 문법 구조, 그리고 각 부분들과의 상호 연관성을 명확히 밝히고 확인하는, 본문의 내적 주석intratextual exegesis을 적극적으로 활용하였다. 아울러 본문에 쓰여 있는 지리·역사·문화적 상황을 파악하는, 본문의 외적 주석extratextual exegesis도 사용하였다. 그들은 본문과 다른 본문을 비교하며 본문의 의미를 파악하는, 본문의 상호 주석intertextual exegesis도 매우 잘 활용하였다. 이는 고대 교회에서 가장 중요한 주석 방법 가운데 하나다.

해석학. 우리는 고대 그리스도교 저자들이 자신들의 해석 과정을 어떻게 서술했는지 파악하려고 애썼다. 이러한 해석학적 자기 분석은 오리게네스와 테르툴리아누스, 히에로니무스, 아우구스티누스, 레렝스의 빈켄티우스의 작품에 많이 나온다.[13] 각 주해서 편집자 대부분은 오늘날 해석학적 방법과 문학적 방법에 대한 비판적 논의가 이루어지고 있음을 잘 알고 있다. 그렇지만 이 문제를 직접 다루는 것이 『교부들의 성경 주해』의 목적이 아님을 밝혀 둔다. 오히려 교부들이 성경을 어떻게 해석했는지 알려 주는 해석학적 지표들을 드러내는 일에 주력할 것이다. 이는 주로 교부들이 어떤 용어를 썼는지 보면 알 수 있다.

설교학. 고대 그리스도교 설교에 담겨 있는 지혜에 비추어 오늘날의 설교를 쇄신하는 것이 『교부들의 성경 주해』의 실질적인 목표 가운데 하나다. 이러한 목표를 염두에 두었기 때문에, 총서에 수록된 가장 뛰어나고 감동적인 주해 가운데 상당수가 교부들이 흔히 내는 주해서보다는 교부들의 설교에서 발췌되었다. 고대 교회의 설교가들 가운데 가장 저명한 이들이 설교 활동을 활발히 펼쳤다는 것은 그리 놀라운 일은 아니다. 설교학에 관한 방법을 가장 모범적으로 보여 준 교부로는 대 그레고리우스와 대 레오, 아우구스티누스, 예루살렘의 키릴루스, 요한 크리소스토무스, 페트루스 크리솔로구스, 아를의 카이사리우스가 있다.

---

[13] 프로젝트 가운데 우리가 관심을 보인 이 분야는 결국 『교부들의 성경 주해』 별책으로 빛을 보게 되었다. 이 책은 바로 『교부들의 성경 주해』 부편집인 크리스토퍼 홀(Christopher A. Hall, Eastern College) 교수가 집필한 *Reading Scripture with the Church Fathers* (Downers Grove, Ill.: InterVarsity Press, 1998)다.

사목적 배려. 『교부들의 성경 주해』는 고대 교회의 성직자들이 신자들에게 펼친 사목적 배려에 관한 전통을 독자들로 하여금 새롭게 일깨우고자 하는 데 그 목적이 있다. 위대한 교부들 가운데 사목적 지혜가 뛰어나고 성경과 사목을 잘 접목시킨 뛰어난 교부로는 나지안주스의 그레고리우스와 요한 크리소스토무스, 아우구스티누스, 대 그레고리우스가 있다. 총서의 편집자들은 현대의 심리요법과 사회학, 자연주의적 환원주의라는 근거에 물들지 않은 채 이러한 불후의 사목적 지혜를 있는 그대로 전해 줄 것이다.

번역 이론. 총서의 각 주해서에는 고대 그리스도교 저자들의 글이 영어로 번역되어 있는데, 이는 가장 잘 보존된 원전에서 번역된 것이다. 번역이 과연 제대로 되었느냐 하는 문제는 언제나 비판의 여지가 있다. 번역은 본디 논란의 대상이 되게 마련이다. 우리는 '내용의 동등성'dynamic equivalence[14]이라는 이론에 따라 번역하려 애썼다. 의역에 빠지지 않고, 또한 융통성 없이 글자 그대로 번역하지 않으며 원뜻을 제대로 살리는, 중용적이며 문학적으로 번역하려 하였다. 오늘날 독자들이 고대 언어의 생생한 뉘앙스와 힘을 쉽게 느낄 수 있는 표현을 찾으려고 끊임없이 노력하였다. 가능하면 오늘날 언론계에 종사하는 이들이 통상적으로 사용하는 은유와 용어를 선택하였다.

성과

방대한 고대 그리스도교 성경 주해서를 출간하기로 계획한 것은 지난 500년 만에 처음 있는 일이다. 앞으로 그리스도교의 탈무드나 교부들의 성경 주해서를 발간하려면 우리가 구성한 이 총서의 체계를 많이 따르거나 주요 부분을 어느 정도 참고하지 않으면 안 될 것이다.

이 계획을 완성하기 위하여 최고의 능력과 명성을 겸비한 개신교 · 가톨릭 · 정교회의 학자들과 편집자들, 번역가들로 이루어진 국제적인 조직이 구축되었다.

이들 학자와 편집자, 출판인, 컴퓨터 기술자, 번역가들로 환상적인 조직을 갖추었다는 것은 경이에 찬 새로움이며, 그 자체가 교회일치를 향한 새로운 첫걸음이라고 할 수 있다. 이들은 서로 힘을 합하여 프로젝트의 기본 패턴과 방향을 정하고, 필요에 따라 이를 점차 수정하고 바로잡아 나갔다. 이는 성경 주석사 연구와 디지털 검색 기술을 통합시키는 데 학제 간 실험 연구의 모델을 제시한 셈이다.

---

[14] '내용의 동등성' 이론은 유진 니다(Eugene A. Nida) 등의 저서에서 가장 완전하게 전개되었다. Eugene A. Nida, *Toward a Science of Translating* (Leiden: Brill, 1964); Eugene A. Nida and Jan de Waard, *From One Language to Another: Functional Equivalence in Bible Translating* (Nashville, Tenn.: Nelson, 1986). 내용의 동등성 이론의 의도는 '영어를 의사소통 수단으로 사용하는 사람들이 널리 받아들인 낱말이나 형태로 원문의 의미를 분명하고 정확하게 옮기는 데 있다'. 이는 저자의 '의도와 메시지를 보통 사람들이 쓰는 일상 언어를 전하는, 표준 영어로 제시하는 것이다'. 이 이론은 '오늘날 독자들이 원문의 내용을 최대한 잘 이해하게 하는 데' 목표가 있다. "자연스럽고 명확하며 간단하고 모호하지 않은 언어를 사용하도록 최대한 노력을 기울이는 것이다. 따라서 원어에 나오는 품사며 문장 구조, 어순, 문법 등을 영어로 그대로 옮기지 않도록 하였다. 충실한 번역은 원문의 문화 · 역사적 특징을 충실하게 나타내는 것이지 본문을 오늘날 상황에 맞게 고치는 것이 아니다"[Preface, *Good News Bible: The Bible in Today's English Version* (New York: American Bible Society, 1976)]. 이 이론은 의역을 지향하지 않으며, 문학 번역과 문자 번역이라는 두 길 중간쯤에서 번역하는 것이다. 편집자들 모두 번역 작업을 완전히 동일한 관점에서 보지는 않았지만, 내용의 동등성 이론을 일반적 지침으로 삼았다. 이야말로 이 주해서가 지향하는 바다.

이 글을 쓰고 있는 지금 총서의 실질적인 성과물은 거의 반쯤 완성되었고, 프로젝트를 완수하기로 계획했던 햇수도 반이나 지나갔다. 프로젝트의 기본 틀이 확정되어 있기에 별다른 변경 사항은 없으리라 생각된다. 앞으로 출간될 각 주해서 편집자들과 탈고 계약도 맺었다. 이처럼 영어판 『교부들의 성경 주해』는 계획대로 잘 진행되어 제때 완성될 것이다. 우리는 국제적인 전문 인력을 늘리고 보강하여 영어 외 다른 언어로 번역하기에 이르렀다. 이미 스페인어와 중국어 · 아랍어 · 러시아어 · 이탈리아어 번역판은 출간되기 시작했고, 독일어판은 준비 중에 있으며, 그 밖의 다른 언어로 번역하는 문제도 검토 중에 있다.

드루 대학교는 이 프로젝트의 학문적 후원자로서 아낌없는 협조와 지원을 해 주었다. 이 명문 대학교는 이전에도 여러 국제적인 대형 출판 프로젝트를 지원하였으며, 출판된 작품들 가운데 100년 이상 계속 인쇄되고 있는 책들도 여럿 있다. 오늘날 세계에서 가장 널리 사용되고 있는 『성경 용어 색인』 *Bible Concordance*과 성경 어휘 대조 방식은 드루 대학교의 제임스 스트롱James Strong 교수가 만든 것이다. 드루 대학교의 스트롱 교수가 1880년대에 용어 색인 작업을 한 연구실은 필자가 수년 동안 사용한 사무실이었다. 우연의 일치인지 몰라도 이 총서는 바로 이곳에서 구상되었다. 오늘날 『스트롱의 성경 용어 색인 완결판』 *Strong's Exhaustive Concordance of the Bible*은 첫 출간 이래 100년 이상 영어권 세계에서 가장 좋은 사목 도서관들에 소장되어 있다. 마찬가지로 뉴욕 타임스의 아르노 출판사는 드루 대학교의 존 매클린톡John M'Clintock 교수와 제임스 스트롱 교수가 공동으로 집필한 대전집 『신학과 성경 주석 백과사전』 *Theological and Exegetical Encyclopedia*을 지금도 계속 출간 중이다. 그리스도교 고전의 주요 중국어판도 50년 전 드루 대학교에서 발간되었는데, 지금도 출간 중이다. 드루 대학교는 장기간에 걸쳐 이루어지는 국제적 학술 프로젝트를 시작할 수 있도록 많은 학자와 장소, 도서관, 산학 협동 지원, 부대설비 등 다양한 분야에서 도움을 주었다.

이 프로젝트를 헌신적으로 지원해 준 후원자들은 이름을 밝히는 대신 뒤에서 묵묵히 도와준 이들로 남아 있기를 바랐다. 그들은 총서가 어떠한 의미를 지녀야 하고 어떻게 발전해 가야 하는지, 남다른 전문 지식을 갖춘 협력자로서 부단한 조언을 아끼지 않았다. 뿐만 아니라 오랜 세월 이 프로젝트에 막대한 비용을 대 주는 등 물심양면으로 기꺼운 도움을 준 고마운 분들이다. 이처럼 총서는 은인들의 지속적이고 아낌없는 후원 속에서 행운을 누릴 수 있었으며, 하느님께서 베푸시는 은총도 함께 받았음을 밝히는 바다.

토머스 C. 오든
『교부들의 성경 주해』 책임 편집인
드루 대학교 신학부 교수

일러두기

⋮

총서는 몇 가지 특징적인 내용으로 구성되었다. 아래 내용은 독자들이 이 책을 제대로 이해하는 데 도움을 주고자 썼다.

성경 단락

성경 본문은 단락이나 대목으로 이루어지는데, 보통은 여러 절로 되어 있다. 성경 본문 표제는 성경 단락 앞에 나온다. 예를 들어 창세기 12-50장 주해의 첫 단락에는 "12,1-3 부르심과 약속"이라는 성경 본문 표제가 언급된다. 표제 아래에는 『성경』에서 인용한 성경 구절이 한 단 형식으로 뒤따른다. 성경 구절은 독자들의 편의를 돕기 위해서 제시하는 것이지만, 중세 교부들의 주해서와 비교하려는 의도도 들어 있다. 당시 주해서는 성경 본문을 가운데 놓고 둘레에 교부들의 주해를 실었다.

둘러보기

성경 본문 각 단락에 이어 그 본문과 관련하여 교부들이 주해한 내용을 둘러보기 형식으로 싣는다. 둘러보기는 성경 본문의 특성에 따라 주해서마다 다양한 형식으로 나타난다. 둘러보기는 뒤이어 나오는 교부들의 주해를 요약하여 알리는 역할을 한다. 교부들의 주해 출처가 다양하고 시대가 다르지만, 둘러보기는 교부들의 주해가 합리적이며 일정한 주제로 흘러가도록 이끈다. 따라서 요약한 내용은 연대순도 아니며 성경 구절 순서대로 나열하지도 않았다. 오히려 해당 성경 본문 단락에 관한 교부들의 주해를 포괄적으로 열거한 것이라 하겠다.

성경 주해가들은 일정한 주제만을 형식적으로 표현하지 않았다. 오히려 다양한 주제가 그럴듯하고 받아들일 만한 형태로 흘러가도록 두는 편이었다. 따라서 오늘날 독자들은 여러 시대와 장소를 반영하는, 다양한 성경 주석의 전승이 계속 흘러가는 것을 어렴풋이나마 알 수 있다.

주해 본문 표제

교부들의 주해 내용이 다양하고 많기에, 본문의 의미를 이해하는 데 도움을 주고자 주해 본문 표제를 실었다. 주해 본문 표제는 두 가지로 나뉜다. 하나는, 표제가 성경 구절인 경우다. 다른 하나는, 교부들이 주해한 내용 가운데 가장 중요한 내용을 요약한 경우다. 이 경우 중요한 구나 개념을 원용하거나 은유적으로 표현했다. 이러한 특징은 오늘날 독자들이 교부들의 주해 가운데 가장 핵심이 되는 내용을 파악하기 위한 가교 역할을 한다.

교부 주해 본문 확인

해당 교부 주해 본문에는 맨 먼저 표제가 나오고, 교부들의 주해를 우리말로 옮긴 내용이 이어진다. 해당 주해 본문 저자의 이름, 작품명과 출처는 주해 본문 맨 끝에 수록된다. 해당 주해 본문 출처는 권 · 장 · 절로 세분하거나, 아니면 권 · 절로만 표시한다. 출처를 표시한 내용이 영어 번역본과 다른 번역본에서 사뭇 다를 경우, 대괄호([]) 안에 서로 다른 내용을 적는다. 이문異文에 따라 성경 표현이나 장 · 절에 차이가 더러 있기도 하다.

각주

이 주해서에 인용된 교부 문헌을 좀 더 깊이 공부하고 싶은 독자는 각주를 통해 아주 유용한 정보를 얻을 수 있다. 각주 번호는 독자들이 보기 쉽게 교부 주해 본문 오른쪽 단 맨 밑에 모아 놓았다. 독자는 영역본과 인용된 교부 문헌의 원어 편집본에 관한 정보를 알아낼 수 있다. 번역본과 편집본은 약어로 표시하였다(권과 쪽수). 약어는 37쪽에 수록하였다. 선정한 교부 주해 본문이 문제가 있거나 매우 모호한 경우, 『교부들의 성경 주해』 편집진은 가능한 한 가장 좋은 본문 전승을 반영하고자 하였다.

교부 주해 본문 가운데 영어로 옮겨지지 않은 원어 본문이 있을 때는 새로 옮겼다. 그러나 이미 영어로 옮겨져 현재 사용되고 있는 영어 번역본이더라도, 필요한 경우에는 문체를 다시 바꾸어 썼다. 별표 하나(*)는 예전에 쓰던 영어 번역본을 독자들이 읽기 쉽도록 고쳤거나 오늘날 사용하는 영어로 새로 옮겼음을 나타낸다. 별표 둘(**)은 새로 옮겼거나 번역본의 내용을 상당히 고쳤음을 나타낸다. 『교부들의 성경 주해』 편집진은 철자를 맞춤법에 따라 고치고, 다양한 형식으로 쓰인 문법을 통일하였다. 그래서 편집진이 고친 영어 참조문에는 이전에 나온 영어 번역본에 다양하게 쓰인 이상한 철자는 없는 셈이다. 필요 이상으로 많은 접속사는 읽기 쉽게 더러 빼기도 하였다.

컴퓨터 데이터베이스를 사용하는 독자들의 편의를 위해서, 디지털 데이터베이스로 만든 그리스어 문헌의 데이터 뱅크인 TLG나 라틴어 문헌의 데이터 뱅크인 Cetedoc은 부록 527-531쪽을 참조하기 바란다.

약어

:

ACW   Ancient Christian Writers: The Works of the Fathers in Translation. Mahwah, N.J.: Paulist, 1946~.

ARL   Athanasius. *The Resurrection Letters*. Paraphrased and introduced by Jack N. Sparks. Nashville: Thomas Nelson, 1979.

CCL   Corpus Christianorum. Series Latina. Turnhout, Belgium: Brepols, 1953~.

CG   Augustine. *The City of God*. Translated by Henry S. Bettenson with an introduction by David Knowles. 1972. Reprint, with an introduction by John O'Meara. Harmondsworth, England: Penguin, 1984.

CPG   M. Geerard, ed. *Clavis Patrum Graecorum*. Turnhout, Belgium: Brepols, 1974~1987.

CS   Cistercian Studies. Kalamazoo, Mich.: Cistercian Publications, 1973~.

CSEL   Corpus Scriptorum Ecclesiasticorum Latinorum. Vienna, 1866~.

FC   Fathers of the Church: A New Translation. Washington, D.C.: Catholic University of America Press, 1947~.

LCC   J. Baillie et al., eds. The Library of Christian Classics. 26 vols. Philadelphia: Westminster Press, 1953~1966.

LCL   Loeb Classical Library. Cambridge, Mass.: Harvard University Press; London: Heinemann, 1912~.

LSA   Samuel Rubenson, trans. *The Letters of St. Antony: Origenist Theology, Monastic Tradition and the Making of a Saint*. Studies in Antiquity and Christianity. Minneapolis: Fortress, 1995.

NPNF   P. Schaff et al., eds. A Select Library of the Nicene and Post-Nicene Fathers of the Christian Church. 2 series (14 vols. each). Buffalo, N.Y.: Christian Literature, 1887~1894; reprint, Grand Rapids, Mich.: Eerdmans, 1952~1956; reprint, Peabody, Mass.: Hendrickson, 1994.

OFP   Origen. *On First Principles*. Translated by G.W. Butterworth. London: SPCK, 1936; reprint, Gloucester, Mass.: Peter Smith, 1973.

OSW   *Origen: Selected Writings*. Translated by Rowan A. Greer. Classics of Western Spirituality: A Library of the Great Spiritual Masters. Mahwah, N.J.: Paulist, 1979.

PG   J.-P. Migne, ed. Patrologia Cursus Completus, Series Graeca. 166 vols. Paris: Migne, 1857~1886.

PO   Patrologia Orientalis. Paris, 1903-.

SC   H. de Lubac, J. Daniélou et al., eds. Sources Chrétiennes. Paris: Editions du Cerf, 1941~.

TEG   Traditio Exegetica Graeca. Louvain: Peeters, 1991-.

TTH   G. Clark, M. Gibson and M. Whitby, eds. Translated Texts for Historians. Liverpool: Liverpool University Press, 1985~.

WSA   J.E. Rotelle, ed. *Works of St. Augustine: A Translation for the Twenty-First Century*. Hyde Park, N.Y.: New City Press, 1995.

창세기 12-50장 주해 서문

⋮

이 책은 창세기 12-50장이 전하는 이스라엘 민족의 성조, 곧 아브라함과 이사악, 야곱, 요셉의 이야기에 관한 초기 그리스도교의 해석을 담고 있다. 그리스도교 저자들은 이미 4세기부터 성경을 풀이하는 과정을 묘사하는 말로, 또는 어떤 대목의 뜻을 찾아낸다는 의미로 '엑세게시스'*exēgēsis*라는 낱말을 폭넓게 사용했다. 이스라엘 성조들의 역사에 대한 그리스도교의 해석은 나중에 신약성경을 이루게 되는 글들에서 이미 시작되었다. 그 가운데 이 책의 주제에 가장 중요한 저서는 갈라티아서와 로마서, 코린토 2서에서 아브라함이라는 인물을 고찰하는 바오로 서간이다.

성조의 역사에 대한 해석: 바오로부터 오리게네스까지

신약성경에 있는 구약성경 주석. 갈라티아 신자들에게 보낸 서간에서 바오로는 모세율법을 지킬 것을 고집하는 반대파에게 아브라함이 "하느님을 믿으니 그것이 그의 의로움으로 인정되었습니다"(갈라 3,6)라는 말로 아브라함을 믿는 이의 본보기로 내세우며, '율법에 따른 행실'과 '복음을 듣고 믿는 것'을 대비시킨다. 바오로의 반대파도 아브라함을 믿음의 본보기요 율법 준수의 본보기로 내세웠던 것으로 보이는데, 바오로는 창세기 12장에서 아브라함에게 주어진 약속이, 갈라티아인들과의 논쟁에서 가장 큰 쟁점이던, 할례 규정에 대한 지시가 있기 전에 그의 믿음에 대한 상으로 주어졌다는 사실을 근거로 아브라함의 믿음을 율법이라는 문제와 떼어 놓을 수 있었다. 갈라티아서 3장 8-9절에서 바오로는 "성경은 하느님께서 다른 민족들을 믿음으로 의롭게 하신다는 것을 내다보고, '모든 민족들이 네 안에서 복을 받을 것이다' 하는 기쁜 소식을 아브라함에게 미리 전해 주었습니다"라고 하는데, 그는 아브라함에게 주어진 약속은 인간이 예수 그리스도에 대한 믿음을 통해 의롭게 된다는 기쁜 소식을 예표한다고 생각했다. 이어서 바오로는 신명기 27장 26절과 하바쿡서 2장 4절, 레위기 18장 5절을 인용하며 율법에 따른 행위로 의로움을 인정받는 것이 아니라고 주장한다. 갈라티아서 3장 13절에서는 "그리스도께서는 우리를 위하여 스스로 저주받은 몸이 되시어, 우리를 율법의 저주에서 속량해 주셨습니다. 성경에 '나무에 매달린 사람은 모두 저주받은 자다'(신명 21,33)라고 기록되어 있기 때문입니다"라는 말로, 아브라함에게 약속된 복은 다른 민족들에게 율법과 관계없이 온다(갈라 3,14 참조)고 잘라 말한다.

그런 다음 바오로는 고대 그리스도교의 성경 해석에 자주 사용되던, '성경의 모든 세부 사항이 다 의미가 있다'고 받아들이는 주석 방법을 사용한다. 그는 창세기 12장 7절의 '후손'(그리스어로 '스페르마' sperma)이라는 낱말이 단수 형태로 사용되었다는 사실을 근거로, 이 약속은 아브라함의 후손으로 이해되는 유대 민족 전체에게 주어진 것이 아니라 한 분, "곧 그리스도"(갈라 3,16)에게 주어진 약속이라고 주장한다. 바오로는 성경의 여러 구절을 들어 이 점을 논증함으로써, 율법은 그리스도 안에서 약속이 이루어질 때까지만 유효한 일시적 방편이었다고 설명한다. 그 약속이 이제 이루어졌다. 그렇게 볼 때, 바오로의 논증과 주석의 실제 출발점은 새 시대가 시작되었다는 사실이다. 다시 말해, 예수의 부활로 마지막 시대 — '종말'eschaton — 가 계시되었다는 사실에서 출발한다. 아브라함과 약속에 대한 이런 해석은 그리스도교의 성경 해석 발전에 지대한 영향을 미치게 될 새로운 출발점이었다.

갈라티아서 4장 21절부터 5장 1절까지에서 바오로가 보여 준 사라와 하가르의 이야기에 관한 우의적 해석 또한 완전히 새로운 출발이다. 바오로는 여기서 하가르는 종의 계약과 율법을 상징하고, 사라는 자유의 계약을 나타낸다고 풀이한다. "여종에게서 난 아들은 육에 따라 태어났고, 자유의 몸인 부인에게서 난 아들은 약속의 결과로 태어났습니다"(갈라 4,23). 바오로는 "여기에는 우의적인 뜻이 있습니다"(갈라 4,24)라고 단언하면서, 하가르는 아라비아에 있는 시나이 산 — 율법이 제정된 곳 — 을 가리키며, 이는 유대교의 본부인 오늘날의 예루살렘도 해당한다고 설명한다. 이 설명에는 예수의 부활을 통해 '천상 예루살렘'이 계시되었다는 생각이 들어 있다. 바오로는 갈라티아 신자들이 이사악처럼 약속의 자녀이며, 이사악과 이스마엘의 시대에 그랬듯이 약속의 자녀가 육에 따라 난 이들에게 박해받고 있다고 결론짓는다. 자신의 견해가 정당함을 입증하기 위해 그는 창세기 21장 10절을 인용한다. "여종과 그 아들을 내쫓아라. 여종의 자식이 자유의 몸인 부인의 아들과 함께 상속을 받을 수는 없다"(갈라 4,30). 창세기 해석에 우의적 방법을 도입한 바오로의 선례는 그를 구약성경 해석의 본보기로 여긴, 오리게네스(이 책 43-4쪽 참조)를 비롯한 알렉산드리아학파의 주석가들에게 큰 영향을 미쳤다.

바오로는 로마 신자들에게 보낸 서간에서 다시 아브라함이라는 인물에 대해 논하는데, 이 서간은 갈라티아서보다 덜 논쟁적이며 훨씬 꼼꼼하고 발전한 논증을 담고 있다. 로마서 3장 21-31절에서 바오로는, 율법을 가지고 있었건 없었건 모두가 죄를 지었으며, 유대인이든 다른 민족이든 의롭게 되는 것은 '예수에 대한 믿음'을 통해서라고 주장한다. 로마서 4장에서는 아브라함을 '육에 따른 우리 선조'라고 정의한다. 갈라티아 서간에서와 마찬가지로, 여기서도 근거가 되는 성경 구절은 "아브람이 주님을 믿으니, 주님께서 그 믿음을 의로움으로 인정해 주셨다"는 창세기 15장 6절의 말씀이다. 여기서도 바오로의 논증은 창세기 17장의 할례 계율보다 "내가 이 땅을 너의 후손에게 주겠다"(창세 12,7)는 약속이 먼저 이루어졌다는 사실과, 아브라함이 믿음으로 의로움을 인정받았다는 그의 주장의 근거가 된 "아브람이 주님을 믿으니, 주님께서 그 믿음을 의로움으로 인정해 주셨다"는 창세기 15장 6절의 말씀에 바탕한다. 로마서에서 바오로는 이 구절에 나오는 '인정하다'라는 낱말이 사용된 시편 제32편 1-2절에 의거하여, 유대인이든 다른 민족이든 모두 믿음으로 의로움을 인정받으며, 그 약속은 아브라함과 같은 믿음을 지닌 이들에게 주어진 것이라고 설명한다.

아브라함은 코린토 신자들에게 보낸 둘째 서간 11장 22절에도 나온다. 논쟁적인 이 대목에서 바오로는 자신을 '아브라함의 후손'이라고 힘주어 말한다. 이는 자신은 단지 '육에 따른' 아브라함의 후손이 아니라, 아브라함의 믿음과 같은 믿음을 통해 의로움을 인정받은 그리스도인임을 밝히는 말이었을 것이다. 초기 그리스도 교회의 성경 해석에서 창세기 본문에 대한 바오로의 해석은 해당 대목에 대한 이해에서만 아니라 해석 양식과 방법 면에서도 지대한 영향을 미쳤다.

고대에 바오로의 글로 여겨진 경우가 많았던 히브리인들에게 보낸 서간의 저자도 성조들의 역사를 소재로 삼았다. 히브리서 7장에서 저자는 하느님의 아들과, 하느님의 아들을 닮았다는 멜키체덱을 비교한다. 그는 창세기 14장 18-19절에서 멜키체덱의 족보에 대해 아무런 언급이 없다는 사실에 기반하여, 멜키체덱은 "아버지도 없고 어머니도 없으며 족보도 없고 생애의 시작도 끝도 없는 이로서 하느님의 아들을 닮아, 언제까지나 사제로 남아 있습니다"(히브 7,3)라고 결론짓는다. 그런 다음 구약성경에서 창세기 외에 멜키체덱이 나오는 유일한 구절인 시편 제110편 4절에 의거해, 예수는 아론의 사제직보다 우월한 사제직에 속한 사제라고 설명한다. 예수의 사제직은 멜키체덱의 사제직이며, 아브라함이 멜키체덱에게 십일조를 바친 사실은 멜키체덱의 사제직이 더 우월한 것임을 아론과 레위가 자신들의 조상 아브라함을 통하여 암묵적으로 인정한 것이라고도 한다(참조: 히브 7,7-9; 창세 14,18-20). 히브리서의 저자에게 멜키체덱과 구약성경의 여러 인물이나 제도는 새 계약의 인물들과 제도를 설명해 주는 역할을 한다. 새 계약의 인물과 제도는 참되고 거룩한 실재이며 구약성경의 인물과 제도는 그것의 닮은꼴이다. 히브리서의 저자는 6장 13-18절에서도 창세기 22장 17절에 의거해, 하느님이 당신의 약속 — 여기서는 아브라함에 대해서 — 에 충실하심을 증명하며, 히브리서 11장 8-19절에서는 아브라함을 믿음의 본보기로 제시한다. 하느님의 부르심을 받고 살던 곳을 떠난 일이나 하느님께서 당신의 약속을 지키시리라는 그의 믿음, 기꺼이 이사악을 바치려고 한 일 등 아브라함의 삶에서 있었던 여러 사건이 이 믿음을 드러내 준다는 것이다. 그는 다른 성조, 곧 이사악과 야곱, 요셉도 믿음의 본보기로 언급하지만 아브라함에 관해서만큼 구체적인 설명은 하지 않는다.

성조의 역사를 소재로 삼은 또 다른 특기할 만한 예는 사도행전에 나오는 베드로와 스테파노의 설교(사도 3,25; 7,1-16 참조)다. 베드로의 설교는 아브라함에게 주어진 약속과 계약에 대해 이야기한다. 스테파노는 구원 계획이라는 하느님의 섭리를 예증하기 위해 성조의 역사 전체를 요약하여 들려준다.

신약성경에는 야곱의 층계(창세 28장 참조)에 대해 암시하는 요한 복음서를 비롯하여 성조의 역사에 관한 언급과 인물에 대한 암시가 많지만, 신약성경 저자들이 창세기의 이 부분을 중요하게 여겼다는 사실을 가장 확실하게 알려 주는 예는 앞에서 이야기한 대목들이다.

성경의 책들에 대한 본격 주해서들이 나오기 시작한 오리게네스 시대에는 그리스도인에게 신약성경이 이미 거룩한 책의 한 부분으로 확실히 자리 잡고 있었다. 그런 만큼 신약성경에 담긴 해석은 창세기에 관한 그리스도교 주석이 발전해 나가는 데 중요한 역할을 했다. 창세기가 거룩한 책이라는 사실에는 의문이 제기된 적이 없었다. 누구나, 창세기는 모세율법서(모세 오경)의 한 부분이며, 모세가 쓴 글이라고 믿었다.

알렉산드리아의 필론. 초기 그리스도교의 주석이 발전하는 데는 알렉산드리아의 유대인 학자 필론의 영향이 아주 컸다. 예수와 바오로의 동시대인인 필론은 상업의 중심지일 뿐 아니라 고대 세계 헬레니즘 문화의 중추이기도 한 부유하고 문화가 발달한 알렉산드리아 출신이었다. 그의 생애에 대해서는 그의 저서에서 찾아낼 수 있는 사실들 말고는 그다지 알려진 바가 없다. 그는 많은 작품을 남겼지만, 태반이 성경 해설서로 분류된다. 그는 헬레니즘 세계에서 받을 수 있는 최고의 교육을 받았지만, 끝까지 성실하고 확고한 유대교인으로 살았다. 그는 당시 해외에 흩어진 유대인 사회 가운데 가장 규모가 크고 번성했던 알렉산드리아의 유대인 사회에서 라삐 — 이 제도는 그즈음 자리 잡기 시작했다 — 역할을 한 듯 보인다. 또한 필론은 기원후 38년 플라쿠스 총독이 유대인 학살을 선동했을 때 유대인 공동체를 변호했고, 41년에는 칼리굴라 황제에게 상소하기 위해 대표단을 이끌고 로마로 가기도 했다.

필론의 저서에서 우리는 서로 다른 두 문화, 곧 성경의 문화라고 할 수 있는 유대교 문화와 헬레니즘 문화가 처음으로 본격적으로 만나는 것을 본다. 필론은 해석의 분야에서 자신이 지침으로 삼은 이들에 대해 이야기하지만, 그 가운데 우리가 아는 이는 『아리스테아스의 편지』의 저자와, 교회 역사가 에우세비우스의 글에 저서 일부가 남아 있는 아리스토불루스뿐이다. 필론은 성조 아브라함과 이사악, 야곱의 생애에 관한 글을 포함한 많은 작품과 아브라함의 이주 같은 모세 오경의 특정 주제에 관한 많은 논문, 꿈 해석과 율법서에 대한 우의적 해석에 관한 책 세 권을 썼다. 필론의 성경 본문 해석을 통해 그리스철학 전통의 몇 가지 주요 개념 — 덕의 개념, 훈련이나 연습을 뜻하는 '아스케시스'askēsis라는 개념, 그리고 철학이라는 개념 자체까지 — 이 처음으로 성경 주석에 도입되었다. 이런 개념들은 모두 초기 그리스도교의 성경 해석사에서 중요한 역할을 하게 된다.

필론은 헬레니즘 세계에서 널리 행해지던 몇 가지 해석 규범과 절차를 성경 해석에 도입했고, 그 가운데 가장 의미가 깊은 것이 우의 또는 우의적 해석이다. 그리스어권에서 『일리아스』와 『오디세이아』는 오랫동안 성경과 같은 역할을 해 왔고, 그리스철학이 발전하기 전부터 그리스 교육과정의 기반이었다. 그러나 이 서사시의 이야기, 특히 신의 행동에 관한 이야기는 후대 그리스인들이 아이들에게 처신의 본보기로 제시하기 어렵다고 느낄 만한 내용을 담고 있었다. 그런 행동은 신들이 할 만한 행동이 아니라고 여겨졌고, 따라서 그런 본문은 받아들일 수 있을 만한 의미를 지닌 내용으로 해석되어야만 했다. 필론이 살던 시대에 이런 해석 방법은 '우의'로 불리고 있었다. 말하자면, 본문은 이렇게 이야기하지만 속뜻은 저렇다고 풀이하는 것이다.

그리스철학 학파의 전통 교육을 받은 필론이 볼 때, 성경의 많은 내용은 글자 그대로 받아들이기 어려운 것이었다. 예를 들어, 초월적 창조주 신이라는 고원한 관념을 가지고 있는 필론 같은 사람은 인간의 형상을 묘사하는 말로 하느님을 설명하는 성경 구절들을 받아들이기 힘들었다. 하느님에게 합당하지 않은 그런 묘사는 우의적으로 풀어야만 했다. 또한 필론은 성경이 사람이 살아가야 할 길을 가르치는 역할도 한다고 생각했으며, 그래서 창세기의 많은 이야기를 그리스의 개념들을 이용하여 바람직한 철학적 삶에 관한 이야기로 해석했다. 예를 들어, 아브라함은 배움을 통해 지혜를 추구하는 인간이 된다. 그는 지혜를 찾아 하란, 곧 감각의 땅을 떠나, 덕을 나타내는 사라와 혼인한다. 사라가 조르자 그는 아들 이스마엘을 낳아 준 여종 하가르를 쫓아낸다. 하가르는 지혜를 추구하려면 떠나야 하는 준비교육 — 문법, 산술, 기하, 음악 등 — 의 과정을 나타내기 때문이다. 또한 그는, 야곱은 고행을 통해 악과 싸우고 덕을 실천함으로써 지혜를 추구하는 이로 풀이한다. 지혜를 추구하는 일을 그리스철학에서 운동과 관련된 낱말을 사용해 표현해 온 까닭에, 야곱은 '고행자'요 '운동선수'로 불린다. 필론은 이런 해석 방법을 통해 음식 규정과 제식법을 포함한 모세 오경의 많은 대목을 윤리와 도덕 교육의 수단으로 이용했다.

이 해석 가운데 많은 것이 그리스도교의 설교와 가르침을 통해 후대에 전해졌다. 초기 그리스도교의 설교가와 해석자들 가운데 많은 이가 필론의 작품을 직접 읽었거나 필론의 영향을 받은 이들의 글을 읽었기 때문이다. 필론의 저서를 직접 읽은 이로는 알렉산드리아의 클레멘스, 오리게네스, 에우세비우스, 장님 디디무스, 니사의 그레고리우스, 히에로니무스, 밀라노의 암브로시우스 등이 있다. 에우세비우스와 히에로니무스는 필론을 실질적으로 그리스도인으로 취급하며, 후대의 그리스도교 전통은 그를 그리스도교의 주교로 여겼다. 『성경 주해 선집』 창세기 편에는 '주교 필론'이 저자로 표시된 발췌문이 많다.

바오로 이후 오리게네스에 이르기까지 성경 해석의 발전. 바오로가 죽고 오리게네스의 뛰어난 주해서들이 등장하기까지 약 150년에 이르는 기간 동안 그리스도교의 많은 저술가가 대체로 바오로의 본보기를 따라 꾸준히 창세기 본문을 해석했다. 이 시기의 저술가와 작품 가운데 새겨볼 만한 것은 『클레멘스의 첫째 편지』와 『바르나바의 편지』, 순교자 유스티누스의 『유대인 트리폰과의 대화』다. 이 글들은 성조의 역사에 나오는 인물들을 포함하여 구약성경 본문을 호교 논증의 증빙이나 본받아야 할 덕의 본보기로 많이 인용한다. 영지주의 저서도 이 시기부터 등장하기 시작했는데, 그 시대 그리스도인들이 그리스도교의 이단으로 여기던 영지주의 저자들 또한 자신들의 교의를 뒷받침하는 데 도움이 되는 방향으로 구약성경을 이용한다.

폰투스 지방 시노페 출신 그리스도교 교사로서 140년경 로마에서 활발히 활동한 마르키온에 의해 시작된 분파도 영지주의자들과 비슷하면서도 다른 방식으로 성경을 이용했다. 마르키온은 예수 그리스도의 하느님과 구약성경의 하느님이 다른 존재라고 주장했다. 같은 하느님에게서 나왔다고 보기에는 구약성경과 예수의 가르침이 너무 다르다고 생각한 그는 구약성경은 데미우르구스에 관한 책이라고 판단했다. 마르키온이 성경으로 인정한 책은 루카 복음서와 바오로 서간들뿐이었고, 이 가운데서도 구약성경의 정당성을 인정하는 것처럼 해석될 가능성이 있는 바오로의 구약성경 해설 부분을 빼버렸다. 마르키온 지지자들은 이후로도 몇 세기 동안 이어졌지만, 구약성경에 대한 그의 극단적 평가가 그 영향력을 행사하기에는 이미 때를 놓쳤다. 당시(140년)에는 복음서들과 바오로 서간, 사도행전이 모두 통용되고 있었고, 이 책은 모두 구약성경을 대폭적으로 사용했다. 마르키온의 주장은 오히려 그리스도교 저술가들로 하여금 성경이 본질적으로 하나임을 입증하려는 반사 행동을 낳았다. 대표적인 예가 이레네우스와 테르툴리아누스의 저서다. 하지만 이들도 성경의 책들에 대한 상세하고 본격적인 주해서를 쓰려는 시도는 하지 않았다.

주요한 그리스도인 성경 해석가들

알렉산드리아의 오리게네스. 교회 역사가 에우세비우스는 알렉산드리아의 오리게네스를 초기 교회 최고의 그리스도교 저술가요 신학자로 평가했고, 그 평가는 합당하다. 본문비평과 성경 해석, 사변신학에서 이룬 오리게네스의 공헌은 교회에 각인되었다. 후대에 그의 저서가 논쟁의 대상이 되어 그의 작품을 폐기하고 그의 사상을 지워 버리려는 노력이 이루어졌음에도 불구하고, 그가 끼친 영향은 사라지지 않았다. 한스 우르스 폰 발타사르는 오리게네스의 영향을 지워 버리려 한 후대의 처사를 향수병을 깨뜨린 것에 비유했다. 병이 깨지면서 온 집안에 향이 퍼졌다는 것이다.

본문비평 분야에서 오리게네스는 성경이 전해진 수단인 수사본들과 히브리어 성경의 그리스어 번역본들에 이문이 많다는 문제를 분명하게 의식한 첫 사람이었다. 그의 걸작 『육중역본』Hexapla은 원래의 옳은 구절이 무엇인지 판별하기 위해 모든 판본과 이문을 비교하려는 노력의 산물이었다. 그러나 안타깝게도 이 저서는 4세기 이후 전해지지 않았다.

특히 많은 영향을 끼친 오리게네스의 저서 가운데 하나인 『원리론』은 그가 생애 마지막 25년을 보낸 팔레스티나의 카이사리아로 옮겨 가기 전, 이집트 알렉산드리아의 교리 학교 책임자로 있을 때 쓴 작품이다. 제4권에서 오리게네스는 성경 해석의 원칙들에 대해 설명한다. 성경 해석 방법론에 관한 최초의 본격 설명서인 이 책은 라틴어를 사용하던 서방교회에까지 지대한 영향을 끼쳤다. 오리게네스가 주창한 해석 원칙 가운데 일부에 대해서는 나중에 의문이 제기되지만, 이 작품은 알렉산드리아학파의 성경 해석 전통을 알고자 하는 사람이라면 반드시 읽어야 할 책이다.

오리게네스는 여러 가지 문학 장르를 이용해 성경 각 권에 대한 본격 주해서를 쓴 첫 사람이기도 했다(이 책 47-8쪽 참조). 239년에서 243년 사이 카이사리아에서 행한 설교로 추정되는 『창세기 강해』는 창세기 본문을 신약성경의 가르침에 연결시키는 데 뛰어난 창의성을 보여 준다.

시리아인 에프렘. 에데사 교회의 부제였다는 시리아인 에프렘(306년경~373)은 로마제국이 363년의 조약으로 니시비스 속령을 페르시아에 양도한 얼마 뒤 에데사 지방으로 와, 생애 대부분을 니시비스 시에서 살았다. 에프렘은 시리아 교회 최초의 위대한 저술가로 평가되며, 그의 방대한 작품들에는 그리스어를 사용하는 알렉산드리아나 안티오키아 교회와는 다른 독자적 전통이 담겨 있다. 에데사에 살던 생애 말년에 산문 형태로 쓴 『창세기 주해』는 유대교와 그리스도교의 주석 전통을 모두 반영하고 있으며, 그의 해석 방식이 알렉산드리아나 안티오키아 학파(이 책 48-9쪽 참조)보다는 유대교의 하까다 전통과 더 가까움을 보여 준다. 그의 『창세기 주해』는 삼분의 일 이상이 창조와 타락 기사를 다루며, 성조의 역사에 관한 기사는 조금밖에 다루지 않는다.

알렉산드리아의 장님 디디무스. 네 살 때 눈이 멀었다는 디디무스(313년경~395/98)는 알렉산드리아 교리 학교에서 오리게네스의 영향을 가장 많이 받은 후계자들 가운데 하나였다. 그 시대 최고의 지식인이자 많은 저서를 남긴 학자인 그는 구약성경 대부분은 물론 많은 이교인의 저서와 그리스도교와 유대교의 문헌을 외우고 있었다. 고대 세계에서 독서는 대체로 크게 소리 내어 읽는 방식이었고, 영리하고 주의 깊은 이들은 자기가 들은 것을 암송하여 기억에 새기곤 하였다.

디디무스는 니트리아에 자리 잡은 수도 공동체의 수도승이자 4세기 중엽과 말엽 알렉산드리아에서 유명한 교사이기도 했다. 그러나 안타깝게도 6세기의 논쟁은 그의 업적에 흠집을 냈고, 유스티니아누스 황제는 543년에 그의 저서를 폰투스의 에바그리우스와 오리게네스의 저서와 함께 단죄했다. 그 결과 장님 디디무스의 성경 주해서와 신학을 다룬 많은 저서가 소실되었다. 그러나 60년 전쯤 카이로 남부 투라에서 수천 쪽에 달하는 오리게네스와 디디무스의 저서 필사본이 발견되었다. 거기에는 아브라함 이야기의 앞부분 해석을 포함하여 『창세기 주해』의 많은 부분이 들어 있었다.

밀라노의 암브로시우스. 374년부터 397년까지 밀라노의 주교였던 암브로시우스는 히에로니무스, 아우구스티누스, 그레고리우스와 함께 서방 4대 교부로 꼽힌다. 그는 339년경 트리어에서 갈리아 총독의 아들로 태어났다. 전통적인 인문교육을 받고 변호사와 웅변가로 뛰어난 활약을 펼치던 그는 밀라노가 주도州都인 에밀리아-리구리아의 지방장관으로 임명되었다(372/3년).

374년 밀라노의 아리우스파 주교 아욱센티우스가 죽자, 아리우스파와 니케아 신경 지지자들 사이에 평화를 유지할 임무가 암브로시우스에게 떨어졌다. 새 주교를 뽑는 대성당에 그가 이 임무를 맡아 나타나자, 아리우스파와 가톨릭교회 신자가 다 함께 암브로시우스에게 새 주교가 되어 달라고 청했다. 신학 교육을 받은 바 없고 아직 세례도 받지 않은 그는 마지못해 응낙하고서, 곧바로 세례를 받고 주교로 서품되었다.

그런 다음 암브로시우스는 부족한 신학적 지식을 채우기 위해 앞 시대의 저서, 특히 필론과 오리게네스, 바실리우스, 아타나시우스, 장님 디디무스를 비롯한 그리스어권 주해가들의 글을 가리지 않고 읽었다. 그 결과 그는 알렉산드리아의 성경 해석 전통에서 많은 영향을 받았으며, 이 분야에서 후대의 라틴어 저자들에게 영향을 미쳤다. 그 시대 가장 이름 높은 설교가 가운데 하나였던 그는 자신의 많은 설교를 손보아 『아브라함』, 『이사악 또는 영혼』, 『요셉』을 비롯한 문학작품들로 펴냈다. 이 작품들은 모두 창세기 12-50장 본문을 우의적으로 해석한 것이다.

히포의 아우구스티누스. 초기 그리스도교의 라틴어 저술가 가운데 누구보다 많은 작품을 남긴 아우구스티누스는 서방교회의 신학과 영성에 지울 수 없는 자취를 남겼다. 그는 354년 로마의 아프리카 속령 타가스테에서 그리스도교 신자인 어머니와 이교인 아버지 사이에서 태어났다. 그는 속주에 사는 로마인이 받는 교육을 마친 뒤 공부를 계속하기 위해 로마와 밀라노로 갔다. 아우구스티누스는 진리를 추구하는 과정에서 한때는 마니교도로 지냈고 나중에는 신플라톤 철학(플로티누스) 연구에 몰두했다. 그러나 밀라노에서 들은 암브로시우스의 설교와 어머니 모니카의 영향으로 가톨릭 신앙으로 돌아섰고, 386년 암브로시우스에게 세례를 받았다. 북아프리카로 돌아간 그는 391년에는 사제 서품을 받았고, 395년에는 히포의 주교로 선출되어 430년에 세상을 뜰 때까지 그곳에서 활동했다. 아우구스티누스는 특정 작품, 특히 『고백록』과 『신국론』으로 이름이 높지만, 마니교도나 도나투스파, 펠라기우스파 같은 이단을 논박하는 작품도 많이 남겼다. 또한 『시편 상해』와 『요한 복음 강해』 같은 성경 주해서와 강해도 많이 펴냈다. 아우구스티누스는 성조의 역사에 관해서는 설교 몇 편을 제외하면 직접적인 해설을 남기지 않았지만, 많은 저서에서 창세기의 이 부분을 자주 언급한다.

요한 크리소스토무스. 349/50년 안티오키아에서 태어난 요한 크리소스토무스는, 당대 안티오키아에서 가장 이름 높은 수사학자 리바니오스 아래서 최고의 고전 교육을 받았다. 그러나 안티오키아의 주교 멜레티우스의 영향으로 고전 교육을 버리고 금욕 생활과 성경 연구에 전념했다. 그는 수도 공동체에 들어가서 나중에는 은수자 생활을 하다가 안티오키아로 돌아와 독서자와 부제로 일했고, 마침내 사제의 길로 들어섰다(386년). 안티오키아에 돌아온 그는 곧 그 시대의 가장 뛰어난 설교자라는 이름을 얻었다. 그의 성경 주해서들은 나날의 전례에서 읽도록 되어 있는 성경 구절에 대한 설교가 대부분이다. 398년 요한 크리소스토무스는 콘스탄티노플의 주교가 되었는데, 궁정 내부의 암투로 인해 귀양을 떠났다가 407년 선종했다. 그는 동방과 서방 교회 양쪽 모두의 특별한 존경을 받는 교부 가운데 한 사람이다.

요한 크리소스토무스는 안티오키아에서 사제로 일할 때인 389년, 67회에 걸쳐 창세기의 구절을 하나하나 설명하는 창세기 설교를 했다. 스물세 번째 설교 첫머리에서 그가 한 말로 판단하건대, 그해 사순절 기간에 앞의 서른두 편의 설교를 했고 나머지는 그해 오순절 이후에 한 것으로 보인다. 안티오키아학파 주석 방식의 창시자로 평가받는 타르수스의 디오도루스에게서 배운 요한 크리소스토무스이니만큼, 그는 이 전통의 대변자다. 그는 문자적 해석에 중점을 두며, 우의적 해석이나 비유적 해석은 가능하면 피하고자 한다. 그래서 요한 크리소스토무스의 주해서는 성경의 인물이 사람들이 본받아야 할 덕의 본보기로 제시되는, 도덕주의 색채가 매우 짙다. 그의 『창세기 강해』는 남아 있는 초기 교회 저서 가운데 가장 본격적인 창세기 주해서다.

알렉산드리아의 키릴루스. 알렉산드리아의 키릴루스(370/80~444)는 412년 삼촌 테오필루스의 뒤를 이어 알렉산드리아의 총대주교가 되었다. 그는 무엇보다 콘스탄티노플의 대주교 네스토리우스의 가르침에 적극 대항한 인물로 이름 높으며, 431년 에페소 공의회가 네스토리우스를 해임하는 데 결정적인 역할을 했다. 네스토리우스는 마리아에게 '하느님의 어머니'theotokos라는 호칭을 사용하는 것은 옳지 않다고 주장했다. 그리스도론 분야에서 키릴루스의 저서는 이집트를 비롯한 동방교회들에게 정통성의 기준이 되었다. 그러나 키릴루스가 죽은(444년) 뒤, 칼케돈 공의회가 그리스도의 신성과 인성의 관계를 정의하며 키릴루스가 사용한 것과 다른 용어 — '두 본성에 하나의 위격'이라는 — 를 사용함으로써 논쟁이 일어났다. 키릴루스는 성조의 역사에 관한 '격조 있는 해설'glaphyra들을 포함하여 성경 해석에 관한 글과 교의나 논쟁을 광범위하게 다룬 글을 썼다. 콥트교회에서 키릴루스는 오늘날까지도 정통 신앙의 옹호자요 기준으로 여겨지는 사람 가운데 한 명이다.

아를의 카이사리우스. 카이사리우스는 부르고뉴에서 태어나(470년경), 40년 동안 주교로 재임한 아를에서 542년에 선종했다. 아를은 마르세유와 가까운, 론 강 어귀의 도시로서, 갈리아 지방의 사회·경제·산업의 중심지라는 고대로부터 누려 온 지위를 여전히 간직하고 있어서, 그곳 주교는 갈리아의 사도좌 주교로 불렸다. 카이사리우스는 라틴 교회의 성경 해석 전통에 해박했다. 갈리아인들의 거듭되는 침략과 로마 행정권의 붕괴는 아우구스티누스 사후 사회 상황을 엄청나게 바꾸어 놓았다. 다른 저술가들의 글보다 짧고 단순한 카이사리우스의 강해는 특히 성찬과 교회 규율 면에서 교회의 관심사가 바뀌어 가고 있음을 보여 준다. 카이사리우스는 창세기 본문에 대한 연속 설교를 했는데, 이 설교에는 오리게네스의 영향이 뚜렷이 드러난다. 카이사리우스는 라틴어로 번역된 오리게네스의 저서를 읽을 수 있었던 듯하다.

존자 베다. 존자 베다(672/73~735)는 잉글랜드 북부에 있는 자신의 수도원을 벗어난 적이 없지만 그 시대 가장 학식 높은 사람 가운데 한 명이었다. 존자 베다는 시기적으로 교부 시대보다는 중세 초기에 속하지만, 암브로시우스와 아우구스티누스, 그레고리우스를 비롯한 초기 그리스도교 저자의 작품에 해박했던 까닭에 그들과 더 가까운 인물로 분류된다. 베다는 역사서 저자로 더 잘 알려져 있지만, 앞서 언급한 교부들과 마찬가지로, 이사악이 태어날 때까지를 다룬 『창세기 주해』를 비롯하여 성경을 해석한 많은 저서를 남겼다.

『성경 주해 선집』(창세기). 5세기 중엽 이름이 알려지지 않은 한 저술가가 창세기 해석과 관계된 글을 모은, 주석 전통의 일람표 같은 방대한 모음집을 편찬했다. 알렉산드리아의 필론부터 알렉산드리아의 키릴루스에 이르기까지 여러 시대 저술가의 수많은 작품이 발췌되어 있다. 나중에 안티오키아의 세베루스(†538)의 글이 추가되었고, 후대 학자들에 의해 '카테나'catena(사슬)라는 라틴어 이름이 붙었다. 편찬자의 의도는 주석에 관심 있는 신학자들에게 객관적인 작업 도구를 제공하는 것이었던 듯하다. 이 선집에 글이 실린 저자들은 특정 학파 — 알렉산드리아학파나 안티오키아학파 — 에 국한되지 않으며, 모든 발췌문은 정통 신앙에 완전히 부합한다. 주해서와 강해만 아니라 논쟁의 배경이 된 작품도 인용되었다. 최근에 처음으로 이 방대한 저서에 대한 비평본이 나왔다. 가자의 프로코피우스의 『팔경 주해 선집』 창세기 부분은 이 『성경 주해 선집』을 참고한 듯하다.

『성경 주해 선집』(창세기)에 발췌문이 실린 많은 저자 가운데 일부를 꼽자면, 플라비우스 요세푸스(37/38~100년경), 카이사리아의 에우세비우스(260/64~339/40), 대 바실리우스(329/30년경-379), 나지안주스의 그레고리우스(326/30년경~390년경), 니사의 그레고리우스(335/40~394), 장님 디디무스(313년경~395/98), 살라미스의 에피파니우스(310/20~403), 요한 크리소스토무스(349/50~407), 알렉산드리아의 키릴루스(370/80~444) 등이다. 인용된 작품들은 원문도 따로 모아져 있다. 이뿐 아니라 편찬자는 알렉산드리아의 필론(주교 필론의 글로 표시되어 있다), 리옹의 이레네우스(130/40~200/202년경), 에메사의 에우세비우스(295/300년경~359년경) 같은 저자의 글도 실었다. 또한 사르데스의 멜리톤(†190년 이전)과 안티오키아의 에우스타티우스(†337년 이전), 카이사리아의 아카키우스(†366년경), 시리아인 에프렘(306년경~373), 타르수스의 디오도루스(337년 이전 ~ 394년 이전), 가발라의 세베리아누스(†408), 몹수에스티아의 테오도루스(350년경~ 428), 디오카이사리아의 수켄수스(†440년경) 같은 이들의, 이 선집 말고 알려져 있지 않거나 소실된 작품들도 인용되어 있다.

초기 그리스도교 주해가들이 사용한 문학 양식

오리게네스가 사용하고 발전시킨 문학 형식은 후대 교부들의 주석 작품에 엄청난 영향을 끼쳤다. 오리게네스는 히에로니무스가 제시하여 널리 받아들여진 예형론을 이용하여 짧은 해설, 강해, 책(주해)이라는, 서로 구별되는 세 가지 유형의 주석 작품을 썼다. 그는 짧은 주해들을 모아 놓은 이 작품에서는 해석에 어려운 점이 있거나 자신이 잘 납득할 수 없었던 문제를 다루었다. 이 문학 양식은 필론의 『창세기에 관한 질문과 해결』과 그와 비슷한 작품의 예를 따른 것인 듯하다.

둘째 유형은 그가 카이사리아에서 설교한 것을 속기사가 받아쓴 강해들이다. 강해에서 오리게네스는 많이 배우지 못한 이가 대부분인, 여러 부류의 청중을 대상으로 전례라는 주제에 맞춰 이야기한다. 이 강해들은 대부분 오리게네스가 전례 독서의 순서를 따라 설교한 3년 안에 이루어진 것으로 보이며, 일반적 담론과 마찬가지로 대체로 서론 · 본론 · 결론이라는 전통적 순서를 따른다. 그는 첫 구절 해설에 들어가기 전에 먼저, 해설할 대목 전체에 대한 개괄과 본문과 관계있는 이야기나 작품에 관한 정보에 알려 준다. 이어서 강해의 본론으로 들어가 본문을 읽고 해설한다. 본문의 각 부분을 해설하기 위해 본문을 여러 번 인용하기도 한다. 오리게네스는 어떤 구절을 해설할지 매우 신중하게 선택했는데, 청중을 교화하는 데 도움이 될 뜻이 들어 있는 구절을 골랐다. 이런 강해에서는 도덕적 가르침이나 권고의 말은 티 나게 하지 않다가 마지막에 강조했다. 오리게네스는 강해를 늘 베드로 1서 4장 11절의 "그분께서는 영원무궁토록 영광과 권능을 누리십니다. 아멘"이라는 찬미의 말로 끝맺는다. 때로 이 찬가가 본문 마지막 절에 대한 해설에 이어지기도 하지만 대개는 한층 정교한 결론에 이어 나온다.

주석 작품의 셋째 유형은 오리게네스는 '…에 관한 책'이라고 표현하고 히에로니무스는 '… 주해'라고 표현한 글이다. 선별된 독자를 대상으로 하는 이 작품들에서 오리게네스는 공간적 · 시간적 한계를 개의치 않고 성경의 각 권을 체계적으로 조목조목 다루며, 중간에 샛길로 새는 적도 많다.

초기 그리스도교 주해가들은 지극히 본격적인 주해서에서조차도 본문 전체를 해설하거나 사용해야 할 필요를 느끼지 않았고, 필요하다 싶은 대목만 골라 해설했다. 어떤 대목은 그리스도인의 눈에 그 뜻이 분명했다. 그래서 창세기 12-50장에서도 12장(아브라함의 부르심)과 14장(멜키체덱의 제사), 22장(이사악을 제물로 바침)과 관련한 자료는 무척 많은 반면 나머지 구절에 대한 해설은 거의 없다.

이상이 고대 세계에서 성경 해석에 사용한 주된 문학 양식이지만, 서간이나 교리교육서, 논쟁적 성격의 작품과 호교적 작품을 비롯하여 다른 문학 양식의 글에서도 성경을 해석하거나 사용한 예를 볼 수 있다. 독자는 해석의 성격이 문학 양식과 작품의 의도에 영향을 받을 수 있다는 점을 잊어서는 안 된다. 이 책의 발췌문은 대부분 교화하고 가르치려는 목적의 작품에서 뽑았다.

해석 규칙

현대의 성경 해석 방법은 고대 저자들이 사용한 규칙과 절차와 매우 달라서, 교부 주해가는 규칙도 없이 멋대로 해설했다고 추측하는 이가 많다. 역사 비평 방법론을 사용하는 현대의 주해가는 먼저 성경 각 권의 역사적 배경을 확실히 밝힌 다음 그 배경을 염두에 두고 본문을 해설한다. 그러나 고대 저술가의 목적은 이와 많이 달랐다. 그들은 현재와 관계있는 사항이 아니라면 과거에 대해서는 놀랄 만큼 관심이 없었다.

알렉산드리아학파와 안티오키아학파의 해석. 초기 그리스도교의 성경 해석 방법으로 알렉산드리아식과 안티오키아식이라는 두 가지가 널리 알려져 있다. 알렉산드리아학파는 우의적 해석을 강조하던 교리교육 학교 — '디다스칼레이온'Didaskaleion — 를 중심으로 형성되었다. 이 학교가 실제로 그리 오래 존속했는지 의심하는 현대 학자들도 있지만, 오리게네스와 장님 디디무스가 이 학교를 이끌었던 것으로 보인다. 반면 안티오키아학파는 이와 대조적으로, 실질적인 기관이 있었던 것은 아니고 안티오키아와 관련이 있는 저술가 집단을 이루었다. 이 집단의 주요 인물을 시대순으로 꼽으면, 타르수스의 디오도루스, 요한 크리소스토무스, 몹수에스티아의 테오도루스다. 안티오키아학파의 특징은 알렉산드리아학파의 우의적 해석에 반대하며 성경의 문자적 의미를 강조하는 점이며, 이 의미는 현대의 저자가 생각하는 역사적 의미와는 다르다. 안티오키아학파는 원래의 역사적 의미를 알아내는 데 알렉산드리아학파보다 관심이 더 많지도 않았고, 우의적 해석에 반대하며 본문에서 도덕적 교훈을 찾아내고자 했다.

많은 영향을 끼친 해석자들은 알렉산드리아학파에 속했거나 거기에서 배웠다. 이들의 해석 규칙은 이 전통의 대표적 인물인 알렉산드리아의 오리게네스의 시각에서 분명하게 찾아볼 수 있으며, 이 가운데 일부는 안티오키아학파도 사용했다. 그러나 알렉산드리아학파의 해석 규범을 오리게네스가 모두 사용하지도 않았고, 그것이 오리게네스가 보여 주는 규칙이나 절차와 완전히 부합하지도 않는다.

바오로의 영향. 오리게네스는 자신의 주석 작품을 바오로가 한 구약성경 해설의 연속이라고 생각했으며, 자신이 바오로의 주석 원칙을 엄밀하게 적용한다고 여겼다. 그러나 뚜렷한 연속성이 보이기는 하지만, 오리게네스의 작품에는 바오로에게서는 찾아볼 수 없는 새로운 개념들이 담겨 있기도 하다. 『탈출기 강해』 다섯째 편 첫머리에서 오리게네스는 바오로가 '율법서를 어떻게 해석해야 하는지에 대해 다른 민족들에게 배운 바를 교회에 가르쳤다'고 이야기한다. 오리게네스에 따르면, 바오로는 다른 민족 출신 개종자들이 성경이라는 책에 친숙하지 못한 까닭에 율법서를 잘못 이해할 수 있다는 점을 알고 있었다. 바오로(와 오리게네스)의 눈으로 볼 때, 다른 민족 출신 개종자는 유대인이 그랬듯이 율법서를 문자적으로만 풀이할 위험이 있었다. 그래서 오리게네스는 이렇게 말한다.

> [바오로는] 우리가 유대인들의 문헌과 자료를 흉내 냄으로써 제자가 된다고 믿는 일이 없도록, 몇 가지 해석의 예를 보여 줌으로써 다른 대목들도 같은 식으로 알아듣게 가르친다. 이처럼 그는 율법을 이해하는 방식으로 그리스도의 제자와 유대교 회당의 제자를 구별하고자 했다. 유대인은 율법을 잘못 이해한 까닭에 그리스도를 받아들이지 않았다. 우리는 율법을 영적으로 이해함으로써 율법이 교회의 가르침을 위해 합당하게 주어진 것임을 보여 준다.

이 인용문에서 '해석의 예'와 '율법을 영적으로 이해'한다는 구절을 새겨들어야 한다. 오리게네스는 바오로가 성경 해석 방법의 예를 제시했다고 여겼다. 따라서 우리는 이 예들을 분석하고 바오로가 성경 해석 작업을 계속 이어 나가기 위해 사용한 원칙과 절차를 흉내 내어야 한다고 생각했다. 그리고 이런 해석이야말로 '율법을 영적으로 이해하는' 것이라고 오리게네스는 믿었다. 이 두 개념은 『탈출기 강해』 뒷부분의 비슷한 구절에서 하나로 합쳐지는데, 여기서 오리게네스는 '복된 바오로 사도로부터 받은 영적 해석의 씨앗'에 대해 이야기한다. 이 과정을 따라가다 보면, '교회의 가르침을 위해 주어진' 성경의 참모습이 드러난다는 것이다. 성경은 유대인의 책이 아니라 그리스도인의 책이다. 성경은 '우리를 위해' 주어진 것이기 때문이다. 이 개념은 영적 해석이라는 과정 전체를 지배하는 중요한 원칙이다.

오리게네스는 우리가 본받도록 바오로가 '해석의 예'를 보여 주었다고 한다. 오리게네스가 가장 많이 인용하는 예는 코린토 1서 10장 1-12절, 코린토 2서 3장 6-18절, 갈라티아서 4장 21-24절, 히브리서 8장 5절과 10장 1절이다.

복음서와 율법서의 일치(1코린 10,1-11). 앞에서 이야기한 『탈출기 강해』 다섯째 편에서 오리게네스는 탈출기 12-17장의 사건들을 간략히 훑는다. 이스라엘이 이집트, 라메세스, 그다음에는 수콧을 떠난다. 구름이 그들을 인도하며, 그들이 물을 마신 바위까지 이른다. 마침내 그들은 갈대 바다를 건너 시나이 광야에 이른다. 오리게네스는 유대인이 이 이야기를 단순히 역사적 사건으로만 받아들인다고 이야기한 다음, '바오로 사도가 이런 문제에 관해 우리에게 어떤 해석 규범을 가르쳤는지' 알려 주기 위해 코린토 1서 10장 1-4절의 말씀을 인용한다. 그는 물음의 형식을 빌려 이렇게 결론짓는다. '바오로의 가르침이 문자적 의미와 얼마나 다른지 모르시겠습니까? 유대인들은 그 말을 바다를 건넜다는 뜻으로 이해했지만, 바오로는 그것을 세례라고 부릅니다. 그들이 구름으로 생각한 것을 바오로는 성령이라고 잘라 말합니다.' 오리게네스는 또 다른 결론도 물음으로 대신한다. '우리에게 전해진 이런 형식의 규범을 다른 구절들에도 적용하는 것이 옳아 보이지 않습니까?'

그런 다음 오리게네스는 탈출기의 이 부분에 대해 본격적으로 해설한다. 그는 이집트 탈출을 영적으로, 곧 개별 영혼의 여행으로 이해해야 한다는 전제를 이미 확고히 했다. 그는, 라메세스는 '좀이 망가뜨리다'를 뜻한다고 이야기한다. 그런 다음 '좀'이라는 낱말을 연결 고리로 삼아, '좀과 녹이 망가뜨린다'는 내용의 마태오 복음 6장 20절로 옮겨 가서는 바오로의 해석에 이 내용을 합친다.

> 그러니 주님께서 여러분의 인도자가 되시어 '구름 기둥 안에서' 여러분을 앞장서 가시고, 여러분에게 영적 음식과 '영적 음료' 그 이상을 주는 '바위'가 여러분을 따라오는 이곳으로 오기 원한다면, 라메세스를 떠나십시오. 또한 여러분은 '좀이 망가뜨리고, 도둑들이 뚫고 들어오고 훔쳐 가는 곳'에 보물을 쌓아서는 안 됩니다. 주님께서는 복음서에서 이에 대해 분명하게 말씀하십니다. "네가 완전한 사람이 되려거든, 가서 너의 재산을 팔아 가난한 이들에게 주어라. 그러면 네가 하늘에서 보물을 차지하게 될 것이다. 그리고 와서 나를 따라라"(마태 19,21). 그런즉 이것이 라메세스를 떠나 그리스도를 따르는 것입니다.

여기서 오리게네스는 신약성경의 가르침을 구약성경 본문에 접목시킨다. 어원 풀이를 통해 의미를 찾아내면, 그 의미는 '성경을 성경으로 해석한다'는 원칙을 적용할 때 신약성경 본문과의 연결 고리가 된다.

이집트를 탈출한 이스라엘의 다음 기착지인 수콧에 대해 오리게네스는 어원학자들이 이 이름을 '천막'으로 이해한다고 하면서 코린토 2서 5장 4절을 인용한다. "우리는 이 천막 속에 살면서 무겁게 짓눌려 탄식하고 있습니다. 이 천막을 벗어 버리기를 바라는 것이 아니라 그 위에 덧입기를 바라기 때문입니다." 오리게네스는 다음 기착지인 에탐에 대해서는 전통적인 풀이를 받아들여 '그들을 위한 표징'이라고 설명한다. 그러면서 이곳이 세 번째 기착이라는 사실에 실마리를 얻어 탈출기 5장 3절, 호세아서 6장 2절을 비롯하여 셋째 날과 관계있는 다른 대목들과 또 사흘날의 부활이라는 개념과도 연관시킨다. 더 나아가 그는 하느님께서 "그들 앞에 서서 가시며, 낮에는 구름 기둥 속에서 길을 인도하시고, 밤에는 불기둥 속에서 그들을 비추어"(탈출 13,21) 주신 것이 사흘째 날이었다고 결론짓는다. 그런 다음 오리게네스는 바오로가 이 본문을 세례와 연관시킨(1코린 10,2 참조) 점에 주목하여, 세례와 사흘날의 부활을 다룬 로마서 6장 3-4절을 인용한다.

탈출 행로에 언급된 다음 세 장소는 피 하히롯과 믹돌과 바알 츠폰인데, 어원을 풀이할 때 이는 각각 '꼬불꼬불한 오르막길', '탑', '망루로 올라감'을 뜻한다. 이 뜻에 근거해 오리게네스는 하느님께 가는 길은 '꼬불꼬불한 오르막길을 올라가는 것'이라고 설명한다. 덕으로 가는 길은 내리막길이 아니라 '오르막길이며, 그것도 아주 힘들게 올라가야 하는 오르막길이다'. 그런 다음 오리게네스는 개념 연상을 통해, "생명으로 이끄는 문은 얼마나 좁고 그 길은 얼마나 비좁은지, 그리로 찾아드는 이들이 적다"는 마태오 복음 7장 14절의 말씀을 끌어온다. 마지막으로 그는 이렇게 힘주어 말한다. "복음서와 율법서가 어느 정도로 일치하는지 보십시오. 율법서에는 덕으로 가는 길이 꼬불꼬불한 오르막길로 나와 있습니다. 복음서는 '생명으로 이끄는 길은 좁고 비좁다'고 합니다. 율법서와 복음서를 같은 성령께서 쓰셨다는 사실을 눈먼 이라도 알 수 있지 않습니까?" 대체로 오리게네스는 어원 풀이로 찾아낸 의미를 바탕으로 신약성경의 대목으로 옮겨 가며, 거기서 찾아낸 신약성경의 가르침을 다시 구약성경 본문에 접속시킨다. 이런 방식을 통해, 이집트 탈출이라는 행로는 그리스도인 개인의 영적 행로에 관한 연속적인 이야기로 풀이된다.

이름의 뜻에 각별히 매료되는 경향은 성경의 문자적 의미가 주석가가 밝혀내야 할 더 깊은 뜻을 가리고 있다는 알렉산드리아학파의 특성으로 보아야 한다. 성경 구절 해석에 어원 풀이를 사용하는 것은 오리게네스로서는 전혀 새로운 일이 아니었다. 이 방법은 바오로가 사용한 적 없지만, 그의 시대에 이미 확실히 자리 잡은 방법이었다. 유대인과 그리스인 저자들은 이 수단을 한껏 이용했다. 구약성경에 나오는 이름들의 어원학을 체계적으로 발전시킨 사람은 필론으로 보이지만, 실은 선구자들이 있었다. 구약성경의 일부 기사에서도 이름의 유래에 대한 관심을 찾아볼 수는 있지만, 유대인 저자들은 헬레니즘 세계에서, 특히 호메로스 서사시 해석에 사용되던 어원 풀이 방법에 영향을 받은 듯하다. 스토아학파의 저자들도 이 수법을 이용하여 철학적·언어적 정당성을 확보하고자 했다. 어원 풀이에 우의적 해석이 자연스레 더해졌다. 오리게네스는 물론이고 그리스도인 저자들은 필론의 저서를 참고하며 신약성경에 나오는 이름들에 관해 더 많은 자료를 보냈다. 3세기에 성경의 책 순서에 따른 이름 목록뿐 아니라 알파벳순으로 그 이름의 어원을 풀이한 목록이 이미 존재했던 듯하다. 알렉산드리아학파의 영향을 받은 저자 대부분은 본문의 우의적 해석이나 영적 해석에 어원 풀이 방법을 사용했다.

오리게네스는 성경이 '우리를 위해' 쓰였으며, 시대의 종말로 이해되는 이 시대 — 교회의 시대 — 에 완성된다는 사실을 강조하기 위해 코린토 1서 10장(특히 6절과 11절)을 자주 인용한다. 이 본문은 도덕적 훈계를 시작하는 말로 자주 인용되며, 본디 바오로도 그런 의도로 이 말을 했다. 그래서 오리게네스는 '진흙과 벽돌'(탈출 1,14 참조)이라는 표현에 대해 해설하며 이렇게 말한다. "이 낱말들은 우리에게 역사를 알려 주기 위해 사용된 것이 아니며, 우리는 거룩한 책들이 이집트인들의 행동을 기술하고 있다고 생각해서는 안 됩니다. 여기에 쓰인 것은 '우리를 가르치고 훈계하기 위해 쓰인 것'입니다." 여기에 이어, '요셉을 알지 못하는' 이집트의 새 임금을 악마로 해석하는 도덕적 훈계가 따른다.

이와 비슷하게, 산파들에게 이스라엘인의 남자 아기들을 죽이라고 한 이집트 임금의 명령에 대해서도 오리게네스는 "그러나 성경에 쓰인 모든 글은 옛 역사를 알려 주기 위해서가 아니라 우리를 훈육하고 우리가 사용하도록 기록되었음을 아는 우리는 여기에 묘사된 이 일들이 이집트라는 이름으로 비유되는 이 세상에서만 아니라 우리 각자 안에서도 일어난다는 것을 압니다" 하고 이야기한다. 그런 다음 그는 우의적 해석으로 넘어가, 여성은 육(肉)의 격정을 상징하고 남성은 이성적 감각과 지적인 영을 나타내며, 악마 — 이집트 임금 — 가 파괴하고 싶어 하는 것은 바로 이것이라고 설명한다.

우의적 해석은 성경의 현재성이라는 관념을 바탕에 깔고 있는 듯 보인다. 사실 성경의 현재성이라는 개념은 실질적으로 성경이라는 개념 자체에 따르는 결과이며, 사회 안에서 이 문헌들이 정경화된 결과이기도 하다. 성경이 '우리를 위해' 쓰였다는, 따라서 성경은 우리와 또 우리의 상황과 연관 지어 해석해야 한다는 개념은 바오로나 오리게네스가 처음으로 생각해 낸 것이 아니다. 이런 생각은 신명기에서도 찾아볼 수 있는데(신명 4,1-3 참조), 여기서 저자는 지금 이야기하는 사건이 일어난 때가 아니라 약속의 땅으로 들어가기 전에 모세가 그 사건들에 대해 다시 한번 이야기하는 '오늘'을 강조한다(본디 '신명기'란 두 번째로 주어진 율법에 관한 기록이라는 뜻이다). 실제로 신명기 저자는 모세가 죽은 몇백 년 뒤인 자신의 시대를 마음에 두고 있었다. 『아리스테아스의 편지』의 저자(기원전 2세기)도 문헌의 현재성에 대한 비슷한 관심을 보여 주며, 우의라는 방법을 통해 그것을 이루어 낸다. 바오로는 성경의 현재성이라는 이런 일반적인 관념에 두 시대라는 개념을 더하는데(1코린 10,11 참조), 그럼으로써 코린토 1서 10장 1-11절과 갈라티아서 4장 21-24절에서 찾아볼 수 있는 두 시대, 곧 '그때'와 '지금'을 우의적으로 비교할 수 있는 바탕을 마련했다. 그러나 두 시대라는 개념은 우의의 내용을 구체적으로 전개하는 데는 도움이 되지만, 성경의 현재성이나 우의적 방식의 본질적 요소는 아니다.

사라와 하가르의 비유(갈라 4,21-24). 오리게네스는 창세기 강해를 하다가 21장 9-10절 대목에 이르자 해설을 하지 않고, 이 이야기를 어떻게 이해해야 하는지 사도가 이미 알려 주었다며 갈라티아서 4장 21-24절을 인용한다. 그런 다음, 바오로는 육과 약속을 구별했지만, 이사악은 육에 따라 태어났다고 지적한다. 사라가 실제로 아기를 낳았으며, 이사악이 육의 할례를 받았다는 것이다. 바오로의 해석이 특별한 것은, 육에 따라 일어난 것이 분명한 이런 일을 우의적으로 해석해야 한다고 이야기한 점이다. 오리게네스는 바오로가 이런 식으로, 다른 이야기들, 곧 거룩한 법에 전혀 어울리지 않는 역사적 사실이 기술되어 있는 구절을 어떻게 해석해야 하는지 본보기를 보여 주었다고 한다. 이와 관련하여 주목해야 할 점이 두 가지 있다. 첫째, 본문의 문자적 면을 소홀히 하거나 인정하지 않는다는 비난을 자주 받는 오리게네스가 여기서는 문자의 진실성을 강조한다. 그가 볼 때, 성경에서 역사적 사실에 대해 기술된 구절 해석의 본보기로 바오로가 제시한 해석은 역사 기록의 문자적 의미를 지워 버리는 것이 아니라, 거기에 덧붙여지는 것이며 그것을 전제로 한다. 둘째, '거룩한 법에 어울리는 것'이라는 개념은 오리게네스에게 중요한 해석 원칙이며 이는 바오로에게서도 찾아볼 수 있다.

오리게네스는 다른 곳에서도, 특히 본문의 문자적 의미를 부인하지 않는 우의적 해석의 가능성이나 필요성을 강조하고자 할 때도 이 구절을 언급한다. 글자대로 따라서는 안 되는 율법 규정이나 본문, 우의적 해석으로 완전히 바꾸지 말고 성경에 쓰인 대로 지켜야 하는 본문, 또 글자대로도 유효하지만 우의적 해석도 필요한 본문을 구별해야 할 필요성에 대해 길게 논하는 과정에서 이 구절을 인용한다. 후자의 경우에 예시가 되는 구절은 "남자는 아버지와 어머니를 떠나 아내와 결합하여, 둘이 한 몸이 된다"는 창세기 2장 24절의 말씀이다. 바오로는 이 말씀은 우의적으로 해석할 수 있음을 보여 주었지만(에페 5,32 참조), 예수님의 가르침(마태 19,5-6 참조)은 구약성경의 이 말씀은 글자 그대로 따라야 하는 것이기도 함을 분명히 보여 준다. 바오로가 갈라티아서 4장 21-24절에서 보여 준 창세기 21장 9-10절 해석도 이런 식으로 이해해야 한다. 다시 말해, 글자 그대로 받아들일 수도 있고, 우의적으로 해석하여 두 계약을 가리키는 말씀으로 보기도 해야 한다.

너울을 벗긴다(2코린 3,7-18). 오리게네스는 바오로의 성경 해석 본보기로만 아니라 실질적인 해석 요강으로 코린토 2서 3장 7-18절을 매우 자주 인용한다. 그는 모세의 얼굴이 빛나게 되어 너울로 가렸다는 탈출기 34장 33-34절에 대해 해설하며, 바오로의 해석이 '지극히 훌륭하다'고 평가한다. 그런 다음 너울의 의미와 그것을 어떻게 걷을 수 있는지에 관해 집중적으로 고찰하기 시작한다. '사람은 보통보다 뛰어난 삶을 살 때에만 모세의 빛나는 얼굴을 볼 수 있다. 모세는 지금도 빛나는 얼굴로 이야기하지만, 우리에게는 충분한 열정이 없어 그것을 볼 수 없다. 구약성경의 글자들에는 아직도 너울이 벗겨지지 않고 남아 있으며(2코린 3,14 참조), 사람이 주님께 돌아서야만 너울이 치워진다'(2코린 3,16 참조). 그런 다음 오리게네스는 이 너울은 세상일, 돈, 부의 유혹에 빠져 있음을 뜻한다고 해석할 수 있다고 설명한다. 주님께 돌아서는 것은 이 모든 일에 등을 돌리고 하느님의 말씀에 온 마음을 쏟으며 낮이나 밤이나 그분의 법을 되새김(시편 제1편 참조)을 뜻한다. 그는 자녀가 인문교육을 받기 바라는 부모는 교사와 서적을 구하기 위하여 모든 노력을 하고 그 목적을 이루기 위해 비용을 아끼지 않는다고 지적한다. 성경을 이해하는 일에도 이렇게 해야 한다. 성경 말씀이 선포되는 것을 들으려고도 하지 않고, 성경이 봉독되는 순간 교회 구석에서 하찮은 잡담에 빠져 있는 사람들에게는 너울이 덮여 있음은 물론 마음에 벽까지 세워져 있다.

그러나 너울이 치워지면, 그리스도께서 구약성경 전체 안에 계심이 드러난다. 신랑이 "산을 뛰어오르고 언덕을 뛰어넘어 오잖아요"(아가 2,8)라는 아가 구절을 해설하면서 오리게네스는 이 진술을 성경 해석에 적용한다.

> 그러나 우리가 구약성경에서 읽는 이 예고에는 너울이 덮여 있습니다. 하지만 신부, 곧 하느님께로 돌아선 교회를 위해 너울이 치워지는 순간 신부는 산을 뛰어오르고 언덕을 뛰어넘어 오는 신랑을 봅니다. 산은 율법서고 언덕은 예언서입니다. 신랑은 그저 모습이 드러나는 정도가 아니라 뛰어오르고 있으므로 그 모습이 너무나도 분명하고 확실하게 드러납니다. 예를 들어, 예언서를 한 장 한 장 넘기는 신부는 그리스도께서 거기에서 뛰어나오시는 것을 발견합니다. 지금까지 덮여 있던 너울이 치워졌으므로, 신부는 자기가 읽는 쪽마다 신랑이 나타나고 튀어나와 확실한 모습으로 보이는 것을 느낍니다.

오리게네스가 풀이한 너울은 글자 그대로의 역사적 기술 또는 글자를 의미할 때가 많다. 그런데 이 너울을 치우기 위해서는 그리스도께서 오셔야만 한다. 오리게네스는 예언서의 '거룩한 특성'과 모세율법의 영적 의미는 그리스도께서 오심으로써 비로소 드러났다고까지 이야기한다. 그 전에는 구약성경이 거룩한 영감을 받았음을 증명할 확실한 논증이 불가능했다. 너울로 가려진 모세율법 안에 담긴 빛은 그리스도께서 오시어 너울이 치워짐으로써 환히 드러났으며, '그림자를 담고 있는 문자적 표현의 좋은 것들에 대한 지식'을 얻을 수 있게 되었다.

　　율법을 영적으로 이해한다(로마 7,14). 앞에서 언급한, '율법을 영적으로 이해'한다는 표현은 오리게네스가 매우 자주 인용하는 바오로 서간 구절의 하나인 로마서 7장 14절에 나온다. 아브라함이 자기 아내를 누이라고 하며 아비멜렉에게 내준 수치스러운 이야기를 설명하기 위해, 오리게네스는 청중에게 다소 논쟁적으로, 이 말씀을 문자적으로 풀이하기 원하는 사람은 그리스도인보다 유대인들과 함께 해야 할 것이라고 이야기한다. 다음 글은 본문과 함께 길게 인용할 만한 가치가 있으며 오리게네스가 여겼을 해석의 목적이 무엇인지 알게 해 준다.

> 그러나 그리스도인이요 바오로의 제자가 되고 싶은 사람[청중]은 '율법은 영적인 것'이라는, 아브라함과 그의 아내와 자식에 관한 율법서의 말씀은 '비유'라고 잘라 말하는 바오로의 말을 들으십시오. 우리 가운데 누구도 이 말씀들이 어떤 종류의 비유인지 쉽게 알아낼 수는 없지만, '주님께로 돌아서고자 하는 사람'이라면 — 주님은 영이시니까요 — 자신의 마음에서 '너울이 치워지기를', 주님께서 문자의 너울을 치우고 영의 빛을 드러내 주시기를, 그리하여 우리가 '너울을 벗은 맨얼굴로 주님의 영광을 바라보며, 주님의 영에 의해서 그리되듯, 더욱 더 영광스럽게 그분과 같은 모습으로 바뀌어 간다'(2코린 3,16-18 참조)고 말할 수 있도록 우리는 기도해야 합니다.

이 구절은 오리게네스의 주석 방식 거의 전부를 요약해 보여 준다는 점에서 특히 중요하다. 오리게네스에게 율법이나 성경 전반의 '영적'인 이해는 우의적 해석과 같은 뜻이다. 오리게네스가 사용하는 '우의'라는 용어는 바오로가 어떤 성경 구절이 표현과 다른 뜻을 지니고 있다고 한 경우를 가리킨다. 성경 본문에는 문자적 의미가 있지만, 거기에는 대개 더 중요한 또 다른 뜻이 있다. 우의적 의미의 발견은 너울을 치운다고도 표현할 수 있으며, 그러기 위해서는 내적인 회개와 주님의 영이 필요하다. 아브라함이 사라를 아비멜렉에게 내준 일에 대해, 오리게네스는 어원 풀이를 통해 사라가 '덕'의 뜻한다고 해석함으로써 이야기 전체를 도덕적 차원으로 옮겨 놓으면서 이 이야기가 수치스러운 사건에 대한 기록이 아니라고 설명할 수 있었다.

　　오리게네스는『민수기 강해』에서도 레위기나 민수기의 구절에 대해 적당한 설명이 되지 않는 경우에도, 이야기를 듣는 사람들이 모세를 비판하는 마음이 생길 수 있다고 이야기한다. 그들은 유대교의 의례나 안식일 준수 같은, 청중과 상관 없는 성경 구절을 왜 교회에서 봉독하느냐고 묻기 시작한다. 이런 걸림돌을 피하기 위해 '율법은 영적인 것'임을 설명할 필요가 있다고 오리게네스는 말한다. 그러면서 오리게네스는, 주께서 너울을 치워 주시어 우리가 모세의 일그러진 모습이 아니라 빛나고 영광스럽게 된 모습을 볼 수 있도록 주님께 돌아서라는 훈계로 코린토 2서 3장 16절의 말씀을 인용한다.

　　그리스도와 교회를 예시하는 구약성경을 나타내는 말로 바오로가 '우의'라는 말보다 '예형'(또는 표상)이라는 용어를 더 많이 사용한 것은 그가 이교와의 관련성을 의식해 우의라는 용어를 피하고자 한 것으로 보인다. 이교 신화를 우의적으로 해석하던 이들은 문자적 의미를 완전히 제쳐 놓았지만, 바오로는 구약성경 이야기의 문자적 의미를 받아들이면서 그리스도와 교회를 예시하는 새로운 의미를 보탰다. 이 점이 고대 저자들과 현대 저자들의 차이다. 좁은 해석이라고도 부를 수 있는 것에서는 예형론, 곧 구약성경의 사건들과 신약성경의 사건들 사이의 유사성을 찾는, 교부 저서에서 한층 발전한 이 방법이 합당한 것으로 여겨졌지만, 지나친 우의적 해석 — 도덕적 해석을 의미하는 때가 많은 — 은 옳지 못한 것으로 간주되었다. 이것이 이른바 안티오키아학파의 견해였다. 알렉산드리아학파는 이 과정을 이들처럼 제한하지 않았고, 예형론과 우의적 해석을 구별하지 않았다. 우의적 해석을 반대하는 현대의 입장은 이 관례를 심하게 공격한 마르틴 루터에게로 거슬러 올라간다고 볼 수 있을 것이다. 18세기와 19세기의 고전주의적·이상주의적 미학의 발달은 이 추세를 더욱 키웠다. 우의와 예형론을 구별하는 현대의 관점은 바오로와 교부 주석의 특정 일면을 건지려는 19세기의 노력에서 발전한 것으로 보인다. 일부 학자는 예형론은 방법론이라기보다는 사물을 보는 영적 방식이라고까지 주장했다. 그러나 예형론은 방법론적으로 우의적 해석의 한 부분으로 보아야 한다고 주장하는 이들과, 같은 주석 도구가 무척 다른 신학적 내용을 만들어 내는 데 사용될 수 있다고 지적하는 이들은 이런 시각을 강력하게 반대한다.

오리게네스는 성경에서 두 유형, 곧 영적 또는 우의적 의미를 찾아낸다. 달리 표현하면, 그는 해석에는 세 단계가 있다고 본다. 성경을 영적으로 해석해야 할 필요성을 입증한 오리게네스는『원리론』제4권에서 잠언 22장 20-21절(칠십인역)을 인용하면서 독자에게, 그들에게 묻는 이들에게 진리의 말로 대답할 수 있도록, 그들의 정신과 마음 안에서 개념들에 세 번씩 주목하라고 권고한다. 그러면서 우리는 성경의 개념들을 영혼 안에서 세 번 새겨야 한다고 결론지으며, 이 세 가지 의미를 육체와 영혼, 영이라는 인간학적 구분에 대입한다. 이 구분은 이제 단순한 이들, 진보한 이들, 완전한 이들이라는 세 부류의 신자(1코린 2,6-15 참조)와 연관된다. 말하자면, 단순한 이들은 성경의 육체, 곧 문자적 의미로 교화될 수 있고, 진보한 이들은 성경의 영혼에서 생각할 거리를 찾으며, 완전한 이들은 미래의 좋은 것들의 그림자를 담고 있는 영적인 율법을 통해 함양된다(참조: 로마 7,14; 히브 10,1). 이 도식에서 율법의 영적 의미는 완전한 이들과 미래에 국한되어 있는 것으로 보인다.

성경의 영혼에 해당하는 해석 유형의 예로 오리게네스는 "타작 일을 하는 소에게 부리망을 씌워서는 안 된다"는 신명기 25장 4절을 사도들의 권리에 관한 말씀으로 풀이한 바오로의 해석을 든다. 오리게네스는 지금 통용되는 이런 종류의 숱한 해석은 더 깊은 뜻을 알아들을 수 없는 이들에게 적합하도록 손보아야 한다고 이야기한다. 성경의 참된 영적 특성은 심오한 해석으로 드러나며, 문자적 의미는 모상이요 그림자일 뿐이다(참조: 히브 8,5; 로마 8,5; 히브 10,1). 오리게네스는 또다시 바오로를 언급하며, 읽는 이는 신비 안에서 너울로 가려진 지혜를 찾아야만 한다고 말한다. 그런 다음, 바오로가 탈출기와 민수기의 대목과 관련하여 이런 일들은 그들에게는 상징적 형태로 일어났으며, 그것들이 기록된 것은 종말 때의 우리를 위해서라고 설명하는 코린토 1서 10장 11절을 또다시 인용한다.

오리게네스는 노아가 지은 방주에 대해 풀이하며 또다시 성경의 세 가지 의미를 구별한다. 그런데 여기서는 인간학이나, 이해하는 의미의 수준이 다른 세 부류의 인간과 연관 짓지 않는다. 오리게네스가 사용한 칠십인역 성경 본문에 따르면, 노아는 '두 갑판'과 '세 갑판'으로 된 방주를 지으라는 지시를 받았다. 세 갑판은 역사적 또는 문자적 수준의 의미, 그리스도나 교회와 관련된 신비적 의미, 그리고 도덕적 의미를 가리킨다. 두 갑판은 역사적 의미나 문자적 의미가 결핍된 경우를 가리킨다. 오리게네스의 이러한 견해는 역사 비평 방법론을 교육받은 현대의 독자들에게는 놀랍게 여겨진다. 그러나 '율법은 영적인 것'이므로, 오리게네스가 볼 때, 모든 성경은 영적 의미를 지니고 있어야 하고, 모든 구절에 문자적 의미가 있지는 않다는 것이 분명한 사실이었다. 그 예로 그는 『창세기 강해』에서 '술취한 자의 손에서는 엉경퀴가 자란다'(잠언 26,9 참조)는 구절과 '병반病斑이 담이나 가죽이나 직물에 나타나면 사제에게 보이고 정결하게 해야 한다'(참조: 레위 13,48; 14,34)는 구절을 든다. 이전 작품 『원리론』에서는 정화에 사용할 물이 담긴 항아리가 '두세 동이들이'라고 하는 요한 복음서의 표현을 이용해 같은 논지를 펼친다. '세 동이들이'는 읽는 이를 함양할 수 있는 문자적 의미가 들어 있는 본문을 가리킨다.

오리게네스는, 율법서와 역사서에는 문구 이면에 더 깊은 의미가 담겨 있다는 사실을 우리가 감지할 수 있도록, 있을 수 없는 일이나 앞뒤가 맞지 않는 내용이 삽입되었다고까지 이야기한다. 그러면서 창조 설화 전체와 그리폰을 먹어서는 안 된다(레위 11,13 참조)는 명령처럼 불합리한 구체적 조목을 포함해서 문자적 의미를 풀이할 수 없는 구절을 모은 방대한 목록을 제시한다. 그는 신약성경에도 같은 원칙이 적용되고 있음을 볼 수 있다며, 세상 모든 나라가 보이는 높은 산(마태 4,8 참조)에 대해 이야기하는 구절을 예로 든다. 오리게네스는 후대 라틴 전통에서 '문자적 의미의 결핍'defectus litterae이라고 불리는 이 원칙을 설명할 때는 바오로를 근거로 삼지 않고, 바오로에게서 전혀 찾아볼 수 없는 것은 아니지만, 우리는 언제나 하느님께 맞갖은 의미를 찾아야 한다는 더 일반적인 원칙을 근거로 삼는다.

마음의 할례. 오리게네스는 '문자적 의미의 결핍'이라는 원칙을 설명할 때는 바오로에게 의지하지 않지만, 문자적 의미의 정당성과 '하느님께 맞갖은' 의미라는 개념이 쟁점이 되는 할례 문제를 다룰 때는 바오로에게 의지한다. 그는 '하늘과 땅의 주권을 지니신 전능하신 하느님께서 거룩한 인간과 계약을 맺고자 하실 때, 이런 것, 곧 그의 육과 그의 후손의 포피를 제거하는 것을 그렇게 중요한 문제로 삼으시겠냐?'는 수사적 물음으로 주제를 시작한다. 오리게네스가 독자나 청중에게서 기대하는 답은 당연히 '아니다'다. 그러고는 회당의 교사들이 이런 말도 안 되는 개념을 주장한다는 사실에 주의를 돌린 다음 바오로를 끌어온다.

> 그러므로 바오로 사도에게서 배운 우리는, 미래의 진리의 표상과 모상 안에서 만들어진 다른 많은 것과 마찬가지로 육의 할례도 영적 할례의 형태를 띠고 있었으며, '위엄 높으신 하느님'께서 죽어야 할 운명의 존재들에게 이에 관한 계명을 내리신 것은 맞갖으며 적절했다고 이야기합니다.

그런 다음 오리게네스는 "하느님의 영으로 예배하고 … 육적인 것을 신뢰하지 않는 우리야말로 참된 할례를 받은 사람입니다"(필리 3,2-3)라는 바오로의 단언과 로마서 2장 28-29절의 이 말씀을 인용한다. "겉모양을 갖추었다고 유다인이 아니고, 살갗에 겉모양으로 나타난다고 할례가 아닙니다. 오히려 속으로 유다인인 사람이 참유다인이고, 문자가 아니라 영으로 마음에 받는 할례가 참할례입니다." '마음에 받는 할례'라는 표현에서 오리게네스는 이것은 문자적으로 불가능한 일임에 주목한다. 그러면 '문자적 의미의 결핍'이라는 원칙에 따라, 이 말은 영적으로 이해해야만 한다. 그런데 에제키엘이 이 표현과 육의 할례라는 표현을 동시에 쓰고 있다(에제 44,9 참조)는 문제가 있다. 오리게네스는 유대인들이, '보시오, 예언자가 육과 마음의 할례를 다 이야기하였소. 두 종류 할례가 다 요구되는 곳에 우의가 들어갈 자리는 없소' 하고 따지고 들리라는 것을 예상했다. 이런 반대에 대처하기 위해 오리게네스는 사람들이 귀에 할례를 받지 않아 듣지 못한다(예레 6,10 참조)는 예레미야의 말을 인용하며, 이 말은 문자적 수준에서는 아무도 해석할 수 없다고 지적한다. 그의 결론은 '당신들이 입술의 할례를 우의로 보고 귀의 할례도 우의적으로나 상징적으로 본다면, 포피의 할례도 우의적인 것으로 보아야 하지 않는가?' 다. 그런 다음 그는 자유롭게 청중에게 '여러분의 귀와 입술과 마음과 육의 포피와 여러분의 모든 지체에 하느님의 말씀에 맞갖은 할례를 받으십시오' 하고 훈계한다. 이어 도덕적 관점에서 이런 다양한 형태의 할례에 대한 우의적 설명이 이어진다. 여기서 지배적인 분명한 원칙은 '하느님께 맞갖은', 그리고 '하느님의 말씀에 맞갖은' 의미를 찾아내야 하는 필요성이다.

문자는 죽이고, 영은 생명을 준다(2코린 3,6). '율법을 영적으로 이해'해야 하는 필요성과 밀접히 연관된 원칙은, 역시 바오로에게서 나온 것으로, '문자는 사람을 죽이고 성령은 사람을 살린다'(2코린 3,6 참조)는 것이다. 오리게네스는 『레위기 강해』 첫머리에서, 그 신성에 관한 지식이 소수에게만 주어진, 육안에 계신 하느님 말씀과, 율법서와 예언서를 통해 주어진 하느님 말씀을 대비시킨다. 육의 너울은 문자의 너울과 비슷하다. 오리게네스에 따르면, 다양한 제물과 사제가 하는 일 등, 희생 제의에 관한 말씀을 읽을 때는 특별히 이 유사점을 염두에 둘 필요가 있다. 그렇게 하지 않으면 독자는 그 말씀들에서 '사람을 죽이는 문자'만을 감지하게 된다. 오리게네스는 나중에 쓴 주석 작품들에서도 여러 경우에 이 본문을 언급한다. 그리고 때로는 그리스도의 계시가 지닌 새로움을 강조하기 위해, '사람을 죽이는 문자'를 '모상'이나 '그림자'(히브 8,5)와 같은 것으로 취급하기도 한다. 이 원칙은 때로는 신자들에게 예언서의 아름다움에서 멈추지 말고 그 아래 숨어 있는 의미를 꿰뚫으라고 촉구하는 기능을 하기도 한다. 오리게네스는 또 어떤 곳에서는 그리스도인에게 노예의 신세에서 벗어나 '아들'이 되도록 본문의 영적 의미를 찾으라고 촉구하기 위해, 이 원칙을 콜로새서 3장 1-2절과 코린토 2서 4장 18절과 같은 선상에 놓는다. 마지막으로 그는 신약성경에도 '사람을 죽이는 문자'가 있다고 경고한다.

> 여러분이 '내 살을 먹고 내 피를 마시지 않으면'(요한 6,53 참조)이라는 말씀을 글자대로 따른다면, 그것이 바로 '문자가 사람을 죽이는' 것입니다. 제가 복음서에서 '문자가 사람을 죽이는' 예를 더 보여 주기 바라십니까? 주님께서는 "칼이 없는 자는 겉옷을 팔아 칼을 사라"(루카 22,36)고 하십니다. 이것은 복음서의 말씀이지만 그대로 따른다면 '사람을 죽이는 문자'입니다. 그러나 여러분이 이 말씀을 영적으로 받아들이면, 이 말씀은 사람을 죽이지 않으며 그 안에는 "생명을 주는 영"(1코린 15,45)이 들어 있습니다.

다른 이들과 마찬가지로 오리게네스도 이 원칙에 바탕을 두고 성경에서 '하느님께 맞갖은' 의미를 찾아낼 필요성을 강조한다.

성경을 이용해 성경을 해석하다

"영적인 것을 영적인 표현으로"(1코린 2,13)라는 문구는 오리게네스를 비롯하여 많은 고대 주석가의 주석 작품에 적용된 해석학적 처리 방식을 말해 준다. 『창세기 강해』에서 방주에 대한 설교를 끝낼 즈음에 오리게네스는 이렇게 이야기한다. "누군가가 시간이 날 때 성경과 성경을 놓고, 성경을 비교해서 '영적인 것을 영적인 표현으로' 짜 맞추면, 그가 그 구절에 감추어진 심오한 신비의 많은 비밀을 찾아내리라는 것을 우리는 모르지 않습니다." 교부 주석가들에게는 같은 낱말이 사용된 다른 본문의 용어나 인물에 대해 설명하는 것이 통칙이었다. 문학 양식과 여러 가지 역사적 배경에 대해 잘 아는 현대 해석가의 눈에는 약간 비슷한 낱말이 사용되었다는 이유로 어떤 책의 구절을 시대도 다르고 문학 양식도 다른 책의 구절로 설명하는 것은 억지처럼 보인다. 그러나 교부 주석가들, 특히 알렉산드리아학파의 주석가들에게 이런 방식은 성경 전체를 같은 존재가 썼다는 기본 전제와 완전히 일치하며 꼭 필요한 것으로 여겨졌다.

오리게네스는 글자 뜻대로 받아들일 수 없는 구절의 뜻을 어떻게 찾아낼 수 있는지를 설명하며 이 방식을 제시한다.

> 그러므로 '성경을 연구하라'는 구원자의 명령에 복종하여 꼼꼼하게 성경을 읽는 사람은 문자적 의미가 어느 정도까지 참되며 어느 정도로 불가능한지 신중하게 연구해야 하며, [그는] 자신의 능력이 닿는 한 성경 전체에 흩어져 있는 비슷한 표현을 이용하여, 글자 그대로 받아들이는 것이 불가능한 구절의 의미를 찾아내야 합니다.

오리게네스는 그가 라삐에게서 들은, 성경은 문이 잠긴 방이 많은 집과 같다는 비유를 전하기도 한다. 방마다 열쇠가 있지만 집 곳곳에 열쇠가 흩어져 있다. 그래서 성경의 어떤 구절을 푸는 열쇠가 다른 구절에서 발견된다. 그러므로 성경 다른 부분의 비슷한 구절을 출발점으로 삼으면 애매한 성경 구절을 이해할 수 있다는 것이다. '해석의 원칙이 여기저기 흩어져 있기' 때문이다. 오리게네스는 『아가 주해』에서 연인을 노루와 젊은 사슴에 비유하는 아가 2장 9절을 설명하는 데 이 원칙을 적용하여, 이 짐승들이 나오는 성경 다른 책의 구절을 모두 모은다.

성경을 성경으로 해석한다는 이 원칙은 성경 각 권의 참된 저자는 성령이라는 기본 전제에 바탕한다. 사실, 형식적인 면에서 이 원칙은 호메로스를 호메로스로 설명하는 것과 같다. 이것은 플라톤이나 히포크라테스를 비롯한 고전 시대 저자의 작품에 적용되어 온 알렉산드리아 문헌학의 전통 원칙이다.

똑같지는 않지만 비슷한 처리 방식을 신약성경 바오로 서간에서도 찾아볼 수 있다. 갈라티아서 3장 16절에서 바오로는 창세기 13장 15절(창세 17,8; 22,18; 24,7)과 사무엘기 하권 7장 12-14절에 나오는 '후손'이라는 낱말을 이용하여 해석학적 고리를 만든다. 로마서 4장 1-8절에서는 '의로움을 인정하다'라는 낱말을 고리로 삼아 창세기 15장 6절과 시편 32편 1-2절을 연결시킨다. 이런 해석학적 원칙은 나중에 라삐 문학에서 '비슷한 법, 비슷한 평결'이라는 뜻의 '게제라 샤바'*gezera shava*로 불린다.

　그러나 늘 이 절차를 거치는 것을 정당화하는 근거로 오리게네스는 바오로가 보여 준 예보다는 그가 코린토 1서 2장 13절에서 찾아낸 '영적인 것을 영적인 표현으로'라는 원칙을 더 내세운다. 이 말에 '영을 지닌 이들에게 영적 진리를 풀이해 주는' 방법이 제시되어 있다고 본 것인데, 오리게네스는 이 구절을 해석의 원칙으로 풀이한 첫 사람이라 할 수 있다. 이 구절은 오리게네스 이전에는 알렉산드리아의 클레멘스와 또 다른 두 작품에 인용된 것이 전부다. 클레멘스는 '영적'이라는 낱말을 남성명사로 풀이하고, 그것이 '영적인 남자들', 곧 '영적인 것들'이 주어져도 되는 전수자들을 뜻한다고 해석했다. 오리게네스는 두 명사를 다 중성으로, 그리고 '성경 말씀'과 같은 뜻으로 풀이한다.

　현대의 주석가들은 이 구절을 오리게네스 식보다는 클레멘스 식으로 이해하는 경향을 보이지만, 유대교 학파는 1세기 말엽 힐렐 학파 때부터 낱말의 유사성을 기반으로 본문들을 연관시켜 왔다. 오리게네스는 유대교와 이교인의 학교에서 이 방법이 사용되고 있다는 사실을 몰랐을 리 없지만, 자신이 이 방법을 사용하는 근거로 줄곧 바오로를 든다. 이처럼 오리게네스에게 바오로는 구약과 새로운 계시를 서로 떼어 놓을 수 없게 엮는 규칙과 본보기를 제공한 사람이었다. 사실 오리게네스는 '영적인 것을 영적인 표현으로'라는 말을 구약성경과 신약성경의 구절들의 비교를 뜻하는 말로 이해할 때가 많다.

　또한 오리게네스는 코린토 1서 2장 13절의 뜻과 상통하는 의미로, 영적이거나 완전한 사람만이 영적인 것을 영적인 표현으로 비유해 말할 수 있다고 주장한다. '젖을 먹고' 살며 '옳고 그름을 가리는 일에 서툰', 영적으로 아직 어린아이인 사람은 거룩한 지혜와 율법에 대한 지식이라는 '단단한 음식'을 받아들일 수 없으며(참조: 1코린 3,1-2; 히브 5,13-14) '영적인 것을 영적으로 비교할 수 없다'. '사람을 죽이는 문자'가 아니라 '사람을 북돋우는 영'을 따르는 사람들은 율법의 글자 이면에 가려져 있는 것을 볼 수 있도록 해 주는 자녀 됨의 영을 받는다. 오리게네스는 하가르와 이스마엘의 이야기에도 이 규칙을 적용하여, 이스마엘에게 생수가 솟는 우물 대신 물 한 부대가 주어진 사실(창세 21,14 참조)에 대해 길게 논한다. 이 규칙에 따라 창세기 21장 14절과 26장 14-17절, 갈라티아서 4장 28절과 잠언 5장 15-16절의 말씀을 한데 모은 오리게네스는 이렇게 결론짓는다.

> 율법(의 물이 든) 부대란 육적인 사람들이 마시고 거기에서 이해를 얻는 문자입니다. 이 문자는 사람들이 이해하지 못하는 경우가 많습니다. 그것은 스스로 설명하지 못합니다. 역사적 이해는 많은 점에서 불완전하기 때문입니다. 그러나 교회는 절대로 마르는 일 없이 "거리를 흐르는"(잠언 5,16 칠십인역), 복음과 사도들의 샘(에서 솟는) 물을 마십니다. 이 샘들은 폭넓은 영적 해석 안에서 언제나 넘쳐흐르기 때문입니다. 그러나 교회는 율법에서 더 깊은 것들을 퍼 올려 파고들 때는 '우물'에서도 마십니다.

오리게네스는 '영적인 것을 영적인 표현으로'라는 말로 표현되는 이 방법론과 어원 풀이를 결합시키기도 했다. 본문 해석을 위해 한 곳에서 사용된 어원 풀이는 전혀 관계없는 본문이라도 같은 이름이 나올 때면 언제나 같은 뜻으로 그 본문에 적용해도 되었다. 그래서 오리게네스는 야곱과 이스라엘이라는 이름이 나오는 창세기 45장 27-28절에서, 이스라엘이라는 이름은 영적 이해력을 나타낸다는 식으로 해석하여, "자기 마음 안에서 참생명이신 참하느님 그리스도를 보는 사람"으로 풀이한다. 그는 또 야곱과 이스라엘이라는 두 이름은 성경에서 이 이름이 나오는 곳에서는 어디서든지 이렇게 해석할 수 있다며 해당 구절의 목록을 길게 나열한다.

문자적 의미가 없는, 비논리적이거나 있을 수 없는 내용을 담은 구절 해석

『원리론』 제4권(4,2,9)에서 오리게네스는 어떤 성경 구절이 문자적 의미와 영적 의미를 다 가지고 있는지 어떻게 알 수 있는가 하는 문제를 제기한다. 그의 대답은 율법서나 역사서에는 하느님께 맞갖지 않아서 해석의 어려움을 불러일으키거나 수치스러운, 있음직하지 않은 일들이 삽입된 경우가 있다는 것이다. 이런 어려움은 그 말씀들이 문자적으로보다 영적으로 해석되어야 한다는 표시다. 그는 이 원칙은 언제나 문자적 수준에서 단순한 사실만을 전달하지 않는 복음서와 사도의 서간을 해석할 때도 해당한다고 이야기한다. 이 작품들만 아니라 구약성경의 규정이나 계명들도 언제나 '이치에 맞는 것'만을 담고 있지는 않으며, '비논리적'이거나 '부조리한' 내용도 있다는 것이다.

그런 다음 오리게네스는 이에 해당하는 예를 제시한다. 먼저 그는 역사 이야기처럼 보이지만 진실이라고 볼 수 없는, 선과 악을 알게 해 주는 나무나 모든 나라를 볼 수 있을 만큼 매우 높은 산(마태 4,8 참조)을 꼽는다. 그런 다음 그는 모세율법 가운데에서도 어떤 것들은 '비논리적'이고 어떤 것들은 '있음직하지 않다'고 한다. 불합리한 것의 예로 그는 그리폰을 먹지 말라는 지시(레위 11,13 참조)를 드는데, 그리폰이라는 새는 존재하지 않기 때문이다. 오리게네스는 비슷한 예를 잔뜩 든 다음, 어떤 이야기들이 비논리적이라고 해서 모든 규정을 글자 그대로 지키지 않아도 된다는 결론이 나오지 않도록 조심한다. 기본적인 가정은, 모든 성경 말씀은 영적 의미를 지니고 있으며, 그중 많은 말씀은 문자적 의미와 영적 의미를 다 가지고 있다는 것이다. 전제되어야 할 것은, 모든 성경은 지금 여기에 사는 우리에게 주어진 하느님의 말씀이며, 하느님께서 우리에게 아무런 의미가 없는 것을 주셨을 리가 없다는 것이다. 어떤 본문에 문자적 의미가 없다 해도, 영적 의미가 있는 것은 확실하다. 어떤 본문의 '비논리성'은 그 본문을 문자적으로 이해해서는 안 된다는 것을 알려 주는 열쇠다. 이것은 후대 라틴 전통에서 '문자적 의미의 결핍'defectus litterae이라고 불리게 되는 더 일반적인 원칙에 속한다.

오리게네스는 『원리론』에서는 '비논리적'이라는 용어를 성경의 특정 구절들에만 적용하지만, 다른 작품들에서는 구약성경 전체에 일반적으로 적용한다. 예를 들어, 즈카르야는 성소에서 분향하고 나온 뒤부터 세례자 요한이 태어날 때까지 벙어리로 지내며 몸짓으로만 뜻을 표현할 수 있었는데(루카 1,20-22 참조), 오리게네스는 즈카르야가 말을 못하는 것은 이스라엘 백성 가운데 예언자가 없음을 나타낸다고 설명한다. 즈카르야는 '오늘날까지 그들 사이에서 행해지고 있는 것의 모상'이다. 그들의 제도에는 '이성도 지각도 없다'. 그들은 자신들의 행위에 대해 설명하지 못한다. 그런 다음 오리게네스는 그들의 할례는 의미가 없는 행동이라고 잘라 말한다. 마찬가지로, 파스카를 비롯한 그들의 축제들도 진리라기보다는 그저 짓거리다. 오늘날까지도 이스라엘 백성은 귀먹은 벙어리다. 그들이 말씀을 거부했기 때문이다. 그들은 주님께 "저는 말솜씨 — '말이 없는', 곧 '비논리적인' — 가 없는 사람입니다"(탈출 4,10)라고 한 이집트에서의 모세와 같다. 그러자 하느님께서는 말을 할 수 있게 하는 것은 당신이라고 설명하시며, 모세가 무슨 말을 해야 할지 가르쳐 주시겠다고 약속하신다(탈출 4,11-12.22 참조). 그리하여 모세는 '말'을 받고, 그때까지는 자기한테 '말'이 없었음을 깨닫는다. 그러나 이스라엘 사람들은 "자신들에게 '말'이 없음"을 깨닫지 못했다. 뿐만 아니라 그들은 자신들에게 '말'이 없다는 것과 그 사실을 깨닫지도 못하고 있다는 것을 행동과 침묵으로 보여 주었다. 이 모든 해석은 '말'이라는 그리스 낱말에 관한 정교한 풀이에 의지한다.

이 해석에서, '말이 없는', '비논리적인'이라는 뜻의 그리스 낱말에 또 다른 뜻이 더해졌다. 비논리적이거나 뜻이 없는 것은 하느님의 말씀, 곧 로고스이신 예수 그리스도가 없는 것이기도 하다. 로고스만이 유대인의 제식에 영적 의미를 부여한다. 즈카르야의 침묵은 그리스도 없이는 율법이 아무런 의미를 지니지 못함을 나타낸다. 로고스의 계시를 거부하고 옛 율법의 규정들을 고수하는 것은 문자의 친구로, '비논리적으로' 남아 있는 것이다. 이처럼 구약성경은 로고스의 빛 안에서 해석하지 않는다면 그 전부가 '비논리적'이라고 말할 수 있다.

구약성경은 로고스의 빛 안에서 해석하지 않으면 '비논리적'이며 '뜻이 통하지 않는다'는 개념은 분명 그리스도교적인 생각이지만, 문자적 의미의 결핍이라는 개념과 용어는 역사가 한층 더 오래되었다. 이미 『아리스테아스의 편지』(모세 오경 그리스어 역본이 어떻게 생겨났는지에 관한 기원전 2세기의 작품)에도 이런 경고가 들어 있다. '모세가 생쥐와 족제비 같은 것들에 대해서 그처럼 세심하게 율법을 작성했다는 한심한 생각은 결코 해서는 안 된다. 이 모든 규정은 의로움을 위해 덕과 인격의 완성을 추구하는 데 도움이 되도록 만들어진 것이다.' 이 말을 보면 위-아리스테아스로 알려진 주해가 성경 본문을 난감하게 느낀다는 인상을 받지 않을 수 없다. 그에게 모세 오경의 율법들은 하느님의 영감을 받은 모세의 작품이지만, 그는 자신의 하느님이 생쥐와 족제비에 관한 법을 만드는 데 관심 있는 분이라고는 상상할 수 없었다.

사람이 하느님을 피하여 숨었다는 창세기 3장 8절의 말씀에 관하여 필론은 이렇게 해설한다. "이 말씀은 우의적으로 해석하지 않으면 받아들이기가 '불가능한' 말씀이다. 하느님께서는 모든 것을 채우고 꿰뚫는 분이시며, 그분께서 계시지 않는 곳은 어디에도 없기 때문이다." 필론은 우의적 해석을 하게 하는 이유가 본문의 '비논리성'과 '불가능성' 때문이라는 점을 자주 털어놓는다.

하느님에 관한 개념이 이 저자들의 주석 방법을 좌우한 것은 확실하다. 이 개념과 모순되는 구절은 우의적으로 해석해야만 했다. 바오로가 코린토 1서 9장 8-10절에서 보여 주는 신명기 25장 4절("타작하는 소에게 부리망을 씌워서는 안 된다") 해석에도 분명 이런 접근 방식이 깔려 있다. 그는 이 본문을 우의적으로 자신의 상황에 적용하며, '하느님께서 소에게 마음을 쓰시는 것입니까? 어쨌든 우리를 위하여 말씀하시는 것이 아닙니까?' 하고 묻는다. 이 발언은 앞에서 이야기한 위-아리스테아스의 생각과 통한다.

오리게네스의 레위기 해설 중 다음 대목은 고대의 주석가가 자신의 하느님 관념과 조화시키기 어려운 본문 앞에서 느꼈을 당혹감을 아마도 가장 뚜렷하게 보여 준다 하겠다.

이 해석에 따라, 우리가 최고의 하느님께서 사람들에게 율법을 내리셨다고 이야기한다면, 저는 율법 규정은 하느님의 위엄에 맞갖은 내용일 것이라고 생각합니다. 그러나 만약 우리가 문자를 주장하고 율법서의 내용을 유대인과 군중들처럼 이해한다면, 저는 하느님께서 그런 율법을 내리셨다고 이야기하고 고백하는 것을 수치스럽게 여깁니다. 그런 율법보다는 인간의 법률들, 예컨대 로마인이나 아테네인, 스파르타인들의 법이 더 품위 있고 조리에 맞는 것입니다. 하지만 교회가 가르치는 이해 방법에 따라 하느님의 율법을 받아들인다면, 그것은 인간의 어떤 법률들보다 고원하며, 참으로 하느님의 법이라는 믿음을 줄 것입니다.

오리게네스가 말하는 '교회가 가르치는 이해 방식'은 이미 신약성경, 특히 바오로 서간들에서 발견되는 우의적 주석 또는 영적 해석 전통을 뜻하며, 그는 그것을 계속 발전시키는 것이 자신의 의무라 여겼다.

고대 주석가가 이런 본문들을 보고 느낀 당혹감은 본문의 윤리적·교육적 효과에 대한 관심 때문이기도 했다. 본문을 문자적 수준에서 받아들이는 것은 위험했다. 다시 말해, 본문의 문자적 내용이 자신의 윤리적·신학적 개념들과 양립할 수 없으면, 고대 주석가는 그것을 받아들일 수 없었다. 오리게네스는 앞에서 말한 강해에서 이런 견해를 밝힌다.

거룩한 책들에 쓰인 것은 표상임을 알고, 따라서 그렇게 고찰하고, 따라서 거기에 담긴 말을 육적으로가 아니라 영적으로 연구하고 이해하십시오. 여러분이 그것을 육적으로 받아들인다면, 그 말씀들은 여러분에게 자양분이 되는 것이 아니라 상처를 입히기 때문입니다. 사람을 죽이는 문자(2코린 3,6 참조)는 복음서에도 있습니다. … [복음서는] "칼이 없는 이는 겉옷을 팔아서 칼을 사라"(루카 22,36)고 합니다. 보십시오, 이것도 복음서의 말씀이지만, 사람을 죽이는 문자입니다.

성경 본문의 문자적 의미에 그들이 느낀 당혹감과 윤리적 가르침에 대한 관심은 그리스의 저술가들이 호메로스의 서사시에서 느낀 것과 같은 것이었다. 그리스 문화와 사회에서 호메로스의 서사시는 유대교나 그리스도교 사회의 성경과 같은 역할을 했다. 고대 그리스의 철학자들은 이미 이 문제를 분명히 인식했고, 호메로스의 서사시가 그리스 교육체계에서 주요한 역할을 했기 때문에 이미 몇 세기 전부터 이 문제는 철학자들 — 특히 스토아학파 — 과 교육자들의 관심을 끌어 왔다. 전통적인 그리스 학교에서 지적 수련을 쌓은 교부 주석가들은 호메로스의 작품을 해석하는 전통적 방법론을 배웠을 것이 틀림없고 성경 연구에 그 방식을 적용했을 것이다.

요약과 결론

이제까지 교부들, 특히 오리게네스가 사용한 성경 해석 원칙들을 개괄하였다. 이런 방법론들이 체계적으로 자리 잡게 하려고 시도한 첫 그리스도교 주석가가 오리게네스이고 그의 저서들이 막대한 영향을 끼쳤기 때문이다. 오리게네스는 자신이 바오로를 본받고 있으며 바오로의 규칙들을 성경 해석에 적용한다고 여겼다. 그러나 실제로 그의 원칙들 가운데 일부는 다른 데서 유래했다. 우의적 해석을 위해 어원 풀이를 사용한다거나 문자적 의미의 결핍이라는 개념이 그렇다. '하느님께 맞갖은' 의미를 찾으려는 관심은, 공식적인 주석 원칙의 단계에 이른 적은 없지만, 고대의 주석에 지대한 영향을 미쳤다. 바오로가 신명기 25장 4절을 하느님께서 진짜로 사도들의 처지보다 소에게 더 관심을 가졌다고 해석하는 것은 합당치 않다고 한 발언(1코린 9,9 참조)에도 이런 이해가 암시되어 있다고 보인다. 아무튼, 이 개념은 필론과 오리게네스, 호메로스의 작품에 대한 헬레니즘 세계의 주석에도 널리 퍼져 있으며, 하느님이나 신들을 인간적 특성으로 묘사하는 구절의 의미를 그대로 받아들이지 않으려 할 때 특히 자주 사용된다.

새삼 말할 필요도 없지만, 교부 주해가들이 이런 규칙들을 모두 사용한 것은 아니다. 이 가운데 일부, 특히 문자적 의미의 결핍이라는 개념은 논쟁의 쟁점이 되기도 했고, 안티오키아학파 저술가들은 우의적 해석을 구약성경과 신약성경의 인물이나 사건들 사이에 예형과 원형이 확실히 파악되는 경우에만 제한적으로 사용하고자 했다.

구약성경을 풀이하려는 초기 그리스도교 해석가들에게는 많은 관심사 — 논쟁적 · 호교론적 · 사변적 — 가 있었지만, 그들이 무엇보다 관심을 보인 것은 회중들을 영적으로 함양시키는 일이었다. 본문 해석은 문학 양식과 그 작품의 전달 대상인 청중의 성격에 의해 결정되었다. 이 책에 실린 해설 대다수는 설교자가 자신의 회중에게 올바른 교의와 도덕적 가르침을 제공하고자 한 강해에서 뽑은 것이다. 설교자들은 앞에서 설명한 규칙들을 사용하여 신약성경 안에서 그러한 영적 자양분을 찾아내려 힘닿는 한 노력했고, 그런 다음에는 그것을 구약성경 본문에 적용하여 풀이했다. 안티오키아학파 저자들은 물론 알렉산드리아학파 해석자들 대다수의 시각도 이와 같았다. 이런 식으로, 이스라엘 조상들에 관한 이야기가 신약성경의 가르침을 가르치는 수단이 되었다.

마크 셰리든

창세기
... 12-50장

12,1-3 부르심과 약속

¹ 주님께서 아브람에게 말씀하셨다. "네 고향과 친족과 아버지의 집을 떠나, 내가 너에게 보여 줄 땅으로 가거라.

² 나는 너를 큰 민족이 되게 하고, 너에게 복을 내리며, 너의 이름을 떨치게 하겠다. 그리하여 너는 복이 될 것이다.

³ 너에게 축복하는 이들에게는 내가 복을 내리고, 너를 저주하는 자에게는 내가 저주를 내리겠다. 세상의 모든 종족들이 너를 통하여 복을 받을 것이다①."

① '복을 빌 것이다'로 되어 있는 사본들도 있다.

둘러보기

아브라함의 부르심과 이주는 필론 때부터 우의적으로 해석되기 시작해서, 영적인 여행을 떠나는 모든 사람을 뜻하는 것으로 이해되었다(대안토니우스). 고향을 떠나라는 하느님의 명령은 '나를 따르라'는 예수님의 부르심과도 연관된다(장님 디디무스). 아브라함을 '정욕을 버리라는 명령을 받는 정신'으로 해석하는 것은 필론의 직접적인 영향이 확실하다(암브로시우스). 아브라함은 신앙의 본보기로도 해석된다(아우구스티누스). 이미 암브로시우스에게서 관찰되는 필론의 우의적 해석은 후대에 더욱 발전하여 세례성사와 결부된다. 그렇게 볼 경우, '친족'을 떠나라는 명령도 같은 방향으로, 그리고 '성경 말씀을 성경 말씀으로' 해석한다는 원칙에 따라, 세례 이후 악덕과 죄를 멀리하라는 명령으로 해석되며(서문 58-60쪽 참조), '네 아버지의 집'은 악마의 지배를 뜻하는 말로 해석된다(아를의 카이사리우스).

아브라함을 '큰 민족'이 되게 하겠다는 약속은 문자적 의미로는 물론, 참된 위대함은 덕에 있으므로 영적으로도 이미 이루어졌다(장님 디디무스). '너의 이름을 떨치게 하겠다'는 약속은 유대인을 포함하여 모든 사람이 아브라함과 친족 관계임을 주장하는 사실에서 이루어졌다고 풀이할 수 있다(요한 크리소스토무스). 그러나 이 약속은 이 세상에서 이루어지는 약속일 뿐인데 반해, '세상의 모든 종족들이' 아브라함을 통해 복을 받을 것이라는 약속은 땅의 모든 민족들 가운데에서 그리스도를 통해 구원받은 백성 안에서 이루어지는 하늘의 약속이다. 하나의 공통된 축복 안에서, 많은 지역과 언어로 갈라진 모든 민족들이 자신 안에서 다시 하나가 되리라는 약속을 들은 이 남자는 주님의 지시에 따라 기꺼이 바벨 땅을 버리고 그곳에서부터 나아갔다(베다).

12,1 하느님의 부르심

영에게 인도된 아브라함

어떤 사람들에게는 약속의 율법, 그리고 그들이 처음 생겨났을 때부터 그들 안에 있는 선에 대한 식별을 통해 하느님의 말씀이 이릅니다. 그들은 선조 아브라함이 그랬듯이 망설이지 않고 기꺼이 따릅니다. 아브라함은 약속의 율법을 통해 사랑 안에서 자신을 바친 까닭에 하느님께서 그에게 나타나시어 "네 고향과 친족과 아버지의 집을 떠나, 내가 너에게 보여 줄 땅으로 가거라"
하고 말씀하셨습니다. 부르심을 받을 준비가 되
어 있던 그는 조금도 망설이지 않고 떠났습니다.
이는 이런 삶의 방식이 시작되는 본보기입니다.
이런 본은 이런 양식을 따르는 이들 안에서 지금
도 계속되고 있습니다. 영혼이 인내하며 이런 삶
의 방식을 따르는 곳이면 언제 어디서나 그들은
쉽게 덕에 이릅니다. 그들의 마음이 하느님 성령
의 인도를 받을 준비가 되어 있기 때문입니다.

• 대 안토니우스 『편지』 1.[1]

아브라함이 떠난 이유

하느님께서 아브라함에게 고향과 친족을 떠
나라고 지시하신 것은 우연이 아니라, 아브라함
에게서 당신의 관심을 받을 자격, 곧 하느님에
대한 믿음을 보셨기 때문입니다. 하느님을 믿는
사람이 사악한 사람들 — 아브라함의 아버지는
실상 우상 숭배자였습니다 — 가운데 사는 것은
어울리지 않습니다. 악인의 무리는 열성적인 사
람들, 특히 열성의 길로 지금 막 들어선 사람들
에게 해를 입히는 때가 많기 때문입니다. 구원자
께서 "누구든지 나에게 오면서 자기 아버지와
어머니, 아내와 자녀, 형제와 자매를 미워하지
않으면, 내 제자가 될 수 없다"(루카 14,26; 참조: 마
태 16,24)라고 하신 것도 이런 까닭입니다. 주님
께서 이 말씀을 하신 것은 사람이 친족을 미워하
게 만드시려는 것이 아니라, 그들 가운데 누구
하나라도 그가 덕에 이르는 데 방해가 된다면 덕
을 위해 차라리 그를 미워해야 한다는 뜻입니다.
"보시다시피 저희는 모든 것을 버리고 스승님을
따랐습니다"(마르 10,28; 마태 19,27)라고 말한 사도
가 바로 이렇게 했습니다.

이런 지시가 성조 아브라함에게 내렸습니다.
그리고 하느님께서는 아브라함에게 그가 살 곳

을 보여 줄 것이며 그를 큰 민족이 되게 하고 그
에게 복을 내려 이름을 떨치게 하겠다고 말씀하
셨습니다.

• 장님 디디무스 『창세기 주해』 209.[2]

정신을 나타내는 아브라함

아브라함은 정신을 나타냅니다. 사실 아브라
함은 '옮겨 감'을 뜻합니다. 아담 안에서 자신을
쾌락과 육체적 유혹에 빠지도록 두었던 정신이
덕의 이상적인 형태로 돌아가도록 하기 위해, 우
리가 본받을 지혜로운 사람이 본보기로 주어진
것입니다. 실제로 히브리어로 '아브라함'은 '아버
지'를 뜻합니다. 정신이 아버지의 권위와 판단과
염려로 그 사람 전체를 다스린다는 의미에서 그
렇습니다. 이 정신이 그때는 하란, 곧 다른 열정
들에 종속되어 있는 동굴 속에 있었습니다. 그래
서 '네 고향', 곧 네 몸에서 떠나라고 하신 것입
니다. 본향이 하늘에 있는 그 사람이 그 땅에서
떠났습니다.

• 암브로시우스 『아브라함』 2,1-2.[3]

하느님의 약속을 믿은 아브라함

형제 자매 여러분, 우리가 해야 할 올바른 일
은, 하느님께서 무엇을 갚아 주시기 전에 그분을
믿는 것입니다. 그분은 거짓말을 하실 수 없는
분이시니 우리를 속이실 리 없기 때문입니다. 그
분은 하느님이시니까요. 우리의 선조들은 이런
식으로 그분을 믿었습니다. 아브라함은 이런 식
으로 그분을 믿었습니다. 그의 믿음은 여러분의
감탄을 자아내고 널리 알려져야 할 만한 믿음입

---

[1] LSA 197.

[2] SC 244,136-38.

[3] CSEL 32,1,565.

니다. 그는 하느님께 아무것도 받지 않았는데도 그분의 약속을 믿었습니다. 우리는 이미 너무나 많은 것을 받았는데도 아직 그분을 믿지 않습니다. 아브라함이 그분께, '당신께서 저에게 약속하시고 그것을 이루어 주셨으니 당신을 믿겠습니다' 하고 말한 적이 있던가요? 없었습니다. 그는 아무것도 받은 적 없을 때, 첫 명령이 내리자마자 믿었습니다. "네 고향과 친족을 떠나, 내가 너에게 보여 줄 땅으로 가거라." 이것이 그가 들은 말씀이었습니다. 그는 곧바로 믿었고, [하느님께서는] 그 땅을 그에게 주신 것이 아니라 그의 후손에게 주려고 준비해 두셨습니다.

• 아우구스티누스 『설교집』 113A,10.[4]

세례 때 우리가 버리는 '고향'은 육체다

  방금 읽은 거룩한 독서에서 우리는 주님께서 복된 아브라함에게 '네 고향과 친족과 어버지의 집을 떠나라'고 말씀하시는 것을 들었습니다. 친애하는 여러분, 구약성경에 쓰인 모든 것은 신약성경의 예형이요 표상입니다. "이 일들은 본보기로 그들에게 일어난 것인데, 세상 종말에 다다른 우리에게 경고가 되라고 기록되었습니다"(1코린 10,11)라는 사도의 말대로입니다. 따라서 아브라함에게 개인적으로 일어난 일이 우리를 위해 기록되었다면, 우리가 경건하고 의롭게 살 때 우리는 그것이 우리 안에서 영적으로 완성되는 것을 보게 될 것입니다. 주님께서는 '네 고향과 친족과 아버지의 집을 떠나라'고 하셨습니다. 형제 여러분, 우리는 세례성사를 통해 이 모든 것이 우리 안에서 이루어졌음을 믿으며 깨닫습니다. 우리의 '고향'은 우리 육체입니다. 우리가 그리스도의 발자취를 따르기 위하여 육적인 습관을 버릴 때, 우리는 올바르게 '고향'을 떠나는 것입니다. 교만했던 사람이 겸손해지고, 방종했던 사

람이 정숙해지고, 탐욕스럽던 사람이 관대해지고, 시샘 많던 사람이 친절해지고, 잔인하던 사람이 온화해질 때, 여러분의 눈에 그가 자신의 '고향', 곧 자기 자신을 기쁘게 버리는 것으로 보이지 않습니까? 그렇습니다. 형제 여러분, 하느님을 사랑하여 이렇게 변하는 사람은 기쁘게 자기 '고향'을 떠나는 사람입니다. 마지막으로 덧붙이자면, 개인적인 대화에서도 우리는, 불의를 일삼던 사람이 갑자기 좋은 일을 하기 시작하면, 그가 예전의 그가 아니라고 이야기할 때가 많습니다. 그가 자신의 악덕을 거부하고 덕 안에서 기쁨을 느낀다면, 예전의 그가 아니라는 말은 실로 맞는 말입니다. 주님께서는 '네 고향을 떠나라'고 말씀하십니다. 세례 전의 우리의 '고향', 곧 우리 육체는 죽음의 땅이었습니다. 그러나 세례를 통해 그 땅은 산 이들의 땅이 되었습니다. "저는 산 이들의 땅에서 주님의 선하심을 보리라 믿습니다"(시편 27,13)라는 시편 저자의 말은 이 땅을 가리킵니다. 말씀드렸듯이, 우리는 세례를 통해 죽어 가는 이들이 아니라 산 이들의 땅, 악덕들의 땅이 아니라 덕들의 땅이 되었습니다. 그렇지만 이는 우리가 세례를 받은 뒤에 악덕의 진구렁으로 돌아가지 않을 때, 우리가 산 이들의 땅이 되고 나서 비난받을 만한 사악한 죽음의 행실을 하지 않을 때 해당하는 말입니다. 주님께서는 "내가 너에게 보여 줄 땅으로 가거라" 하고 말씀하십니다. 우리가 하느님의 도움으로 먼저 우리 '고향', 곧 우리 육체의 죄와 악덕을 쫓아버린다면, 우리는 분명 하느님께서 우리에게 보여 주시는 땅으로 기뻐하며 가게 될 것입니다.

• 아를의 카이사리우스 『설교집』 81,1.[5]

---

[4] WSA 3,4,178*.

[5] FC 47,3-4*.

'친족'은 죄와 악덕을 뜻한다

'네 친족을 떠나라.' 여기서 '친족'은 우리가 지니고 태어나서 유아기 이후에 나쁜 습관으로 인하여 자라고 커진 악덕과 죄들로 이해됩니다. 그러므로 세례의 은총을 통해 모든 죄와 악덕이 우리에게서 비워질 때, 우리는 '친족'을 떠나는 것입니다. 그렇지만 이는 우리가 그 뒤로도 하느님의 도움으로 악덕을 물리치고 덕으로 가득 차려고 있는 힘껏 노력할 때에만 그렇다고 할 수 있습니다. 우리가 세례를 통해 모든 악에서 벗어난 뒤에 게으름에 빠져 소홀해진다면, 복음서의 이 말씀이 우리에게 이루어지지 않을까 저는 두렵습니다. "더러운 영이 사람에게서 나가면, 쉴 데를 찾아 물 없는 곳을 돌아다니지만 찾지 못한다. 그때에 그는 '내가 나온 집으로 돌아가야지' 하고 말한다. 그러고는 가서 그 집이 비어 있는 것을 보면 자기보다 더 악한 영 일곱을 데리고 그 집에 들어가 자리를 잡는다. 그리하여 그 사람의 끝이 처음보다 더 나빠진다"(마태 12,43-46). 그러니 우리는 "자기가 게운 데로 되돌아가는 개처럼"(잠언 26,11) 우리의 죄와 악덕으로 돌아가는 일이 절대 없도록, 그것들, 곧 우리 '친족'들을 떠납니다.

• 아를의 카이사리우스 『설교집』 81,2.[6]

은총이 내리기 전에는 악마가 우리의 아버지였다

'네 아버지의 집을 떠나라.' 사랑하는 여러분, 이 말씀은 영적으로 받아들여야 합니다. 그리스도의 은총이 오기 전에는 악마가 우리의 아버지였습니다. 주님께서는 복음서에서 유대인들을 꾸짖으시면서 이렇게 말씀하셨습니다. "너희는 너희 아비인 악마에게서 났고, 너희 아비의 욕망대로 하기를 원한다"(요한 8,44). 주님께서 인간의 아버지가 악마라고 하신 것은 인간이 그에게서 태어나서가 아니라 인간이 악마의 사악함을 본받기 때문이었습니다. 사실 인간은 악마에게서 태어날 수 없지만, 실로 악마를 본받기를 원했습니다. 시편 저자는 악마가 우리의 첫 번째 아비였다는 사실을, 하느님께서 교회에게 말씀하시는 형식을 빌려 이렇게 이야기합니다. "들어라, 딸아, 보고 네 귀를 귀울여라. 네 백성과 네 아버지 집안을 잊어버려라"(시편 45,11).

• 아를의 카이사리우스 『설교집』 81,3.[7]

12,2 큰 민족이 되게 하겠다

하늘 나라에서 크다는 것

그를 '큰 민족'이 되게 하시겠다는 약속에서, 문자적 의미 이외의 것을 찾아볼 필요가 있을까요? 역사적 의미에서 이 약속이 이루어진 것이 분명하니 말입니다. 그렇지만, 민족을 이룬 다음에 덕으로 장식되는 것이 실로 위대한 것입니다. 그 진보가 영혼 안에서 더욱 중요해질 때, 더 이상 세상적이지 않으며 거룩한 위대함이 그 안에서는 것이 확실합니다. 이 영혼은 단순히 주어지는 축복이 아니라 이루어지는 축복입니다. 그 이름은 영적 축복을 주는 아름다움과 덕이 함께할 때 위대해지고 찬양받기 때문입니다. 큰 재산을 얻는 것보다 좋은 이름을 얻는 것이 더욱 값집니다(잠언 22,1 참조).

• 장님 디디무스 『창세기 주해』 210,11.[8]

하느님을 두려워한 아브라함

"나는 너를 큰 민족이 되게 하고, 너에게 복을 내리며, 너의 이름을 떨치게 하겠다." 참으로 엄

---

[6] FC 47,4.

[7] FC 47,5.

[8] SC 244,141-43.

청난 약속입니다. '너를 큰 민족의 우두머리로 세우고 너의 이름을 떨치게 해 줄 뿐 아니라, 너에게 복을 내리고 그리하여 네가 복이 되게 하겠다. 영원히 지속될 만큼 큰 축복을 너에게 베풀겠다'고 주님께서는 말씀하십니다. 모든 사람이 가장 높은 영예보다도 너와 사귀기를 더 간절히 바랄 만큼 '너에게 복을' 내리겠다는 것입니다. 훗날 아브라함에게 내리실 영광에 대해 하느님께서 처음부터 어떻게 예언하셨는지 보십시오. "나는 너를 큰 민족이 되게 하고, 너에게 복을 내리며, 너의 이름을 떨치게 하겠다. 그리하여 너는 복이 될 것이다." 그래서 유대인들도 이 성조 안에서 자신들의 자존감을 찾으며, "우리는 아브라함의 후손"(요한 8,33)이라는 말로 자신들이 그와 친족임을 입증하려고 했습니다. 그렇지만 여러분이 알아야 할 것은, 그들이 실상 사악하여 그의 친족이 될 자격이 없으므로 그리스도께서 그들에게 "너희가 아브라함의 자손이라면 아브라함이 한 일을 따라 해야 할 것이다"(요한 8,39)라고 말씀하셨다는 사실입니다. 세례 받기를 열망하며 사람들이 요르단 강으로 몰려왔을 때, 즈카르야의 아들 요한도 그들에게 이렇게 말했습니다. "독사의 자식들아, 다가오는 진노를 피하라고 누가 너희에게 일러 주더냐? 회개에 합당한 열매를 맺어라. 그리고 '우리는 아브라함을 조상으로 모시고 있다'고 말할 생각일랑 하지 마라. 내가 너희에게 말하는데, 하느님께서는 이 돌들로도 아브라함의 자녀들을 만드실 수 있다"(마태 3,7-9). 모든 이가 아브라함의 이름을 얼마나 높게 여겼는지 아시겠습니까? 하느님의 말씀을 믿고 아무리 힘든 일로 보여도 두말없이 그것을 받아들이는 데서 하느님을 경외하는 이 의인의 마음이 드러납니다.

• 요한 크리소스토무스 『창세기 강해』 31,13.[9]

12,3 엄청난 약속

영적 이스라엘이라는 후손

이 축복에 대한 약속은 앞의 약속보다 더 엄청나고 중요합니다. 앞의 약속이 세상과 관련한 약속이라면 이것은 하늘과 관련한 약속입니다. 앞의 약속은 육적 이스라엘이라는 후손을 가리키고, 이 약속은 영적 이스라엘이라는 후손을 가리키기 때문입니다. 곧, 앞의 약속은 육에 따라 아브라함에게서 태어난 민족을 가리키고, 이 약속은 그리스도 안에서 구원받는 세상의 모든 민족이라는 후손을 가리키기 때문입니다. 이 구원받은 이들 가운데는 육에 따라 아브라함에게서 태어난 사람들도 있는데, 그들은 아브라함의 충실한 믿음 또한 본받고자 한 이들입니다. 이런 이들 모두에게 바오로 사도는 "여러분이 그리스도께 속한다면, 여러분이야말로 아브라함의 후손이며 약속에 따른 상속자입니다"(갈라 3,29)라고 합니다. 그러므로 "세상의 모든 종족들이 너를 통하여 복을 받을 것이다"라는 주님의 말씀은 "세상의 모든 민족들이 너의 후손을 통하여 복을 받을 것이다"(창세 22,18)라는 말과 같습니다. 그리스도를 낳으실 마리아께서는 주님께서 아브라함에게 이 말씀을 하실 때 이미 존재하고 계셨습니다. 바오로 사도가 그들[레위의 자손]에 관해 이야기하며 그들이 '아브라함의 몸속에 있었다'(히브 7,10 참조)고 한 것과 같은 의미입니다. 엄격함과 선의를 동시에 펼치시는 하느님의 섭리가 얼마나 놀랍습니까? 교만의 행실을 위해 모였던 많은 무리는 갖가지 언어와 인종으로 갈라졌습니다. … 주님의 지시에 따라 기꺼이 그 땅을 버리고 떠나간 이 한 사람은 약속 말씀을 들었습니다. 여러 지역과 언어로 갈라진 모든 민

[9] FC 82,245-46.

족들이 자신 안에서 다시 하나가 되리라는, 모든
이에게 두루 미칠 축복을 약속받았습니다.

　　● 존자 베다 『창세기 처음부터 이사악 탄생까지』 3.[10]

[10] CCL 118A,169.

12,4-9 아브라함이 하란을 떠나 베텔로 가다

⁴ 아브람은 주님께서 이르신 대로 길을 떠났다. 롯도 그와 함께 떠났다. 아브람이 하란을 떠
　날 때, 그의 나이는 일흔다섯 살이었다.

⁵ 아브람은 아내 사라이와 조카 롯과, 자기가 모은 재물과 하란에서 얻은 사람들을 데리고 가
　나안 땅을 향하여 길을 나서, 마침내 가나안 땅에 이르렀다.

⁶ 아브람은 그 땅을 가로질러 스켐의 성소 곧 모레의 참나무[①]가 있는 곳에 다다랐다. 그때 그
　땅에는 가나안족이 살고 있었다.

⁷ 주님께서 아브람에게 나타나 말씀하셨다. "내가 이 땅을 너의 후손에게 주겠다." 아브람은
　자기에게 나타나신 주님을 위하여 그곳에 제단을 쌓았다.

⁸ 그는 그곳을 떠나 베텔 동쪽의 산악 지방으로 가서, 서쪽으로는 베텔이 보이고 동쪽으로는
　아이가 보이는 곳에 천막을 쳤다. 그는 그곳에 주님을 위하여 제단을 쌓고, 주님의 이름을
　받들어 불렀다.

⁹ 아브람은 다시 길을 떠나 차츰차츰 네겝 쪽으로 옮겨 갔다.

　　① 또는 '테레빈나무'.

둘러보기

아브라함의 이주를 우의적으로 해석하면, 육
의 쾌락과 악덕, 그리고 세상과 그 아비인 악마
를 끊음을 의미한다(베다). 주님께서 아브라함에
게 나타나셨다는 기사는 다른 성경 본문들, 특히
하느님의 초월성을 강조하는 신약성경 본문과
모순된다는 문제점이 있지만, 이는 '보이지 않는
하느님의 모상'인 아들이 나타난 것으로 이해하
면 해결된다(노바티아누스). '베텔', 곧 '하느님의
집'이 있는 곳에는 제단도 있다. 베텔에 제단을

쌓고 주님의 이름을 받들어 부르는 것은 영적 진
보를 나타낸다(암브로시우스).

12,4 아브라함의 순종

우리의 땅을 떠나다

하느님의 명령에 따라 '고향과 친족과 아버지
의 집'을 떠나가는 아브라함의 이야기는, 우리를
비롯하여 약속의 자녀는 모두가 그를 본받아야
한다는 것을 분명하게 보여 줍니다. 육의 쾌락을
포기할 때 우리는 '고향'을 떠납니다. 우리가 안

고 태어난 모든 악덕에서 벗어나고자 인간의 능력이 허락하는 한 힘껏 노력할 때, 우리는 '친족'을 떠납니다. 하늘 나라의 삶을 사랑하여, 세상과 그 머리인 악마를 떠나기 원할 때, 우리는 '아버지의 집'을 떠납니다. 최초의 불복종 때문에 사실 우리 모두는 악마의 자식으로 세상에 태어났습니다. 하지만 새로 남의 은총 덕분에, 아브라함의 후손에 속한 모든 이가 하느님의 자녀가 되었습니다. "하늘에 계신 아버지"(마태 6,9)께서는 우리, 곧 당신 교회에게 이렇게 말씀하십니다. "들어라, 딸아, 보고 네 귀를 기울여라. 네 백성과 네 아버지 집안을 잊어버려라"(시편 45,11).

• 존자 베다 『창세기 처음부터 이사악 탄생까지』 3.[1]

12,7 주님께서 아브라함에게 나타나시다

아브라함에게 나타나신 분은 아드님이시다

바로 이 모세가 하느님께서 아브라함에게 나타나셨다고 이야기한다는 사실도 주목하십시오. 그런데 모세는 하느님께 "나를 본 사람은 아무도 살 수 없다"(탈출 33,20)라는 말씀도 듣습니다. 하느님이 보이지 않는 존재라면, 어떻게 하느님께서 나타나실 수 있습니까? 하느님께서 나타나셨다면, 어떻게 그분이 보이지 않는 존재일 수 있습니까? 요한도 말합니다. "아무도 하느님을 본 적이 없다"(요한 1,18; 참조: 1요한 4,12). 바오로 사도도 그분을 "어떠한 인간도 뵌 일이 없고 뵐 수도 없는 분"(1티모 6,16)이라고 합니다. 그렇지만 성경은 절대 거짓을 말하지 않습니다. 그러니

하느님께서는 분명 보이신 적이 있습니다. 그렇다면 이는, 보이신 분은 한번도 보이신 적 없는 아버지 하느님이 아니라, 내려오시기를 원하셨고 내려오셨기에 사람들 눈에 보이기를 원하신 아드님이셨다는 것을 의미할 수밖에 없습니다. 실로 그분은 "보이지 않는 하느님의 모상"(콜로 1,15)이시며, 우리의 유한한 인간 본성과 나약함은 머지않아 하느님의 모상, 곧 하느님의 아들이신 그분 안에서 아버지 하느님을 보는 데 익숙해지도록 자라납니다. 인간의 나약함이 언젠가는 아버지 하느님을 뵙는 영광을 입을 수 있도록 '모상'을 통해 점차 힘을 얻어야 했던 것입니다.

• 노바티아누스 『삼위일체론』 18,1-3.[2]

12,8 아브라함이 주님의 이름을 받들어 부르다

하느님의 운동선수

'베텔', 곧 '하느님의 집'이 있는 곳에는 제단도 있습니다. 제단이 있는 곳에서는 하느님의 이름을 받들어 부릅니다. 아브라함이 이다지 훌륭하게 발전한 것은 우연이 아닙니다. 그는 하느님의 도움 안에서 희망했습니다. 하느님의 운동선수는 역경을 통해 단련하며 스스로 힘을 키웠습니다. 그는 광야로 들어갔습니다.

• 암브로시우스 『아브라함』 1,2,6.[3]

---

[1] CCL 118A,170-71.

[2] FC 67,67.

[3] CSEL 32,1,505-6.

12,10-16 아브라함이 이집트로 가다

[10] 그 땅에 기근이 들었다. 그래서 아브람은 나그네살이하려고 이집트로 내려갔다. 그 땅에 든 기근이 심하였기 때문이다.

> ☞ [11] 이집트에 가까이 이르렀을 때, 그는 자기 아내 사라이에게 말하였다. "여보, 나는 당신이 아름다운 여인임을 잘 알고 있소.
>
> [12] 이집트인들이 당신을 보면, '이 여자는 저자의 아내다.' 하면서, 나는 죽이고 당신은 살려둘 것이오.
>
> [13] 그러니 당신은 내 누이라고 하시오. 그래서 당신 덕분에 내가 잘되고, 또 당신 덕택에 내 목숨을 지킬 수 있게 해 주시오."
>
> [14] 아브람이 이집트에 들어갔을 때, 이집트인들이 보니 과연 그 여자는 매우 아름다웠다.
>
> [15] 파라오의 대신들이 사라이를 보고 파라오 앞에서 그 여자를 칭찬하였다. 그리하여 그 여자는 파라오의 궁전으로 불려 갔다.
>
> [16] 파라오는 사라이 때문에 아브람에게 잘해 주었다. 그래서 그는 양과 소와 수나귀, 남종과 여종, 암나귀와 낙타들을 얻게 되었다.

둘러보기

영적으로 해석하면, "그 땅에 기근이 들었다"는 것은 하느님의 말씀을 듣는 데 실패했음을 의미한다. 필론의 해석에 따르면, 아브라함이 거주하기 위해서가 아니라 '나그네살이'하기 위해 이집트로 내려간다는 점이 중요하다.[1] 아내를 누이로 소개한 아브라함의 이야기는 교부 주해가들에게 상당한 난제였다. 아브라함의 이러한 행동은 문자적 관점에서는 영리한 해결책이었다고 이해할 수 있고, 사라가 덕을 의미한다고 보는 영적 관점에서 풀이하자면, 바오로 사도가 대하는 사람에 따라 처신을 달리한 것과 비슷한 경우로서, 겸양과 신중함으로 해석할 수 있다. 덕이 높은 이들은 덕이 자신만의 특권이라고 말하지 않는데, 이는 덕을 지니지 못한 자들의 시샘을 불러일으키지 않기 위해서다(장님 디디무스). 사라는 실제로 아브라함의 누이였으므로 그의 말은 거짓이 아니라고 아브라함을 변호할 수도 있다(장님 디디무스, 아우구스티누스). 이 사건은 아내에게서 아름다움과 재물보다는 덕을 구하는 것이 바람직하다는 도덕적 가르침의 예로 이용할 수도 있다(암브로시우스). 사라가 겪은 일은 이집트에서 그의 자손들이 겪을 일에 대한 조짐이기도 하다(에프렘). 파라오가 아브라함에게 잘해 준 것은 상징적 관점에서 볼 때 겸손에 대한 보상을 의미한다(장님 디디무스).

12,10 기근

더 이상 주님의 말씀을 듣지 않는 자들

문자적 단계에서 이 단락의 내용은 분명합니다. 영적 의미로 풀이하자면 다음과 같습니다. 하느님 안에서 지혜로운 이들은 더 이상 세상에 속하지 않기에 세상을 초월해 있습니다. 그때 기근이 세상에 닥쳤습니다. 세상 것들에 관심을 보이는 이들에게는 이러한 의미의 기근이 자주 닥칩니다. 그들이 더 이상 하느님의 말씀을 듣지 않기 때문입니다. 그러다 그들에게 말씀을 들을

---

[1] 필론 때부터 이집트는 욕정의 자리인 인간의 육체를 상징하는 것으로 이해되었다. 참조: 『필요한 교육을 위한 만남』 20; 『우의의 법칙』 2,77.

자격이 생기면 언젠가 말씀이 다시 주어집니다.

그래서 아브라함은 거주하기 위해서가 아니라 '나그네살이'하기 위해 이집트로 갔습니다. 기근으로 고생하는 이들을 가엾이 여겼기 때문입니다. 마찬가지로, 다니엘과 그의 동료들이 바빌론으로 간 것도 그들이 죄를 지어서가 아니라, 죄를 지어 그곳으로 유배된 사람들을 돕기 위해서였습니다.

• 장님 디디무스 『창세기 주해』 225.[2]

12,11-15 사라의 아름다움

사라는 덕을 나타낸다

문자적으로 해석하면 아브라함은 호색한들인 이집트인들과 영리한 타협을 한 셈입니다. 그에게 고향을 떠나라고 지시하신 하느님께서 자신의 혼인을 지켜 주시리라고 굳게 믿은 그는, 이집트인들에게 자신들이 오누이라고 말하자고 아내에게 제안했습니다. 처음에 그렇게만 말하면, 그들은 그녀가 그의 아내라고 생각하지 않을 것이고 그러면 그들을 속일 수 있을 테기 때문이었습니다. 사실, 나중에 그가 "그 여자는 정말 나의 누이입니다"(창세 20,12)라고 말했듯이, 이집트에서도 그리고 그의 고향에서도 오라비와 누이가 혼인하는 일이 종종 있었습니다. 따라서 그가 처음에는 그렇게만 말하자고 사라에게 제안한 것은 영리한 전략이었습니다. 이집트에서는 아마도 간통을 금하는 법이 준수되고 있었을 것이므로, 아브라함은 그들이 그를 간통자로 여겨 자신을 죽일 것이라고 생각했던 것입니다.

문자적 해석은 이 정도로 해 두고 영적 의미로 풀이하자면, '이집트로 내려간 이들'이란 덕에서 악덕으로 옮겨 간 사람들을 가리킵니다. 우리는 성경에서 이런 식의 표현을 자주 봅니다. '불행하여라, 이집트로 내려간 자들!' 성경은 아브라함이 '내려갔다'고 하지 않고 '들어갔다'고 표현합니다. 아브라함의 내려감은 들어감입니다. 모든 열성적인 사람은 떨어진 사람들을 구해 내기 위해 … 자신은 떨어지지 않은 채, 그들의 위치로 자신을 낮추기 때문입니다. '유다인들을 얻으려고 유다인이 아니면서도 유다인들에게는 유다인처럼 된 것'(1코린 9,20-21 참조)이나 불경한 자들을 얻기 위해 불경하지 않으면서도 불경한 자처럼 된 것과 마찬가지로 이집트로 가되 이집트인으로 살지는 않는 것입니다.

그래서 다른 사람들은 그곳으로 '내려가지만', 아브라함은 그곳으로 '들어갑니다'. 그를 그곳으로 이끈 것은 그들의 악덕이 아니라 하느님의 계획이었습니다. 이 덕성스러운 남자가 이집트로 들어간다는 것은 외국의 문화에서 유용한 것을 끄집어낸다는 의미입니다. 복된 바오로 사도가 듣는 이들의 호응을 이끌어 내기 위해 아라투스의 시를 인용하여 "우리도 그분의 자녀"(사도 17,28)라고 한 것이나 "알지 못하는 신에게"(사도 17,23), 또는 "크레타 사람들은 언제나 거짓말쟁이"(티토 1,12) 같은 말도 그런 예입니다. 그는 "모든 생각을 포로로 잡아 그리스도께 순종"(2코린 10,5)하게 하라고 충고하기도 합니다.

앞에서 설명했듯이, 이집트에 들어간 아브라함은 '덕'에게 제재를 가합니다. 그녀가 자신의 아내라는 것을 말하지 말라고 합니다. 열성적이고 완전한 사람은 덕이 자신만의 독점적인 특권이라고 말하지 않습니다.[3] 덕을 지니지 못한 사람들의 시샘을 불러일으키지 않기 위해서지요. 그는 사라가 자신의 누이라고 말함으로써 덕과의 관계에서 자신을 부차적인 지위에 둡니다. 자

---

[2] SC 244,179-80.

[3] 장님 디디무스도 필론의 우의적 해석(『우의의 법칙』 2,82 참조)에 따라 사라를 '덕'으로 이해한다.

신을 약자의 입장에 두어, 그들이 덕은 모든 이가 얻을 수 있는 것으로 여기고 그것을 얻고자 하는 마음을 가지게 하려는 것입니다. 우리는 어떤 가르침, 예를 들어 섭리에 관한 가르침에 누군가의 주의를 돌리고자 할 때면, 먼저 그가 알아들을 만한 쉬운 말로 시작하여 결국 마음속 깊이 이해할 수 있게 하는 방법을 사용하곤 합니다. 이처럼 복음의 가르침은 이 열성적인 남자의 품격 있는 배우자입니다. 그러나 그는 "성숙한 이들 가운데"(1코린 2,6) 하나로서 그녀에 대해 이야기할 뿐 그녀를 자신만의 것이라고 우기지 않습니다. "나는 모든 사람이 나와 같아지기를 바랍니다"(1코린 7,7)라고 말한 바오로 사도처럼, 그는 그녀를 모든 사람과 같이 소유할 수 있는 존재로 취급합니다. 그렇게 하여 이 문화는 완전한 사람의 배우자라는 것을 그들에게 알게 하려는 뜻입니다. "지혜는 사람에게 분별력을 준다"(잠언 10,23 칠십인역)라고 쓰여 있습니다. 그리고 이 완전한 사람은 지혜에 관하여 "나는 그 아름다움 때문에 사랑에 빠졌다"(지혜 8,2) 하고 말합니다. 그러나 이 지혜로운 남자는 자신의 것인 그것을 모두와 나누고 싶어 합니다. 그리하여 그들이 시샘하지 않기 바랍니다.

• 장님 디디무스 『창세기 주해』 226-27.[4]

사라가 남편을 보호하기 위해 거짓말하다

기근이 닥치자 아브라함은 이집트로 갔습니다. 그는 이집트에 육욕과 뻔뻔스러운 욕망, 자제를 모르는 정욕으로 특징지을 수 있는 무분별과 방탕이 널리 퍼져 있다는 것을 알고 있었습니다. 그러한 남자들 사이에서는 사라의 정숙함을 지키기 어렵고, 그녀의 아름다움이 그에게 위험을 불러오리라는 것을 그는 알았습니다. 그래서 그는 아내에게 그녀가 그의 누이라고 이야기하라고 시켰습니다. 여기서 우리는 남자가 아내에게서 추구해야 할 것은 대단한 아름다움이 아니며, 그런 아름다움은 종종 남편의 죽음을 불러온다는 가르침을 얻습니다. 사실 남편을 행복하게 만드는 것은 아내의 뛰어난 아름다움이 아니라 아내의 덕과 진실함입니다. 행복한 혼인 생활을 바라는 사람은 혼인의 의무를 진지하게 여기지 않는 부유한 여인을 위해서는 안 됩니다. 보석으로 화려하게 꾸민 사람이 아니라 행실이 훌륭한 아름다운 사람을 찾아야 합니다. 자신의 사회적 지위가 높다고 생각하는 아내는 남편에게 굴욕감을 주는 경우가 많습니다: 이러한 태도는 오만함과 밀접한 관련이 있습니다. 사라는 남편보다 재산도 많지 않았고 태생이 더 고귀하지도 않았습니다. 그래서 남편이 자기보다 못하다고 생각하지 않았고, 동등한 존엄성을 지닌 사람으로서 그를 사랑했습니다. 그녀는 재물이나 부모, 친척에게 미련을 두지 않고 남편이 가는 곳이면 어디든 따라갔습니다. 그녀는 낯선 땅으로 가서 자신이 그의 누이라고 말했습니다. 남편의 안전을 위해 필요하다면 자신의 정숙함이 위험에 처하는 것도 전혀 마다하지 않았습니다. 남편을 보호하기 위해 자신이 그의 누이라고 거짓말을 했습니다. 정숙한 그녀를 유혹하려는 사람들이 아브라함을 아내를 지키려는 경쟁자로 여기고 죽이지나 않을까 두려웠기 때문입니다. 실제로 이집트인들은 사라를 보자마자 그녀의 남다른 아름다움을 알아보고는 파라오에게 데려갔고, 아브라함을 파라오의 눈에 든 여인의 오라비로 예우하며 정중하게 대했습니다.

• 암브로시우스 『아브라함』 1,2,6.[5]

---

[4] SC 244,180-85.

[5] CSEL 32,1,506-7.

아브라함은 사라가 아내가 아니라고 한 적 없다

아브라함은 그곳에 제단을 쌓고 하느님[의 이름]을 받들어 부른 다음 다시 길을 떠나 광야에서 거주하다가, 그 땅에 기근이 들자 이집트로 들어가지 않을 수 없었습니다. 그곳에서 그는 아내를 누이라고 말한 적 있는데, 이것은 완전한 거짓말은 아니었습니다. 그의 아내는 실제로 가까운 혈육이었기에 누이이기도 했던 것입니다. 그가 형의 아들인 롯을 형제라고 부르는 것도 이러한 가까운 관계에 있었기 때문입니다. 어쨌든 그는 사라가 자신의 아내라는 것을 밝히지 않았을 뿐 그 사실은 부인하지는 않았습니다. 하느님께서 아내의 순결을 지켜 주시도록 맡기고, 인간의 흉계에 남자로서 대비한 것입니다. 위험 앞에 조심할 수 있는데도 조심하지 않는다면, 그것은 하느님을 믿지 못하고 그분을 시험하는 것입니다. 이 문제에 대해서는 함부로 비방하는 마니교도 파우스투스를 반박하며 제가 이미 충분히 이야기한 바 있습니다. 아브라함이 주님께서 해 주시리라 기대했던 일이 결국 일어났습니다. 이집트 임금 파라오가 그 여자를 아내로 맞아들였다가 큰 재앙이 닥치자 여자를 아브라함에게 되돌려 준 것입니다. 우리는 이 여자가 다른 남자와 동침하여 더럽혀졌다고 생각해서는 절대 안 됩니다. 파라오는 심한 괴로움을 겪느라 그런 짓을 저지를 틈이 없었을 것이기 때문입니다.

• 아우구스티누스 『신국론』 16,19.[6]

아브라함은 인간적 이유를 댄 것이다

아브라함은 인간들이 그러하듯 인간적인 이유를 댄 것입니다. 그런데 사라가 궁으로 불려 간 것은, 불임의 원인이 아브라함에게 있다고 그녀가 생각했기 때문입니다. [이 일이 일어난 이유는] 첫째로, 그녀가 아기를 못 낳는 이유가 자기 때문이라는 것을 알게 하려는 것이었고, 둘째는, 나그네살이하는 동안에 [남편을] 임금과 맞바꾸지 않은 그녀의 남편 사랑을 드러나게 하려는 것이었습니다. 그리고 [마지막으로], 그녀의 자손들에 관한 신비를 그녀를 통해 예표하게 하려는 것이었습니다. 그녀가 이집트라는 나라를 조금도 사랑하지 않았던 것처럼, 그들도 이집트의 우상과 마늘, 양파를 사랑하지 않을 것이었습니다. 사라가 구원받음으로써 파라오와 그 집안 전체가 큰 타격을 입었습니다. 마찬가지로, 그녀 자손들이 구원받을 때도 온 이집트가 큰 타격을 입을 것이었습니다(탈출 14,26-28 참조).

• 시리아인 에프렘 『창세기 주해』 9,3.[7]

12,16 파라오가 아브라함에게 잘해 주다

이집트로 들어간 아브라함

성조의 영리한 계략은 실패하지 않았습니다. 그들은 아브라함을 해치려고 하지 않았습니다. 오히려 이 일은 이 거룩한 사람의 혼인이 더럽혀지지 않게 했습니다. 이집트인들이 그에게서 건네받은 그 여인에게 덤벼들지 않았기 때문입니다. 그러나 파라오의 대신들은 임금의 호감을 사기 위해 그녀를 선물로 바쳤습니다. 그리고 사라 때문에 아브라함에게 잘해 주었습니다.

앞에서 말했듯이, 그때 아브라함은 완전한 사람들 가운데 하나로서 덕을 특권으로 삼는 대신 완전하지 못한 사람들에게 선을 베풀기 위해 자신을 그들과 같은 수준으로 낮추어 우의적으로 이집트로 들어간 것입니다. 겸손하게 사라를 자신의 누이로 모두에게 보여 줌으로써 그들이 그녀를 바라보며 그녀를 사랑하도록 만들고자 했

---

[6] NPNF 1,2,322*; 『교부 문헌 총서』 16,1735.

[7] FC 91,149*.

습니다. 그런데 파라오의 관리들이 그녀를 본 것이 어떻게 묘사되고 있는지 잘 보십시오. 실상, 우의적으로 이집트인들로 묘사되는 이들 가운데에는 더 순수하여 덕을 알아보는 능력이 뛰어난 사람들이 있습니다. 그들은 그녀를 알아보았을

뿐 아니라, 그들의 상관, 곧 그들을 다스리는 이 성理性에게 소개했고 그녀를 칭송했습니다.

• 장님 디디무스 『창세기 주해』 228.[8]

---

[8] SC 244,186.

12,17-20 아브라함이 이집트를 떠나다

[17] 그러나 주님께서는 아브람의 아내 사라이의 일로 파라오와 그 집안에 여러 가지 큰 재앙을 내리셨다.

[18] 파라오가 아브람을 불러 말하였다. "네가 도대체 어찌하여 나에게 이런 짓을 저질렀느냐? 그 여자가 네 아내라고 왜 나에게 알리지 않았느냐?

[19] 어찌하여 그 여자가 네 누이라고 해서, 내가 그를 아내로 삼게 하였느냐? 자, 네 아내가 여기 있으니 데리고 떠나라."

[20] 파라오는 신하들에게 명령을 내려, 아브람을 그의 아내와 그의 모든 소유와 함께 떠나보내게 하였다.

둘러보기

파라오에게 내린 재앙을 볼 때, 혼인의 순결을 장려하는 도덕적 훈계는 타당하다(암브로시우스). 파라오가 아브라함에게 그렇게 물은 것은 하느님의 은총과 또한 처벌을 통해 하느님에 대한 두려움이 생겼기 때문이라고 보인다. 파라오가 사라를 아브라함에게 돌려준 것은 상황이 어려울 때 하느님의 섭리가 존재함을 입증해 준다. 아브라함이 그의 모든 소유와 함께 이집트를 떠나는 것은 시련과 인내에는 보상이 따름을 말해 준다(요한 크리소스토무스).

12,17 주님께서 파라오에게 괴로움을 주시다

순결을 지켜야 할 필요성

이 구절은 순결을 지켜야 할 필요성에 대한 중요한 증언이자 실례로서, 들통 나거나 벌을 받지 않기를 바라며 남의 침상을 갈망하거나 남의 아내를 탐하지 말고 모두가 자신의 순결함을 보이라고 훈계합니다. 또 아무도 게으름이나 … 오래 방심하는 유혹에 넘어가서는 안 된다고 훈계합니다. 혼인의 수호자이신 하느님께서 존재하고 계십니다. 그분께 숨기거나 그분의 눈을 벗어날 수 있는 것은 아무것도 없으며, 어느 누구도 그분을 놀려 먹을 수 없습니다. 하느님께서는 남편이 곁에 없을 때 그를 대신하여 보초를 세워 주십니다. 보초가 없더라도 그분께서는 나쁜 마음을 먹은 자가 그것을 행동으로 옮기기 전에 그를 불시에 놀라게 하십니다. 그분께서는 모든 개개인의 영혼 속에, 마음속에 있는 죄를 알아보십니다. 간통한 자여, 그대가 남편은 속였다 하더

라도 하느님을 속이지는 못합니다. 그대가 남편의 눈은 피했다 하더라도, 법정의 판사를 조롱할 수 있었다 하더라도, 온 세상의 심판자에게서 달아날 수는 없습니다. 그분께서는 나약한 자에게 입힌 상처와 주의 깊지 못한 남편을 상대로 저지른 잘못을 매우 엄격하게 벌하십니다. 사실 혼인의 관리자보다 혼인 제도의 창시자를 멸시하고 등한시하는 것이 더 큰 잘못입니다.

• 암브로시우스 『아브라함』 1,2,7.[1]

12,18 파라오가 아브라함을 불러 묻다

파라오의 분노가 두려움 때문에 가라앉다

파라오는 엄중한 벌에 기가 죽어 그 의로운 사람을 불러 자신의 행동을 변명하고 그에 대한 배려를 아끼지 않았습니다. 만약 하느님의 은총이 파라오의 마음을 누그러뜨리고 그에게 두려움을 심어 주지 않았더라면, 일은 더 좋지 않은 방향으로 흘러가 자신을 속인 그 의인에게 되갚아 주려는 마음에 앙갚음을 하고 결국 그를 큰 위험에 빠뜨리는 결과를 낳았을 것입니다. 그러나 파라오는 그렇게 하지 않았습니다. 두려움 때문에 분노가 가라앉은 것입니다. 그의 유일한 관심사는 그 의로운 인간에 대한 배려를 보여 주는 것이었습니다. 보다시피 그는, 아브라함이 높은 곳으로부터 이처럼 놀라운 은혜를 누리는 이라면 절대 하찮은 사람일 수 없다는 것을 이제 알게 된 것입니다.

• 요한 크리소스토무스 『창세기 강해』 32,21.[2]

12,19 파라오가 아브라함을 떠나보내게 하다

놀라운 하느님의 섭리

이 놀라운 사건을 어떠한 상상력이 제대로 이해할 수 있겠으며 어떠한 말이 이 놀라움을 제대로 표현해 낼 수 있겠습니까? 눈부시게 아름다운 여인이 음란하고 광포한 폭군인 이집트 임금과 단 둘이 방 안에 있게 되었습니다. 그런데도 그 여자는 털끝 하나 다치지 않고 비할 데 없는 순결함을 그대로 지닌 채 그의 면전을 떠납니다. 하느님의 섭리란 늘 이렇습니다. 불가사의하고 놀랍습니다. 인간이 절망적으로 여기고 포기할 때마다 그분께서는 당신은 어떠한 상황에서도 끄떡없는 권능을 지니신 분이심을 몸소 보여 주십니다.

• 요한 크리소스토무스 『창세기 강해』 32,22.[3]

12,20 아브라함이 이집트를 떠나다

아브라함이 겪은 시련의 이로움

복된 다윗이 바빌론 유배에서 돌아온 사람들에 관해 이야기하며 사용한 이 표현을 이 의인에게 적용해도 좋을 것입니다. "눈물로 씨 뿌리던 이들 환호하며 거두리라. 뿌릴 씨 들고 울며 가던 이 곡식 단 들고 환호하며 돌아오리라"(시편 126,5-6). [이집트로] 내려가는 그의 여행길이 근심과 두려움, 어쩌면 죽을지도 모른다는 걱정으로 마음 무거운 것이었음을 여러분은 보셨지요? 이제 부유하고 영예롭게 되어 돌아오는 그의 귀환을 보십시오! 이 의인은 이집트와 팔레스티나의 모든 사람에게 존경의 대상이었습니다. 사실, 이토록 하느님의 확실한 보호를 누리며 이처럼 놀라운 보살핌을 받은 사람을 누가 존경하지 않겠습니까? 파라오와 그의 집안에 내린 일도 아마 모든 사람의 주의를 끌었을 것입니다. [하느님께서] 이 모든 일이 일어나도록 허락하시고 이 의인이 그러한 정도까지 시련을 겪도록 내버려

---

[1] CSEL 32,1,507.

[2] FC 82,270-71.

[3] FC 82,271.

두신 것은, 이 의인의 인내를 더욱 돋보이게 하고 온 세상이 그의 업적에 주목하여 이 선한 인간의 덕을 모르는 이가 아무도 없도록 하시려는 뜻이었습니다.

사랑하는 여러분, 그의 시련을 통해 얼마나 큰 은혜가 왔는지 아시겠습니까? 그의 인내에 대한 보상이 얼마나 큰지 보십니까? 이미 노년에 접어든 부부이지만 참으로 훌륭한 양식良識과

용기, 서로에 대한 애정과 사랑의 유대를 보여 주지 않습니까? 우리는 모두 이를 본받아 절대 절망하지 말고, 고난이 시작되는 것을 하느님께서 나를 버리셨거나 내가 멸시받는다는 표시로 생각하지 맙시다.

• 요한 크리소스토무스 『창세기 강해』 32,24-25.[4]

_____

[4] FC 82,273.

13,1-7 아브라함이 베텔로 떠나다

¹ 아브람은 아내와 자기의 모든 소유를 거두어 롯과 함께 이집트를 떠나 네겝으로 올라갔다.
² 아브람은 가축과 은과 금이 많은 큰 부자였다.
³ 그는 네겝을 떠나 차츰차츰 베텔까지, 곧 그가 처음에 베텔과 아이 사이에 천막을 쳤던 곳까지 옮겨 갔다.
⁴ 그곳은 그가 애초에 제단을 만들었던 곳이다. 거기에서 아브람은 주님의 이름을 받들어 불렀다.
⁵ 아브람과 함께 다니는 롯도 양과 소와 천막들을 가지고 있었다.
⁶ 그래서 그 땅은 그들이 함께 살기에는 너무 좁았다. 그들의 재산이 너무 많아 함께 살 수가 없었던 것이다.
⁷ 아브람의 가축을 치는 목자들과 롯의 가축을 치는 목자들 사이에 다툼이 일어나기도 하였다. 그때 그 땅에는 가나안족과 프리즈족이 살고 있었다.

둘러보기

필론에 따르면, 영적 견지나 우의적 견지에서 볼 때, 아브라함이 아내와 함께 이집트를 떠나 되돌아온 것은 덕을 갖춘 정신을 나타낸다고 풀이할 수 있다. 오리게네스나 디디무스 같은 초기 해석자들에 따르면 '은과 금', 곧 아브라함의 재물은 말과 정신을 나타낸다(암브로시우스). 아브라함의 부유함은 하느님의 섭리와 그의 덕을 드러

내 준다. 그는 광야에서 주님의 이름을 받들어 부르는데, 이는 그가 평화와 고요를 사랑함을 말해 준다(요한 크리소스토무스). 롯이 금과 은이 아니라 양과 소와 가축을 가지고 있다고 언급되는 것은 그가 아브라함과 같은 영적 부유함을 지니지 못했음을 알려 준다. '롯'이라는 이름의 뜻을 살펴보면, 왜 그가 한때는 아브라함과 함께했고 한때는 소돔과 함께했는지를 짐작할 수 있다. 다툼

이 일어나는 것에 관해 말하자면, 아무리 넓은 곳이라 해도 다툼은 일어난다(암브로시우스). 형제간의 다툼이 모든 문제의 근원이다(요한 크리소스토무스). 유비로 풀면, '가축'은 분별력을 나타내고, '목자'는 그것을 감독하는 임무를 맡은 이들이다(암브로시우스).

13,1 아브라함이 이집트를 떠나다

덕을 나타내는 사라

그리하여 아브라함은 아내 사라를 데리고 떠났습니다. '사라'는 '노예'가 아니라 '주권자'를 의미합니다. 하느님께서 아브라함에게 "사라가 너에게 말하는 대로 다 들어 주어라"(창세 21,12) 하고 말씀하신 것은 그런 까닭입니다. 실로 죄의 종살이에서 풀려난 그녀는 종의 신분이 아닌 주권을 얻습니다. 그러므로 건전한 정신은 지고한 덕을 지닙니다. 그 덕은 육체의 감각을 통제하고 어디에도 지배받지 않으며, 이집트에서 모든 것을 되찾아 왔습니다. 곧, 그녀의 삶을 단속하던 규범들을 무엇 하나 그곳에 남겨 두지 않았습니다. 이러한 정신은 방종이나 오만, 부끄러움을 모르는 무례를 옷으로 입고 있지 않으며, 신중한 지혜의 너울을 쓰고 겸손의 옷을 입고 있습니다.

• 암브로시우스 『아브라함』 2,5,19.[1]

13,2 아브라함은 큰 부자였다

영적인 부

'아브라함은 큰 부자였다.' 좋은 것은 무엇 하나 부족하지 않고 남의 좋은 것을 탐내지 않는 사람에게 이는 당연합니다. 그가 자기 자신의 것으로 여기고 싶어 한 것들 가운데 그에게 없는 것은 하나도 없었기 때문입니다. 이런 것이 바로 부유함입니다. 자신의 소망을 만족시켜 줄 만큼 넉넉하게 가지고 있는 것입니다. 검소함에는 기준이 있습니다. 부유함에는 그런 것이 없습니다. 부유함의 기준은 당사자의 의지에 달려 있습니다. 그[아브라함]는 "가축과 은과 금이 많은 큰 부자"였습니다. 이것은 무엇을 의미합니까? 이는 이 세상의 부를 칭송하려는 말이 아니라 이 남자의 의로움을 칭송하려는 말이라고 나는 생각합니다. 따라서 나는 '가축'을 육체의 감각을 의미하는 말로 이해합니다. 그것들은 분별이 없기 때문입니다. '은'은 말을, 그리고 '금'은 정신을 나타냅니다. 아브라함은 자신의 무분별한 감각을 통제했기에 진정 부유했습니다. 실로 그는 그 감각들이 이성에 참여할 수 있도록 길들이고 유순하게 만들었습니다. 그의 말은 신앙의 빛으로 밝게 빛났고, 영적 수양이라는 은총으로 정제되었습니다(시편 12,7 참조). 그의 정신은 분별로 충만했습니다. 훌륭한 정신이 금에 비유되는 것은 이때문입니다. 금이 다른 어떤 금속보다 값지듯이, 훌륭한 정신은 인간의 본체를 이루는 것들 가운데 가장 뛰어난 것입니다. 그런즉 이 지혜로운 남자의 부유함은 감각과 말과 정신, 이 세 가지로 이루어져 있습니다. "그러므로 이제 믿음과 희망과 사랑, 이 세 가지는 계속됩니다. 그 가운데에서 으뜸은 사랑입니다"(1코린 13,13)라는 사도의 말에서 보듯이, 이 셋은 등급에서 차이가 있습니다. 그렇다면 이 가운데에서 으뜸은 정신이라고 할 수 있습니다. 감각과 말을 정화하기 위해 영적 낟알을 갈아 가루로 만드는 것이 정신이기 때문입니다. 이 지혜로운 남자의 품성은 언제나 한결같이 유지되고 있습니다.

이렇게 아브라함의 삶에 있었던 단순한 사실들을 통해 위대한 가르침이 설명되고 예증됩니다. 그의 행동에 근거하여 철학자들이 가르침들

---

[1] CSEL 32,1,578.

을 명확하게 정립하니, 철학자들의 논증마저 풍요롭게 하는 그는 참으로 부자입니다. 그런즉 성경이 밝게 드러내 준 것은 그의 부였습니다.

• 암브로시우스 『아브라함』 2,5,20-21.[2]

하느님의 섭리와 아브라함의 덕

이 이야기를 대충 읽어 넘기지 마십시오. 성경은 무엇 하나 의미 없게 넘기지 않으며 정확하게 기술한다는 사실에 유념합시다. '아브라함은 큰 부자였다'고 쓰여 있습니다. 무엇보다 먼저, 성경에는 뜻없이, 목적 없이 기록되어 있는 말은 없다는 사실을 알아야 합니다. 이 구절의 경우 [본문에서] 그를 '부자'라 일컫는 데에는 이유가 있습니다. 성경의 다른 곳 어디에서도 그가 부자라는 사실이 언급되지 않았습니다. 여기가 처음입니다. 왜, 어떤 목적 때문일까요? 하느님의 특별하고 무한한 힘뿐만 아니라 그분의 지혜와 섭리의 독창성이 이 위대한 남자를 위해 발현되었다는 사실을 여러분이 알게 하려는 것입니다. 기근 때문에 가나안 땅에서 먹고살 수 없어 할 수 없이 이집트로 나그네살이하러 갔던 남자가 갑자기 부자가 되었습니다. 그것도 그저 그런 부자가 아니라 '큰 부자'가 되었습니다. 그에게는 가축만 아니라 은과 금도 많았습니다. 하느님의 섭리가 얼마나 엄청난지 보이지 않으십니까? 기근을 벗어나기 위해 떠난 아브라함은 기근을 벗어났을 뿐 아니라 많은 재산과 드높은 명성을 얻었고 그를 모르는 사람이 아무도 없게 되었습니다. 그때 가나안 주민들은 갑자기 일어난 이 변화 ─ 나그네살이하러 이집트로 내려간 피난민이요 떠돌이였던 자가 이제는 부가 넘치는 자가 된 것 ─ 를 보고 이 선한 남자의 덕에 대해 확실히 알게 되었습니다.

• 요한 크리소스토무스 『창세기 강해』 33,4-5.[3]

13,3 아브라함이 주님을 받들어 부르다

평화와 고요를 사랑한 사람

어째서 아브라함을 일컬어 평화와 고요를 사랑한 사람이며 거룩하신 분을 섬기는 일에 늘 정성을 다한 사람이라고 하는지 생각해 보시기 바랍니다. 본문에 쓰여 있기를, 그는 전에 제단을 만들었던 곳으로 옮겨 갔다고 합니다. 그는 처음부터 하느님의 이름을 받들어 부름으로써 다윗의 이 말을 일찌감치 이행했습니다. "저의 하느님 집 문간에 서 있기가 악인의 천막 안에 살기보다 더 좋습니다"(시편 84,11). 다시 말해, 그는 하느님의 이름을 부르기 위해, 도회지에 사는 것보다 혼자 있는 것을 더 좋아했습니다. 성읍의 위대함을 결정하는 것은 그 안에 많은 사람이 산다는 사실이 아니라 그 주민들의 덕이라는 것을 그는 잘 알고 있었습니다. 이처럼 광야가 성읍보다 더 바람직한 곳임이 입증되었습니다. 이 의로운 인간의 덕으로 장식된 광야는 온 세상보다 더 빛나는 모습이었습니다.

• 요한 크리소스토무스 『창세기 강해』 33,5.[4]

13,5 롯도 양과 소와 천막들을 가지고 있었다

롯에게는 아브라함과 달리 영적 재산이 없었다

과연 그의 조카 롯도 한집안 사람처럼 부유했는지 두고 볼 일입니다. 그런데 성경은 그에게 가축이 많았다고만 할 뿐입니다. 사실 본문은 이렇습니다. "아브람과 함께 다니는 롯도 양과 소와 천막들을 가지고 있었다." 그에게 '은'은 없었습니다. 그가 아직 의롭게 되지 않았기 때문입니다. 사실 의인의 혀는 불로 정련된 순수한 은과

---

[2] CSEL 32,1,578-79.

[3] FC 82,278-79*.

[4] FC 82,279.

같습니다(잠언 10,20). 롯에게는 '그의 후손은 금처럼 빛나네'(시편 68,14 참조)라는 말이 묘사하는, 그리스도라는 후손을 본 사람만이 지닐 수 있는 '금'도 없었습니다. "아브라함은 나의 날을 보리라고 즐거워하였다"(요한 8,56)라고 주님께서 말씀하셨듯이, 아브라함은 그 후손을 보았습니다. 그가 금처럼 빛나고 또한 재산으로 금을 소유할 자격을 지녔던 것은 이런 까닭입니다.

• 암브로시우스 『아브라함』 2,5,24.[5]

롯이 아브라함과 함께 다닌 이유

여기서 저는 더 학식이 깊은 이들까지도 당황하게 하는 이 문제를 짚고 넘어가지 않을 수 없습니다. 본문에 "아브람과 함께 다니는 롯"이라고 되어 있습니다. 마치 아브라함과 함께 다니지 않은 다른 롯이 있었다는 뜻으로 알아들으라는 말 같습니다. 많은 사람이 이 문제가 아직 해결되지 않았다고 생각합니다. 그래서 우리는 성경의 규칙을 따르면서 동시에 그들을 만족시키기 위해 이렇게 말하고자 합니다. 두 가지 역할을 한 한 사람이 있었습니다. 곧, 한 사람이 두 가지 일을 나타내는 것입니다. 수로 따질 때 롯은 한 사람이지만 실질적으로는 두 사람입니다. 사실 '롯'은 라틴어로 풀이하면 '빗나가다'라는 뜻의 '데클리나티오'declinatio입니다. 그런데 사람은 좋은 것에서 빗나갈 수도 있고 나쁜 것에서 빗나갈 수도 있습니다. 그러므로 롯이 나쁜 것, 곧 오류와 저열하고 죄 되는 것에서 빗나갔을 때, 그는 삼촌과 함께 다녔습니다. 그가 좋은 것, 곧 의롭고 결백하고 거룩하고 성스러운 것에서 빗나갔을 때, 그는 천한 것과 함께했습니다. "아브람과 함께 다니는 롯"이라고 쓰여 있는 것은 이 때문입니다. 그가 아직은 소돔을 선택하지 않았고 악을 창조한 자들 가운데에서 머무르지 않았기

때문입니다. 그 뒤에 그는 소돔으로 가서 살았습니다. 그리고 그럼으로써 스스로에게서 멀어졌습니다. 그는 자신을 의로운 사람에게서만이 아니라 자기 자신에게서도 멀어진 다른 이로 생각했습니다.

• 암브로시우스 『아브라함』 2,6,25.[6]

13,6 재산이 너무 많았다

아무리 넓은 땅도 좁게 느껴진다

사실 [롯은] 이미 마음속으로 삼촌을 떠났기 때문에 그들이 함께 살기에는 그 땅이 너무 좁았습니다. 다툼을 좋아하는 사람들에게는 어떠한 땅도 충분히 넓지 않습니다. 온순하고 평화를 사랑하는 이들에게는 아무리 좁은 땅도 넉넉하지만, 분열로 이끌리는 마음을 지닌 사람들에게는 넓디넓은 땅도 좁게만 느껴집니다.

• 암브로시우스 『아브라함』 2,6,24.[7]

13,7 목자들 사이에 다툼이 일어나기도 하였다

모든 문제의 근원

재산이 많은 것이 분열을 일으키고 평화를 깨고 친족의 유대를 허물어 결국 그들이 갈라서게 된 가장 큰 이유였다는 것에 주목하십시오. "아브람의 가축을 치는 목자들과 롯의 가축을 치는 목자들 사이에 다툼이 일어나기도 하였다. 그때 그 땅에는 가나안족과 프리즈족이 살고 있었다." 분열의 첫 번째 조짐이 친척 사이에서 비롯됐다는 것을 눈여겨보십시오. 언제나 이것이 모든 문제의 근원입니다. 형제들 사이의 다툼 말입니다. 성경 본문에 "목자들 사이에 다툼이 일어

---

[5] CSEL 32,1,581.

[6] CSEL 32,1,581-82.

[7] CSEL 32,1,581.

나기도 하였다"라고 쓰여 있다는 것을 기억하십시오. 그들이 조화를 깨고 나쁜 감정을 드러내고 분열의 계기를 제공하는 자들입니다.

• 요한 크리소스토무스 『창세기 강해』 33,6.[8]

비이성적 감각을 상징하는 '가축'

이 '목자들'이 누구며, 그들이 보살피는 생물들은 무엇이고, 아브라함의 목자들과 롯의 목자들 사이에 일어난 다툼이 어떤 성격의 다툼이었는지 생각해 봅시다. 목자들은 가축을 돌보는 이들입니다. 자신이 보살피는 짐승이 발굽으로 농토를 짓밟거나 이빨로 농작물에 해를 입히지 못하게 하는 목자는 부지런하고 지혜로운 목자입니다. 자신이 돌보는 가축을 무성한 풀밭으로 이끌지 않고 갖가지 농작물을 심어 놓은 곳을 맘껏 돌아다니게 두는 [목자는] 소홀하고 게으른 [목자]입니다. 이런 이들은 몹시 경계해야 합니다. 부주의하고 게으른 목자들 때문에 일어난 일을 부지런한 목자들이 덤터기 쓰는 일이 있어서는 안 되기 때문입니다.

그런데 지금 우리는 보이는 것들에 관해 이야기하고자 하는 것이 아니니, 먼저 그들이 돌보아야 하는 것이 어떤 종류의 짐승인지에 대해 생각해 봅시다.

이 '목자들'에 관한 정의가 본문에 나옵니다. 그들은 '가축을 치는 목자들'이라고 쓰여 있습니다. 앞에서 말했듯이, '가축'은 육체의 비이성적 감각을 나타냅니다. 그렇다면 감각을 관리하는 목자는 누구입니까? 그것들의 주인, 그것들을 다스리고 지도하는 이, 말하는 방식과 마음의 생각을 감시하는 존재 아니겠습니까? 목자가 가축을 돌보는 일에 성실하고 숙달되어 있다면, 감각이라는 가축 떼가 헤매도록 두지 않을 것이며 쓸모없고 해로운 풀밭에서 풀을 뜯지 못하게 할 것입니다. 오히려 지혜로운 지도력을 발휘하여 그들을 불러 모으고, 그들이 반항할 때면 이성이라는 제동장치를 작동시켜 그들의 행동을 막을 것입니다. 그러나 나쁜 지도자들이나 쓸모없는 다툼은 가축이 충동에 이끌려 달아나게 만듭니다. 그러면 그것들은 벼랑으로 달려가기도 하고 논밭을 짓밟는가 하면 밭에 심어 놓은 푸성귀로 배를 채우고, 그나마 남아 있는 덕의 열매들을 발견하면 그것들마저 짓뭉개 버립니다.

• 암브로시우스 『아브라함』 2,6,27.[9]

---

[8] FC 82,280*.

[9] CSEL 32,1,583-84.

13,8-13 롯이 분가하다

[8] 아브람이 롯에게 말하였다. "우리는 한 혈육이 아니냐? 너와 나 사이에, 그리고 내 목자들과 너의 목자들 사이에 싸움이 일어나서는 안 된다.

[9] 온 땅이 네 앞에 펼쳐져 있지 않느냐? 내게서 갈라져 나가라. 네가 왼쪽으로 가면 나는 오른쪽으로 가고, 네가 오른쪽으로 가면 나는 왼쪽으로 가겠다."

> *10* 롯이 눈을 들어 요르단의 온 들판을 바라보니, 초아르에 이르기까지 어디나 물이 넉
> 넉하여 마치 주님의 동산과 같고 이집트 땅과 같았다. 그때는 주님께서 소돔과 고모라
> 를 멸망시키시기 전이었다.
> *11* 롯은 요르단의 온 들판을 제 몫으로 선택하고 동쪽으로 옮겨 갔다. 이렇게 두 사람은 서로
> 갈라지게 되었다.
> *12* 아브람은 가나안 땅에서 살고, 롯은 요르단 들판의 여러 성읍에서 살았다. 롯은 소돔까지
> 가서 천막을 쳤는데,
> *13* 소돔 사람들은 악인들이었고, 주님께 큰 죄인들이었다.

둘러보기

아브라함과 롯이 갈라지기로 한 것은 아브라함이 화합을 유지하기 바랐음을 알려 준다. 이 이야기는 재물이 분쟁의 원인임을 알려 주기도 한다. 우의적으로 해석하자면, 이 이야기는 개인의 영혼 안에서 이성적 부분과 비이성적 부분인 감각 사이에 조화를 유지하는 것에 관한 이야기다(암브로시우스). 또한 이 이야기는 아브라함의 남다른 겸손을 드러내 준다(요한 크리소스토무스). 그 이름이 '갈라지다'라는 뜻인 '롯'은 무례하고 눈에 보이는 대로 선택하는 이임이 여기에서 드러난다. 소돔 사람들의 사악함에 관한 언급은 하느님께서는 사람들처럼 판단하시지 않고 마음속 양심을 보고 판단하신다는 것을 알게 해 준다(암브로시우스). 또한 롯은 올바름보다는 물욕에 따라 선택했음을 알려 준다(요한 크리소스토무스).

13,8 싸움이 일어나서는 안 된다

늘 화합하라

물론 신심이 가장 먼저입니다. 그러면 [사람을 아름답게] 꾸며 주는 다른 덕들에 대해 생각해 봅시다. 거룩한 아브라함은 조카와 함께 있는 것을 좋아했고 그에게 아버지 같은 사랑을 보여 주었습니다. 조카의 종들과 삼촌의 종들 사이에 싸움이 일어났습니다. 진정 슬기로운 사람인 아브라함은 종들 사이의 다툼이 주인들 사이의 평화를 깨뜨리곤 한다는 것을 알고 있었습니다. 그래서 그런 나쁜 현상이 퍼져 나가지 않도록 불화의 끈을 끊어 버렸습니다. 그들 사이의 아름다운 화합이 깨지는 것보다는 둘이 갈라지는 편이 낫다고 생각했습니다. 여러분도 비슷한 상황에 처했을 때 이렇게 해야 합니다. 불화의 온상을 없애 버려야 한다는 말입니다. 사실 여러분은 아브라함만큼 강하지 않습니다. 그는 종들을 무시하지 않는 한편 그들의 다툼에 관여하지 않는 것이 최선이라 생각했습니다. 여러분이 충분히 강하지 않다면, 여러분보다 약한 사람이 종들의 군소리에 귀 기울이는 일이 없게 하십시오. 종들의 충실한 봉사가 친척들 간에 분열의 씨앗을 뿌리는 일이 자주 있습니다. 우호적 관계를 유지하려면 서로 갈라서는 편이 낫습니다. 둘이 한 집에서 재산을 공동으로 소유하며 살 수 없다면, 불화 속에 함께 사는 것보다 품위 있게 물러나는 편이 낫지 않겠습니까?

• 암브로시우스 『아브라함』 1,3,10.[1]

[1] CSEL 32,1,509-10.

분쟁의 원인인 재물

아브라함은 [롯과] 갈라지기로 했습니다. 성경에 따르면, "그 땅은 그들이 함께 살기에는 너무 좁았다"고 합니다. "그들의 재산이 너무 많"았기 때문이지요. 부자들에게는 땅이 언제나 좁게 느껴진다는 것이 이 세상의 악입니다. 그 무엇도 부자의 탐욕을 만족시켜 주지 못합니다. 사람은 부자가 될수록 더 많은 것을 가지고 싶어합니다. 부자는 이웃을 쫓아내 자기 밭의 경계를 넓히고 싶어 합니다. 그런데 아브라함이 그렇게 했습니까? 천만에요. 처음에는 그도 불완전한 인간이었지만 그렇게 하지 않았습니다. 사실 그리스도께서 오시기 전에 완전함이 있을 수 있었겠습니까? "네가 완전한 사람이 되려거든, 가서 너의 재산을 팔아 가난한 이들에게 주어라"(마태 19,21) 하고 말씀하실 분은 아직 오지 않으셨습니다. 그렇지만 아브라함은 탐욕스러운 인간과는 다르게 선택권을 제안합니다. 의로운 인간처럼 분쟁을 차단합니다.

• 암브로시우스 『아브라함』 1,3,12.[2]

내적 화합

"우리는 형제인 사람들 아니냐?[3] 너와 나 사이에, 그리고 내 목자들과 너의 목자들 사이에 싸움이 일어나서는 안 된다." 우리는 아브라함이 롯의 삼촌이고 롯은 그의 조카라는 것을 알고 있습니다. 그런데 아브라함은 왜 롯을 '형제'라고 부를까요? 이 지혜로운 사람이 화합을 제시하는 것에 주목하십시오. 그는 화합을 우선시하기에 무엇보다 먼저 '인간들'이라는 그들의 공통된 인성에 대해 이야기합니다. 모든 인간은 내적 부분 저 깊은 곳에서 잉태되고 한 태에 의해 길러져 이 세상으로 나온, 한 본성에서 난 자녀입니다. 따라서 우리는 한 아버지에 의해 생겨나고 한 어머니에 의해 이 세상으로 태어난 형제들처럼 일종의 가족법에 의해 서로 묶여 있습니다. 이처럼 우리는 이성적 본성의 자손이므로 형제들처럼 서로 사랑해야 하며 서로 싸우거나 괴롭혀서는 안 됩니다. 그러나 '형제들'이라는 말은 앞에서 말했듯이 이성적 차원이 비이성적 감각들과 결합되어 있는 하나인 영혼, 그리고 이성적 부분이 덕들과도 결합되어 있는 영혼을 가리키는 말로 보는 것이 훨씬 적절합니다. 그렇게 볼 때, 인간의 악과 덕은 형제라는 필연성에 의해 묶여 있습니다. 사실, 악덕은 육적이고 덕은 이성적 영혼에 속합니다. 그러나 인간을 구성하는 육과 영혼은 혼인법으로 묶이듯 결합되어 있습니다. 그래서 인성은 그 구성 요소들 사이에서 말하자면 일종의 협정을 맺어 평화를 유지해야 합니다. 그러나 육을 이길 만큼 큰 힘을 가지고 태어난 이는 아무도 없고, 그래서 이렇게 묘사되는 분께서 오셨습니다. "그리스도는 우리의 평화이십니다. 그분께서는 당신의 몸으로 유다인과 이민족을 하나로 만드시고 이 둘을 가르는 장벽인 적개심을 허무셨습니다. 또 그 모든 계명과 조문과 함께 율법을 폐지하셨습니다. 그렇게 하여 당신 안에서 두 인간을 하나의 새 인간으로 창조하시어 평화를 이룩하시고, 십자가를 통하여 양쪽을 한 몸 안에서 하느님과 화해시키시어, 그 적개심을 당신 안에서 없애셨습니다"(에페 2,14-16). 그런 점에서 바오로 사도가 자신을 '불행한 인간'[4]으로 묘사한 것은 옳았습니다. 그는 자기 안에서 일어나는, 그 자신이 불꽃을 꺼뜨릴 수 없는 맹렬한 싸움을 견뎌야 했기 때문입니다.

---

[2] CSEL 32,1,510-11.

[3] 칠십인역을 직역한 본문.

[4] 라틴어 본문의 낱말은 '호모 인펠릭스'(homo infelix).

실로 솔로몬은 격정의 아주 작은 부분일 뿐인 분노에 대해 이야기하며, "분노에 더딘 이는 용사보다 낫고 자신을 다스리는 이는 성을 정복한 자보다 낫다"(잠언 16,32)고 합니다. 그런즉 이 전쟁에서 달아나는 이는 행복합니다. 그는 더 이상 나그네도 순례자도 아니며 성인들의 동료 시민이요 하느님 집안의 구성원이며, 아직 지상에 있을지라도 지상의 일들 때문에 타격을 받지 않습니다.

● 암브로시우스 『아브라함』 2,6,28.[5]

아브라함의 대단한 겸손

아브라함이 얼마나 겸손한지 보십시오. 그의 지혜가 얼마나 뛰어난지 보십시오. 나이가 훨씬 많은 그가 자기보다 아랫사람인 조카를 '형제'라고 부르며 자신과 똑같은 지위에 있는 이로 대하고, 자신을 조금도 앞세우지 않습니다. 오히려 그는 "너와 나 사이에, 그리고 내 목자들과 너의 목자들 사이에 싸움이 일어나서는 안 된다"라고 합니다. 우리는 '형제'이므로 이런 일이 일어나서는 안 된다고 합니다. 그가 다음과 같은 사도의 법을 실천하고 있는 것을 아시겠습니까? "여러분이 서로 고소한다는 것부터가 이미 그릇된 일입니다. 왜 차라리 불의를 그냥 받아들이지 않습니까? 왜 차라리 그냥 속아 주지 않습니까? 여러분은 도리어 스스로 불의를 저지르고 또 속입니다. 그것도 형제들을 말입니다"(1코린 6,7-8). 이 성조는 "우리는 한 혈육이 아니냐? 너와 나 사이에, 그리고 내 목자들과 너의 목자들 사이에 싸움이 일어나서는 안 된다"라는 말로 이 모든 훈계를 다 이행하고 있습니다. 이보다 더 평화를 사랑하는 정신이 있을 수 있습니까? 제가 맨 처음에, 아브라함이 문명화된 세상보다 홀로 있음을 더 좋아한 이유가 평화와 고요를 사랑했기 때문이라고 한 것은 그냥 뜻 없이 한 말이 아닙니다. 이 경우에도 보십시오. 그는 목자들 사이에 싸움이 벌어지고 있다는 것을 알아차리자, 아예 처음부터 갈등의 불씨를 꺼서 경쟁 관계가 벌어지지 않도록 막습니다. 그는 팔레스티나의 주민들에게 지혜의 교사로 파견된 자신의 역할을 중요하게 여겼기에, 나쁜 본보기를 보인다거나 다툼을 부추기는 일은 있을 수 없었습니다. 자신의 태도로 자제에 관한 명쾌한 본보기를 보여 그들을 가르치고, 그리하여 그들이 회개하고 그의 덕을 본받으려는 마음을 먹게 합니다.

● 요한 크리소스토무스 『창세기 강해』 33,7.[6]

의로운 사람은 모든 일에 자제한다

아브라함이 롯을 동등한 이로 대하는 것에 주목하십시오. 그런데 제가 보기에, 애초에 다툼이 일어난 원인은 성조의 목자들이 롯이 자신들과 똑같은 특권을 누리는 것을 거부한 데 있지 않았나 하는 생각이 듭니다. 그러나 의로운 사람은 모든 일에 자제하면서 자신의 뛰어난 양식을 보여 주어, 당시의 사람들만 아니라 미래의 모든 이에게 친척과의 의견 차이를 결코 싸움으로 해결해서는 안 된다는 것을 가르쳐 줍니다. 친척들 사이의 시시한 말다툼은 우리를 매우 망신스럽게 하며, 그 말썽이 그들에게 되돌아가는 것이 아니라 우리 탓으로 돌아옵니다. 실상 같은 본성을 나누고 한 혈육이며 가까운 곳에서 살고 있는 형제들이 이 모든 사람에게 자제와 온유함과 건전한 양식을 가르치는 역할을 해야 할 마당에 적대감을 품는다면 무엇으로 합리화할 수 있겠습니까? 자신은 그런 비난 바깥에 있다고 믿는 사

---

[5] CSEL 32,1,584-86.

[6] FC 82,280-81.

람들은 친척이라는 이유로 그들이 절도, 강탈, 도에 넘치는 책략을 꾸미며 도시와 시골에서 다른 이의 농장과 집들을 빼앗는 짓을 눈감아 주거나, 그런 불한당들에게 호의를 보이려 할 때면 이 본보기를 마음에 새기십시오.

• 요한 크리소스토무스 『창세기 강해』 33,8.[7]

13,10 롯이 기름진 들판을 보다

거만한 롯

교만은 진리에서 빗나가는 사람들의 동반자입니다. 실상, 선택권을 넘긴 아브라함이 몹시 겸손했던 만큼 그것을 당연히 받아들이고 먼저 선택한 롯은 거만했습니다. 사악함은 갈수록 거만해지는 반면 덕은 스스로 낮춥니다. 롯은 자기보다 지혜로운 이에게 의지함으로써 안전한 쪽에 섰어야 옳았습니다. 사실 그는 올바로 선택할 수 있는 지식이 없었습니다.

• 암브로시우스 『아브라함』 2,6,33.[8]

13,11 롯이 선택하다

참으로 더 나은 것을 선택하라

그 이름이 '빗나가다'라는 뜻인 롯이 '선택'했다고 하니, 성경의 표현은 얼마나 정확한지요. 실로 하느님께서는 우리 각자가 자신이 원하는 것을 선택하도록 우리 앞에 선과 악을 놓아두셨습니다. 그러니 첫눈에 반하는 것이 아니라 참으로 더 나은 것을 선택합시다. 우리는 더 나은 것을 선택할 수 있는 능력을 부여받았기에, 그렇게 하려고만 한다면, 다른 곳을 바라보는 이처럼 본성의 진실은 감추어진 채 있도록 놓아두고 우리 눈을 들어 거짓 아름다움에 매혹되지 않을 것입니다.

• 암브로시우스 『아브라함』 2,6,35.[9]

13,13 소돔 사람들은 악인들이었다

하느님께서는 마음속 양심을 보신다

"소돔 사람들은 악인들이었고, 주님께 큰 죄인들이었다." 인간들에 대한 하느님의 일처리라는 면에서 이 사실은 사소한 사항이 아닙니다. 이 구절은 죄의 무거움이 온화하신 하느님께서 응징하지 않을 수 없도록 만든다는 사실을 우리가 알아듣도록 도와줍니다. 아브라함이 기도했지만 소돔 사람들이 죄를 용서받지 못한 것은 그들의 악의가 무엇으로도 잴 수 없을 만큼 컸기 때문입니다. 누구보다 사악한 자들이 더 안전하게 지켜지는 것처럼 보이는 경우가 많습니다. 그들은 인간의 눈을 벗어나는 방법을 찾아냅니다. 그런 곳에서는 아무도 지켜보지 않는 가운데 악행이 이루어지고, 의로운 사람들이 거짓 증언으로 고발되기도 합니다. 의로운 사람은 다른 사람들이 그에게 유죄 선고를 내릴지라도 하느님 앞에서 의롭습니다. 하느님께서는 재판의 결과나 불의한 간계에서 시작된 사법적 처사를 보시지 않고 그 일의 본바닥을 보십니다. 하지만 인간들의 재판에서는 그릇된 견해라는 오류가 진리의 힘을 방해하는 경우가 많습니다. 수산나는 간통으로 고발되었지만 하느님 보시기에는 더할 수 없이 정결했습니다. 하느님은 거짓 증인들의 말에 의거하여 사실을 추정하시지 않고 마음속 양심을 그대로 들여다보시기 때문입니다.

• 암브로시우스 『아브라함』 2,6,36.[10]

최고의 축복은 올곧음이다

롯이 땅의 성질만 보고 그곳에 사는 사람들의 사악함은 전혀 마음에 두지 않았다는 사실을 알

---

[7] FC 82,281-82.　　　　　　[8] CSEL 32,1,590.

[9] CSEL 32,1,591.　　　　　　[10] CSEL 32,1,591-92.

아차리셨는지요? 그곳에 터 잡고 살아가는 사람들의 행실이 사악하다면 땅이 기름져 산물이 아무리 풍요로운들 무슨 소용 있습니까? 반면, 자제하는 주민들이 사는 곳에서 홀로 검박하게 살 때, 그로써 해를 가져오는 일이 있습니까? 네, 최고의 축복은 그곳에 사는 사람들의 올곧음입니다. 그러나 롯은 한 가지, 곧 땅의 풍요로움만을 보았습니다. 그래서 성경은 이런 말로 그곳에 사는 사람들의 사악함에 우리의 눈을 돌려놓고자 합니다. "소돔 사람들은 악인이었고, 주님께 큰 죄인들이었다." 그들은 '악인'이었을 뿐 아니라 '주님께 큰 죄인들'이었습니다. 그들의 죄가 엄청나게 많았고 사악함 또한 지독하여 '주님께 큰 죄인들이었다'고 덧붙인 것입니다. 악이 더할

수 없는 정도에 달했음을 알아보시겠습니까? 공동의 유익을 고려하지 않고 좋은 땅을 먼저 차지하려 하는 것이 얼마나 큰 악인지 아시겠습니까? 좋은 땅을 양보하고 다음가는 것을 차지하는 태도가 얼마나 위대한 것인지 아시겠습니까? 잘 알아 두십시오. 강의가 계속되어 나가면 알게 되겠지만, 가장 좋은 곳을 차지한 이는 거기에서 아무런 이로움을 얻지 못하는 반면, 더 못한 것을 선택한 이는 날이 갈수록 더욱 번영을 누리며 재산이 불어나 모든 사람이 부러워하는 것을 여러분은 보게 될 것입니다.

• 요한 크리소스토무스 『창세기 강해』 33,15.[11]

---

[11] FC 82,286-87.

13,14-18 아브라함이 헤브론으로 옮겨 가다

[14] 롯이 아브람에게서 갈라져 나간 다음, 주님께서 아브람에게 말씀하셨다. "눈을 들어 네가 있는 곳에서 북쪽과 남쪽을, 또 동쪽과 서쪽을 바라보아라.

[15] 네가 보는 땅을 모두 너와 네 후손에게 영원히 주겠다.

[16] 내가 너의 후손을 땅의 먼지처럼 많게 할 것이니, 땅의 먼지를 셀 수 있는 자라야 네 후손도 셀 수 있을 것이다.

[17] 자, 일어서서 이 땅을 세로로 질러가 보기도 하고 가로로 질러가 보기도 하여라. 내가 그것을 너에게 주겠다."

[18] 아브람은 천막을 거두어, 헤브론에 있는 마므레의 참나무① 곁으로 가서 자리 잡고 살았다. 그는 거기에 주님을 위하여 제단을 쌓았다.

① 또는 '테레빈나무'.

둘러보기

우의적 해석을 계속하자면, 롯이 떠나고 아브라함이 땅에 관한 약속을 받은 것은 '지혜로운 이가 모든 것을 소유한다'는 스토아학파의 격언이 묘사하는 영혼의 진보를 말한다(암브로시우스). 땅에 관한 약속은 아브라함의 겸손에 대한 보상

으로 해석할 수도 있다. 모래알처럼 많은 후손에 관한 약속을 들은 아브라함은 하느님을 더욱 신뢰하게 되었다. 그런 일은 인간이 할 수 있는 일이 아니기 때문이다(요한 크리소스토무스). 이 약속이 말하는 '후손'은 육에 따른 이스라엘뿐 아니라 영에서 난 그리스도인도 포함한다(아우구스티누스). 아브라함이 나그네나 방랑자처럼 떠돌아다닌 것은 그의 합리적인 양식과 하느님을 두려워하는 태도를 드러내 준다(요한 크리소스토무스).

13,14 사방을 둘러보아라

지혜롭고 성실한 이들이 모든 것을 소유한다

　지나치게 비이성적인 부분들을 없애고 나면 영혼이 얼마나 빨리 진보하는지, 또 악덕들이 쌓이면 얼마나 많은 악이 생겨나는지를 분명하게 알려 주는 구절이 이어집니다. 성경이 그것을 이렇게 표현하는 데는 이유가 없지 않습니다. "롯이 아브람에게서 갈라져 나간 다음, 주님께서 아브람에게 말씀하셨다. '눈을 들어 네가 있는 곳에서 북쪽과 남쪽을, 또 동쪽과 서쪽을 바라보아라. 네가 보는 땅을 모두 너와 네 후손에게 영원히 주겠다.'" 스토아학파 철학자들은 이 본문을 근거로 '지혜로운 이가 모든 것을 소유한다'라는 격언을 끌어내었습니다. 실로, 북쪽과 남쪽, 동쪽과 서쪽은 세상의 부분들입니다. 그것들을 합한 것이 온 세상입니다. 이 모든 것을 아브라함에게 주시겠다는 하느님의 약속이 지혜롭고 성실한 이가 모든 것을 소유하며 그에게는 무엇 하나 부족한 것이 없다는 뜻 아니고 무엇이겠습니까? 그래서 솔로몬도 잠언에서 "온 세상의 부는 성실한 이의 몫이다"(잠언 17,6 칠십인역)라고 합니다. 솔로몬은, 스토아학파의 창시자요 교사인 제논보다 훨씬 전에 산 사람 아닙니까! 철학의 아버지라는 플라톤보다, 또 '철학'이라는 말을 만

들어 낸 피타고라스보다 훨씬 전에 산 사람 아닙니까! 그런데 성실한 사람이란 곧 지혜로운 사람 아니겠습니까? "미련한 자는 달처럼 변하지만" (집회 27,11) 지혜로운 사람은 믿음이 늘 한결같기 때문입니다.

• 암브로시우스 『아브라함』 2,7,37.[1]

하느님께서 아브라함의 겸손에 상을 내리시다

　하느님의 섭리가 선한 이에게 신속히 보상을 내리는 것을 보십시오. 성경은 이 성조가 하느님을 사랑하며 보인 겸손에 대해 얼마나 큰 상을 받았는지 우리에게 가르쳐 주고자 합니다. 그래서 롯이 아브라함을 떠나 땅의 아름다움만 보고 자기가 선택한 땅으로 갔다고 한 다음 [성경은] 곧바로 "주님께서 아브람에게 말씀하셨다" 하고 덧붙입니다. 아브라함이 롯을 위해 한 일에 대한 상으로 하느님께서 그에게 말씀하셨다는 사실을 우리가 알게 하려고 "롯이 아브람에게서 갈라져 나간 다음, 주님께서 아브람에게 말씀하셨다"라고 하는 것입니다. 하느님께서 이렇게 말씀하셨다고 알아들으라는 듯이 말입니다. '너는 큰 자제심을 보이며 네 조카에게 아름다운 땅을 양보하였고 그럼으로써 뛰어난 겸손의 증거를 보였으며, 너희 사이가 경쟁 관계가 되는 것을 막기 위해 어떤 일도 참을 만큼 평화에 대한 사랑을 보여 주었다. 그러니 내게서 큰 상을 받아라.'

• 요한 크리소스토무스 『창세기 강해』 34,5.[2]

13,16 셀 수 없을 만큼 많은 후손

하느님의 능력을 신뢰한 아브라함

　만약 아브라함이 자신의 상황, 곧 자신이 늙

---

[1] CSEL 32,1,592-93.

[2] FC 82,292.

었으며 사라가 불임이라는 사실만 생각하고서, "내가 너의 후손을 땅의 먼지처럼 많게 할 것이니, 땅의 먼지를 셀 수 있는 자라야 네 후손도 셀 수 있을 것이다"라고 약속하시는 분의 권능을 신뢰하지 않고 약속을 믿지 않았다면 어땠을까요? 분명 그 약속은 인간 본성을 넘어서는 약속이었습니다. 그분께서는 그처럼 많은 장애물이 있음에도 불구하고 그를 아버지로 만들어 줄 뿐 아니라 세상의 모든 모래알처럼 많은 후손의 조상으로 만드시겠다고 약속하셨습니다. 놀랍도록 엄청나게 불어날 후손의 수를 셀 수 없는 것에 비유하셨습니다.

• 요한 크리소스토무스 『창세기 강해』 34,10.[3]

그리스도인에게도 해당하는 약속

물론 아브라함에게 약속된 그 후손은 하느님께서 세실 수 없다는 뜻이 아니고 단지 인간들이 세지 못할 만큼 많은 수라는 뜻입니다. 하느님께서는 땅의 먼지조차도 다 헤아리시는 분입니다. 그러므로 육에 따라서가 아니라 영에 따라서 수많은 자손을 가지게 되리라는 언약이었다는 점에서, 이스라엘 민족뿐 아니라 아브라함의 모든 자손을 '땅의 먼지'와 같이 많은 수에 비교한 것은 적절했습니다. 다만 여기서는 영과 육에 따른 두 종류의 후손을 두고 언약이 있었던 것으로 이해할 수 있습니다. 그런데 본문에서 이 점은 분명하지 않다고 내가 말한 이유는 육에 따라 아브라함에게서 태어난 단일 민족의 무리도 손자 야곱을 통해 매우 크게 불어났고 거의 온 세상을 채우기에 이르렀기 때문입니다. 따라서 과장법을 쓰자면, 이스라엘 민족도, 비록 그 수가 어디까지나 사람이 헤아릴 수 없을 따름이지만, '먼지'와 같은 많은 수에 비길 수 있습니다. '땅의 먼지'라고 할 때 그 '땅'이 가나안이라고 불리는

땅을 의미한다는 점에 대해서는 아무도 이의를 제기하지 않습니다. 그런데 "너와 네 후손에게 영원히 주겠다"는 구절에서 '영원히'를 '영원 무궁히'로 이해할 경우 동요할 사람들이 적잖이 있을 것입니다. 하지만 '영원히'를 '세상 종말까지'로 이해한다면 어려움이 사라질 것입니다. 우리는 세상 종말 때 '영원'이 시작된다고 믿습니다. 이스라엘인들이 비록 예루살렘에서 추방당하기는 했지만 그들은 여전히 가나안 땅의 여러 도시에 남아 있고 종말까지 남아 있을 것입니다. 그리고 그리스도인들이 온 땅에 살게 되더라도 이스라엘인들 역시 아브라함의 자손입니다.

• 아우구스티누스 『신국론』 16,21.[4]

13,18 마므레의 참나무들

나그네나 순례자처럼

참으로 굉장한 약속입니다! 우리 모두의 주님이신 분께서는 어쩌면 이다지 관대하신지요! 이 복된 인간과 그에게서 태어날 후손들에게 당신 자비와 사랑 안에서 놀랍도록 큰 상을 내리셨습니다! 이 말씀을 듣고 하느님의 형언할 길 없는 선의에 감복한 이 성조는 "천막을 거두어, 헤브론에 있는 마므레의 참나무들 곁으로 가서 자리 잡고 살았다"고 합니다. 롯이 갈라져 나간 다음, … [하느님의] 약속을 믿고 천막 치는 자리를 '마므레의 참나무들' 곁으로 옮겼습니다. 그의 분별 있는 태도, 한 곳에서 다른 곳으로 옮겨 가는 일을 아무렇지 않게 쉽게 이루어 내는 뛰어난 추진력에 주목하십시오. 그는 숱한 사람들, 지혜롭다는 자들과 무심하다는 말을 듣는 자들조차 거기에서 헤어나지 못하는 관습 같은 것에 묶이거나

---

[3] FC 82,295.

[4] FC 14,525-26*; NPNF 1,2,322-23; 『교부 문헌 총서』 16,1737-39.

그것을 고집하지 않았습니다. 사람들은 다른 곳으로 옮겨 가거나 방향을 바꾸어야 할 때, 많은 경우 영적인 문제에서조차도 그렇게 하는 것을 힘들어하고 습관의 노예가 되어 그것을 바꾸는 것을 아쉬워합니다. 그러나 이 의인은 그렇지 않았습니다. 그는 처음부터 올바른 양식을 보여 주었습니다. 나그네나 순례자처럼 그는 이곳에서 저곳으로 옮겨 갔습니다. 그리고 그럴 때마다 그의 관심사는 자신의 하느님께 대한 경외심을 행동으로 보이는 것이었습니다.

• 요한 크리소스토무스 『창세기 강해』 34,12.[5]

---

[5] FC 82,297*.

14,1-12 네 임금과 다섯 임금이 맞서다

¹ 신아르 임금 아므라펠과 엘라사르 임금 아르욕과 엘람 임금 크도를라오메르와 고임 임금 티드알의 시대였다.

² 그들은 소돔 임금 베라, 고모라 임금 비르사, 아드마 임금 신압, 츠보임 임금 세므에베르, 벨라 곧 초아르 임금과 전쟁을 벌였다.

³ 이들 다섯 임금은 모두 동맹을 맺고 시띰 골짜기 곧 '소금 바다'로 모여들었다.

⁴ 이들은 십이 년 동안 크도를라오메르를 섬기다가, 십삼 년째 되는 해에 반란을 일으켰던 것이다.

⁵ 십사 년째 되는 해에는 크도를라오메르가 자기와 연합한 임금들과 함께 진군해 가서, 아스타롯 카르나임에서 라파족을 치고, 함에서는 주즈족을, 사웨 키르야타임에서는 엠족을,

⁶ 그리고 세이르 산악 지방에서는 호르족을 쳐서 광야 언저리에 있는 엘 파란까지 이르렀다.

⁷ 그들은 발길을 돌려 엔 미스팟 곧 카데스로 진군해 가서, 아말렉족의 온 땅과 하차촌 타마르에 사는 아모리족까지 쳤다.

⁸ 그러자 소돔 임금, 고모라 임금, 아드마 임금, 츠보임 임금, 벨라 곧 초아르 임금이 마주 나와, 시띰 골짜기에서 그들에 맞서 전열을 가다듬었다.

⁹ 엘람 임금 크도를라오메르, 고임 임금 티드알, 신아르 임금 아므라펠, 엘라사르 임금 아르욕, 이 네 임금이 다섯 임금과 맞섰다.

¹⁰ 그런데 그 골짜기에는 역청 수렁이 많아, 소돔 임금과 고모라 임금이 달아나다 거기에 빠지고 나머지는 산으로 달아났다.

¹¹ 그러자 적군들이 소돔과 고모라에 있는 모든 재물과 양식을 가지고 가 버렸다.

¹² 그들은 또한 소돔에 살고 있던 아브람의 조카 롯을 잡아가고 그의 재물도 가지고 가 버렸다.

둘러보기

이 이야기는 의미 없이 수록된 것이 아니며, 용맹의 본보기를 보여 주고 하느님의 권능과 성조 아브라함의 덕을 보여 주는 이어지는 이야기를 준비한다는 의의가 있다(요한 크리소스토무스). 우의적으로 해석하자면, 다섯 임금은 육체의 다섯 가지 감각을 나타내고, 네 임금은 육체와 세상의 유혹을 나타낸다(암브로시우스). 롯은 포로가 됨으로써, 물질적인 것에 마음을 두지 말아야 하며 화합이라는 것이 얼마나 좋은 것인지 깨닫게 된다(요한 크리소스토무스).

14,8 시띰 골짜기의 전투

용맹함의 본보기

사랑하는 여러분, 이 기사는 아무런 의미도 없다면서 허투루 넘기지 맙시다. 성경이 우리에게 자세하게 전해 주는 이야기들에는 확실한 목적이 있습니다. 이 야만인들의 세력과 그들이 보여 준 용맹함, 그리고 거인들에게도 맞서 싸울 만큼 그들이 얼마나 사납게 전투에 임했는지, 그리하여 그곳에 사는 모든 사람들을 달아나게 했다는 것을 우리에게 알려 주려는 것입니다. 홍수가 일어나면 급류가 가는 길에 있는 모든 것을 휩쓸고 파괴해 버리듯 야만인들이 이 사람들을 덮쳐 모든 것을 완전히 파괴하고 아말렉족을 비롯한 모든 사람들의 지배자들을 달아나게 했습니다. 그러나 '야만인들의 세력이 얼마나 강했는지 내가 알아서 뭐하느냐?'라고 하는 사람도 있을 것입니다. 성경 이야기에 이런 사실들이 기록되어 있는 것은 그냥 아무 이유 없이 들어 있는 것이 아닙니다. 또한 우리가 지금 그 사실들에 여러분의 주의를 돌리는 것도 의미 없이 하는 짓이 아닙니다. 우리의 목적은 이어지는 가르침을 통하여 여러분이 하느님의 놀라운 권능과 이 성조의 덕에 대해 알게 하는 것입니다.

• 요한 크리소스토무스 『창세기 강해』 35,9.[1]

우리 육체의 다섯 가지 감각을 나타내는 다섯 임금

바로 앞에서 우리는 고귀한 정신의 진보를 보았습니다. 그 정신은 자신이 덕의 길에서 벗어날 위험에 처해 있음을 발견하자 곧바로 지혜의 보상, 곧 의로움이라는 상속 재산을 추구하기 위해 일어섰습니다. 이어지는 기사는 경솔함과 연관된 악덕들이 얼마나 해로운 것인지 보여 줄 것입니다. 다섯 임금을 무찌르고 소돔의 군대를 모두 포로로 잡은 네 임금은 아브라함의 조카인 롯도 포로로 잡아 돌아갔기 때문입니다. '다섯 임금'은 우리 육체의 다섯 가지 감각, 곧 시각·후각·미각·촉각·청각을 나타냅니다. '네 임금'은 육체와 세상의 유혹을 나타냅니다. 인간의 육과 세상은 네 가지 요소로 이루어져 있기 때문입니다. 그들이 '임금'으로 불리는 것은 당연한데, 죄는 그 자체가 주권을 지니고 있으며 큰 나라를 소유하고 있기 때문입니다. 그래서 바오로 사도는 "죄가 여러분의 죽을 몸을 지배하여 여러분이 그 욕망에 순종하는 일이 없도록 하십시오"(로마 6,12)라고 합니다. 우리의 감각은 쉽게 육체와 세상의 쾌락에 넘어가, 말하자면 그들의 지배권에 종속됩니다. 실로 육체의 쾌락과 세상의 유혹은 하느님께 밀착되어 있으며 세상적인 것들 — 이런 유혹물에 종속되는 것이 바로 타락입니다 — 로부터 완전히 떨어져 나온 영적인 정신에 의해서만 정복됩니다. 그래서 요한은 "불행하여라, 땅의 주민들!"(묵시 8,13)이라고 합니다. 요한의 이 말은 그때 지상에 살고 있는 모든 사람을 가리키는 것이 아니라 — 지상에 살지만 하늘의

---

[1] FC 82,310.

주민인 사람들이 있으니까요 ―, 이 땅의 주민권에 대한 애착과 세상의 유혹에 정복된 사람들을 가리키는 것이 분명합니다. 그렇다면 우리는 이 세상의 주민이 아니라 나그네입니다. 나그네는 임시 거처를 찾기 바라며 살지만, '주민'은 모든 희망과 자신이 가진 모든 것을 자신이 살 권리가 있다고 믿는 곳에 두는 듯 보입니다. 이처럼 땅에서 나그네인 사람은 하늘의 주민이지만, '땅의 주민'은 죽음의 주인입니다.

• 암브로시우스 『아브라함』 2,7,41.[2]

14,12 롯이 잡혀 가다

분열은 크나큰 악이다

어제 제가 말씀드린 일이 실제로 일어난 것을 보십시오. 더 좋은 땅을 선택한 롯이 더 좋게 되기는커녕 좋은 것에 마음을 두지 않아야 한다는 것을 체험으로 깨달았습니다. 보다시피 그는 그 선택에서 아무런 이로움을 얻지 못했을 뿐 아니라 잡혀 가기까지 했습니다. 그는 의인과 가까이 사는 것이, 비록 자유롭게 산다 해도 그에게서 떠나 이런 큰 시련을 겪는 것보다 훨씬 나은 일

이라는 교훈을 이 경험으로 배웠습니다. 사실 그는 아브라함에게서 갈라져 나오면서 자신이 훨씬 큰 자유를 누리고 더 좋은 땅을 소유하여 번영을 누리는 행운을 얻었다고 생각했습니다. 그런데 어느 날 갑자기 포로가 되고 재산을 빼앗기고 집도 절도 없게 되었습니다. 여기서 여러분이 배워야 할 것은 분열이 얼마나 큰 악이고 화합이 얼마나 좋은 것인지, 그리고 우리는 가장 좋은 것을 갈망하지 말고 다음가는 것을 사랑해야 한다는 것입니다. 성경이 "그들은 … 롯을 잡아가고 그의 재물도 가지고 가 버렸다"고 하는 것을 기억하십시오. 삼촌 곁에 머물면서 서로 간의 화합을 깨지 않기 위해 모든 것을 받아들였더라면, 더 좋은 땅을 선택해 그와 갈라져 나갔다가 곧바로 이런 끔찍한 곤경에 처해 야만인들의 손아귀에 드는 것보다 얼마나 더 나았겠습니까?

• 요한 크리소스토무스 『창세기 강해』 35,11.[3]

---

[2] CSEL 32,1,595-97.

[3] FC 82,311.

14,13-16 아브라함이 롯을 구하다

[13] 그곳에서 도망쳐 나온 사람 하나가 히브리인 아브람에게 와서 이 일을 알렸다. 아브람은 그때 아모리족 마므레의 참나무① 곁에 머물고 있었다. 마므레는 에스콜과 형제간이었고 아네르와도 형제간이었는데, 이들은 아브람과 동맹을 맺은 사람들이었다.

[14] 아브람은 자기 조카가 잡혀 갔다는 소식을 듣고, 자기 집에서 태어나서 훈련받은 장정 삼백십팔 명을 불러 모아 단까지 쫓아갔다.

[15] 아브람과 그의 종들은 여러 패로 나뉘어 밤에 그들을 치고, 다마스쿠스 북쪽에 있는 호바까지 쫓아갔다.♪

📖 **16** 그는 모든 재물을 도로 가져오고, 그의 조카 롯과 그의 재물과 함께 부녀자들과 다른 사람들도 도로 데려왔다.

① 또는 '테레빈나무'.

둘러보기

아브라함을 묘사할 때 사용되는 이름 — '이주자' — 은 오랜 시간이 지난 후에 일어날 일들을 예고한다는 점에서 하느님의 깊은 사랑과 호의를 드러내 준다(요한 크리소스토무스). 사람들의 수(318)에도 상징적 의미가 있다. 수비학數秘學적으로 분석할 때, 이 수는 장차 우리 주 예수님의 수난을 믿게 될 신자들의 수를 나타내기에 적합하다고 판단한 아브라함이 이들을 예표하기 때문이다(암브로시우스). 성조 아브라함은 무력이 아니라 하느님에 대한 믿음으로 원수들을 이겼다(요한 크리소스토무스). 아브라함은 욕정과 싸우기 위하여 그리스도의 십자가와 함께 예수님의 이름 안에서 진군해 나가는 단련된 정신을 예표한다(암브로시우스). 적들이 싸움에 져 달아난 것이나 아브라함이 호바까지 쫓아간 것도 단련된 정신의 승리를 드러낸다(암브로시우스). 롯을 도로 데려온 것은 아브라함이 높은 곳의 도움으로 승리했음을 알려 준다(요한 크리소스토무스).

14,13 아브라함과 동맹을 맺은 사람들

오랜 시간이 지난 후에 일어날 일을 하느님께서 미리 알려 주시다

그런 전쟁이 이루어지고 있다는 것을 성조 아브라함은 왜 몰랐을까요? 아마 전쟁이 일어난 곳에서 아주 멀리 있었기 때문에 몰랐을 것입니다. 성경은 아브라함이 칼데아에서 돌아와서 이

소식을 들었다는 것을 우리에게 알려 주려고, "그곳에서 도망쳐 나온 사람 하나가 이주자 아브람에게 와서 이 일을 알렸다"[1]고 합니다. 그는 '이주자'라고도 불렸는데 그가 유프라테스 강 건너편에 천막을 치고 있었기 때문입니다. 그의 부모가 처음에 그에게 붙인 이름도 그가 장차 그곳을 떠나가리라는 것을 암시하는 이름입니다. 다시 말해, '아브람'이라는 이름에도 그가 언젠가는 유프라테스 강을 건너 팔레스티나로 들어갈 것이라는 뜻이 있습니다. 이 일에 대해 아무것도 모르고 게다가 [하느님을] 믿지도 않는 그의 부모가, 그리고 라멕이 노아의 이름을 지었듯이 하느님의 창조적 지혜의 작용으로 아이에게 이 이름을 붙인 것을 생각해 보십시오. 이런 것이 하느님 자애의 특징입니다. 그분은 오랜 시간이 지난 후에 일어날 일들을 미리 알려 주시는 (때로는 믿지 않는 이들을 통해서도) 적이 많습니다. 그래서 성경이, 어떤 사람이 와서 '이주자'에게 조카가 잡혀 갔다는 사실과 그 임금들의 우세한 병력, 소돔이 약탈당하고 모두가 수치스럽게 도망쳤다는 소식을 전했다고 이야기하는 것입니다. "아브람은 그때 아모리족 마므레의 참나무들 곁에 머물고 있었다. 마므레는 에스콜과 형제간이었고 아네르와도 형제간이었는데, 이들은

---

[1] 요한 크리소스토무스는 히브리어 성경의 '히브리인'을 어근의 의미에 따라 '이주자', '여행자'로 옮긴 칠십인역을 사용했다.

아브람과 동맹을 맺은 사람들이었다." 그런데 여기에서, 소돔에서 달아난 사람들 가운데 왜 의인 롯만 잡혀 갔는지 궁금해하는 사람도 있을 것입니다. 이 일은 그냥 뜻 없이 일어난 것이 아니라, 롯이 이 일들을 통해 성조 아브라함의 덕과, 다른 사람들도 구원받을 수 있다는 사실을 깨닫고, 좋은 곳을 탐내지 말고 윗사람에게 양보하는 것을 배우게 하려는 것이었습니다.

• 요한 크리소스토무스 『창세기 강해』 35,12.[2]

14,14 아브라함이 임금들을 쫓아가다

선택됨의 가치

'아브람은 자기 조카가 잡혀 갔다는 소식을 듣고, 자기 집에서 태어난 종' 삼백십팔 명을 '세어'[3] [데리고 쫓아가서] 그들과 함께 승리를 거두고 조카를 도로 데려왔습니다. 이것은 둘이 갈라졌을 때 사이가 좋았다는 것을 알려 줍니다. 조카에 대한 아브라함의 사랑은 전쟁의 위험까지 마다하지 않을 만큼 컸습니다. '세었다'는 것은 무슨 뜻입니까? '선택했다'는 뜻입니다. 이와 마찬가지로, 예수님께서 복음서에서 하신, "더구나 하느님께서는 너희의 머리카락까지 다 세어 두셨다"(루카 12,7)는 말씀도 하느님께서 모든 것을 아신다는 사실만 아니라 의인에게 내리시는 은총도 가리키는 말입니다. 실로 "주님께서는 당신의 사람들을 아신다"(2티모 2,19)고 합니다. 그러나 그분은 당신의 사람들이 아닌 자들은 '안다'고 하시지 않습니다. 그때 아브라함은 삼백십팔 명의 장정을 '세었습니다'. 이것은 단지 수를 나타내는 말이 아니라 그들이 받은 선택의 가치를 나타내는 말임을 여러분은 아셔야 합니다. 사실 아브라함이 선택한 것은 우리 주 예수 그리스도의 수난을 믿게 될 신자들의 수를 나타내기에 적합하다고 그가 판단한 이들입니다. 실제로 그

리스 문자 '타우'(T)는 '삼백'을 뜻하며 IH('십'과 '팔')의 합은 예수님의 이름을 나타냅니다.[4] 그런즉 아브라함은 병력이 강해서가 아니라 믿음의 덕으로 승리했습니다. 그래서 다섯 임금의 군대를 이긴 자들을 얼마 안 되는 집안의 종들을 데리고도 이겼던 것입니다.

• 암브로시우스 『아브라함』 1,3,15.[5]

믿음으로 이긴 아브라함

사랑하는 여러분, 이 일에서, 넓은 마음이 의인의 덕 안에서 실현되고 있음을 눈여겨보시기 바랍니다. 하느님의 권능을 믿는 그는 적들이 모든 부족들을 덮쳐 아말렉족을 비롯한 모든 부족을 이긴 다음 소돔 사람들까지 공격하여 모두 달아나게 만들고 그들의 재물도 모두 가지고 갔다는 말을 듣고서도 적의 세력에 겁먹지 않았습니다. 성경이 이 모든 것과, 그들이 용맹스러움으로 이룬 일을 우리에게 시대에 앞서 알려 주는 이유는 성조 아브라함이 무력이 아니라 하느님께 대한 믿음으로 그들을 이겼음을 여러분이 알게 하려는 것입니다. [그는] 활이나 창 같은 무기를 휘두르거나 화살을 당기고 방패를 쳐들어서가 아니라, 높은 곳의 도움 아래 집안의 종 얼마간을 데리고 이 일을 이루었습니다.

• 요한 크리소스토무스 『창세기 강해』 35,14.[6]

---

[2] FC 82,312*.

[3] 칠십인역에 따른 본문이다.

[4] 318이라는 숫자가 상징하는 바에 대한 풀이는 『바르나바의 편지』 9,7-9에 처음으로 나온다. 문자로 수를 나타내는 그리스어에서 318은 TIH로 표시한다. IH는 예수라는 낱말의 첫 두 글자다. 300을 나타내는 그리스어 글자는 타우(T)다. 318이라는 수가 주목받게 된 것은 창세기 14장 14절 때문이다. 알렉산드리아의 클레멘스 『양탄자』 6,85 참조.

[5] CSEL 32,1,512-13.

[6] FC 82,313-14.

14,15 아브라함이 종들을 여러 패로 나누다

아브라함의 승리는 십자가를 예표한다

"아브람은 자기 집에서 태어나서 훈련받은 장정 삼백십팔 명을 세어 … 다마스쿠스 오른쪽에 있는 호바까지 쫓아갔다."[7] 이 숫자도 중요합니다. 우리가 주 예수님의 이름 안에서 수난을 믿는다면, 이 숫자에는 생명이 있기 때문입니다. 사실 이것은 앞에 나온 '호바', 곧 '생명'이라는 이름에 대한 풀이입니다. 호바가 다마스쿠스 '오른쪽'에 있다고 한 것도 맞는 말입니다. 양은 '오른쪽'에 서고 염소는 왼쪽에 있기 때문입니다. 단련된 정신은 이 전투를 끝내기 위해서는 얼마나 많은 군사를 뽑아 그들에게 어떤 무기를 주고 어떤 깃발로 그들을 인도해야 하는지 압니다. 그것은 독수리나 용의 표상을 가지고 자신의 군대를 이끄는 것이 아니라, 예수님의 이름 안에서 그리스도의 십자가를 깃발로 삼고 그 표지로 상대의 용기를 꺾뜨리며 전투에 임합니다. 이런 것이야말로 의인의 참된 지혜를 받은, 단련된 정신이라 불릴 만합니다. 정의는 사람을 바로잡는 데 빠르며, 훈계로 죄인들을 다시 불러오고, 정욕의 공격을 저지합니다.

• 암브로시우스 『아브라함』 2,7,42.[8]

14,16 아브라함이 롯을 도로 데려오다

높은 곳의 도움으로 얻은 승리

아브라함이 왜 집안의 장정 삼백십팔 명을 불러 모았느냐고 묻는 사람도 있을 것입니다. 그가 아무나 다 데리고 간 것이 아니라, 자신의 주인을 위해 싸움에 뛰어드는 사람처럼 열심히 복수하도록, 롯이 키운 집안의 장정만 데리고 갔다는 사실을 여러분이 알게 하려는 것입니다. 성경은 '아브람과 그의 종들은 밤에 그들을 치고' 계속 '쫓아갔다'고 합니다. 보십시오, 공격에 함께하고 전투의 향방을 도운 것은 높은 곳의 손길이었습니다. 그래서 그들에게는 무기도 전투용 기구도 필요 없었습니다. 그는 어떤 자들은 쳐부수고 어떤 자들은 달아나게 하기 위해 모습만 드러내면 되었습니다. 누구에게도 애먹지 않고 철저하게 안전한 상태에서 이 두 가지를 다 할 수 있었습니다. 그리고 그는 소돔 임금의 군대와 조카 롯과 그의 재물과 부녀자들까지 모두 도로 데려왔습니다. 왜 다른 사람들은 달아났는데 롯만 잡혔는지, 여러분은 아십니까? 이유는 두 가지입니다. 성조 아브라함의 덕이 분명하게 드러나고, 그리하여 많은 사람이 구원을 얻도록 하기 위해서였습니다. 탁월한 큰 상, 곧 롯과 군대와 부녀자들과 롯의 재물을 도로 찾아온 아브라함은 어느 나팔 소리보다 크고 분명한 목소리로, 자신이 그 상을 얻고 승리를 거둔 것은 인간의 힘 덕분도, 수의 힘 덕분도 아니었으며, 모든 것을 높은 데서 오는 도움으로 이루었다고 선언합니다.

• 요한 크리소스토무스 『창세기 강해』 35,15.[9]

영혼의 소중한 재산

'아브람은 모든 재물을 도로 가져왔다'고 쓰여 있습니다. … 여기서 '재물'은 집안에 전해 오는 재산이 아니라 영혼의 소중한 재산을 가리킵니다. 영혼은 참으로 값진 (지푸라기나 마른풀이 아닌) 부를 찾아볼 수 있는 곳이며, 우리 희망의 실체를 담고 있는 탁월하게 이성에 호소하는 힘이 자리하는 곳입니다. 이런 것들이 실로 우리의 참된 '재물', 곧 부요함이 넘치는 지혜입니다. 이런 재물은 썩지 않는 재물입니다. 반면 육체의

---

[7] 칠십인역 본문.

[8] CSEL 32,1,597.

[9] FC 82,314.

즐거움이나 물질적 재물은 오래가지 않고 짧습니다. 실체의 상속이란 거론할 만한 것이 못된다는, 바른 생각을 가진 사람들이 있는 것은 그런 까닭입니다. 사실, 상속 재산은 우리가 살아가는 기반이 아닙니다. 비록 돈이 없는 사람이라 해도 생명의 본질을 지닐 수 있기 때문입니다.

• 암브로시우스 『아브라함』 2,7,44.[10]

---

[10] CSEL 32,1,598.

14,17-24 멜키체덱이 아브라함을 축복하다

17 아브람이 크도를라오메르와 그와 연합한 임금들을 치고 돌아오자, 소돔 임금이 사웨 골짜기 곧 임금 골짜기로 그를 마중 나왔다.

18 살렘 임금 멜키체덱도 빵과 포도주를 가지고 나왔다. 그는 지극히 높으신 하느님의 사제였다.

19 그는 아브람에게 축복하며 이렇게 말하였다. "하늘과 땅을 지으신 분 지극히 높으신 하느님께 아브람은 복을 받으리라.

20 적들을 그대 손에 넘겨주신 분 지극히 높으신 하느님께서는 찬미받으소서." 아브람은 그 모든 것의 십분의 일을 그에게 주었다.

21 소돔 임금이 아브람에게 "사람들은 나에게 돌려주고 재물은 그대가 가지시오." 하고 말하자,

22 아브람이 소돔 임금에게 대답하였다. "하늘과 땅을 지으신 분이시며 지극히 높으신 하느님이신 주님께 내 손을 들어 맹세하오.

23 실오라기 하나라도 신발 끈 하나라도 그대의 것은 아무것도 가지지 않겠소. 그러니 그대는 '내가 아브람을 부자로 만들었다.'고 말할 수 없을 것이오.

24 나는 아무것도 필요 없소. 다만 젊은이들이 먹은 것을 빼고, 나와 함께 갔던 사람들 곧 아네르와 에스콜과 마므레만은 저희의 몫을 가지게 해 주시오."

둘러보기

멜키체덱의 이야기에 관한 그리스도교의 해석은, 시편 제110편 4절에 의거하여 멜키체덱을 참된 대사제 그리스도의 표상으로 해석하는 히브리 서간 7장으로 시작된다. 아브라함과 소돔 임금의 만남은 하느님의 섭리를 드러내 준다(요한 크리소스토무스). 히브리 서간의 저자가 언급하지 않은, 빵과 포도주의 제사는 멜키체덱과 그리스도의 유사점을 더욱 뚜렷하게 드러내 주는 것으로 보인다(키프리아누스). 멜키체덱은, 아버지 노아에게서 사제직을 받은 아들 셈으로 여겨지기도 한다(에프렘). 멜키체덱은 가계家系가 없다는 점에서 그리스도와 닮았다(요한 크리소스토무스). 지금 그리스도가 바치는 제사가 멜키체덱

때 처음 나타났다(아우구스티누스). 아브라함이 멜키체덱에게 모든 것의 십분의 일을 바친 것은 그가 자신의 승리에 있어서도 겸손했음을 보여 준다(암브로시우스). 아브라함의 승리는 하느님의 은총을 드러내 준다(요한 크리소스토무스). 아브라함이 전리품을 거부한 것은 그의 마음이 거룩한 것들에 가 있음을 드러내 주며(암브로시우스) 후대의 사도적 가르침을 예감한 것처럼 물질적인 부를 경멸함을 보여 준다(요한 크리소스토무스).

14,17 소돔 임금

하느님의 섭리를 드러내 주다

여러분은 이 의인이 사건들 하나하나에서마다 남다른 행동을 하며 모든 사람에게 기회 있을 때마다 자신과 관련한 하느님의 섭리를 드러내고 있는 것을 알아보시겠습니까? 지금 여러분은 그 자신이 하느님을 공경하는 교사임을 소돔 사람들에게 입증하는 데도 열심인 것을 보고 계십니다. 성경이 이렇게 이야기하는 것을 기억하십시오. "아브람이 크도를라오메르와 그와 연합한 임금들을 치고 돌아오자, 소돔 임금이 … 그를 마중 나왔다." 그의 덕과 하느님의 도우심에 대한 그의 기쁨이 얼마나 큰지 잘 보십시오. 임금이 이 늙은 이주자를 마중 나와 큰 존경을 보입니다. 높은 곳의 도움을 받지 못하는 사람에게 임금의 지위는 아무것도 아니며 도움을 주시려고 쳐드신 하느님의 손보다 효력 있는 것은 없다는 사실을 임금이 알게 되었던 것입니다.

• 요한 크리소스토무스 『창세기 강해』 35,15.[1]

14,18 임금이며 사제인 멜키체덱

지극히 높으신 하느님의 사제

마찬가지로, 사제 멜키체덱 안에서 우리는 성경이 증언하는 바에 따라 주님의 희생 제사가 예표된 것을 봅니다. "살렘 임금 멜키체덱도 빵과 포도주를 가지고 나왔다. 그는 지극히 높으신 하느님의 사제였다. 그는 아브라함에게 축복하며 이렇게 말하였다." 멜키체덱이 그리스도의 예형으로 나타낸 것을 시편에서는, 아버지께서 아들에게 하시는 말씀의 형식으로 성령께서 이렇게 선언합니다. "새벽 별이 뜨기 전에 … 내가 너를 낳았으니 … 너는 멜키체덱과 같이 영원한 사제다"(시편 110,4 참조). 이 사제직은 희생 제사에서 나와서 지극히 높으신 하느님의 사제 멜키체덱에게로 내려갔습니다. 이는 그가 빵을 바쳤기 때문이고, 아브라함을 축복했기 때문입니다. 아버지 하느님께 희생 제물을 바치고, 멜키체덱이 바쳤던 빵과 포도주와 같은 것, 곧 당신의 몸과 피를 바친 우리 주 예수 그리스도가 지극히 높으신 하느님의 사제 아니고 누구겠습니까?

• 키프리아누스 『서간집』 63,4.[2]

이 멜키체덱은 셈이다

이 멜키체덱은 위대한 인물이어서 임금이 된 셈입니다. 셈은 열네 종족의 우두머리였습니다.[3] 그뿐 아니라 그는 사제였다고 합니다. 그는 계승권을 통해 자기 아버지 노아로부터 이 사제직을 받았습니다. 셈은 성경이 이야기하듯이 아브라함 시대까지 살았을 뿐 아니라, 아브라함의 손자들인 야곱과 에사우 [시대]까지도 살았습니다. 레베카가 문의하러 가서 이런 말을 들은 것도 그에게서입니다. "너의 배 속에는 두 민족이 들어

---

[1] FC 82,314-15*.

[2] FC 51,204*.

[3] 유대교 전통에 이런 견해가 있었다. *Encyclopedia Judaica* 5,225-26 참조. 에피파니우스는, 멜키체덱과 셈을 같은 인물로 보는 견해는 사마리아인들이 만들어 낸 것이라고 주장한다(『약상자』 55,6 참조).

있다. 형이 … 동생을 섬기리라"(창세 25,23). 레베카가 아브라함이나 아브라함의 아들들에게서 그의 위대함에 대해 들은 바 없었다면, 높은 곳에서 구원받은 자기 남편이나 자주 신성의 계시를 받은 시아버지를 제쳐 놓고 멜키체덱에게 갔을 리가 없습니다.

• 시리아인 에프렘 『창세기 주해』 11,2.[4]

그리스도와 마찬가지로 멜키체덱은 가계가 없다

'살렘 임금이며 지극히 높으신 하느님의 사제'라는 말이 우리에게 전하는 뜻은 무엇입니까? 하나는, 그가 살렘의 임금이라고 성경이 이야기한다는 것입니다. 복된 바오로 사도도 히브리인들에게 보낸 서간에서 멜키체덱에게 주의를 돌리고 그의 이름과 출신지에 대해 상기시키며 같은 이야기를 합니다. 또한 어원 풀이를 사용하여 멜키체덱이라는 이름의 뜻을 "그의 이름은 '의로움의 임금'이라는 뜻"이라고 합니다. 히브리어에서 '멜키'는 '나라'를 뜻하고, '체덱'은 '의로움'을 뜻합니다. 그런 다음 바오로는 도성의 이름으로 넘어가, 그를 '평화의 임금'이라고 합니다. '살렘'이 '평화'라는 뜻이기 때문입니다.

한편 멜키체덱은 사제였습니다. 그는 아마도 스스로 사제가 되었을 것입니다. 그 시대에는 그랬습니다. 그러니까 그가 훨씬 연로해서 동료들이 그를 특별히 존경했거나, 아니면 노아나 아벨, 아브라함이 제사를 올릴 때 그러했던 것처럼 그 스스로 사제의 일을 했을 것입니다. 바로 이 점 때문에 그가 그리스도의 예형인 것입니다. 그래서 바오로 사도도 멜키체덱의 이러한 면을 이해하고 이렇게 이야기합니다. "그는 아버지도 없고 어머니도 없으며 족보도 없고 생애의 시작도 끝도 없는 이로서 하느님의 아들을 닮아, 언제까지나 사제로 남아 있습니다"(히브 7,3). 어떤

사람이 아버지도 없고 어머니도 없고 생명이 시작된 날과 끝난 날이 없을 수 있냐고 여러분은 묻습니다. 그는 예형이었다고 여러분은 들었습니다. 이 말에 놀라지도 말고, 예형 안에서 모든 것을 발견할 수 있을 것이라고 기대하지도 마십시오. 그가 실제로 일어나는 모든 특성을 지녔다면 그는 예형이 아닐 것입니다. 그러면 '그가 예형이라는' 이 말은 무슨 뜻입니까? 이런 뜻입니다. 멜키체덱에게 과거가 없기 때문에 가계가 없고, 부모에 대한 언급이 없기 때문에 아버지와 어머니가 없었다고 하듯이, 그리스도께서도 하늘에 어머니가 없고 땅에 아버지가 없었기 때문에 가계가 없다고 하는 것이며 또 실제로도 없었습니다.

• 요한 크리소스토무스 『창세기 강해』 35,16.[5]

이제는 그리스도인들이 하느님께 제사를 올리다

하느님의 이[창세 13,14-17의] 약속을 받은 아브라함은 그에 응답하여 그 땅의 다른 장소, 곧 헤브론에 있는 마므레의 참나무들 곁으로 가서 자리 잡고 살았습니다. 그런데 다섯 임금이 네 임금을 상대로 싸움을 벌이던 중 적군들이 소돔을 침략했고, 소돔인들이 결국 져서 롯도 잡혀 갔습니다. 아브라함은 자기 집에서 태어나서 훈련받은 종 삼백십팔 명을 거느리고 가서 그를 구해 냈고, 소돔인들의 임금들에게도 승리를 거두게 해 주었습니다. 그리고 그 덕분에 승리를 거둔 임금이 전리품을 주려고 하였으나 받지 않았습니다. 곧이어 그는 '지극히 높으신 하느님을 섬기는 사제' 멜키체덱에게 축복을 받았습니다. 간혹 부인하는 이도 있지만 많은 이가 바오로 서간이라고 하는 히브리인들에게 보낸 서간에는 이

---

[4] FC 91,151.　　　　　　　[5] FC 82,315-16.

인물에 관해 상당히 많은 이야기가 적혀 있습니다. 지금 전 세계에서 그리스도인들이 하느님께 바치는 제사가 그때 처음 나타났습니다. 이 일이 있은 지 오랜 시간이 지난 뒤, 예언자는 "너는 멜키체덱과 같이 영원한 사제다"(시편 110,4)라는 말로 이 제사가 장차 육으로 오실 그리스도 안에서 완성될 것임을 나타냈습니다. 곧, 그분은 아론의 법통을 따른 사제가 아니었습니다. 그림자들이 암시했던 실재가 빛을 발하면 이 법통은 폐기되게 되어 있었습니다.

• 아우구스티누스 『신국론』 16,22.[6]

더욱 겸손해진 아브라함

그런데 승리한 사람은 자기가 승리를 거두었다고 떠벌려서는 안 됩니다. 오히려 하느님께 그 승리를 돌려야 합니다. 이것이 승리하고 나서 자랑스러워하지 않고 더욱 겸손해진 아브라함의 가르침입니다. 실로 그는 희생 제사를 바치고 십일조를 바쳤습니다. 또한 그랬기 때문에 '정의의 임금, 평화의 임금'으로 풀이되는 멜키체덱의 축복을 받았습니다. 실제로 그는 지극히 높으신 하느님의 사제였습니다. 정의의 임금, 하느님의 사제는 누구겠습니까? "너는 멜키체덱과 같이 영원한 사제다"(시편 110,4)라는 말을 들은 분, 곧 하느님의 아들, 아버지의 사제, 당신 육체를 제물로 바쳐 아버지께 우리의 죄를 사하게 하신 분 아니겠습니까?

• 암브로시우스 『아브라함』 1,3,16.[7]

14,19-20 하느님의 축복

은총이 없었다면 아브라함은 이기지 못했을 것이다

멜키체덱은 아브라함을 축복했을 뿐 아니라 하느님께 찬미를 바치기도 했습니다. 그는 "하늘과 땅을 지으신 분, 지극히 높으신 하느님께

아브람은 복을 받으리라"라는 말로, 우리가 하느님께서 지으신 피조물과 구별되는 그분의 권능을 알아보게 했습니다. 그분께서 실로 하늘과 땅의 창조주 하느님이시라면, 인간들이 섬기는 자들은 신이 아닐 것입니다. "하늘과 땅을 만들지 않은 저 신들은 … 사라질 것이다"(예레 10,11)라는 성경 말씀을 기억하십시오. 성경은 이렇게 말합니다. "적들을 그대 손에 넘겨주신 분 … 하느님께서는 찬미받으소서." 멜키체덱이 이 의인을 찬양할 뿐 아니라 하느님의 도우심을 인정하는 것을 눈여겨보십시오. 사실, 저 위에서 오는 은총이 없었다면, 아브라함은 막강한 상대방을 이기지 못했을 것입니다. '적들을 넘겨주신 분'이라는 말은 모든 것을 일으키는 이가 그분이며, 힘센 이를 무력하게 한 이가 그분이고, 무장한 떼거리를 무장하지 않은 이들을 통해 무너뜨린 이가 그분이라는 뜻입니다. 여러분에게 그런 힘을 주는 은총은 이 근원으로부터 옵니다.

• 요한 크리소스토무스 『창세기 강해』 35,17.[8]

14,23 아브라함이 아무것도 받지 않다

아브라함의 마음은 거룩한 것들에 가 있었다

세상적인 것, 육체적 유혹에 쉽게 빠지게 하는 것을 가지지 않는 것은 완전한 정신의 특징입니다. 아브라함이 "그대의 것은 아무것도 가지지 않겠소"라고 한 것은 그런 까닭입니다. 그는 방종을 재앙처럼 여기며 피합니다. 그는 감각적인 육체의 유혹을 마치 오물처럼 피합니다. 그는 세상 위에 있는 것들을 얻기 위하여 이 세상의 쾌락을 거부합니다. 이것이 '주님께 내 손을 들

---

[6] NPNF 1,2,323; 『교부 문헌 총서』 16,1739-41.

[7] CSEL 32,1,513-14.

[8] FC 82,316-17*.

어'라는 말의 뜻입니다.[9] 선을 행하는 손은 영혼의 덕입니다. 그는 자신의 손을 세상에 있는 나무 열매가 아니라, 성경이 '하늘과 땅', 곧 지성적이고 가시적인 본질을 '지으신 분'(창세 14,22)이라고 하는 주님께 뻗습니다. 하늘은 보이지 않는 본질(ousia)이고, 땅은 눈에 보이고 감지할 수 있는 본질입니다. 그렇다면 이 구절은 아브라함이 자기 정신의 덕을 천상의 것으로 들어 올렸음을 뜻합니다. 그는 눈에 보이는 것이 아니라 보이지 않는 것을 보며, 세상의 것들, 육체적인 것들, 지금 있는 것들이 아니라 영적이며 영원하고 거룩한 것들을 보며, 그 지성적 본질로부터 관상적 생활의 정점에 가 닿을 수 있을 것입니다. 그러나 그는 그 다른 본질, 곧 눈에 보이는 것들에서 사회생활과 실질적 질서에 관련된 단련이라는 유익함을 얻습니다.

• 암브로시우스 『아브라함』 2,8,46.[10]

물질적 부를 경멸한 아브라함

성조 아브라함은 물질적인 부를 몹시 경멸했습니다. 그가 왜 임금의 제안을 "하늘과 땅을 지으신 분이시며 지극히 높으신 하느님이신 주님께 내 손을 들어 맹세하오"라는 언명으로 거절하겠습니까? 그는 소돔 임금에게 두 가지를 가르치고자 합니다. 첫째, 그는 임금이 권한 선물보다 높이 있습니다. 그리고 이는 큰 지혜에 관한 증거입니다. 그는 자신이 임금의 스승이 될 자격이 있음을 공손한 태도로 보여 줍니다. 그것은 이런 많은 말로 가르치는 것과 같습니다. '나는 만물의 창조주를 증인으로 세우고 당신에게서 아무것도 받지 않을 것입니다. 이는 당신이 만물의 하느님을 알아, 사람의 손이 만든 것들을 신으로 여기지 않게 하려는 것입니다. 이분이야말로 실로 이 전쟁의 향방을 결정하고 승리의 원

인이 되신, 하늘과 땅의 창조주이십니다. 그러니 당신이 나에게 주고자 하는 것 무엇 하나라도 내가 가지리라 기대하지 마십시오. 내가 그들을 응징한 것은 보상을 받기 위해서가 아니었습니다. 그것은 우선 내 조카에 대한 사랑 때문이었고, 다음은 선인의 본성에 따라, 억울하게 붙잡혀 간 이들을 야만인들의 마수에서 **빼내** 주어야 했기 때문입니다.'

• 요한 크리소스토무스 『창세기 강해』 35,18.[11]

인간의 물자는 필요 없다

아브라함은 쓸모없는 것, 하찮은 것, 하다못해 신발 끈 하나도 가져가려 하지 않았습니다. 그러고는 그 이유를 이야기합니다. "그것은 그대가 '내가 아브람을 부자로 만들었다'고 말하지 못하게 하려는 것이오. 내게는 셀 수 없이 많은 것을 주시는 분이 계시오. 나는 높은 곳으로부터 큰 호의를 받고 있소. 나는 당신의 재물은 필요 없소. 나는 인간의 물자는 바라지 않소. 나는 하느님께서 보여 주시는 관심만으로 충분하오. 나는 그분께서 내게 얼마나 후한 선물을 주시는지 알고 있소. 롯에게 하잘것없는 것을 양보함으로써 나는 이루 말할 수 없는 큰 약속을 받았소. 이제 당신의 재물을 사양함으로써 나는 그분께 더 큰 부를 받고 더 큰 은총을 누리기 바라오." 제가 생각하기에 … 이것이 아브라함이 "지극히 높으신 하느님이신 주님께 내 손을 들어 맹세하오"라며 언명한 이유입니다. 곧, 소돔의 임금이 아브라함의 행동을 가식이라고 생각하지 않게 하며, 티끌 하나도 받지 않으려는 자신의 뜻을

---

[9] 창세 14,22 불가타 본문: Levo manum meam ad Dominum Deum excelsum.

[10] CSEL 32,1,599-600.

[11] FC 82,317-18*.

분명히 전달하려는 것이었습니다. 아브라함은 그리스도께서 제자들에게 내리신 "너희가 거저 받았으니 거저 주어라"(마태 10,8)는 지시를 실천했습니다. 말하자면, 그의 말은 이런 뜻입니다. '나는 전쟁의 향방에 동의하고 격려한 것밖에 한 일이 없소. 승리와 전리품을 비롯하여 모든 것은 하느님께서 당신의 보이지 않는 힘으로 이루신 것이오.'

• 요한 크리소스토무스 『창세기 강해』 35,19.[12]

14,24 아브라함의 동맹들에게 돌아간 몫

아브라함이 또다시 사도적 율법을 이행하다

'이들이 한몫을 차지하는 것은 허락하겠소, 그들은 깊은 호의의 증거를 보여 주었기 때문이오' 하고 아브라함은 말합니다. 성경은 "이들은 아브람과 동맹을 맺은 사람들이었다"(창세 14,13)라고 합니다. 이는 그들이 기꺼이 아브라함과 위험을 같이하고자 우호적인 관계를 맺었다는 뜻입니다. 따라서 그들에게 보상을 하려는 뜻에서 그도 한몫을 차지할 생각이 있습니다. 그리고 여기서 또다시, 그는 "일꾼이 자기 먹을 것을 받는 것은 당연하다"(마태 10,10)는 사도적 율법을 따릅니다. 곧, 아브라함은 그들이 자기 몫 이상을 차지하지 못하도록 했다는 뜻입니다. "다만 젊은 이들이 먹은 것을 빼고, 나와 함께 갔던 사람들 곧 아네르와 에스콜과 마므레만은 저희의 몫을 가지게 해 주시오." 성조 아브라함이 덕을 얼마나 엄격히 실천했는지 아시겠습니까? 그는 재물에 대한 그 자신의 무관심과 경멸의 증거와 더불어 바른 양식까지 보여 줍니다. 또한 [그는] 모든 면에서, 가식이나 경멸에서 나온 것 같은 행동, 승리한 것을 몹시 뻐기는 것 같은 행동을 [하지] 않습니다.

• 요한 크리소스토무스 『창세기 강해』 35,20.[13]

호의는 대가를 바라지 않고 베푸는 것

아브라함이 승리로 얻은 전리품에 손도 대지 않으려 하고 자신에게 주어진 것조차 가지려 않은 것은 얼마나 놀랍습니까? 보상을 받는 것은 승리의 기쁨을 줄어들게 하고 대가를 바라지 않는 호의의 특성을 흐리게 만드는 것이 사실입니다. 돈을 위해서 싸우는 것과 명성을 위해 싸우는 것은 큰 차이가 있습니다. 돈을 위해 싸우는 사람은 용병으로 여겨질 것입니다. 명성을 위해 싸우는 사람은 구원자라는 평판을 받을 만하다고 여겨질 것입니다. 이 성조는 전리품을 나누어 주려는 데도 마땅히 그것을 거부합니다. 그것을 준 자가 "내가 아브람을 부자로 만들었다"고 말하는 일이 없도록 하기 위해서였습니다. 그는 젊은 전사들을 먹이는 데 들어간 것만 받으면 족하다고 선언합니다. 그런데, 전투에서 이긴 것은 아브라함인데 왜 그가 소돔 임금에게 "그대의 것은 아무것도 가지지 않겠소"라고 하느냐고 묻는 사람도 있을 것입니다. 전리품은 분명 승리자의 것입니다! 아브라함이 지시를 내립니다. 모든 것을 임금에게 돌려주어라. 그리고 당연히 그는 자신의 군사작전을 도우러 온 사람들의 수고에 대한 보답으로 그들에게 이익의 일부를 주어야 한다고 언명합니다.

• 암브로시우스 『아브라함』 1,3,17.[14]

---

[12] FC 82,318*.

[13] FC 82,319*.

[14] CSEL 32,1,514.

15,1-6 하느님께서 환시로 아브라함에게 나타나시다

¹ 이런 일들이 있은 뒤, 주님의 말씀이 환시 중에 아브람에게 내렸다. "아브람아, 두려워하지 마라. 나는 너의 방패다. 너는 매우 큰 상을 받을 것이다."

² 그러자 아브람이 아뢰었다. "주 하느님, 저에게 무엇을 주시렵니까? 저는 자식 없이 살아가는 몸, 제 집안의 상속자는 다마스쿠스 사람 엘리에제르가 될 것입니다."

³ 아브람이 다시 아뢰었다. "저를 보십시오. 당신께서 자식을 주지 않으셔서, 제 집의 종이 저를 상속하게 되었습니다."

⁴ 그러자 주님의 말씀이 그에게 내렸다. "그가 너를 상속하지 못할 것이다. 네 몸에서 나온 아이가 너를 상속할 것이다."

⁵ 그리고는 그를 밖으로 데리고 나가서 말씀하셨다. "하늘을 쳐다보아라. 네가 셀 수 있거든 저 별들을 세어 보아라." 그에게 또 말씀하셨다. "너의 후손이 저렇게 많아질 것이다."

⁶ 아브람이 주님을 믿으니, 주님께서 그 믿음을 의로움으로 인정해 주셨다.

둘러보기

"두려워하지 마라"라는 훈계는 앞 장에서 아브라함이 물질적 보상을 거절한 것과 관계있다(요한 크리소스토무스). 도덕적 관점에서 풀이할 때, 이 약속은 주님께서 보상에 느린 분이 아니심을 드러내 준다. 아브라함이 바란 것은 교회라는 후손이었다. 참된 상속자는 예수 그리스도이시며, 이사악은 그 표상이다(암브로시우스). 우리는 믿음으로 의로움을 얻기 위하여 그분의 권능을 믿는다(요한 크리소스토무스). 아브라함은 하나의 본보기다. 합리적 설명을 구하지 않고 영의 위대한 부추김에 이끌려 믿었기 때문이다. "그를 밖으로 데리고 나가서"라는 표현은 우의적으로, 우리의 거처[육체]의 모든 더러움을 정화해야 할 필요성으로 풀이할 수 있다(암브로시우스).

15,1 아브라함의 방패

아브라함아, 두려워하지 마라

하느님께서 그에게 "아브람아, 두려워하지 마라" 하고 말씀하셨습니다. 하느님께서 아브라함을 얼마나 살갑게 대하시는지 잘 보십시오. 하느님께서는 왜 "두려워하지 마라"고 하셨을까요? 아브라함은 임금이 주려는 것을 하나도 중히 여기지 않으며 많은 재물을 경멸했기 때문에 하느님께서는 그에게 그런 값나가는 선물을 경멸하는 것을 두려워하지 마라고 하신 것입니다. 너의 부가 줄어든 것에 마음 쓰지 마라. "두려워하지 마라." 그리고는 그의 기운을 북돋아 주기 위해 하느님께서는 이 격려의 말씀에 그의 이름을 붙여, "아브람아, 두려워하지 마라"고 하십니다. 우리가 어떤 사람에게 말할 때 그의 이름을 부르면 그 사람의 힘을 북돋는 데 꽤 도움이 된다는 것은 잘 알려진 사실입니다. 그리고는 하느님께서 "나는 너의 방패다"라고 하셨습니다. 이 말씀에도 많은 뜻이 담겨 있습니다. "내가 너를 칼데아에서 불러냈다. 내가 너를 여기까지 오게 했다. 나는 너를 이집트에서의 곤경에서 구해 주었다. 나는 너의 후손에게 이 땅을 주겠다고 맹세하고 또 맹세했다. 너의 방패는 내가 될 것이다. 나날이 네가 모든 이에게 갈채 받게 한 다음 내가 너의 방패가 되겠다. 곧, 내가 너 대신 싸우겠다. 내가 너의 방패가 되겠다. '너는 매우 큰 상을 받을 것이다.' 너는 그런 위험에 너 자신을 던지는 수고를 하고서도 보상을 거부했다. 너는 임금과 임금이 제공한 것을 경멸했다. 네가 그에게 받았을 것보다 놀랄 만한 훨씬 큰 상을 내가 너에게 주겠다." 성경이 "너는 매우 큰 상을 받을 것이다"라고 하는 것을 기억하십시오.

• 요한 크리소스토무스 『창세기 강해』 36,10.[1]

상을 주시는 데 더디지 않으신 주님

아브라함은 인간에게 보상받고자 하지 않았기 때문에 하느님께 보상을 받았습니다. "이런 일들이 있은 뒤, 주님의 말씀이 환시 중에 아브람에게 내렸다. '아브람아, 두려워하지 마라. 나는 너의 방패다. 너는 매우 큰 상을 받을 것이다.'" 주님은 상을 주시는 데 더디지 않으십니다. 나약한 영혼이 눈에 보이는 것들을 경멸한 것을 후회하는 일이 없도록, 주님은 얼른 약속하고 싶어 하시며 큰 상을 주십니다. 자신에게 제공된 이 세상의 것들에 유혹당하지 않은 이에게 큰 상으로 보상하십니다. 말하자면, 높은 이자로 되갚아 주십니다.

• 암브로시우스 『아브라함』 1,3,18.[2]

15,2-3 자식 없는 아브라함

자식 없이 떠나는 슬픔

하느님께서 그에게 매우 큰 상을 약속하셨기 때문에, 아브라함은 자식이 없어 늘 그를 절망하게 하는 마음의 슬픔을 털어놓았습니다. 그는 "주 하느님, 저에게 무엇을 주시렵니까? 보십시오. 저는 이렇게 나이가 먹었고 자식 없이 떠나

게 되었습니다."[3] 여기서 이 의인이 자신의 죽음을 '떠남'이라는 말로 표현함으로써 처음부터 올바른 생각을 품었음을 보여 주는 것에 주목하십시오. 제 말은, 근면하게 덕의 삶을 사는 사람들에게는 이승에서 [저승으로] 옮겨 가는 것이 사실 고군분투에서 떠나고 속박에서 자유로워지는 것이라는 뜻입니다. 덕성스럽게 사는 사람들에게 그것은 좋지 않은 상황에서 좋은 상황으로, 한시적인 삶에서, 죽음에서 지켜지며 끝이 없는 영원한 삶으로 옮겨 가는 것과 같기 때문입니다.

• 요한 크리소스토무스 『창세기 강해』 36,11.[4]

"종이 상속하게 되었습니다"

이 말은 아브라함의 영혼이 무척 괴로워하고 있음을 드러내 줍니다. [아브라함이] 하느님께 [한 말은 이런 뜻입니다]. "저는 제 종이 받은 것도 받지 못한 채 자식도 상속자도 없이 떠납니다. '네 후손에게 이 땅을 주겠다'고 당신께서 여러 번 약속하셨지만, 당신께서 제게 주신 선물을 제 종이 상속하게 되었습니다." 여러분, 여기서도 이 의인의 덕을 잘 보십시오. 그는 속으로 이런 생각을 하고 있었으면서도 항의하지도 심한 말을 하지도 않았습니다. 자기에게 하시는 말씀을 듣고서야 대담하게 주님께 마음속의 괴로운 생각과 영혼의 상처를 드러냈습니다. 그 결과 그는 곧바로 치유를 받았습니다.

• 요한 크리소스토무스 『창세기 강해』 36,11.[5]

그의 행실에 어울리는 상속자

아브라함이 주님께 어떤 보상을 청했는지 살

---

[1] FC 82,332-33*.
[2] CSEL 32,1,515.
[3] 칠십인역 본문.
[4] FC 82,333-34*.
[5] FC 82,334.

펴봅시다. 그는 탐욕스러운 사람처럼 재물을 청하지도, 죽음을 두려워하는 사람처럼 이 세상에서 오래 살기를 청하지도, 권력을 청하지도 않습니다. 그는 이런 것 대신 자신의 행실에 맞갖은 상속자를 청합니다. 그는 '저에게 무엇을 주시렵니까? 저는 자식 없이 떠납니다'라고 한 다음 이렇게 말합니다. '당신께서 자식을 주지 않으셔서, 제 집에서 태어난 종이 저를 상속하게 되었습니다.' 그러니 아무도 혼인을 하찮게 보지 마십시오. 평판이 나쁜 사람들과 결합하는 일이 없도록 하십시오. 그런 결합에서 난 자녀는 상속자가 될 수 없기 때문입니다. 품위를 따지고 싶지 않더라도, 후세에 전해질 상속 재산을 생각하여 적어도 혼인만은 어울리는 상대와 하도록 해야 합니다.

• 암브로시우스 『아브라함』 1,3,19.[6]

아브라함이 바란 것은 교회라는 자손이었다

그러나 이 거룩하고 예언적인 정신의 소유자는 영원한 후손에 더 관심이 가 있습니다. 아브라함이 바라는 것은 사실 지혜의 자손과 믿음의 상속입니다. 그래서 그가 '저에게 무엇을 주시렵니까? 저는 자식 없이 떠납니다'라고 하는 것입니다. 그가 바란 것은 교회라는 자손이었습니다. 그가 청한 것은 종이 아니라 자유의 몸인 후손, 육이 아니라 은총에 따른 후손이었습니다.

• 암브로시우스 『아브라함』 2,8,48.[7]

15,4 아브라함의 몸에서 아이가 나올 것이다

본처 소생 아이

아브라함의 말이 잘 이해되지 않는다면, 그런 식의 상속을 나무라시는 하느님의 말씀을 잘 생각해 보십시오. 하느님께서는 "그가 너를 상속하지 못할 것이다. 네 몸에서 나온 아이가 너를

상속할 것이다"라고 하십니다. 이 아이는 누구일까요? 사실 하가르도 아들 이스마엘을 낳았지만, 하느님께서 말씀하시는 아이는 그가 아닙니다. 거룩한 이사악이지요. 그래서 하느님께서 "네 몸에서 나온 아이"라고 하신 것입니다. 사실, '참으로 아브라함에게서 나온 아이'란 합법적인 혼인에서 나온 자식입니다. 합법적 아들인 이사악 안에서 우리는 마태오 복음서 첫머리에서 "아브라함의 자손"(마태 1,1)으로 불리는, 참으로 합법적인 아들 주 예수님을 볼 수 있습니다. 그분이야말로 선조의 후손들에게 명성을 가져다주는, 아브라함의 참된 상속자였습니다. 그분을 통해 아브라함은 하늘을 쳐다보며 자기 후손의 광채가 하늘의 별들보다 못하지 않으리라는 것을 알게 되었습니다. 사도는 "별들은 또 그 광채로서 서로 구별됩니다. 죽은 이들의 부활도 이와 같습니다"(1코린 15,41-42)라고 하였습니다. 주님께서는 죽음이 땅에 숨겨 온 사람들을 당신의 부활에 참여하게 하심으로써 하늘 나라의 식구가 되게 하셨습니다.

• 암브로시우스 『아브라함』 1,3,20.[8]

15,5 셀 수 없을 만큼 많은 후손

상이 주어지다

"그를 밖으로 데리고 나가서"가 무슨 뜻입니까? 말하자면, 예언자가 밖으로 인도된 것입니다. 그리하여 그는 육체 밖으로 나가, 그의 옷인 육으로 인한 한계와 일종의 보이지 않는 상승을 가능하게 하시는 성령의 작용을 봅니다. 우리도 우리의 이 한시적인 거처의 속박을 벗어나야 합

---

[6] CSEL 32,1,515.

[7] CSEL 32,1,601.

[8] CSEL 32,1,515-16.

니다. 지혜의 영을 받기 바란다면, 우리는 우리 영혼이 거하는 곳을 모든 더러움에서 정화하고, 사악함의 얼룩을 모두 떨쳐 버려야 합니다. "지혜는 간악한 영혼 안으로 들지 않기"(지혜 1,4) 때문입니다. 아브라함은 믿었습니다. 금이나 은에 대한 약속에 끌려서가 아니라, 마음으로부터 믿었습니다. "주님께서 그 믿음을 의로움으로 인정해" 주셨습니다. 그가 치른 덕의 시험에 걸맞은 보상이 주어졌습니다.[9]

• 암브로시우스 『아브라함』 2,8,48.[10]

15,6 아브라함이 주님을 믿다

믿음에서 오는 의로움

그러니 우리도 성조 아브라함에게서 배우자고 여러분께 간곡히 권고합니다. 우리도 하느님의 말씀을 믿고 그분의 약속을 믿읍시다. 우리의 생각이라는 잣대를 사용하지 말고 깊은 감사의 증거를 보입시다. 그러면 우리도 의로움을 인정받고, 곧 그분의 약속을 받을 것입니다. 그런데 아브라함이 받은 약속은 그의 후손이 늘어나 완전한 무리가 되리라는 것이었습니다. 약속의 내용은 본성과 인간 논리의 한계를 넘어서는 것이었습니다. [그런 약속을] 믿었기에 하느님께서 그의 의로움을 인정하신 것입니다. 우리의 경우 … 우리가 충분히 깨어 있어 제대로만 본다면, 사실 그분께서는 훨씬 많은 것을 약속하셨습니다. 우리가 믿음으로 의로움을 인정받고 약속된 좋은 것들을 얻기 위하여, 약속하시는 분의 권능

을 믿는다면, 우리는 인간적 추론 같은 것은 완전히 초월할 수 있습니다.

• 요한 크리소스토무스 『창세기 강해』 36,15.[11]

영의 자극을 받아 믿은 아브라함

아브라함의 후손은 어떻게 퍼져 나갔습니까? 그는 오직 상속을 통하여 믿음의 덕을 전했습니다. 믿는 이들은 이 바탕 위에서 하늘로 받아들여지며, 천사들에 비유되고, 별들에 견주어집니다. 그래서 성경은 하느님께서 "너의 후손이 저렇게 많아질 것이다"라고 하시고, 아브라함은 "주님을 믿으니"라고 합니다. 그가 믿은 것은 정확히 무엇입니까? 예표적으로 그는 그리스도께서 육화를 통해 자신의 상속자가 되시리라는 것을 믿었습니다. 그가 믿은 것이 이것임을 여러분이 알게 하기 위해, 주님께서는 "아브라함은 나의 날을 보리라고 즐거워하였다"(요한 8,56)라고 하십니다. 그리고 "주님께서 그 믿음을 의로움으로 인정해 주셨다"고 합니다. 아브라함이 합리적 설명을 구하지 않고 영의 위대한 부추김에 이끌려 믿었기 때문입니다.

• 암브로시우스 『아브라함』 1,3,21.[12]

---

[9] 암브로시우스의 이 발췌문과 바로 앞 발췌문은 매우 대조적인데, 두 권으로 이루어진 『아브라함』의 제1권은 문자적이고 도덕적 해석을 주로 하며, 제2권은 영적이고 우의적 의미에 중점을 두고 있음을 뚜렷하게 보여 준다.

[10] CSEL 32,1,602.

[11] FC 82,336-37*.

[12] CSEL 32,1,516-17.

15,7-12 아브라함이 제사를 준비하다

[7] 주님께서 그에게 말씀하셨다. "나는 주님이다. 이 땅을 너에게 주어 차지하게 하려고, 너를 칼데아의 우르에서 이끌어 낸 이다."♪

> ☛ 8 아브람이 "주 하느님, 제가 그것을 차지하리라는 것을 무엇으로 알 수 있겠습니까?" 하고 묻자,
>
> 9 주님께서 그에게 말씀하셨다. "삼 년 된 암송아지 한 마리와 삼 년 된 암염소 한 마리와 삼 년 된 숫양 한 마리, 그리고 산비둘기 한 마리와 어린 집비둘기 한 마리를 나에게 가져오너라."
>
> 10 그는 이 모든 것을 주님께 가져와서 반으로 잘라, 잘린 반쪽들을 마주 보게 차려 놓았다. 그러나 날짐승들은 자르지 않았다.
>
> 11 맹금들이 죽은 짐승들 위로 날아들자, 아브람은 그것들을 쫓아냈다.
>
> 12 해 질 무렵, 아브람 위로 깊은 잠이 쏟아지는데, 공포와 짙은 암흑이 그를 휩쌌다.

둘러보기

짐승들에 관해서 다양한 상징적 해석이 가능하지만, 교부들은 이 짐승들이 영적 의미를 예표하고 있음을 의심하지 않았다(아우구스티누스). 세 짐승은 교회 안의 육적인 사람들을 상징하고, 두 날짐승은 영적인 사람들을 나타낸다(아를의 카이사리우스). 날짐승들을 자르지 않은 것은 영적인 사람들은 대체로 서로 갈라지지 않음을 나타낸다(아우구스티누스). 산비둘기는 순결을 나타내고, 집비둘기는 단순함을 나타내며, 이들이 잘리지 않는 것은 영적인 사람들은 한마음 한 영혼이기 때문이다(아를의 카이사리우스). 맹금들이 날아들었을 때 아브라함이 자리를 뜨지 않은 것은 참된 신자는 끝까지 굳게 참고 견디리라는 것을 나타낸다(아우구스티누스). 아브라함을 휩싼 공포와 암흑은 보이는 것에서 보이지 않는 것으로 넘어갈 때의 황홀함과 떨림을 나타낸다(장님 디디무스).

15,9 가축과 날짐승들을 가져오너라

상징이 주어지다

여기서도 요컨대 이 짐승들을 통해 상징이 주어졌습니다. 암송아지, 암염소, 숫양 그리고 날짐승인 산비둘기와 집비둘기가 그것들로서, 이는 아브라함이 일어나리라고 의심치 않았던 일들이 이 상징에 따라 일어날 것임을 알려 주기 위한 것이었습니다. '암송아지'는 사람들이 율법 아래 놓이리라는 상징이며, '암염소'는 이 백성이 죄 많은 자들이 되리라는, '숫양'은 그들이 다스리리라는 상징으로 해석할 수 있습니다. 이 짐승들이 삼 년 된 것인 이유는 아마 시대가 아담부터 노아까지, 노아부터 아브라함까지 그리고 아브라함부터 다윗까지, 크게 셋으로 나뉘기 때문인 듯합니다. 사울의 배척을 당했던 다윗은 주님의 뜻에 의해 이스라엘 민족의 나라에 세워진 첫 사람입니다. 아브라함부터 다윗까지인 이 세 번째 시대에 사람들은 인생의 세 번째 시기를 지나는 듯 성장했습니다. 더 적절한 다른 뜻이 있을지도 모르겠습니다만, 이 짐승들과 '산비둘기'와 '집비둘기'가 영적인 것을 예표한다는 사실만은 확실합니다.

• 아우구스티누스 『신국론』 16,24.[1]

---

[1] NPNF 1,2,324*; 『교부 문헌 총서』 1745-47.

모든 민족들을 나타내는 예형

그런즉 삼 년 된 암송아지와 암염소, 숫양, 그리고 산비둘기와 집비둘기는 모든 민족들의 예형입니다. 이들이 삼 년 된 것으로 묘사된 까닭은 모든 민족이 삼위일체의 신비를 믿게 될 것이기 때문이었습니다. 지금 가톨릭교회에는 영적인 구성원만이 아니라 육적인 구성원들도 있습니다. 어떤 사람들은 삼위일체를 믿는다고 말하면서도 죄와 악덕을 피하는 데 소홀한 육적인 사람들이기 때문입니다. 이렇게 영적인 사람들과 육적인 사람들이 함께 있는 까닭에 산비둘기와 집비둘기가 여기 포함된 것입니다. 뒤의 것[날짐승들]은 영적인 사람들을 나타낸다고 볼 수 있으나, 다른 세 가지 짐승은 육적인 사람들이라 이해됩니다.

• 아를의 카이사리우스 『설교집』 82,1.[2]

15,10 날짐승들은 자르지 않았다

약속의 자녀들

"그러나 날짐승들은 자르지 않았다"라고 쓰여 있습니다. 육적인 사람들은 갈라지지만 영적인 이들은 결코 갈라지지 않기 때문입니다. 산비둘기처럼 인간들과 사귈 수 있는 기회를 스스로 멀리하고 있든, 집비둘기처럼 인간들 사이에 살든, 그들은 갈라지지 않습니다. 두 날짐승 다 단순하고 해롭지 않으며, 지금 말하는 땅을 차지하게 될 이스라엘 백성 가운데에서도, 약속의 자녀요 더없는 행복 속에 영원히 계속될 나라의 상속자인 사람들이 생겨나리라는 것을 상징합니다.

• 아우구스티누스 『신국론』 16,24.[3]

영적인 영혼들은 나뉘지 않는다

이제 아브라함이 세 종류 짐승을 "반으로 잘라, 잘린 반쪽들을 마주 보게 차려 놓았다"고 한 말씀에 세심히 주의를 기울여 봅시다. 성경은 아브라함이 "날짐승들은 자르지 않았다"고 합니다. 형제 여러분, 그 이유가 무엇일까요? 보편 교회에서, 육적인 사람들은 갈라지지만 영적인 사람들은 그렇지 않기 때문입니다. 그리고 성경이 이야기하듯이, 그들은 서로 갈라져 마주 보고 있습니다. 육적인 사람들은 왜 갈라져서 서로 대항하는 것일까요? 세상을 사랑하는 모든 사악한 자들은 서로 갈라져 걸림돌이 되는 짓을 그치지 않기 때문입니다. 이처럼 그들이 서로 대항하는 까닭에 이 짐승들이 잘리는 것입니다. 그러나 날짐승, 곧 영적인 사람들은 잘리지 않습니다. 왜 잘리지 않을까요? 그들은 "주님 안에서 한마음 한뜻"(사도 4,32 참조)이기 때문입니다. 그들에게는 의도하는 것과 의도하지 않는 것이 모두 하나입니다. 앞에서 우리가 이야기한 산비둘기와 집비둘기는 이런 영혼들과 같습니다. 산비둘기는 순결을 나타내고 집비둘기는 단순함을 나타냅니다. 하느님을 두려워하는 보편 교회의 모든 사람은 순결하고 단순하며, 그들은 시편 저자와 함께 "아, 내가 비둘기처럼 날개를 지녔다면 날아가 쉬련마는"(시편 55,7) 하고 이야기할 수 있습니다. 또 "제비도 제 둥지가 있어 그곳에 새끼를 칩니다"(시편 84,4) 하고 말할 수도 있습니다. 갈라질 수 있는 육적인 사람들은 악덕이라는 무거운 차꼬를 차고 있습니다. 영적인 사람들은 갖가지 덕들의 날개에 의해 높이 들어 올려집니다. 하느님 사랑과 이웃 사랑이라는 두 계명이 마치 두 날개처럼 그들을 하늘 높이 들어 올립니다. 그들은 사도와 함께 "우리는 하늘의 시민입니다"(필리 3,20)라고 말할 수 있습니다. 사제가 '마음을 드

---

[2] FC 47,7.

[3] NPNF 1,2,324; 『교부 문헌 총서』 16,1747.

높이'라는 말을 하는 만큼 자주, 그들은 확신과 헌신적 믿음에서 자신의 마음을 주님께 들어 올렸다고 말할 수 있습니다. 그러나 진정 확신을 가지고 이렇게 말할 수 있는 사람은 교회 안에 얼마 되지 않습니다. 그래서 아브라함은 날짐승을 자르지 않았습니다. 앞에서도 말했듯이, 한마음 한뜻인 영적인 사람들은 갈라놓을 수도, 하느님과 이웃에 대한 사랑에서 떼어 놓을 수도 없기 때문입니다. 그들은 사도와 함께 이렇게 외칩니다. "무엇이 우리를 그리스도의 사랑에서 갈라놓을 수 있겠습니까? 환난입니까? 역경입니까? 박해입니까?"(로마 8,35). 여러 가지 말이 계속 이어지다가 마침내 그들은 이렇게 이야기합니다. "그 밖의 어떠한 피조물도 우리 주 그리스도 예수님에게서 드러난 하느님의 사랑에서 우리를 떼어 놓을 수 없습니다"(로마 8,39). 그런즉 영적인 사람들은 고문으로도 그리스도에게서 떼어 놓을 수 없습니다. 육적인 사람들은 하찮은 헛소문으로 갈라져 나가기도 합니다. 영적인 사람들은 무자비한 칼로도 갈라놓을 수 없지만, 육적인 사람들은 육체적인 애착만으로도 돌려세울 수 있습니다. 영적인 사람들은 아무리 단단한 것으로도 부서뜨릴 수 없지만, 육적인 사람들은 알랑거리는 말만으로도 타락시킬 수 있습니다. 이런 이유로 아브라함은 그 짐승들은 둘로 자르고 날짐승은 자르지 않았습니다.

• 아를의 카이사리우스 『설교집』 82,2.[4]

15,11 맹금들

참된 신자들은 끝까지 믿음을 지킨다

잘린 몸통들 위로 날아드는 '맹금'들은 선한 영들을 가리키는 것이 아닙니다. 그것들은 공중의 영들로서, 육적 인간들의 분열에서 뭔가 먹이를 얻으려고 하는 존재들입니다. 그런데 아브라함이 그것[잘린 몸통]들 곁에 앉아 있었다는 것은 육적 인간들의 분열에도 불구하고 마지막까지 굳게 견뎌 낼 참다운 신자들이 있음을 상징합니다. 해 질 무렵, 공포가 아브라함에게 덮쳐 그가 심한 두려움을 느꼈다는 것은 이 세상 끝 날에 일어날 신앙인들의 크나큰 혼란과 환난을 상징합니다. 주님께서도 복음서에서 그 일에 대해 말씀하신 바 있는데, "그때에 큰 환난이 닥칠 터인데, 그러한 환난은 세상 시초부터 지금까지 없었고 앞으로도 결코 없을 것이다"(마태 24,21)라고 하셨습니다.

• 아우구스티누스 『신국론』 16,24.[5]

15,12 깊은 잠

완전한 이들이 느끼는 두려움

하느님의 놀라운 일들에 대해 묵상하던 아브라함을 '공포'가 휩쌌습니다. 그 '공포'는 완전한 이들이 느끼는 두려움입니다. 그리고 무아경이 '해 질 무렵' 그를 휩싼 사실에 … 주목하십시오. 성경은 이 말로 진보를 암시합니다. 아브라함이 더 진보하도록 현재 상태라는 '날'이 지나갔다는 뜻이기 때문입니다. 그리하여 장수를 약속함은 물론 분명 이해력의 진보도 의미하는, "내가 그를 오래 살게 하여 흡족케 하리라"(시편 91,16 참조)라는 축복이 아브라함에게 해당하는 말이 되었습니다.

그때 아브라함에게 덮친 무아경은 이성을 잃는 종류의 무아경이 아니라 보이는 것들에서 보이지 않는 것으로 넘어갈 때의 떨림과 놀라움을 동반하는 무아경입니다.[6] 사도는 이렇게까지 이

---

[4] FC 47,7-9*.

[5] NPNF 1,2,324; 『교부 문헌 총서』 16,1747.

[6] 히브리어 본문의 '깊은 잠'을 칠십인역은 '무아경'으로 옮겼다 — 역자 주.

야기합니다. "우리가 정신이 나갔다면 하느님을 위하여 그러한 것이고, 우리가 정신이 온전하다면 여러분을 위하여 그러한 것입니다"(2코린 5, 13). 이 말은 '우리는 하느님을 위해 정신이 나갔다'는 뜻이 아니라, '우리가 묵상을 통해 인간적인 것들의 영역을 넘어간다 해도, 그것은 하느님을 위해 그런 것이다'라는 뜻입니다. 다윗도 비슷한 말을 합니다. "내가 질겁하여 말하였네. '사람은 모두 거짓말쟁이'"(시편 116,11). 다윗이 사람은 거짓말쟁이라고 한 것은 실로 그가 무아경에 빠져 거룩한 영역에 참여했기 때문입니다. 성령과의 친교로 인하여 단지 사람에 지나지 않는 존재가 아니었기 때문입니다. 그는 이 말이 이야기하는 사람들과 완전히 다른 존재였습니다. "여러분 가운데에서 시기와 싸움이 일고 있는데, 여러분을 육적인 사람이 아니라고, 인간의 방식대로 살아가는 사람이 아니라고 할 수 있습니까?"

(1코린 3,3). 그때 아브라함이 무아경에 빠졌을 때, '공포와 짙은 암흑'이 그를 휩쌌습니다. 이 '암흑'은 어둠 속으로 들어갔다는 말이 아니라 그 뜻이 곧바로 분명하게 드러나지 않는 알듯 말듯한 세계라는 뜻입니다. '공포', 곧 큰 두려움은 보통의 두려움과 다릅니다. "어둠을 가리개 삼아 당신 주위에 둘러치시고"(시편 18,12; 2사무 22, 12 참조)라는 말씀에서 보듯, '어둠'은 '가린다'는 뜻과 함께 사용되는 때가 많음을 기억하십시오. 관상과 초월적 진리에 대한 깨달음은 위대한 사람들에게서도 때로는 성스러운 어지럼증과 두려움을 자아내며, 그들은 이런 체험을 할 때면 전율을 느낍니다.

• 장님 디디무스 『창세기 주해』 230.[7]

---
[7] SC 244,188-90.

15,13-16 이집트에서의 종살이에 대한 예고

13 그때 주님께서 아브람에게 말씀하셨다. "너는 잘 알아 두어라. 너의 후손은 남의 나라에서 나그네살이하며 사백 년 동안 그들의 종살이를 하고 학대를 받을 것이다.
14 그러나 네 후손이 종이 되어 섬길 민족을 나는 심판하겠다. 그런 다음, 네 후손은 많은 재물을 가지고 나올 것이다.
15 너는 평화로이 네 조상들에게로 갈 것이다. 너는 장수를 누리고 무덤에 묻힐 것이다.
16 그리고 그들은 사 대째가 되어서야 여기로 돌아올 것이다. 아모리족의 죄악이 아직 다 차지 않았기 때문이다."

둘러보기

사백 년이라는 수는 탈출기의 내용과 모순되지 않는다(장님 디디무스, 아우구스티누스). '아브라

함이 평화로이 네 조상들에게로 가리라'는 예고는, 열정이 가득한 사람들은 비록 육에 따른 아버지는 악인일지라도 자신의 영적인 조상들에게

로 가 함께 있게 되리라는 뜻이다. "아모리족의 죄악이 아직 다 차지 않았다"는 말은 응보의 때가 될 때까지 하느님께서 참고 기다리시며 때가 되면 적절히 응징하심을 알려 준다(장님 디디무스). '사 대째'라는 말은 신비적으로 많은 것을 나타내는 말로 해석할 수 있지만, 무엇보다 인간의 생애에서 네 번째 시대에 오는 지혜의 충만함을 나타낸다(암브로시우스).

15,13 종살이하게 될 후손들

창세기와 탈출기의 말씀은 모순되지 않는다

이 말씀은 [이스라엘] 민족의 이집트 체류를 예고합니다. 그들이 자기 땅이 아닌 곳에 살듯 그곳에 머무르게 될 것이기 때문입니다. 그들은 파라오에 의해 종의 신분으로 떨어지며 파라오와 이집트인들에게 많은 학대를 받을 것이었습니다. 이 구절과 탈출기의 내용은 모순되지 않습니다. 탈출기는 "사백삼십 년이 끝나는 바로 그 날, 주님의 모든 부대가 이집트 땅에서 나왔다"(탈출 12,41)고 합니다. 여기서는 '사백 년 뒤에'라고 합니다. 그들이 '사백 년이 찼을 때 떠났다'고 하지 않고 사백 년 동안 종살이한 '다음'이라고 한 것에 유념하십시오. 그로부터 삼십 년 뒤였다고 볼 수 있는 융통성 있는 표현입니다. 그리고 "네 후손이 종이 되어 섬길 민족을 나는 심판하겠다"는 약속이 탈출기에 묘사된 대로 이루어졌습니다. 하느님께서 이집트인들에게 열 가지 재앙을 내리시고 마침내 "그들은 거센 물 속에 납덩이처럼 내려앉았습니다"(탈출 15,10). 역사가 보여 주듯이, 결국 그들은 '많은 재물을 가지고' 떠나게 되어 있었습니다. 여기에서 우리는, 하느님께서 어떤 이를 한동안 고생시키신다면, 그것은 무관심하셔서가 아니라 어떤 좋은 뜻을 품고 계시기 때문이라는 것을 깨닫습니다. 이 구절이 성

도들의 체류도 암시하는지 살펴보십시오.

• 장님 디디무스 『창세기 주해』 231.[1]

이스라엘에 관한 예언 말씀

아브라함이 들은 말씀에 주목하십시오. "너는 잘 알아 두어라. 너의 후손은 남의 나라에서 나그네살이하며 사백 년 동안 그들의 종살이를 하고 학대를 받을 것이다." 이스라엘 백성이 이집트에서 종살이하리라는 것을 아주 분명하게 예언한 말씀입니다. 이스라엘 백성이 이집트인들 밑에서 종살이를 사백 년 동안이나 겪으리라는 말은 아니고, 그 사백 년 안에 그런 일을 당하리라는 예고입니다. 아브라함의 아버지 테라에 관해서도 "테라는 이백오 년을 살고 하란에서 죽었다"(창세 11,32)고 기록되어 있는데, 그 세월을 다 거기서 살았다는 말이 아니고 거기서 마쳤다는 뜻입니다. "남의 나라에서 나그네살이하며 사백 년 동안 그들의 종살이를 하고 학대를 받을 것이다"라는 말도 … 거기서 그 모든 햇수를 보낸다는 말이 아니라 그 세월이 결국 압제로 끝난다는 뜻입니다. 아브라함에게 언약이 내린 때부터 계산하든 그에게서 이사악이 태어났을 때부터 계산하든, 사백 년은 좀 긴 세월인데도 사백 년이라 한 것은 그것이 충만한 수이기 때문입니다. 아무튼 아브라함의 자손들에게 저 모든 일이 언약되었습니다. 앞에서 우리가 말한 대로 아브라함이 일흔다섯 되던 해부터, 그러니까 그에게 첫 언약이 내린 때부터 이스라엘이 이집트에서 나올 때까지를 사백삼십 년으로 계산하기도 합니다. 그에 대해 바오로 사도는 이렇게 말합니다. "내가 말하려는 것은 이렇습니다. 하느님께서 예전에 옳게 맺으신 계약을 사백삼십 년 뒤에

---

[1] SC 244,190-92.

생겨난 율법이 파기하여 그 약속을 무효로 만들 수 없다는 것입니다"(갈라 3,17). 그렇다면 사백삼십 년을 사백 년이라고 한 것일 수도 있습니다. 그 차이가 크지도 않고, 게다가 이 일들이 아브라함에게 환시로 보였을 때나, 첫 번째 약속 이십 년 뒤인 아버지 나이 백 살에 이사악이 태어났을 때는 그 시간의 일부가 이미 지나가 그 사백삼십 년 가운데 사백오 년만 남았기 때문에 하느님께서 그것을 사백 년이라고 말씀하셔도 아무런 문제가 되지 않습니다. 이어지는 하느님의 예언적인 말씀에 나오는 그 밖의 내용들이 이스라엘에 해당하는 것임을 의심하는 이는 아무도 없을 것입니다.

• 아우구스티누스 『신국론』 16,24.[2]

15,15 평화로이 죽게 될 아브라함

지혜로운 사람은 평화로이 이승을 떠난다

여기서 하느님께서 아브라함이 이승을 떠나는 것에 대해 알리고 계시다는 것은 누구나 알 수 있습니다. 영적[신비적] 의미로는 이렇게 말할 수 있을 것입니다. '지혜로운 사람은 이승을 평화로이 떠나는 반면, 죄인은 걱정과 불안한 마음으로 이승을 떠난다.' 여기 아래 [세상]에서 이미 평화를 찾은 사람은 떠날 때도 평화로이 떠납니다. 그러나 생각 속에 혼란과 동요밖에 없는 사람은 심판도 그에 따라 받을 것입니다. 코헬렛도 이것을 분명히 알려 줍니다. "나무가 쓰러지면 그 나무는 쓰러진 자리에 남아 있다"(코헬 11,3). 역사 속에서는 일이 이런 식으로 일어나지 않습니다. 나무가 쓰러진 자리에 남아 있지 않기도 합니다. 치워지는 적이 많습니다. 그렇지만 상징적으로 나무로 표현되는 인류, 곧 사람은 보이는 대로 판단받을 것입니다. 그러니 아브라함은 당연히 평화로이 자기 조상들에게로 갈 것입니다.

하느님 마음에 든 그는 그들과 같은 약속을 받았습니다. "맏물은 그리스도이십니다. 그다음은 … 그분께 속한 이들입니다"(1코린 15,23). 그리고 의인들은 각기 다른 약속과 다른 처소를 받습니다. 아버지께서 계신 곳에는 "거처할 곳이 많기"(요한 14,2) 때문입니다. 열정이 가득한 사람은 비록 육에 따른 아버지는 악인일지라도, 도덕적으로 닮아 그가 아들이 된 영적 조상들에게로 가 함께 있게 될 것입니다.

• 장님 디디무스 『창세기 주해』 231-32.[3]

15,16 사 대째

하느님께서는 때가 되면 적절한 응징을 하신다

아브라함에 관해 이렇게 말씀하신 뒤, 하느님께서는 그에게서 나올 후손들에 대해 이야기하십니다. "그들은 사 대째가 되어서야 여기로 돌아올 것이다"는 상속의 땅으로 돌아올 세대를 가리킵니다. 그분께서 그들이 사백 년 뒤에 돌아오리라고 말씀하시는 이유는 "아모리족의 죄악이 아직 다 차지 않았기 때문"입니다. 아모리족은 이 죄악으로 파멸할 것이며, 그들이 단죄받음으로써 아브라함의 후손들이 그들의 땅을 차지하게 될 것입니다. 하느님께서는 응보의 때가 올 때까지는 참고 기다리시지만, 때가 되면 적절히 응징하십니다. 복음서에도 비슷한 가르침을 담은 말씀이 있습니다. "그때에 예수님께서 당신이 기적을 가장 많이 일으키신 고을들을 꾸짖기 시작하셨다. 그들이 회개하지 않았기 때문이다. '불행하여라, 너 코라진아! 불행하여라, 너 벳사이다야! 너희에게 일어난 기적들이 티로와 시돈에서 일어났더라면, 그들은 벌써 자루옷을 입고

[2] NPNF 1,2,324-25*; 『교부 문헌 총서』 16,1747-49.

[3] SC 244,192-94.

재를 뒤집어쓰고 회개하였을 것이다'"(마태 11,20-21). 이 말씀을 듣고 이렇게 따지는 사람도 있을 것입니다. '그렇다면 티로와 시돈에서 기적을 보일 일이지 왜 사람들이 회개하지 않을 곳들에서 행하셨는가?' 하고 말입니다. 우리는 이런 식으로 행동하신 하느님의 아드님은 지혜시라고 대답할 것입니다. 그분은 감추어진 일들도 아시는 분이니, 이 사람들이 참회하는 동안에도 진심으로 회개하지 않으리라는 것을 아셨습니다. 그래서 기적이 그들 가운데에서 일어나지 않은 것입니다. 이 사람들에 대해 이렇게 말해도 맞을 것입니다. '그들이 진리를 알고 나서도 다시 예전의 잘못들로 돌아가는 것보다는 차라리 진리를 모르는 편이 나았다.' 그래서 예수님께서는 티로와 시돈에서 기적을 행하지 않으셨습니다. 그들의 회개가 무너지기 쉬운 것이었기 때문입니다. … 그런데 이 말씀은 구원자께서 단지, 당신의 기적을 보고도 회개하지 않은 사람들을 반성하게 만들려고 과장법으로 말씀하신 것이 아닌가 물어볼 수도 있을 것입니다. 과장법은 흔히 쓰이는 교수법이었으니까요. 아무튼, 하느님께서 아모리족의 죄악이 다 찰 때까지 기다리신다는 것은 심판자의 인내와 선하심을 보여 줍니다. 하느님께서는 꾸짖음과 격려를 비롯하여 회개를 불러일으킬 수 있는 모든 것을 다 하신 다음에야 응징하십니다. 파라오의 경우도 그랬습니다. 그는 꾸짖음을 받고 유예를 얻기를 여러 번 한 다음 결국 완고한 마음 때문에 심판을 받았습니다.

• 장님 디디무스 『창세기 주해』 232-33.[4]

사 대째에 돌아올 것이다

이는 이집트로 내려갔다가 이집트에서 나온 유대인들의 역사와 일치한다고 봅니다. 그들이 그곳에서 보낸 세월은 사백삼십 년이지만, 그들 모두가 모세나 여호수아처럼 백 년 이상씩 산(참조: 신명 34,7; 여호 24,29) 것은 아니므로, '사 대째'라는 말이 맞다고 보입니다. 이제 여기서 신비적 의미를 찾아봅시다. 사실, 넷이라는 수는 모든 수와 잘 맞아떨어지며, 어떤 의미에서 십진법의 기초요 기반입니다. 또한 넷은 칠의 중간점을 나타냅니다. 사실, 시편 제93편은 제목이 '주간 넷째 날'입니다. 이 수가 처음의 셋과 다음에 오는 셋을 이어 주기 때문입니다. 사실 세 날, 곧 첫째 날과 둘째 날, 셋째 날이 그에 앞서 가며, 세 날, 곧 다섯째, 여섯째, 일곱째 날이 뒤따릅니다. 이 시편을 노래하는 이는 이 세상의 삶을 통해, 다시 말해, 안정되고 완전한 사각형처럼 적절히 배치된 숫자들에 따라 앞으로 나아갑니다. 복음서도 네 책이 있음으로써 완전하고 완벽합니다. 신비로운 동물도 넷이며(에제 10,14 참조), 세상도 네 부분으로 이루어져 있고, 교회에 모여든 자녀들은 그 넷, 곧 동쪽과 서쪽과 북쪽과 남쪽에서 나와 지극히 거룩한 그리스도의 나라를 전파해 왔습니다. 그런즉 거룩한 교회는 네 면에서 일어난 것입니다. 십 년이라는 단위도 이 수에서 유래합니다. 일에서 넷까지의 수를 합하면 십이라는 수가 되기 때문입니다. 셋에 셋을 더하면 여섯이 됩니다. 여섯에 넷을 더하면 십이 됩니다. 이처럼 넷이 십을 낳고, 십은 모든 수를 포함합니다. 넷은 또 인간 생애의 시기(유아기, 청소년기, 장년기, 원숙기)를 나타내는 수이기도 합니다. 사람은 조금씩 조금씩 일어나며, 그의 지혜가 강화됩니다. 그런즉 나이로 따질 때, 지혜의 충만함은 네 번째 시기에 옵니다. 그래서 이전에는 이집트 임금에게 종속되어 있었다 하더라도, 원숙기에 들어서면 그의 권능에서 벗어나 율법

---

[4] SC 244,194-96.

을 따라야 하는 자신의 의무를 깨닫습니다. 그러
면 이승 삶의 바닷길이 그에게 열립니다.

• 암브로시우스 『아브라함』 2,9,65.[5]

[5] CSEL 32,1,619-20.

15,17-21 연기 뿜는 화덕과 타오르는 횃불

[17] 해가 지고 어둠이 깔리자, 연기 뿜는 화덕과 타오르는 횃불이 그 쪼개 놓은 짐승들 사이로 지나갔다.

[18] 그날 주님께서는 아브람과 계약을 맺으시며 이렇게 말씀하셨다. "나는 이집트 강에서 큰 강 곧 유프라테스 강까지 이르는 이 땅을 너의 후손에게 준다.

[19] 이는 카인족, 크나즈족, 카드몬족,

[20] 히타이트족, 프리즈족, 라파족,

[21] 아모리족, 가나안족, 기르가스족, 그리고 여부스족이 살고 있는 땅이다."

둘러보기

불이 빛을 비추는 동시에 타오르듯이, 율법의 선물은 그것을 버리는 이들은 태우고 그것을 지키는 이들에게는 빛을 비춘다. '불타는 화덕과 타오르는 횃불'은 성조 아브라함이 앞으로 일어날 일을 보게 하고, 그가 찾아야 할 신비를 더욱 거룩한 방식으로 드러내 주었다(장님 디디무스). '해가 진 뒤의 연기 뿜는 화덕'은 육적인 이들이 불에 의한 심판을 받을 세상 종말을 나타낸다고 풀이할 수 있다(아우구스티누스). 우리는 덕의 영적 날개에 의해 하늘로 들어 올려질 수 있도록, 집비둘기의 단순함과 산비둘기의 순결을 지니도록 하자(아를의 카이사리우스). 아브라함의 후손들은 죄를 짓고 억압받겠지만, 그들 가운데 있는 의인들의 기도 덕분에 구원받을 것이다(에프렘). 아브라함의 후손에게 땅을 주시겠다는 약속은 구원자께서도 확인해 주셨듯이, 그의 영적 후손, 곧 온유함을 실천하는 이들에게 주어진 약속으로 이해해야 한다(장님 디디무스). 열 종족의 땅이 언급된 것은 장차 믿게 될 이방 민족들이 모여들어 교회를 이룰 것임을 뜻한다(암브로시우스).

15,17 어둠이 깔리다

어떤 이들은 불에 타고 어떤 이들은 빛을 받는다

이 절의 말씀은 이렇게 풀이할 수 있습니다. 해가 이미 거의 다 기울었을 때 '불길'[1]이 일었으며, 그러자 연기 뿜는 화덕과 불타는 횃불이 "그 쪼개 놓은 짐승들 사이로 지나갔다"는 것입니다. 그것들이 불타며 그곳을 밝힘으로써 성조 아브라함이 지금 일어나고 있는 일을 볼 수 있게 하였고, 그가 찾아야 할 신비들을 더욱 거룩한

---

[1] 칠십인역은 히브리어 본문("어둠이 깔리자")과 달리 "불길이 일었으며"다 — 역자 주.

방식으로 드러내 주었습니다. 불은 계약이 이루어진 뒤에 나타났고, 모세를 통해 주어진 율법의 선물도 불 한가운데에서 주어졌음에 유의해야 합니다. 불은 눈으로 볼 수 있고, 말씀하시는 분을 볼 수는 없지만 계명이 주어지는 것은 들을 수 있습니다. 이것이 암시하는 바는 다음과 같습니다. 율법은 보상과 벌을 담고 있는바, 그것이 불 가운데에서 주어진 것은 그것이 어떤 이들은 불에 타게 하고 어떤 이들에게는 빛을 비춤을 나타냅니다. 사실 불에는 두 가지 힘이 있습니다. 빛을 비추는 동시에 불태웁니다. 이처럼 율법의 선물은 그것을 버리는 이들은 불에 타게 하고 그것을 지키는 이들에게는 빛을 비춥니다. 그처럼 여기서도 횃불과 연기가 나타났습니다. '연기'는 결과입니다. 피어났던 불이 꺼지면서 생기는 결과입니다. 뿐만 아니라, '불길'이 먼저 나타났습니다. 그런즉 우리는, 무엇을 하고 무엇을 하지 말아야 하는지 판단하는 이처럼 어려운 문제에서 모든 것을 올바른 이성에 따라 이루기 위해서는 하느님의 빛과, '화덕'이 상징하는 두려움이 필요하다고 결론 내립니다.

• 장님 디디무스 『창세기 주해』 233-34.[2]

육적인 인간들은 불로 심판받을 것이다

이어지는, "해가 지고 어둠이 깔리자, 연기 뿜는 화덕과 타오르는 횃불이 그 쪼개 놓은 짐승들 사이로 지나갔다"는 구절은 세상 종말에 육적인 인간들은 불로 심판받으리라는 것을 나타냅니다. 하느님 도성의 환난, 그리스도의 적이 다스릴 때 당하리라고 예견되는 지금까지 일어난 적 없던 고난을 상징하는 것이 '해 질 무렵', 곧 세상 종말이 다가올 무렵에 아브라함을 휩쌌던 "공포와 짙은 암흑"(창세 15,12)입니다. '해 질 무렵'에 일어난 그 일은 종말이 와서 불길이 육적

인 인간들을 삼키는 심판의 날을 상징합니다. 불을 통해 구원받는 자들과 달리 그 인간들은 불 속에서 단죄받는 것입니다. 이어서 아브라함에게 계약이 체결되고 가나안 땅이 본격적으로 거론되고 명명되며, 그 땅의 열한 부족, 곧 이집트의 강과 큰 강 유프라테스 사이에 사는 부족들 이름이 구체적으로 거명됩니다. 그때는 이집트와 팔레스티나의 경계가 이집트의 큰 강, 곧 나일 강이 아니라, 지금 리노코루라라는 도시가 있는 작은 강이었습니다.

• 아우구스티누스 『신국론』 16,24.[3]

그 저녁은 세상 종말을 나타낸다

형제 여러분, 그 쪼개 놓은 짐승들 사이로 지나갔다는, '타오르는 횃불'이라 불리는 것이 산비둘기와 집비둘기는 건드렸다는 말이 없는 것을 새겨 보십시오. 그 저녁은 세상의 종말을 나타냅니다. 앞에서 말했듯이, 그 짐승들은 그리스도를 믿는 모든 민족들의 예형입니다. 거듭 말하지만, 이 민족들 안에는 영적인 사람들, 곧 선한 사람들만 아니라 사악한 자들도 있기 때문입니다. 그런 까닭에 짐승들이 잘렸고, 그 사이로 '타오르는 횃불'이 지나간 것입니다. 바오로 사도에 따르면, "주님의 날이 그것을 분명히 드러낼 것입니다. 그날은 불로 나타날 것이기 때문입니다"(1코린 3,13 참조). 그 불길, 연기 뿜는 화덕과 타오르는 횃불은 심판의 날을 예표했습니다. 그래서 공포와 암흑이 복된 아브라함을 휩쌌던 것입니다. 심판 날에 "의인이 가까스로 구원을 받는다면 불경한 자와 죄인은 어떻게 되겠습니까?"(1베드 4,18) 하고 사람들은 묻습니다. 그 불

---

[2] SC 244,196-98.

[3] NPNF 1,2,325*.; 『교부 문헌 총서』 16,1749-51.

길과 연기 뿜는 화덕은 심판 날을 나타냅니다. 다시 말씀드립니다. 그것은 [쫓겨난 이들이] "울며 이를 갈"(마태 8,12) 심판 날을 나타냅니다. 그날에 사람들은 울며 한탄하고 회개하겠지만 이미 늦었습니다. 산들의 토대가 옮겨지고 땅이 불타 지옥처럼 될 것이기 때문입니다.

• 아를의 카이사리우스 『설교집』 82,3.[4]

알고 싶어 한 아브라함

아브라함은 이렇게 생각했습니다. '아마 이 임금들이 서로를 멸망시키거나, 다른 민족들이 일어나 이들을 멸망시켜 이 땅이 빈 땅이 되어, 우리 차지가 되나 보다. 어쩌면 내 후손들이 강성해져서 그 땅으로 가 그 주민들을 죽이고 그것을 차지하거나, 아니면 그 땅이 [그 주민들의] 행실 때문에 그들을 삼켜 버릴지도 모르지. 아마 그 [주민들이] 배고픔이나 소문 또는 무슨 이유 때문에 다른 땅으로 옮겨 가는 것일지도 몰라.' 아브라함은 이 가운데 어떤 일이 [일어날지] 알고 싶었지만, 그런 일이 일어나리라는 사실은 결코 의심하지 않았습니다.

그러자 아브라함이 무엇을 알고 싶어 하는지 아신 하느님께서 그에게 그가 알고 싶어 한 것과 더불어 미처 생각지 못한 것까지 보여 주셨습니다. 아브라함이 제사를 올리자 맹금들이 날아들어 그가 그것들을 쫓아냈을 [때], 하느님께서 그의 후손들이 죄를 짓고 억압받지만 그들 가운데 의로운 이들의 기도 덕분에 구원받으리라는 것을 분명하게 보여 주셨습니다. 화덕을 내려 보내심으로써, 그들의 의인들이 모두 죽더라도 그들에게 하늘로부터 구원이 오리라는 것을 알려 주셨습니다. 삼 년 된 암송아지와 삼 년 된 숫양, 삼 년 된 암염소를 통해 [하느님께서는 그에게] 그들이 세 세대 뒤에 구원받거나 또는 그의 후손

들 가운데서 임금들과 사제들과 예언자들이 곧 일어나리라는 것을 [보여 주셨습니다]. [하느님께서는] 아브라함이 반으로 자른 짐승들의 사지를 통해서는 그들의 많은 지파를 묘사하셨고, 아브라함이 반으로 자르지 않은 날짐승으로는 [하느님께서] 그들의 일치를 나타내셨습니다.

• 시리아인 에프렘 『창세기 주해』 12,3.[5]

연기 뿜으며 불타는 화덕

우리 영혼이 이런 괴로움을 당하는 지경에 이르지 않도록, 아직 바로잡을 시간이 있을 때 깨어 있으면서, 착하고 유능한 종들처럼 주님의 뜻을 추구합시다. 그러면 연기 뿜으며 불타는 화덕이 나타내는, 선한 이들조차 몹시 두려워하는 무서운 심판 날이 왔을 때, 육적인 인간들과 함께 지옥에서 응징의 불길로 고통당하지 않을 것입니다. 짐승들은 이런 자들을 나타냅니다. 그들은 서로 다투는 갖가지 욕망들로 인하여 갈라질 수 있기 때문입니다. 우리는 그들과 반대로, 덕의 영적 날개를 타고 하늘로 들어 올려질 수 있도록 집비둘기의 단순함과 산비둘기의 순결을 지니도록 합시다. 바오로 사도의 말에 따르면, 우리는 우리 주 예수 그리스도의 도움으로 "그들과 함께 구름 속으로 들려 올라가 공중에서 주님을 맞이할 것입니다. 이렇게 하여 우리는 늘 주님과 함께 있을 것입니다"(1테살 4,17). 아버지와 성령과 더불어 우리 주 예수 그리스도께 영예와 영광이 영원히 있나이다.

• 아를의 카이사리우스 『설교집』 82,3.[6]

---

[4] FC 47,9.

[5] FC 91,153-54.

[6] FC 47,10.

15,18-19 아브라함의 후손에게 주어진 이 땅

온유함을 실천하는 이들에게 주어진 약속

횃불이 그 쪼개 놓은 짐승들 사이로 지나갈 때 계약이 이루어졌습니다. 하느님께서 아브라함에게 "나는 … 이 땅을 너의 후손에게 준다"고 하시며, 그 땅이 각 방향으로 어디에서 어디까지인지 자세히 일러 주셨습니다. 그러나 앞에서 한 설명들에서도 그랬듯이 영적[신비적] 치환법을 적용하여, 이 땅은 이 거룩한 인간의 영적 후손에게 주어졌다고 이해해야 합니다. 구원자께서도 온유함을 실천하는 이들에게 이런 약속을 하셨습니다. 이 약속은 아브라함에게서 나온 모든 이가 아니라 그의 참된 자손들에게 해당하는 약속입니다. "육의 자녀가 곧 하느님의 자녀가 되는 것이 아니고, 약속의 자녀라야 그분의 후손으로 여겨진다"(로마 9,8)고 쓰여 있기 때문입니다. "아브라함이 한 일을 따라 해야"(요한 8,39) 참으로 그의 자녀입니다.

'강에서 강까지'라는 표현도 아주 적절합니다. 거룩한 이의 후손에게 주어진 약속은 덕이며, 덕은 흐르는 것들 사이에 있기 때문입니다. 물론, 흐르는 것들 자체는 덕이 아닙니다만, 덕에서 떠나는 즉시 그것을 만난다는 의미에서, 그 경계를 이룹니다. 그러나 '강'들이 덕성스러운 사람들에게 닥치는 시련을 나타내는 말일 수도 있습니다. 덕성스러운 사람들은 그들을 억압하는 사람들 가운데 있지만 결국 덕 높은 이들이 이기기 때문입니다.

• 장님 디디무스 『창세기 주해』 234.[7]

교회의 신비

교육을 위해서인 듯, 이민족들이 아브라함에게 주어졌습니다. 이 의인의 더할 수 없이 양심적인 정신이 그들의 악덕을 잘라 버리고 그들의 잘못을 바로잡을 수 있게 하려는 것입니다. 그런데 여기서 무엇보다 분명히 드러나는 것은 교회의 신비입니다. 교회는, '이스라엘 사람'이며 그리스도께서도 육으로는 율법 아래에서 바로 그들에게서 태어나신 "저 조상들의 후손"(로마 9,4-5 참조)인 사도들을 통하여, 장차 믿게 될 이방 민족들의 모임으로부터 세워지게 되어 있었습니다. 이런 일들이 십이라는 [종족들의] 수로 암시된 것은 우연이 아니라, 처음에는 믿지 않던 이들이 불경의 한도를 다 채우고 나면 반드시 믿음의 왕관을 받게 되리라는 것을 보여 줍니다.

• 암브로시우스 『아브라함』 2,10,71.[8]

---

[7] SC 244,198-200.

[8] CSEL 32,1,625.

16,1-6 사라와 하가르

1 아브람의 아내 사라이는 그에게 자식을 낳아 주지 못하였다. 사라이에게는 이집트인 여종이 하나 있었는데, 그 이름은 하가르였다.

2 사라이가 아브람에게 말하였다. "여보, 주님께서 나에게 자식을 갖지 못하게 하시니, 내 여종과 한자리에 드셔요. 행여 그 아이의 몸을 빌려서라도 내가 아들을 얻을 수 있을지 모르잖아요." 아브람은 사라이의 말을 들었다.♪

> ³ 그리하여 아브람의 아내 사라이는 자기의 이집트인 여종 하가르를 데려다, 자기 남편 아브람에게 아내로 주었다. 아브람이 가나안 땅에 자리 잡은 지 십 년이 지난 뒤의 일이었다.
> ⁴ 그가 하가르와 한자리에 들자 그 여자가 임신하였다. 그 여자는 자기가 임신한 것을 알고서 제 여주인을 업신여겼다.
> ⁵ 그래서 사라이가 아브람에게 말하였다. "내가 이렇게 부당한 일을 겪는 것은 당신 책임이에요. 내가 내 여종을 당신 품 안에 안겨 주었는데, 이 여종은 자기가 임신한 것을 알고서 나를 업신여긴답니다. 아, 주님께서 나와 당신 사이의 시비를 가려 주셨으면!"
> ⁶ 아브람이 사라이에게 말하였다. "여보, 당신의 여종이니 당신 손에 달려 있지 않소. 당신 좋을 대로 하구려." 그리하여 사라이가 하가르를 구박하니, 하가르는 사라이를 피하여 도망쳤다.

둘러보기

이 이야기는 유대교인이건 그리스도인이건 성경 해석자들에게 어려운 문제를 던져 주었다. 아브라함이 혼외 관계를 맺었다는 내용이기 때문인데, 이 문제는 우의적 해석으로 해결할 수 있었다. 필론이 그랬듯이, 그리스도인 해석자들도 이 해결 방법을 택했다. 그러나 문자적 의미도 교화에 유용하다. 우의적 의미로, 사라는 덕을 나타내고 하가르는 기초 학문이나 준비 훈련을 나타낸다(장님 디디무스). 그때는 간통 금지 율법이 없었다는 것을 근거로 아브라함의 행동도 변호가 가능하다. 아브라함의 행동은 또 다른 이유로도 정당화할 수 있는데, 그는 후손을 얻음으로써 사회적 의무를 행했을 뿐이다(암브로시우스). 하가르가 주인을 업신여기고 사라가 아브라함에게 불평한 것도 우의적으로 볼 때 완전한 덕과 예비교육을 넘어서야 함을 가리키는 것으로 풀이할 수 있다(장님 디디무스). 사라의 불평에 대한 아브라함의 대답은 그가 정욕에서가 아니라 후손을 얻기 위해 감정 없이 [하가르와] 관계했음을 알려 준다(아우구스티누스).

16,2 상속자를 얻으려 하다

사라의 절제와 아브라함의 무감정

바오로 사도는 우의의 규칙에 따라 이 여인들에게서 두 계약의 예형을 보았습니다. 그러나 이 본문이 전하는 일이 실제로 일어났으므로, 문자적 의미도 고찰할 가치가 있습니다. 성도들은 쾌락을 얻기 위해서가 아니라 자녀를 얻기 위해 혼인 생활에 들었습니다. 실제로 이들에게는 수태에 적합한 시기에만 아내와 잠자리에 드는 전통이 있습니다. 이들은 아기에게 젖을 먹여야 하는 수유기나 임신기에는 같이 잠자리에 들지 않습니다. 이 두 시기는 적합한 때가 아니라고 생각하기 때문입니다. …

그런즉 지혜롭고 경건한 사라는 오랫동안 남편과 잠자리를 같이해도 아기가 생기지 않자 부부 관계를 그만두었습니다. 그리고 남편에게 대를 이을 자식이 있어야 한다는 것을 알았기에 그에게 자신의 여종을 첩으로 주었습니다. 이 일은 사라의 절제와 시기심 없음, 그리고 아브라함의 무감정을 보여 줍니다. 아브라함은 아내의 권고에 따라 그 방법을 택한 것이며, 자신이 먼저 그렇게 하려 한 것이 아니라 자식을 얻기 위해 아내의 청을 들어주었을 뿐입니다. 이렇게 풀이하면 문자적 의미도 유익합니다.

• 장님 디디무스 『창세기 주해』 235.[1]

사라도 덕을 나타낸다

바오로 사도가 우의적으로 두 여인을 두 계약으로 풀이했다는(갈라 4,22-31 참조) 사실을 떠올려 보면, 이 본문은 영적[신비적] 가르침으로 이해할 수 있습니다. 필론도 이 본문을 풀이하며 우의를 사용했지만, 그 적용 방법은 달랐습니다. 그는 사라가 완전한 덕과 철학을 나타낸다고 풀이했습니다. 사라는 출신이 고귀하며 법적 남편과 사는 자유인이고 본처이기 때문입니다. 덕은 남편에게 거룩한 후손을 낳아 줄 수 있도록 합법적인 관계 안에서 지혜로운 남자와 살아갑니다. 실로 "지혜는 분별 있는 인간을 낳는다"(잠언 10,23 칠십인역)라고 합니다. 성경에서 경건한 남자는 이런 말을 듣습니다. "네 집 안방에는 아내가 풍성한 포도나무 같고 네 밥상 둘레에는 아들들이 올리브 나무 햇순들 같구나. 보라, 주님을 경외하는 사람은 이렇듯 복을 받으리라"(시편 128,3-4).

그런즉 사라는 우의적으로 풀이하면, 완전하고 영적인 덕을 나타냅니다. 이집트인 여종 하가르는 필론에 따르면 준비 훈련progymnasmata[2]을, 바오로 사도에 따르면 [장차 올 좋은 것들의] '그림자'(히브 10,1)를 상징합니다. 사실, 영적이거나 고상한 개념들을 그림자, 곧 문자 없이 또는 기초 학문인 예비 공부 없이 이해하는 것은 불가능합니다. 그러면 사람이 먼저 저급한 결합에서 자녀를 얻어야 하기 때문입니다. 그림자의 시대에 그들은 실제 짐승을 제물로 바쳤고, 외적이며 유형적인 방식으로 파스카 축제를 거행했고, 신체의 할례를 받았습니다. 이 모든 것은 그들이 마침내 "하느님에게 찬양 제물을"(시편 50,14) 바칠 수 있도록 그들을 점차적으로 준비시킨 것이며, 하느님께 찬양 제물을 바치기 위해서는 자유인인 여인이 필요하다는 것입니다. 열정이 지혜로운 이들을 자극하여 순서를 밟아 더 높은 실재로 올라가게 하듯이, 덕은 그들이 먼저 기초 학문을 이용하여 거기서 자녀를 얻도록 거룩한 의향으로 그들을 자극합니다. 사실, 덕에 와 닿은 지 얼마 안 되는 사람이 덕에게서 자녀를 얻을 만큼 성공적으로 완전함에 도달하는 것은 불가능합니다. 그러므로 덕은 그런 이에게 먼저 준비 훈련에 힘쓰라고 충고합니다. 그가 할 수만 있다면 그 길을 통해 덕을 완전하게 파악할 수 있게 하려는 것입니다.

• 장님 디디무스 『창세기 주해』 235-36.[3]

아브라함은 율법을 어기지 않았다

이미 하느님과 이야기를 나눈 바 있는 아브라함이 여종과 관계를 가진 사실에 놀라는 사람들도 있을 것입니다. 이렇게 쓰여 있기 때문입니다. "사라이가 아브람에게 말하였다. '여보, 주님께서 나에게 자식을 가지지 못하게 하시니, 내 여종에게 드시어 그에게서 자식을 얻도록 하세요.'" 그리고 실제로 그렇게 되었습니다. 그렇지만 우리는 먼저, 아브라함은 모세율법 이전에 그리고 복음 이전에 살았음을 고려해야 합니다. 이때는 간통이 금지되지 않았습니다. 죄에 대한 벌은 율법이 주어진 시기까지만 거슬러 가며, 간통

---

[1] SC 244,200-202.

[2] 필론은 이 우의적 해석을 다른 곳에서도 하는데 『필요한 교육을 위한 만남』 1-9에서는 본격적으로 발전시킨다. 하가르는 문법·음악·수학·수사학 같은, 그리스 교육체계에서 철학에 입문하기 전의 예비교육을 나타낸다.

[3] SC 244,202-4.

은 그때부터 죄가 되었습니다. 그런즉 단죄는 율법 이전의 죄에는 해당하지 않으며 율법에 기반한 단죄만 있습니다. 그렇다면 아브라함은 율법 이전 사람이므로 율법을 어겼다고 할 수 없습니다. 하느님께서 낙원에서 혼인을 찬양하셨지만, 간통을 단죄하지는 않으셨습니다. 사실 하느님께서는 죄인들의 죽음도 바라지 않으시며(에제 33,11 참조) 그래서 형벌을 내리지 않고 보상을 약속하십니다. 실로 하느님께서는 무서운 위협으로 겁주시기보다는 부드럽게 찌르심으로써 자극하기를 더 좋아하십니다.

여러분도 이교인일 때 죄를 지었다면 변명의 여지가 있습니다. 그러나 이제 여러분은 교회에 들어왔고 "간통해서는 안 된다"(탈출 20,14)는 율법을 들었으니, 죄를 저지르면 핑곗거리가 없습니다. 그러나 이 가르침은 세례의 은총을 받도록 [이름이] 새겨진 이들에게도 주어진 것이니, 이런 위중한 죄를 저지르는 사람이 있다면, 그는 죄를 저지른 자로서만 용서받으리라는 것을 분명히 알아 두십시오. 앞으로는 그런 짓을 삼가야 한다는 것도 알아 두십시오. 실로, 복음서에 나오는, 바리사이들과 율법 학자들이 주님께 끌고 온 간통한 여인의 경우에도 주님께서 그 여자의 죄를 용서해 주기는 하셨지만 "가거라. 그리고 이제부터 다시는 죄짓지 마라"(요한 8,11) 하고 말씀하셨습니다. 주님께서 이 여인에게 하신 말씀은 여러분에게 하시는 말씀입니다. 여러분은 이교인일 때 간통을 저질렀습니다. 예비신자일 때 죄를 지었습니다. 세례로 그 죄가 용서되었습니다. 가십시오. 그리고 이제부터 다시는 죄짓지 마십시오. 이상이 아브라함에 대한 첫 번째 변론입니다.

• 암브로시우스 『아브라함』 1,4,23.[4]

16,3-4 이집트인 여종 하가르

의무를 행한 공로

아브라함이 합법적인 배우자와의 잠자리가 아닌 여종과의 관계를 택한 것은 주체할 수 없는 정욕의 열기에 불타서나 매혹적인 아름다움에 넘어가서가 아닙니다. 자식을 얻어 후손을 늘리고 싶은 마음 때문이었습니다. 홍수 이후에 아직도 인류의 수가 얼마 되지 않았습니다. 그런 만큼 자연에 빚을 갚는 데 실패한 사람으로 보이지 않아야 하는 것은 도덕적 의무이기도 했습니다. 그런 까닭에, 거룩한 롯의 자녀조차도 인류의 씨가 마르지 않도록 스스로 후사를 얻을 마음을 먹었던 것입니다(창세 19,30-38 참조). 이처럼 사회에 대한 의무를 행한 공로가 개인의 죄의식을 없애 주었습니다. 그리고 그 일을 아내가 부추겼다는 데에도 의미가 없지 않습니다. [어떤] 점에서 [이 사실은], 아무도 그녀의 남편이 진짜 타락했다고 생각하지 못하도록, 남편의 결백을 증명해 줍니다. 한편 … 여자들은 자식을 얻지 못했을 때 근거 없이 남편의 부정을 의심하거나 의붓자식들을 미워하는 마음 때문에 괴로움을 겪지 말고 남편을 사랑하는 것을 배울 수 있을 것입니다. 이 훌륭한 아내는 남편이 자신의 불임을 용서해 주기만을 바랐습니다. 그리고 자신 때문에 남편이 자식을 가지지 못하게 되는 일을 피하려고 남편을 설득해 여종과 한자리에 들게 합니다. 나중에 레아와 라헬도 같은 일을 했습니다(창세 30,1-21 참조). 여자여, 시기심을 버리는 법을 배우십시오. 시기심은 여자를 미치게 하기 일쑤입니다.

• 암브로시우스 『아브라함』 1,4,24.[5]

---

[4] CSEL 32,1,517-18.
[5] CSEL 32,1,518-19.

하가르가 임신하다

앞에서도 이야기했듯이, 사라가 열 달을 기다려도 태기가 보이지 않자 조금의 시기심도 보이지 않으며 자기 여종을 아브라함에게 준 것은 절제sophrosyne의 지극히 확실한 증거입니다. 우리는 이 지혜로운 남자의 초연함apatheia, 곧 그가 아내의 청을 따른 것은 자식을 얻으려는 뜻이었을 뿐임도 인정했습니다.

영적[신비적] 의미는 이미 풀이했습니다. 그것은 기초 학문을 이용하여 먼저 자녀를 낳을 것을 요구하는 덕의 목적에 따른 것입니다. 예비교육은 우리가 덕의 자녀가 되는 것을 방해하지 않습니다. 그것이 덕을 위해 사용되기 때문입니다. 지혜로운 남자가 이것들을 사용하여 수태를 시키는 데는 오랜 시간이 걸리지 않습니다. 지혜로운 남자에게 진보는 자연스레 따르는 것이기 때문입니다.

• 장님 디디무스 『창세기 주해』 236-37.[6]

예비적인 것에 눌러 앉는 것

앞에서 말했듯이, 덕의 목적은 지혜로운 사람이 먼저 예비교육과 그림자를 통해 훈련을 거쳐 더 위대한 것들에 도달하게 하는 것입니다. 이것이 바람직한 순서입니다. 따라서, 완전한 것들에 관한 지식을 얻은 뒤에 다시 시시한 것들로 돌아가는 것은 불합리합니다. 복음 선포를 들은 뒤에 그림자, 곧 율법과 함께 살기를 원한 갈라티아 신자들을 바오로 사도가 꾸짖은 것도 바로 이 때문입니다. … 그들은 그리스도인이 된 뒤에도 유대교를 따르려 한 에비온이라는 자[7]에게 넘어갔습니다. 에비온이 사람들을 설득하는 데 워낙 뛰어나 사도들이 그에게 그의 가난을 드러내는 이름을 별명으로 붙였습니다. '에비온'은 사실 '가난'을 뜻하며, 그가 이렇게 불린 것은 그가 가르치는 것들이 비뚤어지고 내용이 없었기 때문이었습니다. 갈라티아인들이 본디 이교인이었던 사실에 관하여 바오로는 이렇게 씁니다. "전에 여러분이 하느님을 알지 못할 때에는 본디 신이 아닌 것들에게 종살이를 하였습니다. 그러나 지금은 하느님을 알게 되었습니다. 아니, 하느님께서 여러분을 알아주셨습니다"(갈라 4,8-9). 앞에서도 말했듯이, 그는 "성령으로 시작하고서는 육으로 마칠 셈입니까?"(갈라 3,3)라는 말로 그들을 나무랐습니다(제가 앞에서 인용한 구절은 그렇게 해서 나오게 되었습니다). 실로, 일단 전적으로 거룩한 방식으로 교화가 시작된 뒤에 표상을 찾아 헤매는 것은 올바른 태도가 아닙니다. 이제 그 시간이 끝난 것들을 찾는 것이기 때문입니다. 눈에 보이는 할례가 왜 주어졌으며 그것을 어느 시기까지 행하는 것이 적절한가를 우리는 깨달아야 합니다. 그것을 이해한 사람은 첩에게서 자식을 얻은 것이며, 이후에는 성령에 의해 이루어지는 마음의 할례를 이해할 수 있습니다. 앞에서 설명했듯이, 이 거룩한 인간은 덕의 충고를 받아들여 덕이 그에게 준 여종에게 갔고, 여종이 잉태했습니다. 그러니 이제, 덕이 호의를 베푸는 시간이 지난 뒤에도 여종과 함께 있는 것은 적절하지 않습니다. 실로 많은 사람이 완전한 가르침을 얻을 생각으로 예비 교육을 받고서는 그 선을 넘어서지 못합니다. 그럼으로써 종의 자식을 낳은 채 덕의 이름을 더럽힙니다. … 다른 것들을 덕보다 앞세우는 사람은 덕의 이름을 더럽히는 것입니다. 덕 자체를 위해서가 아니라 다른 것 ── 예를 들어, 칭찬이나 영광 ── 을 위하여 덕을 선택한다면, 비록 선 자체는 모욕을 당할 수 없

---

[6] SC 244,206.

[7] 바오로는 에비온을 거명하지 않았다. 에비온에 관한 내용은 오리게네스의 『원리론』 4,3,8에 나온다.

는 것이지만, 어떤 의미에서 그것은 선을 모욕하는 것입니다.

• 장님 디디무스 『창세기 주해』 237-38.[8]

16,5 부당한 일을 겪는다

덕이 모욕당하다

'에크 수'*ek sou*[9]는 두 가지로 해석할 수 있습니다. '당신 때문'으로 옮길 수도 있고 '그때부터'로 해석할 수도 있습니다. '당신 때문'으로 옮기면 이런 뜻입니다. 덕과 완전한 지혜(믿음의 약속)를 얻을 생각으로 준비 훈련을 받은 사람이 준비 단계에 머물러 있으면(곧, 하가르와의 관계를 유지하면), 덕에게 부당한 짓을 하는 셈이라는 것입니다. 덕에 앞서 오는 것을 제대로 사용하지 않았기 때문입니다. 그런데 '에크 수'를 '그때부터'로 번역해도 같은 풀이가 나옵니다. 앞에서 이야기한 것처럼 표현만 다를 뿐입니다. 이 경우에도, 준비 훈련만으로 자녀를 가지기를 열망하며 이런 수준의 잉태 자체를 목적으로 삼는 이에게 덕이 모욕을 당하는 것이기 때문입니다.

• 장님 디디무스 『창세기 주해』 240.[10]

16,6 하가르가 도망치다

열성적인 인간이 충고를 받아들이다

문자적 의미에서 이 구절은 아브라함의 초연함*apatheia*에 대해 알려 줍니다. 곧, 그가 아내의 여종을 받아들인 것은 쾌락을 구한 것이 아니었으며, 이제 다시 아내의 뜻을 받아들여 아내가 바라는 대로 따르는 것을 보여 줍니다. 영적 의미로 보자면, 열성적인 인간은 아직 입문 단계에 있을지라도 덕에 완전히 낯선 자가 아니므로 기꺼이 덕의 꾸짖음을 받아들이고 그에 따라 시시한 것들을 곧바로 버림을 나타냅니다. 덕에 복종하는 이로서 그는 준비 훈련을 통하여 덕의 지시

를 따르며 덕이 자신을 조종하도록 놓아둡니다. 그는 덕이 자신의 모든 말과 행동과 생각의 목적이 되기를 바라므로, 덕의 충고는 무엇이든 기꺼이 받아들입니다.

• 장님 디디무스 『창세기 주해』 241.[11]

아브라함은 여종을 사랑하지 않았다

이제 아브라함의 아들들 시대가 시작됩니다. 여종 하가르에게서 난 아들과 자유인 사라에게서 난 다른 아들의 시대라는 말입니다. 이 둘에 대해서는 앞 권에서 이미 말한 바 있습니다. 이 사건에서 첩에 대해 아브라함에게 죄를 물어서는 절대 안 됩니다. 아브라함이 그 여자와 관계한 것은 자손을 낳기 위해서였지 정욕을 채우려는 것이 아니었고, 아내를 마음 아프게 한 것이 아니라 아내의 말을 따른 것이었기 때문입니다. 아내는 여종의 풍요한 태를 자신의 것으로 삼는다면, 자신이 자연 본성으로 이루지 못한 일을 이루어 자신의 불임을 위로받을 수 있으리라고 믿었던 것입니다. 바오로 사도가 "마찬가지로 남편의 몸은 남편이 아니라 아내의 것입니다"(1코린 7,4)라고 한 바 있는데, 사라는 자기 몸에서 낳지 못하는 아이를 다른 여자에게서 낳으려고 다름 아닌 이 권리를 행사했던 것입니다. 여기에는 엉큼한 욕정도 없고 악의에서 나온 추행도 전혀 없습니다. 자식을 얻기 위해 아내가 여종을 남편에게 내어 준 것뿐입니다. 양측 다 추구하던 바는 죄 되는 탐욕이 아니고 자연의 결실이었습니다. 다만 임신한 여종이 아이를 못 낳는 안주인을 업신여기자 사라는 여자다운 앙심을 품고

---

[8] SC 244,206-8.

[9] 『성경』이 "당신 책임이에요"로 옮긴 구절에 해당하는 칠십인역 본문의 낱말이다.

[10] SC 244,212.   [11] SC 244,214.

여종보다는 오히려 남편을 채근했습니다. 이때도 아브라함은 자신이 애욕의 노예가 아니고 자유로운 어버이라는 것을 보여 주었으며, 하가르를 두고서도 아내 사라에게 신의를 지켰고 자신의 쾌락보다 아내의 원의를 채워 주었습니다. 여종을 받아들인 것이지 요구한 것이 아니고, 그 여자를 가까이했지만 매이지는 않았으며, 그 여자를 임신시켰지만 사랑하지는 않았음을 보여 준 것입니다. 그래서 그는 아내에게 "당신의 여종이니 당신 손에 달려 있지 않소? 당신 좋을 대로 하구려" 하고 말합니다. 이 남자야말로 상대에게 맞게 여자들을 대했습니다. 아내에게는 절조 있게, 여종에게는 절도 있게 대했으며, 어느 여자도 절제 없이 대하지 않았습니다!

• 아우구스티누스 『신국론』 16,25.[12]

하가르가 멀리 도망치다

우리가 신비적 해석에 따라 '준비 훈련'*progymnsmata*에 비유한 여종이 냉대를 받습니다. 장차 올 것들(후손에 대한 약속)의 그림자(하가르)가 무시당합니다. 완전함을 향해 서둘러 가는 이는 준비 절차를 더 이상 필요로 하지 않기 때문입니다. 그러므로 여종이 달아나는 것은 당연합니다. 숙달과 완전함이 이르면 준비 단계에 속하는 것은 더 이상 남아 있지 않는 법입니다.

• 장님 디디무스 『창세기 주해』 241.[13]

---

[12] NPNF 1,2,325*; 『교부 문헌 총서』 16,1751.

[13] SC 244,214.

16,7-14 주님의 천사가 하가르에게 나타나다

[7] 주님의 천사가 광야에 있는 샘터에서 하가르를 만났다. 그것은 수르로 가는 길 가에 있는 샘이었다.

[8] 그 천사가 "사라이의 여종 하가르야, 어디에서 와서 어디로 가는 길이냐?" 하고 묻자, 그가 대답하였다. "저의 여주인 사라이를 피하여 도망치는 길입니다."

[9] 주님의 천사가 그에게 말하였다. "너의 여주인에게 돌아가서 그에게 복종하여라."

[10] 주님의 천사가 다시 그에게 말하였다. "내가 너의 후손을 셀 수 없을 만큼 번성하게 해 주겠다."

[11] 주님의 천사가 또 그에게 말하였다. "보라, 너는 임신한 몸 이제 아들을 낳으리니 그 이름을 이스마엘이라 하여라. 네가 고통 속에서 부르짖는 소리를 주님께서 들으셨다.

[12] 그는 들나귀 같은 사람이 되리라. 그는 모든 이를 치려고 손을 들고 모든 이는 그를 치려고 손을 들리라. 그는 자기의 모든 형제들에게 맞서 혼자 살아가리라."

[13] 하가르는 "내가 그분을 뵈었는데 아직도 살아 있는가?" 하면서, 자기에게 말씀하신 주님의 이름을 "당신은 '저를 돌보시는 하느님'이십니다."라고 하였다.

[14] 그리하여 그 우물을 브에르 라하이 로이라 하였다. 그것은 카데스와 베렛 사이에 있다.

둘러보기

우의적 의미에서 볼 때, 천사와 하가르의 대화는 '지혜'와 문자적 의미의 예비적 가르침의 관계를 나타낸다고 풀이할 수 있다(장님 디디무스). 사라와 하가르의 관계도 복음적 가르침과 율법 숭배의 관계를 나타낸다(알렉산드리아의 키릴루스). 하가르의 후손은 사라의 후손과 달리 별들의 수에 비유되지 않는데, 이는 우의적으로, 준비 훈련과 완전한 덕의 차이를 나타낸다. 이스마엘에 관한 상세한 묘사도 이런 우의적 틀 안에서 풀이할 수 있다. 하가르가 '아브라함에게 아들을 낳아 주었다'는 표현은 우의적으로, 영적 부자父子 관계의 과정을 가리키는 것으로 풀이할 수 있다. 영적 진보를 하고 있는 사람은 그 주인이 부과한 목적에 따라·잉태하여 태어난 자식을 멸시해서는 안 된다(장님 디디무스).

16,7 샘

하가르가 샘터에서 천사의 눈에 뜨인 까닭

하가르가 '샘터에서' 천사의 눈에 뜨인 것도 타당합니다. 초심자들은 자신이 정화되고 있음을 발견합니다. 물은 정화를 나타내기 때문입니다(히브 6,1-2 참조). 이와 대조적으로, 이미 악덕을 버리고 덕을 부여받아 더 이상 정화를 필요로 하지 않는 훨씬 성숙한 사람들은 광야로 옵니다.

• 장님 디디무스 『창세기 주해』 243.[1]

16,8 사라의 여종 하가르

하가르의 덕

이 본문은 우리에게 하가르의 덕에 대해서도 알려 줍니다. 그리고 천사가 그녀와 이야기를 나누고 결코 겉치레라 할 수 없는 관심을 보인 사실에서, 하가르가 경멸받아서는 안 되는 여인이라는 사실도 깨닫습니다. [천사가 이야기하는]

것은 하느님의 뜻에 따른 것이 분명하니까요. 하가르가 열성적 인간이었다는 것도 터무니없지 않습니다. 그녀는 남편과 한자리에 들 여자로 거룩한 여인 사라에게 선택받았기 때문입니다. 하가르가 고귀한 영혼을 지닌 것은 그가 자기 여주인에 대해 나쁜 말은 전혀 하지 않고 "저의 여주인 사라이를 피하여 도망치는 길입니다"라고 말하는 것에서도 드러납니다. 우리는 앞에서 사라는 덕과 성경에 대한 영적 이해를 나타내고, 하가르는 초보적 지식과 그림자를 나타낸다고 가정한 바 있습니다. 거룩한 가르침에 다가가는 이는 처음에는 문자에 따라 이해하고 점차 순서에 따라 그 정신을 파악하는 방식으로 성경에 귀 기울여야 합니다.

그런즉 사라의 자식은 이 방식을 통해 더욱 완전한 것들에 도달하기 위해 준비 과정을 필요로 합니다. 마찬가지로 이스라엘에 대해서도, "하느님께서 당신의 말씀을 그들에게 처음으로 맡기셨으며"(로마 3,2 참조) 그것은 "새 질서의 시대가 시작될 때까지만"(히브 9,10)이라고 이야기할 수 있습니다. 사실, 초보적 단계인 문자 안에 갇혀 있는 사람은 아무도 '지혜' 자체를 가졌다고 주장할 수 없습니다. 그렇다면 입문 단계에 속한 것들을 이용하는, '지혜'를 사랑하는 이들이 거기에 머물러 있는다면, 그것은 덕을 멸시하는 것이라고 할 수 있습니다. 그러나 그들이 더 나은 생각으로 진보하면, 입문 단계의 방식을 제쳐 놓아 그것이 달아나게 합니다. 진보가 시작되면 예전의 것들은 사라지기 때문입니다. 말하자면, 이집트 여자 하가르가 가지고 있는 것을 초월하게 된다는 것입니다. 입문 단계의 가르침은 세상적인 본보기들에 의거해 도움을 줍니다. …

[1] SC 244,220.

덕의 위대함에 [질려] 달아나던 하가르를 발견한 천사는 그녀가 온 길을 다시 돌아가게 합니다. 실로 '스승'의 말은 입문 훈련에 속한 것조차도 덕으로 귀결되게 만듭니다. …

덕 높은 사람은 실제로 원칙들과 목표를 알지만, 아직도 입문 단계에 있는 이는 덕이 너무 높은 것이라는 핑계 아래 그 단계에 남아 있는 때가 많습니다. 말하자면 완전함이 요구하는 노력을 피해 달아나는 것입니다. "저의 여주인 사라이를 피하여 도망치는 길입니다"라는 말은 바로 이것을 드러내 줍니다.

• 장님 디디무스 『창세기 주해』 242-43.[2]

영적 율법의 그림자

뿐만 아니라, 영적 율법의 아름다움이 빛을 받아 환히 드러나면, 그림자에 지나지 않는 것은 달아납니다. '그림자의 제물'(히브 10,1 참조)들과 달리 빛나는 제물들은 [조상들에게서] 전해진 가르침 안에서 예고되었고 실천적인 면에서도 효과적으로 도입되었습니다. 마찬가지로, 완전한 것이 오면 '부분적인 것'(1코린 13,10)은 폐지됩니다. '멀리 달아나는' 사람은 '위로부터 태어나야' 한다는 주님의 말씀을 듣고, "이미 늙은 사람이 어떻게 또 태어날 수 있겠습니까?"(요한 3,3-4) 하고 물어야 하는 사람입니다. 곧, 거룩한 말씀을 인간의 눈으로 풀이하는 [자입니다].

• 장님 디디무스 『창세기 주해』 243.[3]

16,9 주인에게 돌아가서 그에게 복종하여라

여주인의 손 아래로 너 자신을 굽혀라[4]

문자적 의미는 분명합니다. 우의적 견지에서는, 율법의 그림자를 섬기기에 실은 의미 없는 것을 의무라고 믿고 행하는 것이나, 율법의 영적 의미에서 달아나고 있다고 표현할 수 있는 이의

경우에도 '주인'의 '말씀'이 그를 본디의 거룩한 의향으로 돌려놓는다는 암시로 볼 수 있습니다. 사실 주님께서는 성경에서 그림자에 속하는 것들은 사라지리라는 것을 다음의 말씀들로 점차 분명히 하셨습니다. "무엇하러 나에게 이 많은 제물을 바치느냐"(이사 1,11), "내가 황소의 고기를 먹고 숫염소의 피를 마시기라도 한단 말이냐? 하느님에게 찬양 제물을 바치고 지극히 높으신 분에게 네 서원을 채워 드려라"(시편 50,13-14)가 그것입니다.

그렇다면 '여주인'으로 표현되는 영적 교의의 '손 아래' 있는 것과 '여주인의 손 아래로 굽히는' 것은 지극히 좋은 일입니다. 여종이 본디 신분이 낮은 것이 아니라, 여주인보다 낮을 뿐입니다. 이 점에 있어서는 영광스럽게 된다는 것이 실제로 영광스럽게 되는 것이 전혀 아닙니다. 그 영광은 초월적인 것이기 때문입니다.

• 장님 디디무스 『창세기 주해』 244.[5]

복음 가르침의 종

여기서 우리는, 임마누엘께서 오시고 그분의 신비가 세상에 드러나면, 모세 제례의 예형들은 더 훌륭하고 더 완전한 가르침인 복음 가르침에 길을 내주고 사라질 수밖에 없다는 사실이 구체적인 표상으로 예시되고 있음을 봅니다. 어떤 표상 말입니까? 사라에게 자식이 없었기 때문에, 하가르는 이스마엘을 낳자 주제넘게 여주인인 자유인을 업신여기기 시작했습니다. 사라는 그 거만함을 참을 수가 없어 그 이집트 여자를 구박했습니다. 이집트 여자는 집에서 달아나 광야에서 길을 잃었습니다. 하늘에서 천사가 내려와 그

---

[2] SC 244,216-18.

[3] SC 244,218-20.

[4] 칠십인역 본문.

[5] SC 244,220-22.

녀에게 "어디에서 와서 어디로 가는 길이냐" 하고 물었습니다. 여자는 "저의 여주인 사라를 피하여 도망치는 길입니다" 하고 대답했습니다. 그러자 거룩한 천사는 "너의 여주인에게 돌아가서 그에게 복종하여라" 하고 말했습니다. 그때 천사의 목소리는 그 여자에게 자유인인 여인 — 자유인들을 고귀하게 만드는 가르침 — 에게서 떠나지 말고 그녀에게 복종하라고 지시했습니다. 사실, 표상과 예형들을 통해 이루어지는 율법 제의는 말하자면 복음 가르침의 종입니다. 율법 안에는 진리의 아름다움이 희미하게 드러나 있습니다. "천사들의 지시에 따라"(사도 7,53) 모세에 의해 세워진 율법은, 그때 천사의 목소리를 통해, 복음 가르침에 고개를 숙이고 비록 원치 않더라도 자유인인 여인에게 굽히고 복종하라는 지시를 받습니다. 이것이 하가르가 사라의 다스림에 복종해야만 하는 것에 대한 영적 해석이라고 나는 생각합니다. 뿐만 아니라, 우리는 존경해 마지않는 바오로 사도도 하가르와 사라가 두 계약을 예표한다고 이해한 사실을 기억해야 합니다. "하나는 종살이할 자식을 낳는데, … 지금의 예루살렘에 해당합니다"(갈라 4,24-25). 그리고 하나[사라]는 자유인의 존귀함을 지닌 자식을 낳습니다(갈라 4,26 참조).

• 알렉산드리아의 키릴루스
『모세 오경에 관한 격조 있는 해설』(창세기) 3,79,9.[6]

16,10 후손을 번성하게 해 주겠다

하가르의 후손은 빛나지 않는다

믿음에 든 지 얼마 안 되는 이가 축복받을 자격이 있다고 판단되는 것이 있을 수 없는 일은 아닙니다. 그가 바른 목표를 향해 계속 진보한다면, 완전함에 도달할 것이기 때문입니다. 그러나 [성경] 본문이 덕 — 아브라함의 참된 후손은 덕

에서 나오기 때문입니다 — 에 관해 이야기할 때, 하느님께서는 그를 밖으로 데리고 나가시어 "하늘을 쳐다보아라. 네가 셀 수 있거든 저 별들을 세어 보아라"라고 하신 뒤 "너의 후손이 저렇게 많아질 것이다"(창세 15,5)라고 덧붙이셨다고 한 것에 주목하십시오. 그런데 하가르의 경우에는 '너의 후손이 별처럼 많아질 것이다'라고 하시지 않고 "너의 후손을 셀 수 없을 만큼 번성하게 해 주겠다"라고만 하십니다. 여기에 차이가 있다는 결론이 나오지 않습니까? 완전한 것의 소산은 빛나고, 초보 단계에 속하는 것은 그렇지 못하다고 말입니다.

• 장님 디디무스 『창세기 주해』 244-45.[7]

16,11 이스마엘

출산은 축복이다

앞에서 설명했듯이, 그 시절에는 자식을 낳는 것이 인간의 증식이라는 관점에서 매우 중요한 일로 여겨졌습니다. 뿐만 아니라 그때는 동정성과 덕에 관한 가르침이 아직 제대로 자리를 잡지 못했습니다. 그래서 수태를 위해 기도하고 출산을 축복 가운데 하나로 여겼습니다. 문자적 설명은 이 정도로 충분합니다.

영적 의미는 이렇게 설명할 수 있을 것입니다. 하느님의 가르침을 배우기 시작하여 초보 단계에 있는 사람은 임신 중인 사람과 같다고 말입니다. 주님께서는 그에게 그가 출산을 할 것이라고 약속하십니다. 가르치는 스승들은 제자들이 노력하는 것을 보면 앞으로 어떤 결과가 있을지 훤히 보이는 경우가 많고 한편으론 그들의 타고난 재능도 알아봅니다. 태의 열매가 어떤 운명을 타고날지 불확실하다는 것은 복음 말씀에서 알

---

[6] PG 69,132-33.　　　[7] SC 244,222.

수 있습니다. 구원자께서는 "불행하여라, 그 무렵에 임신한 여자들과 젖먹이가 딸린 여자들!" (마태 24,19)이라고 하십니다. 사실 이런 상태에 처한 사람들은 시련이 닥치면 위험한 처지가 됩니다. 그래서 말씀께서는 이런 상황에 처한 사람들이 젖을 떼기 바라시며 "젖 뗀 아이들, 어미젖에서 떨어진 것들, 환난에 환난, 희망에 희망"(이사 28,9-10 칠십인역)이라고 하십니다. 이제 단단한 음식을 먹게 된 그 사람들이 환난에 또 환난을 겪기 때문입니다. 그러나 바오로 사도가 이렇게 묘사한 불완전한 사람들이 있습니다. "나는 여러분에게 젖만 먹였을 뿐 단단한 음식은 먹이지 않았습니다. 여러분이 그것을 받아들일 수 없었기 때문입니다. 사실은 지금도 받아들이지 못합니다"(1코린 3,2).

　　　　　　　• 장님 디디무스 『창세기 주해』 245.[8]

16,12 들나귀 같은 사람[9]

시골 사람

　근면하고 세련되고 점잖은 사람과 이런 특성을 하나도 지니지 못한 사람의 차이점은 무척 많습니다. 후자에 속하는 사람을 우리는, 도시인이나 과학자들과 비교해 바보, 촌사람 또는 시골 사람[10]이라고 합니다. 교육받고 교양 있는 사람과 비교해서 그는 배운 게 없거나 조금밖에 배우지 못했습니다. 덕이 낳는 열매는 법에 부합하는 삶의 방식입니다. 그러므로 거룩한 도성(묵시 21, 2 참조), 곧 "살아 계신 하느님의 도성"(히브 12,22)의 법을 따르는 시민으로 살지 않는 사람은 시골 사람입니다. 그는 이 도성의 규율대로 살지 못하는 까닭에 아직 이 도성에 들지 못하고 '들', 곧 시골에 삽니다.

　성경이 그가 '들'에 산다고 할 뿐 아니라 '사람'이라고도 한 것은 옳습니다. 지금 막 시작한

이에게는 하느님 말씀의 한몫이 아직 주어지지 않았기 때문입니다. 이 몫은 어느 정도 진보한 사람에게만 주어집니다. 성경은 "하느님의 말씀을 받은 이들을 신이라고"(요한 10,35) 하기 때문입니다. 그때에야 그는 거룩한 도성의 주민이 됩니다. 사실, 지혜로운 바오로는 히브리인들에게 보낸 서간에서 이런 사람들이 나아간 곳은 "시온 산이고 살아 계신 하느님의 도성이며 천상 예루살렘"(히브 12,22)이라고 이야기하는데 맞습니다. 그들의 이름이 새겨질 곳은 그곳이기 때문입니다. 실로 구원자께서도 "영들이 너희에게 복종하는 것을 기뻐하지 말고, 너희 이름이 하늘에 기록된 것을 기뻐하여라"(루카 10,20)라고 하십니다. 이것은 음절로 이루어진 이름의 글자가 하늘에 기록된다는 뜻으로 받아들여서는 절대 안 됩니다. [거기에 새겨지는] 것은 덕과 관계있는 이름들이며, 그런 이름들로서 하늘에 기록되어 영원히 기억될 것입니다. 이런 이들이 하늘에 이름이 기록되는 사람들입니다. 그러나 정신이 이들과 반대인 사람들, 세상 것들에만 관심 있는 사람들은 세상 것들에 자신의 이름을 새길 만한 일 이상은 아무것도 하지 못합니다. 예레미야는 이들에 관해 정확하게 이야기합니다. "당신에게서 돌아선 자는 땅에 새겨지리이다"(예레 17,13).

　　　　　　　• 장님 디디무스 『창세기 주해』 246.[11]

16,13-14 돌보시는 하느님

천사가 하느님의 말씀을 전하다

　방금 읽은 앞 절에서, 하가르에게 말한 이는

---

[8] SC 244,224.

[9] 칠십인역은 '들(의) 사람'이다 — 역자 주.

[10] 더 일상적인 말로 옮기면 '시골뜨기'가 되겠다.

[11] SC 244,226-28.

'하느님의 천사'였습니다. 여기서 하가르는 그를 '주님'이라고도 하고 '하느님'이라고도 합니다. 천사가 예언자들과 마찬가지로 자신의 말이 아니라 하느님의 말씀을 전한다고 이해하는 것은 무리한 추론이 아닙니다. 천사들이 자신의 직무를 이행하거나 미래에 관해 예고할 때, 그들은 예언자의 일을 한다고 볼 수 있기 때문입니다. '천사'라는 낱말은 본질이 아니라 활동을 나타냅니다. '예언자'라는 낱말도 마찬가지입니다. 천사가 하느님의 말씀을 이야기하는 [까닭에] 하가르는 그를 하느님이라고 불렀습니다. 그 천사 안에 그분께서 사시기 때문이었습니다. 이와 마찬가지로, 이사야는 예언할 때 때로는 자기 자신으로서, 곧 예언의 영을 자기 안에 지닌 사람으로서 이야기하고, 때로는 '주님께서 말씀하신다'는 설명을 붙이지 않고 하느님 자신인 것처럼 이야기합니다. 예를 들어, 그는 "바로 내가 땅을 만들었고 그 위에 있는 인간을 창조하였다"(이사 45,12)라고 쓰는가 하면, 주님에게서 파견된 이 예언자 이사야로서 이렇게 선포합니다. "하늘아, 들어라! 땅아, 귀를 기울여라! 주님께서 말씀하신다"(이사 1,2). 이 말씀을 드린 이유는 이사야의 말 모두가 단지 중개자에 지나지 않는 자의 말이 아니며 하느님 안에 참여할 때 하느님의 권위를 부여받기도 한다는 것을 보여 드리기 위해서입니다. 그리고 하느님께서 그들 안에 계시기에 하느님을 함께 나누는 이들은 '신'으로 불립니다. 바로 이런 까닭으로, 모세에게 이야기하는 천사도 '하느님'으로 불립니다. 이 사실은 실제로 글로도 쓰여 있습니다. 주님의 천사가 그[모세]를 불러 그에게 "나는 아브라함의 하느님, 이사악의 하느님, 야곱의 하느님이다"(탈출 3,4.6 칠십인역)라고 했습니다. 전달자를 보면, 이 말은 천사들의 말입니다. 그러나 그 뜻을 보면, 하느님의 말씀입니다.

• 장님 디디무스 『창세기 주해』 247-48.[12]

카데스와 베렛 사이

말씀께서 지시를 내리시는 환시가 '카데스와 베렛 사이에서' 보인 것도 타당합니다. 사실 '카데스'는 '거룩하다', '베렛'은 '빛'[13]이라는 뜻으로 풀이됩니다. 거룩한 것에 관한 교육은 이 둘 사이에서 이루어집니다. 한쪽에는 [거룩한 것들을 보기 위한] 그것[교육]이 속하는 거룩한 것이 있고, 그리고 다른 한쪽에는 밝게 비추는 빛이 있습니다. '그분의 번개가 누리를 비추기'(참조: 시편 77,18; 시편 97,4) 때문입니다.

• 장님 디디무스 『창세기 주해』 249.[14]

---

[12] SC 244,228-30.

[13] 히브리어 어원 풀이에 근거한 해석이다. 서문 50쪽 참조.

[14] SC 244,232.

16,15-16 이스마엘이 태어나다

¹⁵ 하가르는 아브람에게 아들을 낳아 주었다. 아브람은 하가르가 낳은 아들의 이름을 이스마엘이라 하였다.

¹⁶ 하가르가 아브람에게 이스마엘을 낳아 줄 때, 아브람의 나이는 여든여섯 살이었다.

둘러보기

성경이 하가르가 '아브람에게' 아들을 낳아 주었다고 한 것은 우의적으로, 영적 부자父子 관계가 형성되는 과정을 가리킨다고 풀이할 수 있다 (장님 디디무스).

16,16 하가르가 이스마엘을 낳다

좋은 씨

성경이 흔한 표현 대신 하가르가 '아브람에게' 아들을 낳아 주었다고 표현한 것은 하가르가 진지한 여인이었으며 이스마엘은 아브라함의 적법한 아들이었다는 사실을 확증해 준 것이라고 할 수 있습니다. 이어지는 내용의 문자적 의미는 분명합니다. 그러나 비유적[신비적] 의미도 찾아봅시다. 진보하고 있는 사람이 주인이 부여한 목적에 따라 출산을 할 때, 그가 낳는 자식은 경멸받아서는 안 됩니다. 그렇다면 이 구절은 올바로 가르침으로써 좋은 씨를 제공하는 주인을 출산이라는 개념을 사용해 은유적으로 표현했다고 하겠습니다. 그래서 "하가르는 아브람에게 아들을 낳아 주었다"라고 하는 것입니다. 이 설명은 성경의 용어에 따른 것이라는 증거가 다음 절에 나와 있습니다. "아브람은 아들의 이름을 이스마엘이라 하였다"는 말에 "하가르가 낳은"이라는 설명이 붙어 있기 때문입니다. (제가 말씀드린 것 같은) 이유가 배경에 깔려 있지 않다면, '누가 낳았다'는 말 없이 그냥 '아브람이 자기 아들의 이름을 이스마엘이라 하였다'라고만 했을 것입니다.

• 장님 디디무스 『창세기 주해』 249.[1]

---

[1] SC 244,234.

17,1-8 아브람이 약속과 새 이름을 받다

[1] 아브람의 나이가 아흔아홉 살이 되었을 때, 주님께서 아브람에게 나타나 말씀하셨다. "나는 전능한 하느님이다. 너는 내 앞에서 살아가며 흠 없는 이가 되어라.
[2] 나는 나와 너 사이에 계약을 세우고, 너를 크게 번성하게 하겠다."
[3] 아브람이 얼굴을 땅에 대고 엎드리자, 하느님께서 그에게 이르셨다.
[4] "나를 보아라. 너와 맺는 내 계약은 이것이다. 너는 많은 민족들의 아버지가 될 것이다.
[5] 너는 더 이상 아브람이라 불리지 않을 것이다. 이제 너의 이름은 아브라함이다. 내가 너를 많은 민족들의 아버지로 만들었기 때문이다.
[6] 나는 네가 매우 많은 자손을 낳아, 여러 민족이 되게 하겠다. 너에게서 임금들도 나올 것이다.
[7] 나는 나와 너 사이에, 그리고 네 뒤에 오는 후손들 사이에 대대로 내 계약을 영원한 계약으로 세워, 너와 네 뒤에 오는 후손들에게 하느님이 되어 주겠다.
[8] 나는 네가 나그네살이하는 이 땅, 곧 가나안 땅 전체를 너와 네 뒤에 오는 후손들에게 영원한 소유로 주고, 그들에게 하느님이 되어 주겠다."

둘러보기

하느님께서는 당신의 권능과 이 의인의 인내와 덕을 보여 주시기 위해 아브라함이 아흔아홉이 될 때까지 기다리셨다(요한 크리소스토무스). 흠 없는 이가 되라는 명령은 늘 단련해야 한다는 뜻이다(암브로시우스). 아브람의 이름이 '아브라함'으로 바뀐 것은 그가 하느님의 계약과 더불어 믿음의 표시로 할례를 받아들인 것과 관계있다(오리게네스). 그의 이름에 한 글자가 더 붙음으로써 이름의 뜻이 '쓸모없는 아버지'에서 '선택된 아버지'로 바뀌었다(암브로시우스). '아브라함'이라는 이름의 뜻은 이 세상에서 이루어졌다. 그가 많은 민족의 조상이 된 것은 이곳이기 때문이다(아우구스티누스).

17,1 하느님께서 아브라함에게 나타나시다

아브라함이 아흔아홉 살이 되었을 때

가나안 땅에 자리 잡은 지 십 년째에 여종에게서 이스마엘을 얻자, 아브라함은 자식에 관한 약속이 이루어졌다고 생각했습니다. 성경이 성조 아브라함이 여든여섯 살 때 이스마엘이 태어났다고 하는 것을 기억하시지요? 그러나 사랑 깊으신 하느님께서는 이 의인의 덕을 그로부터 십삼 년간 더 단련시키셨습니다. 그가 오랫동안 "용광로 속의 금처럼"(지혜 3,6) 정련되었음을 하느님께서 보시고 이 의인의 덕이 더욱 눈에 뜨이고 빛나도록 하신 일을 성경은 "아브람의 나이가 아흔아홉 살이 되었을 때, 주님께서 또 아브람에게 나타나 말씀하셨다"[1]는 말로 묘사하기 시작합니다. 하느님께서는 왜 그렇게 오랫동안 그 일을 미루셨을까요? 우리가 이 의인의 인내와 뛰어난 덕만이 아니라 당신의 권능이 얼마나 대단한지도 알게 하시려는 뜻이었습니다. 본성이 그 잠재력을 잃어 이제 자식을 생산할 능력을 잃었을 때, 그러니까 그가 나이 먹어 신체가 쇠약하고 온기를 잃었을 때, 하느님께서는 당신의 특별한 권능을 보여 주시기 위해 약속을 실행하셨습니다.

• 요한 크리소스토무스 『창세기 강해』 39,5.[2]

흠 없는 이가 되어라

거룩하며 놀랍도록 기민하고[3] 조금도 오염되지 않은 지혜의 정신(지혜 7,22 참조)을 받은 아브라함이 "흠 없는 이가 되어라"라는 말을 듣습니다. 그런즉 의인의 영혼은 현재의 일들을 이해하고 그 모든 것의 원인을 파악하기 위해, 낮이나 밤이나 잠에 빠지지 말고 깨어 있으면서(마르 14,37-38 참조) 언제나 경계하며 하느님의 뜻에 주의를 기울여야 합니다. 그런데 지혜는 미래 일들에 대한 해석자이기도 합니다. "지혜는 과거를 알고 미래를 예측하며 명언을 지어내고 수수께끼를 풀 줄 알며 표징과 기적을, 시간과 시대의 변천을 미리 안다"(지혜 8,8)고 합니다. 그러므로 지혜를 지닌 이는 선하고 완전하지 않을 수 없습니다. 그는 모든 덕을 지녔으며 선의 표상 그 자체이기 때문입니다. 이 세상의 소피스트[4]들조차 지혜로운 인간에 대한 정의를 이 말씀에서 끌어냈습니다. 그들은 지혜로운 인간이라는 것은 선한 인간이며 유능한 전달자라고 합니다.

• 암브로시우스 『아브라함』 2,10,76.[5]

---

[1] 칠십인역 창세기 17,1에도 '또'라는 말은 없다. 이는 요한 크리소스토무스가 집어넣은 것 같다.

[2] FC 82,377*.

[3] 라틴어로는 '베네 모빌리스'(Bene mobilis), 그리스어로는 '에우키네톤'(*eukineton*)이다.

[4] 논법에 정통한 직업 교사를 뜻하는 그리스어다.

[5] CSEL 32,1,628-29.

17,5 많은 민족들의 아버지

이제 너의 이름은 아브라함이다

하느님께서는 아브라함에게 많은 응답을 하십니다. 그러나 그 응답들이 한번에 주어지지는 않습니다. 어떤 것들은 그가 아브람일 때 주어지고, 어떤 것들은 아브라함일 때 주어졌습니다. 곧, 어떤 응답들은 이름이 바뀌고 나서 주어지는 반면, 어떤 것들은 그가 아직 태어날 때 받은 이름으로 불리던 때 주어집니다. 실로, 이름이 바뀌기 전인 처음에는 하느님께서 아브라함에게 "네 고향과 친족과 아버지의 집을 떠나거라"(창세 12,1) 같은 말씀을 내리셨습니다. 이 말씀에는 하느님의 계약에 관한 지시도 할례에 관한 지시도 들어 있지 않습니다. 그가 아직 아브람일 때, 곧 태어날 때 받은 이름으로 불릴 때는 하느님의 계약과 할례의 표시를 받을 수 없었기 때문입니다. 그러나 '그가 고향과 친족을 떠나자' 더 거룩한 종류의 응답이 주어집니다. 먼저 하느님께서는 그에게, "너는 더 이상 아브람이라 불리지 않을 것이다. 이제 너의 이름은 아브라함이다" 하고 말씀하십니다. 그리고 그때 아브라함은 하느님의 계약을 받았고, 그가 아버지 집에서 육의 관계 속에 있을 때는 물론 아직 아브람으로 불릴 때에는 받아들일 수 없었던 할례를 믿음의 표시로 받아들였습니다.

• 오리게네스 『창세기 강해』 3,3.[6]

아브라함이 '아들을 둔 아버지'가 되다

하느님께서 아브람의 이름에 한 글자를 더해 이름을 바꾸어 주십니다. 그는 이제 아브람이 아니라 아브라함으로 불립니다. 이제 '쓸모없는 아버지' — 이것이 원래 이름의 뜻입니다 — 가 아닌 '훌륭한 아버지', '선택된 아버지'로 불립니다.[7] 그냥 아버지에서 '아들을 둔 아버지'가 된다고 풀이할 수도 있습니다. 그는 하느님을 몰랐기 때문에 쓸모없는 이였습니다. 그러나 하느님을 알게 되자 선택된 아버지가 되었습니다. 여종에게서 자식을 얻었을 때 그는 아버지였습니다. 그러나 아들을 둔 아버지는 아니었습니다. 그 자식은 합법적 혼인 관계에서 태어난 참된 아들이 아니었기 때문입니다. 사라가 아들을 낳았을 때 비로소 그는 아들을 둔 아버지가 되었습니다.

• 암브로시우스 『아브라함』 1,4,27.[8]

이제부터

그런데 여기서, 그냥 지나쳐서는 안 되는 문제, 또한 한편으로 여러분 가운데 일부를 괴롭힐지도 모를 문제가 제기됩니다. 야곱의 할아버지인 이 사람, 아브라함의 이름이 바뀌었다(그의 본디 이름은 '아브람'이었는데, 하느님께서 '이제 너는 아브람이 아니라 아브라함으로 불릴 것이다'라고 하시며 그의 이름을 바꾸어 주셨습니다)는 것은 무슨 뜻입니까? 그때부터 그는 다시는 아브람으로 불리지 않았습니다. 성경을 찾아보십시오. 그가 다른 이름을 받기 전에는 '아브람'으로만 불렸음을 보게 될 것입니다. 그는 새 이름을 받은 뒤에는 '아브라함'으로만 불렸습니다. 그런데 야곱도 다른 이름을 받을 때 같은 말씀을 들었습니다. "너의 이름은 이제 더 이상 야곱이 아니라 이스라엘이라 불릴 것이다"(창세 32,29). 성경을 찾아보십시오. 그는 늘 야곱과 이스라엘, 두 이름으로 불립니다. 아브람은 다른 이름을 받고는 '아브라함'으로만 불렸는데, 야곱은 다른 이름을 받고도 야곱과 이스라엘 두 이름으로 다 불렸습니다.

---

[6] FC 71,91-92*.

[7] '아브라함'이라는 이름의 문자적 뜻은 '많은 수의 아버지'다.

[8] CSEL 32,1,522.

아브라함이라는 이름의 뜻은 이 세상에서 이루어지게 되어 있었습니다. 그가 많은 민족의 아버지가 되는 것은 이곳이고, 그의 이름은 거기서 나왔기 때문입니다. 반면 이스라엘이라는 이름은 우리가 하느님을 뵙게 될 다음 세상에 속합니다. 그러므로 하느님의 백성인 그리스도인들은 이 세상 이 시간 속에 속하므로 야곱이며 이스라엘입니다. 우리는 현실 안에서는 야곱이고, 희망에 찬 기대 속에서는 이스라엘입니다.

• 아우구스티누스 『설교집』 122,4.[9]

17,6 아브라함에게서 나온 민족들

고귀한 후손에게는 덕 높은 정신이 가득하다

이제 그 무엇보다 약속으로 충만한 하느님의 선물 이야기로 돌아갑시다. 지혜보다 훌륭한 것이 무엇이 있으며, 허영보다 나쁜 것이 무엇이 있으며, 미신보다 퇴폐적인 것이 무엇이 있습니까? 하느님께서는 "나는 네가 매우 많은 자손을 낳아, 여러 민족이 되게 하겠다. 너에게서 임금들도 나올 것이다"라고 하십니다. 당신께서 완전함의 완성을 약속하셨던 사람에게 하실 법한 말씀입니다. "세상의 모든 부는 성실한 사람의 것이다"(잠언 17,6 칠십인역)라고 쓰여 있듯이, 그는 어리석은 사람처럼 줄어들지 않고 늘어날 것입니다. 아브라함은 민족이 됩니다. 민족들과 세상의 임금들에게 그의 믿음이 전해져, "임금들이 당신께 선물을 가져오게 하소서"(시편 68,30)라는 말씀이 가리키는 주 예수님의 권위에 복종하는 믿는 이들을 낳습니다. 이는 터무니없는 말이 아닙니다. 실제 지위가 임금인 이들만 아니라 죄의 노예가 아니라는 의미에서 임금인 이들, 곧 죽음이 그들에게 아무 권한을 지니지 못하기에 악이 정복할 수 없는 이들도 아브라함의 혈통으로부터 나올 것이기 때문입니다. 고결한 정신이 발견하는 것들은 제왕답게 자주적이기도 한 것을 우리는 보았습니다. 고결한 정신에서는 아브라함의 경우처럼, 질 나쁜 자손이 아니라 고귀한 후손이 많이 나오기 때문입니다. 그런 정신이 육적 쾌락에 넘어가지 않고 오히려 육체를 다스려, 육이 마땅히 순종하는 노예의 태도로 정신의 분부에 따르도록 그런 정신에게 온 세상이 주어집니다. 아브라함이라는 인물은 믿음이라는 상속 재산을 통하여 온 세상을 소유하는 교회의 신비를 분명하게 나타냅니다. 그가 "바른 [정신을 지닌] 이들의 선택된 아버지",[10] 믿음의 아버지, 경건한 고백의 아버지로 불리는 것은 옳습니다.

• 암브로시우스 『아브라함』 2,10,77.[11]

---

[9] *WSA* 3,4,240-41*.

[10] 암브로시우스는 필론의 어원 풀이를 사용한다.

[11] CSEL 32,1,629.

17,9-14 할례가 제정되다

[9] 하느님께서 다시 아브라함에게 말씀하셨다. "너는 내 계약을 지켜야 한다. 너와 네 뒤에 오는 후손들이 대대로 지켜야 한다.

[10] 너희가 지켜야 하는 계약, 곧 나와 너희 사이에, 그리고 네 뒤에 오는 후손들 사이에 맺어지는 계약은 이것이다. 곧 너희 가운데 모든 남자가 할례를 받는 것이다.♪

> ☞ ¹¹ 너희는 포피를 베어 할례를 받아야 한다. 이것이 나와 너희 사이에 세운 계약의 표
> 징이다.
> ¹² 대대로 너희 가운데 모든 남자는 난 지 여드레 만에 할례를 받아야 한다. 씨종과, 너의 후
> 손이 아닌 외국인에게서 돈으로 산 종도 할례를 받아야 한다.
> ¹³ 네 씨종과 돈으로 산 종도 할례를 받아야 한다. 그러면 내 계약이 너희 몸에 영원한 계약으
> 로 새겨질 것이다.
> ¹⁴ 할례를 받지 않은 남자, 곧 포피를 베어 할례를 받지 않은 자, 그자는 자기 백성에게서 잘
> 려 나가야 한다. 그는 내 계약을 깨뜨린 자다.”

둘러보기

참된 할례는 이해력을 통해 세상적인 것들을 넘어서 초월적인 실재에 다가갈 수 있는 능력이다("키릴루스").[1] 육체의 할례는 육체와 영혼, 곧 인간의 온전한 구원인 영적 할례의 표징이다(암브로시우스). 할례는 바오로가 가르친 대로, 미래의 진리를 나타내는 표상이요 상징으로 해석하는 것이 가장 적절하다(오리게네스). 육의 할례는 순결을 지키라는 계명이다. 여드렛날에 할례를 받아야 한다는 계명에는 신비가 담겨 있다. 이날은 부활의 날이기 때문이다(암브로시우스). 할례 받지 않은 사람들을 잘라 버리겠다는 위협은 이해하기 힘든 면이 있다. 여드레 된 아기에게 책임을 물을 수는 없기 때문이다. 이 지시는 부모나 지각이 깨인 나이가 된 사람들에게 하는 말로 이해해야 할 것이다(암브로시우스, 필론). 할례는 이스라엘이 다른 민족들과 섞이는 것을 막기 위해 주어진 표징이다(요한 크리소스토무스).

17,11 계약의 표징

참된 할례

어떤 의미에서 이 계약이 영원하다(창세 17,7.13 참조)는 것일까요? 한 가지 해석은, 약속하시는 분 때문에 영원하다는 것입니다. 하느님의 일들은 시간의 제약을 받지 않으니까요. 그러나 우리와 관련해서는, 영원한 것들이 시간의 제약을 받게 됩니다. 또 다른 해석은, 이스라엘과의 계약이 폐지되었을 때조차도 우리를 위해서는 그것이 유지되었으며, 그들 대신 우리가 하느님의 [백성]이라는 것입니다. 할례는 믿음[이 온] 뒤에 왔습니다. 합법적인 자식이 태어나리라는 약속이 있었고 그의 탄생이 늦어져서 서출인 자식이 먼저 태어났듯이, 영적 [할례의] 시간이 아직 되지 않았기에 [육체의] 할례가 먼저 왔습니다. 그러나 이 새 할례가 오면, 다른 할례는 폐지됩니다. 그래서 우리는 "그리스도 예수님 안에서는 할례를 받았느냐 받지 않았느냐가 중요하지 않습니다"(갈라 5,6) 하고 말합니다. 그 할례는 계약의 표징이었으나 죄인들도 지닐 수 있었습니다. 그러나 참된 할례는 완전하게 율법을 지키는 것입니다. 하느님께 낯선 것은 모두 잘라 버리고 없애며 이해력을 통해 세상적인 것들을 넘어서

---

[1] 『성경 주해 선집』(창세기)의 많은 발췌문들은 저자가 불확실하거나 기입되어 있지 않거나 친저성이 의심스럽다. 친저성이 의심되는 저자는 이 책에서 따옴표 안에 넣었다.

초월적인 실재에 다가가는 능력입니다. 여드렛날에 할례를 받는 것은 이를 나타내는 상징입니다. 구원자께서 여드렛날에 부활하심으로써 신비를 보여 주셨듯이, 여드렛날은 초자연적[인 날]입니다. 육의 할례를 받지 않은 자건 마음의 할례를 받지 않은 자건, 구약성경의 표현대로, 마음으로 할례를 받지 않은 자(예레 9,25 참조)는 잘려 나가야 한다는 언급도 타당합니다.

• "알렉산드리아의 키릴루스"
『성경 주해 선집』(창세기) 3,1026.[2]

영적 할례의 표징

많은 사람이 이 말씀을 이해하기 힘들어한다는 것을 저는 압니다. 실로, 할례가 좋은 것이라면, 오늘날에도 계속 행해져야 할 것입니다. 할례가 쓸모없는 것이라면, 애초에 그런 명령이, 특히나 거룩한 계명으로 내려져서는 안 되었습니다. 그렇지만 사도가 말했듯이, 아브라함은 "할례라는 표징을"(로마 4,11) 받은 것이고, 표징은 실재가 아니라 실재를 가리키는 것임이 분명합니다. 다시 말해, 그것은 진리가 아니라 진리를 가리킵니다. 사실, 바오로는 이 가르침을 이렇게 설명합니다. "그[아브라함]는 … 믿음으로 얻은 의로움을 확증하는 것으로서 할례라는 표징을 받았습니다"(로마 4,11). 그러므로 우리가 육체의 할례를 영적 할례의 표징으로 이해한다면 틀린 것이 아닙니다. 그래서 진리가 올 때까지 그 표징이 남아 있었습니다. 주 예수님께서 오셨습니다. 그분은 "나는 길이요 진리요 생명이다"(요한 14,6)라고 하십니다. 그분은 신체의 작은 부분에 표징으로 할례를 베푸시는 것이 아니라 진리 안에서 사람의 온 인격에 할례를 베푸시기 때문입니다. 그분께서는 표징을 폐기하시고 진리를 세우셨습니다. 완전한 것이 오면 부분적인 것은 사라지기 때문입니다. 이처럼, 전체[에 베풀어지는] 할례가 빛나자 부분[에 베풀어지는] 할례는 끝났습니다. 이제는 사람이 더 이상 부분적으로 구원받지 않고 육체와 영혼 안에서 그 사람 전체가 구원받기 때문입니다. 이렇게 쓰여 있습니다. "누구든지 내 뒤를 따라오려면, 자신을 버리고 제 십자가를 지고 나를 따라야 한다"(마태 16,24). 이것이 완전한 할례입니다. 육체의 희생을 통해 영혼이 구제받기 때문입니다. 주님께서도 이렇게 말씀하십니다. "나 때문에 자기 목숨을 잃는 사람은 목숨을 구할 것이다"(루카 9,24).

• 암브로시우스 『아브라함』 1,4,29.[3]

미래의 진리를 나타내는 표상이요 상징

바오로 사도에게 배운 우리는, 많은 것이 미래의 진리를 나타내는 상징과 표상으로 세워졌듯이 육체의 할례도 영적 할례의 형상을 지니고 있었으며, 위엄하신 하느님께서 죽을 운명의 인간들에게 그에 관한 명령을 내리신 것은 마땅하고 옳은 일이었다고 말합니다. 그러니 "다른 민족들에게 믿음과 진리를 가르치는 교사"(1티모 2,7)인 바오로 사도가 그리스도의 교회에게 할례의 신비에 대해 무어라고 가르치는지 들으십시오. 그는 "거짓된 할례를 주장하는 자들을 조심하십시오. — 이는 육체의 할례를 주장하는 유대인들을 뜻합니다 — "우리야말로 참된 할례를 받은 사람입니다"(필리 3,2-3) 하고 말합니다. 이는 할례에 관한 바오로의 견해를 알려 주는 말 가운데 하나입니다. 또 다른 말도 들어 보십시오. "겉모양을 갖추었다고 유다인이 아니고, 살갗에 겉모양으로 나타난다고 할례가 아닙니다. 오히려 속으로 유다인인 사람이 참유다인이고, 문자가 아

---

[2] TEG 3,92-93.　　　　[3] CSEL 32,1,524-25.

니라 성령으로 마음에 받는 할례가 참할례입니다"(로마 2,28-29). 하느님의 성도요 친구인 사람들 사이에서는 육의 일부를 제거하는 것에 관해 이야기하기보다 이런 할례에 대해 이야기하는 것이 더 어울리지 않겠습니까?

다만, 생소한 표현 때문에 유대인들만이 아니라 우리 형제들 가운데 일부도 올바르게 이해하기 힘들지 모르겠습니다. 바오로가 말하는 '마음의 할례'라는 것이 불가능한 일처럼 보이기 때문입니다. 사실 내장으로 덮여 사람 눈에 보이지도 않는 곳에 감추어져 있는 것에 어떻게 할례를 할 수 있겠습니까?⁴

    • 오리게네스 『창세기 강해』 3,4.⁵

순결을 지키라는 교훈

아브라함은 참된 후손이 받을 상속 재산에 관한 약속을 받을 시점에, 할례에 관한 지시를 듣습니다. '육체의 할례'는 순결을 지키라는 계명이라는 것, 사람은 육의 정욕을 버리고 억제할 수 없는 욕정 때문에 수그러들지 않는 욕망을 제어해야 한다는 뜻임이 분명하지 않습니까? 사실, '할례'라는 말 자체가 불순함의 모든 악취를 없애고 정욕의 자극을 제거한다는 뜻입니다.

    • 암브로시우스 『아브라함』 1,4,27.⁶

17,12 여드레 만에 할례를 받는다

영적 할례가 완전한 할례다

아브라함은 완전함으로 불렸기에, 완전함을 요구하는 하느님의 말씀을 받습니다. 그것은 '너희 가운데 모든 남자는 포피를 베어 할례를 받아야 한다'는 말씀이었습니다. 그러나 완전한 할례는 영적 할례입니다. 실로 성경도 '너희 마음에 할례를 행하라'(신명 10,16 참조)고 가르칩니다. 많은 이가 [창세기의] 이 대목을 '너희 가운데 모든

남자, 곧 정신이 할례를 받아라'는 뜻으로 풀이합니다. 정신보다 더 남성적인 것은 없기 때문입니다. 뿐만 아니라, 남성적인 것은 거룩하기도 합니다. "태를 맨 먼저 열고 나온 첫아들은 모두 주님에게 바치기에 합당하게 거룩하다"(탈출 13,2 참조)고 하기 때문입니다. 그러나 출산을 방해하는 불임으로 인해 닫혀 있던 영혼의 태를 열어, 이사야가 "저희가 임신하여 구원의 정신을 낳았습니다"(이사 26,18 참조)라고 묘사한 영적 태를 통해 보이지 않는 후손들이 태어나게 하는, 선한 생각들이라는 씨를 만드는 정신보다 거룩한 것이 무엇이 있겠습니까? 그러니까 요구되는 것은, 마음의 지성적인 할례와 육의 분별 있는 할례입니다. 전자의 [할례는] 진리 안에 있고 후자의 [할례는] 표징입니다. 그렇다면 할례는 두 가지입니다. 정신과 육체의 고행을 요구하기 때문입니다. 실제로 이집트에서는 남자가 열네 살이 되면 할례를 베풉니다. 그리고 여자도 같은 나이에 할례를 받는다고 합니다. 그 나이에 남성의 정욕이 불붙기 시작하고 여성의 달거리가 시작되기 때문입니다. 그러나 영원한 법의 반포자는 육적 할례의 표시를 남성에게만 요구합니다. 성적인 면에서 남자가 여자보다 충동적이기 때문입니다. 그리고 이런 까닭에 그분께서는 남자의 격렬한 충동을 할례라는 표시로 제어하고자 하셨습니다. 또는, 남자건 여자건 혼외로 성적 관계를 가지는 것은 허락되지 않는 것이 사실이건만, 남자들이 간통만 피한다면 잘못이 없고 매음은 자연법에 어긋나지 않는다고 믿기 때문입니다. 그러나 더 깊은 해석은 이렇습니다. 정신

---

⁴ '마음'이라는 낱말에 '심장'이라는 뜻도 있다는 것을 감안하고 읽어야 하는 해석이다 — 역자 주.

⁵ FC 71,94.

⁶ CSEL 32,1,522.

이 일단 정화되고 할례 받아 불법적인 욕망과 생각들에서 해방되면, 자신의 순결함으로 영혼을 묶고 지각의 순수함을 불어넣어 영혼이 좋은 자손을 낳을 수 있게 한다는 것입니다.

율법은 남자아이가 여드레 되는 날에 할례를 받아야 한다고 지시합니다. 이는 신비를 품고 있는 계명임이 분명합니다. 이날은 바로 부활의 날이기 때문입니다. 실로 주 예수님께서는 죽은 이들 가운데에서 일요일에 다시 살아나셨습니다. 그러므로 부활의 날에 우리가 할례 받고 무절제와 범죄로부터 해방되고 모든 더러움에서 정화되고 육체의 악덕을 모두 씻어 버렸다면, 그리고 그날부터 깨끗이 살아 나간다면, 우리는 깨끗한 몸으로 부활할 것입니다.

● 암브로시우스 『아브라함』 2,11,78-79.[7]

17,13 영원한 계약

너의 몸에 새겨진 계약

하느님의 계약은, "속된 방식으로 싸우지 않으며"(2코린 10,3 참조) "언제나 예수님의 죽음을 몸에 짊어지고"(2코린 4,10) 다니는 사람의 '몸에' [새겨져] 있습니다.

● "알렉산드리아의 키릴루스" 『성경 주해 선집』(창세기) 3,1027.[8]

17,14 할례를 받지 않은 자는 계약을 깨뜨린 자다

이성의 시대

의도적으로 저지른 일이 아닌 것은 율법으로 처벌할 수 없다고 언명되어 있습니다. 율법은 실수로 살인을 저질렀다고 주장하는 사람에게조차 정상을 참작해 주기 때문입니다(참조: 민수 35,11; 신명 4,41-43; 19,1-13; 여호 20,1-9). 그런데 할례를 받지 않은 여드레 된 아기가 왜 마치 죽음의 처벌을 당할 것처럼 위협받는 것입니까? 어떤 사람들은, 이것은 부모에게 해당하는 말이라고 설명합니다. 율법의 계명을 가벼이 여긴 부모가 처벌을 받아야 한다는 것입니다. 그러나 또 어떤 사람들은 이 본문이, 이성을 사용하는 나이에 이르고도 율법을 어긴 자는 반드시 처벌을 받도록 하기 위해, 아기에게조차 더할 수 없는 분노를 표현하는 과장법을 사용했다고 생각합니다.

● 알렉산드리아의 필론 『창세기에 관한 질문과 해결』 3,52,1.[9]

뜻이 명확하지 않다

주님의 이 말씀을 많은 사람이 이해하기 힘들어하는 것은 그럴 만하며 지나친 반응이 아닙니다. "할례를 받지 않은 남자, 곧 포피를 베어 할례를 받지 않은 자, 그자는 자기 백성에게서 잘려 나가야 한다. 그는 내 계약을 깨뜨린 자다." 사실, 살인 — 실수로 사람을 죽인 — 의 경우에도 율법은 범죄자가 피의 보복을 피하기 위해 특정 성읍으로 달아날 수 있다고 규정합니다(참조: 민수 35,9-15; 신명 4,41-43; 19,1-13; 여호 20,1-9). 그런데, 부모의 소홀함이 여드레 된 아기에게 벌을 불러와 아기의 영혼이 파멸한다는 것은 쉽게 받아들일 수 있는 말이 아닙니다. 살인 행위도 의도한 것이 아니면 사정을 봐주는데, 이 경우에는 어떻게 아기의 어린 나이를 전혀 고려하지 않을 수 있는 것입니까? 아기는 소홀함의 죄도 의도적인 죄도 짓지 않았습니다. 아기의 죽음은 부모에게 더 큰 형벌이라고 생각하는 사람도 있을지는 모르겠습니다. 그러나 잘못을 저지른 사람 대신 결백한 사람이 벌을 받거나 똑같은 정도의 책

---

[7] CSEL 32,1,630-31.

[8] TEG 3,93.

[9] TEG 3,94.

임이 없는데도 함께 벌을 받는다면 부당하다고 여겨집니다. 이런 까닭에 이 구절을 부모가 잘려 나간다고, 곧 아기가 아니라 부모의 영혼이 파멸한다고 풀이하는 사람들도 있습니다. "그는 내 계약을 깨뜨린 자다"라는 말이 이 해석을 뒷받침해 주기는 하지만, 그것이 맞는지 확실하지는 않습니다. 그렇다면 이것은 아기가 아니라 이해의 능력이 있는 이에게 주어진 말로 보입니다. 어떤 이들은, 아이들도 벌을 면제받지 않는다는 [것을] 보고 부모들이 어른으로서 더욱 큰 두려움을 느끼도록, 주 하느님께서 엄중한 벌로 은근하게 부모를 위협하시는 것이라고 주장합니다.

• 암브로시우스 『아브라함』 2,11,83.[10]

다른 민족들과 섞여 살 경우를 대비한 것

미래의 세대들이 율법을 제대로 지키지 않을 것을 아시고, 그들이 다른 민족들과 섞여 살 경우를 대비해 그들의 솟구치는 충동을 제어하시고자, 마치 그들의 입에 재갈을 물리듯이 할례의 표징을 내리시는 주님의 지혜를 보십시오. 그렇습니다. 주님께서는 분별없는 충동을 삼가라고 수없이 되풀이해 가르치셨건만 자제를 실천하지

않는 그들의 음탕한 성향을 알고 계셨습니다. 그래서 사슬로 그들을 묶듯, 그들이 영원히 보고 새기도록 할례라는 표징을 주셨습니다. 그들이 자기 민족 안에 머물지 않고 그 표시를 밟고 넘어가 다른 민족들과 관계를 맺지 못하도록, 그리하여 선조의 혈통을 더럽히지 않고 지키도록 한계와 규정들을 세우신 것입니다. 그렇게 함으로써 그들의 유익을 위해 약속이 실현될 수 있었습니다. 이는 순종하지 않는 자식을 둔, 자제력과 양식이 있는 남자[가 할 법한 행동]입니다. 그는 자식이 현관 밖으로 얼굴을 내밀거나 지나가는 사람 눈에 뜨이지 않도록 아들에게 한계와 규정을 세워 줍니다. 사실, 그는 좀처럼 규율을 지키지 못하는 자식의 버릇을 고치기 위해 종종 아들의 발을 묶기도 합니다. 네, 사랑 깊으신 주님께서도 바로 이런 식으로, 그들의 발에 차꼬를 채우시듯 그들에게 육의 할례라는 표징을 주셨습니다. 그 표시가 늘 가까이 있으면 다른 이들에게서 더 배울 필요가 없을 테기 때문이었습니다.

• 요한 크리소스토무스 『창세기 강해』 39,14.[11]

---

[10] CSEL 32,1,634. [11] FC 82,384*.

17,15-21 하느님께서 이사악의 탄생을 약속하시다

[15] 하느님께서 다시 아브라함에게 말씀하셨다. "너의 아내 사라이를 더 이상 사라이라는 이름으로 부르지 마라. 사라가 그의 이름이다.

[16] 나는 그에게 복을 내리겠다. 그리고 네가 그에게서 아들을 얻게 해 주겠다. 나는 복을 내려 사라가 여러 민족이 되게 하겠다. 여러 나라의 임금들도 그에게서 나올 것이다."

[17] 아브라함은 얼굴을 땅에 대고 엎드려 웃으면서 마음속으로 생각하였다. '나이 백 살 된 자에게서 아이가 태어난다고? 그리고 아흔 살이 된 사라가 아이를 낳을 수 있단 말인가?

[18] 그러면서 아브라함이 하느님께 "이스마엘이나 당신 앞에서 오래 살기를 바랍니다." 하고 아뢰자, ♪

↶ ¹⁹ 하느님께서 말씀하셨다. "아니다. 너의 아내 사라가 너에게 아들을 낳아 줄 것이다. 너는 그 이름을 이사악①이라 하여라. 나는 그의 뒤에 오는 후손들을 위하여 그와 나의 계약을 영원한 계약으로 세우겠다.

²⁰ 이스마엘을 위한 너의 소원도 들어 주겠다. 나는 그에게 복을 내리고, 그가 자식을 많이 낳아 크게 번성하게 하겠다. 그는 열두 족장을 낳고, 나는 그를 큰 민족으로 만들어 줄 것이다.

²¹ 그러나 나의 이 계약은 내년 이맘때에 사라가 너에게 낳아 줄 이사악과 세우겠다."

① '그가 웃다'라는 뜻이다.

둘러보기

사라이의 이름이 '사라'로 바뀐 것은 히브리어 어원 풀이에 따르면 '나의 지배자'에서 '지배자'로 뜻이 바뀐 것이다. 사라는 바르게 믿는 모든 여성의 어머니다(베다). 아들이 태어나리라는 말씀에 아브라함이 웃은 것은 그가 약속을 의심했다는 증거가 아니라 장차 일어날 일에 놀라워했다는 증거다(에프램). 해석자들을 곤란에 빠뜨린 그 웃음은 불신의 표현이 아니라 기쁨의 표현이었다고 풀이되기도 한다(암브로시우스). 이사악이라는 이름이 '웃음' 또는 '기쁨'이라는 낱말에서 왔다는 사실에 근거해, 이사악을 이승에서는 울었으나 복된 웃음이 따를 모든 사람으로 해석하기도 한다("키릴루스).

17,15 사라이의 이름이 바뀌다

올바로 믿는 모든 여성의 어머니

[하느님께서는] "너의 아내 사라이를 더 이상 사라이라는 이름으로 부르지 마라. 사라가 그의 이름이다" 하고 말씀하셨습니다. 그녀를 '나의 지배자'라고 부르지 말고 '지배자'라고 부르라는 뜻입니다. [이 변화는] 사라가 그런 위대한 신앙의 동료요 공유자가 되었으니, 그녀에 대한 그분

의 생각을 [그녀를 나타내는 이름으로] 불러야 한다고 분명하게 [가르칩니다]. 그[아브라함]의 집 안만의 지배자가 아니라 절대적인 지배자, 곧 바르게 믿는 모든 여성의 어머니로 불려야 한다고 말입니다. 그래서 복된 베드로는 다른 민족들 가운데 믿는 여인들에게 겸손과 순결, 정숙의 덕을 훈계할 때 우리의 어머니 사라를 기억하고 합당한 찬미를 바치며 이렇게 이야기합니다. "예컨대 사라도 아브라함을 주인이라고 부르며 그에게 순종하였습니다. 여러분도 선을 행하고 아무리 무서운 일이라도 두려워하지 않으면, 사라의 딸이 되는 것입니다"(1베드 3,6).

● 존자 베다 『복음서 강해』 1,11.[1]

17,17 아브라함이 웃다

놀라워한 아브라함

아브라함이 웃은 것을 두고 그가 의심하는 죄를 지었다고 생각해서는 안 됩니다. 그의 말은 이스마엘에 대한 사랑을 보여 주기 때문입니다. 그는 이십오 년 동안 이 희망에 매달려 왔습니다. 아브라함은 환시가 있을 때마다 확고한 믿음

---

[1] CS 110,106-7.

을 보여 주었습니다. 불임과의 싸움이 아무리 힘 겨웠어도 그는 믿음의 승리를 보여 주었습니다. 불임에다 나이까지 노년에 접어들었는데도, 그는 마음속으로 웃었습니다. 자신의 주님께서 그를 위해 이 두 가지를 넘어서 주신다는 것이 놀라웠습니다.

• 시리아인 에프렘 『창세기 주해』 14,2.[2]

모든 믿는 이들의 조상

하느님께서 아브라함을 부르셨을 때 그가 아직 할례를 받지 않았으며, 본처가 낳은 아들이 상속자가 되게 해 주겠다는 약속을 받았을 때도 아직 할례를 받기 전이었다는 사실을 생각해 볼 필요가 있습니다. 이것은 아브라함이, 유대인들이 주장하듯 그들의 조상일 뿐 아니라, 믿음을 통해 모든 믿는 이의 조상임을 믿으라고 여러분을 부릅니다. 사라가 결코 작은 선물이 아닌 축복을 받아 덕과 은총의 탁월함을 지니게 된 것도 남편이 할례를 받기 전이며 그녀의 이름이 사라로 불리기 전이었습니다. 회당이 아니라 교회의 예형이 그녀 안에 설 수 있도록, 하느님께서는 그녀에게서 '여러 민족'과 그리고 '여러 나라 임금들'이 나올 것이라고 약속하십니다. 사라에게서 아들을 얻게 해 주겠다는 약속을 듣고 아브라함이 웃은 것은 불신의 표현이 아니라 기쁨의 표현이었습니다. 실로 그는 "얼굴을 땅에 대고" 엎드렸습니다. 이것은 경배의 자세이며, 그가 믿었음을 뜻합니다. 그는 속으로 생각했습니다. "나이 백 살 된 자에게서 아이가 태어난다고? 그리고 아흔 살이 된 사라가 아이를 낳을 수 있단 말인가?" 그러고는 "이스마엘이나 당신 앞에서 오래 살기를 바랍니다" 하고 말했습니다. 그는 약속을 의심한 것이 아닙니다. 탐욕스러운 기도를 바친 것도 아닙니다. 그의 말은 '당신께서는 백

살이나 먹은 늙은이에게도 아들을 주실 수 있으시며, 자연의 창조주로서 그 한계를 너끈히 뛰어넘으시리라는 것을 저는 믿어 의심치 않습니다. 이 선물을 받는 이는 실로 복됩니다. 그러나 집안의 종이 낳은 이 이스마엘도 당신 앞에서 살게 된다면, 제가 곱절로 사랑받는 것입니다'라는 뜻이었습니다. 그래서 주님께서는 아브라함의 뜻을 받아들이시어, 그의 청을 거절하지 않으시고 당신의 약속을 확인해 주셨습니다.

• 암브로시우스 『아브라함』 1,4,31.[3]

감탄한 아브라함

아브라함이 웃은 것은 일부 사람들이 상상하듯 그 말씀을 믿지 않아서가 아니라, 그 말씀을 믿었기 때문에 기뻐서 그런 것입니다. 복음서에서는, '그가 기뻐했다'는 말 대신 '그가 웃었다'고 표현하기도 합니다(루카 6,21.25 참조). 그런 까닭으로 아브라함도 "얼굴을 땅에 대고 엎드려 웃으면서" 마음속으로 감탄했습니다.

• "알렉산드리아의 키릴루스" 『성경 주해 선집』(창세기) 3,1038.[4]

17,19 이사악

모든 사람은 이사악이다

이사악은 하느님의 지시로 이름을 지은 첫 사람입니다. 그분께서 주신 이 이름은 이승에서의 울음 뒤에 복된 웃음이 온다는 예언입니다. 좀 재미나게 표현하자면, "너희는 웃게 될 것이다"(루카 6,21)라는 약속이 이루어진 모든 사람은 '이사악'이라고 할 수 있습니다.

• 저자 미상 『성경 주해 선집』(창세기) 3,1041.[5]

---

[2] FC 91,157.

[4] TEG 3,100.

[3] CSEL 32,1,526.

[5] TEG 3,101.

17,22-27 아브라함과 온 집안이 할례를 받다

²² 하느님께서는 아브라함과 말씀을 마치시고 그를 떠나 올라가셨다.

²³ 아브라함은 그날로 자기 아들 이스마엘과 씨종들과 돈으로 산 종들, 곧 아브라함의 집안 사람들 가운데에서 남자들을 모두 데려다가, 하느님께서 자기에게 이르신 대로 포피를 베어 할례를 베풀었다.

²⁴ 아브라함이 포피를 베어 할례를 받았을 때, 그의 나이는 아흔아홉 살이었고,

²⁵ 그의 아들 이스마엘이 포피를 베어 할례를 받았을 때, 그의 나이는 열세 살이었다.

²⁶ 바로 그날에 아브라함과 그의 아들 이스마엘이 할례를 받았다.

²⁷ 그리고 집안의 모든 남자들, 곧 씨종들과 외국인에게서 돈으로 산 종들도 그와 함께 할례를 받았다.

둘러보기

성경이 아브라함의 나이를 알려 주는 이유는 순순히 고통을 받아들인 이 의인의 순종하는 태도를 보여 주기 위해서다(요한 크리소스토무스). 이스마엘이 열세 살 때 할례를 받은 것은 성적으로 활발해지기 시작할 때 정욕의 열기를 가다듬어야 함을 나타낸다(암브로시우스). 그날 아브라함에게 할례를 받은 사람의 수는 삼백십팔 명이었으며(창세 14,14 참조), 이 수는 상징적으로 예수님과 그분의 십자가를 나타낸다(위-바르나바). 우리의 할례는 세례의 은총이다(요한 크리소스토무스).

17,24 아브라함이 할례를 받다

의인의 순종

성경이 우리에게 뜻 없이 그의 나이를 알려 준다고 생각하지 마십시오. 그것은 무척이나 많은 나이에도 불구하고 하느님의 명령에 순순히 고통을 받아들인 이 의인의 순종하는 태도를 여러분이 배우게 하려는 것입니다. 아브라함뿐 아니라 이스마엘과 종들도 모두 그렇게 했습니다.

그래서 나이를 모두 밝힌 것입니다.

• 요한 크리소스토무스 『창세기 강해』 40,14.[1]

17,25 이스마엘이 할례를 받다

정욕의 열기를 가다듬게 한 것

이스마엘이 열세 살 때 할례를 받은 것도 명백한 이유가 있습니다. 성적으로 활발해지기 시작하는 이는 부정한 관계를 삼가고 합법적인 관계만을 맺도록 정욕의 열기를 가다듬어야 하기 때문입니다.

• 암브로시우스 『아브라함』 2,11,91.[2]

17,27 모든 남자들이 할례를 받다

아브라함이 삼백십팔 명의 남자에게 할례를 베풀다

사랑의 자녀들이여, 모든 것에 관하여 확실하게 배우십시오. 가장 먼저 할례를 받은 아브라함은 영 안에서 예수님을 고대하며 그것을 받았고,

---

[1] FC 82,396.

[2] CSEL 32,1,638.

세 글자로 된 교의를 받았습니다. '아브라함은 집안의 남자 십팔 명과 삼백 명에게 할례를 베풀었다'고 하기 때문입니다. 그러면 그에게 주어진 지식은 무엇입니까? 그가 '십팔'이라는 수를 먼저 말하고, 그다음에 '삼백' 명을 이야기하는 사실에 주목하십시오. '십팔'은 *I*(=10) 더하기 *H*(=8) — *IH*는 예수님을 뜻하는 글자지요 — 이며, 십자가는 '타우'(*T*)라는 글자 모양 안에서 은총을 지니도록 예정되어 있었기에 '삼백'을 이야기한 것입니다.[3] 그러니까 두 글자는 예수님을 나타내고 다른 한 글자는 십자가를 나타냅니다. 그는 그분의 가르침이라는 선물을 우리 마음 안에 심은 이가 누구인지 압니다.

• 위-바르나바 『바르나바의 편지』 9,7-9.[4]

고통스럽지 않은 치유책

한편 하느님의 자애와 우리에 대한 그분의 이루 말할 수 없는 선의도 생각해 보시라고 사랑하는 여러분께 청합니다. 그들의 할례는 고통과 괴로움만 따르고, 이 표징으로 사람들을 구별할 수 있게 하여 그들을 다른 사람들과 갈라놓았을 뿐 아무런 유익함도 가져오지 못했습니다. 이와 반대로, 우리의 할례 — 곧, 세례의 은총 — 는 고통 없는 치유책이며, 우리를 영의 은총으로 채움으로써 무수한 좋은 것들을 가져다주는 수단입니다. 그들의 할례와 달리 ["사람의 손으로 이루어지지 않는"(콜로 2,11)] 이 할례는 정해진 시기가 없어 어린 나이건 중년이건 아주 늙은 노년이건 누구라도 받을 수 있으며, [고통을] 참는 것이 아니라 죄의 짐을 내려놓고 그간 지은 모든 잘못을 용서받는 것입니다. … 사랑 깊으신 하느님께서는 우리가 무척이나 한계가 많으며 고칠 수 없는 병을 앓고 있고 많은 보살핌과 당신의 이루 말할 수 없는 사랑을 필요로 한다는 것을 보셨습니다. [그래서] 우리의 구원을 위한 준비로서, 우리가 예전의 인간 — 곧, 악행 — 을 내려놓고 새 인간을 입어 덕의 길로 나아갈 수 있도록, 우리에게 새로 남의 씻음을 통한 회복을 허락하셨습니다.

• 요한 크리소스토무스 『창세기 강해』 40,16.[5]

---

[3] 96쪽 주 4 참조.

[4] LCL 24,373.

[5] FC 82,397*.

18,1-8 주님께서 아브라함에게 나타나시다

¹ 주님께서는 마므레의 참나무①들 곁에서 아브라함에게 나타나셨다. 아브라함은 한창 더운 대낮에 천막 어귀에 앉아 있었다.

² 그가 눈을 들어 보니 자기 앞에 세 사람이 서 있었다. 그는 그들을 보자 천막 어귀에서 달려 나가 그들을 맞으면서 땅에 엎드려

³ 말하였다. "나리, 제가 나리 눈에 든다면, 부디 이 종을 그냥 지나치지 마십시오.

⁴ 물을 조금 가져오게 하시어 발을 씻으시고, 이 나무 아래에서 쉬십시오.

⁵ 제가 빵도 조금 가져오겠습니다. 이렇게 이 종의 곁을 지나게 되셨으니, 원기를 돋우신 다음에 길을 떠나십시오." 그들이 "말씀하신 대로 그렇게 해 주십시오." 하고 대답하였다.

> *⁶ 아브라함은 급히 천막으로 들어가 사라에게 말하였다. "빨리 고운 밀가루 세 스아를
> 가져다 반죽하여 빵을 구우시오."
> ⁷ 그리고서 아브라함이 소 떼가 있는 데로 달려가 살이 부드럽고 좋은 송아지 한 마리를 끌어
> 다가 하인에게 주니, 그가 그것을 서둘러 잡아 요리하였다.
> ⁸ 아브라함은 엉긴 젖과 우유와 요리한 송아지 고기를 가져다 그들 앞에 차려 놓았다. 그들이
> 먹는 동안 그는 나무 아래에 서서 그들을 시중들었다.
>
> ① 또는 '테레빈나무'.

둘러보기

"주님께서 … 나타나셨다"는 문장은, 인간이 어떻게 보이지 않는 하느님이신 만물의 창조주를 볼 수 있는가? 하는 문제를 제기한다.¹ 초기의 일반적인 해결책은 아브라함이 세 방문자 가운데 한 사람에게만 "나리" 하고 부른 것처럼 보이는 창세기 18장 3절에 근거해, 이 방문자를 하느님의 거룩한 '말씀'으로 풀이하는 것이었다(에우세비우스). 세 방문자는 삼위일체의 상징이나 예표로 여겨지기도 했고(암브로시우스), 니케아 공의회 이후의 용어로 설명되었다. 세 방문자를 천사들로 보는 해석도 있다(에프렘, 아우구스티누스). '마므레의 참나무'는 어원 풀이에 따르면 '환시'를 뜻하며, 성경을 성경으로 해석한다는 원칙(서문 58쪽 참조)을 사용하여 이 개념을 마음이 깨끗한 이들은 하느님을 뵙게 되리라고 약속하는 참행복 선언과 연결시킬 수 있다. 아브라함에게 온 세 사람과 롯을 찾아간 두 사람(창세 19장)의 대조적인 면을 통해 이들[아브라함과 롯] 각각의 공로를 비교할 수 있다(오리게네스, 아를의 카이사리우스). 성경의 어느 한 낱말, 아주 사소한 사항도 이유 없이 기록된 것은 없다는 원칙(서문 40쪽 참조)에 따라, '자기 앞에'라는 구절 같은 사소한 사항도 교화의 소재가 된다(오리게네스, 에프렘, 아를

의 카이사리우스). 이 이야기는 손님 환대의 덕을 권고하는 근거가 되기도 한다. 손님들을 위해 밀가루 세 스아로 반죽해 구운 빵과 송아지 고기를 준비했다는 언급은 삼위일체 교의와 그리스도의 희생을 예시하는 것으로 풀이된다(오리게네스, 암브로시우스, 아를의 카이사리우스).

18,1 주님께서 마므레의 참나무들 곁에 나타나시다

주님께서 나타나시다

아브라함이 마므레의 참나무들 곁에 앉아 있을 때 주 하느님께서 보통 사람의 모습으로 그에게 나타나셨다고 합니다. 그러나 [아브라함은] 눈으로는 인간의 모습을 보면서도 곧바로 엎드려 그를 하느님으로 경배하고 주님으로 모시며, 그분이 누구신지 모르지 않는다는 것을 바로 이런 말로 고백했습니다. "온 세상의 심판자께서는 공정을 실천하셔야 하지 않겠습니까?"(창세 18,25). 태어나지 않으신 분이며 불변하는 전능하신 하느님의 본질이 인간의 형태로 바뀌었고 그리하여 보는 이의 눈이 창조된 어떤 것의 환영에 의해 눈속임을 당하고 그런 것이 성경에 의해 거짓으로 꾸며졌다고 보는 것이 이치에 맞지 않는

---

¹ 창세기 12장 7절 해설(73쪽)을 참조하라.

다면, 선재하시는 말씀 말고 어느 누구를 두고 온 땅을 심판하시며 공정하게 심판하시는 하느님이요 주님 — 만물의 제1원인이라고 불러도 좋을 것입니다 — 께서 인간의 모습으로 나타나셨다고 선포할 수 있겠습니까?

• 카이사리아의 에우세비우스 『교회사』 1,2,7-8.[2]

삼위일체의 예형을 본 아브라함

나그네들을 반가이 맞고, 하느님께 충실하며 그 섬김에 지칠 줄 모르고 자신의 임무를 완수하는 데 기민한 아브라함은 삼위일체의 예형을 보았습니다. 그는 환대만 한 것이 아니라 깊은 신심까지 보여 주었습니다. 세 [사람]을 보았지만 한 사람에게만 경배했으며, 셋을 구별하면서도 한 사람만 주님으로 부름으로써 세 사람을 높이면서도 하나의 권능만을 나타냈기 때문입니다. 지식이 아니라 은총이 그의 안에서 이야기했던 것입니다. 그는 그가 배우지 않은 것을 배운 우리보다 더 제대로 믿었습니다. 진리의 예형을 조금도 왜곡하지 않았습니다. 그는 세 [사람]을 보았지만 그들의 일치를 경배했습니다. 그는 빵은 세 분량을 내왔지만 제사는 한 번이면 족하다 믿었기에 송아지는 한 마리만 잡았습니다. 희생 제물은 하나지만 예물은 셋이었습니다.

• 암브로시우스 『동생 사티루스의 죽음』 2,96.[3]

방문자는 천사들이었다

하느님께서 또다시 마므레의 참나무들 곁에서 세 사람의 형상으로 아브라함에게 나타나셨습니다. 그들이 천사였음은 의심할 나위가 없습니다. 그 가운데 하나를 주 그리스도였다고 여기는 이들도 있는데, 그렇다면 그분께서 육의 옷을 입기 전에도 눈에 보이는 모습으로 나타나셨다고 주장하는 셈입니다. 그런데 당신의 그 어떤

것도 달라지지 않은 채 사멸할 자들의 모습을 하고 나타나는 것은 신적 권능만이 할 수 있는 일이며, 비가시적이고 비육체적이며 불변하는 본성의 소산입니다. 다만 당신에게 귀속하는 어떤 사물의 모습을 띠고서 나타나십니다. 하기야 그분에게 귀속하지 않는 것이 무엇이 있겠습니까? 아무튼 아브라함이 세 사람을 보고서도 한 사람에게 말하듯 주님께 이야기한 점으로 미루어 이 셋 가운데 누군가는 그리스도였다고 주장하기도 합니다. 성경에는 이렇게 쓰여 있습니다. "그가 눈을 들어 보니 자기 앞에 세 사람이 서 있었다. 그는 그들을 보자 천막 어귀에서 달려 나가 그들을 맞으면서 땅에 엎드려 말하였다. '나리, 제가 나리 눈에 든다면, 부디 이 종을 그냥 지나치지 마십시오.'" 그런데 [그 셋 가운데 하나가 그리스도였다고 주장하는 이들은] 그 가운데 둘이 소돔을 멸망시키러 왔을 때, 아브라함만 그 가운데 하나에게 주님이라고 부르며 의인을 악인과 더불어 소돔에서 멸망시키지 말아 주십사고 간청을 드린 것이 아니라, 롯도 그 둘을 맞아들여 이야기를 나눌 때 단수로 주님이라고 부른 사실은 왜 언급하지 않는 것입니까? 롯은 처음에는 "나리들, 부디 제 집으로 드시어 밤을 지내십시오"(창세 19,2)라고 말하지만 뒤에는 이렇게 기록되어 있습니다. "그 사람들[천사들]은 롯과 그의 아내와 두 딸의 손을 잡고 성읍 밖으로 데리고 나갔다. 주님께서 롯에게 자비를 베푸셨기 때문이다. 그들은 롯의 가족을 밖으로 데리고 나와 말하였다. '달아나 목숨을 구하시오. 뒤를 돌아다보아서는 안 되오. 이 들판 어디에서도 멈추어 서지 마시오. 휩쓸려 가지 않으려거든 산으로 달

---

[2] FC 19,39-40*.

[3] FC 22,239-40.

아나시오.' 그러나 롯은 그들에게 말하였다. '나리, 제발 그러지 마십시오. 이 종이 나리 눈에 들어, …'"(창세 19,16-19). 이 말을 듣고 그 자리에 두 천사가 있었는데도 주님께서 일인칭 단수로 화자가 되어 이렇게 말씀하십니다. "좋소. 내가 이번에도 그대의 얼굴을 보아 그대가 말하는 저 성읍을 멸망시키지 않겠소"(창세 19,21). 이러니 아브라함은 세 인물에게서, 롯은 두 인물에게서 주님을 알아보았다는 말이 훨씬 신빙성 있습니다. 두 사람은 그 인물들을 사람이라고 여겼을지라도 그 인물들에게 단수로 말씀드렸습니다. 사람으로 여기지 않았다면 그들을 맞아들여 사멸하는 존재들처럼, 곧 인간들이 먹는 음식이 필요한 존재들처럼 모셨을 리가 없습니다. 하지만 비록 인간으로 보이지만 그 인물들에게서는 뭔가 숭고한 데가 있음을, 예언자들에게 흔히 일어나듯이 그들 안에 주님이 계시다는 것을 그들을 대접하던 사람들은 의심할 수 없었습니다. 그래서 어떤 때는 그들을 복수로 호칭하고 어떤 때는 그들 안에 계시는 주님을 불러 단수로 호칭했던 것입니다. 그들이 천사였음은 성경이 증언하는 바입니다. 이 사실이 기술된 창세기는 말할 나위도 없고, 히브리인들에게 보낸 서간에도 손님 접대에 관해 이런 말이 나옵니다. "어떤 이들은 모르는 사이에 천사들을 접대하기도 하였습니다"(히브 13,2).

• 아우구스티누스 『신국론』 16,29.[4]

마므레의 참나무

그런데 아브라함이 그 아래 서 있었고 주님과 천사들에게 식사를 대접했던 이 나무가 무엇을 뜻하는지 생각해 봅시다. 성경에는 '마므레의 나무 곁에'라고 되어 있습니다. '마므레'는 우리의 언어로는 '시력' 또는 '날카로운 시각'으로 번역

됩니다. 주님께서 식사를 하실 수 있는 곳이 어떤 곳인지 아시겠습니까? 아브라함의 시력과 날카로운 시각이 주님 마음에 들었습니다. 그는 마음이 깨끗하여 하느님을 볼 수 있었기(마태 5,8 참조) 때문입니다. 그런즉 이런 곳, 이런 마음 안에서는 주님께서 당신의 천사들과 식사를 하실 수 있습니다. 실제로 옛 시대의 예언자들은 '선견자'라 불렸습니다(1사무 9,9 참조).

• 오리게네스 『창세기 강해』 4,3.[5]

마음이 깨끗한 아브라함

그런데 이 일이 어디서 일어났습니까? '마므레의 너도밤나무 가까이에서'였습니다. 이는 라틴어로 풀이하면 '시력'이나 '식별력'을 뜻합니다. 주님께서 맛난 식사를 하실 수 있는 곳이 어떤 종류의 장소인지 아시겠습니까? 아브라함의 시력과 식별력이 그분을 기쁘게 했습니다. 그는 마음이 깨끗해 하느님을 볼 수 있었습니다. 그런즉 이런 장소 이런 마음 안에서는 주님께서 즐거운 식사를 하실 수 있습니다. 우리 주님께서는 복음서에서 유대인들에게 이런 시력에 대해 이렇게 말씀하셨습니다. "너희 조상 아브라함은 나의 날을 보리라고 즐거워하였다. 그리고 그것을 보고 기뻐하였다"(요한 8,56). 주님께서는 아브라함이 당신의 날을 보았다고 하십니다. 그가 삼위일체의 신비를 알아보았기 때문입니다. 그는 아버지를 분명하게, 아들을 분명하게, 성령을 분명하게 보았고, 이 셋 안에서 한날을 보았습니다. 이들 하나하나는 각기 완전한 하느님이시고 셋이 함께 '한' 하느님이시기 때문입니다. 뿐만 아니라, 그 셋은 하나의 실체이기에, 그 밀가루

---

[4] NPNF 1,2,327-28*; 『교부 문헌 총서』 16,1763-67.

[5] FC 71,106.

세 스아가 아버지와 아들과 성령을 나타낸다고 이해하는 것은 틀리지 않습니다. 그러나 이 이야기는 사라를 교회로 이해함으로써 다른 식으로 해석할 수도 있습니다. 그럴 경우, 밀가루 '세 스아'는 믿음, 희망, 사랑입니다. 이 세 덕 안에 교회의 모든 열매가 담겨 있습니다. 그래서 자기 안에 이 셋을 지닌 사람은 자기 마음의 잔칫상에서 삼위일체 전부를 확실하게 받을 수 있습니다.

● 아를의 카이사리우스 『설교집』 83,5.[6]

아브라함의 경우에는 두 천사와 함께 주님께서도 계셨지만, 롯에게는 두 천사만 갔다는 사실에 주목합시다. 두 천사가 무어라고 합니까? "주님께서 소돔을 파멸시키시려고 우리를 보내셨소"(창세 19,13)라고 합니다. 그런즉 롯은 파멸을 이행할 사람들을 맞았습니다. 그는 구원할 이를 맞은 것이 아니었습니다. 그러나 아브라함은 구원하실 분과 파멸을 이행할 이들을 맞았습니다.

● 오리게네스 『창세기 강해』 4,1.[7]

18,2 세 사람이 아브라함 앞에 서 있었다

세 사람이 아브라함 앞에 서 있었다

먼저 이 발현과 롯이 경험한 발현을 비교해 봅시다. '세 사람'이 아브라함에게 와 '아브라함 앞에' 섭니다. 롯이 '두 사람'을 만난 것은 '길에서'였습니다(창세 19,1 참조). 성령께서 하시는 일이란 점에서 볼 때, 이 일들은 각 사람에게 똑같이 일어나지 않았습니다. 롯은 아브라함보다 한참 열등했으니까요. 그가 열등한 사람이 아니었다면, 아브라함에게서 갈라져 나갔을 리도 없고, 아브라함이 그에게 "네가 왼쪽으로 가면 나는 오른쪽으로 가고, 네가 오른쪽으로 가면 나는 왼쪽으로 가겠다"(창세 13,9)고 말할 일도 없었을 것이기 때문입니다. 그리고 그가 열등한 사람이 아니었다면, 그 땅과 소돔이라는 거주지가 그의 마음에 들었을 리가 없습니다.

그래서 세 사람이 아브라함에게 온 것은 '대낮'이었고, 두 사람이 롯에게 온 것은 '저녁때'였습니다(창세 19,1). 롯은 대낮의 환한 빛을 받아들일 수 없었지만 아브라함은 환하디환한 빛을 받아들일 수 있었기 때문입니다. 이제, 찾아온 사람들을 아브라함은 어떻게 맞아들였고 롯은 어떻게 맞아들였는지 보고, 두 사람이 손님을 어떻게 대접했는지 비교해 봅시다. 그렇지만 먼저,

아브라함 앞에

그런데 이제, 아브라함이 '자기 앞에 서' 있는 세 사람과 어떻게 했는지 살펴봅시다. 그들이 아브라함 뒤쪽에서 거슬러 오지 않고 '아브라함 앞에' 온 것이 무엇을 나타내는지 보십시다. 분명 그는 하느님의 뜻에 순종했습니다. 그래서 하느님께서 '그의 앞에' 서 계셨다고 하는 것입니다.

● 오리게네스 『창세기 강해』 4,2.[8]

앉아 있는 아브라함 앞에 세 사람이 서 있었다

형제 여러분, 하느님께서 아브라함에게 어떻게 나타나셨으며 롯에게는 어떻게 나타나셨는지 봅시다. 세 사람이 아브라함에게 와서 그의 앞에 섰습니다. 두 사람이 길에 있는 롯에게 왔습니다. 형제 여러분, 이 일들이 그들의 공로에 따라 성령의 섭리를 통해 일어난 것이 아닌지 살펴봅시다. 사실 롯은 아브라함보다 한참 열등한 사람이었습니다. 그가 열등한 사람이 아니었다면, 아브라함에게서 갈라져 나가지 않았을 것이고 소돔이라는 거주지가 마음에 들지도 않았을 것입

---

[6] FC 47,14.

[7] FC 71,103-4.

[8] FC 71,105.

니다. 그리고 아브라함에게는 세 사람이 '대낮'
에 오고, 롯에게는 두 사람이 '저녁때'에 왔습니
다. 그 이유는 롯은 한낮의 태양이 지닌 권능을
견뎌 낼 수 없었지만, 아브라함은 그 환한 빛을
견뎌 낼 수 있었기 때문입니다.

• 아를의 카이사리우스 『설교집』 83,2.[9]

하느님의 뜻에 순종하는 사람

"세 사람이 아브라함에게 와서 그의 앞에 섰
다"[10]고 합니다. 그들이 아브라함 뒤에서 나타나
지 않고 앞에 와서 선 것을 잘 알아 두십시오. 아
브라함은 하느님의 뜻에 순종해 왔습니다. 그래
서 하느님께서 그의 앞에 섰다고 하는 것입니다.
'그들이 그의 앞에 섰다'는 것은 그를 내치려고
온 것이 아니라 지켜 주려 온 것입니다.

• 아를의 카이사리우스 『설교집』 83,4.[11]

아브라함이 달려 나가 그들을 맞다

이 두 사람이 각각 어떻게 손님을 맞이하는지
보십시오. 성경은 아브라함이 '그들을 보자 달려
나가 그들을 맞았다'고 합니다. 아브라함이 곧바
로 활기를 띠고 자신의 의무를 다하려 열심인 것
을 보십시오. 그는 달려 나가 그들을 맞고, 그들
을 맞은 다음에는 "급히 천막으로 들어가 사라
에게 '빨리 … 빵을 구우시오'"라고 합니다. 이
행동 하나하나에서 그들을 맞이하는 아브라함의
정성이 얼마나 지극한지 보십시오. 그는 모든 일
을 서둘러 행합니다. 게을리하는 일이 아무것도
없습니다.

• 오리게네스 『창세기 강해』 4,1.[12]

주님께서 세 사람 가운데 하나로 나타나셨다

아브라함은 낯선 이들을 맞이하듯 천막에서
그들을 향해 달려 나갔지만, 그것은 사랑으로 이

낯선 이들을 맞으려는 것이었습니다. 나그네들
에 대한 그의 사랑은 그가 이 나그네들을 맞으려
고 서둘러 달려 나간 사실이 입증해 줍니다. 그
래서 천막 어귀에서 그에게 방금 나타나신 주님
께서는 이제 그 세 사람 가운데 하나로 아브라함
에게 분명한 모습을 드러내셨습니다. 그러자 아
브라함은 땅에 엎드려 그분께 절하며, 위엄 높으
신 그분께서 집 안으로 들어오셔서 자신의 거처
를 축복해 주시기를 청합니다. "제가 나리 눈에
든다면, 부디 이 종을 그냥 지나치지 마십시오."
하느님께서는 그의 청을 거절하지 않으셨습니
다. "말씀하신 대로 그렇게 해 주십시오" 하고
대답하시기 때문입니다. 그러자 아브라함은 사
라에게 달려가 밀가루 세 스아로 빵을 구우라고
[말]하고는 살진 송아지를 잡으려고 소 떼가 있
는 곳으로 달려갔습니다.

• 시리아인 에프렘 『창세기 주해』 15,1.[13]

손님 접대에는 상이 따른다

손님 접대는 좋은 일이며, 거기에는 상이 따
릅니다. 먼저 인간의 감사라는 보상이 있고, 다
음으로는 그보다 더 중요한 하느님의 상이 있습
니다. 지상이라는 이 거처에서 우리는 누구나 손
님입니다. 여기서는 우리에게 일시적인 거처밖
에 없습니다. 우리는 허둥지둥 이곳을 떠납니다.
우리 삶의 종말에 성도들의 거처로 들어가는 것
을 거부당하지 않으려면, 손님을 맞는 일에 무례
하거나 소홀하지 않도록 주의합시다. 이런 까닭

---

[9] FC 47,11.

[10] 아를의 카이사리우스가 창세기 18장 2절을 자기 식
으로 옮긴 것이다.

[11] FC 47,12.

[12] FC 71,104.

[13] FC 91,158.

에 구원자께서는 복음서에서 "불의한 재물로 친구들을 만들어라. 그래서 재물이 없어질 때에 그들이 너희를 영원한 거처로 맞아들이게 하여라"(루카 16,9)고 말씀하셨습니다.

뿐만 아니라, 우리가 이 육체 안에 사는 동안 여행을 해야 할 일이 곧잘 생깁니다. 그러므로 여러분이 다른 사람들에게 거부한다면 그것은 여러분 자신을 거부하는 것이 됩니다. 여러분은 여러분이 다른 사람들에게 제공할 것을 받을 자격이 있는 사람임을 입증해야 합니다. 모든 사람이 손님을 맞지 않기로 결정한다면, 여행하는 사람들이 쉴 곳을 어디서 찾겠습니까? [모두가] 그렇게 [처신]한다면 우리는 인간의 주거지를 떠나 야생동물의 굴을 찾아야 할 것입니다.

• 암브로시우스 『아브라함』 1,5,34.[14]

18,4 아브라함의 친절

발을 씻으십시오

그런데 어떻게 그는, 성경이 전하듯이, 다시 사람들에게 이야기하는 것처럼 "물을 조금 가져오게 하시어 발을 씻으시고 …"라고 하는 것일까요?

민족들의 아버지요 교사인 아브라함은 사실 이 일들을 통해 여러분에게 손님을 맞는 법과 나아가 여러분이 손님의 발을 씻어 주어야 한다는 것을 가르치고 있습니다. 그런데 그것이 아주 신비롭게 표현되고 있습니다. 주님의 신비는 발을 씻겨 주는 행위로 완성된다(요한 13,6 참조)는 것을 그가 알고 있었기 때문입니다. 그러나 그는 주님께서 이렇게 말씀하신 가르침의 의미를 모르지 않았습니다. "누구든지 너희를 받아들이지 않거든, 그들에게 보이는 증거로 너희 발의 먼지를 털어 버려라. 내가 진실로 너희에게 말한다. 심판 날에는 소돔 땅이 그 고을보다 견디기 쉬울

것이다"(참조: 마르 6,11; 마태 10,15). 그런즉 그는 이것을 예상하고, '심판 날에' 불신의 증거가 될 발의 먼지가 남지 않도록 그들의 발을 씻기고자 했습니다. 지혜로운 아브라함이 그래서 "물을 가져오게 하시어 발을 씻으시고"라고 하는 것입니다.

• 오리게네스 『창세기 강해』 4,2.[15]

아브라함의 친절을 생각하시어

뿐만 아니라 그는 마치 사람들에게 이야기하듯 '발을 씻으시도록 제가 물을 가져오겠다'고 합니다. 형제 여러분, 복된 아브라함이 기쁘게 나그네들을 맞으며 겸손하고 경건하게 그들의 발을 씻겨 주는 것에서 배우십시오. 다시 한번 말씀드립니다. 그들의 발에 먼지가 남아 있어, 여러분의 심판 때 그들이 그것을 털어 버릴 수 없도록, 신심 깊은 나그네들의 발을 씻어 주십시오. 복음서에서 우리는 이런 말씀을 읽습니다. "누구든지 너희를 받아들이지 않거든, 떠날 때에 너희 발의 먼지를 털어 버려라. 내가 진실로 너희에게 말한다. 심판 날에는 소돔과 고모라 땅이 그 고을보다 견디기 쉬울 것이다"(마태 10,14-15 참조). 아브라함은 영 안에서 이것을 내다보았고, 그래서 혹시라도 먼지가 남아 심판 날에 그들이 그것을 털어 자신의 불신앙의 증거가 되는 일이 없도록 그들의 발을 씻기고자 했습니다. 그래서 지혜로운 아브라함은 '발을 씻으시도록 제가 물을 가져오겠다'고 합니다. 형제 여러분, 친절을 베풀고 원수마저 받아들이는 일이 내키지 않는다면, 이 말을 잘 들으십시오. 복된 아브라함은 그 사람들을 따뜻하게 맞아들여, 그의 친절

---

[14] CSEL 32,1,528.

[15] FC 71,105-6.

을 주시하신 하느님을 맞아들이는 자격을 얻었습니다. 그리스도께서도 "너희는 … 내가 나그네였을 때에 따뜻이 맞아들였다"(마태 25,35)라는 말씀으로 복음서에서 이를 확증해 주셨습니다. 그러니 여러분이 거부한 이가 그분인 일이 없도록, 나그네들을 멸시하지 마십시오.

• 아를의 카이사리우스 『설교집』 83,4.[16]

18,6 고운 밀가루로 반죽해 구운 빵

고운 밀가루 세 스아

그는 "고운 밀가루 세 스아"로 반죽해 구운 빵을 대접합니다. 그는 세 사람을 맞아들였습니다. 그는 "고운 밀가루 세 스아"를 반죽해 빵을 구웠습니다. 그가 한 행동은 모두 신비스러운 행동입니다. 모든 것이 신비로 가득 차 있습니다.

• 오리게네스 『창세기 강해』 4,2.[17]

감추어진 빵, 또는 비밀스러운 빵

그래서 아브라함은 아내 사라에게 "빨리 고운 밀가루 세 스아를 가져다 반죽하여 빵을 구우시오" 하고 이야기합니다. 그리스어 '엥크리피아' enkryphia는 '감추어진 빵' 또는 '숨겨진 빵'이라는 뜻입니다.

• 오리게네스 『창세기 강해』 4,1.[18]

믿음의 신비

아브라함은 "고운 밀가루 세 스아를 가져다 반죽하여 빵을 구우시오"라고 합니다. 그리스어로 이것은 '엥크리피아' enkryphia, 곧 '감추어진 것들'이라는 뜻이며, 이는 경솔하게 속된 귀에 누설되는 일이 없도록 범할 수 없는 정적에 덮인 듯 감추어진 채로 남아 있어야 하는 모든 신비를 가리킵니다. 거룩한 위엄은 이 정적 안에서 더욱 실해집니다. 내면에서 이런 태도를 갖추어, 말에

신중한 사람은 거룩한 것을 누설하지 않습니다. 사라가 '밀가루 세 스아'를 사용한 것은 사실 믿음의 신비에 대한 간략한 가르침입니다. 다음 말씀은 교회의 예표인 그녀를 두고 한 말이기 때문입니다. "환성을 올려라, 아이를 낳지 못하는 여인아! 기뻐 소리쳐라, 즐거워하여라, 산고를 겪어 보지 못한 여인아!"(이사 54,1). 하나이며 같은 본성이신 삼위일체를 고백할 때, 아버지와 아들과 성령을 똑같이 흠숭하고 똑같이 경배하며, 각 위격의 고유함을 구별하되 똑같은 위엄을 지니셨음을 찬양할 때, 영과의 친밀함 안에서 믿음을 보호하는 것은 사실 교회입니다. 여러분의 신심이 이런 믿음의 고백과 함께하게 하십시오!

• 암브로시우스 『아브라함』 1,5,38.[19]

18,7 요리한 송아지 고기

지혜로운 이의 집에는 게으른 이가 없다

성경은 "그러고서 아브라함이 소 떼가 있는 데로 달려갔다"고 합니다. [그가 고른 것은] 어떤 송아지입니까? 가장 먼저 눈에 뜨인 송아지인가요? 아닙니다. "살이 부드럽고 좋은 송아지"였습니다. 그는 서두르면서도 주님이나 천사들에게는 좋고 훌륭한 것을 바쳐야 한다는 것을 압니다. 그래서 그는 소 떼 가운데에서 "살이 부드럽고 좋은" 송아지 한 마리를 끌어다가 하인에게 주었습니다. 성경은 "하인이 그것을 서둘러 잡았다"고 합니다. 아브라함은 달려가고, 아내는 빨리 움직이고, 하인은 서두릅니다. 지혜로운 이의 집에는 게으른 이가 없습니다.[20] 그래서 아브

---

[16] FC 47,13-14.

[17] FC 71,105.

[18] FC 71,104*.

[19] CSEL 32,1,531.

[20] 필론 『아브라함』 109 참조.

라함은 송아지 고기와, 고운 밀가루로 반죽해 구운 빵만 아니라 엉긴 젖과 우유도 함께 대접합니다. 아브라함과 사라의 손님 접대는 이렇게 특별했습니다.

• 오리게네스 『창세기 강해』 4,1.[21]

살이 부드럽고 좋은 송아지 한 마리

송아지 고기를 대접합니다. 보십시오, 또 다른 신비입니다. 사실, 송아지는 그 자체가 질기지 않고 '살이 부드럽고 좋습니다'. 무엇이 우리를 위해 '죽음에 이르기까지 당신 자신을 낮추시고'(필리 2,8 참조) "친구를 위하여 당신 목숨을 내놓으신"(1요한 3,16; 요한 15,13) 분만큼 부드럽고 좋습니까? 그분은 회개하고 돌아온 아들을 맞기 위하여 아버지가 잡은 "살진 송아지"(루카 15,23)이십니다. "하느님께서는 세상을 너무나 사랑하신 나머지 외아들을 내주시어"(요한 3,16) 이 세상이 생명을 얻게 하셨습니다. 이 지혜로운 사람은 자신이 누구를 맞아들였는지 모르지 않습니다. 그는 세 사람을 향해 달려 나가 [그 가운데] 한 분께 경배합니다. 그리고 그분께 "당신 종을 그냥 지나치지 마시고, 나무 아래에서 쉬십시오"(창세 18,3-4 참조) 하고 말합니다.

• 오리게네스 『창세기 강해』 4,2.[22]

율법이 그림자로 나타낸 것

아브라함이 소 떼가 있는 데로 달려가 살이 부드럽고 좋은 송아지 한 마리를 잡아서 우유와 함께 [손님에게] 대접한 것은 무의미한 행동이 아닙니다. 탈출기에서 모세는 주님의 파스카 축제를 선포하며, "이 짐승은 일 년 된 흠 없는 수컷으로 양이나 염소 가운데에서 마련하여라. 너희는 그것을 … 온 공동체가 모여 저녁 어스름에 잡아라"(탈출 12,5-6) 하고 말했습니다. 그래서 여

기서도 아브라함이 주님을 모신 것이 '대낮'이었음을 구체적으로 밝힙니다. 그러나 송아지 [고기]가 우유와 함께 바쳐진 것, 곧 피와 함께가 아니라 순결한 믿음과 함께 상에 오른 것은 저녁 식사 때였습니다. 그것이 '좋은' 송아지인 이유는 죄를 씻어 주기 때문입니다. 그것이 '부드러운' 송아지인 이유는 목을 뻣뻣이 세우지 않고(탈출 32,9 참조) 온순하게 율법의 멍에를 받아들이며 십자가라는 처형대를 거부하지 않았기 때문입니다. 또한 그것은 머리도 다리도 내장도, 어느 것 하나 버려지지 않으며(탈출 12,9-10 참조), 뼈 하나도 부러지지 않고(참조: 요한 19,36; 탈출 12,46; 민수 9,12; 시편 34,21), 식사하는 이들이 하나도 남기지 않고 다 먹기에 '부드러운' 송아지입니다. 이처럼 율법이 그림자로 나타낸 것(히브 10,1 참조)을 복음은 우리에게 실제로 보여 주었습니다.

• 암브로시우스 『아브라함』 1,5,40.[23]

친절한 집에는 천사들이 들어온다

롯도 사람들을 맞아들였지만 그들은 삼위일체 전체가 아니라 두 [천사]일 뿐이었습니다. 게다가 대낮이 아니라 '저녁때'였습니다. 그는 그들에게 무엇을 대접했습니까? "롯이 그들에게 … 누룩 안 든 빵을 구워 주자 그들이 먹었다"(창세 19,3). 그는 공로에 있어서 아브라함보다 한참 못했던 까닭에 그에게는 살진 송아지가 없었습니다. 뿐만 아니라 그는 '밀가루 세 스아'가 나타내는 삼위일체의 신비를 깨닫지 못했습니다. 그렇지만 자신이 할 수 있는 것을 친절한 마음으로 바쳤기 때문에 그는 소돔이 멸망할 때 구원받는

[21] FC 71,104.

[22] FC 71,105.

[23] CSEL 32,1,532-33.

자격을 얻었습니다. 형제 여러분, 롯도 천사들을 맞을 자격이 있었던 것은 그가 나그네들을 물리치지 않았기 때문임을 알아 두십시오. 친절한 집에는 천사들이 들어가지만, 나그네들에게 문을 닫아건 집들은 유황불에 타 버립니다.

• 아를의 카이사리우스 『설교집』 83,3.[24]

삼위일체의 신비

그[아브라함]는 세 사람을 맞아들여 밀가루 세 스아로 만든 빵을 대접했습니다. 형제 여러분, 왜 그랬을까요? 그것이 삼위일체의 신비를 나타내기 때문이 아니었을까요? 그는 송아지 [고기]도 대접했습니다. 질긴 송아지가 아니라 "살이 부드럽고 좋은 송아지"였습니다. 그런데 무엇이, 우리를 위해 죽음에 이르기까지 자신을 낮추신 분만큼 좋고 부드럽겠습니까? 회개한 아들을 받아들이며 아버지가 잡은 살진 송아지는 바로 그분이십니다. "하느님께서는 세상을 너무나 사랑하신 나머지 외아들까지 내주"(요한 3,16)셨습니다. 이런 까닭에 아브라함은 세 사람을 맞으러

나갔고 그들을 한 분으로 경배했습니다. 앞에서 말했듯이, 실상 그는 셋을 보았고, 삼위일체의 신비를 이해했습니다. 그러나 그들을 한 분으로 경배한 것을 보면, 그는 세 위격 안에 한 분 하느님께서 계시다는 것을 알았습니다.

• 아를의 카이사리우스 『설교집』 83,4.[25]

축복을 나누어 주다

빵과 고기는 천사들을 배부르게 하려는 것이 아니라 그의 집안의 모든 식구에게 축복이 나누어지게 되려는 것이었습니다. 천사들이 씻고 나무 아래 앉자, '아브라함이 준비한 것을 가지고 와 그들 앞에 차려 놓았다'고 합니다. 그는 감히 그들과 함께 기대어 앉지 않고 하인처럼 '그들에게서 떨어져 서 있었다'고 합니다.

• 시리아인 에프렘 『창세기 주해』 15,2.[26]

[24] FC 47,12.
[25] FC 47,13.
[26] FC 91,158.

18,9-15 아들이 태어나리라는 약속

[9] 그들이 아브라함에게 "댁의 부인 사라는 어디에 있습니까?" 하고 물으니, 그가 "천막에 있습니다." 하고 대답하였다.
[10] 그러자 그분께서 말씀하셨다. "내년 이때에 내가 반드시 너에게 돌아올 터인데, 그때에는 너의 아내 사라에게 아들이 있을 것이다." 사라는 아브라함의 등 뒤 천막 어귀에서 이 말을 듣고 있었다.
[11] 아브라함과 사라는 이미 나이 많은 노인들로서, 사라는 여인들에게 있는 일조차 그쳐 있었다.
[12] 그래서 사라는 속으로 웃으면서 말하였다. '이렇게 늙어 버린 나에게 무슨 육정이 일어나랴? 내 주인도 이미 늙은 몸인데.'

> ☛ ¹³ 그러자 주님께서 아브라함에게 말씀하셨다. "어찌하여 사라는 웃으면서, '내가 이미
> 늙었는데, 정말로 아이를 낳을 수 있으랴?' 하느냐?
> ¹⁴ 너무 어려워① 주님이 못 할 일이라도 있다는 말이냐? 내가 내년 이맘때에 너에게 돌아올
> 터인데, 그때에는 사라에게 아들이 있을 것이다."
> ¹⁵ 사라가 두려운 나머지 "저는 웃지 않았습니다." 하면서 부인하자, 그분께서 "아니다. 너는
> 웃었다." 하고 말씀하셨다.
>
> ① 또는 '놀라워'.

둘러보기

사라가 천막 안에서 듣고 있는 광경은 여러 단계에서 도덕적 훈계의 소재가 되었다. 신심 깊은 남편을 따라야 한다(오리게네스)는 교훈을 이끌어 내기도 하고, 사라를 정숙함의 본보기로 제시하는가 하면, 사라가 웃으면서도 그 사실을 부인하여 꾸짖음을 들었다(에프렘)는 것 등이다.

18,9 댁의 부인 사라는 어디에 있습니까?

본보기를 보고 배워라

그러자 주님께서 아브라함에게 뭐라고 하십니까? "댁의 부인 사라는 어디에 있습니까?" 하고 물었다고 성경은 전합니다. 그러자 아브라함은 "천막에 있습니다" 하고 대답합니다. 그러자 주님께서 "내년 이때에 내가 반드시 너에게 돌아올 터인데, 그때에는 너의 아내 사라에게 아들이 있을 것이다"라고 하십니다. 그 말을 사라가 아브라함의 등 뒤 천막 어귀에 서서 들었습니다.

아내들은 성조들의 본보기를 보고 배우십시오. 말씀드리건대, 아내들은 남편을 따르는 것을 배우도록 하십시오. '사라는 아브라함의 등 뒤에 서 있었다'고 까닭 없이 쓰여 있는 것이 아닙니다. 이는 남편이 주님께 가는 길을 가고 있으면 아내는 따라가야 한다는 것을 보여 줍니다. 남편이 하느님을 믿고 따르는 것을 보면 아내도 그렇게 해야 한다는 것입니다.

그런데 탈출기에 '하느님께서 낮에는 구름 기둥 속에서 밤에는 불기둥 속에서 그들 앞에서 가셨고' 주님의 회중이 그분을 따랐다(탈출 13,21 참조)고 쓰여 있는 것을 생각하면, 이 구절에서 우리는 어떤 신비적인 것도 감지할 수 있습니다.

그래서 저는 사라가 '아브라함의 뒤'를 따랐거나 거기에 서 있었다고 이해합니다.

그다음 말은 무엇인가요? "아브라함과 사라는 이미 나이 많은 노인들로서"라고 합니다. 육체적 나이로 보면 그들 이전에 산 이들 중에 훨씬 오래 산 이들이 많았지만, 아무도 '노인'으로 불리지 않았습니다. 이 칭호는 오래 살아서가 아니라 성숙한 성도들이 받는 칭호로 보입니다.

● 오리게네스 『창세기 강해』 4,4.[1]

사람들로 보였을 뿐이다

그들은 식사를 마치고는 사라에 관해 물었습니다. 나이를 많이 먹었어도 여전히 정숙했던 사

---

[1] FC 71,106-7.

라는 천막 안에서 천막 어귀로 나왔습니다. 아브라함의 서두름과 모든 사람에게 조용히 할 것을 요구하는 그의 몸짓에서, 아브라함 집안 사람들은 이들이, 하느님의 사람[아브라함] 때문에, 인간들처럼 자신들의 발을 씻기도록 허락했을 뿐 인간이 아님을 알았습니다.

• 시리아인 에프렘 『창세기 주해』 15,2.[2]

표징이 주어지다

그러자 [하느님께서] 사라에 관해, "내년 이때에 내가 반드시 너에게 돌아올 터인데, 그때에는 사라에게 아들이 있을 것이다" 하고 말씀하셨습니다. 그러나 사라는, 아브라함이 그녀에게 힘을 주기 위해 뒤에 서 있었지만, "속으로 웃으며 '이렇게 늙어 버린 나에게 무슨 육정이 [다시] 일어나랴? 내 주인도 이미 늙은 몸인데' 하고 말하였다"고 합니다. 그녀가 듣거나 보고서 믿겠다고 청했더라면 표징이 주어졌을 것입니다. 첫째로, 그녀는 늙고 아이를 낳지 못하는 여인이었습니다. 둘째로, 이런 일은 한번도 일어난 적이 없었습니다. 그러자 하느님께서는 표징을 청하지 않은 그녀에게 특별히 표징을 주셨습니다. "어찌하여 사라는 웃으면서, '내가 이미 늙었는데, 정말로 아이를 낳을 수 있으랴? 하느냐?'라고 하셨지요. 그런데 사라는 자신에게 주어진 표징을 받아들이는 대신 거짓말을 했습니다. 자신에게 주어진 참된 표징을 거듭 받아들이지 않은 것입니다. 그녀는 두려움 때문에 [자신은 웃지 않았다고] 부인했지만, 거짓 변명이 당신에게는 통하지 않는다는 것을 그녀에게 알려 주시려 하느님께서는 그녀에게 '아니다. 너는 웃었다. 네 마음도 네 혀의 어리석음을 드러내 주는구나' 하고 말씀하셨습니다.

• 시리아인 에프렘 『창세기 주해』 15,3.[3]

---

[2] FC 91,158-59.

[3] FC 91,159.

18,16-21 소돔과 고모라에 대한 원성

[16] 그 사람들은 그곳을 떠나 소돔이 내려다보이는 곳에 이르렀다. 아브라함은 그들을 배웅하려고 함께 걸어갔다.

[17] 그때에 주님께서 말씀하셨다. "내가 앞으로 하려는 일을 어찌 아브라함에게 숨기랴?

[18] 아브라함은 반드시 크고 강한 민족이 되고, 세상 모든 민족들이 그를 통하여 복을 받을 것이다.①

[19] 내가 그를 선택한② 것은, 그가 자기 자식들과 뒤에 올 자기 집안에 명령을 내려 그들이 정의와 공정을 실천하여 주님의 길을 지키게 하고, 그렇게 하여 이 주님이 아브라함에게 한 약속을 그대로 이루려고 한 것이다."

[20] 이어 주님께서 말씀하셨다. "소돔과 고모라에 대한 원성이 너무나 크고, 그들의 죄악이 너무나 무겁구나. ♪

> ☞ 21 이제 내가 내려가서, 저들 모두가 저지른 짓이 나에게 들려온 그 원성과 같은 것인
> 지 아닌지를 알아보아야겠다."
>
> ① 또는 '세상 모든 민족들이 그를 통하여 복을 받을 것이 아닌가?'
> ② 히브리어 성경에는 '알다' 동사가 사용되었다.

둘러보기

"소돔이 내려다보이는 곳에 이르렀다"는 구절
은 하느님께서 사라에게는 소돔에 닥칠 벌에 대
해 알려 주시지 않았음을 암시한다. 이는 그녀가
자기 친족 때문에 슬퍼하지 않게 하시려는 뜻이
었다(에프렘). 그러나 이 대목의 주해는 의인화에
관한 설명이 필요했던 까닭에, '소돔 …에 대한
원성이 너무나 크다'는 것과 '내가 내려가서 …
알아보아야겠다'에 초점이 맞추어져 있다. 교부
들은 하느님께서 이 이야기를 통해 사람들에게,
증거를 조사해보기 전에는 판단하지 말라고 가
르치고 계시다고 설명한다(에프렘, 요한 크리소스토
무스). 하느님께서 실제로 공간 속을 오르내리신
다고 생각해서는 안 된다(오리게네스).

18,16 주님께서 소돔이 내려다보이는 곳에 이르시다

사라에게 소돔에 내릴 선고에 대해 알려 주지 않으시다

세 사람은 사라에게 자손을 약속한 다음 "그
곳을 떠나 소돔이 내려다보이는 곳에 이르렀다"
고 합니다. 그들은 자신들이 소돔으로 간다는 사
실을 사라에게 알리지 않았습니다. 아들을 낳을
것이라는 약속으로 기쁨을 준 날에, 소돔과 이웃
마을들에 내릴 분노의 선고를 알려 친족 때문에
슬퍼하게 만들지 않기 위해서였습니다. 그들은
사라가 눈물로 날을 보내지 않도록 그녀에게는
이 일을 감추었지만, 아브라함에게는 알려 주었
습니다. 그가 끊임없이 기도하게 하고, 소돔에는

그 도성을 구원할 의인이 한 사람도 없었다는 사
실이 세상에 알려지게 하기 위해서였습니다.

• 시리아인 에프렘 『창세기 주해』 16,1.[1]

18,20-21 이 성읍들의 죄악이 너무나 무겁다

원성이 너무나 크다

주님께서는 '소돔과 고모라의 부르짖음이 커
졌다'[2]고 하십니다. 맞는 말씀이었습니다. 죄는
부르짖을 수 있습니다. 죄인들의 부르짖음은 실
로 커서 땅에서 하늘까지 올라갑니다. 그런데 어
째서 주님께서는 사람들의 죄가 부르짖는다고
하실까요? 이는 우리 죄의 부르짖음이 하느님의
귀를 아프게 하므로 죄인들에 대한 처벌을 미룰
수 없다는 말씀입니다. 실로 그것은 부르짖음이
고, 죄의 부르짖음이 하느님에 대한 사랑을 압도
하여 하느님께서 죄인들을 벌하시지 않을 수 없
을 때, 그 부르짖는 소리는 큽니다. 주님께서는
소돔의 울부짖음이 당신께 올라왔다고 말씀하시
며, 가장 몹쓸 죄인들조차 벌주시는 것이 당신께
얼마나 달갑지 않은 일인지 보여 주십니다. 곧,
이런 뜻입니다. '나의 자비는 그들을 용서하라고
요구한다. 그러나 그들 죄의 부르짖음이 나로 하
여금 그들을 벌하도록 만든다.'

• 사제 살비아누스 『하느님의 다스림』 1,8.[3]

---

[1] FC 91,159-60.

[2] 속격으로 사용된 '소돔 [사람들]'을 '부르짖음'의 대상
이 아니라 주체로 해석한 번역이다.

하느님께서 내려오시다

이것은 성경의 말씀입니다. 그러니 이제, 이를 어떻게 이해해야 옳을지 살펴봅시다. 성경은 하느님께서 "내가 내려가서 … 알아보아야겠다"고 하셨다고 합니다. 앞에서 설명했듯이, 아브라함에게 답이 주어질 때에는 '하느님께서 내려오셨다'고 하지 않고 '그 앞에 서 계셨다'고 표현됩니다. "그의 앞에 세 사람이 서 있었다"(창세 18,2)고 쓰여 있었지요. 그런데 여기서는, 죄인들과 관련된 일이기에, '하느님께서 내려오신다'고 표현됩니다. 이를 공간 속을 올라가고 내려오는 것으로 생각하지 않도록 주의하십시오. 미카 예언서에서 볼 수 있듯이, 성문서에는 이런 식의 표현이 많습니다. 성경은 "보라, 주님께서 당신의 거처에서 나오시어 땅의 높은 곳으로 내려와 밟으시니"(미카 1,3) 하고 이야기합니다. 이처럼 하느님께서 인간의 연약함을 살펴 주실 때, '하느님께서 내려오신다'고 표현합니다. "하느님과 같음을 당연한 것으로 여기지 않으시고 오히려 당신 자신을 비우시어 종의 모습을 취하"(필리 2,6-7)신 우리 주님이요 구원자와 관련해서는 더욱이 점에 유념해야 합니다. 그러니까 그분께서 내려오신 것입니다. "하늘에서 내려온 이, 곧 사람의 아들 말고는 하늘로 올라간 이가 없다"(요한 3,13)고 하기 때문입니다. 주님께서는 우리를 보살피기 위해서만이 아니라 우리에게 속한 것들을 견디기 위해서도 내려오셨습니다. "그분께서는 종의 모습을 취하시고", 다시 말해, 아버지와 동등한 분이신 만큼 본성상 보이지 않는 분이심에도 불구하고 보이는 모습을 취하시어, "사람들과 같이 되셨습니다"(필리 2,7).

그러나 그분께서는 내려오시어 어떤 이들과 함께 아래 계실 때에도, 어떤 이들과 함께 올라가시며 위에 계십니다. 그분은 선택받은 사도들과 함께 '그들 앞에서 모습이 변하신 높은 산으로'(마르 9,2 참조) 올라가시기 때문입니다. 그러므로 그분께서는 당신께서 하늘 나라의 신비들을 가르치시는 이들과 함께 저 위에 계십니다. 동시에 그분은 당신께서 그들의 죄를 꾸짖으신 바리사이들과 군중과 함께 아래에 계시며 그곳에 그들과 함께 계십니다. … 그렇지만 그분은 아래에서는 거룩하게 모습이 변하시지 않지만, 당신을 따를 수 있는 이들과 함께 위로 올라가시면, 그곳에서 거룩한 모습으로 변하십니다

• 오리게네스 『창세기 강해』 4,5.[4]

섣불리 판단하지 말라는 본보기

"그들의 죄악이 너무나 무겁구나"라고 방금 말씀하신 하느님께서 그들이 죄를 지었다는 것을 모르셨을 리가 없습니다. 이것[하느님께서 '내가 내려가서 알아보아야겠다' 하고 말씀하신 것]은 재판관들에게 주신 본보기였습니다. 매우 믿을 만한 소문이 있다 하더라도 섣불리 사건을 판단하지 말라는 뜻입니다. 모든 것을 아시는 분께서 모든 것을 철저히 확인하기 전에 응징을 가하는 일이 없도록 당신께서 알고 계신 것을 판결 전까지 옆으로 제쳐 놓으신다면, 그들은 얼마나 더 자신의 무지를 옆으로 제쳐 놓고 사건을 충분히 파악하기 전에는 판결을 내리지 않아야 하겠습니까?

• 시리아인 에프렘 『창세기 주해』 16,1.[5]

증거 없이 판결하지 말라

죄가 엄청나게 크고 본인들이 그렇다고 시인했더라도, 당신께서는 증거가 명백하기 전에는

---

[3] FC 3,43-44.

[4] FC 71,108*.

[5] FC 91,160.

판결하시지 않는다는 것을 온 인류에게 가르치시려고, 하느님께서는 "내가 내려가서, 저들 모두가 저지른 짓이 나에게 들려온 그 원성과 같은 것인지 아닌지를 알아보아야겠다" 하고 말씀하십니다. 이 신중한 표현이 뜻하는 것은 무엇입니까? '내가 내려가서, 그들이 저지른 짓이 나에게 들려온 그 원성과 같은 것인지 아닌지 알아보아야겠다.' 이 사려 깊은 표현의 뜻은 무엇입니까? '내가 내려가서 보아야겠다.' 만물의 하느님께서 한 곳에서 다른 곳으로 가신다는 것입니까? 아닙니다! 그런 뜻이 아닙니다. 여러 번 말씀드렸듯이, 하느님께서는 이 구체적인 표현으로, 정확을 기해야 하며 소문으로 죄인들을 단죄해서는 안 되고 증거 없이 판결해서도 안 된다는 것을 우리에게 가르치고자 하십니다.

• 요한 크리소스토무스 『창세기 강해』 42,12.[6]

하느님께 알려질 자격에 있는 이

'내가 내려가서, 그들이 저지른 짓이 나에게 들려온 그 원성과 같은 것인지 아닌지 알아보아야겠다'는 말씀이 무슨 뜻인지 살펴봅시다. 이 말씀 때문에 이교인들, 특히 몹시 비열한 마니교도들은 걸핏하면 '이것 보시오. 율법의 하느님은 소돔에서 무슨 일이 일어나고 있는지 몰랐소'라며 우리를 몰아세웁니다. 그러면 제대로 이해하고 있는 우리는 '하느님께서는 의인들을 이런 방식으로, 죄인들을 저런 방식으로 아신다'고 대답합니다. 의인들에 관해 뭐라고 쓰여 있습니까? "주님께서는 당신의 사람들을 아신다"(2티모 2,19)라고 쓰여 있습니다. 죄인들에 대해서는 어떻게 쓰여 있습니까? "나는 너희를 도무지 알지 못한다. 내게서 물러들 가라, 불법을 일삼는 자들아!"(마태 7,23)라고 쓰여 있습니다. 뿐만 아니라 바오로 사도는 "주님의 사람이라면, 내가 여러

분에게 하는 말이 무슨 뜻인지 압니다. 누구든지 이것을 인정하지 않으면 그 사람도 인정받지 못합니다"(1코린 14,37-38 참조)라고 합니다. 그러면 "나는 너희를 도무지 알지 못한다"는 말은 무슨 뜻입니까? '나는 나의 양식良識 안에서 너희를 알지 못한다. 너희 안에서 나의 모습을 알아보지 못한다. 나의 정의는 너희의 무엇을 벌주어야 할지 안다. 그러나 나의 자비는 [너희 안에서] 왕관을 씌워 줄 만한 것을 찾지 못한다'는 뜻입니다. 이런 까닭에 어떤 사람의 행동이 하느님께 합당하지 못하면, 그는 그분께 알려지기에 합당하지 못한 자라는 말을 듣습니다. '내가 내려가서 보아야겠다'는 그들이 무슨 짓을 하는지 알기 위해서가 아니라, 내가 그들 가운데에서 하나라도 의롭고 회개하는 이를 발견한다면 그를 나에게 알려질 자격 있는 이로, 또는 내가 알아야 할 만한 이로 만들기 위해서라는 뜻입니다.

• 아를의 카이사리우스 『설교집』 83,6-7.[7]

그 원성과 같은 것인지 아닌지

소돔 사람들과 관련하여, 하느님께서 살펴보시고 실로 '그들이 저지른 짓이' 하느님께 올라온 "원성과 같은 것"이면, 그들은 합당하지 못한 자들로 여겨질 것이라고 합니다. 그러나 그들 가운데 한 사람이라도 회개한다면, 의인을 열 사람이라도 찾아볼 수 있다면, 결국 그들은 하느님께서 아시는 이들이 될 것입니다. 그래서 성경에 "그 원성과 같은 것인지 아닌지를 알아보아야겠다"고 쓰여 있는 것입니다. 하느님께서는 '그들이 무슨 짓을 하는지 알아야겠다'고 하신 것이 아니라, '그들 가운데에서 의인을 찾으면, 회개하는 이를 발견하면, 내가 알아야 할 이들이 있

---

[6] FC 82,424-25*.   [7] FC 47,14-15.

으면, 그들을 내가 아는 이들로, 내가 알 자격이
있는 이들로 만들어야겠다'고 하신 것입니다.

● 오리게네스 『창세기 강해』 4,6.[8]   [8] FC 71,110.

18,22-33 아브라함이 소돔을 위하여 빌다

²² 그 사람들은 거기에서 몸을 돌려 소돔으로 갔다. 그러나 아브라함은 주님 앞에 그대로 서 있었다.

²³ 아브라함이 다가서서 말씀드렸다. "진정 의인을 죄인과 함께 쓸어버리시렵니까?

²⁴ 혹시 그 성읍 안에 의인이 쉰 명 있다면, 그래도 쓸어버리시렵니까? 그 안에 있는 의인 쉰 명 때문에라도 그곳을 용서하지 않으시렵니까?

²⁵ 의인을 죄인과 함께 죽이시어 의인이나 죄인이나 똑같이 되게 하시는 것, 그런 일은 당신께 어울리지 않습니다. 그런 일은 당신께 어울리지 않습니다. 온 세상의 심판자께서는 공정을 실천하셔야 하지 않겠습니까?"

²⁶ 그러자 주님께서 대답하셨다. "소돔 성읍 안에서 내가 의인 쉰 명을 찾을 수만 있다면, 그들을 보아서 그곳 전체를 용서해 주겠다."

²⁷ 아브라함이 다시 말씀드렸다. "저는 비록 먼지와 재에 지나지 않는 몸이지만, 주님께 감히 아룁니다.

²⁸ 혹시 의인 쉰 명에서 다섯이 모자란다면, 그 다섯 명 때문에 온 성읍을 파멸시키시렵니까?" 그러자 그분께서 대답하셨다. "내가 그곳에서 마흔다섯 명을 찾을 수만 있다면 파멸시키지 않겠다."

²⁹ 아브라함이 또다시 그분께 아뢰었다. "혹시 그곳에서 마흔 명을 찾을 수 있다면 … ?" 그러자 그분께서 대답하셨다. "그 마흔 명을 보아서 내가 그 일을 실행하지 않겠다."

³⁰ 그가 말씀드렸다. "제가 아뢴다고 주님께서는 노여워하지 마십시오. 혹시 그곳에서 서른 명을 찾을 수 있다면 … ?" 그러자 그분께서 대답하셨다. "내가 그곳에서 서른 명을 찾을 수만 있다면 그 일을 실행하지 않겠다."

³¹ 그가 말씀드렸다. "제가 주님께 감히 아룁니다. 혹시 그곳에서 스무 명을 찾을 수 있다면 … ?" 그러자 그분께서 대답하셨다. "그 스무 명을 보아서 내가 파멸시키지 않겠다."

³² 그가 말씀드렸다. "제가 다시 한 번 아뢴다고 주님께서는 노여워하지 마십시오. 혹시 그곳에서 열 명을 찾을 수 있다면 … ?" 그러자 그분께서 대답하셨다. "그 열 명을 보아서라도 내가 파멸시키지 않겠다."

³³ 주님께서는 아브라함과 말씀을 마치시고 자리를 뜨셨다. 아브라함도 자기가 사는 곳으로 돌아갔다.

둘러보기

아브라함이 소돔을 위하여 빈 것도 도덕적 훈계의 소재다. 의인은 나라의 든든한 보루다(암브로시우스). 아브라함의 중재 청원은 하느님의 놀라운 인내와 인류에 대한 사랑을 보여 준다(요한 크리소스토무스). 그러나 하느님의 자비를 입기 바라는 이가 아무도 없어 그들은 하느님께서 알지 못하시는 이들이 되었다(오리게네스).

18,26 의인 쉰 명을 보아서

의인 쉰 명

여러 차례 문답이 오간 끝에, 그 도성에 의인이 열 명만 있어도 몇 안 되는 그들의 곧음을 보아서 그곳 전체를 벌주지 않으시겠다고 [하느님께서] 약속하십니다(32절 참조). 여기서 우리는 의인이 나라에 실로 든든한 보루가 될 수 있다는 것과 거룩한 사람을 시샘하거나 감히 비난해서는 안 된다는 것을 알아들어야 합니다. 사실 그들의 신앙은 우리를 구하며, 그들의 곧음은 우리를 파멸하지 않게 해 줍니다. 의인이 열 명만 있었더라면, 소돔도 구원받을 수 있었을 것입니다.

• 암브로시우스 『아브라함』 1,6,48.[1]

18,29 의인 마흔 명을 보아서

의인 마흔 명

만물의 하느님의 놀라운 인내와 사려 깊음을 누가 그에 맞갖게 찬미할 수 있으며 또 그분께 그런 큰 신뢰를 받은 이 선한 남자를 족히 축하할 수 있겠습니까? 성경 말씀은 이렇게 이어집니다. "아브라함이 또다시 그분께 아뢰었다. '혹시 그곳에서 마흔 명을 찾을 수 있다면 … ?' 그러자 그분께서 대답하셨다. '그 마흔 명을 보아서 내가 그 일을 실행하지 않겠다.'" 그러자 그 선인은 하느님의 이루 말할 수 없는 인내에 경의

를 표하는 한편 자신이 지나치게 멀리 나가 도를 넘는 간청을 하는 것이 아닌지 두려워하며 말했습니다. "제가 아뢴다고 주님께서는 노여워하지 마십시오. 혹시 그곳에서 서른 명을 찾을 수 있다면 … ?" 그는 하느님께서 친절하신 분이신 것을 보았으므로 쉽게 양보하지 않았습니다. 그는 선한 사람 다섯만이 아니라 열 사람을 구하려는 마음으로 이렇게 말했습니다. "혹시 그곳에서 서른 명을 찾을 수 있다면?" 그분께서 대답하셨습니다. "내가 그곳에서 서른 명을 찾을 수만 있다면 그 일을 실행하지 않겠다." 이 선한 사람의 끈질김이 어느 정도인지 잘 보십시오. 마치 그 선고에 자신이 책임이 있다는 듯이, 그는 임박한 벌에서 소돔 사람들을 구하려고 몹시 애를 씁니다. "그가 말씀드렸다. '제가 주님께 감히 아룁니다. 혹시 그곳에서 스무 명을 찾을 수 있다면 … ?' 그러자 그분께서 대답하셨다. '그 스무 명을 보아서 내가 파멸시키지 않겠다'". 아, 어떤 말도 어떤 상상도 초월하는 주님의 선하심을 보십시오! 셀 수 없이 많은 악에 둘러싸여 사는 우리 가운데 누가 우리 동료들에게 선고를 내릴 때 이런 놀라운 배려와 자애를 실천하고자 할 수 있겠습니까?

• 요한 크리소스토무스 『창세기 강해』 42,19.[2]

18,32 의인 열 명을 보아서

의인 열 명

이런 사람의 훌륭함이 [하느님께서] 우리를 참아 주시게 한다는 증거를 보고 싶으면, 이 이야기에서 하느님께서 성조 [아브라함]에게 무어라고 하시는지 보십시오. '의인 열 명을 찾을 수 있다면 그 성읍을 파멸시키지 않겠다.' 제가 '왜

---

[1] CSEL 32,1,535-36.   [2] FC 82,428.

의인 열 명'이라고 합니까? 그곳에서는 의인 롯과 그의 두 딸 말고는 불법을 행하지 않은 사람을 한 명도 찾을 수 없었습니다. 롯의 아내는 아마도 남편 덕분에 도성이 받는 벌은 피했지만, 말씀을 소홀히 새겨 나중에 벌을 받은 것을 여러분은 아십니다. 그때는 하느님의 이루 말할 수 없는 사랑 덕분에 종교의 성장이 이루어지던 시대였기에, 하느님께 겸손하게 호소할 수 있는 많은 사람이 도성들 안에도 있었고, 언덕과 동굴들에도 있었습니다. 이런 소수의 덕 덕분에 사악한 다수가 벌받지 않고 넘어갈 수 있었습니다.

주님의 선하심은 그지없으며, 그분께서는 얼마 안 되는 의인들을 보아서 많은 이에게 구원을 내리시는 때가 많습니다. 제가 왜 '얼마 안 되는 의인들을 보아서'라고 합니까? 하느님께서는 현세에서 의인을 찾으실 수 없으면 세상을 떠난 이들의 덕을 보아서, 살아 있는 자들을 가엾이 여기시고 큰 소리로 이렇게 외치시는 적이 많기 때문입니다. "나는 이 도성을 보호하여 구원하리니 이는 나 자신 때문이며 나의 종 다윗 때문이다"(2열왕 19,34). 그들이 구원받을 자격이 없을지라도 그분은 구원하십니다. 그분은 '[그들이] 구원을 요구할 권리가 없다. 그러나 사랑을 보이는 것은 나의 습관이며, 나는 가엾이 여기고 그들을 재앙에서 구하는 데 재빠르므로, 나 자신 때문에, 그리고 나의 종 다윗 때문에, 나는 방패가 되어 준다. 자신의 무관심 때문에 희생된 자들이 오래전에 이승을 떠난 이들 덕분에 구원받을 것

이다' 하고 말씀하십니다.

• 요한 크리소스토무스 『창세기 강해』 42,23-24.[3]

주님께서 자리를 뜨셨다

결국 롯 말고는 참회할 사람을 찾을 수 없었기에 아무도 회개에 이르지 못했습니다. 롯만이 [하느님께] 알려졌습니다. 그만이 불에서 구원받습니다. 훈계를 들은 그의 자녀도, 이웃도, 친족도 그를 따르지 않았습니다. 아무도 하느님의 자비를 알고자 하지 않았습니다. 아무도 그분의 동정심 안에서 피난처를 찾고자 하지 않았습니다. 그 결과 아무도 그분께 알려지지 않습니다.

실로 이런 일들은 "거만하게 을러대며 이야기하는"(시편 73,8) 자들에 관한 말입니다. 그러나 우리는 하느님께 알려질 자격 있는 이로 여겨지도록 우리의 행동과 우리 삶의 방식이 그런 이에 어울리는 것이 되도록 주의를 기울입시다. 그분께서 우리를 알 만하다고 여기시도록, 우리가 그분의 아들 예수 그리스도에게 알려질 만한 이로, 성령께 알려질 만한 이로 여겨지도록, 우리가 삼위일체에게 알려져서 주 예수 그리스도께서 드러내 주시는 삼위일체의 신비를 충만하고 완전하고 확실하게 알 자격을 얻도록 주의를 기울입시다. "그분께서는 영원무궁토록 영광과 권능을 누리십니다. 아멘"(1베드 4,11).

• 오리게네스 『창세기 강해』 4,6.[4]

---

[3] FC 82,430-31. [4] FC 71,110-11.

19,1-11 두 천사가 롯을 찾아오다

[1] 저녁때에 그 두 천사가 소돔에 이르렀는데, 그때 롯은 소돔 성문에 앉아 있었다. 롯이 그들을 보자 일어나 맞으면서 얼굴을 땅에 대고 엎드려♪

⌒² 말하였다. "나리들, 부디 제 집으로 드시어 밤을 지내십시오. 발도 씻고 쉬신 뒤에, 내일 아침 일찍 일어나 길을 떠나십시오." 그러자 그들은 "아니오. 광장에서 밤을 지내 겠소." 하고 대답하였다.

³ 그러나 롯이 간절히 권하자, 그들은 롯의 집에 들기로 하고 그의 집으로 들어갔다. 롯이 그들에게 큰 상을 차리고 누룩 안 든 빵을 구워 주자 그들이 먹었다.

⁴ 그들이 아직 잠자리에 들기 전이었다. 성읍의 사내들 곧 소돔의 사내들이 젊은이부터 늙은 이까지 온통 사방에서 몰려와 그 집을 에워쌌다.

⁵ 그러고서는 롯을 불러 말하였다. "오늘 밤 당신 집에 온 사람들 어디 있소? 우리한테로 데 리고 나오시오. 우리가 그자들과 재미 좀 봐야겠소."

⁶ 롯이 문 밖으로 나가 등 뒤로 문을 닫고

⁷ 말하였다. "형제들, 제발 나쁜 짓 하지들 마시오.

⁸ 자, 나에게 남자를 알지 못하는 딸이 둘 있소. 그 아이들을 당신들에게 내어 줄 터이니, 당 신들 좋을 대로 하시오. 다만 내 지붕 밑으로 들어온 사람들이니, 이들에게는 아무 짓도 말 아 주시오."

⁹ 그러나 그들은 "비켜라!" 하면서 "이자는 나그네살이하려고 이곳에 온 주제에 재판관 행세 를 하려 하는구나. 이제 우리가 저자들보다 너를 더 고약하게 다루어야겠다." 하고는, 그 사람 롯에게 달려들어 밀치고 문을 부수려 하였다.

¹⁰ 그때에 그 두 사람이 손을 내밀어 롯을 집 안으로 끌어들인 다음 문을 닫았다.

¹¹ 그리고 그 집 문 앞에 있는 사내들을 아이부터 어른까지 모두 눈이 멀게 하여, 문을 찾지 못하게 만들었다.

둘러보기

창세기 18장과 19장의 발현을 상세히 비교해 보면, 하느님께서는 벌주는 것을 좋아하지 않으 신다는 결론이 나온다("몹수에스티아의 테오도루 스"). 성경에 천사들에 대한 언급이 먼저 나오지 않는 것은 한 분이신 하느님에 대한 믿음을 위태 롭게 하지 않기 위해서다("가발라의 세베리아누스"). 천사들이 저녁때 도착한 것은 롯의 열정과 깨어 있음을 보여 준다(요한 크리소스토무스). 그가 성문 앞에 앉아 있은 것은 손님을 환대할 마음의 준비 가 되어 있었음을 보여 준다(오리게네스). 롯의 손

님 접대에 관한 상세한 묘사는 손님 환대라는 덕 의 여러 측면을 알려 준다(요한 크리소스토무스). 소 돔 사람들의 행동은 그들의 불의가 상습적이었 음을 보여 준다(저자 미상).

19,1 저녁때에 소돔에 이르렀다

심부름꾼들을 시켜 벌주시는 하느님

아브라함에게는 '세 사람'이 '대낮에'(창세 18,1- 2) 온 반면, 소돔의 경우에는 '두 천사가 저녁때' 왔습니다. 좋은 것들은 '빛'에 비유되고 나쁜 것 들은 '저녁'에 비유됩니다. 그런 것들에는 "의로

움의 태양"(말라 3,20)이 져 버렸기 때문입니다. 사악한 자들에 대한 벌은 밤과 어둠이지만, 의인들은 '빛처럼 밝습니다'(참조: 잠언 4,18; 마태 13, 43). 좋은 일들에 관한 소식이 있는 곳에는 주님께서 계셨다는 사실도 중요합니다(창세 18장 참조). 그러나 벌이 주어질 때는 주님께서 직접 나타나지 않으십니다. 사람들이 좋은 일을 맞는 것은 당신의 즐거움이라, 말하자면 그런 일에는 직접 나서시지만, 벌주는 것은 즐거움이 아니라 할 수 없이 하시는 일이므로 심부름꾼들을 시키십니다.

• "몹수에스티아의 테오도루스"
『성경 주해 선집』(창세기) 3,1110.[1]

앞의 이야기에 천사들이 나오지 않은 이유

성경은 대홍수 이전 기사에서는 천사들에 대해 한번도 이야기하지 않는 듯합니다. 우주를 만들고 창조하시고, 아담으로 시작해 인간에게 적절한 지식을 주신 그 한 분만을 하느님이요 주님으로 알도록 지나간 오랜 시간 동안 사람들을 충분히 가르치는 것이 적절했다고 보는 듯이 이제야 [천사 이야기가 나옵니다]. [이 지식은] 그분의 섭리에 의해 그리고 여러 환시를 통해 [주어져] 첫 사람들로부터 시작해 이후의 이들에게로 전해져 왔습니다.

• "가발라의 세베리아누스"
『성경 주해 선집』(창세기) 3,1112.[2]

열정적이며 깨어 있는 영혼

성경은 "저녁때에 그 두 천사가 소돔에 이르렀는데"라고 합니다. 저녁이 되었는데도 그가 그 자리를 뜨지 않고 남아 있었다는 것은 우리에게 이 선인의 특출한 덕을 보여 줍니다. 다시 말해, 그는 그렇게 함으로써 얻는 이점을 알고 있었고 그로써 부를 얻기를 몹시 바랐기에 날이 저무는데도 불구하고 깨어 있었습니다. 열정적이고 깨어 있는 영혼은 이렇습니다. 장애물들이 있다고 해서 덕의 증거를 내보이는 일에 방해받기는커녕 오히려 그 장애물들에 더 자극받아 높은 곳으로 올라가고 더욱 환한 욕망의 불꽃으로 타오릅니다.

• 요한 크리소스토무스 『창세기 강해』 43,9.[3]

성문에 앉아 있은 롯

롯은 소돔 안이 아니라 '성문에' 앉아 있었습니다. 저는 이렇게 말하고 싶습니다. 아브라함이 손님을 반겨 맞으려는 마음으로 불편한 시간 — '대낮'이었으니까요 — 인데도 나그네들이 지나가는지 살피며 천막 바깥에 앉아 있었듯이, 그의 친족이요 그의 행실을 본받는 이도 그 땅을 지나가는 이들을 기꺼이 맞아들이려고 저녁때가 되었는데도 "성문에 앉아 있었다"고 말입니다. 소돔 사람들의 불경과 그곳에는 나그네가 편히 쉴 곳이 없다는 것을 그가 분명히 알고 있었기 때문입니다.

• 오리게네스 『창세기 발췌 주해』.[4]

천사들을 보자 기뻐한 롯

성경은 '롯이 그들을 보자 일어나 맞았다'고 합니다. 청이나 애원할 일이 있어 찾아오는 사람들을 쫓아 보내기 좋아하고 그들을 몹시 비인간

---

[1] TEG 3,137.

[2] TEG 3,138. '천사'라는 낱말이 처음 나오는 곳은 창세기 16장 7절이지만, 여기서 이 낱말은 그리스도를 가리키는 말로 풀이할 수 있다. '천사들'이라는 복수형이 처음 나오는 곳은 창세기 18장 1절이다.

[3] FC 82,440.

[4] PG 12,116.

적으로 대하는 사람들은 이것을 마음에 잘 새기십시오. 이 선인은 손님들이 자신에게 다가올 때까지 기다리지도 않고, 성조 아브라함처럼 그들이 누구인지도 모르고 나그네이려니 생각하면서도 그들을 보자 마치 먹이를 낚아채 자신이 바랐던 것을 놓치지 않겠다는 듯 기뻐하며 뛰어나갔습니다.

• 요한 크리소스토무스 『창세기 강해』 43,9.[5]

19,2 롯의 친절

롯이 방문객들을 반가이 맞다

성경은 "롯이 그들을 보자 일어나 맞으면서 얼굴을 땅에 대고 엎드렸다"고 말합니다. 그는 손님을 맞을 자격이 있는 이로 여겨진 데 대해 하느님께 감사를 올렸습니다. 그의 영혼의 덕을 새겨 보십시오. 그는 이 사람들을 만나고 그들을 맞아들임으로써 자신의 소망을 이루게 된 것이 하느님께서 큰 호의를 베푸신 것이라 생각했습니다. 그들이 천사였으니 그런 것이라고 말하지 마십시오. 이 선인은 아직 그것을 몰랐고 낯선 나그네들을 맞는 것처럼 행동했다는 것을 잊지 마십시오. "롯이 말하였다. '나리들, 부디 제 집으로 드시어 밤을 지내십시오. 발도 씻고 쉬신 뒤에, 내일 아침 일찍 일어나 길을 떠나십시오.'" 이 말은 이 선인의 영혼이 지닌 덕을 드러내 주기에 충분합니다. 그의 큰 겸손과 손님을 접대하는 열성에 여러분이 어떻게 놀라지 않을 수 있습니까? "나리들, 부디 제 집으로 드시어 밤을 지내십시오." 롯은 그들을 '나리들'이라고 부르며 종처럼 굽니다. 사랑하는 여러분, 이 말을 귀 기울여 듣고 어떻게 하면 우리도 그렇게 할 수 있는지 배웁시다. 명성과 좋은 평판을 들으며 큰 번영을 누리는 집주인이 이 여행객들, 이 나그네들, 알지도 못하고 곰살궂지도 않은 길손들, 자

기와 아무 관계도 없는 이들을 '나리들'이라고 부릅니다. 그는 말합니다. "부디 제 집으로 드시어 밤을 지내십시오. 보십시오, 저녁때가 되었습니다. 제 청대로 하시어 당신 종의 집에서 쉬시며 하루의 피로를 푸십시오. 제가 대단한 것을 드리려는 것은 아닙니다. 여행으로 지친 '발도 씻고, 아침 일찍 일어나 길을 떠나십시오.' 제게 호의를 베푸시어 제 청을 거절하지 마십시오."

• 요한 크리소스토무스 『창세기 강해』 43,10.[6]

그지없는 롯의 친절

"그들은 '아니오. 광장에서 밤을 지내겠소' 하고 대답하였다"고 합니다. 자신의 간청에도 불구하고 그들이 거절했지만, 롯은 용기를 잃지 않았습니다. 자신이 뜻한 바를 포기하지 않았습니다. 그는 우리가 자주 품는 감정 같은 것을 느끼지 않았습니다. 우리는 어떤 사람의 마음을 사려 할 때 상대가 내켜 하지 않는 것을 보면 대번에 그만둡니다. 이는 우리가 열정과 갈망 없이 그 일을 하기 때문이며, 특히 우리가 '할 만큼 했다'고 말할 수 있는 핑계가 생겼다고 생각하기 때문입니다. 여러분이 최선을 다했다는 것이 무슨 말입니까? 여러분은 먹잇감이 빠져나가도록 허락했고, 보물을 놓쳤습니다. 이것이 최선을 다한 것입니까? 보물이 여러분 손가락 사이로 빠져나가게 두지 않았어야, 여러분이 먹잇감을 놓치지 않았어야, 여러분의 환대가 겉치레처럼 보이지 않았어야, 최선을 다한 것입니다.

• 요한 크리소스토무스 『창세기 강해』 43,11.[7]

---

[5] FC 82,440.

[6] FC 82,440-41.

[7] FC 82,441.

19,3 천사들이 롯의 집에 들다

관대한 태도

그들이 [자신의 청을] 거절하고 광장에서 지낼 생각인 것을 보자(천사들이 이렇게 한 것은 이 의인의 덕을 더욱 분명하게 드러내어, 우리 모두에게 그의 손님 환대가 어느 정도였는지 가르치기 위해서였습니다), 롯은 말로만 간청하지 않고 더욱 집요하게 굴었습니다. 그리스도께서도 "폭력을 쓰는 자들이 하늘 나라를 빼앗으려고 한다"(마태 11,12)고 하신 바 있습니다. … 성경은 '롯이 간절히 권했다'고 합니다. 제 생각에 롯이 그들의 뜻을 거슬러 그들을 끌고 간 듯합니다. 그러자 이 의인이 이다지 애쓰고, 자신의 뜻을 이루기 전에는 포기하지 않으리라는 것을 본 "그들은 롯의 집에 들기로 하고 그의 집으로 들어갔다. 롯이 그들에게 큰 상을 차리고 누룩 안 든 빵을 구워 주자 그들이 먹었다. 그들이 아직 잠자리에 들기 전이었다"고 합니다. 여러분은 여기에서 손님 환대의 마음이 풍성히 차려진 음식이 아니라 친절한 태도에서 드러난다는 사실도 아시겠지요? 제 말은, 그들을 자신의 집으로 데려온 롯이 곧바로 손님 환대의 증거를 보여 주었다는 것입니다. 그들이 여행길에 있는 사람들이라고만 생각한 그는 먹을 것을 대접하고 존중하는 태도로 손님들에게 주의를 기울이며 시중을 들었습니다.

• 요한 크리소스토무스 『창세기 강해』 43,12.[8]

19,9 소돔의 사내들이 롯을 괴롭히다

상습적인 악행

사람들에게 악행을 일삼던 소돔 사람들은 결국 천사들에게까지 폭력을 행사하기에 이르렀습니다. … 나쁜 품행은 그 즉시 결과가 눈에 드러나지 않을지라도 해롭고 파괴적입니다.

• 저자 미상 『성경 주해 선집』(창세기) 3,1122.[9]

---

[8] FC 82,441-42.

[9] TEG 3,144.

19,12-14 소돔의 멸망에 대한 경고

¹² 그러고 나서 그 사람들은 롯에게 말하였다. "그대의 가족들이 여기에 또 있소? 사위들과 그대의 아들딸들, 그리고 성읍에 있는 그대의 가족을 모두 데리고 이곳에서 나가시오.

¹³ 우리는 지금 이곳을 파멸시키려 하오. 저들에 대한 원성이 주님 앞에 너무나 크기 때문이오. 주님께서 소돔을 파멸시키시려고 우리를 보내셨소."

¹⁴ 롯은 밖으로 나가 장차 자기 딸들을 데려갈 사위들에게 말하였다. "자, 이곳을 빠져나가게. 주님께서 곧 이 성읍을 파멸시키실 것이네." 그러나 사위들은 롯이 우스갯소리를 한다고 생각하였다.

둘러보기

악을 행하는 자들이 너무 많을 때, 하느님께서는 그 도성에서 의인들이 떠나도록 하신다(저자 미상). 카파르나움을 소돔보다 더 나쁘다고 하신 예수님의 말씀에서 우리는 복음을 소홀히 하는 것은 소돔 사람들의 죄보다 더 나쁜 것임을 알 수 있다(살비아누스).

19,13 소돔을 파멸시키려고 우리를 보내셨다

의인들은 구출된다

악을 행하는 자들이 너무 많으면 의인들이 있어도 도성이 구원받지 못하지만, 의인들은 구출된다는 것을 알아 두십시오.

• 저자 미상 『성경 주해 선집』(창세기) 3,1125.[1]

복음을 소홀히 하는 자들

그런데 복음을 얕본 모든 이는 더 나쁘다는 사실을 구원자께서 상기시키신 일을 우리는 어떻게 설명합니까? 마침내 그분께서는 카파르나움에 대해 "너에게 일어난 기적들이 소돔에서 일어났더라면, 그 고을은 오늘까지 남아 있을 것이다. 그러니 내가 너희에게 말한다. 심판 날에는 소돔 땅이 너보다 견디기 쉬울 것이다"(마태 11,23-24)라고 하셨습니다. 그분께서 복음을 소홀히 한 모든 사람은 소돔 사람들보다 더 파멸당해 마땅하다고 하시니, 대부분의 일에서 복음을 소홀히 하는 우리는 더욱 두려워해야 마땅합니다. 우리가 이미 오랫동안 익숙한, 말하자면 나날이 행하는 죄들로 만족하려 하지 않기 때문에 더욱 그렇습니다.

• 사제 살비아누스 『하느님의 다스림』 4,9.[2]

---

[1] TEG 3,145.

[2] FC 3,104-5*.

19,15-23 롯이 초아르로 피신하다

15 동이 틀 무렵에 천사들이 롯을 재촉하며 말하였다. "자, 이 성읍에 벌이 내릴 때 함께 휩쓸리지 않으려거든, 그대의 아내와 여기에 있는 두 딸을 데리고 어서 가시오."

16 그런데도 롯이 망설이자 그 사람들은 롯과 그의 아내와 두 딸의 손을 잡고 성읍 밖으로 데리고 나갔다. 주님께서 롯에게 자비를 베푸셨기 때문이다.

17 그들은① 롯의 가족을 밖으로 데리고 나와 말하였다. "달아나 목숨을 구하시오. 뒤를 돌아다보아서는 안 되오. 이 들판 어디에서도 멈추어 서지 마시오. 휩쓸려 가지 않으려거든 산으로 달아나시오."

18 그러나 롯은 그들에게 말하였다. "나리, 제발 그러지 마십시오.

19 이 종이 나리 눈에 들어, 나리께서는 이제껏 저에게 하신 것처럼 큰 은혜를 베푸시어 저의 목숨을 살려 주셨습니다. 그렇지만 재앙에 휩싸여 죽을까 두려워, 저 산으로는 달아날 수가 없습니다.

20 보십시오, 저 성읍은 가까워 달아날 만하고 자그마한 곳입니다. 제발 그리로 달아나게 해 주십시오. 자그마하지 않습니까? 그러면 제 목숨을 살릴 수 있겠습니다." ♪

> ²¹ 그러자 그가 롯에게 말하였다. "좋소. 내가 이번에도 그대의 얼굴을 보아 그대가 말하는 저 성읍을 멸망시키지 않겠소.
> ²² 서둘러 그곳으로 달아나시오. 그대가 그곳에 다다르기 전까지는 내가 일을 하지 못하기 때문이오." 그리하여 그 성읍을 초아르^②라 하였다.
> ²³ 롯이 초아르에 다다르자 해가 땅 위로 솟아올랐다.
>
> ① 그리스어, 시리아 불가타 본문은 복수, 히브리어 성경은 단수로 되어 있다.
> ② '작다'는 뜻이다.

둘러보기

천사들은 자신들을 환대해 준 집주인의 안전을 염려해 주었지만, 그는 아직 산을 올라갈 수 있을 만큼 완전하지 못했다. 롯은 완전한 이들과 저주받은 이들 사이쯤에 있는 사람이었다(오리게네스). 롯의 소돔 탈출은 '생각이라는 통로'를 통해 악에서 달아나는 영적 도피를 가르쳐 준다(암브로시우스). 사람은 악의 영토를 떠나야 하느님과 이야기를 나눌 수 있다. 서두르라는 권고는 하느님의 자애를 보여 준다("키릴루스").

19,15 천사들이 롯에게 빨리 피하라고 재촉하다

친절을 베푼 집주인의 안전을 먼저 챙긴 천사들

소돔을 멸망시키도록 파견된 천사들은 자신들이 받은 임무를 신속히 처리하기에 앞서, 자신들에게 친절을 베푼 집주인 롯의 안전을 먼저 생각했습니다. 그들은 임박한 불의 파멸에서 그를 구하고자 하였습니다.

나그네들에게 집 문을 닫아거는 사람들은 이 말씀을 들으십시오. 손님을 원수처럼 피하는 사람들은 이 말씀을 들으십시오. 롯은 소돔에 살고 있었습니다. 우리는 그가 한 다른 선행에 대해서는 읽은 바가 없습니다. 이때 있었던 손님 환대만 언급되어 있습니다. 단지 이 이유만으로 그는 불길을 피합니다. 대화재를 피합니다. 그가 나그네들에게 자기 집을 열었기 때문입니다. 천사들이 그 친절한 집으로 들어갔습니다. 나그네들에게 문을 닫아건 집들에는 불이 들어갔습니다.

그러니 우리는 천사들이 환대를 베푼 집주인에게 무어라고 하는지 봅시다. 성경은 그들이 "휩쓸려 가지 않으려거든 산으로 달아나시오"라고 했다고 합니다. 롯은 진정 친절했습니다. 그리고 성경이 그에 대해 증언하듯이, 그는 천사들을 접대하고(히브 13,2 참조) 파멸에서 구원받았습니다. 그러나 그는 소돔을 떠나자마자 산으로 올라갈 수 있을 만큼 완전하지 못했습니다. 완전한 이들만이 "산들을 향하여 내 눈을 드네. 내 도움은 어디서 오리오?"(시편 121,1) 하고 말할 수 있기 때문입니다. 이처럼 그는 소돔의 주민들과 함께 파멸해야 할 정도도 아니고, 높은 곳에서 아브라함과 함께 살 수 있을 만큼 훌륭한 인간도 아니었습니다. 그가 이런 훌륭한 인간이었더라면, 아브라함이 그에게 "네가 왼쪽으로 가면 내가 오른쪽으로 가고, 네가 오른쪽으로 가면 나는 왼쪽으로 가겠다"(창세 13,9)라는 말을 하지도 않았을 것이고, 소돔이라는 거주지가 그의 마음에 들지도 않았을 것입니다. 그런즉 그는 완전한 이들과 저주받은 이들 사이 어디쯤에 있었습니다.

그리고 자신에게 산을 오를 힘이 없다는 것을 안 그는 경건하고 겸손하게 "저 산으로는 달아날 수가 없습니다. 보십시오, 저 성읍은 … 자그마한 곳입니다. 제발 그리로 달아나게 해 주십시오. 자그마하지 않습니까?"(창세 19,19-20) 하고 청합니다. 그가 그 작은 성읍 초아르로 들어갔을 때 그곳에서 구원받은 것은 분명합니다. 그리고 그 뒤 그는 딸들과 함께 산으로 올라갔습니다(창세 19,30).

소돔 땅이 파괴되기 전 롯이 그곳을 자신의 거주지로 선택했을 때는 그곳이 "주님의 동산과 같고 이집트 땅과 같았다"(창세 13,10)고 했지만, 소돔에서 산으로 올라갈 수는 없었기 때문입니다. 그런데 약간 옆길로 새는 것 같기는 하지만, 어떤 점에서 소돔을 주님의 동산이나 이집트 땅에 비유할 수 있었던 것입니까? 저는 이렇게 생각합니다. "소돔이 죄를 짓기 전, 더러움 없는 삶의 단순함을 아직 지니고 있었을 때는 그곳이 '주님의 동산'이었지만, 죄의 얼룩으로 더러워지고 변색하기 시작하자 '이집트 땅'과 똑같이 되었다."

그러나 실로 예언자가 "너의 자매 소돔이 예전 상태로 돌아갈 것이다"(에제 16,55 참조)라고 하니, 우리는 소돔이 예전 상태로 돌아가면 '주님의 동산' 같이 될 것인지 아니면 '이집트 땅' 같이만 될 것인지도 궁금합니다. 저로서는 소돔의 죄가 그 정도까지 줄어들어 그것이 이집트 땅만 아니라 주님의 동산에 비교될 정도로 완전하게 회복될 만큼 그 악이 씻어질 수 있을지 의심스럽습니다. 그러나 그렇다고 주장하고 싶은 사람들은 이 약속에 덧붙은 듯 보이는 말씀을 근거 삼아 우리에게 우길 것입니다. 성경에 '소돔이 돌아갈 것이다'라고만 되어 있지 않고 "소돔이 예전 상태로 돌아갈 것이다"(에제 16,55 참조)라고 되어 있

다는 이유입니다. 그리고 그들은 소돔의 예전 상태가 '이집트 땅 같이'가 아니라 '주님의 동산 같이'를 뜻한다고 강력하게 주장할 것입니다.

• 오리게네스 『창세기 강해』 5,1.[1]

악을 끊는 사람들

우리는 소돔 사람들이 받을 벌보다 그들의 죄를 더 두려워한 롯처럼 달아나야 합니다. 거룩한 사람임이 분명한 그는 자기 집 문을 닫아걸고 소돔의 남자들의 범죄에 전염되지 않으려 달아나기를 선택했습니다. 그는 그들과 함께 살 때는 그들을 몰랐습니다. 그들의 불법행위를 몰랐고 그들이 한 창피스러운 짓에서 눈을 돌렸기 때문입니다. 그는 달아날 때, 그들을 돌아보지 않았습니다. 그들과 알고 지내고 싶지 않았기 때문입니다. 악을 끊고 동료 시민들의 삶의 방식을 거부하는 이는 롯처럼 달아나야 합니다. 그런 사람은 뒤돌아보지 않고 자기 생각이라는 통로를 통하여 저 위에 있는 도성으로 들어가며, 세상의 죄를 지신 대사제의 죽음 때까지 거기에서 나오지 않습니다.

그분은 실로 한 번 돌아가셨지만, 우리가 당신과 함께 묻히고 당신과 함께 되살아나 당신 생명의 새로움 안에서 걷게 하기 위하여, 그리스도의 죽음 안에서 세례 받는 사람 하나하나를 위해 돌아가십니다(참조: 콜로 2,12; 로마 6,4). 여러분의 마음이 죄인들의 의도와 그들의 목적에 따라 행동하지 않는다면, 여러분의 피신은 좋은 것입니다. 여러분의 눈이 술을 오래 바라보며 갈망하는 마음이 들지 않도록 잔과 술 주전자들을 피한다면, 여러분의 피신은 좋은 것입니다. 여러분의 혀가 진실을 지킬 수 있도록 여러분이 여자 나그

---

[1] FC 71,112-14.

네들에게서 눈길을 돌린다면, 여러분의 피신은 좋은 것입니다. 여러분이 어리석은 자에게 그의 어리석음에 맞추어 대답(잠언 26,4 참조)하지 않을 때, 여러분의 피신은 좋은 것입니다. 여러분이 어리석은 자들에게서 발걸음을 멀리할 때, 여러분의 피신은 좋은 것입니다. 실로 사람은 나쁜 안내자를 따라가면 순식간에 길을 잃습니다. 그러니 여러분의 피신이 좋은 것이 되기를 바란다면, 그런 이의 말에서 멀리 떨어져 있으십시오(잠언 5,8 참조).

• 암브로시우스 『세속 도피』 9,55-56.[2]

19,18 나리, 제발 그러지 마십시오

악의 영토를 떠나는 롯

소돔에서 빠져나온 뒤인 지금은 롯이 천사들이 아니라 주님과 이야기를 나누는 것처럼 보입니다.[3] 악의 영토를 떠난 사람은 하느님께서 자신에게 이야기하시는 것을 발견하며, 자신이 바라는 것을 무엇이든 청할 용기와 자신감을 지니게 되기 때문입니다.

• "알렉산드리아의 키릴루스" 『성경 주해 선집』(창세기) 3,1139.[4]

19,22 서둘러 달아나시오!

인간의 나약함을 헤아려 주시는 하느님

하느님의 자애는 놀랍습니다. 전능하신 분께서 "그대가 그곳에 다다르기 전까지는 내가 일을 하지 못하기 때문이오"라고 하십니다. 그분은 당신 종의 나약함마저 헤아려 주시며 그의 굼뜬 행동을 너그럽게 보아주십니다.

• "알렉산드리아의 키릴루스" 『성경 주해 선집』(창세기) 3,1144.[5]

---

[2] FC 65,321-22.

[3] "롯이 그들에게 말하였다. '주님, 빕니다'"(칠십인역).

[4] TEG 3,154.

[5] TEG 3,156.

19,24-28 소돔의 멸망

²⁴ 그때 주님께서 당신이 계신 곳 하늘에서 소돔과 고모라에 유황과 불을 퍼부으셨다.

²⁵ 그리하여 그 성읍들과 온 들판과 그 성읍의 모든 주민, 그리고 땅 위에 자란 것들을 모두 멸망시키셨다.

²⁶ 그런데 롯의 아내는 뒤를 돌아다보다 소금 기둥이 되어 버렸다.

²⁷ 아브라함이 아침 일찍 일어나, 자기가 주님 앞에 서 있던 곳으로 가서

²⁸ 소돔과 고모라와 그 들판의 온 땅을 내려다보니, 마치 가마에서 나는 연기처럼 그 땅에서 연기가 솟아오르고 있었다.

둘러보기

우의적으로, 롯은 '이성적인 이해력과 용감한 영혼'을 나타내며 그의 아내는 육을 나타낸다(오리게네스).¹▶ 롯의 아내에게 일어난 일은 하느님께서는 사람의 속뜻을 보신다는 것을 알려 준다(알렉산드리아의 클레멘스).

19,26 롯의 아내가 뒤를 돌아다보다

육을 나타내는 롯의 아내

다시 롯의 이야기로 돌아가 봅시다. 그는 뒤 돌아보지 말라는 천사들의 지시를 들은 뒤 아내와 딸들과 함께 멸망하는 소돔을 피해 초아르로 달아나고 있었습니다(창세 19,17 참조). 그런데 그의 아내는 그 명령에 주의를 기울이지 않았습니다. '롯의 아내는 소금 기둥이 되어 버렸다'고 합니다. 우리는 이것이 그렇게 큰 잘못이라고 생각하나요? 하느님의 호의로 달아나고 있던 것으로 보이던 이 여자가 뒤를 돌아다본 것이 파멸을 맞을 만큼 큰 잘못인가요? 그 여자가 불꽃이 터져 울리는 시끄러운 소리에 겁에 질려 뒤를 돌아다보았다면, 그것은 얼마나 큰 잘못일까요?

그러나 "율법은 영적인 것"(로마 7,14)이며 옛사람들에게 일어난 일들은 "본보기로 일어난 것"(1코린 10,11)이니, 뒤돌아보지 않은 롯은 이성적인 이해력을, 그리고 그의 아내는 육을 나타내는 것이 아닌지 살펴봅시다. 언제나 악덕으로 기우는 것이 육이어서, 영혼이 구원으로 나아가고 있을 때, 육은 뒤를 돌아보며 쾌락을 추구하기 때문입니다. 이에 대해 주님께서도 "쟁기에 손을 대고 뒤를 돌아보는 자는 하느님 나라에 합당하지 않다"(루카 9,62)고 하셨습니다. "너희는 롯의 아내를 기억하여라"(루카 17,32)고도 하십니다.

그런데 '롯의 아내가 소금 기둥이 되었다'는 사실은 그녀의 어리석음을 만천하에 드러내는 표시로 보입니다. 소금은 그녀가 갖추지 못한 신중함을 나타내기 때문입니다.

아무튼 롯은 초아르로 달아났습니다. 그는 그곳에서 얼마간 쉬며 소돔에서 얻을 수 없었던 힘을 얻은 다음 산으로 올라가, "롯은 자기의 두 딸과 함께 살았다"(창세 19,30)는 성경 말씀대로 그곳에서 살았습니다.

• 오리게네스 『창세기 강해』 5,2.[2]

하느님께서는 속뜻을 보신다

롯의 아내만이 자신의 자유의지로 세상의 사악함 쪽으로 돌아다보았을 때처럼, 하느님께서는 진짜 속마음을 샅샅이 보십니다. 하느님께서는 그 여자를 무감각한 소금 기둥, 앞으로 움직일 힘이 없는 상의 모습으로 두셨습니다. 그러나 여기에는 영적 깨달음이 가능한 사람을 단련하는 유용한 가르침이 담겨 있습니다.

• 알렉산드리아의 클레멘스 『양탄자』 2,14,61,4.[3]

---

[1] 알렉산드리아의 필론의 글(예를 들어, 『창세기에 관한 질문과 해결』 1,46; 3,3)에서도 발견되는 전통적인 견해다.

[2] FC 71,114.

[3] FC 85,200*.

19,29-38 롯의 두 딸이 아버지와 함께 눕다

²⁹ 하느님께서 그 들판의 성읍들을 멸망시키실 때, 아브라함을 기억하셨다. 그래서 롯이 살고 있던 성읍들을 멸망시키실 때, 롯을 그 멸망의 한가운데에서 내보내 주셨다.

³⁰ 롯은 초아르를 떠나 산으로 올라가서 자기의 두 딸과 함께 살았다. 초아르에서 사는 것이 두려웠기 때문이다. 그리하여 롯은 자기의 두 딸과 함께 굴속에서 살았다.

³¹ 그때 맏딸이 작은딸에게 말하였다. "우리 아버지는 늙으셨고, 이 땅에는 세상의 풍속대로 우리에게 올 남자가 없구나.

³² 자, 아버지에게 술을 드시게 하고 나서, 우리가 아버지와 함께 누워 그분에게서 자손을 얻자."

³³ 그날 밤에 그들은 아버지에게 술을 들게 한 다음, 맏딸이 가서 아버지와 함께 누웠다. 그러나 그는 딸이 누웠다 일어난 것을 몰랐다.

³⁴ 이튿날, 맏딸이 작은딸에게 말하였다. "간밤에는 내가 아버지와 함께 누웠다. 오늘 밤에도 아버지에게 술을 드시게 하자. 그리고 네가 가서 아버지와 함께 누워라. 그렇게 해서 그분에게서 자손을 얻자."

³⁵ 그래서 그날 밤에도 그들은 아버지에게 술을 들게 한 다음, 이번에는 작은딸이 일어나 가서 아버지와 함께 누웠다. 그러나 그는 딸이 누웠다 일어난 것을 몰랐다.

³⁶ 이렇게 해서 롯의 두 딸이 아버지의 아이를 가지게 되었다.

³⁷ 맏딸은 아들을 낳고 그 이름을 모압이라 하였으니, 그는 오늘날까지 이어 오는 모압족의 조상이다.

³⁸ 작은딸도 아들을 낳고 그 이름을 벤 암미라 하였으니, 그는 오늘날까지 이어 오는 암몬인들의 조상이다.

둘러보기

롯의 딸들이 아버지와 함께 누운 이야기는 해석자들을 곤혹스럽게 했다. 제기된 문제들 가운데 하나는 롯에게 잘못이 있느냐 하는 것이었다. 다양한 예형론적 해석이 있었지만, 롯은 율법을 나타내며 그의 아내는 광야에 있을 때 이집트의 안락을 그리워한 이스라엘 백성을 나타낸다(오리게네스)는 해석이 가장 그럴듯하다. 롯의 자손이 각기 사마리아와 유대아의 회당을 나타낸다(이레네우스)는 해석도 있다. 영적 관점에서 보자면, 이 이야기는 율법(롯)에서 영적 또는 우의적 의미를 없애면 육적인 이해밖에 낳지 못함을 보여 준다. 다시 말해, 그것은 그리스도께로 인도하지 못한다. 두 자매도 허영과 교만을 나타낸다고 풀이할 수 있다(오리게네스).

19,33-35 롯의 딸들이 아버지와 눕다

롯에게 잘못이 있기도 하고 없기도 하다

이 일들 다음에 이제 롯의 딸들이 몰래 교묘하게 자기들 아버지와 누웠다(창세 19,31-38 참조)는 유명한 이야기가 이어집니다. 이 일에서 롯에게 죄가 없다고 말할 수 있는 사람이 있는지 저는 모르겠습니다. 그렇다고 롯이 그런 심각한 근친상간을 저질렀다고 그를 비난할 수 있는지도 저는 모르겠습니다. 그가 그 일을 꾸몄다거나 딸들의 순결을 강제로 빼앗은 증거를 찾아볼 수 없고, 계략의 희생자로 교묘히 함정에 빠졌다고 보이기 때문입니다. 그렇지만 그가 술에 취하지 않았더라면 딸들의 유혹에 빠지지 않았을 것입니다. 그러니 어느 정도는 그에게 잘못이 있고, 어느 정도는 용서받을 만하다고 보입니다. 사실 그는 육욕과 쾌락을 탐한 잘못이 없고, 그것을 바란 적도 그것을 바라는 이들의 뜻에 동조한 적도 없으므로 죄가 없다고 할 수 있기 때문입니다. 그러나 그는 함정에 빠질 수 있는 상황을 초래한 잘못이 있습니다. 술을 너무 많이 마셨기 때문입니다. 그것도 한 번이 아니라 두 번을 그렇게 했습니다.

예를 들어, "그러나 그는 딸이 누웠다 일어난 것을 몰랐다"는 표현을 보면, 성경도 그에게 죄가 없다고 이야기하는 듯 보입니다. 의도적으로 교묘하게 아버지를 속인 딸들에 대해서는 이렇게 이야기하지 않습니다. 그러나 그는 술을 [너무 많이] 마셔 의식을 잃었기에 자기가 큰딸과 또 작은딸과 누웠는지를 몰랐습니다.

만취가 어떤 짓을 하게 하는지 귀담아 들으십시오. 지나친 음주가 어떤 일을 일으키는지 잘 들으십시오. 이 악을 잘못이라 생각하지 않고 그것을 행하는 이들은 명심해 듣고 조심하십시오. 만취는 소돔도 망치지 못한 사람을 망칩니다. 유황불도 태우지 못한 사람을 여자의 불길이 태웁니다.

• 오리게네스 『창세기 강해』 5,3.[1]

19,36 롯의 딸들이 아이를 가지다

모르는 사이에 또는 육적 쾌락 없이

이 일은, 롯이 알지도 못하고 쾌락의 노예가 된 적도 없는데 일어났습니다. 이 일은 전부가 하느님의 계획에 따라 이루어진 것이며, 이 일을 통하여 같은 아버지에게서 육적 쾌락 없이 두 회당[2]이 나왔습니다. 쓰여 있듯이, 그들에게 생명의 씨앗과 자손이라는 열매를 줄 수 있는 분은 그분 말고는 없었기 때문입니다.

• 이레네우스 『이단 반박』 4,31,1.[3]

율법의 뜻이 아니다

그 일들이 있은 뒤 롯은 산으로 올라가, 성경이 이야기하듯이, 그곳에서 "자기의 두 딸과 함께 굴속에서 살았다"고 합니다. 율법도 높이 올라갔다고 여겨야 합니다. 솔로몬이 지은 성전이 주님의 집, "기도하는 집"(이사 56,7)이 됨으로써 그것을 아름답게 꾸며 주었기 때문입니다. 그러나 사악한 주민들이 그것을 "강도들의 소굴"(마태 21,13; 루카 19,46; 예레 7,11)로 만들었습니다. 그래서 "롯은 자기의 두 딸과 함께 굴속에서 살았다"고 하는 것입니다. 예언자가 오홀라와 오홀리바가 자매이며, 오홀라는 유다이고 오홀리바는 사마리아(에제 23,4 참조)[4]라고 한 것은 이 두 딸을 가리킨 것이 분명합니다. 이렇게 두 부분으로 나뉜 이 백성은 율법의 두 딸이 되었습니다. 육적인 후손을 지키고 많은 후손으로 세상의 주권을 확실히 차지하기 바란 이 딸들은 자기 아버지를 의식을 잃고 잠들게 만들어, 곧 그의 영적 이해력을 가리고 흐리게 만들어, 그에게서 오직 육적인 이해력만을 취했습니다. 그렇게 해서 그들은 임신했습니다. 그러고는 그들의 아버지가 인식하지도 알아보지도 못하는 아들들을 낳습니다. 육적인 것을 낳는 것은 율법을 이해한 것도 율법의 뜻도 아니었기 때문입니다. 그러나 율법이 그 의미를 잃으면 "주님의 회중에 들 수 없는"(신명 23,3) 후손이 태어납니다. 성경이 "암몬족과 모압족은 주님의 회중에 들 수 없고, 그들의 자손은 삼 대와 사 대는 물론 영원히 들 수 없

---

[1] FC 71,114-15.

[2] 사마리아와, 유대아 또는 예루살렘을 가리키는 것이 분명하다.

[3] TEG 3,172.

[4] 칠십인역에 따른 것이다. 라틴어 역본에는 "오홀라는 사마리아를, 오홀리바는 예루살렘을 가리킨다"고 쓰여 있다.

다"(참조: 신명 23,3; 탈출 34,7)고 하기 때문입니다.

• 오리게네스 『창세기 강해』 5,5.[5]

허영과 교만을 나타내는 자매

우리는 영적 이해에 따라 롯과 그의 아내와 딸들에 관한 이런 설명을 이끌어 냈습니다. 이 본문에서 더욱 거룩한 [의미를] 파악해 낼 수 있는 이들에 대해 우리는 아무런 판단을 하지 않습니다. 그런데 앞에서 우리는 도덕적 의미에서 롯은 이성적 이해력과 용감한 영혼을 나타내는 반면, 뒤돌아본 그의 아내는 육욕과 쾌락에 이끌리는 육를 나타낸다고 이야기했습니다. 여러분, 이 일들을 흘려듣지 마십시오. 여러분이 세상의 불을 피했고 육의 불을 피했더라도, 그 가운데 어디쯤 있는 '자그마한 성읍 초하르'(창세 19,20 참조) 위로 올라왔더라도, 지식의 정점인 산꼭대기에 오른 것처럼 보이는 일이 없도록 경계해야 하기 때문입니다. 여러분 곁을 떠나지 않고 여러분이 산을 오를 때도 여러분을 따라오는 그 두 딸이 여러분을 기다리고 있지 않도록 주의하십시오. 그들은 허영과 허영의 언니인 교만입니다. 그 딸들이 여러분을 껴안아 숨 막히게 하여, 여러분이 의식하지도 알지도 못하는 사이에 정신을 잃고 잠들게 하는 일이 없도록 주의하십시오. 그들이 '딸들'로 불리는 것은 그들이 밖에서 우리에게 오는 것이 아니라 우리에게서 나오며, 말하자면 우리 행동이라는 단순한 것에서 나오기 때문입니다. 그러니 할 수 있는 한 깨어 있으며, 이 딸들에게서 아들들을 낳지 않도록 경계하십시오. 이 딸들에게서 난 이들은 "주님의 회중에 들 수 없기"(신명 23,3) 때문입니다. 그러나 자손을 낳고 싶으면, 영 안에서 낳으십시오. "성령에게 뿌리는 사람은 성령에게서 영원한 생명을 거둘 것"(갈라 6,8)이기 때문입니다. 여러분이 껴안고 싶으

면, 지혜를 껴안고 "지혜는 내 누이"(잠언 7,4)라고 하십시오. 그러면 지혜도 여러분에 대해 이렇게 이야기할 것입니다. "하늘에 계신 내 아버지의 뜻을 실행하는 사람이 내 형제요 누이요 어머니다"(마태 12,50). 우리 주 예수 그리스도가 이 지혜이십니다. "그분께서는 영원무궁토록 영광과 권능을 누리십니다. 아멘"(1베드 4,11).

• 오리게네스 『창세기 강해』 5,5-6.[6]

19,37 모압족의 조상 롯

율법의 표상인 롯

이 이야기를 영적으로 해석하면서, 롯은 주님을, 그의 두 딸은 두 계약을 가리킨다고 설명한 이들이 있음을 저는 알고 있습니다. 그러나 성경이 롯의 혈통에서 나온 암몬족과 모압족에 대해 어떻게 이야기하는지 아는 사람이라면 이런 견해를 과연 받아들일 수 있을지 저는 모르겠습니다. 그의 자손은 "삼 대 사 대까지"(탈출 34,7) "주님의 회중에 들 수 없다"(신명 23,3)고 했는데, 그가 어떻게 그리스도를 나타낸다고 할 수 있겠습니까?

우리는 지각이 있는 이들이니 롯을 율법의 표상으로 봅시다. 라틴어에서는 '율법'이라는 낱말이 여성명사이므로 이와 맞지 않는다고 생각하지 맙시다. 그리스어에서는 이 낱말이 남성명사이니까요.[7]

우리는 그의 아내가, 소돔의 불에서 구원받듯이 이집트를 떠나 갈대 바다와 파라오에게서 구원받은 뒤 또다시 "이집트의 생선이며, 오이와

---

[5] FC 71,119*.

[6] FC 71,120*.

[7] 이 문장은 오리게네스의 이 저서를 라틴어로 번역한 루피누스가 끼워 넣은 것이 분명하다.

파와"(민수 11,5) 고기를 그리워하며 뒤돌아보다 광야에서 쓰러진 사람들을 나타낸다고 생각합니다. 그 사람들도 광야에서 육욕의 기념비가 되었습니다(시편 106,14 참조). 그런즉 그 첫 사람들에게 있어서, 율법이 롯처럼 길을 잃고 자기 아내가 뒤를 돌아다보도록 둔 것이 그곳이었습니다.

결국 롯은 초아르로 와 그곳에서 삽니다. 이 성읍에 대해 그는 "저 성읍은 자그마하고 제 목숨을 살릴 수 있겠습니다. 또 그리 작지도 않습니다"(창세 19,20 참조)라고 합니다.[8] 그러니 율법과 관련해서, '작지만 작지 않은 성읍'이 무엇인지 알아봅시다. 성읍은 그곳에 사는 군중의 생활 방식에서 이름을 얻습니다. 그것이 어떤 장소에 사는 많은 사람의 삶을 하나로 묶으며 지시를 내리기 때문입니다.[9] 그런즉 율법에 따라 사는 이 사람들은 그들이 율법을 문자적으로 이해하는 한, 시시하고 조잡한 생활 방식을 지니고 있는 것입니다. 안식일과 초하룻날과 육의 할례와 음식 규정을 육적인 방식으로 지키는 것에는 위대한 점이라고는 없기 때문입니다. 그러나 똑같은 그 규정들을 영적으로 이해하기 시작한다면, 문자적 의미에서는 시시하고 조잡한 것들이 영적 의미로는 하찮지 않고 위대합니다.

• 오리게네스 『창세기 강해』 5,5.[10]

---

[8] 라틴어 역본과 칠십인역, 오리게네스 해설의 의미에 맞추어 창세기 19장 20절을 조금 달리 옮겼다. 오리게네스는 이 문장을 의문문으로 보지 않은 것이 확실하다.

[9] 플라톤 『국가』 369C 참조.

[10] FC 71,117-18*.

20,1-7 아브라함과 사라가 그라르로 가다

¹ 아브라함은 그곳을 떠나 네겝 땅으로 옮겨 가서, 카데스와 수르 사이에 자리를 잡았다. 그라르에서 나그네살이하게 되었을 때,

² 아브라함은 자기 아내 사라를 자기 누이라고 말하였다. 그러자 그라르 임금 아비멜렉이 사람을 보내어 사라를 데려갔다.

³ 그날 밤 꿈에, 하느님께서 아비멜렉에게 나타나 말씀하셨다. "네가 데려온 여자 때문에 너는 죽을 것이다. 그 여자는 임자가 있는 몸이다."

⁴ 아비멜렉은 아직 그 여자를 가까이하지 않았으므로, 이렇게 아뢰었다. "주님, 당신께서는 죄 없는 백성도 죽이십니까?

⁵ 아브라함 자신이 저에게 '이 여자는 제 누이입니다.' 하였고, 그 여자 또한 스스로 '그는 제 오라비입니다.' 하지 않았습니까? 저는 흠 없는 마음과 결백한 손으로 이 일을 하였습니다."

⁶ 그러자 하느님께서 꿈에 다시 그에게 말씀하셨다. "나도 네가 흠 없는 마음으로 이 일을 한 줄 안다. 네가 나에게 죄를 짓지 않도록 막아 준 이가 바로 나다. 네가 그 여자를 건드리는 것을 내가 허락하지 않았다. ✑

> ☞ [7] 이제 그 사람의 아내를 돌려보내라. 그 사람은 예언자이니, 그가 너를 위하여 기도하면 너는 살 것이다. 그러나 네가 만일 돌려보내지 않으면, 너와 너에게 딸린 자들이 모두 반드시 죽으리라는 것을 알아 두어라."

둘러보기

아브라함이 아비멜렉에게 자기 아내 사라를 자기 누이라고 한 사건은 성경 해석자들에게, 아브라함이 파라오에게 같은 말을 한 창세기 12장과 비슷한 어려움을 던져 주었다. 그러나 아비멜렉에게는 잘못을 따지기 어려운 반면, 파라오는 압제자로 비칠 수 있다는 차이점도 있다. 필론이 그랬듯이 이 이야기를 우의적으로 해석하여 사라를 '덕'으로 풀이하면 문제를 해결할 수 있다(오리게네스). 아브라함이 삶의 터전을 옮긴 것도 자제하는 금욕적인 삶의 본보기를 보여 주는 것으로 풀이할 수 있다(요한 크리소스토무스). 결백한 아비멜렉은 이 세상의 근면하고 지혜로운 남자들을 나타낸다고 풀이할 수 있다(오리게네스). 아브라함의 행동도 그가 예언자였기 때문이라고 설명할 수 있다(저자 미상).

20,1 아브라함이 떠나다

아브라함이 아비멜렉을 만나다

우리는 창세기에서, 세 사람이 나타난 뒤, 소돔이 멸망하고 롯이 나그네에게 친절을 베풀었기 때문이거나 또는 아브라함의 친족이기 때문에 구원받은 뒤, "아브라함이 그곳을 떠나 남쪽으로 옮겨 가서"[1] 필리스틴인들의 임금에게 갔다고 하는 이야기를 읽었습니다. 이 이야기는 아브라함이 그의 아내 사라와, 사라가 아브라함의 아내가 아니라 누이라고 이야기하기로 약속했다고도 합니다. 아비멜렉 임금이 사라를 데려갔지만, 하느님께서 그날 밤 아비멜렉의 꿈에 나타나시어 '너는 그 여자를 건드리지 않았다. 네가 그 여자를 건드리는 것을 내가 허락하지 않았다' 등의 말씀(창세 20,3-4.6 참조)을 하셨다고도 합니다. 그러나 이 일이 있은 뒤 아비멜렉은 사라를 남편에게 돌려주며 아브라함이 자신에게 진실을 말하지 않은 것을 탓했습니다. 또한 성경은 아브라함이 예언자로서 아비멜렉을 위해 기도했으며, "하느님께서는 아비멜렉과 그의 아내와 그의 여종들의 병을 고쳐 주셨다"(창세 20,17)고도 합니다. 전능하신 하느님께서는 아비멜렉의 여종들까지 고쳐 주실 정도로 관심을 보여 주셨습니다. [그에 앞서] "주님께서 아비멜렉 집안의 모든 태를 닫아"(창세 20,18) 버리셨지만, 아브라함의 기도 덕분에 그들은 다시 아이를 낳을 수 있게 되었습니다.

이 말씀들을 문자적으로 듣고 이해하기 바라는 사람은 그리스도인들이 아니라 유대인들의 무리에 들어야 합니다. 그러나 그리스도인이요 바오로의 제자가 되고 싶은 사람은, 율법서가 아브라함과 그의 아내와 아들들에 관해 이야기하는 말씀들은 '우의적인 것'이라고 잘라 말하며(갈라 4,22-24 참조) "율법은 영적인 것"(로마 7,14)이라고 한 바오로의 말을 들으십시오. 우리 가운데 아무도 이 말씀들에 어떤 종류의 우의가 담겨 있는지 쉽게 알아낼 수 없지만, 그럼에도 불구하고

---

[1] 칠십인역에는 '네겝 땅으로'가 아니라 '남쪽으로'로 되어 있다.

우리는 마음으로부터 '그 너울이 치워지도록' 기도해야 합니다. "주님께 돌아서기만 하면"(2코린 3,16) 주님께서 문자의 너울을 벗기고 영의 빛을 드러내 주실 것입니다. "주님은 영"(2코린 3,17)이시기 때문입니다. [그러면] 우리는 "너울을 벗은 얼굴로 주님의 영광을 바라보면서, 더욱더 영광스럽게 그분과 같은 모습으로 바뀌어 갑니다. 이는 영이신 주님께서 이루시는 일입니다"(2코린 3,18) 하고 말할 수 있게 됩니다.

• 오리게네스 『창세기 강해』 6,1.[2]

20,2 아브라함이 사라를 자기 누이라고 말하다

영혼의 덕을 나타내는 사라

그래서 저는, '공주' 또는 '제국을 다스리는 이'라는 뜻의 사라는 영혼의 덕인 '아레테'*aretē*를 나타낸다고 생각합니다. 그렇다면 이 덕은, 지혜에 대해 "나는 지혜를 아내로 맞아들이려고 애를 썼다"(지혜 8,2)라고 말한 그 지혜로운 남자 같은, 지혜롭고 충실한 사람과 결합하여 그와 밀착되어 있습니다. 이런 까닭에 하느님께서는 아브라함에게 "사라가 너에게 말하는 대로 다 들어 주어라"(창세 21,12)라고 하십니다. 그러나 이 말씀은 실제 혼인에는 적절하지 않습니다. 남자에 관하여 여자에게 주어진, '너는 그에게서 피난처를 찾고 그는 너의 주인이 되리라'(창세 3,16 참조)라는 잘 알려진 말씀은 하늘에서 계시된 것이기 때문입니다. 그런데 남편이 자기 아내의 주인이라면, 어떻게 또다시 남자에게 "사라가 너에게 말하는 대로 다 들어 주어라"(창세 21,12)라는 말이 내릴 수 있는 것입니까? 그러므로 이는 덕과 혼인한 사람이라면 모든 일에서 그녀의 충고에 귀 기울이라는 뜻입니다.

그러므로 아브라함이 [사라를 자기 누이라고 말하는 것은] 이제 덕이 자기 아내로 불리는 것

을 바라지 않는 것입니다. 덕이 그의 아내로 불리는 한, 덕은 그에게 속하고 아무와도 나눌 수 없기 때문입니다. 그리고 우리가 완전함에 도달할 때까지 영혼의 덕은 우리 안에 개인적인 것으로 남아 있는 것이 적절합니다. 그러나 우리가 완전함에 도달해 다른 사람들을 가르칠 수도 있게 되면, 더 이상 덕을 나의 아내로 내 가슴 안에 가두어 두지 말고 누이가 되게 합시다. 그가 그녀를 원하는 다른 사람들과도 결합하게 합시다. 거룩한 말씀께서 완전한 이들에게 '지혜가 내 누이'라고 하여라고 말씀하시기 때문입니다(잠언 7,4 참조). 그래서 아브라함도 이런 의미에서 사라를 자기 누이라고 한 것입니다. …

사실 파라오도 한때 사라를 받아들이기 원했지만(창세 12,15 참조), 그는 순수한 마음으로 원한 것이 아니었습니다. 그리고 덕은 오직 깨끗한 마음과만 결합할 수 있습니다. 그래서 성경은 "주님께서는 파라오에게 여러 가지 큰 재앙을 내리셨다"(창세 12,17)고 합니다. 덕은 '파괴자' — 우리의 언어에서 '파라오'는 이런 뜻입니다 — 와 함께 머무를 수 없기 때문입니다.

• 오리게네스 『창세기 강해』 6,1-2.[3]

자제하는 금욕적 삶

성경은 "아브라함은 그곳을 떠나 남쪽으로 옮겨 가서, 카데스와 수르 사이에 자리를 잡고 그라르에서 나그네살이를 하였다"고 합니다. 어디로부터 떠나왔습니까? 그가 천막을 쳤던, 만물의 주님과 천사들을 대접하는 특권을 누렸던 곳으로부터 떠나왔습니다. 성경은 그가 그곳을 떠나 "그라르에서 나그네살이를 하였다"고 합니다. 이 선한 사람들의 삶을 눈여겨보십시오. 그

---

[2] FC 71,121-22. [3] FC 71,122-23*.

것이 얼마나 자제하고 금욕하는 삶이었는지, 그들이 얼마나 터전을 쉽게 옮기며, 마치 남의 땅에 사는 것처럼(히브 11,9 참조) 한때는 이곳, 한때는 저곳에 천막을 치면서 떠돌아 유목민들처럼 살았는지 보십시오. 그들은 남의 땅을 자기 나라처럼 여기며, 으리으리한 저택과 현관을 짓고 보도를 포장하고 땅을 소유하고 목욕탕과 온갖 사치스러운 건물을 짓는 우리와 다릅니다.

이와 대조적으로 이 선한 사람의 재산이란 집안과 가축 떼뿐입니다. [그는] 한 장소에만 머물지 않고 한때는 베텔에, 또 한때는 마므레의 참나무들 곁에 천막을 치고, 또 한때는 이집트로 내려가고 지금은 그라르에 천막을 친 채 모든 상황을 순순히 받아들이며 모든 면에서 자신의 주님께 감사하는 마음을 분명히 보이고 [있습니다]. 하느님께서 하신 그런 놀라운 약속과 보증에도 불구하고, 그는 크나큰 어려움에 둘러싸이고 온갖 시련을 당하는 자신을 보았습니다. 그러나 그는 자신을 둘러싼 어떤 문제에서도 경건한 태도를 보이고 한결같은 굳음을 입증하며 강철처럼 흔들림 없이 버텼습니다. 사랑하는 여러분, 지금 여기 그라르에서 그에게 어떤 시련이 닥쳤는지 그리고 이 의인의 덕이 얼마나 놀라운지 잘 보십시오. 많은 사람이 무수히 많은 죄의 짐으로 짓눌리면서도 불평하고 왜 그런 일이 생겼는지 주님께 설명을 요구하는 것과 달리, 아무도 참아 내고 받아들일 수 없을 만한 일을 그는 불평하지도 설명을 요구하지도 않고 참아 냅니다. 많은 사람은 어떤 어려움을 만나면 참견하는 마음과 캐물으려는 마음이 생겨 '이 일 또는 저 일이 왜 일어났나?' 하고 말합니다. 그러나 이 의인은 그러지 않았습니다. 그래서 그는 높은 곳으로부터 더 큰 호의를 누렸습니다. 주인이 한 일의 이유를 알려 하지 않고 모든 일을 묵묵히 깊은 감

사의 마음으로 받아들이는 것이야말로 결국 충실한 종의 참된 표시입니다.

• 요한 크리소스토무스 『창세기 강해』 45,3-4.[4]

20,4 아비멜렉은 사라를 가까이하지 않았다

참으로 거룩한 선물

'가까이하지 않았다'는 표현은, 성적인 관계가 아니더라도 욕정을 품고 바라보거나 만지지 않았다는 뜻으로, "남자는 여자와 관계를 맺지 않는 것이 좋다"(1코린 7,1)는 말과 마찬가지로 강조 어법입니다. 당연히 하느님께서는 아비멜렉이 사라를 가까이하는 것을 허락하지 않으셨습니다. 아마도 아비멜렉이 모든 일에서 완전한 자제력을 지니고 있었다고 해도 그렇습니다. 사실 그런 자질은 참으로 거룩한 선물입니다.

• 오리게네스 『창세기 발췌 주해』.[5]

20,5 아비멜렉이 결백을 주장하다

흠 없는 마음으로

그런데 아비멜렉이 주님께 뭐라고 말씀드렸는지 봅시다. 성경은 그가 '저는 흠 없는 마음으로 이 일을 하였습니다'라고 했다고 합니다. 아비멜렉은 파라오와 완전히 다르게 행동합니다. 그는 무지하고 비열한 인간이 아니라, 덕을 위해 자신이 '흠 없는 마음'을 갖추어야 한다는 것을 압니다. 그리고 그는 흠 없는 마음으로 덕을 얻고자 했기 때문에 하느님께서는 아브라함이 그를 위해 기도하자 그를 고쳐 주십니다. 하느님께서는 아비멜렉만 아니라 그의 여종들도 고쳐 주십니다.

• 오리게네스 『창세기 강해』 6,2.[6]

---

[4] FC 82,470-72*.　　[5] PG 12,117.
[6] FC 71,123.

20,6 하느님께서 아비멜렉의 결백을 인정하시다

아비멜렉은 근면하고 지혜로운 사람들을 나타낸다

그런데 성경이 '주님께서 그가 그 여자를 건드리는 것을 허락하지 않으셨다'고 덧붙이는 까닭은 무엇입니까? 사라가 덕을 나타내고 아비멜렉이 '흠 없는 마음으로' 덕을 얻기 바랐다면, 왜 '주님께서 그가 그 여자를 건드리는 것을 허락하지 않으셨다'고 하는 것일까요?

'아비멜렉'은 '내 아버지는 임금이다'라는 뜻입니다. 이 아비멜렉은, 완전하고 완벽한 신심의 단계에는 도달하지 못하지만 철학에 관심을 가짐으로써 하느님께서 만물의 아버지시며 임금이심을 인식하는, 근면하고 지혜로운 세상의 남자들을 나타낸다고 생각됩니다. 따라서 그들은 윤리학(곧, 도덕철학)에 관한 한 어떤 면에서 마음의 순수함에도 주의를 기울이고 온 마음과 열정으로 거룩한 덕의 영감을 추구했다고 인정할 수 있습니다. 그러나 '하느님께서는' 그들이 그 여자를 '건드리는 것을 허락하지 않으셨습니다'. 이 은총은, 비록 위대한 인물이었지만 결국은 종이었던 아브라함이 아니라 그리스도에 의해서 다른 민족들에게 전해지도록 되어 있었기 때문입니다. … 아브라함은 자신이 들은, "모든 민족들이 네 안에서 복을 받을 것이다"(창세 22,18 참조)라는 말씀이 자신을 통해서 그리고 자신 안에서 이루어지기를 열망했습니다. 그러나 사도가 다음 말에서 보듯이, 그에게 주어진 약속은 이사악, 곧 그리스도 안에서 이루어집니다. "그런데 많은 사람을 뜻하는 '후손들에게'가 아니라 한 사람을 뜻하는 '너의 후손에게'라고 하셨습니다. 이분이 곧 그리스도이십니다"(갈라 3,16). 그럼에도 "하느님께서는 아비멜렉과 그의 아내와 그의 여종들의 병을 고쳐 주셨습니다"(창세 20,17).

• 오리게네스 『창세기 강해』 6,2.[7]

20,7 하느님께서 아비멜렉에게 지시하시다

주님께서 이런 벌을 주신 까닭

잘못은 하였으나 흠 없는 마음으로 그 일을 한 이 임금에게 선하신 주님께서 벌을 내리신 까닭은, 당신께서 의인의 기도를 들어 주시어 문제를 해결해 주심으로써 이 의인이 더욱 이름을 얻고 널리 알려지게 하기 위해서였습니다. 하느님의 모든 계획과 그분께서 행하시는 조처 하나하나에는 당신을 섬기는 이들을 마치 등불처럼 더욱 눈에 뜨이게 하고 모든 면에서 그들의 덕이 분명히 드러나게 하려는 뜻이 들어 있습니다.

• 요한 크리소스토무스 『창세기 강해』 45,23.[8]

예언자인 아브라함

아브라함이 예언자인 사실이 어디에서 드러납니까? 첫째로, 그는 이집트로 내려갈 때 사라에게 "당신은 아름다운 여자요. 이집트인들이 당신을 보면, 나를 죽이고 당신을 차지할 것이오"(창세 12,11-12 참조) 하고 말합니다. 그다음에는 이사악을 제물로 바치려고 산으로 데려갈 때 하인들에게 '너희는 여기에 머물러 있어라. 나와 이 아이는 산으로 올라가 주님께 제물을 바치고 너희에게 돌아오겠다'(창세 22,5 참조) 하고 말합니다. 그 외에도, 독특한 방식으로 또는 몇 사람 가운데 한 명처럼, 그는 하느님에 대해 알고 있었기 때문입니다. 그런데 우리 주님께서도 그가 예언자임을 증언해 주십니다. "아브라함은 나의 날을 보리라고 즐거워하였다"(요한 8,56; 참조: 마태 13,17). 이 말은 그가 예언[의 영] 안에서 주님을 보고 즐거워했다는 뜻입니다.

• 저자 미상 『성경 주해 선집』 3,1190.[9]

---

[7] FC 71,123-24.　　　　[8] FC 82,481.

[9] TEG 3,182-83.

20,8-18 아비멜렉이 사라를 아브라함에게 돌려주다

⁸ 아비멜렉은 아침 일찍 일어나 자기 종들을 모두 불러 모으고서, 그들에게 이 일을 낱낱이 들려주었다. 그러자 그 사람들은 크게 두려워하였다.

⁹ 아비멜렉은 아브라함을 불러 그에게 말하였다. "그대는 어째서 이런 짓을 하였소? 내가 그대에게 무슨 죄를 지었기에, 그대는 나와 내 왕국에 이렇게 큰 죄를 끌어들였소? 그대는 해서는 안 될 일을 나에게 저질렀소."

¹⁰ 아비멜렉이 아브라함에게 다시 물었다. "그대는 도대체 어쩌자고 이런 일을 저질렀소?"

¹¹ 아브라함이 대답하였다. "'이곳에는 하느님에 대한 경외심이라고는 도무지 없어서, 사람들이 내 아내 때문에 나를 죽일 것이다.' 하고 내가 생각하였기 때문입니다.

¹² 더구나 그 여자는 정말 나의 누이입니다. 아버지는 같고 어머니가 달라서 내 아내가 되었습니다.

¹³ 하느님께서 내게 아버지 집을 떠나 떠돌아다니게 하셨을 때, 나는 그 여자에게 말하기를, '당신에게 당부하는데, 우리가 어느 곳으로 가든지 내가 당신의 오라비라고 말하시오.' 하였습니다."

¹⁴ 그러자 아비멜렉은 양과 소, 남종과 여종들을 데려다 아브라함에게 주고, 그의 아내 사라도 돌려주었다.

¹⁵ 그리고 나서 아비멜렉이 말하였다. "보시오, 내 땅이 그대 앞에 펼쳐져 있으니 그대 마음에 드는 곳에 자리를 잡으시오."

¹⁶ 그리고 사라에게 말하였다. "나는 그대의 오라버니에게 은전 천 닢을 주었소. 보시오, 그것은 그대와 함께 있는 모든 이들 앞에서 그대의 명예를 회복시켜 줄 것이오. 이로써 그대는 모든 면에서 결백하다는 것이 입증되었소."

¹⁷ 이에 아브라함이 하느님께 기도하자, 하느님께서는 아비멜렉과 그의 아내와 그의 여종들의 병을 고쳐 주셨다. 그래서 그들은 다시 아이를 낳을 수 있게 되었다.

¹⁸ 주님께서 아브라함의 아내 사라 때문에 아비멜렉 집안의 모든 태를 닫아 버리셨던 것이다.

둘러보기

사람들의 두려움과 아비멜렉의 분개는 하찮은 이로 대접받았을 아브라함의 중요성을 강조하는 기회가 된다. 아비멜렉이 받은 위협도 하느님을 마음속 가장 높은 곳에 모시는 것과 정의를 존중하는 것의 중요성을 강조하는 기능을 한다.

아브라함이 사라의 정체를 숨긴 것은 거짓말이라기보다는 죽음이 두려워 둘러댈 말이었다고 변론할 수 있다. 아브라함이 아비멜렉에게서 받은 것들은 담대하게 노력한 데 대한 보상으로 풀이할 수 있다(요한 크리소스토무스). 영적으로 해석할 때, 아브라함의 행동은 덕 — 사라 — 을 다른 민족들과 나누려는 열망으로 풀이되며, 아비멜렉은 순수하고 철학적으로 사는 사람들을 나타낸다. 그러나 아직 하느님의 은총이 옛 백성에게서 다른 민족들에게로 넘어가는 때가 아니었다(오리게네스).

20,8 아비멜렉의 종들이 두려워하다

모든 사람이 두려워하다

이 선한 사람이 거주지를 옮겨 간 것이 헛되이 뜻 없이 한 일이 아님을 아시겠습니까? 다시 말해, 아브라함이 전에 있던 곳에 계속 머물렀다면, 그가 하느님의 특별한 호의를 누리고 있다는 것을 그라르의 모든 사람이 어떻게 알 수 있었겠습니까? "그러자 그 사람들은 크게 두려워하였다"고 합니다. 그들은 큰 두려움에 빠졌습니다. 그들은 모든 것이 걱정스러웠습니다. 그러자 '아비멜렉은 아브라함을 불렀다'고 합니다. 바로 얼마 전까지 나그네나 떠돌이처럼 무척 경멸받던 이 의인이 어떤 평판을 들으며 임금 앞에 불려 나왔을지 생각해 보십시오. 모든 사람이 서둘러 모인 가운데 성조 아브라함이 불려 나옵니다. 그는 그 순간에는 이 모든 일에 대해 몰랐지만, 자신 때문에 하느님께서 임금에게 어떤 일을 하셨는지 임금에게 직접 듣습니다.

• 요한 크리소스토무스 『창세기 강해』 45,16.[1]

20,9 아비멜렉이 아브라함에게 따지다

어째서 이런 짓을 하였소?

아비멜렉은 아브라함에게 무슨 이유로 자신에게 그런 큰 죄를 짓게 하려 했냐고 물었습니다. '대체 무슨 생각으로 그대는 그런 짓을 하였소?' 아비멜렉이 하느님께 들은 위협을 자신의 입으로 전하는 것을 보십시오. 하느님께서 그에게 '네가 그 여자를 돌려보내지 않으면, 너와 너에게 딸린 자들이 모두 반드시 죽으리라'고 하셨습니다. 아비멜렉은 이것을 이렇게 풀이해 이야기합니다. "내가 그대에게 무슨 죄를 지었기에, 그대는 나와 내 왕국에 이렇게 큰 죄를 끌어들였소?" 내 말은, 그 벌이 나에게서 그친 것이 아님이 분명하지 않소? 그대가 꾸며 낸 속임수 때문에 내 왕국 전체가 완전히 멸망하게 생겼소. '그대는 어째서 이런 짓을 하였소?'

• 요한 크리소스토무스 『창세기 강해』 45,17.[2]

20,11 아브라함은 죽임을 당할까 두려워하였다

의인의 고귀한 뜻

사랑하는 여러분, 이 시점에서 이 의인의 고결한 뜻을 눈여겨보십시오. 그는 설명이라는 방식을 빌려 그들에게 하느님에 대한 지식을 가르치고자 합니다. "'이곳에는 하느님에 대한 경외심이라고는 도무지 없어서, 사람들이 내 아내 때문에 나를 죽일 것이다' 하고 내가 생각하였기 때문입니다." 이 말은 '여러분은 아직 의로움이라는 것을 모르기에, 그 여자가 내 아내라는 사실을 알면 욕정 때문에 나를 죽이려 할 것이라 생각해서 내가 그렇게 말하였습니다'는 뜻입니다. 그가 단 몇 마디로 그들을 비난하는 동시에, 하느님을 마음 가장 높은 곳에 두는 사람은 죄를 저질러서는 안 되며 잠들지 않는 눈을 두려워하고 그 원천으로부터 오는 임박한 큰 심판을 생각하여 정의를 중하게 여겨야 한다고 가르치는 것을 보십시오.

• 요한 크리소스토무스 『창세기 강해』 45,18.[3]

---

[1] FC 82,477.

[2] FC 82,478.

[3] FC 82,478.

20,12 사라는 나의 누이입니다

아브라함은 거짓말하지 않았다

그런 다음 그는 자신의 행동을 이렇게 변명합니다. "제 말이 완전히 거짓말은 아닙니다. '그 여자는 정말 나의 누이입니다. 아버지는 같고 어머니가 달라서 내 아내가 되었습니다.' 그 여자와 저는 아버지가 같습니다. … 그래서 저는 그 여자를 제 누이라고 부릅니다. 그러니 제가 잘못했다고 하지 마십시오. 죽음이 두려워, 저를 죽이고 저 여자를 차지할까 봐 걱정되어 제가 그런 짓을 하였지만, 제 말은 임금님께서 생각하시는 그런 거짓말이 아니었습니다."

이 선한 사람이 이 문제에서도 자신이 거짓말하지 않았음을 입증하려고 얼마나 애를 쓰는지 잘 보십시오. 그는 '하느님께서 내게 아버지 집을 떠나게 하셨을 때', 그들 [부부가] 세운 계획에 대해서도 이야기합니다. 이 이야기에서 이 선한 사람의 지혜를 눈여겨보시기를 부탁드립니다. 그는 자신이 처음부터 하느님과 특별한 관계에 있어 왔으며 하느님께 큰 신뢰를 두고 있는 사람 가운데 하나임을 그 임금이 알도록 하기 위하여, 하느님께서 친히 그를 집에서 떠나게 하셨고 그리로 인도하셨다고 이야기하며 그들을 가르칩니다.

• 요한 크리소스토무스 『창세기 강해』 45,19.[4]

하느님께서 우리를 인도하신다

우리가 조상들에게서 물려받은 관습과 율법을 버릴 때면 언제나, 우리를 아버지의 집에서 떠나도록 인도하시는 분이 하느님이심을 우리는 압니다. "죄를 저지르는 자는 악마에게 속한 사람입니다"(1요한 3,8)라는 말씀을 생각할 때, 모든 면에서 죄를 끊는 사람에 대해서도 똑같이 말할 수 있다는 것을 여러분은 아실 것입니다. 그런

사람은 하느님의 인도로 자기 아버지의 집을 떠난 사람입니다.

• 저자 미상 『성경 주해 선집』(창세기) 3,1194.[5]

20,15 아비멜렉이 오해를 풀다

하느님께서는 담대하게 노력하는 이들을 구해 주신다

사랑하는 여러분, 하느님의 지혜가 독창적인 것을 보십니까? 죽음이 두려워 그것을 피하기 위해 모든 방법을 끌어낸 사람이 그것을 피했을 뿐 아니라 큰 신뢰를 얻고 곧바로 유명해지기까지 하였습니다. 하느님께서 하시는 일은 이렇습니다. 하느님께서는 유혹이 시작될 때 담대하게 모든 노력을 하는 사람들을 구원해 주실 뿐 아니라, 이런 무척 심한 고난 속에서도 우리가 완전한 평정을 유지하고 물질적으로 엄청난 소득을 얻을 수 있도록 평온을 보장해 주십니다. 임금이 이 의인을 어떻게 배려하는지 보십시오. 그는 많은 선물을 주어 존경을 표할 뿐 아니라 땅을 소유할 권리까지 줍니다. "보시오, 내 땅이 그대 앞에 펼쳐져 있으니 그대 마음에 드는 곳에 자리를 잡으시오." 자신의 생명을 구한 것이 아브라함과 그의 기도 덕분이라는 것을 알자, 이제 임금은 나그네요 떠돌이이며 한낱 이름 없는 사람을 은인이요 옹호자로 대하며 이런 식으로 자신의 마음을 전하고자 열심이었습니다.

• 요한 크리소스토무스 『창세기 강해』 45,21.[6]

20,17 아브라함이 아비멜렉을 위해 기도하다

다른 사람도 성덕을 지니기를 바란 아브라함

아비멜렉의 아내뿐 아니라 그의 여종들에 대

---

[4] FC 82,478-79*.

[5] TEG 3,184-85.

[6] FC 82,479-80.

한 언급까지 있는 것이 저에게는 불필요한 일로 보이지 않습니다. 특히 "하느님께서 아비멜렉과 그의 아내와 여종들의 병을 고쳐 주셨다. 그래서 그들은 다시 아이를 낳을 수 있게 되었다. 주님께서 … [아비멜렉 집안의 모든 태를] 닫아 버리셨던 것이다"라는 부분은 더욱 그렇습니다. 이 어려운 구절의 뜻을 우리가 파악한 바로는, 아비멜렉의 아내는 자연철학을, 그의 여종들은 학파들의 특성으로 인하여 다양하고 다채로운 변증법의 술수들을 나타내는 것 같습니다.

아브라함은 거룩한 덕의 선물을 다른 민족들과도 나누기를 바라지만, 아직은 하느님의 은총이 옛 백성들에게서 다른 민족들에게로 넘어갈 때가 되지 않았습니다. 다른 시각으로 다른 표상을 사용하기는 하지만 사도도 이렇게 이야기하기 때문입니다. "혼인한 여자는 남편이 살아 있는 동안에만 율법으로 그에게 매여 있습니다. 그러나 남편이 죽으면 남편과 관련된 율법에서 풀려납니다. … 다른 남자에게 몸을 맡겨도 간통한 여자가 되지 않습니다"(로마 7,2-3). 그러므로 첫째로, 영혼이 마침내 자유로워져 이제 영과 혼인하고 새로운 계약의 혼인을 받아들일 수 있도록 문자의 율법은 죽어야만 합니다. 지금 이 시대는 율법이라는 남편에게서 마침내 벗어나 자유로워진 영혼들이 새 남편 그리스도와 혼인할 수 있는 시기이자, 다른 민족들이 부름 받고 율법이 죽는 시기입니다. 그런데 율법이 어떻게 해서 죽었는지 알고 싶은 사람은 한번 찾아보십시오. 지금 희생 제물이 어디 있습니까? 지금 제단이 어디 있습니까? 성전이 어디 있습니까? 정화 예식이 어디 있습니까? 파스카 축제를 어디서 거행합니까? 이 모든 일에서 율법이 죽지 않았습니까? 문자의 친구요 옹호자들은 할 수 있으면 율법의 문자를 지켜보십시오.

그러므로 이런 영적 해석에 따르면, 불순한 인간이요 파괴자인 파라오는 사라, 곧 덕을 전혀 받아들일 수 없었습니다. 그 뒤, 깨끗하고 철학적으로 살던 아비멜렉은 '흠 없는 마음으로' 추구했기 때문에 실로 그녀를 받아들일 수 있었지만 "아직 때가 오지 않았습니다"(참조: 창세 20,5; 요한 7,6). 그러므로 덕은 아브라함과 머무릅니다. 그것은 "온전히 충만한 신성이 육신의 형태로 머물고 계신"(콜로 2,9) 그리스도 예수 우리 주님 안에서 충만하고 완전한 덕이 다른 민족들의 교회로 넘어가는 때가 올 때까지 할례와 함께 남아 있습니다.

그러면 그때에, 주님께서 병을 고쳐 주신 아비멜렉의 집안과 그의 여종들이 교회의 자녀들을 낳을 것입니다. 그때는 "아이를 낳지 못하는 여인들"이 아이를 낳고 "버림받은 여인의 자녀가 남편 가진 여인의 자녀보다 더 많을"(참조: 갈라 4,27; 이사 54,1) 때이기 때문입니다. 아이를 낳지 못하는 여인들이 '단 한 번만에' 한 민족을 낳을 수 있도록(이사 66,8 참조) 주님께서 그들의 태를 열어 주셨기 때문입니다. 성도들도 이렇게 외칩니다. "주님, 저희가 임신하여 해산하였습니다. 당신 구원의 영을 이 땅에 낳았습니다"(이사 26,18 칠십인역). 바오로도 비슷한 말을 합니다. "나의 자녀 여러분, 그리스도께서 여러분 안에 모습을 갖추실 때까지 나는 다시 산고를 겪고 있습니다"(갈라 4,19).

이처럼 하느님의 온 교회는 그런 아들들을 낳습니다. 그런 아들들이 생겨나게 합니다. "자기의 육에 뿌리는 사람은 육에서 멸망을 거두기"(갈라 6,8) 마련입니다. 반면 성령의 아들들은 사도가 이렇게 말한 사람들입니다. "여자가 자식을 낳아 기르면서 믿음과 거룩함을 지니고 살아가면 구원을 받을 것입니다"(1티모 2,15).

그러니 하느님의 교회는 이런 식으로 탄생을 이해하고, 이런 식으로 출산을 받아들이며, 이런 식으로 올바르고 적절한 해석으로 조상들의 행실을 지켜 가고, 어리석은 유대인들의 이야기로 성령의 말씀을 불명예스럽게 할 것이 아니라 이런 식으로, 그 말씀들이 그지없이 영예롭고 덕과 유용함으로 가득 차 있다고 평가합시다. 그렇게 하지 않는다면, 그토록 위대한 성조 아브라함이 아비멜렉 임금에게 거짓말을 했을 뿐 아니라 그에게 자기 아내의 순결을 바친 이야기에서 우리가 어떤 교화를 얻을 수 있겠습니까? 그런 위대한 성조의 아내가 부부의 방종함 때문에 몸을 더럽힐 수도 있는 일에 드러나게 되었다고 한다면, 그 일에서 우리가 무슨 교화를 얻겠습니까? 이런 것들이 유대인들이나 문자의 친구인 자들이 하는 풀이입니다.

그러나 우리는 "영적인 것을 영적인 표현으로 설명"(1코린 2,13)함으로써 우리 주 그리스도 예수 안에서 행실과 이해가 영적이 됩니다. "그분께 서는 영원무궁토록 영광과 권능을 누리십니다"(1 베드 4,11).

• 오리게네스 『창세기 강해』 6,3.[7]

다시 젊어진 사라

사라가 자신이 받은 씨로 다시 젊어진 것이 아니라면, 아비멜렉이 아흔 살이나 된 여인을 탐했을 리가 없습니다. 그때 아브라함이 기도하자 하느님께서는 아비멜렉과 그의 아내와 여종들의 병을 고쳐 주시어 그들이 다시 아이를 낳을 수 있게 되었습니다. [아비멜렉이] 사라와 혼인하기로 마음먹었을 때부터 그가 사라를 다시 돌려줄 때까지, 출산의 고통이 그 집안의 모든 여자를 괴롭혔던 것입니다. 그들은 주저앉아 괴로워했지만 아이를 낳을 수 없었습니다.

• 시리아인 에프렘 『창세기 주해』 17,3.[8]

---

[7] FC 71,124-26.
[8] FC 91,166.

21,1-7 이사악이 태어나다

[1] 주님께서는 말씀하신 대로 사라를 돌보셨다. 주님께서 말씀하신 대로 사라에게 해 주시니,

[2] 사라가 임신하여, 하느님께서 아브라함에게 일러 주신 바로 그때에 늙은 아브라함에게 아들을 낳아 주었다.

[3] 아브라함은 사라가 자기에게 낳아 준 아들의 이름을 이사악이라 하였다.

[4] 아브라함은 하느님께서 자기에게 명령하신 대로, 자기 아들 이사악이 태어난 지 여드레 만에 할례를 베풀었다.

[5] 아브라함에게서 아들 이사악이 태어났을 때, 그의 나이는 백 살이었다.

[6] 사라가 말하였다. "하느님께서 나에게 웃음을 가져다주셨구나. 이 소식을 듣는 이마다 나한테 기쁘게 웃어 주겠지."

[7] 그리고 또 말하였다. "사라가 자식들에게 젖을 먹이리라고 누가 아브라함에게 감히 말할 수 있었으랴? 그렇지만 내가 늙은 그에게 아들을 낳아 주지 않았는가!"

둘러보기

사라가 늙은 나이에 자식을 낳은 것은 역사의 마지막 단계에 출산을 한 교회의 표상으로 풀이할 수 있다(요한 크리소스토무스). 이사악이라는 이름의 어원 — '웃음' 또는 '기쁨' — 은 복음을 통해 영적으로 자식을 낳은 바오로와 이사악을 연관 지을 수 있게 해 준다(오리게네스). 성조 아브라함의 놀라운 순종과 감사 그리고 하느님의 이루 말할 수 없는 보살핌과 사려 깊음은 도덕적 성찰의 소재가 되었다(요한 크리소스토무스).

21,2 사라가 아들을 낳다

교회의 예형이 된 사라

사라가 자식을 낳지 못한 것의 상징적 의미를 알고 싶으십니까? 교회는 믿는 이들의 무리를 낳도록 되어 있었습니다. 아이를 낳지 못하던, 자식 없는 여자가 아이를 낳을 수 있게 된 것을 믿을 수 없는 일이라고 여기는 이가 없도록, 본성으로 인하여 아이를 낳지 못하던 여자가 일찍이 선택된 불임의 길을 놓았고 사라는 교회의 예형이 되었습니다. 사라가 아이를 낳지 못하다가 늙은 나이에 자식을 낳았듯이, 교회도 불임이었지만 마지막 시대[1]에 [자녀를] 낳았습니다.

• 요한 크리소스토무스 『실망하지 마라』.[2]

21,4 이사악의 할례

우리에게 거룩하고 가치 있는 것을 가르쳐 주시는 성령

사도가 말한 바 있는, "모세의 율법을 읽을 때 마음에 너울이 덮여"(2코린 3,15 참조) 있는 일이 우리에게는 없도록 해 주십사고 주님께 청합시다. '아브라함이 백 살 때 아들 이사악을 낳았다'고 우리는 읽었습니다. 사라는 "사라가 자식들에게 젖을 먹이리라고 누가 아브라함에게 감히 말할 수 있었으랴?" 하고 말하였습니다. 성경은 또한 '아브라함은 자기 아들에게 여드레 만에 할례를 베풀었다'고 합니다. 그리고 자기 아들이 태어난 날에 잔치를 벌이지 않고 아들이 젖을 떼던 날 "큰 잔치를 베풀었다"(창세 21,8)고 합니다.

[이렇게 쓰여 있는] 이유가 무엇입니까? 아이가 어떻게 젖을 떼고 어떤 잔치가 베풀어졌으며, 아이가 어떻게 놀고 아기들이 어떤 짓을 했는가에 대한 이야기를 쓰고 전하는 것이 성령의 뜻이라고 여러분은 생각하십니까? 아니면 이 일들을 통해 그분께서 우리에게, 인류가 하느님의 말씀에서 배울 수 있는 거룩하고 가치 있는 것을 가르치고자 하신다는 것을 깨달아야 하겠습니까?

• 오리게네스 『창세기 강해』 7,1.[3]

21,6 하느님께서 나에게 웃음을 가져다주셨다

큰 기쁨과 잔치

'이사악'은 '웃음' 또는 '기쁨'을 뜻합니다. 그러면 그런 아들을 낳는 이는 누구입니까? 복음을 통해 자신이 낳은 이들에 대해 "여러분이야말로 우리의 영광이며 기쁨입니다"(1테살 2,19-20)라고 말한 사람이 분명합니다. 이런 아들들, '더 이상 젖을 필요로 하지 않고 단단한 음식을 먹는 이들, 경험으로, 좋고 나쁜 것을 분별하는 훈련된 지각을 가지고 있는 이들'(히브 5,12.14 참조)[4]에게는 젖을 뗄 때 잔치와 큰 기쁨이 있기 때문입니다. 이런 이들에게는 그들이 젖을 뗄 때 큰 잔치가 베풀어집니다. 그러나 사도가 이렇게 말하는 이들에게는 잔치가 베풀어질 수도 기쁨이 올 수도 없습니다. "나는 여러분을 영적이 아니라

---

[1] 종말론적 의미로 사용된 표현이다.

[2] TEG 3,187; PG 51,368.

[3] FC 71,127*.

[4] 필론 『꿈』 2,10도 참조.

육적인 사람, 곧 그리스도 안에서는 어린아이와 같은 사람으로 대할 수밖에 없었습니다. 나는 여러분에게 젖만 먹였을 뿐 단단한 음식은 먹이지 않았습니다. 여러분이 그것을 받아들일 수 없었기 때문입니다. 사실은 지금도 받아들이지 못합니다"(1코린 3,1-2). 성경을 있는 그대로 이해하고 싶어 하는 사람들은 "나는 여러분을 영적이 아니라 육적인 사람, 곧 그리스도 안에서는 어린아이와 같은 사람으로 대할 수밖에 없었습니다. 나는 여러분에게 젖만 먹였을 뿐 단단한 음식은 먹이지 않았습니다"(1코린 3,1-2)라는 말씀이 무슨 뜻인지 우리에게 어디 한번 설명해 보십시오. 이것이 곧이곧대로 받아들일 수 있는 말씀입니까?

• 오리게네스 『창세기 강해』 7,1.[5]

성조 아브라함의 경탄스러운 순종과 감사

자, 사랑하는 여러분, 오늘도 어제 이야기하던 줄거리로 돌아가 여러분 앞에 이 영적 식사를 차려 놓아 봅시다. 그리하여 어제 여러분이 들은, 좋으신 하느님의 이루 말할 수 없는 보살핌과 사려 깊음 그리고 성조 아브라함의 경탄할 만한 순종과 감사를 다시 한번 배우도록 합시다. 이사악의 탄생으로 사라가 얼마나 기뻐했는지 아시지요? "사라가 말하였다. '하느님께서 나에게 웃음을 가져다주셨구나.'" 사라의 이 말은, '내 말을 듣는 모든 이가 나의 기쁨을 함께 나누는 이가 되도록 내가 확신을 주겠다'라는 뜻입니다. '누가 뭐래도 하느님께서 내게 주신 선물은 인간의 한계를 초월하는 놀라운 것입니다. 살면서 이 나이 되도록 자식을 낳지 못하던 내가 이렇게 늙은 나이에 아기에게 젖을 먹이는 것을 보고 누가 놀라지 않겠냐'고 사라는 이야기하고 있습니다. 그 일에 놀라고 감탄한 듯 사라는 이렇게 덧붙입니다. "사라가 자식들에게 젖을 먹이

리라고 누가 아브라함에게 감히 말할 수 있었으랴? 그렇지만 늙은 내가 아들을 낳지 않았는가!" 일어난 일이 자연의 한계를 넘는 일이라 그녀는 당연히, 마치 누가 이런 일을 상상이나 할 수 있었겠냐는 듯, "누가 아브라함에게 감히 말할 수 있었으랴?" 하고 말합니다. 누가 그런 뜻을 품었겠습니까? 어떤 마음이 그런 생각을 할 수 있었겠습니까? 과연 이성의 작용이 이런 일을 속속들이 궁리해 낼 수 있습니까? 사막에서 모세가 지팡이로 바위를 내리쳤을 때 물이 터져 나온 일(참조: 탈출 17장; 민수 20장)도 이미 생기를 잃은 태에서 아이가 태어나고 젖이 곧바로 흘러나온 이 일만큼 놀랍지는 않습니다. 이 탄생이 모든 이에게 알려져 모든 이가 이 놀라운 일을 받아들이도록, 그 당시와 후대에 이 일에 대해 들을 이들을 위하여, 사라는 아기에게 젖을 먹여 기릅니다. 그녀는 이렇게 말했습니다. "'사라가 자식들에게 젖을 먹이리라고 누가 아브라함에게 감히 말할 수 있었으랴? 그렇지만 내가 늙은 그에게 아들을 낳아 주지 않았는가!' 늙은 내가 이 기이하고 놀라운 은혜를 입지 않았는가?" "늙은 내가 아들을 낳아 주지 않았는가?"가 무슨 뜻입니까? '타고난 불임이 아니었다 해도 나의 늙음 자체가 이미 아기를 낳을 희망을 품지 못하게 했다. 그러나 주님께서 이 모든 장애를 사라지게 하시어 내가 아기를 낳고 내 몸에서 젖이 흘러나오게 하셨다'는 뜻입니다.

• 요한 크리소스토무스 『창세기 강해』 46,1.[6]

너의 외아들

거룩한 이사악이 어떻게 태어났으며 그가 어

---

[5] FC 71,127-28*.

[6] FC 87,3-4.

떤 은총을 받았는지에 대해서는 그의 아버지에 관해 논할 때 이미 충분히 설명했습니다. 그는 영광이 충만했습니다. 누구와도 견줄 수 없이 위대한 그의 아버지 아브라함에게 주어진 상으로 그가 태어났기 때문입니다. 이사악 안에서 주님의 탄생과 수난이 예표된 것도 놀라운 일이 아닙니다. 늙고 불임인 여인이 하느님의 약속(참조: 창세 18,11-15; 21,1-2)에 따라 그를 낳았습니다. 이로써 우리는, 하느님께서는 동정녀에게서 아기가 태어나게 하시는 권능도 있다는 것을 믿게 됩니다. 이사악이 특이한 방식으로 제물로 바쳐짐으로써 그의 아버지가 자식을 잃지 않으면서도 제대로 된 희생 제사가 바쳐졌습니다(창세 22,1-19

참조). 그는 이름 자체도 은총을 예표합니다. '이사악'은 '웃음'을 뜻하고, 웃음은 기쁨의 표시이기 때문입니다. 무시무시한 죽음의 공포를 억누르고 모든 사람을 위하여 그것을 물리치시어 그들의 죄를 용서받게 하신 그분이 모든 사람의 기쁨임을 이제는 모든 이가 압니다. 한 사람은 그 이름으로 불리고 한 사람은 그를 통해 강등되었습니다. 한 사람은 그것을 그려 보여 주었고 한 사람은 그것으로 예시되었습니다.

• 암브로시우스 『이사악 또는 영혼』 1,1.[7]

---

[7] FC 65,10.

21,8-14 하가르와 이스마엘이 쫓겨나다

[8] 아기가 자라서 젖을 떼게 되었다. 이사악이 젖을 떼던 날 아브라함은 큰 잔치를 베풀었다.

[9] 그런데 사라는 이집트 여자 하가르가 아브라함에게 낳아 준 아들이 자기 아들 이사악과 함께[1] 노는 것을 보고,

[10] 아브라함에게 말하였다. "저 여종과 그 아들을 내쫓으세요. 저 여종의 아들이 내 아들 이사악과 함께 상속을 받을 수는 없어요."

[11] 그 아들도 자기 아들이므로 아브라함에게는 이 일이 무척이나 언짢았다.

[12] 그러나 하느님께서는 아브라함에게 말씀하셨다. "그 아이와 네 여종 때문에 언짢아하지 마라. 사라가 너에게 말하는 대로 다 들어 주어라. 이사악을 통하여 후손들이 너의 이름을 물려받을 것이다.

[13] 그러나 그 여종의 아들도 네 자식이니, 내가 그도 한 민족이 되게 하겠다."

[14] 아브라함은 아침 일찍 일어나 빵과 물 한 가죽 부대를 가져다 하가르에게 주어 어깨에 메게 하고는, 그를 아기와 함께 내보냈다. 길을 나선 하가르는 브에르 세바 광야에서 헤매게 되었다.

① 히브리어 본문에는 '자기 아들 이사악과 함께'라는 구절이 없다.

둘러보기

이사악은 그리스도의 표상으로 해석된다. 그의 성장은 그리스도에 대한, 곧 기쁨에 대한 희망이 커짐을 암시한다. 하가르와 이스마엘을 내쫓으라는 사라의 청은 해석자들에게 풀기 어려운 문제다. 표면적으로 보면, 그 청은 교화적인 것과는 거리가 멀고 실로 잔인해 보이기까지 하기 때문이다. 그러나 바오로 사도에게서 답을 찾을 수 있는데, 그에 따르면 이 이야기는 육과 영의 대립을 우의적으로 나타낸 것이다. 덕을 나타내는 사라는 육을 나타내는 이스마엘을 불쾌하게 여기고 영을 나타내는 이사악을 사랑한다. 두 아들은 각기, 하느님을 사랑해서 그분을 믿는 이들과 미래의 심판에 대한 두려움 때문에 떠나지 않는 이들을 상징한다고 해석할 수 있다(오리게네스). 다른 계통의 해석도 있는데, 그에 따르면 이스마엘은 사라를 업신여겨 그녀의 마음을 상하게 한 어머니 하가르와 같은 특성을 지녔다(에프렘). 이스마엘이 이사악을 때렸다고 주장하는 해석(저자 미상)도 있다. 이스마엘이 건방졌다는 추론도 사라의 태도를 정당화해 준다. 사라의 말을 들어 주라는 하느님의 지시는 하느님의 자애와 아브라함의 올곧은 태도를 보여 준다는 점에서 도덕적 교화의 소재가 되었다(요한 크리소스토무스). '물이 든 가죽 부대'는 우의적으로 풀이할 때 '우물/샘'에서 물을 먹는 교회와 대비된다(오리게네스).

21,8 이사악이 젖을 떼다

아기가 자라서 젖을 떼게 되었다

성경을 모조리 뒤져도 불의한 인간에 대해 '그가 자랐다'는 표현이 사용된 것은 결코 찾아볼 수 없을 것입니다. '자식을 많이 낳고 번성하여라'는 복을 받을 자격이 있는 이들에게만 해당하는 축복입니다. 성경에 이스마엘이 젖을 뗐다는 기록이 어디에도 나오지 않는다는 사실도 알아 두십시오. 그가 이미 스무 살이나 되었는데도 '아이'로 불리는 것은 이런 까닭입니다.

• 저자 미상 『성경 주해 선집』(창세기) 3,1205.[1]

그리스도 안에 있는 희망

성경은 이사악이 '자라서' 강건해졌다고 합니다. 아브라함이 "보이는 것이 아니라 보이지 않는 것을 바라보"(2코린 4,18)는 가운데 그의 '기쁨'이 커졌다는 말입니다. 아브라함은 현세의 것이나 세상의 부, 그 세대의 활동에서 기쁨을 찾지 않았기 때문입니다. 그런데 여러분은 아브라함이 무엇 때문에 즐거워했는지 알고 싶으십니까? 주님께서 유대인들에게 하시는 말씀을 들어 보십시오. "너희 조상 아브라함은 나의 날을 보리라고 즐거워하였다. 그리고 그것을 보고 기뻐하였다"(요한 8,56; 참조: 마태 13,17).[2] 그런즉 이사악은 이런 면에서 '자랐습니다'. 아브라함이 그리스도의 날을 본 환시와 그리스도께 품은 희망이 그의 기쁨을 더욱 크게 해 주었습니다. 여러분도 이사악이 되어 여러분의 어머니인 교회에 기쁨이 되고 싶지 않습니까!

• 오리게네스 『창세기 강해』 10,1.[3]

21,9 하가르의 아들이 이사악과 함께 놀다

사라가 노하다

사라는 여종의 아들이 자유인의 아들과 노는 사실에 화가 났습니다. 그는 그 놀이를 재앙으로 생각했습니다. 그래서 아브라함에게 이렇게 조

---

[1] TEG 3,190.

[2] 『성경 주해 선집』(창세기)에 실린 해당 구절의 이문들도 참조.

[3] FC 71,157.

언합니다. "저 여종과 그 아들을 내쫓으세요. 저 여종의 아들이 내 아들 이사악과 함께 상속을 받을 수는 없어요."

지금 저는 이 말을 어떻게 해석해야 하는지에 대해서는 논하지 않겠습니다. 바오로 사도는 이 구절을 이런 식으로 풀이했습니다. "율법 아래 있기를 바라는 여러분, 나에게 말해 보십시오. 여러분은 율법이 말하는 것을 듣지 못합니까? 아브라함에게 두 아들이 있었는데 하나는 여종에게서 났고 하나는 자유의 몸인 부인에게서 났다고 기록되어 있습니다. 그런데 여종에게서 난 아들은 육에 따라 태어났고, 자유의 몸인 부인에게서 난 아들은 약속의 결과로 태어났습니다. 여기에는 우의적인 뜻이 있습니다"(갈라 4,21-24). 그렇다면 이사악은 '육에 따라' 태어난 것이 아닙니까? 사라가 그를 낳은 것이 아닙니까? 그는 할례를 받지 않았습니까? 바로 이 사건, 곧 그가 이스마엘과 놀았을 때, 그것이 육으로 논 것이 아닙니까? 바오로 사도의 해석에서 실로 놀라운 것은 그가 '우의적'이라고 표현한 일들이 실제 육이 행한 일이 분명하다는 사실입니다. 그의 목적은 우리가 다른 구절들, 특히, 거룩한 법에 도무지 어울리지 않는 것들만 드러내 주는 것 같은 역사적 사건에 관한 기사들을 어떤 식으로 해석해야 하는지 알게 하려는 것입니다.

그러므로 여종의 아들 이스마엘은 '육에 따라' 났습니다. 그러나 '자유의 몸인 부인의 아들'인 이사악은 '육에 따라'서가 아니라 '약속의 결과로' 태어났습니다. 바오로 사도는 이에 관하여 하가르는 '종살이할' 육적인 사람들을 낳았다고 합니다(갈라 4,24 참조). 그러나 자유의 몸인 사라는 '육에 따른' 사람들이 아니라 자유로 불린 사람들을 낳았습니다. 그 자유는 그리스도께서 우리를 해방시켜 주시어 우리가 얻게 되는 자유입

니다(갈라 5,1.13 참조). 그리스도는 "아들이 너희를 자유롭게 하면 너희는 정녕 자유롭게 될 것이다"(요한 8,36)라고 하신 분이기 때문입니다.

그러면 바오로 사도가 이 이야기를 풀이하며 또 어떤 말을 했는지 살펴봅시다. 성경에 이렇게 쓰여 있습니다. "그때에 육에 따라 태어난 아들이 성령에 따라 태어난 아들을 박해한 것처럼, 지금도 그렇습니다"(갈라 4,29). 모든 일에서 육과 영이 대립하고 있다고 바오로 사도는 가르칩니다. 육적인 사람들이 이 영적인 사람들을 적대하며, 나아가 우리 가운데에서도 아직도 육적인 이는 영적인 사람을 적대합니다. '육에 따라' 살며 여러분의 삶이 육을 따라가게 한다면, 여러분도 하가르의 아들이며, '영에 따라' 살아가는 이들을 적대하는 자입니다. 나아가 우리 자신을 들여다보아도, 육이 욕망하는 것은 영을 거스르고, 영이 바라는 것은 육을 거스르며, 이 둘은 서로 반대되는 것(갈라 5,17 참조)임을 발견하게 됩니다. 또한 "내 지체 안에는 다른 법이 있어 내 이성의 법과 대결하고 있음을 … 그 다른 법이 나를 내 지체 안에 있는 죄의 법에 사로잡히게"(로마 7,23) 하는 것을 우리는 봅니다. 육과 영의 싸움이 얼마나 치열한 것인지 아시겠습니까?

그런데 이 모든 것보다 어쩌면 더 격심한 싸움이 있습니다. 율법을 '육에 따라' 이해하는 이들은 율법을 '영에 따라' 이해하는 이들을 적대하고 그들을 박해합니다. 왜 그럴까요? 그 이유는 이렇습니다. "현세적 인간은 하느님의 영에게서 오는 것을 받아들이지 않습니다. 그러한 사람에게는 그것이 어리석음이기 때문입니다. 그것은 영적으로만 판단할 수 있기에 그러한 사람은 그것을 깨닫지 못합니다"(1코린 2,14).

• 오리게네스 『창세기 강해』 7,2.[4]

이 이야기가 나타내는 뜻은 무엇인가?

성경의 기록을 읽어도 저는 어째서 사라가 여종의 아들을 내쫓으라고 지시했는지 모르겠습니다. 여종의 아들이 사라의 아들 이사악과 놀았습니다. 같이 놀았는데, 해를 입히거나 다치게 했겠습니까? 그 나이 때에도 여종의 아들이 자유의 몸인 여자의 아들과 노는 것이 바람직한 일이 아닌 것입니까? 또 이 놀이를 박해라고 한 사도의 말도 놀랍습니다. "그러나 그때에 육에 따라 태어난 아들이 성령에 따라 태어난 아들을 박해한 것처럼 지금도 그렇습니다"(갈라 4,29). 어린아이들이 놀았다는 이 이야기 말고는 이스마엘이 이사악을 박해했다는 기록은 하나도 없으니 말입니다.

그러나 바오로 사도가 이 놀이에서 본 것이 무엇인지, 무엇 때문에 사라가 화가 났는지 생각해 봅시다. 앞에서 한 영적 해설에서 우리는 사라를 덕의 자리에 놓은 바 있습니다. [그 연장선상에서] 육에 따라 난 이스마엘이 나타내는 육이 이사악이 나타내는 영을 그럴듯한 매혹적인 속임수로 그를 속여 넘기며 즐거움으로 그를 유혹하고 쾌락으로 무르게 만든다면, 육이 이런 식으로 영과 노는 것은 덕을 나타내는 사라를 노하게 합니다. 바오로 사도는 이런 종류의 유혹을 가장 몹쓸 박해로 판단합니다.

그러니 이 말씀을 듣는 여러분은 미친 이교인들이 우상에게 제사를 바치도록 강요하는 것만 박해라고 생각하지 마십시오. 육의 쾌락이 여러분을 유혹할 때, 육욕이라는 유혹이 여러분을 농락할 때, 여러분이 덕의 자녀라면 그런 것들을 가장 무서운 박해로 여기고 달아나십시오. 실로, 바로 이런 이유에서 바오로 사도는 "불륜을 멀리하십시오"(1코린 6,18)라고 하는 것입니다. 또한 불의가 여러분을 매혹시켜 '세력 있는 이를 우대하게'(레위 19,15 참조) 만들고 그래서 그의 교활한 술수에 넘어가 여러분이 불의한 판단을 하게 된다면, 여러분은 겉으로는 놀이처럼 보이지만 실제로는 불의인 것에 의해 유혹이라는 박해를 겪는 것임을 알아야 합니다. 비록 보기에는 기분 좋고 즐거운 놀이 같다고 해도 이 모든 것은 덕을 거스르는 것이므로, 이는 개별적으로 위장한 악에 의해 영이 박해받는 것이라는 사실 또한 알아야 합니다.

• 오리게네스 『창세기 강해』 7,3.[5]

미래의 심판이 두려워 믿는 것과 사랑 때문에 믿는 것은 다르다

영적으로 이야기할 때, 실로 믿음을 통해 하느님을 알게 된 모든 이는 아브라함의 자손이라 불릴 자격이 있습니다. 그러나 이들 가운데도 하느님을 사랑해서 믿는 이들이 있고 미래의 심판이 두려워 하느님께 매달리는 이들이 있습니다. 그래서 요한 사도는 "완전한 사랑은 두려움을 쫓아냅니다. … 두려워하는 이는 아직 자기의 사랑을 완성하지 못한 사람입니다"(1요한 4,18)라고 합니다. 그러므로 '자기의 사랑을 완성'한 사람은 아브라함에게서 난 이며 "자유의 몸인 부인에게서 난 아들"(갈라 4,23)입니다. 그러나 사랑을 완성해서가 아니라 미래의 고통에 대한 두려움과 형벌에 대한 공포 때문에 계명을 지키는 이도 실로 아브라함의 자손입니다. 그도 선물, 곧 행실에 대한 보상을 받습니다["작은 이들 가운데 한 사람에게 그가 제자라서 시원한 물 한 잔이라도 마시게 하는 이는 자기가 받을 상을 결코 잃지 않을 것"(마태 10,42)이기 때문입니다]. 그러나

---

[4] FC 71,128-30.

[5] FC 71,130-31.

그는 종의 두려움이 아니라 자유로운 사랑을 완성한 사람보다는 못합니다.

바오로 사도도 비슷한 말을 합니다. "상속자는 모든 것의 주인이면서도 어린아이일 때에는 종과 다를 것이 없습니다. 아버지가 정해 놓은 기한까지는 후견인과 관리인 아래 있습니다"(갈라 4,1-2). 곧, 그는 '젖'을 먹고 자라는 '아기'이며 "옳고 그름을 가리는 일에 서툽니다"(히브 5,13). 또한 그는 율법에 관한 지식과 거룩한 지혜라는 "단단한 음식"(히브 5,14)은 먹지 못합니다. 그는 "영적인 것을 영적인 표현으로 설명"(1코린 2,13)하지 못합니다. 그래서 그는 "[내가] 어른이 되어서는 아이 적의 것들을 그만두었습니다"(1코린 13,11) 하고 말하지 못합니다. 따라서 그는 "종과 다를 것이 없습니다"(갈라 4,1).

그러나 그가 "그리스도에 관한 초보적인 교리를 놓아두고"(히브 6,1) "그리스도께서 하느님의 오른쪽에 앉아 계시는 저 위에 있는 것을 추구"하고 땅에 있는 것은 생각하지"(콜로 3,1-2 참조) 않으며 "보이는 것이 아니라 보이지 않는 것"(2코린 4,18)을 바라본다면, 또한 성경을 읽을 때 '사람을 죽이는 문자가 아니라 살리는 성령'(2코린 3,6 참조)을 따른다면, 이런 것들에서 그는 '사람을 다시 두려움에 빠뜨리는 종살이의 영'이 아니라 우리를 "자녀로 삼도록 해 주시는 영, 우리가 '아빠! 아버지!' 하고 외치도록 힘을 주는 성령을"(로마 8,15 참조) 받게 될 것이 틀림없습니다.

• 오리게네스 『창세기 강해』 7,4.[6]

이스마엘이 이사악을 업신여기는 것을 사라가 눈치채다

바야흐로 이사악이 태어날 때가 되었고, 늙은 여인의 가슴에서는 젖이 흘러나왔습니다. 이사악이 할례를 받고 젖을 떼어 아브라함이 성대한 잔치를 준비하던 날, 사라의 눈에 이스마엘이 노는 모습이 들어왔습니다(창세 21,4-9 참조). 그런데 그때 사라는 이스마엘이 자기 엄마와 얼마나 닮았는지도 보았습니다. 하가르가 사라를 업신여긴 것처럼 이스마엘이 사라의 아들을 업신여겼던 것입니다. 사라는 생각했습니다. '내가 살아 있는데도 내 아들에게 저렇게 행동하니, 내가 죽으면 [아브라함이] 저 아이를 내 아들의 공동상속자로 만들 수도 있겠다. 어쩌면 맏이에 관한 법에 따라 그에게 두 몫을 줄지도 모르겠다.'

• 시리아인 에프렘 『창세기 주해』 18,1.[7]

이스마엘이 이사악을 때리다

성경에 사용되는 '논다'는 표현은 은밀한 암시입니다. 사실, 이스마엘은 이사악과 놀면서 그를 때렸습니다. 그런데 사라가 그것을 보고 노했습니다. 그래서 아브라함에게 "저 여종과 그 아들을 내쫓으세요"라고 한 것입니다.

• 저자 미상 『성경 주해 선집』(창세기) 3,1206.[8]

이스마엘의 건방을 고치려 한 사라

사랑하는 여러분, 이 사건에서도 사라는 이스마엘의 건방을 보아 넘기지 않으며, 여종의 아들이 이사악과 동등하게 양육되는 것을 참지 못합니다. 그래서 전에 하가르의 거만함에 몹시 마음이 상하여 그에 제동을 걸고 짐을 싸서 내쫓으려 했던 것처럼, 이번에도 이스마엘의 주제넘은 태도에 아예 그 싹을 잘라 버리고 싶어 합니다. 하느님의 선물이요 은총으로 태어난 아들이 이집트인 여종의 아들과 함께 양육되는 것을 참을 수 없었던 그녀는 아브라함에게 이렇게 말했습니

---

[6] FC 71,131-33*.

[7] FC 91,166.

[8] TEG 3,190-91.

다. "저 여종과 그 아들을 내쫓으세요. 저 여종의 아들이 내 아들 이사악과 함께 상속을 받을 수는 없어요." 자기가 몹시 늙었다는 것과 남편도 그러함을 알고 있는 그녀는 — 사실 이 부부는 둘 다 몹시 나이가 많았습니다 — 자신들이 갑자기 세상을 뜨면, 이스마엘이 성조의 아들로 태어났다는 이유로 이사악의 공동상속자가 되어 아버지의 상속 재산을 차지하려 할 것을 걱정했습니다. 그래서 "저 여종과 그 아들을 내쫓으세요"라고 한 것입니다. 그녀의 말은 '저 여종이 이쯤에서 자신의 아들은 내 아들 이사악과 같지 않다는 것을 알게 하십시오. 사실, 종의 아들이 여주인인 나의 아들과 같이 양육되는 것은 옳지 않습니다'라는 뜻입니다.

• 요한 크리소스토무스 『창세기 강해』 46,2.[9]

21,10 저 여종의 아들

종의 아들이 상속을 받아서는 안 된다

자신과 관련한 일에서는 어떤 경우에도 시샘을 보인 적 없던 사라가 아들과 관련한 이 문제에서는 강한 질투심을 보입니다. 그녀는 자신이 남편에게 준 하가르에 대해서는 시샘하지 않았습니다. [이사악이 상속자가 되는 것은] 하느님의 약속이었는데 첩의 아들이 자유인인 여자의 아들과 공동상속자가 되려고 했습니다. 사라가 "저 여종과 그 아들을 내쫓으세요"라고 한 것은 그 때문입니다. 이 말은 '여종의 아들이 하느님께서 상속자로 만들어 주신 약속의 아들과 함께 상속을 받을 수는 없어요. 당신이 하느님의 뜻을 거슬러, 하느님께서 상속자로 만드시지 않은 이를 상속자로 만드는 것을 옳지 않습니다'라는 뜻입니다.

• 시리아인 에프렘 『창세기 주해』 18,2.[10]

21,11 아브라함이 언짢아하다

놀랍도록 사려 깊으신 하느님의 사랑

그러나 사라로서는 전혀 비이성적으로 행동한 것이 아닙니다. 그녀의 행동은 상당히 논리적입니다. 하느님께서도 그녀의 말에 동의하실 정도로 논리적이었습니다. 인정 많고 이스마엘을 예뻐하던 성조는 사라의 말이 달갑지 않았습니다. "그 아들도 자기 아들이므로 아브라함에게는 이 일이 무척이나 언짢았다"라고 기록되어 있습니다. 이는 그의 마음이 하가르에게 가 있었기 때문이 아닙니다. 그 여자의 아들이 아직 어려 그에게 마음이 쓰였기 때문입니다. 그런데 하느님께서 이 일에서 보여 주신 사랑과 배려가 얼마나 깊은지 잘 보십시오. 하느님께서는 아이들이 똑같이 대접받는 것에 사라가 인간적인 괴로움을 느끼고 있으며 여종과 이스마엘을 내쫓는 것을 아브라함이 달가워하지 않는 것 — 자제심이 뛰어난 그는 이 문제를 놓고 사라와 다투지는 않았지만, 그런데도 그에게는 그것이 잔인하고 혹독하게 느껴져 불쾌하고 언짢았습니다 — 을 보셨습니다. 지극히 자애로우시며 부부의 조화로운 유대를 든든히 해 주고 싶으신 주님께서는 그때 아브라함에게 이렇게 말씀하십니다. "그 아이와 네 여종 때문에 언짢아하지 마라. 사라가 너에게 말하는 대로 다 들어 주어라."

• 요한 크리소스토무스 『창세기 강해』 46,3.[11]

21,12 이사악을 통하여 후손들이 너의 이름을 물려받을 것이다

아브라함의 올바른 처신

[하느님께서는 아브라함에게] '사라의 말에 반

---

[9] FC 87,4.

[10] FC 91,166-67.

[11] FC 87,5.

대하지 마라'라고 하지 않으시고 "사라가 너에게 말하는 대로 다 들어 주어라"라고 하십니다. "지금 [사라가] 하가르와 이스마엘에 관해 네게 하는 말을 다 받아들이고 주의를 기울여라. 평생 네게 큰 사랑의 증거를 보여 주고, 너의 안녕을 위해 너를 죽음에서 구하고자 자신을 내어 주었으며 너를 번영하게 해 준 여인을 괴롭게 하지 마라. 사라는 처음에는 네가 그 모든 재산을 가지고 이집트를 떠나올 수 있게 해 주었고 나중에는 네가 아비멜렉에게 큰 존경을 받게 만들어 주었다. 그러니 그녀의 조언에 어긋나는 행동을 해서는 안 될 것이다. 결국에는 모든 일이 그녀의 뜻대로 이루어지게 되어 있다. 네 후손들은 그녀에게서 난 이사악의 이름을 따라 불릴 것이며, 이사악이 너의 후계자가 될 것이다. '그러나 그 여종의 아들도 네 자식이니. 내가 그도 한 민족이 되게 하겠다(13절)'. 그의 후손을 '셀 수 없을 만큼 번성하게 해 주겠다'(창세 16,11). 그러니 사라가 말하는 대로 다 들어 주어라. 그녀의 말에 귀 기울여라"라는 뜻입니다. 여러분에게 부탁합니다. 그들이 함께하는 삶을 다스리기 시작한 평화와 조화가 얼마나 중요한 것이며 하느님의 선의가 그들의 관계를 두텁게 해 주는 사실에 대해 깊이 생각해 보십시오. 다음 날 "아브라함은 아침 일찍 일어나 빵과 물 한 가죽 부대를 가져다 하가르에게 주어 어깨에 메게 하고는, 그를 아기와 함께 내보냈다"고 성경에 쓰여 있다는 것을 기억하십시오. 여기서도 이 선한 사람의 더할 수 없이 온당한 처신을 잘 보십시오. 그의 모든 행동에는 하느님을 공경하려는 뜻이 드러납니다. "저 여종과 그 아들을 내쫓으세요"라는 사라의 말을 들었을 때 그는 이스마엘을 아끼던지라 무척 언짢았지만, 주님께서 명령을 내리시자 곧바로 그 지시를 따르며 자신의 본성적 애정에 대해

서는 더 이상 연연해하지 않았다는 말입니다. 그는, '하느님의 명령이 그러하면 다른 모든 감정은 잊어버리자. 그렇게 명령하신 분은 만물의 주님이시니까'라고 생각했습니다. '그래서 여종은 빵과 물이 든 가죽 부대를 가지고 자기 아들과 함께 떠났다'고 쓰여 있습니다.[12]

• 요한 크리소스토무스 『창세기 강해』 46,4-5.[13]

21,14 아브라함이 하가르와 이스마엘을 내보내다

교회는 복음과 사도들의 샘에서 물을 마신다

사라가 못마땅한 마음을 밝히자 아브라함이 어떻게 하나 봅시다. 그는 여종과 그 아들을 내쫓습니다. 그렇지만 아들에게 물 한 자루를 줍니다. 그의 어머니에게는 생수의 샘이 없고 소년은 우물에서 물을 길 수 없기 때문입니다. 이사악에게는 샘들이 있습니다. 필리스티아인들과의 분쟁을 낳았던 우물이지요(창세 26,14-17 참조). 그러나 이스마엘은 물 자루에서 물을 마십니다. 그것은 자루라 물이 바닥납니다. 그래서 그는 목이 마르고 우물을 찾지 못합니다.

그러나 "이사악과 같이 약속의 자녀"(갈라 4,28)인 여러분은 "네 샘에서 솟는 물을 마셔라. 네 샘물이 바깥으로 흘러 버리고 그 물줄기가 거리로 흘러서야 되겠느냐?"(잠언 5,15-16)라는 말씀대로 해야 합니다. 하지만 "육에 따라 태어난"(갈라 4,29) 이는 자루의 물을 마시고, 그 물은 바닥나며, 그에게는 많은 것이 부족합니다. 문자는 율법의 자루입니다. 육적인 사람들은 그 자루에서 마시며 거기에서 깨달음을 얻습니다. 이 문자는 동이 나는 일이 많습니다. 그것은 스스로 해결책을 찾지 못합니다. 역사적 이해란 많은 점에서

---

[12] 요한 크리소스토무스가 덧붙인 구절로, 히브리어 성경과 칠십인역에는 이 구절이 없다.

[13] FC 87,5-6.

불완전하기 때문입니다. 그러나 교회는 복음의 샘, 사도들의 샘에서 물을 마십니다. 그 샘은 물이 마르는 일이 결코 없으며, '그 물줄기가 거리로 흐릅니다'(잠언 5,16 참조). 그 샘들은 늘 물이 충만하며 영적 해석이라는 넓은 물줄기가 되어 흐르기 때문입니다. 교회는 우물에서도 물을 마십니다. 율법의 더 깊은 의미들을 길어 올리고 그것을 숙고하는 것이 그것입니다.

구원자이신 우리 주님께서는 아마도 이 신비 때문에 사마리아 여자에게 마치 하가르에게 말씀하시듯 이렇게 말씀하신 것 같습니다. "이 물을 마시는 자는 누구나 다시 목마를 것이다. 그러나 내가 주는 물을 마시는 사람은 영원히 목마르지 않을 것이다"(요한 4,13-14). 그런데 그 여자는 구원자께 "선생님, 그 물을 저에게 주십시오. 그러면 제가 목마르지도 않고, 또 물을 길으러 이리 나오지 않아도 되겠습니다"(요한 4,15) 하고 말합니다. 그러자 주님께서는 그 여자에게 '나를 믿는 사람 안에서 영원한 생명의 샘물이 솟을 때가 온다'(참조: 요한 4,14; 6,47)고 하십니다.

• 오리게네스 『창세기 강해』 7,5.[14]

지나친 일이라 여긴 아브라함

그런데 의로운 아브라함이 가축을 그렇게 많이 소유하고 있으면서도 하가르와 그의 아들을 하다못해 당나귀에 태워 보내지 않은 것은 비인간적인 처사였습니까? 하가르가 당나귀를 돌보지 않아도 되게 했으니 오히려 친절한 행동이었다고 하는 이도 있고, 아브라함이 하느님께서 소년을 보호해 주시리라고 믿어서 그렇게 했다는 이도 있습니다. 그런데 애초에 그가 여자를 내쫓은 이유가 무엇입니까? 아내와 평화로운 관계를 유지하고 싶어서가 아닙니까? 그리고 실제로 그는 그 여자를 내쫓고 싶은 마음이 조금도 없었습니다. "아브라함에게는 이 일이 무척이나 언짢았다"라고 쓰여 있으니 말입니다. 그러니까 하느님께서 그렇게 명령하시지 않았더라면 그는 그렇게 하지 않았을 것입니다. 그러니 이 문제로 골머리 썩이지 마십시오.

• 에메사의 에우세비우스
『성경 주해 선집』(창세기) 3,1216.[15]

---

[14] FC 71,133-34.　　　[15] TEG 3,197.

21,15-21 하가르와 이스마엘을 구하시고자 하느님께서 개입하시다

[15] 가죽 부대의 물이 떨어지자 그 여자는 아기를 덤불 밑으로 내던져 버리고는,

[16] 활 한 바탕 거리만큼 걸어가서 아기를 마주하고 주저앉았다. '아기가 죽어 가는 꼴을 어찌 보랴!' 하고 생각하였던 것이다. 이렇게 그는 아기를 마주하고 주저앉아 목 놓아 울었다.①

[17] 하느님께서 아이의 목소리를 들으셨다. 그래서 하느님의 천사가 하늘에서 하가르를 부르며 말하였다. "하가르야, 어찌 된 일이냐? 두려워하지 마라. 하느님께서 저기에 있는 아이의 목소리를 들으셨다.

[18] 일어나 가서 아이를 들어 올려 네 손으로 꼭 붙들어라. 내가 그를 큰 민족으로 만들어 주겠다." ♪

> ^{19} 그런 다음 하느님께서 하가르의 눈을 열어 주시니, 그가 우물을 보게 되었다. 그는 가서 가죽 부대에 물을 채우고 아이에게 물을 먹였다.
> ^{20} 하느님께서는 그 아이와 함께 계셨다. 그는 자라서 광야에 살며 활잡이가 되었다.
> ^{21} 그는 파란 광야에서 살았는데, 그의 어머니가 그에게 이집트 땅에서 아내를 얻어 주었다.
>
> ① 그리스어 본문은 '그 여자는 아기를 마주하고 앉았고, 아기는 소리 높여 울었다'다.

둘러보기

새삼 말할 것도 없지만, 하느님께서 하가르와 그의 아들을 살리시기 위해 개입하신 일은 그분의 자애를 보여 준다(요한 크리소스토무스). '우물'은 영적 해석의 자료를 제공해 준다(오리게네스). 이 이야기는 또한, 필요한 것은 하느님의 은총뿐이라는 생각을 하게 하며, 시샘이라는 위험에서 벗어나라는 훈계의 계기를 제공해 준다. 시샘의 주인공은 사라임이 암시되어 있다(요한 크리소스토무스). (바오로 사도를 따라) 우의적으로 풀이하면, '유대인들의 어머니'로 이해되는 하가르가 울기 시작할 때, 마침내 생수(그리스도)의 샘에서 물을 길 수 있는 기회를 계속 얻게 된다(알렉산드리아의 키릴루스).

21,18 이스마엘은 큰 민족이 될 것이다

놀라운 자애

주님의 자애가 얼마나 큰지요! [하가르를] 비천한 종으로 여겨 무시하지 않으시고 참으로 놀라운 관심을 보여 주셨으니 말입니다. 그것은 당신께서 성조에게 약속하신 바 있고, 그 아이가 그의 자식이었기 때문입니다. 그래서 이렇게 쓰여 있습니다. "하가르야, 어찌 된 일이냐? 두려워하지 마라. 하느님께서 저기에 있는 아이의 목소리를 들으셨다. 일어나 가서 아이를 들어 올려 네 손으로 꼭 붙들어라. 내가 그를 큰 민족으로 만들어 주겠다." 이는 '집에서 쫓겨났다고 절망하지 마라. 저 아이가 큰 민족이 되도록 내가 돌보아 주겠다'라는 뜻입니다.

• 요한 크리소스토무스 『창세기 강해』 46,7.[1]

21,19 하느님께서 하가르의 눈을 열어 주시다

하가르가 생수가 솟는 우물을 보다

그 뒤, 아기를 살릴 길 없다고 생각하여 버려둔 채 엄마가 울고 있을 때, 주님의 천사가 나타납니다. "그런 다음 하느님께서 하가르의 눈을 열어 주시니, 그가 우물을 보게 되었다"고 쓰여 있습니다.

이 말씀이 어떻게 역사와 관련 있을 수 있습니까? 하가르의 눈이 언제 감겼다가 나중에 열렸다는 기록이 있습니까? 이 구절은 영적이며 신비적인 의미를 담고 있다는 것이 불보다 명확하지 않습니까? '육에 따른' 사람들은 [유대인] 회당의 눈이 열릴 때까지는 버려져 굶주리고 목마른 채 엎어져, "양식이 없어 굶주리는 것이 아니고 물이 없어 목마른 것이 아니라 주님의 말씀을 듣지 못하여 굶주리는"(아모 8,11) 기근으로 고통받을 것이라는 뜻 아니겠습니까? 바오로 사도는 그것을 '신비'라고 말합니다. "그 신비는 이렇습니다. 이스라엘의 일부가 마음이 완고해진 상

---

[1] FC 87,7.

태는 다른 민족들의 수가 다 찰 때까지 이어지고 그다음에는 온 이스라엘이 구원을 받게 되리라는 것입니다"(로마 11,25-26). 그러므로 그것은 '육에 따라' 자식을 낳은 하가르의 눈멂입니다. 주님의 천사에 의해 '문자라는 너울'이 걷힐 때까지 눈멀어 있다가 그제서야 '생수'를 보게 됩니다. 지금 유대인들은 우물 가까이 엎어져 있습니다. 그러나 그들은 눈이 감겨 있어 율법과 예언자들의 우물에서 물을 마시지 못합니다.

그런데 우리도 조심합시다. 우리 또한 자주 '생수'의 우물, 곧 성경 곁에 엎어져서 헤매기 때문입니다. 우리는 책을 들고 읽지만 그 영적 의미는 건드리지 않습니다. 그래서 주님께서 우리의 눈을 열어 주시도록 울며 끊임없이 기도할 필요가 있습니다. 예리코의 길에 앉아 있던 눈먼 사람들도 주님께 외치며 간청하지 않았다면 눈이 열리지 않았을 테기 때문입니다(마태 20,30 참조). 이 말이 무슨 뜻입니까? 이미 열려 있는 우리의 눈이 열려 있는 것입니까? 예수님께서는 "보지 못하는 눈을 뜨게"(이사 42,7) 하려고 오셨기 때문입니다. 덕분에 우리의 눈은 열렸고, 율법의 문자라는 너울이 걷혔습니다. 그런데 저는, 우리가 영적 의미를 세심히 살피지 않아 스스로 그 눈을 다시 감고 더 깊은 잠에 빠지지나 않을까 걱정스럽습니다. 또한 육적인 이들과 함께 물가에서 헤매는 일이 없도록 눈에서 잠을 몰아내고 영적인 것들을 묵상하려면, 우리는 마음을 다른 것에 파는 일이 있어서도 안 될 것입니다.

• 오리게네스 『창세기 강해』 7,6.[2]

우리에게 필요한 것은 하느님의 은총뿐이다

"하느님께서 하가르의 눈을 열어 주시니"라고 쓰여 있습니다. 하가르가 그 전에는 볼 수 없어서가 아니라, 그녀의 눈이 열려 있었지만 높은

곳에서 주님의 천사가 찾아오기 전에는 아무런 도움이 되지 않았기 때문입니다. 그러므로 "하느님께서 하가르의 눈을 열어 주시니"라는 말은 주님의 보살핌이 있었다는 증언입니다. 주님께서 무지 속에 있던 그녀의 마음을 활동하게 하시고, 그에게 샘물이 솟는 곳을 발견할 수 있는 방법을 보여 주셨음을 분명하게 밝힌 것입니다. 하느님께서 눈을 열어 주시자 "그가 우물을 보게 되었다. 그는 가서 가죽 부대에 물을 채우고 아이에게 물을 먹였다"고 쓰여 있습니다. 그가 곤궁에 처했을 때, 주님께서는 해결책을 안겨 주셨습니다. 그가 어찌할 바를 모르고 살아남을 희망이 없다고 여겼을 때, 주님께서는 당신다운 인자함을 보여 주시며 그를 위로하고 아기를 보살펴 주셨습니다.

이와 마찬가지로 하느님의 뜻이 있다면 언제든, 우리가 완전히 홀로 던져졌더라도, 절망적인 어려움에 처해 있더라도, 살아남을 희망이 전혀 보이지 않을 때라 해도, 우리에게 다른 도움은 필요 없습니다. 우리에게 필요한 것은 하느님의 은총뿐이기 때문입니다. 우리가 그분의 호의를 입는다면, 아무도 우리를 이길 수 없으며 우리는 누구를 상대해도 이깁니다. 성경은 이렇게 이어집니다. "하느님께서는 그 아이와 함께 계셨다." 마찬가지입니다. 하느님께서 우리 편이실 때는 언제나, 우리가 비록 완전히 혼자라 하더라도 우리는 도성에 사는 이들보다 훨씬 안전하게 살 것입니다. 하느님의 은총이야말로 가장 위대한 안전보장이요 난공불락의 성채이니까요.

• 요한 크리소스토무스 『창세기 강해』 46,7-8.[3]

---

[2] FC 71,134-35.

[3] FC 87,7-8.

시기심이라는 감정

부탁드리건대, 이 점을 잊지 말고 이 감정의 해악을 피하십시다. 온 힘을 다해 우리 영혼에서 그것을 잘라 버립시다. 사실 이 감정은 다른 어떤 감정보다 치명적이고 우리의 구원 자체를 위험에 처하게 하며, 실상 사악한 마귀가 꾸미는 짓입니다. 그래서 어떤 현자는 "악마의 시기로 세상에 죽음이 들어와"(지혜 2,24)라고 하였습니다. '악마의 시기로 세상에 죽음이 들어왔다'는 말은 무슨 뜻입니까?

[이렇습니다.] 이 사악한 짐승은 처음 지어진 인간이 불사로 창조된 것을 보자, 그 사악한 본바탕에 따라 인간을 명령에 불복종하도록 이끌었고 그로써 죽음이라는 벌을 받게 했습니다. 곧, 시샘이 속임수를 불러왔고, 속임수는 불복종을 불러왔으며, 불복종은 죽음을 불러왔습니다. 그래서 '악마의 시기로 세상에 죽음이 들어왔다'고 하는 것입니다.

이 감정이 어떤 해악을 가져왔는지 아시겠습니까? 불사라는 특권을 받은 이가 그것 때문에 죽음을 겪게 되었습니다. 그러나 우리 구원의 원수가 그자의 특징인 시샘을 우리 인간에게 가르치고, 죽지 않도록 지어진 첫 인간이 죽음이라는 선고를 받게 만든 데 반해, 우리를 사랑하고 아끼시는 주님께서는 당신의 죽음을 통해 다시 우리에게 불사를 주셨습니다. 그리하여 우리는 우리가 잃어버린 것보다 더 큰 은혜를 입게 되었습니다. 그자는 우리에게서 낙원을 빼앗았고, 그분은 우리를 하늘로 데려가셨습니다. 그자는 우리가 죽음이라는 선고를 받게 했고, 그분은 우리에게 불사를 주셨습니다. 그자는 우리에게서 낙원의 즐거움을 빼앗았고, 그분은 우리를 위해 하늘나라를 준비하셨습니다. 악마가 우리의 구원을 방해하기 위하여 사용하는 악의라는 무기를 역

이용하시어 그자의 머리통에 일격을 가하신 우리 주님의 창의성을 알아보시겠습니까? 사실 그분께서는 더 큰 은혜를 내리시어 우리를 기쁘게 해 주셨을 뿐 아니라, 다음 말씀으로 그자를 우리에게 종속된 존재로 만들기도 하셨습니다. "보라, 내가 너희에게 뱀과 전갈을 밟고 원수의 모든 힘을 억누르는 권한을 주었다"(루카 10,19).

그러니 이 모든 것을 마음에 새기며 우리 영혼에서 시샘을 떨쳐 버리고 하느님의 사랑을 얻읍시다. 사실 이것이야말로 우리의 가장 훌륭한 자원이며 무적의 무기입니다. 그래서 이스마엘도 비록 어리고 완전히 고립된 채 어려움에 처해 있었지만 갑자기 힘이 생기고 큰 민족으로 자라났던 것입니다. 성경은 그 이유를 이렇게 표현합니다. "하느님께서는 그 아이와 함께 계셨다." … 그러니 여러분은 이 현세의 삶을 경멸하고 미래의 삶을 갈망하며 다른 무엇보다 하느님의 호의를 귀하게 여기기를 간절히 바랍니다. 그런 훌륭한 삶으로 여러분 자신을 위해 위대한 확신을 쌓으십시오. 그러면 우리 주 예수 그리스도의 은총과 자애 덕분에 재난을 당하지 않고 이 현세의 삶을 거쳐 미래의 축복을 얻을 수 있을 것입니다. 성부와 성자와 성령께 영광과 권능과 영예가 이제와 항상 영원히 있나이다. 아멘.

• 요한 크리소스토무스 『창세기 강해』 46,15-17.[4]

하가르가 울기 시작할 때

아브라함은 하느님의 명령에 따라 하가르를 내보내긴 했지만, 그녀가 자신에게서 달아났을 때 몹시 서운했습니다. 이와 마찬가지로, 이스라엘이 떨어져 나갔을 때 거룩한 사도들과 복음 전파자들은 큰 슬픔을 느꼈습니다. 그러나 이들이

---

[4] FC 87,11-13.

그들과 나뉜 것은 이들이 그것을 원해서가 아니라 하느님의 뜻 때문이었고 그리스도에 대한 사랑 때문이었습니다. 그래서 거룩한 바오로 사도는 이렇게 씁니다. "그것은 커다란 슬픔과 끊임없는 아픔이 내 마음속에 자리 잡고 있다는 것입니다. 사실 육으로는 내 혈족인 동포들을 위해서라면, 나 자신이 저주를 받아 그리스도에게서 떨어져 나가기라도 했으면 하는 심정입니다. 그들은 이스라엘 사람입니다"(로마 9,2-3). 그래서 유대인들의 어머니는 집에서 내쫓기자 오랫동안 광야를 헤맸고 목숨까지 잃을 위험에 처했습니다. 그러나 그들이 (하가르처럼) 너무 늦기 전에 울기 시작한다면, 하느님을 외쳐 부른다면, 충만한 자비를 입을 것입니다. 하느님께서 그들에게 이해의 눈을 열어 주실 것이고, 그러면 그들은 생수의 샘, 곧 그리스도를 보게 될 것이기 때문입니다. 믿게 된 그들은 즐거워할 것이며, 예언자의 말대로 물로 씻겨 깨끗해질 것입니다(이사 1,16 참조).

• 알렉산드리아의 키릴루스
『모세 오경의 격조 있는 해설』(창세기) 3,10.[5]

[5] PG 69,136.

21,22-34 아브라함과 아비멜렉의 계약

22 그때 아비멜렉과 그의 군대 장수인 피콜이 아브라함에게 말하였다. "하느님께서는 그대가 무슨 일을 하든지 함께 계시는구려.
23 그러니 이제 그대는 나와 내 자식들과 내 후손들을 속이지 않고[①], 오히려 내가 그대에게 호의를 베푼 것처럼, 나와 그리고 그대가 나그네살이하는 이 땅을 그렇게 대해 줄 것을 여기에서 하느님을 두고 나에게 맹세해 주시오."
24 아브라함은 "맹세합니다." 하고 말하였다.
25 그리고 나서 아브라함은 아비멜렉의 종들이 빼앗은 우물 때문에 아비멜렉에게 따졌다.
26 아비멜렉이 대답하였다. "누가 그런 짓을 하였는지 나는 모르오. 그대도 나에게 말해 준 적이 없지 않소? 나는 오늘까지 그런 말을 들어 보지 못하였소."
27 그래서 아브라함이 소들과 양들을 데려다 아비멜렉에게 주고, 두 사람은 계약을 맺었다.
28 아브라함이 양 떼에서 어린 암양 일곱 마리를 따로 떼어 놓자,
29 아비멜렉이 아브라함에게 물었다. "어린 암양 일곱 마리를 따로 떼어 놓은 까닭이 무엇이오?"
30 아브라함이 대답하였다. "이 어린 암양 일곱 마리를 내 손에서 받으시고, 내가 이 우물을 팠다는 사실에 대하여 증인이 되어 달라는 것입니다."
31 이렇게 그 두 사람이 거기에서 맹세를 했다고 하여, 그곳을 브에르 세바[②]라 하였다.♪

☞ 32 그들이 이렇게 브에르 세바에서 계약을 맺은 다음, 아비멜렉과 그의 군대 장수인 피콜은 일어나 필리스티아인들의 땅으로 돌아갔다.

33 아브라함은 브에르 세바에 에셀 나무를 심고, 그곳에서 영원한 하느님이신 주님의 이름을 받들어 불렀다.

34 아브라함은 오랫동안 필리스티아인들의 땅에서 나그네살이하였다.

① 칠십인역은 '나와 내 후손과 나의 이름를 부당하게 대하지 않고'다.
② '일곱 우물' 또는 '계약의 우물'이라는 뜻이다.

둘러보기

교부들은 이 장章의 마지막 단락에 관해서는 해석을 별로 남기지 않았다. 아비멜렉은 하느님께서 아브라함과 함께 계시는 것을 보았기에 그와 계약을 맺은 것으로 보인다(에프렘). 아비멜렉이 아브라함에게 '자신의 이름을 부당하게 대하지 말라'고 강조한 것은 남을 헐뜯는 소문을 퍼뜨리는 것이 그의 이름을 부당하게 대하는 것임을 되새기게 해 준다(저자 미상).

21,23 아브라함과 아비멜렉의 계약

계약을 맺다

이런 일이 있은 뒤, 아비멜렉과 그의 군대 장수인 피콜이 아브라함에게 말하였습니다. 하느님께서 그와 함께 계시며 임금들과의 전쟁에서 그를 도우시고 또한 그에게 가나안 땅을 약속하신 것을 보았기 때문입니다. 그들은 아브라함이 가나안 사람들을 쳐부순 뒤 자기들 땅도 파괴하지 않을까 두렵기도 했습니다. 그래서 그와 계약을 맺고자 서둘렀고, 그 두 사람이 아브라함과 계약을 맺었습니다(23-24절 참조).

• 시리아인 에프렘 『창세기 주해』 19,1.[1]

다른 사람의 이름을 부당하게 대하는 것

의인은 아무에게도 부당하게 대하지 않습니다. 그러나 아브라함이 어떻게 나올지 확신하지 못한 아비멜렉은 '나를 부당하게 대하지 않겠다고 하느님을 두고 맹세해 주시오' 하고 말합니다. 그러나 아브라함은 아비멜렉의 '후손'도 그의 '이름'도 부당하게 대할 사람이 아니었습니다. 남을 헐뜯는 소문을 퍼뜨리는 것은 그의 이름을 부당하게 대하는 일입니다.

• 저자 미상 『성경 주해 선집』(창세기) 3,1225.[2]

---

[1] FC 91,167.

[2] TEG 3,202.

22,1-8 하느님께서 아브라함을 시험하시다

1 이런 일들이 있은 뒤, 하느님께서 아브라함을 시험해 보시려고 "아브라함아!" 하고 부르시자, 그가 "예, 여기 있습니다." 하고 대답하였다.☞

✐² 그분께서 말씀하셨다. "너의 아들, 네가 사랑하는 외아들① 이사악을 데리고 모리야 땅②으로 가거라. 그곳, 내가 너에게 일러 주는 산에서 그를 나에게 번제물로 바쳐라."

³ 아브라함은 아침 일찍 일어나 나귀에 안장을 얹고 두 하인과 아들 이사악을 데리고서는, 번제물을 사를 장작을 팬 뒤 하느님께서 자기에게 말씀하신 곳으로 길을 떠났다.

⁴ 사흘째 되는 날에 아브라함이 눈을 들자, 멀리 있는 그곳을 볼 수 있었다.

⁵ 아브라함이 하인들에게 말하였다. "너희는 나귀와 함께 여기에 머물러 있어라. 나와 이 아이는 저리로 가서 경배하고 너희에게 돌아오겠다."

⁶ 그러고 나서 아브라함은 번제물을 사를 장작을 가져다 아들 이사악에게 지우고, 자기는 손에 불과 칼을 들었다. 그렇게 둘은 함께 걸어갔다.

⁷ 이사악이 아버지 아브라함에게 "아버지!" 하고 부르자, 그가 "애야, 왜 그러느냐?" 하고 대답하였다. 이사악이 "불과 장작은 여기 있는데, 번제물로 바칠 양은 어디 있습니까?" 하고 묻자,

⁸ 아브라함이 "애야, 번제물로 바칠 양은 하느님께서 손수 마련하실 거란다." 하고 대답하였다. 둘은 계속 함께 걸어갔다.

① 칠십인역은 '사랑하는 외아들' 대신 '사랑하는 아들'로 되어 있다.
② 칠십인역은 '모리야 땅' 대신 '높은 곳으로'다.

둘러보기

성경 본문은 사소한 사항으로도 주석의 영감을 줄 수 있다. 그러므로 하느님께서 아브라함을 '아브람'이라고 부르신 적이 한번도 없다는 사실은 곧 쓰이지 않을 이름으로 아브라함을 부르기를 원치 않으셨음을 알려 준다. 아브라함도 자신의 이야기가 미래의 진실에 관한 예표라는 것을 알고 있었다. 이사악을 바치라는 명령은 아브라함을 시험하는 방법이었다(오리게네스). 미래의 진실에 관한 예표라는 관점에서 아브라함은 아버지 하느님의 예형이고 이사악은 예수의 예형으로 볼 수 있다(아를의 카이사리우스). '사흘째 되는 날'이 언급된 것은 다른 신비들을 예표하고 상징하는 것으로 볼 수 있다(오리게네스, 아를의 카이사리우스). 아브라함이 하느님의 명령을 받아들

일 수 있었던 것은 부활을 믿었기 때문이다(오리게네스). 하인들과 숫양, 장작 등 이 이야기의 다양한 구성 요소들은 모두 상징적(우의적) 의미를 지니고 있다(아를의 카이사리우스). 무엇보다, 이사악은 그리스도의 표상이다(오리게네스).

22,1 하느님께서 아브라함을 시험하시다

세부 사항들 안에 담겨 있는 보물

하느님께 다가온 여러분, 자신이 신자라고 믿는 여러분은 주목하십시오. 믿는 이들의 신앙이 어째서 방금 우리가 들은 말씀으로 입증되는지 잘 생각해 보십시오. 본문은 이렇습니다. "이런 일들이 있은 뒤, 하느님께서 아브라함을 시험해 보시려고 '아브라함아!' 하고 부르시자, 그가 '예, 여기 있습니다' 하고 대답하였다." 한 마디 한 마

디 곱씹어 보십시오. 깊은 곳을 어떻게 파야 하는지 아는 이는 세부 사항들 안에서 보물을, 그리고 어쩌면, 그 값어치를 알아주지 않는 곳에 숨겨져 있는, 신비들이라는 고귀한 보석들을 발견할 것입니다. 이 사람은 전에 '아브람'으로 불렸습니다. 그런데 하느님께서 그를 이 이름으로 부르셨거나 그에게 '아브람아, 아브람아!' 하고 말씀하셨다는 기록을 우리는 어디에서도 보지 못합니다. 하느님께서는 쓰이지 않을 이름으로 그를 부르실 수 없었기 때문입니다. 그분은 당신께서 직접 주신 이름으로 그를 부르십니다. 이 이름으로 그를 한 번이 아니라 거듭 부르십니다.

• 오리게네스 『창세기 강해』 8,1.[1]

22,2 이사악을 번제물로 바쳐라

미래에 드러날 진리의 표상을 예표하는 아브라함

아브라함이여, 이 일들에 대해 그대는 어떻게 생각하오? 그대의 마음속에서는 어떤 생각이 들끓고 있소? 하느님의 입에서 그대의 믿음을 시험하고 박살 낼 만큼 충격적인 한마디가 나왔소. 이에 대해 그대는 어떻게 생각하오? 그대는 무슨 생각을 하고 있소? 무엇을 생각하고 또 생각하고 있소? 이사악 안에서 내게 약속이 주어졌는데 내가 그를 번제물로 바친다면 그 약속은 이제 지켜질 희망이 없다고 생각하고 또 생각하는 것이오? 아니면, 그 유명한 말씀을 생각하며, 약속하신 분께서 거짓말을 하신다는 것은 있을 수 없는 일이라고(히브 6,18 참조), 어쨌든 그 약속은 유효하다고 생각하고 있소?

그러나 저는 "가장 보잘것없는 자"(1코린 15,9)이기에 그토록 위대한 성조의 생각을 알아낼 수도 없고, 그를 시험하는 하느님의 목소리가 외아들을 바치라고 명령했을 때 그의 마음에 어떤 생각이 떠올랐으며 어떤 감정이 끓어올랐는지도

알 수 없습니다. 그러나 "예언자의 영은 예언자에게 복종해야"(1코린 14,32) 하기에, 성령에게 배웠다고 제가 믿는 바오로 사도가 아브라함이 어떤 감정을 느꼈으며 그의 계획이 어떠한 것이었는지 밝혀 주었습니다. 그는 이렇게 말합니다. "믿음으로써, 아브라함은 시험을 받을 때에 이사악을 바쳤습니다. 약속을 받은 아브라함이 외아들을 바치려고 하였습니다. 아브라함은 하느님께서 죽은 사람까지 일으키실 수 있다고 생각하였습니다"(히브 11,17.19).

바오로 사도는 이 신심 깊은 남자의 생각을 우리에게 알려 줍니다. 부활에 대한 믿음이 이사악의 일에서 그 시대에 이미 자리 잡기 시작했다는 것입니다. 곧, 아브라함은 이사악의 부활을 기대했고 아직 일어나지 않은 미래를 믿었습니다. 그러면 그리스도 안에서 일어난 일, 곧 아브라함이 이사악 안에서 일어나리라고 믿은 그 일을 믿지 않는 이들이 어째서 "아브라함의 자손"(요한 8,39)입니까? 좀 더 명확하게 이야기해 보겠습니다. 아브라함은 자신이 미래에 드러날 진리의 표상을 예표한다는 것을 알고 있었습니다. 자신의 후손 가운데에서 그리스도께서 태어나실 것이며, 그분이 온 세상을 위한 더욱 참된 희생 제물로 바쳐지고 죽은 이들 가운데에서 되살아나시리라는 것을 알고 있었습니다.

• 오리게네스 『창세기 강해』 8,1.[2]

하느님께서 아브라함을 시험하시다

본문을 봅시다. 이렇게 쓰여 있습니다. "하느님께서 아브라함을 시험해 보시려고 [그에게] 말씀하셨다. '너의 소중한 아들, 네가 사랑하는 아

---

[1] FC 71,136.

[2] FC 71,137-38*.

들 이사악을 데리고 ….'" 그냥 '아들'이라고만 하면 부족해서 '소중한'이라는 말이 덧붙어 있습니다. 이것도 유념해야 합니다. 그런데 거기에 더해 '네가 사랑하는'이라는 말까지 덧붙어 있습니다. 하지만 이 시험이 얼마나 중요한 것인지 생각해 보십시오. 소중한 사람에게 사용하는 다정한 호칭으로 아버지의 애정이 일깨워집니다. 사랑의 기억이 떠오른 아버지의 손은 자기 아들을 죽이는 일에 선뜻 움직이지 않을 테고, 육이 영혼의 믿음을 상대로 치열한 싸움을 치를 수 있었습니다. 그래서 [하느님께서] '너의 소중한 아들, 네가 사랑하는 이사악을 데리고'라고 하셨다고 쓰여 있는 것입니다. 주님, 당신께서는 아버지에게 아들을 떠올려 주고 계십니다. 죽이라고 당신께서 명령하신 그 대상에 대해 '소중한'이라는 표현을 쓰십니다. 그것만으로도 아버지의 괴로움은 충분합니다. 그런데 당신은 '네가 사랑하는'이라는 말까지 덧붙이십니다. 거기에 그 아들의 이름이 '이사악'이라는 것까지 알려 주실 필요가 있습니까? 아브라함이 자신이 사랑하는 소중한 아들의 이름이 이사악이라는 것을 모를 리 있습니까? 그런데 왜 그때 그 이름을 덧붙이신 것입니까? 아브라함이 당신께서 그에게 이렇게 말씀하신 것을 떠올리게 하시려는 것이었겠지요. "이사악을 통하여 후손들이 너의 이름을 물려받을 것이다. 이사악을 통하여 너에게 그 약속이 이루어질 것이다"(창세 21,12; 로마 9,7-8; 히브 11,18; 참조: 갈라 3,16.18; 4,23). 그 이름을 떠올려 줌은 그 이름 아래 기약된 약속이 이루어질 희망이 없다고 느끼게 하는 것이기도 했습니다. 그러나 하느님께서 아브라함을 시험하셨기에 이 모든 일이 일어났습니다.

• 오리게네스 『창세기 강해』 8,2.[3]

아버지 하느님의 예형인 아브라함

아들 이사악을 바친 아브라함은 아버지 하느님의 예형이고, 이사악은 구원자이신 우리 주님의 예표입니다.

• 아를의 카이사리우스 『설교집』 84,2.[4]

22,2 높은 곳

높은 곳으로 가거라

그 뒤에 무슨 일이 일어났습니까? 성경에는 이렇게 쓰여 있습니다. "높은 곳으로 가거라. 그곳, 내가 너에게 일러 주는 산에서 그를 나에게 번제물로 바쳐라."

그 시험이 어떤 식으로 전개되는지 세부 사항들을 주의 깊게 보십시오. "높은 곳으로 가거라." 아브라함이 아이와 함께 먼저 높은 곳으로 가도록 인도되어 주님께서 고르신 산에 올라가도록 한 다음에 거기서, 아들을 번제물로 바치라는 말을 들었으면 안 되었을까요? 그러나 그는 아들을 바쳐야 한다는 말을 먼저 들은 다음에, '높은 곳으로' 가서 산으로 올라가라는 지시를 받습니다. 이유가 무엇일까요? 그가 걸어가는 동안, 여행을 하는 동안, 그리로 가는 내내 그의 마음이 온갖 생각으로 갈가리 찢기게 하기 위해서였습니다. 그 억압적인 명령 때문에 괴로워하고 외아들에 대한 깊은 사랑 때문에 괴로워하게 하기 위해서였습니다. 산으로 올라가라는 명령도 같은 이유 때문에 내려진 것입니다. 그 모든 일이 이루어지는 과정이 사랑의 감정과 믿음 사이의, 하느님 사랑과 육에 대한 사랑 사이의, 현세 것들의 매력과 미래 일들에 대한 기대 사이의 갈등이 들끓는 시간이 되게 한 것입니다.

---

[3] FC 71,138.

[4] FC 47,16.

그래서 그는 '높은 곳으로' 가라는 명령을 듣습니다. '높은 곳'은 이 성조가 주님을 위해 그토록 위대한 일을 곧바로 이행할 장소로는 부족했습니다. 그러나 그는 산으로 올라가라는 명령도 듣습니다. 물론, 믿음으로 고양된 그가 현세 것들을 버리고 위에 있는 것들로 올라가게 하려는 것이지요.

• 오리게네스 『창세기 강해』 8,3.[5]

22,3 아브라함이 하느님께서 말씀하신 곳으로 이사악을 데리고 떠나다

아버지의 마음이 찢어지다

아브라함은 "아침 일찍 — 그때가 '아침 일찍'이었다는 언급은 그의 마음속에 빛이 비치기 시작했음을 알려 주려는 것 같습니다 — 일어나 나귀에 안장을 얹고 번제물을 사를 장작을 팬 뒤" 아들을 데리고 떠났습니다. 그는 고민하지 않습니다. [자신의 결정을] 재고하지 않습니다. 다른 이와 의논하지도 않습니다. 곧장 길을 떠납니다.

'사흘째 되는 날에 아브라함은 하느님께서 말씀하신 곳에 도착했다'고 쓰여 있습니다.[6] '사흘째 되는 날'의 신비에 관해서는 여기서 다루지 않겠습니다. 지금은 그를 시험하시는 분의 지혜와 의도에 관해 생각해 보고자 합니다. 모든 일이 산에서 이루어진 것을 보면, 가까이에는 산이 하나도 없었던 것 같습니다. 그런데 여행은 사흘이 걸리고, 사흘 내내 아버지의 마음은 때때로 엄습하는 걱정으로 찢어집니다. 이는 아버지가 이 긴 시간 내내 아들을 염려하고, 아들과 함께 음식을 먹고, 아이가 그 많은 밤 동안 아버지 품에 안기고 가슴에 매달리며 곁에 누워 있도록 하기 위한 것 아니겠습니까? 그 시험이 시간이 갈수록 얼마나 힘들었을지 생각해 보십시오.

• 오리게네스 『창세기 강해』 8,4.[7]

22,4 사흘째 되는 날

셋째 날의 신비

셋째 날은 항상 신비와 관련 있습니다. 백성이 이집트를 떠났을 때 그들은 셋째 날에 하느님께 희생 제물을 바치고 셋째 날에 정화됩니다(참조: 탈출 19,11.15-16). 셋째 날은 주님의 부활이 일어난 날이기도 합니다(참조: 마태 27,63; 마르 8,31). 그 외에도 많은 신비가 이날에 일어났습니다.

• 오리게네스 『창세기 강해』 8,4.[8]

삼위일체의 신비

제사를 드리는 곳에 '사흘째 되는 날' 도착한 사실은 삼위일체의 신비를 나타냅니다. '사흘째 되는 날'을 약속 또는 삼위일체의 신비라는 의미로 받아들여야 한다는 것은 성경 많은 곳에서 확인됩니다. 탈출기에서 우리는 이런 구절을 읽습니다. "주 저희 하느님께서 말씀하신 대로, 저희는 광야로 사흘 길을 걸어가 그분께 제사를 드려야 합니다"(탈출 8,23). 또 시나이 산에 도착했을 때 백성은 "셋째 날을 준비하고 여자를 가까이 하지 마라"(탈출 19,15)는 말을 듣습니다. 요르단 강을 건너려 할 때 여호수아는 백성에게 사흘날을 준비하고 있으라고 훈계했습니다. 그리고 무엇보다, 우리 주님께서 사흘날에 되살아나셨습니다. 우리가 이 모든 [사례를] 이야기한 것은 복된 아브라함이 주님께서 그에게 보여 주신 장소에 '사흘째 되는 날' 도착했기 때문입니다.

• 아를의 카이사리우스 『설교집』 84,2.[9]

---

[5] FC 71,138-39*.

[6] 오리게네스는 '사흘째 되는 날'을 22장 4절이 아니라 3절에 붙여 읽는다. 그리스어 본문에서는 이런 식으로 읽어도 틀린 것이 아니다.

[7] FC 71,139-40.   [8] FC 71,140.

[9] FC 47,16-17.

22,5 가서 경배하겠다

부활을 믿은 아브라함

아브라함은 하인들을 그곳에 남아 있게 합니다. 하인들은 하느님께서 아브라함에게 보여 주신 곳인 번제물을 사를 장소에 아브라함과 함께 올라갈 수 없었기 때문입니다. 본문은 이렇습니다. "너희는 나귀와 함께 여기에 머물러 있어라. 나와 이 아이는 저리로 가서 경배하고 너희에게 돌아오겠다." 아브라함이여, 말해 주십시오. '아이와 함께 가서 경배하고 돌아오겠다'고 하인들에게 한 이 말은 진심입니까? 아니면 그들을 속이는 것입니까? 당신의 말이 진심이라면, 당신은 아이를 번제물로 바치지 않을 것입니다. 당신이 속이는 것이라면, 그토록 위대한 성조가 속인다는 것은 어울리지 않는 일입니다. 그렇다면 이 말은 당신 안의 어떤 의향을 나타내는 것입니까? 그가 말합니다. '나는 진실을 말하고 있소. 나는 아이를 번제물로 바칩니다. 그래서 장작을 지고 가는 것이며 나는 그와 함께 그들에게로 돌아올 것이오. 나는 하느님께서 그를 죽은 이들 가운데에서도 일으키실 수 있다(히브 11,19 참조)고 믿으며 그것이 나의 믿음이기 때문이오.'

• 오리게네스 『창세기 강해』 8,5.[10]

상징적 의미

"나귀와 함께 여기에 머물러 있어라"라는 지시를 받은 두 '하인'은 그리스도를 믿지 않아 번제물을 바치는 장소로 올라가지 못한, 곧 그곳에 이를 수 없었던 유대 백성을 상징합니다. '나귀'는 회당을 나타냅니다. "덤불에 뿔이 걸린 숫양"(창세 22,13)은 주님을 나타낸다고 보입니다. 십자가 나무에 못 박혀 매달리신 그리스도는 덤불에 걸리신 것과 같으니까요. 이사악은 자신이 제물로 바쳐질 제사에 쓸 장작을 지고 간 점에서도

당신께서 매달리실 십자가를 당신 수난의 장소로 지고 가신 우리 주 그리스도를 예표합니다. 이 신비에 관해서는 "왕권이 그의 어깨에 놓이고"(이사 9,5)라는 말씀을 비롯하여 이미 많은 예언자가 예고했습니다. 그리스도께서 놀라운 겸손으로 당신의 십자가를 어깨에 지고 가실 때, 왕권이 그분 어깨에 놓였습니다. 그리스도의 십자가가 왕권을 나타낸다고 보는 것은 잘못된 해석이 아닙니다. 바로 그것에 의해 악마가 정복되고 온 세상이 그리스도에 관한 지식과 은총으로 다시 불렸기 때문입니다. "당신 자신을 낮추시어 죽음에 이르기까지, 십자가 죽음에 이르기까지 순종하셨습니다. 그러므로 하느님께서도 그분을 드높이 올리시고 모든 이름 위에 뛰어난 이름을 그분께 주셨습니다"(필리 2,8-9). 형제 여러분, 우리가 이렇게 [고백]하는 것은 우리가 읽은, "왕권이 그의 어깨에 놓이고"라는 구절이 가리키는 그리스도의 왕권은 바로 그분의 십자가라는 것을 여러분이 알게 하려는 것입니다. 아브라함의 아들이라는 예형으로 표현된 참된 이사악이 인류를 위해 십자가 형틀에 못 박히는 부활시기에 이 교훈을 봉독하는 것은 이런 까닭입니다.

• 아를의 카이사리우스 『설교집』 84,3.[11]

아브라함의 큰 신앙

유대인을 예표하는 '하인들'이 "너희는 나귀와 함께 여기에 앉아 있어라"라는 말을 들은 이유는 무엇입니까? 사랑하는 여러분, 그 나귀가 앉을 수 있었습니까? 그들이 '나귀와 함께 앉아 있어라'라는 말을 들은 것은, 그리스도를 믿지 않은 유대 백성은 서 있을 수 없기 때문입니다. 그

---

[10] FC 71,140*.

[11] FC 47,17*.

들은 십자가라는 지팡이를 경멸한 나약하고 열의 없는 죄인들처럼 곧 땅바닥에 넘어지려 하고 있었기 때문입니다. 그래서 아브라함이 "너희는 나귀와 함께 여기에 앉아 있어라. 나와 이 아이는 저리로 가서 경배하고 너희에게 돌아오겠다"라고 한 것입니다. [하인들이 물었을 것입니다.] '복된 아브라함이여, 뭐라고 하셨습니까? 아드님을 제물로 바치고 그와 함께 돌아오겠다고 하셨습니까? 당신이 그를 번제물로 바친다면, 그는 당신과 함께 돌아올 수 없을 것입니다.' 복된 아브라함은 이렇게 대답했을 것입니다. "나는 진실을 말하였다. 나는 내 아들을 바칠 것이고 그와 함께 너희에게 돌아올 것이다. 석녀인 아내를 통해 나에게 아들을 주신 그분께서는 내 아들을 죽은 이들 가운데서 되살리실 것이다. 나의 신앙은 이만큼 깊다. 그러므로 '경배하고 너희에게 돌아오겠다'는 나의 말은 진실이다."

• 아를의 카이사리우스 『설교집』 84,4.[12]

22,6 아브라함이 제사를 준비하다

그리스도의 예형인 이사악

이사악이 "번제물을 사를 장작"을 지고 간 것은 상징입니다. 그리스도께서도 "몸소 십자가를 지시고"(요한 19,17) 가셨기 때문입니다. '번제물을 사를 장작을 지고' 가는 것은 사제의 직무이기도 합니다. 이로써 그는 희생 제물이자 사제가 됩니다. 그런데 이어지는 구절도 이와 관련 있습니다. "그렇게 둘은 함께 걸어갔다." 아브라함이 희생 제물을 바치려는 듯 손에 불과 칼을 들고 갈 때, 이사악은 그 뒤에서 따라가지 않고 함께 걸어갔습니다. 그 사제 직무에 똑같이 공헌하겠다는 것을 보여 준 것입니다.

• 오리게네스 『창세기 강해』 8,6.[13]

예수님을 예표한 이사악의 희생

이사악도 또 다른 예형입니다(이 해석도 보편적입니다). 이번에는 주님의 예형이지요. 그는 '아드님'이 그렇듯이 아들입니다(그는 아브라함의 아들이고, 그리스도는 하느님의 아들이시지요). 그는 주님과 마찬가지로 희생 제물입니다. 그러나 그의 봉헌은 완성되지 않은 반면 주님의 봉헌은 완전하게 이루어졌습니다. 그가 한 일은, 주님께서 십자가 나무를 지고 가셨듯, 자신이 제물로 바쳐질 제사에 쓸 장작을 들고 간 것입니다. 이사악은 신비적인 이유에서 기뻐하였습니다. 그 기쁨은 주님께서 당신의 피로 우리를 파멸에서 구하심으로써 우리를 채워 주신 기쁨을 예표합니다.

• 알렉산드리아의 클레멘스 『교육자』 1,5,23.[14]

22,7 양은 어디 있습니까?

시험하는 말

그리고 어떤 일이 있었습니까? 본문에는 이렇게 쓰여 있습니다. "이사악이 아버지 아브라함에게 '아버지!' 하고 부르자 …." 이 순간 아들 입에서 시험하는 말이 튀어나왔습니다. 죽임을 당할 아들의 이 말이 아버지의 마음을 얼마나 후려쳤겠습니까? 아브라함은 믿음의 덕이 깊은 매우 엄격한 사람이었지만 그럼에도 불구하고 "얘야, 왜 그러느냐?" 하고 다정하게 대답합니다. 그러자 이사악이 말합니다. "불과 장작은 여기 있는데, 번제물로 바칠 양은 어디 있습니까?"

• 오리게네스 『창세기 강해』 8,6.[15]

---

[12] FC 47,18*.

[13] FC 71,140-41*.

[14] FC 23,23.

[15] FC 71,141*.

이사악이 다시 살아나리라고 믿은 아브라함

그때 아브라함은 두 가지 일에서 승리했습니다. 아들을 죽이지 않았지만 죽였다는 점에서, 그리고 이사악이 죽은 뒤 다시 살아날 것이며 자신과 함께 아래로 내려가게 되리라고 믿은 점에서 그렇습니다. 아브라함은 "이사악을 통하여 후손들이 너의 이름을 물려받을 것이다"(창세 21,12)하고 말씀하신 분을 굳게 믿었던 것입니다.

• 시리아인 에프렘 『창세기 주해』 20,2.[16]

이사악이 '아버지' 하고 부르다

그래서 그는 사랑하는 아들을 제물로 바치고자 데려갔습니다. 그는 나이 들어 얻은 귀한 아들을 망설이지 않고 바쳤습니다. 또한 그는 아들이 '아버지!' 하고 불렀을 때도 흔들리지 않고 '얘야' 하고 대답했습니다.

• 암브로시우스 『동생 사티루스의 죽음』 2,97.[17]

22,8 하느님께서 손수 마련하실 것이다

미래에 관해 말하는 아브라함

제게는 정확하고 신중한 아브라함의 대답이 감동적입니다. 저는 그가 영 안에서 무엇을 보았는지 알지 못합니다. 그는 현재가 아니라 미래에 관해 이야기하고 있기 때문입니다. "양은 하느님께서 손수 마련하실 거란다." 현재의 일에 관해 묻는 아들에게 그는 미래의 일로 대답하였습니다. '양은 하느님께서' 그리스도 안에서 '손수 마련하실' 것이며, "지혜가 직접 자기 집을 지었고"(잠언 9,1 참조), "죽음에 이르기까지 순종"(필리 2,8)하였기 때문입니다.

• 오리게네스 『창세기 강해』 8,6.[18]

---

[16] FC 91,168-69.
[17] FC 22,240.
[18] FC 71,141*.

22,9-14 주님의 천사가 나타나다

⁹ 그들이 하느님께서 아브라함에게 말씀하신 곳에 다다르자, 아브라함은 그곳에 제단을 쌓고 장작을 얹어 놓았다. 그러고 나서 아들 이사악을 묶어 제단 장작 위에 올려놓았다.

¹⁰ 아브라함이 손을 뻗쳐 칼을 잡고 자기 아들을 죽이려 하였다.

¹¹ 그때, 주님의 천사가 하늘에서 "아브라함아, 아브라함아!" 하고 그를 불렀다. 그가 "예, 여기 있습니다." 하고 대답하자

¹² 천사가 말하였다. "그 아이에게 손대지 마라. 그에게 아무 해도 입히지 마라. 네가 너의 아들, 너의 외아들까지 나를 위하여 아끼지 않았으니, 네가 하느님을 경외하는 줄을 이제 내가 알았다."

¹³ 아브라함이 눈을 들어 보니, 덤불에 뿔이 걸린 숫양 한 마리가 있었다. 아브라함은 가서 그 숫양을 끌어와 아들 대신 번제물로 바쳤다.

¹⁴ 아브라함은 그곳의 이름을 '야훼 이레'①라 하였다. 그래서 오늘도 사람들은 '주님의 산에서 마련된다.'②고들 한다.

① 칠십인역은 '주님께서 보셨다'다.　② 또는 '그 산에서 주님께서 나타나셨다'.

둘러보기

이 이야기는 믿음과 본성적 사랑이 대립하는, 이 글을 읽는 모든 이에게 해당하는 극적인 사건으로 풀이된다(오리게네스). 이사악은 영 안에 계신 그리스도의 표상이며, 숫양은 육 안에 계신 그리스도를 상징한다(오리게네스, 암브로시우스). 요한 크리소스토무스조차도 [이 이야기에 대해서는] 그 특유의 도덕적 해석 대신 예형론적 해석을 보여 준다. 이사악이 실재가 아니라 예형이라는 사실은 그가 죽임을 당하지 않았다는 데서 드러난다(아를의 카이사리우스). 또한 독자들은 이 이야기를 영적으로 해석하여 자기 자신에게 적용해 보도록, 그리하여 자기 안에 이사악과 같은 아들을 낳도록 초대받는다(오리게네스).

22,9 아브라함이 이사악을 묶다

인간적 애정보다 하느님께 대한 믿음이 더 강하다

이 말씀을 듣는 여러분 가운데 많은 이가 하느님 교회의 [구성원인] 아버지들입니다. 여러분 가운데 누구 한 사람이라도 이 이야기를 그저 읽기만 하고서 엄청난 굳건함과 영혼의 큰 힘을 얻는다고 생각합니까? 그래서 우리 모두에게 공통이며 누구나 맞이하게 되어 있는 죽음으로 아들을 잃었을 때, 그것도 그가 사랑하는 외아들일 때, 아브라함을 떠올려 그의 훌륭한 처신을 본보기로 삼게 된다고 생각합니까? 실로 여러분에게는 영혼의 이런 위대함이 요구되지 않습니다. 여러분의 아들을 직접 묶어야 할 일도, 칼을 준비할 필요도, 자기 외아들을 죽여야 할 일도 없습니다. 여러분에게는 이 모든 일이 요구되지 않습니다. 그러나 적어도 의도에서, 마음에서 성실하십시오. 기뻐하며 흔들리지 않는 믿음으로 여러분의 아들을 하느님께 바치십시오. 여러분 아들의 생명을 위해 사제가 되십시오. 하느님께 봉헌물을 바치는 사제가 운다는 것은 어울리는 행동이 아닙니다.

여러분에게 이런 자세가 요구된다는 것을 확인하고 싶으십니까? 주님께서 복음서에서 이렇게 말씀하십니다. "너희가 아브라함의 자손이라면 아브라함이 한 일을 따라 해야 할 것이다"(요한 8,39). 잘 보십시오, 이것이 '아브라함이 한 일'입니다. '아브라함이 한 일'을 하십시오. 그러나 슬퍼하며 그 일을 해서는 안 됩니다. "하느님께서는 기쁘게 주는 이를 사랑"(2코린 9,7)하시기 때문입니다. 그런데 여러분이 하느님께 많이 이끌린다면, 여러분도 이 말씀을 듣게 될 것입니다. '높은 곳으로, 내가 너에게 일러 주는 산으로 올라가서 네 아들을 나에게 바쳐라'(창세 22,2 참조). 땅의 깊은 구렁이나 '눈물의 계곡'(시편 84,7 참조)이 아니라 높고 우뚝한 산에서 '네 아들을 바쳐라'라고 하셨습니다. 하느님께 대한 믿음이 육의 애정보다 더 강하다는 것을 보여 주십시오. 아브라함은 아들 이사악을 사랑하였다고 성경은 말합니다. 그러나 그는 하느님 사랑을 육의 사랑보다 앞에 두었습니다. 그는 육의 애정이 아니라 "그리스도 예수님의 애정"(필리 1,8), 곧 진리요 지혜며 하느님의 말씀이신 분의 애정을 지닌 이임이 입증되었습니다.

• 오리게네스 『창세기 강해』 8,7.[1]

22,10 아브라함이 칼을 잡다

아브라함을 그린다면

우리 가운데 아브라함의 이야기를 그림으로 그리고 싶어 하는 사람이 있다면, 그는 아브라함을 어떤 식으로 묘사하려 할까요? 성경이 전하는 그의 모든 행위를 그림 한 장에 담을까요? 아

---

[1] FC 71,142-43*.

니면 각기 구별되는 여러 장의 연작으로 또는 서로 다른 모습으로 그릴까요? 하지만 어느 한 그림에는 아마도 아들을 데리고 나귀를 탄 아브라함과 그 뒤를 따르는 하인들을 그리겠지요? 그리고 또 다른 그림에는 나귀와 하인들은 아래 머물러 있고, 장작을 진 이사악과 손에 칼과 불을 든 아브라함이 그려져 있겠지요? 그리고 실로, 또 한 그림에는 아이를 묶어 장작에 올려놓은 아브라함이 다른 자세로, 그러니까 오른손에 칼을 쥐고 제사를 시작하려 하는 모습이 그려져 있지 않을까요? 그러나 매번 다른 자세를 취하고 있을지라도 그것은 서로 다른 아브라함이 아닙니다. 모두 같은 사람이 예술가의 솜씨에 의해 주제에 따라 달리 표현된 것입니다. 이 이야기에 언급된 모든 행동을 한 그림으로 다 묘사하기는 쉽지 않기 때문입니다.

• 알렉산드리아의 키릴루스 『서간집』 41,22.[2]

망설이지 않은 아브라함

아버지의 손이 자기 아들 위로 칼을 들었습니다. 그 처형이 실패하지 않도록, 그는 아버지의 사랑으로 칼을 내려치는 행동을 취했습니다. 그는 자신의 오른손에 힘이 빠져 엉뚱한 곳을 치지나 않을까 두려웠습니다. 그는 여느 아버지처럼 느꼈습니다. 그렇지만 하느님께 대한 임무를 행하는 일에 머뭇거리지 않았습니다.

• 암브로시우스 『동생 사티루스의 죽음』 2,97.[3]

22,12 아브라함이 하느님을 경외하다

너는 외아들까지 아끼지 않았다

하느님께서는 아들을 그의 아버지에게 돌려주기 위하여, 그러나 사제의 제사에 희생 제물이 없는 일이 생기지 않도록, [인간의] 육체 대신 덤불에 걸린 숫양을 보여 주셨습니다. 그 결과 아

브라함은 자기 아들의 피로 물들지 않았고, 하느님께서 번제물을 받지 못하시는 일도 일어나지 않았습니다. 예언자는 숫양을 보고 허세 부리지 않았습니다. 고집스럽게 자신의 결심을 이행하려 하지 않고 아이 대신 숫양을 바쳤습니다. 그의 행동은 그가 참으로 기쁘게 돌려받은 아들을 바치려 한 것이 얼마나 깊은 신심의 결단이었는지 더욱 확실하게 보여 줍니다.

• 암브로시우스 『동생 사티루스의 죽음』 2,98.[4]

우리를 위하여 기록된 이야기

이 구절에서 '이제'라는 말에 혼란을 느끼는 사람이 많습니다. 하느님께서 아브라함이 당신을 경외하는 줄을 '이제' 알았다고 하신 것이 마치 전에는 그 사실을 몰랐다는 말 같아서 입니다. 하느님께서는 알고 계셨습니다. 그 사실은 그분께 숨겨져 있지 않았습니다. 그분은 "무슨 일이든 일어나기 전에 미리 다 아시는"(다니 13,42 참조) 분이니까요. 이 일들이 기록된 것은 여러분을 위해서입니다. 실로 여러분도 하느님을 믿어 오고 있기 때문입니다. 그러나 여러분이 "믿음의 행위"(2테살 1,11)를 완성하기 전에는, 더 어려운 것들까지 포함하여 모든 명령을 따르기 전에는, 희생 제물을 바치고 아버지도 어머니도 자식도 결코 하느님보다 앞에 두는 일이 없기 전에는(마태 10,37 참조), 자신이 하느님을 경외하는지 알지 못할 것입니다. "네가 하느님을 경외하는 줄을 이제 내가 알았다"라는 말씀도 듣지 못할 것입니다.

그런데 아브라함에게 이 말을 한 것이 천사로

---

[2] FC 76,181.

[3] FC 22,240-41.

[4] FC 22,241.

기록되어 있는데 이어지는 내용을 보면 이 천사가 주님이라는 것이 분명히 드러난다는 점도 생각해 볼 거리입니다. 그래서 저는, 그분께서 우리 [인간들] 가운데에서 "사람들과 같이 되셨"(필리 2,7)듯이, 천사들 가운데에서는 그들과 같이 되셨던 것이라고 생각합니다. 그리고 그분의 본보기를 따라 하늘의 천사들은 "회개하는 죄인한 사람 때문에"(루카 15,10) 기뻐하며, 사람들이 하느님과의 관계에서 진보해 나가면 즐거워합니다. 그들은 말하자면 우리의 영혼을 돌보는 존재이기 때문입니다. [우리가] 아직 "어린아이일 때에는 … 아버지가 정해 놓은 기한까지는 후견인과 관리인 아래"(갈라 4,1-2) 있는 것과 같습니다. 그래서 그들은 우리 각자가 진보하면, "네가 하느님을 경외하는 줄을 이제 내가 알았다" 하고 말합니다. 예를 들어, 내가 순교자가 되고자 합니다. 천사는 그것 때문에 나에게 "네가 하느님을 경외하는 줄을 이제 내가 알았다"라고 하지 않습니다. 마음속 의도는 하느님만이 아시기 때문입니다. 그러나 내가 그 싸움을 해 나갈 때, 내가 "훌륭하게 신앙을 고백하였을 때"(1티모 6,12), 내가 나에게 가해지는 모든 일을 온화하게 참아 낼 때, 천사는 나의 옳음을 확인해 주며 내게 힘을 주는 듯이 이렇게 말합니다. "네가 하느님을 경외하는 줄을 이제 내가 알았다."

• 오리게네스 『창세기 강해』 8,8.[5]

놀라운 관대함이라는 면에서 인간과 경쟁하시는 하느님

아브라함이 이 말씀을 들었습니다. 그리고 하느님을 경외한다는 말도 듣습니다. 이유가 무엇입니까? 자기 아들마저도 아끼지 않았기 때문입니다. 그런데 이 말씀과 바오로 사도가 하느님에 대해서 하는 말을 비교해 봅시다. "당신의 친아드님마저 아끼지 않으시고 우리 모두를 위하여 내어 주신 분"(로마 8,32). 놀라운 관대함이라는 면에서 하느님께서 인간과 경쟁하시는 것을 보십시오. 아브라함은 죽을 운명을 타고난 아들을 하느님께 바쳤고 그 아들은 죽음에 처해지지 않았습니다. 하느님께서는 죽지 않는 존재로 태어나신 아들을 인류를 위해 죽음에 내주셨습니다.

이에 대해 우리는 무슨 말을 할 수 있을까요? "나 무엇으로 주님께 갚으리오? 내게 베푸신 그 모든 은혜를"(시편 116,12). 아버지 하느님께서는 우리를 위해 "당신의 친아드님마저 아끼지 않으"(로마 8,32)셨습니다. 여러분 가운데 누가 때때로 천사에게서 이런 말을 들으리라고 생각합니까? '네가 너의 아들까지 아끼지 않았으니, 네가 하느님을 경외하는 줄을 이제 내가 알았다.' '아들' 대신 '너의 딸'이나 '아내'라는 말이 들어갈 수도 있겠지요. 또는 '네가 네 돈 또는 세상의 영예, 또는 세상에 대한 야망마저 아끼지 않고 모든 것을 경멸하며 그리스도를 얻기 위하여 모든 것을 쓰레기로 여겼으니'(필리 3,8 참조)라고 할 수도 있습니다. 또는 '너는 너의 재산을 모두 팔아 가난한 이들에게 주고 하느님의 말씀을 따랐으니'(마태 19,21)라고 할 수도 있습니다. 여러분 가운데 천사들에게 이런 말을 들을 이가 있으리라 생각합니까? 그러나 아브라함은 이 목소리를 듣습니다. 그에게 이렇게 말하는 목소리 말입니다. "네가 너의 아들, 너의 외아들까지 나를 위하여 아끼지 않으니 …."

• 오리게네스 『창세기 강해』 8,8.[6]

아브라함의 신심

깊은 신심 때문에 하느님의 말씀에 순종하여,

---

[5] FC 71,143-44*.

[6] FC 71,144-45.

아브라함은 자기 아들을 번제물로 바쳤습니다. 감정이 없는 사람처럼 그는 자신의 빛나는 제물의 빛이 흐려지지 않도록 머뭇거리지 않고 칼을 뽑았습니다. 하지만 그는 아들을 살려 주라는 명령을 듣자 기쁘게 칼을 칼집에 넣었습니다. 믿음의 의지로 자신의 외아들을 바치고자 서둘렀던 그가 더 뜨거운 신심을 지니고서 숫양을 대신 희생 제물로 바치기 위하여 서둘렀습니다.

• 암브로시우스 『서간집』(평신도들에게 보낸 편지) 89.[7]

하느님의 지식이 알려지다

그러므로 우리는 하느님의 지식이란 [몰랐던 것을 알게 되었다는] 결과에 관한 말이 아니라 시간과 관련한 말이라는 것을 의심해서는 안 됩니다. '하느님께서 아셨다'는 표현은 그 지식을 얻었다는 뜻이 아니라 [당신께서] 알고 계시다는 사실을 드러내는 적절한 때를 가리키는 말입니다. 아브라함이 들은 말씀이 우리에게 [이 사실을] 가르쳐 줍니다. "그 아이에게 손대지 마라. 그에게 아무 해도 입히지 마라. 네가 너의 아들, 너의 외아들까지 나를 위하여 아끼지 않았으니, 네가 하느님을 경외하는 줄을 이제 내가 알았다." 그러므로 하느님께서는 이제 아십니다. 그런데 무엇을 '이제 안다'는 것은 전에는 몰랐다는 사실을 인정하는 것입니다. 그러나 "아브람이 주님을 믿으니, 주님께서 그 믿음을 의로움으로 인정해 주셨다"(창세 15,6; 참조: 갈라 3,6)라고 쓰여 있는 아브라함이 전부터 하느님께 충실했다는 것을 하느님께서 모르셨다는 것은 모순이므로, 하느님께서 이제 아셨다는 말은 하느님께서 이 지식을 가지게 되신 때가 아니라 아브라함이 이 증언을 받은 때를 가리킵니다. 아브라함은 아들을 번제물로 데려옴으로써 하느님께 대한 사랑을 드러냈습니다. 하느님께서는 그 말씀을 하실 때 그 사실을 알고 계셨습니다. 우리는 하느님께서 그 순간까지 그 사실을 모르셨다고 믿어서는 안 되므로, 하느님께서 이 말씀을 하실 때에서야 그것을 아셨다고 이해해서는 안 됩니다. 하느님의 지식에 관해 이야기하는 구약성경의 많은 구절 가운데 이 구절만을 본보기로 인용하였는데, 이것만으로도 우리는 하느님께서 어떤 것을 모르시는 것은 그에 관한 지식이 없다는 뜻이 아니라 당신의 지식을 드러낼 때가 아직 오지 않은 것임을 깨달을 수 있습니다.

• 푸아티에의 힐라리우스 『삼위일체론』 9,64.[8]

하느님께서는 의인을 '아신다'

우리는 하느님께서 어째서 죄인을 모르시는지에 대해 충분히 [설명을] 들었습니다. 그러므로 이제는 하느님께서 의인을 어떻게 아시는지에 대해 생각해 봐야겠습니다. 하느님께서는 아브라함에게 '네 고향과 친족과 아버지의 집을 떠나라'(창세 12,1 참조)고 하셨습니다. 그래서 아브라함은 팔레스티나로 왔습니다. 그는 아브라미리[9]에 있었습니다. 그는 게라르에 오래 머물렀습니다. 아들 이사악이 태어났을 때 그는 "세상의 모든 민족들이 너의 후손을 통하여 복을 받을 것이다"(창세 22,18)라는 약속을 받았습니다. 그는 이사악을 데리고 가 하느님께 바쳤고, "그 아이에게 손대지 마라" 하고 말하는 목소리가 하늘에서 들려왔습니다. 아브라함이 아들을 바치려 하는 바로 그 순간, 하느님께서 아브라함에게 뭐라고 하십니까? "네가 하느님을 경외하는 줄을

---

[7] FC 26,490.

[8] FC 25,386.

[9] 라틴어로는 '아브라미오'(abramio)이고, 아마도 마므레를 가리키는 것 같다.

이제 내가 알았다"고 하십니다. 주님, 당신께서는 그렇게 오랫동안 알고 지내온 아브라함을 이제야 아신다는 말씀입니까? 아브라함이 자기 아들을 바칠 만큼 큰 믿음을 지녔기에, 그 때문에 하느님께서 비로소 그를 아셨습니다. 우리가 이 모든 말을 한 이유가 무엇입니까? "의인들의 길을 주님께서는 알고 계시고"(시편 1,6)라고 쓰여 있기 때문입니다. 이 말을 달리 표현해 봅시다. 그리스도는 "길이요 진리요 생명"(요한 14,6)이십니다. 그러니 우리는 그리스도 안에서 걸읍시다. 그러면 아버지 하느님께서 우리의 길을 알게 되실 것입니다.

• 히에로니무스 『시편 강해집』(59편) 1.[10]

하느님께서 사람들에게 확실하게 알려 주시다

그분께서는 아브라함에게도 같은 식으로 말씀하셨습니다. "네가 하느님을 경외하는 줄을 이제 내가 알았다." 이는 '내가 오래전부터 확실하게 알고 있었던 사실, [곧] 네가 하느님을 경외한다는 것을 (지금까지 알지 못했던) 사람들에게 이제 알게 하였다'라는 뜻입니다.

• 존자 베다 『복음서 강해』 2,13.[11]

22,13 번제물로 숫양이 대신 주어지다

숫양은 육 안에 계시는 그리스도의 예형

앞에서 우리는 이사악이 그리스도를 나타낸다고 말한 바 있습니다. 그런데 이 숫양도 그리스도를 나타냅니다. 어째서 이 둘이 다, 그러니까 죽임을 당하지 않은 이사악과 죽임을 당한 숫양이 다 그리스도를 나타내기에 적합한지 알아두는 것도 좋겠습니다.

그리스도는 '하느님의 말씀'이십니다. 그런데 '말씀이 육이 되셨습니다'(요한 1,14 참조). 그러므로 그리스도의 한 면은 위에서 비롯하고 다른 한

면은 인간의 본성과 동정녀의 태에서 비롯합니다. 그리스도는 고난을 받으셨지만 그것은 육 안에서였습니다. 그분은 죽음을 당하셨지만 그것은 육이었고, 숫양은 그것을 나타내는 예형입니다. 요한의 말도 그런 뜻입니다. "보라, 세상의 죄를 없애시는 하느님의 어린양이시다"(요한 1,29). 그런데 말씀은 "썩지 않는"(1코린 15,42) 분이시며 이는 영에 따른 그리스도이십니다. 이사악은 이분의 표상입니다. 이런 까닭에 그분은 희생제물인 동시에 사제이십니다. 영에 따라 참되게, 그분은 아버지께 제물을 바치며, 육에 따라서는 당신 자신이 십자가 제단에 바쳐집니다. 그래서 그분에 관해 "보라, 세상의 죄를 없애시는 하느님의 어린양이시다"(요한 1,29)라고 쓰여 있는가 하면 "너는 멜키체덱과 같이 영원한 사제다"(시편 110,4)라고 쓰여 있는 것입니다.

• 오리게네스 『창세기 강해』 8,9.[12]

아브라함 뒤에 어린 양이 있었다

거룩한 책의 저자들은 수사법의 규칙에 따라 쓰지 않았다고 말하는 사람이 많습니다. 우리는 그 견해에 뭐라 하지 않습니다. 거룩한 저자들은 규칙이 아니라 은총에 따라 썼으며, 그것은 수사법의 모든 규칙 위에 있습니다. 그들은 성령께서 그들이 전하도록 주시는 것을 글로 썼습니다(사도 2,4 참조). 그러나 수사법에 관해 쓰는 작가들은 그들의 글에서 수사법을 발견했고, 그것들을 이용해 주해서와 규칙들을 썼습니다.

수사법에서는 구체적으로 다음과 같은 요소가 요구됩니다. 원인*aition*, 주제*hulē*, 목적*apote-*

---

[10] FC 48,13.

[11] CS 111,122.

[12] FC 71,145.

*lesma*이 그것입니다. 그런데 복된 이사악이 자기 아버지에게 한 말, 곧 "불과 장작은 여기 있는데, 번제물로 바칠 양은 어디 있습니까?"(창세 22,7)라는 문장에 이런 요소가 결여되어 있습니까? 이 질문을 하는 이는 의혹을 느끼고 있습니다. 물음에 대답하는 이는 대답을 통해 그 의혹을 없애 줍니다. '불'은 '원인'이고, '장작'은 '주제'입니다. 라틴어로는 '마테리아'materia라고 하지요. 셋째 요소인 '목적'은 아이가 물은 것, 그리고 아이가 "번제물로 바칠 양은 어디 있습니까?" 하고 물었을 때 아버지가 다음 말로 알려 준 사실입니다. 아버지는 이렇게 말했지요. "얘야, 번제물로 바칠 양은 하느님께서 손수 마련하실 거란다"(창세 22,8).

이 신비의 의미에 대해 좀 더 이야기해 봅시다. 하느님께서는 덤불에 뿔이 걸린 숫양을 보여 주셨습니다. '숫양'은 평온함과 자제와 인내로 가득하신 '말씀'입니다. 지혜는 훌륭한 희생 제물이며, 어떤 행위의 목적을 이해하기 위해 값을 치르는 충분히 지혜로운 이의 자질임이 이로써 드러납니다. 그래서 예언자 다윗은 "의로운 희생 제물을 봉헌하며 주님을 신뢰하여라"(시편 4,6)라고 합니다. 희생 제물은 지혜에 속하듯 의로움에도 속합니다.

• 암브로시우스 『서간집』(주교들에게 보낸 편지) 21.[13]

아브라함을 위한 희생 제사

그 희생 제사는 이사악을 위한 것이 아니라, 그 제물을 바치도록 불림으로써 시험받은 아브라함을 위한 것이었습니다. 물론 하느님께서는 그의 의향을 받아들여 주셨습니다. 그리고 이사악을 죽이지 못하게 막으셨습니다. 이사악의 죽음은 세상을 위한 자유를 사지 못했을 것입니다. 그 일은 당신의 상처로 우리를 낫게 하신(이사 53,

5 참조) 우리 구원자의 죽음으로만 이루어질 수 있었습니다.

• 아타나시우스 『축일 서간집』 6.[14]

아브라함이 어린 양을 보다

산은 나무를 뻗어 냈고 나무는 숫양을 뻗어 냈습니다. 나무에 걸려 아브라함의 아들 대신 희생 제물이 된 숫양 안에는, 숫양처럼 나무에 매달려 온 세상을 위해 죽음을 맛보실 분의 날이 묘사되어 있다고 하겠습니다.

• 시리아인 에프렘 『창세기 주해』 20,3.[15]

십자가의 예형으로 일어난 사건

이 모든 일은 십자가의 예형으로 일어났습니다. 그래서 그리스도께서도 유대인들에게 "너희 조상 아브라함은 나의 날을 보리라고 즐거워하였다. 그리고 그것을 보고 기뻐하였다"(요한 8,56)하고 말씀하셨습니다. 아브라함은 그렇게 오래 전 옛날에 살았는데 어떻게 그것을 보았을까요? 예형으로, 그림자로 보았습니다. 지금 우리가 읽는 본문에서 양이 이사악 대신 바쳐졌듯이, 여기에서는 이성적 존재인 어린양께서 세상을 위해 바쳐지셨습니다. 그러니까 진리가 미리 그림자를 통해 개략적으로 묘사될 필요가 있었던 것입니다. 잘 들으십시오. 사랑하는 여러분, 제가 묻겠습니다. 모든 것이 그림자 안에서 어떻게 예표되었습니까? 그때는 외아들이었고, 이때도 외아들이었습니다. 그때도 사랑하는 아들이었고, 이때도 사랑하는 아들이었습니다. 실제로 성경은 이렇게 말합니다. "이는 내가 사랑하는 아들, 내

[13] FC 26,115-16.

[14] ARL 106*.

[15] FC 91,169.

마음에 드는 아들이다"(마태 3,17). 앞의 인물은 자기 아버지에 의해 번제물로 바쳐졌고, 뒤의 경우에는 그분의 아버지께서 내주셨습니다. 바오로 사도도 이런 말로 크게 외칩니다. "당신의 친아드님마저 아끼지 않으시고 우리 모두를 위하여 내어 주신 분께서, 어찌 그 아드님과 함께 모든 것을 우리에게 베풀어 주지 않으시겠습니까?"(로마 8,32). 지금까지는 그림자가 있었습니다. 그러나 실재가 더 우월함이 이제 드러났습니다. 이 이성적인 어린양은 온 세상을 위해 바쳐졌습니다. 그는 온 세상을 정화했습니다. 인류를 오류에서 해방시켰고 그들을 진리로 돌려세웠습니다. 그는 자연계 요소들의 본성을 바꾸지 않은 채 하늘의 생명을 지상의 인간들에게 옮겨 줌으로써 땅을 하늘로 만들었습니다. 그분 덕분에 마귀 숭배는 의미가 없어졌습니다. 그분 덕분에 사람들은 더 이상 돌과 나무를 숭배하지 않습니다. 또한 이성을 지니고 태어난 이들이 물질 앞에 무릎을 꿇지도 않게 되었습니다. 오히려 모든 오류가 설 곳을 잃었고, 진리의 빛이 세상을 밝게 비추게 되었습니다. 진리가 우월함을 아시겠습니까? 그림자가 무엇이고 진리가 무엇인지 아시겠습니까?

• 요한 크리소스토무스 『창세기 강해』 47,14.[16]

이사악과 그리스도의 제사가 이루어진 장소

이사악은 살해당하지 않고 숫양이 도살되었습니다. 일이 그렇게 진행된 것은, 이사악이 실재가 아니고 표상이었기 때문입니다. 나중에 그리스도 안에서 이루어진 일이 이사악 안에서 묘사되었다는 말입니다. 보십시오, 하느님께서 헌신적 사랑을 놓고 사람들과 경쟁하고 계십니다. 아브라함은 죽을 운명을 타고난 자기 아들을 하느님께 바쳤는데 그는 죽지 않았습니다. 반면 하느님께서는 불사로 태어나신 당신의 아들을 인류를 위해 죽음에 내주셨습니다. 복된 이사악과 그 숫양에 관해서는, 이사악은 그리스도의 신성을 나타내고 숫양은 그분의 인성을 나타낸다고 해석할 수 있습니다. 그분의 수난에서 십자가에 못 박힌 것은 신성이 아니라 인성이라고 믿어지듯이, 이사악이 아니라 숫양이 제물로 바쳐졌습니다. 하느님의 외아들이 바쳐졌으나 동정녀의 맏이가 제물이 되었습니다. 또 다른 신비를 들어 보십시오. 사제인 복된 히에로니무스는 오래전 유대인들과 원로들로부터 그리스도 우리 주님께서 이사악이 제물로 바쳐졌던 곳에서 십자가에 못 박히셨다는 말을 분명하게 들어 알고 있다고 쓴 바 있습니다. 마지막으로 [한 가지 더 말씀드리자면], 복된 아브라함이 떠나라는 명령을 받은 곳으로부터 사흘 길을 걸어와 이른 곳이 바로 그리스도 우리 주님께서 십자가에 못 박히신 곳이었습니다. 옛사람들의 기록에는, 십자가가 세워진 장소가 첫 번째 아담이 묻힌 곳이라는 내용도 있습니다.[17] 게다가 그 장소가 해골산이라고 불린 이유는 첫 인간의 머리가 그곳에 묻혔다고 전해져 왔기 때문입니다. 형제 여러분, 아픈 사람이 묻힌 곳에서 의사가 되살아났다고 믿어지는 것은 이상한 일이 결코 아닙니다. 인간의 교만이 쓰러진 곳에서 거룩한 자비가 고개를 숙인 것은 적절했습니다. 고귀한 피가 옛 시대 죄인들의 재를 핏방울로 적셔 그들의 육체를 회복시켰다고 믿어도 좋을 것입니다. 사랑하는 형제 여러분, 우리는 영혼의 진보를 위하여 성경의 여러 책에서 이러한 사실들을 힘닿는 한 모아 여러분이 고찰해 보도록 제시합니다. 주님의 도움을 받아 여

---

[16] FC 87,21-22.

[17] 제2 경전에 속하는 제2 에스드라 3,21 참조.

러분이 자주 성경을 읽고 세심히 주의를 기울인다면, 더 훌륭한 해석도 이끌어 낼 수 있다고 믿습니다.

• 아를의 카이사리우스 『설교집』 84,5.[18]

22,14 주님께서 마련해 주신다

영적 이해가 열리는 길

이 말씀들을 어떻게 들어야 하는지 아는 이들에게는 영적 이해의 명쾌한 길이 열립니다.[19] 그때까지 이루어진 모든 일이 환히 드러납니다. "주님께서 보셨다"(9절 칠십인역)고 하기 때문입니다. 그러나 '주님께서 보신' 것은 영 안에 있으므로 여기에 기록된 것들을 여러분도 영 안에서 볼 수 있습니다. 그리고 하느님 안에는 육체적인 것이라고는 없는 만큼 여러분도 이 모든 일에서 비육체적인 것을 인식하게 될 것입니다. 그리하여 여러분이 '성령의 열매, 곧 사랑, 기쁨, 평화'(갈라 5,22) 같은 것을 낳기 시작한다면, 여러분도 영 안에서 아들 이사악을 낳게 될 것입니다. … 또 여러분이 갖가지 시련을 당하게 되었을 때 그것을 다시없는 기쁨으로 여긴다면(야고 1,2 참조), 그것은 '기쁨'[이사악]을 낳는 것이고 그 기쁨을 하느님께 봉헌물로 바치는 것입니다.

여러분이 기쁘게 하느님께 다가가면 그분은 여러분이 바친 것을 여러분께 되돌려 주시며 이렇게 말씀하십니다. "내가 너희를 다시 보게 되면 너희 마음이 기뻐할 것이고, 그 기쁨을 아무도 너희에게서 빼앗지 못할 것이다"(요한 16,22). 그러니까 여러분이 하느님께 바친 것을 몇 곱절로 되돌려 받는다는 말입니다. 다른 표상이 사용되긴 했지만 복음서에 이 비슷한 내용이 또 있습니다. 이윤을 내라고 주인이 돈을 맡겼다가 나중에 돌아와 셈을 하는 비유가 그것입니다. 여러분이 다섯 미나를 받아서 다섯 미나를 더 벌었다면, 그 돈은 여러분에게 주어집니다. 하사받는 것입니다. 성경이 뭐라고 말하는지 들어 보십시오. "저자에게서 그 한 미나를 빼앗아 열 미나를 가진 이에게 주어라"(루카 19,24).

우리는 주님을 위해 이윤을 내려고 일하는 듯 보이지만, 그 일로 얻은 이익은 우리에게로 옵니다. 우리가 주님께 제물을 바치는 듯 보이지만 우리가 바치는 것들은 우리에게 되돌아옵니다. 하느님은 아무것도 필요로 하시지 않고 다만 우리가 부유해지기를 바라시기 때문입니다. 그분은 우리가 모든 일 하나하나에서 진보하기 바라십니다.

• 오리게네스 『창세기 강해』 8,10.[20]

---

[18] FC 47,18-19*.

[19] 이 발언을 이해하기 위해서는, 어원으로 풀이할 때 '이사악'은 '기쁨'을 의미한다는 사실을 고려할 필요가 있다. 오리게네스는 '성경으로 성경을 해석한다'는 원칙을 매우 충실히 따르며 그래서 연관 구절들을 찾는 데 관심이 많다(서문 58쪽 참조).

[20] FC 71,146-47.

22,15-24 아브라함이 두 번째로 축복을 받다

[15] 주님의 천사가 하늘에서 두 번째로 아브라함을 불러

[16] 말하였다. "나는 나 자신을 걸고 맹세한다. 주님의 말씀이다. 네가 이 일을 하였으니, 곧 너의 아들, 너의 외아들까지 아끼지 않았으니,⟋

☞ ¹⁷ 나는 너에게 한껏 복을 내리고, 네 후손이 하늘의 별처럼, 바닷가의 모래처럼 한껏 번성하게 해 주겠다. 너의 후손은 원수들의 성문을 차지할 것이다.

¹⁸ 네가 나에게 순종하였으니, 세상의 모든 민족들이 너의 후손을 통하여 복을 받을 것이다.”

¹⁹ 아브라함은 하인들에게 돌아왔다. 그들은 함께 브에르 세바를 향하여 길을 떠났다. 그리하여 아브라함은 브에르 세바에서 살았다.

²⁰ 이런 일들이 있은 뒤, 밀카도 아브라함의 아우 나호르에게 아들들을 낳아 주었다는 소식이 아브라함에게 전해졌다.

²¹ 곧 맏아들 우츠, 그의 아우 부즈, 아람의 아버지인 크무엘,

²² 그리고 케셋, 하조, 필다스, 이들랍, 브투엘이다.

²³ 이 브투엘이 레베카를 낳았다. 이 여덟을 밀카가 아브라함의 아우 나호르에게 낳아 주었다.

²⁴ 나호르에게는 르우마라는 이름을 가진 소실이 있었는데, 그도 테바, 가함, 타하스, 마아카를 낳았다.

둘러보기

아브라함이 받은 첫 번째 약속은 육에 따른 후손과 관계된 것인 반면 두 번째 받은 약속은 '믿음 안에서의' 후손에 관한 약속으로 볼 수 있다. 그리스도의 수난 덕분에 그 약속은 확고부동하다. 후손에 관한 약속은 교회 안에서 그리고 개별 영혼 안에서 이루어진다(오리게네스). 아브라함의 순종 이야기는 하느님께서 바라시는 것은 피가 아니라 자신을 바치는 헌신적 태도임을 알려 준다(페트루스 크리솔로구스). 아브라함의 참된 후손은 그리스도이시다(아우구스티누스).

22,15 주님의 천사가 아브라함을 부르다

두 번째 약속의 신비

이 구절은 관심을 가지고 주의 깊게 살펴보아야 하는 구절입니다. 새로운 내용이 나오기 때문입니다. “주님의 천사가 하늘에서 두 번째로 아브라함을 불러 말하였다.” 그런데 이어지는 내용은 새로운 것이 아닙니다. '내가 너에게 복을 내리겠다'는 말씀은 전에도 내렸고 '네 후손이 번성하게 해 주겠다'는 약속도 이미 주어진 바 있고, “네 후손이 하늘의 별처럼, 바닷가의 모래처럼 한껏 번성하게 해 주겠다”(참조: 창세 12,2; 13,16)는 말씀도 전에 이미 내렸습니다. 그러면 왜 지금 하늘에서 두 번째로 이 말씀이 선언되는 걸까요? 예전에 내린 약속에 무엇이 새롭게 덧붙었습니까? “네가 이 일을 하였으니”, 곧 네가 네 아들을 바쳤으므로, 외아들까지 아끼지 않았으므로 추가된 보상이 무엇입니까? 제 눈에는 추가된 것은 보이지 않습니다. 예전에 약속된 것이 되풀이될 뿐입니다. 그렇다면, 같은 것을 거듭 되풀이하는 것은 쓸데없는 일로 보입니까? 천만에요, 그것은 필요한 일입니다. 일어나는 모든 일은 신비들 안에서 일어나기 때문입니다.

아브라함이 '육에 따라'서만 살았고 “육에 따라 태어난”(갈라 4,29) 한 백성의 조상이기만 했다면, 한 번의 약속으로 충분했을 것입니다. 그러나 첫 번째 [약속은] 그가 '육에 따라' 할례를 받은 사람들의 조상이 될 것임을 알려 주기 위해, 곧, 할례의 백성들에게 영향을 미칠 약속이 그의 할례 때 그에게 주어진 것입니다. 두 번째 [약속은] 그가 "믿음으로 사는 이들"(갈라 3,9), 곧 그리스도의 수난을 통하여 상속 재산을 받게 될 이들의 조상이 될 것이기 때문에, 그리스도의 수난과 부활을 통하여 구원받을 이들에게 해당하는 약속이 이사악의 수난 때 다시 주어진 것입니다.

같은 것이 되풀이된 것처럼 보이지만 이 두 번의 약속은 서로 매우 다릅니다. 이전 백성에게 해당하는 처음의 약속은 땅에서 발설되었습니다. 그래서 성경에는 이렇게 기록되어 있습니다. "그러고는 그를 밖으로 — 당연히 천막 밖을 말하지요 — 데리고 나가서 말씀하셨다. '하늘을 쳐다보아라. 네가 셀 수 있거든 저 별들을 세어 보아라.' 그에게 또 말씀하셨다. '너의 후손이 저렇게 많아질 것이다'"(창세 15,5). 그런데 두 번째 약속은 '하늘에서' 들려왔다고 성경은 말합니다. 첫 번째 약속은 땅에서 주어졌고, 두 번째 약속은 '하늘에서' 주어졌습니다. 이 사실이 바오로 사도가 말하는 이것을 나타내는 것이 분명해 보이지 않습니까? "첫 인간은 땅에서 나와 흙으로 된 사람입니다. 둘째 인간은 하늘에서 왔습니다"(1코린 15,47). 그러므로 믿는 이들에게 해당하는 이 나중 약속은 '하늘에서' 왔고, 첫 번째 약속은 땅에서 왔습니다.

• 오리게네스 『창세기 강해』 9,1.[1]

22,17ㄱ 하느님께서 아브라함에게 축복하시다

복됨으로 가는 길

그러니 우리는 그분의 축복에 매달립시다. 그리고 복됨으로 가는 길이 무엇인지 알아봅시다. 옛 사건들을 떠올려 봅시다(참조: 창세 12,2-3; 18, 18; 22,7-19; 28,1-4). 우리 조상 아브라함이 복을

받은 이유가 무엇입니까? 그가 믿음으로 말미암아 의로움과 진리를 행했기 때문 아닙니까? 미래를 확신했기에 이사악을 기꺼이 희생 제물로서 인도하였습니다.

• 로마의 클레멘스
『코린토 신자들에게 보낸 첫째 편지』 31,1-3.[2]

충실하여 복을 받다

그는 충실했으니 복을 받는 것이 당연합니다. 그는 인내심이 강했으므로 충실했습니다.

• 테르툴리아누스 『인내』 6,2.[3]

이사악은 그리스도의 예형

예언서에 보면, 주님께서 이런 말씀을 하십니다. "나는 예언자들을 통하여 비유로 말하리라"(호세 12,11). 이 말씀이 의미하는 바는 이것입니다: 우리 주 예수 그리스도는 당신 실체에서 하나이며 다름 아닌 하느님의 아들이시지만, 성경의 상징과 표상들 안에서 가지각색으로 표현됩니다.

예를 들어, 앞에서 이사악이 번제물로 바쳐진 이야기에서 이사악은 그리스도의 예형이라고 설명한 바 있습니다. 그런데 숫양도 그분을 나타냈습니다. 거기에 더해 나는, 아브라함에게 "그 아이에게 손대지 마라"(창세 22,12) 하고 말한 천사 안에도 그분이 표현되어 있다고 말하고 싶습니다. 천사가 아브라함에게 이렇게 말하기 때문입니다. '네가 이 일을 하였으니, 나는 너에게 한껏 복을 내리겠다.'

그분은 "파스카 양"(1코린 5,7)이나 "어린양"(요

---

[1] FC 71,148-50.

[2] FC 1,34.

[3] FC 40,204.

한 1,29 등)으로 불리기도 합니다. "양들의 목자"
(히브 13,20; 참조: 요한 10,11.14)로 불리기도 합니
다. 또한 예물과 제물을 바치는 대사제로 묘사되
기도 합니다(히브 5,1-10 참조).

• 오리게네스 『창세기 강해』 14,1.[4]

후손이 늘어나다

복음 선포가 온 세상 "누리 끝까지"(로마 10,18)
퍼져 나가 말씀의 씨앗을 받아들이지 않은 곳이
거의 없는 것을 보는 이라면, 그리스도의 자손이
어떻게 번성하는지에 대해 설명이 필요하다고
느낄 사람이 누가 있겠습니까? 실로 이것 역시,
세상이 생겨나던 때 하느님께서 아담에게 하신
이 말씀에서 예표되었습니다. "자식을 많이 낳
고 번성하여라"(창세 1,28).

• 오리게네스 『창세기 강해』 9,2.[5]

속박을 깨다

그들이 우리를 묶는 차꼬는 우리의 욕정과 악
덕들입니다. 우리는 '자기 육을 그 욕정과 욕망
과 함께 십자가에 못 박아'(갈라 5,24 참조) 마침내
'저들의 오랏줄을 끊어 버리고 저들의 사슬을
벗어 던져 버릴'(시편 2,3 참조) 때까지 거기에 매
여 있습니다.

그래서 아브라함의 후손, 곧 말씀의 자손이
'원수들의 성문'을 차지하였습니다. 말씀의 자손
이란 그리스도에 대한 믿음과 복음 선포입니다.

• 오리게네스 『창세기 강해』 9,2.[6]

원수들의 성문을 차지하다

이 [보물들을] 발견하기 위해서는 하느님의
도우심이 필요합니다. 하느님만이 보물들이 격
리되어 숨겨져 있는 [곳의] '청동 문들을 부수고'
그 안으로 들어가, 이 모든 것에 이르지 못하도

록 우리를 가로막는 '쇠 빗장들을 부러뜨리실'(이
사 45,2 참조) 수 있기 때문입니다. 창세기에는 영
혼들의 여러 민족들, 그 자손들과 후손들에 관한
사실이 감추어진 방식으로 쓰여 있습니다(창세
10.25.36.46장 참조). 곧, 그들이 이스라엘과 가까
운 친족인지 그 후손에서 멀리 떨어졌는지, 또한
'하늘의 별처럼 많아지도록'(참조: 창세 22,17; 신명
10,22) 일흔 영혼이 이집트로 내려간 의미가(참조:
창세 46,27; 탈출 1,5) 무엇인지 기록되어 있습니다.

• 오리게네스 『원리론』 3,11.[7]

22,17ㄴ 아브라함의 후손에 관한 약속

약속은 변함없다

전에 약속이 주어졌을 때는 약속의 내용만 발
설되었습니다. 이번에는 맹세가 곁들여집니다.
거룩한 사도는 히브리인들에게 보낸 서간에서
이를 이렇게 해석합니다. "그래서 하느님께서는
약속하신 것을 상속받을 이들에게 당신의 뜻이
변하지 않음을 더욱 분명히 보여 주시려고, 맹세
로 보장해 주셨습니다"(히브 6,17). 성경은 이렇게
도 말합니다. "사람들은 자기보다 높은 이를 두
고 맹세합니다"(히브 6,16). "하느님께서는 당신보
다 높은 분이 없어 그러한 분을 두고 맹세하실
수 없었으므로"(히브 6,13) "나는 나 자신을 걸고
맹세한다"(창세 22,16)고 하십니다. 이는 하느님께
서 맹세를 해야 할 필요가 있어서가 아닙니다(누
가 그분을 맹세하도록 만들 수 있겠습니까?). 바
오로 사도의 풀이대로, 하느님께서는 당신을 섬
기는 이들에게 "당신의 뜻이 변하지 않음을 더

---

[4] FC 71,196.

[5] FC 71,152.

[6] FC 71,154-55.

[7] OSW 199.

욱 분명히 보여 주시려고"(히브 6,17) 맹세하신 것입니다. 그래서 예언자도 이렇게 말합니다. "주님께서 맹세하시고 뉘우치지 않으시리이다. '너는 멜키체덱과 같이 영원한 사제다'"(시편 110,4).

처음에 약속이 주어졌을 때는 왜 그런 약속을 하시는지 이유를 말씀하지 않으셨습니다. 단지 그를 데리고 나와 "하늘을 쳐다보아라. 네가 셀 수 있거든 저 별들을 세어 보아라. … 너의 후손이 저렇게 많아질 것이다"(창세 15,5)라고 하셨다고만 쓰여 있습니다. 그러나 지금은 변치 않을 약속을 맹세로 확인해 주시는 이유를 말씀하십니다. "네가 이 일을 하였으니, 곧 너의 아들까지 아끼지 않았으니"(창세 22,16)라고 하시기 때문입니다. 그러니까 이 봉헌, 곧 아들의 수난 덕분에 약속이 확고하다는 것을 보여 주시는 것입니다. 이는 "아브라함이 보여 준 믿음에 따라 사는"(로마 4,16) 다른 민족들을 위한 그리스도의 수난 덕분에 약속이 여전히 확고부동함을 말해 줍니다.

• 오리게네스『창세기 강해』 9,1.[8]

하느님께서 약속을 재확인해 주시다

이제 우리 자신에게로 돌아가 도덕적 주제를 자세히 살펴봅시다.

앞에서 말했듯이, 바오로 사도는 이렇게 말합니다. "첫 인간은 땅에서 나와 흙으로 된 사람입니다. 둘째 인간은 하늘에서 왔습니다. 흙으로 된 그 사람이 그러하면 흙으로 된 다른 사람들도 마찬가지입니다. 하늘에 속한 그분께서 그러하시면 하늘에 속한 다른 사람들도 마찬가지입니다. 우리가 흙으로 된 그 사람의 모습을 지녔듯이, 하늘에 속한 그분의 모습도 지니게 될 것입니다"(1코린 15,47-49). 바오로 사도의 논리를 아시겠습니까? 그대가 땅에서 나온 첫 인간 안에

머물러 있는 한, 그대가 스스로 변화하지 않는 한, 회개하지 않는 한, '하늘에 속한 그분의 모습'을 받아 '하늘'에 속하게 되지 않은 한, 그대는 거부당할 것이라는 뜻입니다. 사도가 다른 곳에서 한 이 말도 같은 뜻입니다. "여러분은 옛 인간을 그 행실과 함께 벗어 버리고, 새 인간을 입은 사람입니다. 새 인간은 자기를 창조하신 분의 모상에 따라 끊임없이 새로워지면서 참지식에 이르게 됩니다"(콜로 3,9-10). 그의 이 말도 마찬가지입니다. "누구든지 그리스도 안에 있으면 그는 새로운 피조물입니다. 옛것은 지나갔습니다. 보십시오, 새것이 되었습니다"(2코린 5,17). 그러므로 하느님께서 당신의 약속을 재확인 해 주신 것은 여러분도 새로워져야 한다는 것을 알려 주기 위해서였습니다. 그분께서 옛것 안에 머물러 계시지 않는 것은 여러분이 "옛 인간"(로마 6,6)으로 남아 있지 않게 하시려는 것입니다. 여러분도 "하늘에 속한 그분의 모습"(1코린 15,49)을 지닐 수 있도록, 그 말씀이 '하늘에서' 들려온 것입니다. 하느님께서 새로이 약속하시는데 여러분이 새로워지지 않는다면, 무슨 유익함이 있겠습니까? 그분께서 하늘에서 말씀하시는데 여러분이 땅에서 그 말씀을 듣는다면 [무슨 유익함이 있겠습니까]? 하느님께서 맹세로 자신의 말씀을 확약하시는데 여러분은 별것 아닌 말을 듣는 것처럼 흘려듣고 만다면, 무슨 이득이 있겠습니까?

• 오리게네스『창세기 강해』 9,2.[9]

그리스도의 자손은 어떻게 늘어나나?

바오로 사도는 이 구절을 이런 식으로 해석하기도 합니다. "하느님께서 아브라함과 그의 후

---

[8] FC 71,150-51.

[9] FC 71,151-52.

손에게 약속을 해 주셨습니다. 그런데 많은 사람을 뜻하는 '후손들에게'가 아니라, 한 사람을 뜻하는 '너의 후손에게'라고 하셨습니다. 이분이 곧 그리스도이십니다"(갈라 3,16). 그러므로 "네 후손이 하늘의 별처럼, 바닷가의 모래처럼 한껏 번성하게 해 주겠다"는 그리스도에 관한 말씀입니다. 복음 선포가 온 세상 "누리 끝까지"(로마 10,18) 퍼져 나가 말씀의 씨앗을 받아들이지 않은 곳이 거의 없는 것을 보는 이라면, 그리스도의 자손이 어떻게 번성하는지에 대해 설명이 필요하다고 느낄 사람이 있겠습니까? 실로 이것 역시, 세상이 생겨나던 때 하느님께서 아담에게 하신 이 말씀에서 예표되었습니다. "자식을 많이 낳고 번성하여라"(창세 1,28). 이 말씀은 "그리스도와 교회를 두고"(에페 5,32) 하신 것이기도 하다고 바오로 사도는 말합니다.

• 오리게네스 『창세기 강해』 9,2.[10]

그리스도께서 내 영혼의 성읍도 차지하시기를!

아브라함의 후손, 곧 그리스도(갈라 3,16 참조)께서 "원수들의 성읍들을 상속 재산으로 차지"하시고 나의 성읍은 차지하지 않으신다면 나에게 무슨 이득이 있겠습니까? 나의 성읍, 곧 "대왕님의 도읍"(시편 48,3; 참조: 마태 5,35)인 나의 영혼 안에서 그분의 법도 규정도 지켜지지 않는다면 [내게 무슨 이득이 있겠습니까]? 온 세상을 발아래 두신 채 당신 원수들의 성읍을 소유하고 계신 그분께서 내 안에 있는 당신 원수들을 정복하지 않으신다면, "내 지체 안에는 다른 법이 있어 내 이성의 법과 대결하고 있음을 나는 봅니다. 그 다른 법이 나를 내 지체 안에 있는 죄의 법에 사로잡히게 합니다"(로마 7,23)라는 말이 가리키는 법을 그분께서 파멸시키지 않으신다면 [내게 무슨 이득이 있겠습니까]?

그러니 우리 각자는 그리스도께서 우리 영혼과 육체 안에 있는 원수들도 무찌르시어 그들에게 승리를 거두고 그들을 발아래 두시도록, 그리하여 우리 영혼의 성읍도 차지하시도록, 그에 필요한 일을 합시다. 그렇게 할 때 우리는 더 좋은 몫인 그분의 몫(참조: 신명 32,9; 집회 17,17)이 되며, 그것은 '하늘에 속한 몸체들의 광채'(1코린 15,41 참조)를 지니게 되는 것입니다. 또한 우리도 아브라함이 받은 복을 그리스도 우리 주님을 통하여 받을 수 있게 됩니다. "그분께서는 영원무궁토록 영광과 권능을 누리십니다. 아멘"(1베드 4,11; 참조: 묵시 1,6).

• 오리게네스 『창세기 강해』 9,3.[11]

22,18 세상 모든 민족들이 복을 받을 것이다

죽음이 아니라 믿음을 바라시는 하느님

하느님께서는 여러분의 죽음이 아니라 믿음을 원하십니다. 그분은 피가 아니라 자기를 바치는 헌신을 목말라하십니다. 그분은 도살이 아니라 선의에 마음이 누그러지십니다. 하느님께서는 거룩한 아브라함에게 자기 아들을 번제물로 바치라고 지시하셨을 때 그 증거를 보여 주셨습니다. 아브라함이 자기 아들 안에서 하느님께 희생으로 바친 것이 자신의 육체 아니고 무엇이겠습니까? 하느님께서 그 아버지에게 요구하신 것이 믿음 아니고 무엇이겠습니까? 아들을 바치라고 명령하셔 놓고 아브라함이 아들을 죽이는 것을 허락하지 않으셨으니 말입니다.

• 페트루스 크리솔로구스 『설교집』 108.[12]

---

[10] FC 71,152.

[11] FC 71,156.

[12] FC 17,170.

아브라함의 후손은 그리스도

그분께서는 아브라함의 후손에게 약속하셨습니다. 무엇을 [약속하셨습니까]? "세상의 모든 민족들이 너의 후손을 통하여 복을 받을 것이다." 그의 후손은 그리스도이십니다. 아브라함에게서 이사악이 태어났고, 이사악에서 야곱이 태어났으며, 야곱에게서 열두 아들이 태어났고, 이 열둘에게서 유대 민족이 비롯되었으며, 유대 민족에게서 동정 마리아가 태어났고 동정 마리아에게서 우리 주 예수 그리스도께서 나셨기 때문입니다. 우리는 아브라함에게 약속된 것이 우리 가운데에서 이루어졌음을 발견합니다. "세상의 모든 민족들이 너의 후손을 통하여 복을 받을 것이다." 아브라함은 아무것도 보기 전에 이 말씀을 믿었습니다. 그는 믿었습니다. 약속된 것을 아무것도 보지 못했는데도 그랬습니다.

● 아우구스티누스 『설교집』 113A,10.[13]

우리는 아브라함의 후손

지극히 겸손히 말하건대 우리도, 모든 세대를 통해 이것이 그와 그의 후손에게 영원한 법이 될 것이라는 말을 들은 그의 후손입니다. 우리는 아론의 혈통에서 나지 않았지만, 아론이 그 시대의 성인들과 함께 믿은 그분을 우리도 믿습니다. 아브라함이 들은, "세상의 모든 민족들이 너의 후손을 통하여 복을 받을 것이다"라는 약속은 그분에 관한 말씀이었습니다.

● 존자 베다 『성막과 제구』 3,14,139.[14]

---

[13] *WSA* 3,4,17-8.   [14] TTH 18,162-63.

23,1-16 아브라함이 묘지를 사다

[1] 사라는 백이십칠 년을 살았다. 이것이 사라가 산 햇수이다.

[2] 사라는 가나안 땅 키르얏 아르바 곧 헤브론에서 죽었다. 아브라함은 빈소에 들어가 사라의 죽음을 애도하며 슬피 울었다.

[3] 그런 다음 아브라함은 죽은 아내 앞에서 물러 나와 히타이트 사람들에게 가서 말하였다.

[4] "나는 이방인이며 거류민으로 여러분 곁에 살고 있습니다. 죽은 내 아내를 내어다 안장할 수 있게, 여러분 곁에 있는 묘지를 양도해 주십시오."

[5] 그러자 히타이트 사람들이 아브라함에게 대답하였다.

[6] "나리, 들으십시오. 나리는 우리에게 하느님의 제후이십니다. 우리 무덤 가운데에서 가장 좋은 것을 골라 고인을 안장하십시오. 나리께서 고인을 모시겠다는데, 그것이 자기 무덤이라고 해서 나리께 거절할 사람이 우리 가운데는 없습니다."

[7] 아브라함은 일어나 그곳 주민들 곧 히타이트 사람들에게 큰절을 하고,

[8] 그들에게 말하였다. "내가 죽은 내 아내를 내어다 안장할 수 있게 기꺼이 허락해 주신다면, 내 말을 듣고 초하르의 아들 에프론에게 간청하여,

[9] 그가 자기의 밭머리에 있는 막펠라 동굴을 나에게 양도하게 해 주십시오. 값은 드릴 만큼 다 드릴 터이니, 여러분 앞에서 그것을 나에게 묘지로 양도하게 해 주십시오." ♪

 ↵ 10 그때 에프론은 히타이트 사람들 사이에 앉아 있었다. 그래서 이 히타이트 사람 에프론은 성문에 나와 있는 히타이트 사람들이 모두 듣는 데에서 아브라함에게 대답하였다.

11 "나리, 아닙니다. 제 말을 들어 보십시오. 제가 그 밭을 나리께 그냥 드리겠습니다. 거기에 있는 동굴도 드리겠습니다. 내 겨레가 보는 앞에서 그것을 드릴 터이니, 거기에다 고인을 안장하십시오."

12 아브라함은 그곳 주민들 앞에 큰절을 하고,

13 그곳 주민들이 듣는 데에서 에프론에게 말하였다. "제발 그대가 나의 말을 들어 주기를 바랍니다. 밭 값을 드릴 터이니 받아 주십시오. 그래야 죽은 내 아내를 거기에 안장할 수 있겠습니다."

14 그러자 에프론이 아브라함에게 대답하였다.

15 "나리, 제 말을 들어 보십시오. 은 사백 세켈짜리 땅이 저와 나리 사이에 무슨 문제가 되겠습니까? 거기에 고인을 안장하십시오."

16 아브라함은 에프론의 말에 따라, 히타이트 사람들이 듣는 데에서 에프론이 밝힌 가격 은 사백 세켈을 상인들 사이에 통용되는 무게로 달아 내어 주었다.

둘러보기

이 단락을 해설한 교부는 거의 없으며, 요한 크리소스토무스도 부富에 관한 설교의 소재로 이용했을 뿐이다.

23,2 사라의 죽음

아브라함이 사라의 죽음을 애도하며 슬피 울다

한 형제가 어르신께 '제 죄를 어찌해야 합니까?' 하고 물었습니다. 어르신이 대답하셨습니다. "자기 죄에서 풀려나기를 바라는 사람은 눈물로 거기에서 풀려날 것입니다. 자기 안에 덕을 쌓고자 하는 사람은 눈물로 그것을 쌓을 것입니다. 성경에도 슬픔에 관한 말씀이 많습니다. 우리 선조들은 자기 제자들에게 '탄식하며 슬피 울어라'(예레 4,8 등)고 가르쳤습니다. 생명으로 가는 길은 이 길밖에는 없습니다."

한 형제가 어르신께 '사부님, 저는 어찌해야 합니까? 하고 물었습니다. 어르신께서 말씀하셨습니다. 아브라함은 약속의 땅에 들어갔을 때 가장 먼저 자기 자신을 위해 묘지를 사서 무덤 주위의 땅을 확실하게 자기 소유로 만들었습니다.' 그 형제가 그분께 물었습니다. '무덤이 무엇입니까?' 어르신께서 대답하셨습니다. '탄식하며 슬피 우는 곳이라네.'

• 브라가의 마르티누스 『이집트 사부들의 금언집』 33-34.[1]

23,6 무덤을 사다

아브라함은 태도에서 충분히 부유했다

사라의 죽음은 이 성조가 처음으로 땅을 사는 계기가 되었습니다. 성경은 실로 우리에게, 이

---

[1] FC 62,24.

성조가 평생 "이방인이며 거류민으로" 사는 동안의 모든 일에서 그의 덕을 보여 줍니다. 성경이 우리를 위해 지금 이 구절에서 언급하는 사실은, 높은 곳으로부터 그처럼 많은 도움을 누리고 그처럼 이름을 날리게 되었으며 엄청난 수로 [집안이] 늘어난 그 사람이, 땅과 온 마을을 통째로 사들이고 막대한 재산을 모으는 데만 온 신경을 쏟는 오늘날의 많은 사람과 달리, 땅 한 뼘도 자기 것이라고 이야기할 수 없었다는 사실입니다. 그는 태도에서 충분히 부유했습니다. 그리고 그는 다른 것들은 조금도 중요하게 여기지 않았습니다. 생각할 수 있는 모든 것을 눈 깜짝할 사이에 차지해 버리는, 탐욕의 촉수를 모든 방향으로 뻗는 자들은 그의 처신을 새겨 보아야 할 것입니다. 그들은, 사라의 유해를 안장할 장소도 없어 히타이트 사람들에게서 밭과 동굴을 사야 했던 이 성조를 본받아야 할 것입니다. 그가 가나안 주민들에게 실제로 존경을 받았다는 증거가 있습니다. 히타이트 사람들이 그에게 한 말을 들어 보십시오. "나리는 우리에게 하느님의 제후이십니다. 우리 무덤 가운데에서 가장 좋은 것을 골라 고인을 안장하십시오. 나리께서 고인을 모시겠다는데, 그것이 자기 무덤이라고 해서 나리께 거절할 사람이 우리 가운데는 없습니다."

• 요한 크리소스토무스 『창세기 강해』 48,2.[2]

히타이트 사람들이 가장 좋은 묘지를 내주다

덕에 열광하는 아랫사람들은 자발적인 선택에 따라 선인에게 복종합니다. 철학자 플라톤은 삶의 목적은 행복이라고 주장하며, 행복은 '최대한 신과 비슷하게 되는 데 있다'고 합니다.[3] 이는 그가 율법의 일반 원칙들을 따르기 때문에 나온 말일 것입니다. (피타고라스학파인 필론은 모세오경 본문을 해설하며, "정욕에서 해방된 위대한 본성들은 꽤 성공적으로 진리의 방향을 향해 간다"[4]고 말합니다.)

• 알렉산드리아의 클레멘스 『양탄자』 2,19,100,2-3.[5]

23,13 밭을 사다

아브라함은 바른 양식을 지닌 사람

이 선한 사람이, 정당한 값을 치르기 전에는 땅을 차지하지 않으며 바른 양식을 보여 줌으로써 그다운 태도로 그 사람들까지 가르치는 것을 잘 보십시오. '여러분의 호의는 너무나 고맙습니다만 … 저는 정당한 값을 치르기 전에는 그 묘지에 고인을 안장할 수가 없습니다.' 그는 그들에게 값을 치르고 묘지를 산 다음 "마므레가 마주 보이는 밭에 있는 이중 동굴에 자기 아내 사라를 안장하였다"(창세 23,29 칠십인역)고 쓰여 있습니다. 널리 알려지고 존경받던 사람, 하느님에게 큰 신뢰를 받았으며 모든 이에게 주목의 대상이었고 히타이트 사람들에게 '제후'라고 불리기까지 했던 사람에게 땅 한 뼘도 없었습니다. 그래서 복된 바오로 사도도 이 선한 인간의 덕을 이런 글로 찬양하였습니다. "믿음으로써, 그[아브라함]는 같은 약속의 공동상속자인 이사악과 야곱과 함께 천막을 치고 머무르면서, 약속받은 땅인데도 남의 땅인 것처럼 이방인으로 살았습니다"(히브 11,9). 그러면서 그가 그곳에서 믿음을 어떻게 실천하며 살았는지 우리에게 가르치기 위해 사도는 이렇게 덧붙입니다. "하느님께서 설계자이시며 건축가로서 튼튼한 기초를 갖추어

---

[2] FC 87,25-26*.

[3] 플라톤 『테아에테토스』 176b.

[4] 필론 『모세의 생애』 1,22. 클레멘스가 자신과 같은 알렉산드리아 출신인 필론을 '피타고라스학파'라고 한 것은 '그가 수의 상징적 의미를 활용하기 때문'이다.

[5] FC 85,223.

주신 도성을 기다리고 있었기 때문입니다"(히브
11,10).

그러니 말해 보십시오, 그런 굉장한 약속과
이루 말할 수 없는 축복을 보장받았음에도 불구
하고 현세의 것들을 갈망하여 땅과 집을 늘려 가
며 겉으로 보이는 자기 모습만 생각하고, 탐욕과
허욕에서 이 모든 소유물을 쌓아 두며, 복된 예
언자가 이렇게 탄식한 짓을 실제로 행하는 우리
는 과연 무슨 말로 변명할 수 있겠습니까? "불행
하여라, 빈 터 하나 남지 않을 때까지 집에 집을
더해 가고 밭에 밭을 늘려 가는 자들! 너희만 이
땅 한가운데에서 살려 하는구나"(이사 5,8). 이런

— 과부들이 강탈당하고 고아들이 빼앗기며 약
한 자들이 강한 자들에게 억압받는 — 일이 나날
이 일어나는 것을 우리는 보지 않습니까? 그런
데 이 선한 사람은 그렇게 처신하지 않았습니다.
오히려 그는 값을 치르고 묘지를 사겠다고 고집
했으며, 그가 원하는 터의 주인이 기꺼이 거저
주겠다고 했는데도 제값을 치르지 않고서는 그
것을 받아들이지 않았습니다.

• 요한 크리소스토무스 『창세기 강해』 48,3-4.[6]

---

[6] FC 87,26-27.

23,17-20 아브라함이 사라를 안장하다

[17] 그리하여 마므레 맞은쪽 막펠라에 있는 에프론의 밭, 곧 밭과 그 안에 있는 동굴과 그 밭
사방 경계 안에 있는 모든 나무가,
[18] 성문에 나와 있는 히타이트 사람들이 모두 보는 앞에서 아브라함의 재산이 되었다.
[19] 그런 다음 아브라함은 가나안 땅 마므레, 곧 헤브론 맞은쪽 막펠라 밭에 있는 동굴에 자기
아내 사라를 안장하였다.
[20] 이렇게 하여 그 밭과 그 안에 있는 동굴이 히타이트 사람들에게서 아브라함에게로 넘어와
그의 묘지가 되었다.

둘러보기

물질적 소유에 초연한 아브라함의 태도는 도
덕적 훈계의 훌륭한 소재다(요한 크리소스토무스).

23,19 아브라함이 사라를 안장하다

사라의 장례
마므레의 참나무들 곁
주님께서 머무르시는 곳
그 가지, 고대의 예언자에게

지붕이 되어 주었네.
늙은 사라 주님의 그 거처에서
아기를 가진 기쁨에
덕망 높은 남편의 놀라운 믿음에 웃었노라.
아브라함, 아내의 뼈를 묻으려 밭을 샀으니
지상에서는 의로움과 믿음이 이방인인 까닭
이라네.
그가 큰돈을 주고 동굴을 산 것은
아내의 거룩한 유해를 안장하기에

알맞은 곳을 준비하려는 뜻이었네.

• 프루덴티우스 『이중 자양분 또는 역사의 기념비』 4-5.[1]

23,20 아브라함에게로 묘지가 넘어오다

율법 이전에 산 사람을 본받아라

사랑하는 여러분, 은총의 시대에 사는 우리는 이것을 마음에 새기며, 율법 이전에 산 사람을 본받읍시다. 더 많은 것에 대한 갈망으로 불타지도 말며, 꺼지지 않는 불길과 견딜 수 없는 불꽃이 더 크게 더 세게 타오르게 하지 맙시다. 우리가 그처럼 끔찍한 불의와 탐욕의 행실을 일삼는다면 실로 우리는 악명 높은 그 부자가 들은 이 말씀을 듣게 될 것입니다. "어리석은 자야, 오늘 밤에 네 목숨을 되찾아 갈 것이다. 그러면 네가 마련해 둔 것은 누구 차지가 되겠느냐?"(루카 12, 20). 사랑하는 여러분, 여러분은 금방 이곳을 떠나게 되어 있는데 그렇게 많은 것들을 애써 모으는 이유가 무엇이냐고 묻고 싶습니다. 낚아채여 가듯 이승을 떠나게 되어 있는 우리는, 훌륭한 회개를 하기에 너무 늦은 이 시점에 그런 것들에서 어떤 이로움을 얻어 낼 힘이 없는 것은 물론 자기 어깨에 죄의 짐만 지우게 되니 하는 말입니다. 여러분이 탐욕을 부려 애써 모은 재산이 결국 원수의 손으로 들어가는 경우도 많고, 그럴 경우에도 그 부에 대한 값을 치러야 하는 것은 여러분 자신입니다. 그러니 다른 사람 좋으라고 그 고생을 하고, 그 값은 여러분이 치른다면 얼마나 어리석은 일입니까?

• 요한 크리소스토무스 『창세기 강해』 48,5.[2]

선행을 하는 데 주의를 기울여라

과거에는 우리의 일을 이 정도로 무심하게 처리해 왔다 하더라도, 지금은 필요한 것에 대해 적어도 계획이라도 세웁시다. 부의 장식물들로 우리를 치장하는 일에만 안달하지 말고 선을 행하는 데 많은 주의를 기울입시다. 사실 우리의 존재는 현세의 삶으로 끝나지도 않으며 우리가 언제까지나 귀양살이를 하지도 않을 것입니다. 오히려 우리는 머지않아 우리의 참된 본향으로 갈 것입니다. 그러니 우리는 그곳에서 모자라는 이로 판단받지 않으리라는 희망을 품고 모든 일을 합시다. 낯선 땅에는 큰 재산을 남기고 떠나고 우리의 참된 본향에서는 곤궁하다면, 그것이 어떻게 좋은 일이겠습니까? 그러니 사랑하는 여러분, 아직 시간이 있을 때, 우리가 이 낯선 땅에서 소유하고 있는 것을 그리로 옮겨 놓으려 노력합시다. 두 땅 사이의 거리는 멀지 몰라도 재산을 그리로 옮기는 것은 아주 쉽습니다. 보다시피, 재산을 옮겨 놓을 준비가 된 이들, 안전하게 그리로 가서 우리가 미리 보낼 수 있는 것은 무엇이든 안전한 금고에 맡길 준비가 되어 있는 이들이 있습니다. 가난한 이들의 손이 우리가 그들에게 준 것을 하늘에 있는 금고에 쌓는다는 말입니다. 그렇게만 하면 그때부터는 모든 것이 지극히 쉽고 안전합니다. 그런데, 왜 우리는 우리에게 그것들이 가장 필요한 곳에서 그것들을 소유할 수 있도록 어서 서둘러 그렇게 행하지 않고 미루고 있습니까?

• 요한 크리소스토무스 『창세기 강해』 48,6.[3]

---

[1] FC 52,180.

[2] FC 87,27.

[3] FC 87,28.

24,1-9 아브라함의 종이 이사악의 신붓감을 찾으러 가다

¹ 아브라함은 이제 늙고 나이가 무척 많았다. 주님께서는 모든 일마다 아브라함에게 복을 내려 주셨다.

² 아브라함은 자기의 모든 재산을 맡아보는, 집안의 가장 늙은 종에게 말하였다. "네 손을 내 샅에 넣어라.

³ 나는 네가 하늘의 하느님이시며 땅의 하느님이신 주님을 두고 맹세하게 하겠다. 내가 살고 있는 이곳 가나안족의 딸들 가운데에서 내 아들의 아내가 될 여자를 데려오지 않고,

⁴ 내 고향, 내 친족에게 가서 내 아들 이사악의 아내가 될 여자를 데려오겠다고 하여라."

⁵ 그 종이 아브라함에게 물었다. "그 여자가 저를 따라 이 땅으로 오려고 하지 않을지도 모릅니다. 제가 아드님을 나리께서 떠나오신 그 땅으로 데려가야 합니까?"

⁶ 그러자 아브라함이 그에게 대답하였다. "너는 내 아들을 그곳으로 데려가는 일이 없도록 조심하여라.

⁷ 하늘의 하느님이신 주님, 곧 나를 아버지의 집과 내 본고장에서 데려오시고, '내가 네 후손에게 이 땅을 주겠다.'고 나에게 말씀하시며 맹세하신 그분께서 당신 천사를 네 앞에 보내시어, 네가 그곳에서 내 아들의 아내가 될 여자를 데려올 수 있게 해 주실 것이다.

⁸ 그 여자가 너를 따라오려고 하지 않으면, 너는 나에게 한 맹세에서 풀리게 된다. 다만 내 아들만은 그곳으로 데려가서는 안 된다."

⁹ 그래서 그 종은 자기 주인 아브라함의 샅에 제 손을 넣고, 이 일에 대하여 그에게 맹세하였다.

둘러보기

아브라함은 이사악의 짝을 찾아 주는 일에서도 도덕적 본보기를 보여 준다(요한 크리소스토무스). '샅에 넣어라'라는 표현에 대해서는 '할례의 계약에 따라'라는 뜻으로 풀이하는 것과(에프렘), 샅을 제단이나 성전 같은 것으로 취급하는(아를의 카이사리우스) 우의적 해석을 비롯하여 다양한 견해가 있다.

이 이야기는 부의 부정적인 측면과 하느님의 위대한 자애와 보살핌에 관한 가르침의 기회를 제공하기도 한다(요한 크리소스토무스).

24,1 아브라함은 늙었고 복을 받았다

아브라함이 늙었다

성경 말씀을 들어 봅시다. "아브라함은 이제 늙고 나이가 무척 많았다. 주님께서는 모든 일마다 아브라함에게 복을 내려 주셨다." 성경이 이 사실을 알려 주는 이유가 무엇입니까? 아브라함이 이사악에게 아내를 구해 주기까지 할 만큼 그를 아끼고 관심을 기울인 이야기를 할 참이므로 이 성조의 나이를 알려 주는 것입니다.

• 요한 크리소스토무스 『창세기 강해』 48,7.¹

24,2-3 아브라함이 종에게 맹세하게 시키다

아브라함이 종에게 지시하다

몹시 늙은 아브라함은 이사악이 가나안 여자를 아내로 맞는 일이 없도록, 가나안 사람들과 교류하지 않기를 바랐다고 성경은 말합니다. 그래서 아브라함은 집안의 종들 가운데 특별히 분별 있는 이를 불러 그에게 이렇게 지시했다고 합니다. "네 손을 내 샅에 넣어라." 그리스어 본문은 '내 허벅지에'이고 히브리어 본문은 '내 샅에'입니다. 아브라함은 왜 이렇게 말했을까요? 이것은 옛사람들이 흔히 쓰던 표현입니다. 그러나 이사악의 탄생이 그곳에서 비롯되었기 때문이기도 합니다.

이 행동이 관습에 따른 것이었다는 사실을 알려면, 아브라함이 종에게 손을 그곳에 넣으라고 한 뒤 곧바로 이렇게 덧붙이는 것에 주목하십시오. "나는 네가 하늘의 하느님이시며 땅의 하느님이신 주님을 두고 맹세하게 하겠다." 종이 만물의 창조주를 받아들이도록 그가 어떻게 가르치는지 보십시오. 그는 "하늘의 하느님이시며 땅의 하느님"이라는 말로 그분이 만물을 창조하신 분임을 암시합니다.

• 요한 크리소스토무스 『창세기 강해』 48,7-8.[2]

할례의 계약

아브라함은 종에게 할례의 계약으로 맹세하게 합니다. 세상의 두 머리가 이 지체를 치욕스럽게 한 것을 보신 하느님께서는 모든 지체 가운데 가장 업신여김받는 이 지체가 이제는 모든 지체 가운데 가장 영예로운 것이 되도록 거기에 계약의 인장을 찍으셨습니다. 거기에 찍힌 계약의 인장은 그 지체에 매우 큰 영예를 부여했습니다. 맹세하는 사람들이 이제 그것을 두고 맹세하고, 서약을 주관하는 모든 사람이 당사자들에게 그

것을 두고 맹세하도록 시키게 되었습니다.

• 시리아인 에프렘 『창세기 주해』 21,2.[3]

우리에게서 이루어지게 되어 있던 일들

방금 읽은 거룩한 독서에서 우리는 복된 아브라함이 자신의 종을 불러 이렇게 말하는 것을 들었습니다. "네 손을 내 샅에 넣어라. 나는 네가 하늘의 하느님이시며 땅의 하느님이신 주님을 두고 맹세하게 하겠다. 내가 살고 있는 이곳 가나안족의 딸들 가운데에서 내 아들의 아내가 될 여자를 데려오지 않고, … 하여라." [종은] 그 말에 순종하여 아브라함의 샅에 자신의 손을 넣고 그에게 맹세했습니다. 형제 여러분, 실로 우리가 구약성경에서 읽는 이 모든 일을 문자 그대로 받아들이려고 한다면 우리 영혼에 거의, 아니, 아무런 유익을 가져다주지 않습니다. 아브라함이 아들의 아내를 먼 땅에서 데려오게 하려고 종을 보냈다는 이야기 자체가, 하느님의 말씀을 듣기 위해 신심을 지니고 교회에 모인 우리에게 도대체 어떤 점에서 유익이 됩니까? 그런 일은 우리 주위에서도 자주 보는 일 아닙니까? 하지만 형제 여러분, 우리는 복된 바오로 사도의 말대로, 유대인들을 위해 기록된 모든 일은 "본보기로 그들에게 일어난 것"(1코린 10,11)이고 실제로는 우리에게서 이루어졌다고 믿어야 합니다. 그래서 아브라함이 자기 종에게 "네 손을 내 샅에 넣어라. 나는 네가 하늘의 하느님이시며 땅의 하느님이신 주님을 두고 맹세하게 하겠다"라고 한 것입니다. "네 손을 내 샅에 넣어라"라는 아브라함의 말은 '네 손을 제단에 올려라'나 '네 손을 계

---

[1] FC 87,28.

[2] FC 87,28-29.

[3] FC 91,169-70.

약 궤에 올려라', 또는 '하느님의 성전에 닿도록
네 손을 뻗어라'라는 뜻입니다. 그러고서 내게
맹세하라는 말입니다. 종은 아브라함의 샅에 손
을 넣고 하늘과 땅의 주님을 두고 맹세했습니다.
복된 아브라함이 그렇게 명했다면, 그것은 결코
잘못된 일일 수 없습니다. 예언의 영으로 가득
차 있던 그는 자신의 후손 가운데에서 하늘과 땅
의 주님이신 그리스도께서 태어나시리라는 것을
알고 있었기 때문입니다. 그러므로 그의 샅에 손
을 넣은 종은 육적인 지체가 아니라 살아 계신
참된 하느님을 두고 맹세한 것입니다. "아브라
함은 이사악을 낳고 이사악은 야곱을 낳았으며
야곱은 유다와 그 형제들을 낳았"(마태 1,2)고, 그
혈통에서 그리스도 주님께서 태어나셨기 때문입
니다.

• 아를의 카이사리우스 『설교집』 85,1.[4]

후손을 얻는 축복

아브라함의 자손을 위해 배우자를 찾는 일은
중요한 일이었습니다. 아브라함은 육에 따른 손
자들을 원하는 것이 아니며 자신의 후손을 전혀
육적인 개념으로 이해하지 않았습니다. 아브라
함은 종에게도 그 사실을 알려 주려고, 종을 떠
나보낼 때 그에게 이렇게 말합니다. "네 손을 내
샅에 넣어라. 나는 네가 하늘의 하느님이시며 땅
의 하느님이신 주님을 두고 맹세하게 하겠다."
하늘의 하느님께서 아브라함의 샅으로 나타내려
하시는 것이 무엇입니까? 여러분은 벌써 그 숨
겨진 의미를 이해했습니까? '샅'은 후손을 뜻합
니다. 그렇다면 이 맹세는 하늘의 하느님께서 아
브라함의 후손으로부터 육으로 오실 것이라는
사실을 나타내는 것 아니겠습니까?

• 아우구스티누스 『요한 복음 강해』 43,6,3.[5]

혼인의 축복

어떤 사람의 샅에 손을 넣고 하늘의 하느님을
두고 맹세하는 것은 하늘의 하느님께서 그 샅에
서 비롯한 육으로 오시리라는 것을 나타낸다고
하지 않았습니까?그러므로 혼인은 좋은 것입니
다. 혼인한 사람들은 순결하고 충실하게 하느님
을 경외할수록 더 큰 선을 쌓는 것입니다. 자신
들이 육적으로 낳은 자녀를 영적으로도 양육한
다면 더욱 그렇습니다.

• 아우구스티누스 『혼인의 유익』 19.[6]

육화하신 주님

[아브라함이 종에게 맹세하게 시키며 한] 이
말은 하늘의 주 하느님, 땅의 주님이 그 '샅'에서
나온 육을 입고시 세상에 오시리라는 사실을 가
리키는 말 아니겠습니까?

• 아우구스티누스 『신국론』 16,33.[7]

24,4 이사악의 아내가 될 여자를 찾아오너라

내 고향, 내 친족

종에게 내린 성조의 지시를 잘 새겨들었습니
까? 이 말들을 흘려듣지 마십시오. 이 선한 사람
의 뜻을 깊이 생각하고, 옛사람들의 관심사는 소
유물을 늘리는 것도, 엄청난 재산이나 노예, 드
넓은 땅도, 겉으로 보이는 아름다움을 추구하는
것도 아니었습니다. 오히려 그들은 영혼의 아름
다움과 고귀한 태도를 가치 있게 여겼습니다.

아브라함은 가나안 사람들의 사악함을 보았
고, 풍습이 비슷한 사람을 짝으로 맞는 것이 얼

---

[4] FC 47,20-21.

[5] FC 88,173.

[6] FC 27,38.

[7] FC 14,548; 『교부 문헌 총서』 16,1775.

마나 좋은 일인지를 알고 있었습니다. 그래서 그는 종에게 자신의 친족들 가운데에서 이사악의 아내를 찾아오라고 시키고는 맹세하게 하였습니다. 그곳까지 거리가 먼 것도 그 어떤 어려움도 그 일을 망설이게 하지 않았습니다. 그 일이 얼마나 중요한지 잘 아는 그는 오히려 몹시 서둘러 종을 떠나보냈습니다. 성조가 이렇게 한 것은 그가 영혼의 덕을 높이 여기고 [그 땅] 주민들의 사악함을 혐오했기 때문입니다.

• 요한 크리소스토무스 『창세기 강해』 48,8-9.[8]

24,6 이사악을 그곳으로 데려가지 마라

이사악은 그리로 돌아가서는 안 된다

성조는 종에게 적절한 지시를 내리고 그에게 맹세하도록 시켰습니다. 그런데 이제 신심 깊은 주인을 그대로 빼닮은 종의 책임감에 대해 살펴봅시다. 그는 이 선한 사람이 몹시 진지하게 내리는 지시를 듣고서 이렇게 묻습니다. "그 여자가 저를 따라 이 땅으로 오려고 하지 않을지도 모릅니다. 제가 아드님을 나리께서 떠나오신 그 땅으로 데려가야 합니까?" 종의 말은 '만약 어떤 문제가 발생하여 제가 주인님의 지시를 어기는 것처럼 보일 경우 제가 어떤 원칙을 따라야 하는지, 또 그 여자가 저를 따라 이 땅으로 오려고 하지 않을 경우 이사악이 그리로 가서 아내를 데리고 이곳으로 돌아와야 하는지 알고 싶습니다'라는 뜻입니다. 그러자 이 선한 사람이 뭐라고 답했습니까? 그는 그 대안을 거부하며 "너는 내 아들을 그곳으로 데려가는 일이 없도록 조심하여라"라고 합니다. '그렇게 할 필요 없다. 그의 후손이 엄청나게 불어나리라고 나에게 약속하시고 보증해 주신 분께서 이 일도 좋은 결실을 맺게 해 주실 것이다'라는 뜻입니다.

• 요한 크리소스토무스 『창세기 강해』 48,10.[9]

24,7 주님의 천사

하느님께서 당신의 천사를 보내실 것이다

앞에서 보았듯이, 그는 종에게 맹세하게 시키면서 그에게 만물의 창조주에 대해 알려 주었습니다. 이제 아브라함은 같은 표현을 써서 기도하기 시작합니다. 자신의 종이 그분에 대해 확신을 가지도록 모든 방법을 끌어대 가르치고, 그가 그런 정신을 지니고 좋은 결과를 확신하며 길을 떠나게 하려는 것입니다. 보십시오, 아브라함은 자신이 만물의 하느님께 처음부터 얼마나 많은 은혜를 입었으며, 자신을 자기 고장에서 데려 나오신 바로 이 은인께서 그의 재산까지도 이 정도로 늘려 주셨다는 사실을 종이 깨닫도록 가르칩니다. 하느님께서는 그가 몹시 늙었을 때 이사악이 태어나게 해 주셨으며 앞일도 잘 돌봐 주실 것이었습니다. "하늘의 하느님이신 주님, 곧 나를 아버지의 집과 내 본고장에서 데려오시고, '내가 너와 네 후손에게 이 땅을 주겠다'고 나에게 말씀하시며 맹세하신 그분께서 당신 천사를 네 앞에 보내시어, 네가 그곳에서 내 아들의 아내가 될 여자를 데려올 수 있게 해 주실 것이다."

• 요한 크리소스토무스 『창세기 강해』 48,11.[10]

하느님께서 길을 마련해 주실 것이다

아브라함의 말은 이런 뜻입니다. "확신을 품고 떠나라. 나는 더없이 자애롭게 나를 보살펴 주신 분께서 전에 내리신 축복에 더하여 이번 일에도 당신의 천사를 네 앞에 보내실 것이다. 그분께서 몸소 네 앞에 길을 놓아 주실 것이다. 또한 그 여자가 누구인지 몸소 네게 알려 주실 것

---

[8] FC 87,29-30*.
[9] FC 87,30*.
[10] FC 87,31*.

이며, 너는 그 여자를 데리고 오게 될 것이다. 그러나 — 설령 그럴 일은 없겠지만 — '그 여자가 너를 따라오려고 하지 않으면, 너는 나에게 한 맹세에서 풀리게 된다. 다만 내 아들만은 그곳으로 데려가서는 안 된다.' 나는 주님께서 너를 돌보아 주시리라는 것을 믿어 마지않는다." 아브라함은 종이 이사악을 그리로 데려가는 것을 금지함으로써, 자신이 하느님의 능력을 얼마나 신뢰하는지 보여 줍니다. 아브라함이 종에게 상세

한 사항들을 지시하고 종의 걱정을 덜어 주고 나자 — 사실, 종은 주인의 명령을 이행하지 못해 맹세를 깨뜨리게 되지나 않을까 걱정하고 있었습니다 — "그 종은 자기 주인 아브라함의 샅에 제 손을 넣고, 이 일에 대하여 그에게 맹세하였다"라고 쓰여 있습니다.

• 요한 크리소스토무스 『창세기 강해』 48,12.[11]

---

[11] FC 87,31*.

24,10-14 아브라함의 종이 우물가에서 이사악의 신붓감을 기다리다

[10] 그 종은 주인의 낙타 떼에서 열 마리를 데리고, 또 주인의 온갖 선물을 가지고 나호르가 사는 성읍인 아람 나하라임으로 길을 떠났다.

[11] 그는 여자들이 물을 길으러 나오는 시간인 저녁때에, 성 밖 우물 곁에 낙타들을 쉬게 하였다.

[12] 그러고 나서 이렇게 기도하였다. "제 주인 아브라함의 하느님이신 주님, 오늘 일이 잘되게 해 주십시오. 제 주인 아브라함에게 자애를 베풀어 주십시오.

[13] 이제 제가 샘물 곁에 서 있으면, 성읍 주민의 딸들이 물을 길으러 나올 것입니다.

[14] 제가 '그대의 물동이를 기울여서, 내가 물을 마시게 해 주오.' 하고 청할 때, '드십시오. 낙타들에게도 제가 물을 먹이겠습니다.' 하고 대답하는 바로 그 소녀가, 당신께서 당신의 종 이사악을 위하여 정하신 여자이게 해 주십시오. 그것으로 당신께서 제 주인에게 자애를 베푸신 줄 알겠습니다."

둘러보기

아브라함의 종의 충실함과 지혜로움, 레베카의 고귀한 영혼을 드러내는 단락이다(요한 크리소스토무스). 우의적으로 풀면, 레베카는 지혜로운 이의 집에 있는 보석들로 아름답게 꾸며진 '인내'를 나타내며, 여기서 '지혜로운 이'는 아브라함이다(오리게네스).

24,10 종이 임무를 수행하러 떠나다

종의 성실함

종이 처음부터 주인을 얼마나 존중해 왔는지 보입니까? 이제는 그가 이 선한 사람의 경건함을 본받음으로써 이 성조가 내린 지시의 유익함을 드러내는 것을 보십시오. "그 종은 주인의 낙타 떼에서 열 마리를 데리고, 또 주인의 온갖 선

물을 가지고 나호르가 사는 성읍인 아람 나하라임으로 길을 떠났다. 그는 여자들이 물을 길으러 나오는 시간인 저녁때에, 성 밖 우물 곁에 낙타들을 쉬게 하였다. 그러고 나서 이렇게 기도하였다. '제 주인 아브라함의 하느님이신 주님 ….'" 이 종의 충실함을 보십시오. 그는 성조를 본받아 세상의 주님을 부릅니다. 아브라함에게 더없이 많은 자애를 보여 주신 그분을 "제 주인 아브라함의 하느님이신 주님"이라고 부릅니다. 이 종이 그분을 이런 식으로, 곧 '아브라함의 하느님'이라고 부르는 것에 왜 놀라십니까? 만물의 하느님께서는 당신께서 선한 사람들의 덕을 얼마나 중히 여기시는지를 이 말씀으로 알려 주십니다. "나는 … 아브라함의 하느님, 이사악의 하느님, 야곱의 하느님이다"(탈출 3,6).

• 요한 크리소스토무스 『창세기 강해』 48,13.[1]

24,11 제때 도착하다

지혜로운 인간의 집에서 아름답게 꾸며지는 인내

그리하여 '저녁때' 그 여자가 물가로 왔습니다. 우리는 앞에서 '저녁'에 대해 이미 논한 바 있습니다. 그런데 이 종의 신중함을 눈여겨보십시오. 그는, 남자의 손이 닿은 적 없는 처녀로서 이사악에게 걸맞고 용모가 아리따운 처녀가 아니면 그의 아내로 데려갈 생각이 없습니다. 그 여자는 물을 긷고 있는 것이 그의 눈에 띄어야 할 여자여야 했습니다. 그는 다른 사람을 자기 주인의 신붓감으로 고를 마음이 없었습니다.

그런 여자가 아니면 그는 보석을 주지 않습니다. '귀걸이'[2]도 '팔찌'도(창세 24,22 참조) 주지 않습니다. 여자는 아무것으로도 꾸미지 않아 수수하고 많이 배운 티가 나지 않는 모습입니다. 부인 레베카의 아버지가 딸들에게 해 줄 귀걸이와 팔찌가 없었기 때문이겠습니까? 그가 소홀하거나 욕심이 많아서 딸들에게 장신구를 주지 않았던 것입니까? 그런 것이 아니라, 레베카가 브투엘의 금으로 치장하기를 원치 않은 것입니다. 상스럽고 무지한 남자의 보석은 그녀에게 어울리지 않습니다. 그녀에게 필요한 것은 아브라함 집안의 보석입니다. 인내는 지혜로운 이의 집안에서 아름답게 꾸며지기 때문입니다.

그러므로 레베카의 귀는 아브라함의 종이 와서 직접 꾸며 주기 전에는 아름다워질 수 없었습니다. 그녀의 손도 이사악이 보낸 장신구를 끼기 전에는 [아름다워질 수] 없었습니다. 그녀는 자신의 귀로 금쪽같은 말씀을 받아들이고 자신의 손에는 금처럼 빛나는 행실을 담고 싶어 했기 때문입니다. 그러나 그녀는 우물에 물을 길러 오기 전에는 그런 것을 받을 수도 받을 자격도 없었습니다. 물가로 오기 싫어하는 여러분, 예언자들의 금쪽같은 말을 귀에 받아들이고 싶어 하지 않는 여러분이 어떻게 가르침으로 장식되고 행실로 꾸며지고 성품으로 치장될 수 있겠습니까?

• 오리게네스 『창세기 강해』 10,4.[3]

24,12 종이 성공을 기원하다

지혜로운 종

종은 말합니다. "제 주인 아브라함의 하느님이신 주님, 오늘 일이 잘되게 해 주십시오. 제 주인 아브라함에게 자애를 베풀어 주십시오." 이는 '그의 소망을 이루어 주십시오. 모든 일이 그의 뜻대로 이루어지게 해 주십시오'라는 뜻입니다. "제 주인 아브라함에게 자애를 베풀어 주십시오"라는 말에서 '자애를 베푼다'는 무슨 뜻입

---

[1] FC 87,32.

[2] 칠십인역 본문; 히브리어 본문은 '코걸이'다.

[3] FC 71,164-65*.

니까? 주인의 소망을 이루어 달라는 말입니다. 이어서 그는 이렇게 말합니다. "이제 제가 샘물 곁에 서 있으면, 성읍 주민의 딸들이 물을 길으러 나올 것입니다. 제가 '그대의 물동이를 기울여서, 내가 물을 마시게 해 주오' 하고 청할 때, '드십시오. 낙타들에게도 제가 물을 먹이겠습니다' 하고 대답하는 바로 그 소녀가, 당신께서 당신의 종 이사악을 위하여 정하신 여자이게 해 주십시오. 그것으로 당신께서 제 주인에게 자애를 베푸신 줄 알겠습니다." 이 종이 얼마나 지혜로운지 잘 보십시오. 그는 성조가 사람들을 얼마나 환대하는지 알고 있었고, 그래서 [이사악의 아내가 될] 처녀도 그 선한 사람과 비슷한 성품을 지니고 있어야 한다는 것을 알고 있었습니다. 그래서 다른 것들로 그 점을 알아보는 대신, 처녀의 태도에서 사람을 환대하는 마음을 확인하고 싶었습니다. 그러니까 그의 말은 "내가 처녀에게 물을 청했을 때 처녀가 물동이를 기울여 나의 청만 들어 주는 것이 아니라 '낙타들에게도 제가 물을 먹이겠습니다'라고 말하며 관대한 사람이라는 증거를 보여 준다면, 물을 주는 처녀의 온유함을 내가 확신할 수 있다"라는 뜻입니다.

• 요한 크리소스토무스 『창세기 강해』 48,14.[4]

고결한 영혼의 소유자인 레베카

사랑하는 여러분, 이 사실을 잘 생각해 보시기 바랍니다. 어린 처녀가 물을 긷다가, 전혀 알지 못하는 낯선 이가 물을 청하자 거절하기는커녕 어깨에 지고 있던 물동이를 내려 실컷 마시게 해 준 일이 어째서 그렇게 중요한가 하는 것 말입니다. 처녀는 그에게 물을 줄 뿐 아니라 낙타들에게도 모두 물을 먹임으로써 고귀한 영혼의 소유자임을 행동으로 보여 줍니다. 남자들을 포함하여 많은 사람이 이런 청을 거절한다는 것을

그 처녀는 몰랐습니까? 제가 왜 물의 선물에 대해 이야기하는 것일까요? 횃불을 들고 있는 사람들에게 다가가서 누가 등잔에 불을 붙일 수 있도록 잠시만 기다려 달라고 청하면 그런 청도 거절하는 경우가 있습니다. 수없이 불을 붙여도 불길이 조금도 작아지지 않는데도 그렇게 합니다. 그런데 이 경우에는, 물동이를 어깨에 메고 있던 여자, 곧 처녀가 청을 거절하지 않았을 뿐 아니라, 청한 사람이 바라는 것보다 더 관대하게 행동했습니다. 그가 물을 마실 수 있게 해 주었을 뿐 아니라 스스로 나서서 서둘러 낙타들에게도 물을 먹였습니다.

• 요한 크리소스토무스 『창세기 강해』 48,15.[5]

24,13 성문 밖 샘물

샘물 곁에 서 있다

물가에서 얼마나 많은 일이 일어나는지 잘 보십시오. 그러면 여러분도 나날이 하느님 말씀의 물가에 와서 샘물 곁에 서 있도록 초대받을지 모릅니다. 성경이 이렇게 묘사하는 레베카처럼 말입니다. "이 소녀는 아직 남자를 알지 못하는 아주 예쁜 처녀였다"(창세 24,16).

• 오리게네스 『창세기 강해』 10.[6]

24,14 그 소녀가 이사악의 아내이게 해 주십시오

그 소녀가 당신께서 정하신 여자이게 해 주십시오

사랑하는 여러분, 이 사실들이 무엇을 뜻하는지 간략하게, 힘닿는 한 한번 살펴봅시다. 복된 아브라함이 자기 종에게 자기 아들의 아내가 될 여자를 데려오라고 지시했을 때, 그는 아버지 하

---

[4] FC 87,32-33*.

[5] FC 87,33*.

[6] FC 71,163*.

느님의 표상이었습니다. 그가 아이를 번제물로 바쳤을 때 아버지 하느님의 표상이었던 것처럼, 그의 종은 예언 말씀을 나타냅니다. 아브라함이 아들의 아내가 될 여자를 데려오라고 자기 종을 먼 땅으로 보낸 것은 이 때문입니다. 아버지 하느님께서 당신 외아들의 아내가 될 가톨릭교회를 찾기 위해 당신의 예언 말씀을 온 세상으로 내보낼 뜻을 품고 계셨기 때문입니다.

• 아를의 카이사리우스 『설교집』 85,3.[7]

그리스도를 선포한 여인

여기서는 한 여인이 사마리아인들에게 그리스도를 선포합니다(요한 4,28-30 참조). 복음서 맨 마지막 부분에서도 어느 누구보다 먼저 그분을 본 여자가 사도들에게 구원자의 부활에 대해 알립니다(요한 20,18 참조).

• 오리게네스 『요한 복음 주해』 13,179.[8]

---

[7] FC 47,21-22.

[8] FC 89,106.

24,15-21 아브라함의 종이 레베카를 만나다

15 그가 말을 마치기도 전에, 아브라함의 아우 나호르의 아내인 밀카의 아들 브투엘에게서 태어난 레베카가 어깨에 물동이를 메고 나왔다.

16 이 소녀는 아직 남자를 알지 못하는 아주 예쁜 처녀였다. 그가 샘으로 내려가서 물동이를 채워 올라오자,

17 그 종이 그에게 달려가서 말하였다. "그대의 물동이에서 물을 좀 들이키게 해 주오."

18 그러자 그가 "나리, 드십시오." 하면서, 급히 물동이를 내려 손에 받쳐 들고서는 그 종에게 물을 마시게 해 주었다.

19 이렇게 그 종에게 물을 마시게 해 준 다음, 레베카는 "낙타들도 물을 다 마실 때까지 계속 길어다 주겠습니다." 하면서,

20 서둘러 물동이에 남아 있는 물을 물통에 붓고는, 다시 물을 길으러 우물로 달려갔다. 이렇게 레베카는 그 낙타들에게 모두 물을 길어다 주었다.

21 그러는 동안 그 남자는 주님께서 자기 여행의 목적을 이루어 주시려는지 알아보려고, 그 처녀를 말없이 지켜보고 있었다.

둘러보기

대체로 신비로 풀어야 할 단락이다. 곧, 이 이야기는 그리스도와 영혼, 또는 그리스도와 교회의 신비를 예표한다. '종'은 예언 말씀을 나타낸다(오리게네스). 같은 선상에서, 이 이야기는 세례성사 안에서 그리스도를 발견하는 교회를 예표한다(아를의 카이사리우스). 레베카는 지혜의 샘을 찾아가는 교회 또는 영혼을 상징한다(암브로시우스). 이 본문은 정결과 겸손, 손님 환대의 덕에 관한 도덕적 가르침의 소재도 담고 있다(요한 크리소스토무스).

24,15 레베카가 물동이를 메고 나오다

위대한 신비를 나타내는 레베카의 행동

레베카는 날마다 우물가에 왔습니다. 그는 날마다 물을 길었습니다. 그가 아브라함의 종의 눈에 띄어 이사악과 혼인할 수 있게 된 것은 날마다 우물가에서 시간을 보낸 덕분입니다.

여러분은 이 기록이 옛날이야기이고 성령께서 성경에서 옛날이야기들을 해 주신다고 생각합니까? [아닙니다.] 이것은 여러분에게 매일 성경의 우물로, 곧 성령의 물가로 와서 레베카가 그랬듯이, 늘 물을 가득 길어 집으로 가져가라고 가르치는, 영혼들을 위한 교훈이며 영적 가르침입니다.

레베카가 그렇게 하지 않았더라면, "약속의 결과로 태어"(갈라 4,23)난 위대한 성조 이사악의 짝이 될 수 없었을 것입니다. 그는 매일 물을 긷는 정도가 아니라 무척 많이 길었기에 집안 식구만 아니라 아브라함의 종에게도 물을 줄 수 있었습니다. 종에게만 준 것도 아니었습니다. 우물에서 워낙 물을 많이 길어 두었기에 '낙타들이 물을 다 마시고 날 때까지'(창세 24,22 참조) 물을 먹일 수 있었습니다.

여기에 기록된 모든 일은 신비입니다. 그리스도께서는 여러분도 당신의 배우자로 삼고 싶어 하십니다. 예언자들을 통해 이렇게 말씀하시기 때문이지요. "나는 너를 영원히 아내로 삼으리라. 정의와 공정으로써 신의와 자비로써 너를 아내로 삼으리라. 또 진실로써 너를 아내로 삼으리니 그러면 네가 주님을 알게 되리라"(호세 2,21-22). 여러분을 아내로 삼고 싶어 하시는 그분께서는 당신에 앞서 먼저 그 종을 여러분에게 보내십니다. 그 종은 예언 말씀입니다. 그것을 먼저 받지 않으면 여러분은 그리스도와 혼인할 수 없습니다.

그러나 지식과 경험이 없는 이는 예언 말씀을 받지 못합니다. 깊은 우물에서 물을 길을 줄 아는 이, '낙타'가 나타내는 비이성적이며 성격이 뒤틀린 이들에게도 먹일 수 있을 만큼 많은 물을 길을 줄 아는 이라야 그 말씀을 받아들일 수 있다는 것을 아십시오. [그런 사람은] 이렇게 말합니다. "나는 지혜로운 이들에게도 어리석은 이들에게도 다 빚을 지고 있습니다"(로마 1,14). … 그래서 '인내'를 뜻하는 레베카는 [아브라함의] 종을 보자 예언 말씀을 생각하며 어깨에서 "물동이를 내려 손에 받쳐" 들었습니다. 그리스식 달변의 우쭐거리는 교만을 내려놓고는 겸손하고 단순한 예언 말씀에 고개 숙이며, "드십시오. 낙타들에게도 제가 물을 먹이겠습니다"(창세 24,14) 하고 말합니다.

● 오리게네스 『창세기 강해』 10,2.[1]

세례성사

아브라함의 종이 복된 이사악의 신부를 데려왔듯이 그분의 예언 말씀을 통해 다른 민족들의 교회가 먼 땅에서 온 참된 신랑 그리스도에게로 불렸습니다. 그런데 그리스도와 결합할 배우자는 어디에서 발견됩니까? 물 가까이가 아니고 어디겠습니까? 참말입니다. 사랑하는 여러분, 교회가 세례의 물 가까이 오지 않았더라면 그리스도와 결합하지 못했을 것입니다. 레베카가 아브라함의 종을 우물가에서 만나고, 교회가 세례성사에서 그리스도와 만나는 것은 이런 까닭입니다.

● 아를의 카이사리우스 『설교집』 85,3.[2]

---

[1] FC 71,159-61*.

[2] FC 47,21-22*.

예언 말씀을 나타내는 '종'

'종이 예언 말씀을 나타낸다면, 종이 레베카에게 물을 주어야지 어째서 레베카에게 물을 받아 마시느냐?'고 물으실지도 모르겠습니다.

이렇게 생각하십시오. 주 예수님은 한편으론 "생명의 빵"(요한 6,35.48)이셔서 굶주린 영혼들을 먹이시지만, 다른 한편으론 그분도 배고픔을 느끼십니다. "너희는 내가 굶주렸을 때에 먹을 것을 주었고"(마태 25,35)라고 하시기 때문이지요. 그분은 한편으론 '생수'(요한 7,38)이셔서 목말라 하는 모든 이가 물을 마시게 해 주시지만, 사마리아 여자에게는 "나에게 마실 물을 좀 다오"(요한 4,7)라고 하십니다. 마찬가지입니다. 예언 말씀은 목마른 이들에게 물이 되어 주지만, 열렬한 이들이 깨어 있으면서 [믿음을] 실천할 때 예언 말씀은 그들에게서 물을 받아 마신다고 표현되기도 합니다. 모든 일을 참을성 있게 하며, 많은 지식으로 단단히 받쳐져 있고, 깊은 곳에서 지식의 샘을 파내곤 하는 열렬한 영혼은 그리스도와 혼인으로 결합할 수 있습니다. 그러므로 여러분이 나날이 우물로 오지 않는 한, 나날이 물을 긷지 않는 한, 여러분은 다른 사람에게 물을 줄 수 없음은 물론 여러분 자신도 "주님의 말씀을 듣지 못하여 굶주리는 것"(아모 8,11)을 피할 길이 없습니다. 복음서의 말씀도 들으십시오. "목마른 사람은 다 나에게 와서 마셔라"(요한 7,37). 그런데 여러분은 의로움에 주리지도 목말라하지도 않는 것처럼 보이니(마태 5,6 참조), 어떻게 이렇게 말할 수 있겠습니까? "암사슴이 시냇물을 그리워하듯 하느님, 제 영혼이 당신을 이토록 그리워합니다. 제 영혼이 하느님을, 제 생명의 하느님을 목말라합니다. 그 하느님의 얼굴을 언제나 가서 뵈올 수 있겠습니까?"(시편 42,2-3).

● 오리게네스 『창세기 강해』 10,3.[3]

24,16 레베카는 아주 예쁜 처녀였다

처녀

이 사항은 별 뜻 없이 기록된 것이 아닙니다. 그렇지만 저에게는 이 문장의 뜻이 좀 혼란스럽습니다. "이 소녀는 아직 남자를 알지 못하는 아주 예쁜 처녀였다." 마치 '처녀'가 '남자를 알지 못하는 여자'라는 뜻 말고 다른 뜻도 있는 말인 것 같은 표현입니다. '남자를 알지 못하는'이라는 말을 덧붙인 까닭이 무엇일까요? '남자를 아는' 처녀가 있다는 것입니까?

이런 이야기들은 역사를 기술한 것이 아니라 신비가 얽혀 짜여 있다고 앞에서 여러 번 말한 바 있습니다. 저는 이 이야기도 그런 경우라고 말하고 싶습니다.

영혼이 믿음으로 올 때 혼인하게 되는 그리스도를 영혼의 남편이라고 하듯이, 이와 반대로 영혼이 믿음 없음으로 돌아설 때 혼인하게 되는, '밀 가운데 가라지를 덧뿌리는 원수'(마태 13,25)도 남편으로 불립니다. 그러므로 몸만 순결한 것은 영혼에게 충분하지 못합니다. 그[영혼]는 이 지극히 사악한 남자를 '아직 알지 못하는' 상태여야 합니다. 몸은 동정의 상태이지만 이 지극히 사악한 남자, 곧 악마를 알고 그에게서 음욕의 화살을 맞아 영혼의 순결이 파괴당한 사람도 있을 수 있기 때문입니다. 그러므로 레베카는 '몸으로나 영으로나 거룩한 처녀'(1코린 7,34 참조)입니다. 그래서 성경은 그를 칭찬하여 "이 소녀는 아직 남자를 알지 못하는 아주 예쁜 처녀였다"라고 하는 것입니다.

● 오리게네스 『창세기 강해』 10,4.[4]

[3] FC 71,161-62.

[4] FC 71,163-64.

지혜의 샘에 온 영혼

이사악은 은총으로 충만하며 기쁨의 샘이기에 선하고 참됩니다. 그 샘으로 레베카가 물동이에 물을 길으려고 왔습니다. 성경에 "그가 샘으로 내려가서 물동이를 채워 올라오자"라고 쓰여 있습니다. 이처럼 교회 또는 영혼은 순수한 지혜의 가르침을 길어 올려 자기 그릇에 가득 채우려고 지혜의 샘으로 내려갔습니다. 유대인들은 흐르는 샘에서 그것을 길어 올리기를 원하지 않았습니다. 그분은 "그들은 생수의 원천인 나를 저버렸고"(예레 2,13)라는 말로 그 샘이 누구인지 알려 주십니다. "제 영혼이, … 생명의 하느님을 목말라합니다"(시편 42,3)라는 다윗의 말대로, 예언자들의 영혼은 목말라하며 이 샘으로 달려갔습니다. 하느님에 관한 풍요로운 지식으로 이 갈증을 채우고 영적 시내의 물로 어리석음이라는 피를 씻어 내려는 뜻이었습니다.

• 암브로시우스 『이사악 또는 영혼』 1,2.[5]

24,20 레베카가 물을 길어다 주다

정숙하고 겸손하고 상냥한 레베카

자애로우신 하느님께서는 성조의 기도를 들어 주셨습니다. 당신의 천사를 먼저 보내시어 이 모든 일이 일어나게 하셨습니다. 모든 일이 그 종이 바라던 대로 되었습니다. 그 일에서 성조의 기도가 지닌 힘을 보고 또한 자기가 바라던 처녀를 만나게 된 종은 또한 그 처녀가 낯선 사람을 정성껏 환대하는 사람이라는 것도 알게 되었습니다. 본문에 이렇게 쓰여 있는 것을 기억하시지요? "[레베카는] 서둘러 물동이에 남아 있는 물을 물통에 붓고는, 다시 물을 길으러 우물로 달려갔다. 이렇게 레베카는 그 낙타들에게도 모두 물을 길어다 주었다." 레베카가 얼마나 열심인지 보십시오. '서둘러 물동이에 남아 있는 물을 물통에 붓고는 다시 우물로 달려갔다'는 구절은 레베카가 그 종을 낯선 사람이라며 무시하거나, 신중함이라는 핑계를 대어 그의 청을 거절하지도 않았음을 보여 줍니다. 오히려 그는 거리낌 없이, "나리, 드십시오" 하고 말했습니다. 아직 어린 나이인데도 레베카의 처신이 얼마나 적절하며 그가 얼마나 정숙하고 겸손한지, 또 손님을 얼마나 극진히 대하는지 잘 보시기 바랍니다. 어떤 부가 이런 성품보다 훌륭하겠습니까? 여러분은 어떤 보물들을 이런 성품보다 가치 있다고 평가하시겠습니까? 이것이야말로 가장 훌륭한 선물입니다. 이것이야말로 결코 다함이 없는 보물, 헤아릴 수 없이 많은 축복입니다.

• 요한 크리소스토무스 『창세기 강해』 48,16.[6]

다시 우물가

[아브라함의 종이] 레베카를 만난 곳은 '우물가'입니다. 그런가 하면 레베카가 이사악을 만난 것도 '우물가'입니다. 레베카는 그곳에서 이사악의 얼굴을 처음 보았습니다. 레베카는 거기서 낙타에서 내렸습니다(창세 24,64 참조). 거기서 이사악을 보았고, 그가 누구인지 종이 가르쳐 주었습니다. 여러분은 이것이 우물과 관련된 유일한 이야기라고 생각합니까?

• 오리게네스 『창세기 강해』 10,5.[7]

24,21 주님께서 종의 여행 목적을 이루어 주시다

처녀 레베카의 덕

그리하여 성실한 종은 이제 하느님의 섭리를 분명하게 보았습니다. 성경은 이렇게 기록합니다. "그러는 동안 그 남자는 주님께서 자기 여행

---

[5] FC 65,11.　　[6] FC 87,33-34*.
[7] FC 71,165.

의 목적을 이루어 주시려는지 알아보려고, 그 처녀를 말없이 지켜보고 있었다.' '지켜보고 있었다'는 것이 무슨 뜻입니까? 그는 그 처녀의 말과 눈빛과 걸음새와 자태 등 모든 것을 눈여겨보았습니다. '주님께서 자기 여행의 목적을 이루어 주시려는지 알아보려고' 그런 것입니다. 지금까지 있었던 일들은 이 처녀의 덕이 몹시 뛰어나다는 것을 보여 주었다고 본문은 이야기하고 있습니다. 그래서 처녀의 대답과 물을 준 행동에 대

한 보상으로 그는 처녀에게 "금 귀걸이를 걸어주고, 팔찌 두 개를 끼워 주고는"(창세 24,22절 칠십인역) "그대가 누구의 따님인지 나에게 말해 주오"(창세 24,23)라고 한 다음 "그대의 아버지 집에 우리가 밤을 지낼 수 있는 자리가 있겠소?"(창세 24,23) 하고 물었습니다.

• 요한 크리소스토무스 『창세기 강해』 48,17.[8]

[8] FC 87,34*.

24,22-27 아브라함의 종이 레베카에게 묵을 곳을 청하다

22 낙타들이 물을 다 마시고 나자, 그 남자는 무게가 반 세켈 나가는 금 코걸이① 하나를 그 처녀의 코에 걸어 주고, 무게가 금 열 세켈 나가는 팔찌 두 개를 팔에 끼워 주고는

23 말하였다. "그대가 누구의 따님인지 나에게 말해 주오. 그대의 아버지 집에 우리가 밤을 지낼 수 있는 자리가 있겠소?"

24 레베카가 그에게 대답하였다. "저는 밀카가 나호르에게 낳아 준 아들 브투엘의 딸입니다."

25 그리고 그에게 또 말하였다. "저희 집에는 꼴과 여물도 넉넉하고, 밤을 지낼 수 있는 자리도 있습니다."

26 그는 무릎을 꿇어 주님께 경배하고 나서

27 말하였다. "나의 주인에게 당신 자애와 신의를 거절하지 않으셨으니, 내 주인 아브라함의 하느님이신 주님께서는 찬미받으소서. 주님께서는 이 몸을 내 주인의 아우 집에 이르는 길로 이끌어 주셨구나."

① 히브리어 본문은 '코걸이'이지만 구약성경이 그리스어로 번역되던 시기에 알렉산드리아에서는 코걸이를 하지 않아 칠십인역은 '귀걸이'로 바꾸어 옮겼다.

둘러보기

우의적으로 풀 때, '금 귀걸이'는 거룩한 말씀을, '금팔찌'는 선행을 나타낸다(아를의 카이사리우스, 암브로시우스). 도덕적 해석을 하자면, 레베카는 손님을 환대하는 관대한 태도의 본보기다(요한 크리소스토무스).

24,22 첫 만남

거룩한 말씀을 나타내는 귀걸이

[아브라함의] 종은 금 귀걸이와 금팔찌를 가져가 레베카에게 주었습니다. '금 귀걸이'는 거룩한 말씀을 나타내고, '금팔찌'는 선행을 나타냅니다. 행실을 나타내는 것이 손이기 때문이지

요. 형제 여러분, 그리스도께서도 교회에게 이 선물을 어떻게 주셨는지 알아봅시다. 그 종은 레베카의 얼굴을 아름답게 꾸며 주기 위해 금 귀걸이를 가져갔고, 그리스도께서는 교회의 귀에 어떤 진주보다 더 값진 거룩한 말씀을 넣어 주셨습니다. 종은 레베카의 팔에 팔찌를 끼워 줬고, 그리스도께서는 교회의 손에 선행을 담아 주셨습니다. 사랑하는 여러분, 이 일들에서 예표되었던 것들이 그리스도의 선물로 우리 안에서 이루어졌다는 것을 알고 기뻐하십시오. 그리고 하느님께 감사드리십시오. 또한, 이사악이 귀걸이와 팔찌를 종에게 들려 보내지 않았더라면 레베카가 그것들을 받지 못했을 것입니다. 이렇듯 그리스도께서 당신의 은총으로 그리고 당신 사도들을 시켜 그것들을 주지 않으셨더라면 교회도 거룩한 말씀을 귀에 담지도 선행을 손에 담지도 못했을 것입니다. 나아가, [아브라함의] 종과 같이 가겠느냐고 부모가 묻자 소녀가 "가겠습니다"(창세 24,58) 하고 대답한 일이 교회에서 이루어졌음을 우리는 분명하게 봅니다. 그때에는 레베카의 뜻이 요구되었고, 지금 여기서는 교회의 뜻이 요구됩니다. 레베카가 받은 질문은 "이 사람과 같이 가겠느냐?"는 것이었고, 레베카는 "가겠습니다" 하고 대답했습니다. 교회는 '너는 그리스도를 믿느냐?'는 질문을 받으며, '믿습니다' 하고 대답합니다. '가겠습니다' 하고 대답하지 않았다면 레베카는 이사악에게로 인도되지 못했을 것입니다. '믿습니다' 하고 대답하지 않는다면 교회는 그리스도와 결합되지 못할 것입니다.

• 아를의 카이사리우스 『설교집』 85,3.[1]

금 귀걸이와 팔찌 두 개

깨끗한 마음으로 살며 … 세상의 악에 휩쓸리지 않고, 정신은 나무랄 데 없는 길로 거침없이

나아가며 자기 안의 어느 한 부분도 타락에 내주지 않는 것도 덕과 친밀하다는 증거입니다.

레베카가 오기를 기다리며 영적 결합을 준비하고 있던 이사악이 바로 그랬습니다(창세 24,62 참조). 레베카는 거룩한 신비들을 이미 부여받은 채로 왔기 때문입니다. 그녀는 귀와 팔에 굉장한 장식품들을 달고 왔습니다. 그녀의 들음과 행실 안에 교회의 아름다움이 이미 분명하게 드러났기 때문입니다. 그래서 우리는 그녀가 들은 이 말이 참으로 적절하다고 생각합니다. "너는 수천만의 어머니가 되어라. 너희 후손은 적들의 성문을 차지하여라"(창세 24,60). 그러므로 교회는 아름답습니다. 적대적인 민족들에게서 아들들을 얻었기 때문입니다. 그러나 이 구절은 육체의 정욕을 진압하여 그것들이 덕을 섬기도록 변화시키고, 저항하는 감정들을 복종하게 만드는 영혼에 관한 말씀으로 풀이할 수도 있습니다. 그래서 성조 이사악의 영혼은 그리스도의 신비를 보고, 다시 말해, 레베카가 마치 다른 민족 백성들의 교회인 것처럼 금은 패물을 가지고 오는 것을 보자 '말씀'과 그분 성사의 아름다움에 감탄하며 "아, 제발 그이가 내게 입 맞춰 주었으면!"(아가 1,2) 하고 말합니다. 참된 기쁨이며 환희의 참된 근원인 참된 이사악을 보자 레베카도 그와 입 맞추고 싶어 합니다.

• 암브로시우스 『이사악 또는 영혼』 3,6-7.[2]

24,25 레베카의 손님 환대

종이 놀라다

이 처녀의 반응을 잘 보십시오. 물을 청하자 부탁받은 것을 해 주는 데 그치지 않고, 종에게

---

[1] FC 47,22*.

[2] FC 64,14-15.

마실 물을 준 다음 낙타들에게도 물을 주었듯이, [아브라함의] 종이 방이 있느냐는 것과 누구의 딸이냐고만 물었는데도 이 처녀는 "저는 밀카가 나호르에게 낳아 준 아들 브투엘의 딸입니다" 하고 대답했습니다. 그가 아버지와 할아버지 이름까지 말한 까닭에 그것을 알게 된 종은 처녀에게 더욱 관심이 갔습니다. 이 소녀의 솔직함에 주목하십시오. 아버지를 물었는데, 아버지에 관해서만이 아니라 아버지의 아버지에 대해서까지 이야기합니다. 그녀의 집에 쉴 곳이 있냐는 단순한 물음에 대해서도 소녀는 자기 집에는 "밤을 지낼 수 있는 자리"만 아니라 "꼴과 여물도 넉넉하다"고 합니다. 그 말을 들은 종은 손님을 환대하는 소녀의 아름다운 마음씨에 놀라는 한편, 자신이 낯선 이들에게 간 것이 아니라 성조의 동생인 나호르의 집으로 왔다는 사실 또한 알게 되었습니다. 그래서 "그는 무릎을 꿇어 주님께 경배"하였다고 본문은 말합니다. 자신이 알게 된 사실과 소녀의 말에 크게 기뻐하며 그는 "무릎을 꿇어 주님께 경배합니다". 성조에게 그러한 큰 은혜를 내리시고 자신을 보살펴 주신다는 증거를 보여 주시며 자신의 모든 노력에 쉽게 성공적인 결과를 얻게 해 주신 주님께 감사를 올리며 이렇게 말했습니다. "나의 주인에게 당신 자애와 신의를 거절하지 않으셨으니, 내 주인 아브라함의 하느님이신 주님께서는 찬미받으소서."

• 요한 크리소스토무스 『창세기 강해』 48,18.[3]

---

[3] FC 87,34-35**.

24,28-33 라반이 아브라함의 종을 맞이하다

28 그 소녀는 달려가서 어머니 집 식구들에게 이 일을 알렸다.

29 레베카에게는 라반이라는 오빠가 있었는데, 라반은 샘에 있는 그 사람에게 뛰어나갔다.

30 그는 코걸이와 누이의 팔에 걸려 있는 팔찌를 보고, 또 "그 사람이 저에게 이렇게 말했습니다." 하고 말하는 누이 레베카의 이야기를 듣고 그 남자에게 간 것이다. 가서 보니 그는 아직도 샘물 옆 낙타 곁에 서 있었다.

31 라반이 말하였다. "주님께 복 받으신 분이시여, 들어오십시오. 왜 밖에 서 계십니까? 제가 집을 치워 놓았고 낙타들을 둘 곳도 마련하였습니다."

32 그 사람이 집으로 들어오자, 라반은 낙타들의 짐을 부리고① 낙타들에게 꼴과 여물을 주었으며, 그와 동행자들에게 발 씻을 물을 주었다.

33 그리고 그 사람 앞에 먹을 것을 차려 놓았다. 그러나 그 사람이 "저의 볼일을 여쭙기 전에는 먹을 수가 없습니다." 하자, 라반이 "말씀하십시오." 하고 대답하였다.

① 또는 '낙타들의 안장을 내리고'.

둘러보기

레베카가 손님을 얼마나 정성껏 대하는지를 강조하고자, 그가 집으로 '달려간' 이후의 일을 상세히 묘사하는(요한 크리소스토무스) 단락이다.

24,28 레베카가 식구들에게 알리다

레베카의 성의

종이 소녀의 솔직함을 목격하고 또 그녀에게서 모든 것을 분명하게 알게 된 다음, 이제 소녀는 그가 누구인지 알게 되었습니다. 그는 하느님께 올린 감사의 말을 통해 소녀에게 자신이 모르는 집안에서 온 사람이 아니라 나호르의 형이 보낸 사람이라는 사실을 분명하게 알려 주었습니다. 그 말을 들은 그 소녀는 크게 기뻐하며 '달려갔다'고 성경은 전합니다. 그녀가 손님을 얼마나 환대하는지가 그의 모든 행동에 드러나는 것을 잘 보십시오. 말에서, 신중한 태도에서, 달려가는 행동에서, 그것이 다 드러납니다. 본문의 표현을 주의 깊게 보십시오. "그 소녀는 달려가서 어머니 집 식구들에게 이 일을 알렸다." 소녀는 그 종에게 들은 사실을 부모에게 모두 알렸습니다. 본문은 이렇게 이어집니다. "라반은 샘에 있는 그 사람에게 뛰어나갔다." 이 남자도 뛰어나가는 행동으로 관심을 드러내는 것에 주목하십시오. 그 사람이 샘물 옆 낙타 곁에 서 있는 것을 보고 그는 "주님께 복 받으신 분이시여, 들어오십시오. 왜 밖에 서 계십니까? 제가 집을 치워 놓았고 낙타들을 둘 곳도 마련하였습니다" 하고 말했습니다. 이 남자도 낯선 이를 보자, 손님을 행동으로 접대하기 전에 먼저 주님을 찬미한 다음 집으로 들기를 간곡하게 청합니다. "들어오십시오. 왜 밖에 서 계십니까? 제가 집을 치워 놓았고 낙타들을 둘 곳도 마련하였습니다" 하고 말힙니다.

• 요한 크리소스토무스 『창세기 강해』 48,19.[1]

---

[1] FC 87,35*.

24,34-41 아브라함의 종이 찾아온 이유를 이야기하다

³⁴ 그 사람이 말하였다. "저는 아브라함의 종입니다.

³⁵ 주님께서 저의 주인에게 복을 내리시어, 그분은 큰 부자가 되셨습니다. 주님께서는 그분에게 양과 소, 은과 금, 남종과 여종, 낙타와 나귀들을 주셨습니다.

³⁶ 제 주인의 부인인 사라가 늘그막에 제 주인에게 아들을 낳아 주셨는데, 주인은 자기의 모든 재산을 그 아들에게 주셨습니다.

³⁷ 저의 주인은 이렇게 말씀하시면서 저에게 맹세하게 하셨습니다. '너는 내가 살고 있는 이 땅 가나안족의 딸들 가운데에서 내 아들의 아내가 될 여자를 데려오지 말고,

³⁸ 내 아버지의 집안, 내 친족에게 가서 내 아들의 아내가 될 여자를 데려와야 한다.'

³⁹ 그래서 제가 주인에게 '그 여자가 저를 따라오려고 하지 않을지도 모릅니다.' 하고 아뢰었더니,♪

☞ **40** 저에게 말씀하셨습니다. '내가 모시고 살아가는 주님께서 당신의 천사를 너와 함께 보내시어 네 여행의 목적을 이루어 주셔서, 너는 내 친족, 내 아버지의 집안에서 내 아들의 아내가 될 여자를 데려올 수 있을 것이다.

41 그러니 네가 내 친족에게 가기만 하면 너는 나에게 한 서약에서 풀려난다. 그들이 여자를 내주지 않아도 너는 나에게 한 서약에서 풀려난다.'

둘러보기

종의 신중함이 드러나는 한편, 부를 경계해야 함을 일러 주는 대목이다(요한 크리소스토무스).

24,34-38 종이 자신의 임무에 대해 말하다

신중한 종

이 대목에서는 … 종이 얼마나 신중한지 잘 살펴보시기 바랍니다. 그가 뭐라고 합니까? "저의 볼일을 여쭙기 전에는 먹을 수가 없습니다"(창세 24,33)라고 합니다. 이는 '댁의 형편이 넉넉한 것을 제게 보여 주셨으나, 저로서는 제 볼일을 여쭙기 전에는, 제가 무슨 까닭으로 가나안에서 이리로 왔으며 어떻게 댁으로 인도되었는지 말씀드리기 전에는, 쉬는 것이 하나도 중요하지 않습니다. 그러니 제 말씀을 다 들으시고, 저의 주인에 대한 좋은 마음의 증거를 보여 주시기를 바랍니다'라는 뜻입니다.

● 요한 크리소스토무스 『창세기 강해』 48,20.[1]

부유한 티를 내지 않다

종은 그들에게 모든 것을 상세히 알립니다. "저는 아브라함의 종입니다. 주님께서 저의 주인에게 복을 내리시어, 그분은 큰 부자가 되셨습니다"라고 한 다음 "[주님께서] 양과 소, 은과 금, 남종과 여종, 낙타와 나귀들을 주셨습니다"라고 합니다.

부자인 여러분, 나날이 땅을 사들이고 길을 놓고 목욕장과 멋진 건물들을 짓는 여러분은 새겨들으십시오. 이 선한 사람의 부는 어디에 있습니까? 땅이나 건물, 헛된 사치 부림이 아니라 양과 소, 낙타와 나귀, 남종과 여종들이 그들의 부입니다. 그들이 모두 그 집안에서 났다고 알려 주는 성경 다른 구절(창세 17,23 참조)을 통하여 우리는 아브라함에게 종이 무척 많았다는 사실을 알 수 있습니다.

[종은 그들에게 말합니다.] '이처럼 제 주인께서는 높은 곳에 계시는 분의 큰 은혜를 입어 큰 부자가 되셨습니다. 늘그막에 제 주인께 사라가 아들을 낳아 주셨는데, 주인께서는 이미 이 외아들을 모든 것의 상속자로 삼으셨습니다. 자신이 가진 모든 것을 주셨습니다.'

● 요한 크리소스토무스 『창세기 강해』 48,21.[2]

24,39 소녀가 기꺼이 가겠다고 하다

그 여자가 따라오려고 하지 않을지도 모른다

그러자 그들은 [레베카가 그와 같이 가기 원하는지] 알아보려고 처녀를 불렀습니다. 그녀는 아브라함이 종에게 맹세하도록 시킨 일과 종이 우물가에서 한 기도, 그리고 종이 청하여 [주님

---

[1] FC 87,36.

[2] FC 87,36**.

께서 들어 주신] 표징에 대하여 들어서 알고 있
었기에 '가지 않겠다'고 말하기가 두려웠습니다.
자신이 가는 것이 주님의 뜻임을 알았기 때문입
니다. 그래서 그녀는 따라왔고 이사악의 [아내

가] 되었습니다.

• 시리아인 에프렘 『창세기 주해』 21,4.[3]

[3] FC 91,170.

24,42-49 아브라함의 종이 그날 있었던 일을 이야기하다

42 그래서 제가 오늘 그 샘터에 다다라 이렇게 기도하였습니다. '제 주인 아브라함의 하느님
이신 주님, 제가 하고 있는 여행의 목적을 제발 이루어 주십시오.

43 이제 제가 샘물 곁에 서 있다가 처녀가 물을 길으러 나오면 그에게, '그대의 물동이에서 물
을 좀 마시게 해 주오.' 하고 말하겠습니다.

44 만일 그가 저에게 '드십시오. 낙타들에게도 제가 물을 길어다 주겠습니다.' 하고 대답하면,
바로 그가 주님께서 제 주인의 아들을 위하여 정하신 여자이게 해 주십시오.'

45 제가 마음속으로 말을 마치기도 전에, 레베카가 어깨에 물동이를 메고 나와 샘터로 내려가
서 물을 길었습니다. 그래서 제가 그에게 '물을 마시게 해 주오.' 하였더니,

46 서둘러 물동이를 어깨에서 내려놓고, '드십시오. 낙타들에게도 제가 물을 먹이겠습니다.'
하고 말하였습니다. 그래서 제가 물을 마셨습니다. 그리고 그는 낙타들에게도 물을 먹였습
니다.

47 제가 그에게 '그대는 누구의 따님이오?' 하고 물었더니, '밀카가 나호르에게 낳아 준 아들
브투엘의 딸입니다.' 하고 대답하였습니다. 저는 그의 코에 코걸이를 걸어 주고 두 팔에는
팔찌를 끼워 주고 나서,

48 무릎을 꿇어 주님께 경배하고 제 주인 아브라함의 하느님이신 주님을 찬미하였습니다. 그
분께서는 제 주인의 아우님 딸을 주인 아들의 아내로 얻을 수 있도록 저를 바른길로 인도
해 주셨습니다.

49 이제 여러분께서 저의 주인에게 자애와 신의를 베풀어 주시려거든, 그렇다고 제게 알려 주
십시오. 아니면 그렇지 않다고 제게 알려 주십시오. 그러면 제가 오른쪽으로든 왼쪽으로든
가겠습니다."

둘러보기

하느님 섭리의 표징을 강조하는 단락이다(에
프렘, 요한 크리소스토무스).

24,47 브투엘의 딸

누구의 따님이오?

종은 주인에게 맹세한 뒤, 고르고 고른 많은

선물을 지니고 떠났습니다. 그는 우물가에 앉아 하느님께 기도하며 표징을 청했습니다. 그는 자신에게 내린 표징에 기뻐했지만, 그 처녀가 [아브라함의] 집안사람인지 확인할 때까지 기다렸습니다. 처녀가 나호르의 아들 브투엘의 딸인 것을 알게 된 그는 하느님을 찬미하며 그들의 집으로 가 묵었습니다.

• 시리아인 에프렘 『창세기 주해』 21,3.[1]

24,48 종이 하느님께 경배하다

하느님의 손길이 작용한다

하느님의 섭리가 현실로 분명하게 드러난 것을 본 저는 "그대는 누구의 따님이오?" 하고 물었습니다. 그녀의 말을 듣고서는 그녀가 낯선 집안 사람이 아니라 제 주인의 동생이신 나호르의 집안사람인 것을 알게 된 저는 그녀에게 묻지도 않고 귀걸이와 팔찌를 끼워 주었습니다. 저는 몹시 만족하여 주님께 기도하며, 제 여행이 성공적

인 결과를 거두어 제 주인의 아우님 딸을 데려갈 수 있게 해 주신, 제 주인 아브라함의 하느님을 찬미하였습니다(창세 24,47-48 참조). 이 일에 하느님의 손길이 작용하고 있음이 분명하게 드러났습니다.

여러분이 보시듯이, 제 주인의 기도가 이루어졌습니다. 그러니 "이제 여러분께서 저의 주인에게 자애와 신의를 베풀어 주시려거든, 그렇다고 제게 알려 주십시오". 그래야 제가 어떻게 할지 알 수 있으니, 사실대로 말씀해 주시기를 부탁드립니다. "아니면 그렇지 않다고 제게 알려 주십시오. 그러면 제가 오른쪽으로든 왼쪽으로든 가겠습니다."

• 요한 크리소스토무스 『창세기 강해』 48,24.[2]

---

[1] FC 91,170.
[2] FC 87,38.

24,50-51 라반이 아브라함의 종의 말에 찬성하다

[50] 그러자 라반과 브투엘이 대답하였다. "이 일은 주님에게서 비롯된 것이니, 우리가 당신에게 나쁘다 좋다 말할 수가 없습니다.
[51] 레베카가 여기 있으니 데리고 가서, 주님께서 말씀하신 대로 당신 주인 아들의 아내가 되게 하십시오."

둘러보기

성조의 기도를 들어 주시려는 하느님의 뜻대로 모든 일이 이루어짐을 거듭 확인시켜 주는 단락이다(요한 크리소스토무스).

24,50 주님에게서 비롯된 일

하느님께서 모든 일을 이끄셨다

성조가 기도한 결과 하느님께서 모든 일을 이끌고 계셨기에, 처녀의 아버지와 오빠는 [아브라

함의] 종에게 "이 일은 주님에게서 비롯된 것이니, 우리가 당신에게 나쁘다 좋다 말할 수가 없습니다" 하고 말했습니다. 이 말은 "당신의 이야기를 듣고 보니, 모든 일이 하느님께서 안배하신 대로 일어났음을 알겠소. 그러니 우리가 하느님의 결정에 반대하리라고 생각하지 마시오. 사실 이것은 우리가 어떻게 할 수 있는 일이 아니오.

이 아이를 당신 손에 맡기겠소. '데리고 가서, 주님께서 말씀하신 대로 당신 주인 아들의 아내가 되게 하십시오.'(51절)"라는 뜻입니다.

• 요한 크리소스토무스 『창세기 강해』 48,25.[1]

---

[1] FC 87,38.

24,52-61 레베카가 아브라함의 종을 따라가기로 결심하다

[52] 아브라함의 종은 그들의 말을 듣고 땅에 엎드려 주님께 경배하였다.

[53] 그리고 그 종은 금은 패물과 옷가지를 꺼내어 레베카에게 주고, 또 레베카의 오빠와 어머니에게도 값진 선물을 주었다.

[54] 종과 그의 일행은 먹고 마신 뒤 그곳에서 밤을 지냈다. 이튿날 아침, 모두 일어났을 때에 그 종이, "제 주인에게 돌아가게 해 주십시오." 하고 청하자,

[55] 레베카의 오빠와 어머니는 "저 애를 다만 며칠이라도, 열흘만이라도 우리와 더 머물게 해 주십시오. 그런 다음 가십시오." 하고 말하였다.

[56] 그러자 그가 대답하였다. "저를 붙잡지 말아 주십시오. 주님께서 제 여행의 목적을 이루어 주셨으니, 주인에게 갈 수 있게 저를 보내 주십시오."

[57] 그래서 그들이 "그 애를 불러다가 직접 물어봅시다." 하고는,

[58] 레베카를 불러 그에게 "이 사람과 같이 가겠느냐?" 하고 묻자, 그가 "가겠습니다." 하고 대답하였다.

[59] 그리하여 그들은 누이 레베카와 그의 유모를 아브라함의 종과 그 일행과 함께 보내면서,

[60] 레베카에게 축복하였다. "우리 누이야 너는 수천만의 어머니가 되어라. 너의 후손은 적들의 성문을 차지하여라."

[61] 레베카는 몸종들과 함께 일어나, 낙타를 타고 그 사람을 따라나섰다. 이리하여 그 종은 레베카를 데리고 길을 떠나게 되었다.

둘러보기

배우자에게서 부가 아니라 영혼의 고결함을 추구하는 것이 중요함을 일깨워 주는 단락이다.

[아브라함의] 종은 레베카에 대한 신뢰를 보여 준다. 작은 일 하나까지 모든 상황에서 하느님의 섭리가 분명하게 드러난다(요한 크리소스토무스).

24,52 아브라함의 종이 기뻐하다

배우자를 찾을 때 영혼의 고결함을 추구하라

옛사람들은 아들의 아내가 될 여자를 얼마나 신중하게 골랐는지 아시겠지요? 그들은 돈보다 고결함을 추구했습니다. [그때는] 오늘날 행해지는 계약도, 협약도, 우스꽝스러운 일들도 없었습니다. 자식 없이 한쪽이 죽으면, 여러 가지 일이 일어날 경우 등의 요구 조건을 글로 남기는 문서 같은 것도 없었습니다.

그 시대 사람들은 그런 식으로 살지 않았습니다. 그런 것보다는 처녀의 행실이 가장 확실한 계약이었습니다. 허세나 형식에 치우침도 없었습니다. 혼례식으로 인도되는 이 처녀를 보면 여러분은 이것을 깨닫게 될 것입니다. "아브라함의 종은 [처녀의] 아버지와 오빠의 … 말을 듣고 땅에 엎드려 주님께 경배하였다."[1] 그가 한 가지 일이 일어날 때마다 만물의 주님께 감사를 드리는 것을 잘 보십시오. 미리 모든 일을 준비하신 분도, 그리고 성조의 기도를 들으시고 종보다 앞서 당신 천사를 보내신 분도 하느님이셨습니다. 그를 위하여 모든 일을 이끄신 분은 그분이셨습니다.

• 요한 크리소스토무스 『창세기 강해』 48,26.[2]

24,53 레베카에게 패물과 옷가지를 주다

레베카가 이미 이사악의 아내인 듯 받들어 모신 종

자기가 바라던 일이 곧 이루어지게 된 것을 본 "그 종은 금은 패물과 옷가지를 꺼내어 레베카에게 주고", 그녀가 이미 이사악과 혼인을 언약한 듯 그녀를 받들어 모셨습니다. 그는 레베카의 오빠와 어머니에게도 선물을 주었습니다. 그리고 그 일이 자기 주인의 뜻대로 완전하게 이루어진 것을 보고서야 먹고 마셨습니다. 성경에는 이렇게 쓰여 있습니다. "종과 그의 일행은 먹고 마신 뒤 그곳에서 밤을 지냈다. 이튿날 아침 … 그 종이, '제 주인에게 돌아가게 해 주십시오' 하고 청하자 …." 종의 이 말은 "제가 보기에 모든 일이 이렇게 잘 풀렸으니, 그리고 댁들도 이 일을 만족스럽게 생각하시는 것 같으니, 한 가지라도 마무리하지 못한 채 두지 않도록 '제 주인에게 돌아가게 해 주십시오'"라는 뜻입니다.

• 요한 크리소스토무스 『창세기 강해』 48,27.[3]

주님께서 미래의 일을 짜 놓으시다

'하느님께서 내가 모든 일을 이렇게 쉽게 이룰 수 있도록 해 주셨는데, 당신들은 왜 망설이고 미루느냐?'고 그는 말하고 있습니다. … 보십시오, 이 사람들도 미처 의식하지 못한 채 앞으로 일어날 일을 이 처녀에게 암시하고 있습니다. 하느님께서 그들의 생각을 그리로 돌려놓으신 것이지요. 보십시오, 그들은 이 처녀에게 두 가지 사실을 예언합니다. 그녀가 수천만의 어머니가 된다는 것과 그녀의 후손이 적들의 성문을 차지하리라는 것입니다. 일 하나하나에 모두 하느님의 섭리가 분명하게 드러납니다. 그리고 만물의 주님께서 믿지 않는 이들까지도 미래의 일을 예언하도록 만드시는 것을 아시겠습니까?

• 요한 크리소스토무스 『창세기 강해』 48,28.[4]

---

[1] 요한 크리소스토무스가 인용한 성경 본문이다.

[2] FC 87,38-39**.

[3] FC 87,39*.

[4] FC 87,39-40.

24,62-67 이사악이 들에서 레베카를 만나다

⁶² 그때 이사악은 브에르 라하이 로이를 떠나, 네겝 땅에 살고 있었다.

⁶³ 저녁 무렵 이사악이 들에 바람을 쐬러 나갔다가 눈을 들어 보니, 낙타 떼가 오고 있었다.

⁶⁴ 레베카도 눈을 들어 이사악을 보고서는 얼른 낙타에서 내려,

⁶⁵ 그 종에게 물었다. "들을 가로질러 우리 쪽으로 오는 저 남자는 누구입니까?" 그 종이 "그 분은 나의 주인입니다." 하고 대답하자, 레베카는 너울을 꺼내어 얼굴을 가렸다.

⁶⁶ 그 종은 이사악에게 자기가 한 모든 일을 이야기하였다.

⁶⁷ 이사악은 레베카를 자기 어머니 사라의① 천막으로 데리고 들어가서, 그를 아내로 맞아들였다. 이사악은 레베카를 사랑하였다. 이로써 이사악은 어머니를 여읜 뒤에 위로를 받게 되었다.

① 칠십인역에는 '자기 어머니 사라의'가 빠져 있다.

둘러보기

이사악과 레베카가 들에서 만난 이야기는 다양한 우의적 해석을 낳았다. 이 만남은 영혼과 하느님 말씀의 결합을 나타낸다(오리게네스)고 풀이하는가 하면, 이사악이 '묵상하러'[칠십인역] 들로 나간 것은 그가 이 세상의 악덕에서 떠난 것을 상징한다(암브로시우스)고 해석한다. '들'이 세상을 나타낸다고 보기도 한다. 이사악이 너울을 쓴 정숙한 아내(테르툴리아누스, 암브로시우스) 레베카에게서 위로를 받은(에프렘) 것은 그리스도께서 회당의 자리에 교회가 들어서게 해 주신 것으로 이해할 수 있다(아를의 카이사리우스).

24,62 이사악은 네겝 땅에 살고 있었다

우물가에서 만나다

그리하여 [아브라함의] 종은 레베카를 데려가 이사악에게 보여 주었습니다. 그런데 레베카가 이사악을 어디에서 만났습니까? 그는 '맹세의 샘'에서 이사악을 만났습니다(참조: 창세 21,32; 24,62 칠십인역). 형제 여러분, 이사악의 종은 우물가에서 레베카를 만났고, 레베카가 이사악을 만난 곳도 우물가였습니다. 그리스도께서 교회를 발견하시는 곳도, 교회가 그리스도를 발견하는 곳도, 바로 세례성사에서입니다.

• 아를의 카이사리우스 『설교집』 85,4.[1]

24,63 이사악이 들에서 묵상하다

세상의 악덕에서 떠나다

이사악은 이 세상의 악덕에서 떠나 자기 자신을 높이 들어 올렸습니다. 들에서 '묵상하며' — 이 말을 '걸으며'로 풀이하는 사람도 있습니다 — 자기 영혼을 고양시켰습니다.

• 암브로시우스 『이사악 또는 영혼』 3,6-7.[2]

---

[1] FC 47,23.

[2] FC 65,14.

들을 가로질러 오는 남자

이 '들'은 세상의 표상입니다. 이사악이 '들'로 나간 것은 그리스도께서 세상에 오시게 되어 있었기 때문입니다. 이사악은 저녁 무렵 나갔고, 그리스도께서는 세상 끝 무렵에 오시게 되어 있었습니다. 이사악은 '묵상하러 나갔다'고 쓰여 있습니다. 이사악이 묵상하러 들에 나간 것은 그리스도께서 악마와 싸우기 위해 세상에 오셨기 때문입니다. 그자에게 부당하게 죽임을 당함으로써 정당하게 그자에게 승리를 거두기 위하여, 당신께서 죽임을 당함으로써 죽음을 파멸시키기 위하여, 다시 살아나심으로써 믿는 모든 이에게 생명을 가져다주시기 위해 [그리스도께서 오셨기 때문입니다]. 또한, 레베카가 육체적으로 이사악과 결합했듯이, 교회는 영적으로 그리스도와 하나 되었습니다. 그래서 지금은 배우자의 피를 고귀한 지참금으로 받고, 나중에는 그의 나라를 혼인 선물로 받을 것입니다. 복된 베드로 사도는 이 말로 그 사실을 확실하게 선포합니다. "여러분은 조상들에게서 물려받은 헛된 생활 방식에서 해방되었는데 … 흠 없고 티 없는 어린양 같으신 그리스도의 고귀한 피로 그리된 것입니다"(1베드 1,18-19).

• 아를의 카이사리우스 『설교집』 85,4.[3]

우물은 성경을 나타내는 영적 상징

이 이야기가 영적 발언이라는 사실을 아직도 깨닫지 못합니까? 여러분은 성조들이 우물가로 가고 물가에서 혼인이 성사된 것이 다 우연이라고 생각하십니까? 이런 식으로 생각하는 사람은 '하느님의 영에게서 오는 것을 받아들이지 않는 현세적 인간'(1코린 2,14 참조)입니다. 이런 식으로 이해하기를 고집하는 사람이라면, '현세적 인간'으로 남아 있으라고 하십시오. 저는 바오로 사도

를 따라, 이런 일들은 "우의적인 뜻"(갈라 4,24)을 지니고 있다고 말하겠습니다. 그리고 성인들의 혼인은 영혼과 하느님 말씀의 결합이라고 말하겠습니다. "주님과 결합하는 이는 그분과 한 영"(1코린 6,17)이 되기 때문입니다.

그런데 영혼과 말씀의 이런 결합은 우물에 비유되는 거룩한 책들에서 배우지 않고는 이루어질 수 없는 것이 확실합니다. 이것에 다가가 그 물을 긷는 이는, 다시 말해 그 말씀들을 묵상함으로써 더 깊은 의미를 깨닫는 이는, 하느님에게 맞갖은 배우자가 되어 혼례를 치르게 될 것입니다. [그 사람의] 영혼이 하느님과 결합을 이루기 때문입니다.

• 오리게네스 『창세기 강해』 10,5.[4]

24,64 레베카가 이사악을 보다

하느님의 말씀으로 맺어진 영혼

종을 따라온 레베카가 이사악에게로 옵니다. 그렇습니다, 예언 말씀을 따라온 교회는 그리스도에게로 옵니다. 레베카가 이사악을 어디서 발견합니까? 성경은 [이사악이] '맹세의 샘가에서 걷고 있었다'(62절 참조)고 합니다. 사람은 어떤 경우에도 샘에서 물러나 있을 수 없습니다. 어떤 경우에도 물가에서 멀리 떨어져 있을 수 없습니다. 레베카가 [아브라함의 종의] 눈에 뜨인 것도 '우물가'(창세 24,13 참조)였고, 레베카가 이사악을 발견한 것도 '샘가'(62절 참조)였습니다. 그녀는 그의 모습을 그곳에서 처음으로 바라보았습니다. 그곳에서 레베카는 낙타에서 내렸고, 그곳에서 이사악을 보았습니다. 그 남자가 누구인지 종이 알려 주었습니다.

---

[3] FC 47,23.

[4] FC 71,166.

여러분은 이것이 단지 우물에 관한 이야기라 생각하십니까? 야곱도 우물에 가서 그곳에서 라헬을 발견합니다. … 모세도 르우엘의 딸 치포라를 우물가에서 만났습니다(탈출 2,15-18 참조). …

레베카도 '낙타에서 내렸습니다'. 다시 말해, 악덕들을 떠났습니다. 그녀는 비이성적 지각을 떨쳐 버리고 이사악과 결합하였습니다. 이사악은 "더욱더 힘차게"(시편 84,8) 나아가기에 족한 사람이기 때문입니다. '덕'의 아들, 곧 사라의 아들은 이제 레베카, 곧 '인내'와 결합하였습니다. 이는 덕에서 덕으로 "더욱더 힘차게"(시편 84,8) 나아가는 것이며 "믿음에서 믿음으로"(로마 1,17) 나아가는 것입니다. 우리도 복음으로 옵시다. 주님께서 '길을 걷느라' 지치셨을 때 어디에서 쉬셨는지 봅시다. 성경에는 "길을 걷느라 지치신 예수님께서는 그 우물가에 앉으셨다"(요한 4,6)라고 쓰여 있습니다. 모든 사례에서 신비들이 일치하고 있음을 우리는 봅니다. 새 계약과 옛 계약의 양식이 조화를 이루고 있음을 우리는 봅니다. 한 계약에서는 우물가와 샘가로 와 신부를 발견하고, 한 계약에서는 교회가 물에 흠뻑 젖음으로써 그리스도와 결합합니다.[5]

얼마나 많은 신비가 우리에게 말하고 있습니까? 우리는 이 모든 일이 나타내는 바를 다 다룰 수는 없습니다. 그러나 여러분은 적어도 귀 기울이게 만드는 그 뜻을 끼워 맞추어 보려는 자극은 받아야 합니다. 여러분이 서둘러 간단히 넘어가더라도, 본문을 다시 읽고 뜻을 파악하려 하면서 신비를 쫓아 버리더라도, 역시 물가에 있는 여러분을 발견하신 하느님의 말씀께서, 여러분이 그리스도 예수 우리 주님 안에서 당신과 "한 영"(1코린 6,17)이 되도록 여러분을 취하여 당신과 하나 되게 하신다는 것을 발견할지 모릅니다. "그분께서는 영원무궁토록 영광과 권능을 누리십니다. 아멘"(1베드 4,11; 참조: 묵시 1,6).

• 오리게네스 『창세기 강해』 10,5.[6]

24,65 종이 그 남자가 이사악이라고 알려 주다

약혼녀의 정숙함

그런데 약혼한 [여성]들과 관련하여 저는 여느 경우보다 확고하게 다음의 사실을 언명하고 공언할 수 있습니다. 그들은 장차 남편이 될 이에게 처음 입맞춤을 받거나 손을 잡고 떨림을 느낀 때부터 머리를 가려야 한다는 것입니다. 그들은 이런 상징들 안에서 자기 자신 전부를 주기로 서약했기 때문입니다. 그것은 충만한 완성에 이르기까지의 자기 삶 전부를, 평생 동안 육을, [계약에 대한] 이해를 통하여 자신의 영을, 입맞춤을 통하여 정숙을, 기대를 통하여 자신의 희망을, 자발적인 태도를 통하여 자신의 마음을 바친다는 서약입니다. 레베카는 훌륭한 본보기입니다. 저 멀리 보이는 남자가 미래의 남편임을 알자 그녀는 자신과 혼인할 사람이라는 이유만으로 너울로 머리를 가렸습니다.

• 테르툴리아누스 『기도론』 22,10.[7]

레베카가 너울로 얼굴을 가리다

레베카는 이사악이 자기를 만나러 다가오고 있음을 알자 낙타에서 내려 겉옷으로 얼굴을 가렸습니다. 이 영혼이 혼인 예복이라는 표시를 고대했듯이, 그녀는 혼인 예복이 없어 잔칫상에서 쫓겨나는 이가 되기를 원치 않았습니다.

• 암브로시우스 『이사악 또는 영혼』 6,55.[8]

---

[5] 세례를 가리킨다.

[6] FC 71,165-67.

[7] FC 40,181.

[8] FC 65,45.

24,67 이사악이 레베카를 사랑하다

그리스도께서 교회를 세우셨다

그래서 이사악은 레베카를 "자기 어머니 사라의 천막으로 데리고" 들어갔습니다. 그리스도께서도 교회를 데리고 가시어 회당의 자리에 세워 주셨습니다. … 바오로 사도가 말하듯이, 교만 때문에 올리브 나무에서 몇몇 가지들이 잘려 나갔습니다. 이는 비천한 야생 올리브 나무 가지가 접붙여지게 되려는 것이었습니다(로마 11,17 참조). 이사악이 레베카를 맞아들인 것은 이런 이유입니다. 그는 레베카를 사랑했고 이로써 이사악은 어머니를 여읜 뒤에 위로를 받게 되었습니다. 그리스도께서는 교회를 아내로 맞아들이셨고 그를 몹시도 사랑하셨기에 당신의 어머니, 곧 회당의 죽음으로 인한 슬픔을 위로받으셨습니다. 실로, 회당의 믿음 없음이 그리스도를 슬프게 만들었지만 교회의 믿음은 그분께 기쁨을 불러일으켰습니다. … 뿐만이 아닙니다. 사랑하는 여러분, 앞서도 말씀드렸다시피, 그리스도 주님께서는 우리를 당신의 영적 배우자로 만드시려고 당신의 고귀한 피로 구원하시기까지 하였습니다. 그러므로 우리 각자는 그분의 도움을 받아, 거룩한 은총으로 우리에게 주어진 은혜를 지킬 뿐 아니라 … 그것을 더욱 키우도록 노력해야 합니다. 그렇게 하는 [이에게는] 사치 때문에 천박해지는 일도, 교만 때문에 부풀어 오르는 일도, 분노에 휩싸이는 일도, 탐욕으로 눈머는 일도, 뱀독 같은 시샘에 빠지는 일도 결코 없을 것입니다. '어떤 사람보다 수려하신'(시편 45,3) 우리의 배우자께서 우리 가운데에서 위에 언급한 죄를 지닌 이를 발견하시어 엄위하신 분의 눈이 불쾌한 것을 보는 일은 결코 없어야 합니다. 아버지와 성령과 더불어 그분께 영예와 권능이 세세에 있나이다. 아멘.

> • 아를의 카이사리우스 『설교집』 85,5.[9]

어머니를 여읜 이사악이 위로를 받다

삼 년 뒤에 온 레베카에게서 [받는] 기쁨 덕분에, 이사악은 삼 년이나 헤어나지 못했던 어머니를 여읜 슬픔을 위로받았습니다.

> • 시리아인 에프렘 『창세기 주해』 21,4.[10]

---

[9] FC 47,23-24.

[10] FC 91,170.

25,1-6 아브라함이 크투라에게서 얻은 자손

[1] 아브라함은 다시 아내를 맞아들였는데, 그의 이름은 크투라였다.

[2] 그는 아브라함에게 지므란, 욕산, 므단, 미디안, 이스박, 수아를 낳아 주었다.

[3] 욕산은 세바와 드단을 낳았다. 드단의 자손들은 아수르인, 르투스인, 르움인이다.

[4] 미디안의 아들들은 에파, 에페르, 하녹, 아비다, 엘다아이다. 이들 모두가 크투라의 자손들이다.

[5] 아브라함은 자기의 모든 재산을 이사악에게 물려주었다.

> *⸢6⸥ 아브라함은 소실들이 자기에게 낳아 준 아들들에게도 한몫씩 나누어 주었다. 그런 다음 아브라함은 죽기 전에, 그들을 자기 아들 이사악에게서 떼어 동쪽 곧 동방의 땅으로 내보냈다.

둘러보기

우의적 해석의 풍부한 자료가 되는 단락이다. 아브라함은 지혜와 배움을 나타내므로, 그가 백 살에 아내를 맞아들인 것은 지혜의 생명력은 끝이 없음을 나타낸다. 성인들의 혼인은 그들의 영적 진보에 대한 비유다(오리게네스). 아브라함과 크투라의 혼인은 한 분이신 참된 하느님에 관한 지식과 예배를 널리 퍼뜨리려는 의도에서 이루어진 행위(에프렘)라거나 합법적 재혼은 축복임을 말해 주는 것(아우구스티누스)이라는 해석도 있다.

25,1 아브라함의 아내 크투라

지혜에는 끝이 없음을 알았던 아브라함

거룩한 사도는 언제나 우리에게 영적 이해의 창을 열어 주며, "율법은 영적인 것"(로마 7,14)이라는 사실을 모든 일에서 알아볼 수 있는 확실한 표징들을 보여 줍니다. 이런 표징들은 비록 많지는 않지만 꼭 필요한 것입니다.

바오로 사도는 아브라함과 사라에 관해 논하면서, 그들의 '믿음이 약해지지 않았다'고 합니다. 성경에는 이렇게 쓰여 있지요. "[아브라함은] 백 살가량이 되어, 자기 몸이 이미 죽은 것이나 다름없고 사라의 모태도 죽은 것이라 여기면서도, 믿음이 약해지지 않았습니다"(로마 4,19). 바오로 사도의 표현대로, 백 살가량 되었을 때 몸이 이미 죽은 것이나 다름없던 이 사람은 육체의 생식력 덕분이라기보다 믿음의 힘 덕분에 이사악을 낳았습니다. 그런데 성경은 이 사람이 크투라라는 이름의 아내를 맞아들여 아들들을 더 낳았다고 이야기합니다(2절 참조). 그때 그는 백서른일곱 살 정도였을 것입니다. 그의 아내 사라는 그보다 열 살 아래라고 기록되어 있는데, 사라가 백스물일곱 살에 죽었으니 아브라함이 크투라를 아내로 맞아들였을 때의 나이는 백서른일곱이 넘었을 것이기 때문입니다.

그러면 무엇입니까? 이렇게 위대한 성조가 그 나이에 육적 충동이 넘쳤다고 생각해야겠습니까? 오래전에 본성적 욕구 면에서 몸이 죽었다는 사람에게 새삼 욕정이 살아났다고 생각해야겠습니까? 아니면, 앞에서 여러 번 말했듯이, 또 지혜에 관해 "나는 지혜를 맞아들여 함께 살기로 작정하였다"(지혜 8,9)라고 말한 이가 암시하듯이, 성조들의 혼인은 신비적이며 성스러운 어떤 것을 나타낸다고 이해해야 하겠습니까?

아브라함도 그 시절에 이미 이처럼 생각한 듯합니다. 그는 지혜로웠지만, 바로 그렇기에, 지혜에는 끝이 없으며 아무리 나이가 들어도 배움을 그칠 수 없음을 알았습니다. 우리가 앞에서 진술한 것과 같은 방식의 혼인 생활을 해 온 사람, 혼인을 통해 덕을 실천해 온 사람이 어느 시점에 와서 그런 결합을 끊을 수 있습니까? 실로 사라의 죽음은 덕의 완성으로 이해해야 합니다. 그러나 더할 나위 없이 완벽한 덕을 지닌 사람은 언제나 배움을 멈추어서는 안 됩니다. 거룩한 언어는 이런 배움을 '아내'로 표현합니다.

• 오리게네스 『창세기 강해』 11,1.[1]

크투라에게서 낳은 후손

문자적 의미로 기록된 이 일들에서 우리는 크투라에게서 난 자손들이 어떤 사람들인지 알아보는 것도 빠뜨려서는 안 됩니다.

우리가 이 [이름]들을 기억한다면, 성경에 언급되는 여러 민족들에 관한 내용을 더 쉽게 알아볼 수 있을 것입니다. 예를 들어, 모세가 미디안의 사제 이트로의 딸을 아내로 맞아들였다는 기록을 읽을 때, 이 미디안이 크투라와 아브라함 사이에서 난 아들이라는 것을 알게 됩니다(2절 참조). 그에 따라 우리는 모세의 아내가 아브라함의 자손에게서 났으며 이방인이 아니라는 것을 압니다. 또 "케다르 왕국"(예레 49,28)이라는 구절을 볼 때도, 이 케다르 역시 아브라함에서 케다르로 이어지는 혈통(창세 25,13 참조)에서 유래했음을 알 수 있을 것입니다.

• 오리게네스 『창세기 강해』 11,2.[2]

아브라함이 다시 아내를 맞다

구원자의 설명대로 아브라함의 행실을 따름으로써 자신이 아브라함의 자녀임을 드러내 보이고 싶어 하는 [사람은] 문자대로 여종과 성적 관계를 맺을 필요도 아내가 죽은 뒤 노년에 또 다른 아내를 맞을 필요도 없습니다. 우리는 여기에서 아브라함의 이야기를 모두 우의적으로 해석해야 하며, "네 고향과 친족과 아버지의 집을 떠나, 내가 너에게 보여 줄 땅으로 가거라"(창세 12,1)라는 명령부터 시작해 그가 한 모든 일을 영적으로 이해해야 한다는 것을 분명하게 알게 됩니다. 이 명령은 아브라함에게만 내린 것이 아니라 그의 자녀가 될 모든 이에게 내린 것이기도 합니다.

• 오리게네스 『요한 복음 주해』 20,67.[3]

크투라

나이 많은 아브라함이 혼인한 여자의 이름인 '크투라'는 '티미아마'*thymiama*[4]라는 뜻입니다. '향' 또는 '기분 좋은 향내'를 뜻하지요. 실상 그는 바오로 사도가 말했듯이, "우리는 하느님께 피어오르는 그리스도의 향기입니다"(2코린 2,15)라고 말하고 있는 셈입니다. 그런데 어떤 사람이 '그리스도의 향기'가 되는지 알아봅시다. 죄는 더러운 것입니다. 실제로 죄인들은 더러운 똥 속에서 뒹굴듯 죄 안에서 뒹구는 돼지들에 비유됩니다. 죄인으로서 회개하는 다윗은 "저의 미련함 때문에 제 상처는 냄새 피우며 썩어 갑니다"(시편 38,6) 하고 말합니다.

그러므로 여러분 가운데 그 안에서 죄의 악취가 아니라 의로움의 향내, 자비의 달콤함이 풍기는 이가 있다면, "끊임없이 기도"(1테살 5,17)함으로써 주님께 향을 올리며 "저의 기도 당신 면전의 분향으로 여기시고 저의 손 들어 올리니 저녁 제물로 여겨 주소서"(시편 141,2) 하고 말하는 사람이 있다면, 그는 크투라와 혼인한 사람입니다. 선조들의 혼인은 이런 식으로 이해하는 것이 더 적절하다고 나는 생각합니다. 그렇게 할 때, 나이 많은 성조들이 말년에 행한 혼인이 더 고귀한 것으로 이해됩니다. 필연적 결과인 자녀 생산도 이런 식으로 보아야 합니다. 이런 혼인에 또 이런 종류의 자손을 낳는 것에는 젊은이들보다 노인들이 더 적격이기 때문입니다. 육이 연약한 만큼 영혼의 덕에서는 훨씬 강건하여 지혜를 받아

---

[1] FC 71,168-69*.

[2] FC 71,172.

[3] FC 89,220.

[4] 아퀼레이아의 루피누스는 오리게네스의 『요한 복음 주해』를 라틴어로 번역하며 이 낱말을 그리스어 그대로 사용했다.

들이기에 더욱 적격인 사람이 있기 때문입니다.

• 오리게네스 『창세기 강해』 11,1-2.[5]

성도들의 진보를 비유로 표현하는 성경

여러분도 원하기만 한다면, 이러한 혼인을 하는 남편이 될 수 있습니다. 예를 들어, 아낌없이 손님을 환대한다면, 여러분은 손님을 환대하는 덕을 아내로 맞아들인 사람으로 보일 것입니다. 거기에 가난한 이들을 보살핀다면, 여러분은 두 번째 아내를 얻은 사람으로 보일 것입니다. 그런데 여러분이 여기에다 인내와 온화함을 비롯해 다른 덕들도 실천한다면, 여러분은 여러분이 지닌 덕들만큼 많은 아내를 둔 사람으로 보일 것입니다. 몇몇 성조가 동시에 많은 아내를 두었다거나 아내가 죽자 다른 아내를 맞아들였다는(참조: 창세 16,3; 25,1) 성경 이야기는 이런 뜻입니다. 어떤 이들은 동시에 많은 덕을 실천할 수 있고 어떤 이들은 한 가지 덕을 완성에 이르게 하기 전에는 다른 덕을 실천하기 시작할 수 없다는 것을 비유적으로 나타내기 위해 그렇게 기록한 것입니다. 그래서 솔로몬에게 동시에 여러 아내가 있었다고 하는 것입니다(아가 6,8 참조). 주님께서는 그에게 '너같이 지혜로운 사람은 네 앞에도 없었고 네 뒤에도 다시 나오지 않을 것'(참조: 2역대 1, 1; 1열왕 3,13)이라고 하셨습니다. 이는 그가 지혜로운 판단으로 백성을 다스리도록 주님께서 그에게 분별하는 마음을 "바닷가의 모래처럼"(창세 22,17) 풍부하게 주셨기 때문이며, 덕분에 그는 많은 덕을 동시에 실천할 수 있었습니다.

• 오리게네스 『창세기 강해』 11,2.[6]

이민족 여자와 혼인하다

그런데 우리가 하느님의 율법에서 배우는 이것을 넘어서, 세상 바깥에 있는 것으로 보이는 이런 가르침들의 일부 — 예를 들어, 문학적 지식이나 문법, 기하, 수학, 나아가 변증법까지 — 도 접하게 된다면, 그리고 바깥 세계가 [탐구한] 이 모든 것을 우리의 목적에 맞게 이용하고 우리의 법 조항에 반영한다면, 이민족 여자를 아내로 얻었거나 "후궁들"(아가 6,8)을 두었다고 표현할 수 있을 것입니다. 그리고 우리가 이런 종류의 혼인들, 곧 논쟁으로나 또는 반론에 대한 반박으로 어떤 이들을 믿음으로 돌려세운다면, 우리의 추론과 기량으로 그들을 이겨 그들이 그리스도의 참된 철학과 하느님께 대한 참된 신심을 받아들이도록 설득하게 된다면, 이민족 아내나 후궁에게서 자식을 낳듯 변증법이나 수사학으로 아들들을 낳았다고 할 수 있을 것입니다.

• 오리게네스 『창세기 강해』 11,2.[7]

하느님에 관한 지식과 예배를 퍼뜨리다

동정이나 정결에 관한 법이 아직 세워지지 않았던 때라 욕망이 이 의로운 남자의 마음에 얼룩을 남기는 일이 없도록 … 아브라함은 사라가 죽은 뒤 소실을 맞아들였습니다. 장차 온 땅으로 흩어질 자신의 많은 아들들의 올곧음을 통하여 한 분 하느님에 관한 지식과 예배가 퍼져 나가게 하려는 뜻이었습니다. 그리하여 아브라함은 크투라에게서 아들들을 얻었고, 그들에게 선물을 주어 동쪽으로 보냈습니다. 아브라함은 백칠십오 세에 죽어 그의 아내 사라 곁에 묻혔습니다.

• 시리아인 에프렘 『창세기 주해』 22,1.[8]

---

[5] FC 71,169-70*.

[6] FC 71,170-71.

[7] FC 71,171.

[8] FC 91,170-71.

재혼은 용인된다

이 이야기를 상징적 의미로 받아들이기 싫어하는 사람도 아브라함을 욕해서는 안 됩니다. 많은 민족의 아버지가 되는 사람이 본처가 죽은 다음 재혼한 것이 죄가 아니라면, 문자적 의미로만 보아도 이것은 두 번째 혼인을 한사코 반대할 미래의 이단자들에 대한 훌륭한 반론이 되지 않겠습니까?

• 아우구스티누스 『신국론』 16,34.[9]

25,6 아브라함이 소실들에게서 낳은 자식들

아브라함이 선물을 주다

우리가 자유로운 예루살렘의 아들들이라면,

어떤 선물들은 상속받지 못한 이들이 받는 것이고 어떤 선물들은 상속자가 받는 것임을 압시다. 상속자들은 이런 말씀을 듣는 이들입니다. "여러분은 사람을 다시 두려움에 빠뜨리는 종살이의 영을 받은 것이 아니라, 여러분을 자녀로 삼도록 해 주시는 영을 받았습니다. 이 성령의 힘으로 우리가 '아빠! 아버지!' 하고 외치는 것입니다"(로마 8,15).

• 아우구스티누스 『인내』 28.[10]

---

[9] FC 14,549; 『교부 문헌 총서』 16,1777.

[10] FC 16,263.

25,7-11 아브라함이 세상을 떠나다

7 아브라함이 산 햇수는 백칠십오 년이다.

8 아브라함은 장수를 누린 노인으로, 한껏 살다가 숨을 거두고 죽어 선조들 곁으로 갔다.

9 그의 아들 이사악과 이스마엘이 그를 막펠라 동굴에 안장하였다. 이 굴은 마므레 맞은쪽, 히타이트 사람 초하르의 아들 에프론의 밭에 있었다.

10 이 밭은 아브라함이 히타이트 사람들에게서 사들인 것으로, 바로 이곳에 아브라함과 그의 아내 사라가 안장되었다.

11 아브라함이 죽은 뒤에 하느님께서는 그의 아들 이사악에게 복을 내리셨다. 이사악은 브에르 라하이 로이[①]에 자리 잡고 살았다.

① 칠십인역은 '브에르 라하이 로이' 대신 '환시의 샘'이다.

둘러보기

아브라함의 죽음에 관한 기록은 그에 관한 신약성경의 기록을 배경으로 이해해야 한다. 이사악이 자리 잡은 '환시의 샘'이라는 뜻의 '브에르 라하이 로이'는 모든 이의 목표가 되어야 할 영적 깨우침을 가리킨다(오리게네스). 믿음을 통해 아브라함의 자손이 된 모든 이는 하늘 나라의 상속 재산을 받으리라는 희망을 품고 나그네로서 살아간다(베다). 믿는 모든 이는 아브라함의 품에 모이게 될 것이다(오리게네스). 아브라함 이전에는 사람들이 매우 오래 살았지만 아무도 '노인'으로 불리지 않았다(히에로니무스). 육체는 인성의 진수를 담고 있는 것이기에 이 옛 의인의 장례는 매우 경건하게 치러졌다(아우구스티누스). 이사악은 환시의 샘에 자리 잡았는데, 믿는 이들은 이 샘을 또다시 지나쳐 버릴 수 있다(오리게네스).

25,7 아브라함의 삶

아브라함이 산 햇수

약속의 아들 이사악은 아브라함이 백 살 때 태어났습니다(창세 21,5 참조). 그의 자손을 통하여 지상의 모든 민족에게 약속된 상속의 축복은 장차 올 거룩한 본향에서 주어질 것이 틀림없습니다. [아브라함은] 약속의 땅에서 백 년을 나그네로 살았습니다(창세 12,4 참조).[1] 믿음을 통해 아브라함의 자손이 된 우리 모두는 하늘 나라에서 받을 상속 재산을 기대하며 현재의 교회에서 나그네로 살아가야 합니다. 이사악은 이런 방식으로 살아가며 '그라르' — '이방인으로서 머물러 살다'라는 뜻입니다 — 에서 씨를 뿌렸고, 그해에 수확을 백 배나 올렸습니다(창세 26,6.12 참조). 육체 안에서 살다가 하늘 나라의 삶으로 들어가는 즉시, 우리는 약속의 자녀로서 이승에서 나그네살이하며 행한 모든 선행을 돌려받습니다.

• 존자 베다 『성막과 제구』 2,13,85.[2]

25,8 장수를 누린 노인

장수를 누리고 죽다

저는 성경에서 '장수를 누렸다'는 표현이 처음 나오는 곳이 어딘지 주의 깊게 살펴보는 중입니다. 아담은 구백삼십 년을 살았지만 '노인'으로 불리지 않습니다. 므투셀라는 구백육십구 년을 살았지만 '노인'으로 불리지 않습니다. 저는 대홍수 때까지의 기록을 죽 살펴보고, 대홍수 이후 거의 삼천 년이 흐를 때까지를 살펴보아도 '노인'으로 불린 사람을 발견하지 못했습니다. 아브라함이 처음입니다. 그리고 그는 분명 므투셀라보다 훨씬 나이가 적었는데도 '노인'으로 불립니다. 그의 노년이 풍요로운 기름부음을 받았기 때문입니다. 그래서 성경은 '아브라함은 장수를 누린 노인으로, 한껏 살다' 숨을 거두었다고 기록합니다. 그의 노년은 좋은 노년이었습니다. 그의 생애 전부가 밤이 아니라 낮이었기에, 그의 노년은 낮들로 가득한 노년이었기 때문입니다.

• 히에로니무스 『시편 강해집』(59편) 21.[3]

25,10 아브라함이 사라 곁에 묻히다

장엄한 장례

죽은 이의 시신은, 의롭고 신실한 이의 시신은 더더욱 함부로 대하거나 내버려 두어서는 안 됩니다. 그 육체는 영혼이 모든 거룩한 선행에 사용한 도구요 기관입니다. 자녀가 부모를 사랑하여 아버지의 옷이나 반지 같은 물건을 소중히 여긴다면, 그들의 육체도 함부로 대해서는 안 됩니다. 부모의 육체는 그들이 걸쳤던 옷보다 더 친근하고 친밀한 것이기 때문입니다. 육체는 바깥에 걸치는 것들처럼 장식물이나 보조물이 아니라 인성의 진수를 담고 있는 것입니다. 그래서 옛 시대 의인들의 장례는 경건하게 치러졌습니다. 엄숙한 행렬이 있었고 그에 걸맞게 매장되었습니다. 그들은 살아 있는 동안에 자신의 아들들에게 자신의 장례에 대한 모든 것을 일러두곤 했

---

[1] 아브라함은 일흔다섯에 하란을 떠나 가나안으로 왔고 백칠십 세에 죽었기에 나온 계산이다.

[2] TTH 18,96-97.

[3] FC 48,172.

습니다(참조: 창세 23,1-20; 47,30).

> • 아우구스티누스 『죽은 이를 위한 배려』 3,5.[4]

25,11 하느님께서 이사악에게 복을 내리시다

아브라함의 품에 모인다

주님께서 복음서에서 하신 말씀 외에 아브라함의 죽음에 대해 무슨 말을 더 할 수 있겠습니까? "죽은 이들이 되살아난다는 사실에 관해서는 … 떨기나무 대목에서 하느님께서 모세에게 어떻게 말씀하셨는지 읽어 보지 않았느냐? '나는 아브라함의 하느님, 이사악의 하느님, 야곱의 하느님이다' 하고 말씀하셨다. 그분께서는 죽은 이들의 하느님이 아니라 산 이들의 하느님이시다"(마르 12,26-27). 실로 아브라함의 죽음은 이렇게 이해되어야 합니다. 죽음이 그의 품을 한없이 크게 만들어, 천사가 세상 모든 곳에서 오는 모든 성도를 아브라함의 품으로 데려갑니다(루카 16,22 참조).

> • 오리게네스 『창세기 강해』 11,3.[5]

환시의 샘에 자리 잡고 산 이사악

"하느님께서는 … 이사악에게 복을 내리셨다. 이사악은 브에르 라하이 로이에 자리 잡고 살았다"라고 쓰여 있습니다. 이것이 주님께서 이사악에게 내리신 완전한 복입니다. 그가 '환시의 샘'에 살 수 있게 해 주신 것입니다. 그 의미를 알아듣는 이에게 이것은 위대한 축복입니다. 주님께서 저에게도 이 복을 내리시어 제가 '환시의 샘'에 자리 잡고 살게 될까요?

"아모츠의 아들 이사야가 … 본 환시"(이사 1,1)가 어떤 것인지 알고 이해할 수 있는 사람은 어떤 사람일까요? 나훔이 본 환시가 무엇인지 알 수 있는 사람은 어떤 사람일까요? 야곱이 메소포타미아로 떠났을 때 베텔에서 본 환시, 그것을 보고 그가 "이곳은 다름 아닌 하느님의 집이다. 여기가 바로 하늘의 문이로구나"(창세 28,17)라고 말한 환시가 어떤 것이었는지 이해할 수 있는 사람은 어떤 사람일까요? 율법이나 예언서에 기록된 일들이나 개별 환시들을 알고 이해할 수 있는 사람이 있다면 그는 '환시의 샘'에 자리 잡고 사는 사람입니다.

그런데 이 점, 곧 이사악이 '환시의 샘'에 자리 잡고 살 수 있는 그런 큰 축복을 주님께 받을 자격이 있었는가 하는 것에 대해서도 좀 더 깊이 생각해 보십시오. 그런데 우리는 '환시의 샘'을 지나갈 충분한 자격을 언제 받게 될까요? 그[이사악]는 환시 안에 머무르며 자리 잡고 살 자격이 있었습니다. 그러나 하느님 자비의 비춤을 그저 조금 받았을 뿐인 우리는 단 하나의 환시도 감지하거나 추측하기 힘듭니다.

> • 오리게네스 『창세기 강해』 11,3.[6]

게으른 이들은 이 샘에 자리 잡고 살지 못한다

그러나 내가 만약 하느님 환시의 한 가지 의미만이라도 감지할 수 있게 된다면, 나는 '환시의 샘'에서 하루를 보냈다고 할 수 있을 것입니다. 그러나 내가 문자에 따라서만이 아니라 영에 따라서 무엇인가를 감지할 수 있게 된다면, 나는 이틀을 '환시의 샘'에서 보냈다고 할 수 있을 것입니다. 또 도덕적 요점도 깨닫는다면 나는 [그곳에서] 사흘을 보낸 것입니다. 또는, 내가 모든 것을 이해하지는 못할지라도, 성경을 부지런히 연구하고 '하느님의 가르침을 밤낮으로 되새기며'(시편 1,2 참조) 탐구하고 토론하고 연구하고 무

---

[4] FC 27,356.

[5] FC 71,172-73.

[6] FC 71,173.

엇보다, 하느님께 기도하고 사람들에게 지식을 가르치시는 그분(시편 94,10 참조)께 이해를 청하는 가장 위대한 일을 한시도 그치지 않는다면, 나는 '환시의 샘'에 자리 잡고 산다고 할 수 있을 것입니다.

그러나 내가 소홀하며 집에서 하느님 말씀을 공부하지도 않고 말씀을 들으러 자주 교회에 가지도 않는다면, 우리 가운데 축일에만 교회에 오는 사람들과 마찬가지로, '환시의 샘'에 자리 잡고 사는 이가 아닙니다. 그런 소홀한 사람은 아마도 교회에 와서도 샘에서 마시지도 생기를 얻지도 못하고, 일이나 자기 마음속에 담아 온 생각에만 몰두하다가 성경의 샘에서 목도 축이지 못하고 목마른 채 떠날 것입니다. 그러니 주님의

그 축복이 여러분에게 내리도록, 여러분이 '환시의 샘'에 자리 잡고 살아 주님께서 여러분의 눈을 열어 주시고 그리하여 여러분이 '환시의 샘'을 보고, 여러분 안에서 "물이 솟는 샘이 되어 영원한 생명을 누리게 할"(요한 4,14) "생수"(창세 26,19)를 거기서 마실 수 있도록 서둘러 올바로 행동하십시오. 교회에 좀처럼 오지 않고 성경의 샘에서 물을 긷는 일도 좀처럼 없으며 교회에서 들은 것을 나가는 즉시 잊어버리고 다른 일에 몰두하는 사람은 '환시의 샘'에 자리 잡고 사는 이가 아닙니다.

• 오리게네스 『창세기 강해』 11,3.[7]

---

[7] FC 71,173-74.

25,12-26 이스마엘의 자손과 에사우와 야곱의 탄생

[12] 사라의 여종인 이집트 여자 하가르가 아브라함에게 낳아 준 아들, 곧 아브라함의 아들 이스마엘의 족보는 이러하다.

[13] 태어난 순서에 따르면, 이스마엘 아들들의 이름은 이러하다. 곧 이스마엘의 맏아들 느바옷, 케다르, 앗브엘, 밉삼,

[14] 미스마, 두마, 마싸,

[15] 하닷, 테마, 여투르, 나피스, 케드마이다.

[16] 이들이 이스마엘의 아들들이고, 또 마을과 고을에 따라 본 그들의 이름으로서, 열두 부족의 족장들이다.

[17] 이스마엘이 산 햇수는 백삼십칠 년이다. 그는 숨을 거두고 죽어 선조들 곁으로 갔다.

[18] 그들은 하윌라에서 수르에 이르는 지방에 살았다. 수르는 이집트 맞은쪽, 아시리아로 가는 곳에 있다. 이렇게 그는 자기의 모든 형제들에게 맞서 혼자 떨어져 살았다.①

[19] 아브라함의 아들 이사악의 역사는 이러하다. 아브라함은 이사악을 낳았고,

[20] 이사악은 나이 마흔에, 파딴 아람에 사는 아람 사람 브투엘의 딸이며 아람 사람 라반의 누이인 레베카를 아내로 맞이하였다.♪

21 이사악은 자기 아내가 임신하지 못하는 몸이었기 때문에, 그를 위하여 주님께 기도
하였다. 주님께서 그의 기도를 들어주시어, 그의 아내 레베카가 임신하게 되었다.

22 그런데 아기들이 속에서 서로 부딪쳐 대자, 레베카는 "어째서 나에게 이런 일이 일어나는
가?"② 하면서, 주님께 문의하러 갔다.

23 주님께서 그에게 대답하셨다. "너의 배 속에는 두 민족이 들어 있다. 두 겨레가 네 몸에서
나와 갈라지리라. 한 겨레가 다른 겨레보다 강하고 형이 동생을 섬기리라."

24 달이 차서 몸 풀 때가 되고 보니, 레베카의 배 속에는 쌍둥이가 들어 있었다.

25 선둥이가 나왔는데 살갗이 붉고 온몸이 털투성이라, 그의 이름을 에사우라 하였다.

26 이어 동생이 나오는데, 그의 손이 에사우의 발뒤꿈치를 붙잡고 있어, 그의 이름을 야곱③이
라 하였다. 이들이 태어났을 때 이사악의 나이는 예순 살이었다.

① 히브리어 본문은 '혼자 떨어져 나갔다'다.
② 시리아어 본문과 히브리어 본문은 뜻이 명확하지 않다.
③ '발뒤꿈치를 붙들다' 또는 '밀어내다'라는 뜻이다.

둘러보기

교부들은 이스마엘의 자손에 대해서는 그다지 관심을 보이지 않은 반면 이사악의 자손에 관해서는 많은 관심을 기울였다. 성경에서 어떤 여자를 가리켜 '임신하지 못하는 몸'이라고 할 때는 오래 아기를 낳지 못하다가 거룩한 인물을 낳은 여자를 나타낼 때가 많다(오리게네스). 이사악의 기도(아프라하트, 베다)나 레베카의 인내는 불임의 매듭을 풀었다(암브로시우스). 임신하지 못하는 것은 죄의 결과가 아니다. 사실, 임신하지 못하는 여자는 동정 마리아의 길을 준비하는 사람이다(요한 크리소스토무스). 레베카가 주님께 물으러 간 것은 그녀의 영적 진보를 나타내며, 모든 이가 따라야 할 본보기다(오리게네스). 레베카가 멜키체덱에게 물으러 갔다는 진기하고 색다른 해석(에프렘)도 있다. 레베카 태 속의 두 민족(테르툴리아누스, 아우구스티누스)은 인간 영혼 안에서 서로 적대하는 덕과 악덕을 나타낸다(오리게네스). 두 민족은 교회의 태 안에서 서로 적대하는 사람들을 나타내기도 하고, 유대 민족과 교회를 나타내기도 한다(아를의 카이사리우스).

25,21 이사악의 기도 덕분에 레베카가 임신하다

불임 끝에 거룩한 잉태가 이루어지는 때가 많다

성경에 나오는 많은 거룩한 여인들이 '임신하지 못했다'고 기록되어 있는 이유를 생각해 보십시오. 사라가 그랬고(창세 11,30 참조), 레베카도 그렇습니다. 이스라엘이 사랑한 라헬도 "임신하지 못하는 몸이었다"(창세 29,31)고 합니다. 사무엘의 어머니 한나도 아이를 낳지 못했습니다(1사무 1,2 참조). 그런데 복음서에, 엘리사벳도 "아이를 못낳는 여자"(루카 1,7)였다고 쓰여 있습니다. 그렇지만 이 모든 경우에 이 낱말이 사용된 것은 그들이 모두 오래 아이를 못 낳다가 나중에 거룩한 인물을 낳았기 때문입니다.

• 오리게네스 『창세기 강해』 12,1.[1]

---

[1] FC 71,176.

레베카의 인내

드디어 레베카가 임신했습니다. 그녀는 인내로 불임의 매듭을 풀었습니다. 예언자 같고 사도 같은 그녀의 영혼이 무엇을 어떻게 탄생시켰는지 생각해 봅시다. 레베카는 아기들이 태 안에서 서로 부딪쳐 대자 "주님께 문의하러" 갔고, "너의 배 속에는 두 민족이 들어 있다"라는 말씀을 듣습니다. 그녀는 제 마음대로 추측하지 않고 하느님을 최고의 보호자요 조언자로 의지합니다. 신심 깊고 평온한 마음을 지닌 그녀는 말하자면 자신의 믿음과 예언으로 두 민족을 하나로 결합시켜 자기 태 안에 품은 것입니다. 그녀가 아내라는 이름보다 "누이"(창세 26,7)라고 불리는 데는 다 이유가 있습니다. 그녀의 온화하고 평온한 영혼은 한 개인과의 결합보다 모든 이에게 공통으로 애정을 보이는 이라는 평판을 얻고 있으며 또한 그녀는 자신이 한 사람만이 아니라 모든 이와 엮여 있다고 생각했기 때문입니다.

• 암브로시우스 『이사악 또는 영혼』 4,18-19.[2]

불임은 죄 때문이 아니다

먼저 이 점을 물어볼 만합니다. 레베카와 그녀의 남편이 선한 삶을 산다는 것은 누가 보아도 확실했고 둘 다 정결한 생활을 했는데 어째서 그녀는 아기를 낳지 못했을까요? 우리는 그들의 삶에서 흠을 발견할 수 없으며 그녀의 불임이 죄의 결과라고 말할 수도 없습니다. 이 눈여겨볼 만한 상황의 전모를 파악하기 위해서는, 임신하지 못한 것은 레베카만이 아니라 이 선한 남자의 어머니 사라도 그랬다는 점을 기억하십시오. 그 [이사악]의 어머니뿐 아니라 며느리, 곧 야곱의 아내 라헬도 그랬습니다.

불임인 사람들이 이렇게 줄줄이 있는 것은 무슨 의미입니까? 모두 선한 사람이었고, 모두 덕

이 높았으며, 모두 하느님의 증언을 들은 이들입니다. 이들에 대해 그분께서는 이렇게 말씀하셨지요. "나는 … 아브라함의 하느님, 이사악의 하느님, 야곱의 하느님이다"(탈출 3,6). 그리고 복된 바오로 사도는 "하느님께서는 그들의 하느님이라고 불리시는 것을 부끄러워하지 않으신다"(히브 11,16 참조)고 말합니다. 신약성경에는 이들에 대한 대단한 칭찬이 나옵니다. 구약성경에도 그들에 대한 대단한 칭찬이 기록되어 있습니다.

그들은 하나같이 훌륭하고 이름난 사람이었지만 모두 아내가 아이를 낳지 못했습니다. 그들은 오랜 기간을 아이 없이 살았습니다. 그러니 여러분은 덕성스러운 삶을 사는 부부에게 아이가 없는 것을 볼 때면, 믿음에 헌신적인 신심 깊은 사람들인데도 아이가 없는 것을 볼 때면, 그것이 죄의 결과라 생각하지 마십시오. 사실 하느님 계획의 많은 이유를 우리는 헤아리지 못합니다. 우리는 모든 일에 대해 하느님께 감사드려야 하며, 아이가 없는 이들이 아니라 죄 안에 사는 이들만을 사악한 자라고 여겨야 합니다. 하느님께서 우리의 선익을 위해 하시는 일이지만 우리는 그 일이 왜 일어나는지 이유를 깨닫지 못하는 경우가 사실 많습니다. 그러니 우리는 모든 일에서 그분의 지혜에 감탄하며 그분의 이루 말할 수 없는 사랑을 찬미할 일입니다.

• 요한 크리소스토무스 『창세기 강해』 49,5-6.[3]

동정녀의 길을 준비하다

이 일들이 기록된 것은 우리의 유익을 위해서입니다. 우리가 하느님의 계획을 꼬치꼬치 알려 하지 않고 그분의 큰 선의에 대해 증언하도록 하

---

[2] FC 65,23*.

[3] FC 87,44-45*.

려는 것입니다. 그렇지만 우리에게는 이 여자들이 왜 임신을 하지 못했는지 설명이 필요합니다. 그러면 그 이유는 무엇입니까? 동정녀께서 우리 주님을 낳으시는 것을 보고 우리가 그 일을 믿지 못하는 일이 없도록 하신 것입니다. 불임인 이 여자들의 태에 관하여 너의 머리를 움직여 보라고, 그리하여 임신하지 못하는 닫혀 있는 태가 하느님의 은총으로 열려 아이를 가지는 것을 보면, 처녀가 아이를 낳았다는 말을 들어도 놀라지 않을 것이라고, 이 이야기들은 말하고 있습니다. 그 경이로운 일을 보고 놀라움을 느끼되 믿기를 거부하지 말라고 이야기하고 있습니다. 그러니 유대인들이 '처녀가 어떻게 아이를 낳을 수 있냐?' 하고 말하면, '임신하지 못하던 옛날의 그 여자들은 어떻게 아이를 낳았냐?'고 말하십시오. 그 여자들의 경우에는 늙은 나이와 불완전한 본성적 조건이라는 두 가지 장애가 있었지만 동정녀의 경우에는 혼인하지 않았다는 한 가지였습니다. 결론적으로 말해서, 임신하지 못하는 여자는 동정녀의 길을 준비하는 사람입니다.

• 요한 크리소스토무스 『창세기 강해』 49,7.[4]

기도의 힘

이사악도 기도의 힘을 보여 주었습니다. 그가 레베카를 위해 기도하자 레베카가 아이를 낳았습니다.

• 아프라하트 『기도론』 4.[5]

이사악이 레베카를 위해 기도하다

우리 구원자의 표상으로서 죽음에 이르기까지 자기 아버지에게 순종했던(참조: 창세 22,9; 필리 2,8) 약속의 아들(창세 18,10 참조) 이사악은 늙은 부모에게서 태어났습니다. 그의 어머니는 오랫동안 아이를 낳지 못했습니다(창세 18,11 참조). 성

조 야곱과 요셉(창세 30,22-24 참조), 수장들 가운데 가장 용감했던 삼손(판관 13,2.24 참조), 예언자들 가운데 가장 뛰어난 [인물이었던] 사무엘(1사무 1,2.20 참조), [이들 모두는] 오랫동안 육체적으로 불임이었지만 덕에서는 늘 열매가 풍성했던 이[어머니]에게서 태어났습니다. 그들의 고귀함이 이런 식으로, 즉 태어난 이의 기적 같은 탄생을 통해 알려지고, 그렇게 태어난 이들이 이름난 인물이 되리라는 것을 그런 탄생이 증명해 줄 것이었습니다. 삶의 시작에서부터 그들은 인간 조건의 기준을 초월했기 때문입니다.

• 존자 베다 『복음서 강해』 2,19.[6]

25,22 레베카가 주님께 묻다

레베카는 어디로 갔나?

이제 이 문장이 무엇을 뜻하는지 살펴봅시다. "레베카는 … 주님께 문의하러 갔다." 정확히 옮기면 '떠나갔다'입니다. 그녀는 어디로 갔습니까? 주님께서 계시지 않는 곳을 떠나 그분께서 계신 곳으로 갔지요? 이것이 바로 "레베카는 … 주님께 문의하러 갔다"는 문장의 참뜻이라 보입니다. 그런데 주님께서는 모든 곳에 계시지 않나요? 그분께서 "내가 하늘과 땅을 가득 채우고 있지 않느냐?"(예레 23,24)라고 하시지 않았습니까? 그렇다면 레베카는 어디로 간 것입니까?

그녀는 한 장소에서 다른 장소로 간 것이 아니라 한 삶에서 다른 삶으로, 한 행위에서 다른 행위로, 좋은 것들에서 더 좋은 것들로 옮겨 간 것이라고 나는 생각합니다. 그녀는 유익한 것들에서 더 유익한 것으로 나아갔습니다. 거룩한 것

---

[4] FC 87,45-46.

[5] CS 101,8.

[6] CS 111,192.

들에서 더 거룩한 것으로 서둘러 갔습니다. 지혜로운 아브라함의 집안에서 지극히 학식 높은 남편 이사악에게서 배운 레베카가 주님께서 어떠한 장소에 갇혀 계시다고 생각하여 자기 몸속의 아기들이 부딪쳐 대는 이유를 알고자 그곳으로 물으러 갈 만큼 아는 것 없이 무지했다고 생각하는 것은 어처구니없는 일이기 때문입니다.

믿는 이들 사이에서는 이런 표현법이 관례적이라는 것도 알아 두십시오. 그래서 그들은 하느님께서 무엇을 보여 주시는지 깨달으면, 자신이 '떠나갔다'거나 '건너갔다'고 표현합니다.

모세는 떨기나무가 불에 타는데도 떨기가 타서 없어지지 않는 것을 보자 그 광경에 놀라며 "내가 가서 이 놀라운 광경을 보아야겠다"(탈출 3,3)라고 했습니다. 그의 말은, 지상의 어떤 공간으로 건너가겠다거나 산을 오르겠다, 또는 가파른 계곡으로 내려가겠다는 뜻이 아니었습니다. 그 광경은 그 가까이에, 그의 얼굴 앞에, 그의 눈앞에 펼쳐지고 있었습니다. 그렇지만 그는 거룩한 환시로 큰 깨달음을 얻자, 자신이 지금 살고 있는 삶보다 더 높은 삶으로 올라가고 더 훌륭한 것들로 건너가야만 한다는 것을 보여 주기 위해, '내가 [건너]가겠다' 하고 말한 것입니다.

• 오리게네스 『창세기 강해』 12,2.[7]

쌍둥이가 태중에서 싸우다

아이가 태어나려면 멀었고 아직 숨을 쉬지도 않는데 레베카의 신체 기관들이 요동쳤습니다. 보십시오, 아직 두 민족의 표징이 없는데도 쌍둥이 자손이 어머니 태 안에서 싸웁니다. 우리는 태어나기 전부터 불화하며 생기가 돌기 전부터 적의를 보이는 두 아기의 이 싸움을 예언으로 보아도 좋을 것입니다. 그들의 불안정한 움직임이 어머니의 마음을 어지럽혔기 때문입니다. 그러

나 태가 열려 그들의 수와 [자리 잡은] 상태가 상징하는 바가 분명하게 드러나면, 우리는 이 아이들 각각의 영혼만 아니라 그들의 경쟁 관계가 그때 이미 시작되었음을 확실하게 알게 됩니다.

• 테르툴리아누스 『영혼론』 26,2.[8]

레베카의 몸 안에서 벌어진 싸움

복된 이사악은 우리 구원자 주님의 예형이라는 사실을 거의 모든 이가 인정합니다. 그렇다면 이사악은 그리스도를, 레베카는 교회를 예표합니다. 교회와 마찬가지로 레베카는 오랫동안 임신하지 못하는 몸으로 남아 있었지만 복된 이사악의 기도와 주님의 선물 덕분에 잉태했기 때문입니다. 그녀의 몸 안에서 아이들이 싸웠습니다. 그 괴로움을 견디지 못한 그녀는 '이렇게 될 거라면 내가 왜 임신을 하였단 말인가?'라고 하였습니다. 그러자 주님께서 대답하셨습니다. "너의 배 속에는 두 민족이 들어 있다. 두 겨레가 네 몸에서 나와 갈라지리라. 한 겨레가 다른 겨레보다 강하고 형이 동생을 섬기리라." 사랑하는 여러분, 실로 바오로 사도가 말하듯이, "이 일들은 본보기로 그들에게 일어난 것인데, … 우리에게 경고가 되라고 기록되었습니다"(1코린 10,11). 그러므로 레베카가 육체적으로 복된 이사악의 [자식을] 잉태한 것은 교회가 그리스도로 말미암아 영적으로 잉태하게 되어 있었기 때문입니다. 뿐만 아니라, 레베카의 몸 안에서 두 아이가 싸웠듯이, 교회의 태 안에서도 두 민족이 끊임없이 서로를 적대합니다. 사악한 사람들만 또는 선한 사람들만 있다면 한 민족만 있을 것입니다. 그런데 그만큼이나 나쁜 일은 교회 안에서 선한 사람

---

[7] FC 71,177-78*.

[8] FC 10,241.

과 악한 사람이 발견되며, 영적 레베카의 태 안에서처럼 두 민족, 곧 겸손한 사람과 교만한 사람이, 정숙한 사람과 간음자가, 온유한 사람과 성을 잘 내는 사람이, 친절한 사람과 샘 많은 사람이, 자비로운 사람과 탐욕스러운 사람이 싸우고 있다는 것입니다.

• 아를의 카이사리우스 『설교집』 86,2.[9]

싸우는 두 민족

그들은 어머니 태 안에서 싸우고 있었습니다. 그들이 거기서 싸울 때 레베카는 "너의 배 속에는 두 민족이 들어 있다"라는 말씀을 들었습니다. 두 사람, 곧 두 민족, 다시 말해 선한 민족과 악한 민족이 있었습니다. 그런데 지금도 그들은 한 태 안에서 싸우고 있습니다.

교회 안에 사악한 사람들이 얼마나 많습니까! 그들이 마침내 갈라질 때까지 한 태가 그들을 품고 있습니다. 선한 이들은 악한 이들에게 소리치고 악한 이들은 선한 이들에게 맞받아 고함치며, 이 두 부류가 한 내장 안에서 싸우고 있습니다.

• 아우구스티누스 『요한 복음 강해』 11,10,2-3.[10]

우리도 '문의하러 갔다'는 말을 들을 수 있다

그래서 그에 관해 레베카가 "주님께 문의하러 갔다"고 기록되어 있습니다. 앞에서도 말했듯이, 그녀가 발걸음을 옮겨 어떤 장소로 간 것이 아니라 정신의 진보가 이루어졌다는 뜻으로 이해해야 합니다.

그러므로 "보이는 것이 아니라 보이지 않는 것"(2코린 4,18), 곧 육적인 것이 아니라 영적인 것을, 현세의 일들이 아니라 미래의 일들에 대해 묵상하기 시작했다면, 여러분도 '주님께 문의하러 갔다'는 말을 들을 것입니다. 옛 삶의 방식과 그리고 여러분이 부끄럽고 못된 생활을 할 때 어

울렸던 사람들과의 교류를 끊으십시오. 영예롭고 경건한 행동을 하십시오. 수치스러운 인간들 가운데서 누가 여러분을 찾아 나서도 죄인들의 무리 안에서는 결코 여러분을 발견하는 일이 없게 하십시오. 그러면 여러분은 '[그는] 주님께 문의하러 갔다'는 말을 들을 것입니다.

그러므로 성인들은 한 장소에서 다른 장소로 떠나간 것이 아니라 한 삶에서 다른 삶으로, 초보적인 가르침에서 더 수준 높은 가르침으로 나아간 것입니다.

• 오리게네스 『창세기 강해』 12,2.[11]

레베카는 멜키체덱에게 물었다

"하느님께서는 … 이사악에게 복을 내리셨다"(창세 25,11)고 합니다. 그리고 이사악은 임신하지 못하는 레베카를 위해 기도했습니다. 이십 년 뒤 하느님께서는 그의 기도를 들어주셨고, 레베카는 임신했습니다. 그녀의 아들들은 그녀의 몸 안에서 싸웠습니다. 그녀는 주님께 문의하러 갔고, "너의 배 속에는 두 민족이 들어 있다"는 말씀을 들었습니다. 곧, 에돔 족속과 히브리 민족이지요. 그녀는 누구에게 물으러 갔습니까? 그녀가 물으러 간 사람은, 우리가 멜키체덱의 가계를 다룰 때 언급했듯이, 멜키체덱이었습니다.[12] 그녀는 진통이 심해 급히 돌아왔으며, 에사우와 야곱을 낳았습니다.

• 시리아인 에프렘 『창세기 주해』 23,1.[13]

---

[9] FC 47,25*.

[10] FC 88,20*.

[11] FC 71,178.

[12] 시리아인 에프렘은 레베카가 자신의 임신에 대해 물으러 간 이가 멜키체덱이라고 생각하는데, 레베카가 멜키체덱을 아브라함보다 위대하다고 믿었으며 멜키체덱이 야곱과 에사우 때도 살아 있었다는 이유다.

[13] FC 91,171.

25,23 두 민족이 갈라지리라

너의 배 속에 두 민족이 들어 있다

"너의 배 속에는 두 민족이 들어 있다"는 말씀은 개인으로서의 우리 각자에 관한 말씀이기도 하다고 생각합니다. 우리 안에는 덕의 민족도 있고 그에 못지않은 악의 민족도 들어 있기 때문입니다. 우리 "마음에서 나쁜 생각들, 간음, 도둑질, 거짓 증언"(마태 15,19)만 아니라 "적개심, 분쟁, 분파, 질투, 만취, 그 밖에 이와 비슷한 것들"(갈라 5,20-21)이 나오기 때문입니다. 우리 안에 있는 악의 민족이 얼마나 힘이 센지 보이십니까? 그러나 우리가 "주님, 저희가 당신을 경외하기에 태 안에 잉태하여 해산하였습니다"(이사 26,18 칠십인역)라는 성인의 말을 입 밖에 낼 자격을 갖춘다면, 우리 안에는 영 안에서 난 또 다른 민족도 있습니다. "성령의 열매는 사랑, 기쁨, 평화, 인내, 호의, 온유, 절제"(갈라 5,22-23) 같은 것들이기 때문입니다. 여러분은 여러분 안에 있는 또 다른 민족을 봅니다. 그러나 이 민족은 적고 저 민족은 많습니다. 선한 사람보다는 악한 사람이 더 많고, 덕보다는 악덕이 가짓수가 많기 때문입니다. 그러나 우리가 레베카처럼 되어 이사악, 곧 하느님 말씀으로 말미암아 잉태할 자격을 갖춘다면, "한 겨레가 다른 겨레보다 강하고 형이 동생을 섬기"게 될 것입니다. 우리 안에서도 육이 영을 섬기고 악덕이 덕에게 굴복할 것이기 때문입니다.

● 오리게네스 『창세기 강해』 12,3.[14]

교회의 태 안에서 두 민족이 서로 적대하다

선한 영혼들은 악을 설득하여 내 편으로 데려오고 싶어 하지만 사악한 자들은 의로운 이들을 파멸시키기를 갈망합니다. 선한 이들의 소망은 나쁜 이들을 바로잡는 것이지만, 사악한 자들은 선한 이들이 멸망하기를 추구합니다. 신심 깊은 무리와 불경한 무리가 있습니다. 선한 무리는 겸손을 통해 하늘로 들어 올려지는 반면 사악한 무리는 교만 때문에 지옥으로 내던져집니다. 가톨릭교회의 구성원 가운데 세속의 소유물에 이끌리며 세상을 사랑하고 세상을 욕망하며 모든 희망을 세상에 두는 이는 모두 에사우 같은 사람입니다. 영예와 물질적 이득을 얻기 위해 하느님을 섬기려는 사람은 누구든지 에사우, 곧 세속적 행복을 추구하는 사람입니다. 에사우는 육적인 영혼, 야곱은 진정 영적인 영혼으로 이해되기 때문입니다. 두 종류 사람이 있습니다. 바오로 사도는 육적 인간과 영적 인간을 구별하며 이에 대해 명쾌하게 언급한 바 있습니다. 사도의 말대로 "육의 행실은 자명합니다. 그것은 곧 불륜, 더러움, 방탕, 우상숭배, 마술, 적개심, 분쟁, 시기, 격분, 이기심, 분열, 분파, 질투, 만취, 흥청대는 술판, 그 밖에 이와 비슷한 것들입니다"(갈라 5,19-21). 이런 것들이 에사우에 속하는 사람들이 맺는 열매입니다. 이어지는 구절에서 바오로 사도는 야곱에 속하는 이들이 맺는 열매를 꼽습니다. "그러나 성령의 열매는 사랑, 기쁨, 평화, 인내, 호의, 선의, 성실, 온유, 절제입니다"(갈라 5,22-23). 이런 것들이 복된 야곱에 속하는 신심 깊은 이들이 보여 주는 영적 행실입니다.

● 아를의 카이사리우스 『설교집』 86,2.[15]

형이 동생을 섬기리라

그러면 이제 아브라함의 후손들 시대를 거치면서 하느님 도성의 역사가 어떻게 전개되는지 볼 차례입니다. 이사악의 생애 첫해부터 일흔 살

---

[14] FC 71,179*.

[15] FC 47,25-26*.

에 자식들이 태어나기까지 그사이에서 우선 다음 사건을 기억할 만합니다. 아이를 못 낳는 자기 아내가 잉태하게 해 주십사고 이사악이 하느님께 청을 드리자 하느님께서 그의 청을 들어 주셨습니다. 그 여자가 잉태를 하자 쌍둥이가 배 속에 있을 때 벌써 서로 다투었습니다. 그 일이 괴로워 그 여자는 주님께 까닭을 여쭈었고 대답을 들었습니다. "너의 배 속에는 두 민족이 들어 있다. 두 겨레가 네 몸에서 나와 갈라지리라. 한 겨레가 다른 겨레보다 강하고 형이 동생을 섬기리라."

바오로 사도는 이 사건을 은총의 작용에 관한 명백한 증거로 알아듣고서, "두 아들이 태어나기도 전에, 그들이 선이나 악을 행하기도 전에"(로마 9,11) 개인의 공로와는 전혀 상관없이 동생이 선택되고 형이 배척당했다고 풀이합니다. 원죄로 말할 것 같으면 둘 다에게 똑같이 해당하고, 개인적인 죄에 있어서는 둘 다 아무런 죄를 짓지 않았습니다.

• 아우구스티누스 『신국론』 16,35.[16]

유대인들의 섬김

우리가 읽은 사실, 곧 "한 겨레가 다른 겨레보다 강하고 형이 동생을 섬기리라"라는 말씀이 에사우과 야곱에게서 문자 그대로 이루어진 것을 우리는 보지 못합니다. 성경은 에사우가 복된 야곱을 실제로 섬겼다고 이야기하지 않기 때문입니다. 우리는 이 말씀을 영적으로 어떻게 이해해야 하는지, 또는 형이 동생을 어떻게 섬긴다는 것인지 알아보아야 합니다. 그 일이 일어나지 않을 일이었다면 성경에 기록되었을 리 없기 때문입니다. 그러므로 세심히 주의를 기울이는 사람은 그리스도인과 유대인의 경우에 어떤 식으로 형이 동생을 섬기게 될지 알게 될 것입니다. 수

도 많고 역사도 더 긴 민족인 유대인들이 동생, 곧 그리스도인들을 섬기는 것으로 드러났습니다. 그들은 그리스도인의 하인들처럼, 거룩한 율법서들을 모든 민족들에게 가르치기 위해 온 세상으로 가져간다고 알려져 있기 때문입니다. 그래서 유대인들은 각지로 흩어졌습니다. 우리가 어떤 이교인을 그리스도 신앙으로 초대하고 싶어 모든 예언자가 그리스도를 예고했다고 말하자 그가 거부하며 거룩한 율법서들은 성령이 아니라 우리가 쓴 것이라고 말할 때, 우리에게는 명확한 논증으로 그의 말을 반박할 근거가 있는 것입니다. 그런 사람에게 우리는 이렇게 말할 수 있습니다. '나의 책들이 의심스러우면, 우리의 원수가 분명한 유대인들의 책들을 보시오. 그 책들은 내가 썼을 수도 고쳤을 수도 없는 것이 확실하지 않소? 그 책들을 읽고 거기서 내 책에 있는 것과 같은 내용을 발견하면, 의심을 버리고 믿으시오'(요한 20,27 참조). 형은 이런 식으로 동생을 섬기는 것으로 알려져 있습니다. 그들의 책을 통해 다른 민족들이 그리스도 신앙으로 초대되기 때문입니다.

• 아를의 카이사리우스 『설교집』 86,3.[17]

사악한 자들이 선한 이들을 어떻게 섬겼는가?

사악한 자들은 선한 이들을 어떻게 섬깁니까? 박해자들이 [되어] 순교자들을 [만들어 내는] 식으로, 쇠줄이나 망치가 금을, 맷돌이 밀을, 화덕이 빵을 굽는 데 이용되는 식으로 섬깁니다. 이들이 구워지도록 그들이 타 버리는 것입니다. 금 세공인의 화로에 던져진 왕겨가 금이 가공되는 데 공헌하는 것과 같습니다. … 그러므로 사악한

---

[16] FC 14,550*; 『교부 문헌 총서』 16,1777-79.

[17] FC 47,26-27.

자들은 선한 이들을 환난에 떨어뜨리며 자랑하거나 떠벌려서는 안 될 것입니다. 그들이 선한 이들의 육체를 박해하는 동안 자기 자신의 마음을 죽이고 있기 때문입니다. 사악한 자가 저지르는 재앙이 선한 이에게 영향을 미칠 때, 그 죄악은 이미 그 자신의 영혼을 썩게 만들었습니다. 그러므로 어떤 이가 미친 듯 격분하여 악한 마음으로 선한 사람을 뒤흔들어 놓으려 애쓸 때, 그로써 선한 이를 격분시킬 수 있을지도 의심스럽지만 그 악한 자가 이미 분노로 불타오르고 있는 것은 분명합니다. 영적 활력과 성령께서 주시는 생기로 가득 찬 그 선한 사람은 아마 박해의 불 속에 던져져도 평정을 잃지 않을 것입니다. 그러나 그를 자극하려 애쓴 사람은 필히 격정에 불타게 마련입니다.

에사우와 야곱이 둘 다 이사악의 씨에서 태어났듯이 그리스도인들도 구원자 우리 주님의 세례라는 하나의 세례와 교회라는 하나의 태에서 태어났습니다. 그러나 이 사람들은 에사우와 야곱의 경우처럼 도덕적 견해의 차이 때문에 둘로 갈라져 있습니다. 행실의 열매를 놓고 볼 때, 한쪽은 육적이고 다른 한쪽은 영적이라고 알려져 있습니다. 그래서 성경은 "형이 동생을 섬기리라"라고 합니다. 사악한 자들의 수가 선한 이들의 수보다 언제나 더 많기 때문입니다. 레베카배 속의 두 아이처럼 이 사람들은 심판 날까지 교회의 배 속에서 싸웁니다. 앞에서 말했듯이, 교만한 자들은 겸손한 이들에게 저항하고, 간통자들은 정숙한 이들을 박해하며, 그 수가 무수하게 많은 만취한 자들은 맑은 정신으로 사는 자들에게 욕을 퍼붓고, 시샘하는 자들은 선한 이들에게 맞서고, 성마른 자들이 평온한 이들을 파멸시키지 못해 안달하듯 도둑들은 자선을 베푸는 이들을 파멸시키기를 소원하며, 방탕한 자들은 거

룩한 것들을 좋아하는 이들은 땅으로 끌어내리려 합니다.

• 아를의 카이사리우스 『설교집』 86,4.[18]

25,24 레베카가 쌍둥이를 임신하다

달이 차서 몸 풀 때가 되다

"달이 차서 몸 풀 때가 되고 보니, 레베카의 배 속에는 쌍둥이가 들어 있었다"라고 쓰여 있습니다. '달이 차서 몸 풀 때가 되고 보니' 같은 표현은 거룩한 여자들에 대해서가 아니면 좀처럼 사용되지 않습니다. 레베카, 세례자 요한의 어머니 엘리사벳(루카 1,57 참조), 우리 주 예수 그리스도의 어머니 마리아의 경우에(루카 2,6 참조) 이런 표현이 사용됩니다. 이런 식의 탄생은 다른 인간들을 넘어서는 특별한 인물의 탄생을 알려 주는 것으로 보입니다. '달이 찬다'는 것은 완전한 자손의 탄생을 암시하는 말로 보입니다.

• 오리게네스 『창세기 강해』 12,3.[19]

25,25 에사우는 살갗이 붉고 온몸이 털투성이

몹시 다른 쌍둥이

이 쌍둥이들은 거의 시간차가 없이 태어났는데, 그래서 동생이 먼저 태어난 형의 발꿈치를 붙잡고 있었습니다. 그런데도 둘의 삶은 그 행적에서 너무나 차이가 났고, 행동거지도 너무나 달랐으며, 부모의 사랑도 너무나 달라서 그 차이가 결국 둘을 원수처럼 만들기까지 했습니다. 이런 엄청난 차이를 하나는 앉았는데 하나는 걷고, 하나는 자는데 하나는 깨어 있고, 하나는 말하는데 하나는 입을 다물고 있는 그런 차이에 지나지 않는다고 할 수 있습니까? …

---

[18] FC 47,27-28.
[19] FC 71,179-80.

하나는 품삯을 받고 머슴 노릇을 했고 하나는 종노릇을 한 적이 없었습니다. 하나는 어머니에게 사랑을 받았고 하나는 받지 못했습니다. 하나는 그 사람들로서는 대단한 명예인 맏아들 권리를 잃었고 하나는 그것을 가로챘습니다. 둘에게 또 아내들은 어떠했고 자식들은 어떠했으며 재산은 어떠했습니까! 얼마나 서로 달랐습니까! 이런 차이들이 쌍둥이 출생의 작은 시차 때문일 뿐 별자리에 큰 상관이 없다고 말한다면, 어째서 쌍둥이가 아닌 다른 사람들의 별자리는 점검해 준답시고 이런저런 이야기들을 하는 것입니까?

• 아우구스티누스 『신국론』 5,4.[20]

살갗이 붉고 온몸이 털투성이인 에사우

이 에사우는 어머니의 몸에서 '온몸이 털투성이'로 나왔습니다. 그러나 야곱은 살갗이 매끈하고 깨끗했지요. 야곱은 [형을] 밀어낸 일 또는 발뒤꿈치를 붙잡은 일로 이름이 지어졌지만, 에사우는 ― 히브리 이름을 해석하는 이들 말대로 ― '붉다', '흙 같다'라는 뜻에서 지어진 이름입니다. 이 이름이 '만들어진 것'을 뜻한다고 하는 사람도 있습니다.

바오로 사도의 말대로, 이 두 아들이 "한 남자 곧 우리 조상 이사악에게서 잉태"(로마 9,10)된 것

은 분명합니다. 그런데 어째서 이런 특질들이 주어졌는지 저는 모릅니다. 왜 하나는 "형의 발뒤꿈치를 붙잡고" 있었으며 매끈하고 깨끗한 모습으로 태어났고, 다른 하나는 '온몸이 털투성이'인 지저분한 모습으로, 말하자면 죄의 더러움과 천박함에 싸여 태어났는지도 저는 알지 못합니다. 이는 제가 논할 바가 아닙니다.

• 오리게네스 『창세기 강해』 12,4.[21]

25,26 야곱이 에사우의 발뒤꿈치를 붙잡다

야곱이 밀어내다

또한 [그리스도께서는] 활약하는 적수의 발뒤꿈치를 붙잡으셨기에(25절 참조), 그리고 그분만이 아버지를 보시기에, 인간이 되신 그분은 '야곱이며 이스라엘'(이사 49,5-6 참조)이십니다. 그분께서 세상의 빛이시기에 우리가 빛이 되듯이, 그분께서 '야곱'이라 불리시기에 우리도 야곱이 되고 그분의 이름이 '이스라엘'이시기에 우리도 이스라엘이 됩니다.

• 오리게네스 『요한 복음 주해』 1,260.[22]

---

[20] FC 8,246-47; 『교부 문헌 총서』 15,529-31.

[21] FC 71,180*.

[22] FC 80,86-87.

25,27-34 에사우가 맏아들 권리를 팔다

[27] 이 아이들이 자라서, 에사우는 솜씨 좋은 사냥꾼 곧 들사람이 되고, 야곱은 온순한 사람으로 천막에서 살았다.
[28] 이사악은 사냥한 고기를 좋아하여 에사우를 사랑하였고, 레베카는 야곱을 사랑하였다.
[29] 하루는 야곱이 죽을 끓이고 있었다. 그때 에사우가 허기진 채 들에서 돌아왔다.

> 30 에사우가 야곱에게 "허기지구나. 저 붉은 것, 그 붉은 것 좀 먹게 해 다오." 하고 말하였다. 그리하여 그의 이름을 에돔①이라 하였다.
>
> 31 그러나 야곱은 "먼저 형의 맏아들 권리를 내게 파시오." 하고 말하였다.
>
> 32 그러자 에사우가 대답하였다. "내가 지금 죽을 지경인데, 맏아들 권리가 내게 무슨 소용이 겠느냐?"
>
> 33 그래서 야곱이 "먼저 나에게 맹세부터 하시오."② 하자, 에사우는 맹세를 하고 자기의 맏아들 권리를 야곱에게 팔아넘겼다.
>
> 34 그러자 야곱이 빵과 불콩죽을 에사우에게 주었다. 그는 먹고 마시고서는 일어나 나갔다. 이렇게 에사우는 맏아들 권리를 대수롭지 않게 여겼다.
>
> ① '붉은 이'라는 뜻이다.
> ② 칠십인역은 '오늘 나에게 맹세하시오'다.

둘러보기

물질적인 것들이 주는 일시적 만족과 덕이라는 영구적인 영예를 대비해 보여 주는 가르침으로 해석할 수 있는 단락이다. 교회 안에서 이런 대조적인 관계에 있는 사람들, 또는 유대 민족과 교회의 관계에 적용해 해석할 수도 있다(아우구스티누스). 이 단락은 부에 대한 욕망을 꾸짖는 가르침의 소재가 되기도 한다(요한 크리소스토무스). 음식을 탐하는 마음이 에사우로 하여금 맏아들 권리를 잃게 만들었다(대 바실리우스). 부는 하느님께서 거저 주시는 선물에 비할 바가 못 된다(요한 크리소스토무스). 에사우는 맏아들 권리를 아무것도 아닌 것처럼 여겼다(에프렘, 암브로시우스).

25,28 부모가 각기 다른 자식을 편애하다

이사악은 에사우를 사랑하고, 레베카는 야곱을 사랑하다

우리는 그의 부모가 큰아들보다 작은아들을 더 사랑한 데 대해 설명할 기회를 주지 않아서는 안 됩니다. 또한 이들의 본을 보고서 자기 아들들을 놓고 부당한 판단을 하거나 하나를 더 사랑

하고 하나는 무시하는 사람이 생겨나게 해서도 안 될 것입니다. 부모가 그렇게 행동함으로써 형제간에 미움이 생겨나며, 하찮은 돈을 얻고자 형제를 죽이는 일이 일어납니다. 자식들을 똑같은 정성으로 기르십시오. 더 마음에 들거나 자신과 닮은 자식의 어떤 성향에 사랑이 더 가더라도, 모두를 공정하게 대해야 합니다. 사랑받는 아이에게 더 많이 줄수록 그가 형제의 사랑을 구할 때, 부모의 부당한 편애를 질투하는 형제는 그에게서 더욱 멀어집니다. 에사우는 자기 동생을 죽이겠다고 협박했습니다(창세 27,41 참조). 형제라는 사실도, 부모에 대한 존경심도 동생을 죽이고 싶은 마음을 없애 주지 못했습니다. 그는 죄를 저지르기보다 인내로써 자신이 축복받을 자격이 있음을 입증해야 했음에도 불구하고, 축복을 빼앗긴 사실에 앙심을 품었습니다.

• 암브로시우스 『야곱과 행복한 삶』 2,2,5.[1]

---

[1] FC 65,149.

25,30 에사우가 허기가 지다

욕심을 꾸짖는 이야기

단식만 하지 말고 검약하게 삽시다. 너무 많이 먹는 것이 비난받을 일이라면, 식욕을 자극하는 것들도 삼가야 합니다. 어떤 특정한 음식을 삼가라는 말이 아니라 육체적 쾌락을 자제하라는 뜻입니다. 에사우는 살진 송아지나 기름진 새가 아니라 기껏 불콩죽 한 그릇을 탐해서 욕을 먹었습니다.

• 아우구스티누스 『설교집』(전례 시기) 207,2.[2]

25,31-32 에사우가 맏아들 권리를 팔다

일시적 쾌락

존경하는 여러 주교님께 어제 이미 설명드린 바 있습니다. 맏아들이 '에사우'로 불리는 것은 '육적', 곧 물질적 단계를 먼저 거치지 않고는 아무도 영적으로 되지 못하기 때문이라고 말입니다. "육의 관심사"(로마 8,6)에 계속 머물러 있는 사람은 언제나 에사우로 불릴 것입니다. 그러나 영적으로 되는 사람은 '작은아들'로 불릴 것입니다. 그러면 아랫사람이 윗사람이 됩니다. 앞의 경우는 시간으로 따져 형이고, 이 경우는 덕으로 따져 형입니다. 이 축복이 내리기 전에 에사우는 야곱이 끓인 불콩죽을 먹고 싶어 했습니다. 야곱은 그에게 '먼저 형의 맏아들 권리를 내게 파시오. 그러면 내가 끓인 불콩죽을 주겠소' 하고 말했습니다. 에사우는 동생에게 맏아들 권리를 팔았습니다. 그는 일시적 만족을 얻었고 야곱은 영속하는 영예를 얻었습니다.

교회 안의 사람들 가운데 일시적 쾌락과 만족감의 노예인 이들은 불콩죽을 먹는 사람들입니다. 그 불콩죽을 끓인 것은 야곱이지만 그는 그것을 먹지 않았습니다. 아시다시피, 우상숭배가 가장 번성했던 곳은 이집트입니다. 불콩죽은 이집트의 음식입니다. 따라서 불콩죽은 다른 민족들의 모든 오류를 나타냅니다. 그러므로 야곱이 불콩죽을 끓였고 에사우가 그것을 먹었다고 하는 것은, 다른 민족들로부터 오게 되어 있는 더 명백하고 분명한 교회를 나타내는 것이 작은아들이기 때문입니다. …

이제 이렇게 대입시켜 생각해 봅시다. 여러분에게는 그리스도인인 한 백성이 있습니다. 이 그리스도인 백성들 가운데 장자권, 곧 맏아들 권리를 가진 이는 야곱에게 속하는 이들입니다. 그러나 삶에서 물질주의적이고 믿음에서도 물질주의적이며, 희망에서도 물질주의적이고 사랑에서도 물질주의적인 사람들은 아직도 새 계약에 속하지 못하고 옛 계약에 속해 있습니다. 그들은 아직도 야곱의 축복 안에 들지 못한 채 에사우의 몫을 나누고 있습니다.

• 아우구스티누스 『설교집』 4,12.[3]

맏아들 권리가 무슨 소용이겠느냐?

이성은 탐식의 유혹을 비롯한 과도한 욕망들을 줄여 줄 것이며 육체의 흥분과 정욕을 억눌러 줄 것입니다. 그러므로 벌로 바로잡는 것보다 자제가 먼저이며 그것이 배움의 주인입니다.

거룩한 야곱은 그것이 있었기에, 자기가 가지지 못했던 권리를 형에게서 받았습니다. 에사우는 좋아하는 것을 따름으로써, 자기 자신을 다스리지 못하는 이는 판단력도 한심하다는 것을 미래 세대에게 가르쳐 주었습니다.

• 암브로시우스 『야곱과 행복한 삶』 1,2,5-6.[4]

---

[2] FC 38,91**.

[3] *WSA* 3,1,191-92*.

[4] FC 65,123.

탐식이라는 악덕

탐식이라는 악덕이 아담을 죽음에 내주었습니다. 식욕의 쾌락 때문에 지극한 악이 세상에 들어왔습니다. 그 때문에 노아는 조롱을 당했고(창세 9,21 참조), 가나안은 저주를 받았으며(창세 9,25 참조), 에사우는 맏아들 권리를 빼앗기고 가나안 여자와 혼인했습니다(참조: 창세 25,33; 36,2). [그 때문에] 롯은 자기 딸과 혼인함으로써 자신의 사위가 되는 동시에 장인이 되었습니다(창세 19,35 참조).

• 대 바실리우스 『수덕 설교와 세상 포기 권면』(설교 11).[5]

25,34 에사우가 맏아들 권리를 잃다

부의 위험을 알아차리다

이 말씀을 잘 듣고, 하느님의 선물을 소홀히 하거나 하찮은 것들 때문에 중요한 것들을 잃어버려서는 결코 안 된다는 교훈을 얻읍시다. 하늘나라와 그 형언할 길 없는 축복을 우리 손에 쥘수 있는 마당에 돈에 대한 욕망에 사로잡혀서야 되겠는가 하는 말입니다. 영원히 지속될 축복이 있는데, 저녁때까지도 지속되기 힘든, 금세 사라지고 마는 것을 더 좋아해서야 되겠습니까? 이런 것들에 대한 갈망 때문에 그 축복을 잃어버려 순결한 이로서 그것을 누릴 수 없게 되는 어리석음보다 더 나쁜 것이 있을 수 있습니까? 말씀해 보십시오, 그런 부가 무엇이 좋습니까? 큰 부를 얻으면 걱정 근심에 편한 잠을 이루지 못한다는 것을 모르십니까? 이 사람들 — 특히, 큰 부자들 — 은 모든 사람의 종이며 날이면 날마다 그림자마저 두려워하며 사는 것을 여러분은 보지 않습니까? 부는 음모와 시샘과 깊은 증오와 무수한 악의 근원입니다. 만 탈렌트나 되는 금을 숨겨 놓은 사람이, 제 음식을 제 손으로 마련하는, 가게 계산대 뒤에 서서 일하는 사람을 복되다고 말

하는 경우를 여러분은 자주 볼 것입니다.

• 요한 크리소스토무스 『창세기 강해』 50,7.[6]

대수롭지 않게 여기다

야곱은 에사우가 맏아들 권리를 대수롭지 않게 여기는 것을 보았습니다. 그는 "형이 동생을 섬기리라"(창세 25,23)라고 하신 하느님을 믿고서 그것을 형에게서 빼앗을 방법을 궁리했습니다. 야곱은 불콩죽을 끓였습니다. 사냥을 나갔다가 허기져 돌아온 에사우가 야곱에게 "그 붉은 것 좀 먹게 해 다오" 하였습니다. '네가 끓인 불콩죽 좀 먹자'는 뜻입니다. 야곱은 그에게 '형의 맏아들 권리를 내게 주면 이 죽을 다 먹어도 좋다'고 했습니다. 에사우가 맹세를 하고 자기의 맏아들 권리를 야곱에게 팔아넘기자 야곱은 그제서야 에사우에게 [불콩죽을] 주었습니다. 에사우가 맏아들 권리를 팔아넘긴 것은 배고픔 때문이 아니었음을 알려 주고자 성경은 이렇게 말합니다. "그는 먹고 마시고서는 일어나 나갔다. 이렇게 에사우는 맏아들 권리를 대수롭지 않게 여겼다." 그러므로 에사우가 맏아들 권리를 팔아넘긴 것은 배가 고파서가 아니었습니다. 그것을 아무 가치 없게 여겼기에, 아무것도 아닌 것처럼 하찮은 값에 팔아넘긴 것입니다.

• 시리아인 에프렘 『창세기 주해』 23,2.[7]

---

[5] FC 9,25.

[6] FC 87,53**.

[7] FC 91,171.

26,1-11 이사악이 그라르로 가서 살다

¹ 일찍이 아브라함 시대에 기근이 든 적이 있었는데, 그 땅에 또 기근이 들었다. 그래서 이사악은 그라르로 필리스티아 임금 아비멜렉에게 갔다.

² 주님께서 이사악에게 나타나 말씀하셨다. "이집트로 내려가지 말고, 내가 너에게 일러 주는 땅에 자리 잡아라.

³ 너는 이 땅에서 나그네살이하여라. 내가 너와 함께 있으면서, 너에게 복을 내려 주겠다. 내가 너와 네 후손에게 이 모든 땅을 주고, 너의 아버지 아브라함에게 맹세한 그 맹세를 이루어 주겠다.

⁴ 너의 후손을 하늘의 별처럼 불어나게 하고, 네 후손에게 이 모든 땅을 주겠다. 세상의 모든 민족들이 너의 후손을 통하여 복을 받을 것이다.

⁵ 이는 아브라함이 내 말에 순종하고, 나의 명령과 나의 계명, 나의 규정과 나의 법을 지켰기 때문이다."

⁶ 이리하여 이사악은 그라르에 살게 되었다.

⁷ 그런데 그곳 사내들이 자기 아내에 대하여 묻자, 이사악은 "내 누이요." 하고 대답하였다. 그는 '레베카가 예뻐서 이곳 사내들이 레베카 때문에 나를 죽일지도 모르지.' 하고 생각하였기에, "내 아내요." 하고 말하기가 두려웠던 것이다.

⁸ 이사악이 그곳에 산 지 꽤 오래된 어느 날, 필리스티아 임금 아비멜렉이 창문으로 밖을 내다보니, 이사악이 자기 아내 레베카를 애무하고 있었다.

⁹ 그래서 아비멜렉이 이사악을 불러 말하였다. "그 여자는 그대의 아내임이 분명한데, 그대는 어째서 '그 여자는 내 누이요.' 하고 말하였소?" 이사악이 그에게 "그 여자 때문에 제가 목숨을 잃을지도 모른다고 생각하였기 때문입니다." 하고 대답하자,

¹⁰ 아비멜렉이 말하였다. "그대는 어쩌자고 우리에게 이런 일을 저질렀소? 하마터면 백성 가운데 누군가 그대 아내와 동침하여, 우리를 죄에 빠뜨릴 뻔하지 않았소?"

¹¹ 그러고서 아비멜렉은 온 백성에게 경고하였다. "이 남자와 이 여자를 건드리는 자는 사형을 받을 것이다."

둘러보기

도덕적 해석을 하자면, 하느님께서 이사악에게 하신 말씀은 그분의 사려 깊음과 자애를 보여 주며, 우리의 한계를 헤아려 주시는 말씀이다. 하느님께서는 성조의 생각을 일깨우시어 그가 자기 아버지의 덕을 떠올리고 굳게 결심하게 만드심으로써 당신의 지혜를 보여 주신다. 하느님께서는 당신의 종들이 그들의 원수들에게 찬양받도록 만드신다(요한 크리소스토무스). 아비멜렉은 이 세상을 초월하는 지혜를 상징한다(알렉산드리

아의 클레멘스). 하느님께서는 믿음이 훌륭한 아버지의 아들에게도 잘해 주셨다(아우구스티누스, 순교자 유스티누스).

26,1 이사악이 그라르로 가다

또 기근이 들다

여러분이 이 기근을 이전의 기근이라고 생각할까 봐 성경은 이렇게 기록합니다. "아브라함 시대에 기근이 든 적이 있었는데, 그 땅에 또 기근이 들었다." 아버지 살아생전에 그 땅에 들었던 것과 비슷한 기근이 이사악의 시대에 또 들었다는 말입니다. 살아가는 데 꼭 필요한 것들이 부족해지자 모든 사람들이 큰 걱정에 휩싸였고, 다들 자기 집을 떠나 먹고살 것을 얻을 수 있는 곳으로 옮겨 가지 않을 수 없었습니다. 그래서 이 선한 남자도 기근으로 시달리자 길을 떠날 수밖에 없었습니다. "그라르로 아비멜렉에게 갔다"고 쓰여 있습니다. 기억하시지요? 아브라함이 이집트에서 돌아온 뒤 갔던 곳입니다(창세 20,1-2 참조).

• 요한 크리소스토무스 『창세기 강해』 51,5-6.[1]

26,2 그라르에 자리 잡다

나그네살이하다

이사악도 그곳을 거쳐 이집트로 갈 생각에 그리로 간 듯합니다. 잘 들어 보십시오. 이 성경 말씀이 그 증거입니다: "주님께서 이사악에게 나타나 말씀하셨다. '이집트로 내려가지 말고 ….'" 이는 '나는 네가 그 먼 길을 가는 것을 원치 않는다. 여기 머물러라. 나는 네가 고생하도록 두지 않고, 네 아버지에게 한 약속을 이루어 주겠다. 네 아버지에게 약속한 일이 너에게서 이루어질 것이다. 내가 그에게 한 맹세가 이루어지는 것을 네가 보게 될 것이다'라는 뜻입니다. "이집트로

내려가지 말고, 내가 너에게 일러 주는 땅에 자리 잡아라. 너는 이 땅에서 나그네살이하여라."

• 요한 크리소스토무스 『창세기 강해』 51,6.[2]

26,3 하느님께서 함께 계시면서 복을 내려 주시다

우리의 한계를 헤아려 주시는 하느님

이 선한 사람이 자신이 겪는 기근의 고초가 [하느님의] 뜻이라고 생각하지 않도록 하느님께서는 그가 이집트로 가는 것을 허락하지 않으시고 지시를 내리셨습니다. 괴로워하지도 걱정하지도 말고 여기 머무르라고 하셨지요. "내가 너와 함께 있으면서", 곧 "너에게는 모든 것을 주는 이가 있으니 아무 걱정 말아라. 만물의 주님인 내가 너와 함께 있을 것이다. 그뿐이 아니다. 내가 '너에게 복을 내려 주겠다'." 이 말은 '내가 너를 번영하게 하고 나의 축복을 너에게 내려 주겠다'는 뜻입니다. 하느님으로부터 "내가 너와 함께 있으면서, 너에게 복을 내려 주겠다"는 놀라운 약속을 받은 이 선한 사람보다 복된 이가 있을 수 있습니까? … 그런데 하느님께서는 그를 어떻게 축복해 주시고자 합니까? "내가 너와 네 후손에게 이 모든 땅을" 주시겠다고 하십니다. "너는 나그네요 떠돌이로 이 땅에 왔다 생각하겠지만, 너와 네 후손에게 이 모든 땅이 주어질 것이다. 내가 '너의 아버지 아브라함에게 맹세한 그 맹세를' 너에게 이루어 주리라는 것을 알고 믿거라"라는 뜻입니다.

하느님께서 얼마나 사려 깊으신지 잘 보십시오. 그분은 간단하게 '내가 너의 아버지와 맺은 계약'이라거나 '내가 한 약속'이라고 하지 않으셨습니다. 그럼 뭐라고 하셨습니까? "[내가] 너의

---

[1] FC 87,58-59.

[2] FC 87,59.

아버지 아브라함에게 맹세한 그 맹세"라고 하셨습니다. '나는 그에게 맹세로 약속했고, 나의 맹세를 반드시 실제로 이루겠다'는 뜻입니다. 하느님의 자애가 보이십니까? 그분의 말씀은 당신의 존귀함이 아니라 우리의 한계를 헤아려 주시는 말씀입니다.

• 요한 크리소스토무스 『창세기 강해』 51,7-8.[3]

26,4 이사악의 후손이 불어나다

하느님의 지혜가 이사악을 일깨우다

하느님께서는 당신께서 무엇을 약속하셨는지 그리고 그에게 확약해 주신 것이 무엇인지 이사악에게 가르치십니다. "너의 후손을 하늘의 별처럼 불어나게 하겠다." 기억하시지요? 그분께서는 성조[아브라함]에게도 그의 후손이 별처럼 모래알처럼 불어나리라고 말씀하신 바 있습니다. "나는 네 후손에게 이 모든 땅을 주겠다. 세상의 모든 민족들이 너의 후손을 통하여 복을 받을 것이다'(창세 12,7; 13,15; 15,18; 22,18을 합친 인용). 그에게 한 약속을 너에게 이루어 주겠다. '이는 아브라함이 내 말에 순종하고, 나의 명령과 나의 계명, 나의 규정과 나의 법을 지켰기 때문이다'(5절)." 이 선한 사람의 생각을 일깨워 그가 자기 아버지를 더욱 열심히 본받도록 하시는 하느님의 지혜를 보십시오. 하느님의 말씀을 요약하자면, '아브라함은 나의 말에 순종하여 그런 굉장한 약속을 받을 자격이 있다고 판단되었으며, 그의 덕 때문에 내가 그의 자식인 너에게서 그 약속이 이루어지게 할 참이니, 네가 그를 본받아 그의 길을 걷는다면 나에게서 얼마만큼의 호의를 누리고 보살핌을 받게 될지 생각해 보라'는 뜻입니다. 그러니까 제가 하고 싶은 말은, 다른 사람의 덕 덕분에 번영하도록 운명지어진 사람은 그 자신이 덕성스러움을 입증할 경우 더

큰 은혜를 받게 되어 있다는 것입니다.

• 요한 크리소스토무스 『창세기 강해』 51,9.[4]

이사악에게 같은 약속을 하시다

우리는 비슷한 믿음을 가졌기에 아브라함의 자손이 되었습니다. 그가 하느님의 말씀을 듣고 믿어 그로써 의롭게 되었듯이, 우리도 하느님의 말씀 — 예언자들과 그리스도의 사도들이 다시 우리에게 말해 준 — 을 믿고 죽음을 각오하며 세속적인 모든 것을 끊었습니다. 하느님께서는 아브라함에게, 그와 비슷한 믿음을 지녔으며 [하느님] 아버지께 기쁨이 되는 신심 깊고 의로운 민족을 약속하셨습니다. 그러나 "진실이라고는 전혀 없는"(신명 32,20) 당신들은 이에 해당하지 않습니다.

그분께서 이사악과 야곱에게도 같은 약속을 하시는 것을 잘 보십시오. 다음은 하느님께서 이사악에게 하신 말씀입니다. "세상의 모든 민족들이 너의 후손을 통하여 복을 받을 것이다." 야곱에게는 이렇게 말씀하셨습니다. "땅의 모든 종족들이 너와 네 후손을 통하여 복을 받을 것이다"(창세 28,14). 그러나 하느님께서는 에사우나 르우벤 같은 이들에게는 이런 축복의 말씀을 하시지 않았습니다. 우리의 구원이라는 하느님의 계획에 따라 장차 동정 마리아를 통하여 그리스도께서 태어나실 [혈통]에게만 하셨습니다. 유다가 받은 축복에 대해 생각해 본다면, 여러분은 내 말이 무슨 뜻인지 알 것입니다. 야곱 이후에 후손이 갈라져 유다와 페레스, 이사이, 다윗으로 이어져 내려왔기 때문입니다. 이것이 유대인인 그대들 가운데 일부는 분명 아브라함의 자손인

---

[3] FC 87,59-60**.

[4] FC 87,60-61.

동시에 그리스도의 [사람]들에도 속하게 된다는 표시입니다.

• 순교자 유스티누스 『유대인 트리폰과의 대화』 119-120.[5]

26,5 아브라함의 순종을 떠올려 주시다

아브라함의 덕을 기억하다

"아브라함이 내 말에 순종하고, 나의 명령과 나의 계명, 나의 규정과 나의 법을 지켰기 때문이다"라는 말씀은 무슨 뜻입니까? "나는 아브라함에게 '네 고향과 친족과 아버지의 집을 떠나, 내가 너에게 보여 줄 땅으로 가거라'(창세 12,1) 하고 말하였다. 그는 자기가 가진 것을 모두 버리고 확실치도 않은 목적지를 향해 떠났다. 그는 머뭇거리지도 미루지도 않았다. 오히려 열정적으로 나의 부름에 복종하여 명령을 따랐다. 그래서 나는 그에게 본성을 넘어서는 것들을 약속하였고, 그는 자기 자신과 네 어머니가 나이도 많고 임신하기 어려운 절망스러운 상황이었음에도 내게서 그의 자손이 온 땅을 채울 만큼 불어나리라는 말을 들었다. 그러나 그는 혼란스러워하거나 믿음을 잃지 않았다. 이처럼 아브라함은 나의 힘을 믿고 내 약속을 확신하였기에 그로써 의로움을 인정받았다. … 네가 태어난 뒤 네 어머니는 자기 여종의 아들 이스마엘을 좋지 않게 생각하여, 그가 너와 함께 상속받는 일이 없도록 그를 하가르와 함께 집에서 쫓아내고 싶어 하였다. 아브라함은 그에게 아버지로서 사랑을 느꼈으나, 내게서 '사라가 말하는 대로 들어 주어라'(창세 21,12)라는 말을 듣자 본성에 따른 사랑에 눈 감고 이스마엘과 그 여종을 쫓아냄으로써 나의 부름에 순종하였고 나의 명령을 하나도 빼지 않고 다 지켰다. 그는 늙어서 받은 선물, 그가 그토록 원했던 아들을 번제물로 바치라는 차마 따르기 힘든 명령을 듣고서도 이유를 캐어묻지 않았

다. 그는 갈등에 빠지지도 않았고, 그 일을 네 어머니에게 털어놓지도 않았으며, 자신이 무슨 일을 하려 하는지 너에게 알리지도 않았다. 오히려 한결같은 결의와 더 뜨거워진 열정으로 나의 명령을 실행에 옮기고자 나섰다. 그래서 나는 그 일이 실행되는 것을 막음으로써 그의 의도에 상을 주었다. 그가 모든 일에서 완전한 순종의 증거를 보이고 내 명령을 따랐으므로 그의 자식인 너를 내가 그에게 한 약속의 상속자로 만든다. 그러니 그의 순종을 본받고 나의 말을 믿어서 네 아버지의 덕에 대한 그리고 너 자신의 순종에 대한 많은 상을 받을 자격이 있는 자임을 보이도록 하여라. 이집트로 내려가지 말고 여기 머물러라." 이사악이 아버지의 덕을 떠올림으로써 결의를 굳게 하도록 만드시는 하느님의 자애를 알아보시겠습니까?

• 요한 크리소스토무스 『창세기 강해』 51,10-11.[6]

아브라함의 공로

이사악은 다른 부인을 두지도 않았고 소실을 두지도 않았으며, 후손으로는 한 번의 동침으로 생산한 쌍둥이 둘로 만족한 성조입니다. 낯선 사람들 사이에서 나그네살이할 때 그 또한 아내의 미모가 불러올지 모를 위험을 두려워하여, 그의 아버지가 그랬듯이, 아내를 아내라 하지 않고 누이라고 불렀습니다. 실제로 그의 아내는 그와 아버지 쪽으로도 어머니 쪽으로도 가까운 혈육이었기 때문입니다. 그리고 레베카도 결국 그의 아내라는 것이 밝혀져 깨끗한 몸으로 남게 되었습니다. 그러나 이사악이 한 명의 아내 말고는 아무 여자도 알지 않았다고 해서 우리가 그를 그의 아버지보다 나은 인물로 여길 일은 아닙니다. 아

---

[5] FC 6,332-33*.　　　[6] FC 87,61-62*.

버지의 믿음과 순종의 공로가 훨씬 훌륭했고, 이 때문에 하느님께서 이사악에게 그처럼 잘해 주신 것입니다.

• 아우구스티누스 『신국론』 16,36.[7]

26,7 남자들이 레베카에 대하여 묻다

이사악은 거짓말을 했는가?

거짓말을 해야만 할 때가 있다고 주장하는 사람들은 아브라함이 사라를 누이라고 불렀을 때 거짓말을 한 것이라며 적절치 못한 근거를 듭니다. 그는 '저 여자는 내 아내가 아니오'라고 한 것이 아니라 '저 여자는 내 누이요'라고 했습니다(창세 20,2 참조). 사라는 실제로 한 집안으로서 아주 가까운 친척이었기 때문에 그를 누이라고 한 것은 거짓말이 아니었습니다. 아브라함은 사라를 데려간 남자가 그를 다시 데려왔을 때 이 사실을 확인해 주었습니다. 아브라함은 그에게 이렇게 대답했지요. "그 여자는 정말 나의 누이입니다. 아버지는 같고 어머니가 달라서 내 아내가 되었습니다"(창세 20,12). 아버지 쪽으로는 친척이지만 어머니 쪽으로는 아니라는 말입니다. 이처럼 그는 진실의 일면은 감추었지만, 그녀가 자기 아내라는 사실을 밝히지 않고 누이라고 한 것이 거짓말은 아니었습니다. 그의 아들 이사악도 같은 행동을 했습니다. 그도 친척을 아내로 맞았음을 우리는 알고 있습니다. 아무튼 진실을 밝히지 않은 것은 거짓말이 아니며, 거짓을 입 밖에 내어야 거짓말입니다.

• 아우구스티누스 『거짓말 반박』 10,23.[8]

26,8 아비멜렉이 사실을 알게 되다

이사악이 레베카를 애무하는 것을 임금이 보다

'이사악'이라는 이름은 '기뻐하다'라는 뜻입니다. 이 호기심 많은 임금은 이사악이 아내이자 협력자인 레베카와 노는 것을 보았습니다. 이 임금 — 이름이 아비멜렉이지요 — 은 그런 어린아이 같은 놀이로 드러나는 신비를 굽어보며, 이 세상을 초월하는 지혜를 나타낸다고 생각됩니다. '레베카'는 '순종'을 뜻합니다. 아, 이 얼마나 분별 있는 놀이입니까! '기쁨'과 '순종'이 합쳐지고 그것을 '임금'이 보고 있다니요. 성령께서는 그리스도 안에서의 이런 즐거운 놀이에 순종이 곁들여질 때 크게 기뻐하십니다. 참으로 이런 것이야말로 어린이다운 경건함입니다. …

[성령의] 영감으로 [기록된] 이 말씀은 또 다른 의미로 해석할 수 있습니다. 이사악의 기쁨이 우리 구원의 즐거움과 기쁨을 가리킨다고 이해하는 것입니다. 이사악은 죽음에서 구원받아 기뻐했습니다. 그래서 우리가 구원의 조력자 교회와 함께 즐거워하듯 아내와 놀며 즐거워한 것입니다. 교회도 '순종하는 인내'라는 든든한 이름을 받았습니다. 그것은 교회의 인내가 끊임없는 기쁨 안에서 영원히 계속되기 때문이거나, 그리스도의 지체인 우리 믿는 이들의 순종으로 이루어지기 때문입니다. 끝까지 순종하며 견뎌 낸 이들의 증언과 그들의 감사도 신비스러운 놀이입니다. 마음의 이 거룩한 기쁨을 느끼게 해 주는 조력자는 구원입니다. '임금'은 즐거워하는 우리를 높은 곳에서 내려다보시는, 또한 우리 안에 순종이 함께하는 유쾌함과 기쁨을 불러일으키는 축복과 우리의 감사를 '창문 밖으로 내다보시는' 그리스도입니다.

• 알렉산드리아의 클레멘스 『교육자』 1,5,21-22.[9]

---

[7] FC 14,551-52; 『교부 문헌 총서』 16,1781.

[8] FC 16,152.

[9] FC 23,22-23.

이사악이 아브라함과 같은 식으로 처신하다

이사악이 그곳에 산 지 꽤 오래되었을 때입니다. 아비멜렉이 창문으로 밖을 내다보다가, 이사악이 자기 아내 레베카를 애무하는 것을 보았습니다. 그는 이사악을 불러 "그 여자는 그대의 아내임이 분명한데, 그대는 어째서 '그 여자는 내 누이요' 하고 말하였소?" 하고 말했습니다. 이 선한 사람은 이 증거로 사실이 들통 나자 더 이상 속이려 하지 않고 사실을 인정하며, 자신이 왜 그녀를 누이라고 불렀는지를 명쾌하게 설명했습니다. "그 여자 때문에 제가 목숨을 잃을지도 모른다고 생각하였기 때문입니다" 하고 말했던 것이지요.

그런데 아마도 그는 이런 일에 대해 미리 주의를 들었던 것 같습니다. 이사악의 아버지도 그런 꾀로 자기 목숨을 구했기 때문입니다. 그래서 이사악도 같은 식으로 처신한 것입니다. 그러나 임금은 사라를 데려간 일로 고초를 겪었던 아브라함 때의 기억이 생생하던 터라, 하마터면 자신이 벌을 받을 수도 있었음을 곧바로 인정하며 이렇게 말합니다. "그대는 어쩌자고 우리에게 이런 일을 저질렀소? 하마터면 백성 가운데 누군가 그대 아내와 동침할 뻔하지 않았소? 그대는 우리에게 모르고 저지른 일을 불러들일 뻔하였소"(10절 칠십인역). 그의 말은 '우리는 당신 아버지 때에 이런 속임수를 경험한 바 있소. 우리가 재빨리 진실을 파악하지 못했다면 이번에도 똑같은 일을 또 당할 뻔했소'라는 뜻입니다. '모르고 저지른 일을 불러들일 뻔하였다'는 것은 '그때도 모르고 죄를 지을 뻔했고, 이번에도 그대 때문에 우리가 모르고 죄짓기 직전까지 갔다'는 뜻입니다.

• 요한 크리소스토무스 『창세기 강해』 51,12-13.[10]

26,11 아비멜렉이 경고하다

하느님의 종들을 원수들이 찬양하다

하느님의 섭리를 보십시오. 그분의 이루 말할 길 없는 보살핌을 보십시오. '이집트로 내려가지 말고 이 땅에 머물러라. 내가 너와 함께 있겠다'고 하신 분이 바로 이 모든 일이 이루어지게 하고 이 선한 사람을 그토록 안전한 위치에 있게 만드신 분입니다. 이사악이 평온하게 살고 모든 걱정에서 벗어나게 하려고 임금이 수고를 아끼지 않는 것을 보십시오. 성경은 아비멜렉이 모든 [백성]에게 "이 남자와 이 여자를 건드리는 자는" 죽임을 당할 것이라고 경고했다고 전합니다. 이사악의 결의를 흔들리게 한 것은 두려움, 다시 말해 죽음에 대한 두려움이었기에, 사랑 많으신 주님께서는 그에게서 그 두려움을 없애 주시고 그때부터 절대적으로 안전하게 살 수 있게 해 주신 것입니다. 창의적이며 지혜로우시고 모든 것을 당신의 뜻대로 변화시키시며 방법이 없는 곳에서도 방법을 찾아내시는 하느님께서 모든 면에서 당신 종들의 안전을 이루어 내시는 이 신기하고 놀라운 방식을 보십시오.

그런데 이 임금이 마치 이 선한 사람의 덕망을 그 도성의 모든 주민에게 선언하듯 그를 자신이 매우 존경하는 이름난 사람인 것처럼 소개함으로써 그를 이렇게 보살펴 준 것은 어찌 된 까닭입니까? 네부카드네자르도 그렇게 행동했습니다. 세 젊은이를 불가마에 던져 넣은 뒤 그들의 덕이 정복할 수 없는 힘을 지녔음을 직접 보고 깨달은 그는 그들을 찬미하기 시작하며 자기 입으로 그들의 이름을 만방에 드높였습니다(다니엘 3장 참조). 사실 하느님께서 당신의 종들이 그들의 원수들에게 찬양받도록 만드시는 것은 그

[10] FC 87,62-63*.

분 권능의 풍요로움을 드러내 주는 구체적인 표시입니다. 재미있어 하며 불가마에 불을 붙였던 남자가 높은 곳에서 온 도움 덕분에, 젊은이들의 덕이 불가마의 열기마저 이기는 것을 보고는 한 순간에 완전히 바뀌어 [그들을 두고] "가장 높으신 하느님의 종"(다니 3,93)이라고 외쳤습니다.

• 요한 크리소스토무스 『창세기 강해』 51,14-15.[11]

---

[11] FC 87,63-64**.

26,12-25 그라르와 브에르 세바 사이의 우물

[12] 이사악은 그 땅에 씨를 뿌려, 그해에① 수확을 백 배나 올렸다. 주님께서 그에게 이렇듯 복을 내리시어,

[13] 그는 부자가 되었다. 그는 점점 더 부유해져 마침내 큰 부자가 되었다.

[14] 그가 양 떼와 소 떼와 많은 하인을 거느리자, 필리스티아인들이 그를 시기하였다.

[15] 그래서 필리스티아인들은 이사악의 아버지 아브라함 시대에 이사악 아버지의 종들이 판 우물을 모두 막고 흙으로 메워 버렸다.

[16] 아비멜렉이 이사악에게 말하였다. "이제 그대가 우리보다 훨씬 강해졌으니, 우리를 떠나 주시오."

[17] 그래서 이사악은 그곳을 떠나 그라르 골짜기에 천막을 치고 살았다.

[18] 이사악은 자기 아버지 아브라함 시대에 팠던 우물들을 다시 팠다. 이것들은 아브라함이 죽은 뒤에 필리스티아인들이 막아 버린 우물들이다. 이사악은 그 우물들의 이름을 자기 아버지가 부르던 이름 그대로 불렀다.

[19] 이사악의 종들이 그 골짜기를 파다가, 생수가 솟는 우물을 발견하였다.

[20] 그러자 그라르의 목자들이 그 물을 자기네 것이라고 하면서, 이사악의 목자들에게 시비를 걸었다. 그리하여 우물을 두고 싸웠다 해서 그 우물의 이름을 에섹②이라 하였다.

[21] 이사악의 종들이 또 다른 우물을 팠더니, 그라르의 목자들이 그것에 대해서도 시비를 걸었다. 그래서 그 이름을 시트나③라 하였다.

[22] 이사악이 그곳에서 자리를 옮겨 또 다른 우물을 팠는데, 그것에 대해서는 아무도 시비를 걸지 않았다. 그래서 그는 "이제 주님께서 우리에게 넓은 곳을 마련해 주셨으니, 우리가 이 땅에서 퍼져 나갈 수 있게 되었다." 하면서, 그 우물 이름을 르호봇④이라 하였다.

[23] 그는 그곳을 떠나 브에르 세바⑤로 올라갔는데,

[24] 그날 밤 주님께서 그에게 나타나 말씀하셨다. "나는 너의 아버지 아브라함의 하느님이다. 내가 너와 함께 있으니 두려워하지 마라. 나의 종 아브라함을 보아서, 내가 너에게 복을 내리고 네 후손의 수를 불어나게 하겠다."

✏️ ²⁵ 그는 그곳에 제단을 쌓고 주님의 이름을 받들어 불렀다. 이사악은 그곳에 천막을 치고 그의 종들은 그곳에서도 우물을 팠다.

① 칠십인역에는 이 자리에 '보리'라는 말이 들어 있다. 오리게네스는 여기에 착안하여 신약성경에 '보리'가 나오는 대목과 연결지어 해석한다.
② '분쟁'이라는 뜻이다.
③ '증오'라는 뜻이다.
④ '넓은 곳', '공간'이라는 뜻이다. 칠십인역은 '넓다', '공간이 있다'로 옮겼다.
⑤ '맹세의 샘'이라는 뜻이다.

둘러보기

칠십인역에서 여러 가지 의미로 언급되는 '보리'는 '백 배'에 관한 영적 해석의 토대를 제공한다. 이사악이 중요한 인물이 되고 부자가 된 것은 성경의 영적 의미가 중요해지는 것을 나타낸다. 이와 마찬가지로, '우물'도 영적 의미로 해석할 수 있으며, 우물을 막아 버린 필리스티아인들은 현세적 해석을 고집하는 이들을 나타낸다. 아브라함이 판 우물들은 구약성경이고, 새 우물은 신약성경이다. 하느님 말씀을 위해 일하는 모든 이는 우물을 파는 이들이다. 이 우물들은 우리의 이성적 자아 안에 이미 샘솟고 있다(오리게네스). 아비멜렉이 이사악에게 떠나 달라고 부탁한 것은 시샘 때문이다(요한 크리소스토무스). 이사악은 자기 영혼의 추론 능력을 강화하기 위해 깊은 통찰력으로 우물을 팠다(암브로시우스).

26,12 이사악이 풍요로운 수확을 거두다

이사악이 수확을 백 배나 올리다

성경은 이 일들이 있은 뒤에 "이사악은 보리 씨앗을 뿌려 수확을 백 배나 올렸다. 주님께서 그에게 이렇듯 복을 내리시어 그는 부자가 되었다. 그는 점점 더 부유해져 마침내 큰 부자가 되었다"고 기록합니다.

이사악은 왜 밀 씨앗 대신 '보리' 씨앗을 뿌렸습니까? 그리고 [그가] '보리'를 뿌린 일로 축복받은 [이유는 무엇]이며, [그가] '마침내 큰 부자가' 된 [이유는 무엇]입니까? [이 본문에 따르면] 그는 '보리 씨앗을 뿌려 수확을 백 배나' 올리기 전에는 큰 부자는 아니었던 것으로 보입니다. 그때서야 '큰 부자'가 되었습니다.

보리는 짐승이나 농부가 주로 먹는 곡식입니다. [다른 곡식]보다 거칠고 가시수염이 달린 듯 만지면 따끔하게 찌르는 느낌이 듭니다. 이사악은 하느님의 말씀에 비유됩니다. 이 말씀은 율법 안에는 보리를, 복음 안에는 밀 씨앗을 뿌립니다. 곧, 그분[말씀]은 완전하고 영적인 이들을 위해서도 곡식을 제공해 주시고, 미숙하고 본성적인 이들에게도 또 다른 곡식을 제공해 주십니다. 그래서 "주님, 당신께서는 사람과 짐승을 도와주십니다"(시편 36,7)라고 쓰여 있습니다. 그러므로 율법의 말씀인 이사악은 보리를 씨 뿌립니다. 그러나 그 보리로 "수확을 백 배"(마태 13,8)나 올립니다. 율법 안에서도 우리는 순교자들을 보며, 그들의 '수확'은 '백 배'나 되기 때문입니다.

복음서의 이사악이신 우리 주님께서도 사도들에게는 더 완전한 것들을 말씀하셨지만 군중에게는 쉽고 일반적인 것들을 말씀하셨습니다

(마태 13,34-35 참조). 여러분은 그분께서 초심자들에게도 보리를 주시는 것을 보고 싶으십니까? 복음서에는 그분께서 두 번째로 군중을 먹이신 일이 기록되어 있습니다(마태 15,32-37 참조). 처음에 먹이신 이들, 곧 초심자들한테는 '보리 빵'(요한 6,9; 참조: 마태 14,19)을 주셨지만, 나중에 그들이 말씀과 가르침 안에서 진보했을 때는 밀가루로 만든 빵을 주십니다.

• 오리게네스 『창세기 강해』 12,5.[1]

26,13 이사악이 점점 더 부유해지다

이사악이 큰 부자가 되다

이사악은 율법서에서 중요하지 않았습니다. 그러나 시간이 흐르면서 중요한 인물이 됩니다. 시간이 흐르면서 예언서들 안에서 중요해집니다. 그가 율법 안에만 있을 때는 너울 아래 감추어져 있었기에 아직 위대하지 않았습니다. 그러다 이제 예언서들 안에서 점점 커집니다. 그리고 이 시점에 이르러 그가 너울을 치워 버리게 되면 '큰 부자'가 될 것입니다. 율법의 문자가 보리 왕겨처럼 벗겨져 나가기 시작하여 "율법은 영적인 것"(로마 7,14)임이 드러나면, 이사악은 점점 부유해져서 '큰 부자'가 될 것입니다.

주님께서 복음서에서 빵 몇 덩이를 나누어 주시는 것도, 그리고 몇천 명을 먹이셨으며 그러고도 남은 것을 모으니 몇 광주리에 가득 찼는지(참조: 마태 14,20; 15,37; 16,9) 눈여겨보십시오. 그 빵들이 온전한 덩어리일 때는 아무도 배불리 먹지 못하고 아무도 기운을 얻지 못하며, 빵 자체도 조금도 불어난 것처럼 보이지 않습니다. 그러나 우리가 빵 몇 덩어리를 어떻게 떼어 나누는지 생각해 보십시오. 우리는 성경에서 몇 마디 말씀을 집어 들어 떼어 나눌 때 그것으로 얼마나 많은 사람이 배불리 먹는지 [생각해 보십시오]. 하지만 이 빵 덩이들은 떼어 나누어지지 않는 한, 제자들이 작은 조각들로 부수어 나누어 주지 않는 한, 문자들이 토론을 통하여 작은 조각들로 나뉘지 않는 한, 그 의미가 모든 사람에게 전달되지는 못합니다. 그러나 우리가 문제 하나하나를 파고들어 논의하기 시작하면, 실로 군중도 제 능력껏 그것을 이해하기 시작할 것입니다. 한편, "버려지는 것이 없도록"(요한 6,12), 그들이 소화시키지 못한 것들은 모아서 보존해야 합니다.

그래서 우리도 '군중'이 받아들이지 못하는 것은 무엇이든 광주리와 바구니에 모아 보존합니다. … 버려지는 것이 없도록 우리가 어떤 조각들을 부지런히 모았는지, 그리고 그것들을 어떻게 하라고 주님께서 명령하실 때까지 우리가 광주리 안에 무엇을 보존하고 있는지 봅시다.

• 오리게네스 『창세기 강해』 12,5.[2]

우리 안의 생수

이제 우리는 한껏 그 빵을 먹고 그 우물의 물을 마십시다. 지혜의 이 훈계를 따르도록 합시다. "네 저수 동굴에서 물을 마시고 네 샘에서 솟는 물을 마셔라. 그것은 너 혼자만의 것"(잠언 5,15.17).

그러므로 청중 여러분도 성경 책을 집어 들고 자신의 이해력으로 캐어 내는 한편 교회에서 배운 것들에 따라 여러분 자신의 능력이라는 샘에서 물을 마실 수 있도록 자기 자신의 우물과 샘을 가질 수 있도록 노력하십시오. 여러분은 자기 안에 '생수'라는 본성을 지니고 있습니다(창세 26,19 참조). 여러분 안에는 이성적 이해력을 지니고 흐르면서 흙과 쓰레기로 막히지만 않으면 결

---

[1] FC 71,181-82.

[2] FC 71,182-83*.

코 끊이지 않는 영구한 핏줄이요 시내가 있습니다. 그러니 부지런히 여러분의 흙을 퍼내고 쓰레기를 치우십시오. 본성적 능력을 소홀히 하는 태만함을 죽여 없애고 마음의 게으름을 쫓아내십시오. 성경이 뭐라고 하는지 들으십시오. '눈을 찌르면 눈물이 샘솟고 마음을 찌르면 이해력이 샘솟는다'(집회 22,19 참조).

• 오리게네스 『창세기 강해』 12,5.[3]

이사악이 덕을 기르다

여기서 '커졌다'의 뜻을 어떻게 이해해야 하는지 알고 싶으십니까?[4] 이사악이 무엇을 했는지 들어 보십시오. 성경은 그에 대해 '[이사악은] 점점 더 진보하고 커져 마침내 위대하게 되었다'고 합니다. 그의 의지는 언제나 더 훌륭한 것을 향했으며 계속 진보했습니다. 그의 정신은 언제나 더욱 거룩한 것에 관해 묵상했고, 자신의 보물 창고에 더 많은 것을 쌓고 그것을 더 안전하게 보존하기 위해 계속 기억을 떠올렸습니다. 그 일은 이런 식으로 이루어졌던 것입니다. 이사악은 자기 영혼의 밭에서 자신의 모든 덕을 길렀습니다. 그는 '크게 불어나라'는 명령을 이런 식으로 완수했습니다.

• 오리게네스 『루카 복음 강해』 11,2.[5]

26,15 아브라함의 우물

성경의 우물을 파는 신비

이사악은 우물을 파기 시작했다고 합니다. 그 우물은 "이사악의 아버지 아브라함 시대에 이사악 아버지의 종들이 판 우물"인데, '필리스티아인이 모두 막고 흙으로 메워 버린' 터였습니다. 이사악은 처음에는 '맹세의 샘'(참조: 창세 21,33; 26,18) 곁에 살았습니다. 그러다 환시의 샘에서 비추임을 받은 뒤 그는 다른 우물들을 파기

시작했습니다. 새로 판 것이 아니라 자기 아버지 아브라함이 팠던 것들을 다시 팠습니다.

그가 첫 번째 우물을 팠을 때 "필리스티아인들이 그를 시기하였다"고 성경은 말합니다. 그러나 그는 그들의 시기에 방해받지도 거기에 굴복하지도 않았습니다. "이사악은 자기 아버지 아브라함 시대에 팠던 우물들을 다시 팠다. 이것들은 아브라함이 죽은 뒤에 필리스티아인들이 막아 버린 우물들이다. 이사악은 그 우물들의 이름을 자기 아버지가 부르던 이름 그대로 불렀다"라고 쓰여 있습니다. 그러니까 그는 자기 아버지가 팠고 필리스티아인들이 악의를 품고 흙으로 막아 버린 우물들을 다시 판 것입니다. 또한 그는 그라르 골짜기에서 새 우물들도 팝니다. 그가 직접 판 것은 아니고 그의 종들이 팠습니다. 성경 본문을 보면, 그는 그곳에서 "생수가 솟는 우물을 발견하였다. 그러자 그라르의 목자들이 그 물을 자기네 것이라고 하면서, 이사악의 목자들에게 시비를 걸었다. 그리하여 우물을 두고 싸웠다고 해서 그 우물의 이름을 '불의'라 하였다. 그들이 그에게 불의하게 굴었기 때문이다"(20절 칠십인역)라고 되어 있습니다. 그러나 이사악은 그들의 악의를 피하여 '또 다른 우물'을 팠습니다. 그랬더니 그들이 "그것에 대해서도 시비를 걸었다. 그래서 그 이름을 '증오'라고 하였다. 이사악이 그곳에서 자리를 옮겨 또 다른 우물을 팠는데, 그것에 대해서는 아무도 시비를 걸지 않았다. 그래서 그는 '이제 주님께서 우리에게 넓은 곳을 마련해 주셨으니, 우리가 이 땅에서 퍼져 나갈 수 있게 되었다' 하면서, 그 우물

---

[3] FC 71,183.

[4] 히브리어 본문을 직역하면 '부에서 점점 커졌다'다. 칠십인역은 이를 '높아졌다'로 옮겼다 — 역자 주.

[5] FC 94,45.

이름을 '넓은 곳'이라 하였다"(21-22절 칠십인역)고 합니다.

거룩한 사도가 어느 구절에선가 신비의 위대함을 고찰하며 이렇게 말한 것은 참으로 적절한 표현입니다. "누가 이러한 일을 할 자격이 있겠습니까?"(2코린 2,16). 이와 비슷하게 — 아니, 그에 비해 우리는 한참 모자라니, 이와는 한참 다르겠지만 — 우리도 우물의 신비들 안에서 엄청나게 심오한 것들을 보며 "누가 이러한 일을 할 자격이 있겠습니까?" 하고 말합니다. 사실, 그 위대한 우물들이나 그 우물들과 관련해 행해진 일들의 신비에 관하여 제대로 설명할 수 있는 이가 누가 있겠습니까? 살아 계신 말씀의 아버지께 간원하여 그분께서 친히 우리 입에 말씀을 넣어 주시어, 목말라하는 여러분을 위해 우리가 수도 많고 양도 넉넉한 그 우물에서 조금이나마 "생수"를 길어 올릴 수 있게 되지 않는 한 누가 그 일을 할 수 있겠습니까?

• 오리게네스 『창세기 강해』 13,1.[6]

율법에 대한 세속적 해석

이 이사악, 곧 우리 구원자께서는 그라르 골짜기에 오셨을 때 무엇보다 먼저 당신 아버지의 종들이 팠던 우물을 파고자 하십니다. 필리스티아인들이 흙으로 막아 버린, 율법과 예언서들의 우물들을 새롭게 하고자 하십니다.

우물을 흙으로 막아 버리는 자들은 누구입니까? 두말할 것도 없이, 율법을 세속적이고 육적으로 해석하며 영적이고 신비적인 해석은 닫아 버림으로써 자신들은 물론 다른 사람들도 거기에서 물을 마시지 못하게 하는 자들입니다.

우리의 이사악, 주 예수님께서 복음서에서 하시는 말씀을 들으십시오. "불행하여라, 너희 위선자 율법 학자들과 바리사이들아! 너희가 사람

들 앞에서 하늘 나라의 문을 잠가 버리기 때문이다. 그러고는 자기들도 들어가지 않을 뿐만 아니라, 들어가려는 이들마저 들어가게 놓아두지 않는다"(마태 23,13; 참조: 루카 11,52). 그러므로 그들은 '아브라함의 종들이 판' 우물들을 흙으로 막은 이들입니다. 율법을 육적으로 가르쳐 성령의 물을 더럽히는 이들입니다. 물을 긷기 위해서가 아니라 그 안에 흙을 던져 넣으려는 목적으로 우물을 차지하는 자들입니다. 그래서 이사악은 이 우물들을 파는 일에 나섭니다. 그가 그 우물들을 어떻게 파는지 봅시다.

성경은 이사악의 종들, 곧 우리 주님의 사도들이 안식일에 밀밭을 가로질러 가다가 "밀 이삭을 뜯어 손으로 비벼 먹었다"(루카 6,1)고 합니다. 그러자 그분 아버지의 우물들을 흙으로 막아 버린 자들이 그분에게 말했습니다. "보십시오, 선생님의 제자들이 안식일에 해서는 안 되는 일을 하고 있습니다"(마태 12,2). 그들의 현세적 해석이라는 흙을 파내기 위해 예수님께서는 그들에게 이렇게 말씀하십니다. "다윗과 그 일행이 배가 고팠을 때, 다윗이 어떻게 하였는지 너희는 읽어 본 적이 없느냐? 그가 에브야타르 사제를 찾아가, 사제가 아니면 그도 그의 일행도 먹어서는 안 되는 제사 빵을 먹지 않았느냐?"(마태 12,3-4와 마르 2,26 혼합 인용). 그런 다음 이렇게 덧붙이십니다. "'내가 바라는 것은 희생 제물이 아니라 자비다' 하신 말씀이 무슨 뜻인지 너희가 알았더라면, 죄 없는 이들을 단죄하지는 않았을 것이다"(마태 12,7; 참조: 호세 6,6). 그런데 그들은 이 말씀에 뭐라고 대답합니까? 그분의 종들에게 시비를 걸며 "그는 안식일을 지키지 않으므로 하느님에게서 온 사람이 아니오"(요한 9,16)라고 합니

---

[6] FC 71,185-86.

다. 이렇듯 이사악은 '자기 아버지의 종들이 팠던 우물들을' 다시 팠습니다.

• 오리게네스 『창세기 강해』 13,2.[7]

새 우물과 옛 우물을 판 이사악

이사악은 새 우물도 팠습니다. 정확히 말하면, 이사악의 종들이 팠습니다. 이사악의 종들은 마태오, 마르코, 루카, 요한입니다. 베드로, 야고보, 유다입니다. 바오로 사도도 이사악의 종입니다. 그들 모두는 신약성경이라는 우물을 팝니다. 그러나 "이 세상 것만 생각"(필리 3,19)하며 새것이 새워지는 것도 옛것이 정화되는 것도 허락하지 않는 자들이 이 우물들을 두고 시비를 겁니다. 그들은 복음의 우물들에 반대합니다. 사도들의 우물을 거부합니다. 그들은 모든 일에서 반대하기에, 모든 일을 두고 시비를 걸기에, 이런 말을 듣습니다. "여러분이 그것을 배척하고 영원한 생명을 받기에 스스로 합당하지 못하다고 판단하니, 이제 우리는 다른 민족들에게 돌아섭니다"(사도 13,46; 참조: 사도 18,6).

• 오리게네스 『창세기 강해』 13,2.[8]

26,16 이사악이 떠나 달라는 부탁을 받다

시샘하는 사람은 남의 성공을 받아들이지 못한다

이 선한 사람에게 물을 내주는 것조차 꺼려한 그곳 주민들이 얼마나 악한지 생각해 보십시오. 엄청난 부를 소유한 임금마저 시샘의 충동을 이기지 못하고 "이제 그대가 우리보다 훨씬 강해졌으니, 우리를 떠나 주시오" 하고 말합니다. 소름 끼치는 적의입니다. 그대가 이 선한 사람을 내쫓는 진짜 이유가 무엇이오? 이사악은 분명 당신 백성에게 어떤 해도 끼친 적이 없지 않소? 그는 분명 아무런 잘못도 한 적이 없지 않소? 그런데 이런 게 바로 시샘입니다. 그것은 차분한 이

성에서 나오는 것이 아닙니다. 아비멜렉은 이 선한 사람이 만유의 하느님으로부터 그처럼 큰 은혜를 누리는 것을 보고 그를 존중했어야 마땅합니다. 그 자신도 높은 곳에서 은혜를 입도록 이사악에게 경의를 보였어야 했습니다. 그런데 그렇게 하기는커녕 그를 내쫓으려고 "이제 그대가 우리보다 훨씬 강해졌으니, 우리를 떠나 주시오"라고 했습니다.

시샘이란 바로 이런 것입니다. 시샘은 다른 사람의 성공을 그냥 받아들이지 못하고 이웃의 번영을 자신의 재앙으로 여기며 이웃의 행운에저 스스로 무너집니다. 지금 일어난 일이 바로 그렇습니다. 온 성읍에 대한 권한을 가지고 있으며 모든 사람을 손아귀에 쥐고 있는 임금이 이리저리 떠돌며 나그네살이하는 이 방랑자에게 "이제 그대가 우리보다 훨씬 강해졌으니, 우리를 떠나 주시오"라고 합니다. 모든 일에 위에서 도움을 입고 하느님의 오른손이 지켜 준 덕분에 실제로 이사악은 [그들보다] 강하긴 했습니다.

• 요한 크리소스토무스 『창세기 강해』 52,6-7.[9]

26,19 골짜기의 우물

흙으로 우물을 막는 필리스티아인들

아브라함의 종들이 판 우물들이 있었습니다. 그런데 필리스티아인들이 이 우물들을 흙으로 모두 막아 버렸습니다. 그래서 이사악은 먼저 이 우물들을 깨끗이 치우는 일을 시작합니다. 필리스티아인들은 물을 싫어합니다. 그들은 흙을 사랑합니다. 이사악은 물을 사랑합니다. 그는 언제나 우물을 찾습니다. 그는 오래된 우물들은 깨끗이 하고 새 우물들을 팝니다.

---

[7] FC 71,187-88*.   [8] FC 71,188.

[9] FC 87,68-69*.

'우리를 위하여 제물로 바쳐진'(에페 5,2 참조) 우리의 이사악이 '담', 또는 '울타리'라는 뜻의 그라르 골짜기로 오는 것을 생각해 보십시오. [그는] '당신의 몸으로 장벽인 적개심을 허물기 위해'(에페 2,14 참조) 오고 [있습니다]. [그는] 우리를 '하나로 만드시고'(에페 2,14 참조) 길 잃은 양을 당신 '어깨에 메고'(루카 15,5 참조) '산으로 데려가'(마태 18,12 참조) 그를 "길을 잃지 않은 아흔아홉 마리"(루카 15,5-6 참조) 양의 무리에 다시 속하게 하시려고, 우리와 거룩한 덕들 사이에 놓인 담을 없애기 위해 오고 [있습니다].

• 오리게네스 『창세기 강해』 13,1-2.[10]

믿음의 샘

우물들이 인류의 샘, 특히 믿음과 헌신의 샘인 듯, 위대한 성조인 아브라함도 우물들을 팠고 이사악도 팠으며, 복음서에서 확인할 수 있듯이, 야곱도 우물을 팠습니다(요한 4,6.12 참조). 사실 '생수가 솟는 우물'이란 심오한 가르침이 들어 있는 깊은 곳 아니겠습니까? 하가르가 천사를 본 것이 우물 근처였던 것도(창세 21,14 참조), 야곱이 아내 레베카를 우물가에서 만난 것도(창세 29,2 참조) 이런 까닭입니다. 모세도 혼인의 첫 번째 이득을 우물가에서 얻었습니다(탈출 2,15-22 참조). 그런 까닭에 이사악은 깊은 통찰력으로 그리고 바람직한 순서에 따라, 자신이 판 우물의 물이 영혼의 추론 능력과 그 눈을 씻고 강화해 주어 더 잘 볼 수 있게 되려는 뜻이었습니다.

• 암브로시우스 『이사악 또는 영혼』 4,21-22.[11]

26,22 이사악이 새로 판 우물 르호봇

이사악의 종들이 우물을 파다

이 일들이 있은 뒤 이사악은 세 번째 우물을 파고는 "'이제 주님께서 우리에게 넓은 곳을 마련해 주셨으니, 우리가 이 땅에서 퍼져 나갈 수 있게 되었다' 하면서, 그 우물 이름을 '[충분히] 넓다'라 하였다"(칠십인역). 실제로 이제 이사악에게는 넓은 공간이 주어졌고 그의 이름은 온 땅에서 커졌습니다. 그가 우리를 위해 삼위일체에 관한 지식을 다 찾아내었기 때문입니다. 그때에는 "하느님께서 유다에 널리 알려지셨"(시편 76,2)을 뿐이고 이스라엘에서만 그분의 이름이 불렸지만 이제 "그 소리는 온 땅으로, 그 말은 누리 끝까지 퍼져 나가"(시편 19,5)고 있습니다. 이사악의 종들이 온 세상을 다니며 우물들을 파고 '아버지와 아들과 성령의 이름으로 모든 민족들에게 세례를 줌으로써'(마태 28,19 참조) 모든 이에게 "생수"를 보여 주었기 때문입니다. "주님 것이라네, 세상과 그 안에 가득 찬 것들"(시편 24,1).

• 오리게네스 『창세기 강해』 13,3.[12]

생수를 찾는 말씀의 종들

하느님의 말씀을 위해 일하는 여러분 각자도 우물을 파며, 자신의 설교를 듣는 이들을 새롭게 만들어 줄 '생수'를 찾는 이들입니다. 그러므로 내가 만약 옛 말씀을 토론하고 그 안에서 영적 의미를 찾기 시작한다면, 율법의 너울을 벗겨 거기에 쓰인 것들에는 "우의적인 뜻"(갈라 4,24)이 있음을 보여 준다면, 실로 나는 우물들을 파는 것입니다. 그러나 문자를 [파는] 친구들은 숨어 기다리다 곧바로 나에 대해 악의적 비난을 퍼부으며 나를 걸고넘어지려 할 것입니다. 그들은 땅에서는 진리가 설 수 없다는 것을 부정하며 곧바로 싸움과 박해를 선동하려 궁리할 것입니다.

---

[10] FC 71,186-87*.

[11] FC 65,24.

[12] FC 71,188-89.

그러나 우리가 이사악의 종들이라면, "생수가 솟는 우물"과 샘들을 사랑합시다. 다투기 좋아하며 악의적인 비난을 꾸며 내는 자들을 멀리하고, 그들이 사랑하는 땅에 있으라고 그들을 내버려 둡시다. 그러나 우리는 '생수가 솟는 우물'을 파는 일을 결코 그치지 맙시다. 그리하여 옛것들과 새것들에 관하여 논함으로써 이제 참으로, 주님께서 복음서에 이렇게 묘사하신 율법 학자처럼 됩시다. "하늘 나라의 제자가 된 모든 율법 학자는 자기 곳간에서 새것도 꺼내고 옛것도 꺼내는 집주인과 같다"(마태 13,52).

• 오리게네스 『창세기 강해』 13,3.[13]

아브라함이 판 우물들

'아브라함이 판 우물들', 곧 구약성경을 필리스티아인들이 흙으로 막아 버렸습니다. 그들은 악한 교사, 율법 학자, 바리사이, 또는 적대적 권능들입니다. 그들이 아브라함의 자손인 이들에게 마실 것을 주는 일이 일어나지 않도록, 그들의 수맥은 막혀 버렸습니다. 그 사람들은 이사악이 와서 그분의 종들이 마실 수 있도록 수맥을 열어 주기 전에는 성경[의 우물]에서 마실 수 없어 "주님의 말씀을 듣지 못하여 굶주리는"(아모 8,11) 이들입니다. 그러니 우리에게 오시어 우물을 열어 주신, 아브라함의 자손이신 예수 그리스도께 감사합시다. 그분에 관해 이렇게 쓰여 있습니다. "다윗의 자손이시며 아브라함의 자손이신 예수 그리스도의 족보"(마태 1,1). 그분께서는 "[그분께서] 성경을 풀이해 주실 때 속에서 우리 마음이 타오르지 않았던가!"(루카 24,32) 하고 말한 사람들을 위해 그것을 열어 주셨습니다. 그래서 그분께서는 이 우물들을 여시고는 "그 우물들의 이름을 자기 아버지가 부르던 이름 그대로 불렀다"고 성경은 말합니다. 이처럼 그분께서는 우물들의 이름을 바꾸지 않으셨습니다.

모세가 우리 사이에서도 모세로 불리고, 예언자들도 다 제 이름으로 지칭되는 것은 놀라운 일입니다. 그리스도께서는 성경의 이름들을 바꾸신 것이 아니라 그것들에 대한 해석을 바꾸셨습니다. 그분께서 그때 그것을 바꾸신 것은 나중에 우리가 "유다인들의 신화"(티토 1,14)와 "끝없는 족보"(1티모 1,4)에 주의를 기울이지 않게 하기 위해서였습니다. "[그들은] 진리에는 더 이상 귀를 기울이지 않고 신화 쪽으로 돌아설"(2티모 4,4) 이들이기 때문입니다.

그리스도께서는 우리가 어떤 특정 장소에서 하느님을 찾지 않고 "곳곳에서 내 [그분의] 이름에 향과 정결한 제물이 바쳐진다"(말라 1,11)는 것을 알도록, 그 우물들을 여시고 우리를 가르치셨습니다. 지금이 바로 "진실한 예배자들"이 예루살렘이나 그리짐 산이 아니라 "영과 진리 안에서 아버지께 예배를 드릴 때"(요한 4,23)입니다. 하느님께서는 어떤 땅 어떤 장소에 머무르시는 것이 아니라 마음 안에 계십니다. 여러분이 하느님께서 계신 곳을 찾는다면, 깨끗한 마음이 그분께서 계시는 곳입니다. 그분께서 당신은 이런 곳에 머무르시겠다고 예언자를 시켜 말씀하셨기 때문입니다. "나는 그들과 함께 살며 그들 가운데에서 거닐리라. 나는 그들의 하느님이 되고 그들은 나의 백성이 되리라. … 주님께서 말씀하신다"(2코린 6,16; 참조: 레위 26,12).

• 오리게네스 『창세기 강해』 13,3.[14]

모든 영혼 안에는 우물이 있다

그러므로 아마 우리 각자의 영혼 안에도 '생수가 솟는 우물', 일종의 거룩한 인식과 하느님의

---

[13] FC 71,189. [14] FC 71,190-91*.

잠재적 표상이 있으며, 필리스티아인들, 곧 적대적 권능들이 이 우물을 흙으로 막아 버렸다고 생각하십시오. 그 흙은 어떤 흙입니까? 육적인 인식과 속된 생각입니다. 우리가 '흙으로 된 사람의 모습'(1코린 15,49 참조)을 지닌 것은 그런 까닭입니다. 우리가 '흙으로 된 사람의 모습'을 지니고 있던 그때는 필리스티아인들이 우리의 우물들을 막아 버린 때였습니다. 그러나 이제 우리의 이사악이 왔으니 거기에서 흙을 걷어 냅시다. 그 우물들에서 모든 더러움과 불명료하고 속된 모든 생각을 없앱시다. 그리고 주님께서 이렇게 말씀하신 '생수'를 우물들에서 발견합시다. "나를 믿는 사람은 성경 말씀대로 '그 속에서부터 생수의 강들이 흘러나올 것이다'"(요한 7,38). 주님의 관대함이 얼마나 큰지 보십시오. 필리스티아인들이 우리의 우물들을 막아 우리의 가느다랗고 부실한 수맥이 흐르지 못하게 하자 그것들 대신 샘과 강물이 우리에게 다시 주어졌습니다.

그러므로 오늘날 이 말씀들을 듣는 여러분도 성실하게 그 뜻을 파악한다면, 이사악이 여러분 안에서도 일하는 것입니다. 그가 여러분의 마음 안에서 속된 인식을 정화해 줄 것입니다. 성경 안에 숨겨져 있는 너무나도 위대한 이 신비들을 보며 여러분은 이해력에서 진보하고 영적 인식에서 진보합니다. 여러분 자신도 교사가 될 수 있는 날이 올 것이며 여러분에게서 "생수의 강들"(요한 7,38)이 흘러나올 것입니다. 하느님의 말씀께서 와 계시며, 이제는 여러분 한 사람 한 사람의 영혼에서 흙을 치우고 여러분의 샘을 파는 것이 그분의 일입니다. "하느님의 나라는 너희 가운데에 있다"(루카 17,21)고 쓰여 있듯이, 그분은 밖에서 오시는 분이 아니라 여러분 안에 계시기 때문입니다.

• 오리게네스 『창세기 강해』 13,3-4.[15]

깊은 통찰력

이사악은, 그의 아버지 아브라함이 팠지만 그가 죽은 뒤 낯선 자들이 막아 버린 많은 우물을 다시 팠습니다. 다른 것들도 있지만, 그가 판 우물들을 꼽자면 먼저 그라르 골짜기에 있는 우물이 있습니다. 그는 그곳에서 "생수가 솟는 우물"을 발견했습니다. 그라르의 목자들이 그 물을 자기네 것이라고 하면서, 이사악의 목자들에게 시비를 걸자 그는 그 우물의 이름을 '불의'라고 하였습니다. 그는 또 다른 우물을 팠는데 그때도 시비가 일어 그는 그 이름을 '증오'라 하였습니다. 그는 세 번째 우물을 팠는데, 그때는 아무도 시비를 걸지 않아 그 우물 이름을 '충분히 넓다'라고 하였습니다. 그가 판 또 다른 우물도 있는데, 거기서는 물을 발견하지 못했고 그 우물의 이름은 '맹세의 우물'이었습니다. 이 일들에 대해 읽는 사람 가운데 이 일들이 영적이 아니고 육적인 [사건]이라고 생각할 사람이 있습니까?

• 암브로시우스 『이사악 또는 영혼』 4,20-21.[16]

26,24 아브라함의 하느님

율법과 예언서의 말씀

주님께서 몸소 시간과 장소와 개별적이며 특정한 조건에 맞추어 당신의 모습을 바꾸셨듯이, 그분을 예표한 성인들도 시간과 장소와 조건에 맞추어 신비들을 예형으로 나타냈다고 믿어야 합니다. 우리는 지금 이사악의 경우에서도 [이것을] 봅니다. 우리는 그에 관한 이런 기록을 읽습니다. "그는 그곳을 떠나 브에르 세바[맹세의 샘]로 올라갔는데, 그날 밤 주님께서 그에게 나타나 말씀하셨다. "나는 너의 아버지 아브라함의 하

---

[15] FC 71,191-92.

[16] FC 65,23-24.

느님이다. 내가 너와 함께 있으니 두려워하지 마라. 나의 종 아브라함을 보아서, 내가 너에게 복을 내리고 네 후손의 수를 불어나게 하겠다"(창세 26,23-24).

바오로 사도는 우리에게 이 이사악의 두 표상에 대해 설명해 줍니다. 그 하나에 대해 설명하며 그는, 하가르의 아들 이스마엘은 육에 따른 백성을 나타내지만 이사악은 믿음을 지닌 백성을 나타낸다고 합니다(갈라 4,22 참조). 다른 하나에 대해서는 이렇게 말합니다. "[하느님께서는] 많은 사람을 뜻하는 '후손들에게'가 아니라, 한 사람을 뜻하는 '너의 후손에게'라고 하셨습니다. 이분이 곧 그리스도이십니다"(갈라 3,16). 그러므로 이사악은 백성과 그리스도를 나타냅니다. 복음서만 아니라 율법과 예언서에서도 그리스도는 하느님의 말씀으로 불린다는 것은 확실합니다. 그런데 그분께서는 율법 안에서는 초심자들을 가르치시고 복음서들 안에서는 완전한 이들을 가르치십니다. 그러므로 여기서 이사악은 율법이나 예언서들 안에 계신 말씀을 나타냅니다.

• 오리게네스 『창세기 강해』 14,1.[17]

예언자들이 늘어나다

성전과 그 안에서 행해지는 거룩한 예식들을 아름답게 꾸민 것은 율법의 상승이었다고 우리는 앞에서 말한 바 있습니다. 예언자들의 수가 늘어나는 것도 율법의 상승이라 표현할 수 있습니다. 이사악이 맹세의 샘으로 올라갔을 때 주님께서 그곳에서 그에게 나타나신 것은 아마도 그런 이유일 것입니다. 주님께서는 예언자들을 통하여 '맹세하시고 뉘우치지 않으실 것'(시편 110,4 참조)이며, "멜키체덱과 같이 영원한 사제"(시편 110,4)이시기 때문입니다. 그래서 하느님께서는 '맹세의 샘'에서 그에게 나타나시어, 그에게 하

신 약속이 이루어질 것임을 확인해 주셨습니다.

• 오리게네스 『창세기 강해』 14,2.[18]

26,25 이사악이 제단을 쌓다

이사악의 천막이 접힐 것이다

이사악은 실로 지금도 율법 안에 제단을 쌓고 천막을 칩니다. 그러나 복음서들 안에서는 천막을 치는 것이 아니라 집을 짓고 토대를 놓습니다. 지혜가 교회에 관해 하는 말을 들어 보십시오. 성경은 이렇게 말합니다. "지혜가 일곱 기둥을 깎아 자기 집을 지었다"(잠언 9,1). 이에 관해 바오로 사도가 하는 말도 들어 보십시오. "아무도 이미 놓인 기초 외에 다른 기초를 놓을 수 없기 때문입니다. 그 기초는 예수 그리스도이십니다"(1코린 3,11).

그러므로 천막이 있는 곳에는, 비록 [지금은] 그것을 쳐야 하더라도, [언젠가는] 그것이 접히게 되어 있음이 분명합니다. 그러나 기초가 놓여 있고 '바위 위에' 집을 세웠다면, 그 집은 결코 무너지지 않습니다. "반석 위에 세워졌기 때문"(마태 7,25)입니다. 그럼에도 불구하고 이사악은 그곳에서도 우물을 팠습니다. 그는 "생수가 솟는"(창세 26,19) 샘이 터져 나오고 '강 줄기들이 하느님의 도성을 즐겁게 할'(시편 46,5 참조) 때까지 우물 파기를 결코 그치지 않았습니다.

• 오리게네스 『창세기 강해』 14,2.[19]

---

[17] FC 71,197.

[18] FC 71,197-98.

[19] FC 71,198.

26,26-35 이사악이 아비멜렉과 동맹을 맺다

²⁶ 아비멜렉이 친구 아후잣과 자기 군대의 장수 피콜과 함께 그라르에서 이사악에게로 왔다.

²⁷ 이사악이 그들에게 "그대들은 나를 미워하여 쫓아내고서, 무슨 일로 나에게 왔소?" 하고 물으니,

²⁸ 그들이 대답하였다. "우리는 주님께서 그대와 함께 계시는 것을 똑똑히 보았소. 그래서 우리 사이에, 곧 우리와 그대 사이에 서약이 있어야겠다고 생각하였소. 우리는 그대와 계약을 맺고 싶소.

²⁹ 우리가 그대를 건드리지 않고 그대에게 좋게만 대해 주었으며 그대를 평화로이 보내 주었듯이, 그대도 우리한테 해롭게 하지 않기를 바라는 것이오. 이제 그대는 주님께 복 받은 사람이오."

³⁰ 이사악은 그들에게 잔치를 베풀어 함께 먹고 마셨다.

³¹ 그들은 이튿날 아침 일찍 일어나 서로 맹세하였다. 그런 다음 이사악이 그들을 보내자, 그들은 평화로이 그를 떠나갔다.

³² 바로 그날 이사악의 종들이 와서 자기들이 판 우물에 대하여 그에게 알리며, "저희가 물을 발견하였습니다." 하고 말하였다.

³³ 이사악은 그 우물을 시브아라 하였다. 그래서 오늘날까지 그 성읍의 이름이 브에르 세바이다.

³⁴ 에사우는 마흔 살 되던 해에 히타이트 사람 브에리의 딸 여후딧과 히타이트 사람 엘론의 딸 바스맛을 아내로 맞아들였다.

³⁵ 이들은 이사악과 레베카에게 근심거리가 되었다.

둘러보기

아비멜렉은 이 세상에서 지혜롭고 많이 배운 이들을, 또는 하느님 율법의 모든 것과 반대되지도 그렇다고 모든 것에서 조화를 이루지도 않는 철학을 나타낸다. 아비멜렉과 아후잣, 피콜, 이 세 인물은 모든 철학을 나타낸다. 성경을 연구하는 이들에게는 깨달음의 위대한 잔치가 기다리고 있다(오리게네스). 이사악은 자신을 쫓아내려는 이들의 뜻을 따라 주었지만 그들이 잘못을 인정하자 그들을 용서하고 받아들였다(암브로시우스). 에사우는 자제가 부족하며 무분별함을 드러낸다(요한 크리소스토무스).

26,26 아비멜렉이 이사악에게 오다

철학과 말씀

이 아비멜렉은 이사악과 항상 평화를 유지하지는 않습니다. 때로는 불화하고 때로는 화친을 청합니다. 앞에서 우리가 아비멜렉에 대해 말한 것, 곧 그는 철학을 배움으로써 진리에 대해서까지 많은 것을 파악하며, 이 세상에서 많이 배운

지혜로운 이들을 나타낸다고 한 것을 기억하신다면, 여러분은 그가 율법 안의 하느님 말씀을 나타내는 이사악과 어째서 늘 평화를 유지할 수는 없었는지 이해할 수 있을 것입니다. 철학은 하느님 율법의 모든 것과 반대되지도 그렇다고 모든 것에서 조화를 이루지도 않기 때문입니다.

많은 철학자가 만물을 창조하신 하느님은 한 분이라고 이야기합니다. 이 점에서 그들은 하느님의 율법과 의견이 일치합니다. 하느님께서 당신의 '말씀'을 시켜 만물을 만드시고 다스리시며, 모든 것을 하느님의 '말씀'이 관장한다고 덧붙이는 철학자들도 있습니다. 이 점에서 그들의 글은 율법만 아니라 복음서와도 조화를 이룹니다. 실로, 도덕적이며 통상적이라고 평가되는 거의 모든 철학은 우리와 같은 견해를 보입니다. 그런데 물질을 하느님과 함께 영원하다고 보는 데서 철학은 우리와 견해를 달리합니다. 철학은 하느님께서 죽을 운명의 존재들에게 관심을 가지고 계시다는 사실을 부정하며 그분의 섭리는 달 세계 너머에 국한되어 있다고 주장하는 점에서 우리의 견해와 다릅니다. 그들은 별들의 행로에 따라 태어난 이들의 삶을 칭송하는 점에서도 우리와 다릅니다. 이 세상이 영원하며 끝이 없다고 말하는 점에서도 우리와 다릅니다. 그러나 그들의 견해와 우리의 견해가 일치하지 않는 경우와 일치하는 경우도 많습니다. 그래서 이것의 표상에 맞게, ·아비멜렉은 때로는 이사악과 화평 관계에 있고 때로는 좋지 않은 관계에 있는 것으로 묘사됩니다.

• 오리게네스 『창세기 강해』 14,3.[1]

모든 철학을 나타내는 세 인물

나는 이 일들을 기록하신 성령께서 '아비멜렉이' 다른 두 사람, '친구 아후잣과 자기 군대의 장수 피콜과 함께 왔다'고 밝히신 것은 뜻 없이 하신 일이 아니었다고 생각합니다.

'아후잣'은 '담고 있다'는 뜻이고 '피콜'은 '모두의 입'이라는 뜻입니다. 또 '아비멜렉'은 '내 아버지는 임금이다'라는 뜻입니다. 내 생각에 이 셋은 크게 세 갈래로 나뉘는 모든 철학을 비유적으로 나타내는 것 같습니다. 논리학, 물리학, 윤리학이 그 셋이지요. 이를 이성적인 것, 자연적인 것, 도덕적인 것으로 표현할 수도 있습니다. 이성적인 것은 하느님께서 만물의 아버지이심을, 곧 '아비멜렉'임을 인정하는 것입니다. 자연적인 것은 고정되어 있으면서 모든 것을 담고 있는 것으로서 자연의 힘 자체에 의존하고 있는 것인데, '담고 있다'라는 뜻의 '아후잣'이 그것을 가리킵니다. 도덕적인 것은 모든 것의 입이며 모든 것과 관계되어 있고, 공통적인 계명들의 유사성 때문에 모든 이의 입 안에 위치합니다. '모두의 입'을 뜻하는 '피콜'이 이를 나타냅니다.

그러므로 이 모든 것은 이런 종류의 가르침을 배우며 하느님의 율법으로 와서 이렇게 말합니다. "우리는 주님께서 그대와 함께 계시는 것을 똑똑히 보았소. 그래서 우리 사이에, 곧 우리와 그대 사이에 서약이 있어야겠다고 생각하였소. 우리는 그대와 계약을 맺고 싶소. 우리가 그대를 건드리지 않고 그대에게 좋게만 대해 주었으며 그대를 평화로이 보내 주었듯이, 그대도 우리한테 해롭게 하지 않기를 바라는 것이오. 이제 그대는 복 받은 사람이오."

하느님 말씀과의 화평을 구하며 계약과 친교를 맺고 싶어 하는 이 세 사람은 실로, 그들 조상의 책들과 선조들의 가르침에서 배우고 동방에서 찾아와, "'임금으로 태어나신 분'(마태 2,2)을

---

[1] FC 71,198-99.

'우리는 똑똑히 보았소'(28절), '우리는 주님께서 그대와 함께 계시는 것을 똑똑히 보았소'(28절), '우리는 그분께 경배하러 왔습니다'(마태 2,2)" 하고 말하는 동방 박사들을 나타낸다고 하겠습니다. 이런 가르침을 받아서, "하느님께서는 그리스도 안에서 세상을 당신과 화해하게"(2코린 5,19) 하신다는 것을 알고 그분께서 하시는 일의 장엄함에 감탄하는 사람이 있다면, 그런 이는 이렇게 말하라고 하십시오. "우리는 주님께서 그대와 함께 계시는 것을 똑똑히 보았소. 그래서 우리 사이에, 곧 우리와 그대 사이에 서약이 있어야겠다고 생각하였소." 하느님의 율법에 다가가는 이는 "제가 맹세하고 실천하니 당신의 의로운 법규를 지키기 위함입니다"(시편 119,106)라고 말하지 않을 수 없기 때문입니다.

• 오리게네스 『창세기 강해』 14,3.[2]

26,30 이사악이 잔치를 베풀다

깨달음이라는 위대한 잔치

말씀을 위해 일하는 이는 "지혜로운 이들에게도 어리석은 이들에게도 다 빚을 지고 있는"(로마 1,14) 사람임이 확실합니다. 그래서 지혜로운 이를 위해서도 상을 차려 주기에 '이사악이 그들에게 잔치를 베풀어 주었다'고 하는 것입니다.

여러분이 더 이상 '젖이 필요한 아기'가 아니고, 여러분에게 제공된 많은 교육을 받아 '훈련된 지각'을 갖추어 하느님의 말씀을 더 잘 이해할 수 있게 된다면(히브 5,12-14 참조), 여러분을 위해서도 '잔치'가 베풀어질 것입니다. 여러분에게는 약한 이가 먹는 채소(로마 14,2 참조)가 차려져 나오지도 않을 것이고 어린 아기를 먹여 기르는 젖으로 길러지는 일도 없을 것이며, 말씀의 종이 여러분을 위해 '잔치'를 베풀어 줄 것입니다. 그는 여러분에게 '완전한 이들에게 주어지는 지혜'

를 이야기할 것이며, '이 세상 우두머리들은 아무도 깨닫지 못한, 하느님의 신비롭고 또 감추어져 있던 지혜'(1코린 2,6-8 참조)를 줄 것입니다. 다시 말해, 그는 '지혜와 지식의 모든 보물이 숨겨져 있는'(콜로 2,3 참조) 그리스도를 여러분에게 드러내 줄 것입니다. 이렇듯 그는 여러분에게 '잔치'를 베풀어 주고 여러분과 함께 먹을 것이지만, 여러분이 그러한 이가 되어 있지 못한 것을 발견하면 그는 여러분에게 "나는 여러분을 영적이 아니라 육적인 사람, 곧 그리스도 안에서는 어린아이와 같은 사람으로 대할 수밖에 없었습니다"(1코린 3,1) 하고 말할 것입니다.

코린토 신자들이 이 말을 들었습니다. 이에 덧붙여 이런 말도 들었습니다. "여러분 가운데에서 시기와 싸움이 일고 있는데, 여러분을 육적인 사람이 아니라고, 인간의 방식대로 살아가는 사람이 아니라고 할 수 있습니까?"(1코린 3,3). 바로 사도는 그들에게는 '잔치'를 베풀어 주지 않았습니다. 그는 그들과 함께 있을 때 어려운 처지였지만 아무에게도 짐이 되지 않았습니다. 누구에게든 값을 치르지 않고는 빵을 받아먹지 않았으며, 낮이고 밤이고 자기 손으로 일하여 자신과 또 함께 일하는 이들의 생계를 해결했습니다(참조: 1코린 4,12; 2테살 3,8). 그러므로 코린토 신자들은 '잔치'로 대접받은 것과는 거리가 멀었습니다. 하느님 말씀의 선포자는 그들에게 초라한 상도 차려 줄 수가 없었습니다.

그러나 더 완전하게 들을 줄 아는 이들, 교육받고 "훈련된 지각"(히브 5,14)을 가지고 하느님 말씀을 듣는 이에게는 큰 잔치가 베풀어집니다.

• 오리게네스 『창세기 강해』 14,4.[3]

---

[2] FC 71,199-201*.

[3] FC 71,201-2*.

기꺼이 용서하다

이사악의 선함을 본받읍시다. 그의 순수함을 본받읍시다. 이사악은 선하고 덕성스러운 사람, 하느님께 충실하고 자기 아내에게 성실한 사람이었음이 분명합니다. 그는 악을 악으로 갚지 않았습니다. 그는 자신을 쫓아내려는 이들의 뜻을 따라 주었지만, 그들이 잘못을 인정하자 오만하고 야박하게 대하지도 옛일을 마음에 박아 두지도 않고 그들을 다시 받아들였습니다. 그가 다른 이들에게서 떠난 것은 분쟁을 피해 간 것입니다. 그들을 다시 받아들였을 때에는 기꺼이 그들을 용서했습니다. 용서할 때 그는 특별히 더 친절했습니다. 사람들은 그와 가까이 지내고 싶어 했고, 그는 즐거운 잔치로 그에 화답했습니다.

• 암브로시우스 『동생 사티루스의 죽음』 2,99.[4]

26,35 에사우의 아내들

자제가 모자라는 에사우

몇 마디에서 얼마나 많은 것을 알아낼 수 있는지 보십시오. 이 구절이 우리에게 에사우의 나이를 알려 주는 것은 무슨 까닭이겠습니까? 이것은 뜻 없이 쓰인 말이 아닙니다. 이사악이 나이가 들어 이제는 한창때를 지났다는 것을 알려 주려는 것입니다. 우리가 앞에서 읽은 것을 떠올려 보면, 이사악이 레베카와 혼인했을 당시 그의 나이는 마흔이었습니다. 그리고 자식들이 태어났을 때는 예순이었으니, 지금은 노년도 한참 노년인 백 살입니다. 사실 이것은 그가 늙어서 눈

이 잘 보이지 않았다는 이야기가 뒤에 이어지기 때문이고, 따라서 이사악이 몇 살쯤 되었는지 우리가 알게 하려는 것입니다. 그래서 '에사우는 마흔 살 되던 해에'라고 하는 것입니다. 그런 다음, 에사우가 분별이 없어 맞아서는 안 되는 종족의 여자들을 아내로 맞은 것을 우리가 알게 하려고, 한 여자는 히타이트 사람이고 다른 한 여자는 히위 사람이었다고 밝힙니다.[5] 성조가 이사악의 아내가 될 여자를 자기 종족에서 고르라고 자기 종에게 분명하게 당부할 정도로 특별히 신경 썼으며 그들의 어머니 레베카가 하란에서 왔다는 사실을 아는 에사우였던 만큼, 그는 그런 쪽에는 조금도 마음을 두지 말았어야 했습니다. 그런데도 에사우는 애초부터 자제라곤 모르는 듯이 조언을 구하지도 않고 그 아내들을 맞아들였습니다. 그들의 본성이 유순하지 않았다는 것을 우리에게 알려 주고자 성경은 이렇게 말합니다. "이들은 이사악과 레베카에게 근심거리가 되었다." 그들은 깊은 존중을 보여야 마땅했거늘 그렇게 하지 않았음은 물론 적의까지 보일 태세였으니, 이런 반감보다 더 사람의 마음을 괴롭히는 것이 무엇이 있을 수 있습니까?

• 요한 크리소스토무스 『창세기 강해』 53,1-2.[6]

---

[4] FC 22,241-42.

[5] 칠십인역에는 두 번째 아내가 '에바이오스'(*Evaios*, 히위 사람)라고 되어 있다. 히브리어 본문은 두 아내가 다 '히타이트' 여인이었다고 한다.

[6] FC 87,79-80*.

27,1-17 야곱이 속임수를 쓰다

¹ 이사악은 늙어서 눈이 어두워 잘 볼 수 없게 되었을 때, 큰아들 에사우를 불러 그에게 "내 아들아!" 하고 말하였다. 에사우가 "예, 여기 있습니다." 하고 대답하자,⌐

²그가 말하였다. "네가 보다시피 나는 이제 늙어서 언제 죽을지 모르겠구나.

³그러니 이제 사냥할 때 쓰는 화살 통과 활을 메고 들로 나가, 나를 위해 사냥을 해 오너라.

⁴그런 다음 내가 좋아하는 대로 별미를 만들어 나에게 가져오너라. 그것을 먹고, 내가 죽기 전에 너에게 축복하겠다."

⁵레베카는 이사악이 아들 에사우에게 하는 말을 엿듣고 있었다. 그래서 에사우가 사냥하러 들로 나가자,

⁶레베카는 아들 야곱에게 일렀다. "얘야, 너의 아버지가 네 형 에사우에게 이렇게 말하는 것을 들었다.

⁷'사냥한 고기를 가져다가 나를 위하여 별미를 만들어라. 그것을 먹고, 내가 죽기 전에 주님 앞에서 너에게 축복하겠다.'

⁸그러니 내 아들아, 내가 너에게 말하는 것을 듣고 시키는 대로 하여라.

⁹가축 있는 곳으로 가서 좋은 새끼 염소 두 마리를 나에게 끌고 오너라. 내가 그것을 가지고 네 아버지가 좋아하는 대로 별미를 만들어 줄 터이니,

¹⁰너는 그것을 아버지께 가져다 드려라. 그러면 아버지가 그것을 잡수시고, 돌아가시기 전에 너에게 축복해 주실 것이다."

¹¹그러자 야곱이 어머니 레베카에게 말하였다. "보십시오, 형 에사우는 털이 많은 사람이고, 저는 살갗이 매끈한 사람입니다.

¹²혹시나 아버지께서 저를 만져 보시면, 제가 그분을 놀리는 것처럼 되어 축복은커녕 저주를 받을 것입니다."

¹³그러나 그의 어머니는 말하였다. "내 아들아, 네가 받을 저주는 내가 받으마. 너는 그저 내 말을 듣고, 가서 짐승이나 끌고 오너라."

¹⁴그가 가서 짐승을 끌고 어머니에게 왔다. 그의 어머니는 그의 아버지가 좋아하는 대로 별미를 만들었다.

¹⁵그런 다음 레베카는 자기가 집에 가지고 있던 큰아들 에사우의 옷 가운데 가장 값진 것을 꺼내어, 작은아들 야곱에게 입혔다.

¹⁶그리고 그 새끼 염소의 가죽을 그의 손과 매끈한 목둘레에 입힌 다음,

¹⁷자기가 만든 별미와 빵을 아들 야곱의 손에 들려 주었다.

둘러보기

레베카와 야곱이 행한 속임수는 성경 해석자들에게 큰 고민거리였다. 신약성경의 가르침을 생각할 때 이는 문자 그대로는 좀처럼 받아들일 수 없는 일이었기 때문이다. 한 가지 해결책은 우의적으로나 예언적으로 해석하는 방법이었다. 예를 들어, 이사악이 에사우에게 별미를 만들어 오라고 시킨 것은 말씀께서 첫 번째 백성을 부르심을 나타낸다고 이해하는(히폴리투스) 것이다. 이 이야기는 덕의 승리와 어머니의 사랑을 강조

하는 도덕적 교훈으로 이해할 수도 있다(요한 크리소스토무스). 그런가 하면 이 이야기는 예언을 우의적으로 나타낸 것이라고 이해할 수도 있다. 그렇게 이해할 경우, 에사우의 옷은 그리스도께서 취하신 죄 많은 육과 닮은 모습을 상징하고 야곱의 매끈한 살갗은 죄 없으신 그리스도의 육을 나타낸다(히폴리투스, 쿠오드불트데우스). 레베카가 야곱에게 새끼 염소 두 마리를 끌고 오라고 시킨 것이나 야곱에게 떨어질 저주를 대신 받겠다고 한 것은 미래에 생겨날 교회의 활동을 예표한다(히폴리투스). 에사우의 옷을 구약의 옷으로 이해하는 우의적 해석도 있다. 야곱이 에사우의 옷을 입은 것처럼 그리스도인들은 구약의 옷을 입는다는 것이다(암브로시우스).

27,1 이사악의 눈이 어두워지다

눈이 어두워지다

혼인이 정욕의 행위가 되지 않도록 젊음이 한창인 때 혼인하지 않은 성조 이사악의 본보기가 있습니다. 이는 그의 자손에게 내린 하느님의 축복 때문이었습니다(창세 25,20 참조). 그는 쌍둥이 아들들을 낳을 때까지 혼인 상태에 있었습니다. 그리고 나중에 눈을 감을 때 그는 다시 보이지 않는 영역으로 완전히 들어갔습니다. 이것이 이 성조의 눈이 어두워진 데 관한 이야기가 뜻하는 바라고 생각됩니다.

● 니사의 그레고리우스 『동정』 7.[1]

27,3 이사악이 에사우에게 청하다

말씀의 부르심

예언자가 에사우에게 지시를 내림으로써 음식을 청한 일은 말씀께서 첫 번째 백성에게 의로운 행실의 열매를 요구하며 그들을 부르심을 나타냅니다. 그 의로움은 아버지께서 양식糧食으로

여기시는 것입니다(요한 4,32-34 참조). 사실, "들로 나가, 나를 위해 사냥을 해 오너라"라는 말은 세속의 삶을 나타냅니다. 반면, 그가 [에사우에게] "화살 통과 활을 메고" 가라고 말한 것은 개인적 영광으로 부풀어 오른 사람들은 자신의 믿음으로 의로움을 인정받지 않고, 모세가 백성에게 "칼이 너희의 자랑이다"(탈출 33,29 칠십인역)라고 했듯이, 자신들이 벌인 전쟁을 자랑스러워하며 폭군에게 자신들의 임금이 되어 달라고 청한다는 것을 보여 줍니다.

● 히폴리투스 『이사악과 야곱의 축복』 3.[2]

이루 말할 수 없는 하느님의 지혜

사랑하는 여러분, 이 일에서 이루 말할 수 없는 하느님의 지혜를 눈여겨보십시오. 아버지는 에사우에게 이런 지시를 내림으로써 본성적 사랑의 증거를 보여 주지만, 지혜롭고 기략이 풍부하신 주님께서는 레베카를 통해 당신의 예고가 이루어지도록 만드심으로써 덕과 온화한 태도의 힘을 우리에게 가르쳐 주십니다. 그러니까 한 아들은 자기가 맏아들 권리를 갖고 있으며 아버지의 편애를 받으므로 우월하다고 우쭐해했지만 한순간에 이 모든 것을 잃었음을 발견했습니다. 하지만 평범하되 덕을 지니고 태어났으며 위로부터 특별한 사랑을 입고 있는 다른 아들은 아버지가 주고자 하지 않았음에도 그의 축복을 받았습니다. 그 막강한 오른손으로 도와주시는 사람보다 더 힘 있는 이는 없습니다. 아무튼 이 모든 것을 주의 깊게 살펴보고, 하느님의 계획은 얼마나 놀라운지 깨달으십시오. 그 근원의 총애를 누리던 사람은 아버지의 축복이 그에게로 옮겨지도록 모든 일에서 위대한 도움을 받았습니다. 그

---

[1] FC 58,33. [2] PO 27,12.

러나 그 다른 사람은 잘못된 행실 때문에 자신의 것을 빼앗기고 모든 것을 잃었습니다.

• 요한 크리소스토무스 『창세기 강해』 53,3-4.[3]

27,8 이사악의 지시

예언자가 꾸밀 법한 신비로운 책략

하느님의 약속에 따라 이 쌍둥이에게 일어난 일들이 얼마나 놀라운 일인지 설명해 보겠습니다. 육체의 눈은 멀었지만 내적인 빛은 여전히 빛나던 그들의 아버지 이사악은 맏아들 에사우에게 사냥을 해서 맛난 별미를 만들어 오면 축복하겠다고 약속했습니다. 에사우는 서둘러 나갔습니다. 거룩한 영감을 받은 어머니는 [남편이] 맏아들에게 축복하겠다고 약속하는 것을 듣고는 작은아들 야곱에게 축복이 옮겨 가도록 하기 위해, 예언자가 꾸밀 법한 신비로 꾀를 냈습니다. 그는 집에 보관되어 있던 맏아들의 옷을 꺼내어 작은아들에게 입히고 새끼 염소의 가죽으로 그의 팔과 매끈한 목을 둘러싸서 그가 누구인지 발각나지 않게 해 주었습니다. 이 상징적 행위는 어떤 점에서 우리에게 그리스도를 보여 줍니다. 곧, 그분은 구약의 법 또한 맏아들의 옷으로 받아들이심으로써, 죄 많은 육이 아니라 "죄 많은 육의 모습"(로마 8,3)을 취하셨습니다. 주님께서는 당신은 율법을 "폐지하러 온 것이 아니라 오히려 완성하러 왔다"(마태 5,17)고 하셨기 때문입니다. 형에게서 이미 맏아들 권리를 사들인 작은아들 야곱은 이 차림새를 함으로써 축복도 손에 넣습니다.

• 쿠오드불트데우스 『하느님의 약속과 예언』 1,21,28.[4]

어머니의 사랑

어머니의 사랑을 보십시오. 또는 하느님의 계획이라고 해도 되겠습니다. 이 어머니가 꾀를 꾸미게 하신 것도, 모든 일이 제대로 풀리게 하신 것도 그분이십니다. 이 어머니의 꾀가 얼마나 훌륭했는지 알아보시겠습니까? 야곱이 어머니에게 한 상냥한 대답에서 그가 얼마나 용의주도한지도 보십시오. "그러자 야곱이 어머니 레베카에게 말하였다. '보십시오, 형 에사우는 털이 많은 사람이고, 저는 살갗이 매끈한 사람입니다. 혹시나 아버지께서 저를 만져 보시면, 제가 그분을 놀리는 것처럼 되어 축복은커녕 저주를 받을 것입니다.'" 아버지에 대한 이 아들의 존경심이 참으로 남다릅니다. 그의 말은 '저의 노력이 역효과를 가져올까 두렵습니다. 제가 아버지의 뜻에 어긋나는 짓을 한 것처럼 보여 축복 대신 저주를 받을지 모릅니다'라는 뜻입니다. 그러자 레베카, 큰 사랑을 지닌 특출한 이 여인이 어떻게 했습니까? 그녀는 저 혼자 생각으로 이 일을 꾸민 것이 아니라 높은 곳에서 내린 예언을 이행하고 있었기에, 아들의 두려움을 없애 주고 이 계획을 성공적으로 이행할 수 있도록 용기를 불어넣기 위해 빈틈없이 처신합니다. 아들에게 그가 아버지를 속여도 들통 나지 않을 거라고 약속하는 대신 뭐라고 말했습니까? "내 아들아, 네가 받을 저주는 내가 받으마. 너는 그저 내 말을 듣고, 가서 짐승이나 끌고 오너라"라고 합니다. "그런 일이 벌어진다 해도 너는 아무런 해도 입지 않을 것이다. 그러니 겁내지 말고 용기를 가져라. '그저 내 말을 듣고', 내가 시키는 대로 하여라"라는 뜻입니다. 이런 것이야말로 어머니의 사랑입니다. 자식을 위해서라면 무엇이든 기꺼이 당하고자 하는 것 말입니다.

• 요한 크리소스토무스 『창세기 강해』 53,5.[5]

---

[3] FC 87,80-81.   [4] SC 101,214-16.
[5] FC 8781-82.

27,9 이사악을 위해 준비된 별미

부드럽고 질이 좋다

반면, 교회의 표상인 레베카는 자신의 작은아들을 통해 이루어질 미래의 사건들을 예표합니다. 그녀는 작은아들에게 이렇게 말합니다. "가축 있는 곳으로 가서 [살이] 부드럽고 [질] 좋은 새끼 염소 두 마리를 나에게 끌고 오너라"(칠십인역). 에사우는 마치 세상 먼 곳에 사는 듯 '들로' 나가라는 지시를 받은 반면, 야곱은 "나는 오직 이스라엘 집안의 길 잃은 양들에게 파견되었을 뿐이다"(마태 15,24)라는 주님의 말씀이 이루어지도록, 양 떼가 있는 곳[풀밭]으로 가라는 말을 들었습니다. 또한 레베카는 "[질] 좋은 새끼 염소 두 마리를 나에게 끌고 오너라"라는 말로, 복음이 전해지게 한 두 번의 부르심을 나타냈습니다. 사실, 우리는 모두 죄인이기에 본디 염소였지만 복종을 통해 부드럽고 [질이] 좋아졌고, 그리스도께 대한 믿음으로 의롭게 되었습니다. [우리는] 이제 더 이상 저주받은 염소가 아니라 양들입니다(마태 25,32 참조). 하느님께 바쳐지는 깨끗하고 "향내"(창세 8,21) 나는 예물이요 말씀께서 양식으로 여기시는 그것을 두고 주님께서는 당신 제자들에게 이렇게 비유하셨습니다. "나에게는 너희가 모르는 먹을 양식이 있다"(요한 4,32).

• 히폴리투스 『이사악과 야곱의 축복』 4.[6]

27,11 살갗이 매끈한 사람

죄 없으신 주님의 특징

야곱이 여기서 자신의 신심을 얼마나 분명하게 보여 주었습니까! … 야곱이 한 말은 다른 면에서도 사실이었습니다. '형 에사우는 털이 많은 사람', 곧 죄인이라는 말도 그렇고, '저는 살갗이 매끈한 사람입니다'라는 말도 사실입니다. 사실 이 말들이 드러내 주는 것은 죄 없고 흠 없는 주님 육(신)의 특성입니다.

• 히폴리투스 『이사악과 야곱의 축복』 5.[7]

27,13 레베카의 지시

교회 안에서 이루어지다

우리는 레베카가 오래전에 한 말이 지금 교회 안에서 이루어진 것을 볼 수 있습니다. "내 아들아, 네가 받을 저주는 내가 받으마." 이 말은 지금 일부 사람들이 신성모독으로 교회를 거스르는 것을 보여 줍니다. 교회가 십자가에 못 박히신 분을 섬긴다는 이유로 그들은 우리를 모욕하고 저주를 퍼붓습니다. 사실, 믿지 않는 자들은 주님의 수난을 저주받은 일이라 여깁니다. 그러나 믿는 이들에게 그분의 생명은 평화입니다(로마 8,6 참조). 바오로 사도는 "그리스도께서는 우리를 위하여 스스로 저주받은 몸이 되시어, 우리를 율법의 저주에서 속량해 주셨습니다"(갈라 3,13)라고 합니다. 이것이 바로 구원자께서 지금 당신의 육체로 십자가 죽음을 받아들임으로써 이루신 것입니다. 그분은 아담으로 말미암아 [사람들이] 율법 안에서 받은, "너는 먼지이니 먼지로 돌아가리라"(창세 3,19)라는 저주를 당신의 순종으로 지워 없애셨습니다.

• 히폴리투스 『이사악과 야곱의 축복』 5.[8]

27,15 레베카가 야곱에게 에사우의 옷을 입히다

그리스도께서 우리 죄를 짊어지시다

야곱이 [에사우의] 옷을 입은 것은 말씀께서 육의 옷을 입으신 것을 나타내고, 팔에 염소 가죽을 두른 것은, '그가 우리의 죄를 짊어지고 우리의 병고를 메고 갔다'(이사 53,4-5 참조)는 이사

---

[6] PO 27,14. [7] PO 27,16.

[8] PO 27,18.

야의 말대로, 그분께서 십자가 위에서 당신의 손과 팔을 뻗으심으로써 우리의 모든 죄를 당신 안에 받아들이신 것을 보여 줍니다.

• 히폴리투스 『이사악과 야곱의 축복』 6.[9]

에사우의 가장 좋은 옷

그리하여 야곱은 형의 옷을 받았습니다. 지혜에서 그가 형보다 뛰어났기 때문입니다. 이처럼 동생이 믿음의 공로에서 두각을 나타냈기에 형의 옷을 받았습니다. 레베카는 이 옷을 교회를 상징하는 물건으로 주었습니다. 구약의 옷, 곧 예언자와 사제의 옷이요 임금 다윗의 옷, 솔로몬과 히즈키야와 요시아 임금의 옷을 작은아들에게 주었습니다. 그녀는 자신들이 받은 옷을 어떻게 이용할지 아는 그리스도인들에게도 그 옷을 주었습니다. 유대 백성들은 그것을 입지 않고 그대로 두었고 그것을 어떻게 장식하는지도 몰랐기 때문입니다. 이 옷은 잊힌 채 그늘에 내팽개쳐져 있었습니다. 불경이라는 거무스름한 연기 때문에 변색된 채 그들의 좁은 마음 안에서 펼쳐지지 못하고 있었습니다. 그리스도인들이 그것을 걸치자, 그 옷은 밝게 빛났습니다. 그들은 그들 믿음의 광채와 거룩한 행실의 빛으로 그것을 빛나게 만들었습니다. 이사악은 그분의 백성들에게서 나는 친숙한 향내를 알아보았습니다(27절 참조). 그는 구약의 옷을 알아보았지만 옛 백성의 목소리는 알아보지 못했습니다. 그래서 그는 그것이 변했음을 알았습니다. 오늘날까지도 그 옷이 남아 있으며 이제는 더 큰 신심을 지닌 백성의 고백이 조화로운 소리를 내기 시작합니다. "목소리는 야곱의 목소리인데, 손은 에사우의 손이로구나"(창세 27,22)라는 이사악의 말은 옳았습니다. 이사악은 "그의 옷에서 나는 냄새를"(창세 27,27) 맡았습니다. 이는 행실이 아니라 믿음

으로 우리가 의로움을 인정받는다는 것을 뜻하는 듯합니다. 육의 나약함은 [선한] 행실을 방해하지만, 믿음의 광채가 인간 행실의 그릇됨을 그늘 속으로 보내 버리는 동시에 우리가 죄를 용서받을 수 있는 공로가 되어 주기 때문입니다.

• 암브로시우스 『야곱과 행복한 삶』 2,2,9.[10]

모두 높은 곳에서 오는 은총으로 일어난 일

여기서 레베카의 사랑뿐 아니라 그녀의 위대한 지혜도 눈여겨보시기 바랍니다. 한 아들은 털투성이고 한 아들은 살갗이 매끈하다고 앞에 언급된 바 있지요? 그래서 레베카는 야곱에게 에사우의 옷을 입히고 살갗을 덮어, [아버지를] 속여 넘길 수 있도록 완전히 변장시켜 주었습니다. 그러고는 별미와 빵을 야곱의 손에 들려 주고는 아버지에게 갖다 드리도록 시켰습니다.

이 모든 것이 어째서 위에서 오는 은총 덕분에 일어난 일인지, 여기서 다시 한번 생각해 보시기 바랍니다. 우리는 최선을 다하지만 하느님의 도우심에도 상당히 덕을 본다는 말입니다. 우리가 냉담하게 굴며 고집 세게 반항할 경우, 그분께서는 우리가 공헌한 바가 드러나도록 우리도 노력을 하기 바라십니다. 모든 일이 높은 곳의 도움으로만 이루어지는 것도 아니고 — 우리도 일정 부분 공헌해야 하는 것입니다 — 그분께서는 우리의 한계를 잘 아시므로 우리가 모든 것을 하기를 요구하시지도 않습니다. 오히려 당신의 특성인 사랑에 충실하신 그분께서는 당신의 관대함을 보여 줄 기회가 오기를 바라며, 우리가 할 바를 다하기를 기다리고 계십니다.

• 요한 크리소스토무스 『창세기 강해』 53,6-7.[11]

---

[9] PO 27,20. [10] FC 65,150-51*.

[11] FC 87,82-83*.

27,18-29 야곱이 에사우의 복을 가로채다

¹⁸ 야곱이 아버지에게 가서 "아버지!" 하고 불렀다. 그가 "나 여기 있다. 아들아, 너는 누구냐?" 하고 묻자,

¹⁹ 야곱이 아버지에게 대답하였다. "저는 아버지의 맏아들 에사우입니다. 아버지께서 저에게 이르신 대로 하였습니다. 그러니 일어나 앉으셔서 제가 사냥한 고기를 잡수시고, 저에게 축복해 주십시오."

²⁰ 그래서 이사악이 아들에게 "내 아들아, 어떻게 이처럼 빨리 찾을 수가 있었더냐?" 하고 묻자, 그가 "아버지의 하느님이신 주님께서 일이 잘되게 해 주셨습니다." 하고 대답하였다.

²¹ 이사악이 야곱에게 말하였다. "내 아들아, 가까이 오너라. 네가 정말 내 아들 에사우인지 아닌지 내가 만져 보아야겠다."

²² 야곱이 아버지 이사악에게 가까이 가자, 이사악이 그를 만져 보고 말하였다. "목소리는 야곱의 목소리인데, 손은 에사우의 손이로구나."

²³ 그는 야곱의 손에 그의 형 에사우의 손처럼 털이 많았기 때문에 그를 알아보지 못하고, 그에게 축복해 주기로 하였다.

²⁴ 이사악이 "네가 정말 내 아들 에사우냐?" 하고 다져 묻자, 그가 "예, 그렇습니다." 하고 대답하였다.

²⁵ 그러자 이사악이 말하였다. "그것을 나에게 가져오너라. 내 아들이 사냥한 고기를 먹고, 너에게 축복해 주겠다." 야곱이 아버지에게 그것을 가져다 드리니 그가 먹었다. 그리고 포도주를 가져다 드리니 그가 마셨다.

²⁶ 그런 다음 아버지 이사악이 그에게 말하였다. "내 아들아, 가까이 와서 입 맞춰 다오."

²⁷ 그가 가까이 가서 입을 맞추자, 이사악은 그의 옷에서 나는 냄새를 맡고 그에게 축복하였다. "보아라, 내 아들의 냄새는 주님께서 복을 내리신 들①의 냄새 같구나.

²⁸ 하느님께서는 너에게 하늘의 이슬을 내려 주시리라. 땅을 기름지게 하시며 곡식과 술을 풍성하게 해 주시리라.

²⁹ 뭇 민족이 너를 섬기고 뭇 겨레가 네 앞에 무릎을 꿇으리라. 너는 네 형제들의 지배자가 되고 네 어머니의 자식들은 네 앞에 무릎을 꿇으리라. 너를 저주하는 자는 저주를 받고 너에게 축복하는 자는 복을 받으리라."

① 칠십인역은 '풍요로운 들'이다.

둘러보기

야곱이 자기 아버지에게 한 대답은 말씀께서 당신 아버지께 순종하신 것을 보여 준다. 야곱은 예언적으로 그리스도를 나타내기 때문이다(히폴리투스). 성경은 그리스도를 하느님께서 축복하신 풍요로운 들에 비유한다. 그리스도는 아버지 하느님에 관한 지식의 향기이기 때문이다(알렉산드리아의 키릴루스). "풍요로운 들"(칠십인역)은 정화와 안식, 은총, 평화가 비롯하는 그리스도를 나타낸다. 도덕적 해석으로 풀면, 야곱에게서 나는 '좋은 냄새'는 그의 많은 덕을 나타낸다(암브로시우스). 우의적으로는 '들'을 교회로 해석하기도 한다(아우구스티누스).

야곱은 어머니의 사랑 덕분에 형보다 높은 위치에 올라섰고, 아버지의 축복은 그를 성별聖別해 주었다(암브로시우스). 이사악의 눈멂은 믿지 않는 이들의 눈멂을 나타내지만, 그는 마음속으로는 지금 신비가 이루어지고 있다는 것을 알고 있었다(아우구스티누스). 이사악의 축복은 야곱이 아니라 하늘에서 내려온 이슬인 그리스도 안에서 완전하게 이루어졌다(히폴리투스, 알렉산드리아의 키릴루스).

27,19 야곱이 자신을 에사우라고 하며 이사악에게 다가가다

말씀은 언제나 아버지께 복종하신다

야곱이 아버지에게 한 "아버지께서 저에게 이르신 대로 하였습니다"라는 말은 말씀께서는 언제나 당신 아버지께 순종하신다는 사실을 보여 줍니다. 그분께서는 에제키엘서에서 "나는 명령을 받은대로 하였다"(에제 12,7)라고 하심으로써 그 사실을 확인해 주신 바 있습니다.

• 히폴리투스 『이사악과 야곱의 축복』 6.[1]

27,22 이사악이 의심하다

신비를 예표한 야곱

[야곱의 말은] 야곱 안에서 신비들을 예표하신 말씀께서는 예언자들의 목소리가 되기도 하셨음을 나타냅니다. 그분은 장차 일어날 일을 그들 안에서 예고하신 분이시기 때문입니다. 반면 그분의 손은 에사우의 손이 되었습니다. 사실 그분[말씀]은 사람들의 죄 때문에 처형되셨습니다.

• 히폴리투스 『이사악과 야곱의 축복』 6.[2]

27,27 들의 냄새

주님께서 복을 내리신 들

그에 관하여 이렇게 쓰여 있습니다. "보아라, 내 아들의 냄새는 주님께서 복을 내리신 들의 냄새 같구나." 그는 덕의 모든 꽃을 완벽하게 피워 내어 거룩한 축복과 천상 행복의 은총으로 향기로웠습니다. 그는 실로 '주님께서 복을 내리신 들'입니다. [이 들은] 우툴두툴한 나무들과 요란한 급류들, 물이 고여 있는 늪, 곡식을 내지 못하는 불모의 땅, 메마른 포도밭, 딱딱한 바위와 자갈로 가득 차 있거나 가뭄으로 바싹 말라 갈라진, 또는 피로 젖어 있거나 가시와 엉겅퀴로 뒤덮여 숨이 막힐 지경인 그런 땅이 아니라, 교회가 아가에서 이렇게 말하는 땅입니다. "예루살렘 아가씨들이여, 들의 힘과 덕들을 걸고 애원하니 …"(아가 2,7 칠십인역). 주님께서는 그 들을 두고 "들의 아름다움도 나의 것이다"(시편 50,11 칠십인역)라고 하십니다. 압착되어 거기서 나온 피로 세상을 깨끗이 씻어 준 포도가 발견되는 것도 이 들입니다. 이 들에는 무화과나무가 있으며, 성도들은 그 아래에서 안식을 찾고(미카 4,4 참조)

---

[1] PO 27,20.

[2] PO 27,22.

완전한 영적 은총으로 새롭게 될 것입니다. 이들에는 주님의 평화라는 연고가 넘쳐흐르게 하는, 열매를 많이 맺는 올리브 나무가 있습니다. 이 들에는 믿음이라는 하나의 성채로 많은 열매의 보호막이 되어 주는, 따뜻한 사랑으로 감싸 안음으로써 그 열매들을 기르는 석류나무가 무성합니다(아가 8,2 참조).

• 암브로시우스 『야곱과 행복한 삶』 2,1,3.[3]

야곱에게서는 좋은 냄새가 난다

이렇듯 야곱에게서는 그런 열매들의 향기 때문에 좋은 냄새가 났습니다. 그는 위험 속에서도 하느님을 따랐고, 주님의 인도를 받는 자신은 언제 어디서나 안전하다고 믿었습니다. 들의 냄새는 자연의 냄새이기에 향기롭고 기분 좋은 것이지만, 이 거룩한 성조에게서는 거기에 더해 은총과 덕의 향기가 풍겼습니다. 그는 얼마나 온건하고 자제심이 큰지요!

그는 자신을 위하여 마련한 음식을 제 것이라 우기지 않고, 형이 달라고 하자 망설이지 않고 그것을 내주고는 그에게서 맏아들 권리를 받았습니다(창세 25,29-34 참조). 부모님은 또 얼마나 공경했습니까! 그는 어머니의 사랑 덕분에 형보다 높은 위치에 올라섰고(창세 27,1-17 참조), 아버지의 축복이라는 선물을 통해서는 성별聖別되었습니다(18-29절 참조). 하느님의 명령을 그는 얼마나 존중했는지요! 그는 자기 형에게 나쁜 짓 하는 것을 거부했습니다. 얼마나 올바른 사람입니까! 그는 아버지를 속이는 짓도 하지 않으려 했습니다(창세 27,12 참조). 얼마나 공손한 사람입니까! 어머니의 명령을 거부하지 못했으니 말입니다(창세 27, 13-14절 참조).

• 암브로시우스 『야곱과 행복한 삶』 2,1,4.[4]

교회를 나타내는 '들'

"이사악은 그의 옷에서 나는 냄새를 맡고 그에게 축복하였다. '보아라, 내 아들의 냄새는 주님께서 복을 내리신 풍요로운 들의 냄새 같구나.'" 이 '들'은 교회입니다. 교회가 '들'인 것을 증명해 봅시다. 바오로 사도가 신자들에게 하는 말을 잘 들어 보십시오. "여러분은 하느님의 밭이며 하느님의 건물입니다"(1코린 3,9). 교회가 들이라는 것, 이것이 다가 아닙니다. 하느님이 그들의 경작자이십니다. 주님의 말씀도 들어 보십시오. "나는 포도나무요 너희는 가지다. 나의 아버지는 농부이시다"(요한 15,1.5). 영원한 보상을 기대하며 이 밭에서 일꾼으로 수고하는 사도는 일꾼이 받아 마땅한 것 이상의 칭찬은 받으려 하지 않습니다. 그는 이렇게 말합니다. "나는 심고 아폴로는 물을 주었습니다. 그러나 자라게 하신 분은 하느님이십니다. 그러니 심는 이나 물을 주는 이는 아무것도 아닙니다. 오로지 자라게 하시는 하느님만이 중요합니다"(1코린 3,6-7). 바오로 사도가 야곱에, 곧 교회인 그 '들'에 확실하게 속하기 위하여, 그리고 풍요로운 들의 냄새가 나는 그 옷을 잃지 않기 위하여 얼마나 철저히 겸손을 지키는지 잘 보십시오. 그는 물질주의적인 생각과 오만방자한 에사우의 교만으로 넘어가지 않았습니다. 그 '들'의 냄새는 아들의 옷에서 나는 것이었습니다. 그러니 이 '들'은 그냥 들이 아닙니다. 그래서 이사악은 이렇게 말합니다. '주님께서 복을 내리신 들의 냄새 같구나. 하느님께서는 너에게 하늘의 이슬을 내려 주시리라. 땅을 기름지게 하시며 곡식과 술을 풍성하게 해 주시리라. 뭇 민족이 너를 섬기고, … 너는 네 형의

---

[3] FC 65,147-48*.

[4] FC 65,148.

지배자가 되고, 네 아버지의 아들들이 너에게 신하의 예를 바칠 것이다. 너를 저주하는 자는 저주를 받고 너에게 축복하는 자는 복을 받으리라'(27-29절 참조). 이것이 야곱이 받은 축복입니다. 만약 에사우가 아무런 축복을 받지 않았더라면, 아무 문제 없었을 것입니다. 그런데 그도 축복을 받습니다. 이것과 같은 축복은 아니지만 아주 다른 것은 아니었습니다.

• 아우구스티누스 『설교집』 4,28.[5]

이사악은 신비가 이루어지고 있음을 알았다

레베카가 어떤 조언을 했습니까? 염소 가죽을 두르고 아버지에게 가라고 했습니다. 아버지는 큰아들을 기다리고 있었는데 작은아들에게 축복합니다. 구약성경은 문자적 의미에 따라서는 유대인들을 마음에 두고 있습니다만, 영적으로 풀이하면 그것은 그리스도인들에게 주어진 축복입니다. 주교 여러분께서는 이 위대한 신비, 이 위대한 상징에 주의를 기울여 주십시오.

이사악은 '네 동생이 와서 나를 속였구나'(창세 27,35 참조)라고 합니다. 그러나 속였다는 그 사람은 속임이 없는 사람입니다. 이사악은 예언의 영을 지니고 있었으므로, 무슨 일이 일어나고 있는지 알았음이 틀림없습니다. 그리고 그 자신이 상징적으로 행동하고 있다는 것도 알고 있었을 것입니다. 그는 상징적으로, 성사적으로 일어나고 있는 숭고한 진리에 모든 것을 겁니다. 만약 그가 자신이 무엇을 하고 있는지 몰랐다면, 그는 자신을 속인 아들에게 화가 났을 것이 분명합니다. 큰아들이 와서 '아버지, 이것을 잡수십시오. 아버지께서 지시하신 대로 해 왔습니다'(창세 27,31 참조)라고 하자 그는 "너는 누구냐?"(창세 27,32) 하고 묻습니다. 에사우는 "저는 아버지의 맏아들 에사우입니다"(창세 27,32) 하고 대답합니다.

이사악은 "그렇다면 … 나에게 고기를 가져온 자는 누구란 말이냐? 나는 이미 그것을 다 먹고, 그에게 축복해 주었다. 그러니 그가 복을 받을 것이다"(창세 27,33)라고 합니다. 그는 화난 듯 보였습니다. 에사우는 아버지 입에서 자기 동생에게 저주가 떨어지기를 기대했습니다. 그는 저주를 기대하는데, 이사악은 그 축복을 확인해 줍니다. 얼마나 멋진 화입니까! 얼마나 이상한 분노입니까! 그러나 그는 신비가 이루어지고 있다는 것을 알았습니다. 그의 육체적 눈멂은 유대인들의 정신적 눈멂을 나타냅니다. 그러나 그의 마음의 눈은 지금 펼쳐지고 있는 숭고한 신비를 볼 수 있었습니다.

• 아우구스티누스 『설교집』 4,21.[6]

그리스도는 달콤한 향기

사실 이 일들은 야곱이 아니라 그리스도 안에서, 그리고 믿음을 통해 의롭게 된 이들 안에서 완전하게 이루어졌습니다. 그들은 또한 "이사악과 같이 약속의 자녀입니다"(갈라 4,28). 그러므로 이 예언의 뜻은 새로운 백성과, 시작이시며 인도하시는 분인 그리스도에게도 들어맞습니다. 그분은 두 번째 아담으로 여겨지기도 하며(1코린 15,45 참조) 인류의 두 번째 뿌리로 태어나셨습니다. 그리스도 안에 있는 것은 "새로운 피조물"(2코린 5,17; 참조: 갈라 6,15)이며 우리는 그분 안에서 성화와 불멸과 생명 안으로 새롭게 나기 때문입니다(2티모 1,10 참조). 이 축복의 말은 그리스도에게서 풍기는 영적 향기의 달콤함을 나타낸다고 나는 믿습니다. 그것은 아름다운 봄꽃들에서 나는 달콤한 냄새를 사방으로 풍기는 풍요로운 들이

---

[5] WSA 3,1,200*.

[6] WSA 3,1,196-97.

나 정원의 냄새와 같습니다. 그래서 그리스도께서는 아가에서 당신을 이렇게 묘사하셨습니다. "나는 들의 꽃, 골짜기의 나리꽃입니다"(아가 2,1 칠십인역). 실제로 그분은 나리꽃이며 인류를 위해 지상에서 태어난 장미꽃이십니다. 그분은 죄를 모르셨기에 세상에 사는 모든 이 가운데 가장 거룩한 분이셨으며, 당신의 행위로 향기를 뿜으셨습니다. 그래서 [성경은] 그리스도를 하느님께서 복을 내리신 들에 비유합니다. 이는 충분히 이유 있는 비유입니다. 그분은 아버지 하느님에 관한 지식의 향기이시기 때문입니다. 그래서 거룩한 바오로 사도도 "그러나 우리는 하느님께 감사드립니다. 그분께서는 늘 그리스도의 개선 행진에 우리를 데리고 다니시면서, 그리스도를 아는 지식의 향내가 우리를 통하여 곳곳에 퍼지게 하십니다"(2코린 2,14)라고 합니다. 우리 주 예수 그리스도께서는 아버지 하느님에 관한 지식의 향기처럼 거룩한 사도들을 통해 드러나십니다. 아들을 아는 사람은 아버지도 완전하게 압니다(요한 14,9 참조). 이는 모든 면에서 같은 것들을 [아버지와] 같은 정도로 소유하고 계시는 [그분과 아버지의] 본성의 동일함 때문입니다.

• 알렉산드리아의 키릴루스
『모세 오경의 격조 있는 해설』(창세기) 3,5.[7]

27,28 이사악이 야곱을 축복하다

성인들을 나타내는 예언자

이 축복이 야곱에게서 이루어졌다고 믿는 사람이 있다면, 그는 잘못 아는 것입니다. 야곱에게는 그 비슷한 일도 일어난 적이 없습니다. 첫째로 우리는 그가 메소포타미아에서 이십 년간 라반 밑에서 일했음을 봅니다(창세 31,38 참조). 그 뒤에는 형 에사우 앞에 엎드리고 그의 환심을 사기 위해 선물을 바칩니다(창세 33,3.8.10 참조). 그

일이 있은 뒤에는 굶어 죽지 않으려고 자식들과 함께 이집트로 내려갑니다(참조: 창세 42,2; 46,3). 그러면 '내 아들의 옷 냄새는 주님께서 복을 내리신 풍요로운 들의 냄새 같구나'라는 말씀은 누구에게서 이루어졌습니까? 다른 누구도 아닌 그리스도, 하느님의 아드님에게서입니다. 사실, 바오로 사도의 이 말에 따르면 '들'은 세상이고 그분 옷의 냄새는 그분을 믿는 모든 이입니다. "구원받을 사람들에게나 멸망할 사람들에게나 우리는 하느님께 피어오르는 그리스도의 향기입니다. 멸망할 사람들에게는 죽음으로 이끄는 죽음의 향내고, 구원받을 사람들에게는 생명으로 이끄는 생명의 향내입니다"(2코린 2,15-16).

"하느님께서는 너에게 하늘의 이슬을 내려 주시리라. 땅을 기름지게 하시며 곡식과 술을 풍성하게 해 주시리라"라는 말씀은 하늘에서 이슬처럼 내려오신 말씀을 분명하게 나타냅니다. '땅'은 그분께서 동정녀에게서 취하신 육입니다. 이 예언자는 '곡식과 술을 풍성하게'라는 말로 곳간에 모아들여진 곡식(마태 13,30 참조) 같은, 그리고 포도주와 같은 성령에 의해 의로움이 입증되는(1티모 3,16 참조) 성도들을 나타냅니다.

• 히폴리투스 『이사악과 야곱의 축복』 7.[8]

말씀은 하늘의 이슬

이 구절은 그리스도에게 들어맞으며 또한 새로운 백성들에게도 상당히 잘 들어맞습니다. "하느님께서는 너에게 하늘의 이슬을 내려 주시리라. 땅을 기름지게 하시며 곡식과 술을 풍성하게 해 주시리라." '하늘의 이슬과 땅의 기름짐', 곧 말씀은 아버지께서 성령과 협력하여 우리에

---

[7] PG 69,172.

[8] PO 27,24-26.

게 주신 것이며, 그리하여 우리는 그분을 통하여 "하느님의 본성에 참여하게"(2베드 1,4) 되었습니다. 또한 우리는 '곡식과 술', 곧 힘과 행복도 풍성하게 받았습니다. "인간의 마음을 즐겁게 하는 술을 얻게 하시고 … 또 인간의 마음에 생기를 돋우는 빵을 주십니다"(시편 104,15)라는 말씀은 실로 옳습니다. '빵'은 영적 힘의 상징이고 '술'은 육체적 힘의 상징입니다. 이것들은 그분을 통하여 그리스도 안에 있는 이들에게 주어집니다. 우리가 확고하고 영속적인 신심을 지니고 굳건하여 옳은 것들을 생각할 수 있게 되는 다른 어떤 방법이 있습니까? "뱀과 전갈을 밟고 원수의 모든 힘을 억누르는 권한"(루카 10,19)이 우리에게 확실히 주어졌습니다. 이것이 '풍성한 곡식'의 뜻이라고 나는 믿습니다. 그런데 우리는 '술'도 받았습니다. 우리는 "희망 속에 기뻐하고"(로마 12,12) 성경 말씀대로 주님께서 큰일을 하셨기에 기뻐하기 때문입니다(시편 126,3 참조). 우리는 거룩한 거처와 영원히 불멸하는 생명을, 그리고 그리스도와 함께 다스리게 되기를 기대합니다. 그러니까 이 말씀은 우리에 관한 것이라 할 수 있습니다.

• 알렉산드리아의 키릴루스
『모세 오경의 격조 있는 해설』(창세기) 3,5.[9]

27,29 야곱에게 축복하는 자는 복을 받는다

구원자에게서 이루어진 축복

"뭇 민족이 너를 섬기고 뭇 겨레가 네 앞에 무릎을 꿇으리라"라는 말씀도 이제 이루어졌습니다. 믿는 이들이 섬기고 교회의 높은 이들이 경배하는 분, 그리고 그분의 이름으로 그들을 구원하는 분이 그리스도 아니고 누구겠습니까? 말씀께서는 이 모든 일을 이사야를 통해 이런 말로 예고하셨습니다. "그분의 종들에게는 다른 이름

이 주어지리라. 땅에서 자신을 위하여 복을 비는 자는 신실하신 하느님께 복을 빌고 땅에서 맹세하는 자는 신실하신 하느님을 두고 맹세하여라"(이사 65,15-16). 또 이렇게도 말씀하셨습니다. "나의 종들은 먹겠지만 너희는 굶주리리라. 나의 종들은 마시겠지만 너희는 목마르리라. 나의 종들은 기뻐하겠지만 너희는 수치를 당하리라. 나의 종들은 마음이 즐거워 환호하겠지만 너희는 마음이 아파 울부짖고 넋이 부서져 통곡하리라"(이사 65,13-14).

그런 다음 이사악은 이어서 이렇게 말합니다. "너는 네 형제들의 지배자가 되고 네 아버지의 아들들이 너에게 절하리라"(칠십인역). 그러나 아무도 야곱을 숭배하지 않았고, 그는 형 에사우의 지배자가 되지도 않았습니다. 오히려 그는 에사우가 두려워 달아났고, 그가 먼저 일곱 번이나 에사우에게 숙이고 들어갔습니다(참조: 창세 32,7-8; 33,3). 그러므로 이사악의 말은 구원자에게서 이루어졌습니다. 곧, 그분은 육에 따라 그분의 형제들로 여겨지는 이들의 임금으로 경배받으며 그들의 주인이요 지배자가 되셨습니다. 이것이 이사악이 이렇게 말한 이유입니다. "너를 저주하는 자는 저주를 받고 너에게 축복하는 자는 복을 받으리라."

• 히폴리투스 『이사악과 야곱의 축복』 7.[10]

축복이 임마누엘에게로 넘어가다

그 후에 축복이 다시 임마누엘에게로 넘어갑니다. '뭇 민족이 너를 섬기고 군주들이 너에게 무릎을 꿇으리라. 너는 네 형제들의 지배자가 되고 ….' 임마누엘께서는 우리와 관련하여 "많은

[9] PG 69,172-73.

[10] PO 27,28-30.

형제들 가운데에 맏이"(로마 8,29)로 불리셨습니다. 그러나 이 사실 때문에 그분께서 하느님이시며 만물의 주님이시라는 것을 잊어서는 안 됩니다. 우리는 그분을 하느님으로 경배하며, 그분께서는 은총을 통하여 형제들 가운데에서 불린 이들을 하느님으로서 다스려 오셨습니다. "정녕 구름 위에서 하늘에서 누가 주님과 견줄 수 있으며 신들 가운데 누가 주님과 비슷하겠습니까?"(시편 89,7). 이처럼 임마누엘께서는 형제의 관계로 받아들여진 이들을 하느님으로서 다스려 오셨습니다. 그리고 그분께 "하늘과 땅 위와 땅 아래에 있는 자들이 다 무릎을 꿇고 예수 그리스도는 주님이시라고 모두 고백하며 하느님 아버지

께 영광을 드리게 하셨습니다"(필리 2,10-11). '저주하는 자는 저주를 받으며 축복하는 자는 복을 받는다'는 말의 뜻은 매우 분명합니다. 저주하는 자들을 하느님께서는 미워하고 싫어하십니다. 축복하는 이들, 곧 그분의 거룩한 영광을 전하는 이들은 거룩하고 성스러운 미덕으로 가득합니다. 이것이 야곱이 받은 축복입니다. 그의 힘은 임마누엘과 믿음 안에서 의롭게 된 이들입니다.

• 알렉산드리아의 키릴루스
『모세 오경의 격조 있는 해설』(창세기) 3,173B-C.[11]

---

[11] PG 69,173.

27,30-38 에사우가 자신이 속은 것을 깨닫다

[30] 이사악이 야곱에게 축복하고 나서 야곱이 아버지 앞에서 물러나자마자, 그의 형 에사우가 사냥에서 돌아왔다.

[31] 그도 별미를 만들어 아버지에게 들고 가서 말하였다. "아버지, 일어나셔서 아들이 사냥해 온 고기를 잡수시고, 저에게 축복해 주십시오."

[32] 그의 아버지 이사악이 그에게 "너는 누구냐?" 하고 물으니, 그가 "저는 아버지의 아들, 아버지의 맏아들 에사우입니다." 하고 대답하였다.

[33] 그러자 이사악이 깜짝 놀라 몸을 떨면서[①] 말하였다. "그렇다면 사냥을 해서 나에게 고기를 가져온 자는 누구란 말이냐? 네가 오기 전에 나는 이미 그것을 다 먹고, 그에게 축복해 주었다. 그러니 그가 복을 받을 것이다."

[34] 에사우는 아버지의 말을 듣고 비통에 차 큰 소리로 울부짖으며 아버지에게 말하였다. "아버지, 저에게, 저에게도 축복해 주십시오."

[35] 그러나 이사악이 말하였다. "네 동생이 와서 나를 속이고 네가 받을 축복을 가로챘구나."

[36] 그러자 에사우가 말하였다. "이제 저를 두 번이나 속였으니, 야곱이라는 그 녀석의 이름이 딱 맞지 않습니까? 저번에는 저의 맏아들 권리를 가로채더니, 보십시오, 이번에는 제가 받을 축복까지 가로챘습니다." 그러고서는 "저를 위해선 축복을 남겨 두지 않으셨습니까?" 하고 묻자,✍

³⁷ 이사악이 에사우에게 대답하였다. "애야, 나는 그를 너의 지배자로 세웠고, 그의 모든 형제들을 그에게 종으로 주었으며, 곡식과 술을 그에게 마련해 주었다. 그러니 내 아들아, 내가 너에게 무엇을 해 줄 수 있겠느냐?"

³⁸ 그러자 에사우가 아버지에게 말하였다. "아버지, 아버지께서는 축복이 하나밖에 없다는 말씀입니까? 아버지, 저에게, 저에게도 축복해 주십시오." 그런 다음 에사우는 목 놓아 울었다.

① 칠십인역은 '큰 혼란으로 혼란스러워하며'다.

둘러보기

에사우 대신 야곱에게 축복이 주어진 것은 회당이 아니라 교회에게 나라가 주어진 것을 드러낸다(암브로시우스). 야곱과 에사우는 두 백성을 나타내며, 축복이 하나인 것은 교회의 일치를 나타낸다(아우구스티누스). 에사우가 만든 요리는 율법 아래 있는 백성들의 제례를 상징한다. 에사우가 오자 이사악이 놀란 것은 하느님의 계획을 그가 이해했음을 알려 준다(히폴리투스). 에사우가 실망한 것은 그가 물질적 유산을 기대했기 때문이다(에프렘). 야곱은 그리스도를 예표한다고 이해되므로, 야곱이 자신을 '속였다'는 이사악의 말은 '종의 모습'을 취하신 그리스도의 인성 또는 그분께서 다른 사람들의 죄를 지신 사실을 비유하는 말로 해석된다(히폴리투스, 아우구스티누스). 에사우가 야곱이라는 이름을 '걸어 넘어뜨린다'는 뜻으로 풀이한 것은 영적 마음을 가진 이들이 물질적 마음을 가진 이들을 걸어 넘어뜨린다는 우의적 의미로 설명할 수 있다(아우구스티누스).

27,30 에사우가 사냥에서 돌아오다

교회에게 주어질 나라

축복이 선언된 뒤, 형이 돌아왔습니다. 이로써 회당이 아니라 교회에게 나라가 주어지게 되어 있음이 드러났습니다. 그런데 그 축복은 비밀스레 회당에 들어와 있었습니다. 그것은 죄가 많아지도록 하기 위해서, 그리고 죄가 많아졌을 때 은총도 많이 내리도록 하기 위해서였습니다(로마 5,20 참조). 하늘 나라를 희망하는 사람은 재빨리 그 축복을 낚아채, 그것이 주는 특권을 자신의 것으로 삼아야 한다는 것 또한 분명하다 하겠습니다. 이런 까닭에 아버지는 작은아들을 탓하지 않고 칭찬합니다. 이사악은 이렇게 말합니다. "네 동생이 와서 나를 속이고 네가 받을 축복을 가로챘구나." 훔치는 것이 잘못이 아닐 때, 속임수는 선이기 때문입니다. 신심을 훔치는 것은 비난받을 일이 아닙니다. "세례자 요한 때부터 지금까지 하늘 나라는 폭행을 당하고 있다. 폭력을 쓰는 자들이 하늘 나라를 빼앗으려고 한다"(마태 11,12)고 쓰여 있기 때문입니다. 우리 선조들은 지체하지 않고 서둘러 파스카 축제를 지냈고, 서둘러 파스카 양을 먹었습니다(탈출 12,11 참조). 또 거룩한 요셉은 거룩한 속임수와 거짓말로 동생 벤야민을 불러오게 했습니다.

• 암브로시우스 『야곱과 행복한 삶』 2,3,10.[1]

두 사람, 두 민족

다른 한 사람은 저녁에 옵니다. 아버지가 지

[1] FC 65,151-52.

시한 것을 가지고 옵니다. 그리고 자기 대신 동생이 축복을 받았으며 자신은 두 번째 축복도 받지 못한다는 것을 알게 됩니다. 이 두 사람은 두 민족이기 때문입니다(창세 25,23 참조). 축복이 하나인 것은 교회의 일치를 나타냅니다. 그런데 그들은 두 민족입니다. … 그러나 야곱에게 속하는 두 민족은 다른 방식으로 묘사됩니다. 그러니까 유대인들과 그리고 다른 민족들에게 오신 우리 주 예수 그리스도께서는 맏아들에게 속하는 유대인들에게 배척당하셨습니다. 그러나 그분께서는 그들 가운데에서 작은아들에게 속하는 이들, 곧 주님의 약속을 소망하며 이해하기 시작한 이들을 선택하셨습니다. 그들은 물질적으로 소망하는 땅이 아니라 영적으로 소망하는 성읍, 그 안에서는 물질적으로든 영적으로든 아무도 죽지 않기에 물질적으로 태어나는 이가 아무도 없는 성읍을 취하는 이들입니다.

● 아우구스티누스 『설교집』 4,17.[2]

27,31 별미

에사우가 만든 요리

에사우가 만든 요리는 율법 아래 있는 백성의 제례를 나타냅니다. 그들은 교만으로 부풀어 올라 있으며 할례로 의롭게 된다고 확신하기에 이교인 개종자들에게 자기들이 자양분을 제공한다고 말하지만, 오히려 자양분이 필요한 것은 그들 자신입니다. 그들은 거룩한 빵에 손을 댈 수 없기 때문입니다.

● 히폴리투스 『이사악과 야곱의 축복』 8.[3]

27,33 이사악이 사실을 알다

거룩한 섭리의 신비

[야곱이] 그리스도를 예표하며, 아버지의 축복을 받은 [그리스도께서는 시간 속에서의] 탄생 이후에도 영원히 복을 누리신다는 것을 고려할 때, 야곱의 행위로 인하여 실제로 일어난 일은 [거룩한] 섭리의 신비였습니다.

"이사악이 깜짝 놀라 몸을 떨면서 말하였다"라는 성경의 표현은 그 일어난 일에 대해 '이사악이 경탄해 마지않았다'는 뜻입니다. 그는 다른 민족들이 하느님의 뜻에 따라 축복받고, 선조들에게 약속된 계약에 작은아들을 통해 참여하게 되어 있다는 것을 내다보았기 때문입니다. 야곱이 태어날 때 어머니의 태에서 나중에 나오면서 에사우의 발뒤꿈치를 붙들고 있었던 것은 바로 이런 까닭입니다(창세 25,26 참조). 이는 뒤 시대의 민족들은 예언자들의 발자취를 바로 뒤에서 따름으로써 맏아들 권리를 차지해야 한다는 것을 의미합니다. 새 계약에서는 그들이 가장 먼저 발견되는 이들이기 때문입니다.

● 히폴리투스 『이사악과 야곱의 축복』 8.[4]

27,34 에사우가 축복해 달라고 빌다

에사우가 슬퍼하다

에사우가 '비통에 차 큰 소리로 울부짖은' 것은 영적 축복을 잃어버려서가 아니라 복 받은 땅의 풍성한 산물을 이제 **빼앗겼기** 때문입니다. [에사우가 운 것은] 자신이 이제는 더 이상 의롭게 될 수 없어서가 아니라 자기 동생을 종으로 만들 수 없기 때문일 것입니다. 영원한 생명을 상속받지 못하게 되어서가 아니라 가나안 땅이 자기 몫이 되지 못할 테기 때문이었습니다. 에사우가 동생에게 깊은 앙심을 품고 그를 죽이고 싶어 했기 때문에, 그들이 싸우다 서로를 죽이는

---

[2] *WSA* 3,1,194.

[3] PO 27,30.

[4] PO 27,32-34.

일이 없도록 레베카는 야곱에게 라반의 집으로 가라고 설득했습니다. 그래서 레베카는 한꺼번에 그들 둘을 다 잃고 혼자 남겨졌습니다.

• 시리아인 에프렘 『창세기 주해』 25,3.[5]

27,35 야곱이 축복을 가로챘다

종의 모습

"네 동생이 와서 나를 속이고 네가 받을 축복을 가로챘구나"라는 이사악의 말은 어떤 면에서 신비를, 곧 하느님의 말씀께서 육화하시어 종의 모습을 취하셔야만 하셨다는 것을 암시합니다. [이처럼] 그의 세대에는 알려지지 않았던 그분 덕분에 그는 아버지의 축복을 받아, 그분을 믿는 우리에게 그것을 전해 줄 수 있었습니다.

• 히폴리투스 『이사악과 야곱의 축복』 8.[6]

다른 이들의 죄를 대신 짊어지다

"네 동생이 와서 나를 속이고 네가 받을 축복을 가로챘구나"는 무슨 뜻이겠습니까? …

먼저, '속인다'는 것이 뭔지, 그리고 야곱이 어떻게 했어야 하는지 생각해 봅시다. 그는 다른 이들의 죄를 짊어지고 있습니다. 그는 그것이 다른 사람들의 것인데도 불구하고 참을성 있게 그것을 지고 있습니다. 이것이 그가 염소 가죽을 두르고 있었다는 말의 뜻입니다. 그는 자기 자신의 것에 매달리지 않고 다른 사람들의 죄를 짊어지고 있었습니다. 이와 마찬가지로, 교회의 일치를 위하여 다른 사람들의 죄를 참고 견디는 모든 이는 야곱을 본받는 것입니다. "세상의 모든 민족들이 너의 후손을 통하여 복을 받을 것이다"(창세 22,18)라고 쓰여 있듯이, 그리스도께서 아브라함의 자손 안에 계시므로 야곱도 그리스도 안에 있기 때문입니다. 그래서 아무런 죄도 짓지 않으신 우리 주 예수 그리스도께서 다른 사람들

의 죄를 짊어지셨습니다. 죄를 용서받은 이들이 다른 이들의 죄를 짊어지는 것을 경멸하겠습니까? 그러니까 야곱이 그리스도로 변모하면, 그는 다른 이들의 죄를 짊어집니다. 곧, 염소 가죽을 두릅니다. 여기에 무슨 속임수가 있습니까?

• 아우구스티누스 『설교집』 4,15-16.[7]

이사악은 그 일이 상징적 신비임을 알았다

그러면 뭐가 속임수입니까? 속임수란 어떤 일을 하면서 그것이 다른 일인 척하는 것입니다. 의도와 행위가 다를 때, 속임수라고 하는 것입니다. 그러니까 말만 가지고 보자면 속임수는 비난받을 만한 것입니다. 바위도 마찬가지입니다. 여러분이 '그리스도는 바위다'라고 한다면, 말만 가지고 보면 이는 신성모독일 것입니다. 여러분이 '그리스도는 송아지다'라고 할 때 말만 가지고 보면 신성모독인 것과 같습니다. 말만 가지고 따질 때, 송아지는 짐승이지만, 비유적 의미로는 희생 제사에 바쳐지는 제물입니다. 말만 가지고 따질 때 돌은 응축된 흙이지만, 비유적으로는 견고함을 나타냅니다. 속임수는 말뜻으로만 따지면 남을 속이는 간계이지만 비유적 의미는 다릅니다. … 비유적이며 우의적인 본문이나 발언은 모두 물질적으로 의미하는 것과 영적으로 암시하는 것이 서로 다릅니다. 그러므로 이사악이 말하는 '속였다'는 비유적 표현입니다. 그렇다면 결국 '그가 와서 나를 속이고 네가 받을 축복을 가로챘구나'는 무엇을 뜻합니까? '그가 와서 속였다'고 표현한 까닭은 그 이루어진 일이 비유적 의미를 지녔기 때문입니다. 사실, 저주받아 마땅

[5] FC 91,173.
[6] PO 27,34-36.
[7] WSA 3,1,194.

한 교활하고 기만적인 사람에게 이사악이 축복을 해 주었을 리가 없습니다. 그러니까 이 일은 진짜 속임수가 아니었습니다. "저는 아버지의 맏아들 에사우입니다"(창세 27,24 참조)라는 야곱의 말은 실상 거짓말이 아니기 때문입니다. 에사우가 이미 자기 동생과 거래하여 맏아들 권리를 팔았으니까요. 그러니까 야곱은 자기가 형에게 산 것을 지니고 있다고 말한 것입니다. 형은 그것을 잃어버렸고, 그것은 동생 손에 들어왔습니다. 맏이라는 칭호는 이사악의 집안에서 사라지지 않았습니다. 맏이의 칭호는 여전히 거기 있었습니다. 그러나 그것을 팔아 버린 이에게 있지는 않았지요. 그것은 다름 아닌 작은아들에게 있었습니다. 이사악은 이 모든 일이 상징적 신비임을 알았기에 그 축복을 확인해 주며 이 다른 아들에게 "내가 너에게 무엇을 해 줄 수 있겠느냐?" 하고 말합니다. 그러자 에사우가 아버지에게 말합니다. "아버지, 아버지께는 축복이 하나밖에 없다는 말씀입니까? 아버지, 저에게, 저에게도 축복해 주십시오." 그러나 이사악에게 축복은 하나밖에 없었습니다.

• 아우구스티누스 『설교집』 4,23.[8]

27,36 이름이 딱 맞는다

물질주의자들은 걸려 넘어진다

"에사우가 말하였다. '이제 저를 두 번이나 속였으니, 야곱이라는 그 녀석의 이름이 딱 맞지 않습니까?'" '야곱'은 '걸어 넘어뜨리다'라는 뜻입니다. '걸어 넘어뜨리다'에도 의미가 없지 않습니다. 이 말도 '속이다'와 마찬가지로 비유적으로 이해해야 하기 때문입니다. 이 이름을 받았을 때 야곱은 형을 걸어 넘어뜨릴 계획을 세우려는 악의가 없었습니다. 그가 '걸어 넘어뜨리다'라는 이름으로 불리게 된 것은 자기 손으로 형의

발뒤꿈치를 붙잡은 채 태어났을 때입니다. 그래서 '걸어 넘어뜨리는 이'라는 이름을 얻은 것입니다. 그런데 물질주의적 마음을 가진 이를 걸어 넘어뜨리는 것이야말로 영적 마음을 가진 이들의 삶입니다. 모든 물질주의자들은 그들이 교회 안의 영적 인간들을 시샘할 때 걸려 넘어집니다. 그리고 그로써 더욱 나빠집니다. 이에 관해 바오로 사도가 한 말에 귀 기울일 필요가 있습니다. 그는 여기서 이사악이 "보아라, 내 아들의 냄새는 주님께서 복을 내리신 들의 냄새 같구나"(창세 27,27)라고 한 '냄새'에 관하여 이렇게 말합니다. "우리는 그리스도의 향기입니다. 멸망할 사람들에게는 죽음으로 이끄는 죽음의 향내고, 구원받을 사람들에게는 생명으로 이끄는 생명의 향내입니다. 그러나 누가 이러한 일을 할 자격이 있겠습니까?"(2코린 2,15-16). '이러한 일을 할 자격'이란, 우리 자신은 아무런 잘못이 없는 채로, 어떻게 하여 우리가 다른 이들을 죽음으로 이끄는 죽음의 향내가 될 수 있는지를 안다는 뜻입니다. 영적인 사람들은 선한 삶을 사는 것 말고는 아무것도 모르며 자신의 길을 살아갑니다. 그들의 순결한 삶을 증오하는 이들은 위중한 죄들을 짓습니다. 하느님께서 그들을 벌하시는 것은 이 때문입니다. 그래서 다른 이들에게 생명의 향내인 사람이 이런 자들에게는 죽음의 향내입니다. 누구보다 주님 자신이 먼저, 믿는 이들에게는 생명의 향내, 박해자들에게는 죽음의 고약한 냄새가 되셨기 때문입니다. 너무나 많은 사람이 그분을 믿자 유대인들은 악의에 가득 차서 성인들 중의 성인, 죄 없으신 분을 죽이는 극악무도한 범죄를 저질렀습니다. 그들이 그 짓을 저지르지 않았더라면, 그리스도의 향내가 그들에게 죽음을 뜻하

<hr>

[8] *WSA* 3,1,198.

는 일이 없었을 것입니다. 에사우도 바로 그런 식으로 자기 아버지의 축복을 잃었습니다.

• 아우구스티누스 『설교집』 4,28.[9]

9 WSA 3,1,200.

27,39-40 이사악이 에사우에게 축복하다

39 그러자 아버지 이사악이 그에게 대답하였다. "네가 살 곳은 기름진 땅에서 저 위 하늘의 이슬에서 멀리 떨어져 있으리라.

40 너는 칼을 의지하고 살면서 네 아우를 섬기리라. 그러나 네가 뿌리칠 때 네 목에서 그의 멍에를 떨쳐 버릴 수 있으리라."

둘러보기

에사우의 후손 에돔인들은 가나안 땅 가장자리에 정착했으므로 '저 위 하늘의 이슬'에 관한 예언은 우의적으로 해석하여 예언자들의 신탁을 가리키는 말로 보는 것이 가장 낫다(히폴리투스). 주님께서 가장 먼저 믿는 이들에게는 향내가, 박해자들에게는 죽음의 고약한 냄새가 되셨다. 이사악이 에사우에게 한 축복은 교회 안에서 다투기 좋아하는 고약한 이들에게 베풀어야 하는 관용을 예시한다(아우구스티누스). "멍에"(창세 27,40)는 성경의 다른 구절들을 참고할 때, 율법의 멍에로 해석할 수 있다(히폴리투스, 암브로시우스). 에사우가 받은 축복은 그의 어리석고 무절제한 행동에 따른 것이다. 그는 정욕과 죄의 노예이며 따라서 온건하고 지혜로운 동생을 섬기도록 되어 있다. 이사악에게는 아들이 둘 있었는데, 하나는 절제를 모르고 다른 하나는 온건하며 지혜로웠다. 좋은 아버지로서 두 아들을 다 보살피기 위해 그는 온건한 아들을 무절제한 아들 위에 세

웠다. 의지를 다스리고 자신의 생각을 판별하며 육체의 정욕이라는 갈망을 억제하는 사람은 단언컨대 자유롭다(암브로시우스).

27,39 이사악이 에사우에게 대답하다

하늘의 이슬

복된 이사악이 한 말들은 축복입니까, 아니면 예언입니까? [이것을 확실히 알려면] 앞의 말을 이해해야 합니다. 그는 이렇게 말했습니다. "네가 살 곳은 기름진 땅, 저 위 하늘의 이슬 곁이리라."[1] 실제로 이 민족은 가나안 사람들의 땅에 정착했고, 눈의 아들 여호수아와 그 땅을 공유했습니다. 그리고 '저 위 하늘의 이슬'이라는 이사악의 말은 예언자들이 그들에게 하느님의 신탁을 마치 구름처럼 드러내 주어 그들을 이슬에 젖

---

1 칠십인역 본문도 히브리어 본문처럼 '멀리 떨어져 있으리라'로 옮길 수 있지만, 히폴리투스는 칠십인역 본문을 '곁에 있으리라' 또는 '가운데 있으리라'로 이해한 듯 보인다. 불가타 ― 뒤에 나오는 아우구스티누스 해설 참조 ― 와 위-요나단 타르굼도 이처럼 옮겼다.

은 상태로 놓아두었음을 나타냅니다.

• 히폴리투스 『이사악과 야곱의 축복』 10.[2]

평화를 위해 양보하다

그런데 이사악은 왜 '다그침을 받은'[3] 뒤에야 축복했을까요? 이사악이 끝내 못 이겨 에사우에게 한 말은 거북해하며 억지로 한 말입니다. '네가 살 곳은 기름진 땅 곁, 하늘의 이슬 곁이리라.' 네가 그래서 선하게 살아야겠다고 생각할 경우 "너는 칼을 의지하고 살면서 네 아우를 섬기리라". 그러나 네가 너 자신을 바로잡을 수도 있는 일이니 절망하지 말 것이며, "네가 뿌리칠 때 네 목에서 그의 멍에를 떨쳐 버릴 수 있으리라". 네, 그는 기름진 땅과 하늘의 이슬을 받게 될 것입니다. 그러나 이 축복은 이사악이 다그침을 받자 던져 준 것입니다. 에사우에게 순순히 준 것이 아닙니다. 지금도 교회 안에서 사악한 사람들에게 이런 일이 벌어지지 않습니까? 교회 안에서 말썽을 일으키고 싶어 하는 사람들을 평화를 위해 참아 주지 않습니까? 그들이 공동의 성사에 참여하는 것을 허락하지 않습니까? 그들이 악한 사람들이라는 것을 때로는 모든 이가 알지만, 이런저런 이유로 그들에게 유죄 선고가 내리지 않습니다. 그들을 바로잡고 공직에서 내쫓고 배제하고 파문할 수 있게 하는 유죄 선고나 죄의 입증이 이루어지지 않고 있습니다. 누가 고발할 경우, 때로는 그것 때문에 교회가 분열됩니다. 교회 지도자는 사실상 이렇게 말할 수밖에 없습니다. "그대는 땅의 풍요로움과 하늘의 이슬과 더불어 사시오. 성사에 참여해도 좋습니다. 그대는 심판을 마십시오. '주님의 몸을 분별없이 먹고 마시는 자는 자신에 대한 심판을 먹고 마시는 것입니다'(1코린 11,29). 그대는 그대가 성사에 참여하도록 허락된 것은 교회의 평화를 위해서

라는 것을 압니다. 그대의 마음속에는 말썽과 분열을 일으키려는 생각뿐입니다. 그대가 칼을 의지하고 사는 것은 그런 까닭입니다. 그대는 그대가 하늘의 이슬과 땅의 풍요로움에서 받는 것에 의지해 살려 하지 않습니다. 그대는 그것이 즐겁지 않기 때문입니다. 그대는 주님이 좋으시다는 것을 보지 못합니다. 그것이 그대에게 즐거움을 준다면, 주님이 좋으시다는 것을 그대가 안다면, 그대는 악마의 교만 대신 주님의 겸손을 본받으려 할 것입니다." 이런 이는 하늘의 이슬과 땅의 풍요로움에서 주님의 겸손이라는 신비를 받았음에도 불구하고, 언제나 다툼과 분열을 즐거워하는 악마의 교만을 내려놓지 않습니다(저는 그런 자와 아무런 관련이 없기를 바랍니다!). 그렇습니다. 그대는 하늘의 이슬과 땅의 풍요로움 안에서 이 성찬을 받아먹을지는 모르지만 여전히 그대의 칼에 의지해, 다툼과 분열에서 즐거움을 찾거나 그것들 때문에 겁에 질린 채 살아갑니다. 그러니 스스로 변화하십시오. 그대의 목에서 멍에를 떨쳐 버리십시오.

• 아우구스티누스 『설교집』 4,35.[4]

27,40 에사우가 야곱을 섬긴다

이후의 시대

"너는 칼을 의지하고 살면서"는 성경에서 보듯이, 방어든 공격이든, 주변에 사는 민족들과의

---

[2] PO 27-40-42.

[3] 아우구스티누스가 인용한 이 구절은 칠십인역에도 불가타에도 없다. 불가타에는 창세 27,39 첫마디에 '모투스'(motus)라는 낱말이 있고, 이를 창세 27,33과 연결시키면 아우구스티누스가 왜 이렇게 해석했는지 설명된다. '모투스'는 [몸을] 떨다'로 옮길 수도 있지만, 아우구스티누스는 이 구절을 이사악이 '거북해하며 행동했다'는 뜻으로 해석한다.

[4] WSA 3,1,204-5.

전쟁이 끊이지 않는다는 뜻입니다. 그리고 "네 아우를 섬기리라"라는 말은 지금도 계속되는 시대, 곧 구원자께서 오시어 육에 따른 당신의 형제들을 찾아오신 시대를 두고 한 말이며, 이 예언자[이사악]는 이 말로, 인류가 순종적이 된 후에도 구원자께서 그들을 보살피신다는 것을 암시합니다. 그래서 그가 이렇게 말한 것입니다. "그러나 네가 뿌리칠 때 네 목에서 그의 멍에를 떨쳐 버릴 수 있으리라." 그 '멍에'란 율법 안에 있는 멍에 아니겠습니까? 그들이 더 이상 율법의 멍에 아래서 노예로 살지 않고 자유인으로서 복음을 믿는다면, 그들도 구원받을 수 있습니다.

• 히폴리투스 『이사악과 야곱의 축복』 10.[5]

어리석은 자는 덕의 제자가 될 수 없다

에사우는 조르고 애원하여 결국 축복을 받아냈습니다. 그러나 그 축복은 앞서 내린 축복과 연결되는 축복이었습니다. 곧, 그가 동생을 섬기게 된다는 것이었습니다(38-40절 참조). 사실, 더 지혜로운 이가 다스리게 되려면, 상대에게 명령할 수 없고 그를 다스릴 수 없는 이는 상대를 섬겨야만 합니다. 자기 아들을 비천한 종의 지위로 떨어뜨리는 것은 성조가 할 역할이 아니었습니다. 그러나 그의 두 아들 가운데 하나는 절제를 몰랐고 다른 하나는 온건하며 지혜로웠기에, 좋은 아버지로서 둘을 다 보살피기 위해 그는 온건한 아들을 무절제한 아들 위에 두었습니다. 그리고 어리석은 아들에게는 지혜로운 아들에게 복종하라고 지시했습니다. 미련한 자는 달처럼 변하기에(집회 27,11-12 참조), 어리석은 사람은 자발적으로 덕의 제자가 될 수도 자신의 의지를 관철할 수도 없기 때문입니다. 이사악이 에사우에게 스스로 선택하는 자유를 허락하지 않은 것은 옳았습니다. 그렇게 하지 않았다면, 에사우는 키잡

이 없이 풍랑 속에 던져진 배처럼 떠돌지도 모릅니다. 이사악은 "미련한 자는 마음이 지혜로운 이의 종이 된다"(잠언 11,29)는 말씀에 따라 에사우를 동생에게 복종하게 하였습니다. 그가 규율과 지도 아래 자신의 태도를 고치도록, 지배를 받는 위치에 둔 성조의 결정은 옳았습니다. 그래서 이사악은 이렇게 말합니다. "너는 칼을 의지하고 살면서 네 아우를 섬기리라." 성덕은 잔인함을 이기며 상냥함이 가혹한 마음보다 뛰어나기 때문입니다.

• 암브로시우스 『야곱과 행복한 삶』 2,3,11.[6]

많은 주인에게 자신을 팔아넘기는 자

깨끗한 마음에서 비롯하는 권위를 지니지 못한 사람은 누구나 종입니다. 두려움에 짓눌리거나 쾌락에 빠졌거나 욕망에 넘어가거나 분노에 휩싸이거나 슬픔에 넘어간 사람은 누구나 종입니다. 사실, 모든 정욕은 [사람을] 종으로 만듭니다. "죄를 짓는 자는 누구나 죄의 종"(요한 8,34)이기 때문입니다. 그리고 더 나쁜 사실은, 그가 많은 죄의 종이라는 것입니다. 악덕들에 종속된 사람은 자신을 많은 주인에게 팔아넘긴 자입니다. 그래서 그는 종 신세를 벗어나기 힘듭니다. 그러나 자기 의지를 다스리고 자기 생각을 판별하며 스스로 판단하는 사람, 육체의 정욕이라는 갈망을 억제하며 자신이 하는 일을 잘해 내는 사람이 있다고 합시다(그는 잘 행동함으로써 옳게 행동하고, 옳게 행동하는 사람은 자신의 행동을 결정하는 힘이 있으므로 비난받을 일 없게 행동한다는 것을 알아 두십시오). 그런 사람은 단언컨대 자유롭습니다. 모든 일을 지혜롭게 그리고 자신

---

[5] PO 27,42.

[6] FC 65,152-53*.

의 의지와 완전히 부합하게 하는 사람만이 자유로운 사람입니다. 사람을 종이 되게 하는 것은 우연히 그 처지에 떨어져서가 아니라 수치스럽고 어리석은 행위 때문입니다. 실로, 지혜로운 종은 어리석은 주인을 다스리며, 그런 주인에 관하여 "그들의 종이 주인에게 빌려 준다"(잠언 22,7 칠십인역)고 쓰여 있습니다. 그들이 무엇을 빌려 줍니까? 돈은 분명 아닙니다. 지혜이지요. 율법에도 "너희가 많은 민족들에게 꾸어 주기는 하여도 꾸지는 않을 것이고"(신명 15,6)라고 쓰여 있습니다. 유대인들이 개종자들에게 하느님 율법의 예언들을 꾸어 주었기 때문입니다.

• 암브로시우스 『야곱과 행복한 삶』 2,3,12.[7]

문자를 중시하는 사람들

그때 성조 이사악은 이렇게 말합니다. "너는 … 네 아우를 섬기리라. 그러나 네가 뿌리칠 때

네 목에서 그의 멍에를 떨쳐 버릴 수 있으리라." 이 말은, 두 민족이 생겨날 터인데 하나는 여종의 아들이고 하나는 자유의 몸인 부인에게서 난 아들(갈라 4,22-31 참조)인바 ── 은총은 자유롭게 주어지는 반면 문자는 종을 만들기 때문이지요(2 코린 3,6 참조) ── 문자를 중시하는 민족은 영 안에서 가르치는 이의 설명을 따를 필요가 있는 만큼 종이 될 것이라는 뜻입니다. 그러면 바오로 사도가 말하는, '은총에 의한 선택을 통해, 남은 자들만 구원을 받는'(참조: 로마 9,27; 이사 10,22) 일도 일어날 것입니다. "너는 … 네 아우를 섬기리라." 그러나 너는 강요에 의해서가 아니라 자발적으로 네 아우를 섬기기 시작할 때 비로소 네가 노예 상태에서 벗어나고 있음을 깨달을 것이다.

• 암브로시우스 『야곱과 행복한 삶』 2,3,13.[8]

---

[7] FC 65,153*. [8] FC 65,154*.

27,41-45 에사우가 야곱에게 복수하기로 결심하다

[41] 에사우는 아버지가 야곱에게 해 준 축복 때문에 야곱에게 앙심을 품었다. 그래서 에사우는 '아버지의 죽음을 애도하게 될 날도 멀지 않으니, 그때에 아우 야곱을 죽여 버려야지.' 하고 마음속으로 생각하였다.

[42] 레베카는 큰아들 에사우가 한 말을 전해 듣고는, 사람을 보내어 작은아들 야곱을 불러 놓고 그에게 말하였다. "얘야, 너의 형 에사우가 너를 죽여서 원한을 풀려고 한다.

[43] 그러니 내 아들아, 내 말을 듣고 일어나 하란에 있는 내 오라버니 라반에게로 달아나라.

[44] 네 형의 분이 풀릴 때까지, 얼마 동안 그분 집에 머물러라.

[45] 너에 대한 네 형의 분노가 풀리고, 네가 형에게 한 일을 형이 잊을 때까지만이다. 그러면 내가 사람을 보내어 너를 그곳에서 데려오게 하겠다. 내가 어찌 한날에 너희 둘을 다 잃을 수 있겠느냐?"

둘러보기

레베카의 행동은 충분히 이해할 만하다. 아니, 정당하다고 할 수 있다. 그녀가 무조건 한 아들을 다른 아들보다 편애한 것이 아니라, 불의한 아들보다 의로운 아들을 더 사랑한 것이기 때문이다. 레베카는 분노와 무절제와 맞서는 인내의 본보기요 결백한 이의 수호자다(암브로시우스).

27,41 에사우가 야곱을 미워하다

불의한 아들보다 의로운 아들을 더 사랑한 레베카

그런데 우리는 그의 부모에게도 큰아들보다 작은아들을 더 사랑한 데 대해 변명할 기회를 주어야 합니다. 또한 그들을 본받는답시며 아들들을 놓고 불공정한 판단을 내리거나 한 아들은 사랑하고 다른 아들은 무시하는 사람이 생겨나도록 두어서도 안 됩니다. 부모가 그런 식으로 행동하면 형제 사이에 미움이 생겨나며, 하찮은 금전적 이익 때문에 혈육 살해라는 범죄가 일어나기도 합니다. 아이들을 똑같은 사랑으로 기르십시오. 성격이 더 좋거나 자신과 닮은 아이의 어떤 특성들에 더 마음이 가더라도, 모든 자식을 공정하게 대해야 합니다. [부모의] 사랑을 받는 아이에게 더 많은 사랑을 줄수록, 그가 형제의 사랑을 바랄 때, [부모의] 불공정한 처사에 시샘이 일어난 다른 형제의 사랑은 그 아이에게서 더욱 멀어집니다. 에사우는 자기 아우를 죽이겠다고 으르댔습니다. 형제 사이라는 사실이나 부모에 대한 존경심도 그의 마음에서 형제를 죽이겠다는 미친 생각을 막지 못했습니다. 그는 범죄를 저지르기보다는 자제심을 보여 자신이 축복받을 자격이 있음을 입증해야 했건만, 자기가 축복을 빼앗긴 사실만 슬퍼했습니다.

그렇지만 레베카는 한 아들을 다른 아들보다 편애한 것이 아니라 불의한 아들보다 의로운 아들을 사랑한 것이었습니다. 실로, 이 신심 깊은 어머니에게는 자신의 자손보다 하느님의 신비로운 계획이 더 중요했습니다. 그녀는 야곱을 그의 형보다 더 사랑한 것이 아니었습니다. 오히려 그녀는 그를 주님께 바쳤다고 표현해야 맞습니다. 그녀는 주님께서 주신 선물을 그가 지킬 수 있다는 것을 알았기 때문입니다. 그녀는 주님 안에서 자신의 다른 아들을 위한 해결책도 생각해 냈습니다. 그가 이미 받은 축복의 은총을 잃어버려 더 큰 죄를 짓는 일이 없도록, 하느님의 눈 밖에 나지 않게 조처했습니다.

• 암브로시우스 『야곱과 행복한 삶』 2,2,5-6.[1]

27,43 레베카가 야곱에게 달아나라고 권하다

화에 넘어가지 맙시다

미움이 분노를 불러일으키고 분노가 형제 살해로 치닫지 않도록 어찌 예방해야 하는지 레베카에게서 배웁시다. 레베카를 오게 하여 — 다시 말해, 인내를 지니고 결백한 이의 선한 수호자가 되어 — 우리가 분노에 굴복하지 않도록 우리를 설득하게 합시다.

우리는 시간이 우리의 분노를 사그라지게 하고, 우리가 당한 나쁜 일을 잊어버린 사실에 놀랄 때까지 더 멀리 물러납시다. 인내는 추방을 무서워하는 것이 아니라 기꺼이 추방 길에 나서며, 구원에 위험한 일을 피하는 것이 아니라 잘못을 부추기는 일을 피하는 것입니다. 사랑 많은 어머니는 두 아들 모두에게 이로운 일을 생각해 내어 한 아들은 형제 살해를 당하지 않도록 안전하게 만들고 다른 아들은 그 범죄를 저지르지 않도록 함으로써, 지극히 사랑하는 아들이 곁을 떠나는 것 또한 견디며 자신이 마음 아프게 한 아

[1] FC 65,149*.

들에게 더 많은 것을 주고자 합니다.

• 암브로시우스 『야곱과 행복한 삶』 2,4,14.[2]

참된 덕에 따른 행실

우리는 방금 육체적 욕망에 취한 무절제가 하는 말을 들었습니다. 이제 참된 덕의 행실을 생각해 봅시다. 덕은 오직 하느님의 은총만을 필요로 합니다. 덕은 최상의 유일한 선을 추구하며, 그 유일한 선으로만 만족합니다. 우리는 유일한 선에서 모든 것을 받지만 우리가 그것에게 주는

것은 하나도 없습니다. 다윗의 이 말이 알려 주듯이, 그것은 아무것도 필요로 하지 않기 때문입니다. "주님께 아룁니다. '당신은 저의 주님. 저의 행복 당신밖에 없습니다'"(시편 16,2). 모든 것이 충만하시며 만물이 모자람 없이 존속하게 하시고 우리에게 모든 것을 주시는 주님께서 무엇이 필요하시겠습니까?

• 암브로시우스 『야곱과 행복한 삶』 2,4,15.[3]

---

[2] FC 65,154-55**.   [3] FC 65,155.

27,46 이사악이 야곱을 라반에게 보내다

[46] 레베카가 이사악에게 말하였다. "나는 히타이트 여자들 때문에 살기가 싫어졌어요. 만일 야곱마저 이 땅에 사는 저런 히타이트 여자들 가운데에서 아내를 맞아들인다면, 내가 어찌 살겠습니까?"

둘러보기

히타이트 여자들로 인한 위험에 이사악의 주의를 돌림으로써 야곱을 에사우의 분노에서 구하려는 레베카의 술책은 거룩한 영감이라고 해석할 수 있으며, 하느님의 계획이 이루어지게 하려는 그녀의 열정에서 나온 행동이라 볼 수 있다(요한 크리소스토무스).

27,46 레베카가 에사우의 아내들에 대해 불평하다

높은 데에서 오는 도움

레베카가 그럴듯한 핑계를 찾아내는 것을 잘 보십시오. 우리에게 힘을 주기 위해 높은 데에서 도움의 손길이 내려올 때면 언제나, 문제는 단순해지고 어려운 일들은 쉬워집니다. 레베카에게

도 역시 만물의 주님께서는 그녀의 뜻에 힘을 실어 주시는 분이기에, 주님께서는 그녀의 마음속에 아들을 살릴 수 있는 계획과 구체적인 방법에 대한 생각을 불어넣어 주셨습니다. "나는 히타이트 여자들 때문에 살기가 싫어졌어요. 만일 야곱마저 이 땅에 사는 저런 히타이트 여자들 가운데에서 아내를 맞아들인다면, 내가 어찌 살겠습니까?" 이 말에는 에사우의 아내들이 부도덕하다는 것과 그들이 이사악과 레베카의 마음에 몹시 못마땅했다는 사실이 암시되어 있는 듯합니다. 기억하시겠지만, 성경은 앞서 우리에게 에사우가 히타이트 여자와 히위족 여자를 아내로 맞아들였다고 알려 준 바 있습니다. 그러면서 "이들은 이사악과 레베카에게 근심거리가 되었다"

(창세 26,35)고 했지요. 레베카는 남편에게 그 사실을 떠올려 주며 이렇게 말한 셈입니다. '에사우의 아내들을 내가 얼마나 못마땅해하는지 알지요? 그들이 나를 미워하는 탓에 요즘 나는 모든 히타이트 여자들과 멀어졌고, 그들 때문에 그들 모두를 싫어하게 되었어요. 그러니 야곱이 그들 가운데에서 아내를 맞아들인다면, 내가 어떻게 살아가겠습니까? 무슨 낙으로 살겠습니까? 우리가 이 며느리들을 이렇게 참을 수 없는데 야곱마저 이 땅의 여자와 혼인한다면, 우리 인생은 끝이에요.'

● 요한 크리소스토무스 『창세기 강해』 54,13.[1]

28,1-9 야곱이 신붓감을 찾으러 가고
에사우는 가나안 사람이 아닌 여자를 또다시 아내로 맞다

[1] 그러자 이사악이 야곱을 불러 그에게 축복해 주고 당부하였다. "너는 가나안 여자들 가운데에서 아내를 맞아들이지 마라.

[2] 일어나 파딴 아람에 있는 네 외할아버지 브투엘 댁으로 가서, 그곳에 있는 너의 외숙 라반의 딸들 가운데에서 아내를 맞아들여라.

[3] 전능하신 하느님①께서 너에게 복을 내리시어, 네가 자식을 많이 낳고 번성하게 하시며, 네가 민족들의 무리가 되게 해 주실 것이다.

[4] 그분께서 아브라함에게 주신 복을 너와 네 후손에게 내리시어, 네가 나그네살이하는 이 땅, 곧 하느님께서 아브라함에게 주신 이 땅을 네가 차지하게 될 것이다."

[5] 이사악이 야곱을 떠나보내자, 그는 파딴 아람에 있는 아람 사람 브투엘의 아들 라반에게 갔다. 라반은 야곱과 에사우의 어머니 레베카의 오빠였다.

[6] 에사우는, 이사악이 야곱에게 축복하고 그를 파딴 아람으로 보내어 그곳에서 아내를 맞아들이게 하면서, 그에게 축복하며 "가나안 여자들 가운데에서 아내를 맞아들이지 마라." 하고 당부하는 것과,

[7] 야곱이 아버지와 어머니의 말을 듣고 파딴 아람으로 떠나는 것을 보았다.

[8] 그리고 에사우는 자기 아버지 이사악이 가나안 여자들을 달갑게 여기지 않는 것도 보았다.

[9] 그래서 에사우는 아내들이 있는데도 이스마엘에게 가서, 다시 아브라함의 아들 이스마엘의 딸이며 느바욧의 누이인 마할랏을 아내로 맞아들였다.

① 히브리어 본문은 '엘 샤다이'(El Shaddai)다.

둘러보기

야곱에게 축복하고 그에게 먼 땅으로 가서 아내를 맞아들이라고 지시하는 이사악은 아버지 하느님의 예표이며, 야곱은 그리스도를 나타낸다. 이 지방 여자들은 회당을 상징하며, 그것은 다른 민족을 나타내는 먼 땅이 선택됨으로써 버림받게 되어 있다(아를의 카이사리우스). 레베카는 야곱이 히타이트 여자가 아닌 여자를 아내로 맞아들이게 하자고 이사악을 설득하여[창세 27,46 참조] 아들을 위험에서 벗어나게 할 방법을 찾아낸 사려 깊은 어머니다(요한 크리소스토무스).

28,2 라반의 딸들 가운데에서 아내를 맞아들여라

아버지와 아들의 예형들

사랑하는 여러분, 방금 읽은 독서에서 우리는 거룩한 레베카의 간청에 이사악이 아들 야곱을 불러 메소포타미아 지방 시리아로 가서 그곳에서 아내를 맞아들이라고 지시하는 것을 들었습니다. 야곱은 아버지 말씀에 겸손하게 복종하여 길을 떠났습니다. 도중에 그는 어떤 장소에 이르러 돌을 베고 잠이 들었습니다. 자던 중에 그는 하느님의 천사들이 하늘까지 닿아 있는 층계를 오르내리는 것을 보았는데, 주님께서 그 층계에 기대어 그에게 '야곱아, 야곱아, 두려워 마라. 내가 너와 함께 있다. 네 여행길에 내가 동반자가 되어 주겠다'(창세 28,10-16 참조) 하고 말씀하셨습니다. 사랑하는 여러분, 복된 이사악이 자기 아들에게 메소포타미아로 가라고 지시했을 때, 이사악은 아버지 하느님의 예형이고 야곱은 그리스도 주님을 나타냅니다. 복된 이사악은 그들이 살던 곳의 여자들을 제쳐 놓고 아들을 먼 땅에서 아내를 맞아들이도록 떠나보냈습니다. 아버지 하느님께서 유대인들의 회당에 퇴짜를 놓으시고 다른 민족들을 데리고 교회를 만들라고 당신의

외아들을 떠나보내실 것이었기 때문입니다. 이 일은 사도들이 유대인들에게 이렇게 말했을 때 실제로 이루어졌습니다. "우리는 하느님의 말씀을 먼저 여러분에게 전해야만 했습니다. 그러나 여러분이 그것을 배척하고 영원한 생명을 받기에 스스로 합당하지 못하다고 판단하니, 이제 우리는 다른 민족들에게 돌아섭니다"(사도 13,46).

● 아를의 카이사리우스 『설교집』 87,1.[1]

28,4 아브라함이 받은 축복

후손이 많은 백성으로 늘어나다

이 선한 사람이 야곱에게 모든 일을 미리 알려 주며, 그가 돌아와 땅을 차지하고 자식들을 많이 낳아 번성할 뿐 아니라 그의 후손들이 '민족들의 무리'를 이루게 될 것이라고 예고함으로써 그가 안심하고 떠날 수 있게 충분히 힘을 북돋아 주는 것을 보십시오. 이 말을 듣고 젊은이는 아버지의 소원을 받들어 어머니의 오라버니 라반이 사는 메소포타미아로 갑니다. … 사랑하는 여러분, 아들이 먼 길을 떠날 핑계를 만들어 줌으로써 야곱을 위험에서 구한 이 사랑 많은 어머니의 통찰력을 알아보시겠습니까? 그녀는 에사우의 사악함이 훤히 드러나게 하지도 않았고 남편에게 진짜 이유를 말해 주지도 않았습니다. 다만 아들에게 적절한 충고를 하여 그가 두려움에 어머니의 말을 받아들이도록 설득하고, 그의 아버지에게는 그럴듯한 계획을 제안했습니다. 그래서 이 선한 사람은 그녀의 말을 받아들여 야곱에게 축복하고는 그를 떠나보냈습니다.

● 요한 크리소스토무스 『창세기 강해』 54,14-15.[2]

---

[1] FC 47,29-30*.

[2] FC 87,99-100.

28,10-17 야곱이 꿈에서 하늘까지 닿아 있는 층계를 보다

¹⁰ 야곱은 브에르 세바를 떠나 하란으로 가다가,

¹¹ 어떤 곳에 이르러 해가 지자 거기에서 밤을 지내게 되었다. 그는 그곳의 돌 하나를 가져다 머리에 베고 그곳에 누워 자다가,

¹² 꿈을 꾸었다. 그가 보니 땅에 층계가 세워져 있고 그 꼭대기는 하늘에 닿아 있는데, 하느님의 천사들이 그 층계를 오르내리고 있었다.

¹³ 주님께서 그 위에① 서서 말씀하셨다. "나는 너의 아버지 아브라함의 하느님이며 이사악의 하느님인 주님이다. 나는 네가 누워 있는 이 땅을 너와 네 후손에게 주겠다.

¹⁴ 네 후손은 땅의 먼지처럼 많아지고, 너는 서쪽과 동쪽 또 북쪽과 남쪽으로 퍼져 나갈 것이다. 땅의 모든 종족들이 너와 네 후손을 통하여 복을 받을 것이다②.

¹⁵ 보라, 내가 너와 함께 있으면서 네가 어디로 가든지 너를 지켜 주고, 너를 다시 이 땅으로 데려오겠다. 내가 너에게 약속한 것을 다 이루기까지 너를 떠나지 않겠다."

¹⁶ 야곱은 잠에서 깨어나, "진정 주님께서 이곳에 계시는데도 나는 그것을 모르고 있었구나." 하면서,

¹⁷ 두려움에 싸여 말하였다. "이 얼마나 두려운 곳인가! 이곳은 다름 아닌 하느님의 집이다. 여기가 바로 하늘의 문이로구나."

① 또는 '곁에'.
② 또는 '신의 축복을 기원할 것이다'.

둘러보기

그리스도인들은 신약성경에서부터 이미 야곱의 층계에 대해 해석(요한 1,51 참조)하기 시작했다. 야곱이 베고 잤던 돌은 그리스도로 풀이된다(히에로니무스, 아를의 카이사리우스). 도덕적 관점에서 이 이야기는 야곱이 강건한 정신과 건전한 상식을 지닌 이였음을 말해 준다(요한 크리소스토무스). 야곱이 꿈에 본 층계는 그리스도의 십자가를 상징한다(아프라하트, 크로마티우스). 이는 야곱이 지상의 그리스도를 미리 본 것을 뜻하기도 한다(암브로시우스). 그러나 또 다른 해석에서는 그리스도가 층계 맨 꼭대기에 있다(알렉산드리아의 키릴루스). 층계를 오르내리는 천사들은 선한 선포자들을 나타낸다(아우구스티누스). 야곱은 땅에서 주무시는 그리스도와 층계 꼭대기 곁에 계시는 그리스도를 동시에 본다(아를의 카이사리우스). '층계'를 교회로 이해하는 또 다른 해석(베다)도 있다. 층계 위에 서 계시는 주님의 약속[창세 28,13]은 하느님의 사랑과 특별한 보살핌을 확인해 준다(요한 크리소스토무스). 높이 올라갈수록 떨어질 땐 더 심하게 떨어진다(히에로니무스).

28,11 야곱이 피신하다

박해를 당하는 이들

우리의 고행자[야곱]에 대해 생각해 봅시다. 그는 매우 잔인한 사람에게서 달아나던 중이었습니다. 자기 형한테서 달아나고 있었지요. 그러다 돌에서 도움을 발견합니다. 그 돌은 그리스도입니다. 그 돌은 박해를 겪는 모든 이의 버팀목입니다. 그러나 믿지 않는 유대인들에게 그것은 "차여 넘어지게 하는 돌과 걸려 비틀거리게 하는 바위"(1베드 2,8; 이사 8,14; 참조: 로마 9,33; 이사 28,16)입니다. 야곱은 "땅에 층계가 세워져 있고 그 꼭대기는 하늘에 닿아 있는데, 하느님의 천사들이 그 층계를 오르내리고" 있는 것을 보았습니다. 유의하십시오. 그는 천사들이 올라가는 것을 보았습니다. 바오로 사도가 올라가는 것을 보았습니다. 그는 천사들이 내려가는 것을 보았습니다. 배반자 유다가 거꾸로 떨어지는 것을 보았습니다. 그는 천사들이 올라가는 것을, 곧 거룩한 사람들이 땅에서 하늘로 가는 것을 보았습니다. 그는 천사들이 내려가는 것을, 다시 말해, 악마와 그의 모든 부하가 하늘에서 내던져지는 것을 보았습니다. 땅에서 하늘로 올라가는 것은 실로 매우 힘든 일입니다. 우리는 올라가기보다 떨어지기가 더 쉽습니다. 우리는 쉽게 떨어집니다. 위로 기어 올라가려면 매우 많은 수고를 해야 하고, 매우 많은 땀을 흘려야 합니다. 내가 만약 제일 낮은 계단에 있다면, 하늘에 닿기까지 얼마나 많은 계단이 있을까요? 내가 만약 두 번째 계단에, 세 번째, 네 번째, 열 번째 계단에 있을 경우, 꼭대기에 닿지 않는 한 그것이 제게 무슨 이로움이 되겠습니까? 이 층계에 열다섯 개의 계단이 있다고 칩시다. 내가 열네 번째 계단까지 올라갑니다. 하지만 열다섯 번째 계단에 이르지 못한다면, 열네 번째 계단까지 올라간 것이 제게 무슨 득이 되겠습니까? 내가 열다섯 번째 계단에 이르렀다가 떨어진다면, 높이 올라갔던 만큼 떨어지는 것도 더 심하게 떨어집니다.

• 히에로니무스 『시편 강해집』(59편) 41.[1]

그리스도를 상징하는 '돌'

야곱은 형을 피해 달아나 메소포타미아 지방으로 왔을 때 루즈에 이르러 쉬었는데(참조: 창세 28,19; 35,6), 돌 하나를 가져다 머리에 베었다고 성경은 전합니다. 그의 머리 아래 있던 돌은 그리스도였습니다. 그는 전에는 한번도 돌을 머리에 벤 적이 없었습니다. 박해자를 피해 달아나던 그때가 처음이었습니다. 아버지 집에 살 때, 곧 아버지 집에서 육의 안락함을 누리던 때는 머리에 돌을 베지 않았습니다. 아버지 집을 떠난 그는 혼자였고 빈털터리였습니다. 그는 지팡이 하나만 들고 떠났습니다. 그런데 바로 그날 밤, 그는 돌을 하나 발견했고 그것을 머리에 벴습니다. 그에게는 그가 머리를 놓았던 그런 베개 같은 존재가 있었으니, 그가 어떤 환시를 보았을지 생각해 보십시오. "[야곱은] 꿈을 꾸었다. 그가 보니 땅에 층계가 세워져 있고 그 꼭대기는 하늘에 닿아 있는데, 하느님의 천사들이 그 층계를 오르내리고 있었다." 그는 하늘에서 땅으로 내려오는 천사들과 땅에서 하늘로 올라가는 천사들을 보았습니다. 여러분은 야곱의 머리 밑에 있던 돌이 그리스도, 곧 '모퉁잇돌'이었다는 것을 아시겠지요? "집 짓는 이들이 내버린 돌, 그 돌이 모퉁이의 머릿돌이 되었네"(시편 118,22). 이 돌이 바로 사무엘서에서 '에벤 에제르'로 불리는 돌입니다. 이 돌은 그리스도입니다. 나아가, '에벤 에제르'라는 이름은 '도움의 돌' 또는 '주님께서 도우

---

[1] FC 48,302-3.

셨다'라는 뜻입니다(참조: 1사무 4,1; 7,12). "야곱은 잠에서 깨어나" 뭐라고 했습니까? 성경에 뭐라고 쓰여 있습니까? "이곳은 다름 아닌 하느님의 집이다"라고 했습니다. 그러고는 어떻게 했습니까? "돌을 가져다 그 꼭대기에 기름을 부었다"(창세 28,18)고 쓰여 있습니다. 우리가 성경의 영적 신비를 꿰뚫어 보지 못한다면, 그가 돌에 기름을 부은 이유를 무엇이라고 생각하겠습니까?

• 히에로니무스 『시편 강해집』(59편) 46.[2]

건전한 상식을 지닌 야곱

본문에, 그는 어떤 곳에 이르러 해가 지자 거기에서 밤을 지냈다고 합니다. "그는 그곳의 돌 하나를 가져다 머리에 베고" 잤습니다. 이 배짱 좋은 젊은이를 보십시오. 그는 돌을 베게 삼아 땅바닥에서 잤습니다. 한마디로 그는 건전한 상식이 몸에 밴 사람인 데다 대담하고 인간에게 흔히 있는 가식이라곤 없는 사람이었기에 이런 놀라운 환시를 볼 자격이 있다고 판단된 것입니다. 우리 주님은 이런 분이십니다. 충실한 영혼이 현실의 어려움을 전혀 마음에 두지 않을 때, 그분께서는 그에게 각별한 관심을 보여 주십니다.

• 요한 크리소스토무스 『창세기 강해』 54,17.[3]

너는 그리스도를 알아볼 것이다

우리는 복된 야곱이 말이나 나귀, 낙타를 타고 떠났다는 이야기를 읽어 본 적 없습니다. 그가 지팡이 하나만 들고 떠났다고 읽을 뿐입니다. 그래서 실로 그는 주님께 탄원하며 이렇게 말했습니다. "주님! 당신 종에게 베푸신 그 모든 자애와 신의가 저에게는 과분합니다. 사실 저는 지팡이 하나만 짚고 이 요르단 강을 건넜습니다만, 이제 이렇게 두 무리를 이루었습니다"(창세 32,10-11). 야곱은 아내를 얻기 위해 자신의 지팡이를

보여 주었습니다. 그러나 그리스도께서는 교회를 속량하기 위하여 십자가 나무를 지셨습니다. 야곱은 돌을 베고 자던 중에 하늘까지 닿아 있는 층계를 보았고, 주님께서는 그 층계에 기대어 계셨습니다. 형제 여러분, 이 장소가 얼마나 많은 신비를 품고 있는지 생각해 보십시오. 야곱은 우리 구원자 주님의 예형입니다. 그가 머리에 벤 돌 또한 그리스도 주님을 예표합니다. 그가 머리를 올려놓은 돌이 어째서 그리스도를 나타내는지 바오로 사도의 설명을 들으십시오. 그는 "사람의 머리는 그리스도"(1코린 11,3)[4]라고 합니다. 마지막으로, 복된 야곱이 이 돌에 기름을 부은 사실에도 주목하십시오. 기름부음에 주의를 기울이면 여러분은 그리스도를 알아보게 될 것입니다. 그리스도는 기름부음에서, 곧 기름부음의 은총으로 설명됩니다.

• 아를의 카이사리우스 『설교집』 87,2.[5]

28,12 야곱이 꿈에 층계를 보다

땅에 세워져 있는 층계

우리 조상 야곱도 베텔에서 기도했고 하늘의 문이 열린 것과 층계가 거기까지 닿아 있는 것을 보았습니다. 이것은 야곱이 본 우리 구원자의 상징입니다. '하늘의 문'은 그리스도입니다. 그분께서 하신 말씀도 이와 일치합니다. '나는 생명의 문이다. 나를 통해 들어가는 이는 영원히 살 것이다'(요한 10,7 참조). 다윗도 "이것이 주님의 문이니 의인들이 그리로 들어가네"(시편 118,20)라고 하였습니다. 야곱이 본 층계는 우리 구원자

---

[2] FC 48,351-52*.

[3] FC 87,100*.

[4] 『성경』은 '남자의 머리는 …'으로 옮겼다.

[5] FC 47,30.

의 상징이기도 합니다. 의로운 이들이 그분을 통하여 낮은 영역에서 높은 영역으로 올라가는 점에서 그렇습니다. 이 층계는 우리 구원자의 십자가의 상징이기도 합니다. 층계처럼 세워진 것에 주님께서 기대어 계셨기 때문입니다.

• 아프라하트 『기도론』 5.[6]

야곱이 지상의 그리스도를 미리 보다

길을 떠난 야곱은 잠을 자다 — 영이 평온하다는 증거이지요 — 하느님의 천사들이 오르내리는 것을 보았습니다. 이는 그가 지상의 그리스도를 미리 보았음을 뜻합니다. 천사의 무리가 자신들의 정당한 주인께 충성스레 시중들기 위하여 그리스도에게로 내려오고 또 그분께로 올라가고 있었던(요한 1,51 참조) 것입니다.

• 암브로시우스 『야곱과 행복한 삶』 2,4,16.[7]

그리스도의 십자가를 나타내는 '층계'

그리스도의 부활로 그 길이 열렸습니다. 그러므로 성조 야곱이 그곳에서 하늘에 닿아 있는 층계와 그리스도께서 거기에 기대어 계신 것을 보았다고 이야기하는 것은 충분히 그럴 만합니다. 땅에 고정된 채 하늘에 닿아 있는 층계는 그리스도의 십자가입니다. 하늘로 들어가는 길이 그것을 통해 우리에게 주어졌고, 그것은 실제로 우리를 하늘로 인도하기 때문입니다. 이 층계에는 서로 다른 덕의 계단들이 자리 잡고 있으며, 그것을 통해 우리는 하늘을 향해 올라갑니다. 믿음, 의로움, 정결, 성덕, 인내, 신심 같은 모든 덕이 이 층계의 계단입니다. 우리가 성실하게 그것을 기어오르면, 틀림없이 하늘에 닿습니다. 그러므로 우리는 이 층계가 그리스도의 십자가를 상징한다는 것을 잘 압니다. 실제로 층계들이 두 개의 수직 기둥 사이에 가로걸려 있듯이 그리스도

의 십자가는 두 계약 사이에 걸려 있으며 그 안에 거룩한 계명들의 계단을 지니고 있습니다. 우리는 그것들을 딛고 하늘로 올라갑니다.

• 아퀼레이아의 크로마티우스 『설교집』 1,6.[8]

훌륭한 설교자들은 오르내린다

그때 그는 그 층계 위에서 무엇을 보았습니까? 천사들이 오르내리는 것을 보았습니다. 형제 여러분, 교회도 이와 같습니다. 하느님의 천사들, 곧 그리스도를 선포하는 훌륭한 선포자들은 사람의 아들 위를 오르내립니다. 그들은 어떻게 올라가고 어떻게 내려갑니까? 우리에게 본보기가 있습니다. 바오로 사도의 말을 들어 보십시오. 그에게서 우리가 발견하는 것은 진리를 선포하는 다른 설교자들에게도 해당한다는 것을 믿읍시다. 바오로 사도가 올라가는 것을 보십시오. "나는 그리스도를 믿는 어떤 사람을 알고 있는데, 그 사람은 열네 해 전에 셋째 하늘까지 들어 올려진 일이 있습니다. 나로서는 몸째 그리되었는지 알 길이 없고 몸을 떠나 그리되었는지 알 길이 없지만, 하느님께서는 아십니다. … 그는 발설할 수 없는 말씀을 들었는데, 그 말씀은 어떠한 인간도 누설해서는 안 되는 것이었습니다"(2코린 12,2-4). 여러분은 그가 올라가는 것을 들었습니다. 이제 그가 내려가는 것을 들어 보십시오. "여러분에게 이야기할 때, 나는 여러분을 영적이 아니라 육적인 사람, 곧 그리스도 안에서는 어린아이와 같은 사람으로 대할 수밖에 없었습니다. 나는 여러분에게 젖만 먹였을 뿐 단단한 음식은 먹이지 않았습니다"(1코린 3,1-2). 보십시

---

[6] CS 101,8-9.

[7] FC 65,155-56.

[8] SC 154,132.

오, 올라갔던 사람이 내려갔습니다. 그가 올라갔던 곳을 추구하십시오. 그곳은 '셋째 하늘'입니다. 그가 내려갔던 곳을 추구하십시오. 그는 말합니다. "우리는 여러분 가운데에서, 자녀들을 품에 안은 어머니처럼 온화하게 처신하였습니다"(1테살 2,7).

• 아우구스티누스 『요한 복음 강해』 7,23,3-4.[9]

층계 꼭대기에 계시는 그리스도

이것은 "구원을 상속받게 될 이들에게 봉사하도록 파견"(히브 1,14)된 거룩한 영들이 오르내리는 층계라고 나는 믿습니다. 이 거룩한 영들이 당신께 닿을 수 있도록 그리스도께서 그 층계 꼭대기에 굳건하게 서 계십니다. 그들은 그분을 자기들 가운데 존재하는 이가 아니라 하느님이요 주님으로서 자신들의 감독자로 모십니다. 다윗은 지극히 높으신 분의 보호를 받으며 살고 싶어 하는 모든 사람에게 이렇게 말합니다. "그분께서 당신 천사들에게 명령하시어 네 모든 길에서 너를 지키게 하시리라. 행여 네 발이 돌에 차일세라 그들이 손으로 너를 받쳐 주리라. 너는 사자와 독사 위를 거닐고 힘센 사자와 용을 짓밟으리라"(시편 91,11-13). 우리는 그리스도께서 우리에게 주신 권능 덕분에 뱀과 전갈을 밟고 원수의 모든 힘을 억누릅니다(루카 10,19 참조). 그리스도 안에 있는 이들에게는, 그 거룩한 모습을 볼 수 있는 자격도 있습니다. 이는 그분께서 그들에게, 당신께서 함께 계시면서 도와주시고 어디에서나 그들을 구원해 주실 것이며 그들이 많은 열매를 맺으리라고 분명히 말씀해 주시려는 것입니다. 그분은 이렇게 말씀하신 분이십니다. "내가 세상 끝 날까지 언제나 너희와 함께 있겠다"(마태 28,20). 복된 제자들이 그리스도에 대한 믿음과 영적 탄생으로 부유하게 되고 무수한 민족들의 조상이 되었다는 것은 누가 보아도 명백한 사실입니다. 바오로 사도도 자신을 통하여 믿게 된 이들에게 분명하게 말합니다. "여러분을 그리스도 안에서 이끌어 주는 인도자가 수없이 많다 하여도 아버지는 많지 않습니다. 그리스도 예수님 안에서 내가 복음을 통하여 여러분의 아버지가 되었습니다"(1코린 4,15). 그리하여 그들의 후손은 모래알처럼 많아졌고 동쪽과 서쪽으로, 왼쪽과 오른쪽으로, 남쪽과 북쪽으로 퍼져 나갔습니다.

• 알렉산드리아의 키릴루스
『모세 오경의 격조 있는 해설』(창세기) 3,4.[10]

하늘과 땅에 계시는 주님

땅바닥에서 자던 야곱이 주님을 예표한다면, 하늘에 계신 주님께서 어째서 층계에 기대어 쉬고 계셨던 것입니까? 어째서 그리스도 주님께서 층계 꼭대기 하늘에 계시는 것이 보이는 동시에 땅에 있는 복된 야곱 안에서도 보이는 것입니까? 그리스도께서 직접 하신 말씀을 들어 보십시오. 그분께서는 당신은 하늘에도 땅에도 계시다면서 이렇게 말씀하십니다. "하늘에서 내려온 이, 곧 사람의 아들 말고는 하늘로 올라간 이가 없다"(요한 3,13). 당신은 하늘에도 땅에도 계시다고 한 주님의 말씀을 새겨들으십시오. 사랑하는 여러분, 우리는 그리스도 주님이 교회의 머리라고 고백합니다. 이 말이 진실이라면, 그분은 머리와 관련해서는 하늘에 계시지만 몸에 관한 한 지상에 계십니다. 나아가 그리스도께서는 복된 바오로 사도가 교회를 박해할 때 하늘에서 "사울아, 사울아, 왜 나를 박해하느냐?"(사도 9,4) 하고 외치셨습니다. 그분께서는 '너는 왜 나의 지

[9] FC 78,176-77.

[10] PG 69,189.

체들을 박해하느냐?'라고 하지 않으셨습니다. '왜 나를 박해하느냐?'라고 하셨지요. 누가 발을 밟으면, '네가 나를 밟았다'고 혀가 소리를 지릅니다. 혀는 밟히려 해도 밟힐 수도 없건만 그렇습니다. 사랑의 일치로 말미암아 머리가 모든 지체를 위해 외치는 것입니다. 그래서 잠자던 야곱이 주님께서 층계 꼭대기에 기대어 계시는 것을 본 것입니다. 층계에 기댄다는 것은 무슨 뜻이겠습니까? 십자가에 매달리는 것 아니겠습니까? 형제 여러분, 그분께서 십자가 나무에 매달려 계실 때 유대인들을 위해 기도하셨다는 것을 생각하십시오. 그러면 야곱의 층계에 기대어 있으면서 하늘에서 소리친 이가 누구인지 알게 될 것입니다. 그런데 이 일은 왜 야곱이 아내를 얻기 전에 길에서 일어났을까요? 참된 야곱이신 우리 주님께서는 먼저 '층계', 곧 십자가에 기대었고 그런 다음 몸소 교회를 세우셨기 때문입니다. [교회에게] 나중에 당신의 나라를 지참금으로 주실 생각이셨던 그분께서는 그때에는 그에게 당신의 피를 품삯으로 주셨습니다.

• 아를의 카이사리우스 『설교집』 87,3.[11]

그리스도를 예표하는 야곱과 주님

[이 이야기를] 듣고 읽으며, 잠자는 야곱과 층계에 기대어 계신 주님이 그리스도를 예표한다는 사실의 숭고함을 깨달으십시오. 실로 우리 구원자께서는 나타나엘에 관하여 말씀하실 때 복된 야곱을 언급하시며, "보라, 저 사람이야말로 참으로 이스라엘 사람이다. 저 사람은 거짓이 없다"(요한 1,47)라고 하셨습니다. 그리고는 이어서 이렇게 말씀하셨습니다. "너희는 하늘이 열리고 하느님의 천사들이 사람의 아들 위에서 오르내리는 것을 보게 될 것이다"(요한 1,51). 우리 주님께서는 또 복음서들에서 당신에 관하여 선포하

실 때도, 야곱이 꿈에서 예시로 본 것을 말씀하셨습니다. "너희는 하늘이 열리고 하느님의 천사들이 사람의 아들 위에서 오르내리는 것을 보게 될 것이다." 아들께서 땅에 계셨기에 하느님의 천사들이 그에게로 내려가고 있었다면, 같은 천사들이 사람의 아들에게로 올라가고 있는 것은 그가 하늘에 있기 때문 아니겠습니까? 그러므로 야곱 안에서 주무시고 계셨던 것도 그분이고, 하늘에서 야곱을 부르신 것도 그분입니다.

• 아를의 카이사리우스 『설교집』 87,4.[12]

하느님의 선포자들은 오르내린다

형제 여러분, 바오로 사도가 선포하듯이, "이 일들은 본보기로 그들에게 일어난 것인데, 세상 종말에 다다른 우리에게 경고가 되라고 기록되었습니다"(1코린 10,11). 형제 여러분, 하느님의 천사들이 하늘에 있는 사람의 아들에게로 어떻게 올라가고 땅에 있는 그 아들에게 어떻게 내려가는지 주의 깊게 보십시오. 하느님의 선포자들이 성경에서 심오하고 심원한 진리들을 ― 신심 깊은 사람들만이 그 진리들을 이해하지요 ― 전할 때, 그들은 사람의 아들에게로 올라갑니다. 그들이 윤리를 바로 세우는 것과 관계된 내용을 선포할 때 ― 이런 것은 누구나 이해할 수 있지요 ― 그들은 사람의 아들에게로 내려갑니다. 그래서 바오로 사도는 이렇게 말합니다. "성숙한 이들 가운데에서는 우리도 지혜를 말합니다. 그러나 그 지혜는 이 세상의 것도 아니고 파멸하게 되어 있는 이 세상 우두머리들의 것도 아닙니다. 우리는 하느님의 신비롭고 또 감추어져 있던 지혜를 말합니다. 그것은 세상이 시작되기 전, 하느님께서 우리의 영광을 위하여 미리 정하신 지

---

[11] FC 47,30-31. [12] FC 47,31-32.

혜입니다"(1코린 2,6-7). 바오로 사도가 이 말을 하였을 때, 그는 분명 사람의 아들에게로 올라가고 있었습니다. 그러나 그가 "불륜을 멀리하십시오"(1코린 6,18)라고 했을 때나 "술에 취하지 마십시오. 거기에서 방탕이 나옵니다"(에페 5,18)라고 했을 때, "돈을 사랑하는 것이 모든 악의 뿌리입니다"(1티모 6,10)라고 선포했을 때, 이런 말들 안에서 그는 하느님의 천사들처럼 사람의 아들에게로 내려왔습니다. 또 "위에 있는 것을 생각하고 땅에 있는 것은 생각하지 마십시오"(콜로 3,2)라고 했을 때, 그는 올라가고 있었습니다. 그러나 "정신을 똑바로 차리고 죄를 짓지 마십시오"(1코린 15,34) 하고 가르치며 행실을 바로잡는 것과 관계된 진리들을 설교했을 때, 그는 내려오고 있었습니다. 어린아이를 기르는 유모처럼 젖과 같은 초보적 교리를 가르칠 때 그는 무식한 사람도 이해할 수 있는 말로 설교했습니다. 그러니까 [설교자들은] 이런 식으로 사람의 아들에게로 오르내리는 것입니다. 완전한 이들에게는 단단한 음식이 주어지지만 아직 어린 사람들에게도 가르침이라는 젖이 주어지기 때문입니다.

복된 요한도 "한처음에 말씀이 계셨다. 말씀은 하느님과 함께 계셨는데 말씀은 하느님이셨다"(요한 1,1)라고 했을 때 올라가고 있었습니다. 그는 이 말로 충분히 높이 올라갔습니다. 그러나 하느님의 천사들은 올라가기만 하지 않고, 허리를 굽혀 작은 이들에게 "말씀이 사람이 되시어 우리 가운데 사셨다"(요한 1,14) 하고 말하며 내려오기도 합니다.

• 아를의 카이사리우스 『설교집』 87,5.[13]

교회를 나타내는 '층계'

야곱은 어떤 곳에 이르러 쉬려고 마음먹고 돌하나를 가져다 머리에 벴습니다. 잠든 그는 꼭대

기가 하늘까지 닿는 층계가 땅 위에 세워져 있는 것을 보았습니다. [그는] 하느님의 천사들이 그 위를 오르내리고 주님께서 층계 위에서 서서 그에게 "나는 너의 아버지 아브라함의 하느님이며 이사악의 하느님인 주님이다" 하고 말씀하시는 것도 [보았습니다]. 아침에 일어난 그는 두려움에 싸여 주님을 찬미하고는 그 돌을 가져다 "기념 기둥으로 세우고 그 꼭대기에 기름을 부었습니다"(창세 28,18).

주님께서는 이 장소에 관해 언급하시며, 당신과 당신을 믿는 성실한 이들에 관해 비유적으로 분명하게 증언하셨습니다. 그[야곱]가 본 층계는 교회입니다. 교회는 땅에서 태어났지만 그 삶의 길은 하늘에 있습니다(필리 3,20 참조). 그리고 복음 전파자들이 때로는 성숙한 청중들에게 [그리스도의] 신성에 관한 감추어진 탁월한 신비를 전하고 때로는 아직 충분히 교육받지 못한 이들에게 그분 인성의 약함을 알릴 때, 그것을 통하여 천사들이 올라가고 내려옵니다. 또는 그[복음 전파자]들이 [그들의 가르침으로] 거룩한 일들을 전하여 정신이 묵상하도록 할 때 그들은 올라가고, 듣는 이들이 지상에서 어떻게 살아야 하는지 가르칠 때 그들은 내려간다고 말할 수도 있습니다.

• 존자 베다 『복음서 강해』 1,17.[14]

28,13 야곱의 후손에게 주어질 땅

특별한 보살핌

사랑 깊으신 하느님의 특별한 보살핌을 주의해서 보시기를 부탁드립니다. 그의 형이 저지를지 모를 일을 걱정한 어머니의 충고를 받아들여 [야곱이] 아무것도 지니지 못한 채, 높은 데에서

---

[13] FC 47,32-33.
[14] CS 110,175-76.

모든 것을 도와주리라 맡기고 운동선수처럼 길을 나서는 것을 보신 그리스도께서는 그가 여행을 떠난 바로 그때부터 야곱의 결의를 굳건히 해 주고 싶으셨습니다. 그래서 그에게 나타나시어 "나는 아브라함의 하느님, 네 아버지 이사악의 하느님이다"[15]라고 하셨습니다. 이는 '나는 너의 선조와 네 아버지가 크게 번영하도록 만들었다. 그러니 조금도 두려워 말고, 나는 약속을 지킨

이며 처음부터 끝까지 너를 돌보아 주리라는 것을 믿어라'라는 뜻입니다.

• 요한 크리소스토무스 『창세기 강해』 54,18.[16]

---

[15] 요한 크리소스토무스는 '네 아버지'를 '아브라함'이 아니라 '이사악'에다가 붙여 인용한다.

[16] FC 87,101*.

28,18-22 야곱이 돌을 기념 기둥으로 세우고 기름을 붓다

[18] 야곱은 아침 일찍 일어나, 머리에 베었던 돌을 가져다 기념 기둥으로 세우고 그 꼭대기에 기름을 부었다.

[19] 그러고는 그곳의 이름을 베텔①이라 하였다. 그러나 그 성읍의 본 이름은 루즈였다.

[20] 그런 다음 야곱은 이렇게 서원하였다. "하느님께서 저와 함께 계시면서 제가 가는 이 길에서 저를 지켜 주시고, 저에게 먹을 양식과 입을 옷을 마련해 주시며,

[21] 제가 무사히 아버지 집으로 돌아가게 해 주신다면, 주님께서는 저의 하느님이 되시고,

[22] 제가 기념 기둥으로 세운 이 돌은 하느님의 집이 될 것입니다. 그리고 저는 당신께서 주시는 모든 것에서 십분의 일을 당신께 바치겠습니다."

① '하느님의 집'이라는 뜻이다.

둘러보기

돌을 기념 기둥으로 세우고 기름을 부은 것 또한 '기름부음을 받은 이'인 그리스도의 신비를 나타낸다(에프렘, 아우구스티누스, 알렉산드리아의 키릴루스, 아를의 카이사리우스, 베다). 그러나 이는 다른 민족들을 부르신다는 것을 가리키기도 한다(아프라하트). 야곱이 돌을 기념 기둥으로 세우고 하느님께 십일조를 약속한 것은 그의 깊은 신심을 보여 준다(요한 크리소스토무스).

28,18 야곱이 기념 기둥을 세우다

그리스도의 신비

야곱이 기념 기둥에 부은 기름은 그가 지니고 있었거나 마을에서 가져온 것일 겁니다. 그가 돌에 부은 그 기름으로 그 안에 감추어져 계시는 그리스도의 신비를 묘사하였습니다.

• 시리아인 에프렘 『창세기 주해』 26,2.[1]

---

[1] FC 91,174.

야곱의 상징적 행동

야곱은 그 장소에 '베텔'이라는 이름을 붙였습니다. 그리고 자신이 겪은 일에 대한 증언으로 그곳에 돌을 기념 기둥으로 세웠습니다. 우리 조상 야곱은 돌들이 기름부음을 받게 될 때를 고대하며 상징으로 이 일을 행했습니다. 세례자 요한이 말하듯이, 그리스도를 믿는 이들은 기름부음을 받은 돌들이며(루카 3,8 참조), 야곱의 기도에는 민족들의 부르심이 상징으로 나타나 있기 때문입니다.

● 아프라하트 『기도론』 5.[2]

장소가 기억되게 하다

[하느님의] 은혜로 특별한 환시를 본 [야곱은] 그 장소에 인상 깊은 이름을 붙여 미래에도 늘 기억되게 하고 싶었습니다. 그는 그 돌을 기념 기둥으로 세우고 거기에 기름 — 갑작스레 먼 길을 떠난 그는 아마 가진 것이 그것밖에 없었을 것입니다 — 을 부었습니다. 그리고 사랑 깊으신 하느님께 지극히 올바른 상식에서 나온 기도를 바쳤습니다.

● 요한 크리소스토무스 『창세기 강해』 54,23.[3]

그리스도를 나타내는 것

야곱은 꿈에 층계를 보았습니다. 그는 천사들이 그 층계를 오르내리는 것을 보았습니다. 그는 자신이 머리에 벴던 돌에 기름을 부었습니다. 여러분은 그리스도가 메시아라는 사실을 들었습니다. '그리스도'가 '기름부음받은이'를 뜻한다는 것도 여러분은 들었습니다. 야곱이 돌을 그곳에 세우고 기름을 부은 것은 다시 그곳에 와서 그것을 찬미하기 위해서가 아니었습니다. 그랬다면 그것은 우상숭배지 그리스도를 나타내는 것이 아닙니다. 그러니까 나타내는 것을 만들어야 할 필요가 있을 때 나타내는 것이 만들어졌고, 그것으로 그리스도가 나타내어졌습니다. 돌에 기름이 부어졌습니다. 왜 돌이었습니까? "보라, 내가 시온에 돌을 놓는다. 선택된 값진 모퉁잇돌이다. 이 돌을 믿는 이는 부끄러운 일을 당하지 않을 것이다"(1베드 2,6; 참조: 이사 28,16)라고 쓰여 있기 때문입니다. 왜 기름이 부어졌습니까? '그리스도[라는 이름]은 '크리스마'[4][라는 낱말]에서 [왔기] 때문입니다.

● 아우구스티누스 『요한 복음 강해』 7,23,2.[5]

그리스도의 상징

그 돌은 그리스도의 상징으로 세워져 기름부음을 받고 영광스럽게 되었습니다. 임마누엘은 아버지 하느님께서 "기쁨의 기름을 당신 동료들에 앞서"(시편 45,8) 부어 주신 분입니다. 그리고 그분은 자발적으로 죽음으로 내려가셨지만, 죽은 이들 가운데에서 다시 살아나셨습니다. 저는 이것이 돌을 세운 행위의 뜻이라고 믿습니다.

● 알렉산드리아의 키릴루스
『모세 오경의 격조 있는 해설』(창세기) 4,4.[6]

예표와 완성

우리가 앞에서 말한 것들이 여러분의 경건한 마음에 더욱 단단히 박히게 하기 위해, 앞서 말한 것들을 간략히 되풀이하겠습니다. 우리가 말했듯이, 자기 아들을 멀리 떠나보낸 복된 이사악은 아버지 하느님의 예형입니다. 아버지가 떠나

---

[2] CS 101,9.

[3] FC 87,103.

[4] '기름부음'이라는 뜻이다.

[5] FC 78,176.

[6] PG 69,189.

보낸 야곱은 그리스도 우리 주님을 나타냅니다. 그가 머리에 벴다가 기름을 부은 돌도 우리 구원자 주님을 나타냅니다. 하늘까지 닿는 층계는 십자가를 예표합니다. 층계에 기대어 계신 주님은 십자가에 매달리신 그리스도를 나타냅니다. 그 위를 오르내리는 천사들은 사도들, 곧 사도의 역할을 하는 사람들과 교회의 모든 교사들로 이해됩니다. 그들은 의인들에게 완전한 진리들을 선포함으로써 올라가고, 어리고 무지한 사람들에게 그들이 이해할 수 있는 것들을 말해 줌으로써 내려갑니다. 형제 여러분, 구약성경에서 예표된 모든 진리가 신약성경에서 이루어진 것을 보는 우리들은 할 수 있는 한 힘껏 하느님께 감사드려야 합니다. 우리가 아무런 공로를 쌓지 않았는데도 황공하옵게도 먼저 그처럼 고귀한 선물을 우리에게 주셨기 때문입니다. 이 고귀한 은혜가 우리에게 심판이 아니라 진보할 수 있도록, 우리는 그분의 도움을 받아 있는 힘껏 노력합시다. 영적으로 살고 언제나 선행을 실천하여 심판 날 정결하고 착실하며 자비롭고 경건한 이로 판단받아, 사악한 죄인들과 함께 벌받는 일이 없도록 열성을 다합시다. 아버지와 성령과 함께 생활하시며 영원히 세상을 다스리시는 우리 주님의 도우심으로 우리는 의인들과 또 하느님을 두려워하는 모든 이와 함께 영원한 지복에 도달할 것입니다.

• 아를의 카이사리우스 『설교집』 87,6.[7]

주님인 '돌'

야곱이 머리에 벴던 돌은 우리가 정신을 바짝 차리고 거기에 의지해야 하는 주님입니다. 그분 없이 우리는 아무것도 할 수 없다는 것을 확실히 아는 만큼 더욱 그래야 합니다.

야곱은 그 돌을 기념 기둥으로 세우고 거기에 기름을 부었습니다. 참된 이스라엘인은 우리 구원자께서 당신 동료들에 앞서 아버지께 기름부음을 받으셨다는(시편 45,8 참조) 사실을 아는 까닭입니다. 그리스도께서는 이 기름부음('크리스마')에서 그 이름을 받으셨으며, 그분의 육화라는 신비는 우리 구원의 표시입니다. 그 돌을 표시로 땅에 세우고 기름을 부었을 때 주님께서 하늘에서 나타나신 것은 좋은 일입니다. 그분께서는 때가 되었을 때, 아버지 하느님과 함께 영원히 남아 계시면서도 분명 사람으로서 사람들 사이에 나타나셨기 때문입니다. 죽음이 정복되었을 때, 그분께서는 우리 구원의 표시로 "세상 끝 날까지"(마태 28,20) 우리와 함께 남아 계시면서도 "하늘들의 하늘 위로 올라가 동쪽으로 가셨습니다"(시편 67,34 칠십인역). 당신께서 취하신 육체를 땅에서 하늘로 옮겨 놓으신 그분은 당신의 신성으로 땅과 하늘을 가득 채우신 분이십니다.

• 존자 베다 『복음서 강해』 1,17.[8]

28,22 하느님의 집

신심 깊은 태도

이 선한 사람이 감사를 표하는 것을 보십시오. 야곱은 간원을 올릴 때, 먹을 것이나 입을 것 같은 사치에 필요한 것을 청하지 않았습니다. 하느님께서 아낌없이 주시며 우리의 기대를 넘어서는 보상을 해 주신다는 것을 깨달은 그는 자신의 능력 안에 있는 것을 주님께 약속했습니다. 그래서 이렇게 말했습니다. "제가 기념 기둥으로 세운 이 돌은 하느님의 집이 될 것입니다. 그리고 저는 당신께서 주시는 모든 것에서 십분의 일을 당신께 바치겠습니다." 그의 신심 깊은 태도가 보이십니까? 아직 아무것도 받지 않았는데

---

[7] FC 47,33-34.

[8] CS 110,176.

도 그는 하느님께서 자신에게 주시는 것의 십분의 일을 바치겠다고 약속했습니다.

사랑하는 여러분, 이 말을 흘려듣지 맙시다. 오히려 우리 모두 이 선한 사람을 본받읍시다. 은총의 시대에 사는 우리가 율법 이전에 산 이 사람을 본받아, 주님께 이 세상의 것은 아무것도 청하지 맙시다. 사실, 그분은 우리가 알려 드려야 하는 분이 아니십니다. 우리가 청하지 않아도 그분께서는 우리에게 필요한 것을 주십니다. "그분께서는 악인에게나 선인에게나 당신의 해가 떠오르게 하시고, 의로운 이에게나 불의한 이에게나 비를 내려 주신다"(마태 5,45)고 쓰여 있습니다. 우리는 그분을 믿고 그분께서 충고하시는

대로 합시다. "너희는 먼저 하느님의 나라와 그분의 의로움을 찾아라. 그러면 이 모든 것도 곁들여 받게 될 것이다"(마태 6,33). 그분께서 몸소 우리에게 앞의 것을 먼저 마련해 주셨고 뒤의 것도 덤으로 주시겠다고 약속하고 계시지 않습니까? 그러니 아마도 덤으로 받게 될 것을 가장 먼저 청하여 순서를 거꾸로 만들지 마십시오. 대신 그분께서 이르신 대로, 앞의 것과 뒤의 것을 다 누릴 수 있도록, 앞의 것들을 추구하십시오.

• 요한 크리소스토무스 『창세기 강해』 54,25-26.[9]

---

[9] FC 87,104-5.

29,1-14 야곱이 하란에 도착하다

[1] 야곱은 발걸음을 옮겨 동방인들의 땅으로 들어갔다.

[2] 그가 보니 들에 우물이 하나 있고, 양 떼 세 무리가 그 곁에 엎드려 있었다. 그것은 가축에게 물을 먹이는 우물인데, 그 우물 위에는 큰 돌이 덮여 있었다.

[3] 가축들이 그곳에 다 모이면 목자들은 우물에서 그 돌을 굴려 내어 양 떼에게 물을 먹인 다음, 그 돌을 다시 우물 위 제자리로 돌려 놓는 것이었다.

[4] 야곱이 그들에게 "형제들, 그대들은 어디서 오셨습니까?" 하고 묻자, 그들이 "우리는 하란에서 왔습니다." 하고 대답하였다.

[5] 그가 또 "나호르의 아들 라반을 알고 계십니까?" 하고 묻자, 그들이 "압니다." 하고 대답하였다.

[6] 야곱이 다시 "그분은 잘 계십니까?" 하고 묻자, 그들이 "잘 있습니다. 보십시오, 그의 딸 라헬이 양 떼를 몰고 오는군요." 하고 대답하였다.

[7] 그러자 야곱이 말하였다. "아직 한낮이라 짐승들을 모아들일 때가 아니지 않습니까? 양 떼에게 물을 먹이고 어서 가서 풀을 뜯게 하셔야지요."

[8] 그들이 대답하였다. "그렇게 할 수가 없답니다. 가축들이 다 모여든 다음에야 우물에서 돌을 굴려 내고 양 떼에게 물을 먹이게 되어 있습니다."

[9] 야곱이 아직도 그들과 말하고 있을 때, 라헬이 아버지의 양 떼를 몰고 왔다. 그는 양치는 여자였다. ♪

> ⟋ 10 야곱은 자기 외숙 라반의 딸 라헬과 외숙 라반의 양 떼를 보자, 다가가 우물에서 돌
>   을 굴려 내고, 자기 외숙 라반의 양 떼에게 물을 먹였다.
> 11 그런 다음 야곱은 라헬에게 입 맞추고 목 놓아 울었다.
> 12 그리고 야곱은 라헬에게 자기가 그 아버지의 혈육이고 레베카의 아들임을 밝혔다. 라헬은
>   달려가서 아버지에게 이 사실을 알렸다.
> 13 라반은 자기 누이의 아들 야곱이 왔다는 소식을 듣고, 그에게 달려 나가 그를 껴안고 입 맞
>   추고는 집으로 데리고 들어갔다. 야곱이 라반에게 자기의 일을 모두 들려주자,
> 14 라반이 그에게 말하였다. "정녕 너는 내 골육이다." 이리하여 야곱은 그 집에 한 달 동안
>   머물렀다.

둘러보기

야곱이 우물의 돌을 치운 것은 그와 라헬의 약혼을, 그리고 그들의 입맞춤은 혼인을 나타낸다(에프렘). 라헬은 민족들 가운데 있는 교회의 상징으로 해석된다(알렉산드리아의 키릴루스). 야곱이 아내 라헬을 우물가에서 발견했듯이, 그리스도께서도 당신의 신부 교회를 세례가 이루어지는 물가에서 발견하셨다(아를의 카이사리우스).

29,11 야곱이 라헬에게 입 맞추다

입맞춤으로 라헬과 혼인한 야곱

야곱은 여행을 계속하다가 한 우물가에 들어섰는데, 그곳에서 양치는 여자인 라헬을 보았습니다. 맨발에 초라한 옷을 입고 얼굴은 볕에 그을린 라헬은 불에 탄 숯덩이와 구별이 안 갈 정도였습니다. 야곱은 아름다운 레베카를 샘가에 데려다 놓으신 분께서 초라한 옷차림을 한 라헬을 지금 이 우물가에 데려다 놓으셨다는 것을 곧바로 알아차렸습니다. 그래서 그는 라헬이 보는 앞에서 놀라운 일을 했습니다. 몇 사람이 함께해도 겨우 들어 올릴 수 있는 돌을, 그 안에 감추어져 계신 아들의 [힘을 빌려] 굴려 내었습니다.

야곱은 이 놀라운 행위로 라헬을 하느님께 약혼시킨 다음, 돌아와 입맞춤으로 그녀와 그 자신이 혼인했습니다.

• 시리아인 에프렘 『창세기 주해』 27,1.[1]

민족들 가운데 있는 교회를 상징하는 라헬

또한 라헬은 '하느님의 양'으로 해석되기도 합니다. 그녀는 민족들 가운데 있는 교회의 상징이라며 합당한 이유를 제시하는 이들도 있습니다. 라헬은 그리스도의 양들이기도 합니다. 본디 있던 무리에 섞였다가 마침내 구원자의 양 떼로 받아들여진 양들이지요. 그래서 그분께서는 이렇게 말씀하셨습니다. "나에게는 이 우리 안에 들지 않은 양들도 있다. 나는 그들도 데려와야 한다. 그들도 내 목소리를 알아듣고 마침내 한 목자 아래 한 양 떼가 될 것이다"(요한 10,16). 거룩한 제자들이 교회를 이성적인 피조물로 여기며 힘을 돋우어 주었을 때, 그의 연인이요 신랑들로서 '티나 주름 같은 것 없이 거룩하고 흠 없는'(에페 5,27) "순결한 처녀"(2코린 11,2)인 그녀를 하느

---

[1] FC 91,174-75*.

님께 바쳤을 때, 그들은 그리스도 교회의 목자로서 행동한 것입니다.

> • 알렉산드리아의 키릴루스
> 『모세 오경의 격조 있는 해설』(창세기) 4,4.[2]

우물가의 신비

사랑하는 여러분, 복된 야곱은 우리 구원자 주님의 예형이며 표상이라고, 이미 여러 번 말씀드렸습니다. 그런데 그뿐이 아닙니다. 그리스도께서 교회와 하나 되기 위하여 어떻게 이 세상에 오시게 되어 있는지도 복된 야곱이 신붓감을 찾기 위해 먼 땅으로 여행했을 때의 일로 예표되었습니다. 그러니까 여러분이 들으셨듯이, 복된 야곱은 신붓감을 찾으려고 메소포타미아 땅으로 들어갔습니다. 어떤 우물에 이르렀을 때, 그는 라헬이 자기 아버지의 양 떼를 몰고 오는 것을 보았습니다. 그는 라헬이 자기 사촌인 것을 알고는 양 떼에게 물을 먹이자마자 그녀에게 입 맞추었습니다. 형제 여러분, 세심히 주의를 기울이면 거룩한 성조들이 자기 아내 될 여자를 우물이나 샘가에서 발견한 데는 이유가 있다는 것을 깨달을 수 있을 것입니다. 그런 일이 단 한 번 일어났다면, 그것은 우연이며 명확한 이유가 없다고 말할 수도 있을 것입니다. 복된 이사악과 혼인하게

될 레베카가 [아브라함의 종의] 눈에 뜨인 것도 우물가였고, 복된 야곱이 자신과 혼인하게 될 라헬을 알아본 것도 우물가였으며, 모세가 아내 치포라를 처음 본 것도 우물가였습니다. 그러니 우리는 이 사실들에 어떤 신비가 담겨 있음을 알아보아야 할 것입니다. 세 성조는 다 우리 구원자 주님의 예형인 까닭에 자신의 아내를 샘가나 우물가에서 발견한 것입니다. 그리스도께서도 세례의 물가에서 당신의 교회를 발견하실 것이었기 때문입니다. 게다가 야곱은 그 우물가에 왔을 때 먼저 라헬의 양 떼에게 물을 먹이고 그런 다음 야곱이 라헬에게 입 맞추었습니다. 사랑하는 여러분, 그리스도인들이 먼저 세례의 물로 모든 악을 씻지 않는 한 그리스도의 평화를 누릴 자격이 없는 것이 진실입니다. 복된 야곱이 자기 사촌을 만나자마자, 양 떼가 물을 먹기 전에 그녀에게 입 맞출 수는 없었을까요? 물론 그렇게 할 수는 있었을 것입니다. 그러나 신비가 개입했습니다. 교회가 하느님과 함께 평화를 누리게 되려면 세례의 은총으로 모든 죄악과 불화에서 해방될 필요가 있었기 때문입니다.

> • 아를의 카이사리우스 『설교집』 88,1.[3]

[2] PG 69,201.

[3] FC 47,34-35.

29,15-30 야곱이 레아와 또 라헬과 혼인하다

[15] 하루는 라반이 야곱에게 물었다. "네가 내 혈육이기는 하지만, 내 일을 거저 해 줄 수야 없지 않으냐? 네 품값이 얼마면 되겠는지 나에게 말해 보아라."
[16] 라반에게는 딸이 둘 있었는데, 큰딸의 이름은 레아였고 작은딸의 이름은 라헬이었다.
[17] 레아의 눈은 생기가 없었지만, 라헬은 몸매도 예쁘고 모습도 아름다웠다.
[18] 야곱은 라헬을 사랑하고 있었으므로, "외삼촌의 작은딸 라헬을 얻는 대신 칠 년 동안 외삼촌 일을 해 드리겠습니다." 하고 대답하자,

> *[19]* 라반이 말하였다. "그 아이를 다른 사람에게 주는 것보다 너에게 주는 것이 낫겠다. 그러면 내 집에 머물러라."
>
> [20] 야곱은 라헬을 얻으려고 칠 년 동안 일을 하였다. 이것이 그에게는 며칠로밖에 여겨지지 않았다. 그가 그만큼 라헬을 사랑하였던 것이다.
>
> [21] 마침내 야곱이 라반에게 말하였다. "기한이 찼으니 제 아내를 주십시오. 같이 살겠습니다."
>
> [22] 그러자 라반은 그곳 사람들을 모두 청해 놓고 잔치를 베풀었다.
>
> [23] 저녁이 되자 그는 딸 레아를 야곱에게 데려다 주었다. 그래서 야곱은 그와 한자리에 들었다.
>
> [24] 라반은 자기의 여종 질파를 딸 레아에게 몸종으로 주었다.
>
> [25] 그런데 아침에 보니, 레아가 아닌가! 야곱이 라반에게 말하였다. "저에게 이러실 수가 있습니까? 제가 라헬을 얻는 대신 외삼촌 일을 해 드리지 않았습니까? 그런데 왜 저를 속이셨습니까?"
>
> [26] 라반이 대답하였다. "우리 고장에서는 작은딸을 맏딸보다 먼저 주는 법이 없다.
>
> [27] 이 초례 주간을 채워라. 그리고 네가 다시 칠 년 동안 내 일을 해 준다면 작은애도 우리가 너에게 주겠다."
>
> [28] 야곱은 그렇게 하기로 하고 초례 주간을 채웠다. 그러자 라반은 자기의 딸 라헬을 그에게 아내로 주었다.
>
> [29] 라반은 자기의 여종 빌하를 딸 라헬에게 몸종으로 주었다.
>
> [30] 야곱은 라헬과도 한자리에 들었다. 그는 레아보다 라헬을 더 사랑하였다. 그는 다시 칠 년 동안 라반의 일을 하였다.

둘러보기

야곱의 태도는 올곧으며 이익에 대한 욕심이 없고, 칠 년을 기꺼이 일할 만큼 라헬을 향한 크고 진실한 사랑을 보여 준다. 야곱이 두 아내를 맞은 것은 종족의 수를 늘이기 위해 그 시대에는 필요한 일이었다는 사실로 설명할 수 있다. 그러니 지금은 그리스도의 가르침 덕분에 그런 풍습이 사라졌다(요한 크리소스토무스). 우의적으로 해석하자면, 야곱의 두 아내는 유대인과 다른 민족들이라는 두 종류 사람들을 예표한다(아를의 카이사리우스).

29,15 야곱의 품값이 정해지다

대단한 겸손

잘 보십시오. 높은 곳에서 도움의 손길을 받는 이에게는 모든 일이 잘 풀립니다. "일을 거저 해 줄 수야 없지 않으냐? 네 품값이 얼마면 되겠는지 나에게 말해 보아라" 하고 라반이 말합니다. 사실, 사랑에 빠져 있던 이 복된 사람은 그 집에서 먹고 자는 것만으로도 만족하며 진심으로 라반에게 고마워했습니다. 그러나 야곱이 몹시 겸손하게 행동했기에 라반이 먼저 그에게 원하는 대로 품값을 주겠다고 약속했습니다.

● 요한 크리소스토무스 『창세기 강해』 55,6.[1]

29,18 칠 년 동안 일을 하겠다

사랑하면 일이 힘든 줄도 시간 가는 줄도 모른다

　이 일에서도 야곱의 날카로운 통찰력과 또 그가 돈을 모으려는 욕심이 전혀 없었다는 것을 잘 보시기 바랍니다. 그는 삯꾼들이 그러듯이 품삯을 놓고 옥신각신하며 라반에게 더 많은 것을 요구하기는커녕, 어머니와 아버지의 지시를 떠올리고는 참으로 온순하게 이렇게 말합니다. "외삼촌의 작은딸 라헬을 얻는 대신 칠 년 동안 외삼촌 일을 해 드리겠습니다." 그는 우물가에서 그녀를 본 순간 사랑에 빠졌던 것입니다. 이 사람의 올곧은 태도를 보십시오. 그는 스스로 기간을 정하고, 그 기간을 자신의 절제를 위한 적절한 동기로 삼습니다. 사랑하는 여러분, 야곱이 자신이 사랑하는 처녀를 위해 칠 년 동안 일하겠다고 약속한 사실에 왜 놀라십니까? 그의 큰 사랑이 일의 힘듦과 긴 시간을 아무것도 아닌 것처럼 느끼게 했다는 사실을 알려 주기 위해 성경은 이렇게 말합니다. "야곱은 라헬을 얻으려고 칠 년 동안 일을 하였다. 이것이 그에게는 며칠로밖에 여겨지지 않았다. 그가 그만큼 라헬을 사랑하였던 것이다." 칠 년이라는 기간이 며칠로밖에 여겨지지 않은 것은 그 처녀에 대한 그의 사랑 때문이었다고 성경은 말합니다. 사람은 사랑에 빠지면, 아무리 위험이 가득하고 많은 어려움이 있더라도 단 한 가지, 자신이 바라는 것을 얻기 위해 도무지 힘든 줄 모르고 무슨 일이든 쉽게 견뎌 내는 법입니다.

　　　　　● 요한 크리소스토무스 『창세기 강해』 55,7.[2]

29,23 레아를 야곱에게 데려다 주다

엄숙한 혼인 예식

　옛 시대에는 혼인이 얼마나 엄숙하게 치러졌는지 보십니까? 흉악한 제례가 불러일으키는 흥분에 휩싸여 그 시작부터 혼례의 엄숙함을 더럽히는 여러분은 잘 보십시오. 이 예식에 나팔 소리가 있었습니까? 꽹과리 소리가 있었습니까? 악마의 제례에서나 할 법한 춤이 있었습니까? 전혀 없었지요. 여러분은 왜 그런 야릇한 것들을 집 안에 들이며 무대와 극장에서 사람들을 불러와 그런 유감스러운 지출로 처녀의 순결함이 빛바래게 하고 젊은 사람을 수치를 모르는 이로 만드는지 어디 제게 말 좀 해 보십시오.

　　　　　● 요한 크리소스토무스 『창세기 강해』 56,2.[3]

라반의 속임수

　["그는 딸 레아를 야곱에게 데려다 주었다"는] 이 문장도 그냥 지나치지 마십시오. 여기에는 알아들어야 할 것이 많습니다. [첫째,] 야곱은 사악함이라곤 모르는 순진한 사람이라 그대로 속아 넘어갔습니다. 둘째, 등불도 켜지 않고 춤꾼도 횃불도 없이 모든 일이 철저히 예법에 맞게 치러졌기에 라반의 속임수가 통할 수 있었습니다. 그런데 이 일에서는 라반이 야곱을 매우 마음에 들어 했다는 사실도 알 수 있습니다. 그가 이 계략을 꾸민 목적은 이 선한 사람을 오래 붙들어 두고 싶었기 때문이니까요. 제 말은, 야곱이 그의 한 딸을 사랑하고 있으며, 자신이 원하는 대상을 얻고 나면 레아를 얻기 위해 삯꾼 생활을 더 하거나 라반의 집에 살려고 하지 않으리라는 것을 라반이 알고 있었다는 것입니다. 야곱의 덕성스러움을 본 데다 그를 설득하거나 이길 수 없으리라는 것을 안 그가 속임수를 짜내 레아에게 자기의 여종 질파를 딸려 야곱에게 준 것입니다.

　　　　　● 요한 크리소스토무스 『창세기 강해』 56,10.[4]

---

[1] FC 87,110*.　　[2] FC 87,110-11*.
[3] FC 87,119*.　　[4] FC 87,123*.

29,28 라헬을 야곱의 아내로 주다

상황이 달라지다

혼인 잔치가 철저하게 예절에 맞게 치러졌다는 것을 다시 한번 잘 보십시오. 그렇지만 그가 큰딸과 그리고 나중에는 작은딸과 혼인했다는 말을 듣고 이상하게 생각하거나 오늘날의 생각으로 그 시대의 일을 판단하지 마십시오. 그 시대는 아주 이른 [역사] 초기였기에 종족의 수를 늘이기 위해 아내를 둘이나 셋 두는 것이 허락되었습니다. 하지만 오늘날에는 하느님의 은총으로 인류의 수가 엄청나게 늘어났기에 덕의 실천 또한 증가하였습니다. 다시 말해, 그리스도께서 오시어 사람들 사이에 덕의 씨앗을 뿌리시고 그들을 천사들로 바꾸어 놓으셨습니다. 그리하여 과거의 그런 풍습이 모두 사라지게 되었습니다. 여러분은 우리가 그런 풍습을 꾀하는 대신 어디에서나 쓸모 있는 것을 어떻게 추구해야 하는지 아시겠습니까? 주목하십시오. 그 풍습은 그 자체로 악이었던 까닭에 그것이 어떻게 뿌리 뽑혔는지 보십시오. 그리고 이제는 아무도 그것을 꾀할 자유가 없습니다. 그래서 여러분께 간절히 부탁합니다. 그것을 어떤 식으로도 채택하려 하지 말고, 영적으로 해로운 것이 아니라 유익한 것을 찾으십시오. 좋은 것을 보게 되면 그것이 일반적 풍습이 아니더라도 받아들입시다. 그러나 나쁜 것이라면, 비록 그것이 일반적인 풍습이라 해도 그것을 피하고 끊어 버립시다.

• 요한 크리소스토무스 『창세기 강해』 56,12.[5]

29,30 야곱이 라헬을 더 사랑하다

유대인과 이민족들의 평화가 예표되다

야곱은 그 여행에서 두 아내를 얻었고, 이 두 아내는 유대인과 다른 민족들이라는 두 백성을 예표합니다. 그리스도께서 오셨을 때 유대인들 가운데에서도 적지 않은 수가 그분을 믿었다고 전해집니다.

사도행전에 보면, 어느 날에는 삼천 명이 믿음에 들었고 또 어떤 날에는 오천 명이, 그 뒤에도 수만 명이 믿었다고 기록되어 있습니다(참조: 사도 2,41; 4,4; 21,20). 주님께서도 복음서에서 유대인과 다른 민족들이 그리스도를 믿은 사실을 이렇게 확인해 주십니다. "나에게는 이 우리 안에 들지 않은 양들도 있다. 나는 그들도 데려와야 한다. 그들도 내 목소리를 알아듣고 마침내 한 목자 아래서 한 양 떼가 될 것이다"(요한 10,16). 따라서 야곱과 혼인한 두 여자, 곧 레아와 라헬은 두 백성을 예표합니다. 레아는 유대인을, 라헬은 다른 민족들을 예표하지요. 서로 다른 방향에서 시작된 두 담이 모퉁잇돌로 연결되듯, 이 두 백성은 그리스도라는 모퉁잇돌을 고리로 하나로 연결됩니다. 그분 안에서 그들은 입 맞추었고, 바오로 사도의 말대로, 그분 안에서 영원한 평화를 발견할 자격을 얻었습니다. "그리스도는 우리의 평화이십니다. 그분께서는 당신의 몸으로 유다인과 이민족을 하나로 만드시고 이 둘을 가르는 장벽인 적개심을 허무셨습니다"(에페 2,14). 그분께서 이 둘을 어떻게 하나로 만드셨습니까? 두 양 떼를 한 양 떼로 만드시고 두 담을 당신께 연결시킴으로써 그렇게 하셨습니다.

• 아를의 카이사리우스 『설교집』 88,2.[6]

---

[5] FC 87,124.

[6] FC 47,35*.

29,31-35 야곱의 아들들

³¹ 주님께서는 레아가 사랑받지 못하는 것을 보시고, 그의 태를 열어 주셨다. 그러나 라헬은 임신하지 못하는 몸이었다.

³² 레아는 임신하여 아들을 낳았다. 그러고는 "주님께서 나의 괴로움을 보아주셨구나. 이제는 남편이 나를 사랑해 주겠지." 하면서 그 이름을 르우벤①이라 하였다.

³³ 그는 또 임신하여 아들을 낳았다. 그러고는 "주님께서 내가 사랑받지 못한다는 것을 들으시고②, 나에게 이 아들도 주셨구나." 하면서 그 이름을 시메온이라 하였다.

³⁴ 그는 또 임신하여 아들을 낳고, "내가 이렇게 아들을 셋이나 낳아 주었으니, 이제는 남편이 나에게 매이겠지③." 하고 말하였다. 그리하여 그 이름을 레위라 하였다.

³⁵ 그는 또 임신하여 아들을 낳고, "이제야말로 내가 주님을 찬송하리라④." 하고 말하였다. 그리하여 아기의 이름을 유다라 하였다. 그러고서는 그의 출산이 멈추었다.

① '보라, 아들이다'라는 말이다.
② 히브리어 본문의 낱말은 '샤마'(*shama*)다.
③ 히브리어 본문의 낱말은 '라와'(*lawah*)다.
④ 히브리어 본문의 낱말은 '호다'(*hodah*)다.

둘러보기

라헬보다 레아에게 먼저 아들들을 주신 것에서 하느님의 창조적 지혜가 엿보인다(요한 크리소스토무스). 맏이 르우벤 이후에 태어난 이들이 그를 닮았듯이, 물과 성령으로 다시 태어난 이들도 많은 형제 가운데 맏이이신 그리스도를 닮아야 한다(니사의 그레고리우스).

29,31 주님께서 레아의 태를 열어 주시다

하느님의 창조적 지혜

하느님의 창조적인 지혜를 보십시오. 한 여자는 아름다움으로 남편의 총애를 받았고 다른 한 여자는 아름다움이 모자라 사랑받지 못했던 듯합니다. 그러나 하느님께서 출산의 문을 열어 주신 것은 이 여자였습니다. 다른 여자의 태는 열어 주지 않으셨지요. 그분께서는 이처럼 각 사람에게 당신다운 사랑을 보이셨습니다. 한 사람은 자신이 낳은 아이들에서라도 위안을 얻게 하시고, 한 사람에게는 자신의 아름다움과 매력을 내세워 언니에게 의기양양하게 굴지 못하도록 하셨습니다.

• 요한 크리소스토무스 『창세기 강해』 56,14.[1]

29,32 주님께서 레아의 괴로움을 보아주시다

삶의 특성에서 가족의 닮은 점이 보인다

맏이 르우벤 이후로 동생들이 태어났습니다. 그와 매우 닮은 그들의 모습은 그들의 관계를 증언해 주었습니다. 외모의 비슷함이 그들이 형제

[1] FC 87,125*.

라는 것을 모를 수 없게 했습니다. 그러므로 우리도 '물과 성령으로' 다시 태어남으로써 우리를 위해 "많은 형제 가운데 맏이"(로마 8,29)가 되신 주님의 형제가 되었다면, 그분과 우리의 가까운 관계가 우리 삶의 특성에 드러날 것이라는 결론이 나옵니다. "모든 피조물의 맏이"(콜로 1,15)께서 우리 삶[의 성격]을 형성하셨기 때문입니다. 그런데 우리는 성경에서 그분 삶의 특성이 무엇이라고 배웠습니까? 우리가 여러 번 말했던 것입니다. 곧, "그는 죄를 저지르지도 않았고 그의 입에는 아무런 거짓도 없었다"(1베드 2,22; 참조: 이사 53,9)는 것입니다. 그러니 우리가 우리를 태어나게 하신 분의 형제답게 행동한다면, 우리 삶에

죄가 없는 것이 그분과 우리 관계의 보증이 될 것이며, 그러면 그분의 순결함과 우리의 일치가 더러움 때문에 무너지는 일이 없을 것입니다. 그러나 맏이는 의로움과 거룩함, 사랑, 속량 같은 것이기도 합니다. 따라서 우리의 삶이 그런 자질을 특성으로 지닌다면, 우리는 우리가 고귀한 태생이라는 확실한 증표를 보여 주는 것입니다. 우리의 삶에서 그런 특성들을 보는 모든 사람이 우리가 그리스도의 형제임을 증언할 것입니다.

• 니사의 그레고리우스
『그리스도인의 완덕에 관해 올림피우스 수도승에게』.[2]

---

[2] FC 58,115*.

30,1-8 빌하가 낳은 야곱의 아들들

[1] 라헬은 자기가 야곱에게 아이를 낳아 주지 못하는 것 때문에, 언니를 시샘하며 야곱에게 말하였다. "나도 아이를 갖게 해 주셔요. 그러지 않으시면 죽어 버리겠어요."

[2] 야곱은 라헬에게 화를 내며 말하였다. "내가 당신에게 소생을 허락하지 않으시는 하느님 자리에라도 있다는 말이오?"

[3] 그러자 라헬이 말하였다. "보셔요, 내 몸종 빌하가 있잖아요. 그 아이와 한자리에 드셔요. 빌하가 아기를 낳아 내 무릎에 안겨 준다면, 그의 몸을 빌려서나마 나도 아들을 얻을 수 있겠지요."

[4] 이렇게 해서 라헬이 야곱에게 자기의 몸종 빌하를 아내로 주자, 야곱이 그와 한자리에 들었다.

[5] 빌하가 임신하여 야곱에게 아들을 낳아 주었다.

[6] 라헬은 "하느님께서 내 권리를 되찾아 주셨구나. 그분께서는 내 호소도 들으셔서 나에게 아들을 주셨다네." 하면서 그 이름을 단[①]이라 하였다.

[7] 라헬의 몸종 빌하가 다시 임신하여 야곱에게 두 번째 아들을 낳아 주었다.

[8] 라헬은 "내가 언니와 죽도록 싸워서[②] 이겼다." 하면서 그 이름을 납탈리라 하였다.

① '내 권리를 찾아 주셨다'라는 뜻이다.
② 히브리어 본문의 낱말은 '닙탈'(nipthal)이다.

둘러보기

라헬이 야곱에게 자기도 아이를 가지게 해 달라고 조른 것은 야곱이 기도해 주지 않았기 때문에 자기가 아이를 낳지 못한다고 생각했기 때문이다(에프렘). [소생을 허락하는 것은] 하느님께서 하시는 일이라는, 야곱이 라헬에게 한 대답은 그의 탁월한 지혜를 보여 준다(요한 크리소스토무스). 몸종을 아내로 주겠다는 라헬의 제안을 야곱이 받아들인 것은 라헬의 잔소리를 피하기 위한 현실적 선택이었으며, 여종의 아들이 자유인인 여자의 아들과 공동상속자가 되는 것을 예시했다는 점에서 예언적인 행동이기도 했다(에프렘).

30,1 아이를 가지게 해 주지 않으면 죽어 버리겠다

야곱이 자신을 위해 기도해 주지 않았다고 생각한 라헬

레아는 르우벤, 시메온, 레위, 유다를 낳고 출산이 멈춘 반면 라헬은 아이를 낳지 못했습니다. 라헬은 아브라함이 아이를 낳지 못하는 사라를 위해 기도하여 그 기도가 이루어졌으며 이사악도 레베카를 위해 기도하여 응답을 받았다는 말을 야곱에게 들었으므로, 자신의 닫힌 태가 열리지 않는 것은 야곱이 자신을 위해 기도하지 않았기 때문이라고 생각하여 눈물을 흘리고 화를 내며 "나도 아이를 가지게 해 주세요. 그러지 않으시면 죽어 버리겠어요"라고 한 것입니다.

• 시리아인 에프렘 『창세기 주해』 28,1,1.[1]

30,2 야곱이 라헬에게 화를 내다

야곱의 매우 지혜로운 대답

야곱의 말은 이런 뜻입니다. '왜 그대는 천지만물의 주님을 놓아두고 나에게 탓을 돌리는 것이오? 그대에게 태의 열매를 주지 않는 것은 그분이시오. 왜 당신은 자연 세계의 작업장을 열고 태가 출산을 할 수 있도록 소생시킬 수 있는 분께 청하지 않는 것이오? 그대에게는 태의 열매를 주지 않고 그대의 언니에게는 많은 자식을 허락하신 분은 하느님이시라는 것을 아시오. 그러니 내게 아무런 힘도 권한도 없는 일을 놓고 내게 의지하지 마시오. 내가 어찌 해 줄 수 있는 일이라면 당연히 그대를 높임으로써 그대의 언니보다 그대를 자랑스러운 자리에 앉혔을 것이오. 하지만 내가 그대를 아무리 사랑한다 해도 그 일은 내가 해결해 줄 수 없으니, 불임을 초래하시고 또한 그것을 고칠 능력도 가지고 계신 분께 청하시오.' 이 선한 사람이 얼마나 올바른 양식을 지니고 있는지 보십시오. 아내의 말에 화가 났음에도 불구하고, 그는 매우 지혜롭게 대답합니다. 그녀가 주님을 무시하고 하느님만이 주실 수 있는 것을 다른 존재에게서 찾는 일이 없도록 모든 것을 자세히 설명하고, 그 원인이 어디에 있는지 확실하게 일러 줍니다.

• 요한 크리소스토무스 『창세기 강해』 56,19.[2]

30,4 라헬의 몸종 빌하

공동상속자

라반의 딸을 아내로 맞으라고 부모가 떠나보내서 온 야곱은 그래서 라헬이 날마다 자식을 낳게 해 달라며 잔소리를 해 대지 않도록 이민족 여자를 아내로 맞아들이라는 말을 따릅니다. 그러나 야곱이 자유인인 여자들과 여종들을 다 아내로 맞아들인 것은 여종의 아들들이 자유인인 여자의 아들들과 공동상속자가 되게 하려는 것이기도 했습니다. 그래서 그는 빌하와 한자리에 들었고, 빌하는 단과 납탈리를 낳아 주었습니다.

• 시리아인 에프렘 『창세기 주해』 28,1,2.[3]

---

[1] FC 91,176.   [2] FC 87,128*.

[3] FC 91,176.

30,9-24 질파가 낳은 야곱의 아들들

⁹ 레아는 자기의 출산이 멈춘 것을 알고, 자기의 몸종 질파를 데려다 야곱에게 아내로 주었다.

¹⁰ 그래서 레아의 몸종 질파도 야곱에게 아들을 낳아 주었다.

¹¹ 레아는 "다행이로구나!" 하면서 그 이름을 가드①라 하였다.

¹² 레아의 몸종 질파가 야곱에게 두 번째 아들을 낳아 주었다.

¹³ 레아는 "여인들이 나를 행복하다고 할 것이니, 나는 행복하구나!" 하면서, 그 이름을 아세르②라 하였다.

¹⁴ 밀을 거두어들일 때, 르우벤이 밖에 나갔다가 들에서 합환채를 발견하고, 자기 어머니 레아에게 갖다 드렸다. 라헬이 레아에게 "언니 아들이 가져온 합환채를 좀 나눠 줘요." 하자,

¹⁵ 레아가 그에게 대답하였다. "내 남편을 가로챈 것으로는 모자라, 내 아들의 합환채까지 가로채려느냐?" 그러자 라헬이 말하였다. "좋아요. 언니 아들이 가져온 합환채를 주면, 그 대신 오늘 밤에는 그이가 언니와 함께 자게 해 주지요."

¹⁶ 저녁에 야곱이 들에서 돌아오자, 레아가 나가 그를 맞으며 말하였다. "저에게 오셔야 해요. 내 아들의 합환채를 주고 당신을 빌렸어요." 그리하여 야곱은 그날 밤에 레아와 함께 잤다.

¹⁷ 하느님께서 레아의 소원을 들어 주셔서, 그가 임신하여 야곱에게 다섯 번째 아들을 낳아 주었다.

¹⁸ 레아는 "내가 남편에게 내 몸종을 준 값③을 하느님께서 나에게 갚아 주셨구나." 하면서, 그 이름을 이사카르라 하였다.

¹⁹ 레아가 다시 임신하여 야곱에게 여섯 번째 아들을 낳아 주었다.

²⁰ 레아는 "하느님께서 나에게 좋은 선물을 주셨구나. 내가 남편에게 아들을 여섯이나 낳아 주었으니, 이제는 나를 잘 대해 주겠지④." 하고는, 그 이름을 즈불룬이라 하였다.

²¹ 레아는 또 얼마 뒤에 딸을 낳아 그 이름을 디나라 하였다.

²² 그 뒤에 하느님께서 라헬을 기억하셨다. 하느님께서는 그의 청을 들어 주셔서 그의 태를 열어 주셨다.

²³ 그리하여 라헬은 임신하여 아들을 낳고, "하느님께서 나의 수치를 없애 주셨구나." 하고 말하였다.

²⁴ 그리고는 "주님께서 나에게 아들 하나를 더 보태 주셨으면!" 하면서, 그 이름을 요셉⑤이라 하였다.

---

① '행운, 다행'이라는 뜻이다.
② '행복하다'라는 뜻이다.
③ 히브리어 본문의 낱말은 '사카르'(*sakar*)다.
④ 히브리어 본문의 낱말은 '자발'(*zabal*)이다.
⑤ '그분께서 더하시다'라는 뜻이다.

둘러보기

이 단락에 관해서는 교부 주해가 거의 없다. 레아가 사용한 합환채는 유쾌함과 믿음을 상징하는 것 같다(에프렘).

30,14 합환채

믿음이 밴 유쾌함

합환채는 사과와 비슷하게 생긴 열매가 달리는 식물로서, 그 열매는 향기가 좋고 먹을 수 있다고 합니다. 그러니까 레아는 이 합환채, 곧 믿음이 밴 유쾌함으로 야곱의 마음을 빼앗아 그날 밤 자신과 동침하게 만들었습니다.

• 시리아인 에프렘 『창세기 주해』 28,3,1.[1]

---

[1] FC 91,177.

30,25-43 야곱이 부자가 되다

25 라헬이 요셉을 낳자 야곱이 라반에게 말하였다. "제 고장, 제 고향으로 가게 저를 보내 주십시오.

26 장인어른의 일을 해 드리고 얻은 제 아내들과 자식들을 내주시어, 제가 돌아가게 해 주십시오. 제가 장인어른의 일을 어떻게 해 드렸는지 어른께서도 잘 아시지 않습니까?"

27 그러자 라반이 대답하였다. "나에게 호의를 베풀어 주게나. 내가 점을 쳐 보니, 주님께서 자네 때문에 나에게 복을 내리셨더군."

28 그는 다시 말을 이었다. "내가 자네에게 주어야 할 품삯을 정해 보게. 그대로 주겠네."

29 야곱이 그에게 대답하였다. "제가 장인어른의 일을 어떻게 해 드렸는지, 그리고 어른의 가축들이 제 밑에서 어떻게 되었는지 어른께서도 잘 아시지 않습니까?

30 제가 오기 전에는 장인어른의 재산이 보잘것없었지만, 지금은 크게 불어났습니다. 제 발길이 닿는 곳마다 주님께서는 장인어른에게 복을 내리셨습니다. 이제는 저도 제 집안을 돌보아야 하지 않겠습니까?"

31 그래서 라반이 "내가 자네에게 무엇을 주면 좋겠나?" 하고 묻자, 야곱이 대답하였다. "아무것도 안 주셔도 좋습니다. 다만 이것만 해 주신다면, 장인어른의 양과 염소를 제가 다시 먹이며 돌보겠습니다.

32 오늘 제가 장인어른의 양과 염소 사이를 두루 다니면서, 얼룩지고 점 박힌 모든 양들을, 그리고 새끼 양들 가운데에서 검은 것들을 모두 가려내고 염소들 가운데에서도 점 박히고 얼룩진 것들을 가려내겠습니다. 이것들이 저의 품삯이 되게 해 주십시오.

33 제가 정직하다는 것은 뒷날 장인어른이 저의 품삯을 확인하러 와 보시면 증명될 것입니다. 제가 차지한 염소들 가운데에서 얼룩지고 점 박히지 않은 것이나, 새끼 양들 가운데에서 검지 않은 것이 있다면, 그것들은 제가 훔친 것이 될 것입니다."

↷ ³⁴ 라반은 "좋네. 자네 말대로 함세." 하고 대답하였다.

³⁵ 그러나 라반은 바로 그날로, 줄쳐지고 점 박힌 숫염소들을 가려내고, 얼룩지고 점 박힌 암염소들과 흰 점이 있는 것들과 그리고 새끼 양들 가운데에서 검은 것들을 모두 가려내어 자기 아들들에게 맡겼다.

³⁶ 그리고서는 야곱이 자기의 남은 양과 염소를 치는 동안, 라반은 야곱을 자기에게서 사흘거리로 떼어 놓았다.

³⁷ 야곱은 은백양나무와 편도나무와 버즘나무의 싱싱한 가지들을 꺾고, 흰 줄무늬 껍질을 벗겨 내어 가지의 하얀 부분이 드러나게 하였다.

³⁸ 그런 다음 껍질을 벗긴 가지들을 물통에, 곧 양들과 염소들이 물을 먹으러 오는 물구유에 세워, 가축들이 그 가지들을 마주 보게 하였다. 그런데 양들과 염소들은 물을 먹으러 와서 짝짓기를 하였다.

³⁹ 양들과 염소들은 그 가지들 앞에서 짝짓기를 하여 줄쳐진 것, 얼룩진 것, 점 박힌 것들을 낳았다.

⁴⁰ 야곱은 어린 양들을 골라내어, 그 양들의 얼굴을 라반의 양 떼 가운데에서 줄쳐진 양들과 모든 검은 양들에게로 향하게 하였다. 그러나 자기의 가축 떼는 따로 떼어 놓아, 라반의 것과 섞이지 않게 하였다.

⁴¹ 야곱은 튼튼한 양들과 염소들이 끼리끼리 짝짓기 할 때마다, 그 나뭇가지들을 볼 수 있도록 물통에 세워 놓고, 그 가지 앞에서 짝짓기를 하게 하였다.

⁴² 그러나 약한 양들과 염소들이 끼리끼리 짝짓기 할 때는 가지들을 세우지 않았다. 그래서 약한 것들은 라반 차지가 되고, 튼튼한 것들은 야곱 차지가 되었다.

⁴³ 이렇게 해서 야곱은 대단한 부자가 되어, 수많은 양과 염소뿐만 아니라 여종과 남종, 낙타와 나귀들을 거느리게 되었다.

둘러보기

야곱이 라반에게 떠나게 허락해 달라고 청한 것은 그의 온순함을 보여 준다. 그가 바라는 것은 자유롭게 사는 것이다(요한 크리소스토무스). 야곱이 세 종류의 나무의 가지들을 양 떼 앞에 두었다는 신비적인 이 이야기는 갖가지 우의적 해석을 낳았다. 세 종류 나무는 복된 삼위일체의 신비를 나타낸다(암브로시우스)는 해석도 있고, 성령과 동정 마리아, 그리스도를 상징한다(파울리누스)는 해석도 있다. 그런가 하면 세 나무는 그리스도의 신비의 서로 다른 측면을 암시한다고 해석하기도 한다. 야곱이 가지들을 세운 물구유와 물통은 그리스도께서 각기 그림자와 너울을 걷어 주신 모세의 글들과 예언자들의 작품들을 상징한다(알렉산드리아의 키릴루스). 야곱이 양 떼들을 갈라놓은 것은 높은 데에서 내린 은총의 영감을 받아 한 행동이었다(요한 크리소스토무스). 이는 그리스도인들과 이교인들이 갈라지는 것을 예시하기도 한다(알렉산드리아의 키릴루스). 가지들이 가축에게 미친 영향은, 보이지 않으며 불변하는 하느님의 지혜로 설명된다(아우구스티누스).

30,26 야곱이 라반과 이야기하다

온유함은 훌륭한 것

온유함보다 효과적인 것이 없고 그보다 강력한 것도 없습니다. 이 사례만 봐도 그렇습니다. 야곱이 온유함으로 상대방의 경계심을 풀게 한 결과, 라반은 크게 경의를 표하며 이렇게 대답합니다. 기억하시지요? 성경에 쓰여 있기를, "그러자 라반이 대답하였다. '나에게 호의를 베풀어 주게나. 내가 점을 쳐 보니, 주님께서 자네 때문에 나에게 복을 내리셨더군. … 내가 자네에게 주어야 할 품삯을 정해 보게. 그대로 주겠네.'" 이는 '자네가 오고부터 내가 하느님의 호의를 더욱 많이 누린다는 것을 모르지 않네. 자네 덕분에 은혜를 입는다는 것을 내가 아니, 원하는 만큼 품삯을 이야기해 보게. 기꺼이 그대로 주겠네'라는 뜻입니다. 온유함이 얼마나 위대한 것인지 생각해 보십시오. 그리고 이 말들을 그냥 지나치지 마십시오. 그리고 이 선한 사람은 그에 대해 어떤 말도 하지 않았고 자신의 수고에 대한 값을 바라지도 않았다는 것을 마음에 새기십시오. [그는] "장인어른의 일을 해 드리고 얻은 제 아내들과 자식들을 내주시어, 제가 돌아가게 해 주십시오" 하고 말했을 뿐입니다. 그런데도 상대방은 이 선한 사람이 몹시도 온유한 데 감복한 나머지, "내가 자네에게 주어야 할 품삯을 정해 보게. 그대로 주겠네"라고 합니다. 그런데 사실 야곱의 아내들과 자식들은 이미 야곱의 사람들 아닙니까? 그런데 왜 야곱은 '제 아내들과 자식들을 내주시어'라고 했을까요? 이는 장인을 존중하는 말이자, 어떤 일에서나 그가 보이는 전형

적인 태도이며, 무사히 떠날 수 있기를 바라는 마음의 표현입니다. 아무튼 그가 이 말로 라반을 설득하여, 라반이 품삯을 줌은 물론 품삯을 정하는 것까지 야곱에게 맡기겠다고 약속했습니다.

• 요한 크리소스토무스 『창세기 강해』 57,2-3.[1]

30,30 주님께서 장인어른에게 복을 내리셨다

이제 자유롭게 살기 위해

야곱의 말은 '장인어른을 저의 수고에 대한 증인으로 모시는 바입니다. 제 말은, 제가 얼마나 열심히 일했는지, 당신의 볼품없는 가축들을 맡아 열심히 주의를 기울여 보살핀 결과 많은 수로 늘어났다는 것을 당신은 아십니다'라는 뜻입니다. 그런 다음 하느님을 공경하는 자신의 마음을 드러내 보이고자 그는 이렇게 덧붙입니다. "아시다시피, 제가 오고 나서 '주님께서는 장인어른에게 복을 내리셨습니다. 그러니 이제는 저도 제 집안을 돌보아야 하지 않겠습니까?' 제가 오고 나서 높은 곳에서 내린 은총이 장인어른의 재산을 크게 늘어나게 했다는 것을 장인어른께서는 잘 아십니다. 저도 좋은 마음으로 있는 힘을 다해 노력했고 하느님의 은총이 명백하게 드러났으니, '이제는 저도 제 집안을 돌보아야 하지 않겠습니까?'"라는 뜻입니다. 그런데 '제 집안을 돌본다'는 것이 무슨 뜻입니까? 자유롭게 살며 자기 집안에 주의를 기울인다는 뜻입니다.

• 요한 크리소스토무스 『창세기 강해』 57,4.[2]

30,37 야곱의 꾀

빛나는 '가축'

의로운 사람 야곱은 삯꾼처럼 왔지만, 복음

---

[1] FC 87,134*.

[2] FC 87,135*.

선포라는 일을 놓고 보면 많은 훌륭한 덕의 광채들 안에서 빛나는 '가축'들을 모아들인 주인입니다(창세 30,31-35 참조). 그는 가축들이 물을 먹으러 왔을 때 은백양나무와 편도나무와 버즘나무의 가지들을 물통에 세워, 가축들이 그것들을 마주 보게 했습니다. 여기에 예표된 지극히 거룩한 삼위일체의 신비들을 열망한 [가축]들은 경건한 마음으로 그것들을 마음에 품음으로써 조금도 더러움을 입지 않은 자손들을 낳을 수 있었습니다(37-43절 참조). 좋은 것[양]들이란 거룩한 믿음에서 퇴보하지 않음과 선행을 뜻하는 자손들을 낳은 양들이었습니다. '은백양나무'는 시편에서 아버지 하느님께 바쳐진 '저녁 제물과 분향'(시편 141,2 참조)을 뜻합니다. '편도나무 가지'는 그리스도께서 사제로서 바치는 선물입니다. 편도나무 가지는 증언판 앞에 놓았을 때 싹이 돋고 꽃이 피었던 아론의 가지로서, 사제의 거룩함이라는 은총을 가시적으로 드러내 주는 것이기 때문입니다(민수 17,16-24 참조). '버즘나무'는 풍성한 영적 열매를 뜻합니다. 포도나무를 이 나무에 접붙이면 공생 효과 덕분에 생식 능력이 좋아져 많은 열매를 맺기 때문입니다. 그런데도 여기에다 성령의 은총이 더해져 주님의 수난과 모든 죄의 용서라는 선물들이 더욱 자랐습니다.

• 암브로시우스 『야곱과 행복한 삶』 2,4,19.[3]

숨겨져 있는 나라를 상징

세 종류의 가지에 대한 언급 덕분에, 여러분이 원하기만 한다면, 우리는 그 안에 암시되어 있는 나라에 관한 상징을 더 깊이 연구해 볼 수 있습니다. 성조 야곱은 이 세 나무의 가지를 선택했습니다. 첫 번째는 향기가 좋은 은백양나무였고, 두 번째는 매끈한 버즘나무, 세 번째는 굽지 않은 편도나무였습니다.[4] 버즘나무는 성령을

담고 있고, 은백양나무는 동정녀를, 편도나무는 그리스도를 담고 있습니다. 버즘나무는 가지를 늘어뜨려 그늘을 주는 나무입니다. 성령께서는 이처럼 당신의 그림자를 동정녀에게 드리워 그리스도를 모양 지으셨습니다. 다윗의 나무인 은백양나무 가지는 출산으로 향긋한 냄새를 풍기는 꽃을 낳으신 동정녀라고 생각됩니다. 편도나무 가지는 그리스도입니다. 쓴맛 나는 껍데기가 연두색 속살을 싸고 있는 이 나무의 열매는 양식이기 때문입니다. 여러분은 여기서 우리 인성을 옷처럼 입으신 거룩하신 그리스도를 알아보아야 합니다. 그 육 안에서 그분은 부서지실 수 있지만, 십자가의 쓴맛인 '말씀' 안에는 양식이 있습니다. 그분의 단단한 껍데기는 십자가 사건과 그 십자가의 양식이며, 그 안에는 그리스도의 육 안에 있는 거룩한 치료제를 담고 있습니다.

• 놀라의 파울리누스 『시가집』 27,273.[5]

임마누엘을 상징하는 가지

이 가지는 또한 마치 수수께끼처럼 우리에게 임마누엘을 상징합니다. 거룩한 영감을 받은 성경에서 그가 이 이름으로 불리기 때문입니다. 거룩한 이사야는 이렇게 말합니다. "이사이의 그루터기에서 가지가 돋아나고 그 뿌리에서 새싹이 움트리라"(이사 11,1).[6] 다윗은 … 하늘의 아버지 하느님에게 "당신의 가지와 지팡이가 저에게 위안을 줍니다"(시편 23,4)[7]라고 한 바 있습니다.

---

[3] FC 65,156.

[4] 히브리어 본문에는 첫 번째 나무가 버즘나무로 되어 있지만, 칠십인역에는 여기처럼 분향에 쓰이는 은백양나무가 첫 번째 나무로 나온다.

[5] ACW 40,280.

[6] 『성경』은 '가지' 대신 '햇순'으로 옮겼다.

[7] 『성경』은 '가지' 대신 '막대'로 옮겼다.

우리는 그리스도 안에서 위안을 얻으며 그분을 우리의 기둥으로 삼았습니다. 실로, "의인들은 주님께서 받쳐 주신다"(시편 37,17)고 쓰여 있습니다. 그리고 어떤 의미에서 그리스도는, 온 세상 온 땅에 퍼져 있는 분별 있는 염소와 가축 떼에게 보여 주시듯 우리에게 일종의 가지를 보여 주십니다. 그런데 그것은 아무 나무 가지가 아니라 은백양나무와 편도나무, 버즘나무 가지입니다. 은백양나무는 의로움의 증인으로서 여기에 들었습니다. 이 나무는 죽음의 상징입니다. 죽은 이의 시신에는 향료를 바르는데, 냄새가 무척 좋은 그 향료는 은백양나무 기름입니다. 성경에 쓰여 있듯이, 그리스도께서는 우리를 위해 돌아가시고 묻히셨습니다. 편도나무 가지는 경계하는 마음의 상징입니다.

• 알렉산드리아의 키릴루스
『모세 오경의 격조 있는 해설』(창세기) 5,3-4.[8]

30,38 가축들이 짝짓기를 하다

율법에서 그림자를 거두어 주신 예수님

그런데 야곱이 가지들을 어디에 두었습니까? 물통에 두었습니다. 이성적 '가축', 곧 우리가 물을 마시러 가는 곳인 물통, 곧 이 물구유는 하느님에게서 오는 거룩한 설교가 우리를 위해 봇물처럼 터져 나오는 모세의 글들과 예언자들의 예고로 해석해야 합니다. 실로 이렇게 쓰여 있습니다. "너희는 기뻐하며 구원의 샘에서 물을 길으리라"(이사 12,3). 우리는 거기서 권능의 가지, 곧 임마누엘을 발견합니다. 우리를 위해 돌아가신 그분은 또한 "죽은 이들 가운데에서 맏이"(콜로 1,18)시며 영광 안에 높이 들어 올려져 믿는 이들의 수가 늘어나게 하십니다. 모세를 비롯한 거룩한 예언자들의 모든 말은 그리스도의 신비를 암시합니다.

지혜로운 바오로 사도도 '그리스도는 율법과 예언자들의 끝'(로마 10,4 참조)이라고 말합니다. 야곱은 나뭇가지의 껍질을 벗겨 하얀 부분과 푸른 부분이 번갈아 드러나게 했고, 그 옆에서 짝짓기를 한 양들은 얼룩진 것과 점박이들을 낳았습니다. 예수님께서는 율법의 그림자와 예언서들의 너울을 벗겨 내셔서는 그 안에 들어 있는 깨끗하고 아름다운 것들을 보여 주시고, 백성을 덕으로 인도하기 위해 그것을 영적 노래로 바꾸셨습니다. 그들이 점박이가 되고 싶어 했기 때문입니다. 곧, 그들은 말씀과 행동으로 이중의 덕을 실천하고 싶어 했습니다. 그래서 믿음 안에서 의롭게 된 이들의 거룩한 예언자들은 그들 앞에 표상을 그려 보여 주며 내놓고 이렇게 선포합니다. "주님, 당신을 경외하여 저희가 임신하였고, 고통으로 신음하며 당신 구원의 바람을 낳았나이다"(이사 26,18 칠십인역).

복된 이사야는 또 다른 구절에서 이렇게 말합니다. 참으로 적절한 말입니다. "너희는 맥 풀린 손에 힘을 불어넣고 꺾인 무릎에 힘을 돋우어라. 마음이 불안한 이들에게 말하여라. '굳세어져라, 두려워하지 마라. 보라, 너희의 하느님을! 복수가 들이닥친다, 하느님의 보복이! 그분께서 오시어 너희를 구원하신다'"(이사 35,3-4). 그는 이런 말도 합니다. "보라, 주 하느님께서 권능을 떨치며 오신다. 당신의 팔로 왕권을 행사하신다. 보라, 그분의 상급이 그분과 함께 오고, 그분의 보상이 그분 앞에 서서 온다. 그분께서는 목자처럼 당신의 가축들을 먹이시고 새끼 양들을 팔로 모아 품에 안으시며 젖 먹이는 어미 양들을 조심스레 이끄신다"(이사 40,10-11). 이는 이미 거룩한 설교를 낳은 이들, 앞으로 영원한 생명의 영광을

---

[8] PG 69,237-41.

낳을 이들에게 그분께서 영적 위로가 되실 것이라는 뜻입니다. 이것이 타락하지 않은 거룩한 영혼의 열매입니다.

• 알렉산드리아의 키릴루스
『모세 오경의 격조 있는 해설』(창세기) 5,4.[9]

30,40 야곱이 가축 떼를 따로 떼어 놓다

높은 데에서 온 은총이 불어넣어 준 생각

이 선한 사람이 그렇게 한 것은 스스로 생각해서가 아니라 높은 데에서 온 은총이 그의 마음에 그런 생각을 불어넣어 주었기 때문입니다. 그것은 인간의 추론에 따른 것이 아니라 통상적인 논리를 벗어난 매우 색다른 방법이었습니다.

• 요한 크리소스토무스 『창세기 강해』 57,7.[10]

그리스도에게 속한 사람들

거룩한 이들과 속된 이들 사이에는 그리고 순수한 이들과 불순한 이들 사이에는 아무런 관련이 없습니다. 그리스도에게 속한 이들은 세상에 속한 이들과 갈라져 있으며 그들과 섞이기를 거부합니다. 이들은 육적인 욕망에서 벗어나 있습니다. 이들은 삶의 태도로 눈에 뜨입니다. 그들의 덕으로 인해 다른 이들과 구별됩니다.

• 알렉산드리아의 키릴루스
『모세 오경의 격조 있는 해설』(창세기) 5,4.[11]

30,41 튼튼한 가축

불변하며 보이지 않는 하느님의 지혜

암양들이 짝짓기를 할 때 바라보도록 나뭇가지의 껍질을 벗겨 줄무늬가 생기도록 해서 물구유에 세워 놓은 것은 야곱이지만, 그가 돌보던 얼룩무늬 가축들의 창조주는 결코 야곱이 아니었습니다. 마찬가지로, 줄무늬 가지를 바라봄으로써 얼룩무늬에 대한 생생한 인상이 영혼에 박

힌 것은 암양들이지만 그들도 얼룩무늬 새끼들의 창조주는 아니었습니다. [그 인상]은 그들의 영혼에 의해 생기를 얻는 몸에 교감 효과를 낳지 않을 수 없었고, 그리하여 그 인상은 그들의 자손이 생겨나기 시작하는 감수성이 예민한 단계에 색을 바꾸어 놓는 결과를 가져왔습니다. 영혼과 육체가 이처럼 서로에게 영향을 미치는 것은 하느님의 지혜 자체 안에 불변하게 살아 있으며 공간의 한계 안에 국한시킬 수 없는 이성의 원형적 조화 때문입니다. 이 지혜는 그 자체로는 불변하면서도, 존재의 양상이 변하는 그 어떤 것으로부터도 멀리 떨어져 있지 않습니다. 그것에 의해 창조되지 않은 것은 아무것도 없기 때문입니다. 그 암양들이 가지가 아니라 양들을 낳은 것은 하느님 지혜의 불변하며 보이지 않는 안배에 따른 것입니다. 만물을 창조한 것이 바로 그 지혜입니다. 잉태된 양들이 줄무늬 가지들의 영향을 받은 것은 그것들의 어미가 배태할 때 눈을 통해 외부의 영향을 받은 데다 창조주에게서 받은 그들만의 태아 형성 '프로그램'을 자기 안에 지니고 있었기 때문입니다. 창조주의 힘이 그들 존재의 내적 뿌리에 작용한 것입니다.

• 아우구스티누스 『삼위일체론』 3,2,15.[12]

---

[9] PG 69,241.

[10] FC 87,136.

[11] PG 69,241-44.

[12] WSA 1,5,136.

31,1-21 야곱이 고향으로 달아나다

¹ 야곱은 라반의 아들들이 "야곱이 우리 아버지 것을 모조리 가로채고, 우리 아버지 것으로 그 모든 재산을 이루었다." 하고 말하는 것을 듣게 되었다.

² 야곱이 라반의 얼굴을 살펴보니, 자기를 대하는 태도가 예전 같지 않았다.

³ 그때 주님께서 야곱에게 말씀하셨다. "네 조상들의 땅으로, 네 친족에게 돌아가거라. 내가 너와 함께 있겠다."

⁴ 그래서 야곱은 라헬과 레아에게 사람을 보내어, 자기 가축 떼가 있는 들로 불러내고는,

⁵ 그들에게 말하였다. "내가 당신네 아버지의 얼굴을 살펴보니 나를 대하는 것이 예전 같지 않소. 그러나 내 아버지의 하느님께서는 나와 함께 계셔 주셨소.

⁶ 내가 힘을 다하여 당신네 아버지의 일을 해 준 것을 당신들도 잘 알고 있을 것이오.

⁷ 그런데도 당신네 아버지는 나를 속이면서 내 품값을 열 번이나 바꿔쳤소. 그렇지만 하느님께서는 나에게 해를 입히지 못하게 하셨소.

⁸ 장인이 '얼룩진 것들이 자네 품삯이네.' 하면, 양들과 염소들이 모두 얼룩진 새끼들만 낳고, '줄쳐진 것들이 자네 품삯이네.' 하면, 양들과 염소들이 모두 줄쳐진 새끼들만 낳았소.

⁹ 하느님께서는 이처럼 당신네 아버지의 가축을 거두어 나에게 주셨소.

¹⁰ 양들과 염소들이 끼리끼리 짝짓기 하는 시기에, 내가 꿈속에서 눈을 들어 보니, 암컷들과 교미하고 있는 수컷들이 줄쳐진 것, 얼룩진 것, 반점이 있는 것뿐이었소.

¹¹ 그 꿈속에서 하느님의 천사가 '야곱아!' 하고 부르시기에, 내가 '여기 있습니다.' 하고 대답하였더니,

¹² 그분이 말씀하시기를 '눈을 들어 보아라. 암컷들과 교미하고 있는 수컷들이 모두 줄쳐진 것, 얼룩진 것, 반점이 있는 것뿐이다. 라반이 너에게 어떻게 하는지 내가 다 보았다.

¹³ 나는 네가 기념 기둥에 기름을 붓고 나에게 서원을 한 베텔의 하느님이다. 이제 일어나서 이 땅을 떠나 네 본고장으로 돌아가거라.' 하셨소."

¹⁴ 그러자 라헬과 레아가 그에게 대답하였다. "아버지의 집에서 우리가 얻을 몫과 유산이 또 있기나 합니까?

¹⁵ 우리는 아버지에게 이방인이나 마찬가지 아닙니까? 아버지는 우리를 팔아넘기시고, 우리에게 올 돈도 다 써 버리셨습니다.

¹⁶ 하느님께서 우리 아버지에게서 거두신 재물은 모두 우리와 우리 아들들의 것입니다. 그러니 이제 하느님께서 당신께 분부하신 대로 다 하십시오."

¹⁷ 그리하여 야곱은 일어나 자식들과 아내들을 낙타에 나누어 태우고,

¹⁸ 자기의 모든 가축과 그동안 모은 재산, 곧 파딴 아람에서 모아 자기 소유가 된 가축을 몰고, 가나안 땅에 있는 아버지 이사악에게 돌아가기로 하였다.⌒

> ✎ ¹⁹ 라반이 마침 양털을 깎으러 간 틈을 타서, 라헬은 아버지 집안의 수호신들을 훔쳐
> 냈다.
> ²⁰ 야곱은 아람 사람 라반을 속여, 달아날 낌새를 보이지 않고 있다가,
> ²¹ 자기의 모든 재산을 거두어 도망쳤다. 그는 길을 떠나 강을 건너 길앗 산악 지방으로 향하
> 였다.

둘러보기

야곱이 라반의 눈 밖에 난 일과 가나안 땅으로 달아난 이야기는 시샘에 대해, 그리고 부당한 대우를 온유하고 온순하게 견디는 이들을 도우시는 하느님의 특별한 보살핌과 사려 깊음에 대해 깊이 생각하게 하는 이야기다(요한 크리소스토무스). 우의적 해석으로 풀면, 야곱이 아내들과 함께 떠나는 것은 그리스도께서 당신의 신부들인 교회들과 떠나시는 것을 예표한다(알렉산드리아의 키릴루스).

31,1 라반의 아들들이 불평하다

시샘 때문에 고마움을 잊어버리다

시샘이 사람으로 하여금 감사를 잊어버리게 만드는 것을 보십시오. 라반의 아들들만 아니라 라반까지도 그랬습니다. "야곱이 라반의 얼굴을 살펴보니, 자기를 대하는 태도가 예전 같지 않았다"고 쓰여 있는 것을 기억하시지요? 아들들의 말로 제정신을 잃은 그는 바로 얼마 전에 자기가 야곱에게 "주님께서 자네 때문에 나에게 복을 내리셨더군"(창세 30,27) 하고 말한 사실조차 잊어버렸습니다. 이 선한 사람이 온 덕분에 주님께서 자신의 재산을 불려 주신 데 대해 감사를 드려 놓고 이제 와서는 아들들 말에 흔들려 마음이 질투로 타올랐습니다. 아마 이 선한 남자의 일이 잘 풀리는 것을 보았기 때문일 것입니다. 그래서

예전처럼 그를 대할 수가 없었습니다.

• 요한 크리소스토무스 『창세기 강해』 57,9.¹

31,3 주님께서 야곱과 함께하시다

안심하고 떠나라

이 선한 사람의 온유함과 그들의 배은망덕, 그리고 그들이 시샘을 참지 못하고 아버지의 태도까지 바꾸어 놓은 것을 보셨지요? 이제 하느님의 보살핌과 사려 깊음을 보십시오. 그분께서는 우리가 최선을 다하는 것을 보시면 그렇게 돌보아 주십니다. 이 선한 사람이 그들에게 시샘의 대상이 된 것을 보시자 그분께서는 야곱에게 "네 조상들의 땅으로, 네 친족에게 돌아가거라. 내가 너와 함께 있겠다"고 하셨습니다. "너는 남의 땅에서 충분히 오래 살았다. 전에 네게 '너를 다시 이 땅으로 데려오겠다'(창세 28,15)고 한 약속을 이제 이루어 주려고 한다. 그러니 두려워하지 말고 돌아가거라. '내가 너와 함께 있겠다'"라는 뜻입니다. 이 선한 사람이 미적거리지 않고 확신을 가지고 길을 떠나도록 "내가 너와 함께 있겠다"고 하신 것입니다. "지금까지 너를 보살피고 너의 자손들이 불어나게 한 이로서 앞으로도 '내가 너와 함께 있겠다'"는 뜻입니다.

• 요한 크리소스토무스 『창세기 강해』 57,10.²

---

¹ FC 87,137.   ² FC 87,137-38.

31,12 눈을 들어 보아라

응징은 우리가 아니라 하느님께서 하신다

우리는 여기에서 이런 것을 배워야 합니다. 사람들이 우리에게 저지르는 악행을 우리가 온순하고 온유하게 견뎌 내게 되면 언제나, 우리는 높은 곳으로부터 더 귀중한 도움을 더 많이 받게 된다는 것입니다. 그러니 우리를 괴롭히기 좋아하는 이들에게 맞서지 말고 오히려 선의의 증거를 보입시다. 그러면서 만유의 주님께서 우리를 결코 잊어버리지 않으신다는 것을 알고 씩씩하게 견뎌 냅시다.

성경에, "복수는 내가 할 일, 내가 보복하리라' 하고 주님께서 말씀하십니다"(로마 12,19; 참조: 신명 32,35)라고 쓰여 있음을 기억하십시오. 그래서 야곱도 "하느님께서는 [그가] 나에게 해를 입히지 못하게 하셨소"라고 합니다. '라반이 실제로 나의 품값을 주지 않으려고 했기 때문에, 주님께서는 놀랍도록 풍요롭게 우리를 보살펴 주신다는 증거를 보여 주시고자 그의 모든 재산을 우리 것으로 돌려놓으셨소. 우리를 돌보아 주신 그분께서는 내가 라반의 일을 성심으로 해 왔으며 그런데도 라반이 나를 좋게 생각하지 않는다는 것을 아시오. 내가 이유도 까닭도 없이 그를 비난하는 것이거나 공연히 이런 말을 하는 것이 아니라는 증거가 있소. 당신들 아버지가 내게 어떻게 했는지에 대해서는 하느님께서 나의 증인이시오'라고 한 것과 같은 말입니다.

하느님께서 "라반이 너에게 어떻게 하는지 내가 다 보았다"고 하신 것 기억하시지요? '그가 너의 품값을 빼앗았을 뿐 아니라 너를 전처럼 대하지 않고 태도가 완전히 바뀌었다는 것을 안다'는 뜻입니다.

• 요한 크리소스토무스 『창세기 강해』 57,13.[3]

31,17 야곱이 가족을 모으다

선한 사람의 고결한 결심

주님의 명령을 받고 모든 두려움을 떨치기로 한 이 선한 사람의 고결한 결심에 대해 깊이 생각해 보십시오. 그는 라반의 태도가 달라진 것을 보고서도 그에게 맞서지 않았습니다. 대신 아내와 자식들을 데리고 길을 떠나라는 주님의 지시를 실행에 옮겼습니다.

• 요한 크리소스토무스 『창세기 강해』 57,16.[4]

31,19 집안의 수호신들

조상의 관습을 고수하다

[집안의 수호신] 이야기가 여기에 들어 있는 것은 우연이 아니라, 이 여자들이 조상들의 관습을 여전히 굳게 지켰으며 집안의 수호신들에 대단한 애착을 가지고 있었다는 것을 우리에게 알려 주려는 것입니다. [라헬이] 자기 아버지의 것들 가운데 집안의 수호신만을 훔쳐 내려고 얼마나 애를 썼으며 남편 모르게 그 일을 했다는 것을 생각해 보십시오. 야곱이 알았더라면 절대 그렇게 하도록 허락하지 않았을 것입니다.

• 요한 크리소스토무스 『창세기 강해』 57,17.[5]

31,21 야곱이 도망치다

세상의 분노를 나타내는 라반

믿는 이들이 급증한 뒤 세상이 그리스도 때문에 불쾌해했을 것이라는 사실, 그리고 분노로 흥분한 세상이 어떻게 행동했을지는 긴 말로 확인해 줄 필요도 없습니다. 달아나는 야곱을 라반이 아들들과 함께 쫓아와 따진 일만 봐도 [알 수 있

[3] FC 87,139.
[4] FC 87,141.
[5] FC 87,141.

습니다]. 말하자면, 그리스도께서도 당신의 아내들, 곧 교회들과 함께 세상을 떠나셨습니다. 당신의 길동무들에게 "일어나 가자"(요한 14,31) 하고 영적으로 말씀을 건네심으로써 온 집안을 모두 데리고 나오신 것입니다. 여기서 떠나고 옮겨가는 행위는 분명 물질적인 것이 아닙니다. 실재하는 한 장소에서 다른 장소로 이동하는 것이 아닙니다. 사실, 이런 일들을 물질적 의미로 생각하거나 말하는 것은 어울리지 않습니다. 생명의 충만함은 세상적인 생각에서 하느님께서 승인하시는 일들을 성취하는 것으로 옮겨 감에 있습니다. 복된 바오로 사도는 이를 확인해 줍니다. 그는 이렇게 씁니다. "사실 땅 위에는 우리를 위한 영원한 도성이 없습니다. 우리는 앞으로 올 도성을 찾고 있습니다"(히브 13,14). 그 도성은 "하느님께서 설계자이시며 건축가"(히브 11,10)이신 도성입니다. 또 다른 거룩한 사도는 이렇게 말합니다. "이방인과 나그네로 사는 여러분에게 권고합니다. 영혼을 거슬러 싸움을 벌이는 육적인 욕망들을 멀리하십시오"(1베드 2,11). 우리는 땅에서 살고 있지만 우리 삶의 길은 하늘에 있습니다(필

리 3,20 참조). 우리는 더 이상 육적으로 살지 않고 거룩하고 영적인 방식으로 살고자 합니다. 바오로 사도는 우리가 그렇게 하도록 이런 글로 격려합니다. "여러분은 현세에 동화되지 말고 정신을 새롭게 하여 여러분 자신이 변화되게 하십시오. 그리하여 무엇이 하느님의 뜻인지, 무엇이 선하고 무엇이 하느님 마음에 들며 무엇이 완전한 것인지 분별할 수 있게 하십시오"(로마 12,2). 우리가 더 이상 세상에 순응하지 않고 세상의 오류들을 벗어난다면, 우리는 그리스도를 본받는 이들이 될 것입니다. 이것이 구원자의 이 말씀을 올바로 이해하는 것이라 생각한다면, 정확히 맞습니다. "너희가 세상에 속한다면 세상은 너희를 자기 사람으로 사랑할 것이다. 그러나 너희가 세상에 속하지 않을 뿐만 아니라 내가 너희를 세상에서 뽑았기 때문에, 세상이 너희를 미워하는 것이다"(요한 15,19).

• 알렉산드리아의 키릴루스
『모세 오경의 격조 있는 해설』(창세기) 5,5.[6]

---

[6] PG 69,249.

31,22-42 라반이 야곱을 쫓아가다

²² 야곱이 달아났다는 소식이 사흘 만에 라반에게 전해졌다.

²³ 그는 친족을 이끌고 야곱의 뒤를 쫓아 이레 길을 달려가, 길앗 산악 지방에서 그를 따라잡게 되었다.

²⁴ 그날 밤 꿈에 하느님께서 아람 사람 라반에게 나타나 말씀하셨다. "좋은 말이든 나쁜 말이든 야곱에게 아무 말도 하지 않도록 조심하여라."

²⁵ 라반이 야곱에게 다다랐을 때, 야곱이 산악 지방에 천막을 쳤으므로, 라반도 자기 친족과 함께 길앗 산악 지방에 천막을 쳤다.

²⁶ 라반이 야곱에게 말하였다. "자네가 나를 속이고 내 딸들을 전쟁 포로처럼 끌고 가다니, 어찌 이럴 수가 있는가?♪

27 어째서 나를 속이고 몰래 달아났는가? 왜 나에게 알리지 않았나? 그랬다면 내가 손북과 비파로 노래 부르며 기쁘게 자네를 떠나보내지 않았겠나?

28 왜 내 손자들과 딸들에게 입 맞추게 해 주지도 않았는가? 자네가 한 짓은 어리석기만 하네.

29 나는 자네들을 해칠 수도 있지만, 어젯밤 자네들 아버지의 하느님께서 나에게 '좋은 말이든 나쁜 말이든 야곱에게 아무 말도 하지 않도록 조심하여라.' 하셨네.

30 그런데 자네는 아버지의 집이 그토록 그리워 떠났다고는 하지만, 내 신들은 어째서 훔쳤나?"

31 야곱이 라반에게 대답하였다. "장인어른께서 제 아내들을 빼앗아 가지나 않을까 하는 생각에 두려웠기 때문입니다.

32 그러나 장인어른께서 저희 가운데 누구에게서든 어른의 신들을 발견하신다면, 그자는 죽어 마땅합니다. 제 짐 속에 장인어른의 것이 있는지, 저희 친족들이 보는 앞에서 찾아내어 가져가십시오." 야곱은 라헬이 그것들을 훔쳤다는 사실을 모르고 있었던 것이다.

33 라반은 야곱의 천막과 레아의 천막, 그리고 두 여종의 천막에 들어가 보았지만 찾아내지 못하였다. 그는 레아의 천막에서 나와 라헬의 천막으로 들어갔다.

34 라헬은 그 수호신들을 가져다 낙타 안장 속에 넣고는 그 위에 앉아 있었다. 라반은 천막 안을 샅샅이 뒤졌으나 찾아내지 못하였다.

35 라헬이 자기 아버지에게 말하였다. "아버지께서는 노여워하지 마십시오. 저는 지금 몸이 있어, 아버지 앞에서 일어설 수가 없답니다." 라반은 두루 찾아보았지만 수호신들을 찾아내지 못하였다.

36 그러자 야곱이 화를 내며 라반에게 따졌다. 야곱이 라반에게 다그쳤다. "제가 무엇을 잘못했습니까? 제가 무슨 죄를 지었기에, 이렇게 악착스레 쫓아오셨습니까?

37 제 물건을 샅샅이 뒤지셨는데, 장인어른 집안의 기물 가운데 무엇이라도 찾아내셨습니까? 여기 저의 친족과 장인어른의 친족이 보는 앞에서 그것을 내놓으십시오. 그들이 우리 사이의 시비를 가리게 하십시오.

38 저는 이 이십 년을 장인어른과 함께 지냈습니다. 그동안 장인어른의 암양들과 암염소들은 유산한 일이 없고, 저는 어른의 양 떼에서 숫양들을 잡아먹은 적이 없습니다.

39 들짐승에게 찢긴 것은 장인께 가져가지 않고 제가 물어냈습니다. 낮에 도둑을 맞든 밤에 도둑을 맞든 장인께서는 그것을 저에게 물리셨습니다.

40 낮에는 더위가, 밤에는 추위가 저를 괴롭혀, 눈도 제대로 붙이지 못했습니다.

41 이 이십 년을 저는 장인어른 댁에서 지냈습니다. 그 가운데 십사 년은 어른의 두 딸을 얻으려고, 그리고 육 년은 어른의 가축을 얻으려고 일을 해 드렸습니다. 그런데 장인어른께서는 저의 품값을 열 번이나 바꿔치셨습니다.

42 제 아버지의 하느님, 아브라함의 하느님, 이사악의 두려우신 분께서 제 편이 되어 주지 않으셨다면, 장인어른께서는 저를 틀림없이 빈손으로 보내셨을 것입니다. 그러나 하느님께서는 저의 고통과 제 손의 고생을 보시고, 어젯밤에 시비를 가려 주신 것입니다."

둘러보기

하느님께서 라반에게 하신 경고는 그것을 통하여 진리의 원수들을 진리에 대한 증인들로 바꾸어 놓는다는 점에서 그분의 창의적 지혜를 표시하는 것이다. 하느님의 명령이 라반의 분노를 억눌렀다. 야곱이 집안의 수호신들을 훔쳐 갔다는 라반의 비난은 그런 신들의 무능력에 대해 새삼 깨닫게 한다(요한 크리소스토무스). 야곱이 라반에게 한 대답은 참된 지혜의 본질과 물질적 소유와 반대되는 영혼의 부유함에 대해 숙고하게 한다(암브로시우스). 신비적(우의적) 해석으로 풀면, 야곱은 라반으로 표현되는 악마가 자신의 것을 아무것도 발견할 수 없는 사람을 나타낸다. 그리스도의 경우에도 악마는 그분에게서 자신의 것을 아무것도 발견하지 못했다. 수호신들을 숨긴 라헬은 다른 민족들의 교회가 우상숭배를 버리는 분별을 지녔음을 나타낸다(암브로시우스, 아를의 카이사리우스).

31,24 하느님께서 라반에게 말씀하시다

하느님의 창의적 지혜를 알려 주는 표시

주님의 자애는 참으로 놀랍습니다. 하느님께서는 라반이 이 선한 사람과 싸울 작정인 것을 보시자, 말씀으로 그의 의도를 저지하시려는 듯이 이렇게 말씀하셨습니다. "야곱에게 나쁜 말을 하지 않도록 조심하여라"(칠십인역). 말로라도 야곱을 괴롭히지 않도록 조심하라는 뜻입니다. '그를 공격하려는 사악한 마음을 버리고 화를 억누를 것이며, 부글부글 끓어오르는 너의 생각을 제어하고, 말로라도 그를 괴롭히는 짓을 삼가라'는 말입니다. 하느님의 자애를 잘 보십시오. 라반에게 집으로 돌아가라고 명령하시는 대신 그분께서는 라반이 이 선한 사람에게 가혹한 말, 심한 말을 하지 않도록 이르기만 하셨습니다. 대체 왜 그러셨을까요? 이 선한 사람이 자신이 하느님께 어떤 정도의 보살핌을 받는지 실제로 또 경험으로 알도록 하시려는 뜻이었습니다.

만약 라반이 그냥 돌아갔다면, 이 선한 사람이나 그의 아내들이 이 일에 대해 어찌 알 수 있었겠습니까? 그래서 하느님께서는 라반이 야곱에게 와서, 하느님께 들은 말씀을 자기 입으로 고백하도록 허락하셨습니다. 그리하여 이 선한 사람이 더 큰 열의와 확신을 가지고 여행길을 계속 가도록 하시는 동시에, 야곱이 만유의 하느님께 얼마나 살뜰한 보살핌을 받는지 그의 아내들이 알아서 자기들 아버지의 속임수를 물리치고 이 선한 사람을 본받도록 하신 것입니다. 그리하여 그들은 그 일을 통해 하느님에 관하여 많은 것을 알게 되었습니다. 요컨대 아직도 열렬히 우상을 숭배하는 라반이 아니라 야곱이 그 말을 했다면 그만큼 설득력이 없었을 것이라는 이야기입니다. 사실, 종교를 적대하는 자나 이교인들의 증언은 언제나 엄청난 설득력을 지닙니다. 진리의 원수들을 진리에 대한 증인들로 바꾸어 놓으시어 그들이 자기 입으로 진리의 편에서 싸우게 하시는 이런 일은 하느님의 창의적 지혜의 표시입니다.

• 요한 크리소스토무스 『창세기 강해』 57,19-20.[1]

31,26 라반이 야곱에게 따지다

하느님의 명령이 라반의 분노를 가라앉히다

하느님의 명령이 [라반의] 엄청난 분노를 억누르고 화를 억제한 것을 보십시오. 그 결과 라반은 [야곱]에게 마치 변명이라도 하는 듯 매우 온화하게 말하며 아버지다운 감정을 보입니다. 사실, 높은 곳의 배려를 누릴 때면 언제나 우리

---

[1] FC 87,142-43*.

는 사악한 사람들의 음모를 피할 수 있게 됨은 물론 사나운 짐승을 만나더라도 아무런 해도 입지 않습니다. 만유의 주님께서는 짐승들의 성질을 변화시키시어 양들처럼 온화하게 만드심으로써 당신 특유의 충만한 권능의 증거를 보여 주십니다. 짐승들의 특성을 없애시는 것이 아니라 그들이 본성 안에 남아 있으면서도 양들처럼 보이게 하시는 것입니다. 여러분은 사나운 맹수들만 아니라 자연계 자체에서도 그런 예를 볼 수 있습니다. 그분의 뜻에 따라 자연계의 요소 자체가 자기 힘을 잊어버립니다. 불조차 불의 특성을 보여 주지 못합니다.

• 요한 크리소스토무스 『창세기 강해』 57,21.[2]

31,30 라반이 야곱을 비난하다

이것들이 무슨 신이오?

이 무슨 말도 안 되는 어리석음입니까? 당신네 신들이란 대체 어떤 신이기에 도둑맞을 수 있는 것입니까? 당신은 "내 신들은 어째서 훔쳤나?" 하고 묻는 것이 부끄럽지도 않습니까? 이성을 지닌 인간들이 나무와 돌을 섬기다니, 라반은 그야말로 저 스스로 속아 넘어간 자가 아닙니까? 라반이여, 그대의 이 신들은 자기가 도둑질 당하는 것도 막지 못했소. 사실, 돌로 만들어진 그것들이 어찌 막을 수 있었겠소? 그러나 이 선한 사람의 하느님은, 이 선한 사람이 미처 알기도 전에 그대의 공격을 막으셨소. 그대는 아직도 자신의 오류를 깨닫지 못하고 이 선한 사람에게 도둑질을 했다고 죄를 덮어씌우는 것이오? 이 선한 사람은 그것들이 돌로 만들어져 아무것도 느끼지 못한다는 것을 알고 경멸하는데 그것들을 훔칠 리가 있소?

• 요한 크리소스토무스 『창세기 강해』 57,26.[3]

31,32 야곱이 대답하다

정의는 손해를 입히지 않고 이익을 가져온다

이제, 의로운 사람은 불화가 일어났을 때 어떻게 행동해야 하는지 생각해 봅시다. 첫째, 그는 그것을 피해야 합니다. 다툼으로 해결하기보다 싸우지 말고 물러나는 편이 더 낫습니다. 다음으로, 그는 자기가 지니고 갈 수 있을 만큼만 재산을 소유해야 할 것입니다. 그러면 상대방에게 묶여야 할 아무런 이유가 없으므로 '내가 가진 것 중 그대의 것이 있는지 찾아내어 가져가시오' 하고 말할 수 있습니다. 라반은 야곱의 짐을 다 뒤졌지만 자신의 것을 하나도 찾아내지 못했습니다(33절 참조). 그[야곱]는 자신의 것은 무엇 하나 잃지 않고 남의 것은 무엇 하나 지니지 않는, 그러니까 너무 적게도 너무 많게도 소유하지 않은, 참으로 행복하고 위대한 사람이었습니다. 그런즉 부족한 것이 하나도 없는 사람은 완전하게 된 사람입니다. 아무것도 넘치게 가지지 않은 사람은 의롭습니다. 이는 의로움을 지키는 중용의 덕입니다. 덕이란 얼마나 힘 있는 것인지요! 덕과 함께 하니 이득이 생겼고 손실은 없었습니다. 완전함이란 이런 것입니다. 그것에 매달리는 이에게는 최고의 이익을 가져다줄 뿐 어떠한 불이익도 초래하지 않습니다.

그래서 야곱에게 해를 입히고자 했던 남자는 야곱을 빈손으로 떠나게 할 수 없었습니다. 이 지혜로운 사람은 빈손인 적이 없으며 언제나 분별이라는 옷을 걸치고 있어, 욥처럼 이렇게 말할 수 있기 때문입니다. "나는 정의로 옷 입고 정의는 나로 옷 입었으며 나의 공정은 겉옷이요 터번과도 같았지"(욥 29,14). 그렇습니다. 이것이 영의

---

[2] FC 87,143*.

[3] FC 87,145-46*.

내적 너울이며, 자기 스스로 죄를 지어 그것이 벗겨지지 않는 한 다른 사람은 아무도 그 옷을 벗길 수 없습니다. 실제로 아담은 옷이 벗겨진 채 알몸으로 발견된(창세 3,10-11 참조) 반면, 요셉은 덕이라는 안전한 덮개를 지니고 있었기에 몸에 입은 옷을 벗고 있었어도 알몸이 아니었습니다. 이처럼, 지혜로운 사람은 결코 비어 있지 않습니다. 어떻게 비어 있을 수가 있겠습니까? 그는 그리스도의 충만함을 받았고 자신이 받은 것을 지키니 말입니다. 그의 영혼은 가득 차 있습니다. 자기가 받은 은총의 옷으로 지키고 있기 때문입니다. 우리는 흠 없음이라는 너울을 잃지 않을까, 그래서 불경한 자들이 정의의 계약을 어기고 신성모독과 박해로 맹공격하여 영혼과 영의 옷을 빼앗아 가지 않을까 두려워해야 합니다. 그러나 자기 스스로 불경의 목소리로 자신의 옷을 먼저 벗기지 않는 한, 이런 일은 쉽게 일어나지 않습니다. 그래서 다윗도 "만일 제 손에 불의가 있다면 … 원수가 저를 뒤쫓아 붙잡고 제 목숨을 땅에다 짓밟으며 제 명예가 흙먼지 속에 뒹굴게 하소서"(시편 7,4.6) 하고 말합니다.

• 암브로시우스 『야곱과 행복한 삶』 5,21-22.[4]

의로움의 열매

여러분의 영혼이 비어 있지 않은 한, 어떠한 원수도 여러분의 영혼을 빼앗을 수 없습니다. 금과 은 같은 보물을 약탈할 수 있는 자들을 두려워하지 마십시오. 그들은 여러분에게서 아무것도 빼앗지 못합니다. 그들은 여러분이 가지고 있지 않은 것을 가져갑니다. 여러분이 소유할 수 없는 것을 가져갑니다. 여러분의 영혼을 아름답게 꾸며 주는 것이 아니라 영혼에 짐만 되는 것을 가져갑니다. 여러분의 마음을 풍요롭게 하는 것이 아니라 무겁게 짓누르는 것을 가져갈 뿐입니다. 오늘 독서에서 들으셨듯이, "너의 보물이 있는 곳에 너의 마음도 있다"(마태 6,21)고 쓰여 있기 때문입니다. 많은 사람이 금을 숨겨 놓고 문에 빗장을 걸어 두지만, 그들은 빗장도 차단막도 믿지 못합니다. 경비병을 두는 사람도 많습니다만, 그들 자신도 경비병을 더 무서워하는 것이 보통입니다. 많은 사람이 자기가 자는 침대 밑에 금을 묻어 둡니다. 그들의 금이 땅속에 있듯이 그들의 마음도 땅속에 있습니다. 그러니 아직 살아 있는 동안 여러분의 마음을 땅속에 파묻지 않도록 조심하십시오. 우리는 그런 금을 훔쳐 가는 도둑들은 무서워할 필요가 없습니다. 그러나 여러분이 위중한 죄라는 돈을 꾸었다면, 영혼의 부유함을 조사하는 고리대금업자를 경계해야 합니다. 그자는 여러분의 마음을 흙 속에 가두고 여러분의 영혼을 여러분의 금이 숨겨져 있는 땅에 묻어 버립니다. 그자는 백 배나 되는 복리 이자로 여러분의 영을 짓뭉개 버리고 아무도 살아 나올 수 없는 무거운 돌무덤 안에 묻어 버립니다. 거룩한 야곱을 본받으십시오. 그는 다른 사람들의 악덕에 전혀 발을 들이지 않았으며, 자신의 덕들을 지녀 한시도 비거나 결핍된 적 없이 의로움의 열매들로 가득 차 있었습니다.

• 암브로시우스 『야곱과 행복한 삶』 5,23.[5]

31,33 뒤졌으나 찾지 못하다

악마는 오래 소유하지 못한다

신비적 의미로 풀면, '정화된 거짓말'이라는 뜻의 '라반' — "사탄도 빛의 천사로 위장합니다"(2코린 11,14) — 이 야곱에게 와 자신의 소유물을 내놓으라고 요구하기 시작하는 것이지만, 이 사

---

[4] FC 65,157-59.

[5] FC 65,159.

건의 도덕적 의미는 중요합니다. 야곱은 그에게 "제 짐 속에 장인어른의 것이 있는지, 찾아내어 가져가십시오" 하고 대답합니다. '나는 당신의 것을 하나도 가지고 있지 않습니다. 내게서 당신의 악덕과 범죄를 찾아볼 수 있는지 보십시오. 나는 당신의 속임수도 하나 가져오지 않았고 당신의 교활함도 조금도 나누어 가지지 않았습니다. 나는 당신의 것은 모두 전염병처럼 여기고 피했습니다'라는 뜻입니다. 라반은 야곱 일행의 천막을 샅샅이 뒤졌지만 자신의 것은 하나도 발견하지 못했습니다(33-35절 참조). 원수가 자신의 것이라고 이를 수 있는 것을 하나도 발견하지 못한 이, 악마가 자신의 것이라고 부를 수 있는 것을 하나도 찾아내지 못한 이, 악마가 자신의 것으로 알아볼 만한 것을 하나도 찾지 못한 이는 얼마나 행복할까요! 인간이 그렇게 되는 것은 불가능해 보였지만, 그리스도께서는 복음서에서 이 말씀으로 그 본보기를 보여 주셨습니다. '이 세상의 우두머리가 오고 있다. 그러나 그자는 내게서 아무것도 찾아내지 못할 것이다'(요한 14,30 참조). 악마의 것은 아무런 가치도 없습니다. 그자는 오래 소유하지 못하기 때문입니다.

• 암브로시우스 『야곱과 행복한 삶』 5,24.[6]

31,34 라헬이 집안의 수호신들을 감추다

우상들을 숨긴 분별력

나아가 거룩한 라헬 ─ 교회 또는 분별을 나타내는 ─ 은 우상들을 숨겼습니다. 교회는 실체가 완전히 결여된 우상들의 조상彫像이나 조형물 같은 것을 모르며 실제로 존재하는 삼위일체만을 알기 때문입니다. 실로, 교회는 어둠을 파멸시켜 영광의 광채가 드러나게 했습니다.

• 암브로시우스 『세상 도피』 5,27.[7]

31,35 라헬의 변명

말 못하는 우상들의 어리석음

라헬의 기지는 참으로 뛰어납니다. 그 기지로 라헬은 라반을 속여 넘겼습니다. 속임수의 희생자이며 우상숭배를 매우 중요하게 생각하는 자들은 이 일을 마음에 새기십시오. 본문을 보면, "라헬은 그 수호신들을 가져다 낙타 안장 속에 넣고는 그 위에 앉아 있었다"고 쓰여 있습니다. 이 사람들보다 어리석은 자가 있습니까? 이성을 부여받고 하느님의 자애 안에서 지극히 높은 자리에 앉아 있는 자가 생명도 없는 돌을 섬기면서 그것이 어리석다는 생각은 물론 부끄러움조차 느끼지 않고, 우둔한 짐승처럼 그것을 관습으로 행하다니요? 바오로 사도가 "여러분이 이교인이었을 때에 말도 하지 못하는 우상들에게 이끌려 정신없이 휩쓸렸다는 것을 여러분은 알고 있습니다"(1코린 12,2)라고 쓴 것도 그래서입니다. '말도 하지 못하는 우상'이라고 한 것은 맞는 말입니다. 말하는 능력을 지녔으며 이성과 청력을 누리는 사람들이 비이성적인 짐승들처럼 그런 능력이 전혀 없는 물체들에 의지하다니, 그런 사람들은 어떤 변명을 할 수 있을까요?

• 요한 크리소스토무스 『창세기 강해』 57,28.[8]

악마가 그대 안에서 자기 것을 하나도 찾지 못하게 하라

야곱이 자기 고장으로 돌아가는데 라반 일행이 쫓아왔습니다. 라반은 야곱의 짐들을 뒤졌지만 자기 것을 하나도 발견하지 못했고, 그래서 그를 붙잡아 둘 수 없었습니다. 여기서 라반을 악마의 예형으로 이해하는 것은 틀리지 않습니

---

[6] FC 65,159-60.

[7] FC 65,302.

[8] FC 87,147.

다. 그는 우상을 섬겼고, 주님의 예표인 복된 야곱을 적대했기 때문입니다. 그런 이유로 그는 야곱을 쫓아왔지만 그에게서 자신의 것을 하나도 발견할 수 없었습니다. 참된 야곱께서 복음서에서 언명하신 바를 들으십시오. '이 세상의 우두머리가 오고 있다. 그는 나에게 아무런 권한도 없다'(요한 14,30 참조). 우리의 적수가 우리 안에서 자기가 이루어 놓은 것이라고는 무엇 하나 발견하지 못하도록 하느님의 자비가 내리기를 기원합시다. 자신의 것을 발견하지 못하면, 그자는 우리를 붙잡아 둘 수도 영원한 생명에서 우리를 다시 불러낼 수도 없을 것입니다. 그러므로 사랑하는 여러분, 우리 양심의 보물 창고를 둘러봅시다. 우리 마음속 비밀스러운 장소를 조사해 봅시다. 그리고 그곳에서 악마에게 속한 것을 하나도 발견하지 못한다면, 기뻐하며 하느님께 감사드립시다. 우리 마음의 문이 그리스도에게는 늘 열려 있고 악마에게는 영원히 닫혀 있도록 그분의 도움을 받아 힘껏 노력합시다. 그러나 악마의 일이나 교활함 같은 것을 우리 영혼 안에서 발견한다면, 그것을 치명적인 독으로 여겨 얼른 치워

버립시다. 악마가 우리를 올가미에 걸고 싶어 우리에게서 자신의 것을 찾아도 아무것도 발견하지 못하면, 그는 당황하여 떠나고, 우리는 예언자들과 함께 하느님께 감사를 드리며 주님께 이렇게 외칠 수 있습니다. "오직 당신께서 저희를 적들에게서 구하시고 저희를 미워하는 자들에게 망신을 주셨습니다"(시편 44,8). 그러므로 앞에서 말했듯이, 레아는 그리스도와 결합한 유대 백성을 나타내며 라헬은 다른 민족들로 이루어진 교회를 예표합니다. 그래서 레아가 아니라 라헬이 그들 아버지의 우상들을 훔친 것입니다. 그리스도께서 오신 뒤 유대인들의 회당은 어디서도 우상들을 섬겼다고 알려져 있지 않은 반면, 다른 민족들의 교회에서는 그런 일이 있었음이 분명하게 입증되었기 때문입니다. 게다가 라반의 우상들을 숨긴 것도, 회당을 나타내는 레아가 아니라 다른 민족들을 예표하는 라헬이었습니다.

• 아를의 카이사리우스 『설교집』 88,4.[9]

[9] FC 47,36-37.

31,43-32,1 야곱과 라반이 계약을 맺다

43 라반이 야곱에게 대답하였다. "이 여자들은 내 딸들이고 이 아이들은 내 손자들이며, 이 가축 떼도 내 가축 떼일세. 자네가 보고 있는 것들이 모두 내 것이네. 그렇지만 오늘에 와서 내가 여기 있는 내 딸들이나 그 애들이 낳은 아이들을 어찌하겠는가?

44 그러니 이제 이리 와서 자네와 내가 계약을 맺어, 그것이 나와 자네 사이에 증인이 되게 하세."①

45 그래서 야곱이 돌 하나를 가져다 기념 기둥으로 세웠다.

46 그리고 야곱이 친족들에게 "돌을 모아 오십시오." 하자, 그들이 돌들을 가져다 돌무더기를 만들었다. 그들은 그 돌무더기 위에서 음식을 먹었다.♪

↶ ⁴⁷ 라반은 그 돌무더기를 여가르 사하두타②라 불렀고, 야곱은 갈엣③이라 불렀다.

⁴⁸ 그런 다음 라반이 말하였다. "오늘 이 돌무더기가 나와 자네 사이의 증인일세." 그리하여 그 이름을 갈엣이라 하였다.

⁴⁹ 그곳④은 또 미츠파⑤라고도 하는데, 그것은 그가 이렇게 말하였기 때문이다. "우리가 서로 볼 수 없는 동안 주님께서 우리를 살피시기를 바라네.

⁵⁰ 자네가 내 딸들을 구박하거나 내 딸들을 두고 다른 아내들을 맞아들일 경우, 우리 곁에 아무도 없다 하더라도, 하느님께서 나와 자네 사이의 증인이심을 명심하게."

⁵¹ 라반이 야곱에게 다시 말하였다. "이 돌무더기를 보게. 그리고 내가 나와 자네 사이에 세워 놓은 이 기념 기둥을 보게.

⁵² 내가 이 돌무더기를 넘어 자네 쪽으로 건너가지 않고, 자네가 나쁜 뜻을 품고 이 돌무더기와 이 기념 기둥을 넘어오지 않는다는 것에 대해서 이 돌무더기가 증인이고 이 기념 기둥이 증인일세.

⁵³ 아브라함의 하느님과 나호르의 하느님께서 우리 사이의 심판자가 되어 주시기를 바라네." 그래서 야곱은 자기 아버지 이사악의 두려우신 분을 두고 맹세하였다.

⁵⁴ 야곱은 그 산악 지방에서 제사를 지내고, 자기 친족들에게 음식을 함께 나누자고 청하였다. 그들은 음식을 함께 나누고 그 산악 지방에서 밤을 지냈다.

32장

¹ ⑥이튿날 아침 라반은 일찍 일어나 손자들과 딸들에게 입 맞추고 축복해 주었다. 그런 다음 라반은 길을 떠나 자기 고장으로 돌아갔다.

① 칠십인역에는 '보게, 여기에는 우리밖에 없으니 하느님께서 자네와 나의 증인이시네'라는 구절이 더 들어 있다.
② 아람어로 '돌무더기 증인'이라는 뜻이다.
③ 히브리어로 '돌무더기 증인'이라는 뜻이다.
④ 사마리아 오경에는 이 자리에 '기념 기둥'이라는 말이 들어 있다.
⑤ '망보는 곳'이라는 뜻이다.
⑥ 칠십인역으로는 31장 55절이다.

둘러보기

야곱과 라반이 계약을 맺은 이야기는 하느님의 전능하심과 큰 지혜에 주목하게 한다(요한 크리소스토무스).

31,44 계약을 맺다

모든 것을 보시는 분

라반이 하느님에 관해 조금씩 더 알아 가는 것을 잘 보십시오. 이 선한 사람에게 자기 집안의 수호신들을 훔쳐 갔다고 비난하며 그의 짐을 샅샅이 뒤지던 자가 이제는 '나중에 혹시 무슨 일이 일어날 경우 우리 사이를 중재해 줄 수 있는 사람이 없으니, 하느님을 지금 우리 사이에 이루어지는 일의 증인으로 세우세. 모든 것을 보시고 그 무엇도 그분의 눈길을 피할 수 없으며 모든 사람의 마음을 읽으시는 분께서 이 자리에 계시네' 하고 말합니다.

• 요한 크리소스토무스 『창세기 강해』 57,37.[1]

32,1 라반이 손자들과 딸들에게 축복하다

하느님의 큰 지혜

사랑하는 여러분, 이 선한 사람을 당신께서 보살피신다는 것을 보여 주시는 동시에 그의 상대방은 불의를 저지르지 못하게 막으시고 야곱에게 나쁜 말을 하지 못하게 금지하심으로써 조금씩 조금씩 그를 하느님에 관한 지식의 길로 인도하시는 것에서 하느님의 위대한 지혜가 보이십니까? 야곱을 덫에 빠뜨려 죽여 버리려고 사나운 맹수처럼 날뛰던 라반이 자신의 잘못을 사과하고 딸들과 손자들에게 입 맞춘 다음 작별을 고하고 집으로 돌아갔습니다.

• 요한 크리소스토무스 『창세기 강해』 57,39.[2]

---

[1] FC 87,151.　　　　　　　[2] FC 87,152.

32,2-6 야곱이 에사우에게 심부름꾼을 보내다

² 야곱도 길을 떠났다. 그는 도중에 하느님의 천사들과 마주쳤다.

³ 야곱은 그들을 보고 "이곳은 하느님의 진영이구나." 하면서, 그곳의 이름을 마하나임①이라 하였다.

⁴ 야곱은 에돔 지방 세이르 땅에 있는 형 에사우에게 자기보다 먼저 심부름꾼들을 보내면서,

⁵ 그들에게 지시하였다. "너희는 나의 주인인 에사우에게 이렇게 말하여라. '나리의 종인 야곱이 이렇게 아룁니다. '저는 라반 곁에서 나그네살이하며 이제까지 그곳에 머물러 있었습니다.

⁶ 저는 그동안 소와 나귀, 양과 염소, 남종과 여종들을 가지게 되었습니다. 이제 저에게 호의를 베풀어 주십사고, 이렇게 사람들을 보내어 주인님께 소식을 전해 드립니다.'"

① 여기서는 '두 군대, 양 진영'이라는 의미로 사용되었다.

둘러보기

이 단락에 대한 미드라쉬 해설을 보면, 천사들이 야곱과 마주친 것은 하느님께서 라반과 에사우로부터 야곱을 지켜 주실 것임을 알려 주기 위해서였다(에프렘, 요한 크리소스토무스). 야곱은 에사우를 두려워하여 그를 달래고 싶어 했는데, 하느님께서 에사우의 분노를 누그러뜨려 주셨다(요한 크리소스토무스). 야곱이 에사우에게 절한 것은 형이 동생을 섬기리라는 창세기 27장의 예고와 맞지 않아 해석상의 어려움을 주었다. 이 예고가 이 두 사람의 생시에 실현되지 않았다는 사실은, 이 예고가 미래의 야곱에 관한 것임을 알려 준다(아우구스티누스).

32,2 하느님의 천사들

많은 천사가 야곱과 함께했다

야곱과 라반이 헤어진 뒤 야곱은 "하느님의 천사들과 마주쳤다"고 쓰여 있습니다. [그들이 나타난 것은] 라반이 밤에 그에게 나타나셨던 하느님의 말씀을 따르지 않았더라면, 야곱을 보호하는 천사들 손에 그와 일행들이 새벽에 몰살을 당했으리라는 것을 알려 주기 위해서였습니다. 하느님께서 야곱이 [메소포타미아로] 내려갈 때 그와 동행하는 천사들을 그에게 보여 주셨듯이, "나도 너와 함께 … 내려가겠다. 그리고 내가 그곳에서 너를 다시 데리고 올라오겠다"(창세 46,4; 참조: 창세 28,15)라고 하신 당신의 말씀이 참임을 알게 하시고자, 야곱이 올라갈 때도 천사들을 보여 주셨습니다. 하느님께서 야곱에게 천사들의 군대를 보여 주신 것은, 야곱에게는 에사우에게보다 훨씬 많은 [천사들이] 있으므로 그가 에사우를 두려워하지 않게 하시려는 뜻이었습니다.

• 시리아인 에프렘 『창세기 주해』 30,1.[1]

늘 떠올려 주는 것

라반에 대한 두려움이 사라지자, 야곱은 이제 형에 대한 두려움에 사로잡혔습니다. 그래서 자애로우신 주님께서는 이 선한 사람에게 용기를 주어 두려움을 떨쳐 버리게 하고 싶으셨습니다. 그래서 야곱이 천사들의 진영을 보게 만드셨습니다. "그는 도중에 하느님의 천사들과 마주쳤다"라고 쓰여 있는 것 기억하시지요? "야곱은 그들을 보고 '이곳은 하느님의 진영이구나' 하면서, 그곳의 이름을 '진영들'이라 하였다."[2] 그리하여 그것은 그곳에서 있었던 환시를 늘 떠올려 주는 이름이 되었습니다.

• 요한 크리소스토무스 『창세기 강해』 58,2.[3]

32,4 야곱이 에사우에게 심부름꾼들을 보내다

하느님께서 에사우의 화를 가라앉히시다

그 환시가 있은 뒤에도 야곱의 두려움이 얼마나 컸는지 보십시오. 그는 형의 공격성이 무서웠고, 전에 자기가 저지른 일을 기억하면서 에사우가 자신을 공격해 오지나 않을까 걱정스러웠습니다. "너희는 나의 주인인 에사우에게 이렇게 말하여라. '나리의 종인 야곱이 이렇게 아룁니다. '저는 라반 곁에서 나그네살이하며 이제까지 그곳에 머물러 있었습니다. 저는 그동안 소와 나귀, 양과 염소, 남종과 여종들을 가지게 되었습니다. 이제 저에게 호의를 베풀어 주십사고, 이렇게 사람들을 보내어 주인님께 소식을 전해 드립니다.''" 야곱이 형을 얼마나 두려워하는지, 그래서 형을 달래고 싶은 마음에 형의 마음을 누그러뜨리고 호의적으로 만들기 위해, 자신이 간다는 사실과 재산을 많이 모았다는 것, 그동안 어디서 지냈다는 것을 미리 알리는 것을 잘 보십시오. 그런데 실제로 그렇게 되었습니다. 하느님께서 에사우의 마음을 달래시어 그의 화를 누그러뜨리고 야곱에게 호의적으로 만드셨습니다. 무섭게 격분하면서 야곱을 쫓아온 라반에게는 말씀을 하시어 두려움을 느끼게 만드셨고, 야곱의 형에게는 더 많은 힘을 쓰셨습니다. 그리하여 그가 이 선한 사람에게 상냥하게 대하게 하셨습니다.

• 요한 크리소스토무스 『창세기 강해』 58,3.[4]

---

[1] FC 91,180.

[2] 요한 크리소스토무스는 칠십인역 본문을 가지고 주해하는데, 칠십인역은 이 장소의 이름인 '두 진영'이라는 뜻의 '마하나임'을 글자 뜻 그대로 옮겼다.

[3] FC 87,155*.

[4] FC 87,155*.

미래의 야곱

야곱은 먼저 선물로 에사우의 마음을 달래기 전에는 그를 만나고 싶지 않았습니다. 그리고 형이 선물을 받아들인 다음에야 그를 만났지요. 야곱은 형에게 다가갈 때 멀리서부터 절을 했습니다. 그런데 이렇게 분명하게 아우가 형에게 절하는데, 어째서 "형이 동생을 섬기리라"(창세 25,23; 참조: 창세 27,40)고 하는 것입니까? 그 일이 이 두 사람의 생시에 이루어지지 않았다는 사실은 이

말씀이 미래의 야곱에 관한 것임을 알게 해 줍니다. 동생이 첫째 자리를 받았고, 형, 곧 유대 백성은 첫째 자리를 잃어버렸습니다. 야곱이 온 세상을 채운 것을, 민족들과 나라들을 차지한 것을 보십시오.

• 아우구스티누스 『설교집』 5,5.[5]

---

[5] *WSA* 3,1,220-21.

32,7-9 야곱이 에사우를 만날 준비를 하다

⁷ 심부름꾼들이 돌아와서 야곱에게 말하였다. "나리의 형님 에사우에게 다녀왔습니다. 그분은 장정 사백 명을 거느리고 나리를 만나러 오십니다."
⁸ 야곱은 몹시 놀라고 걱정이 되어, 자기 일행과 양과 염소, 소와 낙타들을 두 무리로 나누었다.
⁹ 그는 '에사우가 한 무리에게 달려들어 치더라도, 나머지 한 무리는 살아남을 수 있겠지.' 하고 생각하였던 것이다.

둘러보기

장정 사백 명이 오고 있다는 소식을 들은 야곱은 몹시 두렵고 걱정이 되었지만, 하느님의 약속을 떠올리며 기도한다(요한 크리소스토무스).

32,7 에사우가 야곱을 만나러 오다

겁에 질린 야곱

이 소식만 듣고도 이 선한 사람이 겁에 질리는 것을 보십시오. 형의 의도를 확실히 알지도 못하는데, 야곱은 형 일행의 수만 듣고도 겁에 질려, 자신을 붙잡으려 그들이 싸우러 오는 게 아닐까 걱정했습니다. 본문을 주의 깊게 보십시오. "야곱은 몹시 놀라고 걱정이 되어"라고 쓰여 있습니다. 두려움이 그의 생각을 어지럽혀, 그는 어찌해야 할지 몰랐습니다. 모든 것이 두렵고 죽임을 당할지도 모른다는 생각에 그는 "자기 일행과 양과 염소, 소와 낙타들을 두 무리로 나누었"습니다. "에사우가 한 무리에게 달려들어 치더라도, 나머지 한 무리는 살아남을 수 있겠지" 하고 생각하였던 것입니다. 이렇게 하게 만든 것은 야곱의 두려움과 걱정이었지만 … 자신이 옴짝달싹할 수 없게 된 것을 안 그는 만유의 하느님께서 하신 약속을 떠올리며 기원함으로써 무적이신 주님께 의지합니다. 이는 '당신께서 하신

약속과 선조들의 덕 덕분에 선한 이가 당신의 완
전한 도움을 누릴 때가 왔습니다'라고 말한 것과
같습니다.

• 요한 크리소스토무스 『창세기 강해』 58,4.[1]

[1] FC 87,155-56.

32,10-13 야곱이 구원을 기도하다

[10] 그러고 나서 야곱은 기도하였다. "저의 아버지 아브라함의 하느님, 저의 아버지 이사악의
하느님! '너의 고향으로, 너의 친족에게 돌아가거라. 내가 너에게 잘해 주겠다.' 하고 저에
게 약속하신 주님!

[11] 당신 종에게 베푸신 그 모든 자애와 신의가 저에게는 과분합니다. 사실 저는 지팡이 하나
만 짚고 이 요르단 강을 건넜습니다만, 이제 이렇게 두 무리를 이루었습니다.

[12] 제 형의 손에서, 에사우의 손에서 부디 저를 구해 주십시오. 그가 들이닥쳐서 어미 자식 할
것 없이 저희 모두를 치지나 않을까 저는 두렵습니다.

[13] 당신께서는 '내가 너에게 잘해 주고, 네 후손을 너무 많아 셀 수 없는 바다의 모래처럼 만
들어 주겠다.' 하고 말씀하셨습니다."

둘러보기

야곱이 요르단 강을 건널 때 들고 있었던 지
팡이는 십자가를 상징한다(아프라하트). 야곱은
우리 구원자 주님의 예형이며, 그의 행동 대부분
은 그리스도의 신비의 여러 측면을 예시한다(아
를의 카이사리우스).

32,11 야곱의 지팡이

굉장한 상징

"저는 지팡이 하나만 짚고 이 요르단 강을 건
넜습니다." 야곱이 미래를 내다보고 손에 들었
던 것은 굉장한 상징입니다. 바로 그 위대한 예
언자의 십자가를 나타내는 상징이지요. 야곱은
동방인들의 땅에 발을 들였습니다(창세 29,1 참
조). 그곳에서 민족들에게 빛이 비쳤기 때문입니
다(루카 2,32 참조). 그는 큰 돌이 덮여 있는 우물
곁에 앉아 쉬었는데, 그 돌은 장정 여럿이 힘을
써도 들어 올리지 못한 돌이었습니다. 야곱이 올
때까지 많은 목자가 그것을 들어 올리지 못해 우
물을 열지 못했습니다(창세 29,8 참조). 그러나 그
가 와서, 그의 지체 안에 숨겨져 있던 '목자'의
힘으로 그 돌을 들어 올리고 자신의 양들에게 물
을 먹였습니다. 이와 마찬가지로, 많은 예언자가
왔었지만 세례의 너울을 벗길 수 없었습니다. 마
침내 그 위대한 '예언자'께서 오시어 혼자 힘으
로 그것을 여시고는, 부드러운 목소리로 이렇게

선포하고 사람들을 부르시며 그 안에서 세례를 받으셨습니다. "목마른 사람은 다 나에게 와서 마셔라"(요한 7,37).

• 아프라하트 『기도론』 6.[1]

우리 구원자의 예형

우리는 복된 야곱이 말이나 나귀, 낙타를 타고 떠났다는 기록을 보지 못합니다. 그가 지팡이 하나만 짚고 떠났다고 읽을 뿐입니다. 실로 그랬기에 그는 주님께 탄원할 때 이렇게 말합니다. "주님! 당신 종에게 베푸신 그 모든 자애와 신의가 저에게는 과분합니다. 사실 저는 지팡이 하나만 짚고 이 요르단 강을 건넜습니다만, 이제 이렇게 두 무리를 이루었습니다." 야곱은 아내를 얻기 위해 지팡이를 보여 주었지만, 그리스도께서는 교회를 구원하기 위해 십자가 나무를 지셨습니다. 야곱은 돌을 머리에 베고 자다가 꿈에서 하늘까지 닿는 층계를 보았는데, 주님께서 그 층계에 기대어 계셨습니다. 형제 여러분, 여기에 얼마나 많은 신비가 들어 있는지 생각해 보십시오. 야곱은 우리 구원자 주님의 예형입니다. 그가 머리에 벴던 돌도 그리스도 주님을 예시합니다. 야곱이 머리에 벴던 돌이 어째서 그리스도를 나타내는지 바오로 사도의 설명을 들으십시오. 그는 "사람[2]의 머리는 그리스도"(1코린 11,3)라고 합니다. 마지막으로, 복된 야곱이 돌에 기름을 부은 일을 봅시다. 기름부음이라는 점에 주목하십시오. 그러면 그리스도를 알아보게 될 것입니다. '그리스도'는 기름부음, 다시 말해 기름부음의 은총으로 설명되기 때문입니다.

• 아를의 카이사리우스 『설교집』 87,2.[3]

---

[1] CS 101,9-10*.

[2] 『성경』은 '남자'로 옮겼다.

[3] FC 47,30.

32,14-22 야곱이 에사우의 마음을 풀려 애쓰다

[14] 그날 밤 야곱은 그곳에서 밤을 지냈다. 그런 다음 그는 자기가 가진 것 가운데에서 자기의 형 에사우에게 줄 선물을 골라내었다.

[15] 암염소 이백 마리와 숫염소 스무 마리, 암양 이백 마리와 숫양 스무 마리,

[16] 어미 낙타 서른 마리와 거기에 딸린 새끼들, 암소 마흔 마리와 황소 열 마리, 암나귀 스무 마리와 수나귀 열 마리였다.

[17] 야곱은 이것들을 종들의 손에 한 떼씩 따로 넘기면서 "나보다 앞서 가되, 떼와 떼 사이에 거리를 두어라." 하고 종들에게 일렀다.

[18] 그리고 맨 앞에 선 종에게 지시하였다. "나의 형 에사우가 너를 만나, '너는 뉘 집 사람이냐? 어디로 가느냐? 네 앞에 있는 이것들은 누구의 것이냐?' 하고 묻거든,

[19] 이렇게 대답하여라. '이것들은 나리의 종 야곱의 것인데, 주인이신 에사우께 보내는 선물입니다. 야곱도 저희 뒤에 오고 있습니다.'"

> 20 야곱은 둘째와 셋째 종에게도, 그리고 가축 떼를 뒤따라가는 자들에게도 지시하였
> 다. "너희도 에사우를 만나거든 그렇게 말해야 한다.
> 21 그리고 '나리의 종 야곱도 저희 뒤에 오고 있습니다.' 하고 말해야 한다." 야곱은 '선물을
> 먼저 보내어 형의 마음을 풀어야지. 그런 다음 그를 보게 되면, 그가 나를 좋게 받아들일지
> 도 모르지.' 하고 생각하였던 것이다.
> 22 이렇게 해서 야곱은 선물을 앞서 보내고, 자신은 그날 밤을 야영지에서 지냈다.

둘러보기

야곱이 에사우를 만나기 전 야영지에서 밤을 지낸 것은 그의 평온함과 내적 평화를 보여 주며, 이는 완전한 덕의 열매다(암브로시우스). 야곱이 에사우에게 자기보다 앞서 선물을 보낸 사실은 평화로운 만남이 되도록 하기 위해 모든 노력을 다했음을 보여 준다(요한 크리소스토무스).

32,14 야곱이 에사우를 만날 준비를 하다

완전한 덕을 지닌 이는 평온하다

그때 형에게 화평을 청하려는 마음을 먹고 있던 야곱은 야영지에서 잠을 잤습니다(21절 참조). 완전한 덕은 평온함과 변치 않는 차분함을 지닙니다. 또한 주님께서도 더 완전한 이들을 위한 당신의 선물을 가지고 계셨습니다. 그래서 이렇게 말씀하셨습니다. "나는 너희에게 평화를 남기고 간다. 내 평화를 너희에게 준다"(요한 14,27). 완전하게 된 이들은 세상 것들에 쉽게 영향받지도, 두려움에 빠져 당황하지도, 의심하며 괴로워하지도, 어쩔 줄 모르며 불안해하지도, 고통으로 괴로워하지도 않습니다. 오히려 그들은 절대적으로 안전한 바닷가에서 믿음의 정박지에 닻을 내리고 있는 것처럼 흔들림 없이, 세상의 폭풍우와 풍랑을 거슬러 자기 마음을 차분하게 다스립니다. 그리스도께서 이런 힘을 그리스도인들에게 가져다주셨습니다. 우리의 마음이 불안해하거나 정신이 괴로워하지 않도록, 자신을 입증한 이들의 영혼에 내적 평화를 가져다주신 것입니다. 이 평화는 모든 이해를 넘어서는 것임을 우리의 교사인 사도는 이렇게 선언하였습니다. "사람의 모든 이해를 뛰어넘는 하느님의 평화가 여러분의 마음과 생각을 그리스도 예수님 안에서 지켜 줄 것입니다"(필리 4,7). 그러므로 평화의 열매는 마음에 동요가 없는 것입니다. 간단히 말해, 의인의 삶은 평온하지만 불의한 사람은 불안과 혼란 속에 있습니다. 그래서 불경한 사람은 일반 사람들이 다른 이에게 두드려 맞는 것보다 더 심하게 자기 자신의 의심에 얻어맞으며, 그의 영혼에는 남에게 채찍으로 맞은 사람들의 몸에 난 자국보다 더 많은 채찍 자국이 있습니다.

내면이 평온하고 자기 자신과 일치되어 있는 것은 숭고한 것입니다. 바깥세상에서 평화는 황제의 걱정과 고민을 통해서나 군인들의 손에 의해 이루어집니다. 또는 전쟁에서 유리한 결과를 얻거나 야만인들끼리 서로를 공격해 대량 학살이 일어난 끝에 얻어지기도 합니다. 그런 평화는 우리가 아무 힘을 쓰지 않아도 얻어집니다만, 그것은 운에 달렸습니다. 필경 그런 평화의 영광은 황제에게 돌아갑니다. 그러나 우리는 내적인 평화라는 은혜를 우리 안에 지니고 있습니다. 그것

은 우리 영 안에 있으며 우리 각자의 마음 안에 간직되어 있습니다. 이 평화가 주는 이익은 더 큽니다. 적의 무기가 아니라 악령들이 꾸미는 유혹을 물리치게 하기 때문입니다(에페 6,12 참조). 육체의 정욕이라는 유혹을 잠재우며 그로 인한 동요를 가라앉히는 이 평화는 야만인들의 공격을 저지하는 평화보다 고귀합니다. 멀리 있는 원수보다 자기 안에 들어 있는 원수에게 맞서는 것이 더 위대한 일입니다.

• 암브로시우스 『야곱과 행복한 삶』 6,28-29.[1]

모든 노력을 다한 야곱

이 선한 사람의 경건함과 올바른 가치관을 보십시오. 그는 다른 것은 아무것도 청하지 않고 주님께서 하신 약속을 이루어 달라고만 합니다. 야곱은 맨몸으로 아무것도 지니지 못했던 자신이 이렇게 큰 부자가 되었다고 고백하며 지금까지 베풀어 주신 은혜에 감사한 다음, 하느님께 자신을 위험에서 구해 달라고 간원합니다. 야곱이 한 말을 떠올려 보십시오. "당신께서는 '네 후손을 너무 많아 셀 수 없는 바다의 모래처럼 만들어 주겠다' 하고 말씀하셨습니다." 하지만 주님께 이렇게 호소하며 간청을 올린 야곱은 그 스스로도 모든 노력을 다했습니다. 야곱은 자기가 가져온 것 중에서 형에게 보낼 선물을 골라 한 떼씩 따로 가게 하고는, 에사우의 마음을 누그러뜨리고 자신이 도착한다는 것을 알릴 목적으로, 그들이 할 말까지 지시했습니다. 성경 말씀을 떠올려 보십시오. "먼저 에사우의 마음을 풀고 그런 다음 우리가 만날 수 있도록 '나리의 종 야곱도 저희 뒤에 오고 있습니다' 하고 말해야 한다"고 시켰습니다. 야곱은 "선물을 먼저 보내어 형의 마음을 풀어야지. 그런 다음 그를 보게 되면, 그가 나를 좋게 받아들일지도 모르지" 하고 생각하였던 것입니다. 이렇게 선물이 야곱보다 앞서 갔습니다.

• 요한 크리소스토무스 『창세기 강해』 58,6.[2]

---

[1] FC 65,162-63.

[2] FC 87,156-57*.

32,23-34 야곱이 하느님과 씨름하다

²³ 바로 그 밤에 야곱은 일어나, 두 아내와 두 여종과 열한 아들을 데리고 야뽁 건널목을 건넜다.

²⁴ 야곱은 이렇게 그들을 이끌어 내를 건네 보낸 다음, 자기에게 딸린 모든 것도 건네 보냈다.

²⁵ 그러나 야곱은 혼자 남아 있었다. 그런데 어떤 사람이 나타나 동이 틀 때까지 야곱과 씨름을 하였다.

²⁶ 그는 야곱을 이길 수 없다는 것을 알고 야곱의 엉덩이뼈①를 쳤다. 그래서 야곱은 그와 씨름을 하다 엉덩이뼈를 다치게 되었다.

²⁷ 그가 "동이 트려고 하니 나를 놓아 다오." 하고 말하였지만, 야곱은 "저에게 축복해 주시지 않으면 놓아 드리지 않겠습니다." 하고 대답하였다.♪

⌒²⁸ 그가 야곱에게 "네 이름이 무엇이냐?" 하고 묻자, "야곱입니다." 하고 대답하였다.

²⁹ 그러자 그가 말하였다. "네가 하느님과 겨루고 사람들과 겨루어 이겼으니, 너의 이름은 이제 더 이상 야곱이 아니라 이스라엘②이라 불릴 것이다."

³⁰ 야곱이 "당신의 이름을 알려 주십시오." 하고 여쭈었지만, 그는 "내 이름은 무엇 때문에 물어보느냐?" 하고는, 그곳에서 야곱에게 복을 내려 주었다.

³¹ 야곱은 "내가 서로 얼굴을 맞대고 하느님을 뵈었는데도 내 목숨을 건졌구나." 하면서, 그곳의 이름을 프니엘③이라 하였다. ④

³² 야곱이 프니엘을 지날 때 해가 그의 위로 떠올랐다. 그는 엉덩이뼈 때문에 절뚝거렸다.

³³ 그래서 이스라엘 자손들은 오늘날까지도 짐승의 엉덩이뼈에 있는 허벅지 힘줄을 먹지 않는다. 그분께서 야곱의 허벅지 힘줄이 있는 엉덩이뼈를 치셨기 때문이다.

① 칠십인역은 '엉덩이뼈의 평평한 부분'이다.
② '하느님과 겨룬 이' 또는 '하느님께서 겨루신다'라는 뜻이다.
③ '하느님의 얼굴'이라는 뜻이다.
④ 칠십인역은 '프니엘'이라는 히브리어 장소 이름을 '하느님의 가시적 형상' 또는 '하느님을 봄'이라는 뜻으로 옮겼다. '하느님의 얼굴을 뵈었다'는 야곱의 말과 지명의 연유가 더 잘 연결되는 해석인 셈이다. 요한 크리소스토무스의 주해는 칠십인역의 이 해석을 바탕으로 하고 있다.

둘러보기

교부 시대에 매우 많은 주해를 낳은 이야기다. '야곱'이라는 이름에 대해서는 이미 풀이가 나와 있었는데, 알렉산드리아의 필론은 '야곱'이 '고행자' 또는 '운동선수'라는 뜻이며, 악덕을 이기고 덕을 얻고자 노력하고 훈련하는 사람을 가리킨다고 풀이했다. 이때 야곱이 받은 '이스라엘'이라는 이름을 그는 '하느님을 보는 사람'으로 해석했다. 지금 이 장면은 영적 삶(영적 경기 또는 싸움)에서 내적 평온이라는 선물을 받고 관상적인 삶을 살 수 있게 되는, 다시 말해, 하느님을 볼 수 있게 되는 시점을 나타낸다. 이 해석은 그리스도교 저자들에게 지대한 영향을 미쳤는데, 그래서 이 단락에 수록된 몇몇 발췌문(암브로시우스, 요한 크리소스토무스, 아우구스티누스)에서도 볼 수 있다. 이 이야기에 관한 그리스도교적 해석은 야곱에게서 그리고 그가 싸운 상대 안에서 그리스도의 모습을 보았다. 따라서 야곱이 엉덩이뼈에 느낀 마비된 느낌은 그리스도의 십자가를 예시하는 것으로 해석되었다(암브로시우스). 야곱이 이긴 상대는 믿지 않는 유대인들이 이긴 그리스도를 나타낸다. 하지만 야곱은 믿는 유대인들과 믿지 않는 유대인들을 다 나타내기도 하며, 그의 다친 엉덩이뼈는 나쁜 그리스도인들이나 믿지 않는 유대인들을 나타낸다. 야곱의 긴 싸움(에프렘)은 그리스도, 곧 약속에 매달림을 나타낸다(아우구스티누스, 아를의 카이사리우스). 싸움이 동이 틀 때서야 끝난 사실은 빛 안에 사는 사람들은 싸울 일이 없음을 뜻한다(알렉산드리아의 키릴루스). 야곱이 싸운 상대는 하느님이면서 인간이었는데, 이는 하느님이면서 인간이신 그리스도를 예시한다(노바티아누스, 푸아티에의 힐라리우스).

32,25 야곱이 모르는 이와 씨름하다

덕을 얻기 위한 씨름

마음에서 모든 겉치레를 몰아내어 평온한 상태가 된 야곱은 먼저, 자신의 것이었던 모든 것을 던져 버리고 혼자 뒤에 남아 하느님과 씨름합니다(23-25절 참조). 세상 것들을 버리는 이는 누구나 하느님의 모습에 가까이 가기 때문입니다. 하느님과 씨름한다는 것이 덕을 얻기 위한 싸움에 드는 것 아니고 무엇이겠습니까? 자신보다 강한 존재와 겨루어 다른 이들보다 더 하느님을 많이 담는 자가 되는 것 아니고 무엇이겠습니까? 야곱의 믿음과 헌신적 태도는 누구도 이기지 못할 만큼 강했기에, 주님께서는 그의 엉덩이뼈를 건드리심으로써 감추어진 신비를 그에게 드러내셨습니다(26절 참조). 주 예수님께서 그의 후손으로 동정녀에게서 태어나시게 되어 있고, 예수님은 하느님과 다를 바 없는 동등한 분이시기 때문입니다. 야곱이 엉덩이뼈가 마비된 것처럼 느낀 것은 온 세상에 죄의 용서를 펼치고, 세상 떠난 이들을 당신 육체의 무감각과 마비를 통해 다시 살리실 그리스도의 십자가를 예시합니다. 따라서 거룩한 야곱 위로 해가 떠오른 것은 당연한 일이었습니다(32절 참조). 주님의 구원의 십자가가 그의 혈통을 환히 비추었기 때문입니다. 또한 "의로움의 태양"(말라 3,20)은 하느님을 알아보는 이에게 떠오릅니다. 그 자신이 영원한 빛이기 때문입니다.

• 암브로시우스 『야곱과 행복한 삶』 7,30.[1]

32,26 야곱이 이기다

야곱이 이긴 것은 우리를 위해서 이긴 것

믿는 유대인들과 믿지 않는 유대인들, 그들은 언제 처음 단죄받았습니까? 그들의 첫째 안에서, 그들 모두의 선조로서 그들과 같은 '이스라엘'이라는 이름으로 불린 야곱 안에서였습니다. '야곱'은 '밀어낸 이' 또는 '발뒤꿈치'라는 뜻입니다. '이스라엘'은 '하느님을 보다'라는 뜻입니다. 야곱이 자식들과 함께 메소포타미아에서 돌아올 때, 그리스도를 나타내는 한 천사가 나타나 그와 씨름했습니다. 그들이 싸우는 동안 천사의 힘이 야곱보다 셌지만, 그런데도 그가 야곱에게 진 것처럼 보였습니다. 야곱이 이긴 것처럼 보였습니다. 바로 이런 식으로 그리스도 주님께서도 유대인들에게 져 주셨습니다. 그들이 그분을 죽였을 때, 그들이 이겼습니다. 그분께서 더 강한 힘에게 압도되셨습니다. 그분께서 져 주셨던 바로 그때, 그분은 우리를 위해 이기셨습니다. 그분께서 지셨을 때 우리를 위해 이기셨다니, 그게 무슨 말입니까? 그렇습니다. 그분께서는 고난받으실 때 흘리신 피로 우리를 구원하셨습니다.

그래서 '야곱이 이겼다'고 쓰여 있는 것입니다. 그러나 직접 싸우던 야곱은 거기에 담긴 신비를 알아보았습니다. 천사와 씨름한 사람이 천사를 이겼습니다. 천사가 "나를 놓아 다오"하고 말했을 때, 이긴 이는 "저에게 축복해 주시지 않으면 놓아 드리지 않겠습니다" 하고 말했습니다. 오, 참으로 숭고하고 빛나는 신비입니다! 고난받으신 분께서 해방시켜 주시듯이, 정복당한 이가 축복해 줍니다. 그때가 축복이 완전하게 이루어진 때입니다. 천사가 야곱에게 "네 이름이 무엇이냐?" 하고 묻자, 그가 "야곱입니다" 하고 대답했습니다. 그러자 천사는 "너의 이름은 더 이상 야곱이 아니라 이스라엘이라 불릴 것이다"라고 합니다. 이런 위대한 이름을 받는 것은 큰 축복입니다. '이스라엘'은 앞에서 말씀드렸듯이, '하느님을 봄'을 뜻합니다. 한 사람의 이름이 모

[1] FC 65,163-64*.

든 사람의 보상[이 되었습니다]. 믿어서 축복받은 사람은 누구든, 유대인이든 그리스인이든 여기에 해당합니다. 그리스인들을 바오로 사도는 모든 민족이라고 부릅니다. 그리스어가 모든 민족들 사이에서 특별한 지위를 누리기 때문입니다. 사도는 그것을 '영광과 명예'라고 표현하며 이렇게 말합니다. "먼저 유다인에게 그리고 그리스인에게까지, 선을 행하는 모든 이에게는 영광과 명예와 평화가 내릴 것입니다. 먼저 유다인이 그리고 그리스인까지, 악을 저지르는 자는 누구나 환난과 고통을 겪을 것입니다"(로마 2,10.9).[2]

• 아우구스티누스 『설교집』 229F,2.[3]

당분간 교회는 절룩거린다

야곱의 힘 빠진 엉덩이뼈는 나쁜 그리스도인들을 나타냅니다. 따라서 그[야곱] 안에서 우리는 축복과 절룩거림을 발견합니다. 그는 선한 삶을 사는 사람들과 관련해서는 축복받았습니다. 그는 나쁜 삶을 사는 사람들과 관련해서는 절룩거립니다. 그러나 이 두 가지가 한 사람 안에 다 들어 있습니다. 그것들은 나중에 갈라져 따로 떨어질 것입니다. 교회가 시편에서 갈구하는 것이 바로 이것입니다. "하느님, 제 권리를 되찾아 주소서. 충실치 못한 백성을 거슬러 제 소송을 이끌어 주소서. 거짓되고 불의한 자에게서 저를 구하소서"(시편 43,1). 그래서 복음서도 이렇게 말합니다. "네 손이나 발이 너를 죄짓게 하거든 그것을 잘라 던져 버려라. 두 손이나 두 발을 가지고 영원한 불에 던져지는 것보다, 불구자나 절름발이로 생명에 들어가는 편이 낫다"(마태 18,8). 그러니까 이런 나쁜 사람들은 결국에는 잘려 나가야 합니다. 당분간 교회는 절룩거립니다. 한 발은 굳게 디디고 있고 다른 한 발은 불구라 질질 끕니다. 형제 여러분, 이교인들을 보십시오. 때때로 그들은 하느님을 섬기는 선한 그리스도인들을 발견하고는 찬탄하며 그들에게 이끌려 믿음에 들기도 합니다. 그러나 나쁜 삶을 사는 이들이 때때로 눈에 뜨이면, '이 그리스도인들 좀 보게!' 하고 말합니다. 악한 삶을 사는 이들은 하느님께서 건드리신 야곱의 엉덩이뼈[에서 움푹 들어간 부분]에 속하며 힘이 빠진 자들입니다. 그러나 주님의 건드리심은, 응징하며 또한 생명을 주시는 주님의 손입니다.

• 아우구스티누스 『설교집』 5,8.[4]

힘 빠져 절룩거리지만 축복받은 야곱

야곱의 씨름과 상대를 붙들고 놓아주지 않음은 무엇을 뜻합니까? 주님께서는 복음서에서 "하늘 나라는 폭행을 당하고 있다. 폭력을 쓰는 자들이 하늘 나라를 빼앗으려고 한다"(마태 11,12)고 하십니다. 이것이 우리가 앞에서 이야기한 것입니다. 싸움, 씨름, 그리스도를 붙들고 놓지 않음, 원수를 사랑하는 것 같은 일 말입니다. 여러분이 원수를 사랑한다면, 여러분은 지금 이 자리에서 그리스도를 붙들고 놓지 않는 것입니다. 주님께서, 그러니까 여기서 주님을 대신하는 천사가 야곱이 그를 제압하고 놓아주지 않자 뭐라고 말합니까? 그는 야곱의 엉덩이뼈를 건드려 힘이 빠지게 했고 그래서 야곱이 절룩거렸는데, 그가 야곱에게 "동이 트려고 하니 나를 놓아 다오"라고 했습니다. 그러자 야곱은 "저에게 축복해 주시지 않으면 놓아 드리지 않겠습니다" 하고 대답했습니다. 그러자 천사가 야곱에게 축복해 주었습니다. 어떻게 축복했습니까? 그에게 새 이

---

[2] 아우구스티누스가 이 구절의 순서를 바꾸어 인용하는 점에 주목하라.

[3] *WSA* 3,6,286*.

[4] *WSA* 3,1,223*.

름을 주었습니다. "네가 하느님과 겨루고 사람들과 겨루어 이겼으니, 너의 이름은 이제 더 이상 야곱이 아니라 이스라엘이라 불릴 것이다." 이것이 축복입니다. 보십시오. 그는 한 사람입니다. 한쪽에서 보면, 건드림을 당해 힘이 빠졌고, 또 한쪽에서 보면, 축복받아 활력을 얻었습니다.

• 아우구스티누스 『설교집』 5,6.[5]

32,27 야곱이 축복을 요구하다

동이 틀 때 씨름이 끝나다

동이 트자 왜 싸움이 계속되지 않았는지 생각해 보십시오. 사실, 이미 빛 속에 사는 이들은 싸울 일이 없습니다. 그런 훌륭함에 도달한 이들은 '하느님, 저의 하느님, 저는 빛에서 당신을 봅니다'(시편 63,2 참조)라고 말하는 것이 어울립니다. 그들은 "주님, 아침에 제 목소리 들어 주시겠기에 아침부터 당신께 청을 올리고 애틋이 기다립니다"(시편 5,4)라고 합니다. 의로움의 빛, 곧 그리스도께서 우리 정신 안에 떠오르시어 당신의 광채를 우리 마음에 비춰 주시면, 우리도 고귀한 영혼으로 대접받으며 거룩하신 분의 눈길을 받을 자격을 갖추게 됩니다. "주님의 눈은 의인들을 굽어보시고 그분의 귀는 그들의 부르짖음을 들으"(시편 34,16)시기 때문입니다. 동이 트자 싸움이 그쳤습니다.

• 알렉산드리아의 키릴루스
『모세 오경의 격조 있는 해설』(창세기) 5,3.[6]

'천사'는 구원자이신 우리 주님의 예형

야곱이 요르단 강에 와서 자신의 모든 소유물을 실어 보낸 뒤 홀로 남아 동이 틀 때까지 한 남자와 씨름한 일에 대해 생각해 봅시다. 이 싸움에서 야곱은 유대 백성을 예형합니다. 그와 씨름한 천사는 우리 구원자 주님의 예형입니다. 야곱

이 천사와 싸운 것은 유대 백성이 그리스도와 싸워 죽음에까지 이르게 하도록 되어 있었기 때문입니다. 그렇지만 앞에서도 말했듯이, 모든 유대인이 다 그리스도께 불충하지는 않았습니다. 꽤 많은 사람이 그분의 이름을 믿었다는 기록이 있으며, 그래서 천사가 야곱의 엉덩이뼈를 건드려 그가 절룩이게 된 것입니다. 절룩거리는 그의 다리는 그리스도를 믿지 않은 이들의 예형입니다. 다치지 않은 다리는 그리스도 주님을 받아들인 이들을 나타냅니다. 마지막으로 주목할 것은, 야곱이 싸움에서 이기고 축복을 요구했다는 사실입니다. 천사가 "나를 놓아 다오"라고 하자, 야곱은 "저에게 축복해 주시지 않으면 놓아 드리지 않겠습니다" 하고 대답했습니다. 야곱이 이긴 사실을 놓고 보면, 야곱은 그리스도를 박해한 유대인들을 나타냅니다. 그러나 축복을 요구한 사실을 놓고 볼 때는, 그리스도 주님을 믿게 되어 있는 사람들을 예표합니다. 그러자 천사가 그에게 뭐라고 했습니까? "네가 하느님과 겨루고 사람들과 겨루어 이겼으니"라고 했습니다. 이 일은 유대 백성이 그리스도 주님을 십자가에 못 박았을 때 이루어졌습니다. "동이 트려고 하니 나를 놓아 다오." 이 말은 주님의 부활을 예표합니다. 여러분도 잘 아시듯이, 주님께서는 동이 트기 전에 되살아나셨다고 하기 때문입니다.

• 아를의 카이사리우스 『설교집』 88,5.[7]

용감하게 버틴 야곱

"동이 트려고 하니 나를 놓아 다오." 여기서 '동틀 녘'을 우리는 만물을 만드신 지혜와 진리

---

[5] *WSA* 3,1,222.

[6] PG 69,273.

[7] FC 47,37.

의 빛이라고 이해합니다(참조: 요한 1,3; 14,6; 1코린 1,24). 이 밤이 가면, 다시 말해 이 세상의 불법이 끝나면, 여러분은 아침을 누리게 될 것입니다. 주님께서 천사들이 이미 당신을 보았듯이 우리도 당신을 보게 하시려고 우리에게 오실 때, 그 때가 '동틀 녘'입니다. "우리가 지금은 거울에 비친 모습처럼 어렴풋이 보지만 그때에는 얼굴과 얼굴을 마주 볼 것"(1코린 13,12)이기 때문입니다. 그러니 형제 여러분, 야곱의 말을 명심합시다. "동이 트려고 하니 나를 놓아 다오" 하는 말을 듣고 야곱이 뭐라고 했습니까? "저에게 축복해 주시지 않으면 놓아 드리지 않겠습니다"라고 했습니다. 주님께서는 먼저 몸으로써 우리에게 축복하십니다. 믿는 이들은 자신들이 받은 것, 곧 자신들이 그 몸을 통해 축복받았다는 것을 압니다.[8] 그들은 그 몸이 십자가에 못 박히고 세상에 생명을 주기 위해 바쳐지지 않았다면 자신들이 축복받지 못했으리라는 것을 압니다(요한 6,51 참조). 그런데 야곱은 어떻게 해서 축복을 받았습니까? 하느님과 겨루어 이겼고 끝까지 용감하게 견뎌 냈으며 아담이 잃어버린 것을 손에서 놓지 않았기 때문이었습니다. 그러니 우리 믿는 이들은 축복받을 자격을 갖출 수 있도록, 우리가 받은 것을 굳게 지킵시다.

• 아우구스티누스 『설교집』 5,7.[9]

32,29 새 이름

또 다른 싸움을 예표하는 싸움

성경은 야곱이 어떤 사람과 씨름을 했다고 합니다. 그가 사람에 지나지 않는 존재라면, 그는 누구입니까? 어디에서 왔습니까? 그는 왜 야곱과 싸우고 씨름한 것입니까? 그들 사이에 무슨 일이 있었던 것입니까? 무슨 일이 일어났던 것입니까? 그처럼 중대한 충돌, 그런 싸움이 왜 일

어난 것입니까? 게다가 어떻게 해서 야곱이 그보다 더 우세해서, 자신과 싸우던 사람을 잡고 놓아주지 않을 수 있었던 것입니까? 또한 동이 틀 무렵 자신이 붙잡고 있던 이에게 그가 축복을 요구하는 것은 무슨 까닭입니까? 그 의미는 이렇게 풀이할 수밖에 없습니다. 곧, 이 싸움은 장차 야곱의 후손들과 그리스도 사이에 벌어질 씨름, 복음 안에서 완성된다고 하는 그 싸움을 예표한다는 것입니다. 야곱의 민족이 이 사람과 싸웠고, 그들의 불의가 그리스도에게 승리를 거둔 결과, 그 싸움에서 더 우세한 것으로 드러났기 때문입니다. 그때 그들이 저지른 범죄 때문에 그들은 믿음과 구원의 걸음새에서 매우 흉하게 절룩거리기 시작해, 그들이 가는 길에서 넘어지고 미끄러지고 했습니다. 야곱의 민족은 그리스도를 단죄함으로써 더 우세함을 증명했지만, 여전히 그분의 자비를 필요로 하며 여전히 그분의 축복을 필요로 합니다. 야곱과 씨름했던 사람은 야곱에게 "너의 이름은 이제 더 이상 야곱이 아니라 이스라엘이라 불릴 것이다"라고 합니다. '이스라엘'이 '하느님을 보는' 사람을 뜻한다면, 주님께서는 야곱과 싸운 이는 사람일 뿐 아니라 하느님이기도 하다는 것을 세련된 방식으로 알려 주신 셈입니다. 야곱이 손으로 붙잡은 것은 사람이었지만, 그가 자신의 씨름 상대인 하느님을 본 것은 분명합니다. 그분께서는 이에 대해 한 치의 의혹도 남기지 않으시고자 몸소 이렇게 풀이해 주셨습니다. "네가 하느님과 겨루고 사람들과 겨루어 이겼으니 …." 그리하여 이제 예표의 의미를 이해하고 자신이 씨름한 상대가 권위를 지

---

[8] 아우구스티누스는 여기서 성체성사와 인간적 실재로서의 육화를 이야기한다.

[9] *WSA* 3,1,222-23*.

니신 분임을 깨달은 야곱은 자신이 씨름한 장소에 '하느님의 모습'이라는 이름을 붙였던 것입니다. 야곱은 자신이 하느님을 그렇게 이해한 이유를 설명하기도 하였습니다. "내가 서로 얼굴을 맞대고 하느님을 뵈었는데도 내 목숨을 건졌구나." 그는 하느님을 뵈었고, 사람과 씨름하듯이 그분과 씨름했습니다. 그러나 승리자처럼 그 사람을 붙들고 있으면서도, 마치 하느님께 하듯, 아랫사람처럼 그에게 축복을 청했습니다. 이처럼 그는 하느님과 또 사람과 씨름했습니다. 이 싸움이 예표였고 복음에서 그리스도와 야곱의 민족들 사이에 실제로 이루어졌다면 ─ 그 백성이 우세함이 증명된 싸움이었지만, 그들은 그들의 죄 때문에 아랫사람인 것으로 드러났습니다 ─ 이 싸움의 표상이 그 안에서 실제로 이루어진 그리스도가 인간일 뿐 아니라 하느님이기도 하다는 사실을 인정하지 않을 사람이 누가 있겠습니까? 싸움의 표상 자체가 그분이 하느님이며 인간이라는 사실을 입증했다고 보이니 말입니다.

• 노바티아누스 『삼위일체론』 19,8-14.[10]

하느님과 얼굴을 맞대고 보다

거룩하고 복된 성조 야곱이여, 저와 함께 계셔 주십시오. 당신 믿음의 영으로 불신앙의 불쾌한 야유에 대적하며 저와 함께 계셔 주십시오. 당신은 그 사람과 씨름하여 이기고서 더 강한 자로서 그에게 당신을 축복해 달라고 청하였지요 (26-27절 참조). 어째서 당신보다 약한 이에게 청한 것입니까? 힘없는 이에게 무엇을 기대한 것입니까? 당신이 축복을 간원한 이 사람보다 당신이 더 힘이 세서 그를 팔로 제압하지 않았습니까? 당신 영혼의 활동은 당신 육체의 행위와 조화를 이루고 있지 않습니다. 당신이 행동하는 것과 다르게 생각하기 때문입니다. 이 씨름 중에

당신은 몸동작으로 이 사람을 꼼짝 못하게 하지만, 당신에게 이 사람은 이름으로가 아니라 본성으로 참하느님이십니다. 당신은 그에게 형식적[축복]이 아니라 참된 축복으로 성화해 주기를 청합니다. 당신은 사람과 씨름하지만 얼굴을 맞대고 하느님을 봅니다. 당신 믿음의 눈이 인식하는 것을 당신 육체의 눈은 보지 못합니다. 당신과 비교해 그는 약한 사람입니다. 그러나 하느님을 봄으로써 당신의 영혼은 치유되었습니다.

이 씨름을 하는 동안 당신은 야곱이지만, 축복을 간원한 그대의 믿음이 있은 이후에는 이스라엘입니다. 그 사람이 육에서 그대에게 굴복한 것은 육의 고난을 내다보았기 때문입니다. 당신은 그가 영 안에서 내리는 축복의 신비를 예시하기 위하여, 그 육의 나약함 안에서 하느님을 알아봅니다. 당신은 그의 모습을 보고도 끝까지 씨름을 계속했으며, 그의 나약함을 보고도 그에게 축복을 청하기를 망설이지 않습니다. 또한 그 사람은 사람인 동시에 하느님이 아닌 것으로도, 참하느님이 아니라 그냥 신인 것으로도 드러나지 않습니다. 하느님이신 분은 참하느님일 수밖에 없기 때문입니다. 그래서 축복과 새 이름이 당신에게 주어진 것입니다.

• 푸아티에의 힐라리우스 『삼위일체론』 5,19.[11]

'하느님을 보다'라는 뜻의 '이스라엘'

당신께서 그토록 깊은 배려를 보여 주셨는지에 대해 하느님께서 완전하게 설명해 주셨다는 것을 아시겠습니까? 하느님께서는 그와 동시에 이 선한 사람[야곱]에게 이름['이스라엘']을 내리심으로써, 그가 눈으로 보고 손으로 붙잡을 수 있

---

[10] FC 67,74-75*.

[11] FC 25,149-50.

도록 허락된 그 상대가 누구인지 알려 주셨습니다. 성경 말씀을 떠올려 보십시오. "너의 이름은 이제 더 이상 야곱이 아니라 이스라엘이라 불릴 것이다." '이스라엘'은 '하느님을 보다'라는 뜻입니다. 이는 '너는 하느님을 보는 특권을 받았다. 인간이 하느님을 볼 수 있었기에 너에게 이 이름을 내린다. 네가 그분의 모습을 보았다는 것을 미래에도 모든 이가 분명히 알게 하려는 것이다'라고 한 것과 같습니다. 그리고 그분께서는 이렇게 덧붙이셨습니다. "네가 하느님과 겨루고 사람들과 겨루어 이겼으니 …." 이는 '이제 더 이상 두려워하지 마라. 아무도 너를 해치지 못할 것이다. 무엇보다 너는 하느님과 겨루어 이길 정도의 힘을 얻었으니 어느 인간과 겨루어도 이길 것이며, 누구보다 우월함이 드러날 것이다'라는 뜻입니다.

• 요한 크리소스토무스 『창세기 강해』 58,10.[12]

그리스도의 수난을 나타내는 야곱의 승리

조금 전에 말한 대로 야곱은 이스라엘이라고도 불렸습니다. 물론 이 이름은 그에게서 나온 백성이 더 많이 씁니다. 그런데 이 이름은 야곱이 메소포타미아에서 돌아오는 길에 그와 씨름을 한 천사가 그에게 붙여 준 것입니다. 이 천사는 그리스도의 예형이 분명한데, 야곱이 천사를 이긴 — 감추어진 의미를 상징하기 위하여 천사가 기꺼이 져 준 — 이 사건은 그리스도의 수난을 상징합니다. 수난 중에는 유대인들이 그리스도를 이긴 것처럼 보였습니다. 그러나 야곱은 자기가 이긴 그 천사에게 축복해 달라고 요구했습니다. 그리하여 이 이름을 받았는데, 그것이 곧 축복이었습니다. '이스라엘'이라는 말은 '하느님을 보다'라는 뜻인데, 종말에 모든 성도가 받을 상급이 바로 이것입니다. 그런데 천사는 싸움의

승자인 야곱의 엉덩이뼈를 건드려 그가 절뚝거리게 만들었습니다. 그러니까 동일한 인물 야곱이 축복받은 사람이자 절름발이가 된 것입니다. 같은 이스라엘 백성 가운데 그리스도를 믿는 이들 안에서는 축복받았고, 믿지 않는 이들 안에서는 절름발이인 것입니다. '엉덩이뼈'는 많은 후손을 상징합니다. 그리고 그의 후손 가운데에는 "그들은 절뚝거리며 그들의 길에서 멀어져 갔습니다"(시편 17,45 칠십인역)라는 예언적 경고에 해당하는 사람이 아주 많습니다.

• 아우구스티누스 『신국론』 16,39.[13]

32,30 야곱의 청

야곱의 강점과 약점

그날 밤 천사가 [야곱]에게 나타나 그와 씨름했습니다. 야곱이 천사에게 이긴 동시에 또 졌습니다. 그로써 [야곱은] 자신이 얼마나 약하며 또한 얼마나 강한지 알게 되었습니다. 천사가 그의 엉덩이뼈를 쳐서 관절이 어긋났다는 점에서 그는 약했습니다. 그러나 천사가 "나를 놓아 다오"라고 한 점에서 그는 강했습니다. [천사가] 그에게 "동이 트려고 하니 나를 놓아 다오"라고 한 것은 그들이 얼마나 오랫동안 씨름했는지 알려 주려는 말입니다. 그러자 야곱은 그들이 서로를 붙들고 놓지 않은 것은 사랑에서 그런 것임을 알리기 위해 그에게 축복해 달라고 청합니다. 그러자 천사는 지상의 존재가 자신을 이긴 사실을 불쾌하게 여기지 않는다는 것을 보여 주기 위해 야곱에게 축복하였습니다.

• 시리아인 에프렘 『창세기 주해』 30,3.[14]

---

[12] FC 87,158-59.

[13] *CG* 704*; 『교부 문헌 총서』 16,1793-95.

[14] FC 91,180-81.

32,31 프니엘

우리의 한계를 헤아려 주시는 주님

야곱이 그 환시를 보고 얼마나 큰 확신을 얻었는지 아시겠습니까? 야곱의 이 말은 "두려워 죽을 뻔했는데 '내가 목숨을 건졌구나'. 얼굴을 맞대고 하느님을 뵙는 특권을 누렸기에 '내가 목숨을 건졌구나'"라는 뜻입니다. 그리고 "그가 '하느님의 모습'을 지날 때 해가 그의 위로 떠올랐다"(32절 칠십인역)고 합니다.

주님께서는 하시는 일에서나 당신의 특징인 사랑의 증거를 보여 주실 때 인간의 한계를 얼마나 깊이 헤아려 주시는지 알아보시겠습니까? 사랑하는 여러분, 그분의 깊디깊은 배려에 놀라지 마십시오. 오히려 성조의 일을 기억하십시오. 아브라함이 참나무 곁에 앉아 있을 때, 하느님께서는 천사들과 함께 사람의 모습으로 오시어 그 선한 사람의 손님이 되셨습니다. 이로써 언젠가 당신께서 이 방법으로 모든 인간 본성을 악마의 폭정에서 해방시켜 우리를 구원으로 인도하실 것이라는, 높은 곳으로부터의 예고를 처음부터 우리에게 하신 것입니다. 그런데 그때는 아주 이른 시기라, 몸소 환영의 모습으로 각 사람에게 나타나셨습니다. 하느님께서 영감받은 저자를 통해 "나는 예언자들에게 말하리라. 바로 내가 환시를 많이 보여 주고 예언자들을 통하여 비유로 말하리라"(호세 12,11)라고 하신 대로입니다.

• 요한 크리소스토무스 『창세기 강해』 58,11-12.[15]

32,33 야곱의 엉덩이뼈

믿음의 은총에 대한 무감각

그런데 야곱은 엉덩이뼈 때문에 절뚝거렸습니다. "그래서 이스라엘 자손들은 오늘날까지도 짐승의 엉덩이뼈에 있는 허벅지 힘줄을 먹지 않는다." 그들이 그것을 먹고 믿었더라면 [얼마나 좋았을까요]! 그런데 그들은 하느님의 뜻을 실행할 태세가 되어 있지 않았기에 그것을 먹지 않았습니다. 이 구절을 야곱이 한쪽 엉덩이뼈 때문에 절뚝거렸다는 의미로 받아들이는 이들도 있습니다. 그의 혈통에서 두 백성이 나왔습니다. 그리고 그중 한 백성은 그때 드러났던 마비된 감각을 오늘날 믿음의 은총에 대해 보이고 있습니다. 그러니까 불신이라는 마비 때문에 절뚝거리는 것은 그 백성 자신입니다.

• 암브로시우스 『야곱과 행복한 삶』 7,31.[16]

후세대들을 위한 야곱의 소원

이 사건의 진실은 매우 명백합니다. 이 선한 사람에게 환영이 나타났고, 그 결과 이 선한 사람은 자신이 하느님의 살뜰한 보살핌을 받고 있으며 야곱을 거슬러 음모를 꾸미는 자는 어느 누구도 그를 이길 수 없다는 사실을 확신하게 되었습니다. "그는 엉덩이뼈 때문에 절뚝거렸다"고 하는데, 이는 그가 본 환시를 미래에도 모든 사람이 알게 하려는 것이었습니다. "그래서 이스라엘 자손들은 오늘날까지도 짐승의 엉덩이뼈에 있는 힘줄을 먹지 않는다. 그분께서 야곱의 허벅지 힘줄이 있는 엉덩이뼈를 치셨기 때문이다"라고 쓰여 있습니다. 이 선한 사람은 천수를 다 살았고 곧 이승을 떠날 참이었기에, 그리고 하느님께서 그에게 보여 주신 섭리와 최고의 배려를 모든 인류가 알아야 했기에, 성경에 "이스라엘 자손들은 오늘날까지도 짐승의 엉덩이뼈에 있는 허벅지 힘줄을 먹지 않는다"라고 쓰여 있는 것입니다. 하느님의 호의를 잊어버리는 그들의 배은망덕을 잘 아시는 그분께서는 당신께서 베푸

---

[15] FC 87,159-60*.

[16] FC 65,164.

신 호의를 그들이 잊지 않도록 그 일을 떠올리게 하는 방법을 생각해 내셨고, 그리하여 그들이 이 관습을 지키게 하셨습니다. 이런 예를 성경 곳곳에서 볼 수 있습니다. 사실 이 사례는 많은 관습의 유래에 대해 설명해 줍니다. 이런 관습들은 미래의 세대들이 하느님의 호의에 대해 늘 깊이 생각하게 하여, 그들이 그런 일들을 잊음으로써 과거의 오류로 다시 돌아가는 — 이것이 유대 백성 특유의 나약함입니다 — 일이 없게 하시려는 하느님의 바람에서 나온 것입니다. 이러한 호의를 입고도 습관처럼 배은망덕의 증거를 보여 주는 그들이니, 이런 [관습]이라도 없었더라면, 그들은 하느님께서 해 주신 모든 일을 싹 잊어버렸을 것입니다.

• 요한 크리소스토무스 『창세기 강해』 58,14.[17]

---

[17] FC 87,160-61.

33,1-20 야곱과 에사우가 화해하다

[1] 야곱이 눈을 들어 보니, 에사우가 장정 사백 명과 함께 오고 있었다. 그래서 그는 레아와 라헬과 두 여종에게 아이들을 나누어 맡긴 다음,

[2] 두 여종과 그들의 아이들을 앞에 세우고, 레아와 그의 아이들을 그 뒤에, 그리고 라헬과 요셉을 맨 뒤에 세웠다.

[3] 야곱 자신은 그들보다 앞장서 가면서, 형에게 다가갈 때까지 일곱 번 땅에 엎드려 절하였다.

[4] 그러자 에사우가 야곱에게 달려와서 그를 껴안았다. 에사우는 야곱의 목을 끌어안고 입 맞추었다. 그들은 함께 울었다.

[5] 에사우가 눈을 들어 여자들과 아이들을 바라보며, "네 곁에 있는 이 사람들은 누구냐?" 하고 묻자, 야곱이 "하느님께서 당신의 이 종에게 은혜로이 주신 아이들입니다." 하고 대답하였다.

[6] 그러자 두 여종과 그들의 아이들이 앞으로 나와 큰절을 하였다.

[7] 레아와 그의 아이들도 앞으로 나와 큰절을 하고, 마지막으로 요셉과 라헬이 앞으로 나와 큰절을 하였다.

[8] 에사우가 물었다. "내가 오다가 만난 그 무리는 모두 무엇 하려는 것이냐?" 야곱이 대답하였다. "주인께서 저에게 호의를 베풀어 주셨으면 해서 준비한 것입니다."

[9] 에사우가 "내 아우야, 나에게도 많다. 네 것은 네가 가져라." 하고 말하였지만,

[10] 야곱은 이렇게 대답하였다. "아닙니다. 저에게 호의를 베풀어 주신다면, 이 선물을 제 손에서 받아 주십시오. 정녕 제가 하느님의 얼굴을 뵙는 듯 주인의 얼굴을 뵙게 되었고, 주인께서는 저를 기꺼이 받아 주셨습니다.

[11] 제발 주인께 드리는 이 선물을 받아 주십시오. 하느님께서 저에게 은혜를 베푸시어, 저는 모든 것이 넉넉합니다." 이렇게 야곱이 간곡히 권하자 에사우는 그것을 받아들였다.♪

↶ ¹² 에사우가 말하였다. "자, 일어나 가자. 내가 앞장서마."

¹³ 그러자 야곱이 그에게 말하였다. "주인께서도 아시다시피 아이들은 약하고, 저는 또 새끼 딸린 양들과 소들을 돌보아야 합니다. 하루만 몰아쳐도 짐승들이 모두 죽습니다.

¹⁴ 그러니 주인께서는 이 종보다 앞서서 떠나시기 바랍니다. 저는 세이르에 계시는 주인께 다다를 때까지, 앞에 가는 가축 떼의 걸음에 맞추고 아이들의 걸음에 맞추어 천천히 나아가 겠습니다."

¹⁵ 에사우가 "나와 동행한 사람들 가운데 몇을 너에게 남겨 주어야 하겠구나." 하고 말하였지 만, 야곱은 "그러실 필요가 있겠습니까? 주인께서 저에게 호의를 베풀어 주시기만 하면 저는 충분합니다." 하고 대답하였다.

¹⁶ 그날로 에사우는 길을 떠나 세이르로 돌아가고,

¹⁷ 야곱은 수콧①으로 가서 자기가 살 집을 짓고 가축들을 위한 초막들을 만들었다. 그리하여 그곳의 이름을 수콧이라 하였다.

¹⁸ 야곱은 파딴 아람을 떠나 가나안 땅에 있는 스켐 성읍에 무사히 이르러, 그 성읍 앞에 천막을 쳤다.

¹⁹ 그리고 자기가 천막을 친 땅을 스켐의 아버지 하모르의 아들들에게서 돈 백 닢②을 주고 샀다.

²⁰ 그는 그곳에 제단을 세우고, 그 이름을 엘 엘로헤 이스라엘③이라 하였다.

① '초막'이라는 뜻이다.
② 히브리어 본문의 단위는 '케시타'(qesitah)다.
③ '하느님, 이스라엘의 하느님'이라는 뜻이다.

둘러보기

이 단락에 관해서는 교부들의 주해가 별로 남아 있지 않다. 야곱과 에사우의 화해는 그리스도와 이스라엘의 화해를 예시하는 것으로 볼 수 있다(알렉산드리아의 키릴루스).

33,4 에사우와 야곱이 만나다

이스라엘이 그리스도를 받아들일 것이다

야곱이 하란에서 돌아온 뒤 에사우와 입 맞추었듯이, 종말 때 우리 주 예수 그리스도께서는 옛날에 당신을 박해했던 이스라엘과 화해하실 것입니다. 성경 말씀에 귀 기울이는 이 가운데, 시간이 지나면 이스라엘도 믿음을 통해 그리스도에 대한 사랑으로 들어오리라는 것을 의심하는 이는 아무도 없을 것입니다. 주님께서는 거룩한 예언자들 가운데 한 사람의 목소리를 빌려 모든 이에게 이렇게 선포하십니다. "이스라엘 자손들도 이처럼 오랫동안 임금도 대신도 없이, 희생 제물도 기념 기둥도 없이, 에폿도 집안 수호 신도 없이 살 것이다. 그런 다음에야 이스라엘 자손들이 돌아와 주 저희 하느님과 저희 임금 다윗을 찾을 것이다. 그 마지막 날에 이스라엘 자손들은 두려워하며, 주님과 그분께서 베푸시는 좋은 것을 향해 돌아올 것이다"(호세 3,4-5). 우리 모두의 구원자 그리스도께서 민족들 가운데에서 믿는 이들을 모으시는 동안 이스라엘은 버려져 있습니다. 그들에게는 지도자들을 뽑는 법도 없고 법이 규정한 희생 제사를 올릴 거룩한 제단도 없기 때문입니다. 그래서 그들은 그리스도께서 민족들을 회개시키는 일을 [끝내고] 돌아오시어 자기들도 받아들여 당신 사랑의 법으로 자신들을 다른 사람들과 하나로 결합시켜 주시기를 기다립니다. 자식을 많이 낳고 양 떼도 많이 얻어 기뻐하던 야곱이 하란에서 돌아와 에사우와 어떻게 다시 우호적인 관계를 다지게 되었는지 보십시오. 때가 되면 이스라엘도 부름 받은 민족들을 따라 회개할 것이며, 그리스도 안의 이 부를 찬탄할 것입니다.

● 알렉산드리아의 키릴루스
『모세 오경의 격조 있는 해설』(창세기) 5,3.[1]

---

[1] PG 69,261.

34,1-31 야곱의 아들들이 디나가 폭행당한 일을 복수하다

1 레아가 야곱에게 낳아 준 딸 디나가 그 고장 여자들을 보러 나갔다.

2 그런데 그 고장의 족장인 히위 사람 하모르의 아들 스켐이 디나를 보고, 그를 데리고 가서 겁탈하였다.

3 그는 야곱의 딸 디나에게 반하여 그 소녀를 사랑하게 되었다. 그는 그 소녀에게 다정하게 이야기하였다.

4 스켐은 자기 아버지 하모르에게 "이 처녀를 제 아내로 얻어 주십시오." 하고 말하였다.

5 야곱은 스켐이 자기 딸 디나를 더럽혔다는 말을 들었지만, 아들들이 가축과 함께 들에 있었기 때문에, 그들이 돌아올 때까지 아무 말도 하지 않았다.

6 스켐의 아버지 하모르가 야곱에게 이야기하려고 왔다.

7 마침 야곱의 아들들이 들에서 돌아와 있었는데, 이 남자들은 소식을 듣고 분개하여 화가 치밀어 있었다. 스켐이 야곱의 딸과 동침하여 이스라엘에서 추잡한 짓을 저질렀기 때문이다. 그런 짓은 해서는 안 되는 것이었다.

8 그러나 하모르는 그들에게 이렇게 말하였다. "내 아들 스켐이 여러분의 따님에게 반해 있습니다. 따님을 그의 아내로 주십시오.

9 우리와 인척 관계를 맺읍시다. 여러분의 딸들을 우리에게 주고, 우리 딸들을 데려가십시오.

10 우리와 어울려 삽시다. 이 땅은 여러분 앞에 펼쳐져 있으니, 여기 사시면서 두루 돌아다니실 수 있습니다. 이곳에 정착하십시오."

11 스켐도 디나의 아버지와 오빠들에게 말하였다. "저에게 호의를 베풀어 주십시오. 여러분이 저에게 말씀하시는 것을 다 드리겠습니다.⌡

✐ ¹² 신부 몸값과 선물을 아주 많이 요구하십시오. 여러분이 저에게 말씀하시는 대로 다 드리겠습니다. 다만 그 소녀를 저에게 아내로 주시기만 하십시오."

¹³ 야곱의 아들들은 스켐이 자기들의 누이 디나를 더럽혔기 때문에, 스켐과 그의 아버지 하모르에게 거짓으로 대답하였다.

¹⁴ 그들은 이렇게 말하였다. "할례 받지 않은 남자에게 우리 누이를 주는 그러한 일을 우리는 할 수 없습니다. 그것은 우리에게 수치스러운 일입니다.

¹⁵ 다만 여러분 가운데에 있는 남자들이 모두 할례를 받아 우리처럼 된다는 조건이라면, 여러분의 청을 받아들이겠습니다.

¹⁶ 그렇게 하면, 우리 딸들을 여러분에게 주고 여러분의 딸들을 우리에게 데려오고 하면서, 서로 어울려 살 수 있습니다. 그래서 우리는 한 겨레가 되는 것입니다.

¹⁷ 그러나 여러분이 우리 말대로 할례를 받지 않으신다면, 우리는 누이를 데리고 떠나가겠습니다."

¹⁸ 하모르와 하모르의 아들 스켐은 야곱 아들들의 제안을 좋게 여겼다.

¹⁹ 그래서 그 젊은이는 지체하지 않고 그 제안을 실행에 옮겼다. 그가 야곱의 딸을 좋아하였기 때문이다. 이 젊은이는 자기 아버지의 온 집안에서 가장 존경받는 사람이었다.

²⁰ 하모르와 그의 아들 스켐은 성문으로 가서 자기네 성읍 남자들에게 말하였다.

²¹ "이 사람들은 우리에게 호의를 지니고 있습니다. 그러니 그들이 이 땅에 살면서 두루 돌아다닐 수 있게 해 줍시다. 이 땅은 그들을 받아들일 수 있을 만큼 넓습니다. 그들의 딸들을 아내로 데려오고 우리 딸들을 그들에게 줍시다.

²² 그러나 이 사람들은 자기들이 할례를 받은 것처럼 우리 가운데에 있는 남자들도 모두 할례를 받는다는 조건이어야, 우리와 어울려 살면서 한 겨레가 되겠다고 합니다.

²³ 결국은 그들의 가축 떼와 그들의 재산과 그들의 짐승들이 모두 우리 것이 되지 않겠습니까? 그들의 조건을 받아들여서 그들이 우리와 어울려 살게만 합시다."

²⁴ 성문에 나온 사람들이 모두 하모르와 그의 아들 스켐의 말을 받아들였다. 그리하여 모든 남자들이, 성문에 나온 모든 이들이 할례를 받았다.

²⁵ 사흘 뒤, 그들이 아직 아파하고 있을 때, 야곱의 두 아들 곧 디나의 오빠인 시메온과 레위가 각자 칼을 들고, 거침없이 성읍으로 들어가 남자들을 모조리 죽였다.

²⁶ 하모르와 그의 아들 스켐도 칼로 쳐 죽이고, 스켐의 집에서 디나를 데리고 나왔다.

²⁷ 야곱의 아들들은 칼에 맞아 쓰러진 자들에게 달려들어 성읍을 약탈하였다. 그들이 자기들의 누이를 더럽혔기 때문이다.

²⁸ 그들은 양과 염소, 소와 당나귀, 성안에 있는 것과 바깥 들에 있는 것들을 가져갔다.

²⁹ 재산을 모두 빼앗고 모든 어린아이들과 아낙네들을 잡아가고, 집 안에 있는 것들을 모조리 약탈하였다. ♪

> ☞ ³⁰ 그러자 야곱이 시메온과 레위에게 말하였다. "너희는 이 땅에 사는 가나안족과 프리
> 즈족에게 나를 흉측한 인간으로 만들어, 나를 불행에 빠뜨리는구나. 나에게는 사람들이
> 얼마 없는데, 그들이 합세하여 나를 치면, 나도 내 집안도 몰살당할 수밖에 없다."
> ³¹ 그러나 그들은 "우리 누이가 창녀처럼 다루어져도 좋다는 말씀입니까?" 하고 말하였다.

둘러보기

야곱의 아들들, 그 가운데서도 시메온과 레위가 스켐의 주민들과 하모르에게 저지른 복수와 속임수, 폭력에 관한 이야기는 성경을 읽는 그리스도교 신자들의 교화에 도움이 되기보다는 오히려 신자들이 이해하기 힘든 소재였다. 이 단락에 관한 주해가 거의 남아 있지 않은 데는 그런 이유도 있을 것이다. 도덕적·우의적 관점에서 디나는 영혼을 나타낸다고 풀이할 수 있지만, 폭력은 피해야 한다. 폭력은 그리스도의 가르침과 맞지 않기 때문이다(알렉산드리아의 키릴루스).

34,30 야곱을 불행에 빠뜨린다

주님의 성막을 피신처로 삼아라

상처 입은 사람과 믿음의 형제인 이들이 만약 레위처럼 사제 신분이라면, 그들도 신하입니다(사실, '시몬'은 '복종'이라는 뜻입니다). 그들은 자신과 가까운 믿음의 친구가 억울한 일을 당하면 몹시 불쾌해합니다. 그렇지만 그들은 피를 요구해서도, 나쁜 짓을 저지른 이들에게 지나치게 엄한 벌을 주려 해서도 안 됩니다. 그렇게 한다면 그리스도의 이 말씀에 귀 기울이지 않는 것입니다. "너희가 나를 미움받게 만들었구나. 이제 나는 이 땅의 모든 주민들 눈에 흉측한 인간으로 보이게 되었다"(칠십인역). 예수님께서 칼을 뽑은 베드로를 꾸짖으신 일을 기억할 필요가 있습니다. "칼을 칼집에 도로 꽂아라. 칼을 잡는 자는 모두 칼로 망한다"(마태 26,52). 사실, 하느님께 대한 신심에 이끌리는 우리가 칼로 무장하는 것은 어울리지 않습니다. 오히려 우리는 인내해야 합니다. 우리를 박해하고 싶어 하는 사람들이 있지만 우리는 그들이 선을 행하도록 꾸짖어야 합니다. 우리는 인내해야 하지만 결코 침묵해서는 안 됩니다. 그리고 의롭게 심판하시는 분께 맡겨야 합니다(1베드 2,23 참조). 파멸하기 원치 않는 사람들은 이단자들이나 낯선 자들의 무리에 이끌려 들어가는 일이 없도록 아버지의 천막, 곧 하느님의 집을 떠나서는 안 됩니다. 아버지의 천막을 나온 디나는 스켐의 집으로 끌려갔습니다. 그녀가 아버지의 집에 머무르며 거룩한 천막에서 계속 살았더라면 그런 비난받을 일은 일어나지 않았을 것입니다. 다윗은 그 천막 안에서 사는 것이 얼마나 아름답고 이로운 일인지를 이렇게 노래합니다. "주님께 청하는 것이 하나 있어 나 그것을 얻고자 하니, 내 한평생 주님의 집에 살며 주님의 아름다움을 우러러보고 그분 궁전을 눈여겨보는 것이라네. 환난의 날에 그분께서 나를 당신 초막에 숨기시고 당신 천막 은밀한 곳에 감추시며 바위 위로 나를 들어 올리시리라"(시편 27,4-5).

• 알렉산드리아의 키릴루스
『모세 오경의 격조 있는 해설』(창세기) 5,4-5.[1]

---

[1] PG 69,280-81.

35,1-15 야곱이 베텔로 돌아가다

¹ 하느님께서 야곱에게 말씀하셨다. "일어나 베텔로 올라가 그곳에서 살아라. 그곳에 제단을 만들어, 네가 너의 형 에사우를 피해 달아날 때 너에게 나타난 그 하느님에게 바쳐라."

² 야곱은 가족들과 자기에게 딸린 모든 사람에게 말하였다. "너희에게 있는 낯선 신들을 내버려라. 몸을 깨끗이 씻고 옷을 갈아입어라.

³ 일어나 베텔로 올라가자. 그곳에 제단을 만들어, 내가 어려움을 당할 때 나에게 응답해 주시고 내가 어디를 가든 나와 함께 계셔 주신 하느님께 바치고자 한다."

⁴ 그들은 자기들이 가지고 있던 모든 낯선 신들과 귀에 걸고 있던 귀걸이들을 내놓았다. 야곱은 스켐 근처에 있는 향엽나무 밑에 그것들을 묻어 버렸다.

⁵ 그들이 길을 가는 동안 하느님께서 내리신 공포가 그들 주위의 성읍들을 휘감아, 아무도 야곱의 아들들을 뒤쫓지 못하였다.

⁶ 야곱은 자기에게 딸린 모든 사람과 함께 가나안 땅에 있는 루즈 곧 베텔에 다다랐다.

⁷ 야곱은 거기에 제단을 쌓고 그곳의 이름을 엘 베텔①이라 하였다. 그가 자기 형을 피해 달아날 때, 하느님께서 당신 자신을 바로 그곳에서 그에게 드러내 보이셨기 때문이다.

⁸ 그때 레베카의 유모 드보라가 죽어, 베텔 아래에 있는 참나무 밑에 묻혔다. 그래서 그곳의 이름을 알론 바쿳②이라 하였다.

⁹ 야곱이 파딴 아람에서 돌아오자, 하느님께서 다시 그에게 나타나 복을 내려 주셨다.

¹⁰ 하느님께서 그에게 말씀하셨다. "너의 이름은 야곱이다. 그러나 더 이상 야곱이라 불리지 않을 것이다. 이스라엘이 이제 너의 이름이다." 이렇게 하느님께서 그의 이름을 이스라엘이라 하셨다.

¹¹ 하느님께서 그에게 다시 말씀하셨다. "나는 전능한 하느님③이다. 자식을 많이 낳고 번성하여라. 너에게서 한 민족이, 아니 민족들의 무리가 생겨날 것이다. 네 몸에서 임금들이 나올 것이다.

¹² 내가 아브라함과 이사악에게 준 땅을 너에게 준다. 또한 네 뒤에 오는 후손들에게도 그 땅을 주겠다."

¹³ 그런 다음 하느님께서는 야곱과 말씀을 나누시던 그곳에서 그를 떠나 올라가셨다.

¹⁴ 야곱은 하느님께서 자기와 말씀을 나누신 곳에 기념 기둥, 곧 돌로 된 기념 기둥을 세운 다음, 그 위에 제주를 따르고 또 기름을 부었다.

¹⁵ 야곱은 하느님께서 자기와 말씀을 나누신 그곳의 이름을 베텔이라 하였다.

① '베텔의 하느님'이라는 뜻이다.
② '통곡의 참나무'라는 뜻이다.
③ 히브리어로는 '엘 샤다이'(*El Shaddai*)다.

둘러보기

집안사람들에게 옷을 갈아입으라고 한 야곱의 지시는 세례 예식을 예시한다. 돌기둥을 세우고 거기에 기름을 부은 야곱의 행동은 그리스도의 신비를 상징한다(알렉산드리아의 키릴루스).

35,2 집안사람들을 정화시키다

우리도 옷을 갈아입어야 한다

야곱은 하느님의 부르심을 받고 베텔, 곧 '하느님의 집' — 이것이 바로 '베텔'의 뜻입니다 — 으로 올라갑니다. 그리고 그곳에서 하느님께 희생 제물을 바치고 거룩한 의식을 집전하는 우두머리이자 주인으로 선언됩니다. 그는 자신의 후계자들과 후손들에게 그들이 하느님의 집에 들어갈 때 어떻게 해야 하는지 가르칩니다. 그는 낯선 신들을 똥과 쓰레기처럼 내다 버리고 옷을 갈아입으라고 지시합니다. 하느님 앞에 불려 나갈 때나 신성한 성전에 들어갈 때, 우리도 이렇게 해야 옳습니다. 거룩한 세례를 받을 때는 더욱 그렇습니다. 낯선 신들을 쫓아내고 그런 오류들과 결별하는 것처럼 '나는 너 사탄과 너의 모든 허세, 너를 숭배하는 것과 관련된 모든 것을 거부한다!' 하고 외쳐야 합니다. "사람을 속이는 욕망"(에페 4,22)으로 '타락한 옛 인간을 벗어 버리고, 자기를 창조하신 분의 모상에 따라 끊임없이 새로워지면서 참지식에 이르는 새 인간을 입음'(콜로 3,10 참조)으로써 완전히 새 옷으로 갈아입어야 합니다. 야곱과 함께 살던 여자들은 귀걸이를 빼 버렸습니다. 사실, 세속적인 장식물을 하나도 걸치지 않고 머리칼을 흐트러뜨리지 않은 모습으로 하느님의 집에 들어가는 여자들은 교만하다는 비난을 받을 일이 없습니다. 이 여자들이 귀에 걸었던 보석을 모두 빼 버린 것은 이런 까닭이라 생각합니다.

• 알렉산드리아의 키릴루스
『모세 오경의 격조 있는 해설』(창세기) 5,4.[1]

35,14 돌로 된 기념 기둥

기름부어진 돌 기념 기둥은 그리스도를 예시한다

베텔, 곧 하느님의 집에 올라가면, 우리는 "모퉁이의 머릿돌"(1베드 2,6)로 선택된 그 돌을 알게 될 것입니다. 그리스도가 그 돌입니다. 우리는 아버지께서 하늘 아래 사는 모든 피조물을 위하여 기뻐하고 즐거워하며 기름 부어 주시는 분을 보게 될 것입니다. 앞서도 말했듯이, 아들은 아버지 하느님에게 기름부음을 받으십니다(시편 45,8 참조). 시편 저자의 말대로, '온 세상이 즐거워하며 환호'(시편 98,4 참조)할 일입니다. 이 일이 우리가 방금 읽은 구절에 어떻게 예표되어 있는지 아시겠습니까? "야곱은 … 돌로 된 기념 기둥을 세운 다음, 그 위에 제주를 따르고 또 기름을 부었다." 이 행동은 그리스도의 신비를 상징합니다. 그리스도를 통하여 그리스도와 함께 성부와 성령께 영원무궁히 영광 있나이다. 아멘.

• 알렉산드리아의 키릴루스
『모세 오경의 격조 있는 해설』(창세기) 5,5.[2]

---

[1] PG 69,284.

[2] PG 69,284.

[35,16-29 야곱의 아들들]

[36,1-43 가나안에서 난 에사우의 자손]

37,1-4 요셉과 그 형제들

¹ 야곱은 자기 아버지가 나그네살이하던 땅 곧 가나안 땅에 자리를 잡았다.
² 야곱의 역사는 이러하다. 열일곱 살 난 요셉은 형들과 함께 양을 치는 목자였는데, 아버지의 아내인 빌하의 아들들과 질파의 아들들을 도와주는 심부름꾼이었다. 요셉은 그들에 대한 나쁜 이야기들을 아버지에게 일러바치곤 하였다.
³ 이스라엘은 요셉을 늘그막에 얻었으므로, 다른 어느 아들보다 그를 더 사랑하였다. 그래서 그에게 긴 저고리①를 지어 입혔다.
⁴ 그의 형들은 아버지가 어느 형제보다 그를 더 사랑하는 것을 보고 그를 미워하여, 그에게 정답게 말을 건넬 수가 없었다.

① 칠십인역은 '긴 저고리'가 아니라 '알록달록한 저고리'다.

둘러보기

극적이며 생생한 장면이 담긴 요셉에 관한 이야기 묶음(창세 37-50장)에 교부들은 많은 주해를 남겼다. 도덕적 가르침의 소재로 쉽게 이용할 수 있었고 우의적 해석도 가능했기 때문이다. 요셉의 나이 같은 사소한 사항도, 젊음이 덕을 추구하는 데 장애가 될 수 없으며 그의 덕이 시샘을 불러일으켰다는 가르침을 담고 있는 것으로 여겨졌다(요한 크리소스토무스). 형제들이 요셉을 미워한 것은 아버지가 어린 아들을 치우쳐 사랑했기 때문이었다(요한 크리소스토무스, 암브로시우스). 야곱이 요셉을 치우쳐 사랑하고 그에게 옷을 지어 입힌 일은, 비록 요셉의 경우에는 예언적인 사건이긴 했지만, 불필요하게 시샘을 불러일으키지 말 것과 덕은 더 큰 사랑의 동기가 된다고 강조하는 근거가 되었다(암브로시우스). 우의적 해석으로 풀면, 요셉은 그리스도를 예표하며, 그의 알록달록한 저고리는 교회가 주는 선물의 다양함을 나타낸다(아를의 카이사리우스). 요셉이 남달리 사랑받은 것은 은총과 그의 영혼이 지닌 덕 덕분이었다(요한 크리소스토무스, 암브로시우스). 이 단락에 관한 올바른 영적 해석은 야곱을 아버지 하느님의 표상으로, 요셉을 그리스도로 이해하고, 그것을 '이는 내가 사랑하는 아들이다'라는 신약성경의 선언과 연결시켜 해석하는 것이다(아를의 카이사리우스). 요셉의 알록달록한 옷은 유대인들의 시샘을 불러일으킨 그리스도의 여러 가지 영광을 나타낸다고 해석할 수도 있다(알렉산드리아의 키릴루스). 이 단락은 시샘의 영향에 관한 단순한 묵상을 낳기도 했다(요한 크리소스토무스, 아를의 카이사리우스).

37,2 요셉이 열일곱 살이었을 때

덕은 나이와 상관없다

성경은 왜 요셉의 나이를 밝히는 것일까요? 덕을 기르는 데 젊음은 아무런 방해가 되지 않는다는 것을 여러분에게 가르치고, 이 젊은이가 아버지에게 순종하고 형들이 잔인하게 굴었음에도 그들을 동정한 것을 여러분이 깨닫게 하려는 것입니다. 요셉은 형들에게 매우 잘 대했음에도 그들의 마음을 얻지 못했습니다. 그가 어리다는 이유로 그들이 그와 사랑의 유대를 맺고 싶어 하지 않았기 때문입니다. 오히려 그들은 처음부터 이 어린 동생이 덕에 이끌리고 있다는 것과 아버지가 그를 특별히 사랑하는 것을 보고 그를 미워했습니다. 그래서 "그들은 요셉에 대한 나쁜 이야기들을 아버지에게 일러바치곤"(2절 칠십인역)[1] 한 것입니다.

• 요한 크리소스토무스 『창세기 강해』 61,2.[2]

37,3 이스라엘이 요셉을 더 사랑하다

요셉이 형제들의 사랑을 잃다

우리는 여기서 부모의 사랑은 어때야 하며 자식은 어떤 식으로 고마움을 표현해야 하는지 배웁니다. 자기 자녀를 사랑하는 것은 즐거운 일이고, 그들을 몹시 사랑하는 것은 몹시 기쁜 일입니다. 그런데 부모가 사랑을 자제하지 못할 때, 그 사랑이 자녀에게 해를 입히는 경우가 많습니다. 지나치게 응석을 받아 주어 사랑받는 아이가 멋대로 구는 아이가 되기도 하고, 한 아이만 치우쳐 사랑하여 다른 아이들이 그에게서 형제간의 우애를 느끼지 못하게 만들기도 합니다. 형제의 사랑을 얻는 자식이 더 많이 얻는 자식입니다. 이것이야말로 부모가 보여 줄 수 있는 관대함의 빛나는 본보기며 자식들에게는 더 귀중한 상속 재산입니다. 같은 본성으로 연결된 자녀들이 [부모의] 같은 사랑으로 연결되게 합시다. …

거룩한 야곱의 아들들이 저고리 하나 때문에 불화하게 되었는데, 형제간에 토지나 집을 놓고 싸움이 벌어지는 것이 뭐가 놀랍습니까? 그렇다면 어째야 합니까? 한 아들만 치우쳐 사랑한 야곱을 비난해야 할까요? 하지만 우리는 부모들에

게서 어떤 자식이 특별히 더 자격이 있다 생각하여 그를 더 사랑할 자유를 빼앗을 수도 없고, 더 마음에 드는 자식이 되고 싶은 자녀들의 욕망을 없애 버릴 수도 없습니다. 분명한 건, 야곱이 덕의 표시가 더 뚜렷이 보이는 아들을 더 사랑했다는 것입니다. 그런 점에서 이는 아버지가 한 아들을 치우쳐 사랑한 것이라기보다는 예언자로서 거룩한 표징에 더 마음을 둔 것이라 할 수 있습니다. 야곱이 이 아들에게 알록달록한 저고리를 지어 입혀, 그가 다양한 덕이라는 옷 때문에 형제들보다 더 사랑받게 되어 있음을 나타낸 것은 옳았습니다.

• 암브로시우스 『요셉』 2,5-6.[3]

은총이 요셉의 덕을 자라게 하다

"이스라엘은 요셉을 늘그막에 얻었으므로, 다른 어느 아들보다 그를 더 사랑하였다." 이 말은 무슨 뜻입니까? 이스라엘은 야곱의 늘그막에, 그러니까 생의 말년에 태어났기 때문에, 야곱이 요셉을 다른 어느 아들보다 사랑했다는 말입니다. 사실, 늘그막에 얻은 자식을 아버지는 특별히 더 아끼고 각별한 사랑을 쏟는 듯 보입니다. 그렇지만 요셉의 경우에 그가 다른 형제들보다 아버지의 마음과 사랑을 더 많이 얻은 것은 단지 이 때문만은 아님을 우리는 알아야 합니다. 성경은 그의 뒤로 또 다른 아들이 태어났다는 것을 우리에게 알려 줍니다. 사랑의 표현이 본성적 이끌림에 따라 나타나는 것이라면, 막내아들이 가장 늘그막에, 그러니까 이 선한 사람이 생의 마지막에 얻은 아들이니, 그가 가장 사랑받는 아들

---

[1] 히브리어 성경에 따르면, 요셉이 형들에 대한 이야기들을 일러바쳤다.

[2] FC 87,186-87*.

[3] FC 65,190-91.

이었어야 할 것입니다. 그렇다면 이에 대해 우리는 뭐라고 말할 수 있겠습니까? 이 젊은 사람이 호감을 불러일으키고 영혼이 지닌 덕 때문에 다른 어느 아들보다 더 사랑받게 한 것은 높은 데에서 온 은총이었다고 하겠지요. … 성경이 요셉을 '늘그막에 얻은 아들이라 이스라엘이 그를 더 사랑하였다' 하고 설명한 것은, 진짜 이유를 대면 형제들의 시샘이 더욱 커질 것이기 때문이었습니다.

• 요한 크리소스토무스 『창세기 강해』 61,3.[4]

늘그막에 얻은 아들

우리 이야기가 딴 데로 새지 않게 결론적으로 말하자면, 임마누엘은 아버지께서 늘그막에 얻으신 아들로서 태어나셨습니다. 그분은 세상의 끝 시대, 곧 이 시대에 나타나셨고 그분 뒤에 다른 아들은 없을 것이기 때문입니다. 우리는 다른 누구 안에서 구원받기를 기대하지 않습니다. 그분만이 그럴 힘을 지니고 계십니다. 구원과 세상의 생명은 다른 어느 누구에게도 없기 때문입니다(사도 4,12 참조). 시편 저자의 말대로 그분은 영원무궁토록 우리를 이끌어 주시며(시편 48,14 참조), 조금 전에도 말했듯이, 우리는 사랑받는 그분, 하느님으로서 선재하셨으나 육을 취하시어 세상 마지막 시대에 나타나신 그분의 백성이 될 것입니다. 실제로 우리는 그분께서는 아버지와 함께 영원하신 분이라고 고백합니다.

• 알렉산드리아의 키릴루스
『모세 오경의 격조 있는 해설』(창세기) 6,4.[5]

아버지 하느님을 예표하는 야곱

그리스도인들이 경건하게 교회에 와서 성조들이 어떻게 아내를 맞아들였고 자식을 낳았는지 들을 때, 그 일들이 일어난 이유나 여러 사실들이 예표하는 영적 의미를 파악하지 못한다면, 그런 이야기를 듣는 것이 무엇이 이롭겠습니까? 보십시오, 우리는 복된 야곱이 아들을 얻어 그의 이름을 요셉이라 하였으며 다른 아들들보다 그를 더 사랑하였다는 이야기를 들었습니다. 이 이야기에서 복된 요셉은 아버지 하느님을 예표합니다. 거룩한 요셉은 우리 구원자 주님의 예형입니다. 그래서 야곱이 이 아들을 사랑한 것입니다. 아버지 하느님께서도 "이는 내가 사랑하는 아들"(마태 3,17)이라고 친히 말씀하셨듯이 당신의 외아들을 사랑하셨기 때문입니다.

• 아를의 카이사리우스 『설교집』 89,1.[6]

다양한 은총

신비적으로나 우의적으로 해석하면, 요셉은 주님의 예표입니다. 요셉의 행동을 고찰해 보면, 그 일부만 보더라도, 요셉 안에서 주님의 확실한 표상을 분명하게 알아볼 수 있습니다. 요셉은 알록달록한 저고리를 입고 있었습니다. 우리 구원자 주님도 그런 옷을 입고 계셨다고 알려져 있습니다. 다양한 민족들로 이루어진 교회를 옷처럼 입고 계셨기 때문입니다. 그리스도께서 입으신 이 옷, 곧 교회의 다양함은 서로 다른 종류들이 모인 다양함입니다. 교회는 서로 다른 갖가지 은총을 지니고 있습니다. 그래서 순교자들, 고백자들, 사제들, 봉사자들, 동정녀들, 과부들, 정의를 실천하는 사람들 같은 이들이 있습니다. 교회의 이런 다양함은 색깔이 아니라 은총의 다양함입니다. 당신 교회의 이 다양함 안에서 우리 구원자 주님께서는 알록달록한 값진 옷으로 빛나십

---

[4] FC 87,187-88*.

[5] PG 69,301.

[6] FC 47,38-39.

니다. 요셉은 형제들에 의해 팔려 이스마엘인들 소유가 되었습니다. 우리 구원자 주님께서는 유대인들에 의해 팔려 다른 민족들 손에 들어가셨습니다. 게다가 요셉을 산 이스마엘인들은 여러 종류의 향료를 가지고 있었습니다. 이것은 믿음에 든 다른 민족들이 의로움의 갖가지 향기로 온 세상을 향기롭게 하리라는 것을 말해 줍니다.

• 아를의 카이사리우스 『설교집』 93,3.[7]

37,4 형제들이 요셉을 미워하다

시샘은 영혼에 해를 입힌다

시샘은 고약한 병입니다. 시샘이 영혼을 침범하면, 극단적으로 비참한 상태를 만들어 놓기 전에는 결코 떠나는 법이 없습니다. [시샘은] 그것을 낳는 영혼에 [해를 입히고] 시샘의 대상에게는 오히려 의도와 반대되는 영향을 미칩니다. 그를 더욱 눈에 뜨이게 하고 더 존경받게 하며 더 이름나게 만듭니다. 시샘하는 사람에게는 이것 또한 심한 타격이 됩니다. 아무튼 여기에서 주목할 것은, 이 훌륭한 사람이 지금 무슨 일이 일어나고 있는지 전혀 모르며, 자기와 같은 출산의 고통을 초래했던 자신의 형제들과 단순하고 즐겁게 이야기하고 있는 모습으로 묘사되고 있다는 점입니다. … 한편 그들에게 시샘이라는 병이 덮쳐 동생을 미워하게 되었습니다.

• 요한 크리소스토무스 『창세기 강해』 61,4.[8]

갖가지 영광으로 아버지 하느님을 입다

요셉은 아버지의 극진한 사랑을 받았습니다. 아버지는 그에게 알록달록한 저고리를 지어 입혔는데, 그 특별한 선물은 아버지가 그를 사랑한다는 증거였습니다. 그리고 그것은 이후의 일들이 보여 주듯이, 형제들이 그를 시샘하게 하는 자극물이요 미움의 원인이 되었습니다. 사실, 바

리사이들은 사랑받는 분, 곧 그리스도에 대한 분노로 타올랐습니다. 그분께서 아버지 하느님께서 지어 주신 알록달록한 영광을 입고 계셨기 때문입니다. 그분은 감탄할 만한 여러 가지 모습을 지니고 계셨습니다. 생기를 주는 하느님의 모습이기도 했고, 어둠 속에 있는 이들을 비추고, 나병 환자를 깨끗하게 만들고, 죽어서 이미 썩어 가고 있는 이들을 되살리고(요한 11,39 참조), 당신 권능으로 호수를 꾸짖고 풍랑을 가라앉히실 수 있는(마태 8,24-27 참조) 빛의 모습이기도 했습니다. 난처해진 유대인들은 시샘에 불타며 서로들 "저 사람이 저렇게 많은 표징을 일으키고 있으니, 우리가 어떻게 하면 좋겠소?"(요한 11,47) 하고 말했습니다. 알록달록한 저고리는 당신 인성을 통해 우리와 비슷해진 아들에게 아버지 하느님께서 입혀 주신 다양한 영광의 상징입니다. 아들은 우리와 같은 모습을 지니셨기에 "아버지, … 아버지의 아들을 영광스럽게 해 주십시오"(요한 17,1) 하고 말씀하셨지만, 당신 본성에 있어서는 영광의 주님이십니다. 그런즉 요셉의 꿈 이야기를 들은 뒤 첩의 아들들이 분개하고 시샘하며 공연히 의심하게 된 것은 제가 앞에서 말한 그런 이유 때문이었습니다. 언젠가는 자신들이 그 동생의 신하가 되어 그를 섬기게 되고 동생은 그들보다 훨씬 높아지고 영광스럽게 되어 부모님의 총애를 받게 되리라는 것을 알았기에, 그들은 이를 갈며 동생을 죽일 계획을 세웠습니다. 유대인들이 분개한 것도 같은 이유입니다. 그들도 같은 병에 걸렸습니다. 임마누엘께서 성조들보다 더 높으신 분이며(요한 8,58 참조) 실로 온 세상에서 모든 민족의 숭배를 받게 되어 있다는 것을 알았

---

[7] FC 47,59**.

[8] FC 87,188.

기 때문입니다. 그것을 안 그들은 "저자가 상속자다. 자, 저자를 죽여 버리고 우리가 그의 상속 재산을 차지하자"(마태 21,38) 하고 말했습니다.

• 알렉산드리아의 키릴루스
『모세 오경의 격조 있는 해설』(창세기) 6,4.[9]

시샘이라는 병

사랑하는 여러분, 복된 요셉과 관련하여, 그의 형제들이 그를 시기한 나머지 "그에게 정답게 말을 건넬 수가 없었다"라고 쓰여 있습니다. 사랑하는 형제 여러분, 실로 시샘은 낯선 이는 말할 것도 없고 형제들조차 보아주지 못하게 하는 아주 위험한 병입니다. 네, 세상이 생겨난 아주 초기에 사악한 형 카인은 의로운 아벨을 시샘 때문에 살해했습니다. 거룩하고 충실한 요셉은 그때 그가 겪은 고난 때문에 주님의 더욱 의로운 종임이 밝혀졌습니다. 그는 형들의 시샘 때문에 이스마엘인들의 종으로 팔려 갔습니다. 그러나 자신이 팔려 간 그 사람들에게 존경받는 사람이 되었고 나중에는 이집트의 재상이 되었습니다.

• 아를의 카이사리우스 『설교집』 90,1.[10]

---

[9] PG 69,301-4.

[10] FC 47,43.

37,5-11 요셉의 꿈

[5] 한번은 요셉이 꿈을 꾸고 그것을 형들에게 말한 적이 있는데, 그 때문에 형들은 그를 더 미워하게 되었다.

[6] 요셉이 그들에게 말하였다. "내가 꾼 이 꿈 이야기를 들어 보셔요.

[7] 우리가 밭 한가운데에서 곡식 단을 묶고 있었어요. 그런데 내 곡식 단이 일어나 우뚝 서고, 형들의 곡식 단들은 빙 둘러서서 내 곡식 단에게 큰절을 하였답니다."

[8] 그러자 형들이 그에게 말하였다. "네가 우리의 임금이라도 될 셈이냐? 네가 우리를 다스리기라도 하겠다는 말이냐?" 그리하여 형들은 그의 꿈과 그가 한 말 때문에 그를 더욱 미워하게 되었다.

[9] 그는 또 다른 꿈을 꾸고 그것을 형들에게 말하였다. "내가 또 꿈을 꾸었는데, 해와 달과 별 열한 개가 나에게 큰절을 하더군요."

[10] 이렇게 그가 아버지와 형들에게 이야기하자, 그의 아버지가 그를 꾸짖어 말하였다. "네가 꾸었다는 그 꿈이 대체 무엇이냐? 그래, 나와 네 어머니와 네 형들이 너에게 나아가 땅에 엎드려 큰절을 해야 한단 말이냐?"

[11] 형들은 그를 시기하였지만, 그의 아버지는 이 일을 마음에 간직하였다.

둘러보기

형제들이 요셉을 더욱 미워하게 된 일은 스스로 파멸의 길을 가게 하는 시샘의 결과에 대해 깊이 생각해 볼 기회다(요한 크리소스토무스). 요셉의 꿈은 그의 생애 동안에 이루어질 일이 아니라 마지막 시대와 그리스도의 오심에 관한 예언적 환시였다(히폴리투스). 더 구체적으로 말하면, 그 꿈은 열한 제자를 나타내는 열한 개의 별과 함께 계신 예수님의 부활을 가리키는 것이라고 해석할 수 있다(암브로시우스, 아를의 카이사리우스). 야곱의 꾸짖음은 이스라엘 백성의 완고함을 예시한다(암브로시우스).

37,5 요셉의 꿈

방해물이 끼어드는 것을 허락하신다

요셉의 형제들이 얼마나 눈멀었는지 잘 보십시오. 그들은 자기들 멋대로 그 꿈을 풀이했습니다. 실로, 그들이 요셉을 미워한 것은 미래를 몰랐기 때문이라고 주장할 수 없습니다. 오히려 그 꿈으로 인하여 미래에 대해 알게 되었기 때문에 그들이 요셉을 더 미워하게 된 것입니다. 아, 이 얼마나 말도 안 되는 어리석음입니까! 그 사실을 알게 되었다면 그들은 미움의 이유를 버리고 시샘을 떨쳐 버리고 요셉을 더 예뻐했어야 마땅합니다. 그런데 어리석은 그들은 자신들이 하는 일이 모두 되돌아온다는 것을 한눈에 알아차리지 못하고 동생을 더욱 미워했습니다. 괴로워하는 이 불쌍한 피조물들이여, 그대들은 왜 형제 사이라는 처지를 잊어버리고 그 꿈의 계시는 하느님께서 그를 특별히 아끼심을 분명하게 보여 준다는 사실을 부인하고 그런 시샘을 보이는가? 사실 그대들도 하느님께서 예고하신 일들은 망쳐질 수 없다고 믿지 않소? 그대들이 그 꿈을 풀이한 대로, 그대들이 온갖 수를 다 쓰더라도 그 일들은 곧 일어날 것이오. 창조적이며 지혜로우신 만물의 주님께서는 당신 고유의 충만한 권능을 드러내시며, 당신께서 뜻하신 일이 이루어지기 전에 많은 방해물이 끼어드는 것을 허락하십니다. 이는 당신께서 결정하신 일이 결국에는 이루어지게 함으로써 당신의 권능이 얼마나 놀라운 것인지 보여 주시려는 뜻입니다.

• 요한 크리소스토무스 『창세기 강해』 61,7.[1]

37,8 형제들이 요셉을 더욱 미워하게 되다

다가올 시대에 관한 환시

하느님께서 그에게 당신 자신의 신비들을 드러내 주시고 종말 때 어떤 일이 일어날지 환시를 통해 분명하게 보여 주셨는데, 그대들은 어째서 그 의인을 시샘하고 미워하는 것입니까? 의로우신 아버지께서 그를 다른 이들보다 더 사랑하시어 영광을 내리신 것인데, 그대들은 왜 수 놓인 그의 저고리를 보고 속상해합니까? 아버지께서 그를 목자들 가운데 목자로서 그대들을 찾아보도록 보내셨고, 당신 노년을 위해 믿을 만한 증인으로 또 곡식 단으로 그를 세상에 주셨으며, 거룩한 맏이를 죽은 이들 가운데에서의 맏물로 되살리셨습니다. 해와 달과 열한 개의 별이 그에게 절한 것을 가지고 그대들이 왜 분개합니까? 그것들은 그분을 예표하기 위하여 고대 때부터 거기 있었습니다. 야곱이 '해'로 불리지도 라헬이 '달'로 불리지도 않았으며, 그 일들은 그때 일어나지 않았습니다.

• 히폴리투스 『이사악과 야곱의 축복』 2.[2]

예수님의 부활을 드러내 주는 환시

실로 요셉은 어린 시절에도 하느님의 은총으

---

[1] FC 87,189-90*. [2] PO 27,4.

로 빛났습니다. 그는 형제들과 곡식 단을 묶고 있는 꿈을 꾸었는데 — 그러니까 그것은 환시였던 것입니다 — 그의 곡식 단이 일어나 우뚝 서고, 형들의 곡식 단들은 빙 둘러서서 그의 곡식 단에게 큰절을 하는 것이었습니다. 여기에는 장차 있을 주 예수님의 부활이 드러나 있습니다. 그분께서 예루살렘에 계신 것을 본 열한 제자와 모든 성인은 큰절을 했습니다. 그들이 일어나면, "곡식 단 들고 환호하며 돌아오리라"(시편 126,6)라는 말씀대로, 그들은 선행의 열매들을 지니고서 절을 할 것입니다. 요셉의 형들은 시샘 때문에 그 꿈은 믿을 만하지 않다고 깎아 말했지만, "네가 우리의 임금이라도 될 셈이냐? 네가 우리를 다스리기라도 하겠다는 말이냐?" 하고 대답한 것을 보면, 속으로는 요셉과 똑같이 풀이하고 있었음이 드러납니다.

• 암브로시우스 『요셉』 2,7.[3]

37,10 야곱이 요셉을 꾸짖다

모든 이가 그리스도께 절을 할 것이다

요셉은 또 다른 꿈을 꾸고 그것을 형들과 아버지에게 말했습니다. 해와 달과 별 열한 개가 그에게 큰절을 하는 꿈이었습니다(9절 참조). 그러자 그의 아버지는 그를 꾸짖어, "네가 꾸었다는 그 꿈이 대체 무엇이냐?" 하고 말했습니다. 그의 부모와 형제들이 그 앞에 나아가 땅에 엎드려 큰절을 한 분이 예수 그리스도 아니고 누구겠습니까? 요셉과 그의 어머니와 제자들은 그분 앞에 엎드려 큰절을 하고는 그 육체 안에 참하느님께서 계시다고 고백했습니다. "주님을 찬양하여라, 해와 달아. 주님을 찬양하여라, 반짝이는 모든 별들아"(시편 148,3)는 다른 누구도 아닌 그분에 관한 노래입니다. 나아가, 아버지의 꾸짖음은 이스라엘 백성의 완고함을 나무란 것 아니고

무엇이겠습니까? 그리스도께서 육에 따라 그들에게서 나셨지만, 오늘날에도 그들은 그분께서 하느님이심을 믿지 않으며 그분을 자신들의 주님으로 받아들여 그분께 큰절하기를 싫어합니다. 그분께서 자기들 가운데 한 사람으로 태어났음을 알기 때문이라는 것입니다. 그래서 그들은 그분의 대답을 들어도 이해하지 못합니다. 해와 달이 그리스도를 찬미한다는 내용을 그들도 읽지만, 그것이 그리스도에 관한 말씀이라는 것을 믿으려 하지 않습니다. 그러니까 야곱은 그 상징을 잘못 이해했지만, 그 자신의 사랑에 있어서는 잘못 알지 않았습니다. 그[야곱] 안에서 아버지의 사랑은 길을 잃지 않았습니다. 거기에는 길 잃은 백성에 대한 사랑이 묘사되어 있습니다.

• 암브로시우스 『요셉』 2,8.[4]

우리의 참된 요셉

요셉은 또 다른 꿈을 꾸었습니다. 해와 달과 별 열한 개가 그에게 큰절을 하는 꿈이었습니다. 그의 아버지는 그에게 "그래, 나와 네 어머니와 네 형들이 너에게 나아가 땅에 엎드려 큰절을 해야 한다는 말이냐?"라고 하였습니다. 이 일은 요셉 안에서 이루어질 수 없는 일이었습니다. 그러나 우리의 참된 요셉, 곧 우리 주 예수 그리스도 안에서 이 꿈의 신비들이 이루어졌습니다. 부활후, '달'이신 거룩한 마리아와 '별'인 복된 요셉, '별 열한 개'인 복된 사도들이 그분 앞에 엎드려 절했을 때, 해와 달과 별 열한 개가 그분께 큰절을 했습니다. "주님을 찬양하여라, 해와 달아. 주님을 찬양하여라, 반짝이는 모든 별들아"(시편 148,3)라는 예언이 그때 이루어졌습니다. 이 꿈에

---

[3] FC 65,191*.

[4] FC 65,191-92*.

대한 풀이는 요셉 안에서는 이루어지지 않았습니다. 그가 앞에서 말한 이 꿈을 꾸기 오래전에 그의 어머니가 죽었다는 기록을 우리가 읽었다는 중요한 이유 때문입니다. 사실, 시샘이라는 밤이 그들의 빛을 무디고 흐리게 만들었는데, 어떻게 그의 형제들이 별들처럼 그를 받드는 일이 일어날 수 있었겠습니까? 그들은 자기 안에 있는 자비의 빛을 꺼뜨린 까닭에 별의 반짝임을 잃어버렸습니다. 우리는 이 일이 마땅히 우리 구원자 주님 안에서 이루어졌다고 진정으로 믿습니다. 앞에서도 말씀드렸듯이, 복된 요셉과 복된 마리아, 그리고 열한 사도는 자주 그분을 경배했기 때문입니다. 사도들은 우리 주님께서 복음서에서 우리에게 말씀해 주신 별들의 빛을 지니고 있었습니다. 그분께서는 그들에게 "너희는 세상의 빛이다"(마태 5,14)라고 하셨습니다. 이 사람들과 또 이들과 비슷한 이들에게 이렇게 말씀하기도 하셨습니다. "그때에 의인들은 아버지의 나라에서 해처럼 빛날 것이다"(마태 13,43).

● 아를의 카이사리우스 『설교집』 89,4.[5]

---

[5] FC 47,40-41.

37,12-24 요셉의 형제들이 음모를 꾸미다

¹² 그의 형들이 아버지의 양 떼에게 풀을 뜯기러 스켐 근처로 갔을 때,

¹³ 이스라엘이 요셉에게 말하였다. "네 형들이 스켐 근처에서 양 떼에게 풀을 뜯기고 있지 않느냐? 자, 내가 너를 형들에게 보내야겠다." 요셉이 "그러십시오." 하고 대답하자,

¹⁴ 이스라엘이 그에게 말하였다. "가서 네 형들이 잘 있는지, 양들도 잘 있는지 보고 나에게 소식을 가져오너라." 이렇게 해서 그는 요셉을 헤브론 골짜기에서 떠나보냈다. 요셉이 스켐에 도착하였다.

¹⁵ 어떤 사람이 보니 그가 들에서 헤매고 있었다. 그래서 그 사람이 "무엇을 찾고 있느냐?" 하고 묻자,

¹⁶ 요셉이 대답하였다. "저는 형들을 찾고 있습니다. 그들이 어디서 양들에게 풀을 뜯기고 있는지 저에게 제발 알려 주십시오."

¹⁷ 그러자 그 사람이 말하였다. "그 사람들은 여기서 떠났단다. '도탄으로 가자.' 하는 말을 내가 들었다." 그래서 요셉은 형들을 뒤따라가 도탄에서 그들을 찾아냈다.

¹⁸ 그런데 그의 형들은 멀리서 그를 알아보고, 그가 자기들에게 가까이 오기 전에 그를 죽이려는 음모를 꾸몄다.

¹⁹ 그들은 서로 말하였다. "저기 저 꿈쟁이가 오는구나.

²⁰ 자, 이제 저 녀석을 죽여서 아무 구덩이에나 던져 넣고, 사나운 짐승이 잡아먹었다고 이야기하자. 그리고 저 녀석의 꿈이 어떻게 되나 보자."♪

> ☞ 21 그러나 르우벤은 이 말을 듣고 그들의 손에서 요셉을 살려 낼 속셈으로, "목숨만은 해치지 말자." 하고 말하였다.
>
> 22 르우벤이 그들에게 다시 말하였다. "피만은 흘리지 마라. 그 아이를 여기 광야에 있는 이 구덩이에 던져 버리고, 그 아이에게 손을 대지는 마라." 르우벤은 그들의 손에서 요셉을 살려 내어 아버지에게 되돌려 보낼 생각이었다.
>
> 23 이윽고 요셉이 형들에게 다다르자, 그들은 그의 저고리, 곧 그가 입고 있던 긴 저고리를 벗기고,
>
> 24 그를 잡아 구덩이에 던졌다. 그것은 물이 없는 빈 구덩이였다.

둘러보기

야곱이 아들들과 양들이 다 잘 있는지 보고 오라고 요셉을 보낸 것은 육화의 신비를 예시한다(암브로시우스, 요한 크리소스토무스). 요셉이 '헤매고 있은' 것은 그리스도께서 당신이 찾는 하느님 백성을 발견하지 못하시는 것을 나타낸다(암브로시우스, 아를의 카이사리우스). '도탄'('버림')이라는 이름은 요셉 형제들의 도덕 상태를 나타내며, 그리스도를 받아들이지 않은 사람들의 도덕 상태를 암시한다. "저 녀석의 꿈이 어떻게 되나 보자"라는 말은 그리스도께서 십자가에서 들으신 조롱을 예시한다. 요셉의 저고리는 그리스도의 벗겨진 옷과 그분의 육을 나타낸다(암브로시우스).

37,14 야곱이 요셉을 형들에게 보내다

아버지께서 아들을 보내시는 신비를 미리 본 야곱

이 성조는 그처럼 인상적인 꿈을 믿기를 거부하지 않았습니다. 그가 이중 예언으로 두 가지를 예언한 것을 보면 그렇습니다. 곧, 그는 의로운 사람과 백성들을 동시에 나타냈습니다. 이는 하느님의 아드님께서 땅에 오시어 의로운 사람들에게는 사랑받고 믿지 않는 이들에게는 거부당하실 것이었기 때문입니다. 그런 점에서 야곱이

아들들과 양들이 잘 있는지 가서 보도록 요셉을 보낸 것은 장차 일어날 육화의 신비를 미리 본 것입니다. 하느님께서 일찍이 성조 시대부터 관심을 보이며 찾으신 양들이 무엇이겠습니까? 주 예수님께서 복음서에서 "나는 오직 이스라엘 집안의 길 잃은 양들에게 파견되었을 뿐이다"(마태 15,24)라고 말씀하신 바로 그들입니다. 그리하여 요셉이 스켐에 도착하였습니다(15절 참조). '스켐'이라는 이름은 '어깨' 또는 '등'을 뜻합니다. 이는 주님께로 돌아서지 않고 그분 면전에서 멀리 달아난 이들을 의미하니 죄인들을 묘사하는 말로 알맞습니다. "카인은 주님 앞에서 물러 나와 에덴의 동쪽 놋 땅에 살았다"(창세 4,16)고 쓰여 있고, 시편 저자는 "당신께서 그들을 도망치게 하시고"(시편 21,13)라고 합니다. 그러나 의로운 사람은 주님에게서 돌아서는 것이 아니라 그분을 맞으러 달려가며, "내 눈은 언제나 주님을 향해 있네"(시편 25,15) 하고 말합니다. 주님께서 "내가 누구를 보낼까?" 하시자, 이사야는 스스로 나서 "제가 있지 않습니까? 저를 보내십시오"(이사 6,8) 하고 말했습니다. 시메온도 그리스도 주님을 뵙기를 고대했습니다. 그는 그분을 본 뒤, 자신은 죄를 용서하시는 분이며 온 세상을 구원하시는

분을 뵈었으므로, 이 육(肉)의 용도에서 해방되기를 청했습니다. 마치 자신의 죄가 벗겨졌다는 듯이 '주님, 이제 당신 종을 떠나게 해 주십시오. 제 눈이 당신의 구원을 보았기 때문입니다'(루카 2,29-31 참조) 하고 말했습니다. 자캐오도 처음에, 그리스도를 보기 위해 나무 위에 올라간 일로 주님의 칭찬을 듣는 특별한 은혜를 입었습니다(루카 19,1-10 참조). 그리하여 요셉은 아버지에 의해 형들에게로 파견되었습니다. 이 아버지는 "당신의 친아드님마저 아끼지 않으시고 우리 모두를 위하여 내어 주신"(로마 8,3) 아버지시며, "당신의 친아드님을 죄 많은 육의 모습을 지닌 속죄 제물로 보내"(로마 8,3)신 아버지이십니다.

• 암브로시우스 『요셉』 3,9.[1]

장차 일어날 사건들의 예형들

이 모든 일이 일어난 것은 요셉이 형들을 얼마나 존중했는지 보여 주는 한편 그들의 흉악한 의도가 드러나게 하려는 것이었습니다. 그런가 하면, 장차 일어날 일들의 예형으로 일어난 것이기도 합니다. 그림자 안에서 진리의 윤곽을 미리 개략적으로 그려 보인 것인 셈입니다. 형제간의 사랑도 동생이 온 이유도 전혀 모르면서 처음에는 그를 죽여 없애려고 했고 결국에는 외국인들에게 팔아 버린 형들을 보기 위해 요셉이 집을 떠나왔듯이, 당신다운 사랑에 충실하신 우리 주님께서도 인류를 찾아오셨습니다. 우리와 똑같은 근원에서 육을 취하시어 우리 가운데에 오셨습니다. 그래서 바오로 사도도 이렇게 외칩니다. "그분께서는 분명 천사들을 보살펴 주시는 것이 아니라, 아브라함의 후손들을 보살펴 주십니다. 그렇기 때문에 그분께서는 모든 점에서 형제들과 같아지셔야 했습니다"(히브 2,16-17).

• 요한 크리소스토무스 『창세기 강해』 61,10.[2]

37,15 들에서 헤매다

요셉이 형제들을 찾지 못하다

요셉이 형제들을 찾지 못해 들에서 헤매고 있었습니다. 그가 헤매는 것은 당연합니다. 그는 길 잃은 이들을 찾고 있었으니까요. "주님께서는 당신의 사람들을 아신다"(2티모 2,19; 요한 10,14 참조)고 합니다. 예수님께서도 길을 걷느라 지치셨을 때 우물가에 앉으셨습니다(요한 4,6 참조). 그분께서 지치신 것은 당신께서 찾는 하느님 백성들을 발견하지 못하셨기 때문입니다. 그들이 주님의 면전에서 물러 나왔기 때문이지요(창세 4,16 참조). 죄를 따라가는 사람은 그리스도 앞에서 뒷걸음칩니다. 죄인은 나가고 의로운 사람은 들어옵니다. 실로, 아담은 죄인이 되자 숨었지만(창세 3,8 참조) 의로운 사람은 "제 기도가 당신 앞까지 이르게 하소서"(시편 88,3) 하고 말합니다.

• 암브로시우스 『요셉』 3,10.[3]

그리스도께서도 인류를 찾아 헤매셨다

야곱은 아들들에게 자신이 그들을 걱정하고 있다는 것을 알리기 위해 요셉을 보냈고, 아버지 하느님께서는 죄로 나약해져 길 잃은 양들 같은 인류를 찾아보도록 당신의 외아들을 보내셨습니다. 형제들을 찾던 요셉은 광야에서 헤맸습니다. 그리스도께서도 세상에서 길 잃고 헤매는 인류를 찾아다니셨습니다. 말하자면 그분도 세상에서 헤매신 것입니다. 길 잃고 헤매는 이들을 찾아다니셨기 때문이지요. 요셉은 스켐에서 형제들을 찾아다녔습니다. '스켐'은 '어깨'라는 뜻입니다. 죄인들은 의로운 이들의 얼굴에 언제나 등을 돌리고 어깨를 뒤로 하기 때문입니다. 시샘에

---

[1] FC 65,192-93*.
[2] FC 87,191*.
[3] FC 65,194*.

휩싸인 요셉의 형제들이 형제간의 사랑에 눈감고 등을 돌렸듯이, 졸렬한 유대인들은 그들에게 오신 구원의 영도자를 사랑하는 대신 그를 시샘했습니다. 그런 이들에 대하여 시편은 이렇게 말합니다. "그들의 눈은 어두워져 보지 못하고 그들의 허리는 늘 휘청거리게 하소서"(시편 69,24).

• 아를의 카이사리우스 『설교집』 89,1.[4]

37,17 요셉이 도탄에서 형제들을 찾아내다

'버려짐'을 뜻하는 '도탄'

요셉은 도탄에서 형들을 찾아냈습니다. '도탄'은 '버려짐'이라는 뜻입니다. 하느님을 버린 사람이 '버려짐' 안이 아니고 어디에 있겠습니까? "고생하며 무거운 짐을 진 너희는 모두 나에게 오너라. 내가 너희에게 안식을 주겠다"(마태 11,28) 하고 말씀하신 그분의 목소리에 귀 기울이지 않은 이들이 버려진 것은 놀라운 일이 아닙니다. 그래서 요셉이 도탄에 왔을 때, 그들은 "멀리서 그를 알아보고, 그가 자기들에게 가까이 오기 전에 그를 죽이려는 음모를 꾸몄다"고 쓰여 있습니다. 버려진 이들이 멀리 있는 것은 당연합니다. 그렇기에 그들은 격노하여 음모를 꾸밉니다. 그들이 그리스도 가까이 있지 않았기 때문입니다. 그들이 그리스도의 본보기 가까이 있었더라면, 그들은 틀림없이 자신들의 동생을 사랑했을 것입니다. 그런데 그들은 가까이 있을 수 없었습니다. 형제 살해를 꾀하고 있었기 때문입니다. "저기 저 꿈쟁이가 오는구나. 자, 이제 저 녀석을 죽여서 아무 구덩이에나 던져 넣고 …." 천하에 벌받을 형제 살해를 꾀하며 이런 말을 하는 자들은, 솔로몬이 기록한 바로 이런 자들이 아니겠습니까? "의인에게 덫을 놓자. 그자는 우리를 성가시게 하는 자"(지혜 2,12).

• 암브로시우스 『요셉』 3,11.[5]

37,20 형제들의 음모

그리스도에게서 실현되다

창세기에서 그들도 이렇게 말했습니다. "저 녀석의 꿈이 어떻게 되나 보자." 이 구절은 요셉과 관련한 이야기에 나오지만 이 말이 실현된 것은 그리스도에게서였습니다. 그분께서 수난 당하실 때 유대인들은 이렇게 말했습니다. "이스라엘의 임금님이시면 지금 십자가에서 내려와 보시지. 그러면 우리가 믿을 터인데. 하느님을 신뢰한다고 하니, 하느님께서 저자가 마음에 드시면 지금 구해 내 보시라지"(마태 27,42-43). 그런데 그 형제들은 자기들 형제를 죽일 만큼 사악했습니까? 그렇다면 이 강력한 성조들은 어떤 덕을 지녔기에 율법이 그들의 이름으로 각 부족을 지칭한 것일까요? 거룩한 이름들이 범죄의 표시와 어떻게 조화를 이룬단 말입니까? 여기서도 그들은 백성의 표상이었습니다. 그들 자신의 영혼은 범죄의 무거움으로 짓눌리지 않았습니다. 그들은 표상으로서 그 모든 적의를 보이고 형제 살해의 음모를 꾸민 것입니다. 적의는 표상으로서 보이고, 성덕은 사랑으로 [얻었습니다].

• 암브로시우스 『요셉』 3,12.[6]

37,21 르우벤이 요셉을 살려 낼 마음을 먹다

형제 관계라는 거룩한 유대

르우벤과 유다는 형제 관계라는 거룩한 유대를 잊지 않고 요셉을 그들의 손에서 건져 내 주고 싶어 했습니다(창세 37,21-22.26-27 참조). 유다는 아버지의 축복으로 우선권을 받으며, 그래서 당연히 이런 말을 듣습니다. "네 아버지의 아들

---

[4] FC 47,39*.

[5] FC 65,194-95*.

[6] FC 65,195.

들이 네 앞에 엎드리리라. 유다는 어린 사자. … 그는 민족들의 기대"(창세 49,8-10 칠십인역). 이는 그리스도에게만 들어맞는 말입니다. 그분은 당신 형제들의 섬김을 받게 되어 있고 민족들이 그분을 고대하였으며, 죄의 얼룩도 없는 육을 지니신 그분께서는 당신 육체의 수난으로 당신의 옷을 포도주로 씻으실 것이었기 때문입니다. …

그러나 이 둘과 반대되는 뜻으로 의견을 모은 형제들은 '예로부터 있던 산들의 복보다, 처음부터 있던 언덕들의 탐스러운 것들보다 큰 복'(창세 49,26 참조)을 받은 이를 학대했습니다. 요셉은 자신이 누구를 예표하고 있다고 생각했을까요? 모든 사람의 공로를 능가하며 모든 성인의 갈망을 넘어서는 무한한 권능의 정점을 지니신 분, 기도에서 아무도 필적하지 못하는 그분입니다. 그래서 이 성조들의 경우, 미움이 은총으로 되갚아집니다. 그들은 죄를 용서받고 계시의 선물을 받아 거룩하게 됩니다. 그리스도와 관계된 것을 보고서 [이해하지 못하여], 백성과 관계된 것을 행복과 관계된 것처럼 말한 것은 사실 탓 들을 일이

아니기 때문입니다. 이 백성은 그들의 주님이요 구원자이신 분의 은총을 받게 되려고 죄인의 역할을 한 것입니다. 확실히, 은총은 죄를 소멸시켰으나 죄는 은총을 줄어들게 하지 못했습니다.

• 암브로시우스 『요셉』 3,13.[7]

37,23 형들이 요셉의 옷을 벗기다

십자가의 예표

따라서 이미 그때에도 장차 올 십자가가 표징으로 예표되었습니다. 그분께서 저고리, 곧 당신께서 취하신 육이 벗겨진(요한 19,23-24 참조) 바로 그때, 그는 덕들을 나타내는 다양하고 아름다운 색을 벗었습니다. 그래서 그의 저고리, 곧 그분의 육은 피로 얼룩졌지만 그분의 신성은 더럽혀지지 않았습니다. 그분의 원수들은 그분에게서 육이라는 옷은 빼앗을 수 있었지만 죽지 않는 그분의 생명은 빼앗지 못했습니다.

• 암브로시우스 『요셉』 3,15.[8]

---

[7] FC 65,195-96**.   [8] FC 65,198.

37,25-28 요셉이 노예로 팔려 가다

[25] 그들이 앉아 빵을 먹다가 눈을 들어 보니, 길앗에서 오는 이스마엘인들의 대상이 보였다. 그들은 여러 낙타에 향고무와 유향과 반일향을 싣고, 이집트로 내려가는 길이었다.
[26] 그때 유다가 형제들에게 말하였다. "우리가 동생을 죽이고 그 아이의 피를 덮는다고 해서, 우리에게 무슨 이득이 있겠느냐?
[27] 자, 그 아이를 이스마엘인들에게 팔아 버리고, 우리는 그 아이에게 손을 대지 말자. 그래도 그 아이는 우리 아우고 우리 살붙이가 아니냐?" 그러자 형제들은 그의 말을 듣기로 하였다.
[28] 그때에 미디안 상인들이 지나가다 요셉을 구덩이에서 끌어내었다. 그들은 요셉을 이스마엘인들에게 은전[①] 스무 닢에 팔아넘겼다. 이들이 요셉을 이집트로 데리고 갔다.

① 칠십인역은 '금전'이다.

둘러보기

이스마엘인들이 싣고 가던 향료들은 이스마엘인들을 나타내는 이교인들에 의해 온 세상으로 퍼져 나갈 정의의 향기를 예표한다(크로마티우스, 아를의 카이사리우스). 성경 번역본에 따라 요셉이 팔려 간 값이 다르게 기록된 것은 여러 민족들이 그리스도에게 저마다 다른 값을 매겼음을 나타낸다(암브로시우스, 아를의 카이사리우스). 요셉은 그리스도보다 비싼 값에 팔려 간 것처럼 보이지만, 당신의 수난으로 우리의 몸값을 치르신 분은 실상 값을 매길 수 없는 분이시다(크로마티우스, 아를의 카이사리우스). 요셉이 팔려 간 사건을 시샘이 불러오는 몹쓸 결과에 대해 묵상할 계기로 보는 해석도 있다(요한 크리소스투무스). 팔려 가고, 이집트로 내려가고, 이집트를 기근에서 구한 것 등 요셉의 생애에 있었던 갖가지 사건들은 참된 요셉이신 그리스도의 신비가 지닌 여러 측면을 상징한다(아를의 카이사리우스).

37,25 이집트로 내려가는 이스마엘인들

정의의 향기

형제들이 물리친 요셉을 이스마엘인들이 받아들였습니다. 마찬가지로, 유대인들이 물리친 구원자 우리 주님을 이교인들이 받아들였습니다. 요셉을 받아들인 이스마엘인들은 온갖 종류의 향료를 싣고 가는데, 이 사실은 이교인들이 믿음을 받아들임으로써 정의의 다채로운 향료를 온 세상에 퍼뜨리게 될 것을 보여 줍니다.

• 아퀼레이아의 크로마티우스 『설교집』 24,3.[1]

37,27 요셉이 이스마엘인들에게 팔리다

값의 신비

"자, 그 아이를 이스마엘인들에게 팔아 버리고 …"라고 한 것은, 이 모든 일이 백성과 또 주

예수님과 관련한 신비임을 우리가 알도록 하려는 것입니다. '요셉'이라는 이름은 어떻게 풀이할 수 있습니까? 이 이름은 '하느님의 은총' 또는 '지극히 높으신 하느님의 표현'이라는 뜻입니다. 그러면 팔려 가는 것이 누구입니까? "하느님의 모습을 지니셨지만 하느님과 같음을 당연한 것으로 여기지 않으시고 오히려 당신 자신을 비우시어 종의 모습을 취하"(필리 2,6-7)신 바로 그 사람입니다. … 그들은 그를 상인들에게 팔았습니다. 상인들은 배반자들에게서 귀한 향기를 샀습니다. 유다가 그를 팔았고 이스마엘인들이 그를 샀습니다(참조: 창세 37,25-28; 마태 26,14-15; 27,5-6). 우리의 언어에서 그들의 이름은 '자기들 신을 미워함'을 뜻합니다. 그래서 우리는 요셉이 어떤 기록에서는 금전 스무 닢에 팔렸다고 하고, 어떤 기록에서는 스물다섯 닢이라고 하고, 서른 닢에 팔렸다고 하는 것을 봅니다. 모든 민족이 그리스도를 똑같이 평가하지는 않기 때문입니다.[2] 어떤 사람들은 그분의 값어치를 낮게, 어떤 사람들은 높게 평가합니다. 사는 이의 믿음이 그 값을 높이기도 하고 낮추기도 합니다. 신심 깊은 이에게 하느님은 더 값진 존재입니다. 죄인에게 구원자는 더 값진 존재입니다. 더 많은 은총을 지닌 이들에게도 그분은 더 값진 존재이십니다. 그러나 그분은 많은 것을 받은 이에게 더 값진 분이십니다. 그분은 더 많은 것을 용서받은 사람을 더욱 사랑하시기 때문입니다. 당신의 발에 향유를 붓고는 눈물로 그 발을 씻고 자기 머리카락으로 닦고 입맞춤으로 그 발을 말린 여자와 관련하여 주님께서 복음서에서 친히 그렇게 말씀하셨습니다. 그리스도께서는 그 여자에 관하여 시몬에게

---

[1] SC 164,74.

[2] 창세 37,28 참조. 칠십인역은 '금전 스무 닢', 불가타는 '은전 스무 닢'이다.

"그러므로 내가 너에게 말한다. 이 여자는 그 많은 죄를 용서받았다. 그래서 큰 사랑을 드러낸 것이다. 그러나 적게 용서받은 사람은 적게 사랑한다"(루카 7,47).

• 암브로시우스 『요셉』 3,14.[3]

상징적 표현

여기서도 여러분이 주님 수난의 상징적 표현에 주목하도록 하기 위해 성조 유다는 이렇게 말합니다. "자, 그 아이를 이스마엘인들에게 팔아버리고, 우리는 그 아이에게 손을 대지 말자." 앞서도 그는 "그 아이에게 손을 대지는 마라"(창세 37,22)고 했고, 그것은 주님의 수난 때 유대인들이 "우리는 누구를 죽일 권한이 없소"(요한 18,31)라고 한 것과 다를 바 없습니다. "이는 예수님께서 당신이 어떻게 죽임을 당할 것인지 가리키며 하신 말씀이 이루어지려고 그리된 것"(요한 18,32)입니다.

• 암브로시우스 『요셉』 3,14.[4]

37,28 은전 스무 닢

수난의 값을 싸게 매기다

위대한 신비에 주목합시다. 요셉은 '금전 스무 닢'에 팔려 갔고, 주님은 "은돈 서른 닢"(마태 26,15)에 팔아넘겨지셨습니다. 종이 주인보다 높은 값에 팔렸습니다. 분명한 건, 사람들은 주님의 값을 매길 줄 모른다는 것입니다. 팔아넘겨지시는 그분은 인간이 평가할 수 있는 대상이 아니기 때문입니다. 이 신비에 대해 좀 더 깊이 생각해 봅시다. 유대인들은 주님의 몸값으로 은전 서른 닢을 내주었습니다. 이스마엘인들은 요셉의 몸값으로 금전 스무 닢을 치렀습니다. 이스마엘인들은 유대인들이 주인을 위해 치른 것보다 더 높은 값을 주고 종을 샀습니다. 앞의 사람들은 요

셉 안에 있는 그리스도의 모습을 섬겼습니다. 뒤의 사람들은 그리스도 안에 있는 실재를 경멸하기만 했습니다. 그런 까닭에 유대인들은 그리스도의 값을 낮게 제시했습니다. 그리스도의 수난을 별것 아니라 여겼기 때문입니다. 그런데 어떻게 주님의 수난을 싸게 평가할 수 있을까요? 온 세상을 구제하는 데 대한 값인데 말입니다. 이 점을 우리에게 분명하게 설명해 주는 바오로 사도의 말을 들으십시오. "하느님께서 [더 많은] 값을 치르고 여러분을 속량해 주셨습니다"(1코린 6,20). 비슷하게 이야기하는 베드로 사도의 말도 들어 보십시오. "여러분은 조상들에게서 물려받은 헛된 생활 방식에서 해방되었는데, 은이나 금처럼 없어질 물건으로 그리된 것이 아니라, 흠 없고 티 없는 어린 양 같으신 그리스도의 고귀한 피로 그리된 것입니다"(1베드 1,18-19). 우리가 금이나 은으로 값을 치르고 죽음에서 되사졌다면, 우리의 몸값은 싸다고 할 것입니다. 인간은 금이나 은보다 고귀하니까요. 그런데 사실 우리는 값을 헤아릴 수 없는 귀한 것을 치르고 되찾아졌습니다. 당신 수난으로 우리의 몸값을 치르신 분은 값을 매길 수 없는 분이시기 때문입니다.

• 아퀼레이아의 크로마티우스 『설교집』 24,4.[5]

형제임을 아랑곳 않다

이 얼마나 부당한 계약입니까! 이 얼마나 사악한 이득입니까! 이 얼마나 부정한 거래입니까! 그대들과 똑같은 산통을 초래하고 태어난 이, 그대들 아버지가 그다지 아끼는 이, 그대들을 보러 찾아온 이, 그대들에게 사소한 잘못조차 저지른

---

[3] FC 65,196-97*.

[4] FC 65,197-98.

[5] SC 164,74-76.

적 없는 이를 팔아넘기려 하다니요! 그것도 이집트로 내려가는 야만인들한테 팔려 하다니요!

참으로 얼토당토않은 미친 짓입니다! 참으로 무서운 악의입니다! 아무리 그 꿈이 두렵고 그 꿈의 내용이 아주 사소한 것까지 모조리 이루어지리라는 확신이 있어서 그랬다 칩시다. 그렇다면 그대들은 어째서 불가능한 일을 시도하여, 요셉에게 그 일들을 예고하신 하느님을 그대들이 미워한다는 것을 행동으로 입증하였습니까? 이와 반대로, 그대들이 그 꿈을 전혀 믿지 않고 허튼소리로 여겼다면, 그대들을 영원히 더럽히고 그대들의 아버지에게는 돌이킬 수 없는 슬픔을 가져다준 그 짓을 도대체 왜 저지른 것입니까? 바로 지나친 격노, 잔인한 의도 때문이었습니다! 사람은 그릇된 일을 꾀하며 그릇된 계획에 빠져들면 눈이 감겨 버립니다. 본성에 대해서도, 동정심을 불러일으킬 수 있는 그 무엇에 대해서도 생각하지 못합니다. 이 사람들도 그랬습니다. 그들은 요셉이 자기들과 동기간이라는 것도, 그가 아직 어린 나이라는 것도, 그들의 아버지가 몹시 아끼는 자식이라는 것도, 동생이 낯선 땅에서 살아 본 경험이 조금도 없다는 것도, 그런 동생이 이제 곧 낯선 땅으로 떠나 야만인들 사이에서 살게 된다는 것도 전혀 아랑곳하지 않았습니다. 그들은 분별 있는 생각은 모두 버리고 오직 한 가지 생각만 함으로써, 그들의 시샘이 그들이 바라는 결과를 곧바로 가져오게 만들었습니다.

• 요한 크리소스토무스 『창세기 강해』 61,15-16.[6]

참된 요셉이신 그리스도

요셉의 형제들은 그를 보자 그를 죽일 모의를 했습니다. 유대인들이 참된 요셉이신 그리스도 주님을 보았을 때 뜻을 모아 그분을 십자가형에 처하기로 결의한 것과 같았습니다. 요셉의 형들은 그의 알록달록한 저고리를 벗겼습니다. 유대인들은 그리스도를 십자가 [죽음에] 처함으로써 그분의 육체라는 옷을 벗겼습니다. 요셉은 옷이 벗겨진 뒤 구덩이에 던져졌습니다. 그리스도께서는 인간의 육을 빼앗기신 뒤 저승으로 내려가셨습니다. 요셉은 동굴에서 끌어 올려진 뒤 이스마엘인들, 곧 다른 민족들에게 팔려 갔습니다. 그리스도께서는 저승에서 돌아오신 뒤 믿음이라는 값으로 모든 민족들에게 팔리셨습니다. 유다의 의견에 따라 요셉은 은전 서른 닢에 팔려 갔습니다. 그리스도께서는 유다 이스카리옷의 뜻에 따라 같은 값에 팔아넘겨지셨습니다. 어떤 번역본은 요셉이 그리스도와 같은 값에 팔려 가지 않았다고 합니다. 은전 스무 닢에 팔렸다고도 하고, 서른 닢에 팔렸다고도 하기 때문입니다. 영적으로 이것은 모든 민족이 똑같은 정도로 그리스도를 믿고 사랑하지는 않는다는 것을 의미합니다. 사실, 교회 안에서도 어떤 이들은 그분을 더 많이 사랑하고 어떤 이들은 더 적게 사랑합니다. 더 큰 자애를 지니고 그분을 사랑하는 영혼에게 그리스도는 더 많은 의미를 지니기 때문입니다. 요셉은 이집트로 내려갔습니다. 그리스도께서는 세상으로 내려가셨습니다. 요셉은 곡물이 모자라는 기근에서 이집트를 구하고, 그리스도께서는 하느님 말씀의 기근에 처한 세상을 해방시켜 주십니다.

• 아를의 카이사리우스 『설교집』 89,2.[7]

---

[6] FC 87,194-95*.

[7] FC 47,39-40*.

37,29-36 야곱이 요셉이 죽었다는 소식을 듣다

²⁹ 르우벤이 구덩이로 돌아와 보니, 그 구덩이 안에 요셉이 없었다. 그는 자기의 옷을 찢고,

³⁰ 형제들에게 돌아가 말하였다. "그 애가 없어졌다. 난, 나는 어디로 가야 한단 말이냐?"

³¹ 그들은 요셉의 저고리를 가져다, 숫염소 한 마리를 잡아 그 피에 적셨다.

³² 그들은 그 긴 저고리를 아버지에게 가지고 가서 말하였다. "저희가 이것을 주웠습니다. 이 것이 아버지 아들의 저고리인지 아닌지 살펴보십시오."

³³ 그가 그것을 살펴보다 말하였다. "내 아들의 저고리다. 사나운 짐승이 잡아먹었구나. 요셉 이 찢겨 죽은 게 틀림없다."

³⁴ 야곱은 옷을 찢고 허리에 자루옷을 두른 뒤, 자기 아들의 죽음을 오랫동안 슬퍼하였다.

³⁵ 그의 아들딸들이 모두 나서서 그를 위로하였지만, 그는 위로받기를 마다하면서 말하였다. "아니다. 나는 슬퍼하며 저승으로 내 아들에게 내려가련다." 이렇게 요셉의 아버지는 그를 생각하며 울었다.

³⁶ 한편 미디안인들은 이집트로 가서 파라오의 내신으로 경호대장인 포티파르에게 그를 팔아 넘겼다.

둘러보기

저고리에 염소 피를 적신 행동은 그리스도에 대한 거짓 증언을 예시한다(암브로시우스). 이 행동은 형제들의 위선을 드러내 주기도 한다(에프렘). 요셉이 종으로 넘겨진 일은 도덕적 해석의 소재가 되었다. 참된 종살이와 참된 자유는 덕과 악덕에 의해 결정된다(암브로시우스). 요셉이 종의 신분이었기에 그의 덕이 더욱 돋보였다(요한 크리소스토무스).

37,31 염소 피에 젖은 저고리

염소 피

그들이 요셉의 저고리를 염소 피에 적신 일은 이런 의미라고 보입니다. 곧, 그들은 거짓 증언 으로 공격했으며(마태 26,59-61 참조), 모든 사람의 죄를 용서하시는 분을 [자기들의] 죄 때문에 미

위했다는 것입니다. 우리에게는 양이 있고 그들 에게는 염소가 있습니다(참조: 요한 1,19; 탈출 12,4-5). 우리를 위해서는 우리에게서 세상의 모든 죄 를 치워 버리신 하느님의 어린양께서 죽임을 당 하신 반면, 그들에게는 염소가 죄와 불법을 쌓았 습니다. 그래서 "너희 조상들이 시작한 짓을 마 저 하여라"(마태 23,32)라는 말씀이 있는 것입니 다. 야곱이 후손을 잃고 슬퍼한 것은 당연합니 다. 그는 아버지로서는 잃어버린 아들을 두고 눈 물 흘렸고(34절 참조), 예언자로서는 유대인의 파 멸을 한탄한 것입니다. 실제로 야곱은 자신의 옷 을 찢기도 하였습니다. 주 예수님의 수난 때에도 수석 사제가 자신의 옷을 찢었습니다. 그는 개인 으로서가 아니라 공적인 직무를 행하는 자로서 행동한 것입니다(참조: 창세 37,34; 마태 26,65). 성 전 휘장이 찢어진 것은 신비들이 더럽혀졌으며

사람들은 구원의 옷을 빼앗겼고, 나라는 갈라져 이제 멸망하게 되었다는 것을 분명하게 알려 주는 표징이었습니다. 갈라진 나라는 쉽게 멸망하게 마련이기 때문입니다.

• 암브로시우스 『요셉』 3,18.[1]

37,36 요셉이 포티파르에게 팔리다

시샘과 거짓 슬픔이 합쳐지다

그때 야곱은 아들들 소식을 듣고자 요셉을 양들이 있는 곳으로 보냈습니다. 그런데 아들들은 피가 얼룩진 저고리를 야곱에게 보임으로써 요셉에 관한 소식을 전해 주었습니다. 무자비하게 요셉을 광야의 구덩이에 던져 넣었던 그들은 집에서는 눈물을 흘리며 그의 죽음을 슬퍼했습니다. 그를 벌거숭이로 만들어 아랍인들에게 판 그들이 가나안 사람들 앞에서는 요셉의 죽음을 슬퍼하며 울부짖었습니다. 요셉의 손과 발에 차꼬를 채워 떠나보낸 그들이 마을에서는 그를 두고 슬픈 노래를 지어 불렀습니다. 요셉은 팔린 몸이 되어 이집트로 내려갔습니다. 며칠 사이에 주인이 두 번이나 바뀐 것입니다.

• 시리아인 에프렘 『창세기 주해』 33,2.[2]

자신에 대해 깊이 알라고 촉구하는 요셉의 이야기

그러면 이 사건을 도덕적으로는 어떻게 해석할 수 있겠는지 살펴봅시다. 우리의 하느님께서는 모든 사람이 구원받기 바라시기에(1티모 2,4 참조), 종살이하는 이들에게 요셉을 통해 위로와 가르침을 주셨다고 하겠습니다. 가장 비천한 계급에 있는 사람이라 해도 그 개인의 영혼이 스스로를 안다면, 자신의 인격이 더 나아질 수 있으며 삶의 어떤 상태에 있더라도 덕이 결여되지 않을 수 있다는 것을 알아야 합니다. 육은 종의 신분일지라도 영은 그렇지 않습니다. 겸손한 많은

종들이 자기들 주인보다 더 자유롭습니다. 그런 이들은 종의 신분이지만 종의 일을 삼가야 한다 생각하는 이들입니다. 종의 일이란 모든 죄를 가리킵니다. 흠 없는 이는 자유롭습니다. 그래서 주님께서도 "죄를 짓는 자는 누구나 죄의 종이다"(요한 8,34)라고 하십니다. 사실, 탐욕스러운 인간은 아주 작은 돈을 위해서 자기 자신도 팔아 먹으니, 어떻게 종이 아니겠습니까? 자기가 쓰지도 않을 것을 쌓아 둔 사람은 자기가 모아 둔 모든 것을 잃을까 두려워합니다. 손에 넣은 것이 많을수록 그것을 지키고자 더 큰 위험을 무릅쓰게 됩니다. …

뿐만 아니라, 육욕에 휘둘리는 사람 또한 어떻게 종이 아니겠습니까? 먼저 그는 자기 자신의 정염으로 불타고, 자기 가슴 안에 있는 횃불들에 의해 완전히 다 타 버립니다. 그런 사람에게 예언자가 한 이 말은 참으로 옳습니다. "스스로 불을 피우고 불화살에 불을 당기는 너희는 모두 자기가 피운 불 속으로 자기가 댕긴 불화살 속으로 들어가거라"(이사 50,11). 두려움이 그들 모두를 사로잡으며, 그들이 잠들었을 때 숨어서 그들 하나하나를 기다립니다. 누군가가 욕망의 대상을 손에 넣으면, 그는 그들 모두의 종이 되는 것입니다. 스스로 제 주인을 만들어 내는 자는 실로 비참한 종살이에 매인 종입니다. 그는 자신이 두려워할 주인을 가지고 싶어 하기 때문입니다. 항구적인 두려움이야말로 종살이의 가장 뚜렷한 특징입니다. 그러나 아무리 비천한 신분이라 할지라도, 사랑의 유혹에 빠지지 않고 탐욕의 사슬에 묶이지 않으며 비난에 대한 두려움에 매여 있지 않는 이, 평온한 마음으로 현재를

---

[1] FC 65,200**.

[2] FC 91,182.

바라보며 미래를 두려워하지 않는 이는 언제나 자유롭습니다. 이런 사람은 비록 종의 신분이라 할지라도 주인으로 보이고, 앞에서 말한 것 같은 사람은 자유인이라 할지라도 종이라고 생각되지 않습니까? 요셉은 종이고 파라오는 통치자였습니다. 종의 신분인 요셉이 통치권을 지닌 파라오보다 더 행복했습니다. 실로, 파라오가 자신의 통치권을 종에 지나지 않는 자의 사려 분별 아래 두지 않았더라면, 기근 때문에 이집트 전체가 무너질 뻔했습니다(창세 41,55-56 참조).

• 암브로시우스 『요셉』 4,20.[3]

덕이 공격받다

그 사람들한테 이 일은 또 하나의 타격이었습니다. 그들은 야곱이 이제 그곳에 있지도 않은, 더 정확히 말하면, 맹수에게 잡아먹혔을 이에게 그처럼 뜨거운 사랑을 표현하는 것을 보았습니다. 그러자 전보다 더한 질투가 끓어올랐습니다. 그러나 그들에게는 동생과 아버지에게 그처럼 잔인하게 군 데 대해 변명할 자격조차 없었던 반

면, 미디안인들마저 … 요셉을 파라오의 경호대장 포티파르에게 팔아넘김으로써 하느님의 계획을 거들었습니다. 여러분은 모든 사건이 차례로 질서 있게 전개되는 것을, 또 요셉이 모든 상황에서 자신의 특별한 덕과 인내를 드러내는 것을 보십니까? 이로써 그는, 씩씩하게 싸운 운동선수가 나라의 화관을 받는 것처럼, 자신이 꾼 꿈이 이루어지게 하여, … 그를 팔아넘긴 이들에게 그들의 끔찍한 책략은 그들에게 아무런 이득도 되지 못했다는 것을 가르쳐 주었습니다. 사실 덕보다 강한 것, 덕보다 강력한 것은 없습니다. … 덕이 그 자체로 그처럼 큰 힘이 있어서가 아니라 덕을 갖추는 이는 높은 데에서 오는 은총도 누리기 때문입니다. 높은 곳에서 오는 은총을 누리며 높은 곳의 도움을 받을 때, 덕은 그 무엇보다 강력하여 아무것도 그것을 이길 수 없으며, 인간의 간계만 아니라 마귀들의 올가미도 막아 냅니다.

• 요한 크리소스토무스 『창세기 강해』 61,20.[4]

[3] FC 65,201-2*. [4] FC 87,197*.

[38,1-11 유다의 아들들]

38,12-19 타마르의 꾀

[12] 오랜 세월이 흐른 뒤에 수아의 딸, 유다의 아내가 죽었다. 애도 기간이 지나자, 유다는 아둘람 사람인 친구 히라와 함께 팀나로 자기 양들의 털을 깎는 이들에게 올라갔다.
[13] 타마르는 "너의 시아버지가 자기 양들의 털을 깎으러 팀나로 올라간다."는 말을 전해 듣고는,
[14] 입고 있던 과부 옷을 벗고 너울을 써서 몸을 가리고, 팀나로 가는 길가에 있는 에나임 어귀에 나가 앉았다. 셀라가 이미 다 컸는데도 자기를 그의 아내로 데려가 주지 않는다는 사실을 알았기 때문이다.♪

☞ ¹⁵ 유다가 그를 보았을 때, 얼굴을 가리고 있었으므로 창녀려니 생각하였다.

¹⁶ 그래서 그는 길을 벗어나 그 여자에게 가서 말하였다. "이리 오너라. 내가 너와 한자리에 들어야겠다." 유다는 그가 자기 며느리인 줄을 몰랐던 것이다. 그러자 그 여자가 물었다. "저와 한자리에 드는 값으로 제게 무엇을 주시겠습니까?"

¹⁷ "내 가축 떼에서 새끼 염소 한 마리를 보내마." 하고 그가 대답하자, 그 여자가 "그것을 보내실 때까지 담보물을 주시면 좋겠습니다." 하고 말하였다.

¹⁸ 그래서 유다가 "너에게 무슨 담보물을 주랴?" 하고 묻자, 그 여자가 "어르신네의 인장과 줄, 그리고 손에 잡고 계신 지팡이면 됩니다." 하고 대답하였다. 그래서 유다는 그것들을 주고 그와 한자리에 들었다. 그는 유다의 아이를 가지게 되었다.

¹⁹ 그는 일어나 돌아가서 쓰고 있던 너울을 벗고 다시 과부 옷을 입었다.

둘러보기

타마르 이야기는 모세율법 전통에 친숙하지 않은 사회의 눈에 당혹스럽고 수치스러운 이야기로 보였고 따라서 설명이 필요했다. 타마르는 재혼을 바란 것이 아니라 축복, 곧 첫 혼인에서 난 자손을 바랐다. 그는 이스라엘 여자가 아니었지만 할례 받은 이들 안에 감추어져 있는 보물을 받고 싶어 했고, 하느님께 유다의 마음을 움직여 주십사고 기도했다. 이러한 관점에서 보면, 유다의 수치스러운 행동은 실은 하느님의 영감을 받아 이루어진 일이다(에프렘). 타마르의 꾀는 하느님께서 마음에 넣어 주신 것이었고, 그녀의 의도는 선했다. 타마르와 유다 사이에서 태어난 두 자식은 유대인의 삶과 영적인 삶을 예표하는 두 백성의 예형이다(요한 크리소스토무스). 본문만 보면 그다지 적절한 내용이 아니지만, 유다와 타마르의 이야기는 성경의 모든 이야기가 그렇듯 우리 구원자의 육화라는 신비를 묘사하고 있다(알렉산드리아의 키릴루스).

38,14 셀라를 타마르에게 남편으로 주지 않다

축복을 갈망한 타마르

셀라가 청년이 되었는데도 유다가 자신을 그의 집으로 데려가려고 하지 않자 타마르는 생각했습니다. '내가 어떻게 해야, 내가 갈망하는 것은 혼인이 아니라 그들 안에 감추어져 있는 축복이라는 것을 히브리인들이 깨닫게 할 수 있을까? 나는 셀라와 관계를 맺을 수는 있지만, 셀라를 통해 나의 믿음이 승리를 거두게 할 수는 없을 것이다. 그러니 나는 유다와 관계를 맺어 그에게서 받은 보물로 나의 가난을 없애야 한다. 그리고 과부 신분을 유지함으로써, 내가 원하는 건 혼인이 아니라는 것을 분명히 해야 한다.'

• 시리아인 에프렘 『창세기 주해』 34,2.¹

하느님께서 꾸미신 일

타마르는 시아버지가 약속을 지킬 날을 기다리며 희망에 부풀어 친정집에서 살고 있었다고

---

¹ FC 91,183.

본문은 말합니다. 그는 유다가 약속을 지킬 마음이 없는 것을 보자, 한동안은 온순하게 그 사실을 받아들였습니다. 다른 남자와 관계를 맺는 것을 삼가며 과부 처지에 만족하면서 적절한 기회를 기다렸습니다. 그녀는 시아버지의 자식을 낳기를 갈망했습니다. 그녀는 시어머니가 죽은 뒤 유다가 양들의 털을 깎으러 팀나로 올라간다는 것을 알자 비밀리에 시아버지와 관계를 맺어 그의 자식을 낳고 싶었습니다. 이는 그녀가 음란해서가 아니라 — 절대 그렇게 생각해서는 안 됩니다 — 이름 없는 사람으로 보이는 것을 피하기 위해서였습니다. 사실 그때 일어난 일은 하느님의 계획에 따른 것이었습니다. 그리하여 타마르의 계획이 그대로 이루어졌습니다.

• 요한 크리소스토무스 『창세기 강해』 62,3.[2]

표징을 청하다

타마르는 유다가 두 아들의 죽음을 그녀의 탓으로 여기고 자신을 죽일까 두려웠습니다. 그래서 엘리에제르처럼 표징을 청했습니다. "당신의 지식이 이 욕망의 행위 때문에 저를 단죄하지 않게 해 주십시오. 제가 갈망하는 것은 히브리인들 안에 숨겨져 있는 것임을 당신은 아십니다. 저는 이 일이 당신 보시기에 기꺼운 일인지 아닌지 알지 못합니다. 그가 저를 죽이는 일이 없도록, 제가 다른 모습으로 그 앞에 나타나는 것을 허락해 주십시오. 또 그의 입에서 저와 자겠다는 말이 나오도록 [해 주십시오]. 그러면 할례 받은 이들 안에 감추어져 있는 보물이 할례 받지 않은 자의 딸을 통해서도 전해지는 것이 당신 마음에 드는 일임을 제가 알 수 있을 것입니다. 그가 저를 보면 '이리 오너라, 내가 너와 한자리에 들어야겠다'(16절) 하고 말하게 해 주십시오."

• 시리아인 에프렘 『창세기 주해』 34,3.[3]

38,15 유다가 타마르를 창녀로 오해하다

타마르가 자신이 하려는 일을 하느님께서 마음에 들어 하신다는 것을 알다

타마르가 하느님께 간원하고 있을 때, 마침 유다가 나타나 그녀를 보았습니다. 타마르의 기도가 힘을 발휘해, 유다가 평소 습관과 달리 창녀를 [찾게] 만든 것입니다. 타마르는 유다를 보았을 때 너울을 쓰고 있었습니다. 두려웠기 때문입니다. 그녀는 자신이 표징으로 청한 말이 유다의 입에서 나오자, 자신이 하려는 일을 하느님께서 마음에 들어 하신다는 것을 알았습니다. 나중에 그녀는 두려움 없이 얼굴을 드러내고는 보물의 주인에게 보수를 요구하기까지 했습니다.

• 시리아인 에프렘 『창세기 주해』 34,4.[4]

38,18 타마르가 임신하다

하느님의 계획을 이행하다

이 이야기를 듣는 이는 아무도 타마르를 비난하지 마십시오. 앞서도 말했지만, 타마르는 하느님의 계획을 이행하고 있었습니다. 따라서 그녀는 비난받을 일을 하지 않았고, 유다도 잘못하지 않았습니다. 이때부터 족보를 훑어 내려가 보면, 그리스도의 가계가 그에게서 태어난 두 아들에게로 이어져 있음을 발견하게 될 것입니다.[5] 구체적으로 말하면, 그에게서 태어난 두 아들은 두 백성의 예형으로서, 이들은 유대인의 삶과 영적 삶을 예시합니다. 그러나 일단은 이 이야기가 어떻게 전개되는지 봅시다. 유다가 떠난 지 얼마 되지 않아 사건의 실상이 드러났습니다. 유다는

---

[2] FC 87,199.

[3] FC 91,183.

[4] FC 91,184.

[5] 마태 1,3의 '페레츠와 제라'가 그들이다.

자신의 잘못을 인정하고 타마르에게는 죄가 없음을 확인해 주었습니다. 타마르는 자신이 원하는 바를 얻자 다시 옷을 갈아입고 집으로 돌아갔다고 성경은 말합니다. 물론 유다는 이에 대해 까맣게 몰랐습니다. 그는 자신이 담보물로 준 것을 되찾기 위해 새끼 염소 한 마리를 보내어 약속을 지켰습니다. 그러나 그 여자는 어디에도 없었습니다. 종이 돌아와 그런 여자에 관한 말은 어디에서도 들을 수 없었다고 전하였습니다. 그 말을 들은 유다는 '우리가 고마움을 모르는 자라는 말을 듣지 않기나 바라세'라고 했다고 본문은 전합니다(창세 38,23 참조). 그는 무슨 일이 일어났는지 몰랐던 것입니다.

• 요한 크리소스토무스 『창세기 강해』 62,5.[6]

육화를 묘사한 이야기

성령의 영감을 받아 쓰인 성경의 목적과 의도는 무수한 사실들을 통해 그리스도의 신비를 우리에게 묘사해 주려는 것입니다. 성경을 한 임금이나 황제의 조상만 있는 것이 아니라 모든 사람이 보며 감탄할 수 있는, 사람들의 발길이 가장

많이 오가는 곳에 많은 조상이 세워져 있는 화려하고 멋진 도성에 비유하는 사람들도 있는데, 일리가 있습니다. 성경이 그런 신비와 관계된 사실은 어느 하나 빼놓지 않고 모두 상세히 묘사하고 있는 것을 보십시오. 그다지 적절치 않아 보이는 이야기도 때때로 나오지만, 그것이 성경이 의도하는 논증을 제대로 구성하고 완성하는 것을 조금도 방해하지 않습니다. 성경의 목적은 성인들의 삶에 대해 알려 주는 것이 아니라 사실들을 통해 그리스도의 신비에 관한 지식을 우리에게 가르치는 것이기 때문입니다. 그러면 우리는 그분에 관해 분명하고 참되게 말할 수 있게 됩니다. 그러므로 그것이 마치 진리에서 멀어져 헤매는 것 같다는 비난은 할 수 없습니다. 유다와 타마르 이야기에서도 우리 구원자의 육화라는 신비가 묘사되고 있는 것입니다.

• 알렉산드리아의 키릴루스
『모세 오경의 격조 있는 해설』(창세기) 6,1.[7]

---

[6] FC 87,200*.

[7] PG 69,308.

38,20-26 타마르가 사라졌다가 누명을 벗다

20 유다는 자기 친구 아둘람 사람 편에 새끼 염소 한 마리를 보내면서, 그 여자에게서 담보물을 찾아오게 하였으나, 그는 그 여자를 찾지 못하였다.
21 그가 그곳 사람들에게 "에나임 길 가에 있던 신전 창녀가 어디 있습니까?" 하고 묻자, "여기에는 신전 창녀가 없습니다." 하고 대답하였다.
22 그는 유다에게 돌아가 말하였다. "그 여자를 찾지 못했네. 그리고 그곳 사람들이 '여기에는 신전 창녀가 없습니다.' 하더군."
23 유다가 말하였다. "가질테면 가지라지. 우리야 창피만 당하지 않으면 되니까. 보다시피 내가 이 새끼 염소 한 마리를 보냈는데, 자네가 그 여자를 찾지 못한 게 아닌가?"

> ²⁴ 석 달쯤 지난 뒤, 유다는 "그대의 며느리 타마르가 창녀 노릇을 했다네. 더군다나 창녀질을 하다 임신까지 했다네." 하는 말을 전해 들었다. 유다가 명령하였다. "그를 끌어내어 화형에 처하여라."
> ²⁵ 밖으로 끌려 나오게 된 타마르는 자기의 시아버지에게 전갈을 보냈다. "저는 이 물건 임자의 아이를 배었습니다." 그는 또 말하였다. "이 인장과 줄과 지팡이가 누구 것인지 살펴보십시오."
> ²⁶ 유다가 그것들을 살펴보다 말하였다. "그 애가 나보다 더 옳다! 내가 그 애를 내 아들 셀라에게 아내로 주지 않았기 때문이다." 유다는 그 뒤 다시는 그를 가까이하지 않았다.
>
> ① 또는 '신전 창녀' 대신 '창녀'.

둘러보기

타마르에게는 죄가 없다고 유다가 인정하고, 그리 선언되었다(에프렘). 하느님의 계획이 이루어지게 하기 위해, 타마르에게는 남편에게서 받을 수 없었던 씨가 필요했다(알렉산드리아의 키릴루스). 유다는 타마르에게 죄가 없음을 인정하였으며, 이제 더 이상 자기 아들들의 죽음을 그녀 탓으로 여기지 않고 자신들의 사악함 때문에 벌을 받은 것임을 인정했다(요한 크리소스토무스). 호세아 예언자가 창녀를 아내로 맞은 것이 하느님의 은유이듯이, 타마르와 유다의 간통은 영적 결합의 예형이다(알렉산드리아의 키릴루스).

38,26 타마르는 죄가 없음을 유다가 인정하다

죄 없는 여자

그러자 유다는 "그 애가 나보다 더 옳다!" 하고 말했습니다. '그 애가 나보다 더 의롭다. 나의 아들들은 얼마나 큰 죄인들이었던가. 그 때문에 내 아들 셀라를 타마르에게 주지 않았다. 죄도 없는 아이를 내가 의심하고서 [그 의심 때문에] 내 아들 셀라를 그에게 주지 않았지'라는 뜻입니다. 혼인의 권리를 부당하게 빼앗긴 여자는 간음을 용서받았고, 처음의 두 아들 때문에 이 여자를 내보낸 자는 이번에 얻은 두 아들 때문에 이 여자를 받아들였습니다. "유다는 그 뒤 다시는 그를 가까이하지 않았다"고 합니다. 그 여자는 처음에 얻었던 두 아들의 아내였기 때문입니다. 그는 새 아내를 맞지도 않았습니다. 이 여자가 새로 얻은 두 아들의 어머니였기 때문입니다.

• 시리아인 에프렘 『창세기 주해』 34,6.[1]

유다가 자신의 죄를 인정하다

"그 애가 나보다 더 옳다!" 이 말은 무슨 뜻입니까? '이 여자는 죄가 없다. 나 스스로 나의 죄를 단죄한다. 아무도 나를 비난하지 않더라도 내가 고백한다. 아니, 내가 한 약속이 나를 이미 충분히 비난하고 있다'라는 뜻입니다. 그런 다음 유다는 "내가 그 애를 내 아들 셀라에게 아내로 주지 않았기 때문이다"라며 타마르를 옹호하는 발언을 합니다. '이 일은 내가 지금 설명한 이 이

[1] FC 91,184-85.

유 때문에 일어난 것 같다'는 뜻입니다. 유다는 에르와 오난이 죽은 것이 타마르 때문이라 생각했습니다. 그래서 타마르에게 셀라를 주겠다고 약속해 놓고도 그를 주지 않았던 것입니다. 그래서 그들의 죽음이 이 여자 탓이 아니고 그들 자신의 사악함 때문이었다는 사실 — 성경에 "주님께서 그를 죽게 하셨다"(창세 38,7)라고 쓰여 있고, 둘째 아들에 대해서도 "주님께서 그도 죽게 하셨다"(창세 38,10)라고 쓰여 있다는 사실을 기억하십시오 — 이 증명되도록 유다 자신이 자기도 모르는 사이에 며느리와 관계를 맺었던 것입니다. 그는 아들들의 죽음이 타마르의 탓이 전혀 아니며 그들의 사악함 때문에 벌을 받은 것이라는 사실을 나중에야 알게 되었습니다. 그래서 유다는 자신의 죄를 인정하고 타마르가 벌받지 않도록 구해 주었습니다. 그리고 "유다는 그 뒤 다시는 그를 가까이하지 않았다"고 쓰여 있습니다. 며느리와 한자리에 든 것은 모르고 한 일이지, 알았다면 그리하지 않았으리라는 것을 알려 주는 말입니다.

• 요한 크리소스토무스 『창세기 강해』 62,7.[2]

영적 결합의 예형들

첫째로 말해야 할 것은, 성경에서 몇몇 이름난 인물들이 전적으로 정직하다고 볼 수 없는 방식으로 잘못을 저지르는 것을 볼 수 있지만, 하느님께서 그들을 통해 우리 구원에 유익한 일들을 이끌어 내시는 것이므로 우리는 그들의 이야기를 불쾌하게 여겨서는 안 됩니다. 우리가 지혜와 지성을 잘 사용할 경우, 우리에게 유익한 것을 거기서 알아볼 수 있습니다. 복된 호세아 예언자가 어째서 창녀를 아내로 맞았는지, 그가 왜 그 끔찍한 혼인을 [거절하지] 않았으며 그리하여 '내 백성이 아니다', '가엾이 여김을 받지 못하

다'라는 이름으로 불리는 밉상스런 아들들의 아버지가 되었는지 생각해 봅시다. 이것이 무엇을 의미하는지 나는 망설이지 않고 말하겠습니다. 사실, 이스라엘의 지체 높은 자들과 고관들이 예언자들의 가르침을 거부하고 거룩한 말씀을 듣기 싫어하게 된 뒤, 하느님께서는 그들이 지금 일어나고 있는 일을 통해 생생하게 묘사된 그림을 보듯 미래를 볼 수 있도록 당신의 성인들을 통해 일해 오셨습니다. 하느님께서 그렇게 하신 것은 그들이 자신들의 희망을 이해하는 데 다시 마음을 쓰고 그들에게 이로울 것을 열심히 찾고 다른 이들도 그렇게 하도록 설득하게 하려는 뜻이었습니다. 그들은 자신들이 가혹하고 무절제하게 행동한다면 더 이상 선택된 백성이 아니라 자비를 보이지 않는 이들 가운데 하나로 헤아려지리라는 것을 알게 되었습니다. 그들은 온갖 곳에서 불행으로 압도당하고 고통받지 않았습니까? … 이제 우리는 그 시대에 하느님의 계획이 어떤 방향과 특징을 지니고 있었는지 이해하게 되었으므로 더 이상 타마르와 유다의 간통을 비난하지 않을 것입니다. 오히려 그들의 결합은 하느님의 계획에 따라 일어난 일이라고 말할 것입니다. 사실, 타마르에게는 합법적 첫 남편이 줄 수 없었던 생식의 씨가 필요했고, 유다는 첫 아내가 이미 죽어 자유의 몸이었으므로 그리 큰 죄가 아니었습니다. 그러므로 이 결합과 출산은 우리 정신의 영적 결합과 새로운 탄생에 관해 가르치는 이야기라 하겠습니다. 인간의 정신이 진리에 가까이 가는 데 이보다 더 적합한 방법은 없습니다.

• 알렉산드리아의 키릴루스
『모세 오경의 격조 있는 해설』(창세기) 6,2.[3]

---

[2] FC 87,201*.　　　　　[3] PG 69,312-13.

38,27-30 타마르가 쌍둥이를 낳다

²⁷ 타마르가 해산할 때가 되었는데, 그의 태 안에는 쌍둥이가 들어 있었다.

²⁸ 그가 해산할 때, 한 아기가 손을 내밀었다. 산파가 붉은 실을 가져다가 그 손에 매고서, "애가 먼저 나온 녀석이다." 하고 말하였다.

²⁹ 그러나 그 아기가 손을 도로 집어넣고, 그의 동기가 나오니, 산파는 "아니, 네가 틈을 비집고 나오다니!" 하고 말하였다. 그래서 그 이름을 페레츠①라 하였다.

³⁰ 그다음 그의 동기 곧 손에 붉은 실을 매단 아기가 나오자, 그 이름을 제라라 하였다.

① '틈, 돌파구'라는 뜻이다.

둘러보기

이 쌍둥이는 유대인, 또는 율법 준수라는 백성과 교회라는 백성을 나타낸다고 풀이할 수 있다(요한 크리소스토무스, 히에로니무스). '붉은 실'은 그리스도의 수난으로 얼룩진 유대인들의 양심을 상징한다(히에로니무스).

38,27 타마르의 태 안에 쌍둥이가 들어 있다

교회의 예형인 제라

여기에서 신비와 장차 일어날 일에 대한 예고에 주목하기 바랍니다. 산파가 제라의 손에 붉은 실을 매어 그를 구별할 수 있게 해 놓았는데, 그 아기가 손을 도로 집어넣고, 그의 동기가 나왔습니다(29절 참조). 제라가 자기 동기에게 순서를 양보했다고 되어 있습니다. 그래서 뒤라고 여겨졌던 이가 첫째가 되고, 첫째로 생각되었던 이가 그의 뒤에 나타났습니다. "산파는 '아니, 네가 틈을 비집고 나오다니!' 하고 말하였다. 그래서 그 이름을 페레츠라 하였다." 사실, '페레츠'라는 이름은 '틈', '갈라짐'이라는 뜻입니다. "그다음 그의 동기 곧 손에 붉은 실을 매단 아기가 나오자, 그 이름을 제라라 하였다." '제라'는 '해가 떠오름'을 뜻합니다.

이런 일은 이유 없이, 목적 없이 일어난 것이 아닙니다. 장차 일어날 일들의 예형으로서 그 일들 자체를 드러내 줍니다. 이 일은 자연의 진행 순서에 따라 일어난 일이 아닙니다. 사실, 그런 일이 어찌 있을 수 있겠습니까? 아기 손에 붉은 실을 매어 놓았는데, 아기가 그 손을 도로 집어넣고 자기 뒤에 나올 아기한테 순서를 양보하다니, 어떤 거룩한 권능이 미리 그렇게 짜 놓지 않고서야 그럴 수 있습니까? 이 일은 또한 마치 일종의 그림자처럼, '해돋이'를 의미하는 제라 — 그는 교회의 예형입니다 — 가 처음부터 앞을 내다보기 시작했다는 사실을 예표해 줍니다. 그가 서서히 앞으로 움직였다가 뒤로 물러나자, 율법 준수를 나타내는 페레츠가 등장했습니다. 페레츠가 오랫동안 우월한 위치에 있은 뒤, 처음의 존재 — 뒤로 물러났던 제라 — 가 앞으로 나왔습니다. 그러자 이제 유대인의 삶의 방식이 교회에게 자리를 내주었습니다.

• 요한 크리소스토무스 『창세기 강해』 62,8-9.[1]

[1] FC 87,201-2*.

두 민족을 가르는 담

쌍둥이 제라와 페레츠를 낳은 타마르에 관해 무슨 말을 할 수 있을까요? 태어나는 순간에 일어난 그들의 갈라짐은 두 백성을 가르는 담과 같았습니다. 그리고 붉은 실을 매단 손은 이미 그

때 그리스도의 수난으로 유대인들의 양심을 얼룩지게 하였습니다.

• 히에로니무스 『서간집』 123,12.[2]

---

[2] CSEL 56,87.

39,1-6 요셉이 출세하다

[1] 요셉은 이집트로 끌려 내려갔다. 파라오의 내신으로 경호대장인 이집트 사람 포티파르가 요셉을 그곳으로 끌고 내려온 이스마엘인들에게서 그를 샀다.
[2] 주님께서 요셉과 함께 계셨으므로, 그는 모든 일을 잘 이루는 사람이 되었다. 그는 자기 주인인 이집트 사람의 집에서 살았다.
[3] 그 주인은 주님께서 요셉과 함께 계시며, 그가 하는 일마다 주님께서 그의 손을 통해서 잘 이루어 주신다는 것을 알았다.
[4] 그래서 요셉은 주인의 눈에 들어 그의 시중을 들게 되었다. 주인은 요셉을 자기 집 관리인으로 세워, 자기의 모든 재산을 그의 손에 맡겼다.
[5] 주인이 요셉을 자기 집과 모든 재산의 관리인으로 세운 뒤부터, 주님께서는 요셉 때문에 그 이집트 사람의 집에 복을 내리셨다. 주님의 복이 집 안에 있는 것이든, 들에 있는 것이든 그의 모든 재산 위에 미쳤다.
[6] 주인은 자기의 모든 재산을 요셉의 손에 내맡기고, 그가 있는 한 자기가 먹는 음식밖에는 마음을 쓰지 않았다.

둘러보기

요셉이 비천한 종의 신분임에도 불구하고 성공하고 출세했다는 사실은 참된 영적 자유에 대해 묵상하게 한다(암브로시우스). 또한 이 이야기를 통하여 인간사와 덕행의 효력에도 하느님 은총의 힘이 미친다는 것을 확인할 수 있다(요한 크리소스토무스).

39,2 주님께서 요셉과 함께 계시다

참된 자유

비천한 종들도 자랑스러워할 이유가 있습니다. 요셉도 종이었습니다. 자유인이었다가 피치 못할 사정으로 종이 된 사람들은 위로로 삼을 본보기가 있습니다. 그들은 자신의 지위는 바뀔 수 있어도 성품은 그럴 수 없다는 것을 깨닫게 해 줄, 본받을 대상이 있습니다. 집안의 종들에게는

자유가 있습니다. 그리고 그러한 종의 신분은 항구한 것입니다. 주인들은 착하고 겸손한 종들을 통해 얻고자 하는 것이 있습니다. 아브라함은 집안의 종을 통해 아들의 아내가 될 여자를 찾았습니다(창세 24장 참조). 주님께서 요셉 때문에 그 이집트 사람의 집에 복을 내리시어, 주님의 복이 집 안에 있는 것이든, 들에 있는 것이든 그의 모든 재산 위에 미쳤습니다. 그래서 주인은 자기의 모든 재산을 요셉의 손에 내맡겼습니다(5-6절 참조). 주인이 관리하지 못하는 일을 종에 지나지 않는 이가 해낸 것을 우리는 알 수 있습니다.

• 암브로시우스 『요셉』 4,20-21.[1]

높은 데에서 온 은총

"주님께서 요셉과 함께 계셨으므로"가 무슨 뜻입니까? 높은 데서 온 은총이 그를 지켜 주어 모든 어려움을 없애 주었다는 뜻입니다. 은총이 그의 모든 일을 살펴 주었습니다. 그[요셉을 구덩이에서 끌어낸] 상인들이 그에게 좋은 마음을 가지게 했고, 그들이 요셉을 경호대장에게 팔아, 요셉이 점차 출세하고 여러 가지 시련을 거쳐 마침내 나라의 옥좌에까지 접근할 수 있게 했습니다. 그런데 사랑하는 여러분, 요셉이 상인들 손에 종으로 넘겨져 경호대장의 종살이를 한 이야기를 들었으니, 그가 왜 불안해하지도, 희망을 버리지도, 속으로 이런 생각을 하지도 않았는지 한번 생각해 보십시오. '내가 그렇게 잘 될 거라고 예고한 그 꿈은 다 거짓이었어! 내 신세를 보라지. 종이 된 것도 모자라 더 힘든 종살이를 하게 되고 주인도 여러 번 바뀌어 야만인들과 상대를 하지 않을 수 없게 되지 않았나. 이건 분명 버려진 것이 아닌가? 높은 곳에서 온 은총이 나를 지나쳐 버린 것이 분명하지 않은가?' 그는 이렇게 말할 만했지만 한번도 이렇게 말하지 않았습니다.

그런 생각조차 한 적이 없습니다. 오히려 그는 온순하면서도 씩씩하게 모든 것을 참고 견뎠습니다. 결국 "주님께서 요셉과 함께 계셨으므로, 그는 모든 일을 잘 이루는 사람이 되었"습니다.

• 요한 크리소스토무스 『창세기 강해』 62,13.[2]

모든 일을 잘 이루는 사람

'모든 일을 잘 이루는 사람'이란 어떤 사람입니까? 모든 일이 잘 풀리는 사람, 높은 데서 온 은총이 언제나 그의 앞에서 가는 사람입니다. 요셉이 풍성한 은총을 누리고 있다는 사실은 그의 주인인 경호대장이 보기에도 너무나 명백했습니다. 본문을 기억하시지요? "그 주인은 주님께서 요셉과 함께 계시며, 그가 하는 일마다 주님께서 그의 손을 통해서 잘 이루어 주신다는 것을 알았다. 그래서 요셉은 주인의 눈에 들어 그의 시중을 들게 되었다. 주인은 요셉을 자기 집 관리인으로 세워, 자기의 모든 재산을 그의 손에 맡겼다." 높은 곳에 계신 분의 오른손이 도와준다는 것이 어떤 의미인지 아시겠습니까? 보십시오, 이방인이며 종인 젊은 청년이 주인의 전 재산을 맡아 관리하게 되었습니다. "주인은 자기의 모든 재산을 그의 손에 맡겼다"고 합니다. 왜 그랬습니까? 높은 데에서 오는 권능의 도움이 있는 데다 요셉 자신도 그 나름으로 일을 잘해 냈기 때문입니다. '요셉은 주인의 눈에 들었고, 주인은 그에게 흡족해했다'(4절 칠십인역 참조)고 쓰여 있는 것을 기억하시지요? 그만큼 요셉이 모든 일을 주인의 마음에 꼭 들게 했다는 얘깁니다.

• 요한 크리소스토무스 『창세기 강해』 62,14.[3]

---

[1] FC 65,202-3.

[2] FC 87,204.

[3] FC 87,204-5*.

39,4 요셉이 포티파르의 집안일을 관리하다

덕은 모든 일을 잘하게 한다

자애로우신 하느님께서는 그때 요셉이 완전한 안정감을 느낄 수 있도록 해 주고 싶으셨지만 종 신세를 면하게 하여 자유롭게 해 주시지는 않으셨습니다. 생각해 보면, 덕성스러운 사람들을 위험에서 벗어나게 해 주시거나 시련을 겪지 않게 해 주시는 것은 결코 하느님의 방식이 아닙니다. 오히려 그분께서는 그런 시련 가운데에서 당신 특유의 은총의 증거를 보여 주시어, 그 시련들 자체가 그들에게 즐거운 축제의 기회가 되게 하십니다. 그래서 복된 다윗도 "[당신께서는] 제가 곤경 속에 있을 때 움직일 공간을 주셨고"(시편 4,1 칠십인역)라고 합니다. '제가 곤경을 당하지 않게 해 주셨다'거나 '제가 곤경에서 벗어나 완전히 편안하게 해 주셨다'고 하지 않고, '참으로 놀랍게도, 제가 여전히 곤경 속에 있는데도 평화를 느끼게 해 주셨다'고 합니다. 자애로우신 주님께서는 요셉에게도 그렇게 하셨습니다. "주님께서는 요셉 때문에 그 이집트 사람의 집에 복을 내리셨다." 그 야만인마저도, 종인 줄 알았던 사람이 하느님과 특별히 가까운 이라는 사실을 이제 알게 되었습니다. 그래서 "주인은 자기의 모든 재산을 요셉의 손에 내맡기고, 그가 있는 한 자기가 먹는 음식밖에는 마음을 쓰지 않았다"라고 쓰여 있습니다. 이는 그가 요셉을 자기 집안의 주인으로 임명한 것과 같습니다. 포로며 종인 자가 주인의 재산을 모두 맡게 되었습니다. 덕이란 바로 이런 것입니다. 어디든 덕이 모습을 드러내면, 그것은 모든 것을 이기고 지배합니다. 해가 떠오르면 어둠이 쫓겨나듯이, 이 경우에도 덕이 등장하자 모든 악이 자리를 잃습니다.

• 요한 크리소스토무스 『창세기 강해』 62,15.[4]

───────────────

[4] FC 87,205*.

39,6-18 요셉이 유혹당하다

⁶ 요셉은 몸매와 모습이 아름다웠다.

⁷ 이런 일이 있고 난 뒤, 주인의 아내가 요셉에게 눈길을 보내며 "나와 함께 자요!" 하고 말하였다.

⁸ 그러나 요셉은 거절하면서 주인의 아내에게 말하였다. "보시다시피 주인께서는 모든 재산을 제 손에 맡기신 채, 제가 있는 한 집안일에 전혀 마음을 쓰지 않으십니다.

⁹ 이 집에서는 그분도 저보다 높지 않으십니다. 마님을 빼고서는 무엇 하나 저에게 금하시는 것이 없습니다. 마님은 주인어른의 부인이십니다. 그런데 제가 어찌 이런 큰 악을 저지르고 하느님께 죄를 지을 수 있겠습니까?"

¹⁰ 그 여자는 날마다 요셉에게 졸랐지만, 요셉은 그의 말을 듣지 않고, 그의 곁에 눕지도 그와 함께 있지도 않았다.

¹¹ 하루는 그가 일을 보러 집 안으로 들어갔는데, 마침 하인들이 집 안에 아무도 없었다. ♪

¹² 그때 그 여자가 요셉의 옷을 붙잡고 "나와 함께 자요!" 하고 말하자, 요셉은 자기 옷을 그의 손에 버려둔 채 밖으로 도망쳐 나왔다.

¹³ 그 여자는 요셉이 옷을 자기 손에 버려둔 채 밖으로 도망치는 것을 보고,

¹⁴ 하인들을 불러 그들에게 말하였다. "이것 좀 보아라. 우리를 희롱하라고 주인께서 저 히브리 녀석을 데려다 놓으셨구나. 저자가 나와 함께 자려고 나에게 다가오기에 내가 고함을 질렀지.

¹⁵ 저자는 내가 목청을 높여 소리 지르는 것을 듣고, 자기 옷을 내 곁에 버려두고 밖으로 도망쳐 나갔다."

¹⁶ 그러고는 자기 주인이 집에 돌아올 때까지 그 옷을 제 곁에 놓아두었다가,

¹⁷ 그에게 같은 말로 이르는 것이었다. "당신이 데려다 놓으신 저 히브리 종이 나를 희롱하려고 나에게 다가오지 않겠어요?

¹⁸ 그래서 내가 목청을 높여 소리 질렀더니, 자기 옷을 내 곁에 버려두고 밖으로 도망쳤답니다."

둘러보기

요셉의 몸매와 모습이 아름다웠다는 평가는 그의 성품은 몸보다 훨씬 더 아름다웠다는 결론으로 귀결된다(크로마티우스). 요셉의 영적 아름다움과 더불어 육체적 매력이 강조되는 것은 육체적 매력만 보는 이집트 여자가 왜 그런 행동을 했는지 설명하기 위해서다(요한 크리소스토무스). 이 이야기는 육체의 아름다움이 어째서 영적 아름다움의 다스림을 받아야 하는지 묵상하게 한다(아를의 카이사리우스). 요셉이 여자의 유혹을 거부한 것은 그는 자기 자신을 다스리는 것을 제국을 다스리는 것보다 더 중요하게 여긴 이였음을 말해 준다. 참된 아름다움은 다른 사람들의 눈을 속이지 않는다. 요셉은 정숙함을 지녔기에 더욱 모습이 아름다웠다(암브로시우스). 요셉은 자기 자신에 대해서가 아니라 이 여자를 어리석음에서 구하는 데 더 관심이 있었다. 그래서 여자가 부끄러움을 느낄 만한 충고를 했다. 우리는 정신

차리고 경계하며 이 젊은이의 자제심을 본받아야 한다(요한 크리소스토무스). 여주인이 거듭 치근거린 사실은 그녀가 정결의 불꽃이 아니라 육욕으로 타오르고 있었음을 알려 준다. 요셉이 유혹에 넘어가기를 계속 거부한 것은 내적이며 영적인 정결의 아름다움을 드러내 준다(아를의 카이사리우스). 요셉은 옷을 버려두고 달아났지만, 정숙함의 옷을 입고 있었기에 발가벗은 몸이 아니었다(암브로시우스). 이 단락은 요셉을 죄로 노출되었기에 발가벗은 몸이었던 아담과 비교하게 만든다. [아담과 달리] 요셉은 덕의 옷을 깨끗이 보존했기에 감옥에서 축복받았다(아를의 카이사리우스, 쿠오드불트데우스). 여자가 거짓 이유를 들어 요셉을 무고한 것은 그 여자가 정숙함이라는 옷을 모두 잃어버렸음을 드러내 주었다(암브로시우스). 이 이야기는 또한 사악함이 자신의 잘못을 덕의 탓으로 돌리려 한다는 것을 보여 준다(요한 크리소스토무스). 요셉이 억울하게 고발당한 일은 사도

들이 당한 억지 고발과도 비교할 수 있다(알렉산드리아의 키릴루스).

39,6 요셉은 몸매와 모습이 아름다웠다

영혼이 육을 지배한다

여러분이 방금 독서에서 들은 이야기의 주인공인 이 거룩한 요셉은 육체가 아름다웠습니다. 그런데 영혼은 훨씬 더 아름다웠습니다. 그는 육체도 순결했고 영혼도 순결했기 때문입니다. 그의 육체의 아름다움은 요셉 안에서 빛났습니다. 그러나 성품의 아름다움은 훨씬 더 빛났습니다. 많은 사람에게 육체의 아름다움은 구원에 장애가 되는 것이 보통이지만, 우리의 이 성인에게는 그것이 아무런 해가 되지 않았습니다. 성품의 아름다움이 육체의 아름다움을 다스렸기 때문입니다. 이처럼, 육이 영혼을 제압하는 것이 아니라 영혼이 육을 제압해야 합니다. 영혼이 육의 주체이고 육은 영혼의 종이기 때문입니다. 육에 지배당하며, 주님께 대한 믿음을 소홀히 하여 죄의 종살이에 자신을 맡겨, 주인이었다가 종이 되어 버린 영혼은 불행합니다. 그러나 성조 요셉의 영혼은 그 힘을 확실하게 지켰습니다. 육은 그것을 조금도 지배할 수 없었습니다.

• 아퀼레이아의 크로마티우스 『설교집』 24,2.[1]

성경이 요셉의 신체적 아름다움에 대해 알려 주는 이유

그런데 사악한 짐승 악마는 이 선한 사람의 평판과, 그가 역경이라 할 만한 일들을 통하여 더욱 두드러진 인물로 드러낸 사실을 알자 이를 갈며 격노했습니다. 그자는 이 선한 사람이 날이 갈수록 더욱 칭송을 받는 것을 보고 견딜 수가 없었습니다. 그래서 그를 빠뜨릴 깊은 구덩이를 파고, 그를 파멸시킬 만큼 거대한 벼랑과 그가 난파당하기에 충분한 무서운 폭풍이라 여겨지는 것을 준비했습니다. 그러나 얼마 되지 않아 악마는 자기가 시간을 낭비하고 있으며 자기 머리에 석탄을 쌓고 있을 뿐임을 깨달았습니다. 성경은 "요셉은 몸매와 모습이 아름다웠다"고 기술합니다. 성경은 왜 우리에게 그의 육체적 매력에 대해 묘사해 주는 것일까요? 그가 영혼뿐 아니라 인물도 빼어났다는 것을 우리가 알게 하려는 것입니다. 사실 요셉은 한창 꽃피는 청춘이었고 몸매와 모습이 아름다웠습니다. 성경이 우리에게 그에 관해 이렇게 미리 알려 주는 것은 그 이집트 여자가 이 젊은이의 매력에 빠져 부정한 관계를 맺으려 그를 유혹했다는 사실을 알려 주기 위해서입니다.

• 요한 크리소스토무스 『창세기 강해』 62,16.[2]

아름다운 육체보다 더 찬란하게 아름다운 정신

이제 거룩한 요셉의 이야기로 넘어갑시다. 그가 보여 준 정숙함과 순결함의 본보기는 거룩한 빵처럼 우리를 배부르게 해 줄 것입니다. 여러분이 오늘 독서에서 들은 이야기의 주인공인 이 거룩한 요셉은 육체가 아름다웠습니다. 그러나 정신은 더욱 빛났습니다. 그는 정결한 육체와 덕성스러운 마음을 지니고 있었기 때문입니다. 그에게서는 육체의 아름다움이 빛났습니다. 그러나 영혼의 아름다움은 훨씬 더 빛났습니다. 많은 사람에게 육체의 아름다움은 구원의 장애물이 되기 쉽지만 이 거룩한 사람에게 그것은 아무런 해가 되지 않았습니다. 그의 경우에는 영혼의 아름다움이 육체의 아름다움을 다스렸기 때문입니다. 이처럼, 육체가 영혼을 다스리는 것이 아니라 영혼이 육체를 다스려야 합니다. 영혼은 육체

---

[1] SC 164,70.

[2] FC 87,206.

의 주인이고 육체는 영혼의 하녀이기 때문입니다. 따라서 육체의 지배를 받아 주인을 종으로 만드는 영혼은 불행합니다. 육의 악덕들에 종속된 영혼은 실로 육체의 종이 됩니다. 자기 주님에 대한 믿음을 잃어버리고 죄의 종살이를 견디기 때문입니다. 그러나 성조 요셉의 영혼은 그 힘을 성실하게 지켰습니다. 육이 영혼을 조금도 지배할 수 없었기 때문입니다. 실로, 음탕한 여주인이 자기와 자리에 들자고 청했을 때 그는 거절했습니다. 비록 종의 신분이었지만 영혼의 지배권을 잃어버리지 않았기 때문입니다. 그 결과 그는 무고를 당하여 감옥에 갇혔지만, 이 거룩한 사람은 감옥을 왕궁으로 여겼습니다. 아니, 그 자신이 감옥 안에 있는 왕궁이었습니다. 믿음과 정결과 순결함이 있는 곳에는 그리스도의 왕궁, 하느님의 성전, 성령의 처소가 있습니다. 그러므로 육체의 아름다움을 믿고 우쭐해하는 남자나 아름다움을 자랑삼는 여자는 요셉과 수산나[3]의 본보기를 따라야 할 것입니다. 육체는 정결을, 정신은 순수함을 지켜야 할 것입니다. 그러면 사람들 눈에만이 아니라 하느님 보시기에도 아름다운 사람이 될 것입니다.

• 아를의 카이사리우스 『설교집』 93,2.[4]

39,8 요셉이 부정한 사랑을 거부하다

참된 아름다움은 남에게 해를 입히기를 거부한다

그런데 제국을 다스린 종이 개인의 집에 살 때 있었던 일을 제가 상술할 필요가 있을까요? 그보다는 요셉이 일찍부터 자기 자신을 다스렸다는 사실이 훨씬 중요합니다. 그는 몸매와 모습이 아름다웠지만, 자기 용모의 매력 때문에 다른 사람이 잘못을 저지르게 이끌지 않고 은총을 얻기 위해 그것을 지켰습니다(6-7절 참조). 그는 자신이 정결을 잃음으로써가 아니라 정숙함을 기름으로써 아름다움을 입증한다면 훨씬 더 매력적인 사람이 될 것이라고 생각했습니다. 다른 사람들의 눈을 유혹하거나 그들의 연약한 마음에 상처를 입히지 않고 모든 사람의 인정을 받는 것이 참아름다움입니다. 그런 아름다움은 아무에게도 해를 입히지 않고 칭송받습니다. 만약 어떤 여자가 음탕한 눈으로 바라본다면, 죄는 사악한 눈길을 보낸 여자에게만 있지, 누가 사악한 의도로 바라봐 주기를 바라지 않은 사람에게는 없습니다. 남의 눈에 뜨인 사실이 죄가 될 수는 없습니다. 한낱 종에게는 누가 자신을 바라보지 않게 할 힘이 없습니다. 아내의 두리번거리는 눈길을 막아야 했던 사람은 남편입니다. 남편이 자기 부인에 대해 아무런 걱정을 안 했으므로, 요셉은 그것을 남편이 아내에게 소홀해서 내버려 둔 것이 아니고 여자가 정숙한 증거라 생각했습니다. 아무튼, 남자들은 여자들의 두리번거리는 눈을 경계하는 것을 배우십시오. 사랑받기 원하지 않는 남자들도 무척 많은 사랑을 받습니다. 실로, 요셉은 구애를 거부했지만 무척 많이 사랑받았습니다. 성경은 그에게 죄가 없음을 알려 줍니다. "주인의 아내가 요셉에게 눈길을 보내며"라고 하기 때문이지요. 요셉이 먼저 나섰거나 여자가 알지 못하는 사이에 그녀를 건드린 것이 아니라 여자가 그물을 치고 그를 사로잡으려 했다는 뜻입니다. 여자가 덫을 놓고 그를 함정에 빠뜨렸습니다.

• 암브로시우스 『요셉』 5,22.[5]

---

[3] 바빌론 유배 시기의 유대인 여자로 미모가 뛰어나, 남편의 동료(두 원로)들이 젊은 남자와 간통했다고 고발하겠다고 위협하며 강제로 관계를 맺으려 하였다. 수산나 이야기는 다니엘서의 추가 부분에 그리스어 본문이 두 가지 형태(칠십인역과 테오도티온역)로 전해진다.

[4] FC 47,58-59.

[5] FC 65,203-4*.

종이 주인 여자에게 충고하다

"이런 일이 있고 난 뒤"라니, 무슨 뜻입니까? 주인이 요셉을 몹시 신뢰하여 집안일을 모두 맡긴 뒤에 주인의 아내가 요셉에게 눈길을 보냈다(7절 참조)는 뜻입니다. 수치를 모르는 이 음탕한 여자를 보십시오. 이 여자가 그런 짓을 할 마음을 먹은 것은 자기가 집안의 여주인이라고 생각해서가 아닙니다. 요셉이 종이어서도 아닙니다. 요셉의 매력에 마음을 빼앗기고 흉악한 욕망에 불타오른 까닭에 그 시점에서 이 젊은이를 공격한 것입니다. 이런 사악한 마음을 먹은 여자는 부정한 짓을 하기에 적당한 시간을 기다렸습니다. 그러나 '요셉은 그의 말을 듣지 않았다'고 성경은 말합니다. 그는 굴복하지도 않았고 요구에 응하지도 않았습니다. 그런 짓은 큰 화근이 되리라는 것을 그는 알았습니다. 그는 자기 자신을 걱정한 것이 아니라, 힘닿는 한 이 어리석음과 그릇된 욕망에서 여자를 구원하고자 했습니다. 그는 여자의 수치심을 일깨우고 여자가 자신에게 유익한 것이 무엇인지 깨닫게 해 줄 조언을 했습니다.

• 요한 크리소스토무스 『창세기 강해』 62,17.[6]

39,9 하느님에게 저지르는 죄

하느님의 눈길은 피할 수 없다

참으로 고마움을 아는 사람입니다! 요셉이 주인에게 입은 은혜를 얼마나 고맙게 생각하는지 보십시오. 그래서 그는 여자가 자기 배우자에게 고마워할 줄 모르는 것을 지적하기까지 합니다. '사실, 포로요 이방인이며 종인 나는 주인님 덕분에 안전하게 살며 그분의 모든 일을 내가 관리합니다. 마님을 빼고서는 주인님께서 제게 금하시는 것이 없습니다. 모든 것이 제 권한 아래 있지만 마님께는 제가 아랫사람입니다. 마님은 사실상 제 권한을 넘어 계신 분입니다' 하고 말합니다. 여자에게 남편의 호의를 떠올려 줌으로써 여자에게 적절한 한 방을 날리고, 여자가 배우자에게 배은망덕한 짓을 하지 않도록 설득하기 위해 그는 "마님은 사실상 제 권한을 넘어 계신 분입니다. '마님은 주인어른의 부인이십니다'"라고 합니다. "마님은 주인어른의 부인이십니다. 그런데 제가 어찌 이런 큰 악을 저지르고 하느님께 죄를 지을 수 있겠습니까?" 여자가 요셉과 단둘이 있고 싶어 남편과 하인들 눈길을 피할 수 있는 기회를 애타게 기다리고 있었기 때문에 요셉이 "제가 어찌 이런 큰 악을 저지르고 하느님께 죄를 지을 수 있겠습니까?"라고 한 것입니다. '당신은 무슨 생각을 하는 것입니까? 우리가 모든 사람의 눈길을 피할 수 있다 쳐도 잠들지 않는 눈에 뜨이는 것을 피할 수는 없습니다. 그분께서 불법이라고 판단하실 일을 하지 않기 위해 당신이 두려워해야 하는 것, 걱정하고 떨어야 하는 것은 오직 그것뿐입니다.'

• 요한 크리소스토무스 『창세기 강해』 62,18.[7]

경계심을 늦추지 않다

그러니 주님께서 늘 우리와 함께 계시어 우리가 하는 일이 그분에 의해 성공적으로 마무리되게 하는 것을 우리의 관심사로 삼읍시다. 이 은총을 받은 사람은 설령 곤경에 처하더라도 그것을 큰일로 생각하지 않습니다. 모든 것을 창조하시고 변화시키시는 만물의 주님께서 그 사람의 모든 일이 잘 풀리게 해 주시며 모든 어려움을 쉽게 만들어 주시기 때문입니다. 그러면 우리가 어떻게 해야 주님께서 우리와 함께 계시며 모든

---

[6] FC 87,206-7*.

[7] FC 87,207*.

일에서 우리를 인도해 주실까요? 우리가 방심하지 않고 깨어 있으면서 이 젊은이의 자제력과 또 여러 가지 다른 덕과 고결한 태도를 본받으면, 그리고 우리의 모든 의무를 주님께서 꾸짖으실 일 없게 이행하면 그렇게 됩니다. 잠들지 않는 눈을 피하는 것은 불가능하며 죄인은 벌을 받게 되어 있다는 것을 알고 우리의 의무를 이행합니다. 하느님의 분노보다 인간의 평판을 더 중하게 생각하는 일이 없도록 합시다. 오히려 어떤 상황에서든 "제가 어찌 이런 큰 악을 저지르고 하느님께 죄를 지을 수 있겠습니까?"라는 요셉의 말을 기억합시다. 유혹에 마음이 어지러워질 때면 이 말을 마음속으로 되새깁니다. 그러면 모든 부정한 욕망이 곧바로 달아날 것입니다.

• 요한 크리소스토무스 『창세기 강해』 62,24.[8]

39,10 요셉이 유혹을 거부하다

요셉의 남다른 덕

이 선한 사람의 뛰어난 덕 그리고 그가 한 두 번이 아니라 여러 번 이 압력을 견뎌 냈으며 계속해서 여자에게 충고함으로써 여자의 유혹을 거부했다는 것을 우리가 알도록 성경은 이렇게 말합니다. "그 여자는 날마다 요셉에게 졸랐지만, 요셉은 그의 말을 듣지 않고, 그의 곁에 눕지도 그와 함께 있지도 않았다." 이 구절을 무심코 지나치지 맙시다. 오히려 이 선한 사람이 얼마나 심한 압력을 견뎌 냈는지 생각해 봅시다. 제 생각이지만, 바빌로니아의 불가마에 던져진 세 젊은이가 불에 조금도 데지 않고 멀쩡하게 살아남은 사건도(다니 3,19-27 참조) 열광해서 날뛰는 여자에게 옷을 다 찢기고도 그에게 굴복하지 않은 이 훌륭한 젊은이의 일만큼 전례 없이 놀랍지는 않습니다. 오히려 요셉은 자기 옷을 그의 손에 버려둔 채 밖으로 도망쳐 나왔습니다(12절 참조).

앞의 세 젊은이가 그들이 지닌 덕 때문에 높은 곳의 은총을 받아 불보다 우월한 존재임이 입증되었듯이(다니 3장 참조), 이 사람도 자신이 할 수 있는 바를 다하고 극기를 위한 투쟁의 증거를 보인 뒤 높은 곳으로부터 풍성한 도움을 받았습니다. 그는 하느님 오른손의 협조를 얻어 단번에 이겼고 그 음탕한 여자의 손아귀에서 빠져나갔습니다. 그때 사람들은 이 훌륭한 젊은이가 헝겊으로 된 옷은 벗었으나 정결의 옷을 입은 모습으로, 말하자면, 불타는 용광로에서 불꽃에 그슬리기는커녕 아무런 해도 입지 않고 훨씬 더 눈부시고 눈길을 끄는 모습으로 빠져나온 것처럼, 밖으로 나오는 것을 볼 수 있었습니다.

• 요한 크리소스토무스 『창세기 강해』 62,19.[9]

내적이며 영적인 정결의 아름다움

여주인이 이 젊은이에게 욕정을 품었지만 젊은이는 그러한 욕망에 이끌리지 않았습니다. 여자가 대놓고 요구하자 그는 달아납니다. 여자는 다른 모든 일에서는 명령하지만 이 한 가지 일에서만큼은 달콤한 말로 꼬드기고 애원합니다. 여자는 그를 사랑한 걸까요, 아니면 자기 자신을 사랑한 것일까요? 내 생각에는 둘 다 아닌 것 같습니다. 그 여자가 그를 사랑했다면, 왜 그를 파멸시키고 싶어 했겠습니까? 만약 그 여자가 자기 자신을 사랑했다면, 어째서 멸망의 길을 가고 싶어 한 것입니까? 잘 보십시오. 저는 이 여자가 사랑하지 않았음을 입증했습니다. 여자는 자비의 불꽃으로 빛나지 않고 욕정이라는 독으로 불타고 있었습니다. 그런데 그[요셉]는 그 여자가 모르는 것을 볼 줄 알았습니다. 요셉은 바깥보다

---

[8] FC 87,210-11*.

[9] FC 87,207-8.

속이 더 아름다웠습니다. 육체의 아름다움에서 보다 마음의 빛에서 더 고왔습니다. 그는 그 여자의 눈이 뚫어 볼 수 없는 곳에서 자신의 아름다움을 지키고 있었습니다. 그러니 자기 양심의 거울을 통해 정결의 내적인 아름다움을 보고 있는 그가, 언제가 됐건 그 아름다움이 그 여자의 유혹 때문에 얼룩지거나 더러워지도록 놓아두겠습니까? 이처럼, 여러분도 원하기만 한다면 그가 본 것 — 정결의 내적이며 영적인 아름다움 — 을 볼 수 있습니다. 여러분에게 그럴 수 있는 눈이 있다면 말입니다. 제가 본보기를 하나 들지요. 여러분은 자기 아내의 정결을 사랑합니다. 그러니 여러분이 자기 아내에게서 사랑하는 것을 다른 사람의 아내에게서는 미워하지 마십시오. 여러분은 자기 아내의 무엇을 사랑합니까? 물론 정결입니다. 여러분이 다른 남자의 아내와 가까워짐으로써 그의 정결을 해치고자 한다면, 그것은 다른 남자의 아내가 지닌 정결을 미워하는 것입니다. 자기 아내에게서는 그 특성을 사랑하면서 남의 아내에게서는 그 특성을 죽이고 싶어 하는 것입니다. 정결을 살해하는 자여, 그대가 어떻게 신실한 기도를 할 수 있겠습니까? 그러니 자기 아내에게서 지켜 주고 싶은 것이라면 다른 이의 아내가 지닌 그것도 지켜 주십시오. 여러분은 자기 아내의 육체보다 그녀의 정결을 사랑하기 때문입니다.

• 아를의 카이사리우스 『설교집』 90,2.[10]

39,12 요셉이 포티파르의 아내에게서 도망치다

자신의 영혼을 귀하게 여긴 요셉

포티파르의 아내는 요셉에게 "나와 함께 자요!" 하고 말했습니다. 간통녀의 첫 번째 무기는 눈입니다. 두 번째 무기는 말이지요. 그러나 간통녀의 눈에 유혹당하지 않는 사람은 그녀의 말

에도 저항할 수 있습니다. 정욕에 아직 매이지 않았을 때는 쉽게 방어할 수 있습니다. 그래서 '요셉은 거절했다'(8절 참조)고 쓰여 있습니다. 그러니까 요셉은 말하자면 처음에는 마음속으로 싸움으로써 여자의 공격을 이겨 내고 영혼의 방패로 여자를 밀어냈습니다. 그다음에는 말로 창을 쏘아 여자가 물러나게 했습니다. "요셉은 주인의 아내에게 말하였다"가 그것입니다. 이 여자를 '여주인'이 아니라 '주인의 아내'라고 표현한 것은 옳습니다. 이 여자는 자기가 원하는 것을 얻을 수 없었으니까요. 이 여자가 어떻게 여주인일 수 있겠습니까? 다스리는 이가 지닌 힘을 지니지 못했으니 말입니다. 이 여자는 여주인이 지켜야 할 규율도 따르지 않았습니다. 종에 지나지 않는 이들에게 욕정이나 드러냈을 뿐입니다. 그러나 요셉은 이 구애자의 횃불을 집어 들지도 않았고, 그 유혹자에게서 유대감도 느끼지 않았으며, 죽음에 대한 두려움으로 떨지도 않았고, 떳떳하지 못한 힘에 가담하느니 차라리 죄 없이 죽기를 원한 주인이었습니다. 호의에 보답하지 않는 것을 부끄러운 일이라고 믿는 사람은 자유롭습니다. 실로 요셉은 겁먹은 사람처럼 변명을 늘어놓지도 않고 위험을 겁내는 사람처럼 경계하지도 않았습니다. 오히려 그는 주인의 호의와 자기 자신의 흠 없음에 빚진 사람으로서, 감사를 모른다는 비난과 죄의 얼룩에서 달아납니다. 그리고 의로운 사람으로서, 그는 죄에 전염될까 봐 두려워합니다. 간통녀는 끈질기게 유혹함으로써 세 번째 창살을 던졌지만 요셉은 여자의 말에 귀 기울이지 않았습니다(10절 참조). 일단 말이 나왔으니 경계를 해야 했습니다. 욕정은 불순할 뿐 아니라 무례하고 집요하며 음탕하기까

---

[10] FC 47,43-44.

지 합니다. 그리고 그 간통녀는 아무것도 아랑곳하지 않았습니다. 처음에 정숙함을 잃었을 때 슬픔을 느끼지 않은 그 여자는 유혹을 감행하려고 기다리고 있습니다.

마침내, 요셉이 자기에게 맡겨진 직무와 임무 때문에 집으로 들어갔는데, 마침 집안의 하인들과 증인들이 모두 멀리 나가 있는 터라(11-12절 참조), 여자가 그를 붙잡고는 '나와 함께 자요' 하고 말했습니다. 요셉에게 죄가 없다는 것은 성경이 증언합니다. 그는 주인이 맡긴 일을 몰라라 할 수 없었습니다. 요셉이 유혹당할 수 없는 사람으로서 아무런 걱정 없이 그 집으로 들어간 것만으로는 충분하지 않았습니다. 이 의로운 사람은 여자가 격앙 상태에 빠질 기회를 주지 않도록 조심할 의무가 있었습니다. 그러지 않았다가는 그의 죄 때문에 여자가 파멸할 수도 있는 일이었습니다. 그러나 그는 주인의 아내가 자신의 적수인 것을 알았지만 그럼에도 자신의 임무를 소홀히 하여 주인을 불쾌하게 만들어서는 안 되었습니다. 또한 그는 여자가 말로만 마음을 드러냈지 손으로 붙잡기까지 하리라고는 생각하지 못했습니다. 그 집으로 들어간 것은 요셉의 잘못이 아니고, 거기서 빠져나온 것은 칭찬 들을 일입니다. 그는 육체의 옷보다 자기 영혼의 정결을 더 귀하게 생각했습니다. 그는 간통녀의 손에 들려 있는 옷을 마치 자기 것이 아닌 양 버려두고 나왔습니다. 불결한 여자가 만질 수 있었던 옷은 자신과는 관계없는 것으로 여겼습니다. 결론인즉, 요셉은 위대한 인간이었습니다. 팔려 간 몸이었지만 그는 노예의 본성을 알지 못했습니다. 진한 애정 공세를 받았지만 그 사랑에 답하지 않았습니다. 초대받았지만 그에 응하지 않았습니다. 붙잡혔지만 달아났습니다. 주인의 아내가 다가왔을 때, 옷은 그의 손에 붙들렸지만 영혼은

유혹당하지 않았습니다. 그는 여자의 말도 오래 담아 두지 않았습니다. 오래 끌면 전염되는 것이라 판단했기 때문입니다. 그렇게 하지 않으면 간통녀의 손을 통해 욕정의 자극이 그에게로 넘어올지도 모르는 일이었습니다. 그래서 요셉은 옷을 벗어 던지고 죄를 떨쳐 버렸습니다. 그는 여자가 붙잡고 있는 옷을 버려둔 채 달아났습니다. 네, 옷은 벗었지만 알몸은 아니었습니다. 정숙이라는 더 훌륭한 옷이 그를 가리고 있었기 때문입니다. 그렇습니다. 사람은 죄가 그를 발가벗기지 않는 한 알몸이 아닙니다.✦

• 암브로시우스 『요셉』 5,23-25.[11]

죄 있음이 드러난 자

주인의 아내가 누명을 씌웠을 때, 그 여자는 요셉의 옷을 붙잡았지만 영혼을 잡을 수 없었습니다. 그는 여자의 말을 오래 듣고 있지도 않았습니다. 간통녀의 손을 통해 욕정이라는 유혹이 자신의 영혼 속으로 들어오지 못하게 하려면, 그곳에 더 오래 머무르는 것은 위험하다고 생각했습니다. 그래서 그는 옷을 버림으로써 비난받을 근거를 없애 버렸습니다. 여자가 붙들고 있는 옷을 버려두고 달아난 것입니다. 그는 옷을 잃어버렸지만 알몸이 아니었습니다. 더 귀한 옷인 순결이 그를 감싸고 있었기 때문입니다. 죄가 그를 발가벗게 만들지 않는 한 그는 알몸이 아닙니다. 옛날에 아담이 하느님의 명령을 어기고 위중한 죄라는 빚을 졌을 때 그가 알몸이 되었다는 사실을 우리는 알고 있습니다. 그때 그는 "동산에서 당신의 소리를 듣고 제가 알몸이기 때문에 두려워 숨었습니다"(창세 3,10)라고 한 바 있습니다. 그가 자신이 '알몸'이라고 말한 것은 그가 하느

[11] FC 65,204-6.

님의 보호라는 치장을 잃어버렸기 때문입니다. 죄를 지음으로써 믿음이라는 옷을 잃어버렸기에 그는 숨었습니다. 여기서 우리는 중요한 사실을 알 수 있습니다. 아담은 몸을 가리고 있던 것을 잃어버리지 않았지만 알몸이었고, 요셉은 간통녀의 손에 옷을 버려두어 옷을 입지 못한 상태였지만 알몸이 아니었다는 사실입니다. 같은 성경이 앞의 사람은 알몸이었다고 하고 뒤의 사람은 알몸이 아니었다고 단언합니다. 그러므로 요셉은 덕이라는 옷을 더럽히지 않고 보존했기에, 알몸이 되었다기보다 [천으로 된 물건만] 빼앗긴 것입니다. 그는 창조주의 모상에 따라 새로워져 지식으로 들어가는 새 인간을 입기 위해 행동으로 옛 인간을 벗었습니다. 반면 아담은 특별히 부여받은 덕을 잃어버려 자기 몸을 가릴 수 없었던 까닭에 알몸으로 남았습니다. 그래서 가죽으로 된 옷을 지어 입은 것입니다. 죄인인 그는 영적인 옷을 가질 수 없었기 때문입니다.

● 아를의 카이사리우스 『설교집』 92,3.[12]

39,14 포티파르의 아내가 요셉을 무고하다

감추어야 할 일을 드러낸 포티파르의 아내

간통하려 한 것은 자기면서 요셉이 자기를 유혹했다고 여자가 떠들어 댈 때, 요셉은 밖으로 나왔습니다. 여자는 큰 소리로 히브리 녀석이 자기 옷을 버려두고 달아났다고 떠들었습니다(12-18절 참조). 죄를 조작해 죄 없는 사람에게 해를 입히기 위해, 여자는 숨겨야 마땅한 일을 폭로했습니다. 그러나 의로운 사람인 요셉은 고발 같은 것을 할 줄 몰랐고, 그래서 그 부도덕한 여자는 뻔뻔하게 자기가 원하는 바를 이루었습니다. 나는 말하고 싶습니다. 비록 그 여자는 다른 이의 옷을 가지고 있지만 진짜로 옷이 벗겨진 것은 그 여자라고 말입니다. 요셉에게는 충분한 가리개

와 보호가 있었던 반면 그 여자는 정결이라는 가리개를 몽땅 잃어버렸습니다. 요셉은 소리 내어 말하지 않았지만 그의 죄 없음은 자명했습니다.

● 암브로시우스 『요셉』 5,26.[13]

사악함은 덕에게 탓을 돌린다

이런 승리를 거두었음에도, 상 받고 칭찬받아 마땅한 훌륭한 용기를 보여 주었음에도, 요셉은 죄지은 자처럼 다시 무수한 고난을 겪습니다. 네, 그 이집트 여자는 불가능한 일을 시도함으로써 자기가 당한 수치와 모욕을 잠자코 받아들이지 않았습니다. 여자는 먼저 집 안에 있던 하인들을 불러 이 젊은이에게 누명을 씌우며, 자기가 미쳐서 했던 말을 그가 한 것처럼 이야기했습니다. 사실, 이런 게 바로 사악함이 취하는 방식입니다. 자기 잘못을 덕에게 돌려 그것을 공격합니다. 이 여자가 한 짓이 바로 그러했습니다. 이 젊은이는 음란한 사람으로, 자기는 정결의 화신으로 묘사하며, 그가 옷을 자기 손에 두고 간 것은 그 때문이라고 했습니다.

● 요한 크리소스토무스 『창세기 강해』 62,20.[14]

미움받은 사도들

요셉은 젊은 시절, 뻔뻔스런 이집트 여자가 부정한 짓을 하자고 몹시 끈질기게 졸라 댔지만 그 유혹을 물리쳤습니다. 실제로 이 여자는 부끄러운 줄도 모르고 그의 옷을 벗기고는 강제로 죄를 짓도록 요구했습니다. 그러나 그는 겉옷을 버리고 여자의 무서운 욕정에서 달아났으며 여자의 강한 의지에도 굴하지 않았습니다. 그 결과

---

[12] FC 47,54-55.

[13] FC 65,207.

[14] FC 87,208.

그가 그 일을 저지른 자로 비난받았습니다. 여자가 그에게 탓을 돌렸기 때문이지요. 그러나 그 치욕스러운 비난에도 불구하고 요셉은 놀라운 겸손과 기품 있는 태도를 보여 주었습니다. 그는 감옥에 던져졌습니다. 그리스도께서도 이교인들 가운데 계셨습니다. 거룩한 사도들 안에서 그런 일을 겪으셨습니다. 그들은 그분의 '낙인'을 자기들 몸에 지니고 다닌다고 선언한 이들입니다 (갈라 6,17 참조). 그들은 세상에 속하는 것들에 자신을 맞추려 하지 않고 육의 욕망을 멀리했습니다. 성인들의 삶은 이렇습니다. 그리고 바로 그 때문에 그들은 많은 음모의 대상이 되고, 그리스도 안에 살고자 하는 이들을 못 견뎌 하는 이들

의 중상으로 괴롭힘을 당했으며 무시무시한 유혹에 떨어지고 감옥에 갇혔습니다. 그렇지만 그들은 "너희가 세상에 속한다면 세상은 너희를 자기 사람으로 사랑할 것이다. 그러나 너희가 세상에 속하지 않을 뿐만 아니라 내가 너희를 세상에서 뽑았기 때문에, 세상이 너희를 미워하는 것이다"(요한 15,19)라는 그리스도의 말씀을 언제나 마음에 새기고 있었습니다. 그 음탕한 여자가 요셉을 미워한 것도 바로 그런 경우였습니다.

• 알렉산드리아의 키릴루스
『모세 오경의 격조 있는 해설』(창세기) 6.[15]

---

[15] PG 69,321.

39,19-23 요셉이 감옥에 갇히다

[19] 주인은 "당신 종이 나에게 이렇게 했어요." 하는 아내의 말을 듣고 화가 치밀어 올랐다.

[20] 그래서 요셉의 주인은 그를 잡아 감옥에 처넣었다. 그곳은 임금의 죄수들이 갇혀 있는 곳이었다. 이렇게 해서 요셉은 그곳 감옥에서 살게 되었다.

[21] 그러나 주님께서는 요셉과 함께 계시면서 그에게 자애를 베푸시어, 전옥의 눈에 들게 해 주셨다.

[22] 전옥은 감옥에 있는 모든 죄수를 요셉의 손에 맡기고, 그곳에서 하는 모든 일을 요셉이 처리하게 하였다.

[23] 전옥은 요셉의 손에 맡긴 것에 대해서는 아무런 간섭도 하지 않았다. 주님께서 요셉과 함께 계셨으며, 그가 하는 일마다 주님께서 잘 이루어 주셨기 때문이다.

둘러보기

그 이집트 여자는 욕망을 만족시키지 못하자 부당하고 잔인하게 굴었다(암브로시우스). 요셉은 감옥에 갇혔지만, 하느님 보시기에 그는 죄가 없었고 하느님께서도 그를 버리지 않으셨다(암브로

시우스, 아를의 카이사리우스). 요셉은 감옥에 있었지만, 그 자신이 그리스도의 왕궁이요 하느님의 성전이었다(크로마티우스). 이 이야기가 묘사하는 여러 행위에는 우의의 너울이 덮여 있으며, 요셉이 감옥에 갇힌 일은 그리스도에게 벌어진 일을

예시한다(쿠오드불트데우스). 요셉은 감옥에 던져졌을 때 더욱 축복받았다. 정결을 위해 수난을 견뎌 냈기 때문이다(아를의 카이사리우스). 그리스도께서는 감옥에 갇힌 이들을 찾아가시며, 그래서 요셉도 자애를 입어 감옥의 일을 맡아 하는 이가 되었다(암브로시우스, 아를의 카이사리우스). 하느님의 창조적 지혜가 요셉을 감옥 안의 모든 괴로운 일에서 지켜 주었다(요한 크리소스토무스).

39,19 포티파르가 격분하다

거짓에 거짓을 보태는 여자

그 여자는 자신의 못된 짓을 감출 수 없게 되자 죄 없는 이를 비난했습니다. 거짓에 거짓을 보태고, 다른 이들의 소유물에 의지하며, 오히려 자기가 남을 비난하면서 한없이 격노했습니다. 이 여자가 이렇게 잔인하게 군 이유는 대체 무엇입니까? 자신의 갈망이 거부당하고 금지된 욕망이 상대의 동의를 얻지 못해 좌절되는 것을 보았기 때문입니다. 왜 감옥 문이 열리고, 그리하여 죄 없는 이가 갇히게 되었는지 그 이유를 보십시오. 왜 죄수들이 사슬에서 풀려나고, 그리하여 신실한 이들이 그 사슬에 묶이게 되었는지 [보십시오]! 진실을 왜곡하는 자들이 왜 풀려나고, 자신의 신념을 거짓으로 고백하기를 거부하는 자들이 갇히게 되었는지 [보십시오]!

• 암브로시우스 『요셉』 6,28.[1]

주님께서 거룩한 요셉과 함께 계셨다

그 여자는 자기가 하겠다고 위협한 일을 기어코 했습니다. 남편에게 거짓말을 해서 남편이 믿도록 만들었습니다. 그래도 하느님께서는 인내심 있게 참아 주셨습니다. 거룩한 요셉이 감옥에 던져졌습니다. 죄인처럼 갇힌 몸이 되었습니다. 하지만 하느님께서는 그 일로 그를 못마땅하게

생각하지 않으셨습니다. 그곳에 있는 그를 저버리지도 않으셨습니다. 그분께서 보시기에 그는 죄가 없었기 때문입니다. 주님께서는 거룩한 요셉과 함께 계셨습니다. 요셉은 거룩한 것을 사랑했기에, 여자의 사랑에 굴복하지 않았기 때문입니다. 그 여자의 나이는 젊은이의 정결한 마음을 자극하지 못했습니다. 그를 사랑한 이의 권위도 경멸스러운 여주인과 친밀해지도록 요셉의 마음을 움직이지 못했습니다. 여자는 자기 입으로 이 젊은이를 모함했습니다. 부끄러움을 모르는 그 여자는 아무도 보지 않을 때 몰래 그를 붙잡고는 죄를 짓자고 뻔뻔한 말로 부추겼습니다. 확실히 그는 그때 굴복하지 않았습니다. 그러나 말에 말이 이어지고, 일에 일이 이어졌습니다. 그는 요구를 받을 때마다 거절했지만, 결국 붙잡히자 달아났습니다.

• 아를의 카이사리우스 『설교집』 90,3.[2]

39,20 요셉이 감옥에 갇히다

주님께서는 요셉을 버리지 않으셨다

나는 요셉이 감옥에 갇혔을 때 더 행복했다고 말하고 싶습니다. 그는 정결을 증언하고 있었기 때문입니다. 정숙은 좋은 것이지만, 위험을 무릅쓰고 지킨 것이 아니면 그리 큰 공로라고 할 수 없습니다. 그렇지만 자기 자신의 안전을 무릅쓰고 그것을 지켰을 때 더 멋진 왕관을 얻게 됩니다. 요셉은 변명할 기회도 얻지 못하고, 일의 진위 여부를 조사받지도 않은 채, 죄를 저지른 이 취급을 받아 감옥에 갇힙니다. 그러나 주님께서는 감옥에서도 그를 버리지 않으셨습니다. 결백한 이들은 거짓 고발로 공격을 받을 때, 정의가 제압당해 그들이 감옥에 던져졌을 때, 괴로워하

---

[1] FC 65,208*.   [2] FC 47,45.

지 말아야 합니다. 하느님께서는 당신의 사람들이 감옥에 있어도 찾아오십니다. 위험이 큰 곳에서는 더 큰 도움이 주어집니다.

• 암브로시우스 『요셉』 5,26.[3]

요셉 자신이 감옥 안의 왕궁이었다

그러나 이 거룩한 사람은 그 감옥을 왕궁으로 생각했습니다. 요셉 자신이 감옥 안에 있는 왕궁이었습니다. 믿음과 정결과 정숙이 있는 곳에는 그리스도의 왕궁이, 하느님의 성전이, 성령의 처소가 있기 때문입니다. … 교회에는 모든 이가 본받아야 할 정결의 본보기가 셋 있습니다. 요셉과 수산나와(다니 13장 참조) 마리아가 그 셋입니다. 남자들은 요셉을, 여자들은 수산나와 동정 마리아를 본받기 바랍니다.

• 아퀼레이아의 크로마티우스 『설교집』 24,2.[4]

우의의 너울 아래

요셉은 감옥에 갇혔습니다. 우리의 요셉, 곧 그리스도께서는 이사야의 말대로 "무법자들 가운데 하나로 헤아려졌"(이사 53,12)습니다. "의인이 팔려 갈 때에 지혜는 그를 버리지 않고 죄악에서 구해 내었으며 또 그와 함께 구덩이로 내려가고 사슬에 묶였을 때에 그를 저버리지 않았다"(지혜 10,13-14)라고 성경에 쓰여 있듯이, 이 죄 없는 사람이 죄인들 가운데에 던져질 때 하느님의 지혜가 그를 인도합니다. 우리의 이 요셉, 그리스도께서는 "저는 … 기운이 다한 사람처럼 되었습니다. 저는 죽은 이들 사이에 버려져 누워 있는 자들과 같습니다"(시편 88,5-6)라고 하십니다. 그 뒤에 일어난 일은 일어나지 않을 수 없는 일이었습니다. 곧, 요셉은 충만한 은혜 덕분에 전옥의 눈에 들어, 감옥의 모든 열쇠와 죄수들을 감독하는 일을 맡게 되었습니다(22-23절 참조). 일

이 그렇게 전개된 것은, 하늘은 해와 달과 별들의 모습으로, 땅은 곡식 단의 모습으로 그 앞에 절한 이에게 '감옥'이라는 지하의 피조물들도 복종하게 되려는 것이었습니다. 그래서 우리의 요셉, 곧 그리스도 앞에 "하늘과 땅 위와 땅 아래에 있는 자들이 다 무릎을 꿇"(필리 2,10)습니다. 파라오의 시종장 둘이 요셉과 함께 갇혀 있었던(창세 40,2-3 참조) 사실도 수난의 신비와 관계있습니다. 사실, 그것은 십자가에서 처형된 세 사람의 수에 의해 이와 똑같은 양식으로 완성되었습니다. 우리 요셉, 곧 그리스도께서는 신비의 너울을 벗기심으로써 응징받아 마땅한 자는 벌주시고 다른 이는 자유로운 은총으로 구원하셔야 했습니다(참조: 창세 40,21-22; 루카 23,33.39-43). 이런 거룩한 행위들은 그때 우의의 너울 아래에서 이루어졌습니다. 완전한 계시는 우리를 위해 남겨졌던 것입니다.

• 쿠오드볼트데우스 『하느님의 약속과 예언』 1,28,40.[5]

요셉이 감옥 안에서 축복받다

주인의 아내가 요셉을 고발했을 때, 요셉은 그 여자에게 죄가 있다고 말하지 않았습니다. 의로운 사람인 그는 남을 고발할 줄 몰랐기 때문입니다. 덕분에 그 음탕한 여자는 멋대로 행동하고도 아무런 탓도 잡히지 않았습니다. 따라서 나는 그 여자야말로 발가벗었다고 말하겠습니다. 그는 요셉의 옷을 손에 들고 있었지만, 그 자신은 순결함이라는 장식과 정결이라는 가리개를 모두 잃어버렸기 때문입니다. 또 이렇게도 말하고 싶습니다, 요셉은 아무 말도 소리 내어 하지 않았

---

[3] FC 65,207.

[4] SC 164,70-72.

[5] SC 101,238-40.

지만 그의 결백함이 스스로 말하고 있었으므로 그는 충분히 장식되고 가려져 있었다고 말입니다. 수산나도 그러했습니다. 그녀는 재판에서 침묵을 지켰지만 예언자보다 더 훌륭하게 말했습니다. 그녀가 자기 목소리의 도움을 받고자 하지 않은 결과 예언자의 변호를 얻었기 때문입니다. 나는 요셉이 감옥에 던져졌을 때 더 많은 축복을 받았다고 말하고 싶습니다. 그는 정결을 지키기 위해 박해를 달게 받았기 때문입니다. 순결은 아무런 위험을 감수하지 않고 지킨 것이라도 위대하지만, 신변의 안전을 위협하는 위험을 무릅쓰고 지켰을 땐 더 화려한 관을 받습니다.

• 아를의 카이사리우스 『설교집』 92,4.[6]

39,21 주님께서 한결같이 요셉을 사랑하시다

그리스도께서 감옥에 갇힌 이들을 찾아가신다

그리스도께서 감옥에 있는 이들을 찾아가신 것이 무엇이 놀랍습니까? "[너희는] 내가 감옥에 있을 때에 돌보아 주지 않았다"(마태 25,43)라는 말씀에서 볼 수 있듯이, 그분을 따르는 이들 안에서 그분 자신이 감옥에 갇히셨으니 말입니다. 하느님의 자비가 들어가지 않는 곳이 어디입니까? 요셉은 바로 이런 은혜를 입었습니다. 감옥에 갇힌 그가 감옥의 자물쇠를 관리하고, 전옥은 자기 직무에서 손 떼고 감옥에 있는 모든 죄수를 요셉의 손에 맡겼습니다(21-23절 참조). 그 결과 요셉은 감옥에서 큰 고생을 하지 않았고 다른 이들에게도 감옥 생활이라는 불행을 조금 가볍게 해 주었습니다.

• 암브로시우스 『요셉』 5,27.[7]

하느님의 창조적 지혜

왜 요셉은 어려움을 당해도 괴로워하지 않는지 잘 보십시오. 그의 경우에는 하느님의 창조적

지혜가 그의 괴로움을 다 변화시켰습니다. 진주가 진창에 묻혀도 특유의 아름다움이 드러나듯이, 덕은 어디에 던져 넣더라도 고유의 힘을 드러냅니다. 노예 상태에서도, 감옥에서도, 고난 속에서도, 또 번영할 때도 그렇습니다. 이처럼 요셉은 감옥에 던져졌을 때도 전옥의 마음에 들어 그곳의 모든 일을 관리하는 직무를 맡게 되었습니다. 그러니 이 일에서도 요셉이 그에게로 오는 은총의 힘을 어떻게 드러내는지 잘 봅시다.

• 요한 크리소스토무스 『창세기 강해』 63,2.[8]

주님께서 감옥에 있는 당신 사람들을 찾아가신다

요셉은 변명할 기회도 얻지 못한 채, 범죄를 저지른 사람처럼 감옥에 던져졌지만, 주님께서는 그를 버려두지 않으셨습니다. 결백한 사람은 정의가 무너져 무고를 당하고 감옥에 던져지더라도 그것이 부끄러운 일이 아닙니다. 주님께서는 감옥까지도 당신의 사람을 찾아가십니다. 그러므로 더 큰 위험이 있는 곳에는 더 큰 도움이 있습니다. 그리스도께서 감옥에 있는 당신의 사람들을 찾아가시는 것이 어째서 놀랄 일입니까? 당신 백성들 안에서 당신도 감옥에 갇히셨다고 말씀해 주신 적 있으니 하는 말입니다. "[너희는] 내가 감옥에 있을 때에 돌보아 주지 않았다"(마태 25,43)라고 쓰여 있는 것을 우리는 압니다. 거룩한 자비가 뚫고 들어가지 않는 곳이 어디입니까? 요셉은 바로 그런 은혜를 입어, 감옥에 갇힌 그가 오히려 감옥의 빗장들을 지켰습니다.

• 아를의 카이사리우스 『설교집』 92,4.[9]

---

[6] FC 47,55-56.

[7] FC 65,207-8.

[8] FC 87,212.

[9] FC 47,56.

40,1-8 요셉이 감옥에서 꿈을 풀이하다

¹ 이런 일이 있은 지 얼마 뒤, 이집트 임금의 헌작 시종과 제빵 시종이 그들의 주군인 이집트 임금에게 잘못을 저지른 일이 일어났다.

² 파라오는 자기의 이 두 대신 곧 헌작 시종장과 제빵 시종장에게 진노하여,

³ 그들을 경호대장 집에 있는 감옥에 가두었는데, 그곳은 요셉이 갇혀 있는 곳이었다.

⁴ 경호대장은 요셉을 시켜 그들을 시중들게 하였다. 이렇게 그들은 얼마 동안 갇혀 있었다.

⁵ 그러던 어느 날 밤 이 두 사람, 곧 감옥에 갇힌 이집트 임금의 헌작 시종과 제빵 시종이 저마다 뜻이 다른 꿈을 꾸었다.

⁶ 아침에 요셉이 그들에게 가 보니, 그들은 근심하고 있었다.

⁷ 요셉은 자기 주인의 집에 함께 갇혀 있는 파라오의 이 두 대신에게 물었다. "오늘은 어째서 언짢은 얼굴을 하고 계십니까?"

⁸ 그들이 "우리가 꿈을 꾸었는데 풀이해 줄 사람이 없다네." 하고 대답하자, 요셉이 그들에게 말하였다. "꿈 풀이는 하느님만이 하실 수 있는 일이 아닙니까? 저에게 말씀해 보십시오."

둘러보기

성경 본문에는 헌작 시종장과 제빵 시종장이 어떤 잘못을 저질렀는지 나와 있지 않지만, 그들이 자신의 높은 지위를 자랑삼다 임금의 심기를 거스른 것으로 추정된다(암브로시우스). 요셉은 감옥에서도 덕의 증거를 보여 주었으며 다른 이들의 슬픔을 덜어 주는 데 관심을 보였다(요한 크리소스토무스).

40,4 요셉이 계속 감옥에 갇혀 있다

임금의 뜻

이 시종들에 관해 내가 무슨 말을 할 수 있겠습니까? 그들은 자신들의 지위가 무너지기 쉬운 나약한 것이며 그들의 모든 희망이 임금의 뜻 안에 있다는 것을 다른 시종들이 깨닫게 하는 본보기라 할 수 있습니다. 그들에게는 사소한 잘못도 매우 큰 위험인 반면 그들이 누리는 번영은 그들이 바치는 수고에 비하면 하잘것없는 것이기 때문입니다. 한 사람은 헌작 시종장이라는 것을, 또 한 사람은 제빵 시종장이라는 것을 자랑했습니다. 두 사람 다 잘못을 저지르고 감옥에 갇혔고, 전옥은 거룩한 요셉에게 그들을 맡겼습니다(1-4절 참조).

• 암브로시우스 『요셉』 6,29.[1]

40,7 파라오의 대신들

요셉의 덕이 높음을 알려 주는 증거

그런데 그들의 안락을 염려한 이 훌륭한 사람은 그들이 꾼 꿈 때문에 당황하고 혼란스러워하는 것을 알아챘습니다. 그래서 "오늘은 어째서 언짢은 얼굴을 하고 계십니까?" 하고 물었습니다. 그들의 우울한 얼굴이 마음속에 걱정이 있음

---

[1] FC 65,208.

을 드러내 주었던 것입니다. 현자도 "마음이 즐거우면 얼굴이 밝아지고 마음이 괴로우면 기가 꺾인다"(잠언 15,13)고 말한 바 있습니다. 그들이 꿈 때문에 낙담한 것을 본 요셉은 어떤 [꿈]이기에 그러냐고 물었습니다. 감옥에 갇혀 있으면서

도 그 특유의 덕을 드러내고 다른 이들의 슬픔을 덜어 주는 데 관심을 쏟는 것을 보십시오.

● 요한 크리소스토무스 『창세기 강해』 63,4.[2]

---

[2] FC 87,213*.

40,9-15 헌작 시종장의 꿈

⁹ 헌작 시종장이 요셉에게 자기의 꿈 이야기를 들려주었다. "내가 꿈에 보니, 내 앞에 포도나무 한 그루가 있었네.

¹⁰ 그 포도나무에는 가지가 셋이 있었는데, 싹이 돋자마자 꽃이 피어오르고 포도송이들이 익더군.

¹¹ 그런데 내 손에는 파라오의 술잔이 들려 있었다네. 그래서 내가 그 포도송이들을 따서 파라오의 술잔에다 짜 넣고는, 그 술잔을 파라오의 손에 올려 드렸네."

¹² 그러자 요셉이 그에게 말하였다. "꿈 풀이는 이렇습니다. 가지 셋은 사흘을 뜻합니다.

¹³ 이제 사흘이 지나면, 파라오께서는 나리를 불러올려 복직시켜 주실 것입니다. 그러면 나리께서는 전에 헌작 시종으로서 하시던 법대로 파라오의 손에 술잔을 올리시게 될 것입니다.

¹⁴ 그러니 나리께서 잘되시면, 저를 기억해 주시기 바랍니다. 저에게 은혜를 베푸셔서 파라오께 저의 사정을 아뢰시어, 저를 이 집에서 풀려나게 해 주시기를 빕니다.

¹⁵ 사실 저는 히브리인들의 땅에서 붙들려 왔습니다. 그리고 여기서도 저는 이런 구덩이에 들어올 일은 아무것도 한 적이 없습니다."

둘러보기

헌작 시종장의 꿈에 대한 요셉의 해석은 하느님의 신비들과 비교해 세상의 권력이란 얼마나 하찮은가를 묵상하는 데 도움이 된다. 요셉은 참된 히브리인, 곧 실재를 풀이하는 이며 죄가 없음에도 유혹을 당하신 그리스도를 예표한다(암브로시우스). 요셉이 헌작 시종장에게 자신을 기억하고 파라오에게 자신의 사정을 아뢰어 달라고

간청한 것은 그의 철학적 태도와 큰 겸손의 표시로 풀이할 수 있다(요한 크리소스토무스).

40,13 헌작 시종장이 복직될 것이다

꿈과 실재

나는 그 다른 사람의 꿈에 대해 이야기하지 않기로 하였습니다. 그때에도 나는 그자의 꿈을 해석하기를 피했다는 내 말을 여러분은 기억하

실 것입니다.¹ 그는 내가 그 종말을 끔찍하게 여기고 그 죽음에 전율한 이였습니다. 그보다는, 자신은 헌작 시종장이어서 행복하다고 생각하며, 그것이 모든 권력의 정점이요 왕관이라고 그리고 자신이 앞으로도 임금님께 잔을 바칠 것이라고 믿은 남자에 관해 이야기해 봅시다. 그것이 이 세상에서 그의 영광이었고 위대함이었습니다. 그는 그것을 잃자 슬펐습니다. 그리고 다시 예전 지위를 되찾자 기뻐했습니다. 하지만 이것은 꿈입니다. 세속의 모든 권력은 실재가 아니라 꿈입니다. 분명한 것은, 그가 예전의 드높은 지위를 되찾는 것을 꿈에서 보았다는 사실입니다. 이런 사람들은 이 세상의 번영에서 기쁨을 찾는 사람들이라고 이사야도 말한 바 있습니다(이사 29,8 참조). 꿈속에서 먹고 마시는 사람은 자기가 음식을 배불리 먹고 마셨다고 생각하지만, 깨어나면 배고픔을 더 심하게 느낍니다. 그러면 그는 꿈꾸는 자의 음식과 음료가 얼마나 공허한 것인지 깨닫습니다. 이와 마찬가지로, 이 세상에서 잠들어 하느님의 신비들에 눈뜨지 못하는 사람은 그가 육체의 깊은 잠에 빠져 있는 한, 마치 꿈속에서 보는 것 같은 세속의 권력을 중요한 것으로 생각합니다. 그러다 깨달음을 얻으면, 이 세상의 쾌락이 참으로 허무함을 알게 됩니다.

이 참된 히브리인, 꿈이 아니라 실재를, 신호와 같은 환시를 풀이하는 이를 보십시오. 그는 충만한 신성과 자유로운 하늘의 은총으로부터 와서 육체의 감옥으로 들어갔습니다(콜로 2,9 참조). 이 세상의 유혹물은 그의 안에 어떠한 변화도 일으킬 수 없었습니다. 타락한 세속의 쾌락은 그 어떤 것도 그를 파멸로 이끌 수 없었습니다. 그는 유혹받았음에도 불구하고 넘어지지 않았습니다. 공격받았지만 공격하지 않았습니다. 결국 회당이라는 간통녀의 손이 그의 육체의 옷을 붙잡았을 때, 그는 말하자면 육[의 옷]을 벗고 죽음에서 자유로운 상태로 올라갔습니다. 창녀는 그를 붙잡지 못하자 없는 말을 지어내 고발했습니다. 그러나 감옥은 그에게 두려운 곳이 아니었고 저승도 그를 붙잡아 두지 못했습니다. 네, 그분은 마치 벌을 받듯 당신께서 내려가신 그곳에 있던 다른 이들까지 구해 내셨습니다. 죽음의 차꼬가 그분을 옥죄었던 바로 그곳에서 그분은 죽은 이들의 차꼬를 푸셨습니다.

• 암브로시우스 『요셉』 6,30-31.²

40,14 저를 기억해 주시기 바랍니다

시종장이 요셉을 기억해 주지 않다

임금의 심기를 거슬렀다가 다시 원래 직위를 되찾은 시종장에게 이 히브리 사람이 한 말을 생각해 봅시다. '나리께서 잘되시면, 나리의 경우를 생각해 저를 기억해 주시기 바랍니다. 저에게 은혜를 베푸시어 저를 기억해 주시기 바랍니다.' 그는 두 번에 걸쳐 부탁했습니다. 상대방이 권력을 되찾고 나면, 자신이 어떤 해악을 피했는지 기억하지 않으리라는 것을 알았기 때문입니다. 그래서 요셉은 두 번 부탁합니다. 그 사람을 그가 두 번 자유롭게 해 주었기 때문입니다. 첫 번째 베푼 호의를 기억하지 못하더라도 적어도 나중에 베푼 것이라도 기억한다면, 그 사람은 자기를 구해 준 이를 멸시하거나 못된 마음으로 그

---

¹ 여기서 암시하는 이는 발렌티니아누스 2세 황제의 시종장인 시리아인 환관 칼리고누스다. 칼리고누스는 아리우스파가 밀라노에 있는 암브로시우스의 대성당을 차지하려 한 일을 놓고 385년인가 386년에 암브로시우스와 논쟁하는 과정에서 그를 죽이겠다고 위협한 바 있었는데, 2년 뒤 임금의 눈 밖에 나 처형당했다. 암브로시우스는 누이 마르켈리나에게 보낸 편지(『서간집』 76,28)에서, 아우구스티누스는 『율리아누스 반박』 6,845에서 칼리고누스에 대해 언급한다.

² FC 65,209-10.

를 해치지는 않을 것이었습니다. 그런데 더 나쁜 일은, 사람은 잘 나가게 되면 자기가 입은 호의를 쉽게 잊는다는 것입니다. 헌작 시종장은 제자리에 복직되자 자기 꿈을 풀이해 준 이를 기억하지 못하고 까맣게 잊어버렸습니다(창세 40,23 참조). 하지만 그는 잊어버렸을지라도 그리스도께서는 잊지 않으시고 시종장에게 말씀하셨습니다. 네, 종에 지나지 않는 이를 시켜 '나리의 경우를 생각해 저를 기억해 주십시오' 하고 말씀하셨습니다. 이는 '당신의 직무와 관련해 들은 이야기를 기억하십시오. 당신이 지금은 잊어버렸더라도, 호의를 입은 일은 잊어버렸어도 위험에서 벗어나기 위해 나를 기억할 것입니다'라는 뜻입니다. 그러나 그는 권력을 되찾고 나서 [그 일을] 기억하지 않았습니다. 그런데 헌작을 담당하는 이 권력은 대체 얼마나 대단한 것이었습니까? 그가 자랑삼는 근거가 무엇인지 보십시오. 임금에게 술잔을 갖다 바치는 시종들의 우두머리라는 것이었습니다.

• 암브로시우스 『요셉』 6,32.[3]

요셉의 철학적 태도

사랑하는 여러분, 여러분은 이 이야기를 들을 때 이 선한 사람의 소심함을 경멸해서는 절대 안 됩니다. 오히려 그런 굉장한 어려움에 부딪혔으면서도 갇혀 있다는 사실을 씩씩하게 또 감사하게 견뎠다는 사실에 감탄하십시오. 제 말은, 그가 종종 전옥에게 권한을 위임받긴 했지만, 더럽고 상스러운 사람들과 함께 갇혀 산다는 것은 누가 뭐래도 힘든 일이라는 것입니다. 사실 처음부터 용감하게 그 일을 견디고 어떤 상황에서도 큰 겸손을 보여 준 그의 철학적 태도에 주목하십시오. "저에게 은혜를 베푸셔서 파라오께 저의 사정을 아뢰시어, 저를 이 집에서 풀려나게 해 주

시기를 빕니다." 이 말을 잘 보십시오. 요셉은 그 구역질나는 간통녀에 대해서 한마디도 하지 않고, 자기 주인 탓도 않으며, 자기 형제들이 저지른 못된 짓에 대해서도 이야기하지 않습니다. 그 모든 것을 속으로 가라앉히며 이렇게 말합니다. "저를 기억해 주시기 바랍니다. … 저를 감옥에서 풀려나게 해 주시기를 빕니다. 사실 저는 히브리인들의 땅에서 붙들려 왔습니다. 그리고 여기서도 이런 구덩이에 들어올 일은 아무것도 한 적이 없습니다"(칠십인역).

이 발언을 그냥 지나치지 말고, 이렇게 말한 그의 철학적 정신 체계에 대해 깊이 생각해 봅시다. 그는 그런 적절한 기회를 잡아, 그리고 그 이집트 여자를 헐뜯지도 않고 자기 주인이나 형제들에게 주의를 돌리지도 않으면서, 헌작 시종장이 원래 자리로 돌아가기만 하면 임금을 가까이 접할 수 있는 이상적인 위치에 있다는 사실을 의식했습니다. 요셉은 자신이 감옥에 복역하는 선고를 받은 데 대해 아무도 탓하지 않았습니다. 그리고 자신이 부당한 일을 당했다는 사실을 입증하려고 서두르지도 않았습니다. 그의 유일한 관심사는 그들이 사정없이 처벌받는 것이 아니라 자기를 위해 누군가 대신 말해 줄 사람을 찾는 것이었습니다. 그는 "저는 히브리인들의 땅에서 붙들려 왔습니다"라는 말로 그 짓을 한 것이 형제들이라는 사실을 덮어 감춘 한편, 음탕한 이집트 여자와 자기 주인이 그에게 보인 부당한 격노에 주의를 돌리지도 않았습니다. 대신 그는 뭐라고 말했습니까? "여기서도 저는 이런 구덩이에 들어올 일은 아무것도 한 적이 없습니다"라고 했습니다.

이 말을 들었으니 우리는 억울한 일을 당한

---

[3] FC 65,210-11.

이런 사람들에게 악담을 퍼붓거나 그들을 비난하느라 목소리를 높이지 않는 것을 배웁시다. [대신 우리는] … 어려움에 처하고서도 이집트 여자의 음란함에 대해 입도 뻥긋 안 한 이 놀라운 사람을 본받아 온순하고 온화하게 우리의 결백을 입증[합시다]. 물론 여러분은, 비난받아 마땅한 사람들이 자신의 잘못을 남에게 덮어씌우기 위해 야비한 욕설에 의지하는 경우가 많다는 것을 알 것입니다. 이 사람은 그와 반대로 했습니다. 그는 사실 해보다도 얼룩이 없고, 여자의 미친 짓을 털어놓으면 완전한 진실을 밝혀 누명을 벗을 수 있었는데도 사람들의 주의를 그쪽으로 돌리지 않았습니다. 요셉은 죽을 운명을 타고난 존재들의 존경을 갈망하는 이가 전혀 아니었던 것입니다. 그는 높은 곳의 총애를 받는 것에 만족하며, 잠들지 않는 눈을 지니신 분께만 자신의 행동에 대한 칭찬을 듣고 싶어 했습니다. 그래서 그가 침묵을 지키며 모든 일을 덮어 두려 하자, 이 운동선수의 딱한 처지를 보신 자애로우신 주님께서 그를 뛰어난 인물로 부각시키셨습니다.

• 요한 크리소스토무스 『창세기 강해』 63,7-9.[4]

___

[4] FC 87,214-15*.

40,16-23 제빵 시종장의 꿈이 현실이 되다

[16] 요셉이 좋게 풀이하는 것을 보고 제빵 시종장도 그에게 말하였다. "나도 꿈에 보니 내 머리 위에 과자 바구니가 세 개 있었네.
[17] 제일 윗 바구니에는 파라오께 드릴 온갖 구운 빵이 들어 있었는데, 새들이 내 머리 위에 있는 그 바구니에서 그것들을 쪼아 먹고 있었네."
[18] 그러자 요셉이 대답하였다. "그 꿈 풀이는 이렇습니다. 바구니 셋은 사흘을 뜻합니다.
[19] 이제 사흘이 지나면, 파라오께서 나리를 불러올려 나무에 매달 것입니다. 그러면 새들이 나리의 살을 쪼아 먹을 것입니다."
[20] 그리고 사흘째 되는 날, 그날은 파라오의 생일이어서 그는 모든 신하들에게 잔치를 베풀었다. 그러고는 헌작 시종장과 제빵 시종장을 신하들 가운데로 불러올려,
[21] 헌작 시종장을 헌작 직위에 복직시키니, 그가 파라오의 손에 술잔을 올리게 되었다.
[22] 그러나 제빵 시종장은 나무에 매달게 하였다. 요셉이 그들에게 풀이하여 준 그대로였다.
[23] 그렇지만 헌작 시종장은 요셉을 기억하지 않았다. 그를 잊어버린 것이다.

둘러보기

헌작 시종장이 복직된 뒤 요셉을 잊어버렸는데도 요셉이 놀라지도 겁먹지도, 또 실망하지도 않았다는 점에서, 이 일은 요셉의 덕을 더욱 확실하게 보여 준다. 사실 헌작 시종장이 그를 잊어버린 것은 지혜로우시며 창의적이신 주님께서

요셉이 더 큰 역할을 하도록 두시려고 세우신 계획의 일부였다(요한 크리소스토무스).

40,23 시종장이 요셉을 잊어버리다

경기가 길어지고 있음을 요셉이 깨닫다

이 선한 사람이, 체육관이나 레슬링 경기장에서 겨루듯, 놀람, 공포, 실망의 표시를 드러내지 않으면서 또다시 자기 특유의 덕을 실제로 보이는 것을 보십시오. 다른 사람이었다면, 아마 천 명이면 천 명 다 이렇게 말했을 것입니다. '어찌 된 일인가? 헌작 시종장은 그가 꿈에서 본 것을 내가 풀이해 주어 예전의 높은 지위를 곧 되찾았는데, 그 일을 예고해 준 나를 잊어버리다니. 그는 편히 안락을 누리고 있는데, 나는 지은 죄도 없이 살인자들과 강도와 도둑들을 비롯하여 무수한 범죄를 저지른 자들과 함께 여기 갇혀 있구나.' 요셉은 이런 말을 한마디도 하지 않았습니다. 이런 생각도 하지 않았습니다. 그는 자신이 꾸준히 노력하여 영광스러운 화관을 차지하도록 경기가 길어지고 있음을 깨달았습니다. …

요셉은 그곳에서 풀려나 훌륭하다는 평판을 얻게 될 적절한 때를 기다려야만 했습니다. 사실, 파라오가 꿈을 꾸기 전에 헌작 시종장이 먼저 나서서 요셉을 감옥에서 풀어 주었다면, 요셉의 덕이 그리 많은 사람에게 알려지지 않았을 것입니다. 그러나 지혜로우시며 창의적이신 주님께서는 금을 얼마나 오래 불 속에 두었다 꺼내야 하는지 아는 유능한 장인처럼, 파라오가 꿈을 꿀 때까지 이 년 동안 헌작 시종장이 그 일을 잊고 있도록 놓아두셨습니다. 적절한 상황이 이루어져 이 선한 사람이 파라오의 나라 전체에 알려지게 하신 것입니다.

• 요한 크리소스토무스 『창세기 강해』 63,11-12.[1]

---

[1] FC 87,216-17*.

41,1-13 헌작 시종장이 요셉을 파라오에게 추천하다

[1] 그로부터 이 년이 지난 뒤, 파라오가 꿈을 꾸었다. 그가 나일 강 가에 서 있는데,

[2] 잘생기고 살진 암소 일곱 마리가 나일 강에서 올라와 갈대밭에서 풀을 뜯었다.

[3] 그런데 그 뒤를 이어, 또 다른 못생기고 야윈 암소 일곱 마리가 나일 강에서 올라와, 강가에 있는 그 암소들 곁으로 가서 섰다.

[4] 그러고는 이 못생기고 야윈 암소들이 잘생기고 살진 그 일곱 암소를 잡아먹는 것이었다. 파라오는 잠에서 깨어났다.

[5] 그는 다시 잠이 들어 두 번째 꿈을 꾸었다. 밀대 하나에서 살지고 좋은 이삭 일곱이 올라왔다.

[6] 그 뒤를 이어 야위고 샛바람에 바싹 마른 이삭 일곱이 솟아났는데,

[7] 이 야윈 이삭들이 살지고 여문 그 일곱 이삭을 삼켜 버리는 것이었다. 파라오가 잠에서 깨어 보니 꿈이었다. ♪

$\mathscr{C}^8$ 아침이 되자 그는 마음이 불안하여, 사람을 보내 이집트의 모든 요술사와 모든 현인을 불러들였다. 그런 다음 파라오는 자기가 꾼 꿈을 그들에게 이야기하였지만, 아무도 파라오에게 그것을① 풀이해 주지 못하였다.

⁹ 그때 헌작 시종장이 파라오에게 아뢰었다. "오늘에야 제 잘못이 생각납니다.

¹⁰ 파라오께서는 당신의 종들에게 진노하시어, 저와 제빵 시종장을 경호대장 집에 가두신 적이 있습니다.

¹¹ 저와 그는 같은 날 밤에 꿈을 꾸었는데, 저마다 다른 뜻을 지닌 꿈을 꾸었습니다.

¹² 그때 거기에는 경호대장의 종인 젊은 히브리인이 저희와 함께 있었습니다. 저희가 그에게 말하자 그는 저희 꿈을 풀이하였습니다. 저희 각자의 꿈을 풀이해 주었던 것입니다.

¹³ 그리고 그가 풀이한 대로 되었습니다. 저는 복직되고 제빵 시종장은 나무에 매달렸습니다."

① 히브리어 본문은 복수 대명사, 그리스어 본문은 단수 대명사로 되어 있다.

둘러보기

헌작 시종장이 요셉의 부탁을 잊어버린 것은 권력을 얻어 오만해졌기 때문이다(암브로시우스). 이집트의 현자들은 신비를 설명할 능력이 없음을 보여 주려는 하느님의 놀라운 계획 때문에 그리되었다(요한 크리소스토무스)는 해석도 있다.

41,9 시종장이 요셉을 떠올리다

권력으로 오만해지면 귀가 닫힌다

헌작 시종장이 임금의 꿈 이야기를 듣자 자신의 꿈이 떠올라 "오늘에야 제 잘못이 생각납니다" 하고 말합니다. 진작에 떠올렸어야 할 일인데, 이 고백은 실로 늦어도 한참 늦었습니다. 당신은 죄를 짓고 나서야 죄짓기 전에 피했어야 할 일을 고백하고 있습니다. "저를 기억해 주시기 바랍니다"(창세 40,14)라는 말을 당신은 얼마나 빨리 잊어버렸는지요. 물론 당신은 이 말이 그때 [요셉이] 한 말이라는 것을 압니다. 하지만 권력으로 오만해진 당신은 귀가 어두워지고, 술에 취

한지라 제정신인 사람이 한 말을 듣지 못했습니다. 자기 죄를 뒤늦게 고백하는 당신은 지금도 '저를 기억해 주십시오'라는 말만 [기억합니다]. 당신은 한낱 종에게 물으면서 어째서 '주인'은 부인합니까? 이제 취하십시오, 술이 아니라 성령으로 취하십시오. 그대와 함께 잠자고 그대가 꿈꿀 때 함께 있었던 제빵 시종이 당한 일을 기억하십시오. 그도 시종장이었습니다. 궁정의 잔치는 제빵 시종들이 하는 일의 일부였고 그는 그 일을 주관하는 시종장이었지요(창세 40,16 참조). 그는 임금의 빵을 자기가 관리하므로 지체가 높다고 생각했습니다. 그는 그런 권력이 자주 바뀐다는 것을 알지 못했습니다. 그는 곧 극형에 처해질 터인데도 남들을 위협하고, 주님의 비천한 종임에도 예언을 말한 요셉에게 귀 기울이지 않았습니다. 그것은 그가 총애를 한껏 믿고 우쭐해하던 임금의 명령에 따라 곧 교수형에 처해져 새들이 그의 머리를 쪼아 먹을 것이리라는 예언이었습니다(창세 40,16-19 참조). 이 본보기만을 보고

서라도 그대는 불신에 쏠리는 마음을 억제해야 할 것입니다.

• 암브로시우스 『요셉』 6,34.[1]

하느님의 놀라운 계획

하느님의 놀라운 계획을 보십시오. 그분은 먼저 파라오가 그 땅에서 지혜롭다는 말을 듣는 모든 사람에게 의논하도록 하십니다. 그 결과 그들의 무지가 드러나면, 이 죄수, 이 포로, 이 종, 이 히브리인이 불려 나와, 그토록 많은 사람이 풀지 못한 것을 풀이하게 하시고, 그리하여 요셉이 위로부터 받은 은총을 모든 사람 앞에서 확실히 드러내게 하셨습니다. 그래서 모든 현자가 와서 뭐라고 말하기는커녕 입도 벙긋하지 못했을 때 헌작 시종장의 기억이 돌아왔고, 그는 자기에게 있었던 일을 파라오에게 이야기하며 "오늘에야 제 잘못이 생각납니다" 하고 말했습니다.

• 요한 크리소스토무스 『창세기 강해』 63,13.[2]

---

[1] FC 65,212*　　　　　　　[2] FC 87,217.

41,14-24 파라오가 자신이 꾼 꿈을 요셉에게 이야기하다

[14] 그러자 파라오는 사람들을 보내어 요셉을 불러오게 하였다. 그들은 서둘러 그를 구덩이에서 끌어내어, 수염을 깎고 옷을 갈아입혔다. 그런 다음 요셉은 파라오에게 들어갔다.

[15] 파라오가 요셉에게 말하였다. "내가 꿈을 하나 꾸었는데, 그것을 풀이할 자가 하나도 없다. 그런데 너는 꿈 이야기를 듣기만 하면 그것을 풀이한다고 들었다."

[16] 요셉이 파라오에게 대답하였다. "저는 할 수 없습니다만, 하느님께서 파라오께 상서로운 대답을 주실 것입니다."

[17] 파라오가 요셉에게 이야기하였다. "꿈에서 보니 내가 나일 강 가에 서 있는데,

[18] 살지고 잘생긴 암소 일곱 마리가 나일 강에서 올라와 갈대밭에서 풀을 뜯었다.

[19] 그 뒤를 이어 또 다른 가냘프고 아주 못생기고 마른 암소 일곱이 올라오는데, 그것들처럼 흉한 것은 이집트 온 땅에서 본 일이 없다.

[20] 그런데 이 마르고 흉한 암소들이 먼저 올라온 그 살진 일곱 암소를 잡아먹었다.

[21] 그러나 이렇게 잡아먹었는데도, 그것을 알아볼 수 없을 정도로 여전히 그 모습이 흉하였다. 그러고는 내가 잠에서 깨어났다.

[22] 내가 또 꿈에서 보니, 밀대 하나에서 여물고 좋은 이삭 일곱이 올라왔다.

[23] 그런데 그 뒤를 이어 딱딱하고 야위고 샛바람에 바싹 마른 이삭 일곱이 솟아났다.

[24] 이 야윈 이삭들이 그 좋은 일곱 이삭을 삼켜 버렸다. 내가 이것을 요술사들에게 이야기하였지만 아무도 나에게 풀어 주지 못하였다."

둘러보기

결국에 보니, 요셉이 당한 불행은 거룩한 섭리에 따른 일로서, 적절한 때 그의 지혜가 빛나도록 하신 것이었다. 그러나 요셉의 지혜는 파라오의 현자들이 지닌 것과 같은 인간적 지혜가 아니라, 진리를 드러내시는 만물의 주님에게서 오는 것이다(요한 크리소스토무스).

41,14 요셉이 감옥에서 풀려나다

시련으로 정화되다

요셉이 처음부터 얼마나 큰 존경을 받는지 보십시오. 반짝이는 금처럼 시련으로 정화되어 감옥에서 나온 요셉은 파라오 앞으로 불려 갑니다.

높은 곳에서 오는 은총의 도움을 받는 것이 얼마나 굉장한 일인지 아십니까? 요셉에게 영향을 미칠 일이 일어나도록 거룩한 섭리가 얼마나 많은 일을 짜 놓았는지 보십시오. 극도의 시련을 견디고 음탕한 이집트 여자의 마수를 피한 뒤 그는 감옥에 던져졌습니다. 파라오의 헌작 시종장과 제빵 시종장이 같은 때 감옥에 갇힌 덕분에 이 사람의 지혜로움에 대해 알도록 하셨고, 그리하여 이제 적절한 때가 되자 헌작 시종장이 그를 기억하고 임금에게 데려오게 하셨습니다.

• 요한 크리소스토무스 『창세기 강해』 63,14-14.[1]

41,15 요셉은 꿈을 풀이할 수 있다

요셉의 뛰어난 양식과 사려 깊음

파라오가 '나의 현자들 가운데는 그 꿈을 풀이할 수 있는 자가 아무도 없다'고 드러내 놓고 말하기를 부끄러워한 것에 주목하십시오. 그는 뭐라고 말했습니까? "내가 꿈을 하나 꾸었는데, 그것을 풀이할 자가 하나도 없다. 그런데 너는 꿈 이야기를 듣기만 하면 그것을 풀이한다고 들었다"라고 합니다. 요셉이 파라오에게 한 대답에서도 그의 양식과 사려 깊음을 잘 보시기 바랍니다. 그는 말합니다. '제가 저 스스로 말하거나 인간의 지혜로 그 꿈을 풀이한다고 의심하지 마십시오. 사실 높은 데에서 오는 계시 없이는 그것을 알 수 있는 방법이 없습니다. 그러니까 하느님 없이는 제가 임금님께 대답할 수 없다는 것을 아십시오.' 본문을 보면, 하느님이 아니시면 파라오는 올바른 대답을 듣지 못할 것이라고 되어 있습니다. '그러므로 임금님께서는 이 계시를 주시는 분이 만물의 주님이심을 알게 되었으니, 하느님만이 밝게 드러낼 힘이 있으신 것을 인간들에게서 기대하지 마십시오'라는 뜻입니다.

요셉이 그의 대답으로 파라오가 자신을 보좌하는 현자들의 한계와 주님의 권능을 어떻게 깨닫게 하는지 보십시오. '제가 하는 말은 인간의 지혜나 저 자신의 추론에서 나온 것이 아님을 아셨으니, 하느님께서 임금님께 무엇을 통보하셨는지 제게 말씀해 보십시오.'

• 요한 크리소스토무스 『창세기 강해』 63,14-15.[2]

---

[1] FC 87,217-18*.

[2] FC 87,218*.

41,25-36 요셉이 파라오의 꿈을 풀이하다

²⁵ 그러자 요셉이 파라오에게 말하였다. "파라오의 꿈은 한 가지입니다. 하느님께서 앞으로 당신께서 하고자 하시는 바를 파라오께 알려 주시는 것입니다.♪

☞ 26 좋은 암소 일곱 마리는 일곱 해를 뜻합니다. 좋은 이삭 일곱도 일곱 해를 뜻합니다. 그러므로 그 꿈은 한 가지입니다.

27 그 뒤를 이어 올라온 마르고 흉한 암소 일곱 마리도 일곱 해를 뜻하고, 속이 비고 샛바람에 바싹 마른 이삭도 그러합니다. 이것들은 기근이 들 일곱 해를 뜻합니다.

28 하느님께서 앞으로 당신께서 하고자 하시는 바를 파라오께 보여 주시는 것이라고 제가 파라오께 아뢴 바가 바로 이것입니다.

29 앞으로 오게 될 일곱 해 동안, 이집트 온 땅에는 대풍이 들겠습니다.

30 그러나 그 뒤를 이어 일곱 해 동안은 기근이 들겠습니다. 그러면 이집트 땅에서는 전에 들었던 그 모든 대풍이 잊혀지고, 기근이 이 땅을 고갈시켜 버릴 것입니다.

31 이렇듯 뒤따라오는 기근이 하도 심하여, 이 땅에 대풍이 든 적이 있었다는 것을 아는 이조차 없을 것입니다.

32 파라오께서 같은 꿈을 두 번이나 되풀이하여 꾸신 것은, 하느님께서 이 일을 이미 결정하셨고 지체 없이 그대로 실행하시리라는 것을 뜻합니다.

33 그러니 이제 파라오께서는 슬기롭고 지혜로운 사람 하나를 가려내시어, 이집트 땅을 그의 손 아래 두시는 것이 좋겠습니다.

34 파라오께서는 또 나라의 감독관들을 임명하셔서, 대풍이 드는 일곱 해 동안 이집트 땅에서 거둔 수확의 오분의 일을 받아들이게 하시는 것이 좋겠습니다.

35 이 사람들이 앞으로 올 좋은 시절 동안 모든 양식을 거두어들이게 하시고, 파라오의 권한으로 성읍들에 곡식을 쌓아 갈무리하게 하십시오.

36 이 양식은 앞으로 이집트 땅에 닥칠 일곱 해 동안의 기근에 대비하여, 나라를 위한 비축 양식으로 남겨 두십시오. 그러면 이 나라는 기근으로 망하지 않을 것입니다.”

둘러보기

대풍에 관한 꿈은, 영원한 안식에 비하면 일곱 해 동안의 대풍도 아무것도 아니라는 것과 역경은 인품을 시험한다는 것을 묵상하도록 이끈다(암브로시우스). 요셉이 파라오에게 자신을 천거하지 않은 것은 그의 겸양을 보여 준다(에프렘).

41,26 요셉이 해몽하다

장차 올 시대의 영원한 안식

그러나 이 꿈은 단지 한두 사람에게만 계시된 것이 아니라 모든 사람에게 명백하게 알려졌다고 나는 생각합니다. 대풍으로 살지고 윤택한 이 세상의 일곱 해는, 영원한 안식이 있고 영적인 율법을 준수하는, 장차 올 일곱 해에게 잡아먹히기 때문입니다. 조상들 가운데 하느님 안에서 부유한 에프라임 부족은 몸뚱이의 젖이 탱탱 불은 것이 아니라 영적 젖과 은총이 풍부한 튼튼한 암소처럼 그 규정들을 지킵니다. “에프라임은 길이 잘 든 암소, 타작하기를 좋아하였다. 나는 그 아름다운 목에 멍에를 씌웠다”(호세 10,11)라고 쓰여 있듯이, 하느님께서는 당신께서 그의 아름다운 목에 앉아 계시다고 말씀하십니다.

그러니 죄인의 기름이 우리 머리에 부어지는 일이 없도록(참조: 시편 141,5; 23,5) 하며 거짓의 열매들을 즐기지 않도록 합시다. 그렇게 하지 않는다면, "너희는 악을 갈아서 불의를 거두어들이고 거짓의 열매를 먹었다. 너희가 병거와 수많은 전사들을 믿었기 때문이다"(호세 10,13)라는 말은 우리를 두고 한 말이 될 것입니다. 그러한 자는 '샛바람에 바싹 마른 이삭'을 지녔다는 사실이 저는 조금도 이상하게 생각되지 않습니다. 다윗도 거미처럼 야위어 갈 때 더 훌륭한 사람이었으며(시편 39,12 참조), "하느님께 맞갖은 제물은 부서진 영"(시편 51,19)이기 때문입니다. 사악한 영이 이 세상에서 극심하게 괴롭힌 이들은 더 나은 사람들이 됩니다.

• 암브로시우스 『요셉』 7,39.[1]

41,33 이집트 땅의 감독관

요셉의 겸양

요셉은 "파라오께서는 슬기롭고 지혜로운 사람 하나를 가려내시어"라고만 했습니다. 요셉이 자기를 콕 집어서 말하지 않은 것은 겸양을 보인 것입니다. 그러나 그는 다른 사람이 그 일을 맡으리라 생각하지 않았습니다. 장차 그들을 덮칠 엄청난 재앙에 적절히 대비할 수 있는 이는 자신밖에 없다는 사실을 알고 있었기 때문입니다. 요셉은 파라오의 꿈을 풀이하여 파라오의 눈에 들었습니다. 거기다 그의 생각에서 나온 훌륭한 조언까지 하자 더욱 [유능한 이로 보였습니다].

• 시리아인 에프렘 『창세기 주해』 35,5.[2]

---

[1] FC 65,215*.　　　　[2] FC 91,186.

41,37-45 요셉이 이집트의 재상이 되다

37 파라오와 그의 신하들은 이 제안을 좋게 여겼다.

38 그리하여 파라오는 자기 신하들에게 말하였다. "이 사람처럼 하느님의 영을 지닌 사람을 우리가 또 찾을 수 있겠소?"

39 그런 다음 파라오는 요셉에게 말하였다. "하느님께서 그대에게 이 모든 것을 알려 주셨으니, 그대처럼 슬기롭고 지혜로운 사람이 또 있을 수 없소.

40 내 집을 그대 손 아래 두겠소. 내 모든 백성은 그대 명령을 따를 것이오. 나는 왕좌 하나로만 그대보다 높을 따름이오."

41 파라오가 다시 요셉에게 말하였다. "이제 내가 이집트 온 땅을 그대 손 아래 두오."

42 그런 다음 파라오는 손에서 인장 반지를 빼어 요셉의 손에 끼워 주고는, 아마 옷을 입히고 목에 금 목걸이를 걸어 주었다.

43 그리고 자기의 두 번째 병거에 타게 하니, 그 앞에서 사람들이 "무릎을 꿇어라!"[①] 하고 외쳤다. 이렇게 파라오는 이집트 온 땅을 요셉의 손 아래 두었다.

44 파라오가 다시 요셉에게 말하였다. "나는 파라오요. 그대의 허락 없이는 이집트 온 땅에서 그 누구도 손 하나 발 하나 움직이지 못하오."

> ☛ ⁴⁵ 파라오는 요셉의 이름을 차프낫 파네아라 하고, 온의 사제 포티 페라의 딸 아스낫을
> 아내로 주었다. 요셉은 이집트 땅을 살펴보러 나섰다.
>
> ① 히브리어 본문의 낱말은 '무릎을 꿇다'는 뜻의 '아브렉'(Abrek)이다. 아마도 본디는 이와 비슷한 소리가 나는 이집
> 트 낱말이었을 것이다.

둘러보기

요셉에게 자기 집의 모든 일을 맡긴 파라오의 결정은 하느님의 계획을 방해할 수 있는 것은 아무것도 없음에 대해 묵상하게 한다. 요셉은 바오로 사도가 묘사한 희망의 화신이다(요한 크리소스토무스). 우의적으로 해석하면, 파라오가 요셉에게 준 선물들은 하느님께서 주시는 보상의 광범위함을 나타낸다(암브로시우스). 이 본문을 무척 세밀하게 해석하는 에프렘은 포티파르와 그의 아내가 요셉의 지위가 높아진 뒤 보인 반응을 묘사한다. 그들은 보복을 받지 않을까 두려워했지만, 그것은 쓸데없는 걱정이었다. 그 일이 하느님의 계획에 따른 것이었음을 요셉이 알았기 때문이다(에프렘).

41,39 지혜와 분별

무궁무진한 하느님의 섭리

이 일들을 요셉이 분명히 아는 것은 높은 데에서 내린 계시 때문임을 파라오마저 알지 않습니까? 은총에 감화되어 하느님의 영을 지니게 된 그가 이렇게 말하지 않습니까? "파라오는 요셉에게 말하였다. '하느님께서 그대에게 이 모든 것을 알려 주셨으니, 그대처럼 슬기롭고 지혜로운 사람이 또 있을 수 없소.'" 이 일에서 유념해 보실 것은, 기략이 풍부하신 하느님께서 당신의 결정들을 실행에 옮기고자 하실 때는, 그사이에 일어나는 일들에 아무런 어려움이 생기지 않는

다는 사실입니다. 잘 보십시오. 예를 들면 이렇습니다. 그는 형제들 손에 하마터면 살해당할 뻔했고, 팔려 갔고, 누명을 써서 극단적인 위험에 처했고 오랫동안 감옥에 갇혀 있었지만, 이 모든 일이 있은 뒤 다시 들어 올려졌습니다. 거의 왕좌에까지 올랐다고 할 수 있습니다.

• 요한 크리소스토무스 『창세기 강해』 63,16.[1]

41,40 파라오만 요셉보다 높다

인내로 수양한 요셉

죄수가 한순간에 온 이집트의 임금이 되는 것을 보십시오. 경호대장에 의해 감옥에 갇혔던 이가 임금에 의해 제일 높은 지위에 앉게 되었습니다. 예전의 주인은 간통을 했다는 이유로 자신이 감옥에 가둔 이가 온 이집트에 대한 권한을 가지게 된 것을 어느 날 갑자기 보게 되었습니다. 여러분은 시련을 감사히 견디는 것이 얼마나 중요한지 아시겠습니까? 그래서 바오로 사도도 "환난은 인내를 자아내고 인내는 수양을, 수양은 희망을 자아냅니다. 그리고 희망은 우리를 부끄럽게 하지 않습니다"(로마 5,3-5)라고 합니다. 요셉은 인내로 시련을 견뎠습니다. 인내는 그에게 수양이 되었고, 수양을 갖춘 그는 희망을 가지고 행동했고, 희망은 그를 실망시키지 않았습니다.

• 요한 크리소스토무스 『창세기 강해』 63,17.[2]

---

[1] FC 87,219-20*. [2] FC 87,220*.

41,42 파라오의 인장 반지

요셉이 신비로운 일들에 대해 말하다

요셉은 신비로운 일들에 관해 말하였으므로 더욱 신비로운 보상을 받을 자격을 얻었다고 나는 생각합니다. 그의 손에 '반지'가 끼워진 것은 무엇을 의미합니까? 바로 이것입니다. 곧, 우리는 그가 다른 이들을 보증해 줄 수 있도록 믿음의 권위가 그에게 주어진 것이라고 이해합니다. 지혜의 의복인 '[아마] 옷'을 입게 된 것은 무엇을 의미합니까? 지혜에서 탁월함을 하늘의 임금님께 인정받은 것입니다. '금 목걸이'는 이해가 뛰어남을 나타내는 것 같습니다. '병거'(43절)도 공적이 무척 큼을 나타냅니다.

• 암브로시우스 『요셉』 7,40.[3]

41,44 파라오가 요셉에게 더 많은 권력을 주다

요셉이 우리의 주인이 되었다

요셉이 파라오의 꿈을 풀이하는 자리에 그의 [옛] 주인도 있었습니다. [포티파르는] 옥좌를 제외하면 [요셉이] 파라오와 버금가게 지위가 높아진 것을 보자 재빨리 집으로 돌아갔습니다. 자기 아내에게 [요셉의] 위대함에 대해 이야기하기 위해 서둘러 가는 그는 요셉에게 누명을 씌우려고 남편에게 달려 나오던 그의 아내와 닮았습니다. 포티파르는 아내에게 이렇게 말했습니다. '우리 종 요셉이 우리 주인이 되었소. 우리가 맨몸으로 감옥에 처넣었던 그에게 파라오께서 오늘 희고 고운 아마 옷을 입히셨소. 우리가 처넣은 감옥에서 엎드려 있던 그가 이제 파라오의 병거에 탔소. 우리가 차꼬를 채웠던 이가 이제 금 목걸이를 걸었소. … 내 눈이 바라볼 수 없는 그를 이제 내가 어떻게 다시 보겠소?'

그러자 그의 아내가 그에게 말했습니다. '당신은 요셉에게 잘못한 일이 하나도 없으니 걱정하지 마세요. 그는 우리 집에서 자기가 당한 치욕이, 정당했건 정당하지 못했건, 나로 비롯한 것임을 아니까요. 그러니 걱정하지 말고, 그의 병거를 따르는 고관들과 장군들과 함께 가세요. 그래야 그가 자신이 받은 고귀한 직위가 우리에게는 재앙이라는 사실을 생각하지 못할 것입니다. 당신한테 해가 안 가게 이제 내가 진실을 말하겠어요. 전에 한 말은 거짓이었습니다. 내가 그를 좋아했기 때문에 누명을 씌웠답니다. 그가 너무 아름다워서 내가 그의 옷을 빼앗았어요. 그가 공정한 사람이라면 당신이 아니라 나를 처벌할 거예요. 그가 [진정] 올곧은 사람이라면 나도 처벌하지 않을 겁니다. 우리에게 부당한 일을 당하지 않았더라면 감옥에 갇히지도 않았을 거고, 감옥에 갇히지 않았더라면 파라오의 꿈을 풀이하지도, 당신이 방금 내게 말한 그 고귀한 직위에 오르지도 못했을 테니까요. 우리가 그에게 잘해 준 건 없지만, 따지고 보면 잘해 준 셈이에요. 우리가 시련을 겪게 해 준 덕분에 그가 그런 영예를 얻고 임금 다음가는 자리에 올랐으니까요.'

그래서 요셉의 [옛] 주인은 가서 자신보다 지위가 높은 이들과 함께 요셉의 병거 뒤를 따르며 이집트의 거리들을 돌았습니다. 요셉은 그에게 아무런 앙갚음도 하지 않았습니다. 자기 형제들이 그를 광야의 구덩이에 던지도록 허락하신 분도, 그에게 차꼬를 채워 이집트로 보내기 위해 그 구덩이에서 [그를 구해 주신 분도], 그의 주인이 그를 감옥에 보내도록 허락하신 것도 하느님이시라는 것을 알았기 때문입니다. 그것은 비천한 자리에 있는 그를 파라오의 병거에 앉히시기 위해서였습니다.

• 시리아인 에프렘 『창세기 주해』 35,7-9.[4]

---

[3] FC 65,215-16.　　　　[4] FC 91,187-88.

41,46-49 칠 년 동안의 풍년

⁴⁶ 요셉이 이집트 임금 파라오 앞에 섰을 때, 그의 나이 서른 살이었다. 요셉은 파라오 앞에서 물러 나와 이집트 온 땅을 두루 돌아다녔다.

⁴⁷ 대풍이 든 일곱 해 동안 그 땅은 풍성한 곡식을 내었다.

⁴⁸ 요셉은 이집트 땅에 대풍이 든 일곱 해 동안, 모든 양식을 거두어 성읍들에 저장하였다. 성읍마다 주위 밭에서 나는 양식을 그 안에 저장하였다.

⁴⁹ 이렇게 해서 요셉은 바다의 모래처럼 엄청난 곡식을 쌓아, 헤아리는 것조차 그만두었다. 헤아릴 수가 없었던 것이다.

둘러보기

이 본문은 요셉의 나이를 알려 줌으로써 덕에는 젊음이 방해가 되지 않는다는 것과, 인내의 이로움, 희망과 믿음 같은 덕들에 대해 깊이 묵상하게 이끈다. 우리는 고난과 인내로 얻을 수 있는 부와 영적 재산에 마음을 두어야 한다(요한 크리소스토무스).

41,46 요셉이 이집트 온 땅을 두루 돌아다니다

아무도 덕을 소홀히 한 핑계를 댈 수 없다

[성경이] 아무 의미 없이 요셉의 나이를 언급했다고 생각하지 마십시오. 여기에서 우리는 아무도 덕을 소홀히 한 핑계를 댈 수 없다는 것을, 덕을 보여야 할 때 젊다는 구실로 덕이 모자람을 변명할 수 없다는 것을 배웁시다. 이 사람을 보십시오. 사실 그는 젊었고 몸매도 멋지고 외모도 아름다웠습니다. 젊은 사람도 육체적 매력을 지니지 못할 수도 있습니다. 그런데 이 사람은 젊은 데다가 몸매와 외모도 아름다웠습니다. 팔려가 종이 되었을 즈음 요셉은 막 청춘에 들어서는 시기였습니다. 성경에 따르면 그는 이집트로 끌려갔을 때 열일곱 살이었습니다. 그렇다면 그의

주인인 음탕한 이집트 여자가 이 선한 남자에게 달려들었다가 거부당했을 때 그는 한창 혈기왕성할 때였습니다. 그런 다음 감옥에서의 힘든 생활이 꽤 오래 계속되었습니다. 그는 변함없이 쇠처럼 굳건했습니다. 인내심이 줄기는커녕 더욱 큰 힘을 지니게 되었습니다. 요셉에게는 그에게 힘을 주는, 높은 데에서 오는 은총이 있었습니다. 그는 모든 덕을 다 갖추고 있다는 증거를 전부터 보여 온 터라 온 이집트를 책임지도록 감옥에서 불려 왔습니다.

우리는 이 이야기를 들었으니, 불행을 당했다고 절망하지도 말고 자기 마음대로 추론해서 좌절하지도 맙시다. 오히려 우리는 견실한 인내의 증거를 보이며, 우리 주님은 기략이 풍부하시고 또한 우리를 무시하고 버리는 분이 아니라 우리의 노력에 빛나는 화관을 씌워 주고 싶어 하신다는 사실을 알고 희망으로 기운을 북돋웁시다. 모든 거룩한 사람들은 이 점에서 뛰어났습니다. 그래서 바오로 사도도 "우리가 하느님 나라에 들어가려면 많은 환난을 겪어야 합니다"(사도 14,22)하고 말한 바 있습니다. 그리스도께서도 제자들에게 "너희는 세상에서 고난을 겪을 것이다"(요

한 16,33)라고 하셨습니다. 그러니 우리는 고난을 겪을 생각에 당황하지 말고 오히려 "그리스도 예수님 안에서 경건하게 살려는 이들은 모두 박해를 받을 것입니다"(2티모 3,12)라는 바오로 사도의 말에 귀 기울입시다. 놀라지도 심란해하지도 말고, 고난이 아니라 그것으로 인하여 우리에게 쌓이는 이득에 마음을 두면서, 우리에게 벌어지는 일을 흠잡을 데 없는 불굴의 용기와 인내로 견뎌 냅시다. 이것은 영적인 거래라 할 수 있습니다. 이승에서 돈을 벌거나 상거래를 할 마음이 있는 이들은 재산을 늘리려면 육지나 바다에서 큰 위험을 감수해야만 한다는 것을 알면서도 — 사실 도적 떼의 습격과 해적의 간계를 참아 내야 하지요 — 얻을 것에 대한 기대 때문에 어려움을 아랑곳 않고 모든 것을 열광적으로 받아들입니다. 이처럼 우리도 이로 인해 우리에게 쌓일 부와 영적 재산에 마음을 두어야 합니다. '보이는 것을 바라보지 말라'(2코린 4,18 참조)는 바오로 사도의 훈계대로, 보이는 것이 아니라 보이지 않는 것을 바라보며 기뻐하고 즐거워해야 합니다.

믿음은 바로 이런 것입니다. 우리가 육체의 눈에만 의지하지 않고 보이지 않는 것을 마음의 눈으로 상상하는 것입니다. 성조 아브라함은 이런 식으로, 하느님의 약속을 믿고 본성과 인간의 논리에 좌우되지 않음으로써 이름을 떨쳤습니다. "주님께서 그 믿음을 의로움으로 인정해 주셨다"(창세 15,6)고 쓰여 있습니다. 의로움은 하느님께서 말씀하시는 것을 믿는 데 있다는 것을 기억하십시오. 그분께서 무엇을 약속하실 때면 언제나, 여러분은 인간의 논리에 따라 생각하지 말고, 자신은 그런 논리에 좌우되지 않으며 그 약속을 하신 분의 권능을 믿는다는 것을 보이라는 말입니다. 선한 사람들은 다 이런 식으로 이름을 떨치게 되었습니다. 훌륭한 요셉도 그랬습니다. 그는 꿈을 꾼 뒤 겪은 많은 고난에도 불구하고, 하느님께서 결정하신 일은 이루어지지 않을 수 없다는 것을 확실히 알았기에, 놀라 당황하지도 두려워 떨지도 않고 굳은 결의로 씩씩하게 견뎌 냈습니다. 그래서 종임에도 불구하고, 끔찍한 누명을 쓰고 감옥살이를 하고 있음에도 불구하고, 온 이집트를 다스리는 권한을 받았습니다.

• 요한 크리소스토무스 『창세기 강해』 69,19-21.[1]

---

[1] FC 87,221-23*.

41,50-52 요셉의 아들들

50 흉년이 들기 전에 요셉에게서 두 아들이 태어났다. 온의 사제 포티 페라의 딸 아스낫이 그에게 낳아 준 아들들이다.

51 요셉은 "하느님께서 나의 모든 고생과 내 아버지의 집안조차 모두 잊게 해 주셨구나." 하면서, 맏아들의 이름을 므나쎄[1]라 하였다.

52 그리고 "하느님께서 내 고난의 땅에서 나에게 자식을 낳게 해 주셨구나." 하면서, 둘째 아들의 이름을 에프라임[2]이라 하였다.

① '잊게 해 주는 (이)'라는 뜻이다.
② '자식을 (많이) 낳게 해 주다'라는 뜻의 히브리 낱말에서 온 이름이다.

둘러보기

요셉이 지은 아들 이름 '므나쎄'는 지나간 고생을 떠올리며 늘 감사한 마음을 표현한다. 둘째 아들에게 붙인 이름도 과거의 시련을 잊고 지금의 행복한 처지에 감사하는 마음을 담고 있다(요한 크리소스토무스).

41,51 므나쎄

은총으로 고생을 잊다

하느님을 경외하는 이 태도를 보십시오. 요셉은 아들의 이름에 모든 일에 대한 기억을 담음으로써 늘 감사하는 마음을 확실하게 표현하였습니다. 그는 [지금] 태어난 이 아들이 자기 이름에서, 이 선한 사람의 특성이며 그에게 지금의 높은 영명을 가져다준 시련과 인내를 알게 하고자 그런 이름을 지었습니다. "하느님께서 나의 모든 고생과 내 아버지의 집안조차 모두 잊게 해 주셨구나." 여기서 '내 아버지의 집안조차 모두'는 무슨 뜻입니까? 종이 되었다가 감옥에서 고생한 일, 아버지 품에서 멀리 떨어져 나온 것, 어린 나이에 세심한 보살핌을 받으며 자유로이 살다가 종살이를 하게 된 것을 가리킵니다.

• 요한 크리소스토무스 『창세기 강해』 64,2.[1]

41,52 에프라임

감사를 뜻하는 이름

이 아이의 이름도 감사를 나타낸다는 점에 주목하십시오. 이 이름은 '하느님께서 나의 고난을 잊게 해 주셨을 뿐 아니라, 내가 더할 수 없는 끔찍한 치욕을 겪고 생명까지 위험했던 땅에서 번영하게 해 주셨다'라고 말한 것과 같습니다.

• 요한 크리소스토무스 『창세기 강해』 64,2.[2]

---

[1] FC 87,224-25*.　　　　[2] FC 87,225*.

41,53-57 칠 년 동안의 흉년

[53] 이집트 땅에 들었던 칠 년 대풍이 끝났다.

[54] 그러자 요셉이 말한 대로 칠 년 기근이 시작되었다. 모든 나라에 기근이 들었지만, 이집트 온 땅에는 빵이 있었다.

[55] 이집트 온 땅에 기근이 들자, 백성이 파라오에게 빵을 달라고 부르짖었다. 그러자 파라오는 모든 이집트인에게 말하였다. "요셉에게 가서 그가 시키는 대로 하여라."

[56] 기근이 온 땅에 퍼지자, 요셉은 곡식 창고를 모두① 열고 이집트인들에게 곡식을 팔았다. 이집트 땅에 기근이 심하였지만,

[57] 온 세상은 요셉에게 곡식을 사려고 이집트로 몰려들었다. 온 세상에 기근이 심하였기 때문이다.

① 히브리어 본문은 '곡식 창고를 모두' 대신 '그 안에 있는 모든 것을'이다.

둘러보기

칠 년 기근 동안 요셉이 고아와 과부를 비롯한 가난한 이들에게 양식을 나누어 주어 이집트 땅에는 걱정이 없었다. 온 세상이 굶주리는 터라 이집트에서도 곡물 값이 비싸졌다(에프렘). 요셉은 기근에 고생하는 사람들에게 먹을 것을 준다는 점에서, 영적 기근으로 고생하는 모든 이를 먹이시는 그리스도의 표상이다. 우리는 기근을 피할 수 있는 영적 양식을 사고자 애써야 한다(암브로시우스).

41,55 요셉이 시키는 대로 하여라

고아와 과부들

요셉은 [온 땅을] 돌아다니며 양식을 거두어 모든 성읍에 저장했습니다. … 대풍이 끝나고 기근이 시작되었을 때, 요셉은 고아와 과부를 비롯해 이집트의 모든 가난한 이들을 각별히 보살폈습니다. 덕분에 이집트에는 걱정이 없었습니다.

● 시리아인 에프렘 『창세기 주해』 36,1.[1]

그리스도의 자비를 예시하는 요셉

기근으로 고생하는 사람은 누구나 요셉을 찾아가라는 말을 들었습니다. 이 사람들은 누구입니까? "그들은 저녁이면 돌아와 개처럼 짖어 대며 성안을 돌아다닙니다"(시편 59,7)라는 말이 묘사하는 이들입니다. 지금 기근이 들었습니다. 어떤 한 지역만이 아니라 온 땅에 기근이 들었습니다. 선을 행하는 이가 아무도 없기 때문이었습니다. 그래서 주 예수님께서는 굶주리는 세상을 가엾이 여기시어 당신의 곡식 창고를 열고(56절 참조) 거룩한 신비들과 지혜와 지식 같은 숨겨진 보물들을 드러내 주셨습니다. 지혜는 '너희는 와서 내 빵을 먹어라'(잠언 9,5 참조)라고 말하며, 그리스도로 충만한 사람만이 '주님께서 나를 먹여

주시니, 나는 아쉬울 것이 없어라'(시편 23,1 참조)라고 합니다. 그래서 그리스도께서 당신의 곡식 창고를 여시고 그 안에 든 것들을 파셨습니다. 그분은 돈이 아니라 믿음이라는 값과 헌신이라는 보답을 요구하셨습니다. 또한 그분께서는 얼마 안 되는 유대아 사람들에게만이 아니라 모든 사람에게 파셨습니다. 모든 사람이 당신을 믿게 하기 위해서였습니다.

● 암브로시우스 『요셉』 7,41.[2]

41,57 온 민족들이 곡식을 사러 오다

곡식이 비싸지다

이집트에만 기근이 들었다면, 이집트는 걱정할 것이 없었습니다. 요셉[이 저장해 놓은] 곡식이 있었기 때문입니다. 그런데 온 세상에 기근이 들었고, 온 땅이 이집트의 [곡식을] 필요로 했기 때문에 곡물이 빠르게 줄어들었고 이집트인들에게도 곡물 값이 비싸졌습니다. 온 세상이 곡물을 사러 그리로 오지 않았더라면, 이집트인들은 곡물이 많았으므로 싼값에 사 먹을 수 있었을 것입니다. 온 세상이 굶주리고 있었다는 것을 알리기 위해 [모세는] 이렇게 말합니다. "온 세상은 요셉에게 곡식을 사려고 이집트로 몰려들었다."

● 시리아인 에프렘 『창세기 주해』 36,2.[3]

영적 기근을 피하라

네, 기근이 그들을 휘어잡았습니다. 그리스도께 받아먹지 못한 모든 사람은 배고프기 때문입니다. 그러니 우리가 기근을 피할 수 있게 하는 양식을 삽시다. 자신이 가난하다는 생각에 물러

---

[1] FC 91,188.

[2] FC 65,216*.

[3] FC 91,188.

나지 말며, 돈이 없다고 걱정하지 맙시다. 그리스도께서는 돈이 아니라 돈보다 귀한 믿음을 요구하십니다. 돈이 없던 베드로는 실로 그분을 샀습니다. 그는 "나는 은도 금도 없습니다. 그러나 내가 가진 것을 당신에게 주겠습니다. 나자렛 사람 예수 그리스도의 이름으로 말합니다. 일어나 걸으시오"(사도 3,6) 하고 말했습니다. 이사야 예언자는 "자, 목마른 자들아, 모두 물가로 오너라. 돈이 없는 자들도 와서 사 먹어라. 와서 돈 없이 값 없이 술과 젖을 사라"(이사 55,1)고 합니다. 우리를 위해 당신 피를 값으로 치르신 분께서는 우리에게 값을 요구하지 않으셨습니다. 그분은 금이나 은이 아니라 당신의 고귀한 피로 우리를 속량하셨기 때문입니다(1베드 1,18-19).⁴ 그러므로 여러분은 여러분의 값으로 치러진 것만큼 빚을 졌습니다. 그분께서 언제나 그것을 요구하시는 것은 아니지만, 여러분이 빚진 것만큼은 사실입니다. 여러분 자신을 위해 그리스도를 사십시오. 적은 수의 사람들만 가지고 있는 것으로

가 아니라, 모든 사람이 본성에 따라 지녔지만 두려움 때문에 내놓는 사람이 거의 없는 것으로 그분을 사십시오. 그분은 모든 이를 위해 당신 생명을 바치셨습니다. 모든 이를 위해 당신의 죽음을 바치셨습니다. 여러분이 율법에 따라 바칠 것을 여러분의 창조주를 위해 바치십시오. 그분은 시시한 값으로 살 수 있는 분이 아니며 모든 사람이 쉽사리 그분을 보는 것도 아닙니다. 실로, 신랑이 와서 안에 들이지 않은 복음서의 처녀들은 살 수 있었던 기름을 사지 않았기 때문에 바로 그 이유로 문 밖에 남겨졌습니다(마태 25,1-13 참조). 그래서 그들은 "차라리 상인들에게 가서 사라"(마태 25,9)는 말을 들었습니다. 그러나 자신의 모든 재산을 팔아 진주를 산 상인은 칭찬 들어 마땅합니다(마태 13,45-46 참조).

• 암브로시우스 『요셉』 7,42.⁵

---

⁴ 그리스도께서 인류를 사셨다는 개념에 관해서는 1코린 6,19-20; 7,23; 사도 20,28을 참조하라.

⁵ FC 65,216-17*.

42,1-5 야곱의 아들들이 곡식을 사러 이집트로 가다

¹ 야곱은 이집트에 곡식이 있다는 것을 알았다. 그래서 야곱은 아들들에게 "어째서 서로 쳐다보고만① 있느냐?" 하면서

² 이렇게 말하였다. "내가 들으니 이집트에는 곡식이 있다는구나. 그러니 그곳으로 내려가 곡식을 사 오너라. 그래야 우리가 죽지 않고 살 수 있겠다."

³ 그래서 요셉의 형 열 명이 이집트에서 곡식을 사려고 내려갔다.

⁴ 야곱은 요셉의 아우 벤야민을 그의 형들과 함께 보내지 않았다. 그가 무슨 변이라도 당하지 않을까 염려스러웠기 때문이다.

⁵ 이렇게 가나안 땅에도 기근이 들었기 때문에, 이스라엘의 아들들은 이집트로 곡식을 사러 가는 다른 사람들 틈에 끼어 그곳으로 들어갔다.

① 칠십인역은 '서로 쳐다보고만' 대신 '한가로이'다.

둘러보기

야곱이 아들들에게 던진 물음은 그리스도의 은총으로 너무 늦게 오는 이들에게 하는 말이기도 하다. 그리스도인들은 벤야민에게서 벤야민 지파였던 바오로 사도를 본다(암브로시우스).

42,1 이집트에 곡식이 있다

존경받을 만한 노인

야곱이 아들들에게 말했습니다. "어찌하여 너희는 한가로이 있느냐? 내가 들으니 이집트에는 곡식이 있다는구나. 그러니 그곳으로 내려가 곡식을 사 오너라"(1-2절 칠십인역). 이것은 야곱이 언제 한번 한 말이 아닙니다. 그는 그리스도의 은총으로 너무 늦게 오는 자신의 아들들에게 날마다 이렇게 말합니다. "어찌하여 너희는 한가로이 있느냐? 내가 들으니 이집트에는 곡식이 있다는구나." 이 곡식에서, 다시 살아나는 밀알이 나옵니다(요한 12,24-25 참조). 그러므로 기근을 겪는 이는 누구든지 자신의 게으름을 탓해야 합니다. "내가 들으니 이집트에는 곡식이 있다는구나." 일반적으로 볼 때, 젊은 사람들이 나이 든 사람들보다 실로 훨씬 빨리 듣습니다. 젊은 사람들 가운데 많은 이가 여행을 다니며 바깥에서 일하기 때문입니다. 그러나 노인이 이 소식에 대해 가장 먼저 듣습니다. 이 노인은 믿음 안에서 장수한 사람이며, 존경받아 마땅한 노인이고, 이 나이가 되기까지 흠 없이 살았습니다.

• 암브로시우스 『요셉』 8,43.[1]

42,4 벤야민이 집에 남다

바오로 사도의 예표인 벤야민

모든 사람이 이 일에 나서지도 않습니다. 야곱의 아들들만, 그것도 더 나이 든 아들들만 [이 일을 떠맡습니다]. 그리하여 열 아들이 갑니다(3절 참조). 막내아들은 가지 않습니다. 아버지가 그를 보내지 않았습니다. "아프기라도 할까 염려스러웠기 때문"(4절 칠십인역)입니다. 막내 벤야민은 아직도 허약했습니다. '벤야민'이라는 이름에서 당연히 [벤야민 지파의] 성조를 떠올릴 수 있지만, 이 이름이 예표하는 것은 벤야민 지파에 속했던(로마 11,1 참조) 바오로 사도입니다. 벤야민의 병약함 때문에 야곱이 망설인 것은 옳았습니다. 실로 그가 병약하게 된 것은 치유받게 되려고 그런 것입니다. 바오로 사도는 눈이 먼 적 있습니다. 그러나 그것은 구원되기 위한 병이었습니다(사도 9,8-9 참조).

네, 바오로의 눈멂은 빛을 가져다주었습니다. 우리는 그 이야기를 들었습니다. 이제 그 신비를 이해해 봅시다. 사도들이 처음에 바오로 없이 갔듯, 성조들은 처음에는 벤야민 없이 갔습니다. 벤야민도 바오로도 첫째는 아니었지만, 첫째인 이들에게 불려 왔습니다. 그리고 이들이 옴으로써, 첫째인 이들의 미덕이 더욱 커졌습니다.

• 암브로시우스 『요셉』 8,44-45.[2]

---

[1] FC 65,217-18.

[2] FC 65,218*.

42,6-17 요셉이 형들을 감옥에 가두다

⁶ 그때 요셉은 그 나라의 통치자였다. 그 나라 모든 백성에게 곡식을 파는 이도 그였다. 그래서 요셉의 형들은 들어와서 얼굴을 땅에 대고 그에게 절하였다. ♪

~⁷ 요셉은 형들을 보자 곧 알아보았지만, 짐짓 모르는 체하며 그들에게 매몰차게 말하면서 물었다. "너희는 어디서 왔느냐?" 그들이 대답하였다. "양식을 사러 가나안 땅에서 왔습니다."

⁸ 요셉은 형들을 알아보았지만, 형들은 그를 알아보지 못하였던 것이다.

⁹ 그때 요셉은 형들에 대하여 꾼 꿈들을 생각하며 그들에게 말하였다. "너희는 염탐꾼들이다. 너희는 이 땅의 약한 곳을 살피러 온 자들이다."

¹⁰ 그러자 그들이 대답하였다. "아닙니다, 나리. 나리의 이 종들은 양식을 사러 왔습니다.

¹¹ 저희는 모두 한 사람의 자식입니다. 저희는 정직한 사람들입니다. 이 종들은 염탐꾼이 아닙니다."

¹² 그러나 그는 그들에게 말하였다. "아니다. 너희는 이 땅의 약한 곳을 살피러 온 자들이다."

¹³ 그들이 대답하였다. "나리의 이 종들은 본디 열두 형제입니다. 저희는 가나안 땅에 사는 어떤 한 사람의 아들들입니다. 막내는 지금 저희 아버지와 함께 있고, 다른 한 아우는 없어졌습니다."

¹⁴ 그러나 요셉은 그들에게 말하였다. "내가 너희에게 말한 그대로다. 너희는 염탐꾼들이다.

¹⁵ 너희를 이렇게 시험해 봐야겠다. 너희 막내아우가 이리로 오지 않으면, 내가 파라오의 생명을 걸고 말하건대, 너희는 결코 이곳을 떠날 수 없다.

¹⁶ 너희 가운데 한 사람을 보내어 아우를 데려오너라. 그동안 너희는 옥에 갇혀 있어라. 너희 말이 참말인지 시험해 봐야겠다. 그렇지 않을 때에는, 내가 파라오의 생명을 걸고 말하건대, 너희는 정녕 염탐꾼들이다."

¹⁷ 그리고 나서 그들을 사흘 동안 감옥에 가두었다.

둘러보기

요셉이 이제 어른이 되었고 그가 종으로 팔려 갔다고 믿었기 때문에 형들은 요셉을 알아보지 못했지만, 그 모든 일은 하느님의 섭리에 따라 일어난 일이다. 요셉의 추궁에 대한 형들의 대답 — "한 아우는 없어졌습니다" — 은 자신들의 잘못을 인정하지 않으려 하는 그들의 이중성을 보여 준다(요한 크리소스토무스). 염탐꾼이라는 요셉의 추궁에 대해 형들이 자신들은 이집트 말을 모르며 이집트인의 옷을 입고 있지 않음을 강조한 것은 그럴듯한 반론이었다(에프렘).

42,6 형들이 요셉에게 절하다

하느님의 섭리

그들이 이렇게 대답한 것은 지금으로서는 아무것도 알지 못했기 때문입니다. 그들이 요셉을 마지막으로 본 것은 오래전이었기 때문에 그들은 그를 알아보지 못햇습니다. 사실, 이제 요셉은 어른이 되었으니 외모가 달라지기도 했을 것입니다. 하지만 저는 이 모든 일이 일어난 것은 만유의 하느님의 섭리 때문이라 생각하고 싶습니다. 그들이 눈으로 보고 대화를 나누고도 동생을 알아보지 못하게 하신 것입니다. 사실 그들이 그런 일을 어떻게 상상이라도 할 수 있었겠습니까? 그들은 그가 이스마엘인들의 종이 되었을 것이고 지금은 야만인들 밑에서 종살이를 하고 있으리라 생각했을 테니 말입니다. 그들은 이런 일은 상상도 못할 처지에 있었으니 요셉을 알아보지 못했고, 반면 요셉은 그들을 보자마자 알아보았습니다. 그러고는 그들을 외국인들과 똑같이 대하고자 하며 자기가 누구인지 들키지 않으려 몹시 애썼습니다.

• 요한 크리소스토무스 『창세기 강해』 64,5.[1]

42,9 요셉의 형들이 염탐꾼으로 추궁당하다

이집트 말을 모르다

그들은 이렇게 대답했습니다. "저희가 이집트 말이라도 하면 사람들 눈을 속일 수 있을지 모르지만 저희는 이집트 말도 할 줄 모릅니다. 저희가 가나안 땅에 산다는 것은 저희가 바친 물건들을 보면 아실 수 있을 것입니다. 뿐만 아니라 저희는 열둘입니다. 저희 모두가 염탐꾼 짓을 하기 위해 왔다는 것은 있을 수 없습니다. 저희는 저희 뜻에 따라와서 당신 앞에 섰습니다. 저희가 이집트 말을 하나도 모르는 것과 이집트인의 옷을 입고 있지 않은 점도 저희 말이 거짓이 아님을 입증해 줍니다. 저희가 염탐꾼이 아니라는 사실은 분명합니다. 저희는 열둘이나 되니까요. 인종이 다르고 수가 많아 저희는 어디를 가나 눈에 뜨입니다. '막내는 지금 저희 아버지와 함께 있고 다른 한 아우는 없어졌습니다'(13절)".

• 시리아인 에프렘 『창세기 주해』 36,4.[2]

42,13 열두 형제

요셉의 형들이 죄를 인정하지 않다

참으로 겉 다르고 속 다른 자들입니다. 그들은 상인들에게 팔려 간 동생까지 쳐서 말합니다.

'저희는 열두 형제였습니다'라고 하지 않고 "[저희는] 본디 열두 형제입니다. … 막내는 지금 저희 아버지와 함께 있고 …"라고 합니다. 사실, 요셉이 알고 싶어 한 것은 그것이었습니다. 그들이 막내동생도 같은 식으로 대하지 않았나 하는 것이었지요. "막내는 지금 저희 아버지와 함께 있고 다른 한 아우는 없어졌습니다." 그들은 자신들의 잘못을 솔직하게 인정하지 않고 '다른 한 아우는 더 이상 살아 있지 않습니다'라고만 했습니다. 이 말에서 요셉은 그들이 벤야민에게도 똑같은 짓을 했을지 모른다는 의심이 들었습니다. 그래서 이렇게 말했지요. "내가 너희에게 말한 그대로다. 너희는 염탐꾼들이다. … 너희 막내아우가 이리로 오지 않으면, … 너희는 결코 이곳을 떠날 수 없다." 이는 "그를 만나 보고 싶다. 나와 똑같은 산통을 일으키며 태어난 그를 내 눈으로 보고 싶다. 나는 너희가 내게 보였던 것과 똑같은 미움을 그 동생에게 보였을 거란 의심이 든다. 그러니 너희가 각오가 되면, '너희 가운데 한 사람을 보내어 이 아우를 데려오너라'(16절). 그가 돌아올 때까지 너희는 옥에 갇혀 있어라. 그가 오면 너희에 대한 의심을 모두 거두겠다. 만약 그가 오지 않으면, 너희가 염탐꾼이며 그 목적으로 이곳에 왔다는 것이 분명해질 것이다"라는 뜻입니다. 그는 이렇게 말하고는 그들을 감옥에 가두었습니다(17절 참조).

• 요한 크리소스토무스 『창세기 강해』 64,7.[3]

---

[1] FC 87,226*.

[2] FC 91,189.

[3] FC 87,227-28.

42,18-25 요셉이 형들에게 곡식을 주다

¹⁸ 사흘째 되던 날 요셉이 그들에게 말하였다. "너희가 살려거든 이렇게 하여라. 나도 하느님을 경외하는 사람이다.

¹⁹ 너희가 정직한 사람들이라면, 너희 형제들 가운데 한 사람만 감옥에 남아 있고, 나머지는 굶고 있는 너희 집 식구들을 위하여 곡식을 가져가거라.

²⁰ 그리고 너희 막내아우를 나에게 데려오너라. 그러면 너희 말이 참되다는 것이 밝혀지고, 너희는 죽음을 면할 것이다." 그들은 그렇게 하기로 하였다.

²¹ 그들이 서로 말하였다. "그래, 우리가 아우의 일로 죗값을 받는 것이 틀림없어. 그 애가 우리에게 살려 달라고 애원할 때, 우리는 그 고통을 보면서도 들어 주지 않았지. 그래서 이제 이런 괴로움이 우리에게 닥친 거야."

²² 그러자 르우벤이 그들에게 말하였다. "그러기에 내가 '그 아이에게 잘못을 저지르지 마라.' 하고 너희에게 말하지 않았더냐? 그런데도 너희는 말을 듣지 않더니, 이제 우리가 그 아이의 피에 대한 책임을 지게 되었다."

²³ 그들은 자기들과 요셉 사이에 통역이 서 있었기 때문에, 요셉이 알아듣는 줄을 알지 못하였다.

²⁴ 요셉은 그들 앞에서 물러 나와 울었다. 그런 다음 돌아와 그들과 이야기하였다. 그는 그들 가운데에서 시메온을 불러내어 그들이 보는 앞에서 묶었다.

²⁵ 요셉이 명령하기를, 그들의 포대에 밀을 채우고 그들의 돈을 각자의 자루에 도로 넣고 그들에게 여행 양식을 주라고 하자, 그대로 되었다.

둘러보기

죄를 변명하기에 바쁘던 형제들은 위험에 처하자 비로소 자기들 잘못을 인정한다. 요셉이 시메온을 묶으라고 명령한 것은 형제들이 동기간에 사랑을 보이는지 시험하기 위해서였다(요한 크리소스토무스). 요셉이 형들을 엄격하게 대한 것은 그들의 마음을 움직여 그들이 죄를 고백하고 회개로 치유받기 바란 것이라고 이해할 수 있다(아를의 카이사리우스). 예형론적으로 해석할 때, 요셉은 그리스도를, 벤야민은 바오로 사도를, 그리고 시메온은 예수님을 세 번 부인한 잘못이라는 사슬에 묶인 베드로를 예표한다(쿠오드불트데우스).

42,21 죗값을 받는 것이 틀림없다

죄가 이성을 마비시킨다

죄는 이렇습니다. 죄를 저질러 그 영향이 나타나면, 자신의 부적절함이 지나쳤음을 알게 됩니다. 주정뱅이가 엄청나게 많이 들이마실 땐 술의 나쁜 영향을 전혀 느끼지 못하지만 나중에 자기가 한 짓이 얼마나 큰 손해를 불러왔나 알게 되듯이, 죄도 그렇습니다. 죄를 저지를 때, 그것은 구름처럼 마음을 덮고 두터운 안개처럼 지성을 눈멀게 합니다. 하지만 나중에는 양심이 자극을 받아, 자신이 저지른 짓이 얼마나 부당한 것인지 환히 비추며 온갖 비난으로 무자비하게 마음을 쥐어뜯습니다. 잘 보십시오. 이 경우에도 그랬습니다. 이 사람들은 마침내 제정신을 차렸습니다. 사방에서 자신들을 죄어 오는 위험을 느끼자 그들은 자신들이 한 짓을 인정하고 이렇게 말합니다. "그래, 우리가 아우의 일로 죗값을 받는 것이 틀림없어. 그 애가 우리에게 살려 달라고 애원할 때, 우리는 그 고통을 보면서도 들어 주지 않았지." 이는 '우리가 이런 괴로움을 겪는 것은 그냥 이유 없이 일어난 일이 아니라 당연히 받을 것을 받는 것이다. 우리 동생에게 우리가 저지른 잔인하고 야만적인 짓에 대한 벌이다'라는 뜻입니다. "그 애가 우리에게 살려 달라고 애원할 때, 우리는 그 고통을 보면서도 들어 주지 않았지." '동정심을 보이기는커녕 잔인하게 굴었기에 지금 우리도 똑같은 일을 겪는 것이다.' "그래서 이제 이런 괴로움이 우리에게 닥친 거야."

• 요한 크리소스토무스 『창세기 강해』 64,9.[1]

형들을 바로잡는 것이 요셉의 목적이다

사랑하는 여러분, 잘 보시면, 요셉이 형들에게 한 일은 하느님께서 복된 야곱에게 하셨다고 우리가 믿는 그 일임을 깨닫게 될 것입니다. 요셉은 참으로 거룩한 사람이어서 그들을 미워할 수 없었습니다. 그러므로 우리는 그가 그처럼 많은 시련으로 그들을 지치게 만든 것은, 그들이 자신들의 죄를 고백하고 회개하여 치유받게 하려고 자극한 것이라 믿어야 합니다. 마지막으로, 그들은 크게 슬퍼하며 자신들이 이런 고난을 겪는 것은 아우의 '고통을 보면서도 들어 주지 않은' 죄를 지었기 때문에 당연히 받는 죗값이라고 말했습니다. 복된 요셉은 자신의 형제들이 많은 참회를 하지 않고는 죄를 용서받을 수 없다는 것을 알았기 때문에 영적인 불로 한 번, 두 번, 세 번, 유익한 시련을 가함으로써 그들을 괴롭혔습

니다. 그의 목적은 원한을 갚는 것이 아니라 그들을 바로잡아 그처럼 위중한 죄에서 구해 주는 것이었습니다. 더 나아가 그는, 형들이 자기들 죄를 고백하고, 자기들이 저지른 잘못을 서로 꾸짖음으로써 확실히 깨우치기 전에는 자기가 누구인지 들통 나지 않도록 평화의 입맞춤도 하지 않았습니다. 그러나 자기들이 저지른 죄 때문에 괴로워하는 그들의 겸손한 모습을 보았을 땐 형들과 하나하나 입을 맞추고 그들을 붙잡고 울었습니다. 두려워 떠는 그들의 목을 눈물방울로 적시며 자비의 눈물로 형제들에 대한 미움을 씻어 냈습니다.

• 아를의 카이사리우스 『설교집』 91,6.[2]

42,24 시메온이 묶이다

베드로와 바오로

그들이 자기 아우에 관해 이야기하는 것을 들으며 요셉은 그가 몹시 보고 싶었습니다. 그는 그들에게 말하였습니다. '내가 증명하겠다. 너희의 막내아우가 너희와 함께 이리로 오지 않으면, 너희는 정녕 염탐꾼들이다'(창세 42,14-15 참조). 그러고는 그들 가운데에서 시메온을 불러내어 그들이 보는 앞에서 묶은 다음 감옥에 가두었습니다. 우리의 요셉, 곧 그리스도께서 보고 싶어 하신 우리의 막내아우 벤야민이 누구인지 알고 싶으십니까? 그는 예전에 사울로 불리던 바오로 사도입니다. 스스로 "사도들 가운데 가장 보잘것없는 자"(1코린 15,9)라고 말하던 그의 증언에 따르면, 그는 "벤야민 지파 출신"(필리 3,5)입니다. 시메온 안에서 우리는 [예수님을] 부인한 삼중 사슬에 묶인 베드로의 모습을 알아볼 수 있습

---

[1] FC 87,228-29.

[2] FC 47,52.

니다. 두려움이 그를 묶었지만 사랑이 그를 풀어 주었습니다.

• 쿠오드불투데우스 『하느님의 약속과 예언』 1,30,42.[3]

사랑의 표시

요셉이 모든 방법을 동원하여 그들에게 두려움을 심어 주는 것을 보십시오. 시메온이 묶인 것을 보고 그들이 자기들 동기에 대한 동정심을 보이지 않을까 해서였습니다. 요셉이 하는 모든 일은 그들이 벤야민에게도 같은 짓을 했는지 알아보기 위해 그들의 태도를 시험하려는 것입니다. 그래서 요셉이 그들이 보는 앞에서 시메온을 묶게 한 것이었습니다. 그들이 사랑의 감정을 보이는지 주의 깊게 관찰하려는 것이었지요. 그들이 시메온을 걱정하면, 그가 보고 싶어 하는 벤야민을 빨리 데려올 것이니, 그편이 아우의 도착을 확실히 할 수 있었습니다.

• 요한 크리소스토무스 『창세기 강해』 64,11.[4]

---

[3] SC 101,244-46.　　　　[4] FC 87,230*.

42,26-28 요셉의 형들이 곡식 자루에 돈이 그대로 있는 것을 발견하다

²⁶ 그들은 곡식을 나귀에 싣고 그곳을 떠났다.
²⁷ 하룻밤 묵을 곳에 이르러, 그들 가운데 하나가 자기 나귀에게 먹이를 주려고 자루를 열다가, 그 곡식 자루 부리에 자기 돈이 놓여 있는 것을 보았다.
²⁸ 그래서 그는 형제들에게 말하였다. "내 돈이 돌아와 있어. 봐, 내 자루 속에 들어 있어!" 그러자 그들은 얼이 빠져 떨면서 서로 말하였다. "하느님께서 어찌하여 우리에게 이런 일을 하셨는가?"

둘러보기

요셉이 형제들에게 준 곡물은 돈으로 살 수 없고 오직 은총으로만 얻을 수 있는 하느님의 신비를 상징한다. 그래서 그들의 돈이 되돌려진 것이다(암브로시우스).

42,28 하느님께서 어찌하여 이런 일을 하셨는가?

풍요로움이 기근을 이긴다

'이집트에는 곡식이 있다.' 기근이 더 심한 곳에 더 큰 풍요로움이 있습니다. 이집트에는 곡물이 많습니다. 그렇습니다. 그리고 아버지 하느님께서는 "내가 내 아들을 이집트에서 불러내었다"(마태 2,15; 참조: 호세 11,1) 하고 말씀하십니다. 이 곡물의 풍요로움은 그러한 것입니다. 이집트인들이 낟알을 씨 뿌려 놓지 않았더라면 수확이 있을 수 없었습니다. 그렇다면 그것이 있다고 아무도 믿지 않았던 곡물이 있는 것입니다. 성조들은 이 곡물을 두고 협상을 벌였습니다. 실제로 그들은 돈을 가지고 왔습니다. 그러나 착한 요셉은 그들에게 곡물을 주고 돈도 돌려주었습니다(25-28절 참조). 그리스도는 돈이 아니라 은총으로 살 수 있는 분이기 때문입니다. 여러분이 치르는 값은 믿음입니다. 그리고 하느님의 신비들은 믿음으로 삽니다. 게다가 이 곡물을, 전에는 율법에 따라 부정한 동물이었지만 이제는 은총 안에서 깨끗해진(참조: 요한 12,14-15; 즈카 9,9) 나귀가

싣고 갑니다(창세 44,3 참조).

• 암브로시우스 『요셉』 8,45.[1]

_____

[1] FC 65,219*.

42,29-38 돌아온 아들들이 벤야민을 이집트로 데려가는 것을 야곱이 반대하다

²⁹ 그들은 가나안 땅으로 아버지 야곱에게 돌아와, 그동안 겪은 모든 일을 그에게 말씀드렸다.

³⁰ "그 나라의 주인 되는 사람이 우리에게 매몰차게 말하면서, 저희를 그 나라를 엿보러 간 염탐꾼으로 여겼습니다.

³¹ 그래서 저희는 그에게 대답하였습니다. '저희는 정직한 사람들이지 염탐꾼은 아닙니다.

³² 저희는 한 아버지의 아들들로서 열두 형제입니다. 하나는 없어졌고, 막내는 지금 가나안 땅에 저희 아버지와 함께 있습니다.'

³³ 그랬더니 그 나라의 주인 되는 사람이 저희에게 말하였습니다. '너희가 정직한 사람들인지 이렇게 알아봐야겠다. 너희 형제들 가운데 하나를 여기에 나와 함께 남겨 두어라. 나머지는 굶고 있는 너희 집 식구들을 위하여 곡식을 가지고 가거라.

³⁴ 그리고 너희 막내아우를 나에게 데려오너라. 그래야만 너희가 염탐꾼들이 아니라 정직한 사람들이라는 것을 알 수 있겠다. 그제야 내가 너희 형제를 풀어 주고, 너희는 이 땅을 두루 돌아다닐 수 있게 될 것이다.'"

³⁵ 그런 다음 그들이 자루를 비우는데, 각자의 자루에 제 돈주머니가 들어 있는 것이었다. 그들과 그들의 아버지는 그 돈주머니를 보고 두려움에 사로잡혔다.

³⁶ 아버지 야곱이 그들에게 말하였다. "너희가 내게서 자식들을 빼앗아 가는구나! 요셉이 없어졌고 시메온도 없어졌는데, 이제 벤야민마저 데려가려 하는구나. 이 모든 것이 나에게 들이닥치다니!"

³⁷ 그러자 르우벤이 아버지에게 말하였다. "제가 만일 벤야민을 아버지께 데려오지 않으면, 제 두 아들을 죽이셔도 좋습니다. 그 아이를 제 손에 맡겨 주십시오. 제가 아버지께 그 아이를 다시 데려오겠습니다."

³⁸ 그러나 야곱은 말하였다. "내 아들은 너희와 함께 내려갈 수 없다. 그의 형은 죽고 그 아이만 홀로 남았는데, 그 아이가 너희와 함께 가다가 무슨 변이라도 당하게 되면, 너희는 이렇게 백발이 성성한 나를, 슬퍼하며 저승으로 내려가게 하고야 말 것이다."

둘러보기

아버지에게 크나큰 근심을 안겨 준, 겉보기에 매몰찬 요셉의 행동은 이 모든 일이 섭리에 의한 것이며 야곱의 사소한 잘못까지도 정화해 주기 위한 것이었다고 설명할 수 있다. 이런 해석에는 펠라기우스 논쟁의 흔적이 담겨 있는 듯하다(아를의 카이사리우스). 요셉의 형제들은 시메온의 아들들과 아내를 생각하시라는 말로 아버지의 반대를 누그러뜨리려 애쓰며, 벤야민을 데리고 가게 해 달라고 야곱에게 간청한다(에프렘).

42,36 내게서 자식들을 빼앗아 가는구나

하느님의 큰 자비

아버지가 자기 때문에 참을 수 없는 슬픔을 겪는 것을 아는 복된 요셉이, 아버지가 지금까지 겪은 것만으로는 부족하다는 듯이 이제 벤야민까지 그에게서 데려오게 하는, 더 한층 놀라운 일을 잘 보십시오. 그렇게 하면 아버지의 슬픔이 더욱 커지리라는 것을 그는 분명 알고 있었습니다. 저는 이 모든 일이 성령의 섭리 없이 이루어진 일이라고 생각지 않습니다. 하느님의 판단은 가려져 있는 경우가 많지만 결코 불의한 적이 없습니다. 복된 야곱에게 그의 아들이 살아 있다는 것을 알려 주지 않으신 하느님께서는 거룩한 요셉이 자신의 영광을 아버지한테 알리는 것도 허락하지 않으셨습니다. 앞에서 말했듯이, 오히려 요셉은 시메온을 잡아 두고 벤야민을 데려오게 함으로써 아버지를 더욱 비탄에 빠지게 합니다.

사랑하는 여러분, 우리가 이 사실들에 경건하고 세심하게 주의를 기울인다면, 하느님께서 더 없이 자비롭게 행동하셨다는 것을 깨닫게 될 것입니다. 세상이 시작되었을 때부터 그분께서는, 당신께서 큰 자비로 복된 야곱 안에서 이루어 주신 일을 당신 성도들에게 해 주셨습니다. 그런데

왜 이 일이 일어났는지 주의 깊게 보십시오.

하느님의 종들과 친구들이 중죄를 피하고 많은 선행을 했지만, 우리는 그들이 사소한 잘못조차 저지르지 않았다고는 생각하지 않습니다. '태어난 지 하루 된 아기도 죄 없을 수 없다'(욥 14,4-5 칠십인역)는 그분의 말씀이 거짓일 리 없기 때문입니다. 게다가 공로에서 거룩한 야곱에 못지않은 복된 요한 복음사가도 "만일 우리가 죄 없다고 말한다면, 우리는 자신을 속이는 것이고 우리 안에 진리가 없는 것입니다"(1요한 1,8)라고 선포합니다. 또 우리는 '의인은 일곱 번 쓰러져도 일어난다'(잠언 24,16 참조)는 말씀도 읽습니다. 그러므로 복된 야곱에게도 사소한 죄가 없었을 수 없기에, 하느님께서는 그런 사소한 잘못들을 이 세상에서 환난의 불로 태워 없애 버리고 싶으셨습니다. 그리하여 하느님께서 성령을 통해 하신, "옹기장이의 그릇이 불가마에서 단련되듯이 사람은 대화에서 수련된다"(집회 27,5)라는 말씀이 그에게서 이루어졌습니다. 또한 "주님께서는 … 아들로 인정하시는 모든 이를 채찍질하신다"(히브 12,6)고 하며 "우리가 하느님의 나라에 들어가려면 많은 환난을 겪어야 합니다"(사도 14,22). 그래서 우리의 하느님께서는 미래의 심판 때 거룩한 야곱을 정련된 금으로 세우기 위하여, 먼저 그에게서 모든 죄의 얼룩을 지우셨습니다. 불[로 태우는] 다른 증인들이 그에게서 불에 태울 것을 아무것도 발견하지 못하게 하신 것입니다.

• 아를의 카이사리우스 『설교집』 91,3-4.[1]

42,38 벤야민은 보내지 않겠다

아들들이 야곱에게 애원하다

[요셉의 형들은] 양식을 싣고 [가나안으로] 올

---

[1] FC 47,50-51.

라가 아버지에게 자신들이 이번 여행길에 겪은 모든 고생과 이집트에서 염탐꾼으로 몰려 비웃음 당한 일, 또 벤야민이 아니었으면 그 고난을 벗어날 수 없으리라는 것을 이야기했습니다. 몇몇이 아버지에게 이 이야기를 하는 동안 다른 몇몇은 곡식 자루를 비웠습니다. 그런데 저런, 저마다 자기 자루 부리에 자기 돈이 놓여 있는 것을 발견했습니다.

야곱은 그들에게 일어난 일 때문에, 그리고 잡혀 있는 시메온 때문에 더 한층 슬퍼했습니다. 아들들은 벤야민을 데리고 가게 해 달라고 나날이 그에게 애원했지만, 야곱은 요셉[에게 일어난 일] 때문에 걱정이 되어 허락하지 않았습니다. 그러다 그들의 양식이 바닥이 나고 집안의 아이들이 모두 굶주림에 쇠약해져 가자, 아들들이 모두 곁에 모여 야곱에게 '시메온의 자식들을 위해 그를 구해 주십시오. 시메온의 아내가 과부가 되지 않도록 며칠만 막내아들 없이 지내십시오' 하고 말했습니다.

• 시리아인 에프렘 『창세기 주해』 37,1-2.[2]

---

[2] FC 91,191.

43,1-15 요셉의 형들이 벤야민을 데리고 이집트로 가다

[1] 그 땅에 기근이 심하였다.

[2] 그래서 그들이 이집트에서 가져온 곡식을 다 먹어 갈 때, 아버지가 그들에게 말하였다. "다시 가서 양식을 좀 사 오너라."

[3] 그러자 유다가 그에게 말하였다. "그 사람이 저희에게 엄중히 경고하면서, '너희 아우와 함께 오지 않으면, 너희는 내 얼굴을 볼 수 없다.'고 하였습니다.

[4] 아버지께서 아우를 저희와 함께 보내시면, 내려가서 아버지께 양식을 사다 드리겠습니다.

[5] 그러나 그 아이를 보내시지 않으면, 저희는 내려가지 못합니다. '너희 아우와 함께 오지 않으면, 너희는 내 얼굴을 볼 수 없다.'고 그 사람이 말하였기 때문입니다."

[6] 그래서 이스라엘이 "너희는 어찌하여 아우가 또 있다는 소리를 해서 나를 괴롭히느냐?" 하고 말하자,

[7] 그들이 대답하였다. "그 사람이 저희와 우리 가족에 대해 낱낱이 캐물으면서, '아버지께서 살아 계시느냐?', '너희에게 다른 형제가 또 있느냐?' 하기에, 저희는 묻는 대로 대답했을 뿐입니다. 저희에게 아우를 데려오라고 할 줄이야 어찌 알았겠습니까?'

[8] 유다가 아버지 이스라엘에게 말하였다. "그 아이를 저와 함께 보내 주십시오. 그러면 저희가 일어나 떠나가겠습니다. 그래야 저희도, 아버지도, 그리고 저희의 어린것들도 죽지 않고 살 수 있지 않겠습니까?

[9] 제가 그 아이를 맡겠습니다. 그 아이에 대해서 저에게 책임을 물으십시오. 제가 만일 그 아이를 아버지께 도로 데려와 아버지 앞에 세우지 않는다면, 제가 아버지에 대한 그 죄를 평생 동안 짊어지겠습니다. ♪

⁜ ¹⁰ 저희가 이렇게 머뭇거리지 않았더라면, 지금쯤 벌써 두 번은 다녀왔을 것입니다."

¹¹ 그러자 아버지 이스라엘이 그들에게 말하였다. "정 그렇다면 이렇게 하여라. 이 땅의 가장
좋은 토산물을 너희 포대에 담아 그 사람에게 선물로 가지고 내려가거라. 약간의 유향과
꿀, 향고무와 반일향, 향과와 편도를 가져가거라.

¹² 돈도 두 배로 가져가거라. 너희 곡식 자루 부리에 담겨 돌아왔던 돈도 도로 가져가거라. 그
것은 아마도 무슨 착오였을 것이다.

¹³ 너희 아우를 데리고 일어나 그 사람에게 다시 가거라.

¹⁴ 너희가 그 사람 앞에 섰을 때, 전능하신 하느님①께서 너희를 가엾이 여기시어, 그 사람이
너희의 다른 형제와 벤야민을 보내 주기를 바란다. 자식을 잃어야 한다면 나로서는 잃을
수밖에 없지 않겠느냐?"

¹⁵ 그리하여 이 사람들은 선물을 마련하고 돈도 갑절로 준비하여, 벤야민을 데리고 길을 떠나
이집트로 내려가 요셉 앞에 섰다.

① 히브리어로는 '엘 샤다이'(El Shaddai)다.

둘러보기

이 본문을 우의적 해석으로 풀면, 각기 겸손
과 고백, 율법과 복음을 나타내는 르우벤과 유다
가 바오로 사도를 예표하는 벤야민을 이집트로
인도한다(암브로시우스). 야곱은 내키지 않지만 기
근 때문에 할 수 없이 벤야민을 딸려 보내는 데
동의하고, 형제들은 그 땅의 가장 좋은 토산물들
을 가지고 떠난다(에프렘).

43,11 가장 좋은 토산물을 선물로 가지고 가다

율법과 복음

그럼에도 불구하고 막내 벤야민은 여전히 그
곳에 붙들린 채, 사랑 많은 아버지 곁에 머물러
있었습니다. 율법의 속박, 선조들의 관습이 그를
붙들었습니다. 그가 늦게 왔기 때문에 기근이 더
심해졌습니다(1-14절 참조). 두 형제, 곧 각기 겸손
과 고백을 나타내는 르우벤과 유다가 그를 위해
중재합니다. 그의 아버지에게 그들이 그의 보증
인입니다. 그들에게 벤야민이 맡겨집니다. 한 사
람은 맏이고, 다른 한 사람은 생명으로 회복된
이입니다. 맏이는 율법을 나타내고, 생명으로 회
복된 이는 복음을 나타냅니다. 어린 벤야민이 그
들의 인도를 받아 도착합니다. 좋은 향내가 그와
함께하며, 그는 대리석 판들을 서로 붙이는 접착
제를 가지고 가고 있습니다. 그리하여 접착제와
같은 그 자신의 가르침으로 그는 살아 있는 돌들
을 한데 붙이게 됩니다. 그는 잘라 내는 아픔 없
이 내적 상처의 해로운 영향을 중화시키는 꿀도
가지고 갑니다. 바오로 사도의 선포가 바로 이러
했습니다. 곪아 오른 염증을 삭히고 감염된 진물
을 논증이라는 침으로 뽑아냈습니다. 이는 그가
가슴의 병든 기관들을 잘라 내기보다 인두로 지
지는 방법을 썼기 때문입니다. '유향'은 기도의
표시이고(시편 141,2 참조) 계피와 침향은 장례의

표시라는 것을 시편 저자 다윗이 "몰약과 침향과 계피로 당신 옷들이 모두 향기로우며"(시편 45, 9)라는 말로 우리에게 가르쳐 주었습니다. 바오로 사도는 언제나 푸른 참나무, 곧 주님의 십자가를 선포하러 온 사람이었기 때문입니다. 껍데기는 딱딱하지만 속은 부드러운 '편도' — 아론이 사제직을 받게 한 지팡이가 편도나무 지팡이였고(민수 17,23 참조) 예레미야의 지팡이(예레 1,11-12)도 그러했던 것은 제격입니다 — 도 가져가고 돈도 두 배를 가져갑니다(43,12.15 참조). 이것들이 유용한 선물이었다는 것을 누가 의심하겠습니까? 이 성조의 삶과 바오로 사도의 가르침은 언제나 각 사람의 마음 안에 푸르게 살아 있으며, 성인들의 말씀은 구원을 가져다주는 교훈의 광채로, 불에 정제된 은처럼 밝게 빛납니다(시편 12,7 참조). 그들이 돈을 두 배로 가져간 데는 이유가 있습니다. 말씀과 가르침으로 수고하는 원로들을 [공동체들에] 추천해 준(1티모 5,17 참조) 바오로 사도의 출현이 그 안에 예표되어 있기 때문입니다.

• 암브로시우스 『요셉』 9,46.[1]

43,13 벤야민을 데리고 가라

기근 때문에 야곱도 어쩌지 못하다

기근이 심해, 야곱은 싫건 좋건 그들에게 벤야민을 딸려 보낼 수밖에 없었습니다. 그래서 그는 그리로 가져갈 물건들을 챙겨 주고 그들을 축복하여 떠나보내며, '라헬을 잃은 내가 이제 라헬의 자식도 잃는구나'(14절 참조) 하고 말했습니다. 유다는 아버지를 위로하며 "제가 만일 그 아이를 도로 데려와 아버지 앞에 세우지 않는다면, 제가 아버지에 대한 그 죄를 평생 동안 짊어지겠습니다" 하고 말했습니다. 그들은 향고무와 향과 등 그 땅의 가장 좋은 토산물을 싣고 떠났습니다. 그들은 [이집트로] 내려가 요셉 앞에 섰습니다. 요셉은 자기 집 관리인에게 그들을 집으로 데려가라고 일렀습니다(15-16절 참조).

• 시리아인 에프렘 『창세기 주해』 37,3.[2]

---

[1] FC 65,219-20.
[2] FC 91,191.

43,16-25 요셉의 형들이 요셉을 만날 준비를 하다

[16] 요셉은 그들과 함께 벤야민이 있는 것을 보고, 자기 집 관리인에게 일렀다. "이 사람들을 집으로 데려가거라. 짐승을 잡고 상을 차려라. 이 사람들은 나와 함께 점심을 먹을 것이다."
[17] 관리인은 요셉이 말한 대로 해 놓고, 그 사람들을 요셉의 집으로 데려갔다.
[18] 그 사람들은 자기들을 요셉의 집으로 데려가는 것을 보고 두려워하며 서로 말하였다. "지난번 우리 곡식 자루에 담겨 돌아왔던 그 돈 때문에 우리를 데려가는 거야. 우리에게 달려들어 우리를 덮치고, 나귀와 함께 우리를 종으로 삼으려는 거야."
[19] 그래서 그들은 요셉의 집 관리인에게 다가가, 그 집 문간에서 그에게 말을 걸며
[20] 물었다. "나리, 저희는 지난번에도 양식을 사러 내려왔습니다.♪

> ☞ 21 그런데 하룻밤 묵을 곳에 이르러 곡식 자루를 열어 보니, 각자의 곡식 자루 부리에
> 저희 돈이 고스란히 들어 있었습니다. 그래서 그것을 이렇게 도로 가져왔습니다.
>
> 22 저희는 또 양식을 살 돈도 따로 가져왔습니다. 누가 곡식 자루 속에 그 돈을 넣었는지 저희
> 는 모릅니다."
>
> 23 그러자 관리인은 말하였다. "안심하십시오. 두려워하지 마십시오. 여러분의 하느님, 여러
> 분 아버지의 하느님께서 그 곡식 자루에 보물을 넣어 주신 것입니다. 나는 여러분의 돈을
> 이미 받았습니다." 그러고서는 시메온을 그들에게 데려왔다.
>
> 24 관리인은 그 사람들을 요셉의 집으로 데려가서 발 씻을 물을 주고, 그들의 나귀들에게도
> 먹이를 주었다.
>
> 25 그들은 그곳에서 식사한다는 말을 듣고, 정오에 올 요셉을 기다리며 선물을 정돈하였다.

둘러보기

형제들은 자기들을 요셉의 집으로 데려가는 것을 보고 두려움에 사로잡혔다. 곡식 값으로 준 돈이 그들의 자루에 들어 있었기 때문에 누명을 쓸까 걱정되었기 때문이다. 요셉의 집 관리인은 자기 주인이 공정한 분이라며 그들을 안심시킨다(에프렘). 우의적 해석의 관점에서 관리인의 대답은 신비적 의미를 담고 있다. 곧, 그리스도는 주인이고, 모세와 베드로, 바오로는 관리인이다. 형제들의 자루에 들어 있는 돈은 그리스도께서 주시는 참된 영적 선물을 나타낸다(암브로시우스).

43,18 우리를 종으로 삼으려는 것이다

돈 때문이다

[형제들은] 요셉의 종이 서둘러 그들의 나귀들에 실린 짐을 풀어 집 안으로 들이는 것을 보고 걱정스러워하며 서로 말하였습니다. '우리는 아버지가 벤야민을 잃게 만든 데다 다시는 아버지 얼굴을 못 보게 생겼다. 아마 지난번 우리 곡식 자루 부리에 들어 있던 돈 때문일 거야. 우리가 염탐꾼이라는 죄목을 벗어나면 도둑질했다는

죄목을 들어 우리를 종으로 삼으려는 거야. 그가 우리를 다그치기 전에 먼저 그 돈에 대해 관리인에게 털어놓자. 그래야 벤야민이 우리를 염탐꾼이라는 [죄목에서] 구해 줄 수 있고, 우리 입으로 도둑질했다는 고백을 하지 않을 수 있어.'

• 시리아인 에프렘 『창세기 주해』 37,4.[1]

43,19 요셉의 집 관리인

진실을 알게 되다

[형제들은] 요셉의 집 관리인에게 다가가 말했습니다. '지난번에 양식을 사 가지고 갈 때 우리 자루를 열어 보니, 각자의 곡식 자루 부리에 저희 돈이 고스란히 들어 있었습니다. 그래서 그것을 이렇게 도로 가져왔습니다. 양식과 돈을 다 가지는 건 옳지 않으니까요'(20-22절 참조). 그런데 관리인은 그들이 몹시 두려워하는 것을 보더니 그들을 위로하며 말했습니다. '안심하십시오. 두려워하지 마십시오. 여러분을 이 집으로 데려온 건 그 돈 때문이 아닙니다. 나는 그 돈을 이미 받

---

[1] FC 91,191-92.

았습니다(23절 참조). 우리는 여러분을 몹시 기다렸습니다. 여러분에게서 진실을 보았기 때문입니다. 여러분이 가져가지도 않은 것 때문에 유죄를 선고받는 일은 없을 것입니다. 저희 주인님 앞에서 편히 기대어 앉아 쉬라고 여러분을 불렀습니다. 그분은 의로우신 분이며, 이번에는 성대히 대접하여 여러분이 지난번에 겪은 치욕을 잊게 해 주시고자 합니다.'

• 시리아인 에프렘 『창세기 주해』 37,5.[2]

행실로 의로움을 인정받기 원하다

그들은 집 문간에서 요셉의 집 관리인에게 자기들 사정을 설명하며 애원하기 시작했습니다 (19-24절 참조). 그들은 여전히 집 안으로 들어가기를 망설이며, 자기들 행실의 의로움을 인정받고 싶어 합니다. 은총을 받기보다 자신들의 입장이 정당함을 입증하고 싶어 하기 때문입니다. 그래서 그들은 집 문간에서 반박당합니다. 그러나 동정녀 태의 열매와 주님의 상속 재산을 고대하는 이는 '아들'의 재화를 다루며 문간에서 부끄러워하지 않습니다. 오히려 이 삶의 종말에 그는 원수를 물리쳐, 더 높은 것들로 서둘러 가는 그를 자기의 죄가 중함을 알고 있는 원수가 방해하지 못하도록 합니다. 이런 까닭에 집 관리인이 그들에게 신비적인 의미를 담아 대답한 것입니다. 모세가 그분의 온 집안에서 충실했다는 말씀을 읽고, 이 사람이 누군지 아십시오. 모세와 베드로, 바오로를 비롯한 성인들은 관리인들이며 오직 그리스도만이 주인이시기 때문입니다. 이렇게 쓰여 있습니다. "모세는 하느님께서 장차 말씀하시려는 것을 증언하려고, '종'으로서 '그분의 집안을 충실히 맡고 있었습니다'. 그러나 그리스도께서는 그분의 집안을 맡은 아드님으로서 충실하신 분이십니다. 우리가 그분의 집안입니

다. 우리의 희망에 대하여 확신과 긍지를 굳게 지니는 한 그렇습니다"(히브 3,5-6).

• 암브로시우스 『요셉』 9,48-49.[3]

43,23 여러분의 하느님, 여러분 아버지의 하느님

그리스도는 기쁨의 선물

그들은 그[관리인]에게 확실히 말했습니다. "곡식 자루를 열어 보니, 각자의 곡식 자루 부리에 저희 돈이 고스란히 들어 있었습니다. 그래서 그것을 이렇게 도로 가져왔습니다." 오, 위대한 신비여! 이로써 신비가 분명하게 묘사됩니다! [관리인의 말은] 이런 뜻입니다 '여러분은 어째서 그리 주제넘습니까? 여러분 자루에 들어 있는 돈이 여러분 것이라고 생각합니까? "그대가 가진 것 가운데에서 받지 않은 것이 어디 있습니까? 모두 받은 것이라면 왜 받지 않은 것인 양 자랑합니까? 여러분은 벌써 배가 불렀습니다. 벌써 부자가 되었습니다"(1코린 4,7-8). 여러분은 자기가 돈을 가졌다고 생각하지만, 그것은 여러분 조상들의 하느님께서 여러분에게 주신 돈입니다. 그분은 여러분의 하느님이시며, 여러분 조상들의 하느님이십니다. 그런데 여러분은 그분을 부인했습니다. 그러나 여러분이 돌아오기만 하면, 그분께서는 관대함을 베푸시어 여러분을 용서하시고 다시 받아 주십니다. 그분은 여러분의 돈을 요구하시는 분이 아니라 당신 것을 주시는 분이십니다. 여러분 자루 안의 돈은 그분께서 주신 것입니다. 진흙을 담던 여러분의 자루에 돈이 담겼습니다. 그러므로 "저의 자루옷 푸시어 저를 기쁨으로 띠 두르셨습니다"(시편 30,12) 하고 말씀하시는 그분은 여러분의 동반자이십니다. 그리스도는 기쁨의 선물입니다. 그분이 여러분

[2] FC 91,192. [3] FC 65,221.

의 돈이고, 여러분이 치르는 값입니다. 주 예수님께서는 여러분에게 당신 곡물의 값을 요구하지 않으시며, 무게 나가는 돈을 요구하시지도 않습니다. 여러분의 돈은 좋은 돈이 아닙니다. 여러분의 전대 속 돈은 쓸모가 없습니다. "나는 여러분의 [좋은] 돈을 이미 받았습니다." 그것은 여러분의 물질적인 돈이 아니라 영적인 돈입니다. 여러분은 야곱의 아들들다운 믿음과 성실함으로 그것을 가지고 왔습니다. 그런 값이면 손실인 죽음은 피하고 생명인 이익은 얻는 것을 생각할 때, 그 돈은 한 푼도 잃어버리지 않고 다 사용되며 한 푼도 모자라지 않게 다 셈이 됩니다.

• 암브로시우스 『요셉』 9,50-51.[4]

43,25 요셉에게 선물하다

정의의 더없이 환한 빛을 상징하는 '정오'

"그들은 … 정오에 올 요셉을 기다리며 선물

을 정돈하였다." 바오로 사도의 믿음이 '정오'가 되어 오게 했습니다. 바오로는 전에는 눈멀었었습니다. 나중에 그는 의로움의 빛을 보게 되었습니다. 누구든지 그분을 향한 길을 열고 그분께 희망을 두면, 주님께서는 빛과 같은 당신의 정의와 대낮과 같은 당신의 공정을 드러내시기 때문입니다(참조: 시편 37,5-6; 지혜 5,6). 하느님께서 마므레의 참나무 곁에서 아브라함에게 나타나셨을 때, 때는 대낮이었고 주님께서 계시는 곳에 감도는 영원한 빛이 그를 비추었습니다(창세 18,1 참조). 현실의 요셉이 식사를 하러 자기 집으로 들어오는 것도 정오입니다. 우리가 거룩한 신비를 거행할 때 날은 더욱 환하게 빛납니다.

• 암브로시우스 『요셉』 10,52.[5]

---

[4] FC 65,222.

[5] FC 65,223.

43,26-34 요셉이 형들과 만나다

²⁶ 요셉이 집에 들어오자, 그들은 그 집으로 가져온 선물을 요셉 앞에 내놓고 땅에 엎드려 절하였다.

²⁷ 요셉은 그들에게 인사하고 물었다. "전에 너희가 말한 늙은 아버지는 잘 계시느냐? 아직도 살아 계시느냐?"

²⁸ 그들은 "나리의 종인 저희 아버지는 잘 있습니다. 지금도 살아 있습니다." 하고 대답하면서 무릎을 꿇고 절하였다.

²⁹ 요셉은 눈을 들어 자기 친어머니의 아들, 친동생 벤야민을 보며, "전에 너희가 나에게 말한 막내아우가 이 아이냐?" 하면서, "얘야, 하느님께서 너를 어여삐 여겨 주시기를 빈다." 하고 말하였다.

³⁰ 요셉은 자기 아우에 대한 애정이 솟구쳐 올라 울음이 나오려고 해서, 서둘러 안방으로 들어가 그곳에서 울었다.

³¹ 그는 얼굴을 씻고 다시 나와서 자신을 억제한 다음, "음식을 차려라." 하고 명령하였다.

> 32 그들은 요셉에게 상을 따로 차려 올리고 그의 형제들에게도 따로 차려 주고 그와 함께 식사하는 이집트인들에게도 따로 차려 주었다. 이집트인들은 히브리인들과 함께 식사할 수 없었다. 그것이 이집트인들에게는 역겨운 일이었기 때문이다.
> 33 그들은 요셉 앞에 맏아들부터 막내아들에 이르기까지 나이 순서로 앉게 되자, 서로 얼굴을 쳐다보며 어리둥절해하였다.
> 34 요셉이 자기 상에서 각 사람의 몫을 나르게 하는데, 벤야민의 몫이 다른 모든 이들의 몫보다 다섯 배나 많았다. 그들은 요셉과 함께 마시며 즐거워하였다.

둘러보기

요셉의 자상한 배려와 예의 바름은 도덕적 교훈으로 삼을 만하다. 우의적 관점에서 보면, 요셉은 그리스도를, 벤야민은 바오로 사도를 나타낸다. 요셉은 동생 벤야민에 대한 사랑이 북받쳐 눈물 흘린다(암브로시우스). 형제들은 요셉의 태도를 보자 두려움이 사라지고 마음이 편해진다. 요셉의 꿈이 형제들에게서 이루어질 때까지 그들이 요셉을 알아보지 못한 것은 그렇게 되도록 주님께서 정해 놓으셨기 때문이다(에프렘). 형제들이 요셉과 함께 마시며 즐거워하였다는 언급은 노아가 술을 마시고 취한 일을 떠올리게 하며, 오순절에 사도들이 성령으로 가득 차는 신비적 사건을 고대하게 한다(히에로니무스).

43,26 형들이 요셉에게 절하다

요셉의 배려와 예의 바름

형제들이 '가져온 선물을 요셉 앞에' 내놓았습니다. 우리는 선물을 가져오고 그분께서는 잔치를 새롭게 하십니다.[1] 요셉은 '음식을 차려라' 하고 명령하고, 히브리인들은 그들끼리 음식을 먹습니다. 이집트인들은 그들과 함께 식사할 수 없습니다(32-34절 참조). 그런데 상이 차려지기 전에 그는 얼마나 관대하고 친절했는지요! 그의 배려와 예의 바름은 도덕적 교훈으로 삼을 만합니다! 형제들은 아직도 자신들이 요셉이 꾸민 술수로 모함을 당할지 모른다고 의심하고 있었습니다. 요셉은 그들을 식사에 초대했습니다. 그들의 의심은 흔들렸고, 요셉은 계속 친절했습니다. 그가 먼저 말합니다. 먼저 묻습니다. "잘 지냈느냐?"(27절 칠십인역). 그러고는 또 묻습니다. "전에 너희가 말한 늙은 아버지는 잘 계시느냐?"(27절). 상대방뿐 아니라 그들의 부모 안부까지 묻는 것은 높은 사람이 아랫사람을 대화로 이끄는 방법의 하나고 자신의 말이 진실성 있게 들리게 하는 방법이기도 합니다. 그들이 대답합니다. "나리의 종인 저희 아버지는 잘 있습니다." 요셉은 그들의 아버지에게 경의를 표하듯 그를 '노인'['늙은 아버지']으로 표현하고, 그들은 자신들의 겸손을 나타내려고 자기들 아버지를 '나리의 종'이라고 표현합니다. '늙은'은 영예와 존귀함을 암시하는 말인 반면, '종'은 교만보다는 겸양과 복종하는 태도를 보이는 말입니다.

● 암브로시우스 『요셉』 10,53-55.[2]

---

[1] 성찬례를 암시하려는 듯한 표현이다.

[2] FC 65,223-24.

43,27 요셉이 야곱의 안부를 묻다

형들의 마음이 편해지다

요셉이 집에 돌아오자, 그의 형들은 가져온 선물을 요셉 앞에 내놓고는 떨며 그에게 절했습니다. 요셉은 그들의 안부를 물었고, 그들은 용기를 얻었습니다. 요셉이 그들의 아버지가 살아 계시냐고 물었고, 그들은 마음이 편해졌습니다. 요셉은 이 아이가 너희의 막내아우냐 물었고, 그를 축복하며 '얘야, 하느님께서 너를 어여삐 여겨 주시기를 빈다' 하고 말했습니다. 그러자 형제들은 이제 하나도 두렵지 않았습니다(26-29절 참조). 요셉은 이집트 말로 벤야민을 축복했고, 형제들은 처음에 [오간 말을] 통역을 통해 들었습니다.

● 시리아인 에프렘 『창세기 주해』 37,6.[3]

43,29 요셉이 벤야민을 보다

바오로 사도를 예시하는 벤야민

드디어 요셉이 '자기 친어머니의 아들, 친동생 벤야민을' 보았습니다. 히브리인들이 이제 눈을 뜹니다. 그들이 바오로 사도를 상징하는 인물과 함께 오자, 참된 요셉이신 그리스도께서 그들을 보십니다. 그리고 요셉은 그들에게 부드럽고 상냥하게 말하며 함께 식사를 하자고 초대합니다. 그렇지만 저번에 그들이 벤야민과 함께 오지 않았을 때는, "매몰차게 말하면서 물었다"(창세 42,7)라고 쓰여 있듯이, 그분께서 그들을 알아보지도 못하고 돌아서셨습니다. 자신들을 알아보신 분을 그들이 알아보지 못했기 때문입니다. 그런데 이번에는, 주 예수님께서 다른 어느 형제들보다 사랑하신, 같은 어머니에게서 난 친동생 같은 바오로의 공로 덕분에 그들이 앞으로 나아갑니다. 유대인들은 자신들의 주님임을 부인한 그분께로 돌아서야 할 것입니다. 그분께서는 그들의

회당 때문에 십자가에서 처형되셨음에도 불구하고, 그들이 비록 늦게라도 구원의 영도자를 알게 되기만 하면, 그들을 같은 부모에게서 난 형제들로서 누구보다 사랑하십니다. 그런데 자기들이 무슨 잘못을 저질렀는지 아는 그들은 그리스도께서 그들의 죄를 용서하시고 잘못을 사해 주실 만큼 자비로우시다는 것을 믿지 않습니다. 그리하여 그들이 이처럼 행동하리라는 것이 성조들 안에서 이미 예표되었습니다. 그들은 은총으로 불렸고 구원의 잔칫상에 초대되었는데, 자기들을 모함하려는 게 아닐까, 함정이 아닐까, 의심했습니다.

● 암브로시우스 『요셉』 9,47.[4]

사람은 사랑하는 이들부터 본다

요셉은 눈을 들어 '자기 친어머니의 아들, 친동생 벤야민'을 보았습니다. 이 구절의 도덕적 의미는, 우리는 사랑하는 이들부터 본다는 것입니다. 우리의 눈길은 우리 마음의 눈이 가장 먼저 보는 이들에게 가장 먼저 가서 닿습니다. 그리고 대부분의 경우, 다른 정신적 활동으로 내내 바쁠 때, 우리는 눈앞에 있는 이들을 보지 않습니다. 우리의 시각은 이처럼 우리 마음이 이끄는 대로 따라갑니다. 그래서 거룩한 요셉은 동생 벤야민을 보았습니다. 그는 동생을 기억했고, 동생을 찾았습니다. 벤야민이 오지 않았을 때 그는 자기 형제들을 거의 바라보지 않았습니다. 그들을 보는 것은 아무 도움도 안 되었기 때문입니다. 또한 그는 동생을 본 것만으로 만족하지 못했습니다. 요셉은 마치 그를 모르는 것처럼 '너희가 말한 막내아우가 이 아이냐?' 하고 물었습

---

[3] FC 91,192.

[4] FC 65,220-21.

니다. 우리가 사랑하는 이를 눈으로만 아니라 대화로도 소유하려는 것이 사랑의 방식이고 표시입니다. 요셉은 사랑하는 자기 동생을 알아보았습니다. 그러나 자기가 마음속에 담고 있는 그의 이름을 입으로 부르고 싶어 이렇게 물은 것입니다. 사실 요셉은 대답을 기다리지도 않고 곧바로 그를 축복했습니다. 그러고는 소원이 이루어졌다는 사실에 마음이 북받쳤습니다. 그는 '울음이 나오려고' 했습니다. 못내 그리던 동생을 지금 당장 껴안을 수 없었기 때문입니다. 그래서 그는 "서둘러 안방으로 들어가 그곳에서 울었다. 그는 얼굴을 씻고 다시 나와서 자신을 억제"하였습니다. 욕망의 고삐가 느슨해지지 않는 한, 깊은 사랑의 가시는 순식간에 가슴을 찌릅니다. 요셉은 감정이 북받쳤지만 신중함으로 감정을 제어했습니다. 이성과 사랑이 싸우고 있었습니다. 그가 운 것은 거룩한 사랑의 큰 파도를 다스리기 위해서였습니다.

• 암브로시우스 『요셉』 10,56-57.[5]

예수님께서 바오로 사도를 보심을 신비적으로 나타낸다

지금까지 말한 것이 도덕적 의미에 해당합니다. 그러나 신비적 의미로는, 주 예수님께서 바오로 사도를 보시고 — '주님의 눈은 의인들을 굽어보시기'(시편 34,16 참조) 때문입니다 — '이 아이가 너희 막내아우냐?' 하고 말씀하신 것입니다. 그는 아직 막내로 불립니다. 성숙한 이의 훌륭한 믿음을 아직 보여 주지 않았기 때문입니다. 그는 아직 성숙한 어른으로 자라지 못했습니다. 바오로 사도가 말하는 것처럼 '그리스도의 충만한 경지에 다다르게 되는 성숙한 사람'(에페 4,13 참조)이 되지 못했습니다. 실제로 그는 스테파노에게 돌을 던지는 사람들의 옷을 맡아 주었다는 구절에서만 '젊은이'로 불립니다(사도 7,58 참조).

그런 까닭에 그는 필레몬이 젊은 시절의 자신이 아니라 늙은 자신을 본받기 바라며, '늙은이인 바오로가 부탁하려 한다'(필레 9 참조)고 씁니다. 또한 같은 이유에서 그는 젊은 과부들을 과부 명단에 올리지 말아야 한다고 가르치며, 이는 그들의 나이 때문이 아니라 자유분방함에 빠지기 쉽고 덕에서는 미성숙하기 때문이라고 합니다(1티모 5,11 참조). 그러나 정결은 늙은 사람보다 젊은 사람일 경우에 더욱 칭송받을 만합니다. 더 나아가 다음과 같이 해석해도 틀리지 않다고 생각합니다. 바오로 사도는 갑자기 눈이 멀자 당황하고 두려웠지만, "주님, 제가 어떻게 해야 합니까?"(사도 22,10) 하고 물음으로써 가까이 오기 시작했습니다. 그래서 그는 은총으로 불려, 폭력적으로 산 동안의 죄를 용서받을 수 있도록 그리스도께 '막내'로 불립니다. 네, 그리스도께서는 빛이 그의 둘레를 비추었을 때 그를 보셨습니다(사도 9,3 참조). 젊은이들은 두려움보다는 이성에 의해 죄에서 돌려세워지므로, 그리스도께서는 막대기를 예로 드시며 그것을 차지 말라고 자비롭게 그에게 훈계하셨습니다(사도 26,14 참조).

• 암브로시우스 『요셉』 10,58.[6]

43,33 자리 순서를 보고 요셉의 형들이 놀라다

요셉의 정체가 숨겨진 채 있은 이유

요셉은 [그가 점을 치는] 잔을 둘러싸듯 형제들을 자리에 앉히기 시작했습니다. 맏이부터 막내까지 나이 순서로 앉게 했습니다(30-34절 참조). 그의 형제들이 그를 알아보지 못한 것이 신기합니다. 처음에 집으로 돌아갈 때 곡식 자루에 돈이 들어 있었을 때도, 요셉이 시메온을 묶게 했

[5] FC 65,224.

[6] FC 65,224-25.

을 때도, 그들이 벤야민을 데려왔을 때 요셉이
그들의 늙은 아버지에 관해 물었을 때도, 그들에
게 염탐꾼이라는 죄를 덮어씌웠을 때도, 그들을
자기 집에 머무르게 하고 벤야민에게 축복했을
때도, 그가 그들의 이름을 모두 아는 것을 보고
도 알아보지 못했습니다. 더욱 [놀라운] 것은 그
의 생김새가 너무나도 비슷한데도 알아보지 못
했다는 사실입니다. [이집트의] 재상이 그들의
눈을 속였을지라도 형들은 동생의 꿈을 떠올렸
어야 마땅했습니다. 형들이 요셉의 위엄과 지위
와 화난 듯한 말투 때문에 그를 못 알아보긴 했
지만, 사실 그것은 요셉을 팔아넘긴 이들에게서
그의 꿈이 이루어져 그들의 잘못이 확인될 때까
지 그들이 요셉의 정체를 모르게 하신 주님 때문
이었습니다.

• 시리아인 에프렘 『창세기 주해』 37,7.[7]

43,34 벤야민의 몫이 다른 모든 이들의 몫보다 많다

신비를 검토

지금껏 말씀드렸듯이, 요셉은 참된 신심으로
잔인한 학대를 이겨 낸 거룩한 사람이었습니다.
그가 이집트로 팔려 간 것은 우연이 아니라, 그
를 팔아넘긴 형제들과 이집트에 곡식을 나누어
주는 일을 하게 되려는 것이었습니다. 이 요셉이
자기 형제들을 식사에 초대했습니다. 그리고 어
떤 일이 일어났습니까? '그는 정오에 그들과 함
께 마시며 즐거워하였다'(43,25.34 참조)고 합니다.
거룩한 사람이 취했다는 것이 사실입니까? 실제
로 그런 일이 가능합니까? 노아도 자기 집에서
취했습니다. 보십시오, 여기에 신비가 있습니다.
첫째로, 이 신비 자체를 살펴봅시다. 그리고 그
다음에는 그 의미를 생각해 봅시다. 대홍수 이후
에 노아는 술을 마시고 자기 천막에서 취했습니
다. 그는 알몸으로 허벅지가 드러나 있었습니다.

큰아들이 들어와 그것을 보고 웃었고 작은아들
은 아버지의 알몸을 덮어 드렸습니다(창세 9,20-24
참조). 이 모든 일은 구원자를 예형으로 묘사한
것입니다. 십자가에서 그분은 수난에 취하셨기
때문입니다. 그때 그분은 "아버지, 하실 수만 있
으시면 이 잔이 저를 비켜 가게 해 주십시오"(마
태 26,39)라고 하셨지요. 그분은 [수난을] 마시어
취한 상태였으며 허벅지가 드러난 채였습니다
— 십자가의 치욕이지요. 형들, 곧 유대인들은
와서 보고 웃었지만, 동생, 곧 다른 민족들은 그
분의 이 어울리지 않는 모습을 가려 드렸습니다.
이로 인하여 이런 저주가 내렸습니다. "가나안
은 저주를 받으리라. 그는 제 형제들의 가장 천
한 종이 되리라"(창세 9,25).

보십시오, 그 저주가 오늘날까지 계속되고 있
습니다. 동생 백성인 우리가 형님 백성인 유대인
들에게 명령합니다. 주님께서 당신 수난에 취하
셨듯이, 그분의 성도들은 날마다 그들의 뜨거운
믿음에 취하고 성령에 취합니다. 어제는 금을 모
으던 여러분이 오늘은 그것을 던져 버립니다. 그
의미를 모르는 이들에게 여러분은 미친 사람 아
니겠습니까? 마침내 성령께서 사도들에게로 내
려오시어 그들을 가득 채우시자, 그들은 다른 언
어들로 말하기 시작하였고(사도 2,1-4 참조) 그래서
"새 포도주에 취했군"(사도 2,13) 하는 비웃음을
들었습니다.

• 히에로니무스 『시편 강해집』(59편) 13.[8]

---

[7] FC 91,193*.

[8] FC 48,94-95*.

44,1-17 벤야민의 자루에서 요셉의 잔이 나오다

¹ 요셉이 자기 집 관리인에게 명령하였다. "저 사람들의 곡식 자루에다 그들이 가져갈 수 있을 만큼 양식을 채워 주어라. 그리고 각자의 돈을 그들의 곡식 자루 부리에 넣는데,

² 막내의 곡식 자루 부리에는 곡식 값으로 가져온 그의 돈과 함께 내 은잔을 넣어라." 그는 요셉이 분부한 대로 하였다.

³ 이튿날 날이 밝자 그 사람들은 나귀들을 끌고 길을 나섰다.

⁴ 그들이 그 성읍을 나와 얼마 가지 않았을 때, 요셉이 자기 집 관리인에게 말하였다. "일어나 그 사람들을 쫓아가거라. 그들을 따라잡거든 그들에게 이렇게 말하여라. '너희는 어찌하여 선을 악으로 갚느냐?①

⁵ 이것은 내 주인께서 마실 때 쓰시는 잔이며 점을 치시는 잔이다. 너희는 고약한 짓을 저질렀다.'"

⁶ 관리인이 그들을 따라잡고 이렇게 말하자,

⁷ 그들이 그에게 대답하였다. "나리께서는 어찌 그런 말씀을 하십니까? 나리의 이 종들이 그런 짓을 하다니, 있을 수 없는 일입니다.

⁸ 보십시오, 저희는 지난번 곡식 자루 부리에서 발견한 돈을 가나안 땅에서 가져다 나리께 되돌려 드렸습니다. 그런데 저희가 어찌 나리의 주인댁에서 은이나 금을 훔칠 수 있겠습니까?

⁹ 나리의 이 종들 가운데 그것이 발견되는 자는 죽어 마땅합니다. 그리고 나머지도 나리의 종이 되겠습니다."

¹⁰ 그러자 그가 말하였다. "그렇다면 좋다. 너희 말대로 하자. 그것이 발견되는 자는 나의 종이 된다. 그러나 나머지는 자유롭게 가도 좋다."

¹¹ 그들은 서둘러 곡식 자루를 땅에 내려놓고 저마다 제 곡식 자루를 풀었다.

¹² 관리인이 큰아들부터 시작하여 막내아들에 이르기까지 뒤지자, 그 잔이 벤야민의 곡식 자루에서 나왔다.

¹³ 그러자 그들은 자기들의 옷을 찢고 저마다 나귀에 짐을 도로 실은 뒤, 그 성읍으로 되돌아갔다.

¹⁴ 유다와 그 형제들이 요셉의 집에 이르러 보니, 그는 아직도 그곳에 있었다. 그들이 그 앞에서 땅에 엎드리자,

¹⁵ 요셉이 그들에게 말하였다. "너희는 어찌하여 이런 짓을 저질렀느냐? 나 같은 사람이 점을 치는 줄을 너희는 알지 못하였더냐?"

¹⁶ 유다가 대답하였다. "저희가 나리께 무어라 아뢰겠습니까? 무어라 여쭙겠습니까? 또 무어라 변명하겠습니까? 하느님께서 이 종들의 죄를 밝혀내셨습니다. 이제 저희는 나리의 종입니다. 저희도, 잔이 나온 아이도 그러합니다."

☞ **17** 그러나 요셉은 말하였다. "나는 그런 일을 할 수 없다. 잔이 나온 사람만 내 종이 되고, 나머지는 평안히 너희 아버지에게 올라가거라."

① 칠십인역에는 이 자리에 히브리어 본문에 없는 '너희는 왜 나의 은잔을 훔쳤느냐?'라는 구절이 들어 있다.

둘러보기

바오로 사도는 벤야민 지파에 속하기에, 벤야민의 상황과 개종 전 바오로의 상황이 닮은꼴임을 알아볼 수 있다(암브로시우스). 벤야민만 남아서 종이 되라는 요셉의 명령은 벤야민의 유익을 위해서라고 풀이할 수 있다(에프렘). 곡식 자루에서 잔이 발견된 이야기는 하느님의 신비로운 계획들, 특히 바오로 사도를 선택하신 섭리의 빛을 분명하게 드러내 준다. 자루에 들어 있는 돈은 우리 안에서 발견되는, 그리스도께서 주시는 은총의 선물을 상징한다(암브로시우스).

44,2 은잔

믿음의 낮이 가까웠다

은잔이 그의 자루에 넣어졌습니다. 벤야민은 몰랐습니다. 바오로 사도도 이처럼 잘못을 저질렀지만, 부르심을 받았습니다. 날이 밝자 그를 붙잡으러 사람들이 파견되었습니다. 실로, 그의 '눈멂'이라는 밤이 물러가고 믿음의 낮이 가까이 왔습니다(로마 13,12 참조).

• 암브로시우스 『요셉』 11,61.[1]

44,12 벤야민의 곡식 자루에서 은잔이 나오다

형들이 당황하다

형들은 할 말을 잃었습니다. 그들은 벤야민의 잘못을 인정하지 않을 수 없었습니다. 그의 자루에서 잔이 나왔기 때문입니다. 그런데 그들의 자루들에서도 또 돈이 나왔으니 벤야민에게만 탓을 돌릴 수도 없었습니다. 자기들에게 일어난 일에 어쩔 줄 모르던 형들은 자기들 옷을 찢고 울며, 방금 기뻐하며 떠났던 집으로 돌아갔습니다.

• 시리아인 에프렘 『창세기 주해』 38,3.[2]

하느님의 신비로운 계획

형제들의 나이 순서에 따라 큰아들의 곡식 자루부터 수색을 당합니다. 하느님의 성경이 여러분에게 도덕적 교훈을 하고 있습니다. 앞서 그들은 요셉이 있는 앞에서 맏이부터 나이 순서대로 잔칫상에 앉았습니다(창세 43,33 참조). 보시다시피, 맏이에게 가장 영예로운 자리가 주어집니다. 그런데 자루 수색도 맏이 것부터 합니다. 이는 바오로 사도는 하늘의 판단에 따라 선택되었다는 사실을 여러분이 알게 하려는 것입니다. 나머지 사람들의 자루도 수색을 받았지만, 이 사람에게는 특혜가 주어졌습니다. 은잔은 다른 누구도 아닌 그의 자루에서만 발견되었습니다. 그의 보잘것없는 자루에서 은잔이 발견된 것은 무슨 의미입니까? 요셉이 … 거기에 은잔을 넣게 한 것은 자신이 사랑하는 이를 거룩한 속임수를 써서 다시 불러오려는 뜻이었습니다. 그러나 여기서도 하느님의 신비로운 계획의 빛은 분명하게 드러납니다.

• 암브로시우스 『요셉』 11,62.[3]

---

[1] FC 65,226*.　　[2] FC 91,194.

[3] FC 65,226-27.

우리 안에서 이 돈을 발견하시는 그리스도

그리스도께서는 당신께서 우리에게 주신 이 돈을 우리 안에서 발견하십니다. 우리는 본성이라는 돈을 지니고 있습니다. 우리는 은총이라는 돈도 지니고 있습니다. 본성은 창조주께서 만들어 주신 것이고 은총은 구원자의 선물입니다. 우리가 그리스도의 선물들을 볼 수 없다 해도, 그분께서는 그것들을 주십니다. 그분은 숨겨진 방식으로 일하고 계시며 모든 사람에게 그것들을 주십니다. 하지만 그것들을 잃지 않고 지킬 수 있는 사람은 많지 않습니다. 그런데 그분께서 모든 사람에게 모든 것을 주시는 것은 아닙니다. 밀은 많은 사람에게 주시지만 잔은 예언자와 사제의 직능을 받은 한 사람에게만 주십니다. 모든 사람이 아니라 예언자만이 "구원의 잔을 들고서 주님의 이름을 받들어 부르네"(시편 116,13) 하고 노래하기 때문입니다. 그러므로 바오로의 몸 안에서는 거룩한 가르침의 말씀이 벌써 빛나고 있었습니다. 그는 율법 교육을 받았기 때문입니다. 그러나 그는 아직 하느님의 의로움에 복종하지 않았기 때문에 그 잔은 그의 자루 속에 있었습니다. 율법 속에 있는 가르침, 함지 속에 있는 등불이었습니다(참조: 로마 6,20; 마태 5,15; 마르 4,21; 루카 11,33). 그러나 그에게 축복하고 그의 머리에 안수하고 자루를 풀도록 하나니아스가 파견되었습니다(사도 9,12.17 참조). 자루를 풀자, 돈이 빛났습니다. 자루를 묶은 것 같은 비늘이 떨어지자, 바오로는 곧바로 보게 되었습니다(사도 9,18 참조). 그의 족쇄는 불신이었습니다. 족쇄가 풀림은 믿음이었습니다. 유대인들의 마음에 덮인 너울이 (자루가 풀린 것처럼) 치워졌을 때(2코린 3,13-18 참조), 그는 주님께로 돌아섰습니다. 속박을 벗고 자유의 은총을 얻은 그는 이렇게 말하였습니다. "우리는 모두 너울을 벗은 얼굴로 주님의 영광을 보듯 어렴풋이 바라보면서, 더욱더 영광스럽게 그분과 같은 모습으로 바뀌어 갑니다"(2코린 3,18).

• 암브로시우스 『요셉』 11,63-64.[4]

44,16 하느님께서 이 종들의 죄를 밝혀내셨다

벤야민에게 더 좋은 일이다

그러자 유다가 말하였습니다. "하느님께서 이 종들의 죄를 밝혀내셨습니다." — 이[잔을 훔친] 죄가 아니라 이 일로 저희가 징벌을 받는 그 죄를 밝혀내셨습니다 — 그러니 "이제 저희는 나리의 종입니다. 저희도, 잔이 나온 아이도 그러합니다." 요셉이 말하였습니다. 의로운 이집트인은 "그런 일을 할 수 없다". 이 사람들은 덕이 드높아서 히브리인들에게 부정을 탈까 봐 그들과 식사조차 같이하지 않습니다. 그러면 우리는 우리의 행실과 맞지 않는 일을 어떻게 할 수 있을까요? 우리에게 죄지은 일 없는 사람에게 우리가 죄짓지 못하게 막는 정의가, 우리에게 잘못을 저지른 이에게 우리가 복수하게 시킵니다. "잔이 나온 사람만 내 종이 되고, 나머지는 … 너희 아버지에게 올라가거라." 이것은 그[벤야민]에게 자유보다 좋은 일이 될 것입니다. 도둑질했다는 누명을 벗겨 줄 이 나중의 종살이는 그를 도둑질한 종으로 만들어 버린 첫 번째 자유보다 그에게 더 좋은 일이 될 것입니다.

• 시리아인 에프렘 『창세기 주해』 38,4.[5]

---

[4] FC 65,227-28*.

[5] FC 91,195.

[44,18-34 유다가 대신 종이 되겠다고 나서다]

45,1-15 요셉이 형들에게 자신을 밝히다

¹ 요셉은 자기 곁에 서 있는 모든 이들 앞에서 더 이상 자신을 억제하지 못하고, "모두들 물러가게 하여라." 하고 외쳤다. 그래서 요셉이 형제들에게 자신을 밝힐 때, 그 곁에는 아무도 없었다.

² 요셉이 목 놓아 울자, 그 소리가 이집트 사람들에게 들리고 파라오의 궁궐에도 들렸다.

³ 요셉이 형제들에게 말하였다. "내가 요셉입니다! 아버지께서는 아직 살아 계십니까?" 그러나 형제들은 요셉 앞에서 너무나 놀라, 그에게 대답할 수가 없었다.

⁴ 그래서 요셉은 형제들에게 "나에게 가까이 오십시오." 하고서는, 그들이 가까이 오자 다시 말하였다. "내가 형님들의 아우 요셉입니다. 형님들이 이집트로 팔아넘긴 그 아우입니다.

⁵ 그러나 이제는 저를 이곳으로 팔아넘겼다고 해서 괴로워하지도, 자신에게 화를 내지도 마십시오. 우리 목숨을 살리시려고 하느님께서는 나를 여러분보다 앞서 보내신 것입니다.

⁶ 이 땅에 기근이 든 지 이태가 되었습니다. 앞으로도 다섯 해 동안은 밭을 갈지도 거두지도 못합니다.

⁷ 그래서 하느님께서는 나를 여러분보다 앞서 보내시어, 여러분을 위하여 자손들을 이 땅에 일으켜 세우고, 구원받은 이들의 큰 무리가 되도록 여러분의 목숨을 지키게 하셨습니다.

⁸ 그러니 나를 이곳으로 보낸 것은 여러분이 아니라 하느님이십니다. 하느님께서 나를 파라오의 아버지로, 그의 온 집안의 주인으로, 그리고 이집트 온 땅의 통치자로 세우셨습니다.

⁹ 그러니 서둘러 아버지께 올라가 아버지의 아들 요셉의 말이라 하고 이렇게 전하십시오. '하느님께서 저를 온 이집트의 주인으로 세우셨습니다. 지체하지 마시고 저에게 내려오십시오.

¹⁰ 아버지께서 고센 지방에 자리 잡게 되시면, 아버지께서는 아들들과 손자들, 그리고 양 떼와 소 떼 등 모든 재산과 더불어 저와 가까이 계실 수 있습니다.

¹¹ 기근이 아직도 다섯 해나 계속될 터이니, 제가 그곳에서 아버지를 부양해 드리겠습니다. 그러면 아버지와 집안, 그리고 아버지께 딸린 것들이 궁핍해지지 않을 것입니다.'

¹² 지금 형님들은 내가 여러분에게 직접 말하고 있는 것을 내 아우 벤야민과 함께 바로 눈으로 보고 있습니다.

¹³ 내가 이집트에서 누리는 이 영화와 그 밖에 무엇이든 본 대로 다 아버지께 말씀드리십시오. 서둘러 아버지를 모시고 이곳으로 내려오십시오."

¹⁴ 그리고 나서 요셉은 자기 아우 벤야민의 목을 껴안고 울었다. 벤야민도 그의 목을 껴안고 울었다. ♪

> *15 요셉은 형들과도 하나하나 입을 맞추고 그들을 붙잡고 울었다. 그제야 형들은 그와 이야기하였다.

둘러보기

요셉이 극적으로 자신의 정체를 밝힌 일은, 예수님께서 당신의 정체를 밝히신 일을 요셉이 그분의 예형으로서 예시한 것이다. 요셉이 형제들을 용서한 일은 그리스도께서 십자가에서 용서하신 일을 예표한다. 요셉의 행동과 그리스도의 행동 사이에 많은 유사점이 있다(암브로시우스). 문자적으로 풀면, 요셉이 지금까지 자기 정체를 속일 수 있었던 능력은 그의 놀라운 용기와 마음의 평정을 보여 주며, 이는 하느님 섭리의 일환으로 일어나는 모든 일을 볼 수 있는 그의 능력과 관계있다(요한 크리소스토무스). 이제 요셉은 정결만 아니라 관대함과 참된 자비의 본보기로 보인다(아를의 카이사리우스).

45,3 내가 요셉입니다

예수님께서도 요셉처럼 손을 내미셨다

요셉은 형제들이 자신을 알아볼 수 있도록 하려고 모두들 물러가게 하였습니다. 예수님께서 말씀하셨듯이, 그분께서는 오직 이스라엘 집안의 길 잃은 양들을 위해 오셨기 때문입니다(마태 15,24 참조). 그는 눈물을 흘리며 큰 소리로 "내가 요셉입니다! 아버지는 아직 살아 계십니까?" 하고 말했습니다. 이는 예수님께서 믿지 않고 반박하는 이들에게 손을 내미셨음을 의미합니다. 그분께서는 사절이나 심부름꾼을 찾고 계시는 것이 아니라 그들의 주님으로서 당신 백성을 구원하기 원하셨기 때문입니다(참조: 이사 65,2; 시편 28,9). "그날에 그들은 '나 여기 있다'고 말한 이

가 바로 나임을 알게 되리라"(이사 52,6). "묻지도 않는 자들에게 나는 문의를 받아 줄 준비가 되어 있었고 나를 찾지도 않는 자들에게 나는 만나 줄 준비가 되어 있었다"(이사 65,1). 그때 그분께서 '내가 예수다'(요한 18,5 참조)라는 것 외에 또 무슨 말씀을 하셨습니까? 유대인 지도자들이 예수님을 함정에 빠뜨리려고 "당신이 하느님의 아들이라는 말이오?" 하고 물었을 때 그분께서는 "내가 그러하다고 너희가 말하고 있다"(루카 22,70)라고 하셨고, 빌라도에게는 "내가 임금이라고 네가 말하고 있다. 나는 진리를 증언하려고 태어났으며 …"(요한 18,37)라고 하셨습니다. 그리고 수석 사제가 "내가 명령하오. '살아 계신 하느님 앞에서 맹세를 하고 당신이 하느님의 아들 메시아인지 밝히시오'"(마태 26,63)라고 했을 때, 예수님께서는 그에게 이렇게 대답하셨습니다. "네가 그렇게 말하였다. 나는 너희에게 말한다. 이제부터 '너희는 사람의 아들이 전능하신 분의 오른쪽에 앉아 있는 것과 하늘의 구름을 타고 오는 것을 볼 것이다'"(마태 26,64). 요셉이 "내가 요셉입니다!"라고 한 것은 바로 이런 뜻입니다.

• 암브로시우스 『요셉』 12,67.[1]

놀란 형들

지금까지 자신의 정체를 숨기고 알리지 않은 이 복된 사람의 인내에 나는 놀라지 않을 수 없습니다. 특히, 그 자리에 서서 놀라 입을 벌린 그

---

[1] FC 65,228-29.

들의 영혼이 육체를 떠나지도, 정신을 잃지도, 땅으로 기어 들어가 숨지도 않은 것이 [저는] 더 놀랍습니다. "그러나 형제들은 요셉 앞에서 너무나 놀라, 그에게 대답할 수가 없었다." 그럴 수밖에요. 자기들이 요셉에게 한 짓이 있는데, 자신들의 처지와 요셉의 신분을 생각할 때, 그리고 요셉이 입은 높은 지위를 생각할 때, 그들은 말하자면, 목숨을 잃을까 두려워하지 않을 수 없었습니다.

• 요한 크리소스토무스 『창세기 강해』 64,27.[2]

45,4 형님들의 아우 요셉

그리스도께서 드러나시다

"나에게 가까이 오십시오." 이는 '내가 육을 취하여 너희와 같은 본성을 나누기까지 하며 너희 곁에 오지 않았느냐. 너희가 너희 구원의 영도자를 모른다 하더라도, 적어도 너희와 친교를 나누러 온 이에게서 달아나지는 마라'라는 뜻입니다. "그들이 가까이 오자 다시 말하였다. '내가 형님들의 아우 요셉입니다. 형님들이 이집트로 팔아넘긴 그 아우입니다. 그러나 이제는 저를 이곳으로 팔아넘겼다고 해서 괴로워하지도, 자신에게 화를 내지도 마십시오. 우리 목숨을 살리시려고 하느님께서는 나를 여러분보다 앞서 보내신 것입니다.'" 대단한 형제 사랑입니다! … 그리스도께서는 당신 형제의 죄도 용서해 주시고 그것은 인류의 사악함이 아니라 하느님의 섭리였다고 말씀하셨을 것입니다. 그분은 인간에 의해 죽음으로 바쳐지신 것이 아니라 주님에 의해 생명으로 파견되셨기 때문입니다. 다른 모든 형제들보다 성덕에서 뛰어나신 우리 주 예수 그리스도께서 중간에 개입하신 이유가 이것 아니고 무엇이겠습니까? 예수님께서는 십자가 위에서 백성을 위하여 이렇게 말씀하셨습니다. "아버지,

저들을 용서해 주십시오. 저들은 자기들이 무슨 일을 하는지 모릅니다"(루카 23,34). … 그들이 너무나 무섭고 두려워 자기들이 유령을 보는 줄로 생각하자 예수님께서는 그들에게 또다시 말씀하셨습니다. "왜 놀라느냐? 어찌하여 너희 마음에 여러 가지 의혹이 이느냐? 내 손과 내 발을 보아라. 바로 나다. 나를 만져 보아라. 유령은 살과 뼈가 없지만, 나는 너희도 보다시피 살과 뼈가 있다"(루카 24,38-39).

• 암브로시우스 『요셉』 12,68-69.[3]

하느님의 지혜와 이루 말할 수 없는 사랑

요셉은 말합니다. '괴로워하지도 마십시오. 형님들 뜻 때문에 그 일을 했다고 생각하지 마십시오. 형님들이 나를 미워해서라기보다 하느님의 지혜와 이루 말할 수 없는 사랑 때문에 내가 이리로 와, 여러분과 온 세상에 양식을 제공할 수 있는 유리한 위치에 있게 된 것입니다.'

• 요한 크리소스토무스 『창세기 강해』 64,28.[4]

45,9 야곱을 안심시킬 말

요셉 안에서 말씀하신 분이 당신 육체 안에서 말씀하신다

요셉 안에서 말씀하신 분이 나중에는 당신 육체 안에서 말씀하신 바로 그 예수님이시라는 것을 우리가 알도록, 똑같은 표현이 사용되었습니다. 낱말까지 똑같습니다. 그때에는 예수님께서 "괴로워하지도 마십시오"(5절)라고 하신 다음 "아버지께 올라가 아버지의 아들 요셉의 말이라 하고 이렇게 전하십시오. '하느님께서 저를 온 이집트의 주인으로 세우셨습니다'"라고 하셨습니다. 복음서에서는 그리스도께서 "두려워하지

---

[2] FC 87,238-39*.   [3] FC 65,229-30*.

[4] FC 87,239.

마라. 가서 내 형제들에게 갈릴래아로 가라고 전하여라. 그들은 거기에서 나를 보게 될 것이다"(마태 28,10)라고 하십니다. 그리고 그 후에는 "나는 하늘과 땅의 모든 권한을 받았다"(마태 28,18)라고 하십니다. 이는 '이것은 인간의 잔인함 때문에 일어난 일이 아니라, 내가 권능을 받도록 하기 위해 하느님께서 짜 놓으신 일이다'라는 뜻입니다. 보상을 나누어 주는 이는 잘못을 꾸짖지 않습니다. 창세기에서 "우리 목숨을 살리시려고 하느님께서는 나를 여러분보다 앞서 보내신 것입니다"(5절)라는 말로 표현된 것을 그리스도께서는 복음서에서 이렇게 반복하십니다. "너희는 가서 모든 민족들을 제자로 삼아, 아버지와 아들과 성령의 이름으로 세례를 주고, 내가 너희에게 명령한 모든 것을 가르쳐 지키게 하여라"(마태 28,19-20). 다른 이들도 구원받게 하는 것이 성도들의 삶이고 보상이기 때문입니다. 창세기의 다음 구절도 의미 없이 기록된 것이 아닙니다. "아버지께서는 아들들과 손자들, 그리고 … 저와 가까이 계실 수 있습니다"(10절). 그리스도께서 복음서에서 말씀하신 것도 바로 이것입니다. "보라, 내가 세상 끝 날까지 언제나 너희와 함께 있겠다"(마태 28,20). 이 얼마나 분명한 신비입니까! 말하자면 모든 계명이 완수되었을 때, 요셉은 동생 벤야민의 목을 껴안고 울었습니다(14절 참조). 마찬가지로, 복음 전파가 완수될 때, 그리스도께서는 바오로 사도를 하늘로 들어 올리시기 위해 자애로운 당신의 팔로 껴안으십니다.

• 암브로시우스 『요셉』 12,70-73.[5]

우리에게 나쁘게 대하는 사람들을 위로하자

요셉은 내가 그 종살이를 했기에 이 자리에 오를 수 있었다고 이야기합니다. [형들이] 나를 팔아넘겼기에 이 드높은 지위에 올랐다는 것입

니다. 그 시련이 내가 이 영예를 얻는 계기가 되었고, [형들의] 시샘이 나에게 이 영예를 가져다주었다는 말입니다. 이 말을 흘려듣지 말고 본받읍시다. 또한 이 훌륭한 사람처럼, 우리에게 나쁜 짓을 한 사람들에게 그 일에 대한 책임을 면해 주고 지극한 평정심으로 모든 것을 참고 견딤으로써 그들을 위로합시다.

• 요한 크리소스토무스 『창세기 강해』 64,29.[6]

45,15 요셉이 형들과 화해하다

자애의 눈물은 적대감을 없앤다

요셉의 정결에 감탄하셨지요? 이제 그의 관대함을 보십시오. 그는 미움을 자비로 갚습니다. 그는 원수라는 말이 더 어울리는 형들을 보았을 때, 그들이 자기를 알아보기 바라며 진심 어린 눈물로 사랑의 감정을 드러냈습니다. 그는 형들과 다정하게 입을 맞추고 그들을 붙잡고 울었습니다. 요셉의 따뜻한 눈물이 무서워 떠는 형들의 목을 적시자, 그는 자비의 눈물로 그들의 미움을 씻어 내었습니다. 그는 살아 있는 그들의 아버지와 죽은 동생이 사랑하는 것과 똑같은 마음으로 언제나 그들을 사랑했습니다. 그는 죽음을 당하도록 던져 넣어졌던 구덩이를 떠올리지 않았습니다. 자신을 돈을 받고 팔려 간 형제라고 생각하지 않았습니다. 오히려 악을 선으로 갚음으로써, 아직 주어지지도 않은 사도들의 계명을 이미 그때 실천했습니다. 이처럼, 복된 요셉은 참된 자비의 달콤함을 생각하며 하느님의 도움을 받아, 자신의 형들이 들이마셨던 시샘이라는 독을 자신의 마음에서 뽑아내는 데 열심이었습니다.

• 아를의 카이사리우스 『설교집』 90,4.[7]

---

[5] FC 65,230-31.

[6] FC 87,239-40.

[7] FC 47,45-46.

45,16-20 파라오의 초청

¹⁶ 요셉의 형제들이 왔다는 소식이 파라오의 궁궐에 전해지자, 파라오와 그의 신하들이 좋아하였다.

¹⁷ 파라오가 요셉에게 말하였다. "그대의 형제들에게 이르시오. '너희는 이렇게 하여라. 너희의 짐승들에 짐을 싣고 가나안 땅으로 가서,

¹⁸ 너희 아버지와 집안 식구들을 데리고 나에게 오너라. 내가 너희에게 이집트에서 가장 좋은 땅을 주고, 이 땅의 기름진 것을 먹게 해 주겠다.'

¹⁹ 그대는 또 이렇게 내 말을 전하시오.① '너희는 이렇게 하여라. 너희의 어린것들과 아내들을 생각하여, 이집트 땅에서 수레들도 끌고 가거라. 거기에다 너희 아버지를 태워 오너라.

²⁰ 너희 세간들을 아까워하지 마라. 이집트 온 땅의 가장 좋은 것들이 너희 차지가 될 것이다.'"

① 히브리어 본문은 '또 그대에게 명령하는 바이니'다.

둘러보기

요셉의 형제들이 왔다는 소식에 파라오와 그의 신하들이 좋아했다. 그들은 요셉 같은 사람이라면 틀림없이 자유인의 아들일 것이라 믿었다(에프렘). 파라오가 기뻐하며 요셉의 형제와 아버지를 초청한 것은 그리스도인이 유대인의 구원을 기뻐하게 될 것을 예시한다(암브로시우스).

45,16 요셉의 형제들이 도착하다

파라오의 신하들이 좋아하다

그들 사이에 할 말들이 다 오간 다음, 재판정의 문이 열렸습니다. 고관들이 기뻐하며 들어오고 군대의 지휘관들도 즐거워합니다. 그 소식은 파라오와 그의 신하들에게 반가운 일이었습니다. 파라오에게는 아버지 같은 존재요 이집트의 자유인들과 고관들의 지배자가 된 이라면 종이 아니라 아브라함의 집안이라는 복된 족속에 속한 자유인의 아들이라고 믿어 왔기 때문입니다.

● 시리아인 에프렘 『창세기 주해』 40,1.[1]

위대한 신비가 드러나다

파라오는 요셉이 형제들을 만난 것을 매우 기뻐했습니다. 거기서부터 파라오의 온 집안으로 소식이 퍼져 나갔고, 파라오는 거룩한 요셉에게 그의 형제들이 아버지를 모셔 오게 하라고 초청했습니다. 그는 그들에게 수레를 내주어 곡물을 잔뜩 싣고 가게 하라는 지시도 내렸습니다(16-20절 참조). 이방인에게 이렇게 각별한 배려를 보인 것을 어떻게 설명할 수 있을까요? 오늘날의 교회도 부인하지 않는 위대한 신비가 드러났다고 설명할 수밖에 없어요. 유대인들은 구원받을 것입니다. 그 하나 됨에 그리스도인들은 기뻐하며 힘이 미치는 한 모든 도움을 제공하고, 그들이 더욱 빨리 불리도록 하기 위하여 하느님 나라에 관한 기쁜 소식을 선포할 사람들을 보낼 것입니다.

● 암브로시우스 『요셉』 13,74.[2]

[1] FC 91,196.
[2] FC 65,231-32.

45,21-28 요셉의 형제들이 가나안으로 돌아가다

²¹ 이스라엘의 아들들은 하라는 대로 하였다. 요셉은 파라오의 명령대로 그들에게 수레들을 내주고 여행 양식도 마련해 주었다.

²² 그리고 그들 모두에게 예복①을 한 벌씩 주고, 벤야민에게는 은전 삼백 닢과 예복 다섯 벌을 주었다.

²³ 또한 아버지에게는 이집트의 특산물을 실은 나귀 열 마리와, 아버지가 여행길에 먹을 곡식과 빵과 음식을 실은 암나귀 열 마리를 보냈다.

²⁴ 요셉은 형제들을 떠나보냈다. 그들이 떠나갈 때 요셉은 "길에서 너무 흥분하지들 마십시오." 하고 당부하였다.

²⁵ 이렇게 하여 그들은 이집트에서 올라와 가나안 땅에 있는 아버지 야곱에게 다다랐다.

²⁶ 그들이 야곱에게 "요셉이 살아 있습니다. 그는 온 이집트 땅의 통치자입니다." 하고 말하였지만, 야곱의 마음은 무덤덤하기만 하였다. 그들의 말을 믿지 않았기 때문이다.

²⁷ 그러나 요셉이 한 말을 다 전해 듣고, 요셉이 자기를 데려오라고 보낸 수레들을 보자, 아버지 야곱은 정신이 들었다.

²⁸ "내 아들 요셉이 살아 있다니, 이제 여한이 없구나②! 내가 죽기 전에 가서 그 아이를 봐야겠다." 하고 이스라엘은 말하였다.

① 칠십인역은 '겹옷'이다.
② 칠십인역은 '이제 여한이 없구나' 대신 '굉장한 일이로구나'다.

둘러보기

파라오가 하사한 '예복'은 성령의 다양한 선물을 가리킨다. 벤야민이 받은 선물은 바오로 사도가 그리스도의 십자가를 선포하도록 받은 선물을 나타낸다. 요셉의 아버지에게 보내는 선물들은 그리스도의 선물들을 비유적으로 나타낸 것이다(암브로시우스). '길에서 화내지 마라'는 요셉의 충고는 요셉이 불운을 당한 일에 대해 누가 책임이 있나 형제들이 서로 비난하지 말라는 명령이었다(에프렘). 이는 삶의 길에서 분노를 조심해야 한다는 일반적 의미의 충고로 해석할 수도 있다(암브로시우스). '원수를 사랑하여라'라는 그리스도의 명령과 같은 것으로 볼 수도 있다(요한 크리소스토무스). 그들이 '이집트에서 올라와' [가나안으로] 간 것은 거룩한 장소로 간다는 신비적 의미로 해석할 수 있다(오리게네스). 이 경우 가나안 땅은 사도들의 시대를 내다보고 있다(암브로시우스). '요셉이 살아 있다니'라는 구절은 도덕적 의미로 이해해야 한다. 곧, 요셉은 죄에 떨어지지 않고 여전히 영적으로 살아 있다. 요셉이 '온 이집트 땅의 통치자'라는 사실은 그가 모든 정념을 극복했음을 뜻한다. 알렉산드리아의 필론에게로 거슬러 올라가는 해석 전통에서 이집트는 정념들이 자리하는 인간의 육체를 나타내기 때문이다(오리게네스). 요셉은 그리스도의 표상이므로 '요셉이 아직 살아 있다니'는 부활하신 그리스도에 관한 말로 이해할 수 있다(암브로시우스). 문자적으로 해석하면, 요셉이 살아 있다는 소식을 듣고 야곱이 느낀 기쁨은 예상치 못한 기쁨이었기에 더욱 컸다. 그래서 야곱은 못내 그리던 대상을 보기 위해 망설이지 않고 길을 떠났다(요한 크리소스토무스). 거짓의 속임수 때문에 어두워졌던 야곱의 영은 진리의 빛에 의해 등잔처럼 다시 불이 지펴졌다. '하느님을 보는 이'라는 뜻의 '이스라엘'이라는 이름의 어원에 바탕하여 해석하면, 이제 '이스라엘'로 불리는 야곱이 영적 요셉, 곧 참하느님이신 그리스도 안에서 생명을 본다(오리게네스). 일부 사본의 삽입 단락에는 요셉의 형제들이 자신들이 저지른 일을 야곱에게 고백하고 용서를 받는 이야기가 들어 있다(에프렘).

45,22 형제들에게 선물을 주다

신비적 의미와 도덕적 의미

그들은 각자 옷 두 벌을 받습니다. 이 옷은 무엇입니까? 여러분은 그것이 무엇인지 확인하는 데 주저해서는 안 됩니다. 여러분은 지혜에 관한 말씀을 읽었으니까요. "그는 남편에게 겉옷을 두 벌 지어 입혔다"(잠언 31,22 칠십인역). 하나는 신비적 [옷]이고 다른 하나는 도덕적 [옷]입니다. 하지만 모든 사도와 예언자, 사목자나 고위 성직자가 치유하는 은총을 지니고 있지는 않습니다. 모두가 방언을 하는 것도 아닙니다. 다양한 공로가 있는 곳에는 다양한 보상이 있습니다.

• 암브로시우스 『요셉』 13,76.[1]

그리스도께서 바오로에게 금전 삼백 닢을 주시다

형제들에게 각기 옷 두 벌씩이 주어집니다. 그분의 말이 공포되었을 때 급파된 것은 바오로 사도입니다. 그에게 그리스도께서는 금전 삼백 닢과 알록달록한 옷 다섯 벌을 주십니다. 그리스도의 십자가를 선포하는 사람은 이미 금전 삼백 닢을 가지고 있습니다. 그래서 그는 이렇게 말합니다. "나는 여러분 가운데에 있으면서 예수 그리스도 곧 십자가에 못 박히신 분 외에는 아무것도 생각하지 않기로 결심하였습니다"(1코린 2,2). 그가 금전 삼백 닢을 받는 것은 마땅합니다. 그는 지혜에서 비롯한 설득력 있는 언변이 아니라 성령의 힘을 드러냄으로써 선포했기 때문입니다(1코린 2,4 참조). 거기에 더해 바오로 사도는 '예복 다섯 벌'도 받습니다. 이는 지혜의 다양한 가르침을 가리키는 말이거나 또는 그가 육체의 정념에서 비롯하는 어떠한 유혹에도 넘어가지 않았음을 뜻합니다. 다른 이들은 위험을 당하는 곳에서 그는 승리를 지켰습니다. 그는 육의 모든 쾌락을 뛰어난 자제와 덕행으로 이겨 냈습니다. 어떤 육체적 나약함도 그의 품성이나 열의를 무디게 하지 못했습니다. 바오로는 육체 안에 있을 때, 자신에게 육체가 있는지도 알지 못했습니다. 실로 그는 낙원으로 들어 올려졌을 때 자신이 몸 안에서 그리되었는지 몸을 떠나 그리되었는지 알지 못했으며 인간이 입으로 옮길 수 없는 비밀스러운 말을 들었습니다(2코린 12,2-4 참조). 그리고 무엇보다 바오로 사도는, 그가 이런 말로 가르치듯, 지상에서 어떠한 속된 냄새도 풍기지 않았습니다. "구원받을 사람들에게나 멸망할 사람들에게나 우리는 하느님께 피어오르는 그리스도의 향기입니다"(2코린 2,15).

• 암브로시우스 『요셉』 13,75.[2]

---

[1] FC 65,232-33.

[2] FC 65,232*.

45,23 야곱을 위한 선물

그리스도의 선물

아버지에게도 선물이 앞서 보내졌습니다. 아들은 아버지에게 경의를 표합니다. 이처럼 그리스도께서는 약속을 하심으로써 당신 백성을 부르시며 선물을 주시며 그들을 초대하십니다. 전에는 쓸모없고 수고하는 데나 적합했으나 이제는 쓸모 있는 존재가 된(필레 11 참조) '나귀'들이 선물을 싣고 갑니다. 그들이 그리스도의 선물을 싣고 가는 것은 표상입니다. 복음서에서는 나귀들이 선물을 주시는 분을 싣고 갈 것입니다.

• 암브로시우스 『요셉』 13,77.[3]

45,24 싸우지 마라

서로 용서하라

요셉은 돌아가는 길에 싸우지들 말라고 형들에게 당부했습니다. 그가 하지 말라고 명한 싸움은 형들이 서로에게 '요셉을 구덩이에 던져 넣자고 말한 건 너야', '아니야, 그의 옷을 벗기고 사슬에 묶어 아랍인들에게 팔자고 한 건 너야' 하고 말하며 다투는 것이었습니다. 요셉의 말인즉슨, '내가 형들을 용서한 것처럼 형들도 서로 용서하라'는 뜻이었습니다.

• 시리아인 에프렘 『창세기 주해』 40,2.[4]

길 가는 중에 불화를 경계하라

"요셉은 형제들을 떠나보냈다. 그들이 떠나갈 때 요셉은 '길에서 화내지 마십시오' 하고 당부하였다"(칠십인역). 화를 경계하라고, 요셉은 얼마나 훌륭하게 우리를 가르치는지요. 화는 서로 사랑하는 형제들도 갈라놓을 수 있기 때문입니다. … 우리 주님께서 이 육체를 떠나시려 할 때, 또 당신 제자들을 떠나보내실 때 말씀하신 것도 길에서 화내서는 안 된다는 것 아니었습니까? 그때 이렇게 말씀하셨으니 말입니다. "나는 너희에게 평화를 남기고 간다. 내 평화를 너희에게 준다"(요한 14,27). 평화가 있는 곳에는 분노가 들어설 자리가 없고 불화는 사라집니다. 그런즉 '내 평화를 너희에게 준다'는 '길에서 화내지 마라'는 뜻입니다. … 바로 이런 이유로, 주 예수님께서는 복음을 선포하라고 당신 제자들을 파견하실 때, 금도 은도 돈도 지팡이도 없이 떠나보내셨습니다(참조: 마태 10,9-10; 마르 6,8; 루카 9,3; 22,35). 싸움의 소지가 될 만한 것과 앙갚음의 도구가 될 만한 것을 없애신 것입니다.

• 암브로시우스 『요셉』 13,78.[5]

이 모든 일이 일어나게 하신 하느님의 보살핌

서로에 대한 형들의 악감정과 적의를 가라앉히기 위해 요셉은 '길에서 싸우지 마십시오'라고 합니다. 내가 형들이 내게 한 짓에 앙심을 품지 않은 것을 기억하고 서로 사이좋게 지내라는 뜻입니다. 신약성경의 도덕적 가르침을 놀랍도록 충실히 이행한 이 선한 사람의 덕을 누가 족히 찬탄할 수 있겠습니까? 그리스도께서 사도들에게 권고하신 "너희는 원수를 사랑하여라. 그리고 너희를 박해하는 자들을 위하여 기도하여라"(마태 5,44)라는 계명을 넘어섰습니다. 그는 그를 아예 없애 버리려 한 이들에게 그처럼 놀라운 사랑을 보여 주었을 뿐 아니라 그들이 자신에게 죄지은 것이 아님을 납득시키기 위해 모든 노력을 기울였습니다. 이 얼마나 비범한 양식良識입니까! 참으로 놀랍도록 건전한 가치관이요 참으로 큰 하느님 사랑입니다! 그가 이렇게 말하기 때문

---

[3] FC 65,233.

[4] FC 91,196*.

[5] FC 65,233-34.

입니다. '나에게 이런 일이 일어나게 한 것은 분명코 형님들이 아닙니다. 나에게 이런 일이 일어나도록 허락하시어 내 꿈이 이루어지고 그리하여 형님들의 목숨을 살리게 한 것은 하느님의 보살핌이었습니다.'

- 요한 크리소스토무스 『창세기 강해』 64,32.[6]

45,25 형제들이 가나안으로 돌아오다

신비적 일들과 개념들을 담고 있는 성경

우리는 성경을 읽을 때 구절마다 어떻게 '올라가고' 또 '내려가야' 하는지 유념해야 합니다. 우리가 주의 깊게 숙고한다면, 누가 거룩한 장소로 내려갔다는 말이나 비난받을 만한 장소로 올라갔다는 표현이 사용된 적이 거의 없는 것을 발견하기 때문입니다. 이런 사실을 고려할 때, 성경은 많은 사람이 생각하듯이 무지하고 교양 없는 언어로 쓰인 것이 아니라 거룩한 가르침의 규율에 맞게 쓰인 것입니다. 또한 성경은 역사적 사건에 관한 기록이라기보다 신비적인 일들과 개념들을 담고 있는 책입니다. 그러므로 여러분은 아브라함의 후손에게서 태어나는 이들이 이집트로 내려갔다는 것과 이스라엘의 아들들이 이집트에서 올라왔다고 쓰여 있는 것을 발견할 것입니다. 실로 성경은 아브라함과 관련해서도 이렇게 말합니다. "아브람은 아내와 자기의 모든 소유를 거두어 롯과 함께 이집트를 떠나 광야 쪽으로 올라갔다"(창세 13,1 칠십인역).

- 오리게네스 『창세기 강해』 15,1.[7]

사도들의 시대를 예시하는 가나안 땅

'가나안 땅'이란 무엇입니까? 비틀거리는 땅입니다. 이 구절이 사도들의 시대를 묘사하고 있는 것이 확실하지 않습니까? 사도행전에서 보듯, 그들은 유대인들의 비틀거리는 회당으로 들어가 주 예수님의 권능을 선포했습니다. 그때 베드로는 이렇게 말했습니다. "이 예수님을 하느님께서 다시 살리셨고 우리는 모두 그 증인입니다. 하느님의 오른쪽으로 들어 올려지신 그분께서는 약속된 성령을 아버지에게서 받으신 다음, 여러분이 지금 보고 듣는 것처럼 그 성령을 부어 주셨습니다"(사도 2,32-33).

- 암브로시우스 『요셉』 13,79.[8]

45,26 야곱이 아들들의 말을 믿지 않다

평범한 의미로 한 말이 아니다

나는 이 말들이 평범한 의미로 한 말이라고 생각되지 않습니다. 예를 들어, 요셉이 육욕에 넘어가 주인의 아내와 더불어 죄를 지었다면(창세 39,7-9 참조), 성조들이 그들의 아버지 야곱에게 '아버지의 아들 요셉이 살아 있습니다'라고 할 수 없었을 것이기 때문입니다. 그가 그런 짓을 저질렀더라면, 지금 살아 있지 못했을 게 틀림없습니다. '죄지은 자는 죽는다'(에제 18,4 참조)고 쓰여 있기 때문입니다.

그런데 수산나도 이런 말로 똑같은 것을 가르쳐 줍니다. "나는 꼼짝 못할 곤경에 빠졌소. 그렇게 하면 그것은 나에게 죽음이고, 그렇게 하지 않는다 하여도 당신들의 손아귀에서 빠져나갈 수가 없을 것이오"(다니 13,22). 죄 안에는 죽음이 있음을 그녀도 알고 있다는 것에 주목하십시오.

그런데 다음 말씀을 보면, 하느님께서 첫 인간에게 계시하신 심판도 똑같은 내용을 담고 있습니다. "그 열매를 따 먹는 날, 너는 반드시 죽을 것이다"(창세 2,17). 이 계명을 어긴 즉시 그는

---

[6] FC 87,241.

[7] FC 71,203.

[8] FC 65,234.

죽습니다. 죄지은 영혼은 죽은 영혼이고, "너희는 결코 죽지 않는다"(창세 3,4) 하고 말한 뱀이 그를 속였다는 것이 밝혀졌습니다.

이 말들은 이스라엘의 아들들이 야곱에게 한, '아버지의 아들 요셉이 살아 있습니다'라는 말에 관한 것입니다.

• 오리게네스 『창세기 강해』 15,2.[9]

유혹을 다스린 요셉

그런데 야곱은 아들 요셉이 살아 있다는 소식 때문만 아니라, 요셉이 '온 이집트 땅의 통치자'라는 사실에 더욱 흥분했습니다.

[요셉이] 이집트를 자신의 다스림 아래 두었다는 사실은 야곱이 볼 때 참으로 위대한 일이었기 때문입니다. '온 이집트 땅의 통치자'라는 것은 육욕을 밟아 뭉개고 사치에서 달아나고 육체의 모든 쾌락을 참고 억제한다는 뜻이기 때문입니다. 이것이 바로 이스라엘이 위대하게 생각하며 찬탄하는 것이었습니다.

그러나 어떤 사람이 적어도 육체의 몇 가지 악덕은 복종시켰지만 다른 것들에는 굴복하여 종속된 상태라면, 그에 대해 '온 이집트 땅의 통치자'라고 할 수 없습니다. 하나나 둘 또는 세 성읍의 통치자로 보일 수는 있겠지요. 하지만 육체의 어떠한 욕정에도 흔들린 적 없는 요셉은 '온 이집트의' 군주요 주인이었습니다.

• 오리게네스 『창세기 강해』 15,3.[10]

살아 있으며 온 땅의 통치자다

성경이 왜 '요셉이 살아 있으며 온 이집트 땅의 통치자'라고 하는지 우리는 확실히 압니다. 그가 자신의 영적 곳간을 열어 그 안에 가득 찬 것을 모든 사람에게 주었기 때문입니다(창세 41,56 참조). 그러나 사도들이 이런 식으로 이야기했

을 때, 유대인들은 그들의 말을 믿지 않았습니다. 오히려 그들에게 손을 대고 구원의 선포자들을 감옥에 처넣었습니다(사도 5,17-18 참조). 야곱이 몹시 혼란스러워했다고(26절 칠십인역 참조) 쓰여 있는 것은 그런 까닭입니다. 그는 아들들을 믿지 않았던 것입니다. 그는 믿지 않는 이들의 사랑을 몹시 두려워했습니다. 하지만 나중에는 그리스도께서 하신 일을 깨달았습니다. 굉장한 은혜와 위대한 행적에 설득당한 그는 기운을 차리고는 이렇게 말했습니다. "내 아들 요셉이 살아 있다니, 이제 여한이 없구나! 내가 죽기 전에 가서 그 아이를 봐야겠다." 신앙의 가장 중요하고 첫째가는 토대는 그리스도의 부활에 대한 믿음입니다(1코린 15,12-19 참조). 그리스도께서 생명을 되찾으셨다는 것을 믿는 사람은 누구나 재빨리 그분을 찾아 나서며 헌신적인 애정을 지니고 그분께로 오고 더없이 깊은 마음으로 하느님을 섬깁니다. 실로 그는, 자기 부활의 근원에 대한 믿음을 지니고 있다면, 자신은 결코 죽지 않으리라고 믿습니다.

• 암브로시우스 『요셉』 13,79-80.[11]

뜻밖의 축복

요셉이 살아 있으며 게다가 그렇게 큰 영예를 누리고 있다는 소식을 들었을 때 야곱이 느낀 기쁨을 제대로 표현할 수 있는 사람이 누가 있겠습니까? 아시다시피, 예기치 못한 축복은 순간적으로 격렬한 기쁨을 불러옵니다. 야곱의 경우에는, 오래전에 맹수의 밥이 되었다고 생각했던 아들이 온 이집트를 다스리는 자리에 있다는 사실

---

[9] FC 71,204-5.

[10] FC 71,206-7.

[11] FC 65,234-35*.

을 알게 되었습니다. 그러니 이런 큰 기쁨을 맞아 그가 어떻게 놀라움으로 얼굴빛이 변하지 않을 수 있었겠습니까? 사실, 극도의 기쁨을 느끼면, 깊은 절망에 빠졌을 때와 같은 행동을 할 때가 많습니다. 너무 기쁠 때 눈물을 흘리는 사람들을 우리는 자주 보며, 사람들은 예상치 못한 일이 일어난 것을 보거나 죽은 줄 알았던 이들이 살아 있는 모습으로 갑자기 눈앞에 나타나면 말문이 막히는 경우가 많습니다.

• 요한 크리소스토무스 『창세기 강해』 65,1.[12]

45,27 요셉이 야곱의 기운을 차리게 하다

야곱의 영에 다시 불이 붙다

라틴 사람들이 '영이 되살아났다'고 표현하는 것을 그리스 말로는 '아네조피레센'*anezōpyrēsen*이라고 합니다.[13] 이 낱말은 '되살리다'라는 뜻보다 '다시 불붙이다', '기운이 나게 하다'라는 뜻입니다. 이 표현은 대체로 물질과 관련해서 쓰입니다. 예를 들어, 불이 점점 기운을 잃어 거의 꺼진 듯 보일 때 불쏘시개를 넣으면 불이 되살아나는데, 그럴 때 '다시 불붙었다'고 합니다. 또는 등잔의 불이 거의 꺼진 듯 보일 때 기름을 부어 주어 빛이 되살아난 경우, 정확한 표현은 아니지만, 등불이 '다시 불붙었다'고 합니다. 횃불이나 이와 비슷한 다른 빛에 대해서도 이렇게 표현할 수 있습니다. 이 구절은 야곱에게도 이와 비슷한 일이 일어났음을 말해 주는 듯합니다. 그가 요셉에게서 멀리 떨어져 있고 그의 생사에 대해 아무 소식도 듣지 못했을 때에는 말하자면 야곱의 영이 꺼져 가는 듯했습니다. 그의 안에 있는 빛이 불쏘시개도 소용없는 것처럼 어두워졌습니다. 그런데 요셉이 살아 있다는 소식을 전해 준 이들이 오자, 곧, "그 생명은 [모든] 사람들의 빛이었다"(요한 1,4) 하고 말하는 사람들이 오자, 그의

안에 있는 영이 다시 불붙었습니다. 그리고 그의 안에서 참빛의 광채가 회복되었습니다.

• 오리게네스 『창세기 강해』 15,2.[14]

영이 다시 생기를 얻다

그런데 성경 본문이, 영혼이 아니라 영혼의 더 높은 부분인 '영'이 되살아났다, 다시 불붙었다고 표현한 점을 소홀히 넘겨서도 안 됩니다. 실로, 그의 안에 있던 빛의 광채는 아들들이 그에게 새끼 염소의 피로 얼룩진 요셉의 옷을 보여 주었을 때, 비록 완전히 꺼지지는 않았지만 거의 꺼진 것과 다름없었습니다. 그래서 그들의 거짓말에 속아 넘어갈 수 있었습니다. 그리하여 "야곱은 옷을 찢고 허리에 자루옷을 두른 뒤, 자기 아들의 죽음을 오랫동안 슬퍼하였다. … 그는 위로받기를 마다하면서 말하였다. '나는 슬퍼하며 저승으로 내 아들에게 내려가려다'"(창세 37,34-35)라고 쓰여 있습니다. 앞에서 말했듯이, 그의 안에 있던 빛이 그때 완전히 꺼지지는 않았지만 아무튼 상당히 어두워졌습니다. 그래서 그가 속아 넘어갈 수 있었고, 옷을 찢을 수 있었으며, 잘못 알고 슬퍼할 수 있었고, 죽기를 바란다는 말을 할 수 있었고, 슬퍼하며 저승으로 가기 원했던 것입니다. 그러니까 그가 이랬었기에, 이제 영이 되살아나고 '정신이 들었다'고 하는 것입니다. 진리를 들으면, 거짓의 속임수가 흐릿하게 만들어 버린 그의 안에 있던 빛이 다시 불붙고 되살아나게 되어 있기 때문입니다.

• 오리게네스 『창세기 강해』 15,3.[15]

---

[12] FC 87,243*.

[13] 오리게네스의 작품을 라틴어로 번역한 루피누스가 보충 설명한 구절이다.

[14] FC 71,205-6.

[15] FC 71,207.

야곱이 아들들의 변명을 받아들이다

그들이 야곱에게 요셉의 영예로운 지위와 정무를 처리하는 지혜에 대해 그리고 처음의 추궁보다 이번 추궁이 더 혹독했다고 말했을 때, 그들의 아버지는 그들에게 '요셉이 어떻게 하여 이집트로 가게 되었는지 물어보지 않았느냐?' 하고 물었습니다. 그러자 모두 뭐라고 이야기해야 할지 몰라 서로 쳐다보기만 하고 있을 때, 유다가 입을 열어 아버지에게 말했습니다. '오늘 아버지께 저희 죄를 고백합니다. 요셉이 꾼 꿈 이야기를 듣고 요셉의 무지한 형제들은 당신과 자기들이 곧 종이 되어 그를 섬기게 되리라고 생각했습니다. 어리석은 그들은 또 자기들과 아버지가 종이 되어 그를 섬기게 되는 것보다는 요셉 혼자 종이 되는 편이 낫다고 생각했습니다. 저희가 그렇게 한 것은 아버지께서 요셉을 사랑하셔서가 아니라, 아버지와 벤야민을 걱정했기 때문입니다. 아버지께서는 벤야민도 사랑하시지만, 그는 우리가 자기의 종이 될 것이라는 말 같은 것은 하지 않기에 우리 모두는 그를 사랑합니다. 그러니 요셉을 욕보인 저희를 용서해 주십시오. [그러나] 요셉이 이렇게 높은 지위에 오르게 된 것은 우리가 그를 욕보인 덕분입니다.' 그러자 그들의 아버지는 그들의 변명을 받아들이고 이렇게 말했습니다. '너희가 전해 준 요셉에 관한 좋은 소식이 내게 큰 기쁨을 가져다주었으니, 내가 전해 듣고 몹시 고통스러웠던 그 잘못을 용서하겠다.'

● 시리아인 에프렘 『창세기 주해』 40,4.[16]

야곱이 마침내 평온을 찾다

아들들은 요셉이 보낸 선물과 수레를 보여 주며 그의 말을 전했지만, 자신들이 예전에 아버지에게 한 말이 거짓이었다고 설득하는 데 무척 애를 먹었습니다. 성경 본문을 보면, 그를 이집트로 태워 오라고 보낸 수레들을 보자 "야곱은 새 생명을 얻었다"(칠십인역)라고 쓰여 있습니다. 몸이 다 구부러진 이 노인에게 갑자기 생기가 돌고 열의가 생겼습니다. 본문을 봅시다. "야곱은 새 생명을 얻었다." 새 생명을 얻으면 어떻게 됩니까? 등잔에 기름이 다되어 꺼지려 할 때 누가 거기에 기름을 조금 부으면 갑자기 불빛이 밝아지듯이 … 실망으로 생명이 끝나가던 이 노인이 … 요셉이 살아 있으며 이집트를 다스린다는 소식을 들었습니다.

성경은 요셉이 보낸 수레들을 보자 아버지 "야곱은 새 생명을 얻었다"고 합니다. 늙은 야곱이 젊어진 것입니다. 그는 실망이라는 구름을 떨쳐 버렸습니다. 마음속의 폭풍우를 쫓아 버리고 평온을 찾았습니다. 하느님께서 이 선한 사람이 이 모든 끔찍한 시련에서 벗어나 아들과 함께 행복을 누리도록 해 주신 것입니다. 무엇보다, 요셉의 꿈이 야곱이 풀이한 대로 이루어지게 되었습니다. "나와 네 어머니와 네 형들이 너에게 나아가 땅에 엎드려 큰절을 해야 한단 말이냐?"(창세 37,10).

● 요한 크리소스토무스 『창세기 강해』 65,3.[17]

45,28 요셉을 봐야겠다

이스라엘에게 진짜 눈이 열리다

그런데 성도들과 믿는 이들 안에서도 거룩한 불이 종종 꺼질 수 있으므로, 성령의 선물과 은총을 받을 자격이 있는 이들에게 바오로 사도가 하는 훈계를 잘 들으십시오. "성령의 불을 끄지 마십시오"(1테살 5,19). 그래서 성경은 야곱에 관

---

[16] FC 91,197.

[17] FC 87,244-45*.

해 "야곱의 영이 되살아났다. 이스라엘이 말하였다. '내 아들 요셉이 살아 있다니, 이제 여한이 없구나! …'"라고 했다고 합니다. 바오로 사도가 경고한 것 같은 일을 경험했다가, 요셉이 살아 있다는 말을 듣고 다시 기운을 차린 사람이 할 만한 표현입니다.

그런데 영이 거의 꺼진 듯 보였다가 '되살아난' 사람이 야곱이라는 사실도 허투루 넘겨서는 안 됩니다. 그러나 영적 요셉 안에 있는 생명은 위대한 것이라는 사실을 알아보고 이해하는 듯, "내 아들 요셉이 살아 있다니, 이제 여한이 없구나!"라고 말하는 사람은 이제 더 이상 야곱이 아니라 '이스라엘', 다시 말해, 마음의 눈으로 참생명이며 참하느님이신 그리스도를 보는 이로 불립니다.[18]

• 오리게네스 『창세기 강해』 15,3.[19]

이스라엘이 길을 떠나다

'내가 죽기 전에 그 아이를 보는 즐거움을 누려야겠으니 어서 길을 떠나자. 그 소식을 들은 것만으로도 이 늙은이는 기운을 차렸고 결의가 섰다. 그 아이를 보는 행운을 누리고 더없는 즐거움을 느끼고 나면 내가 편히 죽을 수 있겠다.' 이 선한 사람은 갈망의 대상이던 이, 오래전에 맹수의 밥이 되어 세상을 떠났다고 생각했는데 지금은 이집트를 다스리는 이가 되었다는 아들을 보고 싶은 열망과 초조함을 드러내며 망설임 없이 길을 떠났습니다.

• 요한 크리소스토무스 『창세기 강해』 65,4.[20]

---

[18] '이스라엘'('하느님을 보는 이')이라는 이름의 어원 풀이에 근거한 해석이며, 일찍이 필론의 작품에서도 이런 해석을 볼 수 있다.

[19] FC 71,206*.　　　　[20] FC 87,245.

46,1-7 야곱이 이집트로 떠나다

1 이스라엘은 자기에게 딸린 모든 것을 거느리고 길을 떠났다. 그는 브에르 세바에 이르러 자기 아버지 이사악의 하느님께 제사를 드렸다.

2 하느님께서 밤의 환시 중에 이스라엘에게 말씀하셨다. 하느님께서 "야곱아, 야곱아!" 하고 부르시자, "예, 여기 있습니다." 하고 그가 대답하였다.

3 그러자 하느님께서 말씀하셨다. "나는 하느님, 네 아버지의 하느님이다. 이집트로 내려가는 것을 두려워하지 마라. 내가 그곳에서 너를 큰 민족으로 만들어 주겠다.

4 나도 너와 함께 이집트로 내려가겠다. 그리고① 내가 그곳에서 너를 다시 데리고 올라오겠다. 요셉의 손이 네 눈을 감겨 줄 것이다."

5 그리하여 야곱은 브에르 세바를 떠났다. 이스라엘의 아들들은 아버지를 태워 오라고 파라오가 보낸 수레들에 아버지 야곱과 아이들과 아내들을 태웠다.

6 그들은 가나안 땅에서 얻은 가축과 재산을 가지고 이집트로 들어갔다. 야곱과 그의 모든 자손이 함께 들어갔다.

7 야곱은 아들과 손자, 딸과 손녀, 곧 그의 모든 자손을 거느리고 이집트로 들어갔다.

① 칠십인역은 이 자리에 '마지막에는'이라는 구절이 더 들어 있다.

둘러보기

하느님께서 이스라엘에게 하신 약속을 거듭 확인해 주신다(암브로시우스). 아버지 이사악의 하느님께 제사를 드리는 야곱의 신심 깊은 태도는 새로운 일을 시작하거나 길을 떠날 때 우리가 따라야 할 본보기다(요한 크리소스토무스). 환시를 보고 힘을 얻은 야곱은 이 세상이라는 싸움터에 나서는 것이 두렵지 않다. 이와 마찬가지로, 주님의 격려로 힘을 얻은 바오로 사도는 주님을 선포하고 말씀을 전하기 위해 싸웠다. 신비적 관점에서 풀면, 야곱에게 약속된 '큰 민족'은 다른 민족들의 교회를 나타낸다. 개인적 차원에서 해석하면, 이 약속은 영원한 생명으로 이끄는 의로움을 통해 우리 각자 안에서 이루어진다(오리게네스). 요셉이 자기 아버지의 눈을 감겨 주리라는 예고는 눈먼 이의 눈에 손을 대어 그가 볼 수 있게 하시고 율법의 눈에 손을 대어 율법 안에 영적 눈과 이해력이 생겨나게 하신 참된 요셉, 곧 그리스도에 관한 신비적 표현으로 해석할 수 있다(오리게네스, 암브로시우스). 문자적 관점에서 보면, 당신의 사랑에 충실하신 하느님의 약속이 야곱으로 하여금 아무런 걱정 없이 행복한 여행을 하게 해 주었다고 풀이할 수 있다(요한 크리소스토무스).

46,1 이스라엘이 하느님께 제사를 드리다

제사로 시작된 여행길

그리스도께 서둘러 가려는 사람이 일어서는 것은 당연합니다. 믿음이 있고 나서 믿음의 행위가 있습니다. 야곱은 먼저 일어섰고, 그런 다음 제사를 드렸습니다. 하느님에 관한 지식을 탐구하던 사람이 훌륭한 제사를 드립니다. 그리하여 이렇게 쓰여 있습니다. "하느님께서 밤의 환시 중에 이스라엘에게 말씀하셨다. 하느님께서 '야곱아, 야곱아' 하고 부르시자, '예, 여기 있습니

다' 하고 그가 대답하였다. 그러자 하느님께서 말씀하셨다. '나는 하느님, 네 아버지의 하느님이다. 이집트로 내려가는 것을 두려워하지 마라. 내가 그곳에서 너를 큰 민족으로 만들어 주겠다. 나도 너와 함께 이집트로 내려가겠다.'"

• 암브로시우스 『요셉』 14,81-82.[1]

이 선한 사람들의 신심을 본받아라

이 말씀을 듣고, 우리가 하는 모든 일에서, 특히 새로운 일을 시작하거나 길을 떠날 때면, 먼저 기도로 주님께 제사를 드리고 우리가 하고자 하는 일에 그분의 도움을 청하며, 이 선한 사람들의 신심 깊은 태도를 본받읍시다. 성경에 "그는 … 자기 아버지 이사악의 하느님께 제사를 드렸다"라고 쓰여 있습니다. 야곱이 자기 아버지의 본을 따라, 거룩한 것들에 대해 이사악이 지녔던 공경심을 보여 주었음을 우리에게 알려 주려는 말입니다. 그가 앞장서 감사라는 올바른 태도를 보이자 곧바로 높은 곳에서 오는 은총의 힘이 느껴졌습니다. 사실 야곱은 그 여행이 무척 길다는 것과 자신의 나이가 무척 많다는 사실에, 아들을 만나 보기 전에 죽음이 자신을 덮쳐 그를 보지 못하게 될까 봐 두려웠습니다. 그래서 이 마지막 행복을 누릴 수 있을 만큼만 생명을 허락해 주십사고 하느님께 기도를 올렸던 것입니다.

• 요한 크리소스토무스 『창세기 강해』 65,5.[2]

46,3 하느님께서 환시 중에 이스라엘에게 말씀하시다

충실한 신자들이 이 세상의 싸움에 나서다

하느님께서 환시를 통해 이스라엘에게 하신 말씀과 마치 그가 싸움에 나서는 것처럼 그의 힘을 북돋우고 격려하시어 이집트로 보내신 것에

[1] FC 65,235*.　　　　[2] FC 87,245-46*.

대해 숙고하고 묵상하는 것이 실로 옳은 듯합니다. 하느님께서 "이집트로 내려가는 것을 두려워하지 마라"고 하시기 때문입니다. 이 말씀은 너는 '권세와 권력들과 이 어두운 세계의 지배자들' — 이 모든 것을 비유적으로 나타내는 것이 '이집트'입니다 — 과 싸우게 될 테지만 두려워하시노 섭내지도 말라는 뜻입니다. 그러나 네가 왜 두려워하지 않아야 하는지 이유를 알고 싶다면, 나의 약속을 들어라. "내가 그곳에서 너를 큰 민족으로 만들어 주겠다. 나도 너와 함께 이집트로 내려가겠다. 그리고 마지막에는 내가 그곳에서 너를 다시 데리고 올라오겠다." 그러므로 하느님과 함께 싸움터로 내려가는 사람은 '이집트로 내려가는 것'을 두려워하지 않습니다. 그는 이 세상의 싸움과 또 반항하는 마귀들과의 전투에 나서는 것을 두려워하지 않습니다. 바오로 사도의 말을 들어 보면 그것을 알 수 있습니다. 그는 "나는 그들 가운데 누구보다도 애를 많이 썼습니다. 그러나 그것은 내가 아니라 나와 함께 있는 하느님의 은총이 한 것입니다"(1코린 15,10)라고 합니다. 그러나 예루살렘 교회에서 그에 대한 의견이 갈려 분열이 일어났을 때도, 주님을 선포하고 말씀을 전하기 위해 더할 수 없이 훌륭하게 싸웠을 때도, 주님께서는 그의 곁에 계시면서 지금 이스라엘에게 하신 것과 같은 말씀을 하십니다. "용기를 내어라. 너는 예루살렘에서 나를 위하여 증언한 것처럼 로마에서도 증언해야 한다"(사도 23,11).

• 오리게네스 『창세기 강해』 15,5.[3]

46,4 하느님께서 야곱과 함께 이집트로 가시다

세상의 구원을 위하여

이 구절에는 더 위대한 신비가 숨겨져 있는 것 같습니다. 문장의 뜻이 명쾌하게 와 닿지 않

기 때문인데요. "내가 그곳에서 너를 큰 민족으로 만들어 주겠다. 나도 너와 함께 이집트로 내려가겠다. 그리고 마지막에는 내가 그곳에서 너를 다시 데리고 올라오겠다." 이집트에서 '큰 민족'이 되고 '마지막에' 그곳에서 다시 올라오게 될 이는 누구입니까? 이 말씀을 들은 야곱과 관계된 말이라고 볼 경우, 이 내용은 사실이 아닙니다. 그는 이집트에서 죽었으므로 '마지막에' 이집트에서 다시 올라온 적이 없기 때문입니다. 그의 시신이 [가나안으로] 옮겨졌으므로 하느님께서 그를 다시 데리고 올라오신 것이라고 말하는 사람이 있다면, 그것은 터무니없는 소리일 것입니다. 그런 해석을 받아들인다면, "[하느님께서는] 죽은 이들의 하느님이 아니라 산 이들의 하느님이시다"(마태 22,32)라는 말씀은 진실이 될 수 없습니다. 그러므로 이 말씀을 육체가 이미 죽은 이에 관한 말로 이해하는 것은 적절치 못하며, 원기 왕성하게 살아 있는 존재들에 관한 말로 보아야 합니다.

그렇다면 이 문장이, 이 세상으로 내려오시어 '큰 민족', 곧 다른 민족들의 교회가 되시고 모든 일을 이루신 뒤 아버지께로 돌아가신 주님의 표상을 묘사한 것은 아닌가 생각해 봅시다. 또는 낙원의 기쁨에서 쫓겨난 뒤 이 세상이라는 싸움터로 내려오는 "[흙으로] 빚어진 첫 사람"(지혜 7,1)의 표상이 아닌지[도 생각해 봅시다]. 남자가 '너는 그의 머리를 지켜보고, 그는 너의 발꿈치를 지켜보리라'(창세 3,15 칠십인역 참조)라는 말씀을 들었을 때, 그리고 여자가 '나는 너와 그 사이에, 네 후손과 그의 후손 사이에 적개심을 일으키리니'(창세 3,15 참조)라는 말씀을 들었을 때, 뱀과의 싸움이 그들 앞에 놓여 있었습니다.[4]

---

[3] FC 71,210.

그렇지만 하느님께서는 이 싸움터에 놓인 그들을 버려두지 않고 언제나 그들과 함께하십니다. 그분께서는 아벨은 마음에 들어 하시고 카인은 꾸짖으십니다(참조: 창세 4,4.10-12). 에녹이 그분을 부를 때, 그분은 그와 함께 계십니다(창세 5,22 참조). 대홍수 때에는 노아에게 구원의 방주를 만들라고 지시하십니다(창세 6,14 참조). 그분은 아브라함이 '아버지의 집'과 '친족'을 떠나도록 그를 인도하시고(창세 12,1 참조), 이사악과 야곱에게 복을 내리시며(참조: 창세 25,11; 32,27.29), 이스라엘 자손들이 이집트를 빠져나올 때 그들을 인도하십니다(탈출 14장 참조). 그분은 모세를 통해 문자로 된 율법을 기록하시며, 거기에 미처 다 담지 못한 것을 예언자들을 통하여 완성하십니다. 이것이 '그들과 함께 이집트에 계시다'의 뜻입니다.

"마지막에는 내가 그곳에서 너를 다시 데리고 올라오겠다"는 구절과 관련해서는, 앞에서 말했듯이, 이는 시대들의 마지막에 그분의 외아드님께서 세상의 구원을 위하여 저승에까지 내려가시어(에페 4,9 참조) "[흙으로] 빚어진 첫 사람"(지혜 7,1)을 그곳에서 데리고 나오신 것을 뜻한다고 나는 생각합니다. 그분께서 도둑에게 하신, "너는 오늘 나와 함께 낙원에 있을 것이다"(루카 23,43)라는 말씀은 그 한 사람만이 아니라 모든 성도들에게 하신 말씀이라고 이해하십시오. 그분께서는 이들을 위하여 저승에까지 내려가셨던 것입니다. 그러므로 "마지막에는 내가 그곳에서 너를 다시 데리고 올라오겠다"라는 말씀은 야곱 안에서 이루어졌다기보다 이 사람[외아들] 안에서 이루어졌다고 이해하는 것이 더 진실에 가깝습니다.

• 오리게네스 『창세기 강해』 15,5.[5]

우리 각자도 이집트로 들어간다

우리 각자도 같은 방식으로 이집트로 들어가 싸웁니다. 그리고 우리가 하느님께서 늘 함께 계셔 주실 만한 훌륭한 이라면, 그분께서는 우리 각자를 '큰 민족'으로 만들어 주실 것입니다. 모든 성도가 그 안에서 늘어나고 커졌다고 일컬어지는 갖가지 많은 덕과 의로움이 곧 '큰 민족'이기 때문입니다.

성도들 안에서는 다음 말씀도 이루어집니다: "마지막에는 내가 그곳에서 너를 다시 데리고 올라오겠다." '마지막'이란 모든 일이 완결되고 덕들이 완성됨을 뜻한다고 생각됩니다. 실로 그러하기에 또 다른 성인은 이렇게 말하였습니다. "제 생의 한가운데에서 저를 잡아채지 마소서"(시편 102,25). 또 성경은 위대한 성조 아브라함에 관해서도 '아브라함은 한껏 살다가 죽었다'(창세 25,8)고 증언해 줍니다. 그러므로 "마지막에는 내가 그곳에서 너를 다시 데리고 올라오겠다"라는 말씀은 네가 "훌륭히 싸웠고 달릴 길을 다 달렸으며 믿음을 지켰"(2티모 4,7)으므로 이제 나는 너를 이 세상으로부터 미래의 축복으로, 영원한 생명의 완성으로, '의로운 심판관이신 주님께서 당신을 사랑하는 모든 이에게 세상 종말 때 주실 의로움의 화관'(참조: 2티모 4,8; 야고 1,12)으로 데려가겠다고 말씀하신 것과 같습니다.

• 오리게네스 『창세기 강해』 15,6.[6]

46,4 요셉의 손이 네 눈을 감겨 줄 것이다

너울 아래 많은 신비가 숨겨져 있는 구절

이제 다음 구절, "요셉의 손이 네 눈을 감겨

---

[4] 오리게네스는 창세 3,15을 인용하면서, 이 말씀을 듣는 대상을 바꾸어 표현했다. 창세기 본문에서는 뱀이 이 두 가지 말을 다 듣는다.

[5] FC 71,210-12.   [6] FC 71,212.

줄 것이다"라는 말씀을 어떻게 이해해야 하는지 알아봅시다. 나는 이 구절에는 실로 많은 신비가 너울 아래 숨겨져 있다고 생각합니다. 그 신비들에 다가가 그에 대해 설명하는 것은 나중에 할 일입니다. 먼저, 이 구절이 이유 없이 나온 말로 보이지는 않을 것입니다. 우리의 몇몇 선구자들은 이 문장이 어떤 예언을 가리킨다고 보았습니다. 금송아지 둘을 만들어 백성을 미혹시켜 그것들을 섬기게 한 예로보암은 요셉 지파에 속했으며, 그는 마치 이스라엘의 눈에 손을 올려놓은 것처럼 그 금송아지들로 그들의 눈을 감기고 눈멀게 하여 그들이 자신들의 불경을 보지 못하게 했습니다(1열왕 12,28 참조). 그들의 불경에 관해 이렇게 쓰여 있습니다. "이 모든 것은 야곱의 죄, 이스라엘 집안의 죄악 때문이다. 야곱의 죄가 무엇이냐? 사마리아가 아니냐?"(미카 1,5).

하느님께서 미래의 신심 형태에 관해 하시는 말씀을 꾸짖으시는 것으로 받아들여서는 안 된다고 주장하는 사람이 있다면, 우리는 참된 요셉이신 우리 구원자 주님께서 눈먼 이의 눈에 손을 대시어 그가 잃었던 시력을 회복시켜 주셨듯이, 그분께서는 율법 학자들과 바리사이들의 육체적 이해로 눈이 멀어 버린 율법의 눈에 당신의 영적인 손을 대셨다고 말할 것입니다. 그분께서는 그들의 시력을 회복시켜 주셨습니다. 그래서 주님께서 성경을 열어 주신(루카 24,32 참조) 이들은 영적 눈과 이해력을 지니고서 율법을 봅니다.

우리도 "보이는 것이 아니라 보이지 않는 것을"(2코린 4,18) 바라보기 시작하도록 주 예수님께서 우리의 '눈'에도 손을 얹어 주시면 좋겠습니다. 우리를 위해 현재의 것이 아니라 미래의 것을 보는 눈을 열어 주시고, 주 예수 그리스도를 통하여 영 안에서 하느님을 보는 마음의 창을 드러내 주시면 좋겠습니다. 그분께 "영광과 권세

가 영원무궁하기를 빕니다"(묵시 5,13).

• 오리게네스 『창세기 강해』 15,7.[7]

참된 요셉이 이스라엘의 눈을 회복시킨다

우리 하느님께서도 당신 자신의 예언으로 백성을 격려하시며, 그들에게 믿음의 성장과 당신 선물의 열매를 약속하십니다. 그분께서 그들에게 이렇게 말씀하시기 때문입니다. "요셉의 손이 네 눈을 감겨 줄 것이다." 여기에는 본성적 사랑의 의미가 분명히 나타나 있기는 하지만, 이 성조가 누가 자신의 눈을 감겨 줄 것인지 걱정했다는 뜻은 아닙니다. 우리는 사랑하는 이들을 껴안고 싶은 마음을 자주 느낍니다. 그러니 우리가 이 육체를 떠나려는 순간 사랑하는 자녀를 마지막으로 만질 수 있다면 얼마나 큰 기쁨을 느끼고 우리의 여행을 위한 그러한 준비에서 얼마나 큰 위로를 받겠습니까? 그러나 이 구절은 신비적 의미에서는, 나중에 유대 백성이 그들의 하느님을 알게 된다는 뜻으로 이해할 수도 있습니다. 참된 요셉이 다른 이의 눈에 손을 얹어, 전에는 보지 못했던 사람이 이제는 보게 되는 것은 신비이기 때문입니다(요한 9,6-7 참조). 복음으로 오십시오. 눈먼 이가 어떻게 치유되었는지 읽으십시오. 예수님께서 그의 눈에 손을 얹으시자, 보지 못하던 이가 보게 되었습니다. 실로 예수님께서는 곧 죽을 이가 아니라 살게 될 이에게 손을 얹으십니다. 죽을 이들에게 손을 얹으신다고 하면, 그 말도 맞습니다. 우리가 다시 살기 위해서는 먼저 죽어야 하기 때문입니다(로마 6,1-11 참조). 먼저 죄에 대해 죽지 않으면 우리는 하느님을 뵐 수 없습니다.

• 암브로시우스 『요셉』 14,83.[8]

---

[7] FC 71,212-13*. [8] FC 65,235-36*.

하느님께서 약속을 확인해 주시다

이 선한 사람이 바라는 것은 무엇이든, 아니, 그 이상을 주님께서 약속해 주시는 것을 보십시오. 무슨 말이냐 하면, 관대하신 그분께서는 당신 특유의 사랑에 충실하셔서 우리가 청하는 것 이상을 베풀어 주신다는 말입니다. 그분께서는 "이집트로 내려가는 것을 두려워하지 마라"고 하십니다. 야곱이 긴 여행길을 걱정했기 때문에 이렇게 말씀하신 것입니다. '네가 늙어 약해졌다고 걱정하지 마라. 내가 그곳에서 너를 큰 민족으로 만들어 주겠다. 내가 너와 함께 가서 너에게 아무런 어려움이 없도록 해 주겠다.' 이 표현에 담긴 배려는 또 어떻습니까? "나도 너와 함께 이집트로 내려가겠다." 하느님께서 여행길의 동반자가 되어 주시는 것보다 더 복된 일이 있을 수 있습니까? 이어서 그분께서는 이 노인에게 꼭 필요한, 위로가 될 말씀을 들려주십니다. "요셉의 손이 네 눈을 감겨 줄 것이다." '네가 지극히 사랑하는 아들이 직접 네 시신을 장사 지낼 준비를 할 것이며, 네가 죽으면 그의 손이 네 눈을 감겨 줄 것이다.'

그래서 야곱은 아무런 걱정 없이 몹시 행복한 마음으로 길을 떠났습니다. 하느님께 약속을 확인받은 이 선한 사람이 얼마나 기분 좋고 기운차게 길을 떠났을지 한번 생각해 보십시오.

• 요한 크리소스토무스 『창세기 강해』 65,6-7.[9]

---

[9] FC 87,246.

46,8-27 이집트로 내려간 야곱의 자손

8 이집트로 들어간 이스라엘인들, 곧 야곱과 그 아들들의 이름은 이러하다. 야곱의 맏아들은 르우벤이고,

9 르우벤의 아들은 하녹, 팔루, 헤츠론, 카르미이다.

10 시메온의 아들은 여무엘, 야민, 오핫, 야킨, 초하르, 그리고 가나안 여자에게서 난 사울이다.

11 레위의 아들은 게르손, 크핫, 므라리이다.

12 유다의 아들은 에르, 오난, 셀라, 페레츠, 제라인데, 에르와 오난은 가나안 땅에서 죽었다. 페레츠의 아들은 헤츠론과 하물이다.

13 이사카르의 아들은 톨라, 푸와, 야숩, 시므론이다.

14 즈불룬의 아들은 세렛, 엘론, 야흘엘이다.

15 이들은 레아가 파딴 아람에서 야곱에게 낳아 준 아들들이다. 이 밖에 딸 디나가 있다. 그의 아들딸들은 모두 서른세 명이다.

16 가드의 아들은 치프욘, 하끼, 수니, 에츠본, 에리, 아로디, 아르엘리이다.

17 아세르의 아들은 임나, 이스와, 이스위, 브리아이고, 그들에게는 세라라는 누이가 있었다. 브리아의 아들은 헤베르와 말키엘이다.

18 이들은 라반이 자기의 딸 레아에게 준 질파의 자손들이다. 질파가 이들을 야곱에게 낳아 주었다. 이들은 열여섯 명이다.

↗ ¹⁹ 야곱의 아내 라헬의 아들은 요셉과 벤야민이다.

²⁰ 요셉에게서는 이집트 땅에서 므나쎄와 에프라임이 태어났다. 이들은 온의 사제 포티 페라의 딸 아스낫이 그에게 낳아 준 아들들이다.

²¹ 벤야민의 아들은 벨라, 베케르, 아스벨, 게라, 나아만, 에히, 로스, 무핌, 후핌, 아르드이다.

²² 이들은 야곱에게서 태어난 자식들로 라헬의 자손들이다. 이들은 모두 열네 명이다.

²³ 단의 아들은 후심이다.

²⁴ 납탈리의 아들은 야흐츠엘, 구니, 예체르, 실렘이다.

²⁵ 이들은 라반이 자기 딸 라헬에게 준 빌하의 자손들이다. 빌하가 이들을 야곱에게 낳아 주었다. 이들은 모두 일곱 명이다.

²⁶ 야곱과 함께 이집트로 들어간 사람들은 야곱의 며느리들을 뺀 직계 자손들이 모두 예순여섯 명이다.

²⁷ 이집트에서 태어난 요셉의 아들들은 둘이다. 그래서 이집트로 들어간 야곱의 집안 식구는 모두 일흔① 명이다.

① 칠십인역에는 '일흔다섯'이다.

둘러보기

그리스도교적으로 해석할 때, 성조들의 행위는 장차 일어날 일들의 상징이다. 이집트로 들어간 사람의 수 '일흔다섯'은 용서하는 횟수를 나타낸다(암브로시우스). 이 수는 시편 제75편과 이스라엘이라는 이름의 어원과도 관계있다(쿠오드불트데우스). 성경이 이 수를 언급하는 것은 '큰 민족'에 관한 하느님의 예고가 실현되었음을 우리가 알게 하려는 뜻이다. 이스라엘이 육십만 명으로 불어났기 때문이다(요한 크리소스토무스).

46,27 이집트로 들어간 야곱의 집안 식구 일흔 명

장차 일어날 일들의 상징

그리하여 [성경에] 기록되어 있듯이[1] 일흔다섯 사람이 이집트로 내려갔는데, 신비적 의미로 풀면 이는 용서의 횟수입니다. 그런 지독한 완고

함 뒤에, 그런 큰 죄 이후에, 그들에게 용서가 주어지지 않았다면 그들은 자격 없는 자들로 여겨졌을 것이기 때문입니다. 유다 — 죄의 고백 — 가 요셉을 만나러 갑니다. 장차 태어날 유대 민족이 자기들의 선구자로 그를 앞서 보냅니다. 그리고 '신성의 증인이요 해석자'인 참된 요셉이 전에는 믿지 않았던 그들을 만나러 옵니다. 지금 그들의 고백이 그들 앞에서 오고 있기 때문입니다. 그리스도는 신성의 해석자이십니다. "아무도 하느님을 본 적이 없다. 아버지와 가장 가까우신 외아드님, 하느님이신 그분께서 알려 주셨다"(요한 1,18)고 하기 때문입니다. 마지막 때, 이제 늙고 지친 유대 민족을 받아 주실 분은 그분

---

[1] 칠십인역은 '일흔다섯 명', 불가타는 '일흔 명'이라고 한다.

입니다. 그리고 그들의 공로에 따라서가 아니라 당신 은총의 선택에 따라 그렇게 하실 것입니다. 그분은 당신의 손을 그들의 눈에 얹어 그들의 눈멂을 낫게 하실 것입니다. 전에는 그것을 믿어야 한다고 생각하지 않던 이들이 가장 나중에 믿고 그리하여 처음에 선택된 [민족]이라는 특권을 잃어버리도록 그분께서는 그들의 치유를 미루셨습니다. 그래서 바오로 사도도 이렇게 말합니다. "이스라엘의 일부가 마음이 완고해진 상태는 다른 민족들의 수가 다 찰 때까지 이어지고 그다음에는 온 이스라엘이 구원을 받게 되리라는 것입니다"(로마 11,25-26). 이처럼 성조들의 행위는 장차 일어날 일들의 상징입니다. 실로 야곱도 아들들에게 이와 비슷한 말을 합니다. "너희는 모여 들 오너라. 뒷날[칠십인역은 '마지막 날에'] 너희가 겪을 일을 내가 너희에게 일러 주리라. 야곱의 아들들아, 모여 와 들어라. 너희 아버지 이스라엘의 말을 들어라"(창세 49,1-2).

• 암브로시우스 『요셉』 14,84-85.[2]

야곱과 시메온이 평화롭게 이집트로 떠나다

그리하여 야곱이 일흔다섯 명과 함께 이집트로 내려갔고(참조: 창세 46,27 칠십인역; 사도 7,14), 그의 아들 요셉이 그를 만나러 마중 나왔습니다. 요셉을 본 야곱은 '아들아, 내가 너를 보았으니, 이제는 기꺼이 죽을 수 있겠구나'(창세 46,30 참조)라고 하였습니다. 자식이 있어서가 아니라 나이 때문에 아버지라고 불리던 덕망 높은 노인 시메온은 이집트와 같은 이 세상에 그가 남아 있었던 이유인 그리스도를 보자, 몹시 늙었음에도 불구하고 이렇게 말했습니다. "주님, 이제야 말씀하신 대로 당신 종을 평화로이 떠나게 해 주셨습니다. 제 눈이 당신의 구원을 본 것입니다"(루카 2,29-30). [이집트로 내려간] 사람들의 수와 같은 다

윗의 시편 제75편은 "하느님께서 유다에 널리 알려지셨네. 이스라엘에 그 이름 위대하시네"(시편 76,2) 하고 찬양합니다. '이스라엘'은 '하느님을 보는 이'라는 뜻이므로, 은총의 빛을 받은 사람은 유대인이든 그리스인이든, 파라오, 곧 악마가 무거운 멍에로 괴롭히더라도, 이집트의 종살이에서 해방된 사람입니다.

• 쿠오드불트데우스 『하느님의 약속과 예언』 1,32,44.[3]

하느님의 섭리에 놀라다

성경은 왜 우리에게 구체적인 수를 알려 주는 것일까요? "내가 그곳에서 너를 큰 민족으로 만들어 주겠다"(창세 46,3)는 하느님의 예고가 이루어졌음을 우리가 알게 하려는 것입니다. 보십시오, 이스라엘 민족이 그 일흔다섯 명에서 육십만 명으로 불어났습니다. 성경이 이집트로 내려간 사람의 수를 우리에게 알려 준 것은 아무 뜻 없이 그냥 기록한 것이 아니고, 그 적은 수가 그처럼 많이 불어난 것을 알고 하느님의 약속에 확신을 가지라는 뜻임을 아시겠지요? 야곱과 요셉이 죽은 뒤 이집트인들의 임금이 그들의 수를 줄이기 위해 온갖 수를 다 쓴 것을 생각할 때, 하느님의 섭리에, 그리고 그분께서 원하시는 것은 사람들이 제아무리 방해해도 이루어지지 않는 적이 없다는 사실에 놀라고 압도당하지 않을 수가 없습니다.

• 요한 크리소스토무스 『창세기 강해』 65,7.[4]

---

[2] FC 65,236-37.

[3] SC 101,250.

[4] FC 87,247.

46,28-34 요셉이 아버지 야곱을 맞이하다

²⁸ 이스라엘은 자기보다 앞서 유다를 요셉에게 보내어, 고센으로 오게① 하였다. 그런 다음 그들은 고센 지방에 이르렀다.

²⁹ 요셉은 자기 병거를 준비시켜, 아버지 이스라엘을 만나러 고센으로 올라갔다. 요셉은 그를 보자 목을 껴안았다. 목을 껴안은 채 한참② 울었다.

³⁰ 이스라엘이 요셉에게 말하였다. "내가 이렇게 너의 얼굴을 보고 네가 살아 있는 것을 알았으니, 이제는 기꺼이 죽을 수 있겠구나."

³¹ 요셉이 자기 형제들과 아버지의 집안 식구들에게 말하였다. "제가 올라가 파라오께 이렇게 아뢰겠습니다. '가나안 땅에 살던 제 형제들과 아버지의 집안 식구들이 저에게 왔습니다.

³² 그 사람들은 본디 가축을 치던 목자들이어서 양 떼와 소 떼, 그리고 모든 재산을 가지고 왔습니다.'

³³ 그러니 파라오께서 여러분을 불러 '너희의 생업이 무엇이냐?' 하고 물으시거든,

³⁴ 이렇게 대답하십시오. '임금님의 이 종들은 어릴 적부터 지금까지 줄곧 가축을 쳐 온 사람들입니다. 저희도 그러하고 저희 조상들도 그러하였습니다.' 그러면 여러분이 고센 지방에 자리 잡을 수 있습니다. 이집트 사람들은 목자라면 모두 역겨워하기 때문입니다."

① 히브리어 본문은 '와서 길을 안내하게'다.
② 칠십인역은 '눈물을 펑펑 흘리며'다.

둘러보기

칠십인역의 표현 — "눈물을 펑펑 흘리며 울었다" — 은 바라고 바라던 소망이 다 이루어진 야곱의 넘치는 기쁨과 감사하는 마음을 드러내 준다(요한 크리소스토무스). 요셉이 형제들에게 자신들은 목자들이라고 말하도록 조언한 것은 양과 황소를 섬기는 이들과 멀리 떨어져 행복하게 살게 하려 한 것이다(에프렘, 요한 크리소스토무스).

46,29 요셉이 아버지를 만나다

주님께 감사드리다

이것이 제가 처음에 말씀드린 것입니다. 기쁨이 넘치면 눈물이 나올 때가 많다고 했지요. "요셉은 그를 보자 목을 껴안았다"고 되어 있습니다. 그리고 그냥 '울었다'가 아니라 '눈물을 펑펑 흘리며 울었다'고 합니다. 순간적으로 그에게는 자신이 겪었던 고생과 자기 때문에 아버지가 겪었을 일들이 마음에 떠올랐던 것입니다. 요셉은 그동안 지나간 그 기나긴 세월과, 꿈도 꾸지 못했던 일, 곧 아버지를 보고 아버지가 당신 아들을 보고 있다는 사실을 생각했습니다. 그래서 넘치는 기쁨과 이 일이 일어나도록 해 주신 주님께 감사하는 마음에 눈물을 쏟았던 것입니다.

• 요한 크리소스토무스 『창세기 강해』 65,8.¹

___
¹ FC 87,247.

46,34 고센 지방

고센 지방에 자리 잡다

요셉은 병거를 타고 많은 사람과 함께 아버지를 마중하러 나갔습니다. [요셉은 말에서] 내려 아버지에게 절을 했고 그들은 서로의 목을 껴안은 채 울었습니다. 그런 다음 요셉은 형제들에게 파라오에게 할 말을 일러 주었습니다. '저희와 저희 아버지는 가축을 치는 사람들입니다.' 그렇게 말하면 그들이 고센 지방에 자리 잡을 수 있고 그러면 양과 황소를 숭배하는 사람들과 멀리 떨어져 살 수 있기 때문이었습니다.

• 시리아인 에프렘 『창세기 주해』 40,6.[2]

요셉이 지혜롭게 조언하다

요셉의 영리한 조언에 주목하십시오. 그것은 뜻 없이 그냥 한 말이 아니라 그들이 안전을 누리면서 이집트인들과 어울려 살 수 있게 하려는 깊은 생각에서 나온 말이었습니다. 이집트인들은 이집트인의 지혜에 관심을 쏟을 시간이 없는 목자들을 싫어하고 경멸했습니다. 그래서 직업을 핑계로 대어 좋은 땅에 자리 잡고 행복하게 살 수 있는 길을 일러 준 것입니다.

• 요한 크리소스토무스 『창세기 강해』 65,9.[3]

---

[2] FC 91,198.   [3] FC 87,248.

47,1-12 요셉이 아버지와 형제들이 이집트에 자리 잡게 하다

[1] 요셉이 가서 파라오에게 아뢰었다. "제 아버지와 형제들이 양 떼와 소 떼, 그리고 자기들의 재산을 모두 가지고 가나안 땅을 떠나와, 지금 고센 지방에 있습니다."

[2] 그런 다음 요셉은 자기 형제들 가운데에서 다섯 사람을 가려 파라오에게 소개하였다.

[3] 파라오가 그의 형제들에게 "너희의 생업이 무엇이냐?" 하고 묻자, 그들이 파라오에게 대답하였다. "이 종들은 목자들입니다. 저희도 그러하고 저희 조상들도 그러하였습니다."

[4] 그들은 계속 파라오에게 말하였다. "저희는 이 땅에서 나그네살이를 할까 해서 왔습니다. 가나안 땅에 기근이 심하여 이 종들의 양 떼를 먹일 풀밭이 없습니다. 그러니 이 종들이 고센 지방에 머무를 수 있게 해 주시기를 바랍니다."

[5] 그러자 파라오가 요셉에게 말하였다. "그대의 아버지와 형제들이 그대에게 왔소.

[6] 이집트 땅이 그대 앞에 펼쳐져 있으니, 그 가운데에서 가장 좋은 땅에 그대의 아버지와 형제들을 머무르게 하시오. 그들은 고센 지방에 머물러도 좋소. 그대가 알기에 그들 가운데 유능한 사람들이 있거든 내 가축을 돌보는 책임자로 세우시오."

[7] 요셉이 자기 아버지 야곱을 모셔다 파라오 앞에 세우자, 야곱이 파라오에게 축복하였다.

[8] 파라오가 야곱에게 "연세가 얼마나 되시오?" 하고 묻자,

[9] 야곱이 파라오에게 대답하였다. "제가 나그네살이한 햇수는 백삼십 년입니다. 제가 산 햇수는 짧고 불행하였을 뿐 아니라 제 조상들이 나그네살이한 햇수에도 미치지 못합니다."

[10] 야곱은 다시 파라오에게 축복하고 그 앞에서 물러 나왔다. ♪

> ✐ ¹¹ 요셉은 파라오가 분부한 대로 자기 아버지와 형제들을 이집트 땅에, 곧 그 땅에서
> 가장 좋은 곳인 라메세스 지방에 머무르게 하고, 그들에게 소유지도 떼어 주었다.
> ¹² 그리고 아버지와 형제들과 아버지의 온 집안에, 그 식솔 수대로① 양식을 대 주었다.
>
> ① 칠십인역은 '사람 (수)에 따라'다.

둘러보기

야곱이 파라오에게 대답할 때 '나그네살이'라는 말을 쓴 것은 이승의 삶을 낯선 땅에서 살아가는 것으로 여기는 그의 태도를 보여 주며, 이러한 예는 성경의 많은 구절에서 볼 수 있다. 야곱의 식구들에게 양식과 삶의 터전이 제공된 것은 기근이 한창일 때였다(요한 크리소스토무스). 요셉이 아버지와 형제들에게 가장 좋은 땅을 선사한 것은 그리스도께서 벤야민으로 상징되는 새 백성과 함께 결국에는 이스라엘인들도 받아들이실 것임을 상징한다(알렉산드리아의 키릴루스).

47,8 파라오가 야곱의 나이를 묻다

인생은 나그네살이

파라오는 그가 몹시 늙은 것을 보고 나이를 물었습니다. 야곱이 "제가 나그네살이한 햇수는 백삼십 년입니다" 하고 대답했습니다. 선한 사람들은 하나같이 이승의 삶을 낯선 땅에 사는 것이라 생각하는 똑같은 태도를 보여 주는 것을 보십시오. 들어 보십시오. 나중에 다윗도 같은 말을 합니다. '저는 지상에 사는 이방인, 낯선 곳에서 나그네살이하는 처지'(시편 39,13 참조).[1] 야곱도 이런 식으로 '제가 나그네살이한 햇수는'이라고 합니다. 그래서 바오로 사도도 이 선한 사람들에 대해 "[그들은] 자기들이 이 세상에서 이방인이며 나그네일 따름이라고 고백하였습니다"(히브 11,13)[2]라고 하였습니다. "제가 나그네살이한 햇수는 백삼십 년입니다. 제가 산 햇수는 짧고 불행하였을 뿐 아니라 제 조상들이 나그네살이한 햇수에도 미치지 못합니다." 지금 야곱은 자기 형 때문에 달아나 라반 밑에서 종살이한 세월과 그곳에서 돌아온 이후 요셉의 죽음으로 슬퍼했던 일 그리고 그간의 모든 불행에 대해 이야기하고 있습니다. 사실 자기들 누이의 일에 대한 보복으로 시메온과 레위가 스켐 성읍으로 들어가 남자들을 모조리 쳐 죽이고 나머지 사람들을 포로로 잡아 왔을 때 그가 얼마나 두려웠겠습니까? 기억하시지요? 그때도 그는 자신의 걱정을 이렇게 표현한 바 있었습니다. "너희는 이 땅에 사는 가나안족과 프리즈족에게 나를 흉측한 인간으로 만들어, 나를 불행에 빠뜨리는구나. 나에게는 사람들이 얼마 없는데, 그들이 합세하여 나를 치면, 나도 내 집안도 몰살당할 수밖에 없다"(창세 34,30). 그래서 야곱이 '제가 산 햇수는 짧고 불행'하였다고 하는 것입니다.

• 요한 크리소스토무스 『창세기 강해』 65,10.[3]

47,11 야곱이 라메세스 지방에 살다

그리스도께서 이스라엘 사람들을 받아들이실 것이다

형들이 도착하고, 요셉이 그들을 식탁에 앉게

---

[1] 주해의 요지를 강조하느라 원래 구절을 요한 크리소스토무스가 약간 과장해서 인용했다.

[2] 앞의 시편을 인용한 구절이다.

[3] FC 87,248-49.

하였으며, 요셉이 벤야민을 만나고, 형들이 요셉을 알아보았다고 이야기했지요? 그러나 그는 그들에게 선물 같은 것은 주지 않고, 다시 떠나 아버지 야곱을 모셔 오라고 지시했습니다. 아버지가 [이집트로] 내려오고, 아버지의 자식들과 식솔들을 본 요셉은 가장 좋은 땅을 내주었습니다. 이 기사는 이스라엘 사람들도 세상 마지막 시기에는 돌아와 그리스도께 받아들여지리라는 것을 분명하게 알려 줍니다. 그때는 벤야민이 상징하는 새로운 백성과 그들이 일치를 이루는 때입니다. 거기에 더해, 우리가 고대하는 상속 재산은 오직 거룩한 선조들을 통해서만 우리에게 주어질 것입니다. 지혜로운 바오로 사도가 말하듯이, 믿음 안에서 죽은 이들은 "믿음으로 인정을 받기는 하였지만 약속된 것을 얻지는 못하였습니다. 하느님께서 우리를 위하여 더 좋은 것을 내다보셨기 때문에, 우리 없이 그들만 완전하게 될 수가 없었던 것입니다"(히브 11,39-40). 따라서 그들 없이 우리만 완전하게 되는 일이 없도록 우리는 선조들을 기다립니다. 같은 방식으로, 그리고 첫 번째, 두 번째 그리고 마지막 백성의 거룩한 선조들과 함께, 우리는 인간의 손이 만든 것이 아닌 하늘 나라라는 그 좋은 상속 재산을 그리스도 안에서 받게 될 것입니다. 그리스도를 통하여 그리고 그분과 함께 아버지 하느님과 거룩하신 성령께 영원무궁히 영광 있나이다. 아멘.

• 알렉산드리아의 키릴루스
『모세 오경의 격조 있는 해설』(창세기) 6.[4]

47,12 요셉이 온 집안에 양식을 대 주다

기근에 대비한 양식

"사람 수에 따라 양식을 대 주었다"라고 쓰여 있습니다. '사람 수에 따라'가 무슨 뜻입니까? 모두에게 충분히 주었다는 뜻입니다. 성경에서 모든 사람을 '한 영혼', '한 몸'으로 표현하는 경우가 종종 있습니다. 앞에서 "이집트로 들어간 야곱의 집안 식구는 모두 일흔다섯 영혼이다"(창세 46,27 칠십인역)라고 했을 때 '일흔다섯 영혼'이 남자와 여자 모두 합해 일흔다섯 명이라는 뜻이듯이, 여기서도 '사람 수에 따라'는 '사람 하나하나에게 다'를 뜻합니다. 이집트와 가나안 땅 전체가 기근으로 황폐해졌지만, 이 사람들은 곡식이 샘에서 흘러나오듯 넉넉하여 편안했습니다.

• 요한 크리소스토무스 『창세기 강해』 65,11.[5]

---

[4] PG 69,325.

[5] FC 87,249-50.

47,13-26 이집트의 기근

¹³ 기근이 매우 심하여 온 땅에 양식이 떨어졌다. 이집트 땅과 가나안 땅이 이 기근으로 피폐해져 갔다.

¹⁴ 요셉은 사람들이 사 가는 곡식 값으로 이집트 땅과 가나안 땅에 있는 돈을 모조리 거두어들였다. 그는 그 돈을 파라오의 궁궐로 넘겼다.

¹⁵ 이렇게 하여 이집트 땅과 가나안 땅에서 돈이 떨어지게 되자, 이집트인들이 모두 요셉에게 몰려와 말하였다. "우리에게 양식을 주십시오. 돈이 떨어졌다고 해서 우리가 나리 앞에서 죽을 수야 없지 않습니까?"♪

¹⁶ 그러자 요셉이 대답하였다. "돈이 떨어졌으면 여러분의 가축을 몰고 오시오. 그러면 그 가축 값으로 여러분에게 양식을 내주겠소."

¹⁷ 그리하여 그들은 자기들의 가축을 요셉에게 몰고 왔다. 요셉은 말과 양 떼와 소 떼와 나귀들을 받고서 양식을 내주었다. 이렇게 그해에는 그들의 가축 값으로 양식을 공급해 주었다.

¹⁸ 그해가 다 지나 이듬해가 되자, 그들이 다시 요셉에게 와서 말하였다. "저희가 나리께 무엇을 숨길 수 있겠습니까? 돈은 떨어졌고 가축 떼도 이제 다 나리 것입니다. 이제 나리께 갖다 드릴 것이라고는 저희 몸과 농토밖에 남지 않았습니다.

¹⁹ 저희가 저희 농토와 함께 나리께서 보시는 앞에서 망할 수야 없지 않습니까? 그러니 양식을 주시고 저희와 저희 농토를 사십시오. 농토는 물론이고 저희가 파라오의 종이 되겠습니다. 씨앗을 주십시오. 그러면 저희도 죽지 않고 살 것이고, 농토도 황폐해지지 않을 것입니다."

²⁰ 이리하여 요셉은 이집트의 모든 농토를 파라오의 것으로 사들였다. 기근이 심하여 이집트인들이 하나같이 자기 밭을 팔았기 때문이다. 그래서 온 땅이 파라오의 차지가 되었다.

²¹ 그는 이집트 국경 끝에서 끝까지 백성들을 모두 종으로 만들었다^①.

²² 그러나 사제들의 농토만은 사들이지 않았다. 사제들은 파라오에게서 녹을 받기 때문이었다. 그들은 파라오가 주는 녹을 먹었으므로 농토를 팔 필요가 없었다.

²³ 그런 다음 요셉이 백성에게 말하였다. "나는 오늘 여러분과 여러분의 농토를 파라오의 것으로 사들였소. 자, 여기에 씨앗이 있으니 농토에 씨앗을 뿌리시오.

²⁴ 그러나 수확의 오분의 일을 파라오께 바치시오. 그리고 오분의 사는 여러분의 것이니, 밭에 씨앗을 뿌리고, 여러분과 집안 식구들의 양식과 아이들의 양식으로 삼으시오."

²⁵ 그러자 그들이 요셉에게 대답하였다. "나리께서 저희의 목숨을 살려 주셨습니다. 나리께서 저희에게 호의를 베풀어 주십시오. 저희는 기꺼이 파라오의 종이 되겠습니다."

²⁶ 이렇게 하여 요셉은 이집트의 농토에 관하여 오늘날까지 유효한 법을 만들었다. 곧 오분의 일이 파라오에게 속한다는 것이다. 다만 사제들의 농토만은 파라오의 차지가 되지 않았다.

---

① 히브리어 본문은 '종으로 만들어 성읍들로 이주시켰다'다.

둘러보기

'이집트의 기근'은 '기근이 널리 퍼진다'는 것이 무엇을 뜻하며 또 하늘에서 내려오는 참된 빵을 양식으로 먹는 이들은 어째서 결코 기근을 당하지 않는지에 대해 깊이 생각해 보게 한다. 지혜의 잔칫상에 모이는 이들은 땅을 뒤덮는 기근을 몰아낸다. '이집트인들의 종살이'는 육적 악덕들에 종속되는 것을 나타낸다. 이집트인들의 수확을 다섯 몫으로 나누는 것도 육적인 사람들이 섬기는 육체의 다섯 가지 감각을 나타낸다.

이와는 대조적으로, 이스라엘인들은 완성과 십계명을 나타내는 숫자인 '십'을 좋은 수로 여긴다. 파라오의 사제들과 달리 하느님의 사제들에게는 땅이 없다. 그들은 땅이 아니라 영혼을 농사짓는 이들이며, 소유를 포기하라는 그리스도의 권고를 따르기 때문이다(오리게네스). 완전히 다른 관점의 해석도 있는데, 파라오의 사제들에게 농토가 할당된 사실이 하느님의 사제들을 소홀히 하지 말라는 훈계의 근거가 되기도 했다(요한 크리소스토무스).

47,20 요셉이 이집트의 모든 농토를 파라오의 것으로 사들이다

기근이 심했다

[기근이 심하여]라는 이 구절에는 이집트인들을 비난하는 뜻도 들어 있는 것 같습니다. 히브리인들과 관련해서는 '기근이 심했다'고 기록된 곳을 쉽게 찾아볼 수 없기 때문입니다. "그 땅에 기근이 심하였다"(창세 43,1)라는 구절이 있기는 하지만, 야곱이나 그의 아들들이 이집트인들처럼 기근을 심하게 겪었다고는 쓰여 있지 않습니다. 의인들에게도 기근은 닥치지만, 기근이 그들을 쓰러뜨리지는 못하기 때문입니다. 그런 까닭에, 바오로 사도가 이와 비슷한 고통, 곧 "굶주림과 목마름, 추위와 헐벗음"(2코린 11,27)에 시달리면서도 기뻐하고 즐거워했듯이, 의인들은 기근을 자랑으로 여깁니다. 그러니까 의인들에게는 덕을 단련하는 기회가 되는 것이 불의한 이들에게는 죄에 대한 벌인 것입니다.

아브라함의 시대에 관해서도 이런 기록이 있습니다. "그 땅에 기근이 들었다. 그래서 아브람은 나그네살이하려고 이집트로 내려갔다. 그 땅에 든 기근이 심하였기 때문이다"(창세 12,10). 일부 사람들이 생각하듯 성경 본문이 부주의하게 서툴게 기록된 글이라면, 아브라함이 기근을 견디지 못해 나그네살이하기 위해 이집트로 갔다고 표현했을 수도 있습니다. 그런데 거룩한 말씀은 얼마나 세심하게 낱말을 골라 쓰고 분명하게 구별하는지 보십시오. 성인들에 관해 말할 때는 '그 땅에' 기근이 심하였다고 하고, 불의한 이들에 관해 이야기할 때는 그들이 기근에 붙들렸다는 식으로 표현합니다. 그러니까 기근은 아브라함도 야곱도 그들의 아들들도 이기지 못했습니다. 설령 기근이 엄청나게 심했어도, '그 땅에' 기근이 심했을 뿐입니다. 이사악의 시대에 관해서도 이런 기록이 있습니다. "일찍이 아브라함 시대에 기근이 든 적이 있었는데, 그 땅에 또 기근이 들었다"(창세 26,1). 그러나 그 기근은 이사악을 이기지 못했습니다. 주님께서 그에게 이렇게 말씀하셨기 때문입니다. "이집트로 내려가지 말고, 내가 너에게 일러 주는 땅에 자리 잡아라. 너는 이 땅에서 나그네살이하여라. 내가 너와 함께 있으면서 복을 내려 주겠다"(창세 26,2-3).

오랜 뒤 예언자가 한 이 말도 우리가 앞에서 고찰한 내용과 흐름을 같이한다고 생각됩니다. "어리던 내가 이제 늙었는데 의인이 버림을 받음도, 그 자손이 빵을 구걸함도 보지 못하였다"(시편 37,25). 또 "주님께서 의인은 굶게 두시지 않는다"(잠언 10,3 칠십인역)는 말씀도 있습니다. 이 모든 구절이 말해 주는 것은, "이 세상 것만 생각"(필리 3,19)하는 사람들과 땅은 기근으로 고통받는다는 사실입니다. 그러나 "하늘에 계신 아버지의 뜻을 실행하는"(마태 7,21) 것을 양식으로 삼는 이들과 "하늘에서 내려온 빵"(요한 6,51.58)으로 영혼을 살지게 하는 이들은 기근의 배고픔에 결코 무너지지 않습니다.

이런 이유로 성경은 하느님에 관한 지식을 지니고 있는 이들과 거룩한 지혜의 양식을 받은 이들에 대해서는 매우 신중하게, 그들이 기근에 붙들렸다는 표현을 쓰지 않습니다.

• 오리게네스 『창세기 강해』 16,3.[1]

비유적이며 우의적 의미

성경의 거의 모든 본문은 이런 경향을 지니고 있으므로, 이 말씀들은 예언지들이 우리에게 가르쳐 주는 대로, 비유적이며 우의적으로 해석해야 합니다. 열두 예언자 가운데 한 사람은 영적 기근이 어떤 때 오는지에 관해 꾸밈없이 분명하고 명쾌하게 선언합니다. "보라, 그날이 온다. 주 하느님의 말씀이다. 내가 이 땅에 굶주림을 보내리라. 양식이 없어 굶주리는 것이 아니고 물이 없어 목마른 것이 아니라 주님의 말씀을 듣지 못하여 굶주리는 것이다"(아모 8,11).

죄인들을 덮치는 기근이 무엇인지 아시겠습니까? 땅을 덮치는 기근이 어떤 것인지 아시겠습니까? 땅에 속한 이들은 "이 세상 것만 생각"(필리 3,19)하며 "하느님의 영에게서 오는 것을 받아들이지"(1코린 2,14) 못하기에 '주님의 말씀을 듣지 못하여 굶주리는' 것입니다. 그들은 율법의 명령을 듣지 못합니다. 예언자들의 꾸짖음을 알지 못합니다. 사도들의 위로에 대해서도 알지 못합니다. 복음이라는 치료제를 맛보지도 못합니다. 그러니 그들이 "그 땅에 기근이 심하였다"(창세 43,1)라는 말을 듣는 것은 당연합니다.

그러나 의인들과, 주님의 "가르침을 밤낮으로 되새기는 사람"(시편 1,2)들에게는 지혜가 짐승을 잡고 술에 향료를 섞고 상을 차려서는 큰 소리로 그들을 부릅니다(잠언 9,2-3 참조). 이는 모두 오라고 부르는 것이 아닙니다. 이 세상에서 많이 가진 사람, 부유한 사람, 세상일에 밝은 사람을 부르는 것이 아닙니다. 오히려 성경은 "어리석은 이는 누구나 이리로 들어와라!"(잠언 9,4; 참조: 마

태 11,25.28) 하고 말합니다. 그러니까 그리스도에게서 "마음이 온유하고 겸손"(마태 11,29)하게 되는 것을 배운, 말하자면 "마음이 가난한 사람들"(마태 5,3), 그러나 믿음에서는 부자인(야고 2,5 참조) 이들이 지혜의 잔칫상에 모여 먹고 마심으로써 기운을 차려 그 땅을 덮친 심한 기근을 물리치는 것입니다.

• 오리게네스 『창세기 강해』 16,4.[2]

47,21 요셉이 백성들을 모두 종으로 만들다

이스라엘은 자유인으로 남다

성경의 신빙성 있는 증언에 따르면, 이집트인은 자유인이 하나도 없었습니다. 파라오가 "국경 끝에서 끝까지 백성을 모두 종으로 만들"어 이집트 온 땅에서 자유가 사라지게 해 버렸기 때문입니다. 아마도 이런 까닭에 "나는 너를 이집트 땅, 종살이하던 집에서 이끌어 낸 주 너의 하느님이다"(탈출 20,2)라고 성경에 쓰여 있을 것입니다. 이렇듯 이집트는 종살이하는 집이 되었습니다. 더욱 끔찍한 것은 그것이 자발적인 종살이였다는 점입니다.

히브리인들도 종살이하는 신세가 되고 자유를 빼앗긴 채 폭정의 멍에를 쓰게 되었지만, 그들은 강제로 이렇게 되었다고 합니다. 다음 글을 보면 그렇습니다. "이집트인들은 이스라엘 자손들을 두려워하게 되었다. 그리하여 이집트인들은 이스라엘 자손들을 더욱 혹독하게 부렸다. 진흙을 이겨 벽돌을 만드는 고된 일과 온갖 들일 등, 모든 일을 혹독하게 시켜 그들의 삶을 쓰디쓰게 만들었다"(탈출 1,12-14). 히브리인들이 '강제로' 종살이하는 처지로 떨어진 일이 어떻게 기록

---

[1] FC 71,217-18.

[2] FC 71,219-20.

되어 있는지 잘 보십시오. 그들에게는 속임수나 폭력으로 쉽게 빼앗을 수 없는 본성적인 자유가 있었습니다.

• 오리게네스 『창세기 강해』 16,1.[3]

종이 된 이집트인들

그러므로 우리가 이집트인들의 종살이에 관한 이 말씀들을 영적으로 이해한다면, 이집트인들을 섬긴다는 것은 바로 육적 악덕들에 굴복하고 마귀들에게 종속되는 것임을 깨닫게 됩니다. 아무튼, 사람을 이런 상태에 빠뜨리는 것은 결코 바깥에서 오는 힘이 아닙니다. 오히려 영혼의 게으름과 육체의 욕망과 쾌락이 사람을 무너뜨립니다. 영혼은 자신의 부주의 때문에 스스로 이 상태에 빠집니다. 그러나 영혼의 자유에 관심을 가지며 하늘과 관계된 생각들로 자기 정신의 존귀함을 키워 가는 사람은 이스라엘 자손에 속합니다. 그는 일시적으로는 '강제로' 억압을 받지만 결코 자신의 자유를 영원히 잃지는 않습니다. 우리 구원자께서도 복음서에서 자유와 종살이에 관하여 이렇게 말씀하신 바 있습니다. "죄를 짓는 자는 누구나 죄의 종이다"(요한 8,34). 또 이런 말씀도 하셨습니다. "너희가 내 말 안에 머무르면 참으로 나의 제자가 된다. 그러면 너희가 진리를 깨닫게 될 것이다. 그리고 진리가 너희를 자유롭게 할 것이다"(요한 8,31-32).

• 오리게네스 『창세기 강해』 16,2.[4]

47,24 오분의 일은 파라오의 몫

오감을 나타내는 숫자 '오'

이집트인과 이스라엘인을 비교해 봅시다. 이집트인들은 기근으로 종이 된 뒤 수확의 오분의 일을 파라오에게 바쳐야 했다고 합니다. 그런데 이스라엘 사람들은 소득의 십분의 일을 사제에

게 바칩니다. 여기서도 성경의 증언이 얼마나 합리적인지 잘 보십시오. 이집트인들은 바칠 몫을 다섯이라는 수로 계량합니다. 육적인 사람들이 섬기는 육체의 감각이 다섯 가지이기 때문입니다. 이집트인들은 언제나 보이는 것과 육체적인 것에 복종합니다. 반면 이스라엘인들은 완전함의 수인 '십'을 높이 여깁니다. 율법의 열 가지 말씀을 받았고, 그것을 받아 십계명의 힘으로 단결된 채 이 세상에 알려지지 않은 거룩한 신비들 안으로 들어갔기 때문입니다. 그런데 신약성경에서도 '십'은, 열 가지 덕에서 싹튼다고 설명되는 성령의 열매(갈라 5,22 참조)를 가리키는 수로 숭상받으며, 성실한 종은 주인의 돈 한 미나로 열 미나를 벌어들여 열 고을을 다스리는 권한을 받습니다(루카 19,16-17 참조). …

이 모든 것에서 이집트인과 이스라엘인의 차이를 잘 보십시오. … 여러분이 아직도 육체의 감각을 섬긴다면, 아직도 '오'라는 수로 [계산해] 세금을 바치며 '보이는' 것과 '일시적인' 것을 바라볼 뿐 '보이지 않는 영원한 것'(2코린 4,18 참조)들은 보지 않는다면, 여러분은 이집트인에 속한다는 것을 아십시오.

• 오리게네스 『창세기 강해』 16,6.[5]

47,26 파라오의 사제들

하느님의 사제들과 파라오의 사제들의 다른 점

하느님의 사제들과 파라오의 사제들의 다른 점을 알고 싶습니까? 파라오는 자기 사제들에게 땅을 줍니다. 반면 주님께서는 당신 사제들에게 땅을 몫으로 주시지 않고 "네가 받을 몫과 상속 재산은 바로 나다"(민수 18,20) 하고 말씀하십니

---

[3] FC 71,214.　　　　　　[4] FC 71,215-16*.

[5] FC 71,222-23*.

다. 그러니 이 말씀을 읽는 이들은, 땅을 몫으로 소유하고 있으며 세상일을 걱정하고 추구할 시간이 있는 자들은 주님의 사제들이기보다 파라오의 사제로 보이는 일이 없도록, 주님의 모든 사제들을 잘 보고 이 사제들의 다른 점을 잘 알아 두십시오. 파라오는 자기 사제들이 땅을 소유하고 영혼이 아니라 그 땅을 잘 경작하기 바랍니다. 법이 아니라 밭에 주의를 기울이기 바랍니다. 그러나 그리스도 우리 주님께서는 당신 사제들에게 뭐라고 훈계하시는지 들어 봅시다. "너희 가운데에서 누구든지 자기 소유를 다 버리지 않는 사람은 내 제자가 될 수 없다"(루카 14,33).

저는 이 말씀을 입 밖에 낼 때면 떨립니다. 무엇보다 저 자신이 저를 고발하기 때문입니다. 저 자신이 저에게 유죄 선고를 내립니다. 그리스도께서는 무엇 하나라도 소유한 것을 당신께서 보신 사람, 곧 '자기 소유를 다 버리지 않는' 사람은 당신 제자가 아니라고 하시기 때문입니다. 그런데 자기가 소유한 것들을 다 버리지도 않을뿐더러, 그리스도께로 오기 전에는 가져 본 적 없는 것들을 가지고 싶어 하는 우리는 그러면 이 말씀을 어떻게 읽고 또 남들에게는 어떻게 설명해야 하겠습니까? 양심이 우리를 꾸짖는데, 이렇게 쓰여 있는 말씀을 드러내지 않고 숨길 수 있을까요? 나는 이중으로 죄를 짓고 싶지는 않습니다. 내가 이 명령을 아직 이행하지 못했다는 것을 알지만, 나는 말씀을 듣는 이들에게 이런 말씀이 있다는 것을 공개적으로 알립니다. 우리는 이 말씀을 경고로 듣고, 그것을 이행하기 위해 서두르기라도 합시다. 세속의 재산을 소유하고 있는 파라오의 사제들에서, 지상의 몫은 아무것도 없고 주님이 그들의 몫인(참조: 민수 18,20; 시편 119,57) 주님의 사제들로 어서 넘어갑시다.

• 오리게네스 『창세기 강해』 16,5.[6]

하느님을 섬기는 직무를 받은 이들을 존중한다

오늘날의 사람들은 고대에 우상을 섬기던 사제들이 누린 특권에 유념하고서, 만물의 하느님께 봉사하는 일을 맡은 이들에게 적어도 그들과 같은 만큼은 존중을 표해야 할 것입니다. … 여러분이 수고를 해야 하는 것은 그[사제]를 위해서가 아니라 사제가 봉사하는 대상을 위해서이며, 그로써 그분에게서 넉넉한 보상을 받기 위해서입니다. 그래서 예수님께서도 "너희가 … 이들 가운데 한 사람에게 해 준 것이 바로 나에게 해 준 것이다"(마태 25,40)라고 하셨는가 하면, "예언자를 예언자라서 받아들이는 이는 예언자가 받는 상을 받을 것"(마태 10,41)이라고도 하셨습니다. … 그들을 존중함으로써 우리가 많은 신뢰를 얻듯이(그분께서는 당신 종들이 받은 것을 당신께서 받으신 것으로 생각하시니까요), 그들을 소홀히 하면 우리에게 위에서 무거운 유죄 선고가 떨어집니다. 그분께서는 그들에 대한 존중과 마찬가지로 그들에 대한 경멸도 당신께서 받으신 것으로 생각하신다는 말입니다.

이를 알고, 하느님의 사제들을 소홀히 하는 일이 절대 없게 합시다. 내가 이런 말을 하는 것은 그들을 중요하게 여겨서가 아니라 여러분의 사랑을 중요히 여기기 때문이고 여러분이 모든 면에서 잘되기를 바라서입니다. 사실 여러분이 무엇을 바치건, 그것이 여러분이 주님에게서 받는 것보다 귀합니까? 그런데도 현세 삶에서 소비되는 것을 증표로 바치면 여러분은 영원한 보상과 말로 표현할 길 없는 축복을 보답으로 받습니다. 이를 마음에 새기고, 없어지는 것이 아니라 그 행위로 말미암아 얻는 것과 은혜를 생각하며, 바칠 것을 서둘러 바칩시다. 예를 들어, 이

---

[6] FC 71,221-22.

세상에서 아주 높은 영예로운 자리에 있는 친구가 있다고 칩시다. 우리는 내가 그에게 해 준 것은 그가 모시는 분의 신망을 높이고, 내가 한 일이 그[상관]의 귀에 들어가면 그에게서 큰 호의를 입게 되리라는 믿음에 그 친구에게 온갖 주의를 기울입니다. 그런데 그 대상이 만물의 주님일 경우에는 더더욱 그렇지 않겠습니까? 아는 사람이 길거리에 비참하게 누워 있는 것을 보고 호의와 동정을 보여 주었다고 합시다. 그러면 주님께서는 당신께서 그 대접을 받으셨다고 생각하시고, 그런 사람에게 작은 호의라도 베푼 이들을 [당신] 나라로 데려가시겠다고 약속하시며 이렇게 말씀하십니다. "내 아버지께 복을 받은 이들아, 와서, 세상 창조 때부터 너희를 위하여 준비된 나라를 차지하여라. 너희는 내가 굶주렸을 때에 먹을 것을 주었고 …"(마태 25,34-35). 그러니 하느님 때문에 괴로움을 당하는 이들이나 존귀한 사제직을 지닌 이들을 돕는 이는 자기가 한 만큼이 아니라 몇 배로 풍성한 보상을 받을 것입니다. 사랑 넘치시는 하느님께서는 우리가 하는 것보다 언제나 넘치게 행하시기 때문입니다.

• 요한 크리소스토무스 『창세기 강해』 65,15-16.[7]

[7] FC 87,251-53.

47,27-31 야곱의 말년

27 이스라엘은 이집트 땅 고센 지방에 머물게 되었다. 그들은 그곳에 소유지를 얻어 자식들을 많이 낳고 크게 번성하였다.
28 야곱은 이집트 땅에서 십칠 년을 살았다. 그래서 야곱이 산 햇수는 백사십칠 년이 되었다.
29 죽을 때가 다가오자 이스라엘은 자기 아들 요셉을 불러 말하였다. "네가 나에게 호의를 보여 준다면, 나에게 효성과 신의를 지켜 나를 이집트 땅에 묻지 않겠다고, 네 손을 내 샅에 넣고 맹세해 다오.
30 내가 조상들과 함께 잠들게 되거든 나를 이집트에서 옮겨 그분들의 무덤에 묻어 다오." 요셉이 "제가 꼭 아버지의 말씀대로 하겠습니다." 하고 대답하자,
31 이스라엘이 "그러면 나에게 맹세하여라." 하고 말하였다. 요셉이 맹세하니, 이스라엘이 침상 머리맡에 엎드려 경배하였다.

둘러보기

'고센'이라는 이름의 어원을 바탕으로 우의적 고찰을 할 때 그 의미는, 우리가 비록 이집트로 상징되는 혹독한 조건 아래 육체 안에 살고 있을지라도 하느님 가까이 있을 수 있다는 것이다(오리게네스). 자신을 이집트 땅에 묻지 말라는 야곱의 부탁은 그리스도인이 귀양살이 중에 맞는 진짜 죽음은 죄 속에서 죽는 것임을 묵상하게 한다(요한 크리소스토무스).

47,27 고센 지방에 머무른 요셉

이집트에 사는 동안 하느님 가까이 머무른 이스라엘

그에 이어 모세가 뭐라고 하는지 봅시다. 본문을 보면, "이스라엘은 이집트 땅 고센 지방에 머물게 되었다"고 합니다. '고센'은 '근접해 있다', '가깝다'는 뜻입니다. 이 말이 알려 주는 것은, 이스라엘이 비록 이집트 땅에 머무르고 있었지만, "나도 너와 함께 이집트로 내려가겠다. 내가 너와 함께 있겠다"(창세 46,4; 26,3)고 주님께서도 말씀하셨듯이, 하느님에게서 멀리 있지 않고 가까이 있었다는 사실입니다.

그러므로 우리가 비록 이집트로 내려간 것처럼 보일지라도, 육체 안에서 이 세상의 싸움과 전쟁을 치르고 있을지라도, 파라오에게 종속된 이들 가운데 머무르고 있을지라도, 우리가 하느님 가까이 있다면, 그분의 계명을 되새기며 부지런히 "그분의 규정들과 법규들"(신명 12,1)을 공부한다면, 그것이야말로 하느님 가까이 있는 것이며 하느님의 것들을 생각하는 것이고 '하느님의 것을 추구'(필리 2,21 참조)하는 것이기에 하느님께서도 늘 우리와 함께 계셔 주실 것입니다. 우리 주 그리스도 예수님을 통하여 "하느님께 영원무궁토록 영광이 있기를 빕니다. 아멘"(갈라 1,5).

• 오리게네스 『창세기 강해』 16,7.[1]

47,29 야곱의 마지막 부탁

덕성스럽게 살다 죽은 이들

장례에 지나치게 관심을 가지거나 타지에서 죽은 이의 시신을 고향 땅으로 옮기는 것이 가장 중요한 일인 양 여기지 말라고 권고하면, 많은 사람이 성조도 그런 일에 관심을 보였다며 이 이야기를 예로 듭니다. 그러나 앞서도 말했듯이, 무엇보다 그 시대의 가치관을 오늘날의 사람들에게서 찾으려고 해서는 안 된다는 것을 기억해야 합니다. 둘째로, 이 선한 사람이 그런 소원을 밝힌 데는 이유가 있었습니다. 자신의 후손들이 언젠가 약속의 땅으로 돌아갈 기대를 품게 하려는 것이었습니다. … 믿음의 눈에는 미래의 일들이 보인다는 증거를 원하신다면, 이미 그때 죽음을 잠이라고 표현하는 야곱의 말을 들으십시오. 그는 "내가 조상들과 함께 잠들게 되거든"이라고 합니다. 그래서 바오로 사도도 이렇게 말합니다. "이들은 모두 믿음 속에 죽어 갔습니다. 약속된 것을 받지는 못하였지만 멀리서 그것을 보고 반겼습니다"(히브 11,13). 어떻게 그럴 수 있었을까요? 믿음의 눈으로 그렇게 했습니다. 그러니 아무도 야곱의 부탁이 저급한 정신에서 나온 말이라고는 생각하지 마십시오. 그것은 그 시대의 필요에 따른, 그리고 언젠가는 돌아가게 될 기대에 따른 것이었습니다. 이 선한 사람은 조금도 잘못한 것이 없습니다.

그리스도께서 오실 날이 가까워 우리의 가치관이 더 깊은 의미를 지니게 된 오늘날 장례 같은 것 때문에 근심하는 사람은 비난받아 마땅합니다. 낯선 땅에서 자신의 날을 다하거나 홀로 이승을 떠나는 사람을 불행하다고 생각하지 마십시오. 사실, 불행하다고 여겨야 할 사람은 그런 사람이 아니라 죄 속에서 죽는 사람입니다. 제 집에서, 자기 침상에서, 가족들 품에서 죽는 것은 [중요하지 않습니다]. …

덕이 높은 사람들에게 이런 것들은 하나도 중요하지 않다는 증거를 원하신다면, 선한 이들 — 예언자들과 사도들 말입니다 — 은 몇몇 예외를 제외하곤 대체로 우리가 알지 못하는 곳에 묻혔다는 것을 아십시오. 어떤 이들은 목이 잘려서, 또 어떤 이들은 돌에 맞아 이 세상을 떠났고, 그

---

[1] FC 71,224.

외에도 많은 이가 믿음 때문에 온갖 종류의 형벌을 겪었지만, 이들은 모두 그리스도를 위해 죽은 순교자들입니다. 이들의 죽음이 영예롭지 못한 것이었다고 감히 말할 사람은 아무도 없을 것입니다. 이들의 죽음은 성경이 말하는 바로 이런 죽음입니다. "당신께 성실한 이들의 죽음이 주님의 눈에는 소중하네"(시편 116,15). 거룩한 이들의 죽음을 소중하다고 표현한 성경이 죄인들의 죽음에 대해서는 뭐라고 하는지 들어 보십시오. "죄인의 죽음은 비참하다"(시편 33,22 칠십인역)고 합니다. … 덕을 지닌 사람은 도적 떼 속에 떨어져도, 맹수의 밥이 되어도, 영예롭게 죽습니다. 말해 보십시오, 즈카르야의 아들은 목이 베여 죽지 않았습니까? 최초로 순교자의 화관을 쓴 스테파노는 돌에 맞아 죽지 않았습니까? 베드로와 바오로 사도 한 사람은 참수당하고 한 사람은 십자가형을 받아 이 세상을 떠나지 않았습니까? 그리고 바로 그 이유 때문에 온 세상에서 특별히 더 찬양받고 기림 받지 않습니까?

이 모든 것을 마음에 새기고서, 누가 유배 생활 중에 생의 종말을 맞았다고 해서 안타까워하지도 말고, 제 집에서 이승을 떠난 이들을 복 받은 이들이라 단정하지도 마십시오. 오히려 성경의 본보기를 따라, 덕성스럽게 살다 세상을 떠난 이들은 복되다고 하고, 죄 속에서 죽은 이들을 위해 탄식합시다. … 이러한 진리들에 대해 깊이 생각한다면, 우리는 덕에 세심한 주의를 기울이며 이승의 삶을 경기장처럼 여기고 있는 힘을 다해야 할 것입니다. 그리하여 경기가 끝나면, 우리는 헛되이 후회하는 대신 빛나는 관을 쓰게 될 것입니다. 경기가 계속되는 한, 늦지 않았습니다. 우리가 원하기만 한다면, 우리를 위해 준비된 화관을 얻을 수 있도록 무관심을 떨쳐 버리고 덕을 키우는 데 힘차게 나아갈 수 있습니다.

• 요한 크리소스토무스 『창세기 강해』 66,2-5.[2]

---

[2] FC 87,255-58.

48,1-7 야곱이 요셉의 아들 에프라임과 므나쎄를 아들로 삼다

[1] 이런 일들이 있은 뒤, 요셉은 아버지가 아프다는 소식을 들었다. 그래서 그는 두 아들 므나쎄와 에프라임을 데리고 갔다.

[2] 아들 요셉이 왔다고 사람들이 야곱에게 알렸다. 그러자 이스라엘은 기운을 내어 침상에서 일어나 앉았다.

[3] 야곱이 요셉에게 말하였다. "전능하신 하느님①께서 가나안 땅 루즈에서 나에게 나타나 복을 내려 주시며,

[4] 이렇게 말씀하셨다. '나는 네가 자식을 많이 낳고 번성하게 하겠다. 또한 네가 민족들의 무리가 되게 하고, 이 땅을 네 뒤에 오는 후손들에게 영원한 소유로 주겠다.'

[5] 그러니 이제 내가 이집트로 너에게 오기 전에, 이집트 땅에서 태어난 너의 두 아들을 내 아들로 삼아야겠다. 에프라임과 므나쎄는 르우벤과 시메온처럼 내 아들이 되는 것이다. ♪

> ╱⁶ 이 아이들 다음에 너에게서 태어난 자식들은 너의 아이들이다. 그들은 제 형들의 이름으로 상속 재산을 받을 것이다.
> ⁷ 내가 파딴에서 가나안 땅으로 와서 길을 가던 중, 에프랏까지는 아직 얼마 더 가야 하는 곳에서 그만 라헬이 죽고 말았다. 그래서 나는 에프랏 곧 베들레헴으로 가는 길 옆에 그를 묻었다."
>
> ① 히브리어로 '엘 샤다이'(*El Shaddai*)다.

둘러보기

야곱이 요셉의 아들 둘을 자기 아들로 삼음으로써 열세 지파를 만든 것은 바오로가 열세 번째 사도로 불리는 것을 예시한다(히폴리투스, 암브로시우스). 또 다른 우의적 해석에서는, 야곱의 이 행위가 아버지 하느님께서 다른 민족들을 받아들이심을 나타내며 요셉은 이미 그리스도의 자녀가 된 이들을 상징한다고 풀이한다(알렉산드리아의 키릴루스).

48,5 에프라임과 므나쎄

열세 지파와 비슷한 바오로의 사도직

성경은 [야곱이 에프라임과 므나쎄를 자기 아들로 삼았다고] 분명하게 말하고 있습니다. 야곱에게는 아들이 열둘 있었고, 여기에서 열두 지파가 나왔습니다. 그런데 야곱이 요셉의 두 아들을 두 지파로 만들었기 때문에 지파가 모두 열셋이 되었습니다. 요셉 지파가 그의 두 아들로 나누어졌기 때문입니다. 따라서 이 일은 바오로 사도와 관련 있습니다. 지파들 가운데에서 선택된 뒤, 그는 [열두] 사도 다음인 열세 번째로 헤아려졌고 그리하여 사도로서 다른 민족들에게 파견되었습니다.

• 히폴리투스 『이사악과 야곱의 축복』 11.[1]

나중에 선택된 바오로

요셉은 축복을 받기 위해 서둘렀습니다(1절 참조). 그는 자신의 아들 므나쎄와 에프라임을 데리고 갔고, 야곱은 그들에게 축복했습니다(창세 48,8-20 참조). 야곱에게는 열두 아들이 있었고, 나중에 선택된 바오로는 열세 번째 사도가 될 것이었으므로, 열세 번째 지파는 이처럼 므나쎄와 에프라임의 후손들 가운데에서 성화되고 그들 사이에 나누어지게 되어 있었습니다. 이처럼 바오로 사도는 표면상으로는 선조들의 지파에 꼽히지 않습니다만, 옛 계약과 새 계약의 걸출한 선포자로서 그는 선조의 축복이라는 상속 재산이 그 자신에게도 큰 도움이 되었다고 기꺼이 확인해 줄 것입니다.

• 암브로시우스 『성조』 1,2.[2]

야곱이 요셉의 아들들을 자신의 아들로 삼다

꼴찌였던 우리가 믿음을 통해 첫째가 되었고(마태 19,30 참조), 다른 민족들은 맏이의 영광을 상속 재산으로 받았습니다. 그들은 믿음과 복종을 통해 그 영예를 얻었습니다. 그리고 그리스도

[1] PO 27,48-50.

[2] FC 65,243.

께서 친히 그들에 대해 "제가 알지 못하던 백성이 저를 섬기고 제 말을 듣자마자 저에게 복종하며"(시편 18,44-45)라고 하셨습니다. 우리는 다른 종류의 어머니에게서 태어났지만 교회는 다른 민족들 가운데에서 불렸으므로 그리스도는 분명 우리의 중개자이십니다. 그분은 우리를 아버지 하느님과 하나 되게 하시며, 어떤 이들은 성인의 무리에 속하도록 정해 주시어 그들에게 합당한 영광을 내리시고 우리를 거룩한 세대라고 선언하셨습니다. 그런데 야곱이 요셉에 대한 사랑으로 말미암아 그의 아들들을 자신의 아들로 삼는 것을 보십시오. 우리도 그리스도 안에서 사랑받는 이들입니다. 우리가 그분을 통하여 영적으로 새로 태어나면, 앞서도 말했듯이, 우리도 아버지께 받아들여져 우리보다 먼저 살았던 성인들과 한 무리가 될 것입니다. 사실, 우리가 아버지 하느님의 자녀로 불렸다면, 우리도 우리를 인도하

시고 당신과 하나 되게 하시는 그리스도의 권능과 지배 아래 있는 것이 분명합니다. 거룩한 야곱이 에프라임과 므나쎄를 어떻게 자기 아들로 받아들였는지 보십시오. "이 아이들 다음에 너에게서 태어난 자식들은 너의 아이들이다." 우리가 하느님의 자녀들로 불리지만 동시에 그리스도의 자녀가 될 것이라는 것을 이제 아시겠지요? 이것이 그분께서 아버지께 하신 이 말씀의 뜻이라고 저는 믿습니다. "아버지께서 세상에서 뽑으시어 저에게 주신 이 사람들은 … 아버지의 사람들이었는데 아버지께서 저에게 주셨습니다. … 이 사람들을 통하여 제가 영광스럽게 되었습니다"(요한 17,6.10).

• 알렉산드리아의 키릴루스
『모세 오경의 격조 있는 해설』(창세기) 6,2.[3]

---

[3] PG 69,328-29.

48,8-16 야곱이 요셉의 아들들에게 축복하다

[8] 이스라엘이 요셉의 아들들을 보고 "이 아이들은 누구냐?" 하고 물었다.

[9] 요셉이 "이 아이들은 하느님께서 이곳에서 저에게 주신 아들들입니다." 하고 대답하자, 이스라엘이 "아이들을 나에게 데려오너라. 내가 아이들에게 축복하겠다." 하고 말하였다.

[10] 그런데 이스라엘은 나이가 많아 눈이 어두워서 앞을 볼 수 없었다. 요셉이 아이들을 가까이 데려가자, 이스라엘은 그들에게 입 맞추고 끌어안았다.

[11] 그런 다음 이스라엘이 요셉에게 말하였다. "나는 네 얼굴을 다시 보리라고는 생각도 못 했는데, 이제 하느님께서는 네 자식들까지 보게 해 주시는구나."

[12] 요셉은 아이들을 아버지 무릎에서 물러나게 하고, 얼굴을 땅에 대고 절하였다①.

[13] 요셉은 두 아이를 데려다, 에프라임은 오른손으로 이끌어 이스라엘의 왼쪽으로, 므나쎄는 왼손으로 이끌어 이스라엘의 오른쪽으로 가까이 가게 하였다.

[14] 그러자 이스라엘은 손을 엇갈리게 내밀어, 에프라임이 작은아들인데도 오른손을 에프라임의 머리에 얹고, 므나쎄가 맏아들인데도 왼손을 므나쎄의 머리에 얹었다.

> ☞ ¹⁵ 이스라엘이 요셉에게 축복하였다. "저의 조상 아브라함과 이사악을 당신 앞에서 살
> 아가게 하신 하느님, 제가 사는 동안 지금까지 늘 저의 목자가 되어 주신 하느님,
> ¹⁶ 저를 모든 불행에서 구해 주신 천사께서는 이 아이들에게 복을 내려 주소서. 나의 이름과
> 내 조상 아브라함과 이사악의 이름이 이 아이들에게 살아 있으리라. 또한 이들이 세상에서
> 크게 불어나리라."
>
> ① 칠십인역은 '그들이 얼굴을 땅에 대고 절하였다'다.

둘러보기

야곱의 육체의 눈은 어두워졌지만, 마음의 눈은 장차 일어날 일을 믿음을 통해 보았다. 그의 말은 통찰력과 겸손을 보여 준다(요한 크리소스토무스). 야곱이 손을 엇갈리게 내밀어 축복한 것은 십자가의 신비를 나타낸다(에프렘). 일찍이 에사우와 야곱이 그랬듯이, 두 아들은 유대 백성과 더 어린 백성인 그리스도의 몸을 나타낸다(암브로시우스).

48,12 요셉이 얼굴을 땅에 대고 절하다

야곱의 마음의 눈은 더 좋아졌다

요셉이 처음부터 아들들에게 할아버지를 존중하도록 가르치는 것을 보십시오. 본문을 보면, 요셉은 아들들을 데려와 므나쎄와 에프라임을 차례로 인사시킵니다.

여기서 눈여겨 보실 것은 이 점입니다. 이 노인이 연로한 탓에 그즈음 육체의 눈은 어두워졌지만 — "이스라엘은 나이가 많아 눈이 어두워서 앞을 볼 수 없었다"라고 쓰여 있었던 것 기억하시지요? — 마음의 눈은 더 좋아졌고, 그래서 야곱은 앞으로 일어날 일을 믿음을 통해 이미 보았다는 사실입니다. 그래서 아이들에게 축복할 때 요셉의 말에 귀 기울이지 않고 손을 엇갈리게 내밀어 에프라임을 므나쎄보다 앞세웠습니다.

• 요한 크리소스토무스 『창세기 강해』 66,9.[1]

48,14 이스라엘이 에프라임과 므나쎄의 머리에 손을 얹다

십자가를 상징하는 손의 위치

맏이인 이스라엘은 므나쎄처럼 멀어져 가고, 백성들은 작은아들 에프라임처럼 불어나는 신비를 묘사하기 위하여, 여기서도 분명하게 십자가가 상징되고 있습니다.

• 시리아인 에프렘 『창세기 주해』 41,4.[2]

'에프라임'은 그리스도의 몸이 되는 이들을 가리킨다

여기에 얼마나 엄청난 신비가 들어 있는지요! 요셉은 이집트 땅에서 태어난 자기 아들들을 아버지에게 데려갔습니다. 그는 에프라임을 자기 오른쪽에, 그러니까 아버지 이스라엘 쪽에서 보면 왼쪽에 세우고, 므나쎄는 자기 왼쪽, 그러니까 이스라엘의 오른쪽에 세웠습니다. 그러나 이스라엘은 오른손을 뻗어 에프라임의 머리에 얹었습니다. 그가 동생이고 할아버지의 왼쪽에 서

---

[1] FC 87,260.

[2] FC 91,199.

있는데도 그렇게 했습니다. 그리고 이스라엘은 왼손을 뻗어 자기 오른쪽에 있는 므나쎄의 머리에 얹었습니다. 그러고는 손을 엇갈리게 둔 채로 그들에게 축복했습니다(창세 48,13-20 참조). 여기서 요셉은 맏이에게 더 많은 것을 주는 자연의 질서를 지킨 것입니다. 이사악도 맏이 에사우에게 축복하고 싶어 했습니다. 그러나 야곱은 자신이 어머니의 택함을 받았듯이(창세 27,1-40 참조), 어린 백성의 상징으로 동생이 선택되게 되어 있다고 믿었습니다. 과연, '므나쎄'는 '모두 잊었다'는 뜻입니다. 유대 백성은 그들을 세상에 내신 하느님을 잊어버렸으며(신명 32,18 참조), 누구든지 그 백성 가운데에서 믿는 이는 망각에서 다시 불리는 것이기 때문입니다. 게다가 요셉이 "하느님께서 내 굴욕의 땅에서 내가 커지게 하셨구나"(창세 41,52 칠십인역)라고 했듯이, '자기 아버지를 커지게 하다'라는 뜻인 '에프라임'은 풍성한 믿음의 열매를 약속합니다. 자기 아버지가 커지게 하고 자신의 하느님을 버리지 않는다는 것은 그리스도의 몸인 어린 백성과 특별히 관계있는 말입니다.

• 암브로시우스 『성조』 1,3-4.[3]

48,16 이스라엘이 므나쎄와 에프라임에게 축복하다

야곱의 통찰력과 겸손

하느님의 돌보심을 늘 마음에 새기며 하느님을 경외하고 감사하는 마음이 담긴 말입니다. 저의 선조들을 어여삐 여기시고, 제가 어렸을 때부터 지금까지 저를 길러 주신 분, 처음부터 모든 불행에서 저를 구해 주신 분, 저를 더없이 잘 보살펴 주신 분, 당신께서 "이 아이들에게 복을 내려 주소서. 나의 이름과 내 조상 아브라함과 이사악의 이름이 이 아이들에게 살아 있으리라. 또한 이들이 세상에서 크게 불어나리라." 야곱의 통찰력이, 그리고 그의 겸손이 보이십니까? 믿음의 눈으로 미래를 내다보는 통찰력이 있었기에 그는 므나쎄보다 에프라임을 앞세웁니다. 그런가 하면 그의 겸손은 그로 하여금 자신의 덕에 대해서는 한마디도 하지 않게 합니다. 그저 [주님께서] 자신의 선조들에게 넉넉히 베푸시고 자신에게 호의를 보여 주셨듯이 이 아이들에게도 복을 내려 주시기를 청할 뿐입니다.

• 요한 크리소스토무스 『창세기 강해』 66,10.[4]

[3] FC 65,243-44*.   [4] FC 87,261.

48,17-22 야곱이 에프라임을 므나쎄 앞에 내세우다

[17] 요셉은 아버지가 오른손을 에프라임의 머리 위에 얹은 것을 보고는 못마땅하게 여겨, 아버지의 손을 잡아 에프라임의 머리에서 므나쎄의 머리로 옮기려 하였다.

[18] 그러면서 아버지에게 말하였다. "아닙니다, 아버지. 이 아이가 맏아들이니, 이 아이 위에 아버지의 오른손을 얹으셔야 합니다."

[19] 그러나 그의 아버지는 거절하며 말하였다. "아들아, 나도 안다, 나도 알아. 이 아이도 한 겨레를 이루고 크게 될 것이다. 그러나 그의 아우가 그보다 더 크게 되고, 그의 후손은 많은 민족을 이룰 것이다."

> ↱ **20** 그날 야곱은 그들에게 이렇게 축복하였다. "이스라엘 백성이 너희를 들어 말하며 이렇게 축복하리라. '하느님께서 너를 에프라임과 므나쎄처럼 만들어 주시리라.'" 이렇게 그는 에프라임을 므나쎄 앞에 내세웠다.
>
> **21** 그러고 나서 이스라엘이 요셉에게 말하였다. "자, 나는 이제 죽는다. 그러나 하느님께서는 너희와 함께 계시면서, 너희를 다시 조상들의 땅으로 데려가 주실 것이다.
>
> **22** 그리고 나는 너의 형제들보다 너에게, 내 칼과 활로 아모리족의 손에서 뺏은 스켐① 하나를 더 준다."
>
> ① 히브리어 '세켐'(shekem)은 '어깨'라는 뜻이고, 본문의 '스켐'은 '산비탈'로 옮길 수도 있다. 칠십인역에는 '하나를 더'라는 말이 없다.

둘러보기

요셉이 반대하는데도 야곱이 에프라임을 므나쎄보다 앞세우며 축복한 것은, 영적 의미에서 이 신비는 백성들, 곧 다른 민족들과 관계된 것임을 분명하게 보여 준다(암브로시우스). 예언의 영이 야곱을 움직여, 오랜 후에 일어날 일들이 이미 일어난 것처럼 보이게 했다. 또한 이 단락은 물질적 소유보다 덕과 하느님의 축복을 더 좋아하는 것의 중요성에 대해 생각하게 한다. 미래에 관한 야곱의 예고는, 좋은 일들이 생기리라는 희망이 현재 삶의 어려움을 잊게 해 준다는 일반적 원칙을 잘 보여 준다(요한 크리소스토무스).

48,20 에프라임을 므나쎄 앞에 내세우다

아우가 형보다 크게 된다

실로, 노인 야곱은 이 신비가 영적 의미에서 백성들과 관계된 것이라고 말합니다. 그의 아들 요셉은 아버지의 눈이 흐려 앞이 보이지 않아서 실수했다고 생각하고서 아버지 손의 위치를 바꾸려고 이렇게 말했습니다. "아닙니다, 아버지. 이 아이가 맏아들이니, 이 아이 위에 아버지의 오른손을 얹으셔야 합니다." 그러나 그의 아버지는 거절하며 말하였습니다. "아들아, 나도 안

다, 나도 알아. 이 아이도 한 겨레를 이루고 크게 될 것이다. 그러나 그의 아우가 그보다 더 크게 되고, 그의 후손은 많은 민족을 이룰 것이다." 네, 야곱은 축복하는 순서로도 에프라임이 형보다 앞에 있음을 예언했습니다. 이렇게 말하기 때문이지요. "이스라엘 백성이 너희를 들어 말하며 이렇게 축복하리라. '하느님께서 너를 에프라임과 므나쎄처럼 만들어 주시리라.'" 그들은 손자였지만 이렇게 아들로 받아들여져 할아버지의 축복을 받을 수 있었습니다.

• 암브로시우스 『성조』 1,5.[1]

믿음의 눈

하느님의 은총이 야곱에게 이것을 예고하고, 예언의 영이 그를 움직여 후에 일어날 일들이 이미 일어나 형제들 눈에 보이는 것처럼 내다보게 된 그가 요셉의 아들들에게 이런 식으로 축복한 것을 보셨지요? 예언이란 이런 것입니다. 육체의 눈은 보이는 것 너머의 것은 그려 낼 수 없지만, 믿음의 눈은 보이는 것을 보지 않고 많은 세대 뒤에 일어날 일들의 상을 그려 냅니다. 야곱

---

[1] FC 65,244-45.

이 자신의 아들들에게 주는 축복을 보면 이에 대해 더 구체적인 개념이 잡힐 것입니다.

• 요한 크리소스토무스 『창세기 강해』 66,12.[2]

48,21 너희 조상들의 땅

무엇보다 덕을 좋아하게끔 자녀를 가르쳐라

그러니 돈을 모아 자녀에게 물려주려 노심초사하지 말고, 그들에게 덕을 가르쳐 하느님의 축복이 내리게 합시다. 이것이 가장 훌륭한 재산이고, 이 재산은 셀 수도 없으며 아무리 써도 없어지지 않고 날이 갈수록 불어납니다. 사실 덕에 버금가는 것은 없습니다. 덕보다 힘 있는 것은 없습니다. 왕관을 쓰는 임금이 있지 않냐고 할 사람도 있겠지요. 그러나 그에게 덕이 없다면, 그는 누더기를 걸친 거지보다도 가난한 자입니다. 사실, 자신의 무관심으로 인하여 본바탕이 드러난 사람에게 왕관이나 곤룡포가 무슨 소용이 있겠습니까? 주님께서는 겉모습이 훌륭한 것은 하나도 중히 여기지 않으시는 게 확실하지 않습니까? 그분은 걸출한 이들의 명성에 마음이 움직이는 분이 아니신 것이 확실하지 않습니까? 그분과 함께 추구해야 할 것은 하나입니다. 덕행

을 바탕으로 그분의 신뢰를 얻을 수 있는 길의 문을 찾는 것입니다. 그런 신뢰를 누리지 못하는 사람은 가장 존중받지 못하는 자들, 발언할 권리가 가장 없는 자들에 속하게 될 것입니다.

• 요한 크리소스토무스 『창세기 강해』 66,14.[3]

48,22 아모리족의 땅

좋은 일이 일어나리라는 희망

[요셉의] 아들들을 축복하고, 미래를 예고하는 방편으로 동생을 형보다 앞세운 야곱은 자신이 그렇게 한 것은 이유 없는 행동이 아니라 장차 일어나게 되어 있는 일을 예고하려는 것이었음을 요셉에게 알려 주고 싶었습니다. 그래서 그는 자신의 죽음과 그들이 타향에서 선조들의 땅인 가나안으로 돌아가게 되리라는 사실을 예고하여, 그들이 기대로 힘 솟도록 희망을 북돋아 주었습니다. 좋은 일이 생기리라는 희망은 언제나 현재 삶의 어려움을 잊게 해 주는 법입니다.

• 요한 크리소스토무스 『창세기 강해』 67,2.[4]

---

[2] FC 87,262.

[3] FC 87,262-63.

[4] FC 87,266.

49,1-2 야곱이 아들들을 부르다

[1] 야곱이 아들들을 불러 말하였다.
"너희는 모여들 오너라.
뒷날[①] 너희가 겪을 일을
내가 너희에게 일러 주리라.
[2] 야곱의 아들들아, 모여 와 들어라.
너희 아버지 이스라엘의 말을 들어라.

① 칠십인역은 '마지막 날들에'다. 이 구절은 역사적 사실에 관한 말로도, 메시아 신앙과 관계된 것으로도, 종말론적 구문으로도 해석할 수 있다.

둘러보기

창세기 49장은 야곱이 자기 아들들에게 준 축복을 예수 그리스도 안에서의 구원이라는 하느님의 계획과 종말에 관한 예언으로 해석할 수 있었기 때문에 성조들의 역사를 다룬 이야기 중에서도 특별히 많은 관심을 끌었다. 이 구절들은 영적 삶의 발전에 관한 것으로도 이해할 수 있었다. 일부 주해가들은 한 구절에 대해 한 가지 이상의 해석을 시도했다. 가장 체계적인 해설을 보여 주는 이는 루피누스로, 그는 역사적 또는 문자적 해석과 신비적 해석, 도덕적 해석을 동시에 제시하며, 이 세 가지 의미를 노아가 짓도록 명령받은 삼층짜리 방주에 비유했다.

야곱의 발언은 축복과 예언으로 되어 있는데, 두 가지 다 미래와 관련된 것으로, 요셉에게 내릴 축복과 그의 원수들에게 닥칠 일들에 대한 예언이다(히폴리투스). 야곱은 성경의 인물들 가운데서 종말에 관해 이야기한 첫 사람으로 여겨지며, 그의 예언은 이 시기에 관한 것이다(오리게네스). 이 장에서 야곱은 종말 때 일어날 일들에 대해 자신이 예고했던 바를 또다시 서술한다(암브로시우스). 성령의 영감을 받은 야곱이 종말 때 일어날 일들을 예고한다(요한 크리소스토무스).

49,1 야곱이 아들들에게 축복할 준비를 하다

예언과 축복의 다른 점을 구별하다

이것은 축복이 아니라 예언입니다. 사실, 축복이란 축복받은 이와 관계된 것이고, 예언은 어떤 특정한 행위가 이루어졌을 때 완성됩니다. 지금 말한 이 설명은 성경 말씀과 어떻게 조화를 이룰까요? "이들이 모두 이스라엘의 열두 지파다. 이것은 그들의 아버지가 그들 각자에게 알맞은 복을 빌어 주면서 한 말이다"(창세 49,28). 이것들은 어떤 때는 분명한 예언이고 또 어떤 때는

예언이 축복으로 불립니까? 이 설명에서 반드시 알아야 할 것은 바로 이 발언들 안에 축복과 예언이 들어 있다는 사실입니다. 유다에게서 난 이, 요셉이 예표하는 이, 레위의 후손으로 나서 자신이 아버지 [하느님]의 사제임을 알게 되는 이에게는 복이 내리고, 반면 원수로서 행동하며 하느님의 아드님을 전혀 마음에 두지 않은 이들에게는 이 예언들이 실현된다는 것입니다.

• 히폴리투스 『이사악과 야곱의 축복』 12.[1]

세상의 종말

세상의 종말에 관해서는, 자기 아들들에게 다음과 같이 유언한 야곱이 그에 관해 최초로 말한 사람입니다. "야곱의 아들들아, 모여들 오너라. 내가 마지막 날들에 — 또는 마지막 날들 다음에 — 무슨 일이 일어날지 너희에게 알려 주리라"(창세 49,1-2 칠십인역). '마지막 날들'이나 '마지막 날들 다음'이 있으려면, 시작된 날들이 끝나야 합니다.

• 오리게네스 『원리론』 3,5,1.[2]

장차 일어날 일들에 대한 예고

야곱은 [요셉의 아들들에게] 기쁘게 축복한 다음 자기 아들들도 불렀습니다. 조금 전[요셉의 아들들에게 축복할 때]에는 동생을 형보다 앞세운 것과 달리 이번에는 맏이부터 시작합니다. 조금 전에는 상징적 선물을 더 중요히 여겼는데, 이번에는 나이 순서를 지킵니다. 마찬가지로, 조금 전에는 두 형제로 대변되는 미래의 모든 자손과 함께 모든 사람을 축복한 반면, 이번에는 민족에 대한 축복을 또다시 하는 것이 불필요하다고 여

---

[1] PO 27,52.

[2] *OFP* 237*.

겨서일 수도 있고 또는 앞서 한 축복이 무효라고 여겨질 수도 있는 까닭에, 야곱은 축복이라기보다 마지막 날들에 일어날 일들에 관해 자신이 예고했던 내용을 다시금 이야기합니다.

• 암브로시우스 『성조』 2,6.[3]

49,2 야곱의 아들들아, 들어라

장차 무슨 일이 일어날지 알아라

이 선한 사람의 빈틈없음을 보십시오. 자신이 죽을 때가 온 것을 안 그는 아들들을 불러 모읍니다. "너희는 모여들 오너라. 뒷날 너희가 겪을 일을 내가 너희에게 일러 주리라. 야곱의 아들들아, 모여 와 들어라. 너희 아버지 이스라엘의 말을 들어라." 그는 말합니다. '너희는 와서, 가까운 미래가 아니라 종말 때 일어날 일들에 대해 나에게 들어라. 나의 이 말은 나 스스로 하는 것이 아니라 성령의 영감을 받아 하는 말이다. 그래서 많은 세대 뒤에 일어날 일을 내가 예고할 수 있는 것이다. 보다시피 나는 곧 이승을 떠날 참이라, 구리 기둥에 새기듯 너희 각자의 기억 속에 그것을 새겨 두고 싶구나.'

이제 아들들이 모여든 가운데, 이 선한 사람이 그들이 태어난 순서에 따라 각자에게 알맞은 축복이나 저주를 내림으로써 자신의 특출한 덕을 드러내는 것을 보십시오.

• 요한 크리소스토무스 『창세기 강해』 67,4-5.[4]

---

[3] FC 65,245.

[4] FC 87,267.

49,3-4 르우벤

[3] 르우벤아, 너는 나의 맏아들
나의 힘, 내 정력의 첫 열매.
너는 영광이 넘치고 힘이 넘친다.
[4] 그러나 물처럼 끓어오르니
너는 남보다 뛰어나지 못하리라.
너는 아버지의 침상에 올라갔다.
그때 너는[①] 내 침상을 더럽혔다.

[①] 히브리어 본문은 3인칭 동사를 썼기 때문에 '그는'이 된다.

둘러보기

신비적(우의적)으로 풀이할 때, 르우벤은 아버지 하느님의 심기를 거슬렀다고 성경의 여러 대목이 알려 주는 유대 백성을 나타낸다고 볼 수 있다(루피누스). 르우벤의 장점과 단점에 대해 묘사하는 이 두 절은 자유의지에 따른 선행이 동반하지 않는 한 타고난 장점은 아무런 유익이 되지 못함을 알려 준다(요한 크리소스토무스). '침상'은, 성도들은 그 위에서 안식을 누리고 믿지 않는 불경한 자들은 그것을 능욕하는 그리스도의 거룩한 육을 가리킨다(히폴리투스, 암브로시우스). 르우벤에게 내린 저주가 모세에 의해 지워진 것과 첫 인간이 받은 죽음 선고가 그리스도를 통한 부활의 약속으로 풀어진 것을 유사한 사례로 보는 색다른 해석도 있다(에프렘). 르우벤에 대한 야곱의 비난은 모세율법이 아버지와 아들이 한 여자와 관계하는 것을 금지할 것을 예상한 것이라고도 볼 수 있다(요한 크리소스토무스).

49,3 맏아들 르우벤

자기 지위를 남용한 르우벤

신비적 해석에 따르면, 르우벤은 "이스라엘은 나의 맏아들이다"(탈출 4,22)라는 말씀대로 자녀들 가운데 첫째요 맏이인 유대인, 곧 첫 번째 백성 역할을 나타내는 것으로 보입니다. 하느님의 말씀은 그 백성에게 처음으로 전해졌습니다(로마 3,2 참조). 그리고 성경은 그 백성이 완고하고 분별없었다고 말합니다. 이사야 예언자는 그들에 대해 '이 백성이 무엇이든 힘들다고 한다'(이사 8,12 참조)고 합니다. 성경은 또 유대인들에 대해 "목이 뻣뻣하고 마음과 귀에 할례를 받지 못한 사람들이여"(사도 7,51)라고도 합니다. 이 사람들은 아버지 하느님께 얼굴이 아니라 등을 돌림으로써 그분의 심기를 거슬렀습니다. 그들은 그들이 올라간 첩의 '침상', 곧 구약의 율법을 더럽혔습니다. 그것을 어김으로써 자주 더럽혔습니다. 바오로 사도는 '첩'이 구약의 율법을 상징적으로 나타낸다는 것을 우리에게 가르치며 이렇게 말합니다. "아브라함에게 두 아들이 있었는데 하나는 여종에게서 났고 하나는 자유의 몸인 부인에게서 났다고 기록되어 있습니다. … 이 여자들은 두 계약을 가리킵니다"(갈라 4,22-24). 여기서 첩인 하가르는 분명 구약의 표상입니다.

다른 여자는 완전한 비둘기요 어머니, 순결한 동정녀요 여왕으로서 그리스도의 복음을 통해 신랑이신 임금님과 하나 되는 교회입니다.

• 아퀼레이아의 루피누스 『(열두) 성조의 축복』 2,5.[1]

타고난 장점과 자유의지로 행하는 선행

이 선한 사람의 지혜가 얼마나 큰지 보십시오. 르우벤을 매섭게 꾸짖을 생각인 그는 먼저 르우벤이 태어나며 받은 특권들과 맏이로서 누린 지위와 우선권에 대해 이야기합니다. 그런 다음 그가 자유의지로 저지른 죄들을 마치 구리 기둥에 새기듯 똑똑히 진술합니다. 이는 자유의지에 따른 선행이 동반하지 않는 한, 타고난 장점은 우리에게 아무런 유익이 안 된다는 것을 보여 주려는 것입니다. 자유의지에 따른 행동이 우리가 칭찬받게 하는가 하면 죄라는 오명을 가져다주기도 합니다. 야곱은 르우벤이 '고집 세고 오만하다'(칠십인역 참조)고 합니다. 말하자면, '너는 맏이라는 타고난 자랑거리를 네 완고한 행실 때문에 빼앗겼다'는 것입니다.

• 요한 크리소스토무스 『창세기 강해』 67,5.[2]

49,4 너는 네 아버지의 침상을 더럽혔다

그리스도의 거룩한 육

야곱이 말하는 '침상'은 그리스도의 거룩한 육입니다. 성도들은 그 위에서 구원받으며, 거룩한 긴 의자에 앉듯 그 위에서 안식을 누립니다. 그 육을 손에 넣은 그 무법자들은 그분[그리스도]께

---

[1] SC 140,80-82.

[2] FC 87,267-68*.

신 포도주를 마시라고 주고, 갈대로 머리를 때리고, 등에 채찍질을 하고, 얼굴에 침을 뱉고 뺨을 때리고, 손에 못을 박음으로써 능욕했습니다(마태 27,26.30.34-35 참조). 믿지 않는 불경한 자들이 한 이 모든 짓은 대사제들과 율법 학자들, 백성의 지도자라는 자들의 뜻과 일치하는 것이었습니다. 이 복된 예언자가 그들의 사악함과 흉악한 결정에 말려들기를 원치 않음은 물론 그들의 행실에 대해 침묵하지 않은 것은 이런 까닭입니다. 그는 그런 범죄를 저지르려 음모를 꾸미는 이들을 멀리했습니다.

• 히폴리투스 『이사악과 야곱의 축복』 13.[3]

판결이 파기되다

악행을 저지른 맏아들에게 야곱의 정의가 저주를 내렸고 르우벤이 받은 이 저주를 야곱의 후손[4]인 모세가 풀어 주었듯이, 아담도 하느님의 명령을 어겨 죽음을 선고받았으나 하느님의 아드님께서 오시어 당신께서 약속하신 부활의 희망으로, 아담을 낙원에서 쫓겨나게 한 선고를 풀어 주셨습니다.

• 시리아인 에프렘 『창세기 주해』 43,2.[5]

축복이 아니라 꾸짖음

이 말은 축복이 아니라 꾸짖음 같지 않습니까? 사실 이것은 축복이라기보다 예언입니다. 축복은 간절히 바라 오던 성화와 은총이 주어지는 것인 반면, 예언은 장차 일어날 일들에 대한 예고이기 때문입니다.

유대인들은 이 노인이 르우벤에게 이런 말을 한 것은 르우벤이 아버지의 첩 빌하와 함께 잠으로써 아버지의 침상을 더럽혔기 때문이라고 생각합니다. 그러나 그런 해석은 쉽게 반박할 수 있습니다. 곧, 그것은 이미 일어난 일이라는 사실입니다. 방금 야곱은 과거에 일어난 일이 아니라 마지막 날들에 일어날 일들을 일러 주겠다고 약속하였습니다(창세 49,1 참조). 그렇게 보아야 이 구절의 의미가 일관성이 있고 이 성조의 생각과도 일치합니다. 곧, 그는 주님께서 유대인들의 박해를 받는 미래의 수난을 보고 맏이인 백성들을 사정없이 대담하게 저주하는 것입니다. … 이스라엘은 맏이라고 불렸으며, 완고한 자들이어서 모세에게 "너희는 목이 뻣뻣한 백성"(탈출 33,3)이라는 말을 들었기 때문입니다.

• 암브로시우스 『성조』 2,7-9.[6]

율법 제정을 예상한 야곱

야곱이 성령께서 주신 통찰력으로, 아버지와 아들이 같은 여자와 잠자리를 하는 것을 금지하는 모세율법이 제정될 것을 내다보는 것을 보십시오. 그는 아들에게 그가 아버지의 침상에 올라감으로써 아버지의 '침상을 더럽혔다'며 꾸짖음으로써, [율법 제정] 훨씬 이전에 그런 행위를 금지합니다. [르우벤이] 해서는 안 되는 짓을 했다고 야곱은 말합니다. 그래서 '너는 물처럼 날뛰었으나, 끓어 넘쳐서는 안 되리라'라고 합니다.

• 요한 크리소스토무스 『창세기 강해』 67,6.[7]

---

[3] PO 27,58-60.

[4] 모세의 아버지와 어머니는 레위 집안이었다(탈출 2,1 참조).

[5] FC 91,209.

[6] FC 65,245-46.

[7] FC 87,268.

49,5-7 시메온과 레위

⁵ 시메온과 레위는 형제
　그들의 칼은 폭행의 도구.
⁶ 나는① 그들의 모의에 끼지 않고
　②그들의 모임에 들지 않으리라.
　그들은 격분하여 사람들을 죽이고
　멋대로 소들을 못 쓰게 만들었다.
⁷ 포악한 그들의 격분,
　잔악한 그들의 분노는 저주를 받으라.
　나 그들을 야곱에 갈라놓으리라.
　그들을 이스라엘에 흩어 버리리라.

> ① 칠십인역은 '나의 영은'이다.
> ② 칠십인역은 이 자리에 '나의 간(肝)은'이 들어 있다.

둘러보기

시메온과 레위는 그들이 스켐 사람들을 해치웠듯이 모든 사람을 공격하는 사탄과 죽음의 표상으로 묘사된다(에프렘). 성조들의 이름은 지파를 의미하므로, 야곱의 저주는 누이가 당한 일에 대해 복수한 이 두 형제의 행동과 관련된 것이라기보다 나중에 시메온과 레위가 나타내게 되는 율법 학자들과 수석 사제들에 대한 단죄로 이해해야 한다(히폴리투스, 암브로시우스).

문자적으로 해석하면, 야곱은 아들들의 분노와 복수심을 못마땅하게 여기며, 그들이 장차 흩어질 것을 예고한다(루피누스, 요한 크리소스토무스). 이 예고는 다른 차원에서 보면, 민족들의 모여듦을 통한 구원의 약속으로 해석할 수도 있다(암브로시우스).

49,5 폭행의 도구

사탄과 죽음의 표상

이 둘은 사탄과 죽음의 표상입니다. 시메온과 레위가 분노에 휩싸여 성읍을 파괴하고 탐욕 때문에 성읍의 재물을 약탈하였기 때문입니다. 사탄은 시메온과 레위가 스켐의 아들들을 쳐 죽인 것처럼 세상을 몰래 살해했고, 시메온과 레위가 스켐 주민들의 재산을 약탈했듯이 죽음이 모든 인간을 갑자기 덮쳤습니다. 우리 주님의 복음은 죄가 몰래 살해한 이들을 다시 살렸고, '아들'의 복된 약속은 죽음이라는 폭군이 갑자기 덮쳐 죽은 이들을 다시 일으켜 세웠습니다.

● 시리아인 에프렘 『창세기 주해』 43,3.[1]

---

[1] FC 91,209.

거룩한 말씀과 성령의 칼로

이 형제들은 아버지에게, 자신들이 비록 젊지만, 자기 집안을 모독하고 정결을 침해한 자들에 대한 심판자요 응징자라고 주장함으로써 불행을 자초했습니다. 확실히, 거룩한 야곱은 그들의 여동생이 처녀성을 잃고 창녀처럼 되어 위로도 받지 못한 일에 대해 그들이 복수하지 않고 참을 수 없었던 것을 꾸짖을 수 없었을 것입니다. 야곱이 그 행위를 승인한 것을 볼 때 더욱 그렇습니다. 그가 그때 손에 넣은 스켐을 세상을 떠날 때 가장 사랑하는 요셉에게 주며, "나는 너의 형제들보다 너에게, 내 칼과 활로 아모리족의 손에서 뺏은 스켐 하나를 더 준다"(창세 48,22) 하고 말했기 때문입니다. 이런 행위가 있었다는 사실을 부인할 수는 없습니다. 그렇지만 우리는 '스켐'을 '어깨'로 해석할 수 있고, '어깨'는 '행실'을 뜻합니다. 그렇다면 야곱은 다른 누구도 아닌 거룩한 요셉을 자신의 선한 행실의 후계자로 지명한 것입니다. 다른 형제들은 선한 행실에서 그를 따라갈 수 없었기 때문입니다. 실로 누가 행실에서 그리스도를 따라갈 수 있겠습니까? 게다가 순결하시고 흠 없으신 그리스도께서는 이 지상 체류에서, 그리고 불경을 선동하는 자들에게 승리를 거두시고 전리품까지 챙겨 오셨습니다. 그분께서는 거룩한 말씀과 성령의 칼로, 성도들의 거주지로 삼을 폭행과 방탕이 없는 곳을 차지하셨습니다. … 그러므로 여기서 성조들의 이름이 가리키는 것은 지파입니다. 시메온 지파에서 율법 학자들이 나왔고, 레위 지파에서 수석 사제들이 나왔으며, 그들이 사악함의 끝을 달려 우리 주님의 수난 때 자기들 조상들의 불경을 완전하게 채웠습니다(마태 23,32 참조). 그들은 주 예수님을 거슬러 음모를 꾸미고 그분을 죽였습니다. 이사야가 말한 대로입니다. "그들은 불행하여라! 스스로 재앙을 불러들여 이렇게 말하였다. '의인들을 묶어 버리자. 그들은 우리에게 아무 쓸모 없다'"(이사 3,9-10 칠십인역). 그들은 구원의 주님께서 오심을 알리고 그분의 영광스러운 수난과 부활을 선포한 예언자들과 사도들을 죽였습니다.

• 암브로시우스 『성조』 3,11-13.[2]

49,6-7 분노와 방종을 단죄하다

율법 학자들과 대사제들을 예시하는 말

복음서를 읽어 보면, 율법 학자들은 시메온 지파이고 수석 사제들은 레위 지파임을 알 수 있습니다. 그리스도를 붙잡아 처형하자는 결정을 내린 것이 그들이었기에, 이를 미리 안 이 예언자는 '나는 그들의 모임에 들지 않으리라' 하고 말하였습니다. 이 구절에서 그가 가리키는 것은 그들이 그리스도를 고발할 근거를 찾기로 한 모의입니다. "[수석 사제들과 백성의 원로들이] 속임수를 써서 예수님을 붙잡아 죽이려고 공모하였다"(마태 26,4)라고 기록된 [모의 말입니다]. 이사야도 같은 말을 합니다. "그들은 불행하여라! 스스로 재앙을 불러들여 이렇게 말하였다. '의인들을 묶어 버리자. 그들은 우리에게 골칫거리다'"(이사 3,9-10 칠십인역).

• 히폴리투스 『이사악과 야곱의 축복』 14.[3]

나쁜 의도

야곱의 말은 이런 뜻입니다. '나는 결코 저들과 같이 사악한 의도를 품는 일도 저들의 불경한 행실에 가담하는 일도 없을 것이다.' 이는 그들[시메온과 레위]이 '격분하여 사람들을 죽였기' 때문입니다. 그들은 격노하여 이성을 잃었습니다.

---

[2] FC 65,247-49.

[3] PO 27,64.

… 사실, 스켐이 죄를 짓기는 했지만,[4] 피에 대한 갈증을 모든 사람에게 풀어야 할 필요는 없었습니다. 또한 그들은 '격분하여 소들을 못 쓰게 만들기도' 했습니다. 이 구절은 하모르의 아들과 관계있습니다(창세 34,2 참조). 정욕이 넘치는 젊은이라 '소'라고 표현한 것입니다.

• 요한 크리소스토무스 『창세기 강해』 67,7.[5]

이스라엘이 시메온과 레위의 잔인함을 저주하다

역사의 관점에서 보면, 이 구절에서 [시메온과 레위가] 비난받는 것은, 그들의 여동생을 겁탈한 뒤 이스라엘의 집안과 인척 관계를 맺고 싶어 한 하모르의 아들 스켐을 거짓말과 속임수를 써서 살해했기 때문입니다. 게다가 그들은 [스켐 성읍에 사는] 사람들도 모조리 쳐 죽였습니다. 그래서 그들의 아버지 이스라엘은 그들에게 '너희는 이 땅에 사는 이들에게 나를 흉측한 인간으로 만들었다'(창세 34,30 참조)고 하였습니다. 그런 까닭에 그들의 잔인함과 무모함을 저주하며, 그들을 이스라엘 백성들 가운데에 흩어 버리겠다고, 그리고 땅을 상속받지 못한 레위 지파와 사제들이 그들의 계통에서 이어질 것이라고 분명히 밝힙니다.

• 아퀼레이아의 루피누스 『(열두) 성조의 축복』 2,7.[6]

레위 지파의 의외의 인물

시메온과 레위를 두고 "나 그들을 야곱에 갈라놓으리라. 그들을 이스라엘에 흩어 버리리라"고 말한 야곱은 그들이 민족들의 모여듦을 통해 구원받으리라는 것도 알려 줍니다. 목자가 쓰러지면, 그때까지 함께 있던 양 떼가 흩어집니다(참조: 마태 26,31; 즈카 13,7). 그러면 그때까지 거기에 속하지 않았던 이가 들어올 수 있고 온 이스라엘이 구원을 받을 수 있습니다(로마 11,26 참조).

특히 레위 지파와 관련해서는 이렇게 추정해야 합니다. 주 예수님께서 취하신 육신으로 따질 때 그분은 이 지파에 속하신 것으로 보이기 때문입니다. 레위 집안 사제들과 나탄이 이 지파 출신이고, 거룩한 루카는 자신이 쓴 복음서에서 이들을 우리 주님의 선조들로 꼽습니다(루카 3,29.31 참조). 아버지의 사제이며 모든 사제들의 우두머리이신 분은 "너는 … 영원한 사제다"(시편 110,4)라고 쓰여 있듯이, 사제 가문 혈통이신 것이 당연합니다. 그래서 모세도 이 지파를 축복하며, "레위에게 당신의 뜻을 알아보는 몫을 주십시오. 이 충실한 이에게 당신의 진리를 주십시오"(신명 33,8 칠십인역) 하고 말했습니다.

• 암브로시우스 『성조』 3,14-15.[7]

그들을 기다리는 벌

그런 다음 야곱은 그들이 저지른 범죄에 관련하여 이런 말로 저주를 내립니다. "포악한 그들의 격분, 잔악한 그들의 분노는 저주를 받으라." 그가 이렇게 말하는 것은 그들이 사용한 계략 때문입니다. 그들은 스켐의 주민들을 속이고 간계를 동원하여 그들을 쳤습니다. 그들의 분노는 '포악'하고 '잔악'하며 분별이 없었습니다. 그래서 '잔악한 그들의 분노는 저주를 받으리라'고 하는 것입니다. 스켐 사람들이 이스라엘 집안 사람들의 호의를 얻었다고 믿었을 때, 시메온과 레위는 무서운 분노를 터뜨렸고, 원수나 사용할 법한 전략을 실행에 옮겼습니다. 야곱은 그들이 세운 이 공훈을 죄로 평가하며, 그에 따라 그들을

---

[4] 스켐이 야곱의 딸 디나를 더럽힌 일을 가리킨다(창세 34,1-5 참조).

[5] FC 87,268-69.

[6] SC 140,84.

[7] FC 65,249-50.

기다리는 벌을 예고합니다. "나 그들을 야곱에 갈라놓으리라. 그들을 이스라엘에 흩어 버리리라." 그들은 사방으로 흩어져서, 그들이 과거에 분별없이 무슨 짓을 저질렀는지 모든 사람이 분

명하게 알게 될 것입니다.

• 요한 크리소스토무스 『창세기 강해』 67,7.[8]

_____

[8] FC 87,269.

49,8-12 유다

[8] 너 유다야, 네 형제들이 너를 찬양하리라.
   네 손은 원수들의 목을 잡고①
   네 아버지의 아들들이 네 앞에 엎드리리라.
[9] 유다는 어린 사자.
   내 아들아, 너는 네가 잡은 짐승을 먹고 컸다②.
   유다가 사자처럼, 암사자처럼 웅크려 엎드리니
   누가 감히 그를 건드리랴?
[10] 유다에게 조공을 바치고
   민족들이 그에게 순종할 때까지③④
   왕홀이 유다에게서,
   지휘봉이 그의 다리 사이에서 떠나지 않으리라.
[11] 그는 제 어린 나귀를 포도 줄기에,
   새끼 나귀를 좋은 포도나무에 매고
   포도주로 제 옷을,
   포도의 붉은 즙으로 제 겉옷을 빤다.
[12] 그의 눈은 포도주보다 검고
   그의 이는 우유보다 희다.

① 칠십인역은 '목을 잡고' 대신 '등에 있고'다.
② 칠십인역은 '너는 새싹에서 올라왔다'다. 이 본문은 '이사이의 그루터기에서 돋아난 햇순'(이사 11,1 참조)을 떠올리게 하며, 따라서 메시아 대망 사상과 관련지어 해석할 수 있는 토대가 되었다.
③ 히브리어 본문은 '실로(Shiloh)가 올 때까지' 또는 '그가 실로에 올 때까지'다.
④ 칠십인역은 '[유다는] 민족들의 희망'이다.

둘러보기

그리스도교 주해가들은 창세기 49장에서 유다에 관한 부분에 특별한 관심을 보였는데, 메시아 대망 사상과 연관 지어 해석할 수 있기 때문이었다. 미래 사건들의 영적 의미를 아는 야곱이 유다를 축복함은 다윗과 육에 따라 다윗의 자손으로 태어난 그리스도를 축복하는 것이었다. 유다를 찬양하는 '형제들'은 사도들을 나타낸다(히폴리투스).

야곱은 아들 유다에게 말하고 있는 것처럼 보이지만, 실은 후대의 유다, 곧 그리스도에게 말하고 있다. 유다의 손은 그의 원수들 등에 있다(암브로시우스, 루피누스). '유다'라는 이름이 '찬양' 또는 '노래로 찬양받는'을 뜻한다는 사실은 야곱의 말이 그리스도에 관한 것임을 알려 준다(알렉산드리아의 키릴루스). 창세기 49장 9절에서 말하는 '사자'와 '어린 사자'는 아버지 [하느님]과 아들을 가리키는 말로 이해해야 한다. '새싹'은 육에 따른 그리스도의 탄생을 가리킨다(히폴리투스, 암브로시우스). 그리스도를 나타내는 유다가 '사자'로 불리는 것은 임금님다운 그분의 특질과, 성경에서 역시 '사자'로 불리는 우리의 적수(악마)와 그분이 대적하고 있음을 나타낸다는 해석도 있다(예루살렘의 키릴루스). '어린 사자'가 문자적으로도 또 상징적으로도 그리스도를 나타낸다는 것을 『피지올로구스』*Physiologus*[1]에 의거해 입증할 수 있다. '새싹'은 그분이 성 관계나 인간의 씨 없이 태어나셨음을 암시한다. 이 낱말을 사도 바오로와 연관 지어 다른 의미로 해석할 수도 있다(루피누스). 잠자는 사자(9절 칠십인역 참조)에 관한 언급은 그리스도의 육체가 무덤 안에 안치되어 있던 사흘에 관한 암시로 해석할 수 있다. 사자가 일어남은 그리스도의 부활을 가리킨다(히폴리투스, 암브로시우스, 루피누스).

창세기 49장 10절의 '왕홀'과 '그는 민족들의 희망'이라는 말은 참된 임금님이신 그리스도와 연관 지어 해석해야 한다(암브로시우스, 루피누스). 도덕적 관점에서 풀이하자면, '민족들'은 그리스도를 고백함으로써 항복시킬 수 있는 영혼의 격정을 나타낸다(루피누스).

창세기 49장 11절의 '포도나무'는 '새끼 나귀' 또는 '망아지'가 나타내는 새 백성이 메여 있는 그리스도를 상징한다(알렉산드리아의 클레멘스, 암브로시우스, 요한 크리소스토무스, 루피누스). 이 절은 장차 그리스도께서 새끼 나귀를 타고 예루살렘으로 들어가실 것을 이야기하는 것이기도 하다(에프렘). 도덕적 해석의 관점에서 '새끼 나귀'는 영혼의 지각을 가리킨다(루피누스). 포도주로 옷을 빤다는 말은 그리스도의 세례와 수난을 가리킨다고 풀이할 수 있다. 세부적인 면에서는 다양한 차이가 있지만, 그리스도의 '겉옷'은 그분의 육을, '옷'은 다른 민족들 또는 교회를 가리킨다는 해석이 많다(히폴리투스, 노바티아누스, 암브로시우스, 루피누스).

창세기 49장 12절의 '눈'은 그리스도의 눈인 예언자들을, '이'는 사도들 또는 주님의 계명들을 가리킨다고 해석된다(히폴리투스, 암브로시우스). 이 모든 말은 '말씀'에 관한 것이다. '우유'라는 말조차 주님의 피를 나타내는 표상으로 이해할 수 있다(알렉산드리아의 클레멘스). '우유보다 흰 이'를, 하느님의 말씀이라는 단단한 음식을 먹는 그리스도의 몸의 지체들로 보는 해석도 있다(루피누스).

---

[1] 자연과학 영역의 신기한 현상들에 대한 물음과 답을 모아 놓은 책이다. 아리스토텔레스의 작품으로 추정되었지만, 기원전 3세기 작품으로 볼 수 없다. 그리스어와 라틴어를 비롯해 동방 언어로 다양한 판본이 전해지며, 에피파니우스, 대 바실리우스, 요한 크리소스토무스 등 여러 인물이 저자로 거론된다.

49,8 네 형제들이 너를 찬양하리라

영과 육에 따라

이 예언자가 앞의 세 아들에게는 그러지 않았으면서 왜 유다에게는 이런 축복을 하는 것이 마땅하다고 생각했는지 궁금해하는 사람도 있을 것입니다.

거기에는 이유가 있습니다. … 다윗은 유다 지파에서, 그리스도는 육에 따라 다윗의 자손으로 태어나셔야 했습니다. [그러므로] 미래 사건들의 영적 의미를 미리 알고 있는 이 예언자는 지금 유다 지파에서 난 다윗과, 하느님께 영에 따른 축복만 아니라 육에 따른 축복도 받을 수 있도록, 육에 따라 다윗의 자손으로 태어나셔야 했던 그리스도를 축복한 것입니다.

● 히폴리투스 『이사악과 야곱의 축복』 15.[2]

사도들을 나타내는 '형제들'

그를 찬양하고 받드는 '형제들'이란 주님께서 '내 형제들이요 공동상속자들'(참조: 마태 12,50; 요한 20,17; 로마 8,17)이라고 하신 사도들 아니고 누구겠습니까? "너의 손은 네 적들의 등에 있고"(칠십인역)는 다음 두 가지 가운데 하나를 뜻한다고 생각됩니다. 그리스도께서 당신의 원수들과 싸우시는 가운데 [십자가 위에서] 팔만 뻗으시고도 [보이지 않는] 권세들에게 승리를 거두셨다는 뜻이거나(콜로 2,15 참조), 또는 아버지의 뜻에 따라 이 역할을 맡으신 뒤, 육에 따른 당신의 원수들인 모든 존재들의 주님이요 주인, 심판자가 되셨다는 뜻입니다.

● 히폴리투스 『이사악과 야곱의 축복』 16.[3]

장차 나타날 참된 고백자를 나타내는 유다

이 본문은 선조 유다에게 하는 말처럼 보이지만, 실은 이 지파에서 태어나고 그 홀로 형제들의 찬양을 받는 후대의 유다에게 하는 말의 성격이 더 짙습니다. 그는 그 형제들에 대해 "저는 당신 이름을 제 형제들에게 전하고"(시편 22,23)라고 합니다. 그분은 본성에 따라서는 주님이시지만 은총에 따라서는 형제이십니다. 그분께서 믿지 않는 이들에게 뻗으신 손(참조: 이사 65,2; 로마 10,11)은 그분 원수들의 '등에' 놓여 있습니다. 그리스도께서는 바로 그 손과 바로 그 수난으로 당신의 사람들을 지키셨고 적대 세력들을 복종시키셨으며, 믿음과 신심의 행위를 모르던 이들을 당신께 순종하도록 만드셨기 때문입니다. 아버지께서는 이들을 두고 아들에게 '너는 원수들 가운데에서 다스려라'(시편 110,2 참조) 하고 말씀하십니다. 그들을 원수로 만든 것은 그리스도의 의지가 아니라 그들 자신의 사악함이었습니다. 여기에 주님의 위대한 선물이 있습니다. 예전에는 대체로 영적 사악함이 우리의 목에 속박의 멍에를 씌웠습니다(에페 6,12 참조). 그래서 다윗도 자신에게 패배를 안겨 준 자들의 손길을 느끼는 마음을 "죄인들이 내 등에다 솜씨를 부린다"(시편 128,3 칠십인역)라고 표현했습니다. 그러나 이제는 영적 사악함이 그리스도의 승리와, 말하자면 그분 손의 지배를 받게 되었습니다. 사악함이 행위와 행실에 영원히 종속된 채 포로 신세라는 고초를 겪고 있다는 말입니다. 우리가 그분께 절할 때, 그분 아버지의 아들들이 절을 올리는 분은 바로 그분이십니다. 그분께서 우리가 아버지를 부르는 것을 허락하셨고, 아버지께 복종하는 것은 덕에 복종하는 것이기 때문입니다.

● 암브로시우스 『성조』 4,17.[4]

---

[2] PO 27,70-72.

[3] PO 27,74-76.

[4] FC 65,251*.

그리스도에 관한 내용으로 해석해도 좋은 본문

이 본문은 역사의 유다에 관한 것인 동시에 그의 후손들인 임금들에 관한 것이라고도 할 수 있습니다. 그들은 그 백성들의 나라를 다스림으로써 그들의 원수들의 등을 부러뜨렸습니다. 그러나 이 구절은 그리스도를 가리키는 것으로 보아도 적절합니다. 그분은 아주 합당한 이유에서 '형제들', 곧 당신께서 복음서에서 '형제들'이라고 부르신 사도들의 찬양을 받으시기 때문입니다. 그분의 손이 올라가 있는 그분의 '원수들'은 아버지께서 그분 발아래 놓아 주시겠다고 다음과 같이 약속하신 이들로 보입니다. "내 오른쪽에 앉아라, 내가 너의 원수들을 네 발판으로 삼을 때까지"(시편 110,1). 이들은 믿지 않고 성실하지 못하는 한, '원수들'입니다. 그리고 그렇기 때문에 [그분의 손에] 등을 맞습니다. 그러나 회개하면, 그들은 '형제들'이 되고, 그들을 불러 아버지의 자녀가 되게 하시고 당신의 형제요 공동상속자가 되게 하신 분을 찬양합니다. 그리스도께서 원수들의 등을 때리신다는 것은 맞는 말입니다. 주님께서 예언자를 통해 "그들은 정말 나에게 등을 돌리고 얼굴을 마주하지 않았다"(예레 2,27)라고 꾸짖으신 대로, 우상을 섬긴 이들은 모두 하느님께 등을 돌렸기 때문입니다. 그래서 그분께서는 그들이 우상들에 등을 돌리고 하느님을 향하여 머리를 들어 올려 "네 아버지의 아들들이 네 앞에 엎드리리라"는 말씀을 이룰 수 있도록 그들의 등을 때리십니다. 사실 그들이 자녀 되게 해 주시는 영을 받아 아버지의 아들들이 되어 "아빠! 아버지!"(로마 8,15) 하고 외치게 되면, 그들은 그분을 흠숭하게 됩니다. 성령 안에 있는 사람이 아니면 아무도 예수님을 주님이라고 부르지 않습니다(1코린 12,3 참조).

• 아퀼레이아의 루피누스 『(열두) 성조의 축복』 1,5.[5]

그리스도에 관한 말이 틀림없다

이 축복의 말은 이것을 읽는 이들을 그 표현 방식을 통해 우리 구원자의 육화에 관한 예언으로 이끕니다. 축복의 첫마디부터 '유다'라는 이름의 뜻과 이 지파가 다른 어느 지파보다 큰 영광을 누렸다는 사실을 독자의 눈앞에 제시합니다. '유다'라는 이름의 뜻풀이를 원하는 사람을 위해 말씀드리자면, 이 이름은 '찬양', '찬가' 또는 '노래로 찬양받다'라는 뜻입니다. 그러므로 이 말들은 육에 따라 유다 지파에서 나신 것이 분명한 그리스도에 관한 것입니다. 그분은 유다와 이사이, 다윗의 후손으로, 그리고 육의 세대를 위하여 취해진 동정녀에게서 태어나셨습니다. … 당신은 찬미받으셔야 합니다. 그리고 하느님께서 받으셔야 할 영광을, 당신께서 그분께 돌려드려야 합니다. 살아 계시며 널리 알려져 계신 하느님만이 찬양받기에 합당하십니다. 당신께서는 자신을 비우시고 인간의 모습으로 나타나셨지만(필리 2,7 참조), 거룩하시며 영원하신 분으로 알려져 있습니다. 인간 본성에 따른 당신의 형제들은 인간이신 당신과의 관계에 들기보다, 당신께서 비록 형제들 가운데 계시지만 당신을 주님으로서 찬미할 것이며, 당신께서 비록 당신 자신을 피조물들 가운데 두셨지만 당신을 창조주로 찬양할 것입니다. 당신께서 비록 "종의 모습"(필리 2,7)으로 너울을 쓰신 채 나타나셨지만, 그들은 당신을 임금님이요 주님으로 알아볼 것입니다. 또한 [야곱]은 "너의 손은 네 적들의 등에 있고"(8절 칠십인역)라는 말로, 임마누엘께서 당신을 적대하는 모든 이를 이기실 것임을 예고하였습니다. 그리스도께서도 다윗의 목소리를 빌려 같은 예고를 하신 바 있습니다. "저는 제

---

[5] SC 140,42-44.

원수들을 뒤쫓아 붙잡고 그들을 무찌르기 전에는 돌아오지 않았습니다. 제가 그들을 내리치자 그들은 일어서지 못하고 제 발아래 쓰러졌습니다"(시편 18,38-39). 그런즉 '그의 손은 원수들 등에 있다'는 야곱의 말은 옳습니다. 그 손은 쫓기는 자가 아니라 쫓는 이의 손이고, 맞는 자가 아니라 때리는 이의 손입니다. 그런 점에서 "어떤 원수도 그를 덮치지 못하고 어떤 악한도 그를 누르지 못하리라"(시편 89,23)라는 시편의 말씀은 참입니다. 그분은 우리에게 "뱀과 전갈을 밟고 원수의 모든 힘을 억누르는 권한"(루카 10,19)을 주시는 분이신데, 당신을 거스르며 불경하게 자신들을 들어 올리려 하는 자들을 그분께서 제압하신다고 어찌 믿지 않을 수 있겠습니까? 거룩한 야곱은 그리스도께서는 쫓기지 않고 오직 쫓으시며 아무 힘도 들이지 않고 모두를 패배시키신다는 것을 이런 말로 예고하였습니다. '너의 손은 네 적들의 등에 있고 네 아버지의 아들들이 너에게 절하리라.'

• 알렉산드리아의 키릴루스
『모세 오경의 격조 있는 해설』(창세기) 7.[6]

49,9 유다는 어린 사자

아버지[하느님]와 아들을 분명하게 가리키는 예언

야곱은 '사자'와 '어린 사자'라는 말로 두 분, 곧 아버지[하느님]와 아들을 분명하게 가리켰습니다. "내 아들아, 너는 새싹에서 올라왔다"(9절 칠십인역)는 육에 따른 그리스도의 탄생을 나타냅니다. 성령으로 인하여 동정녀의 태에 잉태되어 육화하신 그리스도께서는 동정녀 안에서 싹이 트듯 자라셨고, 꽃처럼 향기처럼 태에서 세상으로 나오시어 눈에 보이는 모습으로 나타나셨습니다. 반면, '어린 사자'는 영에 따른 그리스도의 탄생을 나타냅니다. 그분께서는 당신을 임금에

게서 태어난 임금으로 보여 주셨듯이, [영에 따른] 탄생으로 하느님에게서 곧바로 나오셨습니다. 한편 야곱은 육에 따른 그분의 탄생에 대해 침묵하지 않고 분명하게 말했습니다. '내 아들아, 너는 새싹에서 올라왔다'가 그것입니다. 이사야는 "이사이의 뿌리에서 가지가 돋아나고 그 가지에서 꽃이 피리라"(이사 11,1 칠십인역) 하고 말합니다. '이사이의 뿌리'란 땅에 묻혀 있는 밑동과 같은 성조들이라는 그루터기이고, 거기서 나오는 가지는 마리아입니다. 마리아는 "다윗 집안의 자손"(루카 2,4)이기 때문입니다. 그 가지에서 피어난 꽃은 야곱이 '내 아들아, 너는 새싹에서 올라왔다'는 말로 예언한 그리스도입니다.

• 히폴리투스 『이사악과 야곱의 축복』 16.[7]

사자로 불리시는 분

여기서도 그분은 '사자'로 불리십니다. 사람을 잡아먹는 존재라는 말이 아니라, 그분의 굳세고 힘찬 본성, 임금다움을 나타내는 말입니다. 그분께서 '사자'로 불리시는 또 다른 이유는, 자기에게 속아 넘어간 자들에게 으르렁거리며 그들을 집어삼켜 역시 '사자'로 불리는 우리의 "적대자 악마"(1베드 5,8)와 대적하시기 때문입니다. 구원자께서는 당신의 온유한 본성을 그대로 지니고 계시지만 유다 지파의 막강한 사자로서, 믿는 이들은 구원하시고 적대자들은 짓밟으십니다.

• 예루살렘의 키릴루스 『예비신자 교리교육』 10,3.[8]

아버지를 나타내고 아들을 드러내다

"유다는 어린 사자." 야곱이 이 말로 아버지를 나타내고 아들을 드러낸 것이 분명하지 않습니

---

[6] PG 69,349-52.　　　[7] PO 27,76-78.

[8] FC 61,197.

까? 아들이신 하느님께서 아버지와 한 본성이시라는 것을 가르치는 더 확실한 방법이 있습니까? 한 분은 '사자'시고, 한 분은 '어린 사자'이십니다. 별것 아닌 이 비유가 본성과 권능에서 그분들이 하나이심을 이해할 수 있게 해 줍니다. 임금은 임금에게서 나고, 강한 자는 강한 자에게서 납니다. 아드님은 [아버지 하느님보다] 어리다고 우기는 자들이 생겨날 것을 미리 알았던 야곱은 그들에게 이렇게 대답합니다. "너는 나의 씨에서 내게로 올라왔다. 너는 사자처럼 그리고 어린 사자처럼 엎드려 자니."[9] [성경의] 또 다른 구절을 참고하면 '어린 사자'가 바로 "유다 지파에서 난 사자"(묵시 5,5)임을 우리는 알게 됩니다. … 그러나 아드님을 이렇게 부르는 것은 그분을 아버지와 따로 떨어진 존재로 보이게 하려는 것이 아닙니다. 아드님을 고백하는 야곱은 그분을 [아버지와] 동등하신 분으로 흠숭합니다.

나아가 그는 '너는 나의 씨에서 올라왔다'라는 말로 아들의 육화를 참으로 적절하게 표현했습니다. 그리스도께서는 땅에서 싹튼 덤불처럼 동정녀의 태 안에서 싹트셨기 때문입니다. 향기로운 꽃처럼 그분은 새로운 빛의 광채를 뿜으며, 온 세상의 구원을 위해 당신 어머니의 속으로부터 나오셨습니다. 그래서 이사야는 "이사이의 뿌리에서 가지가 돋아나고 그 가지에서 꽃이 피리라"(이사 11,1 칠십인역)고 합니다. '그루터기'는 유대인들의 집안이고, '가지'는 마리아, 가지에서 피는 '꽃'은 그리스도입니다. 마리아가 '가지'로 불리는 것은 합당한데, 그는 왕가의 혈통이며 다윗의 집안이기 때문입니다(루카 1,27 참조). 그에게서 핀 '꽃'은 세속의 불결함이 풍기는 악취를 없애고 영원한 생명의 향기를 쏟아 부어 주신 그리스도이십니다.

• 암브로시우스 『성조』 4,18-19.[10]

신비적 해석

이 구절은 신비적 해석을 하는 것이 더 적절합니다. 이에 따르면, '어린 사자'는 상징적으로는 물론 문자적으로도 그리스도를 나타냅니다. 실제로 『피지올로구스』에 보면, 어린 사자는 태어난 뒤 사흘 밤낮을 자며, 그러고 나면 아버지의 포효 소리와 소음이 [사자]굴을 뒤흔드는 것처럼 그 굴 자체가 잠자는 어린 사자를 깨운다고 쓰여 있습니다. 그러므로 이 '어린 사자'는 '새싹'에서 올라오는 것입니다. 그는 동정녀에게서 태어났습니다. 씨가 아니라 '새싹'에서 난 것입니다. 이처럼 그리스도께서는 남자와의 성 관계나 자연의 씨 없이 나무의 가지처럼 나셨습니다. 동정녀에게서 육을 취하심이라는 실재가 이런 식으로 명확하게 표현되었습니다. 거룩한 '새싹'의 경우 인간의 씨나 자연의 씨는 전혀 개입하지 못하였습니다.

• 아퀼레이아의 루피누스 『(열두) 성조의 축복』 1,6.[11]

바오로 사도를 유다로 여기는 것은 맞다

'유다는 어린 사자. 내 아들아, 너는 새싹에서 올라왔다.' 그리스도와 함께 십자가에 못 박히고 부활한 이(갈라 2,19 참조)가 '어린 사자'로 불리는 것은 충분한 이유가 있습니다. 정당한 근거에서 '유다'로 여겨지는 바오로 사도는 자신의 죄를 고백하며 이렇게 말했기 때문입니다. "사실 나는 사도들 가운데 가장 보잘것없는 자로서, 사도라고 불릴 자격조차 없는 몸입니다. 하느님의 교회를 박해하였기 때문입니다"(1코린 15,9). 그리고 바오로 사도는 다음과 같이 선포할 때 그리스도

---

[9] 칠십인역과도 조금 다른 본문.

[10] FC 65,252-53*.

[11] SC 140,46.

의 본질[직역하면 '그리스도인 것']이 자신 안에 있다고 단언하였습니다. "나는 그리스도와 함께 십자가에 못 박혔습니다. 이제는 내가 사는 것이 아니라 그리스도께서 내 안에 사시는 것입니다"(갈라 2,19-20). 그러므로 '어린 사자'는 죄에 대해 죽었기 때문에 '그리스도와 함께 잠자는 이'이거나 하느님을 위해 살기에 '그리스도와 함께 부활한 이'입니다(참조: 갈라 2,19; 로마 6,10).

이제 '새싹에서 올라온 아들'[에 대해 알아봅시다]. 이는 좋은 올리브 나무에 접붙여진 야생 올리브 가지(로마 11,17 참조)를 가리키는 말이 분명합니다. 그는 육적 본성의 천박하고 속된 윤리를 거부하고, 우리를 "자녀로 삼도록 해 주시는 영"(로마 8,15)을 통하여 참포도나무이신 그리스도 안에 남아 있으면서 그분의 계명들로부터 많은 열매를 냅니다.

그런 그이기에, 그는 사자처럼 엎드려 잡니다. 지혜로운 이는 사자처럼 당당합니다(잠언 28,1 참조). 그가 "나에게 힘을 주시는 분 안에서 나는 모든 것을 할 수 있습니다"(필리 4,13) 하고 말할 때는 더욱 그러합니다. 어떤 두려움도, 어떤 위협도, 어떤 유혹도 그를 깨울 수 없습니다. 그의 결의는 확고하고 그의 정신은 견고합니다.

● 아퀼레이아의 루피누스 『(열두) 성조의 축복』 1,11.[12]

장례 후의 사흘

'너는 사자처럼 그리고 어린 사자처럼 엎드려 자니.' 야곱의 이 말은 그리스도께서 당신의 장례가 치러진 뒤 사흘 동안 주무심을 알려 주는 말입니다. 그동안 그분은 땅속 깊은 곳에서 쉬십니다. 주님께서도 같은 사실을 증언하신 바 있습니다. "요나가 사흘 밤낮을 큰 물고기 배 속에 있었던 것처럼, 사람의 아들도 사흘 밤낮을 땅속에 있을 것이다"(마태 12,40). 다윗은 그분에 대해

예고하며 "나 자리에 누워 잠들었다 깨어남은 주님께서 나를 받쳐 주시기 때문이니"(시편 3,6)라고 하였고, 야곱은 '누가 그를 일으키랴?'라고 하였습니다. 그는 '아무도 그를 일으키지 않을 것이다'라고 하지 않고 '누가' 일으키랴?'라고 하였습니다. 아버지께서 아들을 죽은 이들 가운데에서 일으키셨다는 것을 우리가 알게 하려고 이렇게 표현한 것입니다. 바오로 사도는 "그분[예수 그리스도]을 죽은 이들 가운데에서 일으키신 하느님 아버지"(갈라 1,1)라는 말로 이 사실을 확인해 줍니다. 베드로 사도도 이렇게 말합니다. "그러나 하느님께서는 그분을 죽음의 고통에서 풀어 다시 살리셨습니다. 그분께서는 죽음에 사로잡혀 계실 수가 없었던 것입니다"(사도 2,24).

● 히폴리투스 『이사악과 야곱의 축복』 16.[13]

자신의 부활을 이루어 낸 자

육화에 대해 알게 되었으니 이제 수난에 대해 배우십시오. '너는 사자처럼 자면서 쉬니.' 그리스도께서 무덤 안에서 쉬셨을 때, 그것은 그분께서 "나 자리에 누워 잠들었다 깨어남은 주님께서 나를 받쳐 주시기 때문이니"(시편 3,6)라고 하셨듯이, 그분께서 육체의 잠에 드신 것과 같았습니다. 그래서 야곱도 '누가 그를 일으키랴?'라고 합니다. 주님께서 지켜 주시는 이를 누가 깨우느냐는 것이지요. 그분을 다시 일으키는 것은 당신 자신의 권능과 아버지의 권능으로 스스로를 일으키는 그분 자신 아니겠습니까? 나는 그분께서 당신 자신의 권한에 의해 태어나셨음을 봅니다. 나는 그분께서 당신 자신의 뜻에 따라 돌아가셨음을 압니다. 나는 그분께서 당신 자신의 권능에 따라 주무심을 봅니다. 그분께서는 모든 일을 스

---

[12] SC 140,64-66. [13] PO 27,78.

스로 결정하고 행하셨습니다. 그런데 다시 일어나는 데 남의 도움이 필요하겠습니까? 그러므로 그분은 당신 자신의 부활을 일으키신 분이며, 당신 죽음의 심판관이며, '민족의 희망'이십니다.

• 암브로시우스 『성조』 4,20.[14]

어린 사자처럼 사흘날에 일어나다

"너는 사자처럼, 어린 사자처럼 웅크리고 자니"(9절 칠십인역). 웅크리는 행위와 자는 것은 수난과 죽음을 나타내는 것이 확실합니다. 그런데 그가 왜 '사자처럼 그리고 어린 사자처럼' 자는지 알아봅시다. 어린 사자의 잠에 대해서는, 장례 후 땅속에서 사흘 밤낮을 보내심으로써 예상되었던 죽음의 잠을 완성하신 그리스도에 관한 말로 해석할 수 있다고 앞에서 이미 말한 바 있습니다. 그런데 '사자처럼'이라는 말은 다음과 같이 이해해야 한다고 생각합니다. 곧, 그리스도의 죽음은 바로 마귀들에 대한 승리라는 것입니다. 사실 우리의 '사자'는 우리의 적대자인 사자(1베드 5,9 참조)가 인간을 파괴하고 짓뭉개어 정복한 모든 먹잇감을 손에 넣으셨습니다. 그런 다음 지하 세계에서 돌아오시어 높은 곳으로 올라가심으로써 당신의 포로들을 종으로 삼으셨습니다(참조: 에페 4,8; 시편 68,19). 그러므로 이 '사자'는 자는 동안 모든 악을 쳐부수고, "죽음의 권능을 쥐고 있는 자"(히브 2,14)를 파멸시켰습니다. 그리고 '어린 사자'처럼 사흘날에 깨어나셨습니다.

• 아퀼레이아의 루피누스 『(열두) 성조의 축복』 1,6.[15]

49,10 민족들이 유다에게 순종한다

교회의 희망은 그리스도 안에 있다

그렇습니다. 그들은 참된 임금님을 인정하지 않았기에 가짜 임금들을 가지게 되었습니다. 그래서 성조는 이렇게 말합니다. "임금들을 통해

이어지는 흠 없는 계승이라는 상속 재산은 '[그를 위해] 준비된 것들이 올 때까지'(10절 칠십인역) 유대인들의 판관들과 임금들을 통해 지켜질 것이다. 그것은 그분께서 다른 민족들의 헌신적 신심과 모든 민족들의 모임에서 하느님의 교회를 모아들일 수 있도록 준비된 것들이다." 그분을 기다리는 이것은 그분의 몫으로 그분을 위해 보존되어 있는 것으로서, 그런 큰 은총의 특권이 그분에게 주어졌습니다.

'그는 민족들의 희망.' 야곱의 이 말은 '민족들이 그를 고대한다'는 말보다 훨씬 의미심장합니다. 교회의 모든 희망이 그리스도 안에 있기 때문입니다. 모세가 "네 발에서 신을 벗어라"(탈출 3,5)라는 말을 들은 것도 이런 까닭입니다. 그가 이 말을 듣지 않았더라면, 백성의 지도자로 선택된 그가 교회의 신랑으로 여겨졌을 수도 있었습니다. 눈의 아들 여호수아가 신발을 벗은 것도 같은 이유였습니다(여호 5,15 참조). 장차 오실 분을 위한 위대한 역할 수행이라는 선물을 보존할 수 있기 위해서였지요. 또 같은 이유에서 세례자 요한은 이렇게 말합니다. "[그분은] 내 뒤에 오시는 분이신데, 나는 그분의 신발 끈을 풀어 드리기에도 합당하지 않다"(요한 1,27). 그는 "신부를 차지하는 이는 신랑이다. [그러나] 신랑 친구는 신랑의 목소리를 들으려고 서 있다가, 그의 목소리를 듣게 되면 크게 기뻐한다"(요한 3,29)라고도 하였습니다. 이는 그분 홀로 교회의 신랑이시며 '민족들의 희망'이시고, 예언자들은 혼례의 일치라는 은총을 그분께 바치는 동안 자신의 발에서 신발을 벗었음을 의미합니다.

• 암브로시우스 『성조』 4,21-22.[16]

---

[14] FC 65,253.

[15] SC 140,46-48.

[16] FC 65,253-54*.

나라가 지켜지다

[왕홀과 지휘봉이 떠나지 않는다는] 이 구절은 명백히 유다를 가리킵니다. 그리스도께서 태어나실 때까지 유다 집안에 군주가 끊겼던 적도 없었고, 요세푸스가 기록한 역사에 따르면, 타민족이요 계략을 써서 유대 왕국의 왕위를 찬탈했다는 헤로데가 등장할 때까지 [유다 집안] 방계의 우두머리가 끊긴 적도 없었던 듯 보입니다. 그러다 이 일이 일어나고 유다 집안 방계의 우두머리가 끊기자, 그분을 위하여 이 나라가 지켜져 왔던 바로 그분이 곧바로 오셨습니다.

• 아퀼레이아의 루피누스 『(열두) 성조의 축복』 1,7.[17]

우리 영혼의 병인 격정

'그는 민족들의 희망.' 우리는 이 말의 도덕적 의미를 완벽하게 파악해 보기로 했으니, 고백을 통해 감각의 정화와 완성을 기대하는 '민족들'을 우리 자신 안에서 찾아볼 필요가 있습니다. 우리는 우리 자신 안에서 영혼의 모든 격정이라는 형태로 그 '민족들'을 분명하게 볼 수 있습니다. 이런 격정들은 우리가 젊을 때에는 더욱 불안정하며, 말하자면, 이교인들처럼 행동합니다.

• 아퀼레이아의 루피누스 『(열두) 성조의 축복』 1,11.[18]

49,11 유다의 어린 나귀

말씀을 상징하는 '포도나무'

"그는 제 망아지를 포도나무에 매고"(칠십인역). 이것은 그가 순박한 새 백성을, '포도나무'가 나타내는 '말씀'과 하나로 만들었다는 뜻입니다. 포도나무에서 나오는 것이 포도주이고, 말씀에게서 나오는 것이 피기 때문입니다. 둘 다 구원의 약입니다. 포도주는 육체의 건강을 위한 것이고, 피는 영혼의 구원을 위한 것입니다.

• 알렉산드리아의 클레멘스 『교육자』 1,5,15.[19]

포도나무에 매인 새끼 나귀

우리 주님께서 오셨을 때, 그분께서도 당신의 새끼 나귀를 참포도나무에 매셨습니다. 그분에 의해 모든 상징이 이루어지듯, 그분께서는 유사한 형태로 그들에게 전해진 것까지 실제로 이루실 것이었습니다. 예루살렘 성소 바깥에 포도나무가 있어서, 그분께서 성전 안으로 들어가실 때 당신의 새끼 나귀를 거기에 매어 놓으셨거나, 아니면 그 새끼 나귀가 본디 있던 곳에서 포도나무에 매여 있었을 것입니다. 그분께서는 이렇게 지시하셨습니다. "누가 너희에게 '왜 푸는 거요?' 하고 묻거든, 이렇게 대답하여라. '주님께서 필요하시답니다.'"

• 시리아인 에프렘 『창세기 주해』 42,6.[20]

예루살렘 입성

우리는, 열매 풍성한 가지와 같으며 절대 풀리지 않는 믿음의 끈으로 영원한 포도나무이신 주 예수님께 매입시다. 그분께서는 "나는 참포도나무요 나의 아버지는 농부이시다"(요한 15,1)라고 하십니다. 이 말씀은 복음서에서 주 예수님께서 어린 나귀를 풀어 끌고 오라고 지시하신 뒤 몸소 그 위에 앉으신 신비(참조: 마태 21,1-7; 즈카 9,9; 이사 62,11)를 설명해 줍니다. 그리하여 그는 포도나무에 매인 이처럼, 성인들의 영원한 우애 안에서 안식을 찾을 수 있었습니다.

• 암브로시우스 『성조』 4,23.[21]

---

[17] SC 140,50.

[18] SC 140,68.

[19] FC 23,16.

[20] FC 91,204.

[21] FC 65,254-55*.

다른 민족들이 더 잘 받아들일 것이다

나귀는 부정한 짐승으로 취급됩니다. 따라서 그의 말은 '부정한 다른 민족들은 누가 새끼 나귀를 포도나무 줄기에 묶어 놓은 것처럼 쉽게 [복음을] 받아들일 것이다'라는 뜻입니다. 그분의 특별한 권위와 다른 민족들의 기꺼운 반응을 이렇게 표현한 것입니다. 포도나무에 기꺼이 매이려는 태도가 나귀의 온순함을 알려 주는 표시라는 것입니다. 예수님께서는 당신의 가르침을 포도나무에 비유하기도 하셨습니다. 그분께서 "나는 참포도나무요 나의 아버지는 농부이시다"(요한 15,1)라고 하신 것 기억하시지요?

• 요한 크리소스토무스 『창세기 강해』 67,9.[22]

그분의 '새끼 나귀'는 민족들

이 구절은 어느 모로 보나 그리스도에게 어울리는 말이며 오직 그분에게만 들어맞는 말입니다. "나는 참포도나무"(요한 15,1)라고 말씀하신 분께서 당신의 '망아지'(칠십인역)와 '새끼 나귀'를 이 포도나무에 매셨습니다. 그분의 '망아지'는, 율법이라는 짐을 한번도 진 적이 없으며 그분 말고는 아무도 첫째가는 분으로 받아들인 적 없는 민족들입니다. 그분의 '새끼 나귀'는 이 구절에서 '암나귀'로 상징되는 첫 번째 백성들 가운데에서 구원받도록 선택된 이들입니다. 이들을 두고 예언자는 이렇게 말합니다. "이스라엘 자손들의 수가 바다의 모래 같다 하여도 남은 자들만 구원을 받을 것이다"(로마 9,27; 참조: 이사 10,22; 호세 2,1). 율법의 멍에를 지기로 선택하고는 불의를 저지른 암나귀가 퇴짜를 맞은 뒤, 그[암나귀]에게서 난 '새끼 나귀'가 선택되었습니다. 곧, 옛 백성에서 믿음을 통해 새 백성이 된 이들이 [자녀로] 받아들여졌고 민족들과 연결되었습니다. 예수님께서 '포도나무'로 불리시는 것은 인성을

받으셨기 때문입니다. 하느님의 말씀께서는 이 인성에 당신의 '망아지'와 '새끼 나귀'를 매십니다. 다시 말해, 그들이 당신과 함께 하느님의 아들이요 그리스도의 공동상속자가 되도록 당신의 백성을 하나 되게 하시어, 당신께서 육 안에서 따르신 삶의 길과 연결시키십니다.

• 아퀼레이아의 루피누스 『(열두) 성조의 축복』 1,8.[23]

영혼의 지각을 가리키는 '새끼 나귀'

'제 어린 나귀를 포도나무에 [매고].' 우리는 여기서 '어린 나귀'를 지각 자체 — 지성, 이성 — 로 이해합니다. 생명의 회복 때문입니다. 주님께서도 같은 뜻의 말씀을 하십니다. "내가 진실로 너희에게 말한다. 너희가 회개하여 어린이처럼 되지 않으면, 결코 하늘 나라에 들어가지 못한다"(마태 18,3). 사람이 주님과 결합하여 그분과 한 영이 될 때(1코린 6,17 참조), 그는 "하느님께 가까이 있음이 저에게는 좋습니다"(시편 73,28)라고 말하며 자신의 '어린 나귀'를 포도나무에 맵니다. "자기 새끼 나귀를 포도 줄기에 매고"(칠십인역)에서 '가지' 또는 '줄기'는 앞에서 풀이한 대로 명민하고 유연한 지성의 지식을 뜻한다고 이해할 수 있습니다. '새끼 나귀', 곧 영혼의 지각이 거기에 매여 있으면, 영혼이 타락하는 것을 막아 줍니다.

• 아퀼레이아의 루피누스 『(열두) 성조의 축복』 1,11.[24]

세례를 신비적으로 나타낸 구절

이것은 그리스도께서 당신의 세례를 신비적으로 나타내신 구절입니다. 그분께서는 요르단

---

[22] FC 87,270*.

[23] SC 140,52-54.

[24] SC 140,68.

강물에 들어갔다 나오심으로써 그 물을 정화하신 뒤, 은총과 성령의 선물을 받으셨습니다(마태 3,13-17 참조). … 그리고 십자가에 매달리심으로써 잘 익은 포도송이처럼 되셨기에, 그분의 옆구리를 찌르자 피와 물이 나왔습니다(요한 19,34 참조). 예언자[야곱]는 몸 담금(세례)과 훗날 있을 몸값 치름(우리의 속량)에 대해 올바르게 말했습니다. "포도주로 제 옷을, 포도의 붉은 즙으로 제 겉옷을 빤다."

• 히폴리투스 『이사악과 야곱의 축복』 18.[25]

말씀의 옷과 겉옷

앞에서도 말했듯이, 한때 육을 입으셨다가 그 뒤 다시 벗으신 분은 하느님의 말씀이십니다. 그[야곱]는 [유다에게] 축복하며 이에 대해서도 예고하였습니다. "그는 … 포도주로 제 옷을, 포도의 붉은 즙으로 제 겉옷을 빤다." … 여기서 '옷'은 육이고 말씀의 '겉옷'은 육체라는 것은 명백합니다. 그분께서는 당신께서 취하신 인성을 당신 수난으로 정화하심으로써 당신 육체의 본질과 당신 육의 실체를 '포도주', 곧 피로 씻으셨습니다. 그러므로 씻긴다는 면에서 볼 때, 그분은 인간이십니다. 씻기는 '옷'은 육이기 때문입니다. 그러나 그것을 씻으신 분은, 그 '옷'을 씻기 위하여 그 '옷'을 입은 이가 되신 하느님의 말씀이십니다. 따라서 그분은 말씀의 권위로 옷을 씻으신 분으로서는 하느님이시고, 씻길 수 있는 존재가 되기 위하여 취하신 본질에 따라서는 인간이십니다.

• 노바티아누스 『삼위일체론』 21,12-16.[26]

물은 우리를 씻고 피는 우리를 구원했다

'그는 포도주로 제 옷을 [빨고].' 이 좋은 '옷'은 모든 사람의 죄를 덮어 주고, 모든 이의 잘못을 가져가고, 모든 이의 악행을 숨겨 준 그리스도의 육입니다. 그것은 모든 사람에게 기쁨의 옷이 되어 준 좋은 '옷'입니다. 그분께서는 요르단 강에서 세례 받으실 때 포도주로 이 옷을 빠셨습니다. 그때 성령께서 비둘기처럼 내려오시어 그분 위에 머무르셨습니다(요한 1,32 참조). 이로써, 성령의 충만함이 늘 그분과 함께하며 결코 떠나는 일이 없을 것임이 드러났습니다. 그래서 복음 사가도 "예수님께서는 성령으로 가득 차 요르단 강에서 돌아오셨다"(루카 4,1)라고 기록합니다. 그러므로 주 예수님께서 당신의 '옷'을 빠신 것은 당신의 더러움이 아니라 우리의 더러움을 씻기 위해서였습니다. 그분께는 더러움이란 없으니까요.

이어서 야곱은 "[그는] 포도의 피로 제 겉옷을 빤다"(칠십인역)고 합니다. 이는 그분께서 당신 육체의 수난을 통하여 당신의 피로 민족들을 씻으셨다는 뜻입니다. 다음 말씀을 볼 때, '겉옷'은 민족들을 나타내는 것이 분명합니다. '주님의 말씀이다. 내가 살아 있는 한 그들 모두를 겉옷처럼 걸치리라'(이사 49,18 참조). "당신께서 그것들을 옷가지처럼 바꾸시니 그것들은 지나가 버립니다"(시편 102,27)라는 말씀도 있습니다. 이렇게 그분은 당신의 피로 당신 자신의 죄가 아니라 우리가 저지른 잘못들을 씻으셨습니다. 그분께 죄 같은 건 없으니까요. 야곱이 포도에 관해 말한 것은 적절한데, 그리스도께서 포도처럼 나무에 달리셨기 때문입니다. 그분은 포도나무이며 포도입니다. 포도나무이신 이유는 나무에 매달리시기 때문이며, 포도이신 이유는 군사가 창으로 그분의 옆구리를 찌르자, 그분께서 피와 물을 내

---

[25] PO 27,80-82.

[26] FC 67,80-81.

보내셨기 때문입니다. 그래서 요한은 "군사 하나가 창으로 그분의 옆구리를 찔렀다. 그러자 곧 피와 물이 흘러나왔다"(요한 19,34)고 합니다. 물은 세례를 위한 것이고, 피는 우리의 속량을 위한 것입니다. 물은 우리를 씻었고, 피는 우리를 구원해 주었습니다.

• 암브로시우스 『성조』 4,24.[27]

교회를 나타내는 그리스도의 '옷'

'그는 포도주로 제 옷을, 포도의 피로 제 겉옷을 빤다.' 이 말씀은 역사적 사실의 관점에서 보면 포도밭으로 가득 찬 비옥한 땅을, 수사학적 과장법으로 보면 포도주가 풍성함을 나타내는 것으로 보입니다. 그러나 신비적 관점에서 풀이하면, 더 숭고한 뜻을 알아들을 수 있습니다. 포도주에 빤 그리스도의 '옷'은 그분께서 당신 피로 정화하시어 얼룩도 흠도 없이(에페 5,26-27 참조) 된 교회라고 풀이할 합당한 근거가 있습니다. 사도는 "여러분은 조상들에게서 물려받은 헛된 생활 방식에서 해방되었는데, 은이나 금처럼 없어질 물건으로 그리된 것이 아니라" 하느님의 외아들이신 "그리스도의 고귀한 피로 그리된 것입니다"(1베드 1,18-19)라고 합니다. 그러므로 그리스도께서는 당신의 '피'라는 포도주로, 곧 새로 남의 씻음으로 교회를 씻으시는 것입니다(티토 3,5 참조). 그리고 우리는 세례를 통하여 그분의 죽음과 피 안에서 그분과 함께 묻힙니다. … 그런데 그분께서 '포도의 피'로 당신의 옷을 어떻게 씻으실 것인지 봅시다. 옷은 겉옷보다 몸에 더 가까이 밀착되는 옷입니다. 몸 씻음으로 씻겨 그분의 겉옷이 된 이들은 포도의 피로 이루어지는 성사, 곧 더 친밀하고 더 비밀스러운 신비에 이릅니다. 어떤 의미에서 그분의 옷에 참여하는 것입니다. 사실, 영혼이 성사의 의미를 파

악하기 시작하면 '포도의 피'에 씻기는 것입니다. 하느님 말씀의 피가 지닌 덕을 인식하고 이해하고 나면, 영혼은 더욱 순결해지고 그만큼 잘 받아들이게 됩니다. 그런 영혼은 지식에서 더 진보하기 위해 날마다 씻김을 받습니다.

• 아퀼레이아의 루피누스 『(열두) 성조의 축복』 1,9.[28]

49,12 포도주로 눈이 빛난다

그리스도의 눈인 예언자들

여기서 '눈'은 예언자들입니다. 그들이 성령의 힘으로 즐거워하면서, 모든 이가 구원받을 수 있다는 것을 미래의 세대들이 깨닫기 바라며, 그들에게 유익을 가져다줄 고난이 그분께 닥치리라고 예고했을 때, 그들은 그리스도의 '눈'이었습니다. '그의 이는 우유보다 희다'는 말씀께서 몸소 거룩하게 해 주시어 우유처럼 된, 그리하여 우리에게 거룩한 영적 양식을 주는 사도들을 가리킨다고 풀이할 수 있습니다. 또는 … 거룩한 입에서 나와 우리를 위한 우유로 남아 있는, 그래서 우리가 거기에서 자양분을 얻고 자라 거룩한 빵을 받아먹을 수 있게 해 주는 주님의 계명들을 가리키는 말로 볼 수도 있습니다.

• 히폴리투스 『이사악과 야곱의 축복』 19.[29]

주님은 이 모든 것이다

이 다양한 표현과 표상들은 '말씀'에 관한 것입니다: 단단한 음식, 살, 자양분, 빵, 피, 우유, 모두 그렇습니다. 주님은 당신을 믿는 우리의 힘을 북돋는 이 모든 것입니다. 그러니 우리가 주님의 피에 대해 말하는 것이나 우유라는 표상을

---

[27] FC 65,255-56*.

[28] SC 140,56-58.

[29] PO 27,84.

사용하는 것을 아무도 이상하게 여겨서는 안 될 것입니다. '포도주'라는 말도 비유로 사용된 것 아닙니까? 성경은 이렇게 말합니다. '그는 포도주로 제 옷을, 포도의 피로 제 겉옷을 빤다.' 이는 말씀에 굶주리는 이들을 그분께서 당신의 영으로 배부르게 해 주시듯이, 당신 자신의 피를 말씀의 몸에 옷처럼 입히실 것이라는 뜻입니다.

• 알렉산드리아의 클레멘스 『교육자』 1,6,47.[30]

예언자들과 사도들을 가리키는 말

그래서 예언자는 말합니다. "그의 눈은 포도주로 취해 즐겁고, 그의 이는 우유보다 희다"(12절 칠십인역). 이 말이 가리키는 것은 예언자들과 사도들입니다. 앞의 사람들은 그리스도의 눈인 것처럼 그분의 오심을 미리 보고 예고하였습니다. 그리스도께서는 이들에 대해 "아브라함은 나의 날을 보리라고 기뻐하였다"(요한 8,56)라고 하시며, 예언자들 가운데 한 사람은 '나는 만군의 주님을 내 눈으로 뵈었다'(이사 6,5 참조)고 하였습니다. 그분을 본 그들은 영적 기쁨으로 가득 찼습니다. 그런가 하면 뒤의 사람들, 곧 사도들은 주님께서 모든 죄의 얼룩을 씻어 주시어 우유보다 희게 된 이들입니다. 그 이후 그들은 어떤 흠으로도 더러워진 일이 없습니다. 실로, 우유는 시간이 지나면 사라지는 것이지만, 사도들이 받은 은총은 영원합니다. 그들은 우리에게 하늘에서 내려온 영적 양식을 주며, 우리 안의 핵심 중추인 영에 자양분을 줍니다. '우유'를 주님의 계명이라고 생각하는 이들도 있습니다. 하느님의 입에서 나온 깨끗한 그 말씀들이 우리에게 우유와 같은 것이 되었다는 이유입니다. 우리가 이 우유를 먹고 자라면, 하늘에서 내려온 빵이라는 양식에 이릅니다. 이에 관해 바오로 사도도 말한 바 있습니다. "나는 여러분에게 젖만 먹였을 뿐 단단한 음식은 먹이지 않았습니다. 여러분이 그것을 받아들일 수 없었기 때문입니다"(1코린 3,2). 믿음의 시작 단계에 있는 코린토 신자들에게는 마시도록 젖이 주어지는 반면, 그들의 믿음이 온 세상에 알려진(로마 1,8 참조) 성도들은 젖을 뗐다고 인정되어 더 튼튼해지도록 단단한 음식이 주어집니다.

• 암브로시우스 『성조』 4,25.[31]

인간의 마음을 즐겁게 만드는 포도주처럼

그리스도의 눈도 이와 같습니다['포도주로 빛납니다'(칠십인역 참조)]. 온몸에 지식의 빛을 가져다주는 그 눈에 대해 복음서는 "눈은 몸의 등불이다"(마태 6,22)라고 합니다. 그래서 이 눈은 듣는 이가 잘 알아들을 수 있게 합니다. 소금으로 맛을 낸 지식의 말씀(콜로 4,6 참조)이기 때문입니다. 지식의 말씀을 선포하는 이가 '은혜롭다'는 말을 듣는 것은 그가 자기 안에 은총을 가지고 있기 때문만이 아니라, 듣는 이들이 은총을 받을 수 있도록 그가 말씀을 행하기도 하기 때문입니다. '지혜로운 이는 교훈을 들어 견문을 넓힌다'(잠언 1,5 참조)는 말도 있습니다. 그런 이의 눈은 포도주로 빛나게 됩니다. 지식의 말씀에는 맥 빠진 것도 쉽게 변하는 것도 흥미롭지 않은 것도 없기 때문입니다. 그것[지식의 말씀]은, 사람의 마음을 즐겁게 하며 강도에게 당한 이의 상처에 부어지기도 하는 포도주와 같습니다. 말씀을 듣는 이들의 상처, 곧 그들의 죄는 부드러운 기름으로 달래지는 한편 포도주의 따가움으로 정화되기도 한다는 뜻입니다.

• 아퀼레이아의 루피누스 『(열두) 성조의 축복』 1,10.[32]

---

[30] FC 23,44**.   [31] FC 65,256.

[32] SC 140,60.

성경에 담겨 있는 단단한 음식을 소화시켜라

그리스도 지체의 본성과 속성에 대해 이미 여러 번 논하였기에, 이 구절에서 같은 것을 또 말하는 것은 불필요한 일 같아 보입니다. 여기서 우유보다 흰 그의 '이'는 하느님의 말씀께서 주시는 딱딱하고 단단한 음식을 자신의 이로 씹어서 아주 잘게 갈아 먹을 수 있는 이들입니다. 이들에 관하여 사도는 히브리인들에게 보낸 서간에서 "단단한 음식은 성숙한 사람들을 위한 것입니다. 그들은 경험으로, 좋고 나쁜 것을 분별하는 훈련된 지각을 가지고 있습니다"(히브 5,14)라고 합니다. 아직 미성숙한 코린토 신자들에 대해서는 "나는 여러분에게 젖만 먹였을 뿐 단단한 음식은 먹이지 않았습니다. 여러분이 그것을 받아들일 수 없었기 때문입니다"(1코린 3,2)라고 합니다. [성숙한] 이들은 젖을 먹고 사는 이들보다 우수하기에 그들의 이는 하얗습니다. 곧, 단단한 음식을 먹을 수 있는 이들은 아기들처럼 아직 젖이 필요한 이들보다 뛰어납니다. 율법에서, 자기가 삼킨 먹이를 소화시키기 위해 다시 입으로 가져와 되새김질해서 아주 잘게 만드는 짐승을 정결한 짐승으로 분류한 것은 이런 까닭입니다(레위 11,3 참조). 이런 전통적인 개념에 바탕해서, '그의 이는 희다'고 하는 것입니다. 성경이라는 음식을 합당하고 적절한 해석으로 설명함으로써 교회에 명확하고 뛰어난 정보, 곧 영적 지식을 제공해 주는 모든 완전한 이는 순수하고 자유로우며 틀림없이 흠잡을 데가 없을 것입니다. 따라서 그들은 "남은 가르치면서 왜 자신은 가르치지 않습니까"(로마 2,21)라는 말은 결코 들을 일이 없을 것입니다.

● 아퀼레이아의 루피누스 『(열두) 성조의 축복』 1,10.[33]

---

[33] SC 140,60-62.

49,13 즈불룬

13 즈불룬은 바닷가에 살며
배들의 항구가 되고
그 경계는 시돈에 이르리라.

둘러보기

바닷가에 사는 '즈불룬'은 항구, 곧 구원의 항구인 교회에서 피난처를 구하는 이교 민족을 나타낸다(히폴리투스, 암브로시우스). 도덕적 관점에서 풀이하면, 즈불룬은 '밤에 속한 것들로부터 벗어남'(암브로시우스), 또는 '불량한 사상을 잡아 없애는 사냥꾼'(루피누스) 등으로 다양하게 풀이된다.

49,13 즈불룬과 바닷가

이교 민족들은 항구를 찾는다

야곱은 '즈불룬'이라는 이름을 사용해, 바닷가에 살면서 바다에 나가 유혹의 폭풍우로 괴로움을 겪는 이교 민족을 비유적으로 예시합니다. 그들은 피난처를 찾아 항구, 곧 교회로 옵니다.

● 히폴리투스 『이사악과 야곱의 축복』 20.[1]

교회는 구원의 항구와 같다

이 이름['즈블룬']의 뜻 자체가 더 나은 것을 약속합니다. 이 이름을 우리 말로 옮기면 '밤에 속한 것들로부터 벗어남'이란 뜻이기 때문입니다. 이것은 분명 좋은 일이고, 주님의 날개에 의지하는 이에게 어울리는 일입니다. 주님의 진리가 그를 둘러싸고 있어서 그는 "밤의 공포도 … 어둠 속에 돌아다니는 흑사병도"(시편 91,5-6) 무서워하지 않습니다.

그러므로 "즈블룬은 바닷가에 살" 것입니다. 그러면 그는 난파당한 다른 이들을 보게 되겠지만, 그 자신은 어떠한 위험에도 처하지 않을 것입니다. 그는 이 세상의 바다에서 이리저리 밀려다니는 사람들, 곧 "가르침의 온갖 풍랑에 흔들리고 이리저리 밀려"(에페 4,14)다니는 이들을 볼 테지만, 그 자신은 땅 위에서 굳건한 믿음을 지킬 것입니다(1티모 1,19 참조). 그처럼 믿음에 토대를 두고 세워진 지극히 거룩한 교회도 이단자들이 폭풍우를 겪는 것과 유대인들이 난파당하는 것을 봅니다. 그들이 이런 일을 겪는 것은 자신들의 키잡이를 거부했기 때문입니다. 그러나 [교회는] 물가에 살되 물에 의한 혼란을 겪지 않습니다. [교회는] 위험에 빠지기보다는 오히려 도움을 줄 준비가 되어 있습니다. 그래서 심한 폭풍을 만나 항구로 피난하고 싶어 하는 사람이 있다면, 교회는 언제든 구원의 피난처로서 바로 가까이 있습니다. 양팔을 벌리고서, 그 편안한 무

릎으로 오라고 위험에 처한 이들을 부르며, 닻을 내려도 좋겠다고 믿어지는 곳을 보여 줍니다. 그래서 이 세상의 교회들은 항구처럼 바닷가에 흩어져 있습니다. 괴로움을 당한 이들을 맞이하여, 바람에 시달린 그들의 배를 정박시킬 수 있는, 믿는 이들을 위한 피난처가 준비되어 있다고 말해 주기 위해서입니다.

• 암브로시우스 『성조』 5,26.[2]

즈블룬의 경계가 시돈에 이른다

즈블룬의 경계가 '시돈', 곧 '사냥꾼'들에 이른다는 말은 이 사람이, "얘들아, 여우들을 잡아라. 우리 포도밭을 망치는 저것들을"(아가 2,15)이라는 말을 듣는 이들 가운데 하나가 되고자 애쓴다는 뜻으로 풀이할 수도 있습니다. 그러니까 즈블룬의 경계가 사냥꾼들에게까지 이르는 것은, 그의 마음에 들어와 주님의 포도밭을 망치려는 사나운 짐승들과 교활한 여우들, 곧 사나운 마귀들과 해로운 사상들을 사냥하는 법을 배우기 위해서입니다. 그것들을 붙잡기 위해, 그는 불량한 사상들을 뒤쫓는 훌륭한 사냥꾼이 되었습니다.

• 아퀼레이아의 루피누스 『(열두) 성조의 축복』 2,11.[3]

---

[1] PO 27,84-86.

[2] FC 65,256-57**.

[3] SC 140,92.

49,14-15 이사카르

¹⁴ 이사카르는 튼튼한 나귀
   가축우리 사이에 엎드린다.

⌒ **15 쉬기에 좋고**

땅이 아름다운 것을 보고는

그곳에서 짐을 지려고 어깨를 구부려

노역을 하게 되었다. ①

① 히브리어 본문과 칠십인역 본문이 많이 다른 대목이다. 칠십인역은 이렇다: "이사카르는 상속 재산들 가운데에서 쉬면서 좋은 몫을 바랐다. 쉬기에 좋고 기름진 땅을 보고는, 일하려고 자기 어깨를 구부려 농부가 되었다."

둘러보기

도덕적 해석으로 풀 때, '보상'을 뜻하는 이사카르는 자신의 선행에 대한 보상을 기다리며 바른 덕의 길을 걷고 자신의 '몫', 곧 하느님의 계명들 가운데에서 쉬는 이를 나타낸다(루피누스). 우의적 해석으로 풀면, 이사카르는 우리의 '보상'으로서의 그리스도를 나타낸다. 그분은 '몫들', 곧 구약과 신약 그리고 모세와 엘리야 예언자들 사이에서 쉬시는 분이기 때문이다(히폴리투스). 그는 십자가를 지려고 자신의 어깨를 구부렸다(암브로시우스).

49,14 이사카르는 튼튼한 나귀

선행의 보상을 기다리는 이

앞에서 우리는 영혼을 나약하게 만드는 세 가지 충동 때문에 잘못을 저지르는 것에 대해 생각해 보았습니다. 세 가지 충동이란 르우벤이 상징하는 육적인 욕정과 시메온이 상징하는 분노, 레위가 상징하는 잘못 방향 잡힌 분별입니다. 그다음에 우리는 유다의 표상으로 표현된 회개하는 사람과 즈불룬으로 표현된 돌아선 사람을 보았습니다. '보상'을 뜻하는 이사카르 안에서 우리는 자기 선행의 보상을 기다리는 사람을 봅니다. 그는 악을 몰아냈을 뿐 아니라 선을 지향했기에 자신의 몫들 가운데에서 쉽니다.[1] 그 가운데에는 지혜의 경고에 따라 오른쪽으로도 왼쪽으로도 벗어나지 않고(잠언 4,27 참조) 바른 덕의 길을 걸으며 그 위에 머무르는 이가 있습니다. 여기서 '몫'(칠십인역)은 이런 식으로 풀이할 수 있습니다. '몫'은 사람들이 상속 재산의 한 부분을 얻도록 허락하는 것입니다. 이런 일은 이교인들이 생각하는 것처럼 우연히 일어나는 것이 아니라 하느님의 판단과 처분에 따라 정해지는 것입니다. 그러므로 도덕적 관점에 따른 이 설명에서 우리는 '몫'을 하늘의 상속 재산을 얻을 수 있게 해주는 하느님의 계명들로 이해해야 합니다. 그래서 이미 돌아선 이 사람은 '쉬기에 좋고 땅이 기름진 것을 보고는' 자기 행위에 대한 보상을 기대하며 '몫'들, 곧 하느님의 계명들 가운데에서 쉽니다. 영이 바라는 것을 자기 안의 육이 방해(갈라 5,17 참조)하는 한 계속되는 마음속 생각들의 싸움(로마 2,15 참조)을 억누르고 몰아내고 나면, 그의 영은 마침내 하느님 안에서 안식합니다. 그는 그 안식이 좋은 것임을 보았습니다. 예수님께서 이제는 그에게 "가서 좀 쉬어라"(마르 6,31)라고 하실 수 있기 때문입니다. 그런데 그는 그 땅이 좋은 땅인 것도 봅니다. 그 땅이 좋은 땅

---

[1] 루피누스는 '유산', '몫', '재산'으로 옮길 수 있는 그리스어 '클레로스'(*klēros*)를 라틴어 '소르'(*sor*)로 옮긴 옛 라틴어 번역 성경에 바탕하여 해석했다.

임을 그가 언제 보았습니까? 악덕들과 정욕으로부터 자신의 육을 정화했을 때, 그는 그 땅이 기름져 결실이 풍부한 땅임을 보았습니다. … 우리는 그를 자기 땅을 경작하는 농부로 보아야 합니다. 그는 하느님의 '말씀'이라는 쟁기와 성경이라는 보습으로 끊임없이 자기 영혼이라는 밭과 마음이라는 미개간지를 갈고 이랑을 지으며, 믿음과 사랑, 희망, 정의의 농원에 이스라엘의 샘에서 솟는 물을 주면서 자기 영혼의 밭에 온갖 농법을 다 사용합니다.

• 아퀼레이아의 루피누스 『(열두) 성조의 축복』 2,14.[2]

49,15 노역

예언자들의 유산 안에서 쉰다

이 본문은 이사카르를 통해 비유적이며 우의적으로 구원자를 나타냅니다. 사실 그분만이 어린 시절부터 선을 바랐습니다. "그 아이는 '아빠', '엄마'라 부를 줄 알기도 전에, 나쁜 것은 물리치고 좋은 것을 선택하였다"(참조: 이사 8,4; 7,16)고 이사야가 확인해 줍니다. 그는 예언자들이 예고한 것을 이루기 위하여, 예언자들의 유산 안에서 자신의 안식을 발견했습니다. 모세와 엘리야가 한 사람은 그분의 오른쪽에 한 사람은 왼쪽에 서서 그분과 이야기를 나누는 모습이 목격된 것은 구원자께서 그들 가운데에서 쉬신다는 것을 보여 주기 위해서였습니다.

• 히폴리투스 『이사악과 야곱의 축복』 21.[3]

옛 계약과 새 계약의 몫들 가운데에서 쉰다

"이사카르는 상속 재산들 가운데에서 쉬면서 좋은 몫을 바랐다. 쉬기에 좋고 기름진 땅을 보고는 일하려고 어깨를 구부려 농부가 되었다"(14-15절 칠십인역). '이사카르'는 '보상'이라는 뜻입니다. 따라서 그는 우리의 보상인 그리스도를

나타냅니다. 우리가 영원한 구원에 대한 희망에서, 금이나 은이 아니라 믿음과 헌신으로 우리 자신을 위해 그분을 사기 때문입니다. … 그분은 처음부터 선을 바랐고, 나쁜 것은 바랄 줄도 몰랐습니다. 그분에 대해 이사야는 "그 아이는 '아빠', '엄마'라 부를 줄 알기 전에, 나쁜 것을 물리치고 좋은 것을 선택하였다"(참조: 이사 8,4; 7,16)고 합니다. 그분은 구약과 신약의 몫들 가운데 그리고 예언자들 가운데에서 쉬셨습니다. 그래서 그분께서는 모세와 엘리야 가운데 나타나셨습니다(마태 17,3 참조). 당신께서는 많은 이가 죄를 끊고 살아 계신 하느님을 믿게 만든 그들과의 대화를 통해 쉬셨으며, 그들이 바로 당신의 부활과 복된 휴식의 증인들임을 우리에게 알려 주기 위해서였습니다. 그러므로 그분께서는 민족들을 당신 부활 — 이것이 바로 영원한 열매들, 예순 배, 백 배의 열매를 내는(참조: 마태 13,8; 마르 4,8) 기름지고 풍요로운 땅입니다 — 의 은총으로 부르기 위하여 우리의 죄를 짊어지시려고 어깨를 구부려 노역을 하게 되신 것입니다. 곧, 당신 몸을 구부려 십자가를 지신 것입니다. 그래서 예언자는 "왕권이 그의 어깨에 놓이고"(이사 9,5)라고 합니다. 이는 그분 신성의 권능이 그분 육체의 수난 위에 있다는 뜻입니다. 또는 그분 육체 위로 우뚝 솟은 십자가를 가리키는 말로 볼 수도 있습니다. 이처럼 그분께서는 당신의 어깨를 구부려 스스로 쟁기를 매시고 온갖 모욕을 참아 내시며, 우리의 죄악으로 인한 상처의 고통과 우리의 죄로 인한 병약함에 지고 가셨습니다(이사 53,3-5 참조). "[그가] 농부가 되었다"(칠십인역)고 하는 것은 그가 자신의 땅에 좋은 씨를 뿌리며 깊

---

[2] 2SC 140,96-100.

[3] PO 27,88.

이 뿌리내리고 결실이 풍부한 나무를 심을 줄 알
기 때문입니다.

• 암브로시우스 『성조』 6,30-31.[4]   [4] FC 65,258-59*.

49,16-18 단

[16] 단은 이스라엘의 여느 지파처럼
제 백성을 정의로 다스리리라.
[17] 단은 길가의 뱀
오솔길의 독사.
말 뒤꿈치를 물어
그 위에 탄 사람이 뒤로 떨어진다.
[18] 주님, 제가 당신의 구원을 기다립니다.

둘러보기

단을 재판관으로 묘사하는 것은 유다 지파에
서 나올 그분, 첫 번째 뱀 사탄에게 '뱀'이 되신
분께서 모든 민족들을 심판하시리라는 것을 암
시한다(에프렘). 이 예언은 진리의 길을 가는 이들
을 넘어뜨리려 하는 잔인한 심판관인 '그리스도
의 적'을 가리키는 것일 수도 있다(암브로시우스).
'말 뒤꿈치를 문다'는 표현은 진리와 구원의 길
을 알리는 이들을 시험하는 것을 가리킨다(히폴
리투스, 암브로시우스). 도덕적 해석을 하자면, 단은
도덕적 진보를 계속하는 이를 나타낸다. '오솔
길'은 구원으로 가는 좁은 길을, '뱀'은 금욕적 단
련을 나타낸다(루피누스).

49,16 단은 다스리리라[심판하리라(칠십인역)]

모든 민족들을 심판하다

단 지파에서 태어난 이가 제 백성을 심판한다

면, 왕국의 주인이신 유다 지파 출신인 그분은
어떻겠습니까? 모든 민족을 심판하지 않겠습니
까? 우리 주님께서는 구리 뱀이 뱀들을 물리쳤
듯이(민수 21,4-9 참조), 첫 번째 뱀에게 '뱀'이 되셨
고, 사탄에게는 '독사'가 되셨으니 말입니다.

• 시리아인 에프렘 『창세기 주해』 43,6.[1]

'그리스도의 적'을 예고하는 예언

단순하게 해석하자면, 이 구절은 단 지파에서
이스라엘의 판관들도 나왔다는 뜻입니다. 눈의
아들 여호수아 이후 백성들의 판관은 여러 지파
에서 나왔지만, 삼손이 단 지파에 속했고(판관 13,
2 참조), 그는 스무 해 동안 판관으로 일했습니다
(판관 15,20 참조). 그런데 이 예언은 삼손이 아니
라, 단 지파 출신으로 백성들을 심판할 잔인한

[1] FC 91,210.

판관이요 야만적인 폭군인 '그리스도의 적'에 관한 것입니다. 그자는 길에 똬리를 틀고 있는 뱀처럼, 진리의 길을 걷는 사람들을 넘어뜨리려고 합니다. 그자는 진리를 무너뜨리고 싶어 하기 때문입니다. '말 뒤꿈치를 문다'는 말이 바로 이 뜻입니다. 독이 스며든 데다 뱀의 이빨이 만든 상처가 아파 말이 뒤꿈치를 번쩍 듭니다. 배반자 유다도 악마의 유혹에 넘어갔을 때, 주 예수님 위로 자신의 뒤꿈치를 들었습니다(참조: 시편 41,10; 요한 13,18). 모든 사람을 높이 들어 올리기 위해 자신을 던지신 그분을 말 등에서 떨어뜨리기 위해서였습니다.

• 암브로시우스 『성조』 7,32.[2]

49,17 뱀

진리를 알리는 이들을 시험하다

예언자가 "말 뒤꿈치를 물어"라고 한 것은 진리와 구원의 길을 알리는 이들을 그리스도께서 시험하실 것임을 나타냅니다. 그분께서는 사도들도 시험하셨고 유다를 속여 그를 붙잡으셨습니다. 말을 붙잡듯 그를 잡으시어, 그 위에 타고 있던 이를 내던져 죽음에 이르게 하셨습니다.

• 히폴리투스 『이사악과 야곱의 축복』 22.[3]

뱀에게 물리지 않게 조심하라

그러니 우리는 길을 잘 달리고 있을 때, 뱀이 오솔길 어디에선가 숨어서 '말' — 우리의 몸 — 이 발을 헛디디게 하여, 말 위에서 잠자고 있는 이를 내동댕이치는 일이 없도록 조심합시다. 우리가 방심하지 않는다면, 우리 자신을 잘 지켜 뱀에게 물리는 일이 없을 것입니다. 그러니 게으름이라는 잠, 세속이라는 잠에 빠지지 맙시다. 부富라는 잠에도 빠지지 맙시다. 그러면 "그들은 모두 잠에 떨어져, 부자인 모든 자가 손에 아무

것도 쥐지 못했네"(시편 75,6 칠십인역) 같은 말을 듣는 일이 없을 것입니다. 그런데 말 위에서 잠이 든 사람들이 실제로 있었고, 그들에 관해 "말을 탄 이들이 잠에 떨어졌네"(시편 75,7 칠십인역)라고 쓰여 있습니다. 탐욕이 여러분의 마음에 상처를 입힌다면, 욕정이 마음을 불태운다면, 여러분은 말을 탄 채 잠에 떨어진 사람입니다. … 유다는 잠에 떨어졌습니다. 그래서 예수님의 말을 듣지 못했습니다. 네, 유다는 자고 있었습니다. 부라는 잠에 떨어졌습니다. 배반의 대가를 요구한 걸 보면 그렇습니다(마태 26,15 참조). 악마는 그가 잠에 떨어진 것을, 곧 탐욕이라는 깊은 잠에 빠진 것을 보았습니다. 그래서 그의 마음속으로 들어가(루카 22,3 참조) 말에 상처를 입히고, 그 위에 타고 있는 이를 내동댕이쳐 그리스도에게서 그를 떼어 놓았습니다.

• 암브로시우스 『성조』 7,33.[4]

좁은 길을 뜻하는 '오솔길'

'오솔길'은 좁은 길을 뜻합니다. 이는 그가 죽음으로 이끄는 넓고 큰 길이 아니라 생명으로 이끄는 장애물로 가득 찬 좁은 길을 가고 있음을 말해 줍니다. 그는 '말 뒤꿈치를 물어'서, 바오로 사도가 이렇게 표현한 일을 합니다. "나는 내 몸을 단련하여 복종시킵니다. 다른 이들에게 복음을 선포하고 나서, 나 자신이 실격자가 되지 않으려는 것입니다"(1코린 9,27). 그는 이렇게 함으로써, 말을 탄 이가 '뒤로 떨어지게' 합니다. 그는 의기양양해하는 것과 높은 곳을 늘 두려워하며, "마음이 온유하고 겸손"(마태 11,29)하신 그리

---

[2] FC 65,260**.

[3] PO 27,90-92.

[4] FC 65,260-61.

스도께 배우기 위해 자기 영혼이 악의 높은 곳에서 정직한 겸손으로 떨어지는 것을 좋아합니다. 이는 자만을 두려워하는 단계로 진보한 이들의 특징입니다. 그리고 마지막으로, 매우 중요한 사도인 바오로는 이렇게 말했습니다. "내가 자만하지 않도록 하느님께서 내 몸에 가시를 주셨습니다. 그것은 사탄의 하수인으로, 나를 줄곧 찔

러 대 내가 자만하지 못하게 하시려는 것이었습니다"(2코린 12,7). 자만에서 그리스도의 겸손으로 다시 불려 온 영혼은 주님의 구원을 기다립니다.

● 아퀼레이아의 루피누스 『(열두) 성조의 축복』 2,17.[5]

---

[5] SC 140,106-8.

49,19 가드

> [19] 가드는 약탈자들[①]의 습격을 받겠지만
> 그 자신이 그들의 뒤를 습격하리라.[②]

> ① 히브리어로는 '침략군'이란 뜻의 '게두드'(gedud).
> ② 칠십인역 본문은 다음과 같다. "가드, 시련이 그를 시험하겠지만, 그가 바로 뒤따라 그들을 시험하리라." 그리스어 '페이라테리온'(peiratērion)은 '시련, 시험' 또는 '약탈자'로 옮길 수 있다.

둘러보기

히폴리투스와 암브로시우스에 따르면, '가드'는 유대인 최고 의회와 율법 학자들과 사제들의 모함으로 시련을 당하신 구원자를 나타낸다. 도덕적 해석으로 풀면, '가드'는 진보를 이루었지만 여전히 유혹으로 시험받는 사람을 나타낸다 (루피누스).

49,19 약탈자들의 뒤를 습격하리라

사악한 최고 의회를 나타낸 예언

이 예언자가 말하는 '약탈자들'(또는 '시험의 장소')은 수석 사제들과 율법 학자들로 구성된 사악한 최고 의회를 가리킵니다. 그들은 구원자를 고발하여 붙잡아 죽이려고 엉뚱한 구실을 대어 그분을 시험하였습니다(참조: 마태 26,4; 요한 8,6). 그

러나 그들의 의도를 알고 계셨던 그분께서는 당신의 정의로 그들을 시험하시어, 그들이 자기들 죄 속에서 죽게 하셨습니다(요한 8,24 참조).

● 히폴리투스 『이사악과 야곱의 축복』 23.[1]

그리스도를 가리키는 예언

"가드, 시련이 그를 시험하겠지만, 그가 바로 뒤따라 그들을 시험하리라"(19절 칠십인역). 여기서 '시련'은 성경이 알려 주듯이, 황제에게 내는 세금(마태 22,15-22 참조)과 요한의 세례에 관한 물음(마태 21,25 참조)으로 주 예수님을 시험한 교활한 율법 학자들과 사제들의 의회를 가리킵니다. '바로 뒤따라'는 깊이 생각하지 않고 곧바로 대

---

[1] PO 27,92-94.

응한다는 뜻입니다. 이는 당신을 시험하는 자들을 궁지에 빠뜨리기 위해서입니다. 그래서 그들이 "당신은 무슨 권한으로 이런 일을 하는 것이오?"(마태 21,23) 하고 묻자, 그리스도께서는 그들의 물음에 대답하지 않고 오히려 당신께서 물으셨습니다. "나도 너희에게 한 가지 묻겠다. 너희가 나에게 대답하면, 나도 무슨 권한으로 이런 일을 하는지 너희에게 말해 주겠다"(마태 21,24)라고 하셨습니다. 또 그들이 "황제에게 세금을 내는 것이 합당합니까, 합당하지 않습니까?" 하고 물었을 때는, "위선자들아, 너희는 어찌하여 나를 시험하느냐? 세금으로 내는 돈을 나에게 보여라"라고 하셨습니다. 그리고 그들이 돈을 내보이자 "이 초상과 글자가 누구의 것이냐?" 하고 물으셨고, 그들은 "황제의 것입니다"라고 했습니다. 이렇게 그들 자신의 말로 그들을 묶으시고 그들이 짜 놓은 계략에 그들 스스로 걸려들게 하셨습니다. 그들에게 이렇게 말씀하셨기 때문이지요. "황제의 것은 황제에게 돌려주고, 하느님의 것은 하느님께 돌려드려라"(마태 22,17-21). 이에 그들은 아무 말도 하지 못했습니다. 오히려 경탄하면서 물러갔습니다. … 모세는 거룩한 야곱의 이 예언이 그리스도에 관한 것임을 명쾌하게 설명해 주었습니다. 그는 이렇게 말합니다. "가드의 땅을 넓혀 주신 분께서는 찬미받으소서. 가드는 사자처럼 자리 잡고서 먹이의 팔과 머리를 찢는다. 그는 부족의 지도자들이 모인 우두머리들의 땅이 나누어진 것을 처음부터 보았으니, 주님께서 이스라엘을 위하여 공정과 심판을 행하셨다"(신명 33,20-21 칠십인역). 자신을 시험하는 자들 사이에 분열이 있음을 처음부터 보았기에 사자처럼 쉬며 힘센 자들의 팔을 부러뜨린 이에게서 우리는 그분을 봅니다.

• 암브로시우스 『성조』 8,35-37.[2]

시련을 거쳐 성숙해진다

도덕적 지각도 비슷한 과정을 거쳐 진보합니다. 우리의 이 사람은 자신의 잘못을 고백하고 회개한 다음 지식을 통하여 완전히 돌아섬으로써 큰 발전을 보여 줍니다. 그러면 이제 원수가 유혹해 오고, 그의 영혼의 힘과 의향의 건전함이 시험을 받습니다. 사실, 성경에도 "시련을 겪지 않은 사람은 믿을 만한 사람이 못 된다"(집회 34,10 칠십인역)고 쓰여 있습니다. 유혹으로 먼저 시험을 거치지 않은 사람은 결코 완전해질 수 없습니다.

• 아퀼레이아의 루피누스 『(열두) 성조의 축복』 2,20.[3]

---

[2] FC 65,262-63**.

[3] SC 140,110-12.

49,20 아세르

20 아세르는 양식이 넉넉하여
　임금님에게 진미를 올리리라①.

① 칠십인역 본문은 "아세르는 양식이 넉넉하여 통치자들에게 진미를 올리리라"다.

둘러보기

'아세르는 양식이 넉넉하다'라는 말은 하늘에서 내려온 빵이시며 성도들의 양식이신 그리스도에 관한 표현이라고 풀이할 수 있다(히폴리투스, 암브로시우스). 도덕적 해석으로 풀면, '복되다'라는 뜻인 '아세르'는 유혹을 이겨 낸 뒤 하늘에서 내려온 빵을 먹는 사람을 가리킨다(루피누스).

49,20 양식이 넉넉하다

아리송한 예언

예언자의 이 말은 뜻이 좀 아리송합니다. 생명의 양식을 제공하고 나누어 줄 임무를 지닌 사도들에 대한 말 같기도 하고, 구원자에 대한 말 같기도 합니다. 아무튼 지금 그는, 성도들의 먹을 것이자 마실 것인 하늘에서 내려오는 빵에 대해 예고하며 우리에게 그것을 알려 줍니다. '아세르'는 '부유하다'는 뜻입니다. 그에게 오는 모든 사람을 배불리 먹일 수 있을 만큼, 그 홀로 부유합니다. 그리스도께서도 당신에 대해 이렇게 증언하신 바 있습니다. '나는 하늘에서 내려온 빵이다. 너희 조상들은 광야에서 만나를 먹고도 죽었다. 그러나 내가 주는 빵을 먹는 사람은 영원히 죽지 않는다'(참조: 요한 6,48-50; 8,51).

• 히폴리투스 『이사악과 야곱의 축복』 24.[1]

주 예수님 말고 누가 부유한가?

"아세르는 양식이 넉넉하여, 통치자들에게 진미를 바치리라"(20절 칠십인역). '아세르'는 '부, 재산'이라는 뜻입니다. 그런데 지혜와 하느님에 관한 지식의 부가 엄청나게 많은 곳에 있는 이 말고 누가 부유합니까? 늘 충만하시며 결핍을 모르는 주 예수님 말고 누가 부유합니까? 그분은 모든 사람을 채우셨습니다. 당신 가난으로 모든 사람을 부자로 만드셨으니, 그분의 부는 얼마나 대단한지요! 그러나 그리스도는 우리를 위해서 가난하셨고 하느님과 함께는 부유하셨습니다. 바오로 사도도 "그분께서는 부유하시면서도 여러분을 위하여 가난하게 되시어, 여러분이 그 가난으로 부유하게 되도록 하셨습니다"(2코린 8,9)라고 했습니다. 그분의 가난은 우리를 부유하게 하고, 그분의 옷자락은 치유하며(참조: 마태 9,20-22; 14,34-36), 그분의 배고픔은 우리를 배불리고, 그분의 죽음은 생명을 주며, 그분의 장례는 부활을 줍니다. 그러므로 그분은 값진 보물입니다. 그분께는 양식이 넉넉하기 때문입니다. '넉넉하다'는 참으로 알맞은 표현인데, 그분의 빵을 먹은 이는 배고프지 않기 때문입니다(요한 6,35 참조). 그리스도께서는 믿는 이들에게 나누어 주라고 그 빵을 사도들에게 주셨고(마태 15,36 참조), 오늘날에도 그분께서는 우리에게 빵을 주십니다. 그분은 사제로서 날마다 당신 말씀으로 그 빵을 축성하시기 때문입니다. 그리하여 그 빵은 성도들의 양식이 되었습니다. 우리도 주님을 받아 모실 수 있습니다. 우리에게 당신 살을 주신 그분께서 이렇게 말씀하셨습니다. "나는 생명의 빵이다. 너희 조상들은 광야에서 만나를 먹고도 죽었다. 그러나 이 빵은 하늘에서 내려오는 것으로, 이 빵을 먹는 사람은 죽지 않는다"(요한 6,48-50). … 모세도 축복의 말을 남길 때 예언을 했습니다. "자녀 복을 받은 아세르는 형제들이 좋아하는 이가 되어 발을 기름에 담그리라. 그는 쇠와 놋쇠로 된 신발을 신을 것이며, 너의 날들도 힘도 그러하리라. 하늘에 계신 너의 하느님 같으신 분은 없다. 창공의 막강한 주님이시며 지극히 높은 곳에 계시는 하느님께서 너를 도우시고 지켜 주신다. 강력한 당신 팔의 힘으로 너의 면전

---

[1] PO 27,96.

에서 네 원수들을 쫓아내시며 '멸망시켜라' 하고 말씀하신다. 이스라엘 홀로 야곱의 땅에서 평안히 살리라. 하늘이 이슬을 내려 주어, 곡식과 포도주가 풍족하리라"(신명 33,24-28 칠십인역).

• 암브로시우스 『성조』 9,38-40.[2]

하늘에서 내려온 양식

'아세르'는 '복되다'는 뜻입니다. 잘못에서 회개로 불려 돌아서고, 영적 지식을 얻고, 유혹에

승리를 거둠으로써 조금씩 조금씩 진보해 지금의 복된 상태에 이른 사람의 '양식'은 단언컨대 넉넉합니다. 그는 "하늘에서 내려와 세상에 생명을 주는 빵"(요한 6,33)을 먹으며, 그에게는 그 빵이면 충분합니다.

• 아퀼레이아의 루피누스 『(열두) 성조의 축복』 2,21.[3]

---

[2] FC 65,263-64*.

[3] SC 140,112.

49,21 납탈리

²¹ 납탈리는 풀어놓은 암사슴
예쁜 새끼들을 낳는다①.

① 또는 '아름다운 말을 한다'. 21절의 칠십인역 본문은 상당히 다르다. "납탈리는 뻗어 나가는 줄기, 그 열매로 아름다움을 낳는다."

둘러보기

칠십인역 본문을 따르면, 납탈리는 '뻗어 나가는 줄기'인데, 이는 믿음을 통해 자유로, 또 교회 안의 충만한 은총으로 불린 사람들을 나타낸다(히폴리투스, 암브로시우스). 도덕적 해석으로 풀면, '포도나무' 또는 '잎 많은 나무'를 뜻하는 '납탈리'라는 이름은 사제직을 받아도 좋을 만큼 진보를 이룬 사람이나 하느님의 지혜를 드러낸 사람을 나타낸다(루피누스).

49,21 뻗어 나가는 줄기

사람들은 믿음을 통해 자유로 불린다

'뻗어 나가는 줄기'는 모든 이가 하느님께 열매를 가져다 드릴 수 있도록 믿음을 통해 자유로

불린 사람들을 나타냅니다. 구원자는 영적 포도나무이고 그 나무의 가지와 줄기는 그분을 믿는 성도들입니다. 그 나무의 포도송이들은 순교자들입니다. 포도나무에 묶여 있는 나무 밑동들은 수난을 나타냅니다. 포도를 따는 이들은 천사들입니다. 포도나무의 열매들이 담기는 바구니들은 사도들입니다. 포도 확은 교회고, 포도주는 성령의 권능입니다. 따라서 '뻗어 나가는 줄기'는 죽음의 사슬에서 풀려난 이들을 나타냅니다. 그런 이들에 대해 이사야[실제로는 말라키]는 "너희는 외양간의 송아지들처럼 나와서 뛰놀리라"(말라 3,20) 하고 말합니다. 한편, '그 열매로 아름다움을 낳는다'는 그들이 물을 통한 새로 남으로, 어떤 사람보다 수려하신(시편 45,3 참조) 말씀

의 아름다움과 은총을 받는다는 뜻입니다.

• 히폴리투스 『이사악과 야곱의 축복』 25.[1]

하느님의 사람들이 예시되다

"납탈리는 뻗어 나가는 줄기, 그 새싹으로 아름다움을 낳는다"(21절 칠십인역 참조). 포도나무에서 어떤 가지는 쓸모없어 보여 잘려 나갑니다. 포도나무가 아무렇게나 가지를 잔뜩 내어 열매가 부실해지면 안 되기 때문입니다. 어떤 가지는 끝만 조금 잘린 채 계속 자라 열매를 맺도록 허락됩니다. 가지의 아름다움은 그것이 내는 산물에 있습니다. 가지가 위에 있는 것들을 향해 뻗어 오르면, 포도나무를 감싸 안게 됩니다. 꼭대기까지 올라가면, 고귀한 포도나무 싹으로 만들어진 목걸이처럼 [나무를 받치는] 가로대의 목을 감쌉니다. 그것이 내는 산물에도 그러한 아름다움이 있습니다. 싹들이 완전하게 자라 많은 열매를 쏟아 내기 때문입니다. 이런 가지는 아름답습니다. 그러나 이 구절은 영적 포도나무에 붙어 있는 싹에 대한 언급이어서 이 가지는 훨씬 더 아름답습니다. 우리는 이 포도나무의 가지이며, 우리가 거기에 머무르면 열매를 맺을 수 있습니다. 그러나 열매를 맺지 못하면 잘려 나갑니다. 거룩한 성조 납탈리는 풍요로운 줄기였습니다. 그래서 모세는 "은총이 충만하고 주님의 복이 가득한 납탈리. 그는 바다와 남쪽 지방을 차지한다"(신명 33,23)고 합니다. 이것은 '납탈리는 뻗어 나가는 줄기'라는 야곱의 예언에 대한 설명입니다. 곧, 믿음의 은총을 통해 죽음의 속박을 벗어난 그는, 믿음의 자유와 은총의 충만함으로 불려 온 세상으로 퍼져 나간 하느님의 백성을 예시합니다. 그 줄기는 좋은 열매로 그리스도의 나무를 옷처럼 감싸며, 참포도나무의 나무 기둥, 곧 주님 십자가의 신비를 둘러쌉니다. 그[런 줄기]는

그분을 받아들이는 데 따르는 위험을 두려워하지 않습니다. 오히려 박해를 받으면서도 그리스도의 이름을 자랑으로 여깁니다.

• 암브로시우스 『성조』 10,41-43.[2]

빛나는 열매

세 번째 설명[3]과 관련해, '납탈리'라는 이름에 대한 해석은 그를 '잎 많은 나무' 또는 '포도나무'로 표현한 그의 아버지의 축복에 암시되어 있습니다. 조금 앞에서는, 양식이 넉넉하고 통치자들에게 진미 — 사람들의 마음을 위로해 주는 빵(시편 104,15 참조) — 를 올린 사람이 있었습니다. 이제 두 번째 단계에서는, "참포도나무"(요한 15,1)이신 그리스도께서 그를 위해 빛나는 열매를 보여 주셨습니다. 그것은 그분께서 예전에 빵으로 위로해 주셨던 마음을 포도주로 즐겁게 해 줄 수 있게 하는 열매입니다. 이 두 경우는 다 사제직의 성사까지도 얻기에 족한 진보를 이룬 사람을 말하는 것으로 보입니다. 그러나 '납탈리'를 '잎이 무성한 포도나무'가 아니라, 열매로 아름다움을 보여 주는 '나무'로 풀이할 경우, 열매로 아름다움을 드러내는 나무란 바로 하느님의 지혜 아니겠습니까? 그 지혜에 대해 솔로몬은 "지혜는 붙잡는 이에게 생명의 나무"(잠언 3,18)라고 합니다.

• 아퀼레이아의 루피누스 『(열두) 성조의 축복』 2,24.[4]

---

[1] PO 27,98-100.

[2] FC 65,264-65.

[3] 루피누스가 말하는 '세 번째 설명'은 본문의 도덕적 의미를 가리킨다.

[4] SC 140,116.

49,22-26 요셉

²² 요셉은 열매 많은 나무
샘 가에 심긴 열매 많은 나무.
그 가지가 담장 너머로 뻗어 간다.
²³ 궁수들이 그를 어지럽히고
그에게 활을 쏘며 덤벼들었어도
²⁴ 그의 활은 든든히 버티고
그의 손과 팔은 날쌔었다.
이는 야곱의 장사의 손,
이스라엘의 목자요 바위이신 분의 이름 덕분이고
²⁵ 네 아버지의 하느님 덕분이다. 그분께서 너를 도우시리라.
전능하신 분① 덕분이다. 그분께서 너에게 복을 내리시리라.
위에 있는 하늘의 복,
땅 속에 놓여 있는 심연의 복,
젖가슴과 모태의 복을 내리시리라.
²⁶ 네 아버지의 복은
예로부터 있던② 산들의 복보다,
처음부터 있던 언덕들의 탐스러운 것들보다 크다.
그 복이 요셉의 머리로,
제 형제들 가운데에서 봉헌된 자의 정수리로 내리리라.③

① 히브리어 본문의 낱말은 '엘 샤다이'(*El Shaddai*)다.
② 히브리어 본문은 '예로부터 있던' 대신 '내 후손들의'다.
③ 요셉에 관한 칠십인역 본문은 많이 다르다: "²² 요셉은 장성한 아들, 시샘받으며 장성한 아들. 나의 가장 어린 아들, 나에게 돌아오라. ²³ 계략을 품은 자들이 그를 모욕하고, 화살의 주인들이 그를 겨누었지만, ²⁴ 그들의 활은 힘에 꺾이고, 그들 [손의] 팔에서 힘줄은 느슨해졌다. [이는] 야곱의 강한 손 때문이다. 그곳에서 이스라엘을 강하게 하시는 분, 네 아버지의 하느님으로부터, ²⁵ 나의 하느님께서 너를 도우셨다. 위에서 오는 하늘의 복과 모든 것을 지닌 땅의 복을 너에게 내리셨다. 젖가슴과 태의 복 때문에, ²⁶ 네 아버지와 네 어머니의 복들을 [내리셨다]. 이는 흔들리지 않는 산들의 복보다 영원한 언덕들의 복들보다 강하다. 그것들은 요셉의 머리 위로, 그가 이끄는 형제들의 정수리 위에 있을 것이다."

둘러보기

야곱은 다른 아들들보다 요셉에게 훨씬 많이 축복했다. 장차 그리스도 안에서 이루어질 신비들이 요셉 안에서 예표된 것을 보았기 때문이다 (히폴리투스, 암브로시우스). 야곱이 맏아들 르우벤 대신 요셉에게 의지했듯이, 세상도 반항한 첫 인간 아담보다 그리스도에게 의지한다. 야곱이 늘그막에 얻은 아들이 요셉이듯이, 그리스도께서도 세상이 늙었을 때서야 오셨다(에프렘, 암브로시우스). '젖가슴의 복'은 두 계약 또는 마리아의 젖가슴으로 풀이할 수 있다. '네 아버지와 어머니의 태의 복'은 그리스도의 신적인 기원과 인간적인 기원을 암시하는 말인 듯하다(히폴리투스, 암브로시우스). 믿는 이는 세 번 태어나는 '아들'로 불리는데, 그 셋은 육에 따른 탄생, 회개와 세례를 통한 탄생, 재생이라는 탄생, 곧 죽은 이들의 부활이다(루피누스).

49,22 열매 많은 나무

열매를 더욱 풍성히 거두는 요셉

예언자는 다른 아들들보다 요셉에게 훨씬 많이 축복했습니다. 요셉 안에서 예표된 신비들이 점차 그리스도 안에서 이루어지리라고 내다보았기 때문입니다. 그러므로 야곱은 요셉이 아니라 요셉이 상징하는 분을 찬양한 것입니다. 그는 '요셉은 나의 장성한 아들'이라고 하는데, 임금다운 그 완전한 이름[1] 덕분에 그리스도의 은총이 늘어나 세상에 풍부해졌기 때문입니다.

• 히폴리투스 『이사악과 야곱의 축복』 26.[2]

늘그막에 얻은 아들

야곱이 맏아들 르우벤 대신 요셉에게 의지했듯이, 세상에게도, 반항한 맏이 아담 대신, 세상 마지막 때 온 세상이 기둥을 디디고 서듯 그 위에 서고 기댈 수 있는, '늘그막에 얻은 아들'(창세 37,3 참조)이 있었습니다. … 우리 주님의 권능을 통해 세상은 예언자들과 사도들에 의해 떠받쳐집니다. 요셉은 기근 시기에 자기 형제들에게 풍요로운 담이 되었고, 우리 주님께서는 오류의 시대에 세상에게 지식의 담이 되셨습니다.

• 시리아인 에프렘 『창세기 주해』 43,10.[3]

요셉에게 주어진 은총이 더욱 커진다

이 아버지가 다른 아들들보다 요셉에게 훨씬 많이 축복한 이유가 무엇일까요? 다름 아니라 그의 안에서 그리스도의 신비들이 예표되고 있는 것을 보았기 때문입니다. 그래서 지금 눈에 보이는 이가 아니라 자신이 기다리는 분을 축복하며 '나의 아들 요셉은 장성하리라'라고 한 것입니다. 커지는 이가 그리스도 아니고 누구겠습니까? 그분의 영광은 끝없이 나아가기에 그분의 은총도 언제나 커지니 말입니다. 세례자 요한도 그분을 두고 "그분은 커지셔야 하고 나는 작아져야 한다"(요한 3,30)고 합니다. 그분의 완전한 구원의 이름 덕분에 이 세상에 은총이 쌓여 충만해졌기 때문입니다. 그것이 '나의 아들은 장성하리라'는 뜻입니다. 그의 형제들은 그가 커 가는 것을 보자 시샘했습니다. 요셉이 예표한 분께서도 당신께서 특별히 사랑하시는 이들의 시샘을 받으셨습니다. 그분께서는 "나는 오직 이스라엘 집안의 길 잃은 양들에게 파견되었을 뿐이다"(마태 15,24)라고까지 하셨는데, 그들은 "그자가 어디에서 왔는지는 우리가 알지 못하오"(요한 9,29)라고 하였습니다. 그분은 그들을 아끼셨건만 그들은 그분을 거부했습니다.

• 암브로시우스 『성조』 11,47.[4]

세상의 늘그막에야 온 아들

'그는 나의 어린 아들.' 그는 '어린 아들'인 것이 사실입니다. 거의 맨 나중에 태어났으니까요. 성경에도 "이스라엘은 요셉을 늘그막에 얻었으

---

[1] 필론의 『꿈』 2,47에 따르면, '요셉'에 해당하는 히브리어 'ysp'는 '더하다', '늘어나다'라는 뜻이다.

[2] PO 27,102.

[3] FC 91,211.

[4] FC 65,266-67.

므로, 다른 어느 아들보다 그를 더 사랑하였다"(창세 37,3)라고 쓰여 있습니다. 이 말은 그리스도와도 관계가 있습니다. 동정 마리아에게서 나심으로써 새벽처럼 떠오르신 하느님의 아드님께서는 세상이 거의 명을 다해 가던 늘그막에서야 오셨기 때문입니다. 그분은 시대들이 생겨나기 전부터 늘 아버지와 함께 계셨지만, 신비에 따라 '늘그막에 얻은 아들'로서 육체를 취하셨습니다. 그래서 아버지께서는 당신께서 우리의 구원을 위해 땅으로 보내셨던 그분을 하늘로 다시 부르시며 '나에게 돌아오라'고 하십니다. 그리하여 당신의 외아들을 일으키심으로써, 악을 말하는 자들의 계획이 수포로 돌아가게 하셨습니다.

• 암브로시우스 『성조』 11,48-49.[5]

요셉이 세 번이나 '아들'이라고 불리는 이유

다른 형제들과 달리 요셉만 세 번이나 '아들'로 불리는 데는 어떤 의미가 들어 있을까요? 저의 모자라는 식견으로는 이렇게 이해합니다. 곧, 처음의 '아들'은 요셉이 [그의 아버지에게] 아들로 태어남을 가리킵니다. 그는 아버지가 더 이상 자식을 기대하지 않았을 때 라헬에게서 태어났지요(창세 30,22-24 참조). 그런데 요셉은 어떤 의미에서 그의 아버지에게 또다시 아들로 태어났습니다. 죽었다고 생각한 그가 살아 있다는 소식을 야곱이 들은 것이 그것입니다(창세 45,26 참조). 그리고 마지막으로, 그는 세 번째로 또 야곱의 아들이 됩니다. 야곱이 하느님을 볼 수 있게 해준 모든 덕과 가르침, 식견을 [요셉에게] 가르치고 전해 주었을 때, 그는 영으로도 그를 낳은 것입니다. 그런데 야곱이 요셉을 '나의 가장 어린 아들'이라고 부르는 것은 맞는 말이 아닙니다. 자기 아버지의 가르침 안에서 '가장 어리다'는 의미로 이해한다면 모를까, 요셉에게는 벤야민

이라는 동생이 있기 때문입니다.

• 아퀼레이아의 루피누스 『(열두) 성조의 축복』 2,25.[6]

49,25 요셉에게 더 많이 축복하다

젖가슴과 모태의 복

육체라는 별 볼일 없는 것 안에 사는 존재지만, '젖가슴과 모태의 복 덕분에, 네 아버지와 네 어머니의 복 덕분에' 네가 우세한 지위를 얻게 된다는 예언입니다. 야곱이 말하는 '젖가슴'은 두 계약을 나타냅니다. 이 두 계약은, 하나는 그분을 예고하고, 다른 하나는 그분을 드러내 줍니다. 야곱이 '젖가슴'이라 표현한 것은 적절한데, '아들'께서는 우리를 먹여 기르시는 한편, 우리를 영적 젖으로 기른 백성으로서 아버지께 바치시기 때문입니다. 또는 '젖가슴'은 마리아의 가슴을 가리키는 말일 수도 있습니다. 그것은 거룩하신 마리아께서 주님의 백성들에게 마시라고 주는 젖이 담긴 가슴이기에 참으로 복됩니다. 복음서에서 어떤 여자가 "선생님을 배었던 모태와 선생님께 젖을 먹인 가슴은 행복합니다"(루카 11,27)라고 하는 것도 이런 까닭입니다.

• 암브로시우스 『성조』 11,51.[7]

아버지와 어머니의 태에 대한 그리스도론적 이해

예언자는 '네 아버지와 어머니의 태의 복 덕분에'라고 덧붙임으로써 미래의 신비를 앞서 선포합니다. 그는 '네 어머니 태의 복 덕분에'라고 해서 아홉 달 동안 말씀을 태에 품고 있었던 마리아를 나타낼 수도 있었습니다. 그런데 그는 그렇게 말하지 않고 '네 아버지와 어머니의 태의 복 덕분에'라고 했습니다. 영에 따른 것과 육에 따

---

[5] FC 65,267. [6] SC 140,118-20.
[7] FC 65,268*.

른 것이 다 이 사람에게 속한다는 것을 분명하게 나타내기 위해 이 두 가지 사실을 합침으로써 그 둘을 하나로 표현한 것입니다. 말씀의 근원은 아버지의 마음에 있습니다. … 그러니 아버지께서 예언자를 통하여 말씀하신 것은 옳습니다. 반면 육에 따라서는 마지막 시기에 동정녀의 태를 말씀께서 당신의 기원으로 삼으셨습니다. 두 번째로, 어머니의 태에서 태어난 이로 나타나기 위하여 아홉 달 동안 그 안에 품겨 계셨던 것입니다. 그래서 그분께서는 예언자를 통하여, "이제 주님께서 말씀하신다. 그분께서는 … 나를 모태에서부터 당신 종으로 빚어 만드셨다"(이사 49,5)라고 하셨습니다. [아버지께서는] 예레미야를 통하여 "[네 어머니의] 태에서 너를 빚기 전에 나는 너를 알았다. 태중에서 나오기 전에 내가 너를 성별하였다"(예레 1,5)라고 하셨습니다. 말씀께서는 영과 육 둘 다에 따라 나셨고 실제로 하느님이신 동시에 인간이시므로 예언자[야곱]가 '아버지와 어머니의 태'라고 표현할 만했습니다. 이런 식으로 이해하지 않는 사람은 이 표현이 말도 안 된다고 생각할 것입니다. 사실, '태'라는 낱말은 여성에게만 사용할 수 있는 말입니다. 그런데 야곱은 여기서 '네 아버지와 어머니의 태의 복 덕분에'라고 했고, 이는 말씀께서 두 실체, 곧 하느님이라는 실체와 동정 마리아라는 실체에서 나셨다는 것을 여러분이 분명하게 이해할 수 있도록 하려는 것이었습니다.

• 히폴리투스 『이사악과 야곱의 축복』 27.[8]

육화하신 주님의 신성과 인성을 예상한 말

'태의 복, 네 아버지와 어머니의 복.' 야곱의 이 말을 마리아의 태와 관계된 것으로만 해석하려 하면, 야곱이 왜 두 가지 축복을 짝으로 이루어 표현했는지 설명이 안 됩니다. '어머니의 태'

라고만 하면 되지 않았겠습니까? 이것은 영적 신비에 따라 주 예수님의 두 가지 나심, 곧 신성에 따른 태어남과 육에 따른 태어남으로 이해하는 것이 맞다고 나는 생각합니다. 그분은 시대들이 생겨나기 전에 아버지에게서 나셨습니다. 그래서 아버지께서는 "내 마음이 아름다운 말을 내었다"(시편 44,2 칠십인역)고 하십니다. 아들은 더없이 깊고 불가해한 아버지의 실체로부터 나오셨고 늘 그분 안에 계시기 때문입니다. 같은 이유로 복음사가도 이렇게 말합니다. "아무도 하느님을 본 적이 없다. 아버지와 가장 가까우신 외아드님, 하느님이신 그분께서 알려 주셨다"(요한 1,18). 그렇다면 '아버지와 가장 가까우신'은 영적 의미로 이해해야 합니다. 아들은 언제나 아버지의 사랑 안, 그리고 그분의 본성 안 가장 깊은 곳에 머무르신다는 뜻이지요. 그러므로 아버지의 태는 지성소와 같은 영적 태로서, 아들은 [아기가 엄마의] 태에서 나오듯 거기서 나오셨습니다. 이 외에도 우리는 여러 가지 표현을 봅니다. 지금 여기서는 아들이 아버지의 태에서 나왔다고 하고, 어떤 때는 그분의 마음에서 '말씀'이 나왔다고 하고, 어떤 때는 그분의 입에서 의로움이 나왔고 지혜가 나왔다고 합니다. 지혜 자신도 "나는 지극히 높으신 분의 입에서 나왔다"(집회 24,4 칠십인역)고 합니다. 이처럼 그분은 유한한 존재가 아니며 만물이 그분을 언명하므로, 이 축복은 육체의 어떤 부분이 나온 것에 관해서가 아니라 아버지에게서 나오는 영적 신비에 관한 말입니다. 그러나 우리가 이 말을 아버지에게서 나오심을 뜻하는 것으로 풀이하듯이, 그것을, 어머니의 태, 곧 우리에게 주 예수님을 낳아 주신 동정 마리아의 태가 복 받았을 때 마리아에게서 나서 믿음의 완성에 이르는 것으로도 풀이합시다. 아버지께서는 예레미야 예언자를 통하여 그 태에 관해 이렇게 말씀하십니다. "모태에서 너를 빚기 전에 나는 너를 알았다. 태중에서 나오기 전에 내가 너를 성별하였다"(예레 1,5). 그러므로 예언자[야곱]는 그리스도께 두 가지 본성, 곧 아버지로부터 받으신 신성과 동정녀에게서 받은 인성이 있으며, 그분께서는 동정녀에게서 나시어 육체 안에 계실 때도 당신의 신성을 잃지 않으셨음을 나타낸 것입니다.

• 암브로시우스 『성조』 11,51.[9]

49,26 막강한 힘을 지닌 축복

강한 요셉

'그는 모든 산들보다, 영원한 언덕들의 욕망보다 강하다.' 이렇게 말하는 것은 그분이 성조들이나 예언자들, 사도들처럼 드높은 공로를 지닌 모든 사람들보다 더 높이, 그리고 해와 달과 대천사들도 넘어서 천상의 빛처럼 빛났기 때문입니다. "제자는 스승보다 높지 않고 종은 주인보다 높지 않다"(마태 10,24)는 그분 말씀대로입니다. 실로 이들 가운데 만물이 굴복한 이가 있습니까? 그러나 그리스도는 그들에게 그들의 본성을 주신 분입니다. 그분 안에서 모든 성도가 복을 받았습니다. 그분은 모든 이의 머리이시고 만물 위에 계신 분이며(에페 1,22 참조) — 여자의 머리는 남자고 모든 남자의 머리는 그리스도이시므로(참조: 1코린 11,3; 에페 5,23) — 모든 남자 머리의 관 위에 계신 분이시고 또한 인류 전체의 관보다 높으신 분이시기 때문입니다. 물론 최고의 관은 의인들 것입니다. 그분께서 은총을 통하여 그리고 당신의 부활을 나눔을 통하여 그들을 얻으셨고 형제라고 부르시기 때문입니다(마태 12,49-50 참조). 그래서 우리도 요셉의 '형제들'을 시

편 저자가 이렇게 말하는 이들로 이해합니다. "저는 당신 이름을 제 형제들에게 전하고 모임 한가운데에서 당신을 찬양하오리다"(시편 22,23).

• 암브로시우스 『성조』 11,52.[10]

믿는 이들의 지위가 세 가지로 표현되다

세 번째 의미를 풀이하자면, 영적 발걸음을 통하여 새로워지고 커진 사람은 요셉 같은 위대한 단계로 올라갑니다. 요셉은 믿음의 진보와 성령의 선물 덕분에 시샘의 대상이 될 정도로 높이 올라갔습니다. 그러니 훌륭히 싸우고 믿음을 지키며, 자신의 경기를 다 치르고 의로운 심판관이신 하느님께서 '의로움의 화관'을 마련해 놓고 기다리시는 이(2티모 4,7-8 참조)에게 우리는 어떤 말들로 엮은 화관을 씌워 주어야 할까요? 그런 이에 관해 이 아버지[야곱]는 "요셉은 장성한 아들"(22절 칠십인역)이라고 합니다. '장성한 이'란 누구겠습니까? 잘못과 오류 속에 있었지만 새롭게 되고 덕의 여러 단계를 거쳐 돌아와 가장 위대한 승리를 거둔 이 아니겠습니까? 그러나 그는 조금씩 조금씩 올라가기에 한 단계씩 커지는 것으로 묘사됩니다. 사실, 처음에 그는 '유다' 안에서 고백을 통해 커지기 시작했습니다. 그다음에는 어둠의 모호함을 없애 버림으로써(로마 13,12 참조) '즈불룬' 안에서 자랐습니다. 그 뒤에는 그의 행실에 대한 보상이 늘어났기에 '이사카르' 안에서 또 자랐습니다. 자신의 자유의지 아래서 올바른 판단 능력을 유지하기 시작했을 때 '단' 안에서 또 자랐습니다. 유혹에 저항함으로써 '가드' 안에서 또 자랐고, 지복至福에 도달했을 때 마지막으로 '아세르' 안에서 또 자랐습니다. 따라서 요셉이 '장성한 아들'이라 불리는 것은 옳

---

[9] FC 65,268-69.　　　　[10] FC 65,269-70*.

습니다. 그는 장차 올 좋은 것들을 이미 얻기 때문입니다. 그런데 그는 "시샘받는 아들"(22절 칠십인역)로 불리기도 합니다. '시샘받는 아들'이란 의인들이 본받도록 본보기로 세워져 사악한 자들에게 열정적인 시샘과 미움을 받는 이를 말합니다. 바오로 사도도 좋은 열정과 나쁜 열정에 관해 말하며, 유대인들의 사악한 열정에 대해 "그들은 여러분에게 열성을 기울이고 있지만 좋은 뜻으로 하는 것이 아닙니다"(갈라 4,17)라고 합니다. 그는 좋은 열정에 관해서는 자기 자신을 예로 들며, "나는 하느님의 열정을 가지고 여러분을 위하여 열정을 다하고 있습니다"(2코린 11,2)

라고 합니다. 또 요셉은 "가장 어린 아들"(22절 칠십인역)로 불리기도 합니다. 그런데 이 노인에게 다시 생기가 돌게 하고, 그리스도 안에서 부활하여 새로운 삶을 살아가는(로마 6,4 참조) 이를 '가장 어린 아들'이라고 부르는 게 이상합니까? 이 새사람은 세 번 '아들'이라고 불릴 것입니다. 첫 번째는 육에 따른 탄생을 가리키고, 두 번째는 회개와 세례를 통한 탄생을, 그리고 세 번째는 재생, 즉 죽은 이들의 부활을 가리킵니다.

• 아퀼레이아의 루피누스 『(열두) 성조의 축복』 2,27.[11]

---

[11] SC 140,130-32.

49,27 벤야민

[27] 벤야민은 약탈하는 이리
   아침에는 움켜쥔 것을 먹고
   저녁에는 잡은 것을 나눈다."

둘러보기

'약탈하는 이리'로 묘사된 벤야민은, 벤야민 지파에 속하며 회개하기 전에 교회를 박해한 바오로 사도를 가리킨다고 해석해야 한다(히폴리투스, 에프렘, 암브로시우스). 저녁에는 '잡은 것[1]'을 나눈다'는 표현도 바오로 사도가 회개 후 율법의 영적인 면과 육적인 면을 나눈다는 뜻으로 이해해야 한다(루피누스).

49,27 약탈하는 이리

이리와 같았던 바오로 사도

['약탈하는 이리'는] 이리들에게 이리였으며 모든 영혼을 사악한 자에게서 빼앗아 온 바오로

사도[를 가리킵니다]. '저녁에는 잡은 것을 나눈다'는 세상 종말 때 그도 자신의 노고에 대한 넘치는 보상을 받고 안식을 누리리라는 뜻입니다.

• 시리아인 에프렘 『창세기 주해』 43,11.[2]

이리였던 이가 목자가 되다

악마는 많은 이리를 거느리고 있으면서 그들을 그리스도의 양들에게로 보냅니다. 그래서 요셉이 예표하는 분께서는 당신의 양들을 보호하기 위해, 그 양들을 약탈하러 오고 있는 바로 그 원수, 곧 '이리'인 바오로를 붙잡아 박해자였던

---

[1] 칠십인역은 '먹이'다.   [2] FC 91,211.

그를 교사로 바꾸어 놓으셨습니다. 여기에 쓰여 있는 대로, 야곱은 그에 대해 "벤야민은 약탈하는 이리, 아침에는 움켜쥔 것을 먹고 저녁에는 잡은 것을 나눈다"라고 합니다. 그는 교회의 양들을 흩어 놓고 삼켜 버릴 때는 '이리'였습니다. 그러나 '이리'였던 그가 목자가 되었습니다. 그가 사울이었을 때, 집집마다 쳐들어가 남자와 여자들을 감옥으로 보내곤 했을 때, 그는 '이리'였습니다. 주님의 제자들을 잡아 죽이겠다고 협박하며 그리스도의 종들을 붙잡아 오는 것을 허락하는 서한을 수석 사제들에게 청했을 때(사도 9,1-2 참조), 그는 '이리'였습니다. 예수님께서는 그가 캄캄한 밤에 배회하는 이리인 양 번쩍이는 빛을 비추어 그의 눈을 멀게 하셨습니다(사도 9,3-9 참조). 그런즉 라헬이 벤야민을 낳고 아들의 이름을 "벤 오니(내 고통의 아들)"(창세 35,18)라 한 것은, 이 지파에서 바오로가 태어나 교회의 아들들을 괴롭혀 어머니에게 큰 고통을 가져다주리라는 예언이었습니다. 그러나 나중에는 바로 이 바오로가 다른 민족들에게 하느님의 말씀을 선포하고 우두머리들 가운데에서 양식을 나누어 주면서 많은 이를 믿음으로 나아가도록 자극했습니다. 바오로 총독의 대리인[3](사도 13,7-12 참조)과 수령 푸블리우스가 그랬듯이, 그들이 바오로 사도의 설교를 통해 주님의 은총을 받아들였기 때문입니다. 뿐만 아니라, 모세도 벤야민 지파를 축복하며 꼭 맞는 말을 하였습니다. "주님께서 사랑하시는 그는 주님 곁에서 평안히 산다. 주님께서 언제나 그를 보호하시니 그는 그분의 어깨 사이에서 산다"(신명 33,12). 또한 바오로는 '선택받은 그릇'(사도 9,15 참조)이 되었습니다. 그가 주님의 자비로운 사랑만으로 회개했기 때문입니다. 그래서 그는 그 무엇도 자신의 공로로 돌리지 않고 모든 공을 그리스도께 돌리며 이렇게 말

합니다. "사실 나는 사도들 가운데 가장 보잘것없는 자로서, 사도라고 불릴 자격조차 없는 몸입니다. 하느님의 교회를 박해하였기 때문입니다. 그러나 하느님의 은총으로 지금의 내가 되었습니다. 하느님께서 나에게 베푸신 은총은 헛되지 않았습니다"(1코린 15,9-10). 그는 자기가 그 거주자들을 내쫓곤 하던 집에 확신을 가지고 머물렀습니다. 전에는 이리처럼 숲 속을 배회했지만 나중에는 그리스도께서 계시는 곳에 살았습니다. 그는 눈을 떴을 때 아무것도 볼 수 없었지만(사도 9,8 참조) 그리스도는 보았습니다. 그가 그리스도께서 그곳에 계신 것을 보고 또한 그분께서 말씀하시는 것을 들은 것은 참으로 잘된 일이었습니다. 그때 그를 덮은 것은 눈멂의 덮음이 아니라 은총의 덮음이었습니다. 마리아도 이런 말을 들었습니다. "성령께서 너에게 내려오시고 지극히 높으신 분의 힘이 너를 덮을 것이다"(루카 1,35).

• 암브로시우스 『성조』 12,57-58.[4]

영적 실재와 육적 실재를 구별

"저녁에는 잡은 것을 나눈다." '저녁'은 바오로 사도가 회개하는 마지막 때를 말합니다. 그래서 우리도 우리가 회개하는 때를 '저녁'이라 부르며, 지금은 우리에게 '저녁'입니다. 그때 그는 양식을 나눌 것입니다. 그때 그는 율법에서 영적인 것과 문자적인 것을 나눌 필요가 있다는 것을 깨닫고, "문자는 사람을 죽이고 성령은 사람을 살린다"(2코린 3,6)는 것을 알게 될 것입니다.

• 아퀼레이아의 루피누스 『(열두) 성조의 축복』 2,29.[5]

---

[3] 대부분의 성경 사본에서, 이때 회개한 이는 총독의 대리인이 아니라 바오로 총독이다.

[4] FC 65,273-75*.

[5] SC 140,138.

[49,28-33 야곱의 죽음]

50,1-14 가나안 땅에서 치러진 야곱의 장례

¹ 그러자 요셉은 아버지의 얼굴에 엎드려 울며 입을 맞추었다.

² 그런 다음 요셉이 자기 시의들에게 아버지의 몸을 방부 처리하도록 명령하자, 시의들이 이스라엘의 몸을 방부 처리하였다.

³ 그들이 이 일을 하는 데에 사십 일이 걸렸다. 방부 처리를 하는 데에는 그만큼 시일이 걸리는 것이다. 그리고 이집트인들은 야곱의 죽음을 애도하며 칠십 일 동안 곡을 하였다.

⁴ 곡하는 기간이 지나자 요셉이 파라오의 궁궐 사람들에게 말하였다. "여러분이 나에게 호의를 베풀어 준다면, 파라오께 이렇게 말씀을 전해 주시오.

⁵ '저의 아버지가 ′내가 죽거든, 내가 가나안 땅에 나를 위해서 파 놓은 무덤에 묻어라.′ 하며, 저에게 맹세하게 하였습니다. 그러니 제가 올라가서 아버지의 장사를 지낼 수 있게 해 주십시오. 그런 다음 제가 돌아오겠습니다.'"

⁶ 파라오는 "아버지가 그대에게 맹세하게 한 대로, 올라가서 그분의 장사를 지내시오." 하고 윤허하였다.

⁷ 이리하여 요셉은 아버지의 장사를 지내러 올라갔다. 그와 함께 파라오의 모든 신하와 파라오 궁궐의 원로들과 이집트 땅의 모든 원로,

⁸ 그리고 요셉의 온 집안과 그의 형제들과 아버지의 집안 사람들이 올라갔다. 그들의 아이들과 양 떼와 소 떼만 고센 지방에 남겨 두었다.

⁹ 또 병거와 기병까지 요셉과 함께 올라가니, 그것은 굉장한 행렬이었다.

¹⁰ 그들은 요르단 건너편에 있는 고렌 아탓에 이르러, 크고 아주 장엄하게 호곡하였다. 요셉은 이레 동안 아버지의 죽음을 애도하였다.

¹¹ 그 지방에 사는 가나안족은 고렌 아탓에서 애도하는 것을 보고, "이것이 이집트인들의 장엄한 애도로구나." 하고 말하였다. 그리하여 그곳의 이름을 아벨 미츠라임①이라 하였다. 그곳은 요르단 건너편에 있다.

¹² 야곱의 아들들은 아버지가 분부한 대로 하였다.

¹³ 그 아들들은 아버지의 주검을 가나안 땅으로 모셔다, 막펠라 밭에 있는 동굴에 안장하였다. 그 밭은 마므레 맞은쪽에 있는 것으로서, 아브라함이 히타이트 사람 에프론에게서 묘지로 사 둔 것이다.

¹⁴ 아버지의 장사를 지낸 다음 요셉은 형제들과 또 자기와 함께 아버지의 장사를 지내러 올라왔던 사람들과 더불어 이집트로 돌아갔다.

① '이집트의 풀밭(또는 애도)'이라는 뜻이다

둘러보기

미래에 관한 예언으로 해석되는 49장과 비교해 이 장은 긴장감이 사라진 느낌을 주는 탓에 교부들의 관심을 끌지 못했다. 요셉이 오랫동안 아버지를 애도한 것은 흉잡을 일이 아니다. 저승 문이 아직 부서지지 않았기 때문이다. 그러나 부활에 대한 확신이 있는 우리는 죽음을 기뻐할 수 있다(요한 크리소스토무스).

50,10 요셉이 이레 동안 아버지의 죽음을 애도하다

저승의 문이 아직 부서지지 않았다

이 일이 일어난 때가 어떤 시대인지 생각해 보고, 요셉의 행동이 잘못된 것이 아니란 것을 아십시오. 그때는 아직 저승의 문이 부서지지 않

았고 죽음의 속박도 풀리지 않았다는 말입니다. 죽음이 아직 '잠'으로 불리지도 않았습니다. 그래서 그들은 죽음을 두려워했기에 이런 식으로 행동한 것입니다. 오늘날에는 하느님의 은총 덕분에 죽음이 '잠'으로 바뀌었고, 삶의 끝은 안식이 되었습니다. 부활에 대한 확신이 있기에, 우리는 한 삶에서 다른 삶으로 옮겨 가는 사람처럼 죽음을 기뻐합니다. '한 삶에서 다른 삶으로'라고 한 것은 왜일까요? 나쁜 것에서 좋은 것으로, 일시적인 것에서 영원한 것으로, 속된 것에서 거룩한 것으로 옮겨 가는 것이기 때문입니다.

• 요한 크리소스토무스 『창세기 강해』 67,17.[1]

___

[1] FC 87,274-75*.

50,15-21 요셉이 형들을 용서하다

15 요셉의 형들은 아버지가 돌아가신 것을 보고, "요셉이 우리에게 적개심을 품고, 우리가 그에게 저지른 모든 악을 되갚을지도 모르지." 하면서,

16 요셉에게 말을 전하게 하였다. "아우님의 아버지께서 돌아가시기 전에 이렇게 분부하셨네.

17 '너희는 요셉에게 이렇게 전하여라. '너의 형들이 네게 악을 저질렀지만, 제발 형들의 잘못과 죄악을 용서해 주어라." 그러니 아우님은 그대 아버지의 하느님의 이 종들이 저지른 잘못을 용서해 주게." 요셉은 그들이 자기에게 이렇게 말한 것을 듣고 울었다.

18 이어 요셉의 형제들도 직접 와서 그 앞에 엎드려 말하였다. "이제 우리는 아우님의 종들일세."

19 그러자 요셉이 그들에게 대답하였다. "두려워하지들 마십시오. 내가 하느님의 자리에라도 있다는 말입니까?①

20 형님들은 나에게 악을 꾸몄지만, 하느님께서는 그것을 선으로 바꾸셨습니다. 그것은 오늘 그분께서 이루신 것처럼, 큰 백성을 살리시려는 것이었습니다.

21 그러니 이제 두려워하지들 마십시오. 내가 여러분과 여러분의 아이들을 부양하겠습니다." 이렇게 요셉은 그들을 위로하며 다정하게 이야기하였다.

① 칠십인역은 히브리어 본문과 달리 의문문이 아니라 "저는 하느님께 속해 있습니다"다.

둘러보기

야곱이 죽자, 요셉의 형제들은 다시 요셉이 두려운 마음이 들어 그의 종이 되기를 스스로 청한다. 요셉은 자신에게 일어난 모든 일은 하느님의 창의적인 지혜가 의도한 것이라고 이해시키며 그들의 두려움을 없애 준다(에프렘, 요한 크리소스토무스).

50,17 형들의 말을 듣고 요셉이 울다

하느님께서 악을 선으로 바꾸어 놓으시다

요셉은 울며 말했습니다. '아버지는 돌아가셨지만, 형님들 아버지의 하느님께서는 여전히 살아 계시니, 그분 때문에라도 나는 형님들을 치지 않을 것입니다. 그분은 형님들이 나에게 꾸민 악을 선으로 바꾸어 놓으셨고, 내 손에 백성들을 안기셨습니다. 이처럼 많은 이에게 생명의 원인이 된 이들에게 내가 악을 행한다는 것은 있을 수 없는 일입니다. 그렇지만 내가 이집트에서 형님들을 죽이지 않은 것처럼, 형님들도 나의 뼈를 이집트에 버려두지 마십시오.' 그는 형제들에게 이를 맹세하게 시키고는 또 말하였습니다. "'하느님께서는 반드시 여러분을 찾아오셔서, 여러분을 이 땅에서 이끌어 내시어 아브라함에게 맹세하신 땅으로 데리고 올라가실 것입니다. … 그때 여기서 내 유골을 가지고 올라가십시오'(창세 50,24-25). 그러면 내가 여러분과 함께 그 땅을 상속 재산으로 차지하지는 못해도 그 땅에서 여러분과 함께 부활할 수 있을 것입니다."

• 시리아인 에프렘 『창세기 주해』 44,2.[1]

50,18 우리는 아우님의 종들일세

덕은 얼마나 위대한 것인가!

덕이 얼마나 위대한 것인지, 얼마나 강력하고 아무도 건드릴 수 없는 것인지, 그리고 악은 얼마나 나약한 것인지 보십시오. 그토록 많은 고난을 견딘 이는 임금이 되어 다스리는 반면, 자기들 동생을 말할 수 없는 굴욕에 빠뜨린 자들은 자기들이 종살이 신세로 넘긴 이에게 종으로 삼아 달라고 간청합니다.

• 요한 크리소스토무스 『창세기 강해』 67,19.[2]

50,20 하느님께서 악을 선으로 바꾸시다

하느님의 지혜가 그들의 모든 사악함을 변화시키다

요셉은 "두려워하지들 마십시오. 나는 하느님께 속해 있습니다"(20절 칠십인역) 하고 말합니다. '나는 내 주님을 본받아, 나에게 나쁘게 대한 이들에게 친절로 보답하고자 애씁니다. 나는 하느님께 속해 있으니까요'라는 뜻입니다. 그러고는 자신이 하느님의 얼마나 큰 총애를 입고 있는지 보여 주고자 "형님들은 나에게 악을 꾸몄지만, 하느님께서는 그것을 선으로 바꾸셨습니다"라고 합니다. 그래서 바오로 사도도 "하느님을 사랑하는 이들, 그분의 계획에 따라 부르심을 받은 이들에게는 모든 것이 함께 작용하여 선을 이룬다"(로마 8,28)라고 하였습니다. 그는 '모든 것'이라고 하였습니다. '모든 것'이 무슨 뜻입니까? 반대와 실망스러운 일이 분명한 것들조차도 좋은 일로 바뀐다는 뜻입니다. 이 특출한 사람에게 일어난 일이 바로 그랬습니다. 사실, 그의 형제들이 한 짓이 결국 그를 임금의 자리에 오르게 했습니다. 그들의 모든 사악함을 선으로 바꾸어 놓으시는 하느님의 창의적 지혜 덕분이었지요.

• 요한 크리소스토무스 『창세기 강해』 67,19.[3]

---

[1] FC 91,212.
[2] FC 87,275-76.
[3] FC 87,276*.

50,22-26 요셉이 죽다

²² 이렇게 해서 요셉과 그 아버지의 집안이 이집트에 자리 잡고 살게 되었다. 요셉은 백십 년을 살았다.

²³ 그러면서 요셉은 에프라임에게서 삼 대를 보았다. 므나쎄의 아들 마키르의 아들들도 태어나 요셉 무릎에 안겼다.

²⁴ 요셉이 자기 형제들에게 말하였다. "나는 이제 죽습니다. 그러나 하느님께서는 반드시 여러분을 찾아오셔서, 여러분을 이 땅에서 이끌어 내시어 아브라함과 이사악과 야곱에게 맹세하신 땅으로 데리고 올라가실 것입니다."

²⁵ 요셉은 이스라엘의 아들들에게 맹세하게 하면서 일렀다. "하느님께서 반드시 여러분을 찾아오실 것입니다. 그때 여기서 내 유골을 가지고 올라가십시오."

²⁶ 요셉이 백열 살에 죽자, 사람들이 그의 몸을 방부 처리하고 관에 넣어 이집트에 모셨다.

둘러보기

성경이 요셉의 나이를 밝히는 것은 그가 팔십 년 동안 이집트를 다스렸으며 그가 견딘 역경에 대한 보상이 얼마나 컸는지 알려 주려는 뜻이다. 요셉이 자신의 유골에 관해 내린 지시는 히브리인들에게 보낸 서간의 해석이 이미 지적해 주듯이 믿음의 표시였다(요한 크리소스토무스).

50,26 요셉이 죽다

믿음으로 이 모든 일을 이루다

성경은 요셉이 '백열 살'에 죽었다고 합니다. 그런데 성경이 우리에게 그의 나이를 알려 주는 까닭이 무엇일까요? 그가 얼마 동안이나 이집트를 맡아 다스렸는지 알려 주려는 것입니다. 요셉이 이집트로 내려간 것은 열일곱 살 때였고, 파라오 앞에 나아가 그의 꿈을 풀이해 주었을 때 서른 살이었습니다. 그러니까 요셉은 팔십 년 동안 이집트를 완전하게 지배했습니다. 고난보다 보상이 얼마나 큰지, 그 몇 배나 된다는 것을 보

십니까? 그는 십삼 년 동안 유혹과 종살이와 억울한 누명과 감옥에서의 비참한 대우를 견뎠습니다. 감사하는 마음과 고결한 태도로 모든 것을 참고 견딘 결과 그는 이미 현세에서 후한 보상을 받았습니다. 생각해 보십시오. 사실, 요셉은 짧은 기간 종살이와 감옥 생활을 한 결과 팔십 년 동안 고귀한 지위를 누렸습니다. 그는 이 모든 일을 믿음으로 행했고, 자신의 유골에 관한 지시도 그 믿음에 따른 것이었습니다. 바오로 사도의 이 말이 그 증거입니다. "믿음으로써, 요셉은 죽으면서 이스라엘 자손들의 탈출을 언급하며 자기의 유골을 어떻게 할 것인지 지시하였습니다"(히브 11,22).

• 요한 크리소스토무스 『창세기 강해』 67,22.[1]

---

[1] FC 87,277-78*.

부록
창세기 12-50장에 인용된 고대 그리스도교 저술가와 문헌

⋮

창세기 12-50장에 인용된 고대 그리스도교 문헌을 저자와 작품 제목에 따라 열거했다. 또한 디지털 검색을 위해서 그리스도교 그리스어 문헌의 데이터 뱅크인 Thesaurus Linguae Graecae(= TLG)의 디지털 참고번호와, 고대 라틴어 문헌의 데이터 뱅크인 Cetedoc의 번호도 함께 실었다. 원본의 출처는 원본 참고문헌에서 알 수 있다.

••• 니사의 그레고리우스

『그리스도인의 완덕에 관해 올림피우스 수도승에게』

(*De perfectione Christiana ad Olympium monachum*)　　　　　　TLG 2017.026

『동정』(*De virginitate*)　　　　　　TLG 2017.043

••• 노바티아누스

『삼위일체론』(*De Trinitate*)　　　　　　Cetedoc 0071

••• 장님 디디무스

『창세기 주해』(*In Genesim*)　　　　　　TLG 2102.041

••• 아퀼레이아의 루피누스

『(열두) 성조의 축복』(*De benedictionibus (duodecim) patriarcharum*)　　　　　　Cetedoc 0195

••• 브라가의 마르티누스

『이집트 사부들의 금언집』(*Sententiae Patrum Aegyptiorum*)

••• 대 바실리우스

『수덕 설교와 세상 포기 권면』(설교 11)

(*Sermo asceticus et exhortatio de renunciation mundi*)　　　　　　TLG 2040.041

••• 존자 베다

『복음서 강해』(*Homiliarum evangelii*)   Cetedoc 1367

『성막과 제구』(*De tabernaculo et vasis eius ac vestibus sacerdotum libri III*)   Cetedoc 1345

『창세기 처음부터 이사악 탄생까지』

(*Libri quattuor in principium Genesis usque ad nativitatem Isaac et ejectionem*

Ismahelis adnotationum)   Cetedoc 1344

••• 사제 살비아누스

『하느님의 다스림』(*De gubernatione Dei*)   Cetedoc 0485

••• 가발라의 세베리아누스

『성경 주해 선집』(창세기)

••• 아우구스티누스

『거짓말 반박』(*Contra mendacium*)   Cetedoc 0304

『고백록』(*Confessiones*)   Cetedoc 0251

『그리스도교 교양』(*De doctrina christiana*)   Cetedoc 0263

『삼위일체론』(*De Trinitate*)   Cetedoc 0329

『서간집』(*Epistulae*)   Cetedoc 0262

『설교집』(전례 시기)(*Sermons on the Liturgical Season*)   Cetedoc 0284

『신국론』(*De civitate Dei*)   Cetedoc 0313

『요한 복음 강해』(*In Johannis evangelium tractatus*)   Cetedoc 0278

『인내』(*De patientia*)   Cetedoc 0308

『죽은 이를 위한 배려』(*De cura pro mortuis gerenda*)   Cetedoc 0307

『혼인의 유익』(*De bono conjugali*)   Cetedoc 0299

••• 아타나시우스

『축일 서간집』(*Epistulae festales*)   TLG 2035.x01

••• 아프라하트

『기도론』

••• 대 안토니우스

『편지』

••• 암브로시우스

『동생 사티루스의 죽음』(*De excessu fratris Satyri*)   Cetedoc 0157

『서간집』(*Epistulae*)   Cetedoc 0160

『서간집』(주교들에게 보낸 편지)(*Epistulae*)   Cetedoc 0160

『서간집』(평신도들에게 보낸 편지)(*Epistulae*)   Cetedoc 0160

『성조』(*De patriarchis*)   Cetedoc 0132

『세상 도피』(*De fuga saeculi*)   Cetedoc 0133

『아브라함』(*De Abraham*)   Cetedoc 0127

『야곱과 행복한 삶』(*De Jacob et vita beata*)   Cetedoc 0130

『요셉』(*De Joseph*)   Cetedoc 0131

『이사악 또는 영혼』(*De Isaac vel anima*)   Cetedoc 0128

『테오도시우스의 죽음』(*De obitu Theodosii*)   Cetedoc 0159

••• 에메사의 에우세비우스

『성경 주해 선집』(창세기)

••• 카이사리아의 에우세비우스

『교회사』(*Historia ecclesiastica*)   TLG 2018.002

••• 시리아인 에프렘

『창세기 주해』(*Commentarius in Genesim*)

••• 오리게네스

『루카 복음 강해』(*Homiliae in Lucam*)   TLG 2042.016

『요한 복음 주해』(*Commentarii in evangelium Joannis*)   TLG 2042.005, 079

『원리론』(*De principiis*)   Cetedoc 0198 E (A)

『원리론 단편』(*Fragmenta de principiis*)   TLG 2042.003

『창세기 강해』(*In Genesim homiliae*)   Cetedoc 0198 6 (A)

『창세기 발췌 주해』[*Selecta in Genesim* (fragmenta e catenis)]   TLG 2042.048

••• 요한 크리소스토무스

『실망하지 마라』(*Non esse desperandum*)   TLG 2062.083

『창세기 강해』(1-67편)(*In Genesim* (homiliae 1-67)]   TLG 2062.112

••• 위-바르나바

『바르나바의 편지』(*Barnabae epistula*)   TLG 1216.001

••• 순교자 유스티누스
『유대인 트리폰과의 대화』(*Dialogus cum Tryphone Iudaeo*)   TLG 0645.003

••• 이레네우스
『이단 반박』(*Adversus haereses*)   TLG 1447.007

••• 아를의 카이사리우스
『설교집』(*Sermones*)   Cetedoc 1008

••• 쿠오드불트데우스
『하느님의 약속과 예언』(*Liber promissionum et praedictorum Dei*)   Cetedoc 0413

••• 아퀼레이아의 크로마티우스
『설교집』(*Sermones*)   Cetedoc 0217

••• 로마의 클레멘스
『코린토 신자들에게 보낸 첫째 편지 = 클레멘스의 첫째 편지』
(*Epistula I ad Corinthios*)   TLG 1271.001

••• 알렉산드리아의 클레멘스
『교육자』(*Paedagogus*)   TLG 0555.002
『양탄자』(*Stromata*)   TLG 0555.004

••• 알렉산드리아의 키릴루스
『모세오경의 격조 있는 해설』(창세기)(*Glaphyra in Pentateuchum*)   TLG 4090.097
『서간집』(『루카 복음 주해』*Commentarii in Lucam* 참조)   TLG 4090.108

••• 예루살렘의 키릴루스
『예비신자 교리교육』(*Catecheses ad illuminados*)   TLG 2110.003

••• 키프리아누스
『서간집』(*Epistulae*)   Cetedoc 0050

••• 테르툴리아누스
『기도론』(*De oratione*)   Cetedoc 0007
『영혼론』(*De anima*)   Cetedoc 0017

『인내』(*De patientia*)   Cetedoc 0009

••• 몹수에스티아의 테오도루스
『성경 주해 선집』(창세기)

••• 놀라의 파울리누스
『시가집』(*Carmina*)   Cetedoc 0203

••• 페트루스 크리솔로구스
『설교집』
(*Collectio sermonum a Felice episcopo parata sermonibus extravagantibus adjectis*)   Cetedoc 0227+

••• 프루덴티우스
『이중 자양분 또는 역사의 기념비』(*Dittochaeon seu Tituli historiarum*)   Cetedoc 1444

••• 알렉산드리아의 필론
『창세기에 관한 질문과 해결』(*Quaestiones et Solutiones in Genesim*)   TLG 0018.034

••• 히에로니무스
『서간집』(*Epistulae*)   Cetedoc 0620
『시편 강해집』(59편)(*Tractatus LIX in Psalmos*)   Cetedoc 0592

••• 히폴리투스
『이사악과 야곱의 축복』(*De benedictionibus Isaaci et Jacobi*)   TLG 2115.033

••• 푸아티에의 힐라리우스
『삼위일체론』(*De Trinitate*)   Cetedoc 0433

교부 시대 저술가들의 시기/지역별 일람표

세기＼지역	브리타니아 제도	갈리아
1세기		
2세기		리옹의 이레네우스, 130/40년~200/202년, ♣180~199년
3세기		
4세기		락탄티우스, 250년경~325년, ♣304~324년 푸아티에의 힐라리우스, 315년경~367년, ♣350~367년
5세기	파스티디우스, 4~5세기경	술피키우스 세베루스, 360년경~420년경 요한 카시아누스, 360년경~432년 레렝스의 빈켄티우스, †435년 시미에의 발레리아누스, ♣422년경~449년 리옹의 에우케리우스, ♣420~449년, ✲435년경~449년 아를의 힐라리우스, 401년경~449년 갈리아의 에우세비우스, 5세기경 아퀴타니아의 프로스페루스, 390년~455년 이후 사제 살비아누스, 400년경~480년경 리에의 파우스투스, 410~495년경, ✲457~495년경 마르세유의 겐나디우스, †496년 이후
6세기		아를의 카이사리우스, 470년경~542년 샬롱쉬르손의 플라비아누스, ♣580~600년
7세기	아담나누스, 624년경~704년	
8세기 이후	존자 베다, 672/73년경~735년	

* 고대의 다섯 총대주교좌
탄생은 '★', 사망은 '†', 재위/재임은 '✲', 주 활동 시기는 '♣'로 표시하였다.

에스파냐/포르투갈	이탈리아(로마*)	북아프리카(카르타고)
	로마의 클레멘스, ✱92년경~101년 헤르마스의 『목자』, 140년경 순교자 유스티누스, 　100/10년경~165년, ♣148년경~161년 발렌티누스, 영지주의자, ♣140년경 마르키온, ♣144년, †154/60년경 헤라클레온, ♣145년경~180년경	
	로마의 칼리스투스, ✱217~222년 미누키우스 펠릭스, ♣2~3세기 히폴리투스, 　189년 이전~235년, ♣222~235년 로마의 노바티아누스, ♣235~258년 페타우의 빅토리누스, 230~304년	카르타고의 테르툴리아누스, 　155/60년경~225/50년, 　♣197년경~222년 카르타고의 키프리아누스, 　♣248~258년
코르도바의 호시우스, †357년 리스본의 포타미우스, ♣350년경~360년 엘비라의 그레고리우스, ♣359~385년 프루덴티우스, 349년경~405년 이후 바르셀로나의 파키아누스, 4세기	피르미쿠스 마테르누스, ♣335년경 마리우스 빅토리누스, 280/85년경~363년경, ♣355~363년 베르첼리의 에우세비우스, ♣360년경 칼리아리의 루키페르, †375년 이전 로마의 파우스티누스, ♣380년 브레시아의 필라스트리우스, ♣380년 암브로시아스테르, ♣366년경~384년 브레시아의 가우덴티우스, ♣395년 밀라노의 암브로시우스, 330년경~397년,♣374~397년 밀라노의 파울리누스, 늦은 4세기~이른 5세기	파울루스 오로시우스, 　★380년경
	아포니우스, 4~5세기 크로마티우스, ♣400년 펠라기우스, 350/54년경~420/25년경 토리노의 막시무스, †408/23년 놀라의 파울리누스, 355~431년, ♣389~396년 페트루스 크리솔로구스, 380년경~450년 에클라눔의 율리아누스, 385년경~455년 이후 식스투스 3세, ✱432~440년 대 레오, ✱440~461년 소 아르노비우스, ♣450년경	히포의 아우구스티누스, 　354~430년, ♣387~430년 쿠오드불트데우스, ♣430년 스케티스의 이사야스, †491년
두미움의 파스카시우스, 515년경~580년경 베자의 아프링기우스, 6세기 중엽 세비야의 레안데르, 545년경~600년경 브라가의 마르티누스, ♣568~579년	엔노디우스, 473년경~521년, ✱513~521년 라틴인 에피파니우스, 늦은 5세기~이른 6세기 에우기피우스, 460년경~533년경 누르시아의 베네딕도, 480년경~547년 카시오도루스, 485년경~580년경 대 그레고리우스, 540년경~604년, ✱590~604년 아그리겐툼의 그레고리우스, †592년	루쿨렌티우스, 5~6세기 루스페의 풀겐티우스, 　467년경~532년 베레쿤두스, †552년 프리마시우스, ♣550~560년 헤르미아네의 파쿤두스, 　♣546~568년
세비야의 이시도루스, 560년경~636년 사라고사의 브라울리오, 　585년경~651년, ✱631~651년 브라가의 프룩투오수스, †665년경	파테리우스, 6~7세기	

세기 \ 지역	이집트(알렉산드리아*)	소아시아/그리스(콘스탄티노플*)	시리아(안티오키아*)
1세기	알렉산드리아의 필론, BC 20년경~AD 50년경		
2세기	바실리데스, 2세기 『바르나바의 편지』, 130년경 테오도투스, 2세기	스미르나의 폴리카르푸스, 69년경~155년 아테나고라스, ♣176~180년, †180년경 사르데스의 멜리톤, †190년 이전 몬타누스파 신탁, 늦은 2세기	『디다케: 열두 사도들의 가르침』, 이른 2세기 안티오키아의 이그나티우스, 35년경~107/12년경 또는 105년 이전~135년경 안티오키아의 테오필루스, 늦은 2세기경
3세기	알렉산드리아의 클레멘스, 150년경~215년, ♣190~215년 사벨리우스, 2~3세기 『디오그네투스에게 보낸 편지』, 3세기경 오리게네스, 185년경~254년경, ♣200~254년경 알렉산드리아의 디오니시우스, ♣247/48년경~264/65년	기적가 그레고리우스, 213년경~270/75년, ♣248년경~264년 올림푸스의 메토디우스, †311년경	『사도 교훈』, 이른 3세기
4세기	대 안토니우스, 251년경~355년 알렉산드리아의 페트루스, †311년경 아리우스, ♣320년경 알렉산드리아의 알렉산더, ♣312~328년 파코미우스, 292년경~347년 타벤네시의 테오도루스, †368년 알렉산드리아의 아타나시우스, 295년경~373년, ♣325~373년 호르시에시우스, 305년경~390년 이집트의 마카리우스, 300년경~390년경 장님 디디무스, 313년경~395/98년 티코니우스, 330년경~390년	헤라클레아의 테오도루스, ♣330년경~355년 안키라의 마르켈루스, †375년경 살라미스의 에피파니우스, 3110/20~403년 대 바실리우스, ★329/30, ♣357~379년 소少 마크리나, 327년경~379/80년 라오디케아의 아폴리나리스, 310~392년경 나지안주스의 그레고리우스, ★326/30년, ♣372~389년 니사의 그레고리우스, 335/40~394년 이코니움의 암필로키우스, 340/46년경~403년 이전 폰투스의 에바그리우스, 345년경~399년, ♣382~399년 에우노미우스, ♣360~394년 위-마카리우스, ♣390년경 레메시아나의 니케타스, 350년경~414년경	안티오키아의 에우스타티우스, ♣325년 에메사의 에우세비우스, 295/300년~359년경, ♣339년경~359년경 시리아인 에프렘, 306년경~373년, ♣363~373년 아리우스파 율리우스, 4세기경 에메사의 네메시우스, ♣늦은 4세기 타르수스의 디오도루스, †394년 이전 요한 크리소스토무스, 349/50~407년, ♣386~407년 『사도 헌장』, 375년경~400년 몹수에스티아의 테오도루스, 350년경~428년 베로이아의 아카키우스, 322년경~435년경
5세기	알렉산드리아의 테오필루스, 345년경~412년 헬레노폴리스의 팔라디우스, 364/65~431년 이전 알렉산드리아의 키릴루스, 370/80~444년, ♣412~444년 암모니우스, †460년경 포이멘, 5세기 / 콥트인 베사, 5세기 셰누테, 350년경~466년	콘스탄티노플의 프로클루스, 390년 이전~446년 네스토리우스, 381년경~451년경, ♣428~431년 셀레우키아의 바실리우스, ♣444~468년 포티케의 디아도쿠스, 400~474년 콘스탄티노플의 겐나디우스, ♣458~471년, †471년	『단계에 관한 책』, 400년경 가발라의 세베리아누스, ♣400년경 안키라의 닐루스, †430년경 안티오키아의 요한, †441/42년 키루스의 테오도레투스, 393년경~460년경, ♣423~460년 안티오키아의 위-빅토르, 5세기 아파메아의 요한, 5세기
6세기	올림피오도루스, 이른 6세기	카이사리아의 안드레아스, 이른 6세기 오이쿠메니우스, 6세기 가인歌人 로마누스, 465년경~555/62년	마부그의 필록세누스, 440년경~523년 안티오키아의 세베루스, 465년경~538년 은수자 마르쿠스, 6세기경
7세기		고백자 막시무스, 580년경~662년	사도나(=마르티리우스), ♣635~640년
8세기 이후		크레타의 안드레아스, 660년경~740년 테오파네스, 775~845년 카시아, 805~848/67년경 카이사리아의 아레타스, 860년경~932년 이후 포티우스, 820년경~891년 신 신학자 시메온, 949년경~1022년 오리드의 테오필락투스, 1050/60년경~1125/26년	다마스쿠스의 요한, 650년경~750년

메소포타미아/페르시아	팔레스티나(예루살렘*)	장소 미상
	플라비우스 요세푸스, 37년경~101년경	
		『클레멘스의 둘째 편지』, 150년경
마니/마니캐우스, 216년경~276년		『위-클레멘스서』, 3~4세기
아프라하트, 　270년경~345년, ♣337~345년 니시비스의 야코부스, 　♣308~325년, †338년	카이사리아의 에우세비우스, 　260/64년경~339/40년, 　♣315년경~340년 카이사리아의 아카키우스, 　✤340~366년경 예루살렘의 키릴루스, 　315년경~386년, ♣348년경	콤모디아누스, 3세기경 또는 5세기 부제 에우탈리우스, 4세기경?
콜브의 에즈니크, ♣430~450년	히에로니무스, 347년경~419/20년 사제 필리푸스, †455/56년 예루살렘의 헤시키우스, 　♣412~450년 에우티미우스, 377~473년 페트라의 게론티우스, 395~480년경	아리우스파 막시미누스, 　360/65~5세기 중반
사루그의 야코부스, 　450년경~520년경 나트파르의 아브라함, ♣6/7세기 대 바바이, 550~628년 바바이, 이른 6세기	가자의 프로코피우스, 465년경~530년 가자의 도로테우스, 　525년경~560/80년경, ♣540년 스키토폴리스의 키릴루스, 　525년경~557년 이후, ♣550년경	위-디오니시우스, 　482~532년경, ♣500년경
니네베의 이사악, †700년경		위-콘스탄티우스, 7세기경 안드레아스, 7세기경
노老 요한, 8세기 메르브의 이쇼다드, †852년 이후	마이우마의 코스마스, 　675년경~751년경	

인용 저술가의 약전略傳과 익명 작품 개요

⋮

탄생은 '★', 사망은 '✝', 재위/재임은 '✤', 주 활동 시기는 '♣'로 표시하였다.

브레시아의 가우덴티우스(♣395년) 필라스트리우스의 후계자로 브레시아의 주교. 성찬에 관한 설교 21편을 저술하였고, 수많은 논고를 썼다.

『거룩한 사도들의 헌장』(☞ 『사도헌장』)

게론티우스(395년경~480년경) 팔레스티나 출신의 수도승. 훗날 팔레스티나 공주 수도원의 대수도원장이 되었으며, 칼케돈 공의회의 결정에 반대했다.

콘스탄티노플의 겐나디우스(♣458~471년, ✝471년) 콘스탄티노플의 총대주교. 수많은 주해서를 썼으며, 알렉산드리아의 키릴루스가 주장하는 그리스도론을 반대했다.

기적가 그레고리우스(213년경~270/75년, ♣248년경~264년) 네오카이사리아의 주교이자 오리게네스의 제자. 유명한 『전기』 다섯 편은 그를 '기적가'로 부르게 한 사건들을 전한다. 그의 가르침이 압축된 주저 『오리게네스 찬양 연설』은 오리게네스를 찬양하는 내용으로, 특히 수사학이 빛난다.

나지안주스의 그레고리우스(★326/30년, ♣372~389년) 카파도키아 세 교부 가운데 한 사람. 나지안주스의 주교이자 콘스탄티노플의 주교. 니사의 그레고리우스와 대 바실리우스의 친구. 신학적 연설과 편지로 삼위일체 정통 교의뿐 아니라 그리스도의 인성을 변론한 것으로 유명하다.

니사의 그레고리우스(335/40년경~394년) 카파도키아 세 교부 가운데 한 사람. 니사의 주교이며 대 바실리우스의 동생. 뛰어난 독창성을 지닌 철학적 신학자. 『대 교리교육』의 저자. 성부·성자·성령의 일치에서 동일 본질을 내세운 것으로 유명하다.

대 그레고리우스(540년경~604년, ✤590~604년) 590년에 교황이 되었으며, 라틴 4대 교부들 중 마지막 인물. 다작을 남긴 저술가이며 라틴 교회에서 전례 개혁을 시작했다. 그레고리우스 성사 예식서와 그레고리우스 성가도 그가 이룬 전통과 관련이 있다.

엘비라의 그레고리우스(♣359~385년) 엘비라의 주교. 오리게네스를 따라 우의적 해석 방식으로 주석한 논고 몇 편을 썼으며, 아리우스파에 대해 니케아 신앙을 변론했다.

에메사의 네메시우스(♣ 늦은 4세기) 시리아 지방 에메사의 주교. 주저인 『인간 본성』은 신학 · 철학적 여러 문헌에 의존하였으며, 처음으로 그리스도교적 인간학을 서술했다.

네스토리우스(381년경~451년경, ✤428~431년) 콘스탄티노플의 총대주교. 신성과 인성이 그리스도의 육화로 참으로 일치되었다기보다 결합되었다고 내세운 이단의 창시자. 테오토코스(하느님을 낳으신 분)에 관한 가르침에 반대하여 네스토리우스파 교회를 콘스탄티노플에서 분리시켰다.

로마의 노바티아누스(♣235~258년) 교황에 선출되지 못한 뒤 분열된 교회의 주교가 된 로마의 신학자. 교회를 분열시킨 것을 제외하고는 정통 신학을 전개했다. 삼위일체에 관한 논고는 전형적인 서방교회의 교의를 따른다.

레메시아나의 니케타스(350년경~414년경) 세르비아 지방 레메시아나의 주교. 저서들은 성부와 성자의 동일 본질과 성령의 신성을 확언한다.

『단계에 관한 책』(400년경) 저자 미상의 시리아 저술가. 강해와 대화 30편으로 이루어졌으며, 영성적 삶으로 나아가기 위한 더 깊은 단계를 다루었다.

가자의 도로테우스(525년경~560/80년경, ♣540년) 세리도스 수도원 수도승. 훗날 이 수도원의 지도자가 되었으며, 이곳에서 『여러 가르침』을 저술했다. 팔레스티나 수도 제도에 관한 작품도 썼다.

『디다케: 열두 사도들의 가르침』(이른 2세기) 유대교 윤리와 그리스도교의 전례를 다룬 저자 미상의 이 문헌은 '생명의 길'에 관해 전반적으로 서술했다. 교부 시대에 상당한 영향을 미쳤고, 특히 예비 신자 교육에 사용되었다.

장님 디디무스(313년경~395/98년) 알렉산드리아의 성경 주석가. 오리게네스의 영향을 많이 받았으며, 히에로니무스가 극찬한 인물이기도 하다.

포티케의 디아도쿠스(400~474년) 에피루스 베투스의 반단성설파 주교. 『우리 주 예수 그리스도의 승천에 관한 설교』는 칼케돈 공의회의 그리스도론을 통해 동방과 서방에 영향을 미쳤다. 그는 『에피루스 지방 포티케의 주교 디아도쿠스의 (신비적) 환시』의 주제이기도 하다.

『디오그네투스에게 보낸 편지』(3세기경) 이교인의 신앙과 관습을 논박하며 그리스도인의 삶과 신앙을 서술한 저자 미상의 작품. 교부학자들도 디오그네투스가 누구인지 정확히 밝혀내지 못했다.

알렉산드리아의 디오니시우스(✤247/48년경~264/65년) 알렉산드리아의 주교이자 오리게네스의 제자. 당대의 신학 논쟁에 적극적으로 관여하여, 사벨리우스주의를 반대했다. 삼신론을 주장한다는 비판에 대해 자신을 변호하였으며, 에피쿠로스주의를 그리스도교 측면에서 처음으로 논박했다. 주된 사상은 주로 초기 그리스도교 저술가들이 발췌한 글에 남아 있다.

타르수스의 디오도루스(†394년 이전) 타르수스의 주교이자 안티오키아학파의 신학자. 성경 주석서와 교의서, 호교서 등의 다양한 유형의 작품을 저술하였지만, 네스토리우스주의의 효시라는 명목으로 단죄되어 그의 작품 대부분은 단편으로만 전해 온다. 요한 크리소스토무스와 몹수에스티아의 테오도루스의 스승이다.

락탄티우스(250년경~325년, ♣304~324년) 히에로니무스에 따르면 그는 사람을 감동시키는 힘이 있는 저술가였다. 신학적 사상보다 탁월한 수사학적 재능으로 더 유명하다. 그리스도교로 개종한 뒤 니코메디아에서 수사학 교사를 그만둔 그리스도교 호교가다. 콘스탄티누스 황제 아들의 가정교사였으며 『거룩한 가르침』을 저술했다.

세비야의 레안데르(545년경~600년경) 라틴 교회의 저술가. 두 편의 작품만 남아 있다. 당시 에스파냐에서 역사적으로 중요한 영향력을 지닌 서고트족에게 그리스도교를 전파하는 데 큰 역할을 했다.

대 레오(✿440~461년) 로마의 주교. 『플라비아누스에게 보낸 교의서간』은 칼케돈 공의회(451년)에서 네스토리우스와 키릴루스 견해 사이의 중도 노선이 채택되는 데 기여했다.

루쿨렌티우스(5~6세기) 바오로 사도가 쓴 신약성경 일부 구절을 짧게 주해한 무명의 저술가. 그의 주석은 대개 문자적이며 히에로니무스와 아우구스티누스 등 이전 시대 저자들의 방법론을 따른다.

칼리아리의 루키페르(✝375년 이전) 아타나시우스의 신학적 견해와 니케아 신경을 강력히 지지한 칼리아리의 주교. 정통 신앙을 표방하는 주교를 인정하지 않은 콘스탄티우스 황제에 맞서다가 처음에는 팔레스티나로, 나중에는 테바이스(이집트)로 추방되었다.

아퀼레이아의 루피누스(345년경~411년) 정통 신앙의 그리스도교 사상가이자 역사가. 오리게네스 작품을 번역하고 보존하였으며, 히에로니무스와 에피파니우스가 오리게네스를 비난하자 오리게네스를 위해 변론했다. 로마와 이집트, 예루살렘(올리브 산)에서 수덕 생활을 했다.

마니교도 241년경 페르시아에서 마니가 주도하여 창시한 종교의 추종자들. 그러나 이들의 가르침에는 그리스도교 여러 교파의 요소도 명백히 담겨 있다. 빛과 어둠의 왕국이 공존하며, 물질의 어둠에 사로잡혀 있는 이들 가운데에서 빛을 지닌 극소수의 영적 인간만이 구원받은 이들이라 가르치며, 자유의지와 하느님의 보편적 다스림을 부인했다(☞ 영지주의자).

은수자 마르쿠스(6세기경) 타르수스 근방의 수도승. 그리스도론에 관한 작품도 썼다.

마르키온(♠144년, ✝154/60년경) 이단자. 예수 그리스도의 아버지를 구약성경의 창조주 하느님과 다른 분이라고 주장하며, 구약성경 전체와 신약성경의 많은 부분을 받아들이지 않았다(☞ 영지주의자).

브라가의 마르티누스(♣568~579년) 이베리아 반도 브라가의 반反아리우스파 수석 대주교. 고등교육을 받았으며, 572년에 열린 브라가 지방 교회회의의 의장직을 맡았다.

마리우스 빅토리누스(280/85년경~363년경, ♣355~363년) 아프리카 출신의 문법학자. 로마에서 수사학을 가르치고 플라톤학파의 작품들을 번역했다. 늘그막에 개종한 뒤(355년경), 아리우스파를 논박하는 저서와 바오로 서간들의 주해서를 저술했다.

이집트의 마카리우스(300년경~390년경) 사막 교부 가운데 한 사람. 아타나시우스의 견해를 지지하다가 고발되었으며, 아타나시우스의 아리우스파 후계자인 루키우스는 374년경 그를 나일 강의 어느 섬으로 추방했다. 와디 나트룸에서 수도 신학에 관해 계속 가르쳤다.

소 마크리나(327년경~379/80년) 대 바실리우스와 니사의 그레고리우스의 누이. 친할머니 마크리나와 구분하기 위해 '소小 마크리나'라 한다. 그녀는 동생들 가운데, 특히 자신을 스승으로 부르며, 『영

혼과 부활에 관한 대화』에서는 자신의 가르침을 설명한 니사의 그레고리우스에게 큰 영향을
미쳤다.

고백자 막시무스(580년경~662년) 그리스/팔레스티나 출신의 신학자이자 수덕 생활에 관한 저술가. 614년
　　　예루살렘에 아랍인이 침입하자 콘스탄티노플로, 그 후 아프리카로 피신했다. 구금되어 혀와
　　　오른손이 잘리는 혹독한 고초를 겪은 뒤 흑해 근처에서 사망했다. 그는 그리스도의 인성을 사
　　　상의 중심에 두고, 하느님을 그 무엇보다 사랑하며 모든 사물에 초연할 것을 가르쳤다.

토리노의 막시무스(†408/23년) 토리노의 주교. 호노리우스와 테오도시우스 2세가 통치하던 시기에 사망
　　　했다. 그가 남긴 그리스도교 축일과 성인, 순교자들에 관한 설교는 100편이 넘는다.

『메나이온 축일』 예수와 마리아의 생애를 찬미하는 축일 동안 부르는 찬가를 비롯하여 여러 예배 의식
　　　을 담고 있는 전통적인 전례서.

올림푸스의 메토디우스(†311년경) 올림푸스의 주교. 플라톤의 『향연』을 일부 본떠 자신의 『열 처녀의 잔
　　　치』에서 동정성을 찬양했다.

헤르마스의 『목자』(140년경) 환시 5편과 계명 12편, 비유 10편으로 세분된 묵시 문헌. 노예였다가 해방된
　　　헤르마스의 작품으로, 두 번째 천사가 목자의 모습으로 나타났다고 하여 이런 제목이 붙었다.
　　　이 작품은 매우 높은 도덕적 가치를 요구하는 것으로 평가되었으며, 초기 교회에서 예비신자
　　　들을 위한 교재로 사용되었다.

몬타누스파 신탁 몬타누스주의는 프리기아 지방 출신의 몬타누스가 2세기 중엽 이후에 일으킨 묵시 ·
　　　수덕과 관련한 운동이었다. 몬타누스는 황홀경을 통한 신탁으로 자신들의 계시를 선포했다.
　　　몬타누스파 신탁은 작품으로는 남아 있지 않고, 이 운동을 논박한 저술가들의 작품, 특히 에피
　　　파니우스의 『약상자』에 단편으로 실려 있다. 몬타누스주의는 아시아 지역에서 열린 여러 교회
　　　회의 이전에 공식적으로 이단으로 단죄받았다.

로마의 미누키우스 펠릭스(♣2~3세기) 로마에서 변호사로 활동한 그리스도교 호교가. 『옥타비아누스』는
　　　테르툴리아누스의 『호교론』과 여러 면에서 일치한다. 아프리카 출생으로 추정된다.

『바르나바의 편지』(130년경) 분명한 반유대인 어조로 구약성경을 우의적 해석과 예형론적으로 해석한
　　　작품. 카이사리아의 에우세비우스가 친저성을 문제 삼을 때까지 신약성경의 다른 서간과 함께
　　　'가톨릭 서간'으로 분류되었다.

대 바바이(550~628년) 베트 자브다이 지역에 수도원과 학교를 설립한 시리아 출신의 수도승. 훗날 네스
　　　토리우스 교회가 위기에 빠졌을 때 이즐라 산 대수도원의 제3대 수도원장을 역임했다.

바실리데스(2세기) 알렉산드리아에서 활동한 이단자. 영혼이 육체에서 육체로 옮겨지며, 순교 때 몸을
　　　지키고자 거짓말을 한다 해도 죄를 짓는 게 아니라고 했다.

대 바실리우스(★329/30년, ♣357~379년) 카파도키아 세 교부 가운데 한 사람으로 카이사리아의 주교. 니
　　　케아 공의회에서 제기한 삼위일체 학설을 옹호했다. 행정 능력이 뛰어났으며 수도 규칙의 토
　　　대를 마련했다.

셀레우키아의 바실리우스(♣444~468년) 이사우리아 지방 셀레우키아의 주교이자 교회 저술가. 448년에 에우티케스의 단성설을 단죄한 콘스탄티노플 교회회의에 참석했다.

시미에의 발레리아누스(♣422년경~449년) 시미에의 주교. 교회 규율을 강화하려는 목적으로 리에 교회회의(439년)와 베종 교회회의(422년)에 참석했다. 교황 레오 1세와 관할권 문제로 다투는 아를의 힐라리우스를 지지했다.

발렌티누스(♣140년경) 알렉산드리아 출신의 이단자. 물질세계는 미지의 하느님의 지혜 또는 소피아가 지은 죄로 말미암아 창조되었다고 가르쳤다(☞ 영지주의자).

누르시아의 베네딕도(480년경~547년) 서방 수도 제도사에서 가장 중요한 인물. 그가 세운 많은 수도원 가운데 몬테카시노 수도원이 가장 유명하다. 그의 『수도 규칙』은 서방 수도회에 지대한 영향을 미쳤고, 이상적인 수도원의 신학적 토대를 마련하였으며, 공주 수도생활의 꼴을 갖추고 조직화하는 데 도움을 주었다.

존자 베다(672/73년경~735년) 노르툼브리아에서 태어나, 일곱 살 때 재로Jarrow에 있는 성 베드로와 바오로 베네딕도회 수도원 수도승들의 보살핌을 받았다. 또한 수도 전통을 배경으로 폭넓은 고전 교육을 받았다. 당시 현자들 가운데 한 명으로, 『앵글로족의 교회사』를 저술했다.

사라고사의 브라울리오(585년경~651년, ✚631~651년) 사라고사의 주교. 서고트족 문예를 부흥시킨 저명한 저술가. 그의 『아이밀리아누스의 생애』는 문학의 백미로 꼽힌다.

페타우의 빅토리누스(230~304년) 라틴 성경 주석가. 다양한 유형의 작품을 저술했지만, 『묵시록 주해』만 온존溫存하고 『마태오 복음 주해』는 일부 단편만 전해 온다. 천년왕국설을 확고히 내세우지만, 파피아스나 이레네우스의 천년왕국설보다는 덜 유물론적이다. 우의적 해석법으로 볼 때, 오리게네스의 영적 제자라 하겠다. 디오클레티아누스 황제의 박해 첫 해(304년)에 사망한 듯하다.

레렝스의 빈켄티우스(✝435년) 수도승. 이단적 방법론에 맞선 그의 저서는 정통 신앙의 교의적 신학 방법론에 상당한 영향을 미쳤다.

『사도 헌장』(375년경~400년) 『거룩한 사도들의 헌장』으로도 알려져 있으며, 네아폴리스의 아리우스파 주교 율리아누스의 작품으로 추정. 총 8권의 이 작품은 주로 『디다케: 열두 사도들의 가르침』과 『사도 전승』처럼 전대 작품들에 일부 내용을 덧붙여 수록한 모음집이다. 『사도 법규』로도 불리는 제8권은 여러 원전에서 모은 법규 85개로 이루어져 있다.

사도나(♣635~640년) 마르티리우스라는 그리스어 이름으로 알려진 시리아 저술가. 한동안 베트 가르마이의 주교였다. 니시비스에서 공부하였고 그리스도론적 사상 때문에 추방되었다. 주저로는 시리아 수도 문헌의 걸작 가운데 하나로 평가되는 『완성에 관한 책』이 있다. 이 작품은 철저히 성경에 깊은 뿌리를 두고 쓰였다.

사벨리우스(2~3세기) 성부와 성자가 한 위격이라는 이단적 주장을 펼친 저술가. 그가 주장한 이단은 성부가 성자의 모습으로 십자가에서 수난했다고 내세워 '성부수난설'로도 불린다.

사제 살비아누스(400년경~480년경) 당시의 역사를 쓴 중요한 저술가. 로마제국이 야만인들에게 멸망한 것은 제국의 그리스도인들이 저지른, 비난할 만한 행위 때문이라고 여겼다. 『하느님의 다스림』에서 하느님의 섭리에 관한 주제를 발전시켰다.

안티오키아의 세베루스(465년경~538년) 522년에 안티오키아의 주교로 서품된 단성설파 신학자. 피시디아에서 태어나 알렉산드리아와 베이루트에서 공부했고, 콘스탄티노플에서 가르치다가 이집트로 추방되었다. 그리스도의 인성이 신성에 덧붙여졌다고 믿었으며, 그리스도가 신성과 인성을 함께 지녔다면 반드시 두 사람일 수밖에 없다고 주장했다.

가발라의 세베리아누스(♣400년경) 요한 크리소스토무스와 같은 시대 인물인 세베리아누스는 콘스탄티노플, 특히 황실에서 활동한 뛰어난 설교가였다. 요한 크리소스토무스를 고발하는 데 가담했다. 창세기에 관한 강해를 썼으며, 설교는 주로 반이단적 관심사를 드러낸다.

술피키우스 세베루스(360년경~420년경) 보르도의 귀족 가문 출신의 교회 저술가. 투르의 성 마르티누스의 친구이자 열렬한 제자로, 은둔 생활에 전념했다. 겐나디우스는 그가 사제직을 받았다고 단언하지만, 사제 생활에 관해 알려진 바는 전혀 없다.

신 신학자 시메온(949년경~1022년) 자신이 세운 엄격한 규칙과 달리 자비심이 많은 영적 지도자로 알려졌다. 그는 향심 기도로 말미암아 신성한 빛을 느끼고 받아들이게 된다고 여겼다.

아리우스(♣320년경) 이단자. 성자는 피조물이 아니며 본성상 성부와 같다는 니케아 공의회(325년) 신경을 받아들이지 않아, 이 공의회에서 단죄되었다.

나트파르의 아브라함(♣6~7세기) 수도 운동 부흥 시기인 6~7세기에 활동한 동방교회의 수도승. 그의 저서 가운데 『기도와 침묵』은 기도하는 사람의 행위를 통해 구체적으로 나타나는 기도의 중요성을 다룬다. 그의 저서는 아파메아의 요한이나 마부그의 필록세누스의 영향을 받았다고 평가된다.

히포의 아우구스티누스(354~430년, ♣387~430년) 히포의 주교이자 철학 · 성경 주석 · 신학 · 교회론적 주제로 많은 작품을 남긴 저술가. 펠라기우스파를 논박하는 작품들에서 예정과 원죄에 관한 서방 교의를 체계적으로 다루었다.

베로이아의 아카키우스(322년경~435년경) 금욕 생활로 유명한 시리아의 수도승. 378년 베로이아의 주교가 되었으며, 콘스탄티노플 공의회(381년)에 참석했다. 네스토리우스 논쟁에서 알렉산드리아의 키릴루스와 안티오키아의 요한을 중개하는 주요한 역할을 했지만 이 논쟁에는 관여하지 않았다.

알렉산드리아의 아타나시우스(295년경~373년, ♣325~373년) 알렉산드리아의 주교. 328년부터 알렉산드리아의 주교로 재임하였지만 여러 차례 추방되었다. 아리우스파를 논박하는 전형적인 논쟁서를 저술하였지만 동방 주교들은 대부분 그와 다른 견해를 취했다.

아테나고라스(♣176~180년, †180년경) 아테네 출신의 초기 그리스도교 철학자이자 호교가. 아테나고라스가 저술한 것이 확실한 『그리스도인을 위한 청원』은 마르쿠스 아우렐리우스 황제와 그의 아들인 콤모두스 황제에게 헌정되었으며, 그리스도인들이 신은 믿지 않고 근친상간하며 인육 식사를 한다는 대중적 비난에 대해 변론했다.

라오디케아의 아폴리나리스(310~392년경) 라오디케아의 주교. 그리스도가 인간의 정신을 지니지 않았다고 주장하여, 나지안주스의 그레고리우스와 니사의 그레고리우스, 테오도루스의 반박을 받았다.

아프라하트(270년경~345년, ♣337~345년) '페르시아의 현인' 아프라하트는 시리아어로 작품을 남긴 최초의 인물로, 아프라테스라는 그리스어 이름으로도 알려져 있다.

안드레아스(7세기경) 수도승. 고대 저술가들의 주해서를 집대성하여 『성경 주해 선집』을 편찬했다.

대 안토니우스(251년경~355년) 이집트 사막에서 은수 생활을 한 독수도승. 수도 제도의 창시자로 유명하다. 아타나시우스가 그를 수도생활의 이상적 인물로 평가하여, 훗날 그리스도교 성인전의 귀감이 되었다.

알렉산드리아의 알렉산더(♣312~328년) 알렉산드리아의 주교이자 아타나시우스의 선임자. 아리우스 논쟁 초기에 아타나시우스에게 신학적으로 상당한 영향력을 미쳤다. 자신이 바우칼리스 교회의 사제로 임명한 아리우스를 319년에 파문했다. 성자는 시대가 생기기 전에 태어났으며, 성부와 성자가 거룩한 실체로 일치한다(동일 본질)는 그의 학설은 마침내 니케아 공의회에서 승인되었다.

암모니우스(460년경) 아리스토텔레스 작품의 주석가이자 알렉산드리아에서 교사로 활동. 알렉산드리아에서 태어나 그곳 학교의 책임자가 되었다. 플라톤 작품의 주석가로 당시 상당한 명성을 누렸지만, 오늘날 비평가들은 그의 글이 현학적이고 진부하다고 비판한다.

암브로시아스테르(♣366년경~384년) 에라스무스는, 한때 암브로시우스가 저술하였다고 여긴 작품을 암브로시아스테르가 썼다고 보았다.

밀라노의 암브로시우스(339년경~397년, ♣374~397년) 밀라노의 주교이자 아우구스티누스의 스승. 성령의 신성과 마리아의 영원한 동정성을 변론했다.

니시비스의 야코부스(♣308~325년, †338년) 니시비스의 주교. 325년 니케아 공의회에 참석하였으며, 아리우스를 논박하는 데 지대한 공헌을 했다.

사루그의 야코부스(450년경~520년경) 시리아 교회의 저술가. 에데사에서 공부했고, 만년에 사루그의 주교로 서품되었다. 일련의 운문 강해로 구성된 주저 때문에 '성령의 피리'라는 덧이름이 붙여졌다. 그의 신학적 견해는 불확실하지만, 중용적 단성설에 가까운 입장을 표명한 듯하다.

폰투스의 에바그리우스(345년경~399년, ♣382~399년) 늦은 4세기, 이집트와 팔레스티나 수도 영성에 철저히 동화하고 이를 독창적으로 전한 수덕 생활의 스승. 작품 속에 등장하는 오리게네스와의 관련 요소들은 제5차 세계 공의회(553년 제2차 콘스탄티노플 공의회)에서 공식적으로 단죄받았지만, 그의 문학작품은 교회 전통에 꾸준한 영향을 미쳤다.

에우노미우스(♣360~394년) 키지쿠스의 주교. 성부와 성자 가운데 한 분은 태어나지 않으셨고 한 분은 태어나셨기 때문에 서로 다른 본성을 지닌다고 주장했다. 바실리우스와 니사의 그레고리우스는 이 학설을 논박했다.

베르첼리의 에우세비우스(♣360년경) 베르첼리의 주교. 니케아 공의회에서 삼위일체 교의가 서방이 주장하는 절충안으로 파기될 위험에 처하자, 이 교의를 지지했다.

에메사의 에우세비우스(295/300년~359년경) 에메사의 주교. 성경 주석가이자 교의 저술가. 스승인 카이사리아의 에우세비우스를 좇아 절충주의적 아리우스파의 경향을 나타냈다.

카이사리아의 에우세비우스(260/63년경~339/40년, ♣315년경~339/40년) 카이사리아의 주교. 콘스탄티누스 황제의 추종자이자 최초의 교회사가. 복음의 진리가 이교 작품에서 예시되었다고 주장했다. 그러나 아리우스의 견해에 동조한다는 의혹을 받고 자신의 학설을 변론해야 했다.

리옹의 에우케리우스(♣420~449년, ✤435년경~449년) 리옹의 주교. 귀족 가문 출신. 가족을 데리고 레렝스 수도원에 들어갔다. 어려운 성경 구절을 문자적·도덕적·영적 삼중 의미로 해석했다.

에우티미우스(377~473년) 멜리테네 출신으로 당시 상당한 영향력을 행사한 수도승. 멜리테네의 주교 오트레이우스에게 사사. 오트레이우스는 에우티미우스에게 사제품을 주고, 자기 교구의 모든 수도원을 관리하게 했다. 칼케돈 공의회(451년)가 에우티케스의 유설을 단죄했을 때, 동방 은수자 대부분이 그 교령을 받아들인 것은 에우티미우스의 권위 있는 영향력 때문이었다. 에우독시아 황후는 그의 노력으로 칼케돈의 정통 신앙으로 돌아섰다.

시리아인 에프렘(306년경~373년, ♣363~373년) 주해서를 쓰고 찬가를 지은 시리아의 저술가. 그가 지은 찬가들은 때로 단테 이전에 나온 그리스도교 시 가운데 가장 뛰어난 작품의 전형으로 여겨진다.

라틴인 에피파니우스(늦은 5세기~이른 6세기) 초기 교부 시대 주해가들을 중심으로 『복음서 주해』를 저술했다. 베네벤토 또는 세비야의 주교로 재임한 것 같다.

살라미스의 에피파니우스(310/20년경~403년) 키프로스 섬 살라미스의 주교. 이단 80개를 논박하는 작품(『약상자』)을 저술하여 오리게네스를 이단자로 단죄하는 실마리를 제공했다.

영지주의자 바실리데스, 마르키온, 발렌티누스, 마니 등의 추종자들을 일컬음. 물질은 악이나 무지한 창조주가 영을 위해 만든 감옥이며, 구원은 자유의지가 아니라 은총에 의존한다고 주장했다.

알렉산드리아의 오리게네스(185년경~254년경, ♣200년경~254년경) 탁월한 성경 주석가이자 조직신학자. 영혼의 선재를 주장하고 육체의 부활을 부인하여 단죄되었다. 폭넓은 성경 주석은 본문의 영적 의미에 초점을 맞추었다.

오이쿠메니우스(6세기) 수사학자이자 철학자. 현존 최고最古의 그리스어 묵시록 주해서를 저술했다. 요한 크리소스토무스가 주해한 바오로 서간을 재강해한 작품은 아직도 남아 있다.

요세푸스, 플라비우스(37/38년~100년경) 저명한 사제 가문 출신의 유대인 역사가. 에세네와 사두가이에 정통했지만 바리사이가 되었다. 66년에 일어난 대규모의 유대인 봉기(제1차 유대 독립 전쟁)에 참여하였으며, 예루살렘의 산헤드린(최고 의회)에서 갈릴래아 총사령관으로 선출되었다. 베스파시아누스가 승진하고 그의 아들 티투스가 황제가 되리라 예언함으로써, 베스파시아누스의 환심을 사는 약삭빠른 행동을 취했다. 베스파시아누스가 황제가 된 69년 이후에 석방되었다.

노老 요한(8세기경) 시리아의 저술가. 동방교회의 수도 집단에 속하였으며, 카르두(이라크 북부) 지역에 살았다. 주저로는 강해 22편과 단편으로 이루어진 편지 모음집 51편이 있다. 모음집에서 그는 신비적인 삶이란 부활의 삶을 예기하는 체험이며 세례성사와 성체성사의 열매로 서술한다.

다마스쿠스의 요한(650년경~750년) 아랍 출신의 수도승이자 신학자. 그의 작품들은 동방과 서방 교회에 지대한 영향을 미쳤다. 가장 유명한 작품은 『신앙 해설』이다.

요한 카시아누스(360년경~432년) 『규정집』과 『담화집』을 통해 영성 생활의 본질을 다룬 이집트 수도 교부들의 가르침을 전했다. 두 작품은 서방 수도 제도를 발전시키는 데 큰 영향을 미쳤다.

요한 크리소스토무스(349/50~407년, ♠386~407년) 콘스탄티노플의 주교. 정통 신앙을 지킨 인물로 유명하며, 언변이 뛰어났고, 그리스도인의 방종을 날카롭게 비판했다.

위-디오니시우스(482~532년경, ♠500년경) 사도행전 17장 34절에 언급되는 아레오파고스 의회 의원인 디오니시우스의 이름으로 불리는 저자. 『아레오파기타 전집』(『디오니시우스 전집』)으로 알려진 작품들을 썼다. 이 저서들은, 참으로 어느 것도 하느님의 속성을 나타낼 수 없다는 점에서 신비주의적 부정신학 학파의 토대가 되었다.

위-마카리우스(♠390년경) 안티오키아에서 활동한 (메소포타미아 출신의?) 상상력이 풍부한 익명의 저술가이자 수덕가. 부정확하게 편집된 그의 작품들은 이집트의 마카리우스의 저서로 여겨졌다. 그는 인간의 본성과 기도, 내적 생활에 관해 예리한 통찰력으로 삼위일체 신학을 명확히 표현했다. 그의 작품은 대략 100편의 설교와 강해에 이른다.

순교자 유스티누스(100/10년경~165년, ♠148년경~161년) '틀림없고 가치 있는 철학'인 그리스도교로 개종한 팔레스티나 출신의 철학자. 로마에서 활동하였으며, 그리스철학과 그리스도교 신학을 결합시키며 이교인과 유대인들의 견해를 논박하는 여러 호교서를 저술했으며, 마침내 순교했다.

안티오키아의 이그나티우스(35년경~107/12년경 또는 105년 이전~135년경) 안티오키아의 주교. 안티오키아에서 처형지 로마로 압송되어 가던 길에 여러 지역교회에 보내는 편지를 썼다. 편지를 통해 이단을 경고하고, 정통 그리스도론과 성찬의 중요성, 교회일치를 보존해야 하는 주교의 독특한 역할을 강조한다.

리옹의 이레네우스(130/40년~200/02년, ♠180~199년) 리옹의 주교. 영지주의 사상을 논박하는, 저명하고 영향력 있는 작품을 저술했다.

니네베의 이사악(†700년경) 시리아인 이사악이라고도 불리는 수도승 저술가. 은수 생활을 하기 전 한동안 니네베의 주교로 봉직했다. 수도생활을 주제로 다룬 그의 글은 수많은 강해 형태로 남아 있다.

메르브의 이쇼다드(†852년 이후) 헤다타의 네스토리우스파 주교. 시리아 교부들을 자주 인용하며 구약성경의 일부 작품과 신약성경의 많은 작품, 특히 야고보 서간과 베드로의 첫째 서간, 요한의 첫째 서간을 주해하였다.

세비야의 이시도루스(560년경~636년) 누이 플로렌티나, 형 레안데르와 풀겐티우스 등 수도승과 성직자를 여럿 배출한 집안의 막내로, 백과사전적 작품인 『어원』을 비롯하여 종교 문제뿐 아니라 세속 문제까지도 두루 다룬 박학한 저술가였다.

카시오도루스(485년경~580년경) 서방 수도 제도의 창시자. 카시오도루스는 칼라브리아 지방에 있는 자신의 영지에 비바리움 수도원을 설립했다. 수도원의 수도승들은 종교적이고 세속적인 고전 그리스·라틴 문헌을 필사하였으며, 이들 문헌을 중세에 전해 주기 위해 보존했다. 작품으로는 뛰어난 가치가 있는 역사서와 그리 유용하지 않은 주해서들이 있다.

아를의 카이사리우스(470년경~542년) 사목직을 수행하는 데 따르기 마련인 어려움에 잘 대처한 아를의 유명한 주교. 남아 있는 그의 작품들 가운데 가장 중요한 작품은 다양한 청중에게 그리스도교 교의를 설교한 설교 모음집 238편이다.

로마의 칼리스투스(✠217~222년) 사벨리우스를 이단자로 단죄한 교황으로 순교했음이 분명하다.

콤모디아누스(3세기경 또는 5세기) 출생지 미상(시리아인?)의 라틴 시인. 남아 있는 두 작품은 천년왕국설과 성부수난설 경향을 보이며, 묵시록과 그리스도교 호교론에 초점을 맞추고 있다.

쿠오드불트데우스(♣430년) 카르타고의 주교이자 아우구스티누스의 친구. 구약성경의 예언이 신약성경에서 어떻게 성취되었는지 상세히 제시하려고 했다.

아퀼레이아의 크로마티우스(♣400년) 아퀼레이아의 주교. 루피누스와 히에로니무스의 친구로, 여러 논문과 설교를 남겼다.

로마의 클레멘스(✠92년경~101년) 제3대 교황. 클레멘스가 쓴 『코린토 신자들에게 보낸 첫째 편지』(=클레멘스의 첫째 편지)는 사도 시대 이후의 가장 중요한 문헌 가운데 하나로 손꼽힌다.

알렉산드리아의 클레멘스(150년경~215년, ♣190~215년) 이교에서 개종하였으며 수준 높은 교육을 받은 그리스도인. 알렉산드리아의 교리교육 학교 책임자였으며, 그리스도교 학문을 꽃피운 선구자다. 『권고』, 『교육자』, 『양탄자』는 당시의 사상과 교육에 맞서 그리스도교 교의를 제시한다.

『클레멘스의 둘째 편지』(150년경) 현존하는 그리스도교 설교 가운데 가장 오래된 작품으로, 저자는 코린토 출신으로 추정된다. 저자가 로마나 알렉산드리아 출신이라고 주장하는 학자들도 있다.

스키토폴리스의 키릴루스(525년경~557년 이후, ♣550년경) 팔레스티나의 수도승. 팔레스티나의 저명 수도승들의 생애를 그가 저술한 덕분에 5~6세기 수도생활의 진상이 정확히 알려졌으며, 6세기 중엽 오리게네스파가 처한 위기와 탄압에 대해서도 알 수 있게 되었다.

알렉산드리아의 키릴루스(370/80~444년, ♣412~444년) 알렉산드리아의 총대주교. 그리스도 두 본성의 일치를 강력히 주장하였으며, 431년에 열린 에페소 공의회에서 네스토리우스를 단죄하는 데 주도적 역할을 했다.

예루살렘의 키릴루스(315년경~386년, ♣348년경) 350년 이후 예루살렘의 주교로 재임했다. 『예비신자 교리교육』을 썼다.

카르타고의 키프리아누스(♣248~258년) 카르타고의 주교이자 순교자. 열교자들과 이단자들이 베푼 세례는 유효하지 않다고 주장했다.

테르툴리아누스(155/60년경~225/50년, ♣197년경~222년) 카르타고 출신의 뛰어난 호교가이자 논객. 서방에서 그리스도론과 삼위일체에 관한 정통 신앙의 토대를 마련했다. 그러나 모교회가 도덕적으로 느슨해졌다고 여겨 모교회를 떠나 몬타누스파에 들어갔다.

키루스의 테오도레투스(393년경~460년, ♣423~460년) 키루스의 주교. 그리스도론 논쟁에서 키릴루스의 적수였다. 그리스도의 위격에 관한 그의 학설은 칼케돈 공의회(451년)에서 정당성이 입증되었다.

안티오키아 주석에 바탕을 두고 성경을 쉽게 해설하였으며, 구약성경 대부분을 주해했다.

몹수에스티아의 테오도루스(350년경~428년) 몹수에스티아의 주교이자 문자적 의미를 강조한 안티오키아 성경 주석 학파의 창시자. 후대에 네스토리우스의 효시로 여겨져 단죄되었다.

헤라클레아의 테오도루스(♣330년경~355년) 트라키아의 반反니케아파 주교. 동·서방 그리스도교의 화해에 힘썼으나 세르디카 교회회의(343년)에서 파문되었다. 성경의 문자적 해석에 초점을 맞춘 저서들을 남겼다.

오리드의 테오필락투스(1050/60년경~1125/26년) 오리드(아크리다, 현 불가리아)의 대주교. 저술 활동 초기에 구약성경의 여러 책과 묵시록을 제외한 신약성경의 모든 작품을 주해했다.

안티오키아의 테오필루스(늦은 2세기경) 안티오키아의 주교. 남아 있는 작품으로는 『아우톨리쿠스에게』가 유일하다. 이 작품에 그리스도교 최초의 창세기 주해가 등장하며, 삼위일체라는 용어도 처음 사용했다. 그의 호교 문학적 유산은 이레네우스와 테르툴리아누스에게 영향을 끼친 듯하다.

두미움의 파스카시우스(515년경~580년경) 두미움의 수도승일 때 그리스어로 쓰인 『사막 사부들의 금언』을 라틴어로 번역했다.

파스티디우스(4~5세기경) 『그리스도인의 삶』을 쓴 브리타니아 출신의 저술가. 펠라기우스의 작품으로 전해진 저서 몇 편을 남겼다.

로마의 파우스티누스(♣380년) 로마의 사제이자 루키페르의 지지자. 삼위일체에 관한 논문이 있다.

파울루스 오로시우스(★380년경) 펠라기우스를 노골적으로 비판했다. 『이교인 반박 역사』는 그리스도교의 역사를 다룬 첫 작품으로 추정된다.

놀라의 파울리누스(355~431년, ♣389~396년) 로마 원로원 의원이며 저명한 라틴 시인. 밀라노의 암브로시우스와 자주 만나면서 개종하여 389년에 마침내 세례를 받았다. 부와 영향력 있는 지위를 포기하고 펜을 들어 그리스도를 섬기는 시를 썼다. 아우구스티누스와 히에로니무스, 루피누스를 비롯한 많은 사람과 편지를 주고받았다.

파코미우스(292년경~347년) 공주 수도 제도의 창시자. 탁월한 재능을 타고난 지도자이자 수도 규칙서의 저자. 그가 죽은 뒤 알렉산드리아의 아타나시우스는 그의 견해를 지지했다.

바르셀로나의 파키아누스(4세기) 바르셀로나의 주교. 이교인 대중 축제뿐 아니라 노바티아누스의 분열을 논박했다.

파테리우스(6~7세기) 대 그레고리우스의 제자. 그레고리우스의 작품들을 중세 저술가들에게 전했다.

헬레노폴리스의 팔라디우스(364/65~431년 이전, ♣399~420년) 비티니아 헬레노폴리스의 주교(400~417년). 그 뒤 갈라티아 지방 아스푸나의 주교가 되었다. 폰투스의 에바그리우스의 제자이자 오리게네스 찬양자이고 요한 크리소스토무스의 열렬한 지지자였다. 요한이 403년 주교직을 박탈당했을 때 그와 고통을 함께했다. 초기 수도 제도사를 다룬 주요한 문헌 『라우수스에게 바친 수도승 이야기』는 사막 생활의 영적 가치를 강조한다. 『성 요한 크리소스토무스의 생애에 관한 대화』도 자신이 수년 동안 수도승으로 체험한 사막 생활의 영적 가치를 다룬 교화서다.

알렉산드리아의 페트루스(†311년경) 알렉산드리아의 주교. 알렉산드리아에서 오리게네스의 극단적인 교의에 처음으로 반응을 보였다. 페트루스는 그리스도인들이 알렉산드리아에서 박해받을 때 함께 체포되어 로마 관리들에게 참수되었다. 카이사리아의 에우세비우스는 그를 '전형적인 주교, 고결한 삶을 영위하고 성경을 열성적으로 연구한 뛰어난 주교'로 묘사했다.

페트루스 크리솔로구스(380년경~450년) 라벤나의 대주교. 『설교집』에서 교황의 수위권, 은총과 그리스도인의 삶을 논했다.

펠라기우스(350/54년경~420/25년경) 아우구스티누스와 같은 시대의 인물. 그의 추종자들은, 그리스도 이전에도 전혀 죄를 짓지 않고 산 사람들이 있었으며 구원은 자유의지에 달려 있다고 주장하여 418년과 431년에 단죄되었다.

포이멘(5세기) 『사막 사부들의 금언집』에 나오는 담화의 7분의 1은, 그리스어로 '목자'를 뜻하는 포이멘에 관한 글이다. '포이멘'이라는 용어는 초기 이집트 사막의 수덕자를 가리키는 일반 명칭이었으며, 모든 금언이 한 사람에게서 유래하였는지는 밝혀지지 않았다.

리스본의 포타미우스(♣350년경~360년) 리스본의 주교. 357년에 아리우스파의 견해에 동조하였지만 후에 가톨릭 신앙으로 되돌아왔다(359년경?). 두 시기에 쓰인 그의 작품들은 당시 광범위하게 일어난 삼위일체 논쟁과 관련이 있다.

스미르나의 폴리카르푸스(69년경~155년) 마르키온파와 발렌티누스파 같은 이단자들에 대해 격렬히 투쟁한 스미르나의 주교. 2세기 중엽 아시아 지방에서 그리스도교를 주도적으로 이끈 인물이다.

루스페의 풀겐티우스(467년경~532년) 루스페의 주교. 아우구스티누스의 영향을 받아 정통 신앙과 관련하여 많은 설교와 논고를 남겼다.

가자의 프로코피우스(465년경~530년) 알렉산드리아에서 수학한 성경 주석가. 많은 신학 작품과 성경 주해서(특히 히브리 성경)를 저술하였다. 알렉산드리아학파에 친숙한 우의적 해석이 두드러진다.

프루덴티우스(349년경~405년 이후) 라틴 시인이며 찬가 작가. 생애 말기에 그리스도교 저술에 헌신했다. 마르키온의 이단적 내용, 이교인의 신앙과 관습이 되살아나는 것을 논박하는, 육화 신학에 관한 교훈적인 시 여러 편을 썼다.

브레시아의 필라스트리우스(♣380년) 브레시아의 주교. 모든 이단을 논박하는 글을 편찬했다.

마부그의 필록세누스(440년경~523년) 마부그(히에라폴리스)의 주교이자 초기 시리아 정통 교회를 주도적으로 이끈 사상가. 시리아어로 쓰인 다양한 유형의 작품으로는 『그리스도인의 삶에 관한 대화 13편』과 육화에 관한 저서 몇 편, 다수의 성경 주해서가 있다.

알렉산드리아의 필론(기원전 20년경~기원후 50년경) 교부들의 구약성경 해석에 상당한 영향을 미친 유대 출신의 성경 주석가. 알렉산드리아의 부유한 가정에서 태어난 그는 예수와 같은 시기에 살았으며, 수덕 생활과 관상 생활을 했다. 따라서 랍비로 대우받기도 한 그의 성경 해석은 원문 어구에 충실한 영적 의미에 바탕을 두었다. 헬레니즘에 영향을 받았지만 필론의 신학은 철저히 유대적이다.

사제 필리푸스(✝455/56년) 겐나디우스는 필리푸스를 히에로니무스의 제자로 여긴다. 그의 저서『욥기 주해』는 불가타를 사용하는데, 이는 이 번역본을 전파하는 데 중요한 역할을 한다.

예루살렘의 헤시키우스(♣412~450년) 사제이며 성경 주석가로 성경 전체를 주해했다.

호르시에시우스(305년경~390년) 남부 이집트에서 공주 수도 제도의 지도자로 활동한 파코미우스의 둘째 후계자. 파코미우스의 첫째 후계자는 페트로니우스다.

히에로니무스(347년경~419/20년) 탁월한 성경 주석가이며 고전 라틴어 문체의 옹호자. 라틴어 성경인 불가타의 번역자로 가장 잘 알려져 있다. 마리아의 영원한 동정성을 변론하고 오리게네스와 펠라기우스를 논박하였으며, 극단적인 수덕을 실천하도록 북돋았다.

히폴리투스(189년 이전~235년, ♣222~235년) 최근 발표된 연구에 따르면, 히폴리투스는 주로 팔레스티나를 배경으로 활동하였으며 오리게네스에게 우호적이었다고 한다.『모든 이단 반박』으로 잘 알려져 있는 그는 본디 예형론적 주석을 활용한 성경 주석가(특히 구약성경)다.

아를의 힐라리우스(401년경~449년) 아를의 대주교이며 절충주의 펠라기우스파의 지도자. 힐라리우스는 자신의 관할권에 있는 주교를 면직시키고 새 주교를 임명해 교황 레오 1세의 분노를 샀다. 레오는 갈리아 교회에 대한 교황권을 내세우기 위해 아를을 대주교좌에서 주교좌로 격하시켰다.

푸아티에의 힐라리우스(315년경~367년, ♣350~367년) 푸아티에의 주교. 아리우스파에 맞서 성부와 성자가 같은 본성을 지닌 사실을 변론하였기 때문에, '서방의 아타나시우스'라고 한다.

원본 참고문헌

Ambrose. "De Abraham." In *Sancti Ambrosii opera*. Edited by Karl Schenkl. Corpus Scriptorum Ecclesiasticorum Latinorum, vol. 32, pt. 1, pp.501-638. Vienna, Austria: F. Tempsky; Leipzig, Germany: G. Freytag, 1896.

—. "De excessu fratris Satyri." In *Sancti Ambrosii opera*. Edited by O. Faller. Corpus Scriptorum Ecclesiasticorum Latinorum, vol. 73, pp.209-325. Vienna, Austria: F. Tempsky, 1955.

—. "De fuga saeculi." In *Sancti Ambrosii opera*. Edited by Karl Schenkl. Corpus Scriptorum Ecclesiasticorum Latinorum, vol. 32, pt. 2, pp.163-207. Vienna, Austria: F. Tempsky; Lipzig: G. Freytag, 1897.

—. "De Isaac vel anima." In *Sancti Ambrosii opera*. Edited by Karl Schenkl. Corpus Scriptorum Ecclesiasticorum Latinorum, vol. 32, pt. 1, pp.641-700. Vienna, Austria: F. Tempsky; Leipzig, Germany: G. Freytag, 1896.

—. "De Jacob et vita beata." In *Sancti Ambrosii opera*. Edited by Karl Schenkl. Corpus Scriptorum Ecclesiasticorum Latinorum, vol. 32, pt. 2, pp.3-70. Vienna, Austria: F. Tempsky; Leipzig, Germany: G. Freytag, 1897.

—. "De Joseph." In *Sancti Ambrosii opera*. Edited by Karl Schenkl. Corpus Scriptorum Ecclesiasticorum Latinorum, vol. 32, pt. 2, pp.73-122. Vienna, Austria: F. Tempsky; Leipzig, Germany: G. Freytag, 1897.

—. "De obitu Theodosii." In *Sancti Ambrosii opera*. Edited by O. Faller. Corpus Scriptorum Ecclesiasticorum Latinorum, vol. 73, pp.371-401. Turnhout, Belgium: Brepols, 1955.

—. "De patriarchis." In *Sancti Ambrosii opera*. Edited by Karl Schenkl. Corpus Scriptorum Ecclesiasticorum Latinorum, vol. 32, pt. 2, pp.123-60. Vienna, Austria: F. Tempsky; Leipzig, Germany: G. Freytag, 1897.

—. "Epistulae." In *Sancti Ambrosii opera*. Edited by O. Faller and M. Zelzer. Corpus Scriptorum Ecclesiasticorum Latinorum, vol. 82 pt. 1, pt. 2 and pt. 3. Vienna, Austria: F. Tempsky, 1968~1990.

Antony the Great. *Epistolae sanctissimorum*. Patrologiae Cursus Completus, Series Graeca, vol. 40, cols. 977-1000. Edited by J.-P. Migne. Paris: Migne, 1857~1886.

Aphrahat. "Demonstrationes (IV)." In *Patrologia Syriaca*, vol. 1, cols. 137-82. Edited by R. Graffin. Paris: Firmin-Didot et socii, 1910.

Athanasius. "Epistulae festales." In *Opera omnia*. Patrologiae Cursus Completus, Series Graeca, vol.

26. Edited by J.-P. Migne. Paris: Migne, 1857~1886.

Augustine. *Confessionum libri tredecim*. Edited by L. Verheijen. Corpus Christianorum, Series Latina, vol. 27. Turnhout, Belgium: Brepols, 1981.

——. "Contra mendacium." In *Opera*. Edited by J. Zycha. Corpus Christianorum, Series Latina, vol. 41, pp.469-528. Vienna, Austria: F. Tempsky, 1900.

——. "De bono coniugali." In *Opera*. Edited by J. Zycha. Corpus Christianorum, Series Latina, vol. 41, pp.187-230. Vienna, Austria: F. Tempsky, 1900.

——. *De civitate Dei*. In *Opera*. Edited by B. Dombart and A. Kalb. Corpus Christianorum, Series Latina, vols. 47-48. Turnhout, Belgium: Brepols, 1955.

——. "De cura pro mortuis gerenda." In *Opera*. Edited by J. Zycha. Corpus Christianorum, Series Latina, vol. 41, pp.621-59. Vienna, Austria: F. Tempsky, 1900.

——. "De doctrina christiana." In *Opera*. Edited by J. Martin. Corpus Christianorum, Series Latina, vol. 32, pp.1-167. Turnhout, Belgium: Brepols, 1962.

——. "De patientia." In *Opera*. Edited by J. Zycha. Corpus Christianorum, Series Latina, vol. 41, pp.663-91. Vienna, Austria: F. Tempsky, 1900.

——. *De Trinitate*. Edited by W.J. Mountain. Corpus Christianorum, Series Latinia, vols. 50-50a. Turnhout, Belgium: Brepols, 1968.

——. "Epistuale." In *Sancti Augustii opera*. Edited by A. Goldbacher. Corpus Scriptorum Ecclesiasticorum Latinorum, vol. 34 pts. 1, 2; vol. 44; vol. 57; vol. 58. Vienna, Austria: F. Tempsky, 1895~1898.

——. *In Johannis evangelium tractatus*. Edited by R. Willems. Corpus Christianorum, Series Latina, vol. 36. Turnhout, Belgium: Brepols, 1954.

——. *Sermones*. Patrologiae Cursus Completus, Series Latina, vols. 38-39. Edited by J.-P. Migne. Paris: Migne, 1844~1864.

Basil the Great. "Sermo 11: sermo asceticus et exhortatio de renunciation mundi." In *Opera omnia*. Patrologiae Cursus Completus, Series Graeca, vol. 31, cols. 625-48. Edited by J.-P. Migne. Paris: Migne, 1857~1886.

Bede the Venerable. *De tabernaculo et vasis eius ac vestibus sacerdotum libri iii*. In *Opera*. Edited by D. Hurst. Corpus Christianorum, Series Latina, vol. 119a. Turnhout, Belgium: Brepols, 1969.

——. *Homiliarum evangelii lib. ii*. In *Opera*. Edited by D. Hurst. Corpus Christianorum, Series Latina, vol. 122. Turnhout, Belgium: Brepols, 1955.

——. *In principium Genesis usque ad nativitatem Isaac etc*. In *Opera exegetica*. Edited by C.W. Jones. Corpus Christianorum, Series Latina, vol. 118a. Turnhout, Belgium: Brepols, 1967.

Caesarius of Arles. *Sermones*. Edited by G. Morin. Corpus Christianorum, Series Latina, vols. 103-4. Turnhout, Belgium: Brepols, 1953.

Chromatius. "Sermones." In *Opera*. Edited by J. Lemarié. Corpus Christianorum, Series Latina, vol.

9a, pp.3-182; and vol. 9a supplementum, pp.616-17. Turnhout, Belgium: Brepols, 1974.

Clement of Alexandria. *Clement d'Alexandrie: Le pédagogoue*. 3 vols. Edited by H.-I. Marrou, M. Harl, C. Mondésert and C. Matray, 1:108-294; 2:10-242; 3:12-190. Sources Chrétiennes, vols. 70, 108, 158. Paris: Cerf, 1960~1970.

—. "Stromata." In *Clemens Alexandrinus*, vol. 2, 3d ed., and vol. 3, 2d ed. Edited by O. Stählin, L. Früchtel, U. Treu. *Die griechischen christlichen Schriftsteller*, vols. 52 (15), 17. Berlin: Akademie-Verlag, 1960~1970.

Clement of Rome. "Epistula i ad Corinthios." In *Clément de Rome: Épître aux Corinthiens*, pp.98-204. Edited by A. Jaubert. Sources Chrétiennes, vol. 167. Paris: Cerf, 1971.

Cyprian. *Sancti Cypriani episcopi epistularium*. 2 vols. Edited by G.F. Diercks. Corpus Christianorum, Series Latina, vols. 3b-3c. Turnhout, Belgium: Brepols, 1994~1996.

Cyril of Alexandria. "Commentarii in Lucam (in catenis)." In *Opera Omnia*. Patrologiae Cursus Completus, Series Graeca, vol. 72, cols. 476-949. Edited by J.-P. Migne. Paris: Migne, 1857~1886.

—. "Glaphyra in pentateuchum." In *Opera Omnia*. Patrologiae Cursus Completus, Series Graeca, vol. 69, cols. 9-677. Edited by J.-P. Migne. Paris: Migne, 1857~1886.

Cyril of Jerusalem. "Catecheses ad illuminandos 1-18." In *Cyrilli Hierosolymorum archiepiscopi opera quae supersunt omnia*, 1:28-320; 2:2-342. 2 vols. Edited by W.C. Reischl and J. Rupp. Munich: Lentner, 1860 (repr. Hildesheim: Olms, 1967).

Didymus the Blind. *Didyme l'Aveugle: Sur la Genèse*, 1:32-322; 2:8-238. 2 vols. Edited by P. Nautin and L. Doutreleau. Sources Chrétiennes, vols. 233, 244. Paris: Cerf, 1976, 1978.

Ephrem the Syrian. *Sancti Ephraem Syri in Genesim et in Exodum commentarii*. Corpus Scriptorum Christianorum Orientalium, vols. 152, 153. Louvain, 1955.

Eusebius of Caesarea. *Eusèbe de Césarée: Histoire ecclésiastique*. 3 vols. Edited by G. Bardy. Sources Chrétiennes, 31, 41, 55. Paris: Cerf, 1952~1958.

Eusebius of Emesa. "Catena on Genesis." *La chaîne sur la Genèse*. Edited by F. Petit. Traditio Exegetica Graeca, vols. 3-4. Louvain: Peeters, 1991.

Gregory of Nyssa. "De perfectione Christiana ad Olympium monachum." In *Gregorii Nysseni opera* 8.1:173-214. Edited by W. Jaeger. Leiden: Brill, 1963.

—. *Grégoire de Nyssé: Traité de la virginité*. Edited by M. Aubineau. Sources Chrétiennes, vol. 119. Paris: Cerf, 1966.

Hilary of Poitiers. "De trinitate." In *Opera*. Edited by P. Smulders. Corpus Christianorum, Series Latina, vols. 62-62a. Turnhout, Belgium: Brepols, 1979~1980.

Hippolytus. *Hippolyte de Rome: Sur les bénédictions d'Isaac, de Jacob et de Moïse*. Patrologia Orientalis, vol. 27, pp.2-114. Paris: Firmin-Didot, 1954.

Irenaeus. *Irénée de Lyon: Contre les hérésies, Livre 4*. Edited by A. Rousseau, B. Hemmerdinger, L. Doutreleau and C. Mercier. Sources Chrétiennes, vol. 100. Paris: Cerf, 1965.

Jerome. "Epistulae." In *Opera*. Edited by I. Hilberg, J. Divjak and C. Moreschini. Corpus Scriptorum Ecclesiasticorum Latinorum, vols. 54, 55, 56, 88. Vienna, Austria: F. Tempsky, 1910~1918, 1981.

—. "Tractatus lix in psalmos." In *Opera*. Edited by G. Morin, Corpus Christianorum, Series Latina, vol. 78, pp.3-352. Turnhout, Belgium: Brepols, 1958.

John Chrysostom. "In Genesim (homiliae 1-67)." In *Opera omnia*. Patrologiae Cursus Completus, Series Graeca, vol. 54, cols. 385-580. Edited by J.-P. Migne. Paris: Migne, 1857~1886.

—. "Non esse desperandum." In *Opera omina*. Patrologiae Cursus Completus, Series Graeca, vol. 51, cols. 363-72. Edited by J.-P. Migne. Paris: Migne, 1857~1886.

Justin Martyr. "Dialogus cum Tryphone." In *Die altesten Apologeten*, pp.90-265. Edited by E.J. Goodspeed. Göttingen: Vandenhoeck & Ruprecht, 1915.

Martin of Braga. "Sententiae Patrum Aegyptiorum." In *Martini Episcopi Bracarensis opera omnia*. Edited by C.W. Barlow. Papers and Monographs of the American Academy in Rome, vol. 12. New Haven, 1950.

Novation. "De trinitate." In *Opera*. Edited by G.F. Diercks. Corpus Christianorum, Series Latina, vol. 4, pp.11-78. Turnhout, Belgium: Brepols, 1972.

Origen. "Commentarii in evangelium Joannis (lib. 1, 2, 4, 5, 6, 10, 13)." In *Origène: Commentaire sur saint Jean*. 3 vols. Edited by C. Blanc. Sources Chrétiennes, vols. 120, 157, 222. Paris: Cerf, 1966~1975.

——. "Commentarii in evangelium Joannis (lib. 19, 20, 28, 32)." In *Origenes Werke*, vol. 4, pp.298-480. Edited by E. Preuschen. *Die griechischen christlichen Schriftsteller*, vol. 10. Leipzig: Hinrichs, 1903.

—. "De principiis (Periarchon)." In *Origenes secundum translationem quam fecit Rufinus*, pp.7-364. Edited by P. Koetschau. Corpus Berolinense, vol. 22. Paris, 1913.

—. "Fragmenta de principiis." In *Origenes vier Bücher von den Prinzipien*. Edited by H. Görgemanns and H. Karpp. Darmstadt, Germany: Wissenschaftliche Buchgesellschaft, 1976.

—. "Homiliae in Lucam." In *Opera omnia*. Patrologiae Cursus Completus, Series Graeca, vol. 13, cols. 1799-1902. Edited by J.-P. Migne. Paris: Migne, 1857~1886.

—. "In Genesim homiliae." In *Origenes secundum translationem quam fecit Rufinus*, pp.1-144. Edited by W.A. Baerhens. Corpus Berolinense, vol. 29. Paris, 1920.

—. "Selecta in Genesim (fragmenta e catenis)." In *Opera omnia*. Patrologiae Cursus Completus, Series Graeca, vol. 12, cols. 92-145. Edited by J.-P. Migne. Paris: Migne, 1857~1886.

Paulinus of Nola. *Carmina*. Edited by W. Hartel. Corpus Scriptorum Ecclesiasticorum Latinorum, vol. 30. Vienna, 1894.

Peter Chrysologus. "Collectio Sermonum." In *Opera*. Edited by A. Olivar. Corpus Christianorum, Series Latina, vols. 24, 24a, 24b. Turnhout, Belgium: Brepols, 1975.

Philo of Alexandria. "Quaestiones in Genesim." In *Quaestiones in Genesim et in Exodum: Fragmenta*

Graeca [Les oeuvres de Philon d'Alexandrie]. Edited by F. Petit. Paris: Cerf, 1978.

Prudentius. "Tituli historiarum." In *Opera*. Edited by M.P. Cunningham. Corpus Christianorum, Series Latina, vol. 126, pp.390-400. Turnhout, Belgium: Brepols, 1966.

Pseudo-Barnabas. *Épître de Barnabé*. Edited by R.A. Kraft. Sources Chrétiennes, vol. 172. Paris: Cerf, 1971.

Quodvultdeus. "Liber promissionum et praedictorum Dei." In *Opera Quodvulteo Carhaginiensi episcopo tributa*. Edited by R. Braun. Corpus Christianorum, Series Latina, vol. 60. Turnhout, Belgium: Brepols, 1976.

Rufinus of Aquileia. "De benedictionibus patriarcharum." In Corpus Christianorum, Series Latina, vol. 20, pp.189-228. Edited by M. Simonetti. Turnhout, Belgium: Brepols, 1961.

Salvian the Presbyter. "De gubernatione Dei." In *Ouvres*, vol. 2, pp.95-527. Edited by G. Lagarrigue. Sources Chrétiennes, vol. 220. Paris: Cerf, 1975.

Severian of Gabala. "Catena on Genesis." In *La chaîne sur la Genèse*. Edited by F. Petit. Traditio Exegetica Graeca, vol. 3. Louvain: Peeters, 1991.

Tertullian. "De anima." In *Opera*. Edited by J.H. Waszink. Corpus Christianorum, Series Latina, vol. 2, pp.781-869. Turnhout, Belgium: Brepols, 1954.

—. "De oratione." In *Opera*. Edited by G.F. Diercks. Corpus Christianorum, Series Latina, vol. 1, pp.257-74. Turnhout, Belgium: Brepols, 1954.

—. "De patientia." In *Opera*. Edited by J.G.Ph. Borleffs. Corpus Christianorum, Series Latina, vol. 1, pp.299-317. Turnhout, Belgium: Brepols, 1954.

Theodore of Mopsuestia. "Catena on Genesis." In *La chaîne sur la Genèse*. Edited by F. Petit. Traditio Exegetica Graeca, vol. 3. Louvain: Peeters, 1991.

영역본

Ambrose. "Flight from the World." In *Saint Ambrose: Seven Exegetical Works*, pp.281-323. Translated by Michael P. McHugh. FC 65. Washington, D.C.: The Catholic University of America Press, 1972.

—. "Isaac, or the Soul." In *Saint Ambrose: Seven Exegetical Works*, pp.10-65. Translated by Michael P. McHugh. FC 65. Washington, D.C.: The Catholic University of America Press, 1972.

—. "Jacob and the Happy Life." In *Saint Ambrose: Seven Exegetical Works*, pp.119-84. Translated by Michael P. McHugh. FC 65. Washington, D.C.: The Catholic University of America Press, 1972.

—. "Joseph." In *Saint Ambrose: Seven Exegetical Works*, pp.189-237. Translated by Michael P. McHugh. FC 65. Washington, D.C.: The Catholic University of America Press, 1972.

—. "Letters to Bishops." In *Saint Ambrose Letters*. Translated by Sister Mary Melchior Beyenka, O.P. FC 26. Washington, D.C.: The Catholic University of America Press, 1954.

—. "Letters to Laymen." In *Saint Ambrose Letters*. Translated by Sister Mary Melchior Beyenka,

O.P. FC 26. Washington, D.C.: The Catholic University of America Press, 1954.

—. "On His Brother Satyrus." In *Funeral Orations by Saint Gregory Nazianzen and Saint Ambrose*, pp.197-259. Translated by John J. Sullivan and Marin R.P. McGuire. FC 22. Washington, D.C.: The Catholic University of America Press, 1953.

—. "On the Death of Theodosius." In *Funeral Orations by Saint Gregory Nazianzen and Saint Ambrose*, pp.307-32. Translated by Roy J. Deferrari. FC 22. Washington, D.C.: The Catholic University of America Press, 1953.

—. "Patriarchs." In *Saint Ambrose: Seven Exegetical Works*, pp.243-75. Translated by Michael P. McHugh. FC 65. Washington, D.C.: The Catholic University of America Press, 1972.

Antony the Great. *The Letters of St. Antony: Origenist Theology, Monastic Tradition and the Making of a Saint*. Studies in Antiquity and Christianity. Minneapolis: Fortress Press, 1995.

Aphrahat. "On Prayer." In *The Syriac Fathers on Prayer and the Spiritual Life*, pp.5-25. Translated and introduced by Sebastian Brock. CS 101. Kalamazoo, Mich.: Cistercian Publications Inc., 1987.

Athanasius. *The Resurrection Letters* ("Festal Letters"). Paraphrased and introduced by Jack N. Sparks. Nashville, Tenn.: Thomas Nelson, 1979.

Augustine. "Against Lying." In *Saint Augustine: Treatises on Various Subjects*, pp.125-79. Translated by Harold B. Jaffee. FC 16. Washington, D.C.: The Catholic University of America Press, 1952.

—. "The Care to Be Taken for the Dead." In *Saint Augustine: Treatises on Marriage and Other Subjects*, pp.351-84. Translated by John A. Lacy. FC 27. Washington, D.C.: The Catholic University of America Press, 1955.

—. "Christian Instruction." In *Saint Augustine*, pp.19-235. Translated by John J. Gavigan. FC 2. Washington, D.C.: The Catholic University of America Press, 1947.

—. *The City of God*. Translated by Henry Bettenson, New York: Penguin, 1984.

—. *The City of God Books 8-16*. Translated by Gerald G. Walsh and Mother Grace Monahan. FC 14. Washington, D.C.: The Catholic University of America Press, 1952.

—. *City of God, Christian Doctrine*. Translated by Marcus Dods. NPNF, vol. 2. Series 1. Edited by Philip Schaff. 1886~1889. 14 vols. Repr. Peabody, Mass.: Hendrickson, 1994.

—. *Confessions and Enchiridion*, pp.31-333. Edited and translated by Albert C. Outler. LCC, vol. 7. London: SCM Press, 1955.

—. "The Good of Marriage." In *Saint Augustine: Treatises on Marriage and Other Subjects*, pp.9-59. Translated by Charles T. Wilcox. FC 27. Edited by Roy J. Deferrari. New York: Fathers of the Church, Inc., 1955.

—. "Letters." In *Saint Augustine: Letters Volume 4 (165-203)*. Translated by Sister Wilfrid Parsons. FC 30. Washington, D.C.: The Catholic University of America Press, 1955.

—. "On Patience." In *Saint Augustine: Treatises on Various Subjects*, pp.237-64. Translated by Sister

Luanne Meagher. FC 16. Washington, D.C.: The Catholic University of America Press, 1952.

—. *Sermons on the New Testament (94a-147a)*. Edited by John E. Rotelle. Translated by Edmund Hill. Introduction by Cardinal Michele Pellegrino. *WSA*, part 3, vol. 1. Brooklyn, N.Y.: New City Press, 1990.

—. *Sermons on the Old Testament (1-19)*. Edited by John E. Rotelle. Translated by Edmund Hill. Introduction by Cardinal Michele Pellegrino. *WSA*, part 3, vol. 1. Brooklyn, N.Y.: New City Press, 1990.

—. *Sermons on the Liturgical Seasons (184-229z)*. Edited by John E. Rotelle. Translated by Edmund Hill. Introduction by Cardinal Michele Pellegrino. *WSA*, part 3, vol. 1. Brooklyn, N.Y.: New City Press, 1990.

—. *Sermons on the Liturgical Seasons*. Translated by Sister Mary Sarah Muldowney. FC 38. Washington, D.C.: The Catholic University of America Press, 1959.

—. *Tractates on the Gospel of John 1-10*. Translated by John W. Rettig. FC 78. Washington, D.C.: The Catholic University of America Press, 1988.

—. *Tractates on the Gospel of John 28-54*. Translated by John W. Rettig. FC 88. Washington, D.C.: The Catholic University of America Press, 1993.

—. *The Trinity*. Translated by Edmund Hill. *WSA*, part 1, vol. 5. Brooklyn, N.Y.: New City Press, 1991.

Basil the Great. "On Renunciation of the World." In *Saint Basil: Ascetical Works*, pp.15-31. Translated by Sister M. Monica Wagner. FC 9. New York: Fathers of the Church, Inc., 1950.

Bede the Venerable. *Homilies on the Gospels, Book One: Advent to Lent*. Translated by Lawrence T. Martin and David Hurst. Preface by Benedicta Ward. Introduction by Lawrence T. Martin. CS, vol. 110. Kalamazoo, Mich.: Cistercian Publications, 1991.

—. "On the Tabernacle." In *Bede: On the Tabernacle*. Translated with notes and introduction by Arthur G. Holder. TTH 18. Liverpool: Liverpool University Press, 1994.

Caesarius of Arles. *Sermons Volume 2: 81-186*. Translated by Sister Mary Magdeleine Mueller. FC 47. Washington, D.C.: The Catholic University of America Press, 1964.

Clement of Alexandria. *Christ the Educator*. Translated by Simon P. Wood. FC 23. Washington, D.C.: The Catholic University of America Press, 1954.

—. *Stromateis Books 1-3*. Translated by John Ferguson. FC 85. Washington, D.C.: The Catholic University of America Press, 1991.

Clement of Rome. "First Letter to the Corinthians." In *The Apostlic Fathers*, pp.9-58. Translated by Francis X. Glimm. FC 1. New York: Christian Heritage, Inc., 1947.

Cyprian. *Letters 1-81*. Translated by Sister Rose Bernard Donna. FC 51. Washington, D.C.: The Catholic University of America Press, 1964.

Cyril of Alexandria. *Letters 1-50*. Translated by John I. McEnerney. FC 76. Washington, D.C.: The Catholic University of America Press, 1987.

Cyril of Jerusalem. "Catechetical Lectures." In *The Works of Saint Cyril of Jerusalem*, pp.91-249. Translated by Leo P. McCauley. FC 61. Washington, D.C.: The Catholic University of America Press, 1969.

Ephrem the Syrian. "Commentary on Genesis." In *St. Ephrem the Syrian: Selected Prose Works*, pp.67-213. Translated by Edward G. Mathews Jr. and Joseph P. Amar. FC 91. Edited by Kathleen McVey. Washington, D.C.: The Catholic University of America Press, 1994.

Eusebius of Caesarea. *Ecclesiastical History, Books 1-5*. Translated by Roy J. Deferrari. FC 19. Washington, D.C.: The Catholic University of America Press, 1953.

Gregory of Nyssa. "On Perfection." In *Saint Gregory of Nyssa: Ascetical Works*, pp.95-122. Translated by Virginia Woods Callahan. FC 58. Washington, D.C.: The Catholic University of America Press, 1967.

—. "On Virginity." In *Saint Gregory of Nyssa: Ascetical Works*, pp.6-75. Translated by Virginia Woods Callahan. FC 58. Washington, D.C.: The Catholic University of America Press, 1967.

Hilary of Poitiers. *The Trinity*. Translated by Stephen McKenna. FC 25. Washington, D.C.: The Catholic University of America Press, 1954.

Jerome. *Homilies Volume 1 (1-59 On the Psalms)*. Translated by Sister Marie Liguori Ewald. FC 48. Washington, D.C.: The Catholic University of America Press, 1964.

John Chrysostom. *Homilies on Genesis 18-45*. Translated by Robert C. Hill. FC 82. Washington, D.C.: The Catholic University of America Press, 1990.

Justin Martyr. "Dialogue with Trypho." In *Writings of Saint Justin Martyr*, pp.147-366. Translated by Thomas B. Falls. FC 6. New York: Christian Heritage, Inc., 1948.

Martin of Braga. "Sayings of the Egyptian Fathers." In *Iberian Fathers Volume 1: Martin of Braga, Paschasius of Dumium, Leander of Seville*, pp.17-34. Translated by Claude W. Barlow. FC 62. Washington, D.C.: The Catholic University of America Press, 1969.

Novatian. "On the Trinity." In *Novatian: The Writings*, pp.23-111. Translated by Russell J. DeSimone. FC 67. Washington, D.C.: The Catholic University of America Press, 1974.

Origen. "Commentary on John." In *Origen: Commentary on the Gospel According to John, Books 13-32*. Translated by Ronald E. Heine. FC 89. Washington, D.C.: The Catholic University of America Press, 1993.

—. "Homilies on Genesis." In *Origen: Homilies on Genesis and Exodus*, pp.47-224. Translated by Ronald E. Heine. FC 71. Washington, D.C.: The Catholic University of America Press, 1982.

—. *Homilies on Luke, Fragments on Luke*, pp.5-162. Translated by Joseph T. Lienhard. FC 94. Washington, D.C.: The Catholic University of America Press, 1996.

—. "On First Principles (Book 4)." In *Origen: Selected Writings*, pp.171-216. Translated by Rowan A. Greer. Classics of Western Spirituality: A Library of the Great Spiritual Masters. Mahwah, N.J.: Paulist, 1979.

Paulinus of Nola. "Poem." In *The Poems of St. Paulinus of Nola*. Translated and annotated by P.G.

Walsh. ACW 40. New York: Newman Press, 1975.

Peter Chrysologus. "Sermon." In *Saint Peter Chrysologus: Selected Sermons and Saint Valerian: Homilies*, pp.25-282. Translated by George E. Ganss. FC 17. Washington, D.C.: The Catholic University of America Press, 1953.

Prudentius. "Scenes from Sacred History." In *The Poems of Prudentius, Volume 2*, pp.179-95. Translated by Sister M. Clement Eagan. FC 52. Washington, D.C.: The Catholic University of America Press, 1965.

Pseudo-Barnabas. "Epistle of Barnabas." In *The Apostolic Fathers*, pp.335-409. Translated by Kirsopp Lake. LCL 24. London: Heinemann, 1912.

Salvian the Presbyter. "The Governance of God." In *The Writings of Salvian, The Presbyter*, pp.25-232. Translated by Jeremiah F. O'Sullivan. FC 3. Washington, D.C.: The Catholic University of America Press, 1962.

Tertullian. "On Patience." In *Tertullian: Disciplinary, Moral and Ascetical Works*, pp.193-222. Translated by Sister Emily Joseph Daly. FC 40. Washington, D.C.: The Catholic University of America Press, 1959.

—. "On Prayer." In *Tertullian: Disciplinary, Moral and Ascetical Works*, pp.157-88. Translated by Sister Emily Joseph Daly. FC 40. Washington, D.C.: The Catholic University of America Press, 1959.

—. "On the Soul." In *Tertullian: Apologetical Works and Minucius Felix: Octavius*, pp.179-309. Translated by Edwin A. Quain. FC 10. Washington, D.C.: The Catholic University of America Press, 1950.

색인 저자 · 작품

색인
주제

마크 셰리든 Mark Sheridan

미국 워싱턴 DC에서 태어난 그는 예루살렘의 베네딕도회 성모영면 수도원Domition Abbey의 수도자다. 로마 교황청립 성 안셀모 대학의 명예 교수이며, 1998년부터 2005년까지 같은 대학 신학부 학장을, 2005년부터 2009년까지 총장을 지냈다. 콥트어와 문학의 전문가다. 주요 저서로는 *Rufus of Shotep: Homilies on the Gospels of Matthew and Luke*(CIM 1998), *From the Nile to the Rhone and Beyond: Studies in Early Monastic Literature and Scriptural Interpretation*(EOS 1998) 등이 있다.

이혜정

서강대학교 사학과를 졸업하고(1980), 서강대학교 대학원 철학과(1983)와 미국 마케트 대학교Marquette University에서 석사 학위(1987)를 취득했다. 세종커뮤니케이션스 소속 프리랜스 번역가로 EBS · MBC와 여러 케이블 방송 프로그램을 번역했고(1992~1994), 평화방송 전속 영어 번역을 담당했다(1994~2002). 『아기곰이 깨달은 작은 이야기』『아기돼지가 깨달은 작은 이야기』『사랑 게임』『미러클』『그대 안의 힘』『천재의 방식 스프레차투라』『관용』『아프리카를 날다』『마태오 복음서 14-28장』(교부들의 성경 주해: 신약 II)『사도행전』(교부들의 성경 주해: 신약 VII)『요한 묵시록』(교부들의 성경 주해: 신약 XIV) 등의 번역서가 있다.

천주교 가락동 교회 박노헌 신부와 신자들이
한국교부학연구회에 이 책의 출간 재정을 지원하였음을 밝힙니다.

【교부들의 성경 주해 간행위원】
김영철 · 노성기 · 선지훈 · 이상규 · 이성효 · 최원오 · 하성수(위원장)

여기 어디에도 비할 데 없는 총서가 있습니다. 이 총서는 독실한 21세기 독자들이 알렉산드리아의 클레멘스와 장님 디디무스가 공부한 교실, 오리게네스가 공부하고 강연한 강당, 크리소스토무스와 아우구스티누스가 설교한 주교좌, 히에로니무스가 세운 베들레헴 수도원의 필사실에 다가갈 수 있도록 성경을 교회의 책으로 새롭게 만들었습니다.

조지 로리스, 로마 아우구스티누스 교부학 대학교와 그레고리오 대학교

『교부들의 성경 주해』 출간을 진심으로 기뻐합니다. 이 책은 고대 그리스도인들, 특히 하느님과 그분 말씀에 대해 자신들의 신심을 삶으로써 입증한 교회 성인들이 어떻게 성경을 해석하였는지 이해하는 데 많은 도움을 줍니다. 신앙의 선배로서 우리보다 앞서 가신 이들의 증거에 마음을 두도록 합시다.

테오도시우스 주교, 미국 동방 정교회 수석대주교

그리스도교계를 뛰어넘어 대중적이고도 학문적인 차원에서 초대 그리스도교에 대한 관심이 폭넓게 일어났습니다. … 모든 그리스도교 전통에 속해 있는 그리스도인들, 특히 성경을 공부하는 이들과 성직자들은 이 프로젝트로부터 도움을 받을 수 있습니다. 이 총서는 그리스도교 전통이 교부들의 성경 해석에 어떻게 뿌리내렸는지 가르쳐 줄 뿐 아니라 새로운 발전 방향까지 조망하게 할 것입니다.

알베르토 페레이로, 시애틀 퍼시픽 대학교 역사학 교수

『교부들의 성경 주해』는 교부 연구자에게 필요한 내용으로 가득 차 있습니다. … 성경 본문에 대한 새로운 이론들과 오늘날 해석학자들의 해석에 익숙한 우리에게 그런 정보는 헤아릴 수 없이 가치롭습니다. 우리는 초세기 교회에서 활동했던 고대 저술가들의 '새로운' 통찰을 기쁘게 받아들입니다.

H. 웨인 하우스, 트리니티 대학교 로스쿨 신학/법학 교수

시대와 관련된 속물 근성, 즉 컴퓨터 없이 작업한 선조들에게서는 배울 게 하나도 없다는 가설은 이 훌륭한 총서에서는 의미가 없습니다. 지식에는 식상해하면서도 지혜에는 굶주리는, 많은 우리 같은 이가 기꺼이 선조들과 식탁에 앉아 그들이 성경과 나눈 거룩한 대화에 귀 기울이고자 합니다. 제가 그렇습니다.

유진 H. 피터슨, 리젠트 대학 영성신학 명예교수